SHŌGUN

James Clavell

Shōgun

Le roman des Samouraïs

TRADUIT DE L'AMÉRICAIN
PAR ROBERT FOUQUES DUPARC

FRANCE LOISIRS
123, boulevard de Grenelle, Paris

Titre original :
SHŌGUN
(Atheneum, New York)

Édition du Club France Loisirs, Paris
avec l'autorisation des Éditions Stock

Co-édition Stock/Opéra Mundi.

ISBN 2-7242-1713-6

Pour deux marins, capitaines de la Royal Navy, qui aimaient leurs navires plus que leurs femmes — comme on pouvait l'attendre d'eux.

Note de l'auteur

Je voudrais remercier ici tous ceux — vivants ou morts — qui m'ont apporté leur aide — en Asie comme en Europe — et m'ont permis d'écrire ce roman.

Lookout Mountain, Californie.

Prologue

Le vent le harcelait. Il en ressentait les morsures profondes sur tout le corps. S'ils ne touchaient pas terre dans les trois jours, il savait très bien qu'ils mourraient tous. Nous avons eu trop de pertes durant ce voyage et me voilà pilote en chef d'une escadre morte, pensa-t-il ; sur cinq bateaux, un seul subsiste — sur cent sept hommes d'équipage, vingt-huit marins seulement, dont dix peuvent encore marcher. Le reste, dont notre commandant, est à l'agonie. Rien à manger, presque rien à boire si ce n'est de l'eau croupie et saumâtre.

Il s'appelait John Blackthorne. Il était seul sur le tillac hormis la vigie de beaupré — Salomon le muet — qui, blottie dans son abri, scrutait l'horizon.

Un coup de vent et le bateau donna de la bande. Blackthorne se cramponna au bras du siège scellé sur le gaillard d'arrière près de la barre, jusqu'à ce que le navire se redresse dans un grincement de charpente. C'était l'*Érasme,* deux cent soixante tonneaux, trois-mâts marchand venant de Rotterdam, armé de vingt pièces de canon. Unique survivant du premier corps expéditionnaire envoyé des Pays-Bas pour écraser l'ennemi dans le Nouveau Monde. Premiers bateaux hollandais à avoir percé les secrets du détroit de Magellan. Quatre cent quatre-vingt-seize hommes, tous volontaires. Tous hollandais à l'exception de trois Anglais : deux pilotes et un officier. Leurs instructions : mettre à feu et à sang les possessions espagnoles et portugaises du Nouveau Monde, établir des comptoirs commerciaux, découvrir dans l'océan Pacifique de nouvelles îles qui pourraient servir de bases permanentes et en revendiquer le territoire au nom des Pays-Bas. Et, au bout de trois ans, rentrer au pays.

La Hollande protestante s'était battue contre l'Espagne catholique pendant plus de quarante ans pour se délivrer du joug de ses maîtres abhorrés. La Hollande, parfois appelée Pays-Bas, faisait toujours légalement partie de l'Empire espagnol. L'Angleterre, son seul allié, première nation de la chrétienté à avoir rompu avec la cour papale à Rome et à être devenue protestante il y a quelque soixante-dix années de cela, avait aussi guerroyé contre l'Espagne pendant ces vingt dernières années et s'était ouvertement alliée aux Hollandais depuis dix ans.

Le vent fraîchit encore et le bateau fit une embardée. Il filait à sec de textile, à l'exception des voiles de mauvais temps. Même ainsi, la houle et la tempête le poussaient rapidement vers l'horizon qui s'obscurcissait.

Blackthorne se dit qu'il y avait beaucoup plus de tempêtes, de récifs et de bas-fonds dans cette région-là. Et toute cette mer inconnue. Très bien. Je me suis toute ma vie battu contre elle ; j'ai toujours gagné. Je gagnerai encore.

Premier pilote anglais à franchir le détroit de Magellan. Oui, le premier. Et premier aussi à naviguer dans ces eaux asiatiques, en dehors de quelques coquins de Portugais et de quelques scélérats d'Espagnols qui croient encore être les maîtres du monde — premier Anglais en ces eaux...

Que de fois premier. Oui. Et que de morts pour l'être.

Il huma le vent, le renifla mais n'y trouvait trace de continent. Il fouilla l'océan mais il n'était que colère et grisaille. Pas une algue, pas une seule tache claire indiquant la présence d'un banc de sable. Il vit la crête d'un récif, au loin à tribord, mais ça ne lui apprit rien de plus — voilà un mois que les affleurements le tenaient en éveil, et ce n'était jamais la terre. Cet océan est sans fin, se dit-il. Très bien. Tu as été entraîné pour ça — parcourir une mer inconnue, la reconnaître et rentrer au pays. A combien de jours sommes-nous de chez nous ? Un an, onze mois et deux jours. L'escale chilienne est déjà à cent trente-trois jours derrière nous, de l'autre côté de cet océan surnommé Pacifique que Magellan a traversé le premier il y a quatre-vingts ans.

Blackthorne avait faim. Sa bouche et son corps souffraient du scorbut. Il s'obligea à vérifier la route au compas et à calculer mentalement leur situation approximative. Une fois le relevé inscrit dans le carnet — son journal de bord —, il serait en sécurité sur ce bout d'océan. S'il était en sécurité, son-bateau le serait aussi ; ils pourraient ainsi découvrir ensemble les Japons ou l'Eldorado du roi chrétien Prester John que la légende situait au nord de Cathay, où que fût Cathay.

Avec ma part du butin, je reprendrai la mer et je ferai voile vers l'ouest, vers mon pays, premier pilote anglais à avoir parcouru le globe, et je ne quitterai plus jamais ma patrie — plus jamais, sur la tête de mon fils !

Les bourrasques de vent l'empêchaient de rêver et le maintenaient éveillé. Ce serait pure folie de s'endormir. Tu ne sortirais jamais de ce sommeil, pensa-t-il. Il s'étira pour soulager les muscles engourdis de son dos et resserra les pans de son manteau. Il vit que les voiles étaient appareillées, la barre solidement arrimée, la vigie à son poste. Il s'assit donc et se mit à prier pour que la terre apparaisse enfin.

« Descendez, chef. Je prends la relève si ça vous arrange. » Le lieutenant en second, Hendrick Specz, montait l'escalier avec difficulté. Il avait le visage gris de fatigue, les yeux noyés, le teint brouillé et la peau couverte de rougeurs. Dans un haut-le-cœur, il s'appuya lourdement contre le kiosque pour se remettre d'aplomb. Seigneur Dieu, maudit soit le jour où j'ai quitté la Hollande.

— Où est le second, Hendrick ?

— Dans sa couchette. Il peut pas sortir de sa *scheit voll* de couchette. Et il en sortira pas — en tout cas pas avant le Jugement dernier.

— Et le commandant ?

— Il réclame à boire et à manger. » Hendrick cracha. « Je lui ai dit que j'allais lui faire rôtir un chapon et que je lui apporterais sur un plateau d'argent avec une bouteille de cognac pour faire descendre le tout. *Scheithuis ! Coot !*

— Ta gueule !

— Je la ferme, chef. Mais c'est un fou complètement bouffé par les asticots et on va crever à cause de lui. » Le jeune homme eut un haut-le-cœur et se mit à vomir. « Seigneur Dieu, je t'en supplie, aide-moi.

— Descends. Reviens à l'aube. »

Hendrick s'installa avec peine sur l'autre siège. « Ça pue la mort, en bas. Je prends la relève si ça vous arrange. Quelle est la route ?

— Là où le vent nous pousse.

— Où se trouve le rivage que vous nous aviez promis — où se trouvent les Japons — où ça se trouve, je vous le demande ?

— Droit devant.

— Toujours droit devant ! *Gottimhimmel,* on n'avait pas pour consigne de cingler vers l'inconnu. On devrait déjà être de retour chez nous, sains et saufs, le ventre plein, et pas être là à courir après le feu Saint-Elme.

— Descends ou ferme-la. »

Hendrick, d'un air maussade, détourna le regard de cet homme barbu, à la taille imposante. Où sommes-nous ? avait-il envie de demander. Je ne peux vraiment pas jeter un coup d'œil sur le carnet secret ? Mais il savait qu'on ne posait pas de telles questions au pilote, surtout pas à celui-là. Si seulement je pouvais être en aussi bonne santé que lorsque j'ai quitté la Hollande. Je n'hésiterais certainement pas. J'écraserais tout de suite vos yeux gris-bleu ; je piétinerais votre rictus ; je le ferais disparaître de votre visage et je vous enverrais en enfer, comme vous le méritez. C'est moi qui serais alors pilote en chef et nous aurions un Hollandais pour diriger le bateau — pas un étranger — et les secrets nous appartiendraient. Car, de toute façon, nous serons bientôt en guerre avec vous, les Anglais. Nous visons le même but : maîtriser la mer, contrôler toutes les routes commerciales, dominer le Nouveau Monde, étrangler l'Espagne.

Hendrick murmura soudainement : « Les Japons n'existent peut-être pas. C'est une légende *Gottbewonden.*

— Ils existent. Entre le trentième et le quarantième degré de latitude nord. Maintenant, ou tu la fermes ou tu descends. »

Hendrick murmura : « La mort rôde en bas, chef. » Il se mit à regarder droit devant lui.

Blackthorne changea de position ; il souffrait énormément aujourd'hui. Tu as plus de chance que les autres, pensa-t-il, tu as plus de chance que Hendrick. Non, pas plus de chance. Tu es seulement plus prévoyant. Tu as gardé tes fruits alors que les autres les ont mangés. En dépit de tes avertissements. Ton scorbut est donc encore bénin. Les autres ont constamment des hémorragies, la diarrhée, les yeux qui coulent, les dents qui tombent ou se déchaussent. Pourquoi donc les hommes ne veulent-ils pas apprendre ?

Il savait que tous, jusqu'au commandant, le craignaient et que la plupart même le haïssaient. Mais c'était normal puisque le pilote était seul maître en mer ; c'est lui qui décidait de la route à prendre, lui qui dirigeait le bateau, lui qui le conduisait de port en port.

Chaque voyage était une entreprise périlleuse car les cartes marines existantes, très vagues, étaient inutiles. Il n'y avait de plus aucun moyen de déterminer la longitude.

Son vieux professeur, Alban Caradoc, lui avait dit : « Trouve un moyen de déterminer la longitude et tu seras l'homme le plus riche de la terre ; si tu résous l'énigme, notre reine, que Dieu la bénisse, te donnera dix mille livres et un duché en récompense. Ces coquins de Portugais t'en donneront beaucoup plus un — galion rempli d'or — et ces scélérats d'Espagnols t'en offriront vingt ! Tu es toujours perdu loin des côtes, mon gaillard. » Caradoc s'était tu ; il avait hoché la tête tristement en le regardant comme d'habitude. Tu es perdu, mon gaillard. A moins de...

« A moins d'avoir un carnet ! » avait joyeusement crié Blackthorne, sachant qu'il avait bien appris sa leçon. Il avait treize ans à l'époque et ça faisait un an qu'il était en apprentissage chez Alban Caradoc, pilote et charpentier. Alban avait remplacé le père qu'il avait perdu ; il ne l'avait jamais battu mais lui avait appris, ainsi qu'aux autres garçons, les ficelles de la construction navale et la vie secrète de la mer.

Le carnet était un petit livre contenant en détail les observations d'un pilote qui *s'était déjà trouvé là :* points relevés au compas entre ports et caps, promotoires ou détroits. Sondes, profondeurs, couleurs de l'eau et nature du sol marin. *Comment on arrivait là et comment on en revenait :* combien de jours à courir sur une bordée ; nature du vent ; quand il soufflait ; d'où il soufflait ; origines et directions des courants ; époque des tempêtes ou des vents favorables ; où caréner le bateau ; où jeter l'ancre ; où trouver des amis ; où trouver des ennemis ; bas-fonds, récifs, marées, ports ; au mieux, *absolument tout* ce qui était nécessaire pour un voyage sûr.

Les Anglais, les Hollandais et les Français tenaient des journaux de bord, mais ceux-ci ne concernaient que leurs eaux territoriales. Celles du reste du monde n'avaient été reconnues que par des capitaines portugais et espagnols. Les carnets qui révélaient les passages vers le Nouveau Monde ou dévoilaient les mystères du détroit de Magellan ou du cap de Bonne-Espérance — deux découvertes portugaises —, et donc la route de l'Asie, étaient jalousement conservés comme des trésors nationaux, et convoités avec la même avidité par les ennemis anglais et hollandais.

Mais un carnet n'avait que la valeur du pilote qui l'avait tenu, du scribe qui l'avait recopié, de celui, plus rare, qui l'avait imprimé, ou du lettré qui l'avait traduit. Un carnet pouvait aussi renfermer des erreurs — volontaires parfois —, un pilote ne pouvait jamais en être sûr *avant de s'y être rendu lui-même.* Au moins une fois.

Le pilote était seul maître en mer, seul guide et arbitre ultime entre bateau et équipage. Il commandait seul, du gaillard arrière.

C'est un vin capiteux, se dit Blackthorne. Une fois qu'on y a goûté, on ne peut l'oublier. On en redemande encore et toujours, C'est l'une des choses qui vous aident à survivre quand les autres meurent.

Il se leva et se soulagea dans le dalot. Près du kiosque, le sable avait fini de s'écouler dans le sablier. Il le retourna et sonna la cloche.

« Tu es sûr que tu ne vas pas t'endormir, Hendrick ?

— Non, je pense pas.

— Je vais faire envoyer quelqu'un pour relever la vigie. Veille à ce qu'elle se tienne dans le vent, pas à l'abri. Ça la fouettera et la tiendra éveillée. » Il se demanda un instant s'il n'allait pas venir au lof et mettre pour la nuit le bateau à la cape, mais il n'en fit rien. Il ouvrit l'écoutille du gaillard d'avant et descendit au poste des équipages. Celui-ci couvrait la largeur du bateau. Il y avait des couchettes et des hamacs pour cent vingt hommes. La chaleur l'encercla et il en fut heureux car ça lui permettait d'ignorer la puanteur qui montait des cales. Les quelque vingt hommes présents ne bougèrent pas.

« Sur le pont, Maetsukker », dit-il en néerlandais, langue qu'il parlait couramment ainsi que le portugais, l'espagnol et le latin.

« Je suis mourant, répondit le petit homme aux traits anguleux, en se recroquevillant au fond de sa couchette. Je suis malade. Regardez, le scorbut m'a pris toutes mes dents. Que le Seigneur nous vienne en aide, nous allons tous périr ! Si vous étiez pas là, nous serions déjà de retour au pays, sains et saufs ! Je suis un marchand, moi. Pas un marin. Je fais pas partie de l'équipage... Prenez quelqu'un d'autre. Johann par exemple. » Il poussa un cri quand Blackthorne le tira de sa couchette et le lança violemment contre la porte. Il avait du sang plein la bouche. Il était sonné. Un coup brutal dans les côtes le sortit de son état de stupeur.

« Tu vas sur le pont et tu y restes jusqu'à ce que tu sois mort ou qu'on touche terre. »

L'homme ouvrit la porte et disparut en un éclair.

Blackthorne regarda les autres. Ils le fixaient. « Comment ça va, Johann ?

— Assez bien, chef. Je tiendrai peut-être le coup. »

Johann Vinck avait quarante-trois ans, Il était chef canonnier et bosco en second. Homme le plus âgé du bord, chauve et édenté, il avait la couleur du vieux chêne mais en avait aussi la vigueur. Il y a six ans, il avait participé avec Blackthorne à cette vaine recherche d'un passage Nord-Est. Chacun d'eux connaissait donc parfaitement la valeur de l'autre.

« La plupart des hommes sont déjà morts à ton âge ; tu nous bats tous. » Blackthorne avait trente-six ans.

Vinck sourit tristement. « C'est le cognac, chef. Ça et la fornication, et la pieuse vie que j'ai menée. »

Personne ne rit. Quelqu'un montra une couchette du doigt. « Chef, le bosco est mort ! »

— Amenez le corps sur le tillac ! lavez-le et fermez-lui les yeux ! toi, toi et toi ! »

Cette fois, les hommes se levèrent rapidement. Ils se mirent à traîner et tirer le cadavre hors du poste.

« Tu prends le quart à l'aube, Vinck. Ginsel, tu assureras la vigie de beaupré.

— Bien, chef ! »

Blackthorne remonta sur le tillac. Il vit que Hendrick était toujours éveillé, que tout était en ordre. Salomon qui venait d'être relevé passa près de lui en vacillant. Il était plus mort que vif. Il avait les yeux rougis et gonflés par le vent. Blackthorne traversa le pont et descendit l'échelle de poupe qui menait à la grande cabine.

C'était en même temps les quartiers généraux du commandant et la soute à munitions. Sa cabine à lui était à tribord. A bâbord, celle des trois officiers. En fait, c'était Baccus Van Nekk, le plus gros négociant, Hendrick le lieutenant en second et le jeune Croocq qui se la partageaient. Ils étaient tous très malades.

Il entra dans la vaste cabine. Le commandant, Paulus Spillbergen, gisait à demi-conscient sur sa couchette. Petit homme rubicond, d'ordinaire obèse, il était à présent très maigre. La peau de son ventre pendait mollement. Blackthorne sortit une gourde d'un tiroir secret et l'aida à boire.

« Merci, dit Spillbergen faiblement. Où est la terre — où est la terre ? »

Blackthorne répondit sans plus y croire : « Droit devant. » Il mit la gourde de côté, se boucha les oreilles pour ne pas entendre les plaintes et sortit en le haïssant à nouveau.

Il y a juste un an, ils avaient atteint la Terre de Feu. Les vents leur étaient favorables pour percer le secret du détroit de Magellan mais le commandant avait ordonné que l'on touche terre pour chercher l'or et les trésors.

« Mais regardez donc, commandant ! Où voulez-vous trouver un trésor dans ces étendues désertiques ?

— La légende dit qu'il y a beaucoup d'or ; nous pourrions revendiquer ce territoire au nom de la glorieuse Hollande.

— Ça fait cinquante ans que les Espagnols viennent ici.

— Peut-être — mais jamais si loin vers le sud, monsieur le pilote.

— A cette latitude-là, les saisons sont inversées et les mois de mai, juin, juillet et août sont les mois d'hiver. Le carnet indique que l'époque devient critique pour franchir le détroit — les vents changent dans quelques semaines ; il nous faudra rester et hiverner ici pendant des mois.

— Combien de semaines, monsieur le pilote ?

— Le carnet parle de huit semaines. Mais les saisons varient.

— Nous irons donc en exploration pendant deux semaines. Ça nous laisse pas mal de temps et puis, si nous y sommes contraints, nous mettrons cap au nord pour piller quelques villes, n'est-ce pas, messieurs ?

— C'est maintenant que nous devons tenter le passage, commandant. Les Espagnols ont peu de frégates dans le Pacifique alors qu'ils patrouillent ici en grand nombre. C'est maintenant que nous devons poursuivre notre route. »

Mais le commandant avait passé outre et avait soumis la décision au vote des autres capitaines — pas des autres pilotes, un Anglais et trois Hollandais. Il avait également mené ces incursions inutiles à terre.

Cette année-là, les vents avaient très vite changé. Ils avaient dû hiverner, le commandant ayant peur de faire route vers le nord à cause des navires espagnols, Ils ne purent repartir qu'au bout de quatre mois. Entre temps, cent cinquante-six hommes étaient morts de faim, de froid et de dysenterie. Ils mangeaient jusqu'aux cuirs qui recouvraient les cordages. Les épouvantables tempêtes à l'intérieur du détroit avaient décimé la flotte. L'*Érasme* fut le seul bateau à arriver au rendez-vous au large du Chili. Ils attendirent les autres pendant un mois puis, les Espagnols les cernant, ils avaient cinglé vers l'inconnu. Les indications du carnet secret s'arrêtaient au Chili.

Blackthorne longea la coursive et ouvrit la porte de sa cabine qu'il referma soigneusement derrière lui. La cabine était basse de plafond, petite et soigneusement rangée. Pour aller s'asseoir à son bureau, il devait se baisser pour ne pas se cogner aux poutres. Il ouvrit un tiroir et en sortit avec précaution la dernière des pommes qu'il avait jalousement gardée depuis Santa Maria Island, au large du Chili. Elle était minuscule et tachée ; de la moisissure recouvrait la partie blette. Il en prit un quartier. Il y avait quelques asticots à l'intérieur. Il les mangea avec le fruit, écoutant la vieille croyance de marins qui voulait que les vers soient aussi efficaces contre le scorbut que le fruit lui-même et qu'écrasés sur les gencives, ils préviennent la chute des dents. Il mâcha le fruit doucement, car ses dents lui faisaient mal et ses gencives étaient douloureuses et à vif. Puis il en prit une autre et but quelques gorgées d'eau. Elle avait un goût saumâtre. Il enveloppa les restes de la pomme et les enferma dans le tiroir.

Un rat passa en hâte. Les solives craquaient doucement. Les cafards grouillaient sur le sol.

Je suis fatigué. Je suis si fatigué.

Il jeta un coup d'œil vers sa couchette. Longue, étroite, la paillasse lui tendait les bras.

Je suis si fatigué.

Son mauvais génie lui souffla : dors pendant une heure ou même seulement dix minutes et tu seras ravigoté pour une semaine. Tu n'as dormi que quelques heures ces derniers jours et la plupart du temps, en haut, dans le froid. Il faut que tu dormes. Dors. Ils comptent sur toi...

« Non. Je dormirai demain », dit-il tout haut. Il força sa main à ouvrir le coffre et à en sortir le carnet. Il vit avec plaisir que l'autre carnet, le portugais, était en sûreté et à l'abri. Il prit une plume d'oie propre et se mit à écrire :

« 21 avril 1600. Cinquième heure. Crépuscule. 133e jour de Santa

Maria Island, Chili, 21° de latitude nord. Mer toujours forte. Vent violent. Bateau gréé pareillement. Mer terne gris-vert, sans fond. Courons toujours vent en poupe en suivant route 270°. Virage nord-nord-ouest. Vive allure — deux lieues environ, trois miles chacune. Grands récifs en forme de triangle repérés à une demi-heure nord-nord-est, une demi-lieue par tribord.

« Trois hommes sont morts du scorbut dans la nuit — Joris le voilier, Reiss le canonnier et De Haan le second. Après avoir recommandé leur âme à Dieu, le commandant étant toujours malade, je les ai fait immerger sans linceul puisqu'il n'y avait personne pour en coudre. Aujourd'hui, Rijckloff, le bosco, est mort.

« Je n'ai pas pu observer le soleil à son zénith ; le temps était encore bouché ; mais je pense que nous sommes toujours sur la bonne route et que nous atteindrons les Japons très bientôt... »

Mais quand ? demanda-t-il à la lampe-tempête qui pendait au-dessus de sa tête et oscillait sous l'effet du tangage. Comment dresser une carte marine ? Il doit y avoir un moyen, se dit-il pour la millionième fois. Comment déterminer la longitude ? Il doit y avoir un moyen. Comment conserver les aliments ? Qu'est-ce que le scorbut ?

« On pense que c'est une dysenterie de la mer », lui avait dit Alban Caradoc, homme généreux, à la bedaine imposante, à la barbe grise et en broussaille.

« Mais ne pourrait-on pas faire cuire les légumes et garder le bouillon ?

— Ça rend malade, mon gaillard. Personne n'a jamais découvert de moyen pour le conserver.

— Il paraît que Francis Drake part bientôt.

— Non, mon garçon. Tu ne peux pas partir avec lui.

— J'ai bientôt quatorze ans. Vous laissez bien Tim et Watt s'engager. Drake a besoin d'apprentis pilotes.

— Ils ont seize ans, eux. Tu as à peine treize ans.

— On dit qu'il va essayer de franchir le détroit de Magellan, qu'il va ensuite longer la côte jusqu'aux régions vierges — jusqu'aux Californies — pour trouver le détroit d'Anian qui relie le Pacifique à l'Atlantique. Il va faire directement route des Californies jusqu'à Terre-Neuve, jusqu'au passage Nord-Ouest enfin. »

— Le *soi-disant* passage Nord-Ouest. Personne n'a encore prouvé cette légende.

— Lui le fera. Il est amiral maintenant et nous serons le premier navire anglais à franchir le détroit de Magellan, à aller dans le Pacifique, le premier — je ne retrouverai jamais une pareille occasion.

— Bien sûr que si. De toute façon, il ne percera jamais les secrets du détroit de Magellan à moins d'avoir volé un carnet ou d'avoir capturé un pilote portugais. Combien de fois devrai-je te le répéter — un pilote doit être patient. Apprends la patience, mon garçon, Tu as beaucoup à...

— Je vous en prie !

— Non !

— Pourquoi ?

— Parce qu'il part pour deux ou trois ans, peut-être plus. Les faibles et les jeunes seront très mal nourris et n'auront presque rien à boire. Sur cinq bateaux, le sien seul reviendra. Tu ne tiendrais pas le coup, mon garçon.

— Alors je vais m'engager sur son bateau. Je suis fort. Il me prendra !

— Ecoute-moi. J'étais avec Drake sur le *Judith,* un navire de cinquante tonneaux, à San Juan de Ulua quand, avec l'amiral Hawkins qui se trouvait à bord du *Minion,* nous avons forcé les lignes de ces charognards d'Espagnols pour sortir du port. Nous faisions le commerce des esclaves entre la Guinée et la mer des Antilles mais nous n'avions pas leur autorisation. Ils ont trompé Hawkins et ont pris notre flotte au piège. Ils avaient treize gros bateaux. Nous en avions six. Nous leur en avons coulé trois. Ils nous ont envoyé par le fond le *Swallow, l'Angel,* la *Caravelle* et le *Jesus of Lubeck.* Drake nous a bien sûr sortis du piège et nous a ramenés au pays. Il restait onze hommes à bord pour raconter l'histoire. Hawkins n'en avait plus que quinze. Sur quatre cent huit loups de mer ! Drake est sans pitié, mon garçon. Il veut de l'or ; il aspire à la gloire, mais à son seul profit. Trop d'hommes sont morts pour en fournir la preuve.

— Je ne mourrai pas, moi. Je serai l'un des...

— Non. Tu es en apprentissage pour douze ans. Il te reste dix ans à faire ; après, tu seras libre. Jusque-là, jusqu'en 1588, tu apprendras à construire un bateau, à le commander. Tu obéiras à Alban Caradoc, maître charpentier, pilote et membre de Trinity House. Sinon, tu n'obtiendras jamais ton brevet. Si tu ne l'as pas, tu ne pourras jamais piloter *un* bateau dans les eaux anglaises ; tu ne commanderas jamais le gaillard arrière d'*aucun* bateau anglais sur *aucune* mer parce que telle est la loi éditée par notre bon roi Henry, paix à son âme ; telle est la loi de notre grande putain de Marie Tudor, puisse son âme brûler en enfer ; telle est la loi de Notre Gracieuse Majesté, puisse-t-elle régner à jamais ; telle est la loi anglaise, la meilleure qui ait jamais existé. »

Blackthorne se souvint de la haine qu'il avait éprouvée à l'égard de son maître, de Trinity House, de ces douze années de semi-esclavage, sans lesquelles, il le savait, il n'aurait jamais pu obtenir la seule chose dont il rêvait. Il avait encore plus détesté Alban Caradoc quand, pour sa gloire éternelle, Drake et son sloop de cent tonneaux, le *Golden Hind,* étaient miraculeusement revenus en Angleterre au bout de trois ans, Premier bateau anglais à avoir fait le tour du globe avec, à son bord, le plus extraordinaire butin jamais ramené sur ces rivages : un million et demi de livres d'or, d'argent, d'épices et d'orfèvrerie.

Que sur cinq bateaux, quatre aient été perdus, que huit hommes sur dix soient morts, que Tim et Watt aient été portés disparus et qu'un pilote portugais ait aidé Drake à franchir le détroit de Magellan pour pénétrer dans le Pacifique n'atténuait nullement sa haine ; que Drake ait fait pendre un officier, qu'il ait excommunié le chapelain Fletcher et n'ait pas réussi à découvrir ce passage Nord-Ouest ne ternissait pas l'éclat de l'admiration nationale. La reine prit la moitié du trésor et anoblit Drake. Les nobles et les marchands qui avaient investi dans cette expédition firent trois cents pour cent de bénéfice et supplièrent Drake de les laisser commanditer la prochaine. Tous les marins voulaient naviguer avec lui, parce qu'il amassait du butin, parce qu'il rentrait au port et qu'avec leur part du gâteau, les quelques veinards qui s'en sortaient étaient riches à vie.

Je m'en serais sorti, se dit Blackthorne. Oui, je m'en serais sorti. Et ma part du trésor aurait été bien suffisante pour...

« *Rotz vooruiiiiit !* Récif droit devant ! »

Il ressentit d'abord le cri plus qu'il ne l'entendit. Le hurlement déchirant, porté par le vent, lui parvint à nouveau.

Il sortit de sa cabine, grimpa l'échelle de poupe et se retrouva sur le gaillard d'arrière, Son cœur battait la chamade. Sa gorge était desséchée. Il faisait nuit noire. Il pleuvait à torrents. Un instant, il exulta en pensant que les seaux en toile, confectionnés plusieurs semaines auparavant pour recueillir l'eau de pluie, allaient bientôt déborder. Il tourna le dos au vent.

Il vit que Hendrick était mort de peur. La vigie, Maetsukker, tapie près de la proue, criait de façon incohérente et pointait l'index vers l'avant. Alors, Blackthorne regarda lui aussi droit devant, au-delà du bateau.

Le récif se trouvait à peine à deux cents mètres — sombre masse rocheuse semblable à des griffes, battue des flots. La frange écumante des brisants encadrait le bateau ; le vent soulevait des gerbes d'embruns et les projetait contre le rideau noir de la nuit. Une drisse de basse vergue cassa net ; la vergue du petit perroquet fut emportée ; le mât trembla dans son écoutillon mais tint bon ; la mer entraînait le bateau vers sa mort inéluctable.

« Tout le monde sur le pont ! » cria Blackthorne. Il sonna violemment la cloche.

Le bruit sortit Hendrick de sa stupeur. « Nous sommes perdus ! cria-t-il en hollandais. Ô Seigneur Dieu, viens-nous en aide !

— Rassemble l'équipage sur le tillac, peau d' bouc ! Tu dormais ! Vous dormiez tous les deux ! » Blackthorne le poussa vers l'échelle de poupe. Il ôta les drosses de la barre, banda ses muscles et la fit virer à bâbord.

Il employa toute sa force dès que le gouvernail fut en prise dans cette mer déchaînée. Le bateau entier trembla. Sous la pression du vent, la proue se mit à osciller à une vitesse vertigineuse. Ils reçurent bientôt la lame et le vent par le travers. Les voiles de cape étaient gonflées et tentaient vaillamment de supporter le poids du navire ; tous les cordages gémissaient. La mer surplombait le bâtiment à l'arrière.

Ils faisaient route parallèlement au récif, quand il vit l'énorme vague, Il cria pour avertir les hommes venant du poste des équipages et se cramponna.

La lame déferla. Le bateau donna de la bande ; Blackthorne crut que le navire allait s'engloutir mais il se redressa, sortit du creux de la vague et s'ébroua comme un chien. L'eau s'écoulait en cascade par les dalots.

Il constata que le cadavre du bosco qui avait été amené sur le pont pour l'immersion du lendemain avait disparu et que la vague suivante, plus violente que la précédente, commençait à déferler. Elle saisit Hendrick au passage, le souleva et le projeta par-dessus la lisse ; il se débattait et haletait. Un autre paquet de mer balaya le pont en grondant. Blackthorne passa son bras entre les rayons de la barre pour se retenir. L'eau roula sur lui. Hendrick était à cinquante mètres par bâbord. La vague le ramena près du bateau, puis une lame gigantesque le projeta au-dessus du navire où elle le tint pendant un moment, puis elle l'emporta et le fracassa sur une crête rocheuse.

Le bateau piqua du nez en essayant de se frayer un chemin. Une autre drisse cassa. Poulies et palans se mirent à osciller, incontrôlables, et s'emmêlèrent dans le gréement.

Vinck et un autre marin se hissèrent sur la plage arrière et vinrent à la rescousse en pesant de toutes leurs forces sur la barre. Blackthorne voyait très bien le récif à tribord ; il était à présent tout proche. D'autres affleurements apparaissaient à l'avant et à bâbord.

« Dans la mâture, Vinck. Ohé de la misaine ! » Vinck et deux gabiers se hissèrent avec difficulté dans les haubans tandis que les autres, au-dessous, leur prêtaient main-forte en pesant de tout leur poids sur les cordages.

« Attention, droit devant ! » cria Blackthorne. Une lame balaya le pont. Elle emporta un autre homme mais ramena en revanche le cadavre du bosco.

La proue émergea des vagues et repiqua du nez. Vinck et ses gabiers se démenaient pour déferler la voile. Elle s'ouvrit brusquement et le vent qui s'y engouffra la fit claquer comme un boulet de canon. Le bateau fit une embardée.

Vinck et ses matelots étaient suspendus dans les airs et se balançaient au-dessus de l'eau.

« Récif — récif droit devant ! » cria Vinck.

Blackthorne et le timonier donnèrent un coup de barre à tribord. Le bateau hésita, vira et craqua. Les écueils, à fleur d'eau, avaient touché les flancs du navire. Mais c'était un choc de biais et la roche s'effrita. La charpente tint bon et les hommes purent souffler.

Blackthorne aperçut une trouée dans le récif, devant lui ; il y mena le bateau. Le vent soufflait beaucoup plus violemment. La mer était encore plus démontée. Un grain les fit dévier ; ils perdirent un instant le contrôle de la barre. Ils la maîtrisèrent et repartirent dans la bonne direction mais le bateau dansait et avançait en zigzaguant. L'eau envahit les ponts et fit irruption dans le poste des équipages, en écrasant un homme contre la cloison. L'entrepont, comme le tillac, était inondé.

« Tous aux pompes ! » cria Blackthorne. Il vit deux hommes descendre.

La pluie lui cinglait le visage. La douleur le faisait loucher. La lumière du kiosque et le feu arrière de navigation s'étaient éteints depuis longtemps. Un grain dérouta le bateau et l'entraîna loin de son but. Le timonier glissa et ils perdirent à nouveau le contrôle de la barre. L'homme gueula quand l'un des rayons lui heurta la tête. Il tomba inanimé, à la merci des vagues, Blackthorne le releva et le soutint jusqu'à ce que la lame écumante soit passée. Il put alors constater que l'homme était mort. Il laissa retomber le cadavre sur le siège ; la vague suivante l'emporta.

La trouée était trois quarts au vent mais Blackthorne, malgré tous ses efforts, n'arrivait pas à gagner du terrain. Il chercha désespérément un autre embouquement tout en sachant qu'il n'en existait pas. Il abattit donc momentanément le bateau sous le vent pour lui faire prendre de la vitesse puis le ramena violemment dans le vent. L'*Érasme* gagna du terrain et tint le cap.

La quille écorchée par les arêtes rocheuses était parcourue de grincements sourds et de plaintes douloureuses. A bord, tous les hommes croyaient voir la charpente en chêne éclater en morceaux et la mer s'engouffrer à l'intérieur. Le navire s'ébranla ; il était à présent incontrôlable.

Blackthorne appela à l'aide mais personne ne l'entendit, Il manœuvra, tout seul, contre l'océan. Il se demandait, dans son esprit de plus en plus brumeux, comment le gouvernail avait pu tenir aussi longtemps.

Dans le goulet, la mer devint un maelström ; la tempête l'aiguillonnait, les rochers la contenaient. De grosses vagues venaient se briser sur le récif ; elles se retiraient en tourbillonnant et se jetaient sur le bateau avant de s'entre-déchirer ; elles étaient, de tous côtés, déchaînées. Le navire dérivait par le travers.

« Je te crache à la gueule, toi la tempête ! hurlait Blackthorne, dans sa rage. Enlève tes foutues pattes de charognarde de mon bateau ! »

La barre vira et l'envoya au loin ; le pont fit un craquement sinistre. Le beaupré heurta un rocher et se brisa ; le bâtiment se redressa. Le mât de misaine, bandé comme un arc, cassa net. Les hommes se jetèrent sur le gréement avec des haches. Ils libérèrent le mât qui passa par-dessus bord. Un homme, pris dans le fouillis indescriptible des agrès, fut emporté. Personne ne pouvait rien faire. Ils le regardèrent émerger et plonger le long du bateau. Il disparut.

Vinck et les autres se retournèrent. Ils virent Blackthorne, sur la plage arrière. Il défiait la tempête comme un forcené. Ils firent le signe de croix et redoublèrent de prières. Certains pleuraient de peur. Ils tenaient tous à la vie.

Le passage était plus large sur quelques mètres, mais se rétrécissait de façon inquiétante en amont et les rochers semblaient grandir et les surplomber. Le courant ricochait d'un bord à l'autre, entraînant le navire dans sa course. Il le tourna à nouveau par le travers et le mena à sa perte.

Blackthorne s'arrêta de maudire la tempête ; il donna un coup de barre à bâbord ; tous ses muscles étaient tendus par l'effort. Le gouvernail ne connaissait plus son bateau — la mer non plus.

Il haletait : « Calme-toi, fille de Satan (ses forces l'abandonnaient rapidement), aide-moi ! »

La poussée des vagues augmenta et il sentit son cœur près d'éclater. Il continuait pourtant à lutter contre la pression de la mer. Il essaya de percevoir les choses clairement mais sa vision se brouilla et tout se mit à danser. Les couleurs étaient faussées, ternes. Le bateau était perdu corps et biens ; à ce moment-là, la quille heurta un fond vaseux. Sous le choc, le bâtiment vira. Le gouvernail était en prise. Le vent et l'eau s'allièrent alors pour venir en aide au bateau ; leurs efforts conjugués le poussèrent, vent en poupe ; il franchit la passe rapidement pour gagner un abri. A l'intérieur de la baie. De l'autre côté.

Livre premier

1

Blackthorne se réveilla brusquement. Il crut rêver pendant un moment, parce qu'il était à terre et qu'il ne reconnaissait absolument pas sa chambre. Elle était petite, très propre. Le sol était recouvert de nattes en tissu très doux. Il était allongé sur une épaisse couverture. Le plafond était en cèdre verni. Les murs étaient des panneaux carrés, une juxtaposition de lattes de cèdre, recouverts d'un papier opaque qui atténuait et diffusait la lumière doucement. A son chevet, un plateau avec quelques bols. L'un contenait des légumes froids préparés ; il les dévora en notant à peine leur saveur épicée. Un autre contenait une soupe de poisson ; il l'avala jusqu'à la dernière goutte. Un autre, enfin, était rempli d'un porridge épais de blé ou d'orge ; il le finit rapidement en mangeant avec ses doigts. L'eau, dans la gourde de forme bizarre, était chaude et avait un drôle de goût — légèrement amère mais délicieuse.

Il nota le crucifix dans sa niche.

Cette maison est espagnole ou portugaise, pensa-t-il, stupéfait. Ce sont les Japons ? Cathay ?

Un des panneaux coulissa. Une femme d'âge moyen, lourde d'aspect, au visage rond, était à genoux près de la porte ; elle s'inclina et sourit. Sa peau était bronzée, ses yeux noirs et bridés ; ses longs cheveux bruns étaient savamment disposés sur sa tête. Elle portait un fourreau de soie grise, des getas et un large obi mauve autour de la taille.

« *Goshujinsama, gokibun wa ikaga desu ka ?* » lui dit-elle. Elle attendit. Il la regarda fixement, déconcerté. Elle répéta sa phrase.

« Ce sont les Japons ? demanda-t-il, les Japons ou Cathay ? »

Elle le dévisagea sans comprendre et dit encore quelques mots. Il se rendit alors compte qu'il était nu. Il chercha ses vêtements mais ne les trouva pas. Il lui expliqua par signes qu'il voulait s'habiller. Il lui montra ensuite les bols. Elle comprit qu'il avait encore faim.

Elle sourit, s'inclina et referma le panneau.

Il se rallongea, épuisé. L'intolérable immobilité et la dureté du plancher lui faisaient tourner la tête. Il essaya, avec effort, de reprendre ses esprits. Je me souviens d'avoir jeté l'ancre. Avec Vinck — je crois que c'était avec Vinck. Nous étions dans une baie et le bateau avait heurté un haut-fond. On entendait les vagues se briser sur la plage. Il y avait des lueurs sur le rivage, et puis, j'étais dans ma cabine, et puis le trou noir. Je ne me souviens de rien. Et puis j'ai vu des lumières à travers ce néant et j'ai entendu des voix étranges. J'ai parlé en anglais, puis en portugais. L'un des indigènes parlait un peu le portugais. Etait-il portugais ? Non. Je crois que c'était un autochtone. Lui ai je demandé où nous étions ? Je ne me souviens pas. Et puis nous étions de nouveau sur le récif et la lame a une fois de plus déferlé sur nous ;j'ai été jeté à la mer ; je me noyais — il faisait un froid de canard —, non, l'eau était chaude, semblable à un lit de soie d'au moins deux mètres d'épaisseur. Ils ont dû me porter à terre ; ils m'ont déposé ici.

« Ce doit être cette natte qui me paraissait si douce et si chaude, dit-il tout haut. Je n'avais jamais encore dormi dans de la soie. » Sa faiblesse eut raison de lui et il s'endormit d'un sommeil sans rêves.

Quand il se réveilla, on avait rapporté de la nourriture dans des bols en grès et ses vétements étaient soigneusement pliés près de lui. Ils avaient été lavés, repassés et minutieusement racommodés par des doigts de fée.

Mais son couteau avait disparu — ses clefs aussi.

Il faudrait que je trouve un couteau et vite, pensa-t-il. Ou un pistolet.

Son regard se posa sur le crucifix. En dépit de sa peur, son excitation grandit. Il avait toute sa vie entendu les pilotes ou les marins raconter des légendes sur les incroyables richesses de l'empire oriental secret des Portugais, sur leur façon de convertir les païens au catholicisme pour les maintenir en esclavage ; cet empire où l'or était aussi bon marché que la fonte et où les émeraudes, les rubis, les diamants, les saphirs étaient aussi nombreux que des galets sur une plage.

Si ce que l'on dit de la religion catholique est vrai, peut-être que le reste l'est aussi. Tout ce qui concerne les richesses. Oui, mais plus vite je trouverai des armes, plus vite je serai à bord de l'*Érasme,* derrière ses canons, et mieux ce sera.

Il avala la nourriture, s'habilla. Une fois debout, il se mit à trembler. Il se sentait hors de son élément comme chaque fois qu'il était à terre. Il n'avait pas ses chaussures. Il se dirigea vers la porte. Sa tête tournait un peu et, pour garder son équilibre, il posa sa main sur les lattes légères qui ne résistèrent pas sous son poids. Elles éclatèrent en morceaux, le papier se déchira. Il se redressa. La femme, agenouillée dans le couloir, le fixa, complètement affolée...

« Désolé », dit-il. Sa maladresse le mit bizarrement mal à l'aise. La pureté de la pièce venait en quelque sorte d'être souillée.

« Où sont mes chaussures ? »

La femme le regarda droit dans les yeux, déconcertée. Il l'interrogea par signes. Elle se précipita au bout d'un couloir, s'agenouilla, fit coulisser un autre panneau et lui fit signe. Des voix étaient proches ; on entendait le bruissement de l'eau. Il franchit le seuil et se retrouva dans une autre pièce, presque nue. Elle donnait sur une véranda ; des escaliers menaient à un petit jardin clos par un mur très haut. Deux vieilles femmes, trois enfants vêtus de robes pourpres et un vieil homme, un râteau à la main, étaient debout près de l'entrée. Il s'inclinèrent immédiatement avec gravité et gardèrent la tête baissée.

A son grand étonnement, Blackthorne remarqua que le vieil homme était nu, hormis le pagne minuscule qui lui ceignait les reins.

« Bonjour », dit-il, ne sachant quoi leur dire.

Ils étaient immobiles.

Interdit, il les regarda fixement, puis leur rendit maladroitement leur salut. Ils se redressèrent, lui sourirent. Le vieil homme s'inclina encore une fois et retourna à son jardinage. Les enfants le regardèrent et se sauvèrent en riant. Les vieilles femmes disparurent à l'intérieur de la maison. Mais il se sentait quand même épié.

Il aperçut ses chaussures au pied des escaliers. Avant qu'il ait pu les ramasser, la jeune femme était déjà là, agenouillée, et l'aidait à les mettre.

« Merci », dit-il. Il réfléchit un instant, puis se montra du doigt. « Blackthorne, dit-il. Blackthorne. » Il la désigna du doigt : « Quel est ton nom ? »

Elle le regarda sans comprendre. Il répéta lentement : « Black-thorne. » Il pointa à nouveau son doigt vers elle. « Quel est ton nom ? » Elle fronça les sourcils et comprit brusquement : « Onna ! Onna ! » dit-elle en se désignant.

Aussi fier de lui qu'elle l'était d'elle-même, il répéta : « Onna ! Onna ! »

Elle acquiesça joyeusement : « Onna ! »

Le jardin ne ressemblait à rien de ce qu'il avait déjà vu : une petite cascade, un cours d'eau, un pont minuscule, des allées de galets propres, des rochers, des fleurs, des buissons — c'est si soigné, pensa-t-il, si soigné.

« Incroyable, dit-il.

— *Nkerriberr ?* lui demanda-t-elle.

— Rien », dit-il. Ne sachant que faire, il la congédia d'un geste. Elle s'inclina poliment et se retira, obéissante.

Blackthorne s'assit au soleil. Il se sentait très faible. Il contempla le vieil homme qui désherbait ce jardin sans herbes. Je me demande où peuvent bien être les autres. Le commandant est-il toujours vivant ? Je me souviens de m'être réveillé, d'avoir mangé, de m'être rendormi ; la nourriture était aussi médiocre que mes rêves.

Les enfants passèrent en courant. Ils se poursuivaient. Il fut gêné pour eux de la nudité du jardinier, car chaque fois que l'homme se baissait ou se penchait, on pouvait tout voir. Il était stupéfait de constater que les enfants n'y attachaient aucune importance. Il voyait les toits d'ardoises et de chaume des maisons voisines, de l'autre côté du mur et, plus loin, les montagnes majestueuses. Un vent vif balayait le ciel et faisait avancer les nuages. Les abeilles butinaient. C'était une merveilleuse journée de printemps. Son corps avait encore besoin de sommeil mais il se redressa. Il se dirigea vers la porte du jardin. Le jardinier sourit, s'inclina, courut lui ouvrir, s'inclina encore une fois et referma derrière lui.

Le village s'étirait autour du port en demi-lune, tourné vers l'est. Deux cents maisons environ, comme il n'en avait jamais vu, descendaient en pente douce du pied de la montagne vers le rivage. Dans la hauteur, des champs en terrasses et des routes de terre battue allant vers le nord et le sud. Le front de mer était pavé ; une cale de lancement était perpendiculaire à la grève. Un bassin tranquille et sûr ; une jetée de pierre. Des hommes et des femmes nettoyaient des poissons, fabriquaient des filets ; un navire de forme étrange était en construction, dans la partie nord du port. Des îles au large, à l'est et au sud. Les récifs devaient se trouver là ou au-delà de l'horizon.

Dans le bassin, nombreux étaient les bateaux aux formes bizarres — bateaux de pêche pour la plupart ; certains n'avaient qu'une grande voile, d'autres étaient à rames —, les rameurs se tenaient debout et poussaient contre la mer ; ils ne ramaient pas comme il l'aurait fait, lui. Quelques bateaux quittaient le port ; d'autres se dirigaient vers la cale de bois. L'*Érasme* était mouillé, à cinquante mètres du rivage, en eau tranquille.

Qui a fait ça ? se demanda-t-il. Il y avait des bateaux bord à bord avec lui et il voyait des indigènes sur le tillac. Mais aucun de ses hommes. Où peuvent-ils bien être ?

Du regard il passa le village en revue et constata que plusieurs personnes l'observaient. Dès qu'il s'en aperçut, elles s'inclinèrent. Mal à l'aise, il s'inclina à son tour. L'activité joyeuse reprit. Ils allaient et venaient, s'arrêtaient, marchandaient, se saluaient. Ils l'avaient visiblement oublié. Ils ressemblaient à une armée de papillons multicolores. Il sentait pourtant un regard l'épier de chaque fenêtre, chaque pas de porte, tandis qu'il se dirigeait vers le rivage.

Qu'est-ce qu'ils ont de si étrange ? se demanda-t-il — ce ne sont pas seulement leurs vêtements, leurs attitudes — c'est — *ils n'ont pas d'armes,* pensa-t-il, déconcerté. Pas d'épées, pas de fusils. Pourquoi cela ?

Des magasins remplis de marchandises bizarres et de ballots bordaient la petite rue. Les acheteurs et les marchands étaient accroupis ou à genoux sur le parquet de bois surélevé. La plupart portaient des socques ou des zoris ; pour certains, les socques avaient d'épaisses semelles et une lanière passant entre le pouce ct le second orteil. Ils abandonnaient leurs chaussures sur le seuil.

Il aperçut l'homme à la tonsure et la peur lui étreignit le ventre, puis l'estomac. Le prêtre était visiblement portugais ou espagnol. Bien que sa soutane fût orange, on ne pouvait se tromper à cause du rosaire et du crucifix qui pendaient à sa ceinture, Sa soutane était tachée et ses chaussures, à l'européenne, souillées de boue. Il regardait l'*Érasme.* Blackthorne sentit qu'il en avait reconnu la nationalité anglaise ou hollandaise. Nouveau modèle sur les mers, plus fin, plus rapide ; bâtiment marchand, certes, mais aussi de combat, conçu d'après les navires corsaires anglais qui avaient fait tant de ravages dans la mer des Antilles. Dix indigènes accompagnaient le prêtre ; ils étaient bruns, aux yeux noirs ; l'un d'entre eux était habillé comme lui ; il portait cependant des espadrilles à lacets. Les autres avaient des robes aux coloris variés, des pantalons bouffants ou simplement un pagne. Ils n'avaient pas d'armes.

Blackthorne voulut se sauver pendant qu'il était encore temps mais il savait qu'il n'en avait pas la force. De toute façon, il n'y avait pas d'endroit où se cacher. Sa taille, la couleur de ses yeux faisaient de lui un étranger en ce monde. Il s'adossa au mur.

« Qui êtes-vous ? » demanda le prêtre en portugais. C'était un homme corpulent, bien nourri, au teint basané, qui devait avoir vingt-cinq ans environ ; il portait une longue barbe.

« Qui êtes-vous ? répliqua Blackthorne en le regardant fixement.

— C'est un navire corsaire néerlandais. Vous êtes donc un de ces Hollandais hérétiques. Vous étes des pirates. Que Dieu ait pitié de vous !

— Nous ne sommes pas des pirates. Nous sommes de pacifiques marchands, sauf pour nos ennemis. Je suis le pilote de ce bateau. Et vous, qui êtes-vous ?

— Le père Sebastio. Comment êtes-vous arrivés ici ? Comment ?

— Nous avons été drossés sur le rivage. C'est quoi cet endroit ? Ce sont les Japons ?

— Le Japon, oui. Le Nippon », répondit le père avec impatience. Il se tourna vers l'un des hommes : plus âgé que les autres, petit et mince, des bras forts et des mains calleuses, il avait le crâne rasé et ses cheveux, aussi gris que ses sourcils, étaient ramenés en arrière en une fine queue. Le prêtre lui parla avec hésitation, en japonais. Il montra Blackthorne du doigt. Ils étaient tous affolés. L'un fit le signe de croix en guise de protection.

« Les Hollandais sont des hérétiques, des rebelles et des pirates. Quel est votre nom ?

— Est-ce une colonie portugaise, ici ? »

Les yeux du prêtre étaient sévères, injectés de sang. « Le chef de village dit qu'il a parlé de vous aux autorités. Vos péchés vous ont perdus. Où est le reste de l'équipage ?

— Nous avons été dépalés. Nous avons besoin d'eau, de nourriture et d'un peu de temps pour réparer le bateau. Et puis nous nous en irons. Nous pouvons vous payer pour tout.

— Où est le reste de l'équipage ?

— Je ne sais pas. A bord. Je suppose qu'ils sont à bord. »

Le prêtre se remit à questionner le chef qui répondit en indiquant du doigt l'autre extrémité du village. Il s'expliqua longuement. Le prêtre se tourna vers Blackthorne. « On crucifie les criminels, ici, monsieur le pilote. Vous allez mourir. Le *daimyō* va venir avec son samouraï. Que Dieu ait pitié de vous !

— Qu'est-ce qu'un *daimyō ?*

— Le seigneur féodal. Il possède toute cette province. Comment êtes-vous arrivé ici ?

— Et le samouraï ?

— Un guerrier — un soldat — membre de la caste des guerriers, dit le prêtre que l'irritation gagnait. D'où veniez-vous et qui êtes-vous ?

— Je ne reconnais pas votre accent, dit Blackthorne pour le dérouter. Vous êtes espagnol ?

— Je suis portugais », dit le prêtre avec emportement ; il mordait à l'hameçon. « Je vous l'ai déjà dit. Je suis le père Sebastio et je viens du Portugal. Où avez-vous appris à si bien parler portugais ?

— Mais le Portugal et l'Espagne c'est la même chose. Vous avez le même roi, dit Blackthorne, provocant.

— Nous sommes un pays indépendant. Nous sommes un peuple différent. Nous l'avons toujours été. Nous avons notre propre pavillon. Nos possessions outre-mer sont distinctes, oui, distinctes. Le roi Philippe était d'accord quand il a fait main basse sur mon pays. » Le père Sebastio arrivait difficilement à garder son calme. Ses doigts tremblaient. « Il a pris mon pays par la force des armes il y a vingt ans ! Ses soldats et ce tyran espagnol, ce suppôt de Satan de duc d'Alva ont écrasé notre vrai roi. *Que va !* Le fils de Philippe règne à présent mais il n'est pas notre vrai souverain. Notre roi remontera bientôt sur le trône. » Il ajouta avec méchanceté : « Vous savez bien que c'est la vérité. Ce que cette âme damnée d'Alva a fait à votre pays, il l'a également fait au mien.

— C'est un mensonge. Alva était une vraie peste en Hollande mais il ne l'a jamais conquise. La Hollande est toujours libre — et le restera. Au Portugal, au contraire, il a écrasé une toute petite armée et tout le pays s'est rendu. Vous n'avez aucun courage. Vous pourriez bouter les Espagnols si vous le vouliez mais vous ne le ferez jamais. Vous n'avez pas d'honneur — pas de couilles au cul. Sauf pour brûler des innocents au nom de Dieu !

— Puisse Dieu vous faire brûler dans le feu éternel ! dit le père dans un accès de rage. Satan rôde de tous côtés mais on en viendra à bout. On viendra à bout de tous les hérétiques. Vous êtes maudit devant Dieu ! »

Blackthorne ressentit malgré lui une terreur religieuse l'envahir.

« Les prêtres n'entendent pas avec les oreilles de Dieu ; ils ne parlent pas avec sa voix. Nous nous sommes libérés de votre joug infâme et nous resterons libres ! »

Il y avait à peine quarante ans, Marie Tudor la Sanglante était reine d'Angleterre et le roi d'Espagne Philippe II, Philippe le Cruel, son époux. Cette fille d'Henry VIII, profondément mystique, avait rétabli les prêtres catholiques, l'Inquisition, les procès d'hérésie et la domination d'un pays étranger en Angleterre ; elle avait tourné le dos aux décisions et aux changements historiques instaurés par son père à l'égard de l'Église romaine, contre la volonté de la majorité. Elle avait régné pendant cinq ans. La haine, la terreur et les effusions de sang avaient déchiré le royaume. Elle etait morte et Élisabeth était devenue reine à l'âge de vingt-quatre ans.

Blackthorne était plein d'admiration et éprouvait un tendre amour filial quand il pensait à Élisabeth. Elle s'était battue pendant quarante ans contre le monde entier. Elle l'avait emporté sur les papes, le Saint Empire romain, la France et l'Espagne coalisés. Excommuniée, méprisée, insultée, elle nous a menés à bon port — sains, saufs, indépendants et puissants.

« Nous sommes libres, dit Blackthorne au prêtre. Vous n'existez plus.

Nous, nous avons maintenant nos écoles, nos livres, notre Bible, notre propre Église — vous, les Espagnols, vous êtes tous les mêmes — des déchets ! Vous, les moines, *vous* êtes tous les mêmes — des adorateurs d'idoles ! »

Le prêtre leva son crucifix et le brandit comme un bouclier. « Ô Seigneur Jésus, protégez-nous du diable ! Je ne suis pas espagnol, je vous l'ai déjà dit ! Je suis portugais. Et je ne suis pas moine. Je suis frère de la Compagnie de Jésus.

— Ah ! vous êtes un de ceux-là. Un jésuite !

— Oui. Que Dieu ait pitié de votre âme ! » Le père Sebastio donna sèchement quelques ordres en japonais et les hommes se ruèrent sur Blackthorne. Il s'adossa au mur et frappa violemment l'un d'eux mais les autres se jetèrent sur lui en grand nombre. Il se sentit étouffer.

« Nanigoto da ? »

La mêlée cessa brusquement.

Le jeune homme se tenait à dix pas de distance. Il portait un pantalon, des socques et un léger kimono. Deux épées, dans leurs fourreaux, étaient fichées dans sa ceinture. L'une avait la forme d'un poignard. L'autre, un sabre à deux mains, était long et légèrement recourbé. Sa main droite reposait sur la garde.

« Nanigoto da ? » demanda-t-il, et comme personne ne répondait immédiatement, il cria : *« NANIGOTODA ? »*

Les Japonais tombèrent à genoux, la tête dans la poussière. Seul, le prêtre resta debout. Il s'inclina et expliqua en hésitant. L'homme l'interrompit avec mépris et désigna le chef de village : « Mura ! »

Mura, la tête baissée, parla rapidement. Il montra plusieurs fois Blackthorne du doigt, le bateau une fois et le prêtre deux fois. Plus rien ne bougeait dans la rue. Le chef de village finit de s'expliquer. Pendant quelques instants, l'homme en armes le questionna, de façon arrogante. Mura lui répondit avec déférence. Puis le soldat dit quelque chose au chef ; il fit un geste méprisant en direction du prêtre et de Blackthorne. L'homme aux cheveux gris traduisit en termes plus simples. Le prêtre se mit à rougir.

L'homme était plus jeune et plus petit que Blackthorne d'une tête. Il avait un beau visage légèrement grêlé ; il regardait l'étranger fixement : *Onushi ittai doro kara kitanoda ? Doko no kuni no monoda ?* »

Le prêtre dit nerveusement : « Kasigi Omi-san demande d'où vous venez et quelle est votre nationalité ?

— M. Omi-san est le *daimyō ?* demanda Blackthorne, effrayé, malgré lui, à la vue des épées.

— Non. C'est un samouraï ; le samouraï qui a la responsabilité du village. Son nom est Kasigi. Omi est son prénom. Ici, on met toujours le nom d'abord. "San" veut dire "honorable". Vous devez le faire suivre tous les noms en signe de respect. Vous feriez bien d'apprendre la politesse et d'acquérir rapidement les bonnes manières. Ils ne supportent pas le manque d'éducation. » Sa voix se fit tranchante. « Dépêchez-vous et répondez !

— Amsterdam. Je suis anglais. »

Le père Sebastio n'en revenait pas de sa surprise. Il dit « Angleterre

— Anglais » au samouraï et se mit à donner des explications. Mais Omi-san l'interrompit en parlant très vite.

« Omi-san demande si vous êtes le chef. Le chef de village dit qu'il n'y a que quelques hérétiques vivants — la plupart sont malades. Vous avez un commandant ?

— Je suis le chef », répondit Blackthorne. En réalité, il savait très bien qu'il cessait de l'être dès qu'ils étaient à terre. Mais à terre ou en mer, malade ou en bonne santé, le commandant Spillbergen était incapable de commander.

Le samouraï prononça encore quelques mots. « Omi-san dit que vous avez le droit de vous promener dans le village. Vous pouvez aller où bon vous semble, jusqu'à l'arrivée de son maître, parce que vous êtes le chef. Son maître, le *daimyō,* statuera sur votre sort. Jusque-là, vous pouvez vivre comme un invité dans la maison du chef. Vous pouvez aller et venir à votre guise. Mais vous ne devez quitter le village sous aucun prétexte. Votre équipage est assigné à résidence et n'a pas le droit de sortir. Vous comprenez ?

— Oui. Où se trouve mon équipage ? »

Le père Sebastio indiqua vaguement un groupe de maisons, près d'un quai. Il était visiblement déçu par les humeurs et l'indécision d'Omi. « Voilà ! Jouis de ta liberté, pirate. Ton démon te perdra. » Omi s'adressa directement à Blackthorne : *« Wakarimasu ka ?*

— Il dit : vous comprenez ?

— Comment dit-on "oui" en japonais ? »

Le père Sebastio répondit au samouraï : *« Wakarimasu. »*

Omi, dédaigneux, leur fit signe de s'écarter. Ils s'inclinèrent tous profondément. Seul, un homme se leva délibérément et ne s'inclina pas.

Le sabre dessina un arc argenté et, dans un sifflement et à une incroyable vitesse, décolla la tête de cet homme. Une fontaine de sang jaillit sur le sol.

Le corps fut parcouru de spasmes pendant quelques instants puis se raidit. Le prêtre recula involontairement. Personne d'autre, dans la rue, ne bougea. Les têtes restèrent baissées. Blackthorne était figé, abasourdi.

Omi posa nonchalamment son pied sur le cadavre.

« Ikinasai », dit-il en leur intimant l'ordre de s'éloigner.

Les hommes qui lui faisaient face se prosternèrent et s'en allèrent. La rue se vida — les magasins aussi.

Le père Sebastio jeta un regard sur le cadavre. Il fit le signe de croix au-dessus du corps et dit : *« In nomine Patris et Filii et Spiritus sancti. »* Il se tourna alors vers le samouraï et le regarda droit dans les yeux sans broncher.

« Ikinasai ! » La pointe de la lame étincelante reposait sur le cadavre.

Au bout d'un long moment, le prêtre se retourna et s'en alla. Avec dignité. Omi le regarda attentivement puis jeta un coup d'œil sur Blackthorne. Celui-ci s'éloignait à reculons ; arrivé à distance suffisante, il tourna rapidement le coin de la rue.

Omi partit d'un énorme éclat de rire. La rue était vide. Quand il eut fini de rire, il saisit son sabre à deux mains et se mit à découper méthodiquement le corps en petits morceaux.

Blackthorne était à bord d'une petite embarcation qu'il n'avait pas eu de difficultés à trouver. Il pouvait voir des hommes sur le pont principal de l'*Érasme*. C'était des samouraïs. Certains portaient une cuirasse ; d'autres de simples kimonos et les deux épées. Ils avaient tous les cheveux coiffés de la même façon : le haut du crâne était rasé et les cheveux ramenés en une queue double, huilée, sur l'arrière de la tête. Seuls les samouraïs avaient le droit et l'obligation d'être ainsi coiffés. Seuls, ils avaient le droit et l'obligation de porter les deux épées. Ils étaient alignés sur les plats-bords de son bateau et l'observaient.

Il monta l'échelle de coupée et arriva sur le pont, inquiet. Un samouraï, habillé de façon plus raffinée que les autres, s'approcha de lui et s'inclina. Blackthorne, qui avait bien appris sa leçon, s'inclina aussi. Les visages se détendirent. Il ressentait encore l'horreur du meurtre commis en pleine rue. Leurs sourires ne faisaient pas s'évanouir ses pressentiments. Il se dirigea vers l'échelle de service et s'arrêta brusquement. Un large ruban de soie rouge barrait l'entrée. Un petit écriteau recouvert d'une écriture bizarre et compliquée était cloué à proximité. Il hésita, vérifia l'autre porte. Elle était également scellée par un ruban similaire ; un écriteau semblable était cloué contre la cloison.

Il tendit la main pour ôter le ruban.

« *Hotté oké !* » Le samouraï secoua la tête négativement. Il ne souriait plus.

« Mais c'est mon bateau ; je veux... »

Blackthorne dissimula son angoisse en fixant les épées. Il faut que je descende, pensa-t-il, il faut que je récupère les carnets : le mien et le carnet secret. Mon Dieu, si on les trouve et si on les donne aux prêtres ou aux Japonais, nous sommes finis. N'importe quel tribunal au monde — hors d'Angleterre et de Hollande — avec une preuve pareille nous condamnerait pour piraterie. Mon carnet donne les dates, endroits et valeur du butin saisi ; le nombre de morts pour chacune des trois escales aux Amériques et pour celle en Afrique espagnole ; le nombre des églises pillées, la façon dont nous avons brûlé les villes et les vaisseaux. Et le carnet portugais ? C'est la mort assurée, car nous l'avons bien sûr volé. On l'a, en tout cas, acheté à un traître portugais et, selon leurs lois, un étranger pris en possession d'un de leurs carnets — sans parler de celui qui ouvre le détroit de Magellan — est immédiatement exécuté. Si le carnet est découvert à bord d'un navire ennemi, tout l'équipage est exécuté sans pitié et le bateau brûlé.

« *Nan noyoda ?* » dit l'un des samouraïs.

— Vous parlez portugais ? » demanda Blackthorne dans cette langue. L'homme haussa les épaules : « *Wakarimasen* ».

Un autre samouraï s'approcha ; il parla avec déférence à son chef qui acquiesça.

« Toi ami portugais ? » demanda le samouraï en portugais ; il parlait avec un très fort accent. Il entrouvrit la partie supérieure de son kimono et lui montra le petit crucifix de bois qui pendait à son cou.

« Chrétien ! » Il se désigna du doigt. « Chrétien. » Il pointa son doigt vers Blackthorne : « Chrétien *ka ?* »

Blackthorne hésita puis acquiesça. « Chrétien.

— Portugais ?

— Anglais. »

L'homme parlementa avec son chef puis tous deux haussèrent les épaules. Ils se retournèrent vers lui. « Portugais ? »

Blackthorne secoua la tête ; il ne voulait à aucun prix les contredire. « Mes amis ? Où ? »

Le samouraï indiqua de l'index l'extrémité est du village. « Amis.

— C'est mon bateau. Je veux descendre. » Blackthorne essaya de se faire comprendre. Il parla par signes. Ils comprirent.

« Ah ! so desu ! Kinjiru ! » répondirent-ils énergiquement en indiquant l'écriteau. Ils avaient l'air réjouis.

Il était clair qu'il n'avait pas le droit de descendre, *Kinjiru* doit vouloir dire « interdit », pensa Blackthorne avec irritation. Et puis au diable ! Il saisit la poignée et entrouvrit la porte.

« *KINJIRU !* »

Quelqu'un l'empoigna et lui fit faire volte-face ; il se retrouva face aux deux samouraïs. Leurs épées étaient à moitié dégainées. Immobiles, les deux hommes attendaient sa décision. D'autres, sur le pont, contemplaient la scène, impassibles.

Blackthorne savait qu'il n'avait pas le choix ; il devait battre en retraite ; il haussa les épaules et s'éloigna. Il vérifia les haussières, inspecta tout le bateau. Les voiles froissées avaient été amenées et étaient attachées par endroits. Il descendit l'échelle de coupée et s'arréta. Il était parcouru de sueurs froides en les voyant tous si hostiles. Il pensa — Seigneur Dieu, comment aije pu étre aussi stupide ! Il s'inclina poliment et l'hostilité disparut comme par enchantement, Les sourires revinrent. Il sentait encore la sueur dégouliner le long de son dos. Il détestait tout dans les Japons et souhaitait pouvoir remonter à bord de son navire avec son équipage et gagner la haute mer.

« Ventrebleu, vous avez tort, chef ! » dit Vinck. Son rictus semblait obscène sur cette bouche édentée. « Si seulement vous pouviez vous habituer à cette pâtée qu'ils appellent nourriture, c'est l'endroit le plus extraordinaire que j'aie jamais vu. Jamais. Je me suis déjà fait deux femmes en trois jours. Elles sont comme des lapines. Elles font tout ce qu'on veut du moment qu'on leur montre comment faire.

— C'est vrai ; mais tu peux rien faire sans viande ni cognac. En tout cas, pas longtemps. Je suis épuisé et j'ai baisé qu'une fois », dit Maetsukker. Son visage se crispait nerveusement. Ces chiens de jaunes comprendront jamais qu'on a besoin de viande, de bière et de pain. De cognac ou de vin.

— C'est ce qu'il y a de pire, bon Dieu ; mon royaume pour une goutte d'alcool ! » Baccus Van Nekk avait le visage sombre. Il s'approcha et se tint près de Blackthorne qu'il scruta du regard. Il était complètement myope et avait perdu sa dernière paire de lunettes dans la tempête. Il était marchand, trésorier et représentant de la Compagnie hollandaise des Indes orientales qui avait commandité le voyage. « Nous sommes à terre, sains et saufs, et nous n'avons pas encore bu une seule goutte ; pas une seule petite larme ! c'est terrible ! Vous avez bu, chef ?

— Non ! » Blackthorne n'aimait pas avoir quelqu'un tout près de lui mais Baccus était un ami, presque aveugle ; il ne bougea pas. « Juste de l'eau chaude avec des herbes. des herbes.

— Ils ne comprendront jamais qu'on a besoin d'alcool. Rien à boire — rien que de l'eau chaude avec des herbes. Que le bon Dieu nous vienne en aide ! Supposez qu'il n'y ait pas une seule goutte d'alcool dans tout le pays ! » Il leva les sourcils : « Rendez-moi un grand service, chef. Demandez-leur de l'alcool ; vous voulez bien ? »

Blackthorne avait trouvé la maison où ils avaient été assignés.

Le samouraï de garde l'avait laissé entrer mais ses hommes lui avaient confirmé qu'ils n'avaient pas le droit de sortir du jardin. La maison avait plusieurs pièces, comme la sienne. Elles étaient seulement plus grandes. Onze de ses hommes étaient vivants. Les cadavres avaient été enlevés et enterrés par les Japonais. Les légumes frais servis en abondance avaient commencé à faire reculer le scorbut et tous, sauf deux, guérissaient rapidement. Les deux marins avaient du sang dans les intestins et la dysenterie les ravageait, Vinck les avait saignés mais ça n'avait pas servi à grand-chose. Il s'attendait à les voir mourir à la tombée de la nuit. Le commandant se trouvait dans une autre pièce. Il était toujours très malade.

Sonk, le cuistot, petit homme trapu, dit en riant : « C'est bien ici, comme dit Johann, à part la bouffe et le manque d'alcool. Et ça marche bien avec les indigènes tant qu'on porte pas de chaussures dans la maison. Ça les rend fous, ces Jaunes, si on enlève pas les souliers.

— Écoutez-moi, dit Blackthorne. Il y a un prêtre. Un jésuite.

— Tudieu ! » Le badinage cessa pendant qu'il leur parlait du prêtre et qu'il leur racontait la décapitation.

« Pourquoi lui a-t-il coupé la tête, chef ?

— Je ne sais pas. »

La peur s'était installée dans la pièce. Salomon, le muet, observait Blackthorne. Sa bouche ruminait, une traînée de bave aux commissures des lèvres.

Pour répondre à sa question muette, Blackthorne lui dit gentiment : « Non, Salomon, pas d'erreur possible ! Il m'a dit qu'il était jésuite.

— Qu'il soit jésuite, dominicain ou je ne sais quoi d'autre n'y change foutrement rien, dit Vinck. On ferait mieux de remonter à bord.

— Nous sommes entre les mains du Seigneur », dit Jan Roper. C'était l'un des marchands-aventuriers. Jeune homme au front haut, aux petits yeux et au nez fin. « Dieu nous protégera des adorateurs de Satan. »

Vinck se tourna vers Blackthorne : « Et les Portugais, chef ? Vous en avez vus dans les parages ? »

— Non. Aucune trace.

— Ils vont bientôt grouiller dès qu'ils apprendront notre capture », dit Maetsukker à la cantonade ; le jeune Croocq poussa un gémissement.

« Oui. S'il y a un prêtre, il doit y en avoir d'autres, dit Ginsel en passant sa langue sur ses lèvres sèches. Et leurs putains de conquistadores sont plus très loin.

— C'est vrai, ajouta Vinck, mal à l'aise. C'est comme les poux.

— Mais nous sommes aux Japons, chef ? demanda Van Nekk. Il vous l'a dit ?

— Oui. Pourquoi ? »

Van Nekk se rapprocha et baissa la voix. « S'il y a des prêtres, certains indigènes sont donc catholiques ; alors l'autre partie de l'histoire est peut-être vraie — les richesses, l'or, l'argent, les pierres précieuses ! » Un ange passa. « Vous en avez vu, chef, de l'or ? des pierres précieuses ou de l'or ?

— Non. Je n'ai rien vu. » Blackthorne réfléchit un instant. « Je ne me souviens pas d'en avoir vu. Pas de collier, pas de perles, pas de bracelet. Écoutez-moi. Je voulais vous dire autre chose. Je suis allé à bord de l'*Érasme* mais les scellés ont été posés. » Il raconta ce qui s'était passé. Leur angoisse grandit.

« Nous sommes entre les mains du Seigneur, s'écria Jan Roper, confiant. Il nous protégera de l'Antéchrist. Telle est sa promesse. Il n'y a rien à craindre. »

Blackthorne dit : « Je suis sûr qu'Omi-san déteste le prêtre. Sa façon de lui parler. Sa hargne. C'est bien ça, non ? J'aimerais bien savoir pourquoi ce prêtre ne porte pas la soutane habituelle. Pourquoi une soutane orange ? Je n'avais jamais vu ça. Peut-être que le pouvoir du prêtre n'est pas très grand. Ça pourrait drôlement nous aider.

— Que doit-on faire, chef ? demanda Ginsel.

— Être patient. Attendre que leur chef, le *daimyō,* arrive. Il nous laissera repartir. Pourquoi ne nous relâcheraient-ils pas ? Nous ne leur avons rien fait. Nous avons de la marchandise à négocier. Nous ne sommes pas des pirates. Nous n'avons rien à craindre.

— Tout à fait vrai. N'oubliez pas que le chef a dit que les sauvages n'étaient pas tous papistes, dit Van Nekk qui cherchait à se donner du courage plus qu'à réconforter les autres. Oui. C'est bon que le samouraï déteste le prêtre. C'est pas mal, non ? Il suffit de prendre garde au samouraï, de récupérer nos armes — voilà ce qu'il faut faire. Et on se retrouvera à bord avant d'avoir pu dire ouf.

— Qu'est-ce qui se passe si ce *daimyō* est papiste lui aussi ? » demanda Jan Roper.

Personne ne lui répondit. Ginsel dit : « Chef, l'homme au sabre ? Il a coupé l'autre en rondelles après lui avoir tranché la tête ?

— Oui.

— Bon Dieu. Ce sont des barbares ! Des fous ! » Ginsel était grand. C'était un beau jeune homme aux bras courts et aux jambes fortement arquées. Le scorbut lui avait enlevé toutes ses dents. « Après lui avoir décollé la tête, les autres sont partis ? sans rien dire ?

— Oui.

— Ventrebleu ! Un homme sans défenses, assassiné, comme ça ! Pourquoi a-t-il fait ça ? Pourquoi l'a-t-il tué ?

— Je ne sais pas, Ginsel. Mais tu n'as jamais vu une pareille rapidité. Tu vois le sabre dans son fourreau et, une seconde après, tu vois la tête rouler à terre.

— Seigneur Jésus ! murmura Van Nekk. Si on ne peut pas regagner le bateau... Putain de tempête ; je me sens complètement perdu sans mes lunettes !

— Que la colère de Dieu frappe tous les païens et les pécheurs. Qu'ils brûlent dans le feu éternel !

— J'aimerais en être certain, Jan Roper », dit Blackthorne d'une voix aiguë. Il sentait la peur de la vengeance divine balayer la pièce. Il était très fatigué. Il avait sommeil.

« Vous pouvez en être certain, chef. Oui. J'en suis certain. Je prie pour que vos yeux s'ouvrent à la vérité divine. Pour que vous vous rendiez compte que nous sommes ici qu'à cause de vous !

— Quoi ? cria Blackthorne, menaçant.

— Pourquoi avez-vous convaincu le commandant de faire route vers les Japons ? Ce n'était pas dans nos instructions. Nous devions mettre le Nouveau Monde à feu et à sang ; nous devions porter la guerre chez l'ennemi et rentrer au pays.

— Nous étions cernés au nord et au sud par les navires espagnols. Nous n'avions pas le choix. Auriez-vous perdu la tête et la mémoire en même temps ? Nous devions mettre cap à l'ouest — c'était notre seule voie de salut.

— Je n'ai jamais vu de navires ennemis. Personne parmi nous n'en a vu.

— Ça va, Jan, dit Van Nekk. Le chef a fait ce qu'il jugeait être le mieux. Bien sûr que les Espagnols étaient là.

— Ouais. C'est la vérité vraie. On était à mille lieues des bateaux amis, dans des eaux ennemies. » Vinck cracha : « C'est la vérité. Et la vérité, c'est qu'on a voté pour ça. On a tous dit oui.

— Pas moi ! »

Sonk dit : « Personne m'a rien demandé.

— Oh, bon Dieu ! »

— Calme-toi, Johann, dit Van Nekk en essayant de détendre l'atmos phère. Nous sommes les premiers à avoir touché les Japons. Tu te souviens de toutes ces histoires, pas vrai ? Nous sommes riches si nous ne perdons pas la raison. Nous avons des marchandises et il y a de l'or, ici. Il doit y en avoir. Où aurions-nous bien pu vendre notre cargaison ? En tout cas, pas dans le Nouveau Monde. Les Espagnols nous cherchaient. Ils savaient que nous étions au large de Santa Maria. Nous devions quitter les eaux chiliennes. C'était notre seule chance et ce fut une bonne idée. Notre cargaison contre des épices, de l'or et de l'argent ; qu'est-ce que vous en dites ? Pensez au bénéfice — multiplié par mille, c'est normal, Vous connaissez les richesses des Japons et de Cathay ; vous en avez toujours entendu parler. Nous en avons tous entendu parler. Pour quelle autre raison nous serions-nous engagés ? Nous serons riches, vous verrez !

— Nous sommes des hommes morts, comme tous les autres. Nous sommes au pays de Satan. »

Vinck dit méchamment : « La ferme, Roper ! Le chef a fait ce qu'il fallait. C'est pas sa faute si les autres sont morts. C'est pas sa faute. Il y a toujours des hommes qui meurent dans ces expéditions. »

Les pupilles de Roper étaient minuscules. « Oui. Que Dieu donne le repos à leurs âmes. Mon frère est l'un de ceux-là. »

Blackthorne regarda Jan Roper droit dans les yeux. Il se demanda en lui-même s'il avait vraiment fait voile vers l'ouest pour éviter les bateaux ennemis. N'était-ce pas pour être le premier pilote anglais à franchir le détroit, le premier à avoir la possibilité de faire le tour du Globe ?

Jan Roper persifla : « Les autres ne sont-ils pas morts à cause de votre ambition, chef ? Dieu vous punira !

— Tu la fermes, maintenant », dit Blackthorne, calmement mais définitivement. Jan Roper lui rendit son regard. Il avait toujours ce même visage hostile, en lame de couteau. Il ne dit rien,

« Que devrait-on faire, chef ?

— Attendre. Nous requinquer. Leur chef va arriver — nous serons bientôt fixés. »

Vinck regarda le samouraï, dans le jardin. Il était accroupi à côté de l'entrée, immobile. « Regardez-moi ce coquin. Ça fait des heures qu'il est là. Il bouge pas ; il dit rien ; il se cure même pas le nez.

— Chef, il est seul. Nous sommes dix, dit Ginsel calmement.

— J'y ai pensé. Mais nous ne sommes pas encore en état. Il nous faudra encore une bonne semaine pour nous débarrasser du scorbut, rétorqua Blackthorne, troublé. Ils sont trop nombreux à bord du bateau. Je n'aimerais pas me mesurer à l'un d'entre eux sans une dague ou un pistolet. Vous êtes gardés, la nuit ?

— Oui. La garde est relevée trois ou quatre fois. Quelqu'un a-t-il vu dormir la sentinelle ? » demanda Van Nekk.

Ils secouèrent la tête.

« Nous pourrions être à bord, cette nuit, dit Jan Roper. Avec l'aide de Dieu, nous pourrions écraser les païens et nous emparer du bateau.

— Tu as les feuilles ensablées ! Le chef arrête pas de te le dire ! Tu écoutes pas ? » Vinck cracha avec dégoût.

Les yeux de Jan Roper se rapetissèrent un peu plus. « Occupe-toi de ton âme, Johann Vinck. Le jour du Jugement dernier approche. » Il s'éloigna et alla s'asseoir sous la véranda.

« Roper a raison. C'est la cupidité qui nous a attirés ici », dit le jeune Croocq. Sa voix chevrota : « C'est le châtiment de Dieu si...

— Ça suffit ! » Le garçon s'agita. « Oui, chef. Excusez-moi, mais bien sûr. » Maximilian Croocq était le plus jeune de tous. Il avait à peine seize ans. Il s'était engagé parce que son père était capitaine de l'un des bateaux et parce qu'ils devaient faire fortune. Mais il avait vu son père mourir de façon horrible au cours du pillage de la ville espagnole de Santa Magdellana en Argentine. Le pillage avait été fructueux. Il avait vu ce qu'était le viol et s'y était lui-même essayé en se haïssant, rassasié de meurtres, de l'odeur de sang. Il avait, plus tard, vu plusieurs de ses amis mourir, les bateaux passer de cinq à un seul. Aujourd'hui, il se sentait le plus âgé de tous. « Désolé ! Je suis désolé !

— Ça fait combien de temps que nous sommes à terre, Baccus ? demanda Blackthorne.

— Trois jours aujourd'hui », Van Nekk se rapprocha et s'accroupit. « Je ne me souviens pas très bien de l'arrivée. Quand je me suis réveillé, il y avait des sauvages plein le bateau. Ils étaient polis et gentils. Ils nous ont donné à manger et à boire de l'eau chaude. Ils ont enlevé les cadavres, ont jeté l'ancre. Je ne me souviens pas de grandchose mais je crois qu'ils nous ont remorqués jusqu'à un mouillage sûr. Vous déliriez quand ils vous ont transporté à terre, Nous voulions vous garder mais ils n'ont pas voulu. L'un d'entre eux parlait quelques mots de portugais. Il semblait être le chef. Il avait les cheveux gris. Il ne comprenait pas le terme "pilote en chef" mais connaissait le mot "capitaine". Il voulait que notre "capitaine" soit logé à part. Il nous a dit de ne pas nous inquiéter, que l'on veillerait bien sur vous. Sur nous aussi. Il nous a menés ensuite dans cette maison. Ils nous ont en fait portés pendant la plus grande partie du trajet. Ils nous ont dit que nous ne devions pas sortir jusqu'à ce que leur capitaine vienne. Nous ne voulions pas qu'ils vous emmènent mais nous n'avons rien pu faire. Est-ce que vous allez demander au chef de village du vin ou du cognac, chef ? » Van Nekk humecta ses lèvres et ajouta : « Pendant que j'y pense, il a aussi parlé du *daimyō.* Que va-t-il se passer quand le *daimyō* sera là ?

— Est-ce que quelqu'un a un couteau ou un pistolet ?

— Non, répondit Van Nekk en grattant sa tête pleine de poux, d'un air absent. Ils nous ont enlevé nos vêtements pour les nettoyer et ils ont gardé nos armes. Je n'y ai pas pensé sur le moment. Ils ont pris mes clefs en même temps que mes pistolets. J'avais tout un trousseau. Les clefs de la chambre forte, du coffre et de la soute à munitions.

— Tout est bien fermé, à bord. Ne t'inquiète pas pour ça.

— Je n'aime pas ne pas avoir mes clefs. Ça me rend nerveux. Sacrebleu, je me ferais bien un petit cognac, tout de suite. Même un bock de bière.

— Seigneur Jésus, le samouraï l'a découpé en morceaux ? dit Sonk en ne s'adressant à personne en particulier.

— Pour l'amour de Dieu, ferme-la. On dit "samouraï". Ce que tu peux faire chier, lui dit Ginsel.

— Nous sommes en sécurité dans les mains du Seigneur miséricordieux, dit Van Nekk en essayant de paraître toujours confiant. Quand le *daimyō* sera là, nous serons relâchés. On nous rendra notre bateau et nos armes. Vous verrez. Nous vendrons toutes nos marchandises et nous rentrerons au pays, sains et saufs, riches, en ayant fait le tour de la terre. Premiers Hollandais à l'avoir fait. Les catholiques iront en enfer et le tour sera joué. »

Ginsel frissonna : « Nous sommes au moins toujours en vie.

— Je donnerais pas cher de notre vie avec tous ces papistes ici et tous ces païens et leurs putains de coutumes.

— Maudit soit le jour où j'ai quitté la Hollande, dit Pieterzoon. Maudit soit l'alcool ! Si j'avais pas été plus soûl qu'une vache, je serais encore, à Amsterdam, en train de baiser avec ma bonne femme.

— J'aurais jamais cru qu'on toucherait terre », dit Maetsukker. Il ressemblait à un furet édenté. « Jamais. Et encore moins aux Japons. Putains de papistes ! on ne partira jamais d'ici vivants ! Si seulement on avait des fusils. Saloperie d'escale ! Je voulais rien dire, chef », dit-il rapidement ; Blackthorne le regardait. « Pas de chance, c'est tout. »

Des serviteurs leur apportèrent encore à manger, un peu plus tard.

Toujours la même chose : légumes — cuits et crus — avec un petit peu de vinaigre, de la soupe de poisson et le porridge de blé ou d'orge. Ils repoussèrent les petits morceaux de poisson cru et demandèrent de la viande et de l'alcool. Mais personne ne les comprit et, au coucher du soleil, Blackthorne s'en alla. Il était fatigué de leurs peurs, de leurs haines, de leurs obscénités. Il leur dit qu'il reviendrait à l'aube.

Il trouva sa rue et la porte de sa maison. Les taches de sang avaient disparu et le cadavre avait été enlevé. C'est comme si j'avais rêvé, pensa-t-il. La porte du jardin s'ouvrit avant même qu'il l'ait touchée.

Le vieux jardinier, toujours vêtu de son seul pagne, malgré le vent frais, sourit et s'inclina : *« Konbanwa.*

— Hello », lui répondit Blackthorne sans réfléchir. Il franchit les quelques marches, s'arrêta en pensant à ses souliers. Il les enleva, traversa la véranda et la pièce, pieds nus. Il longea le couloir mais ne put trouver sa chambre.

Il appela : « Onna ! »

Une vieille femme fit son apparition. *« Hai ?*

— Où est Onna ? »

La vieille femme fronça les sourcils et pointa son doigt vers elle. « Onna !

— Oh, pour l'amour de Dieu, dit Blackthorne en colère. Où est ma chambre ? Où est Onna ? » Il fit coulisser un autre panneau. Quatre Japonais mangeaient, assis sur le sol, autour d'une table basse. Il reconnut l'un d'entre eux. C'était l'homme aux cheveux gris, le chef de village. Celui qui était avec le prêtre. Ils s'inclinèrent tous. « Oh, excusez-moi », dit-il, Il referma le panneau.

« Onna ! »

La vieille femme réfléchit quelques instants puis lui fit signe. Il la suivit dans un autre couloir. Elle ouvrit une porte. Il reconnut sa chambre au crucifix. Les couvertures étaient de nouveau en ordre.

« Merci, dit-il, soulagé. Allez chercher Onna. »

La vieille femme s'en alla à pas feutrés. Il s'assit. Sa tête et son corps lui faisaient mal. Comment remonter à bord ? Comment se procurer des fusils ? Il doit y avoir un moyen. Les pas feutrés se rapprochèrent. Elles étaient trois : la vieille femme accompagnée d'une jeune fille au visage poupin et de la jeune femme.

La vieille femme montra la jeune fille qui semblait affolée. « Onna.

— Non ! » Blackthorne se leva avec emportement et désigna la jeune femme. « Voilà Onna, pour l'amour de Dieu ! vous ne connaissez donc pas votre nom ? Onna ! J'ai faim. Pourrais-je avoir quelque chose à manger ? » Il se frotta la panse pour mimer sa faim. Elles se regardèrent. Puis la jeune femme haussa les épaules, dit quelque chose qui fit rire ses compagnes, se dirigea vers le lit et commença à se déshabiller. Les deux autres femmes s'accroupirent.

Blackthorne était abasourdi : « Que faites-vous ?

— *Ishimasho !* » dit-elle en enlevant son obi et en ouvrant son kimono. Ses seins étaient flasques et plats. Elle avait un gros ventre.

Il était clair qu'elle allait se mettre au lit. Il secoua la tête et lui dit de se rhabiller. Il lui saisit le bras.

La femme se mit en colère. Elle enleva son long fourreau et, nue, essaya de se coucher.

Leur bavardage cessa et elles s'inclinèrent toutes lorsque le chef entra. « *Nanda ? Nanda ?* » demanda-t-il.

La vieille femme expliqua ce qui se passait. « Vous vouloir femme ? » demanda le chef incrédule en montrant la femme nue. Il parlait un portugais presque incompréhensible, avec un très fort accent.

« Non. Bien sûr que non ! Je voulais simplement que Onna m'apporte à manger. » Blackthorne la désigna du doigt avec impatience. « Onna !

— *Onna* veut dire "femme". » Les Japonais gesticulaient en se regardant.

« *Onna* — *Onna* — *Onna* — vous vouloir *Onna ?* »

Blackthorne secoua la tête avec lassitude. « Non. Non merci. J'ai commis une erreur. Désolé. Comment s'appelle-t-elle ?

— Pardon ?

— Comment s'appelle-t-elle ?

— Ah, son nom est Haku. Haku, dit-il.

— Haku ?

— *Hai.* Haku !

— Je m'excuse, Haku-san. Je croyais que *Onna* était votre nom. »

L'homme traduisit. Haku ne paraissait pas très contente. Le chef dit quelque chose. Elles regardèrent toutes Blackthorne, pouffèrent de rire dans leurs mains et sortirent. Haku se retira nue, son kimono sur le bras, très digne.

« Merci, dit Blackthorne, furieux de sa stupidité.

— Ça, ma maison. Mon noum Mura.

— Mura-san. Le mien, c'est Blackthorne.

— Pardon ?

— Mon noum — Blackthorne.

— Ah ! Berr — rakk — fon. » Mura essaya plusieurs fois de le prononcer mais n'y réussit pas. Il renonça et étudia le colosse qui lui faisait face. C'était le premier barbare qu'il voyait, à part le père Sebastio et l'autre prêtre, il y a quelques années de ça. De toute façon, pensa-t-il, les prêtres ont les cheveux bruns, les yeux foncés et une taille normale. Mais cet homme : immense, cheveux blonds, barbe blonde, yeux bleus, une peau étrangement pâle, rouge aux endroits exposés à l'air. Étonnant ! Je croyais que *tous* les hommes avaient des cheveux noirs et des yeux foncés. *Nous* le croyons tous. Les Chinois le croient — et la Chine n'est-elle pas le monde entier à part la colonie des barbares du Sud ? Étonnant ! Pourquoi le père Sebastio déteste-t-il tellement cet homme ? Parce que c'est un adorateur de Satan ? Je ne le pense pas, parce que le père Sebastio pourrait l'exorciser s'il le voulait vraiment. Je n'avais jamais vu le bon père dans une telle colère. Jamais. Étonnant !

Les yeux bleus et les cheveux blonds étaient-ils les marques de Satan ?

Mura leva les yeux vers Blackthorne et se souvint de la manière dont il avait essayé de le questionner, à bord du bateau ; comment, quand ce capitaine avait perdu conscience, il avait décidé de le faire amener chez lui parce qu'il était le chef et qu'il devait recevoir un traitement particulier. Ils l'avaient ,déposé sur la couverture, l'avaient déshabillé en déployant plus qu'une simple curiosité.

« Son organe sort vraiment de l'ordinaire, *neh ?* avait dit Saïko, la mère de Mura. Je me demande la taille qu'il doit avoir quand il est dressé.

— Énorme », avait-il répondu. Ils avaient ri.

« J'espère que leurs femmes sont aussi bien pourvues, avait dit Niji, sa femme.

— Ça ne veut rien dire, ma fille, lui avait répondu sa mère. Nos courtisanes réussiraient certainement à faire l'adaptation nécessaire, avait-elle dit en hochant la tête, admirative, Je n'ai jamais rien vu de pareil, de toute ma vie. Très étrange en vérité, *neh ?* »

Ils l'avaient lavé et il n'était pas sorti de son coma. Le docteur avait jugé imprudent de lui faire prendre un bain avant qu'il ne soit réveillé. « Nous devons nous souvenir, Mura-san, que nous ne savons rien du barbare, avait-il dit, plein de sagesse. Nous pourrions le tuer par erreur. Il est visiblement à bout de forces. Nous devons attendre.

— Et les poux qui grouillent dans ses cheveux ? avait demandé Mura.

— Ils resteront là où ils sont pour le moment. Je crois que tous les barbares en ont. Désolé. Je vous demande un peu de patience.

— Vous ne croyez pas que l'on pourrait au moins lui laver la tête ? avait dit Niji. Nous ferons très attention. Je suis sûre que la maîtresse voudra bien superviser nos pauvres efforts. Ça aiderait le barbare et ça nous permettrait de garder la maison propre.

— D'accord. Vous pouvez lui laver la tête, avait dit péremptoirement Saïko. Mais j'aimerais bien savoir la taille de son organe quand il est dressé. »

Mura baissa les yeux et regarda involontairement le bas-ventre de Blackthorne. Il se souvint de ce que lui avait dit le prêtre, de ces pirates adeptes de Satan. Dieu le Père, protège-nous du mal, pensa-t-il. Si j'avais su qu'il était si nuisible, je ne l'aurais jamais fait porter chez moi. Non, se dit-il. Tu as l'obligation de le traiter en invité de haut rang jusqu'à ce qu'Omi-san en décide autrement. Mais tu as fait preuve de sagesse en prévenant tout le suite le prêtre et Omi-san. Très sage. Tu es le chef, tu as protégé le village et toi, toi seul, en es responsable.

Oui. Et Omi-san te tiendra responsable du mort de ce matin, de l'insolence de cet homme, et ce à juste titre.

« Ne sois pas stupide, Tamazaki ! Tu mets la réputation du village en danger, *neh ?* » Il avait prévenu son ami le pêcheur, une bonne douzaine de fois. « Ne sois pas intolérant. Omi-san ne peut faire autrement que de se moquer des chrétiens. Notre *daimyō* ne déteste-t-il pas les chrétiens. Que peut faire Omi-san ?

— Rien. Je suis d'accord, Mura-san. Excusez-moi, je vous en prie. Mais les bouddhistes devraient être plus tolérants, *neh ?* Ne sont-ils pas tous les deux bouddhistes zen ?

— Oui. Le bouddhisme prêche la tolérance. Mais combien de fois faudra-t-il te répéter que ce sont des samouraïs, qu'on est à Izu et pas à Kyushu ? Et même si on était à Kyushu, tu as quand même tort, Comme toujours, *neh ?*

— Oui. Je vous en prie, excusez-moi. Je sais que j'ai tort, Mais parfois, je sens que je ne peux plus vivre avec cette honte qui m'étreint lorsque Omi-san est si insultant envers la Vraie Foi. »

Et toi Tamazaki, tu es mort à présent, de ta propre volonté parce que tu as insulté Omi-san en refusant de t'incliner parce qu'il avait dit : « ... Ce prêtre sent mauvais ; ce prêtre d'une religion étrangère. » Même si le prêtre sent effectivement mauvais et si la Vraie Foi est effectivement étrangère, mon pauvre ami, cette vérité-là ne va pas nourrir ta famille pour autant, ni effacer cette tache qui a souillé notre village.

Oh, Sainte Vierge, bénissez mon vieil ami et donnez lui la joie de votre Paradis !

Je vais avoir pas mal d'ennuis avec Omi-san, se dit Mura. Et comme si ça ne suffisait pas, voilà notre *daimyō* qui arrive.

Une angoisse épouvantable le tenaillait chaque fois qu'il pensait à son suzerain, Kasigi Yabu, *daimyō* de Izu — oncle d'Omi. La cruauté de cet homme, son manque d'honneur, la façon dont il enlevait aux villages la part qui leur revenait de droit sur la chasse et les récoltes — le poids insupportable de son règne. Quand la guerre avait éclaté, Mura s'était demandé de quel côté se rangerait Yabu : sire Ishido ou sire Toranaga ? Nous sommes pris entre deux géants et nous sommes leur jouet.

Au nord, Toranaga, le plus grand général encore vivant, seigneur du Kwanto, des Huit Provinces, le plus important *daimyō* du pays, général en chef des armées de l'Est ; à l'ouest, les terres d'Ishido, seigneur de la forteresse d'Osaka, conquérant de la Corée, protecteur de l'héritier, général des armées de l'Ouest.

Le Tokaido, la grande route côtière, reliait Yedo, capitale de Toranaga, à Osaka, capitale d'Ishido.

Qui allait gagner ?

Personne.

Car la guerre allait encore une fois entraîner tout l'empire. Les alliances allaient se désagréger ; les provinces allaient se battre entre elles, les villages entre eux, comme cela avait toujours été. Sauf depuis dix ans où une époque sans guerre, appelée paix, avait été pour la premiére fois instaurée à travers l'empire.

Je commençais à aimer la paix, pensa Mura.

Mais l'homme qui avait instauré la paix était mort. Le soldat-paysan, devenu samouraï puis général et finalement Taikō, seigneur absolu et protecteur du Japon, était mort il y a un an et son fils, âgé de sept ans, était trop jeune pour hériter de cette charge. Le gosse est comme nous : un pion au milieu des géants. Et la guerre est inévitable. Maintenant, le Taikō ne peut même plus protéger son fils bien-aimé, sa dynastie, son héritage ou son empire.

Il devait sans doute en être ainsi. Le Taikō avait soumis le pays, instauré la paix, forcé tous les *daimyōs* du pays à se prosterner devant lui, comme des paysans, réorganisé les fiefs à sa guise. Il était mort. C'était un géant au milieu des pygmées. Mais il était peut-être juste que son œuvre et sa grandeur meurent avec lui. Ce n'est pas un homme mais une graine emportée par le vent ; seuls les montagnes, la mer, les étoiles et ce pays des dieux sont vrais et éternels ?

Nous sommes coincés et c'est un fait ; la guerre éclatera bientôt et c'est un fait. Le village sera toujours un village car les rizières sont fertiles, la mer poissonneuse et c'est encore un fait.

Mura revint à ce pirate, ce barbare qui lui faisait face. Tu es un démon envoyé pour nous ruiner, pensa-t-il ; tu ne nous as rien apporté d'autre que des soucis depuis ton arrivée. Tu n'aurais pas pu choisir un autre village ?

« Capitaine-san veut *Onna ?* » Pensant que le pirate serait aussi content d'être sur le ventre que debout, de sentir son pieu bien au chaud, il répéta : « *Onna ?*

— Non. » Blackthorne n'avait qu'une envie, dormir. Mais il se força à sourire car il devait mettre Mura de son côté. Il montra le crucifix. « Vous êtes chrétien ? »

Mura dit oui de la tête.

« Je suis chrétien, moi aussi.

— Père dit non. Pas chrétien.

— Je suis chrétien. Pas catholique. Mais chrétien quand même. »

Mura ne comprenait pas. Blackthorne fit ce qu'il put mais n'arriva pas à s'expliquer.

« Tu veux *Onna ?*

— Le — le dimyo — quand vient ?

— Dimyo ? Pas comprendre.

— Dimyo. Euh, je veux dire *daimyō*.

— Ah, *daimyō, — Hai. Daimyō !* » Mura haussa les épaules. « *Daimyō* vient quand venir. Dormir. D'abord propre. S'il te plaît.

— Quoi ?

— Propre. Bain, s'il te plaît.

— Je ne comprends pas. »

Mura se rapprocha et se tordit le nez de dégoût.

« Toi puer. Mauvais. Les Portugais pareils. Ici maison propre.

— Je prends un bain quand ça me chante et je ne pue pas ! »

Blackthorne écumait : « Tout le monde sait que les bains sont dangereux. Vous voulez que j'attrape une fluxion ? Vous croyez que je suis stupide à ce point ? Foutez le camp ! laissez-moi dormir !

— Bain ! » ordonna Mura, choqué par la révolte du barbare — summum de la mauvaise éducation. Non seulement le barbare puait, et il puait vraiment, mais, à sa connaissance, il ne s'était pas correctement baigné depuis trois jours. La courtisane refuserait de coucher avec lui, quel que soit le prix. Et elle aurait raison. Ces affreux étrangers, pensa-t-il. Étonnant ! Leurs manières de vivre sont incroyablement sales ! Tant pis. Je suis responsable de toi. Je vais t'apprendre les bonnes manières. Tu prendras un bain comme n'importe quel autre humain, et Mère saura ce qu'elle veut savoir. « Bain !

— Foutez le camp d'ici ou je vous mets en morceaux ! »

Blackthorne le fusilla du regard en lui faisant signe de s'en aller.

Moment de silence. Trois Japonais apparurent en compagnie de trois femmes. Mura leur expliqua sèchement ce qui se passait, puis dit péremptoirement à Blackthorne : « Bain, s'il te plaît.

— Dehors ! »

Mura avança seul au milieu de la pièce. Blackthorne tendit le bras. Il ne voulait pas faire de mal à cet homme ; seulement le repousser. Brusquement, Blackthorne jeta un cri de douleur. Mura venait en quelque sorte de lui casser le coude avec le tranchant de la main. Le bras de Blackthorne pendait, momentanément paralysé. Furieux, il chargea. Mais la pièce se mit à tournoyer devant ses yeux. Il se retrouva face contre terre. Un autre coup lui paralysa une partie du dos. Il ne pouvait plus bouger. « Bon Dieu... »

Il essaya de se lever mais ses jambes ne répondaient plus.

Mura tendit son petit doigt d'acier et toucha un centre nerveux dans le cou de Blackthorne qui ressentit une douleur épouvantable.

« O Seigneur Dieu...

— Bain, s'il te plaît ?

— Oui. Oui », murmura Blackthorne du fond de sa souffrance. Il était suffoqué d'avoir été vaincu aussi facilement par un si petit homme ; il gisait à terre, comme un enfant prêt à avoir la gorge tranchée.

« S'il te plaît, désolé, capitaine-san », dit Mura, en s'inclinant profondément. Il avait honte du manque de dignitè du barbare qui gémissait comme un bébé en train de têter. Oui, désolé, pensa-t-il, mais il fallait le faire. Tu as dépassé les bornes, même pour un barbare. Tu gueules comme un fou, tu contraries ma mère, tu troubles la tranquillité de ma maison, tu déranges mes serviteurs et ma femme a dû remplacer un panneau coulissant. Je ne peux décemment pas tolérer ton manque évident d'éducation. Je ne peux te laisser agir, dans ma maison, contre mon gré. C'est pour ton bien. Il n'y a de toute façon pas grand mal puisque les barbares ne peuvent pas perdre la face ; ils n'ont aucune dignité. A part les prêtres — ils sont différents. Ils sentent mauvais eux aussi mais ils sont l'oint de Dieu le Père — ils ont donc de la dignité. Toi, tu es un menteur et un pirate. Tu n'as pas d'honneur. Incroyable ! Ça se dit chrétien ! ça ne te servira malheureusement à rien. Notre *daimyō* hait la Vraie Foi et les barbares. Il ne les tolère que parce qu'il y est obligé. Mais tu n'es pas portugais et tu n'es pas chrétien. Tu n'es donc pas protégé par la loi, *neh* ?Tu es donc un homme mort — au mieux, un homme mutilé. Il est de mon devoir que tu sois propre pour aller vers ton destin. « Bain très bon, »

Il aida les autres hommes à transporter Blackthorne, toujours sonné. Ils traversèrent le jardin, une allée couverte dont il était très fier et arrivèrent au bain. Les femmes suivaient.

2

« Kasigi Yabu, *daimyō* et seigneur d'Izu, veut savoir qui vous êtes, d'où vous venez, comment vous êtes arrivés ici et quels actes de piraterie vous avez commis, dit le père Sebastio.

— Je n'arrête pas de vous répéter que nous ne sommes pas des pirates. » Blackthorne était agenouillé face à l'estrade, dressée sur la place du village ; sa tête souffrait du coup qu'il avait reçu. Garde ton sang-froid et fais fonctionner tes méninges, se dit-il. Nos vies sont menacées. Tu n'es qu'un porte-parole, un point c'est tout. Le jésuite nous est hostile et c'est le seul interprète disponible ; tu n'as aucun moyen de savoir ce qu'il dit et la seule chose que tu sais c'est qu'il ne te viendra pas en aide... Il pouvait presque entendre le vieil Alban Caradoc lui dire « Garde ton sang-froid, mon gars. Quand la tempête est déchaînée et que la mer est démontée, c'est à ce momentlà que tu as vraiment besoin de garder ton sang-froid ; c'est ce qui te permet de survivre, toi et ton bateau. Si tu es le pilote, garde ton sang-froid et extrais-en la sève quotidienne. »

« Dites d'abord au *daimyō* que nous sommes en guerre, que nous sommes ennemis. Dites-lui que l'Angleterre et les Pays-Bas sont en guerre contre l'Espagne et le Portugal.

— Je vous demande une fois de plus de vous exprimer simplement et de ne pas déformer les faits. Les Pays-Bas, et quel que soit d'ailleurs le nom que vous, sales pirates néerlandais, lui donniez — Hollande ou Provinces-Unies, n'est qu'une petite province rebelle de l'Empire espagnol. Vous êtes le meneur d'une bande de traîtres, insurgés contre leur roi légitime.

— L'Angleterre est en guerre et les Pays-Bas ont été sépa... » Blackthorne se tut ; le prêtre ne l'ecoutait plus, mais traduisait.

Le *daimyō,* petit homme trapu, les jambes repliées sous lui, était confortablement agenouillé sur l'estrade. Quatre lieutenants, parmi lesquels Kasigi Omi, son neveu et vassal, l'entouraient. Ils portaient tous des kimonos de soie, des surcots richement brodés, de larges ceintures qui les étranglaient à la taille. Et les inévitables épées.

Mura était à genoux dans la poussière de la place. Il était le seul habitant du village à être présent. Comme autres témoins : les cinquante samouraïs, venus avec le *daimyō,* assis en rangs disciplinés et silencieux. La canaille d'équipage se tenait derrière Blackthorne et était agenouillée comme lui ; cles gardes la surveillaient de près. Quand on était venu les chercher, ils avaient dû, bien qu'il fût au plus mal, transporter le commandant ; on lui avait cependant permis de rester allongé, à demi comateux, par terre. Une fois devant le *daimyō,* Blackthorne et ses hommes s'étaient inclinés, mais ça n'avait pas suffi. Les samouraïs les avaient forcés à se mettre à genoux et leur avaient enfoncé la tête dans la poussière comme ils le faisaient avec les paysans. Blackthorne avait tenté de résister ; il avait crié au prêtre que telle n'était pas leur coutume, qu'il était le chef, qu'il était un envoyé de son pays, qu'il devait être traité en conséquence. Mais la hampe d'une lance l'avait jeté à terre, chancelant. Ses hommes s'étaient rassemblés pour répondre à l'attaque, mais il leur avait intimé l'ordre de s'arrêter et de s'agenouiller. Ils avaient, heureusement, obéi. Le *daimyō* avait émis un son guttural que le prêtre avait traduit comme un avertissement : vous devez dire la vérité et la dire vite, Blackthorne avait demandé une chaise mais le prêtre lui avait répondu qu'il n'y en avait pas au Japon.

Tout en s'adressant au *daimyō,* Blackthorne concentrait toute son attention sur le prêtre et cherchait le défaut dans sa cuirasse. Il y a de l'arrogance et de la cruauté sur le visage du *daimyō,* pensa-t-il. Je parie que c'est un vrai salaud. Le prêtre ne parle pas japonais couramment. Ah, tu as vu ça ? Irritation, impatience ? Est-ce que le *daimyō* a demandé un mot plus clair et plus simple ? Je crois bien que oui. Pourquoi le prêtre porte-t-il une soutane orange ? Est-ce que le *daimyō* est catholique ? Regarde, le jésuite est très obséquieux. Il transpire beaucoup. Je parierais bien que le *daimyô* n'est pas catholique. Sois précis ! Il n'est *peut-être* pas catholique. Tu n'obtiendras, de toute façon, rien de lui. Comment peux-tu te servir de ce putain de salaud ? Comment faire pour lui adresser la parole directement ? Comment faire pour manœuvrer le prêtre ? Comment faire pour le discréditer ? Quel est le moyen ? Allez, cogite ! Tu en sais suffisamment sur les Jésuites...

« Le *daimyō* vous ordonne de vous dépêcher et de répondre à ses questions.

— Oui. Bien sûr. Excusez-moi. Mon nom est John Blackthorne. Je suis anglais, pilote en chef d'une flotte hollandaise. Notre port d'attache est Amsterdam.

— Une flotte ? Quelle flotte ? Vous mentez. Il n'y a pas de flotte. Pourquoi un Anglais serait-il pilote d'un bateau hollandais ?

— Chaque chose en son temps. Veuillez d'abord traduire ce que je viens de dire.

— Pourquoi êtes-vous le pilote d'un bateau corsaire néerlandais ? Dépêchez-vous ! »

Blackthorne se décida à tenter le diable. Sa voix se durcit tout à coup et déchira le calme serein de cette matinée. « *Que va !* Traduis d'abord ce que je viens de te dire, *Spaniard !* Immédiatement ! »

Le prêtre rougit. « Je suis portugais ; je vous l'ai déjà dit. Répondez à la question.

— Je suis ici pour parler au *daimyō,* pas pour te parler. Traduis ce que je viens de te dire, nom de Dieu ! » Blackthorne vit le saint homme rougir un peu plus et sentit que l'incident n'était pas passé inaperçu du *daimyō.* Prudence, Si tu dépasses les bornes, ce salopard de Jaune te mettra plus vite en pièces qu'une bande de requins. « Dites au seigneur *daimyō !* » Blackthorne s'inclina obséquieusement vers l'estrade ; il sentit une sueur froide l'envahir à la seule pensée de l'engagement qu'il prenait.

Le père Sebastio savait que l'enseignement qu'il avait reçu aurait dû le rendre insensible aux insultes du pirate et au complot que celui-ci tramait pour, de toute évidence, le discréditer aux yeux du *daimyō.* Mais, pour la première fois, il se sentit perdu.

Il entendit le *daimyō* lui dire : « Prêtre, traduis ce que le pirate a dit. »

Ô Sainte Vierge Marie Mère de Dieu, aidez-moi à faire votre volonté. Faites que je sois fort face au *daimyō,* donnez-moi le don des langues et aidez-moi à le convertir à la Vraie Foi.

Le père Sebastio rassembla ses esprits et se mit à parler avec plus de confiance.

Blackthorne écouta attentivement en essayant de saisir les phrases et leur signification. Le prêtre utilisa les mots « Angleterre » et « Blackthorne » et montra du doigt le bateau qui était mouillé dans le port.

« Comment êtes-vous arrivés ici ? demanda le père Sebastio.

— Par le détroit de Magellan. Ça fait cent trent-six jours que nous l'avons franchi. Dites au *daimyō...*

— Vous mentez. Le détroit de Magellan est secret. Vous êtes venus *via* l'Afrique et l'Inde. Vous finirez bien par dire la vérité. Ils emploient la torture, ici.

— Le détroit *était* secret. Un Portugais nous a vendu un carnet. Un de vos compatriotes vous a vendu pour un peu d'argent. Vous étes tous des charognes ! Maintenant, tous les bateaux anglais, tous les bateaux de guerre hollandais, ont le moyen de pénétrer dans le Pacifique.

Une flotte — vingt bateaux de ligne anglais, des navires de soixante canons — attaque Manille en ce moment même... votre Empire est fini.

— Vous mentez ! »

Oui, pensa Blackthorne qui savait bien qu'il n'y avait aucun moyen de prouver ce mensonge, à moins d'aller à Manille.

Le *daimyō* les interrompit d'un ton sec et impatient. Le prêtre se mit à parler plus rapidement et dit « Magellan », « Manille », mais Blackthorne eut l'impression que le *daimyō* et ses lieutenants ne comprenaient pas très bien.

Yabu en avait assez de cet interrogatoire. Il regardait, dans le port, ce bateau qui l'avait obsédé depuis qu'il avait reçu le message secret d'Omi ; il se demanda encore une fois si c'était bien ce don du ciel qu'il attendait.

« As-tu vérifié la cargaison, Omi-san ? avait-il demandé, dès son arrivée ce matin, couvert de boue et épuisé de fatigue.

— Non, Seigneur. J'ai pensé qu'il valait mieux poser les scellés et attendre que vous veniez vérifier personnellement. J'espère avoir correctement agi, Voici les clés. Je les ai toutes confisquées.

— Bien. » Yabu était venu de Yedo, la capitale de Toranaga, à plus de cent miles de là, de relais en relais, furtivement et à très grands risques ; il était vital qu'il revienne tout aussi vite. Le voyage avait duré deux jours. Les routes étaient mauvaises ; il avait fallu traverser des rivières, grosses des crues de printemps. Le voyage s'était déroulé en partie en palanquin, en partie à dos de cheval. « Je vais tout de suite inspecter le bateau.

— Vous devriez d'abord voir les étrangers, Seigneur, avait dit Omi en riant. Ils sont incroyables. La plupart d'entre eux ont les yeux bleus — comme les chats siamois — et les cheveux dorés. Mais la meilleure de toutes, c'est que ce sont des pirates... »

Omi lui avait parlé du prêtre et de ce qu'il avait dit de ces corsaires, de ce que le pirate avait raconté, de ce qui était arrivé ; l'excitation de Yabu avait triplé. Il avait cependant maîtrisé son impatience. Au lieu de monter tout de suite à bord du bateau, de briser les scellés, il était allé prendre un bain, se changer et avait ordonné que les barbares lui soient amenés.

« Eh toi, le prêtre, dit-il d'une voix aiguë, incapable de comprendre le japonais que parlait ce dernier, pourquoi le barbare est-il si furieux contre toi ?

— C'est un démon. Un pirate. Il adore le diable. »

Yabu se pencha vers Omi qui était à sa gauche. « Comprends-tu ce qu'il raconte, mon neveu ? Est-ce qu'il ment ? Qu'en penses-tu ?

— Je ne sais pas, Seigneur. Allez savoir avec les barbares ; à quoi peuvent-ils réellement croire ? Il me semble que le prêtre *pense* que le pirate est un adorateur du diable. Bien sûr, tout ça ne veut rien dire. »

Yabu se tourna haineusement vers le prêtre. Il aurait aimé pouvoir le faire crucifier aujourd'hui et faire disparaître, une bonne fois pour toutes, la chrétienté de son royaume. Mais il ne le pouvait pas. « Eh toi, le prêtre, qu'a encore dit le pirate ? Que te disait-il ? Dépêche-toi ! Tu as perdu ta langue ?

— Le pirate dit qu'il y a d'autres navires de guerre à Manille, aux Philippines.

— Omi-san, comprends-tu ce qu'il dit ?

— Non, Seigneur. Son accent est épouvantable. C'est du charabia. N'est-il pas en train de dire qu'il y a d'autres navires de guerre à l'est du Japon ?

— Eh toi, le prêtre, est-ce que ces corsaires sont au large de nos côtes ? A l'est ?

— Oui, Seigneur, Mais je crois que le barbare ment. Il dit qu'ils sont à Manille.

— Je ne te comprends pas. Où est Manille ?

— A l'est. A plusieurs jours de voyage.

— Si un seul bateau pirate arrive ici, nous saurons l'accueillir, où que soit Manille.

— Excusez-moi. Je ne comprends pas.

— Aucune importance », dit Yabu à bout de patience. Il avait décidé que les étrangers mourraient ; il se réjouissait à cette idée. Ces hommes-là n'entraient pas, de toute évidence, dans l'édit du Taikō qui ne mentionnait que les « barbares portugais » ; ils n'étaient donc pas protégés ; de toute façon, c'était des pirates.

Yabu dit : « Ce bateau étranger, non portugais, est confisqué avec toute sa cargaison. Tous les pirates sont immédiatement condamnés... » Il resta bouche bée, frappé de stupeur en voyant le chef des pirates se jeter brusquement sur le prêtre, lui arracher le crucifix de bois qui pendait à sa ceinture, le mettre en pièces, jeter les morceaux à terre, puis crier de toutes ses forces et s'agenouiller tout de suite après en s'inclinant profondément devant lui tandis que les gardes venaient à la rescousse, leurs épées brandies.

« Arrêtez ! Ne le tuez pas. » Yabu était stupéfait de voir quelqu'un agir avec autant d'insolence et de désinvolture en sa présence. « Ces barbares sont vraiment incroyables ! »

Le père était toujours à genoux ; il fixait les débris de sa croix ; ils le regardèrent tous tendre une main tremblante et ramasser le bois profané.

D'une voix basse, presque douce, il dit quelque chose au pirate ; il ferma les yeux, joignit les mains ; ses lèvres bougèrent vaguement.

Blackthorne l'observait, immobile ; ses yeux bleu pâle, félins, ne cillaient pas.

Yabu dit : « Omi-san, je veux d'abord monter à bord du bateau. » Sa voix se fit grasse et empâtée à la perspective du plaisir qu'il s'était promis. « Je veux commencer par celui qui a les cheveux rouges, le petit homme là-bas, au bout de la rangée. »

Omi se pencha et ajouta d'une voix plus calme : « Excusez-moi, mais ça ne s'était jamais produit, Sire. Pas depuis l'arrivée des Portugais, Le crucifix n'est-il pas leur symbole sacré ? Ne respectent-ils pas *toujours* leurs prêtres ? Ne s'agenouillent-ils pas toujours devant eux ? Tout comme nos chrétiens ? Est-ce que les prêtres n'exercent pas sur eux un contrôle absolu ?

— Viens-en au fait.

— Nous détestons tous les Portugais, Sire. Hormis les quelques chrétiens qui sont parmi nous, *neh ?* Peut-être que ces barbares vous sont plus utiles vivants que morts ?

— Comment ça ?

— Ils sont uniques. Ils sont antichrétiens ! Peut-être qu'un homme sage trouverait le moyen d'utiliser leur haine — ou leur irréligiosité — à notre avantage. Ils sont votre propriété ; vous pouvez en faire ce que vous voulez. *Neh ?* »

Oui. Et je veux qu'ils souffrent, pensa Yabu. Oui, mais tu peux te délecter de leur souffrance à n'importe quel moment. Écoute Omi. C'est un bon conseiller. Mais dois-tu lui faire confiance ? A-t-il une raison secrète pour te dire ça ? Réfléchis.

Il entendit son neveu lui dire : « Ikawa Jikkyu est chrétien. » Omi venait de prononcer le nom de l'ennemi abhorré, allié en même temps que parent d'Ishido, qui régnait sur sa frontière occidentale. « Est-ce que cet infâme prêtre n'est pas chez lui, là-bas ? Peut-être que ces barbares pourraient vous donner la clé qui ouvre toute la province d'Ikawa. » Il ajouta avec délicatesse : « Peut-être même celle d'Ishido. Peut-être même celle de Toranaga. »

Yabu scruta le visage d'Omi et essaya de deviner ce qui se passait derrière ce front. Il tourna ensuite les yeux vers le bateau. Il n'avait plus aucun doute ; ce navire lui avait bien été envoyé par les dieux. Oui. Mais était-ce un cadeau ou une plaie ?

Il dissimula son plaisir pour la sécurité même de son clan. « Je suis d'accord. Mais avant tout, brise ces pirates. Enseigne-leur les bonnes manières. Surtout à *lui.* »

Ils étaient entassés dans l'une de ces nombreuses caves que les pêcheurs utilisaient pour stocker le poisson séché au soleil. Les samouraïs les y avaient conduits comme du bétail ; ils étaient maintenant enfermés sous terre. La cave faisait cinq pas de long sur trois de large et deux de haut. Le sol et le murs étaient en terre battue. Le plafond était en planches ; il n'y avait qu'une trappe pour entrer ou sortir.

« Enlève-toi de mon pied, espèce de sale macaque !

— Ta gueule, mange-merde ! dit Pieterzoon. Eh, Vinck, bouge un peu, trou du cul, tu prends plus de place que n'importe qui, ici ! Tudieu, je me ferais bien une petite bière bien fraîche ! Bouge-toi !

— Je peux pas, Pieterzoon. On est plus serrés que l'étui d'une pucelle, ici.

— C'est le commandant. C'est lui qui prend toute la place. Pousse-le ! Réveille-le ! dit Maetsukker.

— Hein ? Qu'est-ce qu'il y a ? Laissez-moi tranquille. Qu'est-ce qu'il se passe ? Je suis malade. Je dois rester allongé. Où sommes-nous ?

— Fous-lui la paix. Il est malade. Allez, Maetsukker, debout, pour l'amour de Dieu. » Méchamment, Vinck força Maetsukker à se lever et le poussa contre le mur. Il n'y avait pas assez de place pour qu'ils puissent tous se coucher ou même s'asseoir confortablement. Le commandant, Paulus Spillbergen, était allongé de tout son long sous la trappe ; c'était là que l'on respirait le mieux ; ses affaires, mises en boule, lui servaient d'oreiller. Blackthorne était dans un coin, adossé à la paroi ; il fixait l'ouverture. L'équipage se tenait à l'écart, aussi loin de lui qu'il le pouvait, sachant, par expérience, reconnaître ses humeurs et la violence qui couvait toujours sous ses allures tranquilles.

Maetsukker se mit en colère et flanqua son poing dans la gueule de Vinck :

« Fous-moi la paix ou je te tue, sale con. »

Vinck lui vola dans les plumes, mais Blackthorne les empoigna tous les deux et leur cogna la tête contre le mur.

« Fermez-la, vous tous », dit-il calmement. Ils obéirent. « On va régler les quarts. Le premier dort, le deuxième est assis ; le troisième reste debout et veille. Spillbergen restera allongé jusqu'à ce qu'il soit guéri.

Les latrines sont dans ce coin-là. » Il répartit ses hommes en groupes. L'atmosphère devint plus supportable dès qu'ils se furent organisés.

Il faut qu'on sorte très vite d'ici si on ne veut pas étre trop faibles, pensa Blackthorne. Dès qu'ils amèneront l'échelle pour nous donner à manger et à boire. Ce devrait étre ce soir ou demain soir. Pourquoi nous ont-ils mis là ? Nous ne sommes pas un danger pour eux. Nous pourrions aider le *daimyō*. Va-t-il comprendre ? C'était le seul moyen que j'avais de lui faire comprendre que le jésuite est notre véritable ennemi. Va-t-il comprendre ? Le prêtre, lui, a compris,

« Peut-être Dieu vous pardonnera-t-il ce sacrilège. Pas moi, lui avait dit, trés tranquillement, le père Sebastio. Je ne trouverai jamais le repos tant que vous et le diable qui vous possède ne serez pas complètement détruits. »

La sueur ruisselait sur ses joues et son menton. Il l'essuya, d'un air absent. Ses oreilles étaient à l'écoute des bruits de la cave, comme à bord du bateau, quand il dormait, rêvait ou n'était pas de quart ; juste assez sur le qui-vive pour prévenir tout danger,

Il va falloir sortir et prendre le bateau par la force. Je me demande ce que Felicity peut bien faire en ce moment. Et les enfants. Tudor a maintenant sept ans et Lisbeth.... nous sommes à un an, onze mois et six jours d'Amsterdam ; ajoute trente-sept jours, le temps de faire les provisions et d'aller de Chatham à Amsterdam. C'est exactement son âge. Si tout va bien. Tout devrait bien aller. Ce serait chouette d'être de retour à la maison, de se promener tous ensemble le long de la grève et dans les bois.

Il s'était entraîné, avec les années, à penser à eux comme aux personnages d'une pièce qui ne finirait jamais. Supporter l'éloignement aurait été intolérable autrement. Il pouvait presque compter sur ses doigts le nombre de jours qu'il avait, en onze ans de mariage, passés à la maison, Bien peu, pensa-t-il, trop peu. Il l'avait prévenue : « C'est une vie bougrement difficile pour une femme, Felicity, » Elle avait répondu : « Toute vie est difficile pour une femme. » Elle avait alors dix-sept ans.

Ses oreilles lui dirent de faire attention.

Vinck et Pieterzoon, bons amis, parlaient tranquillement. Van Nekk, comme les autres, fixait le vide. Spillbergen était à moitié réveillé. Blackthorne pensa que cet homme était plus fort qu'il n'en avait l'air.

Le silence se fit dès qu'ils entendirent les bruits de pas au-dessus de leurs têtes. Des voix étouffées parlaient cette langue gutturale, si bizarre à l'oreille. Blackthorne crut reconnaître la voix du samouraï — Omi-san ? Oui, c'était bien son nom ; mais il n'en était pas certain. Les voix cessèrent au bout d'un instant et les bruits de pas s'éloignèrent.

« Vous croyez qu'ils vont nous donner à manger, pilote ? demanda Sonk.

— Oui. »

Blackthorne sentait sa chemise complètement trempée ; il sentait également la puanteur environnante. Par le Seigneur Dieu, je prendrais bien un bain, pensa-t-il. Il sourit à ce seul souvenir.

Mura et les autres l'avaient transporté dans la pièce chaude et l'avaient allongé sur un banc de bois. Les trois femmes, sous les ordres de la vieille commère, s'étaient mises à le déshabiller ; il avait essayé de les en empêcher mais, à chaque fois qu'il avait esquissé un geste, l'un des hommes lui avait porté un coup qui l'avait laissé sans défense. Il n'avait pas honte d'être nu devant une femme, non. Mais d'être ainsi déshabillé publiquement, d'être allongé sur le dos comme un nourrisson, d'être lavé avec de l'eau chaude, savonneuse et parfumée pendant qu'elles bavardaient et riaient, dépassait la mesure. Il avait eu ensuite une érection ; il avait essayé de la prévenir. Plus il avait lutté, plus elle avait empiré. Du moins le pensait-il ; les femmes, elles, n'étaient pas du tout de cet avis. Elles avaient de plus en plus écarquillé les yeux. Il avait rougi. La vieille femme s'était mise à taper des mains, d'émerveillement et de stupeur ; elle avait dit quelque chose ; tout le monde avait acquiescé ; elle avait encore une fois secoué la tête avec étonnement.

Mura lui avait dit avec gravité : « Capitaine-san, mèresan merci ; le mieux sa vie ; maintenant pouvoir meurt contente ! » Il s'était incliné. Tous s'étaient inclinés. Blackthorne avait alors compris combien le spectacle était amusant et il s'était mis à rire. Ils en avaient été surpris, mais s'étaient eux aussi, finalement, mis à rire. Ils l'avaient ensuite plongé dans une eau extrêmement chaude qu'il n'avait pas pu supporter très longtemps. Ils l'avaient alors sorti, l'avaient à nouveau allongé sur le banc, haletant. Les femmes l'avaient séché. Un aveugle était ensuite venu. Blackthorne ne savait pas ce qu'était un massage. Il avait tenté de résister aux doigts inquisiteurs, mais leur force magique l'avait conquis ; il s'était, très vite, mis à ronronner comme un chat pendant que les doigts de l'aveugle déliaient les nœuds et délivraient le sang tapi sous sa peau, ses muscles et ses nerfs.

On l'avait ensuite aidé à se mettre au lit. Il s'était senti étrangement faible. Comme dans un rêve, et la fille était là. Elle avait été patiente avec lui. Après avoir dormi, une fois ses forces recouvrées, il l'avait prise avec douceur.

Il n'avait pas demandé son nom. Au matin, quand Mura, nerveux, tendu et affolé, était venu le sortir de son sommeil, elle était déjà partie.

Dans la cave, Spillbergen cherchait à nouveau la bagarre. Maetsukker se tenait la tête et gémissait non pas de douleur, mais de peur ; Croocq était au bord de la crise d'hystérie.

Jan Roper dit : « Dans tout ça, où faut-il rire, pilote ?

— Va donc au diable !

— Avec tout le respect que je vous dois, pilote », dit Van Nekk, prudemment. Il disait tout haut ce que les autres pensaient tous bas. « Vous avez commis une imprudence en attaquant le prêtre devant ce putain de salaud de Jaune. Si vous ne l'aviez pas fait, je ne crois pas qu'on serait maintenant dans ce merdier. Tout ce que vous avez à faire, c'est de mettre votre tête dans la poussière quand ce salaud de Seigneur est dans les parages. Les autres se font alors aussi doux que des agneaux. »

Il attendit une réponse, mais Blackthorne se retourna simplement vers la trappe et fit comme si rien n'avait été dit. Le malaise grandit.

« Vous auriez dû lui rompre le cou, pilote. Les jésuites ne nous laisseront, de toute façon, jamais en paix, dit Jan Roper. Ce sont de foutues punaises. Et nous, nous sommes ici, dans ce putain de trou puant. Et c'est le châtiment de Dieu.

— Foutaises, Roper, dit Spillbergen. Nous sommes ici parce...

— C'est le châtiment de Dieu ! Nous aurions dû brûler toutes les églises de Santa Magdellana. Pas seulement deux.

— Nous sommes peut-être ici pour faire le travail de Dieu », dit Van Nekk en essayant de le calmer. Roper était un brave homme malgré son fanatisme ; c'était un marchand habile et le fils de son associé. « Nous pourrions peut-être montrer à ces indigènes les erreurs de leurs habitudes papistes. Nous pourrions peut-être les convertir à la Vraie Foi.

— Tout à fait vrai », dit Spillbergen. Il se sentait encore faible, mais ses forces revenaient. « Je crois que vous auriez dû demander son avis à Baccus, pilote. Aprés tout, il est le chef des marchands. Il est très fort pour parlementer avec les sauvages. Passe-moi l'eau, t'ai je dit !

— Il n'y en a pas, Paulus. » Le visage de Van Nekk s'assombrit un peu plus.

« Ils ne nous ont pas donné d'eau ni de nourriture. Nous n'avons même pas un pot pour pisser.

— Eh bien, demandes-en un ! Et un peu d'eau ! Dieu du ciel, qu'est-ce que j'ai soif. Demande de l'eau ! Toi !

— Moi ? dit Vinck.

— Oui. Toi ! »

Vinck regarda Blackthorne, mais il observait la trappe. Il semblait les avoir complètement oubliés. Vinck alla vers l'ouverture et se mit à crier.

« Hé ! vous, là-haut ! Donnez-nous cette putain d'eau ! Nous voulons à manger et à boire ! »

Pas de réponse. Il cria à nouveau. Toujours pas de réponse. Peu à peu, les autres se joignirent à lui, en chœur. Ils se mirent tous, à l'exception de Blackthorne, à hurler comme des loups, Le ton de leurs voix trahissait leur peur et leur sentiment de promiscuité.

La trappe s'ouvrit. Omi passa la tête et les regarda. Mura était à côté de lui. Le prêtre était là, également.

« De l'eau ! A manger, bon Dieu ! Laissez-nous sortir d'ici ! »

Omi fit un signe à Mura qui acquiesça et s'en alla. Un instant plus tard, il revint avec un autre pêcheur ; ils portaient un énorme fût qu'ils vidèrent sur la tête des prisonniers. Les hommes s'éparpillèrent aux quatre coins de la cave, mais beaucoup ne purent en éviter le contenu — déchets de poisson en décomposition et eau salée.

Blackthorne n'avait pas bougé de son coin. Il fixait simplement Omi. Il le haïssait.

Omi se mit ensuite à parler. Un silence intimidé s'établit, seulement interrompu par les quintes de toux et les hauts-le-cœur de Spillbergen.

Quand Omi eut terminé, le prêtre passa la tête, à son tour.

« Tels sont les ordres de Kasigi Omi : vous allez vous comporter comme des êtres humains. Vous n'allez plus faire de bruit. Si vous en faites, cinq tonneaux seront, la prochaine fois, déversés dans la cave. Puis dix, vingt. On vous donnera à boire et à manger deux fois par jour. Quand vous aurez appris à vous tenir, vous serez autorisés à retourner dans le monde des hommes. Le seigneur Yabu vous a gracieusement épargné la vie, à condition que vous lui soyez loyaux. Tous, sauf un. L'un de vous doit mourir. Au crépuscule. A vous de désigner celui qui doit mourir. Mais vous il montra Blackthorne du doigt vous ne pouvez pas être désigné. » Mal à l'aise, le prêtre reprit sa respiration, s'inclina rapidement devant le samouraï et recula.

Omi jeta un regard au fond du trou. Il vit les yeux de Blackthorne et y lut la haine qui couvait. Il faudra beaucoup de temps pour briser cet homme, pensa-t-il. Peu importe. Nous avons tout le temps.

La trappe se referma avec violence.

3

Yabu était dans son bain chaud, plus satisfait et confiant que jamais. Le bateau avait révélé sa richesse et elle lui donnait une puissance qu'il n'avait jamais osé souhaiter, même en rêve.

« Je veux que tout soit débarqué demain, avait-il dit. Remballez les mousquets. Camouflez tout sous des filets ou des sacs. »

Cinq cents mousquets, pensa-t-il, avec exultation. Avec plus de poudre et de munitions que tout ce que Toranaga possède dans les Huit Provinces entières. Vingt canons et cinq mille boulets. Du matériel européen de première qualité.

Non, jamais, même dans ses rêves les plus fous, il n'avait espéré posséder cinq cents armes à feu. A présent, il les avait pour rien, et lui seul savait s'en servir. Mais au service de qui allait-il les mettre ? De Toranaga ou de lshido ? Devait-il attendre, et devenir, peut-être, l'ultime vainqueur ? « Murá, occupe-toi des porteurs. Igurashi-san, je veux que toutes ces armes, y compris les canons, soient amenées en secret à ma forteresse de Mishima. Vous en êtes responsable. Vous voyagerez de nuit. Vous veillerez à ce qu'un maximum de sécurité soit respecté.

— Oui, Sire.

— Tout cela doit rester secret, Mura, sinon le village sera détruit.

— Je peux répondre de mon village. Je ne peux pas répondre du voyage ou des autres villages. Qui peut savoir où les espions se trouvent ? »

Yabu s'était ensuite rendu à la chambre forte. Elle renfermait le butin des pirates : des plats en or et en argent, des candélabres et autres objets d'ornement.

Yabu remua dans son bain. Il essuya avec une petite serviette blanche la sueur qui perlait sur son front et son cou, puis s'enfonça plus profond dans l'eau chaude et parfumée. Si, il y a trois jours, un devin t'avait prédit que tout ça arriverait, se dit-il, tu lui aurais certainement fait couper la langue pour de tels mensonges.

Il y a trois jours, il était à Yedo, la capitale de Toranaga. Le message d'Omi était arrivé au crépuscule. Il fallait de façon évidente, fouiller le bateau immédiatement, mais Toranaga était toujours à Osaka pour la confrontation finale avec le sire-général Ishido. En son absence, Toranaga avait invité Yabu et tous les *daimyōs* voisins et amis à attendre son retour. On ne pouvait décliner pareille invitation sans résultats néfastes. Yabu savait bien qu'il servait, avec les autres *daimyōs* indépendants ainsi que leurs familles, de protection supplémentaire à la sécurité de Toranaga. Bien que le mot n'ait jamais été employé, ils étaient retenus comme otages tant que Toranaga ne serait pas revenu sain et sauf de l'imprenable forteresse d'Osaka, où avait lieu la rencontre. Toranaga était président du Conseil des régents que le Taikō avait, sur son lit de mort, nommé pour gouverner l'empire durant la minorité de son fils Yaemon, aujourd'hui âgé de sept ans. Il y avait cinq régents. Ils étaient tous d'importants *daimyōs,* mais, seuls, Toranaga et Ishido détenaient le pouvoir réel. Yabu avait soigneusement pesé le pour et le contre d'un éventuel départ. Puis il avait fait appeler sa femme et sa concubine favorite.

« Un message secret de mon neveu Omi m'apprend qu'un bateau barbare s'est échoué à Anjiro.

— Un des Vaisseaux noirs ? » avait demandé sa femme, tout excitée. Ces Vaisseaux étaient d'énormes et riches navires marchands qui, chaque année avec la mousson, faisaient la navette entre Nagasaki et la colonie portugaise de Macao, à mille miles environ au sud du territoire chinois.

— Non. Mais il doit être bourré de richesses. Je m'en vais sur-le-champ. Dites que je suis malade et que je ne dois être dérangé sous aucun prétexte. Je serai de retour dans cinq jours.

— C'est très très dangereux, avait dit sa femme, en guise d'avertissement. Sire Toranaga a donné des ordres précis. Nous devons l'attendre. Je suis certaine qu'il va conclure un nouveau compromis avec Ishido ; il est trop puissant pour que nous l'offensions. Sire, comment vous assurer que personne ne suspectera la vérité ? Il y a des espions partout, Si Toranaga revenait et découvrait que vous êtes parti, votre absence serait mal interprétée. Vos ennemis lui monteraient la tête contre vous.

— Mais ce n'est pas un bateau barbare comme les autres. Ce *n'est pas* un bateau portugais. Ecoutez-moi. Omi dit qu'il vient d'un autre pays. Ces hommes parlent une langue différente, ont les yeux *bleus* et les cheveux *dorés.* »

Dame Yuriko, son épouse, était la seule femme qu'il ait toujours crainte, la seule qu'il ait jamais respectée — hormis sa mère, à présent défunte. Et elle dirigeait sa maison de main de maître.

— Est-ce qu'Omi-san a donné des détails sur la cargaison ?

— Non. Il ne l'a pas inspectée, Yuriko-san. Il dit qu'il a tout de suite fait poser les scellés parce que tout ça sortait vraiment de l'ordinaire. Nous n'avons jamais vu de bateaux non portugais, *neh ?* Il dit aussi que c'est un navire de guerre. Armé de vingt canons.

— Alors, quelqu'un doit aller le voir sur-le-champ,

— J'y vais. Moi-même.

— Je vous en prie, réfléchissez bien. Envoyez Mizuno. Votre frère est habile et sage. Je vous en prie. N'y allez pas.

— Mizuno est un faible. On ne peut pas lui faire confiance.

— Dites-lui alors de se faire immédiatement seppuku et qu'on en finisse, dit-elle sèchement.

— Plus tard, pas maintenant.

— Envoyez alors Zukimoto. On peut certainement lui faire confiance.

— Si Toranaga n'avait pas ordonné à toutes les femmes et à toutes les concubines de rester ici, c'est vous que j'aurais envoyée. Mais ce serait trop risqué. Il faut que j'y aille. Je n'ai pas le choix. Yuriko-san, vous me dites que mon trésor est vide. Vous me dites que je n'ai plus aucun crédit auprès de ces maudits usuriers. Zukimoto me dit que nous imposons les paysans au maximum. J'ai besoin de chevaux, d'armes et de samouraïs supplémentaires. Peut-être que ce bateau va m'en donner les moyens ?

— Les ordres de Toranaga étaient clairs et précis, Sire. S'il rentre et voit que...

— Oui. *S'il* rentre, madame. Je continue de penser qu'il est allé se jeter dans la gueule du loup. Sire Ishido a quatre-vingt mille samouraïs dans la forteresse et aux alentours d'Osaka. Se rendre là-bas avec une centaine d'hommes seulement était vraiment un acte insensé. Si j'étais Ishido et si je le tenais à ma merci, je le ferais tuer tout de suite.

— Oui, dit Yuriko, Mais la mère de l'héritier est toujours détenue à Yedo, jusqu'au retour de Toranaga. Le sire-général Ishido n'osera pas toucher à Toranaga tant qu'elle ne sera pas de retour à Osaka.

— Je le ferais tuer. Peu importe que dame Ochiba vive ou meure. L'héritier est en sécurité à Osaka. Toranaga mort, la succession ne pose plus de problèmes. Il est le seul vrai danger pour l'héritier, le seul qui ait la possibilité de jouer avec le Conseil des régents, d'usurper la puissance du Taikō et d'éliminer l'enfant.

— Excusez-moi, Sire. Peut-être que le sire-général Ishido peut gagner les trois autres régents à sa cause et récuser ainsi Toranaga. Il n'y aurait donc plus de Toranaga, *neh* ? lui dit sa concubine.

— Oui, madame. Si Ishido le voulait, il le pourrait, mais je ne pense pas qu'il puisse le faire actuellement. Pas plus que ne le peut Toranaga. Le Taikō a choisi les cinq régents avec trop de finesse. Ils se méprisent tellement qu'il leur est pratiquement impossible de tomber d'accord sur un seul point.

— Mais un de ces jours, Sire, quatre des régents se ligueront contre le cinquième par jalousie, peur ou ambition, *neh ?* Les quatre régents, ainsi coalisés, tourneront les ordres du Taikō pour pouvoir déclarer la guerre, *neh ?*

— Oui. Mais ce sera une toute petite guerre, madame. Le solitaire sera toujours vaincu. Ses terres seront partagées entre les vainqueurs qui devront à nouveau désigner un cinquième régent. Et, un jour, la règle des quatre contre un prévaudra, une fois de plus. Le solitaire sera encore vaincu et ses terres partagées, comme l'a prévu le Taikō. Mon problème est de savoir qui sera ce solitaire : Ishido ou Toranaga.

— Toranaga.
— Pourquoi ?
— Parce que les autres le craignent trop. Parce qu'ils savent tous que Toranaga aspire secrètement, malgré toutes ses ardentes dénégations, au titre de Shōgun. »

Shōgun était, au Japon, le rang le plus élevé auquel un mortel puisse accéder. Shōgun impliquait la dictature militaire suprème. Un seul *daimyō* à la fois pouvait avoir ce titre. Seule Sa Majesté Impériale, l'empereur régnant, le Divin Fils du Ciel, qui vivait enfermé avec toute sa famille à Kyoto, pouvait l'accorder.

Le pouvoir absolu allait de pair avec le titre de shōgun : le shōgun régnait au nom de l'empereur. Tout pouvoir émanait de l'empereur, descendant direct des dieux. Tout *daimyō* s'opposant au shōgun entrait donc automatiquement en rébellion avec le trône. Il était immédiatement déchu et ses terres confisquées. Seuls les descendants des grandes familles d'origine semi-divine, telles que les Minowara, Takashima et Fujimoto, possédaient un droit historique leur permettant de postuler au titre de shōgun.

Toranaga descendait des Minowara. Yabu pouvait prouver son appartenance à une branche cadette des Takashima, affiliation suffisante au cas où il accèderait au rang suprême.

« Bien sûr, madame..., dit-il, bien sûr Toranaga veut devenir shōgun mais il n'y parviendra jamais. Les autres régents le méprisent et le craignent. Ils vont donc tout faire pour le neutraliser, comme l'avait prévu le Taikō. » Il se pencha en avant et regarda sa femme intensément : « ... Vous dites que Toranaga va perdre en faveur d'Ishido ?
— Il va être isolé, oui. Mais, pour finir, je ne pense pas qu'il perde, Sire. Je vous en prie, ne désobéissez pas à sire Toranaga. Ne quittez pas Yeclo pour aller inspecter ce navire barbare, aussi étrange qu'il soit d'après les descriptions d'Omi-san, Je vous en prie, envoyez Zukimoto à Anjiro.
— Et si le bateau contenait de l'argent ? Ou de l'or ? Feriez-vous alors confiance à Zukimoto ? A l'un de nos officiers ?
— Non. »

Cette nuit-là, il quitta donc Yedo secrètement, avec cinquante hommes seulement. Il possédait à présent la fortune ; il détenait des prisonniers uniques ; l'un d'entre eux allait mourir. A l'aube, il reprendrait la route de Yedo.

Spillbergen tenait dans sa main les brins de paille de riz. Son visage était tendu. « Qui veut tirer le premier ? »

Personne ne répondit. Blackthorne semblait somnoler dans son coin, debout contre la paroi. Il n'avait pas bougé. Le soleil se couchait.

« Quelqu'un doit tirer le premier », ordonna Spillbergen d'une voix rauque ; allez ; il ne reste plus beaucoup de temps. »

Ils avaient eu à manger ; on leur avait donné un baril d'eau et un tonneau en guise de latrines. Mais rien pour se laver ou pour faire disparaître l'odeur nauséabonde qui les imprégnait. Et les mouches étaient arrivées. L'air était fétide, le sol boueux. La plupart des hommes étaient torse nu et en nage, en raison de la chaleur qui régnait, mais aussi à cause de la peur.

Spillbergen les dévisagea l'un après l'autre, puis revint sur Blackthorne. « Pourquoi... pourquoi êtes-vous éliminé ? Hein ? Pourquoi ? »

Blackthorne ouvrit les yeux. Ils étaient de glace. « Pour la dernière fois : je-n'en-sais-rien.

— C'est injuste. Injuste. »

Blackthorne se replongea dans sa réverie. Il doit exister un moyen pour s'échapper d'ici. Il doit exister un moyen pour gagner le bateau. Ce fumier va finir par nous tuer, aussi vrai qu'il existe une étoile polaire. Il ne reste pas beaucoup de temps, J'ai été éliminé parce qu'ils doivent me mijoter une saloperie de derrière les fagots.

Quand la trappe s'était refermée, ils l'avaient tous regardé. Quelqu'un avait dit : « Qu'est-ce qu'on va faire ?

— Je ne sais pas, avait-il répondu.

— Pourquoi on peut pas vous désigner ?

— Je n'en sais rien ! Déblayez-moi ce foutoir et empilez la merde, là-bas dans le coin.

— On a pas de balais ou de...

— Servez-vous de *vos mains !* »

Ils obéirent. Il les aida et nettoya le commandant du mieux qu'il put. « Ça va aller maintenant.

— Comment... comment va-t-on faire pour désigner quelqu'un ? demanda Spillbergen.

— On ne va désigner personne. On va se battre.

— Avec quoi ?

— Vous comptez peut-être aller à l'abattoir comme un mouton ? C'est ça ?

— Ne soyez pas ridicule... ils ne veulent pas de moi--ce ne serait pas bien que ce soit moi qui y aille.

— Pourquoi ça ? demanda Vinck.

— Je suis le commandant. »

Vinck dit ironiquement : « Avec tout le respect que je vous dois, monsieur, vous pourriez peut-être vous porter volontaire. C'est votre devoir.

— Très bonne suggestion, dit Pieterzoon, j'appuie la proposition. »

Spillbergen se mit à donner des ordres et à fanfaronner, mais il vit les yeux sans pitié qui le cernaient. Il se tut et fixa le sol, plein de dégoût. Puis il dit : « Non. Ce... ce ne serait pas bien que quelqu'un se portât volontaire. Ce... nous allons... nous allons tirer au sort. A la courte paille. Nous allons mettre nos mains... nous allons nous mettre entre les mains du Seigneur. Pilote, vous tiendrez les brins de paille.

— Non. Je n'ai rien à voir là-dedans. J'ai dit que nous allions nous battre.

— Ils vont tous nous tuer. Vous avez entendu ce que le samouraï a dit : vos vies sont épargnées, sauf une. » Spillbergen essuya son visage ruisselant de sueur ; un essaim de mouches s'envola. « Donne-moi un peu d'eau. Il vaut mieux qu'un seul homme meure. » Van Nekk remplit la gourde et la tendit à Spillbergen. « Nous sommes dix. Toi y compris, Paulus. Le compte est bon.

— Très bon... à moins que ça tombe sur toi. » Vinck jeta un coup d'œil vers Blackthorne : « On est de taille à se battre contre ces épées ?

— Irais-tu, résigné, à la torture si ça tombait sur toi ?

— Je sais pas. »

Van Nekk dit : « On tire au sort. On laisse Dieu décider.

— Pauvre Dieu, dit Blackthorne, il a bon dos !

— On fait comme l'a dit Paulus. C'est lui le commandant, dit Van Nekk.

— On tire à la courte paille. C'est mieux pour la majorité. Au vote. Tout le monde est pour ? »

Ils avaient tous dit oui. Sauf Vinck. « Je suis avec le pilote. Au diable vos putains de conneries de merde de brins de paille. »

Ils étaient finalement arrivés à le convaincre. Spillbergen coupa les dix brins de paille, puis en recoupa un en deux. Il répéta : « Qui veut tirer le premier ?

— Comment on va savoir si... si celui qui tire le mauvais brin, le plus court, va bien s'en aller ? Comment on va savoir ? La voix de Maetsukker était blanche.

« On en sait rien. On en est pas sûr. On devrait le savoir, dit Croocq.

— C'est facile, dit Jan Roper, jurons que nous le faisons au nom de Dieu. En son nom. Mourir... mourir pour les autres, en son nom. Comme ça, plus de problèmes. L'agneau béni de Dieu ira directement vers la Gloire éternelle.

— Allez, Vinck. Fais ce qu'a dit Roper.

— D'accord », les lèvres de Vinck étaient sèches, « si... si c'est moi... je jure par le Seigneur Dieu que je les suivrai si... si je tire la courte paille. Au nom de Dieu. »

Tous suivirent l'exemple. Maetsukker était si affolé qu'il fallut lui souffler les mots avant de le laisser retomber dans le labyrinthe de son cauchemar. Sonk tira le premier. Pieterzoon, Jan Roper, Salomon et Croocq le suivirent. Spillbergen mourait à petit feu. Ils s'étaient tous mis d'accord pour qu'il n'ait pas à choisir. Le dernier brin serait le sien. Ses chances s'amenuisaient.

Ginsel était épargné. Plus que quatre.

Maetsukker pleurait. Il poussa Vinck de côté, prit un brin de paille et n'en crut pas ses yeux en découvrant que ce n'était pas le bon.

Le poing de Spillbergen tremblait et Croocq dut lui soutenir le bras.

Lequel vais-je prendre ? se demandait Van Nekk, désespérément. Ô mon Dieu, venez-moi en aide. Il arrivait à peine à les discerner à travers le brouillard de sa myopie. Si seulement j'y voyais quelque chose, je saurais peut-être lequel prendre. Lequel ?

Il tira et porta le brin à ses yeux pour lire clairement sa condamnation, mais ce n'était pas le plus court.

Vinck regarda ses doigts prendre l'avant-dernier brin qui tomba à terre. Tout le monde vit que c'était le plus court. Spillbergen desserra sa main nouée et s'évanouit.

Ils observaient tous Vinck, fixement. Il les regarda désespérément, sans les voir. Il haussa légèrement les épaules, esquissa un sourire et écarta les mouches qui le gênaient, d'un geste absent. Puis il s'effondra telle une masse. Ils lui firent de la place et s'écartèrent de lui comme s'il avait eu la lèpre. Blackthorne était agenouillé dans la boue près de Spillbergen.

« Il est mort ? » demanda Van Nekk d'une voix presque inaudible.

Vinck éclata de rire : « C'est moi... c'est moi qui suis mort... Je suis mort.

— N'aie pas peur. Tu es l'agneau béni du Seigneur. Tu es entre les mains de Dieu, dit Jan Roper d'une voix confiante,

— Oui, n'aie pas peur, lui dit Van Nekk.

— C'est facile, maintenant. N'est-ce pas ? » Vinck les dévisagea l'un après l'autre. Pas un ne put soutenir son regard. Seul, Blackthorne ne détourna pas les yeux.

« Apporte-moi un peu d'eau, Vinck. Va jusqu'au baril et rapporte-moi un peu d'eau. Allez, vas-y. »

Vinck le fixa, puis saisit la gourde, alla la remplir et la lui rapporta. « Seigneur Dieu, pilote, qu'est-ce que je vais faire ? » murmura-t-il. « Aide-moi d'abord avec Paulus. Vinck ! Fais ce que je te dis. Tu crois qu'il va bien ? » Aidé par le calme de Blackthorne, Vinck réussit à chasser son angoisse. Le pouls de Spillbergen était faible. Il écouta les battements de son cœur, lui retroussa les paupières et l'observa pendant un moment : « Je sais pas, pilote. Seigneur Dieu, j'arrive pas à y voir clair dans ma pauvre tête. Son cœur va bien, je crois. Il aurait besoin d'une bonne saignée, mais... je peux pas... je peux pas me concentrer... donnez-moi... » Il s'arrêta, épuisé, alla se rasseoir contre le mur. Les sanglots se mirent à déchirer son corps. La trappe s'ouvrit.

Omi se tenait dans l'encadrement ; sa silhouette se découpait contre le ciel ; le soleil couchant ensanglantait son kimono.

4

Vinck essaya vainement de remuer les jambes. Il avait souvent regardé la mort en face mais jamais de cette façon-là, résigné. Les brins de paille en avaient décidé ainsi. Pourquoi moi ? hurlait son cerveau. Je suis pas pire que les autres. Je suis même meilleur que beaucoup, Seigneur Dieu du ciel, pourquoi moi ?

L'échelle avait été amenée. Omi fit signe à l'homme désigné de grimper, et vite. *« Isogi ! »*

Van Nekk et Jan Roper priaient en silence, les yeux clos. Pieterzoon ne voulait pas voir. Blackthorne fixait Omi et ses lieutenants.

Omi gueula encore une fois : *« Isogi ! »*

Vinck essaya de se mettre debout : « Aidez-moi. Que quelqu'un m'aide ! »

Pieterzoon, qui était à côté de lui, se pencha, passa la main sous son bras et l'aida à se lever. Blackthorne était au bas de l'échelle, les jambes fermement plantées dans la boue.

Il se servit alors du mot qu'il avait entendu à bord du bateau : *« Kinjiru ! »*

Un mouvement de stupéfaction parcourut la cave. Omi serra la main sur le pommeau de son épée et se dirigea vers l'échelle. Blackthorne se mit à la secouer violemment, mettant ainsi Omi au défi d'y poser seulement le pied.

« Kinjiru ! »

Omi s'arrêta.

« Qu'est-ce qui se passe ?, demanda Spillbergen, terrifié.

— Je lui ai dit que c'était interdit ! Pas un seul des membres de mon équipage n'ira à la mort sans s'être battu.

— Mais... mais nous sommes tous d'accord !

— Pas moi !

— Êtes-vous devenu fou ? »

Vinck murmura : « C'est d'accord, pilote. J'ai... nous nous sommes mis d'accord et c'était juste. C'est la volonté de Dieu. Je vais... c'est... » Il se dirigea à tâtons jusqu'au bas de l'échelle, mais Blackthorne barrait implacablement le passage et faisait face à Omi.

« Tu ne t'en iras pas sans t'être battu. Personne ne s'en ira.

— Éloignez-vous de l'échelle, pilote ! On vous donne l'ordre de vous éloigner ! » Spillbergen, nerveux et tremblant, restait tapi dans son coin. Sa voix se fit criarde : « Pilote ! »

Mais Blackthorne n'écoutait pas. « Tenez-vous prêts ! »

Omi fit un pas en arrière et hurla un ordre à ses hommes. Immédiatement, un samouraï, suivi par deux autres, se mit à descendre l'échelle, l'épée dégainée. Blackthorne secoua violemment les montants. Il agrippa l'attaquant, fit un écart pour éviter le coup d'épée et essaya de l'étrangler.

« Aidez-moi. Bon Dieu, défendez votre *peau* ! »

Blackthorne changea de prise pour faire dégringoler l'homme des barreaux. Un deuxième samouraï descendait l'échelle. Vinck sortit de son état cataleptique et se jeta fou furieux à sa tête. Il intercepta l'arme qui aurait dû trancher le poignet de Blackthorne, tint le bras ennemi à distance et flanqua son poing libre dans la gueule de l'assaillant. Le samouraï, haletant, lui balança un coup de pied vicieux, qu'il sembla à peine accuser. Il grimpa les barreaux quatre à quatre et se jeta sur l'homme pour s'emparer de son épée ; il lui lacérait le visage avec son ongles. Les deux autres samouraïs étaient gênés par l'étroitesse de la cave et la présence de Blackthorne. Un coup atteignit Vinck à la face et il tournoya. Le samouraï qui était sur l'échelle se rua sur Blackthorne, mais manqua sa cible ; l'équipage tout entier passa à l'attaque.

Croocq martelait du poing le cou-de-pied du samouraï et sentit craquer l'un des osselets. L'homme s'arrangea pour lancer son épée hors du trou — il ne voulait pas que l'adversaire s'en empare — et s'effondra lourdement dans la boue. Vinck et Pieterzoon lui tombèrent dessus. Il se défendit avec férocité ; les autres tombèrent également à bras raccourcis sur l'intrus. Blackthorne ramassa une dague recourbée et se mit à grimper l'échelle, suivi par Croocq, Jan Roper et Salomon. Les deux samouraïs battirent en retraite et prirent position à l'entrée du trou. Leurs épées meurtrières étaient prêtes à frapper. Blackthorne savait très bien que son poignard était inutile. Il chargea pourtant, soutenu par ses compagnons. Au moment où sa tête émergea du trou, un sabre retomba sur lui et le rata de quelques centimètres. Un coup violent porté par un samouraï invisible le renvoya sous terre.

Il se retourna et fonça à nouveau vers l'échelle ; il évita la mêlée des combattants qui tentaient de maîtriser le samouraï allongé dans la boue puante. Vinck frappa l'homme à la base du cou ; il cessa de bouger. Vinck continua à le marteler de ses poings jusqu'à ce que Blackthorne l'écarte. « Ne le tue pas... on peut s'en servir comme otage ! » cria-t-il. Il essaya désespérément de ramener l'échelle dans la cave, mais elle était trop haute. Les lieutenants d'Omi attendaient, impassibles, à l'entrée de la cave.

« Pour l'amour de Dieu, pilote, arrêtez ! dit Spillbergen, d'une voix étranglée. Ils vont tous nous tuer... vous allez tous nous tuer ! Arrêtez-le ! Que quelqu'un l'arrête ! »

Omi gueulait d'autres ordres. « Attention ! » cria Blackthorne.

Trois autres samouraïs, armés de couteaux et ne portant qu'un pagne autour des reins, sautèrent agilement dans le trou. Les deux premiers se jetèrent avec préméditation sur Blackthorne, le clouant au sol ; ils s'acharnèrent ensuite sur lui sauvagement, oubliant qu'ils mettaient ainsi leur propre vie en danger. Blackthorne était submergé par la force de ces hommes. Il ne pouvait se servir de son couteau et sentait sa combativité l'abandonner ; il aurait aimé posséder l'adresse de Mura au corps à corps. Il savait qu'il n'allait pas pouvoir résister très longtemps ; il fit un dernier effort et libéra l'un de ses bras. Sa tête explosa sous le tranchant d'une main dure comme la pierre ; un autre coup fit jaillir un arc-en-ciel de couleurs dans son cerveau ; il essaya quand même de lutter. Vinck travaillait l'un des samouraïs à la gorge quand le troisième lui tomba dessus, du haut de la trappe ; Maetsukker poussa un hurlement ; une dague venait de lui inciser le bras. Van Nekk se frayait un chemin à l'aveuglette et Pieterzoon disait : « Pour l'amour de Dieu, c'est eux que tu dois frapper, pas moi ! » Mais le marchand, terrorisé, n'entendit pas. Blackthorne saisit l'un des samouraïs à la gorge. Il n'arrivait pas à assurer sa prise à cause de la boue et de la sueur. Il était presque arrivé à se mettre sur ses pattes comme un taureau furieux, quand un dernier coup l'atteignit. Il glissa dans le néant. Les trois samouraïs se frayèrent un chemin vers l'extérieur ; l'équipage, à présent sans chef, reculait devant le dangereux moulinet des trois épées ; les guerriers ne cherchaient pas à tuer ou à mutiler qui que ce soit ; ils cherchaient simplement à tenir en respect les hommes haletants et terrorisés, à leur faire dégager l'accès de l'échelle, là où Blackthorne et le premier samouraï gisaient, inertes. Omi descendit, arrogant, dans le trou et saisit l'homme le plus proche de lui ; c'était Pieterzoon. Il lui fit monter l'échelle de force. Pieterzoon hurla et tenta de résister à l'emprise d'Omi. Un couteau lui entama le poignet ; un autre lui entailla le bras. Le marin fut impitoyablement hissé au haut de l'échelle, hurlant.

« C'est pas moi qui dois y aller, c'est pas moi, c'est pas moi... » Il avait les deux pieds posés sur les barreaux et tentait d'échapper aux coups et à la souffrance. Il cria une dernière fois « Aidez-moi, pour l'amour de Dieu... » et disparut en délirant.

Omi le suivit sans se presser.

Un samouraï sortit, puis un autre. Le troisième ramassa la dague dont Blackthorne s'était servie, tourna le dos avec mépris, enjamba le corps prostré de son camarade inconscient et grimpa l'échelle qui fut tout de suite ramenée. L'air, la lumière et le ciel disparurent. On poussa à nouveau les verrous de la trappe. Les mouches revinrent.

Personne ne bougea pendant un moment. Jan Roper avait une petite entaille à la joue ; Maetsukker saignait abondamment. Les autres étaient encore sous le choc ; à l'exception de Salomon qui tâtonna vers Blackthorne, effondré sur le samouraï évanoui, et le souleva en disant quelque chose de guttural et en montrant l'eau du doigt, Croocq en apporta un peu dans une gourde, l'aida à redresser Blackthorne, toujours inconscient. Ils se mirent à lui laver la figure.

« Quand ces salopards... quand ils lui sont tombés dessus, j'ai cru entendre son cou ou son épaule se rompre, dit le garçon qui respirait difficilement. On dirait un cadavre. »

Sonk se leva avec difficulté et se fraya un chemin jusqu'à eux. Il remua prudemment la tête de Blackthorne d'un côté puis de l'autre, tâta les épaules. « Tout semble en place. Faut attendre qu'il revienne pour dire. »

Vinck commença à se lamenter : « Pauvre Pieterzoon... je suis damné... je suis damné...

— Tu étais sur le point d'y aller. C'est le pilote qui t'en a empêché. Tu étais sur le point d'y aller, comme tu l'avais promis. Je t'ai vu, par le Seigneur Dieu. »

Sonk secoua Vinck qui ne fit pas attention. « Je t'ai vu, Vinck. » Il se tourna vers Spillbergen, en chassant les mouches d'un geste de la main. « C'est pas vrai ?

— Oui. Il était sur le point d'y aller. Vinck, arrête de pleurnicher ! C'est la faute du pilote. Donne-moi un peu d'eau.

— C'est pas la faute de Vinck, dit Van Nekk avec lassitude. Il ne pouvait pas se lever, vous ne vous souvenez pas ? Il a demandé de l'aide. J'avais moi-même si peur que je ne pouvais pas bouger. Et j'avais pas à y aller, moi.

— Ce n'est pas la faute de Vinck, dit Spillbergen, non. C'est sa faute. » Ils regardèrent tous Blackthorne. « Il est fou.

— Tous les Anglais sont fous, dit Sonk. Vous en avez déjà connu un qui l'était pas ? Grattez-en un et vous découvrez un dingue... et un pirate par-dessus le marché,

— Des salauds, tous tant qu'ils sont ! dit Ginsel.

— Non. Pas tous, dit Van Nekk. Le pilote a fait ce qu'il croyait être le mieux.

— Attention ! » Ginsel indiqua du doigt le samouraï qui bougeait et geignait. Sonk se précipita sur lui et lui décrocha un coup de poing dans la mâchoire. L'homme retomba, inconscient.

« Par la mordieu ! Pourquoi c'est y que ces salopards l'ont laissé ici ? Ils auraient pu l'emporter avec eux.

— Ne lui retape pas dessus, Sonk. Ne le tue pas. C'est un otage. »

Croocq regardait Vinck, accroupi contre l'un des murs, enfermé dans ses gémissements et sa haine de lui-même. « Que Dieu nous aide. Qu'est-ce qu'ils vont faire à Pieterzoon ? Qu'est-ce qu'ils vont nous faire ?

— C'est la faute du pilote, dit Jan Roper, seulement sa faute. »

Van Nekk jeta un coup d'œil plein de pitié vers Blackthorne. « De toute façon ça n'a plus aucune importance, n'est-ce pas ? »

Maetsukker s'écroula ; le sang coulait toujours le long de son avant-bras. « Je suis blessé. Que quelqu'un vienne m'aider. »

Salomon lui fit un tourniquet avec un bout de chemise et étancha le sang, L'entaille du biceps était profonde mais aucune artère ni veine n'avait été touchée. Les mouches se mirent à agacer la plaie.

« Saloperies de mouches ! Que Dieu envoie le pilote en enfer ! dit Maetsukker.

— On était d'accord. Mais non ! Monsieur avait besoin de sauver

Vinck ! Et maintenant il a le sang de Pieterzoon sur les mains et on va tous souffrir à cause de lui.

— Ta gueule ! Il a dit qu'aucun membre de son équipage... »

Des bruits de pas se firent entendre au-dessus de leurs têtes. La trappe s'ouvrit. Les villageois se mirent à déverser des tonneaux d'eau salée et de déchets de poisson avarié. Ils s'arrêtèrent quand le sol de la cave fut recouvert par quinze centimètres d'eau environ.

Les hurlements commencèrent quand la lune fut haute.

Yabu était agenouillé dans le jardin intérieur de la maison d'Omi. Immobile. Il contemplait le clair de lune dans les arbres en fleurs. Un pétale tomba en tournoyant et il pensa :

La beauté
N'est pas moindre
Quand elle s'envole
Au vent.

Yabu avait besoin de toutes ses forces pour se concentrer sur les arbres, le ciel, la nuit et la douce caresse du vent, pour respirer le doux parfum de la mer, composer des poèmes et, en même temps, savourer les hurlements de l'agonisant. Il avait mal au dos et seule sa volonté le rendait ferme comme un roc. Cette conscience l'amenait à un degré de sensualité inexprimable. Et cette nuit-là, il l'éprouva comme jamais il ne l'avait ressentie.

« Omi-san, combien de temps notre maître reste-t-il ici ? lui demanda sa mère, dans un murmure anxieux.

— Je ne sais pas.

— Ces hurlements sont épouvantables. Quand vont-ils s'arrêter ?

— Je ne sais pas. »

Ils étaient assis à l'intérieur de la maison. Omi avait donné la chambre de sa mère à Yabu. Les deux pièces donnaient sur le jardin qu'il avait aménagé avec tant d'efforts. Ils voyaient Yabu à travers les claies ; l'arbre projetait d'impressionnants dessins sur son visage ; le clair de lune éclaboussait le pommeau de ses épées.

« J'aimerais bien aller me coucher, dit la femme en tremblant, mais je ne peux pas dormir avec tout ce bruit. Quand est-ce que ça va cesser ?

— Je ne sais pas. Prenez patience, mère, dit Omi calmement, le bruit va bientôt cesser. Sire Yabu retourne demain à Yedo. Je vous en prie, soyez patiente. » Mais Omi savait que la torture se poursuivrait jusqu'à l'aube. Il en avait été ainsi décidé.

Il essaya de se concentrer. Puisque son seigneur arrivait à méditer au milieu de ces hurlements, il devait lui aussi suivre l'exemple. Mais le hurlement suivant le ramena à la réalité. Il pensa : je ne peux pas, je ne peux pas, pas encore. Je n'ai pas sa force et sa maîtrise.

Il voyait très clairement le visage de Yabu. Il essaya d'en déchiffrer l'expression étrange : le léger rictus des lèvres pleines et charnues ; la salive qui apparaissait aux commissures, les deux entailles sombres des yeux qui ne bougeaient qu'avec le mouvement des pétales. Comme s'il venait d'atteindre l'orgasme. Comme s'il était au bord de l'orgasme. Sans s'être touché. Est-ce possible ?

Les hurlements cessèrent brusquement.

Omi tendit l'oreille. La bouche entrouverte, il essaya désespérément de capter le moindre bruit. Il regarda Yabu à travers les lattes. Le *daimyō* était toujours figé, telle une statue.

Yabu finit par dire : « Omi-san ! »

Omi se leva, alla sous la véranda et s'inclina. « Oui, Seigneur.

— Va voir ce qui se passe. »

Omi s'inclina à nouveau, traversa le jardin et gagna la route mal pavée qui descendait de la colline vers le village et menait jusqu'au port. Il apercevait, tout en bas près de l'un des quais, le feu et les hommes qui le gardaient et, sur la place qui faisait face à la mer, l'entrée de la cave et ses quatre gardiens.

Il vit que le bateau était soigneusement mouillé ; des lampes à huile avaient été disposées sur les ponts et les embarcations alentour. Les villageois — hommes, femmes et enfants — déchargeaient toujours la cargaison ; des bateaux de pêche et des dinghies allaient et venaient comme autant de lucioles. Des tas de caisses et de ballots s'empilaient soigneusement sur la gréve. Sept canons avaient déjà été déchargés. Un huitième était halé du bateau, à l'aide de cordages, sur une rampe, puis sur le sable.

Mura vint à sa rencontre. Il avait été prévenu à l'instant même où Omi avait ouvert la porte du jardin. Il s'inclina. « Bonsoir, Omi-san. Le bateau sera déchargé à midi.

— Le barbare est-il mort ?

— Je ne sais pas, Omi-san. Je vais voir.

— Viens plutôt avec moi. »

Obéissant, Mura le suivit, à quelques pas de distance. Omi était bizarrement satisfait de la compagnie de Mura.

« A midi, as-tu dit ? demanda Omi, Il n'aimait pas ce calme.

— Oui. Tout se déroule pour le mieux.

— Et pour ce qui est du camouflage ? »

Mura montra du doigt les groupes de vieilles femmes et d'enfants qui tissaient de grossières nattes, près d'un hangar à filets.

« Nous pouvons démonter les canons de leurs affûts et les envelopper. Il va nous falloir au moins dix hommes par canon. Igurashi-san a envoyé chercher d'autres porteurs au village voisin.

— Bien.

— Je pense qu'il faudrait que le secret soit bien gardé, Sire.

— Igurashi-san leur en fera bien comprendre la nécessité, *neh ?*

— Omi-sama, nous allons devoir nous servir de tous nos sacs de riz, de toute notre ficelle, de tous nos filets, de toute notre paille.

— Et alors ?

— Comment irons-nous à la pêche ? Comment ferons-nous les récoltes ?

— Vous trouverez bien une solution, La voix d'Omi se fit plus tranchante. « Votre impôt est augmenté de moitié, cette saison. Yabu-san l'a ordonné cette nuit.

— Mais nous avons déjà payé l'impôt de cette année et celui de l'année prochaine.

— C'est le privilège du paysan, Mura. Pêcher, faire les récoltes, labourer et payer des impôts. N'est-ce pas ? »

Mura répondit calmement : « Oui, Omi-sama.

— Un chef qui ne contrôle pas son village est un objet inutile, *neh ?*

— Oui, Omi-sama.

— Ce paysan était fou et, de plus, insolent. Y en a-t-il d'autres de son espèce ?

— Non. Aucun.

— Je l'espère. Les mauvaises manières sont impardonnables. Sa famille est condamnée à un koku d'amende — en poisson, grains, ce qu'ils veulent. (Un koku représentait la quantité de riz nécessaire pour nourrir une famille pendant une année. Trois cent cinquante livres environ.) Il faut qu'ils aient payé d'ici trois lunes.

— Oui, Omi-sama. »

Mura et Omi savaient bien que cette somme excédait les moyens financiers de la famille.

« Où irait donc ce pays des dieux si nous oubliions les bonnes manières ? s'exclama Omi.

— Oui, Omi-sama. » Mura se demanda où il allait bien pouvoir trouver ce koku, car le village devrait payer l'amende si la famille ne le pouvait pas. Où obtenir d'autres sacs de riz, d'autres ficelles et d'autres filets ? Certains pourraient être récupérés après le voyage.

Il faudrait emprunter de l'argent. Le chef du village voisin lui devait une faveur. La fille aînée de Tamazaki n'est-elle pas une vraie petite beauté, à six ans ? N'est-ce pas là l'âge idéal pour vendre une fillette ? La cousine au second degré de la sœur de ma mère n'est-elle pas le meilleur courtier d'enfants de tout Izu ? Cette vieille sorcière assoiffée d'argent, à moitié chauve...

Mura soupira en réalisant qu'il avait devant lui toute une série de marchandages acharnés. Peu importe, pensat-il, Peut-être que la fillette nous rapportera même deux koku. Elle vaut certainement plus que ça.

« Je m'excuse pour le manque de conduite de Tamazaki et j'implore votre pardon.

— C'est son manque de conduite à lui. Pas le tien », répondit Omi, tout aussi poliment.

Ils savaient, tous deux, que la responsabilité en incombait à Mura. Ils savaient aussi qu'il valait mieux que d'autres Tamazaki ne se représentent pas, à l'avenir. Ils étaient cependant, tous deux, satisfaits. Des excuses avaient été faites ; elles avaient été acceptées et, en même temps, refusées. L'honneur des deux hommes était sauf.

Ils tournèrent le coin du quai et s'arrêtèrent. Omi hésita, puis fit signe à Mura de s'éloigner. Le chef du village s'inclina et s'en alla, reconnaissant.

« Est-il mort, Zukimoto ?

— Non, Omi-san. Il s'est simplement évanoui. Une fois de plus. »

Omi s'approcha du grand chaudron de fer que le village utilisait en hiver pour extraire le lard des baleines, parfois prises en haute mer. Le barbare était immergé jusqu'aux épaules, dans l'eau bouillante, Son visage était pourpre, ses lèvres retroussées sur ses dents gâtées.

Au coucher du soleil, Omi avait regardé le vaniteux Zukimoto superviser les préparatifs. Le barbare avait été bridé comme un poulet, les bras ramenés autour des genoux, les mains autour des pieds. Il avait été plongé dans l'eau froide. Pendant un moment, ce petit barbare aux cheveux rouges, par lequel Yabu avait voulu commencer, avait babillé, ri et pleuré. Le prêtre était là et avait psalmodié ses prières maudites.

Puis on avait attisé le feu. Yabu n'était pas sur la grève, mais ses ordres étaient précis et avaient été observés à la lettre. Le pirate s'était mis à hurler et à délirer, Il avait essayé de se défoncer le crâne sur le rebord du chaudron. Puis étaient venus les prières ardentes, les pleurs, les évanouissements, les réveils et les cris de panique. Omi avait tenté d'assister à cette immolation comme il aurait assisté à celle d'une mouche, mais il n'avait pas pu le supporter et était parti très vite. Il avait compris qu'il ne tirait aucun plaisir de la torture. Il n'y avait aucune dignité dans cet acte.

Zukimoto piqua calmement les jambes à moitié cuites avec un bâton pointu comme il l'aurait fait d'un poisson au court-bouillon, pour savoir s'il est à point. « Il va bientôt revenir à lui. Il aura tenu drôlement longtemps. Je ne crois pas qu'ils soient faits comme nous. Très intéressant, *neh ?* dit Zukimoto,

— Non », dit Omi en le détestant.

Zukimoto fut immédiatement sur ses gardes et retrouva toute son obséquiosité. « Je ne voulais rien insinuer, Omi-san, dit-il en s'inclinant profondément, rien du tout.

— Bien sûr. Sire Yabu est très content. Vous avez très bien mené l'affaire. Régler le feu doit demander beaucoup d'habileté. Faire en sorte qu'il ne soit pas trop fort et qu'il brûle pourtant suffisamment.

— Vous êtes trop aimable, Omi-san.

— Vous l'aviez déjà fait ?

— Pas de cette maniére. Mais sire Yabu m'honore de sa confiance. J'essaie simplement de lui plaire.

— Il veut savoir jusqu'à quand l'homme vivra.

— Jusqu'à l'aube. Avec beaucoup de soin. »

Omi contempla le chaudron pensivement.

Il remonta ensuite vers la place. Tous les samouraïs se levèrent et s'inclinèrent. « Tout est calme, en bas, Omisan, lui dit l'un d'entre eux avec un sourire, en agitant un doigt vers la trappe. Ils ont d'abord parlé. Ils avaient l'air en colère. Il y a eu des coups. Puis deux d'entre eux, peut-être plus, se sont mis à geindre comme des enfants apeurés. Mais le calme s'est maintenant installé depuis un bon bout de temps. »

Omi tendit l'oreille. Il entendit des bruits d'eau et des marmonnements lointains, Une plainte. « Et Masijiro ? demanda-t-il, en nommant le samouraï qui, sur ses ordres, avait été abandonné au fond du trou.

— Nous ne savons rien de lui, Omi-san, Il ne nous a pas appelés. Il est probablement mort.

— Rien à boire ni à manger, demain. Enlevez tous les cadavres, à midi. *Neh* ?Je veux qu'on fasse sortir le chef à ce moment-là. Seul.

— Oui, Omi-san, »

Omi retourna près du feu et attendit que le barbare ouvrît les yeux. Il regagna alors son jardin et rapporta à Yabu ce que Zukimoto avait dit. La souffrance chantait à nouveau sa plainte dans le vent.

« Tu as regardé le barbare dans les yeux ?

— Oui, Yabu-sama. »

Omi était agenouillé derrière le *daimyō*, à dix pas de lui. Yabu était resté immobile.

« Et qu'y as-tu lu ?

— La folie. L'essence même de la folie. Je n'avais jamais vu des yeux pareils. Et une peur sans limites. »

Trois pétales tombèrent, doucement.

« Compose un poème sur lui. »

Omi fit travailler son cerveau. Il aurait aimé trouver quelque chose de plus précis, mais il dit :

Ses yeux
Étaient bien la borne limite
De l'enfer
Toute souffrance
Distincte.

Des hurlements plus diffus s'élevèrent dans les airs. La distance semblait rendre la blessure plus cruelle. Au bout d'un moment, Yabu répondit :

Si tu laisses
Le froid de ces yeux t'atteindre
Au plus profond de toi,
Tu ne fais plus qu'un avec eux,
Indistinct.

Omi se répéta longtemps ces mots dans la beauté de la nuit.

5

Les cris avaient cessé aux premières lueurs de l'aube. Le bûcher avait été dressé. La députation, composée par cinq hommes du village, était déjà sur place.

C'était un endroit agréable, où la vue était superbe et les brises marines très fraîches, en été. Le sanctuaire shinto se trouvait à proximité. Un minuscule toit de chaume recouvrait un piédestal érigé pour le *kami,* l'esprit, qui vivait là ou pouvait vivre là si l'envie lui prenait. Un if noueux poussé bien avant que le village n'existe, luttait contre le vent,

Quelques heures plus tard, Omi monta la pente. Zukimoto et quatre gardes l'escortaient. Il se tenait à l'écart. Quand il s'inclina respectueusement devant le bûcher, devant le corps à moitié disloqué recouvert d'un linceul, tous s'inclinèrent avec lui pour honorer le barbare, mort pour que ses camarades puissent vivre.

Au signal d'Omi, Zukimoto s'avança et mit le feu. Il avait demandé à Omi cette faveur et elle lui avait été accordée. Il s'inclina une dernière fois. Le feu pris, ils s'en allèrent.

Blackthorne plongea son quart dans les profondeurs du baril et mesura consciencieusement la demi-ration d'eau qu'il tendit à Sonk. Ce dernier essaya de boire lentement pour faire durer le plaisir, mais n'y réussit pas. Il avala d'un trait le breuvage tiède, regrettant aussitôt d'avoir agi ainsi. Le sol n'était que fange et boue. La puanteur était insoutenable et les mouches intolérables. Un vague rai de lumière filtrait à travers les lattes de la trappe et atteignait les profondeurs de la cave.

C'était au tour de Vinck de boire sa ration, Il prit le quart et le contempla. Spillbergen était assis de l'autre côté du baril.

« Merci, marmonna-t-il avec lassitude.

— Dépêche-toi, dit Jan Roper. L'entaille qu'il avait à la joue commençait à suppurer. Il était le dernier à boire et sa gorge le torturait d'autant plus qu'il était très près de l'eau.

— Dépêche-toi, Vinck, pour l'amour de Dieu !

— Excuse-moi. Voilà, tiens, marmonna Vinck en lui tendant le quart ; il avait oublié les mouches qui envahissaient son visage.

— Bois, espèce de conard ! C'est ta dernière goutte jusqu'au coucher du soleil. Bois-la ! » Jan Roper lui fourra le quart entre les mains. Vinck ne le regarda pas, obéit d'un air misérable et regagna ensuite les méandres secrets de son enfer personnel.

Jan Roper prit sa ration des mains de Blackthorne, ferma les yeux et dit silencieusement l'acte de grâce. Il vida son gobelet en deux gorgées. Maintenant qu'ils avaient tous bu, Blackthorne plongea le quart dans le baril et se mit à siroter avec satisfaction. Sa bouche et sa langue étaient râpeuses, brûlantes et couvertes de poussière. Les mouches grouillaient sur lui. Il était en sueur, sale. Son dos et sa poitrine étaient sérieusement meurtris. Il regarda le samouraï abandonné dans le trou. L'homme était recroquevillé contre un mur, entre Sonk et Croocq ; il se faisait le plus petit possible et n'avait pas bougé depuis des heures. Il fixait le vide d'un air morne. Il était nu, hormis le pagne qui lui ceignait les reins. Son corps était contusionné et une large éraflure lui zébrait le cou.

Quand Blackthorne était revenu à lui, le trou était dans l'obscurité la plus complète. Les hurlements remplissaient la cave. Il pensa qu'il était mort et se trouvait dans les abysses étouffantes de l'enfer. Il se sentait lui-même enveloppé et aspiré par la boue, incroyablement gluante. Il avait crié, tenté de fuir, incapable de respirer. Au bout d'un temps, qui lui avait semblé une éternité, il avait entendu : « Tout va bien, pilote. Vous n'êtes pas mort ; tout va bien. Réveillez-vous, réveillez-vous pour l'amour de notre Seigneur Jésus-Christ ; ce n'est pas l'enfer mais ça pourrait tout aussi bien l'être. Ô Seigneur Jésus, aidez-nous. »

Quand il avait repris connaissance, ils lui avaient tout raconté sur Pieterzoon et les barils d'eau de mer.

« Qu'est-ce qu'ils sont en train de faire au pauvre Pieterzoon ? Qu'est-ce qu'ils lui font ? Ô Seigneur, aidez-nous. Je ne peux pas supporter ces hurlements !

« Ô Seigneur, laissez ce pauvre homme mourir. Laissez-le mourir. »

Le trou et les hurlements de Pieterzoon les avaient tous contraints à regarder en eux-mêmes. Et personne n'avait aimé ce qu'il y avait entrevu.

Les cris avaient cessé avec le crépuscule. Quand l'aube avait pointé, ils avaient vu le samouraï oublié.

« Qu'est-ce qu'on va faire de lui ? avait demandé Van Nekk.

— Je ne sais pas. Il semble aussi effrayé que nous », avait répondu Blackthorne. Son cœur battait la chamade.

« Ferait mieux de pas bouger, par le Seigneur Dieu.

— Ô Seigneur Jésus, faites-moi sortir d'ici... » Croocq se mit à crier de plus en plus fort : « *Au secourrrrs !* »

Van Nekk qui était près de lui le secoua. « Du calme, mon gars. Nous sommes entre les mains du Seigneur. Il nous protège.

— Regardez mon bras », gémit Maetsukker dont la blessure s'était mise à suppurer. Blackthorne était debout, tremblant, « Nous allons devenir fous d'ici un jour ou deux si nous ne sortons pas de là, dit-il, ne s'adressant à personne en particulier.

— Il n'y a presque plus d'eau, dit Van Nekk.

— Nous allons rationner ce qui reste. Un peu maintenant, un peu demain à midi. Avec un minimum de chance, nous en aurons bien assez pour trois distributions. Maudites soient ces putains de mouches. »

Il avait trouvé ce quart et leur avait donné leur ration ; il sirotait à présent la sienne et essayait de la faire durer.

« Et lui... le Japonais ? » dit Spillbergen. Le commandant s'en était mieux sorti que les autres durant la nuit, car il s'était bouché les oreilles avec de la boue pour ne pas entendre les hurlements. De plus, se trouvant tout près du baril, il avait prudemment étanché sa soif.

« Que va-t-on faire de lui ?

— On devrait lui donner à boire, dit Van Nekk.

— Qu'il aille au diable, dit Sonk. Il aura pas une goutte. »

Ils votèrent tous et tombèrent d'accord pour ne pas lui donner une seule larme. « Je ne suis pas d'accord, dit Blackthorne.

— Vous êtes jamais d'accord avec ce qu'on dit, dit Jan Roper.

— C'est un ennemi... c'est un diable païen. Il vous a presque tué.

— Vous m'avez aussi presque tué. Une bonne demi-douzaine de fois. Si le coup était parti, à Santa Magdellana, vous m'auriez arraché la tête.

— Je vous visais pas. Je visais ces salauds de papistes.

— C'étaient des prêtres sans armes. Et on avait tout le temps.

— Je vous visais pas.

— Vous m'avez presque tué, une bonne douzaine de fois, avec votre putain de Dieu de colère, votre putain de Dieu de fanatisme et votre putain de Dieu de stupidité !

— Blasphémer est un péché mortel. Prononcer le nom de Dieu gratuitement est un péché. Nous sommes entre ses mains, pas entre les vôtres, Vous étes pas roi et nous sommes pas à bord du bateau, ici. Vous étes plus notre chef et vous...

— Mais vous ferez quand même ce que je vous ordonnerai de faire ! »

Jan Roper regarda autour de lui, cherchant vainement de l'aide. Faites ce que vous voulez, dit-il, las.

— C'est bien ce que je compte faire. »

Le samouraï avait aussi soif qu'eux ; il secoua pourtant la tête négativement quand on lui tendit le quart. Blackthorne hésita puis amena le gobelet jusqu'à ses lèvres gonflées, nais il le rejeta violemment en disant quelque chose d'une voix cinglante. Il répandit toute l'eau par terre. Blackthorne se prépara au coup suivant, qui ne vint pas. L'homme cessa de bouger et se remit à fixer le vide.

Ils le laissèrent tranquille. Mais ils l'observaient comme ils auraient observé un scorpion. Il ne leur rendit pas leur regard. Blackthorne était sûr qu'il mijotait quelque chose, mais il n'arrivait pas à savoir quoi.

Qu'a-t-il en tête ? se demandait-il, Pourquoi refuse-t-il l'eau ? Pourquoi a-t-il été abandonné ici ? Est-ce une erreur d'Omi ? Vraisemblablement pas. Un plan ? Vraisemblablement pas. Pourrait-on l'utiliser pour sortir d'ici ? Vraisemblablement pas. Tout reste improbable, hormis le fait vraisemblable, qu'on va rester ici jusqu'à ce qu'ils nous *laissent* sortir... s'ils nous laissent sortir. Et s'ils nous laissent sortir, que va-t-il se passer ? Qu'est-il arrivé à Pieterzoon ?

La journée était d'une chaleur insoutenable, Les mouches pullulaient. Van Nekk secoua Blackthorne. « Pilote ! Vous dormiez ? Je vous demande pardon, mais ça fait vingt minutes qu'il n'arrête pas de vous saluer. » Il indiqua le samouraï agenouillé devant lui, la tête inclinée.

Blackthorne chassa la fatigue de ses yeux, fit un effort et lui rendit son salut.

« Hai ? » demanda-t-il, se souvenant du mot japonais qui voulait dire « oui ».

Le samouraï ôta la ceinture de son kimono déchiré et l'enroula autour de son cou. Toujours à genoux, il en donna un bout à Blackthorne et l'autre à Sonk, inclina la tête et leur fit signe de tirer fort.

« Il a peur qu'on l'étrangle, dit Sonk.

— Doux Jésus, j'ai bien peur que ce soit ce qu'il souhaite. » Blackthorne laissa retomber le pan de la ceinture et secoua la tête. *« Kinjiru ! »* dit-il, saisissant l'incroyable utilité de ce mot. Allez dire à un homme qui ne parle pas votre langue que tuer, assassiner un homme sans défense est contraire à votre code, que vous n'êtes pas un bourreau et que le suicide est un péché aux yeux de Dieu.

Le samouraï les supplia encore une fois. C'était tout à fait clair. Mais Blackthorne fit non de la tête. *« Kinjiru ! »* L'homme regarda autour de lui, désespéré. Il se leva brusquement et alla se fourrer la tête au fond du tonneau qui servait de latrines. Jan Roper et Sonk le tirèrent immédiatement de là. Il étouffait et se débattait. « Laissez-le tranquille », ordonna Blackthorne. Ils obéirent. Il montra les latrines du doigt. « Samouraï, si c'est ce que tu veux, vas-y. »

L'homme avait des hauts-le-cœur. Il comprit. Il regarda le baril infect et sut qu'il n'avait pas la force suffisante pour y garcler la tête longtemps. De dépit, il retourna à sa place, contre le mur. Blackthorne puisa un demi-gobelet dans le baril, se leva, les membres gourds, s'approcha du Japonais et le lui tendit. Le samouraï ne regarda pas le quart.

« Je me demande combien de temps il va tenir comme ça ? dit Blackthorne.

— Éternellement. Ce sont des animaux. Ce sont pas des humains, dit Jan Roper.

— Pour l'amour de Dieu, jusqu'à quand vont-ils nous garder ici ? demanda Ginsel.

— Aussi longtemps qu'ils le voudront.

— Nous devrons faire tout ce qu'ils veulent, dit Van Nekk. Il le faudra bien si nous voulons rester en vie et sortir de ce putain de trou. N'est-ce pas, pilote ?

— Oui, dit Blackthorne qui mesurait l'ombre du soleil. Il est midi. C'est la relève de la garde. »

Spillbergen, Maetsukker et Sonk se mirent à geindre et il les engueula.

Quand ils se furent tous réinstallés, il s'allongea satisfait. La boue était infecte et les mouches plus irritantes que jamais. Mais pouvoir s'allonger de tout son long était pour lui une joie immense.

Qu'ont-ils fait à Pieterzoon ? se demanda-t-il ; il sentait la fatigue l'envahir. Ô Seigneur, aidez-nous à sortir d'ici. J'ai si peur.

Des pas résonnèrent au-dessus de leurs têtes. La trappe s'ouvrit. Le prêtre se tenait dans l'encadrement, escorté par un samouraï.

« Pilote. Vous allez me suivre. Vous allez sortir. Seul », dit-il.

6

Tous les regards se tournèrent vers Blackthorne.

« Que me veulent-ils ?

— Je ne sais pas, dit gravement le père Sebastio. Vous devez me suivre tout de suite. »

Il savait qu'il n'avait pas le choix. Il n'abandonna pas pourtant son mur et tenta de rassembler ses forces.

« Qu'est-il arrivé à Pieterzoon ? »

Le prêtre lui raconta. Blackthorne traduisit pour ceux qui ne parlaient pas portugais.

« Que le Seigneur ait pitié de lui, murmura Van Nekk, dans un silence horrifié. Pauvre homme. Pauvre homme.

— Je suis désolé, mais je n'ai rien pu faire, dit le père, très triste. Je ne crois pas qu'il m'ait reconnu ou qu'il ait d'ailleurs reconnu qui que ce soit, une fois dans le chaudron. Il n'avait plus ses esprits. Je lui ai donné l'absolution et j'ai prié pour lui. Peut-être, avec la miséricorde de Dieu... *In nomine Patris et Filii et Spiritus sancti, amen.* » Il fit le signe de la croix au-dessus du trou. « Je vous adjure tous de renoncer à vos hérésies et de revenir dans le chemin de Notre Seigneur. Pilote, vous devez sortir et me suivre.

— Nous quittez pas, pilote, pour l'amour de Dieu ! » cria Croocq.

Vinck tituba jusqu'à l'échelle et se mit à grimper. « Qu'ils me prennent... pas le pilote. Moi, pas lui. Dites-lui. » Il s'arrêta, désespéré, les pieds posés sur les barreaux. Une longue lance s'arrêta à quelques centimètres de son cœur. Il essaya d'en saisir la hampe, mais le samouraï était prêt. Si Vinck n'avait pas fait un bond en arrière, il se serait empalé. Le même samouraï fit signe à Blackthorne et, d'un ton menaçant, lui intima l'ordre de sortir. Il ne bougea pas. Un autre fit pénétrer dans la cave un long javelot hérissé de pointes et tenta d'harponner Blackthorne.

Personne ne vint à son aide, hormis le samouraï qui était avec eux, dans la cave. Il se saisit du javelot et s'adressa sèchement à l'homme qui était au-dessus de lui. Celui-ci hésita, regarda Blackthorne, haussa les épaules et parla.

« Qu'est-ce qu'il a dit ? »

Le prêtre répondit : « C'est un dicton japonais. Le destin d'un homme est le destin d'un homme. La vie n'est qu'illusion. »

Blackthorne hocha la tête et se dirigea vers l'échelle, qu'il gravit sans se retourner. Une fois en pleine lumière, la réverbération était si forte qu'il se mit à loucher. Ses genoux le trahirent et il s'écroula sur le sol sablonneux.

Omi se tenait en retrait. Mura et le prêtre étaient près des quatre samouraïs. Ô Seigneur, donnez-moi la force ! pria Blackthorne. Il faut que je me remette debout. Je dois faire semblant d'être fort, C'est la seule chose qu'ils respectent. La force. Le courage. Je vous en prie, aidez-moi.

Il serra les dents et se releva avec difficulté, titubant légèrement.

« Qu'est-ce que vous me voulez, nom de Dieu, espèce d'affreux petit salopard ? » dit-il à Omi. Il ajouta pour le prêtre : « Dites à ce fils de pute que je suis *daimyō* dans mon pays. Qu'est-ce que c'est que cette manière de me traiter ? Dites-lui qu'on ne lui cherche pas de crosses. Dites-lui de nous laisser partir ou ça va aller mal pour lui, très mal. Dites-lui que je suis *daimyō,* par le Seigneur Dieu. Je suis l'héritier de sire William de Micklehaven, puisse ce salaud être mort depuis longtemps. Ditesle-lui ! »

La nuit avait été terrible pour le pêre Sebastio, mais pendant sa veille il avait ressenti la présence divine et avait atteint un degré de sérénité qu'il n'avait jamais connu. Il savait qu'il pouvait devenir l'instrument de Dieu contre ces païens, qu'il était protégé de ces impies et de la ruse de leur chef. Il savait, d'une certaine façon, que cette nuit avait été pour lui une initiation, un tournant.

« Dites-le-lui ! »

Le prêtre dit en japonais : « Le pirate dit qu'il est un Seigneur dans son propre pays. » Il écouta la réponse d'Omi. « Omi-san dit qu'il lui importe peu de savoir si vous êtes roi dans votre pays. Vous vivez ici selon le bon vouloir de sire Yabu — vous et tous vos hommes.

— Dites-lui qu'il est une belle charogne.

— Vous devriez faire attention et éviter de l'insulter. »

Omi se remit à parler.

« Omi-san dit qu'on va vous donner un bain. A manger et à boire. Si vous vous tenez correctement, on ne vous renverra pas dans le trou.

— Et mes hommes ? »

Le prêtre posa la question à Omi.

« Ils resteront sous terre. »

« Alors dites-lui d'aller se faire foutre. » Blackthorne se dirigea vers l'échelle pour redescendre. Deux des samouraïs l'en empêchèrent. Il essaya de leur résister, mais ils parvinrent à le maîtriser, facilement.

Omi parla au prêtre, puis à ses hommes. Ils relâchèrent Blackthorne qui faillit tomber.

« Omi-san dit que si vous ne savez pas vous tenir, un de vos hommes sera sacrifié. Il y a plein de bois et d'eau. »

Si j'accepte maintenant, pensa Blackthorne, ils auront trouvé le moyen de me faire obéir et je serai en leur pouvoir. Je finirai bien par faire tout ce qu'ils veulent. Van Nekk avait raison. Il faudra bien que je dise oui à tout.

« Que veut-il que je fasse ? Qu'est-ce que ça veut dire, "savoir se tenir" ?

— Omi-san dit que ça veut dire : obéir. Faire ce que l'on vous demande de faire. Manger de. la merde, si besoin est.

— Dites-lui d'aller se faire voir. Dites-lui que je lui pisse dessus, que je pisse sur son pays tout entier — et sur son *daimyō*.

— Je vous conseille d'accepter ce qu'...

— Dites-lui exactement ce que je vous ai dit, par le Seigneur Dieu !

— Très bien. Mais je vous ai prévenu, pilote. »

Omi écouta le prêtre. Les articulations de ses mains devinrent exsangues, Ses hommes étaient gênés et ils fusillaient Blackthorne des yeux. Omi donna un ordre, trés calmement.

Deux samouraïs descendirent immédiatement dans le trou et en ressortirent avec Croocq. Ils le traînèrent jusqu'au chaudron, le ligotèrent pendant que les autres apportaient de l'eau et du bois. Ils plongèrent le garçon terrorisé dans l'eau et allumèrent le feu.

Blackthorne regardait la bouche de Croocq. Elle proférait des paroles muettes. La terreur se lisait sur son visage. La vie ne vaut rien pour ces gens-là, pensa-t-il. Que Dieu les maudisse jusqu'en enfer. Ils vont faire cuire Croocq, aussi sûr què je me trouve dans cet endroit perdu.

« Dites-lui d'arrêter, dit Blackthorne. Demandez-lui d'arrêter. »

— Omi-san demande si vous étes disposé à bien vous tenir ?

— Oui.

— Il demande si vous allez obéir à ses ordres ?

— Dans la mesure du possible, oui.

Omi se remit à parler. Le père Sebastio posa une question et Omi acquiesça. « Il veut que vous lui répondiez directement. « *Hai* » veut dire « oui » en japonais. Il demande si vous allez obéir à ses ordres ?

— Dans la mesure du possible, *hai*. »

Le feu commençait à réchauffer l'eau. Un hurlement sinistre s'échappa de la bouche du garçon. Les flammes léchaient le métal. On rajouta du bois.

« Omi-san demande que vous vous allongiez par terre. Immédiatement. » Blackthorne s'exécuta.

« Omi-san dit qu'il ne vous avait pas insulté personnellement. Vous n'aviez donc aucune raison de l'insulter. Parce que vous êtes un barbare et que vous ne savez encore rien, vous n'allez pas être exécuté. Mais on va vous apprendre les bonnes manières. Vous comprenez ?

— Oui.

— Il veut que vous lui répondiez directement. »

Le jeune garçon émit un cri plaintif qui se prolongea pendant un instant, Puis il s'évanouit. L'un des samouraïs lui tint la tête hors de l'eau. Blackthorne leva les yeux et regarda Omi. Souviens-toi, se dit-il, souviens-toi que le sort du gosse ne repose qu'entre tes mains, que la vie de chacun des membres de ton équipage ne repose qu'entre tes mains.

« Vous comprenez ?

— *Hai.* »

Il vit Omi entrouvrir son kimono et extraire son pénis du pagne. Il s'attendait à ce qu'il lui pisse en pleine figure, mais Omi n'en fit rien. Il lui pissa dans le dos. Par le Seigneur Dieu, se jura Blackthorne, je me souviendrai de ce jour. Omi me le paiera.

« Pour Omi-san, ce sont de mauvaises manières de dire que l'on pisse sur quelqu'un. Très mauvaises. De plus, il est stupide de dire que l'on va pisser sur quelqu'un quand on est sans défense et pas disposé à laisser les siens ou ses amis mourir d'abord. »

Blackthorne ne dit rien mais ne quitta pas Omi des yeux.

« *Wakarimasu ka ?* lui dit Omi.

— Il vous demande si vous comprenez ?

— *Hai.*

— *Okiro !*

— Il vous demande de vous lever. »

Blackthorne se releva. Sa tête le faisait souffrir. Ses yeux ne quittaient pas Omi qui le fixait.

« Vous irez avec Mura et vous obéirez à ses ordres. »

Blackthorne ne répondit pas.

« *Wakarimasu ka* ? dit Omi, menaçant.

— *Hai.* » Blackthorne mesurait la distance qui les séparait. Il sentait déjà ses doigts autour du cou et sur le visage de cet homme. Il espéra être assez fort et assez rapide, le jour venu, pour lui arracher les yeux avant de se les faire arracher lui-même. « Et le gosse ? »

Le prêtre parla d'une traite à Omi qui jeta un coup d'œil vers le chaudron. L'eau était à peine tiède. Le garçon s'était évanoui mais il n'était pas blessé. « Sortez-le de là, ordonna-t-il. Allez chercher un docteur, si besoin est. »

Ses hommes obéirent, Il vit Blackthorne s'approcher du jeune homme et écouter son cœur.

Omi fit signe au prêtre. « Dites au chef que le garçon peut rester dehors, aujourd'hui. S'ils savent se tenir tous les deux, un autre barbare pourra sortir du trou, demain. Puis un autre. Peut-être un. Peut-être plus. Peut-être. Tout dépend de leur comportement. Mais vous... » Il regarda Blackthorne dans le blanc des yeux. « Vous êtes responsable de toute infraction à l'ordre ou à la règle. Compris ? »

Une fois que le prêtre eut traduit, Omi entendit le barbare dire : « Oui. » Il vit aussi la colère disparaître de son regard. Mais la haine subsista. « Prêtre, quel est son nom déjà ? Prononce-le lentement, »

Il l'entendit prononcer le nom plusieurs fois, mais ça n'était que charabia.

« Tu arrives à le prononcer ? », demanda-t-il à l'un de ses hommes.

— Non, Omi-san.

— Prêtre, dis-lui que son nom est *Anjin,* à partir d'aujourd'hui. Ça veut dire "pilote", *neh ?* Nous l'appellerons *Anjin-san* quand il le méritera. Explique-lui bien qu'il n'existe pas de sons adéquats dans notre langue nous permettant de prononcer son nom correctement, ajouta Omi, très sèchement. Insiste bien sur le fait que ce n'est pas une insulte que nous lui faisons. Au revoir, Anjin, pour le moment. » Ils le saluérent tous. Il rendit poliment le salut et s'en alla. Quand il fut suffisamment éloigné de la place et certain que personne ne l'observait, il s'autorisa à rire à gorge déployée, Avoir dompté le chef des barbares si rapidement ! Avoir su trouver immédiatement le point faible ! Avoir su le dominer ! Et les dominer, eux aussi !

« Plus vite Anjin parlera notre langue, mieux ce sera. Nous saurons alors comment écraser les barbares chrétiens, une bonne fois pour toutes !

— Pourquoi ne lui as-tu pas pissé à la figure ? demanda Yabu.

— J'en avais l'intention, Sire. Mais le pilote est un animal sauvage, extrêmement dangereux, Lui pisser au visage — vous savez que c'est, pour nous, la pire des insultes que de toucher au visage de quelqu'un, *neh ?* Je me suis dit que je l'aurais tellement vexé qu'il en aurait perdu son sang-froid. Je lui ai donc pissé dans le dos. Je crois que c'est suffisant, pour l'instant. »

Ils étaient assis sous la véranda, sur des coussins de soie. La mère d'Omi leur servait le *cha* — le thé - avec tout le cérémonial requis. Elle avait été bien éduquée, dans sa jeunesse. Elle offrit une tasse à Yabu, en s'inclinant. Il s'inclina et tendit poliment la tasse à Omi qui, bien sûr, la refusa en s'inclinant encore plus profondément. Yabu finit par l'accepter et sirota le breuvage, avec délices et satisfaction.

« Tu m'impressionnes beaucoup, Omi-san, dit-il. Ton raisonnement est tout à fait exceptionnel. Tu as mené et réglé cette affaire de façon remarquable.

— Vous êtes trop aimable, Sire. Mes efforts auraient pu être couronnés de plus de succès.

— D'où tiens-tu cette connaissance de la mentalité barbare ?

— A l'âge de quatorze ans, j'ai eu un précepteur du nom de Jiro, un moine. Il avait été prêtre, du moins séminariste. Heureusement, il avait compris son erreur. Je me souviendrai toujours de ce qu'il m'a raconté : la religion chrétienne était vulnérable parce qu'elle enseignait ce précepte de Jésus, sa divinité principale : "Aimez-vous les uns les autres." Elle ne disait rien de l'honneur ou du devoir. Elle parlait seulement d'amour. Elle disait aussi que la vie était sacrée — "Tu ne tueras point", *neh ?* et autres stupidités. Ces nouveaux barbares se disent aussi chrétiens, Même si le prêtre pense le contraire. J'ai donc déduit qu'ils devaient faire partie d'une secte différente, d'où leur antagonisme. Tout comme certaines sectes bouddhistes, ils se haïssent. J'ai pensé qu'on pourrait, s'ils "s'aiment les uns les autres", dompter et maîtriser le chef en prenant ou en menaçant de prendre la vie de l'un de ses hommes. » Omi savait que cette conversation était dangereuse à cause de la séance de torture, de cette mort horrible.

« Encore un petit peu de *cha,* Yabu-sama ? demanda la mère de Omi.

— Merci, dit Yabu. C'est vraiment très, très bon.

— Merci, Sire. Est-ce que le barbare est dompté pour de bon, Omi-san ? demanda-t-elle pour changer de conversation. Vous devriez peut-être dire si le changement vous paraît temporaire ou définitif. »

Omi hésita. « Temporaire. Mais je pense qu'il devrait apprendre notre langue aussi vite que possible. C'est très important pour vous, Sire. Vous devrez certainement en tuer encore un ou deux pour les garder sous votre contrôle. D'ici là, il aura appris à bien se tenir. Vous pourrez utiliser ses connaissances, Yabu-sama, dès que vous pourrez vous adresser à lui directement. Si ce qu'a dit le prêtre est vrai — qu'il a piloté ce bateau sur plus de dix mille *ri* —, il est un petit peu plus qu'habile.

— Tu es un petit peu plus qu'habile. » Yabu se mit à rire. « Je te donne la responsabilité de tous ces animaux, Omi-san. Entraîneur d'hommes ! » Omi se mit à rire avec lui. « Je vais essayer, Sire.

— Ton fief est agrandi. Son revenu passe de cinq cents à trois mille koku. Tu le contrôleras dans un rayon de vingt *ri.* » Un ri était une mesure de distance qui équivalait à un mile. « Comme autre preuve de mon affection, quand je rentrerai à Yedo, je te ferai envoyer deux chevaux, vingt kimonos de soie, une armure, deux épées et assez d'armes pour équiper les cent samouraïs supplémentaires que tu auras recrutés. Quand la guerre sera déclarée, tu rejoindras immédiatement ma suite personnelle comme hatamoto. » Yabu se sentait prodigue. Un hatamoto était l'aide de camp personnel du *daimyō.* Il avait en permanence accès auprès de son seigneur et pouvait porter les deux épées en sa présence. Yabu était charmé par Omi et se sentait reposé, né à une nouvelle vie. Il avait merveilleusement dormi. Il avait bu une petite tasse de thé et avait mangé frugalement.

C'était une expérience fabuleuse, pensa-t-il. Je ne m'étais jamais senti aussi proche de la nature, des arbres, des montagnes et de la terre, en si étroite communion avec l'inestimable tristesse de la vie et sa fugacité. Les hurlements avaient tout embelli.

« Omi-san, j'ai un rocher, dans mon jardin de Mishima. J'aimerais que tu l'acceptes pour commémorer ce jour, cette merveilleuse nuit et notre chance extraordinaire. Je te l'enverrai avec le reste. La pierre vient de Kyushu. Je l'ai appelée “la pierre d'attente”, car nous attendions l'ordre d'attaque du Taikō quand je l'ai trouvée. C'était il y a quinze ans de ça. Je faisais partie de son armée, celle qui a soumis les rebelles et maîtrisé l'île.

— Vous me faites trop d'honneur.

— Pourquoi ne pas la mettre ici, dans ton jardin, et la rebaptiser ? Pourquoi ne pas l'appeler “la pierre de la paix barbare”, pour commémorer cette nuit et les efforts du pirate pour accéder à la paix éternelle ?

— Peut-être me permettrez-vous de l'appeler “la pierre du bonheur”, pour me rappeler ainsi qu'à mes descendants tous les honneurs que vous m'avez prodigués, mon oncle ?

— Non. Il vaudrait mieux l'appeler simplement “le barbare en attente”. Oui. J'aime bien ça. Ça nous unit plus intimement tous les deux. Lui et moi. Il attendait. J'attendais. Je vis. Il est mort, » Yabu regarda le jardin, pensif. « Très bien. “Le barbare en attente”. J'aime bien ça. Il y a de curieuses taches sur un côté de la pierre. Elles me rappellent des larmes. Il y a aussi des veines bleues mêlées à du quartz rougeâtre. Elles me rappellent la chair, la briéveté de tout ça. » Yabu soupira. Il appréciait sa mélancolie au plus haut point. Il ajouta : « C'est bon qu'un homme puisse installer une pierre dans son jardin, qu'il puisse lui donner un nom. Il a fallu beaucoup de temps au barbare pour mourir, *neh ?* Peut-être sera-t-il réincarné dans un Japonais pour compenser toute sa souffrance ? Ne serait-ce pas merveilleux ? Un jour, peut-être, ses descendants pourraient voir la pierre et ils seraient fiers de lui. »

Omi remercia tant et plus, tout en protestant. Il ne méritait pas tant de bonté. Yabu savait bien que sa bonté n'était pas excessive. Il aurait pu offrir plus, mais il se souvenait du vieil adage : tu peux toujours augmenter un fief ; le réduire suscite les inimitiés. Et la trahison.

« Oku-san, dit-il à la femme, lui donnant le titre de Très Honorable Mère. Mon frère aurait dû me parler plus tôt des immenses qualités de son fils cadet. Omi-san aurait eu, aujourd'hui, plus d'avancement. Mon frère est beaucoup trop réservé, trop négligent.

— Mon mari vous respecte beaucoup trop pour venir vous déranger, Seigneur, répondit-elle, consciente de la critique sous-jacente.

— Je suis heureuse que mon fils ait eu une occasion de vous servir, qu'il vous ait satisfait... mon fils n'a fait que son devoir, *neh ?* C'est notre devoir de servir. »

Un bruit de sabots se fit entendre. Les cavaliers montaient la pente. Igurashi, l'aide de camp en titre de Yabu, traversa le jardin à grandes enjambées. « Tout est prêt, Sire. Si vous voulez retourner à Yedo rapidement, c'est maintenant que nous devons partir.

— Bien, Omi-san, vous accompagnerez, toi et tes hommes, le convoi et vous veillerez à ce que tout arrive au château. » Yabu vit une ombre passer sur le visage de Omi. « Qu'y a-t-il ?

— Je pensais simplement aux barbares.

— Laisse quelques gardes pour les surveiller. Le convoi est plus important qu'eux. Fais-en ce que tu veux. Remets-les dans le trou. Fais-en ce que tu veux. Si tu arrives à les faire parler, envoie-moi un message.

— Oui, Sire, répondit Omi. Je vais laisser dix samouraïs et des instructions précises à Mura. Il n'arrivera rien d'ici cinq ou six jours. Que voulez-vous que je fasse du bateau ?

— Garde-le, ici. En sécurité. Tu en as, bien sûr, la responsabilité. Zukimoto a écrit à un marchand de Nagasaki pour le vendre aux Portugais. Ils viendront le chercher. »

Omi hésita. « Vous devriez peut-être le garder, Sire, et faire en sorte que les barbares apprennent à nos marins à le diriger.

— En quoi ai-je besoin de bateaux barbares ? » Yabu se mit à rire ironiquement. « Vais-je me transformer en un de ces fumiers de marchands ?

— Bien sûr que non, Sire, dit Omi rapidement, Je pensais simplement que Zukimoto aurait pu en faire quelque chose.

— En quoi ai-je besoin d'un navire de commerce ?

— Le prêtre a dit que c'était un bâtiment de guerre, Sire. Il semblait en avoir peur. Quand la guerre sera déclarée, un navire de guerre pourrait...

— Notre guerre se fera sur terre. La mer est aux marchands. Ce sont tous des charognes d'usuriers, de pirates et de pêcheurs. » Yabu se leva et descendit les quelques marches qui menaient à la porte du jardin. Un samouraï tenait la bride de son cheval. Il s'arrêta et fixa la mer, au loin.

Ses genoux se mirent à trembler.

Omi suivit son regard.

Un bateau contournait le cap. C'était une grosse galère avec une multitude de rames. Le plus rapide de tous les navires côtiers japonais, car il ne dépendait ni du vent ni de la marée. Le pavillon, au sommet du mât, arborait l'emblème de Toranaga.

7

Toda Hiro-matsu, suzerain des provinces de Sagami et Kozuké, général et conseiller favori de Toranaga, commandant en chef de toutes ses armées, descendit l'échelle de coupée et mit pied à quai. Il était grand pour un Japonais, un mètre quatre-vingts. Une espèce de taureau aux mâchoires épaisses qui portait ses soixante-sept ans avec vigueur. Son kimono militaire était en soie marron, dépouillé et austère, à l'exception des cinq petits emblèmes de Toranaga — trois tiges de bambou entrelacées. Il portait un pectoral et des brassards d'acier poli. Seule, sa courte épée était fichée dans la ceinture. Il tenait l'autre à la main, prêt à la sortir de son fourreau et à tuer sur-le-champ pour protéger son suzerain.

Tous les villageois étaient en rangs sur le rivage, à genoux et la tête baissée. Les samouraïs étaient, eux aussi, en rangs disciplinés. Yabu et ses lieutenants, au premier rang.

Si Yabu avait été une femme ou un homme plus faible, il se serait certainement frappé la poitrine, aurait pleuré, se serait arraché les cheveux. C'était vraiment une drôle de coïncidence, car si le célèbre Toda Hiro-matsu était là, ça voulait dire que lui, Yabu, avait été trahi — soit à Yedo par quelqu'un de sa maison, soit ici, à Anjiro, par Omi, ou l'un de ses hommes ou l'un des villageois.

Il venait d'être pris en flagrant délit de désobéissance.

Il s'agenouilla et s'inclina. Ses samouraïs l'imitèrent. Il maudit le bateau et tous ceux qui le dirigeaient.

« Ah, Yabu-sama », entendit-il dire Hiro-matsu. Il le vit s'agenouiller sur la natte disposée à son intention et lui rendre son salut. Mais la profondeur de ce salut était presque cavalière. Hiro-matsu, de plus, n'attendit pas qu'il s'inclina à nouveau. Yabu sut ainsi, sans qu'on le lui dise, qu'il courait un grand danger. Il vit le général s'asseoir sur ses talons. On l'appelait « Main de Fer », derrière son dos.

Pourquoi envoyer un général aussi important pour venir me prendre la main dans le sac ?

« Vous me faites un grand honneur en rendant visite à l'un de mes pauvres villages, Hiro-matsu-sama, dit-il.

— Mon maître m'a ordonné de venir ici, » Hiro-matsu était réputé pour sa franchise. Il ne connaissait ni la ruse ni la finesse. Il avait seulement la confiance la plus absolue en son seigneur et suzerain.

« Je suis honoré et très heureux, dit Yabu. Je suis venu en hâte de Yedo à cause de ce bateau barbare,

— Sire Toranaga avait invité tous ses *daimyōs* alliés à l'attendre à Yedo, jusqu'à son retour d'Osaka.

— Comment se porte sire Toranaga ? J'espère qu'il va bien.

— Plus vite sire Toranaga est en sécurité dans son château de Yedo, mieux c'est. Plus vite le conflit avec Ishido est ouvert, plus vite nous faisons marcher nos armées sur la forteresse d'Osaka, plus vite nous la réduisons à l'état de cendres, mieux c'est. » Ses mâchoires rougirent à mesure que son angoisse pour Toranaga grandissait. Il détestait être loin de lui. « Je lui ai répété une bonne douzaine de fois qu'il était fou d'aller se jeter dans la gueule d'Ishido. Dément !

— Sire Toranaga devait y aller, *neh ?* Il n'avait pas le choix. Le Taikō avait ordonné que le Conseil des régents, qui gouvernait au nom de Yaemon, se réunisse au moins deux fois dix jours, chaque année, à la forteresse d'Osaka. Il ne pouvait se réunir ailleurs. Tous les autres *daimyōs* étaient également obligés de se rendre à la forteresse avec leurs familles pour présenter leurs hommages à l'héritier. Ils devaient, eux aussi, le faire deux fois par an. Ainsi, tous les *daimyōs* étaient surveillés. Ils étaient de plus sans défense une bonne partie de l'année, et ce chaque année.

« La rencontre était fixée, *neh ?* Son absence aurait été trahison de sa part, *neh ?*

— Trahison contre qui ? » Hiro-matsu devint un peu plus rouge. « Ishido essaie d'isoler notre maître. Si je le tenais en mon pouvoir, comme il tient sire Toranaga, je n'hésiterais pas une seconde, quels que soient les risques. Sa tête aurait roulé depuis longtemps. Son esprit attendrait déjà sa résurrection. »

Le général tordait involontairement le fourreau usé qu'il tenait dans sa main gauche. Sa main droite, déformée et calleuse, reposait sur son ventre. Il étudia l'*Érasme.* « Où sont les canons ?

— Je les ai fait débarquer. Par sécurité. Est-ce que sire Toranaga va parvenir à un nouveau compromis avec Ishido ?

— Quand j'ai quitté Osaka, tout était tranquille. Le Conseil devait se réunir trois jours plus tard.

— Est-ce que le conflit va devenir ouvert ?

— J'aimerais bien. Si mon maître veut un compromis, il l'obtiendra. » Hiro-matsu regarda Yabu : « Il avait ordonné à tous les *daimyōs* alliés de l'attendre à Yedo. Jusqu'à son retour. Nous ne sommes pas à Yedo, ici.

— Oui. J'ai pensé que le bateau était assez important pour nous. Je suis donc venu l'inspecter, immédiatement.

— Ce n'était pas la peine, Yabu-san. Vous devriez être plus confiant. Rien n'arrive sans que notre maître ne le sache. Il aurait envoyé quelqu'un. Il se trouve qu'il m'a envoyé. Depuis combien de temps êtes-vous ici ?

— Un jour et une nuit.

— Vous avez donc mis deux jours pour venir de Yedo ?

— Oui.

— Vous avez fait vite. Mes compliments.

Pour gagner du temps, Yabu se mit à raconter sa marche forcée. Mais son esprit était occupé par d'autres problèmes, plus urgents. Qui était l'espion ? Comment Toranaga avait-il eu, aussi vite que lui, vent de la nouvelle ? Qui avait informé Toranaga de son départ ? Comment pouvait-il à présent manœuvrer et traiter avec Hiromatsu ?

Hiro-matsu l'écouta jusqu'au bout, puis dit d'un ton sec : « Sire Toranaga a confisqué le bateau et toute sa cargaison. »

Un silence de mort envahit le rivage. On était à Izu, fief de Yabu. Toranaga n'avait pas de droits sur ce territoire, de même que Hiro-matsu n'avait pas le droit de donner des ordres. La main de Yabu se raidit sur le pommeau de son épée. Hiro-matsu attendit, avec un calme étudié. Il avait agi comme le lui avait demandé Toranaga. A présent, il était engagé. C'était tuer ou se faire tuer implacablement.

Yabu savait qu'il devait, lui aussi, s'engager. Il n'y avait plus d'attente possible. S'il refusait de donner le bateau, il lui faudrait d'abord tuer Hiro-matsu « Main de Fer », parce qu'il ne s'en irait jamais sans ce bateau. Il y avait peut-être deux cents samouraïs d'élite sur la galère. Ils devraient, eux aussi, mourir. Il pouvait les attirer à terre. Il pourrait, en l'espace de quelques heures, réunir assez de samouraïs dans Anjiro pour en venir à bout. Il était passé maître dans l'art des embuscades. Mais cela contraindrait Toranaga à envoyer ses armées sur Izu. Tu seras englouti, pensa-t-il, à moins qu'Ishido ne vienne à ton secours. Et pourquoi donc viendrait-il à ton secours puisque ton ennemi, Ikawa Jikkyu, est son parent et qu'il a des vues sur Izu ? Tuer Hiro-matsu signifierait l'ouverture des hostilités parce que Toranaga serait contraint — question d'honneur — de se retourner contre toi, ce qui forcerait la main d'Ishido. Izu deviendrait donc le premier champ de bataille.

Yabu se rendit et avoua.

« Sire Toranaga ne peut confisquer ce bateau parce que j'allais lui en faire cadeau. J'ai dicté une lettre à cet effet. N'est-ce pas, Zukimoto ?

— Oui, Sire.

— Bien sûr, si mon maître désire le confisquer, libre à lui. Mais j'allais le lui offrir. » Yabu était satisfait d'entendre sa voix sonner aussi naturellement. « Il sera content du butin.

— Merci de la part de mon maître. » Hiro-matsu s'émerveilla des dons d'intuition de Toranaga. Il avait prédit ce qui arrivait. Il avait également prédit qu'il n'y aurait pas de combat. Je n'en crois rien, avait dit Hiro-matsu. Aucun *daimyō* n'accepterait une telle violation de ses droits. Yabu n'acceptera pas. Je n'accepterais certainement pas. Même pas pour vous, Sire.

— Mais vous obéiriez et vous m'auriez fait part de la présence du navire. Il faut manipuler Yabu, *neh ?* J'ai besoin de sa violence, de sa ruse. Il neutralise Ikawa Jikkyu et garde mes flancs. »

Sur la grève inondée de soleil, Hiro-matsu se força à faire un salut poli, en haïssant sa propre duplicité. « Sire Toranaga sera enchanté de votre générosité. »

Yabu l'observait de près. « Ce n'est pas un bateau portugais,

— Oui. C'est ce qu'on nous a dit.

— Et c'est un corsaire, Il vit les yeux du général se rapetisser. Tout en lui racontant ce que le prêtre avait dit, Yabu pensa : si ce que je te raconte te semble neuf, comme ce le fut pour moi, c'est sans doute que Toranaga a la même source d'informations que moi ? Mais si tu connais le détail exact de la cargaison, il n'y a plus de doute. L'espion est Omi, l'un de ses samouraïs ou l'un des habitants du village.

« J'ai fait débarquer tout ce qui avait de l'intérêt.

— Bien. Chargez tout sur mon bateau.

— Quoi ? » Yabu sentit son ventre sur le point d'éclater.

« Tout. Immédiatement.

— Maintenant ?

— Oui. Désolé. Mais vous comprendrez aisément que je tiens à rentrer à Osaka le plus vite possible.

— Oui, mais... y aura-t-il assez de place pour tout ?

— Hissez les canons à bord du bateau et mettez-le à l'abri. Des navires viendront dans trois jours pour le remorquer jusqu'à Yedo. Quant aux mousquets, à la poudre et aux munitions, il y a... » Hiro-matsu s'arrêta, évitant le piège qui lui était tendu.

« Il y a juste assez de place pour les cinq cents mousquets », lui avait dit Toranaga. Laissez Yabu parler et donner des ordres. Ne lui laissez pas le temps de réfléchir. Ne soyez pas irrité ou impatient avec lui. J'ai besoin de lui, mais je veux également les armes et le bateau. Faites attention à ne pas tomber dans son piège en révélant ce que vous savez sur la cargaison, parce qu'il ne doit à aucun prix découvrir l'identité de notre espion. »

Hiro-matsu maudit son impuissance à jouer ces jeux, pourtant si nécessaires. « Quant à l'espace requis, dit-il, brièvement. Vous pourriez peut-être me l'indiquer. Qu'y a-t-il à bord, au juste ?

— Zukimoto !

— Oui, Yabu-sama.

— Apporte l'inventaire de la cargaison. » Je m'occuperai de toi plus tard, pensa Yabu.

Zukimoto s'éloigna en hâte.

« Vous devez être fatigué, Hiro-matsu-san. Vous prendrez un peu de *cha* ? Vos appartements ont été préparés. Les bains manquent de confort, mais ça vous ferait peutêtre du bien.

— Merci. Vous pensez à tout. Un peu de thé et un bain seraient en effet les bienvenus. Plus tard. Racontez-moi d'abord tout ce qui s'est passé depuis l'arrivée du bateau. »

Yabu s'exécuta. Sur ses ordres, Omi raconta son histoire, à l'exception des conversations intimes qu'ils avaient eues ensemble. Mura fit de même en omettant seulement l'érection de l'Anjin.

Hiro-matsu regarda la colonne de fumée qui s'élevait encore du bûcher.

« Combien reste-t-il de pirates ?

— Dix, Sire. Le chef y compris, répondit Omi,

— Où se trouve le chef ?

— Chez Mura.

— Qu'a-t-il fait en sortant du trou ?

— Il est allé directement aux bains, Sire, dit Mura, rapidement. Il dort maintenant, du sommeil du juste.

— Vous n'avez pas dû le porter, cette fois-ci ?

— Non, Sire.

— Il semble apprendre très vite. » Hiro-matsu lança un coup d'œil vers Omi. « Vous croyez qu'on peut leur apprendre à se tenir ?

— Non. Pas avec certitude, Hiro-matsu-sama.

— Les barbares sont des êtres étranges. » Hiro-matsu repensa au bateau.

« Qui va surveiller le chargement ? dit-il.

— Mon neveu, Omi-san.

— Très bien. Omi-san, je veux partir avant le crépuscule. Mon capitaine vous aidera à faire vite. En trois bâtons de temps. » L'unité de temps équivalait au temps mis par un bâton d'encens pour se consumer en entier. Environ une heure par bâtonnet.

« Oui, Seigneur.

— Pourquoi ne viendriez-vous pas à Osaka avec moi, Yabu-san ? dit Hiro-matsu, comme si cette idée venait à peine de lui traverser l'esprit.

— Sire Toranaga serait ravi de recevoir tous ces cadeaux de vos propres mains. Je vous en prie, il y a de la place. » Quand Yabu se mit à protester, il le laissa s'enliser quelques instants comme Toranaga le lui avait ordonné, puis il dit, comme Toranaga le lui avait également ordonné :

« J'insiste au nom de sire Toranaga, j'insiste. Votre générosité mérite récompense. »

En m'enlevant ma tête et mes terres ? se demanda Yabu amèrement, sachant qu'il ne pouvait rien faire d'autre qu'accepter poliment. « Merci. Je suis très honoré.

— Bien. Nous en avons donc terminé, dit "Main de Fer", avec un soulagement évident. Je prendrais bien maintenant un peu de thé. Et un bain. »

Yabu le précéda respectueusement jusqu'à la maison d'Omi, en haut de la colline.

Au bout de trois bâtons de temps, le panneau coulissant s'ouvrit. Le garde du corps savait, mieux que quiconque, quand il pouvait entrer dans la chambre de Hiro-matsu sans y avoir été autorisé. Hiro-matsu était déjà réveillé. Son épée était à moitié dégainée et prête à frapper.

« Yabu-sama attend dehors, Sire. Il dit que le bateau est chargé.

— Magnifique. »

Hiro-matsu alla sous la véranda. « Vos hommes sont très efficaces, Yabu-san.

— Vos hommes nous ont aidés, Hiro-matsu-san. Ils sont plus qu'efficaces. »

Oui, et avec ce soleil, ils avaient intérêt à l'être, pensa Hiro-matsu.

« Est-ce que le chef des pirates a été conduit à bord de mon bateau ?

— Quoi ?

— Vous avez été assez généreux pour faire cadeau du bateau et de sa cargaison. L'équipage fait partie de la cargaison. J'emmène donc le chef des pirates avec moi, à Osaka. Sire Toranaga veut le voir. Naturellement, vous faites ce que vous voulez des autres. Mais, pendant votre absence, vos gens doivent bien se rendre compte que ces barbares sont la propriété de mon maître. Il vaudrait mieux qu'ils soient bien au nombre de neuf, vivants et bien portants, quand mon maître désirera les voir. »

Yabu marcha en hâte vers la jetée où Omi devait se trouver.

Un peu plus tôt, quand il avait laissé Hiro-matsu aux bains, il avait monté la pente, s'était brièvement incliné devant le bûcher funéraire et avait poursuivi son chemin, longeant les champs de blé en terrasses et les vergers, pour atteindre finalement un petit plateau qui surplombait le village. Un sanctuaire *Kami* gardait cet endroit charmant. Un vieil arbre dispensait ombre et tranquilité. Il était venu là pour calmer sa colère et méditer. Il n'avait pas osé s'approcher du bateau, d'Omi ou de ses hommes, car il savait qu'il leur aurait ordonné de se faire seppuku, ce qui aurait été du gaspillage. Il aurait massacré le village, ce qui aurait été pure folie, car seuls les paysans pêchaient et faisaient pousser le riz nécessaire à la fortune du samouraï.

La vue qu'il embrassait de cet endroit lui permit de se calmer. Il se détendit, se mit à réfléchir et à faire des plans.

Mets tes espions sur la piste, se dit-il. Rien de ce qu'avait dit Hiro-matsu n'indiquait l'origine de la trahison. Tu as des amis puissants à Osaka. Le seigneur Ishido est un de ceux-là. Peut-être que l'un d'entre eux pourrait démasquer l'espion. Envoie tout de suite un message secret à ta femme au cas où l'indicateur se trouverait là-bas. Et Omi ? Donne-lui pour responsabilité de découvrir le traître, ici. Est-il ce traître ? Ce n'est pas possible. Pas impossible non plus. Il est probable que la trahison a d'abord eu lieu à Yedo. Question de temps. Si Toranaga avait tout de suite appris l'arrivée du bateau, Hiro-matsu aurait été le premier sur les lieux. Tu as des indicateurs à Yedo. Laisse-les montrer leur valeur. Et les barbares ? C'est le seul bénéfice que tu tires de ce bateau. Comment t'en servir ? Patience. Est-ce qu'Omi ne t'a pas donné la réponse ? Tu pourrais faire un échange avec Toranaga. Leur connaissance de la mer et des bateaux contre des armes. *Neh ?*

Autre possibilité : devenir le *vassal* de Toranaga. Faislui part de ton plan. Demande-lui l'autorisation de commander le Régiment des armes à feu. Pour *sa* gloire, *à lui. Mais un vassal ne doit jamais s'attendre à voir ses services récompensés ou même reconnus : servir est son devoir, devoir veut dire samouraï et samouraï signifie immortalité.* Ce serait la solution idéale ; oui, idéale, pensa Yabu. Puis-je vraiment devenir son *vassal ?* Ou celui d'Ishido ? Non, c'est impensable. Allié, oui. Vassal, non.

Bien. Les barbares sont, après tout, un bon butin. Omi a une fois de plus raison.

Il s'était senti plus reposé et, quand un messager était venu lui dire que le bateau était chargé, il était allé voir Hiro-matsu et avait découvert qu'il avait même perdu les barbares.

Il écumait de rage, en atteignant la jetée.

« Omi-san !

— Oui, Yabu-sama.

— Fais venir le chef des barbares ici. Je l'emmène à Osaka, Pour ce qui est des autres, veille à ce qu'ils soient bien traités pendant mon absence. Je les veux en bonne forme. Utilise la cave, si besoin est. » Depuis l'arrivée de la galère, Omi ne savait plus où il en était. Il craignait pour la sécurité de Yabu. « Laissez-moi venir avec vous, Sire. Je peux, peut-être, vous aider.

— Non. Je veux que tu surveilles les barbares.

— Je vous en prie. Je peux modestement vous rendre tous vos bienfaits.

— Pas besoin », dit Yabu, plus gentiment qu'il n'en avait l'intention. Avec des vassaux de ce genre, je vais construire un empire, se promit-il. Omi commandera une unité quand j'aurai récupéré mes armes. « Quand la guerre éclatera, j'aurai quelque chose de très important à te confier, Omi-san. Maintenant, va chercher le barbare. »

Omi prit quatre gardes avec lui, Et Mura comme interprète.

Il fallut une minute à Blackthorne pour sortir de son sommeil et recouvrer ses esprits. Quand le brouillard se fut dissipé, il vit qu'Omi était devant lui et le fixait.

Mura s'agenouilla et s'inclina, *« Konnichi wa »* — Bonjour.

« Konnichi wa. » Blackthorne se mit sur ses jambes et, quoique nu, s'inclina avec une égale politesse.

« Anjin, s'il vous plaît habiller », dit Mura.

Anjin ? Ah oui, je me souviens. Le prêtre m'a dit qu'ils m'avaient donné ce nom parce qu'ils ne pouvaient pas prononcer le mien. « Anjin » veut dire « pilote » et ça n'est pas une insulte. Et on m'appellera « Anjin-san » — monsieur le pilote — quand je le mériterai.

Ne regarde pas Omi, se dit-il avec prudence. Ne te souviens pas de la place du village, d'Omi, de Pieterzoon et de Croocq. Une seule chose à la fois. C'est ce que tu vas faire : C'est ce que tu as juré de faire, devant Dieu : une seule chose à la fois. Je me vengerai, par le Seigneur Dieu. Blackthorne vit que ses vêtements avaient de nouveau été lavés. Aux bains, il s'en était défait comme s'ils avaient été infestés de vermine. Il s'était fait frotter le dos, trois fois. Avec l'éponge la plus dure. Avec de la pierre ponce. Mais il sentait encore la brûlure de l'urine.

Il éprouvait un plaisir malsain à savoir son ennemi vivant, à côté de lui.

« *Konnichi wa,* Omi-san », dit-il en s'inclinant.

Omi lui rendit son salut.

« *Konnichi wa,* Anjin. »

La voix était polie mais sans plus.

« Anjin-san ! » Blackthorne le regarda droit dans les yeux.

« *Konnichi wa,* Anjin-*san* », finit par dire Omi, avec un sourire bref.

Blackthorne s'habilla rapidement.

« *Hai,* Omi-san ? » demanda Blackthorne, une fois habillé. Il se sentait mieux, mais restait sur ses gardes, Il aurait aimé posséder un vocabulaire plus étoffé.

« S'il vous plaît, mains », dit Mura.

Blackthorne ne comprit pas et le lui dit par signes. Mura tendit ses mains et mima l'action de les lier ensemble.

« Mains, s'il vous plaît.

— Non, répondit Blackthorne en répondant directement à Omi et en secouant la tête. Ce n'est pas nécessaire, dit-il en anglais. Pas du tout nécessaire. J'ai donné ma parole. » Il parla d'une voix douce et raisonnable, puis ajouta sèchement en voulant imiter le ton d'Omi : « *Wakarimasu ka,* Omi-san ? »

Omi se mit à rire, Puis il dit « *Hai,* Anjin-san. *Wakarimasu.* » Il se retourna et sortit.

Mura et les autres le dévisageaient, suffoqués. Blackthorne suivi Omi dans le soleil. Ses bottes avaient été nettoyées. Avant qu'il ait pu les mettre, la servante « Onna » s'était précipitée, agenouillée et l'avait aidé.

« Merci, Haku-san », avait-il dit, se souvenant de son vrai nom.

Il passa la porte, Omi le précédait.

Je t'ai à l'œil, espèce de putain de salo... un instant ! Souviens-toi de ce que tu t'es promis. Pourquoi l'insulter ? T'insulter ? Il ne t'a pas insulté, lui. Dire des grossièretés n'appartient qu'aux faibles et aux fous. N'est-ce pas ?

Une seule chose à la fois. C'est déjà bien suffisant de l'avoir à l'œil. Tu le sais très bien. Il le sait très bien.

Blackthorne descendit la colline, escorté par quatre samouraïs. Le port était encore caché à sa vue. Mura marchait discrètement à dix pas en arrière. Omi était en tête.

Me font-ils descendre pour me remettre dans le trou ? se demanda-t-il. Pourquoi voulaient-ils me lier les mains ? Omi n'a-t-il pas dit hier — était-ce hier ? — « Si vous vous tenez bien, vous pourrez rester dehors. Si vous vous tenez bien, un autre homme sortira du trou, demain. Peut-être un. Peut-être plus ? » N'est-ce pas ce qu'il a dit ? Me suis-je bien tenu ? Je me demande comment va Croocq ? Le gars était vivant quand ils l'ont emmené dans cette maison où l'équipage habitait.

Blackthorne se sentait mieux aujourd'hui. Il savait que, s'il était prudent, s'il pouvait se reposer, manger et dormir, il serait d'aplomb dans un mois. Il pourrait repartir sur son bateau et faire le tour de la terre. Ne pense pas encore à ça ! Épargne tes forces pour aujourd'hui, c'est tout. Un mois, c'est long à attendre, n'est-ce pas ?

La marche à travers le village le fatiguait. Tu es plus faible que tu ne le pensais... non, tu es plus fort que tu ne le pensais, décida-t-il.

Les mâts de l'*Erasme* apparaissaient au-dessus des toits en tuile. Son cœur se mit à battre très fort. La route continuait devant lui, contournait le pied de la colline et se terminait sur la place du village. Un palanquin, aux rideaux tirés, attendait dans le soleil. Quatre porteurs, seulement vêtus d'un pagne, étaient accroupis à côté et se curaient les dents, d'un air absent. Ils se levèrent et s'inclinèrent avec fougue en voyant Omi.

Il ne fit pas attention à eux. Une jeune femme sortit d'une maison au portail ouvragé et se dirigea vers le palanquin. Omi s'arrêta.

Blackthorne retint sa respiration et s'arrêta également.

Une jeune servante accourut avec une ombrelle verte pour abriter la jeune fille du soleil. Omi salua. La jeune fille lui rendit son salut. Il se mirent à parler joyeusement. L'arrogance d'Omi avait disparu. La jeune femme portait un kimono couleur pêche, un obi doré et des sandales lacées, dorées. Blackthorne rencontra son regard. Elle parlait visiblement de lui avec Omi. Il ne savait que faire. Il ne fit donc rien et attendit patiemment, prenant seulement un immense plaisir à sa présence, sa coquetterie et à la chaleur qui émanait d'elle. Il se demanda si Omi et cette jeune fille étaient amants, si elle était la femme d'Omi.

Celui-ci demanda quelque chose. Elle répondit en agitant un éventail qui frémissait et dansait dans la lumière. Son rire était chantant. Sa délicatesse, charmante. Omi souriait également. Il tourna ensuite les talons et s'en alla. Il était redevenu samouraï.

Blackthorne le suivit. Elle le fixa du regard. Quand il passa devant elle, il lui dit : *« Konnichi wa. »*

Elle répondit : « *Konnichi wa,* Anjin-san », d'une voix touchante. Elle mesurait à peine un mètre cinquante et était ravissante.

Le parfum de la jeune fille le poursuivait encore quand ils tournèrent le coin de la rue. Il vit la trappe, l'*érasme,* Et la galère. La jeune fille disparut de son esprit.

Pourquoi les sabords sont-ils vides ? Où sont nos canons ? Que fait une galère ici, pour l'amour de Dieu ? Que s'est-il passé dans le trou ? Une seule chose à la fois.

D'abord l'*Érasme* : nous pourrions facilement le mener en haute mer. Nous pourrions larguer les amarres. La marée et le vent du soir nous porteraient en silence, hors du port. Nous pourrions caréner demain à l'extrémité de cette île. Une demi-journée pour réparer le mât, et hissez les voiles hô. A nouveau vers le grand large. Il serait peut-être préférable de ne pas jeter l'ancre et de s'enfuir vers des eaux plus tranquilles. Mais qui servirait d'équipage ? Tu ne peux pas te sauver seul avec ton bateau.

D'où vient cette galère ? Quel est le motif de sa présence ? Il voyait des grappes de samouraïs et de marins, en bas sur les quais. Le vaisseau à soixante avirons — trente de chaque côté — était propre et soigné. Les rames étaient alignées, prêtes pour un départ imminent. Il frissonna involontairement.

Ils traversaient maintenant la place. Ses yeux quittèrent la galère pour venir se poser sur les trois samouraïs qui gardaient l'entrée de la trappe.

Il mangeaient habilement à l'aide de baguettes. Il les avait déjà vus en utiliser plusieurs fois, mais n'arrivait pas à les maîtriser lui-même.

« Omi-san ! » Il expliqua par signes qu'il voulait se rendre jusqu'à la trappe pour saluer ses hommes. Un instant, un tout petit instant. Mais Omi refusa et dit quelque chose qu'il ne comprit pas. Il poursuivit son chemin en direction de la jetée. Blackthorne suivit, obéissant. Une seule chose à la fois. Prends patience.

Une fois sur la jetée, Omi se retourna et appela les gardes. Blackthorne les vit ouvrir la trappe et jeter un coup d'œil dans le trou. L'un d'entre eux fit signe à des villageois qui apportèrent l'échelle. Ils descendirent un baril d'eau fraîche et remontèrent le tonneau vide ainsi que celui qui servait de latrines.

Des groupes de samouraïs s'étaient formés près de la galère. Un homme âgé, de forte stature, se tenait à l'écart. Blackthorne comprit immédiatement son importance à la façon dont le *daimyō* Yabu lui parlait et à la façon dont les autres accouraient à la moindre de ses remarques, Est-ce leur roi ? se demanda-t-il.

Omi s'agenouilla humblement. Le vieil homme s'inclina à moitié et tourna son regard vers lui.

Blackthorne s'agenouilla avec le maximum de grâce possible et posa ses mains à plat sur le sol sablonneux, comme l'avait fait Omi. Il s'inclina aussi bas qu'il s'était incliné.

« *Konnichi wa,* sama », dit-il poliment.

Le vieil homme lui rendit son salut.

Une discussion éclata entre Yabu, le vieil homme et Omi. Yabu s'adressa à Mura qui indiqua du doigt la galère. « Anjin-san, s'il vous plaît, là.

— Pourquoi ?

— Aller maintenant, aller ! »

Blackthorne sentit la panique grandir en lui. « Pourquoi ? Non, je ne monterai pas à bord de cette galère. »

Un ordre immédiat d'Omi et quatre samouraïs lui tombèrent dessus. Ils lui ligotèrent les bras. Mura sortit un morceau de corde et lui attacha les mains dans le dos.

« Espèce de fils de putes ! hurla Blackthorne. Je ne monterai pas à bord de ce maudit bateau à esclaves !

— Sainte Mère de Dieu ! Laissez-le tranquille ! Espèce de charognards à gueule simiesque ; laissez ce salopard tranquille ! *Kinjiru, neh ?* C'est le pilote. L'Anjin ? L'Anjin, *ka ?* »

Blackthorne n'en croyait pas ses oreilles. Ce flot d'injures en portugais était parti du pont. Il vit un homme, aussi grand que lui et environ du même âge. Mais il était brun, les yeux noirs et vêtu n'importe comment. Une rapière au côté, des pistolets dans la ceinture. Un crucifix en pierreries pendait à son cou. Il portait une casquette de capitaine d'armes. Il arborait un sourire.

« T'es le pilote ? Le pilote du corsaire néerlandais ?

— Oui, s'entendit répondre Blackthorne.

— Bien. Bien. Je suis Vasco Rodrigues, pilote de cette galère ! » Il se tourna vers le vieil homme et lui parla dans un mélange de japonais et de portugais. Il l'appelait singe-sama et, quelquefois, Toda-sama. A la façon dont il prononçait le mot, on avait l'impression qu'il disait « Taudis-sama ». Il sortit son pistolet deux fois et le pointa belliqueusement sur Blackthorne, puis le rengaina dans sa ceinture. Son japonais était mêlé d'argot portugais que, seuls, des loups de mer pouvaient comprendre. Hiromatsu parla brièvement et le samouraï lâcha Blackthorne. Mura le libéra de ses entraves.

« C'est mieux comme ça. Écoute-moi, pilote ; cet homme est traité comme un roi. Je lui ai dit que je te prenais sous ma responsabilité et que je te défoncerais le crâne aussi vite queje me mettrais à boire avec toi ! »

Rodrigues salua Hiro-matsu, puis se tourna rayonnant vers Blackthorne.

« Salue le salopard-sama ! »

Blackthorne s'exécuta comme dans un rêve.

« Tu le fais comme un Jap, lui dit Rodrigues, ironique. Tu es vraiment le pilote ?

— Oui.

— Latitude du Lézard ?

— 49° 56' nord — et fais attention aux récifs qui se trouvent sud-sud-ouest.

— T'es bien le pilote, par le Seigneur ! » Rodrigues lui serra chaudement la main. « Monte à bord. J'ai de quoi manger ; j'ai du cognac, du vin et du rhum chaud. Tous les pilotes doivent s'aimer les uns les autres parce qu'ils sont le foutre de la terre. Amen ! Pas vrai ?

— Oui, dit Blackthorne, fatigué.

— Quand j'ai appris qu'on allait ramener un pilote avec nous, je me suis dit chouette. Ça fait des années que j'ai pas eu l'occasion de parler avec un vrai pilote. Monte à bord. Comment t'as pu passer furtivement devant Malacca ? Comment t'as fait pour éviter nos patrouilles dans l'océan Indien, hein ? T'as volé le carnet de qui ?

— Où m'emmènes-tu ?

— A Osaka. Le seigneur suprême, en personne, veut te voir. »

Blackthorne sentit la panique le gagner à nouveau. « Qui ?

— Toranaga ! Seigneur des Huit Provinces, où que diable elles puissent étre ! Le *daimyō* en chef du Japon !

— Qu'cst-cc qu'il mc vcut ?

— J'en sais rien mais c'est pour ça qu'on est ici. Si Toranaga veut te voir, pilote, il te verra. On dit qu'il y a un million de ces fanatiques aux yeux bridés prêts à mourir pour le seul honneur de lui torcher le cul si tel est son bon plaisir !

— Toranaga veut que vous rameniez le pilote, Vasco, lui avait dit l'interprète. Ramenez le pilote et...

— Oh, oui pilote, tout est confisqué, à ce que je crois savoir. Ton bateau et tout ce qu'il contient !

— Confisqué ?

— C'est peut-être qu'une rumeur. Les Japs confisquent d'une main et rendent de l'autre. Ou font semblant de jamais avoir donné d'ordre. C'est très difficile de comprendre ces fumiers ! »

Blackthorne sentit les yeux glacés d'Omi le pénétrer. Il essaya de dissimuler sa peur. Rodrigues suivit son regard. « Oui, ils sont énervés. On a le temps devant nous pour parler. Monte à bord. » Il se retourna mais Blackthorne l'arrêta. « Et mes amis ? Mon équipage ? »

Blackthorne lui raconta rapidement l'histoire du trou. Rodrigues questionna Omi en pidgin japonais. « Il dit qu'y a pas à s'inquiéter pour eux. Écoute, y a rien que je puisse ou que tu puisses faire, maintenant. Faut attendre. Tu peux pas savoir avec un Jap. Ils ont six visages et trois cœurs. »

Rodrigues salua Hiro-matsu comme l'aurait fait un courtisan européen. « C'est comme ça qu'on salue, ici. Comme si on était à la cour de Philippe II le fornicateur. Que Dieu mène rapidement cet Espagnol à sa tombe. » Il ouvrit le chemin et arriva sur le pont. Il n'y avait ni chaînes ni esclaves, au grand étonnement de Blackthorne.

« Qu'est-ce qu'il y a ? T'es malade ?

— Non. Je croyais que c'était un bateau à esclaves.

— Ils en ont pas, au Japon. Même pas dans leurs mines. Dingues, ça y est, t'as pigé. J'ai jamais vu des dingues pareils et j'ai pourtant fait trois fois le tour du monde. Les rameurs sont samouraïs. Ce sont des soldats de l'armée personnelle du vieil emmerdeur. T'as jamais vu des esclaves ramer mieux que ça, ou des hommes se battre mieux qu'eux. » Rodrigues éclata de rire. « Ils se foutent le cul sur le banc, et en avant c'est parti. Je les pousse un peu, je les fais ramer plus vite pour voir saigner ces petits cons. Ils abandonnent jamais. On est venu d'Osaka — trois cents miles en quarante heures. Descends avec moi. On va bientôt partir. T'es sûr que ça va ?

— Oui, oui je crois. » Blackthorne regardait l'*Érasme*, mouillé à une centaine de mètres d'eux. « Il n'y a aucune chance de monter à bord, pilote, n'est-ce pas ? Ils ne m'ont pas laissé remonter à bord et je n'ai pas de vêtements. Ils ont posé les scellés au moment où on est arrivés. Je t'en prie. »

Rodrigues scruta le bateau.

« Quand c'est que vous avez perdu le mât de misaine ?

— Juste avant de toucher terre.

— Y 'a un mât de rechange à bord ?

— Oui.

— C'est quoi son port d'attache ?

— Rotterdam.

— Il a été construit là-bas ?

— Oui.

— Je suis allé une fois à Rotterdam. Il a de vaches de belles lignes, ce bateau. Nouveau modèle. J'en ai jamais encore vu de cette classe. Sainte Mère, il doit être drôlement rapide, bougrement rapide. »

Rodrigues se tourna vers le sablier. Blackthorne essaya de dissimuler l'espoir qui devait se lire sur son visage.

« D'accord mais à une condition, pilote. Pas d'armes, dans ta manche ou ailleurs. Ta parole de pilote. J'ai dit aux singes queje te prenais sous ma responsabilité.

— D'accord. » Blackthorne regarda le sable s'écouler dans le col du sablier.

« Je te brûle la cervelle, pilote ou pas, si tu me joues un tour. Je te coupe la gorge si t'essaies de me fausser compagnie. Si je suis d'accord.

— Je te donne ma parole de pilote et que la vérole soit sur les Espagnols ! »

Rodrigues sourit et lui donna une bourrade amicale dans le dos. « Je commence à bien t'aimer, Ingeles.

— Comment sais-tu que je suis anglais ? demanda Blackthorne, sachant pertinemment que son portugais était impeccable et que rien de ce qu'il avait dit n'avait pu le différencier d'un Hollandais.

— Je suis devin. Les pilotes le sont-ils pas tous ? » Il éclata de rire.

« Tu as parlé au prêtre ? Le père Sebastio te l'a dit ?

— Je parle pas aux prêtres quand je peux m'en passer. Une fois par semaine, c'est amplement suffisant pour un homme. » Rodrigues cracha adroitement dans le dalot et alla sur bâbord. « Taudis-sama ! *Ikimasho ka ?*

— *Ikimasho,* Rodrigu-san. *Ima !*

— C'est *ima.* » Rodrigues regarda Blackthorne, songeur. « *Ima* veut dire tout de suite". Nous partons tout de suite, Ingeles. »

Le sable avait déjà formé au fond du sablier un petit tas régulier.

« Veux-tu lui demander si je peux aller à bord de mon bateau ?

« Non, Ingeles. Je vais pas lui demander une connerie pareille. »

Blackthorne se sentit vide tout à coup. Très âgé. Il observa Rodrigues se diriger vers la lisse du gaillard d'arrière et gueuler à un petit marin qui se tenait dans l'entrepont. « Hé, capitaine. *Ikimasho ?* Samouraïs à bord-u, *ima ! Wakarimasu ka ?*

— *Hai,* Anjin-san. »

Rodrigues fit immédiatement sonner la cloche six fois et le capitaine-san hurla des ordres à l'intention des marins et des samouraïs, à bord et sur le quai. Des marins montèrent sur le pont pour se préparer au départ. Dans cette mêlée disciplinée et obéissante, Rodrigues prit tranquillement le bras de Blackthorne et l'entraîna vers tribord, loin du rivage. « Y a un dinghy en bas, Ingeles. Cours pas ; te retourne pas. Fais attention à personne d'autre que moi. Si je te dis de revenir, obéis. »

Blackthorne traversa le pont, descendit l'échelle, longea la coursive et se dirigea vers la petite embarcation japonaise. Il entendit, derrière lui, des voix en colère et sentit les poils se dresser sur sa nuque. Il y avait beaucoup de samouraïs à bord du bateau. Certains étaient armés d'arcs et de flèches, Quelques-uns, même, avaient des mousquets.

Blackthorne était presque dans le dinghy. Il vit alors qu'il n'y avait pas de rames de nage. Je ne peux pas ramer comme eux, se dit-il. Je ne peux pas me servir de ce bateau ! C'est trop loin pour y aller à la nage. Est-ce vraiment aussi loin ?

Il hésita, mesura la distance. S'il avait été en possession de toutes ses forces, il n'aurait pas hésité une minute. Mais à présent.

Des pas résonnèrent le long de la coursive. Il résista à l'envie de se retourner.

« Assieds-toi là, à l'arrière, entendit-il Rodrigues lui dire, d'une voix urgente. Dépêche-toi ! »

Il obéit. Rodrigues sauta agilement, saisit les avirons et, toujours debout, éloigna l'embarcation du navire avec habileté. A quelques mètres du bateau, il se retourna. « On va jusque-là, dit-il en pointant son doigt sur l'*Érasme*. Y a des samouraïs à bord ! » Il tourna résolument le dos à son bateau et continua de godiller debout, à la japonaise, en se tenant au milieu de l'embarcation. « Tu me dis s'ils pointent leurs arcs sur nous, Ingeles ! Observe-les bien ! Qu'est-ce qu'ils font en ce moment ?

— Le capitaine est très en colère. Tu ne vas pas avoir d'ennuis, n'est-ce pas ?

— Si on part pas avec la marée, le vieux Taudis aura des raisons de se plaindre. Qu'est-ce qu'ils font, ces archers ?

— Rien. Ils l'écoutent. Il semble hésitant. Non. Il y en a un qui sort une flèche de son carquois. »

Rodrigues se prépara à stopper. « Sainte Mère, ce sont de trop bons tireurs pour qu'on risque quoi que ce soit. La flèche est toujours pointée ?

— Oui. Attends un peu. Le capitaine est... quelqu'un se dirige vers lui. Je crois que c'est un marin. On dirait qu'il lui demande quelque chose au sujet du bateau. Le capitaine nous regarde. Il dit quelque chose à l'homme qui a la flèche pointée sur nous. Le type baisse son arc. Le marin montre maintenant quelque chose sur le pont. »

Rodrigues lança un petit coup d'œil par en dessous pour se rendre compte et se mit à respirer plus facilement. C'est un des officiers. Il va lui falloir toute la demi-heure pour mettre ses rameurs en place. »

Blackthorne attendit. La distance augmentait. « Le capitaine nous regarde à nouveau.

— Laisse-le. » Rodrigues se détendit mais ne ralentit pas la cadence pour autant.

« J'aime pas avoir le dos face aux samouraïs, Surtout quand ils ont des armes entre les mains. De toute façon, j'ai jamais vu un seul de ces fumiers sans arme. Sont tous des fumiers !

— Pourquoi ?

— Ils adorent tuer, Ingeles. C'est leur coutume de dormir avec leurs épées. C'est un très grand pays, mais les samouraïs sont aussi dangereux que des vipères.

— Pourquoi ?

— Je sais pas pourquoi, Ingeles, mais ils le sont en vérité, répondit Rodrigues, heureux de parler avec quelqu'un de sa race. Bien sûr, tous les Japs sont différents de nous. Ils sentent pas la douleur ni le froid comme nous. Mais les samouraïs sont quand même pires. Ils ont peur de rien, de la mort moins que tout. Pourquoi ? Dieu seul le sait mais c'est la vérité. Si leurs supérieurs leur disent "tuez", ils tuent, "mourez" et ils se jettent sur leurs épées et s'ouvrent le ventre. Ils tuent et meurent aussi facilement que nous pissons. Les femmes sont aussi samouraïs, Ingeles. Elles te tueront pour protéger leurs maîtres. C'est comme ça qu'elles appellent leurs maris. Elles se tueront si on le leur ordonne.

Elles se tuent en s'ouvrant la gorge. Un samouraï peut ordonner à sa femme de se tuer et elle doit obéir. C'est la loi. Sainte Mère, les femmes sont quand même très différentes, une espèce à part, Ingeles. Rien sur la terre qui leur soit semblable, mais les hommes... les samouraïs sont des reptiles. La meilleure façon de les traiter c'est de les considérer comme des serpents venimeux. Ça va maintenant ?

— Oui, merci. Un peu faible, mais bien.

— Comment s'est passé le voyage ?

— Difficile.

— Qu'est-ce qui se passe à bord ?

— Le capitaine baragouine avec un autre samouraï et nous montre du doigt. Qu'est-ce qu'ils ont de si particulier ?

— Un samouraï commande tout. Il possède tout. Ils ont leur propre code de l'honneur et leurs propres règles. Qu'est-ce qu'il fait maintenant, l'enfoiré de mes fesses ?

— Il nous regarde, c'est tout. Il a son arc sur l'épaule. » Blackthorne frissonna. « Je hais ces fumiers plus que les Espagnols. »

Rodrigues se mit à rire, tout en ramant. « S'ils apprenaient la vérité... » Il ajouta : « Mais si tu veux devenir riche, faudra que tu travailles avec eux parce qu'ils possèdent tout. T'es sûr que ça va ?

— Oui, merci. Tu disais ? Les samouraïs possèdent tout.

— Oui. Tout le pays est divisé en castes, comme en Inde. Au sommet, les samouraïs, ensuite les paysans. » Rodrigues cracha par-dessus bord. « Seuls les paysans ont le droit de posséder la terre. Tu comprends ? Mais les samouraïs possèdent tous les produits de la terre. Le riz leur appartient totalement. C'est la seule récolte importante du pays. Ils redistribuent ensuite leur part aux paysans. Seuls les samouraïs ont le droit de porter des armes. » Rodrigues rota et cracha. « Avec tout ça, si tu sais deux ou trois choses, cet endroit reste bien un paradis sur terre. » Il jeta un coup d'œil vers la galère pour se rassurer, puis il dit ironiquement : « Rien de tel qu'une petite balade dans le port, hein ? »

Blackthorne éclata de rire,

« Tu godilles drôlement bien. Quand tu es arrivé, je me demandais comment j'allais me servir des rames.

— Tu croyais tout de même pas que j'allais te laisser partir seul ? Quel est ton nom ?

— Blackthorne. John Blackthorne.

— T'as déjà été dans le Nord, Ingeles ? Vers le pôle Nord ?

— J'étais avec Kees Veerman, à bord du *Der Lifle,* il y a huit ans de ça. C'était son second voyage à la recherche du passage Nord-Est. Pourquoi ?

— J'aimerais que tu me racontes ça... que tu me racontes tous les endroits où t'as été. Tu crois qu'ils finiront par trouver un passage ? La route nord, vers l'Asie ? Les routes ouest ou est ?

— Oui. Toi et les Espagnols, vous bloquez les routes septentrionales. Il nous faudra bien découvrir un autre passage. Oui, nous le découvrirons. A moins que les Hollandais ne le découvrent. Pourquoi ?

— T'as navigué le long de la côte des États barbaresques, pas vrai ?

— Oui, pourquoi ?

— Et tu connais Tripoli ?

— La plupart des pilotes sont passés par là. Pourquoi ?

— Je savais bien que je t'avais déjà vu une fois. Oui, c'était à Tripoli. Quelqu'un m'a dit en te montrant du doigt que t'étais le fameux pilote anglais qui était allé avec l'explorateur hollandais Kees Veerman dans les mers arctiques et qui avait été une fois capitaine avec Drake. Contre l'Armada ? Quel âge t'avais à cette époque-là ?

— Vingt-quatre ans, »

Rodrigues borda les avirons et le bateau vira gentiment de côté. Il s'agrippa aux cordes d'abordage. « Monte à bord, mais laisse-moi parler. » Blackthorne se mit à grimper pendant que l'autre pilote amarrait l'embarcation. Rodrigues arriva le premier sur le pont. Il s'inclina comme un courtisan : « *Konnichi wa* à tous les brouteurs d'herbe-samas. »

Il y avait quatre samouraïs sur le pont. Blackthorne reconnut l'un d'entre eux ; c'était l'un des gardiens de la trappe. Interdits, ils saluèrent le Portugais, avec rigidité. Blackthorne le singea, se sentant plutôt gauche.

Rodrigues se dirigea vers la coursive. Les scellés étaient bien en place. L'un des samouraïs l'intercepta.

« *Kinjiru, gomen nasai.*

— Interdit ? Désolé ? dit le Portugais, pas du tout impressionné. — Je suis Rodrigu-san, anjin de Toda Hiromatsu-sama. Ce sceau..., dit-il en montrant du doigt un tampon rouge recouvert d'une écriture bizarre. Toda Hiromatsu-sama, *ka ?*

— *Iyé,* dit le samouraï en secouant la tête. Kasigi-Yabusama !

— *Iyé !* dit Rodrigues. Kasigi Yabu-sama ? Je suis au service de Toda Hiro-matsu-sama, qui est un plus grand roi que votre résidu et Taudis-sama est au service de Toranaga-sama qui est le plus grand enfoiré-sama du monde entier. *Neh ?* » Il arracha les scellés de la porte, une main posée sur son pistolet. Les épées étaient à moitié dégainées. Il dit tranquillement à Blackthorne : « Sois prêt pour abandon navire » et, avec rudesse, au samouraï : « Toranaga-sama ! » Il montra de sa main gauche le pavillon qui flottait au sommet du mât de son bateau : « *Wakarimasu ka ?* »

Le samouraï hésita. Blackthorne était prêt à plonger par-dessus bord.

« Toranaga-sama ! » Rodrigues balança son pied dans la porte. Le loquet céda et la porte s'ouvrit toute grande. « *WAKARIMASU KA ?*

— *Wakarimasu,* Anjin-san. » Les samouraïs rengainèrent leurs épées, saluèrent et s'excusèrent. Rodrigues dit d'une voix rauque : « Voilà qui est beaucoup mieux. » Et il ouvrit le chemin vers les cabines,

« Seigneur Dieu, Rodrigues, dit Blackthorne dés qu'ils furent dans l'entrepont. Tu fais ça tout le temps et tu arrives à t'en sortir ?

— Je fais ça très rarement, dit le Portugais en s'essuyant le front. Et je souhaiterais même avoir jamais commencé. »

Blackthorne se tint contre la cloison. « J'ai comme l'impression qu'on m'a donné un coup de pied dans l'estomac.

— C'est la seule façon. Il faut agir comme si on était le roi. Même ainsi, on peut pas savoir avec un samouraï.

— Que leur as-tu dit ?

— Que Toda Hiro-matsu était le conseiller principal de Toranaga. Qu'il était un *daimyō* plus important que leur *daimyō* local. Voilà pourquoi ils ont fini par accepter.

— A quoi il ressemble, Toranaga ?

— Longue histoire, Ingeles. » Rodrigues s'assit sur une marche, enleva sa botte et se massa sa cheville : « Je me suis presque brisé le pied sur ta putain de porte bouffée aux mites !

— Elle n'était pas fermée. Tu aurais pu l'ouvrir délicatement.

— Je sais, mais ça n'aurait pas fait le même effet. Par la Sainte Vierge, t'as un tas de choses à apprendre !

— Tu m'apprendras ? »

Rodrigues remit sa botte. « Ça dépendra, dit-il.

— De quoi ?

— Faudra voir, pas vrai ? J'ai pas arrêté de parler jusqu'à maintenant, ce qui est juste. Je peux, tu peux pas. Ce sera bientôt ton tour. Où est ta cabine ? »

Blackthorne observa Rodrigues pendant quelques instants. Une odeur rance régnait dans l'entrepont. « Merci de m'avoir aidé à monter à bord. » Il ouvrit le chemin vers l'arrière. Sa porte n'était pas fermée à clef. La cabine avait été fouillée de fond en comble et tout ce qui pouvait être emporté l'avait été. Plus de livres, plus d'instruments, plus de plumes d'oie. Son coffre était ouvert également. Vide.

Vert de rage, il arpentait le carré. Rodrigues le fixait intensément. Même le tiroir secret avait été découvert et pillé.

« Ils ont tout pris. Ces fils de putes, vérolés !

— Tu t'attendais à quoi ?

— Je ne sais pas. Je pensais... avec les scellés... » Blackthorne se rendit à la chambre forte. Elle était vide. Le magasin aussi. Les cales ne contenaient que des ballots de vêtements en laine. « Que Dieu maudisse tous les Japs ! » Il revint dans sa cabine et ferma violemment son coffre.

« Où sont-ils ? demanda Rodrigues.

— Qui ?

— Tes carnets. Où sont tes carnets ? »

Blackthorne le regarda méchamment.

« Aucun pilote s'inquiéterait pour ses vêtements. T'es venu pour les carnets, pas vrai ?

— Oui.

— Pourquoi t'es surpris, Ingeles ? Pourquoi tu crois que je suis venu ? Pour t'aider à prendre quelques haillons de plus ? Ils sont usés de toute façon jusqu'à la corde. T'aurais plutôt besoin de vêtements neufs. J'en ai plein pour toi. Mais où sont les carnets ?

— Ils sont partis. Ils étaient dans mon coffre.

— Je vais pas te les voler, Ingeles, Je veux seulement les lire et les recopier, si besoin est. Je les chérirai comme les miens. Pas besoin de te faire de souci. » Sa voix se durcit. « Je t'en prie, trouve-les, Ingeles. Il nous reste peu de temps.

— Je ne peux pas. Ils se sont envolés. Ils étaient dans mon coffre.

— Tu les aurais tout de même pas laissés là... pas en venant dans un port étranger. T'oublierais pas aussi facilement la règle d'or des pilotes... cacher soigneusement les carnets et laisser les faux seulement en évidence. Dépêche-toi !

— Ils ont été volés !

— Je te crois pas. Mais je veux bien admettre que tu les as merveilleusement cachés. J'ai cherché pendant deux heures. J'en ai pas reniflé la moindre trace.

— Quoi ?

— Pourquoi t'es surpris, Ingeles ? Tu serais pas con à ce point ? Je suis bien sûr venu d'Osaka pour jeter un œil sur tes carnets.

— Tu es déjà venu à bord ? »

— Sainte Mère, dit Rodrigues en s'impatientant. Oui, bien sûr. Y a deux ou trois heures avec Hiro-matsu qui voulait jeter un coup d'œil, lui aussi. Il a brisé les scellés et quand on est repartis, ce *daimyō* local a remis les scellés. Dépêche-toi, par le Seigneur Dieu ! Le sable finit de s'écouler.

— *Ils ont été volés !* » Blackthorne lui raconta comment ils étaient arrivés, comment ils s'étaient réveillés, à terre. Puis il balança son coffre à travers la cabine, furieux contre ces hommes qui avaient pillé son bateau. « Ils ont été volés ! Toutes mes cartes ! Tous mes carnets ! J'ai des copies pour certains, en Angleterre, mais le carnet établi pendant ce voyage a été volé et le... » Il s'arrêta.

« Et le carnet portugais ? Allez, Ingeles. Il fallait qu'il soit portugais.

— Oui. Et Ie carnet portugais a aussi disparu. »

Ressaisis-toi, pensa-t-il. Ils ont disparu et c'est la fin, Tu ne rentreras jamais chez toi... C'est faux. Tu peux mener le bateau jusqu'au pays, avec de la prudence et une chance extraordinaire... Ne sois pas ridicule ! Tu es à mi-chemin, de l'autre côté de la terre, en territoire ennemi, et tu n'as ni cartes ni carnets. Ô Seigneur, venez-moi en aide ! Rodrigues l'observait attentivement. Il finit par dire : « Je suis désolé pour toi, Ingeles. Je sais ce que tu ressens. Ça m'est arrivé une fois. C'était un Anglais, aussi, le voleur. Que son bateau coule et qu'il brûle dans le feu éternel, Allez, viens. Retournons à bord. »

Omi et les autres attendirent sur la jetée que la galère ait contourné le promontoire et ait disparu.

« Mura, combien de temps faudra-t-il pour ramener les canons à bord du bateau ?

— Si nous travaillons toute la nuit, ce sera fait demain à midi, Omi-san. Si nous commençons à l'aube, nous aurons fini bien avant le coucher du soleil. Ce serait plus sûr de travailler pendant la journée.

— Travaillez pendant toute la nuit. Fais venir immédiatement le prêtre près du trou ! »

Omi jeta un coup d'œil vers Igurashi, le lieutenant en chef de Yabu, qui contemplait toujours le promontoire, le visage tendu. « Vous êtes le bienvenu ici, Igurashi-san. Ma maison est pauvre mais nous ferons tout ce qui est en notre pouvoir pour vous la rendre agréable.

— Merci, répondit le vieil homme, se retournant vers lui. Mais notre

Maître m'a dit de rentrer immédiatement à Yedo. J'y retourne donc. J'aurais aimé être à bord de cette galère.

— Oui.

— Je déteste savoir que Yabu-sama est seul à bord avec deux hommes. Je n'aime pas ça du tout.

— Oui. »

Il montra l'*Érasme* du doigt. « Un bateau maudit. Voilà ce que c'est ! Tant de richesse et puis plus rien !

— Tout en vérité. Est-ce que sire Toranaga ne va pas être ravi et énormément touché par le cadeau de sire Yabu ?

— Ce pillard cupide, imbu comme il l'est de sa personne, ne se rendra même pas compte de la somme d'argent qu'il a dérobée à notre maître. A quoi pensez-vous ? Vous rêvez ?

— Je suppose que c'est votre angoisse pour sire Yabu et les dangers qu'il court qui vous font parler de la sorte ?

— Vous avez raison, Omi-san. Je ne voulais pas vous insulter. Vous avez été très habile et très utile à notre maître. Vous avez peut-être raison en ce qui concerne Toranaga », dit Igurashi, mais il pensait : profite de ta nouvelle fortune, toi pauvre idiot. Je connais mon maître mieux que toi et ton nouveau fief ne te sera d'aucun profit. Tu peux me croire, Omi, jeune fou morveux. Toi et ta branche du clan des Kasigi, vous n'avez plus longtemps à vivre. J'aurais dû te le dire en face, mais il m'aurait fallu te tuer et j'aurais perdu la confiance de mon maître. C'est lui qui décidera du moment, pas moi.

« Merci pour votre hospitalité, Omi-san. A bientôt. Je m'en vais.

— Voulez-vous me rendre un service, s'il vous plaît. Transmettez mes hommages à mon père. Je vous en saurais gré.

— Avec plaisir. C'est un homme merveilleux. Je ne vous ai pas félicité encore pour votre nouveau fief.

— Vous êtes trop bon.

— Merci encore, Omi-san. » Il leva la main d'un geste amical, fit signe à ses hommes et s'en alla. Omi se rendit près du trou. Le prêtre était là. Omi voyait bien que l'homme était en colère. Il espérait qu'il allait faire un esclandre publiquement. Il aurait ainsi la possibilité de le faire fouetter.

« Prêtre, dis aux barbares qu'ils vont sortir, un par un. Dis-leur que sire Yabu a décidé qu'ils pourraient vivre à nouveau dans le royaume des hommes. » Omi parlait de façon simple, exprès : « Mais la plus petite infraction à la règle, et deux hommes retourneront dans le trou. Ils doivent apprendre à se tenir et à obéir aux ordres. Est-ce clair ?

— Oui. »

Omi fit répéter au prêtre ce qu'il lui avait dit. Quand il fut certain qu'il avait bien compris, il le laissa traduire. Les hommes sortirent un à un. Tous effrayés. Certains avaient besoin d'aide. L'un d'eux poussa un cri de douleur quand on lui toucha le bras.

« Il devrait y en avoir neuf.

— Un est mort, Son corps est en bas, dans le trou », dit le prêtre.

Omi réfléchit pendant un moment. « Mura, fais incinérer le corps et garde les cendres avec celles de l'autre barbare. Remets les hommes dans la même maison. Faisles laver. Ils puent. Mura, apprends-leur à saluer correctement et emmène-les. »

Puis il se tourna vers le prêtre : « Eh bien ?

— Partir maintenant. Aller chez moi. Quitter Anjiro.

Bon vent. Ne reviens jamais. Toi et tous les gens de ton espèce.

— Chrétiens. Bons Japonais. Seulement bons vassaux. Jamais avoir mauvaises pensées. Non.

— Je suis heureux de te l'entendre dire. N'oublie pas que mon fief s'étend sur vingt *ri*, dans toutes les directions. Compris ?

— Compris. Oui, Compris trés bien. »

Il regarda l'homme s'incliner. Même les prêtres barbares devaient connaître les bonnes manières et s'en aller.

« Omi-san ? » dit l'un des samouraïs. Il était très jeune et très beau.

« Oui ?

— Excusez-moi. Je sais que vous n'avez pas oublié Masijiro-san. Il est toujours dans le trou. » Omi s'approcha de la trappe et regarda le samouraï, au fond. L'homme se mit immédiatement à genoux et s'inclina respectueusement.

Les deux jours qu'il venait de passer l'avaient vieilli. Omi mit en balance ses états de service passés et sa valeur à venir.

Il prit la dague fichée dans la ceinture du jeune samouraï et la lança dans le trou. Au pied de l'échelle, Masijiro fixait le poignard, n'en croyant pas ses yeux. Les larmes se mirent à couler sur ses joues. « Je ne mérite pas cet honneur, Omi-san.

— Si.

— Merci. »

Le jeune samouraï demanda : « Peut-il être autorisé à se faire seppuku ici, sur la plage ?

— Il a échoué dans le trou. Qu'il y reste. Ordonne aux habitants du village de le combler. Les barbares l'ont souillé. Que toute trace disparaisse ! »

8

« Qu'est-ce que tu en penses, Ingeles ?
— Je crois qu'il va y avoir une tempête.
— Quand ?
— Avant le coucher du soleil. » Il était presque midi. Ils étaient sur le gaillard d'arrière de la galère. Le ciel était bas et sombre. C'était le deuxième jour de mer.
« Qu'est-ce que tu ferais si c'était ton bateau ?
— On est loin de notre destination ?
— On arrivera après le coucher du soleil.
— A quelle distance sommes-nous de la côte ?
— Quatre ou cinq heures de route, Ingeles. Courir nous mettre à l'abri nous coûterait une demi-journée. Je peux pas me le permettre. Qu'est-ce que tu ferais ? »

Blackthorne réfléchit. Pendant la première nuit, la monère avait fait route vers le sud de la côte de Izu, aidée en cela par les voiles de misaine. Quand ils avaient atteint la pointe septentrionale, le cap Ito, Rodrigues avait fait mettre ouest-sud-ouest et avait quitté la zone tranquille de la côte, pour la haute mer. Ils s'étaient dirigés sur le cap Shinto, à deux cents miles de là.

« Nous longeons normalement les côtes avec une galère comme celle-là. Par sécurité. Mais ça nous prendrait trop de temps et le temps est très précieux. Toranaga m'a demandé d'amener Taudis à Anjiro et de le ramener. J'ai une prime à la clef si nous faisons vite. Un de leurs pilotes aurait pu aussi bien faire l'affaire pour un si petit trajet, mais ce fils de pute avait les foies de transporter, loin des côtes, un *daimyō* aussi important que Taudis. Ces Japs sont pas des loups de mer. De grands pirates, de grands guerriers, mais des marins d'eau douce. Ton carnet volé, Ingeles... le portugais. Il était à qui ?
— Je ne sais pas. Il n'y avait pas de nom, pas de signature.
— Où tu te l'es procuré ?

— C'est le marchand principal de la Compagnie hollandaise des Indes orientales qui me l'a vendu.

— D'où il le tenait ? »

Blackthorne haussa les épaules.

Le rire de Rodrigues était exempt d'humour. « Je m'attendais pas à ce que tu me le dises, mais quel que soit celui qui l'a volé et vendu, j'espère qu'il brûlera dans le feu éternel.

— Tu es employé par ce Toranaga, Rodrigues ?

— Non. J'étais simplement en visite à Osaka avec mon capitaine. C'est un service qu'on a rendu à Toranaga. Mon capitaine m'a porté volontaire. Je suis le pilote du... » Rodrigues s'était arrêté. « J'oublie que t'es un ennemi, Ingeles !

— Le Portugal et l'Angleterre sont alliés depuis des siècles.

— Mais nous le sommes plus. Descends, Ingeles. T'es fatigué, moi aussi. Un homme fatigué fait des bêtises, Remonte sur le pont quand tu te seras reposé. »

Blackthorne était donc descendu dans la cabine du pilote et s'était étendu sur la couchette. Le carnet était relié plein cuir et usé. Blackthorne ne l'ouvrit pas.

« Pourquoi le laisses-tu là ? lui avait-il demandé.

— Si je le laissais pas là, tu le chercherais. Là, tu oseras pas le toucher — ou même le feuilleter — sans ma permission, T'es un pilote, pas un putain de salaud de fumier de voleur de marchand ou de soldat.

— Je le lirai. Tu le lirais bien, toi.

— Pas sans permission, Ingeles. Aucun pilote ferait ça. Même moi,je le ferais pas. »

Blackthorne avait contemplé le carnet pendant un moment, puis avait fermé les yeux. Il dormit profondément pendant toute la journée et toute une partie de la nuit. Il s'éveilla, comme d'habitude, juste avant l'aube. Il lui fallut du temps pour s'habituer aux mouvements désagréables de la galère, au battement du tambour qui rythmait le va-et-vient des avirons et le rendait uniforme. Il resta allongé dans l'obscurité, confortablement installé sur le dos, les mains sous la nuque, pensant à son bateau et refusant de s'inquiéter à l'idée de ce qui les attendait à Osaka. Une seule chose à la fois. Pense à Felicity, à Tudor, à la maison. Non, pas maintenant, Pense que si d'autres Portugais sont comme Rodrigues, tu as vraiment une chance de t'en sortir. Tu trouveras bien un bateau pour rentrer chez toi. Les pilotes ne sont pas ennemis et au diable le reste ! Mais tu ne peux pas dire ça, mon gars ! Tu es anglais, l'hérétique maudit, l'Antéchrist. Les catholiques possèdent ce monde. Ils le *possédaient*. Maintenant, nous allons les écraser avec les Hollandais. »

Puis il était remonté sur le pont. Rodrigues était dans son fauteuil, les yeux rougis par le manque de sommeil. Deux marins japonais étaient à la barre, comme avant.

« Je peux prendre le quart pour toi ?

— Comment tu te sens, Ingeles ?

— Reposé. Je peux prendre le quart pour toi ? » Blackthorne vit

Rodrigues le jauger. « Je te réveillerai si le vent tourne, s'il se passe quelque chose.

— Merci, Ingeles. Oui, je vais aller dormir un peu. Maintiens le cap, Au changement de sablier, fais venir quatre degrés plus à l'ouest et, au changement suivant, six degrés de plus. Va falloir que tu fasses le point au compas, pour l'homme de barre, *wakarimasu ka ?*

— *Hai !* » Blackthorne se mit à rire. « Tu as dit quatre degrés ouest. Descends, pilote, ta couchette est confortable. »

Mais Vasco Rodrigues ne descendit pas. Il resserra seulement autour de lui les pans de son manteau et s'enfonça, plus profond, dans son fauteuil. Juste avant le changement de sablier, il s'éveilla un instant et vérifia le cap sans bouger. Il s'assoupit aussitôt. Quand le vent tourna, il s'éveilla à nouveau. Mais comme il n'y avait aucun danger, il se rendormit, Hiro-matsu et Yabu montèrent sur le pont, pendant la matinée. Blackthorne nota leur surprise en le voyant commander le bateau, Rodrigues endormi à ses côtés. Ils ne lui adressèrent pas la parole, reprirent leur conversation, puis redescendirent un peu plus tard,

Vers midi, Rodrigues se leva pour faire prendre la direction nord-est. Il renifla le vent, tous ses sens en éveil. Les deux hommes scrutèrent la mer et le ciel parsemé de nuages.

« Qu'est-ce que tu ferais, Ingeles, si c'était ton bateau ? lui redemanda Rodrigues.

— Je mettrais cap sur la côte, si je savais où elle se trouve ; cap sur le point le plus proche. Cette galère ne pourra pas embarquer beaucoup d'eau et la tempête est là, qui se pointe. A quatre heures d'ici environ.

— Ça peut pas être un *taï-fun,* marmonna Rodrigues.

— Quoi ?

— Un taï-fun. Ce sont des vents incroyables. Les pires tempêtes que tu puisses essuyer. Mais on est pas dans la saison des *taï-fun.*

— C'est quand ?

— C'est pas maintenant, ennemi, dit Rodrigues en riant. Non, pas maintenant. Mais il se pourrait bien que ce soit une vache de tempête. Je vais quand même écouter tes putains de conseils et faire route nord-ouest. »

Tandis que Blackthorne faisait à nouveau le point et que l'homme de barre virait doucement, Rodrigues alla jusqu'à la lisse et cria au capitaine : « *Isogi !* Capitaine-san, *wakarimasu ka ?*

— *Isogi, hai !*

— Pourquoi ? Pourquoi vite ? »

Les yeux de Rodrigues se plissèrent, avec amusement. « Y a pas de mal à parler un petit peu la langue des Japs, pas vrai ? Eh oui, Ingeles, *Isogi* veut dire se dépêcher. T'as besoin que d'une dizaine de mots. Avec ça, tu peux emmerder cette bande de pisse-froid autant que tu veux. Si t'emploies, bien sûr, les mots exacts et s'ils sont de bonne humeur ! Je descends maintenant. Je vais chercher à manger.

— Tu fais aussi la cuisine ?

— Au Japon, tout homme civilisé doit savoir faire la cuisine ou apprendre à un de ces singes à la faire, s'il veut pas crever de faim. Ils mangent que du poisson cru, des légumes crus, marinés dans du vinaigre doux. Mais la vie peut être sacrément chiée, ici, si tu sais t'y prendre.

— Est-ce que "chiée" est bon ou mauvais ?

— C'est surtout très bon, mais ça-peut quelquefois être bougrement mauvais. Ça dépend de toi et tu poses trop de questions. »

Rodrigues descendit. Il ferma à clef la porte de sa cabine et vérifia soigneusement la serrure de son coffre. Le cheveu, qu'il avait délicatement placé, était toujours là. Un cheveu identique, invisible pour tous sauf pour lui, était toujours intact, sur la couverture de son carnet. On n'est jamais assez prudent en ce monde, pensa-t-il. Est-ce mal qu'il sache que t'es pilote du *Nao del Trato,* le grand Vaisseau noir qui vient cette année de Macao ? Peut-être. Parce qu'il te faudrait alors lui expliquer que c'est un véritable léviathan, un des plus gros et des plus riches bateaux du monde, qu'il fait plus de seize cents tonnes. Tu pourrais être tenté de lui parler aussi de la cargaison, du commerce, de Macao et de toutes sortes de choses particulièrement révélatrices et qui sont très secrêtes, très, très secrêtes. Mais on est en guerre. On est en guerre avec les Hollandais et les Anglais.

Il ouvrit la serrure bien huilée et sortit son carnet personnel pour vérifier certains points concernant le plus proche abri. Ses yeux tombèrent sur le paquet cacheté que le prêtre, le père Sebastio, lui avait donné juste avant leur départ de Anjiro.

Est-ce qu'il contient les carnets de l'Anglais ? se demanda-t-il.

Il soupesa le paquet et regarda les cachets du jésuite. Il était très tenté de les briser et de jeter un coup d'œil. Blackthorne lui avait dit que la flotte hollandaise était venue par le détroit de Magellan. Rien d'autre. L'Ingeles pose un tas de questions mais se laisse difficilement tirer les vers du nez, pensa Rodrigues. Il est habile, courageux et dangereux.

Est-ce que ce sont ses carnets, oui ou non ? Si ce sont ses carnets, quelle utilité peuvent-ils bien avoir pour les pères ?

Rodrigues était dans sa cabine, en compagnie de Blackthorne, quand la porte s'était ouverte et que le père Sebastio était entré sans autorisation. Ils étaient en train de manger et de boire.

« Vous partagez votre miche de pain avec un hérétique lui avait demandé le prêtre. C'est dangereux de manger avec eux. Ils sont contagieux. Vous a-t-il dit qu'il était un pirate ?

— Être chevaleresque avec ses ennemis est un devoir chrétien, mon père. Ils ont été justes avec moi quand j'étais leur prisonnier. Je fais que leur rendre la charité. » Il s'était agenouillé et avait baisé la croix du prêtre. Puis il s'était relevé et avait dit en offrant du vin : « En quoi puis je vous être utile ?

— Je veux aller à Osaka. Avec le bateau.

— Je vais tout de suite leur poser la question. » Il était allé voir le capitaine. La requête avait, peu à peu, gravi tous les échelons hiérarchiques, jusqu'à Hiro-matsu qui avait répondu que Toranaga ne lui avait donné aucune consigne à ce sujet. Il regrettait mais ne pouvait donner suite à la faveur demandée par le prêtre.

Le père Sebastio avait ensuite voulu lui parler dans l'intimité et il avait envoyé l'Anglais sur le pont. Dans le secret de sa cabine, le prêtre avait sorti le paquet cacheté.

« J'aimerais que vous apportiez ceci au père général.

— Je sais pas si Son Éminence sera encore à Osaka quand j'arriverai. »

Rodrigues n'aimait pas être le colporteur des secrets jésuites. « Il va falloir que j'aille à Nagasaki. Mon commandant y a peut-être laissé des ordres pour moi.

— Alors, donnez-le au père Alvito. Remettez-le lui en main propre.

— D'accord.

— Quand êtes-vous allé pour la dernière fois à confesse, mon fils ?

— Dimanche dernier, mon père.

— Voulez-vous vous confesser ?

— Oui, merci. » Il était reconnaissant au prêtre de lui avoir posé la question. On était jamais trop prudent quand sa vie était à la merci de la mer. Il s'était ensuite senti beaucoup mieux. Comme d'habitude. Rodrigues remit le paquet à sa place. Il était très tenté de l'ouvrir. Pourquoi le père Alvito ? Le père Martin Alvito était négociateur en chef et avait été interprète personnel du Taikō pendant de nombreuses années. Il avait ainsi vécu au contact des *daimyōs* les plus influents. Il faisait le va-et-vient entre Nagasaki et Osaka et était l'une des rares personnes, le seul Européen, à avoir eu constamment accès auprès du Taikō. C'était un homme extrêmement habile qui parlait parfaitement le japonais et en savait plus sur ce pays et ses coutumes que bien des hommes, en Asie. Il était, aujourd'hui, le médiateur portugais le plus influent auprès du Conseil des régents, auprès d'Ishido et de Toranaga en particulier. Pourquoi tu penses constamment aux prêtres ? se demanda Rodrigues à voix haute, Tu sais que ça te rend nerveux. Oui, même ainsi pourquoi le père Alvito ? Si le paquet contient bien les carnets, est-ce qu'il est destiné à l'un des *daimyōs* chrétiens, à Ishido, à Toranaga ou simplement à Son Eminence, le père général lui-même ? Ou à mon commandant ? Est-ce que les carnets vont être envoyés à Rome, pour les Espagnols ? Pourquoi le père Alvito ? Le père Sebastio aurait pu me dire tout bonnement de le donner à n'importe quel autre jésuite.

Et pourquoi Toranaga désire voir l'Ingeles ?

Je sais, au plus profond de moi-même, que je ferais mieux de tuer Blackthorne. Il est l'ennemi. C'est un hérétique. Mais il y a autre chose. J'ai le sentiment que cet Ingeles est un danger pour nous. Pourquoi j'ai ce sentiment ? Il est pilote. Un grand pilote. Fort. Intelligent. Un homme de bien. Rien dans tout ça qui m'oblige à me faire de la bile. Pourquoi j'ai peur ? C'est le diable ? Je l'aime bien. Je crois pourtant qu'il faudrait que je le tue rapidement. Le plus vite serait le mieux. Je le ferais pas par colère mais simplement par sécurité. Pourquoi ?

J'ai peur de lui.

Que faire ? S'en remettre à Dieu ? La tempête arrive et elle sera grosse.

« Que Dieu me damne, moi et mes hésitations ! Pourquoi je suis pas foutu de prendre une décision ? »

La tempête éclata avant le coucher du soleil et les surprit en pleine mer. La baie vers laquelle ils faisaient cap était un abri sûr, mais était très éloignée encore au moment où ils avaient scruté l'horizon. Il n'y avait pas de bancs de sable, pas de récifs, mais dix miles c'était dix miles et la mer gonflait rapidement. Le vent venait du nord-est, par tribord, et tournait au gré des rafales qui soufflaient indifféremment de l'est ou du nord. La mer était glauque. Ils faisaient route nord-ouest. Ils étaient parallèles à la lame et tanguaient méchamment. La galère était basse et peu profonde, construite pour la vitesse et les eaux calmes. Bien que les rameurs fussent disciplinés et habiles, il leur était difficile de maintenir les avirons à flot et de garder la cadence.

« Il va falloir border les avirons et venir vent arrière, cria Blackthorne.

— Peut-être, mais pas encore ! Où sont passées tes couilles, Ingeles ?

— Elles sont toujours où elles doivent être et où je veux qu'elles soient, bon Dieu ! »

Les deux hommes savaient que, s'ils venaient au vent, ils ne pourraient jamais se frayer un chemin dans la tempête. Le vent et la houle les rejetteraient en pleine mer. Au sud, c'était l'abîme. Il n'y avait pas trace de terre, sur plus de mille miles, et peut-être sur plus de mille lieues.

Ils portaient des sauvegardes, heureux de les avoir dans ce tangage et ce roulis. Ils se tenaient contre les plats-bords.

Pour l'instant, il n'y avait pas d'eau à bord. La galère était lourdement chargée. Plus lourde et plus basse sur l'eau qu'ils ne l'auraient souhaité. Rodrigues avait tout réglé pendant les heures d'attente, avait tout fait fermer et avait averti ses hommes. Hiro-matsu et Yabu avaient dit qu'ils resteraient en bas pendant un moment puis qu'ils viendraient sur le pont. Rodrigues avait haussé les épaules et leur avait clairement expliqué que ce serait dangereux. Il était sûr qu'ils n'avaient pas compris.

« Que vont-ils faire ? avait demandé Blackthorne.

— Qui sait, Ingeles ? Tu peux au moins être sûr d'une chose, c'est qu'ils vont pas pleurer de peur. »

Les rameurs travaillaient dur sur le pont principal. Il y avait normalement deux hommes par aviron, mais Rodrigues avait ordonné qu'il y en ait trois pour plus de sécurité, de rapidité et de force. D'autres rameurs attendaient dans l'entrepont que l'ordre leur soit donné de prendre le relais. Sur le gaillard d'avant, le maître de nage, homme d'expérience, battait lentement la cadence, au rythme des vagues. La monère se frayait un passage malgré un tangage de plus en plus prononcé, mais elle était de plus en plus lente à réagir. Puis les lames devinrent furieuses et le maître de nage perdit la cadence.

« Attention devant ! » Blackthorne et Rodrigues crièrent en ne faisant qu'une voix. La galère tanguait dangereusement. Vingt avirons ramèrent dans le vide et le chaos s'installa à bord. La première déferlante venait d'atteindre son but. Le pont bâbord fut inondé. Ils s'enfonçaient.

« Va à l'avant ! ordonna Rodrigues. Aide-les à border la moitié des avirons, de chaque côté. Sainte Mère ! Dépêche-toi, dépêche-toi ! »

Blackthorne savait que, sans sa sauvegarde, il pouvait être facilement envoyé par-dessus lisse. Mais il fallait que les avirons soient bordés, sinon ils étaient perdus.

Il se détacha et se fraya un chemin le long du pont gras et glissant de la petite coursive qui menait au pont principal. La galère vira brusquement et il fut projeté vers la proue. Le plat-bord était immergé. Un homme passa par-dessus la lisse. Blackthorne, lui aussi, se sentit partir. Sa main agrippa le plat-bord, muscles tendus. Sa prise tint bon. Son autre main saisit alors le bastingage et, à demi étouffé, il se remit d'aplomb. Il se secoua, remercia Dieu et pensa : ta septième vie vient de s'en aller. Alban Caradoc lui avait toujours dit qu'un bon pilote avait au moins dix vies là où un chat n'en avait que neuf.

Un homme gisait à ses pieds. Il le tira et le tint fermement jusqu'à ce qu'il soit en sécurité, puis l'aida à regagner sa place. Il se tourna vers le gaillard d'arrière pour maudire Rodrigues d'avoir laissé le gouvernail lui échapper. Rodrigues agita la main, montra quelque chose du doigt et cria. Son cri fut étouffé par une lame déferlante. Blackthorne vit qu'ils avaient changé de direction. Ils étaient presque dans le vent. Si le bateau a viré, ce doit être un ordre de Rodrigues. Sage. On va pouvoir prendre le temps de souffler et de se réorganiser, mais ce salaud aurait quand même pu me prévenir. Je n'aime pas perdre une vie, bêtement.

Il fit, lui aussi, un geste de la main et se mit au travail. Il fallait remplacer les nageurs qui avaient cessé de ramer. Il fit doubler les hommes sur les avirons en action et revint vers l'arrière. Les marins demeuraient stoïques. Certains étaient très malades mais attendaient néanmoins les ordres.

La baie était très proche mais elle paraissait à des millions de lieues. Le ciel était sombre, au nord-est. La pluie leur cinglait le visage et les bourrasques se faisaient plus violentes. Blackthorne n'aurait pas été gêné à bord de l'*Érasme*. Ils auraient pu arriver à bon port ou rebrousser chemin, beaucoup plus aisément. Son bateau était construit et gréé pour affronter le mauvais temps. Cette galère ne l'était pas.

« Qu'est-ce que t'en penses, Ingeles ?

— Tu fais de toute façon ce que tu veux, quoi que je dise, cria-t-il dans le vent. Mais si elle continue à prendre autant d'eau, on va finir par couler comme une pierre. La prochaine fois que je reviens à l'avant, dis-moi que tu la mets dans le vent. Mieux : mets-la au vent pendant que j'ai ma sauvegarde ; on pourra ainsi toucher terre tous les deux.

— C'était la main de Dieu, Ingeles. C'est une vague qui lui a fait tourner le croupion.

— J'ai failli passer par-dessus bord.

— J'ai vu. »

Blackthorne évaluait la direction. « Si nous gardons ce cap, nous n'atteindrons jamais la baie. Nous serons au moins à un mille ou deux du promontoire.

— Je vais rester dans le vent. On fera route vers le rivage quand il le faudra. Tu sais nager ?

— Oui.

— C'est bien. J'ai jamais appris, trop dangereux. Vaut mieux se noyer vite que lentement. » Rodrigues frissonna involontairement. « Sainte Mère de Dieu, protégez-moi d'une tombe marine ! Ce putain de bateau et sa putain de carcasse toucheront terre, cette nuit. Il le faut. Mon nez me dit que si nous dévions et venons vent arrière, nous allons couler. Nous sommes trop chargés.

— Allège le bateau. Balance la cargaison par-dessus bord.

— Le roi Taudis sera jamais d'accord. Il doit arriver avec, sinon il vaut mieux qu'il arrive pas du tout.

— Demande-le-lui,

— Sainte Mère, mais t'es sourd ? Je t'ai déjà dit ! Tu sais bien qu'il sera pas d'accord ! » Rodrigues s'approcha du maître de nage et vérifia qu'il avait bien compris. Ils allaient rester dans le vent, sans défaillir.

« Surveille-le, Ingeles ! C'est toi qui commandes. » Il enleva son garde-corps, descendit la passerelle, d'un pied sûr et s'approcha du capitaine-san pour lui exposer le plan qu'il avait en tête, puis Hiro-matsu et Yabu montèrent sur le pont. Le capitaine-san leur expliqua le plan. Les deux hommes étaient pâles comme un linge mais restaient impassibles. Ils ne vomirent pas. Ils regardèrent le rivage à travers l'écran de pluie, haussèrent les épaules et redescendirent.

Blackthorne contemplait la baie, à bâbord. Il savait que le plan était dangereux. Ils devaient attendre d'avoir franchi le promontoire, tout proche, puis sortir du lit du vent, remettre cap nord-ouest et ramer à mort. La voile ne leur serait d'aucun secours. Le côté sud de la baie était infesté de rochers et de récifs. S'ils calculaient mal, ils seraient drossés sur le rivage et s'échoueraient.

« Ingeles, à l'avant ! »

Le Portugais lui fit signe.

Il alla vers l'avant.

« Et si on se servait des voiles ? cria Rodrigues,

— Non. Ça nous gênerait plus qu'autre chose.

— Tu reste là, alors. Si le capitaine arrête de battre la cadence ou si nous le perdons, tu prends la relève. D'accord ?

— Je n'ai jamais navigué sur un bateau de ce genre. Je ne me suis jamais servi de rames. Mais j'essaierai, » Rodrigues se tourna vers la terre. Le promontoire apparaissait et disparaissait, sous la pluie battante. Il devrait bientôt frapper le grand coup. La mer s'enflait et des moutons ourlaient la crête des vagues. La course entre les promontoires semblait insurmontable, Ça va être affreux, pensa-t-il. Puis il cracha et prit une décision.

« Va à l'arrière, Ingeles. Prends la barre. Quand je fais signe, tu mets cap ouest-nord-ouest sur cet amer. Tu le vois ?

— Oui.

— N'hésite pas et tiens le cap. Regarde-moi. Ce signe-là veut dire bâbord, celui-là tribord, et celui-là, droite la barre.

— Très bien.

— Par la Vierge Marie, t'attends mes ordres et t'obéis.

— Tu veux que je prenne la barre, oui ou non ? »

Rodrigues savait qu'il était pris au piège. « Je dois te faire confiance,

Ingeles, et je déteste ça. » Il vit que Blackthorne devinait ses arrière-pensées et il changea d'avis. « Eh, toi, le pirate arrogant ! Que Dieu soit avec toi ! »

Blackthorne se retourna : « Avec toi aussi, l'Espagnol !

— Merde à tous les Espagnols et vive le Portugal !

— Droite la barre ! »

Ils arrivèrent à bon port, mais sans Rodrigues. Il était passé par-dessus bord. Sa sauvegarde s'était rompue.

L'énorme vague venue du nord avait sauvé le bateau. Ils flottaient toujours quoiqu'ils aient embarqué beaucoup d'eau et perdu leur capitaine japonais. Ils étaient à nouveau poussés vers le rivage, infesté de rochers. Blackthorne vit Rodrigues s'en aller. Il se débattait et haletait dans la mer bouillonnante. La tempête et la houle les avaient emmenés loin, sur la partie sud de la baie. Ils étaient presque sur les rochers.

Ils savaient tous que le bateau était perdu,

Blackthorne, voyant Rodrigues entraîné le long de la galère, lui lança une bouée de sauvetage. Le Portugais essaya désespérément de s'y accrocher mais la mer l'emporta. Un aviron atterrit près de lui. Il le saisit. La pluie tombait à seaux. La dernière vision que Blackthorne eut de Rodrigues fut un bras agrippé à un aviron brisé. Il aurait pu plonger par-dessus bord, le rattraper et, peutêtre, le sauver. Il avait le temps mais son premier devoir allait au bateau et *son* bateau était en danger.

Il tourna donc le dos.

La lame avait emporté quelques rameurs. D'autres essayaient en vain d'occuper les places vides. Un officier enleva bravement sa sauvegarde, sauta sur le gaillard d'avant, s'attacha et reprit la cadence.

« *Isogiiii !* » cria Blackthorne en se souvenant du mot. Il pesa de tout son poids sur la barre pour faire venir l'étrave dans le vent. Il alla ensuite contre le bastingage et battit la cadence, un-deux-un-deux, essayant d'encourager l'équipage.

« Allez, bande de salauds ! Souuuuuuquez ! »

Les rames plongeaient et souquaient mais le bateau n'avançait pas. Le vent et la houle gagnaient, tirant la monère en arrière.

« Allez, souquez, bande de salauds ! » cria à nouveau Blackthorne. Sa main battait la mesure.

Le bateau s'éloigna des rochers. Blackthorne maintint le cap vers la bande de terre sous le vent. Ils se retrouvèrent vite en eaux plus calmes. Le vent soufflait encore. La tempête faisait toujours rage, en pleine mer.

« Envoyez l'ancre de tribord ! »

Quand son bateau fut sauvé, il regarda vers l'arrière.

La ligne du rivage était à peine visible dans ce rideau de pluie. Il jaugea la mer et envisagea les possibilités,

Le carnet portugais est en bas, pensa-t-il, épuisé. Je peux diriger le bateau jusqu'à Osaka. Je pourrais même le ramener jusqu'à Anjiro. Mais as-tu eu raison de désobéir ? Je n'ai pas désobéi à Rodrigues, J'étais sur le gaillard d'arrière. Seul.

« Cap au sud, avait gueulé Rodrigues quand le vent et la houle les poussaient dangereusement. Vire et viens vent arrière !

— Non ! avait-il répondu, sachant que le port était leur seule chance. On peut y arriver !

— Que Dieu te maudisse, tu vas nous tuer ! »

Et je n'ai tué personne, pensa Blackthorne. Rodrigues, tu savais. Et je savais qu'il me fallait prendre une décision. J'avais raison. Le bateau est sain et sauf. Rien d'autre n'importe.

Il fit signe à l'officier qui se hâta de venir, du gaillard d'avant. Les deux hommes de barre s'étaient effondrés, bras et jambes à moitié arrachés. Certains ressemblaient à des cadavres, écroulés sur leurs avirons. D'autres, fatigués, venaient à leur secours. Hiro-matsu et Yabu, tous deux fortement secoués, furent amenés sur le pont.

« *Hai,* Anjin-san ? » dit l'officier. C'était un homme d'âge moyen, aux dents solides et blanches, au visage large et tanné.

« Vous vous êtes très bien comporté », lui dit Blackthorne, se fichant pas mal que ses paroles ne soient pas comprises. Il savait que le ton de sa voix et son sourire parlaient pour lui. « Oui, très bien. Vous êtes capitaine-san, à présent. *Wakarimasu ka* ? Vous, capitaine-san ! »

L'homme le fixa bouche bée, puis s'inclina profondément pour cacher sa surprise et son plaisir. « *Wakarimasu,* Anjin-san, *Hai. Arigato.*

— Écoutez-moi, capitaine-san, dit Blackthorne. donnez à manger et à boire aux hommes. Nous passerons la nuit, ici. » Blackthorne se fit comprendre par signes. Le nouveau capitaine s'en alla immédiatement et se mit à donner des ordres avec la force que lui conférait sa nouvelle autorité.

Blackthorne regardait par-dessus bord. Le fond de la mer était glauque. Il releva mentalement les points. Quand il fut sûr que les ancres n'avaient pas chassé et que la mer était calme, il dit : « Une embarcation à la mer. Trouvez-moi un bon godilleur. »

L'embarcation fut mise à l'eau et instantanément armée.

Blackthorne aurait pris place dans l'esquif si une voix sévère ne l'en avait empêché. Il se retourna. Hiro-matsu était là, Yabu à ses côtés.

Le vieil homme avait le cou et les épaules contusionnées, mais il tenait toujours sa longue épée à la main. Yabu saignait du nez. Il avait le visage tuméfié, le kimono taché. Il essayait d'étancher le sang avec un petit bout de tissu. Les deux hommes étaient impassibles et semblaient ignorer leurs blessures et le vent cinglant.

Blackthorne s'inclina poliment. « *Hai,* Toda-sama ? »

Le vieil homme désigna l'embarcation du bout de son épée et secoua la tête.

« Rodrigu-san, là-bas ! » Blackthorne indiqua le rivage sud. « Je vais voir. » Hiro-matsu fit non de la tête à nouveau et se mit à parler très vite. Il refusait catégoriquement de donner sa permission, à cause du danger. « Je suis Anjin-san de cette putain de salope de galère et si je veux aller à terre, je vais à terre. » Blackthorne gardait un ton poli mais décidé. Tout le monde comprenait aisément ce qu'il voulait dire. « Je sais que cet esquif ne tiendra pas cette mer. *Hai !* mais je vais à terre, là-bas — près de cet endroit-là. Vous le voyez, Toda Hiro-matsusama ?

Près de ce petit rocher. Je vais faire le tour du promontoire, là-bas. Je ne suis pas pressé de mourir et je n'ai pas la possibilité de m'échapper. Je veux récupérer le corps de Rodrigu-san. » Il enjamba le bastingage. L'épée bougea dans son fourreau. Il s'arrêta.

Hiro-matsu se trouvait devant un dilemme. Il comprenait très bien l'envie et le besoin qu'éprouvait le pirate de retrouver le corps du Rodrigu-san mais c'était dangereux d'aller là-bas, même à pied, et le seigneur Toranaga avait dit de ramener le pirate sain et sauf. Il fallait donc obéir à ses ordres.

Il avait vu cet homme pendant la tempête, sur le pont qui tanguait. Il était comme un *kami* marin, sans peur, dans son élément. Il faisait en même temps corps avec la tempête. Il avait alors pensé qu'il valait mieux ramener ce pirate et tous les autres, à terre, pour pouvoir s'en occuper. En mer, nous sommes en leur pouvoir.

Il voyait bien que le barbare était impatient. Qu'ils peuvent être insolents, pensa-t-il. Je devrais pourtant te remercier. Tout le monde dit que c'est grâce à toi si le bateau est maintenant en sécurité. Tout le monde dit que l'Anjin Rodrigu a perdu le contrôle de ses nerfs et nous a entraînés loin du rivage. Mais tu as tenu le cap, oui. Si nous étions allés en haute mer, nous aurions certainement coulé et j'aurais manqué de parole à mon maître.

Ses membres lui faisaient mal. Il était exténué par les efforts qu'il devait faire pour rester stoïque devant ses hommes, Yabu, l'équipage et même ce barbare.

Je hais la mer. Je hais le froid. Je hais la douleur.

« Restez où vous êtes, Anjin-san », dit-il en montrant son fourreau pour plus de clarté. Il était amusé par le feu glacé qui brûlait dans les yeux de cet homme. Il regarda le nouveau capitaine-san dès qu'il fut certain de s'être fait comprendre. « Où sommes-nous ? Sur le territoire de qui ?

— Je ne sais pas, Sire. Je crois que nous sommes quelque part dans la province de Ise. Nous pourrions envoyer quelqu'un à terre, jusqu'au village le plus proche ?

— Pouvez-vous nous conduire jusqu'à Osaka ?

— A condition de rester très près des côtes, Sire, et d'aller très doucement. Prudemment. Je ne connais pas ces eaux. Je ne pourrais pas garantir votre sécurité. Je n'ai pas assez de connaissances et il n'y a personne à bord susceptible de vous conduire. A part ce pilote. Si j'avais à prendre une décision, je vous dirais d'aller par la route. Nous pourrions trouver des chevaux et des palanquins. »

Hiro-matsu secoua la tête, en colère. Traverser le pays était hors de question. Cela prendrait trop de temps. Il y avait peu de routes. Il faudrait franchir de nombreux territoires contrôlés par les alliés d'Ishido. Ajouter à cela les dangers encourus à cause des bandits qui infestaient les cols. Cela voulait dire qu'il devrait emmener tous ses hommes. Il pourrait certainement se tailler un chemin à travers les bandits mais il ne le pourrait jamais si Ishido ou ses alliés décidaient de l'en empêcher. Tout cela le retarderait un peu plus et il avait ordre d'amener la cargaison, le barbare et Yabu, vite et sans risque.

« Ça prendra combien de temps si nous longeons la côte ?

— Je ne sais pas, Sire. Quatre ou cinq jours. Peut-être plus. Je ne suis pas sûr de moi. Je ne suis pas capitaine, désolé. »

Ce qui veut dire, pensa Hiro-matsu, que je dois compter avec ce barbare. Il va falloir que je le fasse ligoter pour l'empêcher d'aller à terre. Qui sait s'il va nous aider, une fois ligoté ?

« Combien de temps devrons-nous rester ici ?

— Toute la nuit, dit le pilote.

— La tempête sera calmée ?

— Elle devrait, Sire, mais on ne peut jurer de rien. »

Hiro-matsu scruta le rivage, puis le pilote. Il hésitait.

« Puis-je faire une suggestion, Hiro-matsu-san ? dit Yabu.

— Oui. Oui, bien sûr.

— Comme il semble que nous ayons besoin de la coopération du pilote pour nous amener à Osaka, pourquoi ne pas le laisser descendre à terre tout en envoyant des hommes avec lui, pour le protéger ? Mais ils devront revenir avant la nuit. Pour ce qui est de faire le reste du voyage par la terre, je suis d'accord. Ce serait trop dangereux pour vous. Je ne me le pardonnerais jamais s'il vous arrivait quelque chose. Une fois la tempête apaisée, vous serez plus en sécurité à bord du bateau et vous atteindrez Osaka plus rapidement, *neh ?* Certainement demain, au coucher du soleil. »

Hiro-matsu acquiesça, à contrecœur. « Très bien. » Il fit signe à un samouraï : « Takatashi-san ! Vous prendrez six hommes avec vous et vous accompagnerez le pilote. Ramenez le corps du Portugais, si vous le retrouvez, Mais si jamais on touche à un cil du barbare, vous devrez, vous et vos hommes, vous faire immédiatement seppuku.

— Oui, Sire.

— Avec votre permission, Hiro-matsu-san, je mènerai le convoi à terre, dit Yabu. Si nous arrivions à Osaka sans le pirate, je serais si honteux que je me sentirais obligé de me tuer. J'aimerais avoir l'honneur de faire respecter vos ordres. »

Hiro-matsu hocha la tête, intérieurement surpris que Yabu prenne un tel risque.

Quand Blackthorne comprit que Yabu allait à terre avec lui, son pouls s'accéléra. Je n'ai pas oublié Pieterzoon, mon équipage, le trou, les hurlements. Je n'ai pas, non plus, oublié Omi. Rien de tout ça. Fais gaffe à ta vie, fumier.

9

Ils touchèrent terre rapidement. Blackthorne avait l'intention de mener le détachement, mais Yabu prit sa place et conduisit à vive allure. Il était difficile de tenir le rythme. Les six autres samouraïs le surveillaient étroitement. Je ne peux aller nulle part, bande d'idiots, pensa-t-il, comprenant mal leur regard. Il observa la baie, cherchant les bancs de sable, les récifs cachés, relevant des points. Son esprit engrangeait toutes ces choses importantes pour les transcrire plus tard.

Ils mirent pied sur le rivage caillouteux, puis escaladèrent quelques rochers érodés par les vagues et atteignirent un sentier qui longeait la falaise. Ils firent le tour du promontoire, en direction du sud. La pluie avait cessé mais le vent continuait de souffler. Les vagues qui venaient se fracasser sur les rochers en dessous d'eux se faisaient de plus en plus hautes à mesure qu'ils s'approchaient de cette langue de terre exposée aux éléments. Elles .projetaient des gerbes d'embruns dans les airs. Ils furent bientôt trempés jusqu'aux os.

Au-dessus d'eux, la falaise se dressait à cent cinquante mètres environ, Le rivage était à quinze mètres, plus bas. Des montagnes les entouraient. D'autres se profilaient dans le lointain. Il n'y avait pas une maison ou une cabane visible, sur tout le pourtour de la baie. Ça n'avait rien de surprenant puisqu'il n'y avait aucune place pour les champs labourés, les cailloux du rivage se transformant en contreforts rocailleux puis en montagnes de granit. Des arbres poussaient sur le haut des pentes, Le sentier serpentait le long de la falaise. Blackthorne avançait en luttant contre le vent. Il remarqua que les jambes de Yabu étaient fortes et musclées. Glisse, fils de pute, pensa-t-il. Glisse, écrase-toi sur les rochers en contrebas. Est-ce que ça te ferait hurler ? Qu'est-ce qui te ferait hurler ?

Il détourna les yeux de Yabu avec effort et se remit à scruter la grève. Chaque crevasse, chaque goulet, chaque trou. Le vent chargé d'embruns lui arrachait des larmes. La mer venait se briser sur les rochers puis se retirait, tourbillonnante et écumante. Il savait qu'il y avait peu d'espoir de retrouver Rodrigues. Il y avait trop d'endroits cachés, de grottes impossibles à explorer. Mais il s'était senti obligé d'aller à terre. Il devait essayer. Il devait au moins ça à Rodrigues. Tous les pilotes priaient pour être enterrés à terre, s'ils mouraient.

Ils firent le tour du promontoire et s'arrétèrent avec joie dans un endroit abrité. Pas la peine d'aller plus loin. A un demi-mile environ, un petit village de pêcheurs se blotissait sur le rivage éclatant de blancheur. Yabu fit signe à deux samouraïs. Ils s'inclinèrent immédiatement et partirent dans la direction des maisons. Un dernier regard. Yabu essuya la pluie qui coulait sur son visage, jeta un coup d'œil vers Blackthorne. Ils se remirent en marche, Yabu en tête. Les autres samouraïs continuaient de le regarder et il pensa à nouveau qu'ils étaient vraiment stupides.

A mi-chemin du retour, ils virent Rodrigues.

Le corps en partie immergé était prisonnier d'une crevasse, entre deux gros rochers. Un bras pointait vers l'avant, L'autre était toujours agrippé à l'aviron brisé qui dansait doucement, au rythme du flux et du reflux. C'est ce mouvement qui avait attiré l'attention de Blackthorne. La falaise était le seul chemin accessible. La descente était de quinze à dix-huit mètres, abrupte, sans aucun point d'appui.

Et la marée ? se demanda Blackthorne. La marée monte. Ça va l'emporter, de nouveau, au large. Ça a l'air drôlement dangereux, là en-bas.

Il s'approcha du bord. Yabu le suivit immédiatement en secouant la tête. Les autres samouraïs l'entouraient.

« J'essaie seulement d'avoir un meilleur aperçu, pour l'amour de Dieu ! dit-il. Je n'essaie pas de me sauver ! Où pourrais-je me sauver ? »

Il recula un peu et regarda en contrebas. Ils suivirent son regard et se mirent à parler entre eux. C'était Yabu qui parlait le plus.

Il n'y a aucune chance, décida-t-il. C'est trop dangereux. On reviendra à l'aube avec des cordages. S'il est là, il est là. Je l'enterrerai sur le rivage. Blackthorne se retourna, contraint et forcé. Ce faisant, la roche se mit à s'effriter et il glissa. Yabu et les samouraïs le saisirent et le tirérent en arrière. Il comprit tout à coup qu'ils ne s'inquiétaient que de sa sécurité.

Pourquoi pensent-ils à ma sécurité ? A cause de Tora... quel est son nom déjà ? Toranaga ? A cause de lui ? Oui, mais aussi parce qu'il n'y a peut-être personne d'autre pour les conduire à Osaka. C'est pour ça qu'ils m'ont laissé descendre à terre ? Oui, c'est pour ça. Je suis maintenant le maître à bord. J'ai tout pouvoir sur le vieux *daimyō* et sur ce salopard. Comment puis-je m'en servir ?

Il se détendit, les remercia et laissa son regard errer en contrebas. « Il faut que nous le ramenions, Yabu-san, *hai !* Il n'y a que ce chemin. La falaise. Je vais remonter le Rodrigu-san, moi, Anjin-san ! » Il fit un pas en avant comme s'il allait descendre le long de la paroi. Ils l'empêchèrent à nouveau. Il dit, feignant l'angoisse : « Il faut que nous remontions Rodrigu-san. Il ne reste plus beaucoup de temps. La lumière tombe. Si vous ne voulez pas que j'y aille, Yabu-san, envoyez donc un de vos hommes. Ou allez-y vous-même. Vous ! »

Le vent les cinglait et venait mugir contre la falaise. Il vit Yabu regarder en bas, jauger la descente et la lumière qui s'estompait. Il savait que Yabu avait mordu à l'hameçon. Tu es coincé, salopard. Ta vanité t'a pris au piège. Si tu te mets à descendre le long de cette paroi, tu vas certainement te faire mal. Mais, je t'en prie, ne te tue pas. Abîme-toi seulement les jambes ou les chevilles. Et puis noie-toi.

Un samouraï commença à descendre mais Yabu le fit revenir.

« Retourne au bateau. Ramène immédiatement des cordes », dit Yabu. L'homme s'en alla en courant.

Yabu délaça ses sandales, ôta les épées de sa ceinture et les mit à l'abri. « Surveillez-les et surveillez le barbare. Si quelque chose leur arrive, je vous ferai empaler.

— Je vous en prie, laissez-moi descendre, Yabu-sama, lui demanda Takatashi. Si vous êtes blessé ou perdu, je...

— Tu crois que tu pourrais réussir là où j'échouerais ?

— Non, Sire. Bien sûr que non.

— Bien.

— Attendez les cordes, je vous en supplie. Je ne me le pardonnerais jamais si quelque chose vous arrivait. » Takatashi était petit et trapu. Il portait une barbe touffue. Pourquoi ne pas attendre les cordes ? se demanda Yabu. Ce serait plus intelligent, oui. Mais pas très habile. Il jeta un coup d'œil vers le barbare et acquiesça. Il savait qu'il avait été mis au défi. Il l'avait attendu et espéré. C'est pourquoi je me suis proposé pour cette mission, Anjinsan, se dit-il à lui-même, intérieurement piqué au vif. Tu es vraiment bien naïf, Omi avait raison.

Yabu enleva son kimono trempé et, vêtu de son seul pagne, s'approcha du bord de la falaise et tâta le terrain avec les semelles de ses tabis. Il vaut mieux les garder aux pieds, pensa-t-il. Ils te donneront plus d'adhérence. Tu vas avoir besoin de toute ta force et de toute ton habileté pour parvenir en bas, vivant. Est-ce que ça en vaut la peine ?

Pendant la tempête, il était monté sur le pont. Il avait pris place aux avirons, sans que Blackthorne le voie. En souquant avec les autres, dans le froid glacial, il avait observé les pilotes. Il avait très bien compris qu'en mer ils étaient tous à la merci de ces deux hommes. Ils étaient dans leur élément, couraient le long des ponts qui tanguaient avec autant d'aisance qu'il maîtrisait, lui, un cheval au galop. Aucun Japonais à bord ne pouvait les égaler, pour ce qui était de l'adresse, du courage et du savoir. Peu à peu, cette conscience avait fait jaillir un concept majestueux dans son esprit : des bateaux barbares et modernes remplis de samouraïs, pilotés par des samouraïs, commandés par un samouraï. *Ses* samouraïs.

Si j'avais trois bateaux barbares pour commencer, je pourrais facilement contrôler les voies entre Yedo et Osaka. Basées à Izu, ces unités pourraient étrangler ou laisser passer tout commerce maritime. Presque tout le riz et toute la soie. Ne deviendrais-je pas alors l'arbitre entre Toranaga et Ishido ? Tout du moins un point d'équilibre entre eux deux ?

Aucun *daimyō* n'a jamais contrôlé la mer.

Aucun *daimyō* n'a jamais eu de bateaux ou de pilotes.

Aucun, sauf moi.

J'ai un bateau. J'avais un bateau et maintenant je dois le récupérer. Si je suis adroit. J'ai un pilote, donc un instructeur. Si je peux l'éloigner de Toranaga. Si j'arrive à le dominer.

Une fois qu'il sera librement devenu mon vassal, il instruira mes hommes et construira mes bateaux.

Mais comment en faire un vassal fidèle ?

Essaie de le prendre à part, de le garder pour toi seul. N'est-ce pas ce qu'Omi avait dit ? On pourrait peut-être le convaincre de bien se tenir, d'apprendre à parler japonais. Oui. Omi est très adroit. Peut-être trop. Je penserai à lui plus tard, Concentre-toi sur le pilote, pour l'instant. Comment faire pour dominer un barbare, un chrétien bouffeur de merdes ?

Qu'est-ce qu'avait dit Omi ? « Ils honorent la vie. Leur idole, Jésus le Christ, leur enseigne de s'aimer les uns les autres et d'honorer la vie. » Est-ce que je pourrais lui rendre la vie ? Lui sauver la vie ? Oui, ce serait bien. Mais comment le faire plier ?

Au bord de la falaise, Yabu regarda une dernière fois en arrière. Ah, Anjin-san, je sais : tu penses que je vais me tuer, que tu m'as coincé. Je sais que tu ne descendras pas toi-même. Moi, j'ai grandi dans les montagnes. Au Japon, nous faisons de l'escalade par fierté et plaisir. Je me mesure par rapport à moi-même, non par rapport à toi. Je vais essayer. Si je meurs, ce n'est rien. Mais si je réussis, tu sauras alors que je vaux plus que toi en tant qu'homme, selon *tes* propres termes, Tu me devras quelque chose, si je ramène le corps.

Tu seras mon vassal, Anjin-san !

Il descendit la paroi avec agilité. A mi-chemin, il glissa. Sa main gauche agrippa une touffe qui stoppa sa chute. Il oscillait entre la vie et la mort. Ses doigts s'enfonçaient dans la terre à mesure que sa prise lui échappait. Il essaya de mettre ses pieds dans une fissure et se débattit pour trouver une nouvelle assiette, Au moment où sa main gauche lâchait prise, ses pieds trouvèrent la faille et s'encastrèrent. Il se colla à la paroi désespérément, déséquilibré, cherchant un appui. Ses pieds lâchèrent prise. Il s'arrangea pour saisir à deux mains une autre touffe, trois ou quatre mètres plus bas. La touffe céda. Il fit une chute libre de six mètres. Il atterrit sur ses pieds comme un chat et roula en boule pour amortir sa chute. Il mit ses bras lacérés autour de son crâne pour se protéger de l'avalanche de pierres qui devait normalement suivre. Mais il ne se passa rien. Il secoua la tête pour reprendre ses esprits et se leva. Il avait une cheville tordue. Une douleur lancinante éclata dans sa jambe et parcourut tout son corps. Il se mit à transpirer. Ses orteils et ses ongles saignaient, comme il fallait s'y attendre.

Une gerbe d'écume et d'embruns l'inonda. Le froid soulagea sa douleur. Il se faufila avec prudence sur les blocs recouverts d'algues, se fraya un chemin à travers les crevasses, arriva près du corps, et se rendit alors compte que l'homme était toujours en vie. Il s'en assura puis s'assit un instant. Est-ce que je le veux mort ou vivant ? Quelle est la meilleure solution ?

Un crabe surgit de dessous un rocher et disparut dans l'eau. Des vagues se brisaient à l'endroit où ils étaient. Il sentit le sel déchirer ses blessures.

Il se leva avec difficulté et cria : « Takatashi-san ! Le pilote est encore vivant ! Va au bateau, ramène un brancard et un docteur, s'il y en a un à bord ! »

La réponse de Takatashi revint, étouffée par le vent : « Oui, Sire. »

Yabu tourna les yeux vers la galère. L'autre samouraï qu'il avait envoyé chercher des cordes était près de l'embarcation. Il regarda l'homme sauter à bord, l'esquif s'en aller. Il sourit et se retourna. Blackthorne était au bord de la falaise et lui criait quelque chose.

Finalement, Yabu renonça à comprendre ce qu'il tentait de lui dire. Il reporta toute son attention sur Rodrigues. Il l'installa plus confortablement sur les rochers, hors d'atteinte de la vague. La respiration du Portugais était saccadée mais le cœur tenait. Il avait de nombreuses blessures. Le péroné de sa jambe gauche était à nu. L'épaule droite semblait disloquée. Yabu essaya de savoir s'il avait des hémorragies. Il n'en avait pas. S'il n'a pas de blessures internes, il pourra peut-être survivre, pensa-t-il. Des cris anxieux résonnèrent au-dessus. Il comprit alors ce que le barbare lui montrait du doigt. La marée ! La marée montait vite. Elle léchait déjà les rochers. Il se mit debout et grimaça de douleur. La mer bloquait toute retraite. D'après la marque laissée sur les rochers, elle allait dépasser la taille d'un homme.

Il observa l'embarcation. Elle était à présent près de la galère. Takatashi courait toujours sur la grève. Les cordes n'arriveront pas à temps, se dit-il. Ses yeux explorèrent l'endroit. Pas de chemin pour remonter au sommet de la falaise. Aucun rocher n'offrait d'abri. Pas de grottes. Il y avait bien des touffes d'algues qui affleuraient au ras de l'eau mais il ne pourrait jamais les atteindre. Il ne savait pas nager et rien ne pouvait lui servir de radeau.

Au-dessus, les hommes le regardaient. Le barbare lui indiqua les algues et lui fit signe de nager. Il secoua la tête. Il se remit à explorer méticuleusement l'endroit. Rien.

Pas possible de s'échapper, pensa-t-il. Il ne te reste plus qu'à mourir. Prépare-toi.

Blackthorne criait : « Écoute-moi, fils de pute ! Trouve une corniche. Il doit bien y en avoir une quelque part ! »

Les samouraïs lui barraient le chemin et le regardaient comme s'il était devenu fou. Il était évident qu'il n'y avait aucune issue et que Yabu se préparait simplement à mourir en douceur, comme ils l'auraient d'ailleurs fait s'ils avaient été à sa place. Ils en voulaient à Blackthorne de sa folie. Tout comme Yabu lui en aurait voulu.

« Regardez, vous tous. Là, en bas, il doit y avoir une corniche ! »

L'un d'entre eux s'approcha du bord de la falaise, regarda, haussa les épaules, parla à ses camarades qui haussèrent les épaules à leur tour. Ils barraient le chemin à Blackthorne chaque fois qu'il s'approchait du bord. Il aurait très bien pu en précipiter un dans le vide. Il avait été tenté de le faire. Mais il les comprenait, eux et leurs problèmes. Tu dois sauver Yabu si tu veux sauver Rodrigues.

« Eh, toi, l'enculé, le bon à rien, l'enfoiré de mes deux de Jap. Eh, *Kasigi-Yabu !* Où sont donc passées tes couilles ? N'abandonne pas ! Y a que les lâches qui abandonnent ! T'es un homme ou une lavette ? » Mais Yabu ne fit pas attention.

Blackthorne ramassa une pierre et la lança de toutes ses forces sur lui. Elle tomba à l'eau. Les samouraïs engueulèrent Blackthorne. Il savait qu'ils étaient capables de lui sauter dessus et de le ligoter. Mais comment ? Ils n'avaient pas de cordes...

De la corde ! Trouvez de la corde ! Vous pouvez en fabriquer ?

Ses yeux tombèrent sur le kimono de Yabu. Il se mit à le déchirer en morceaux et à en éprouver la résistance. La soie était très solide. « Allez ! ordonna-t-il en enlevant sa chemise. Faites une corde, *hai ?* »

Ils comprirent. Ils défirent rapidement leurs ceintures, enlevèrent à leur tour leurs kimonos et l'imitèrent. Il joignit les ceintures bout à bout. Pendant qu'ils achevaient cette tâche, Blackthorne s'allongea et s'approcha du trou. Deux samouraïs le retenaient par les chevilles pour ne pas qu'il tombe. Il n'avait pas besoin de leur aide, mais il voulait les rassurer.

Il avança le cou, conscient de leur angoisse. Il se mit à fouiller le terrain comme on fouille l'océan. Morceau après morceau.

Qu'est-ce que c'est que ça ? Juste au-dessus de la ligne des eaux ? Une fissure dans la falaise ? Une ombre ?

Blackthorne changea de position. La mer avait déjà presque recouvert le rocher sur lequel Yabu était assis.

Il voyait maintenant la fissure avec plus de précision. Il la montra du doigt. « Là. C'est quoi ? »

L'un des samouraïs, à genoux, suivit le doigt tendu de Blackthorne mais ne vit rien.

« Là ! C'est pas une corniche ! »

Il dessina la corniche avec ses doigts, imita un petit bonhomme et le posa sur la corniche.

« Vite ! *Isogi !* Faites-lui comprendre. Kasigi-Yabusama ! *Wakarimasu ka ?* »

L'homme se leva et se mit à parler très vite à ses camarades. Ils regardèrent. Ils voyaient tous la corniche, à présent. Ils se mirent à crier. Toujours pas de réponse de Yabu. On aurait dit un rocher. Ils continuèrent à crier, Blackthorne se joignit à eux. Mais c'était comme s'ils ne faisaient aucun bruit.

L'un des hommes parla brièvement aux autres qui acquiescèrent et s'inclinèrent. Il s'inclina à son tour. Puis, au hurlement soudain de « *Bansaiiiii !* » il se jeta de la falaise et se précipita dans la mort. Yabu sortit brusquement de sa transe, se retourna et se leva.

Blackthorne le vit tituber. Il s'attendait à le voir courir se mettre à l'abri, abandonnant Rodrigues. C'est ce que j'aurais fait. C'est vrai ? Je ne sais pas. Mais Yabu se mit à ramper, à glisser, traînant l'homme inconscient derrière lui, à travers l'espace envahi par les vagues jusqu'au pied de la falaise. Il trouva la corniche. Elle avait à peine trente centimètres de largeur. Il y hissa péniblement Rodrigues. Il faillit le perdre une fois, l'agrippa et le hissa à nouveau.

La corde était trop courte de six mètres. Les samouraïs y ajoutèrent rapidement leurs pagnes. Si Yabu se tenait debout, il pouvait juste en toucher le bout.

Ils l'encouragèrent et attendirent.

En dépit de sa haine, Blackthorne ne pouvait qu'admirer le courage de Yabu. Les vagues l'avaient submergé une bonne douzaine de fois. Il avait deux fois perdu Rodrigues. A chaque fois, il l'avait ramené et lui avait tenu la tête hors de l'eau avide. Blackthorne savait qu'il aurait déjà abandonné depuis longtemps. Où trouves-tu ton courage, Yabu ? Es-tu une créature du diable ? L'êtes-vous tous ?

Descendre lui avait déjà demandé du courage. Blackthorne avait d'abord cru que Yabu agissait par bravade. Mais il avait vu que l'homme défiait la falaise et gagnait. Il avait amorti sa chute aussi habilement qu'un acrobate. Et il avait abandonné avec dignité. Pendant près d'une heure, Yabu s'était mesuré avec la mer, avec son corps qui le trahissait. Au crépuscule, Takatashi était revenu avec les cordes. Ils fabriquérent un berceau, le firent descendre le long de la paroi, avec une dextérité que Blackthorne n'avait jamais vue.

Rodrigues fut rapidement remonté. Blackthorne aurait aimé lui apporter les premiers soins, mais un Japonais aux cheveux plantés ras était déjà à genoux près de lui. Il observa cet homme, qui était vraisemblablement docteur, examiner la jambe cassée. Un samouraï tint les épaules de Rodrigues pendant que le docteur appuyait de tout son poids sur la jambe. L'os revint à sa place, sous la peau. Le docteur lui plaça une attelle, lui enveloppa la vilaine plaie avec de drôles d'herbes. Yabu fut ensuite remonté. Le *daimyō* refusa toute aide, renvoya le docteur auprès de Rodrigues, s'assit et attendit.

Blackthorne le regarda. Yabu sentit son regard. Les deux hommes se fixèrent.

« Merci, dit finalement Blackthorne, en montrant Rodrigues. Merci de lui avoir sauvé la vie. Merci, Yabu-san. » Il s'inclina, exprès. Voilà pour ton courage, toi le fils aux yeux noirs de cette putain de pute.

Yabu lui rendit son salut, de façon aussi rigide. Mais intérieurement il riait.

Livre deuxième

10

Le voyage se déroula sans incidents, jusqu'à Osaka. Les carnets de Rodrigues étaient précis et clairs. La première nuit, Rodrigues retrouva ses esprits. Au début, il crut qu'il était mort mais sa douleur lui fit bien vite comprendre qu'il avait tort. « Ils ont remis ta jambe en place et l'ont bandée, lui dit Blackthorne. Ton épaule aussi. Elle était disloquée. Ils n'ont pas voulu te saigner, malgré mes supplications.

— Les jésuites pourront le faire quand on arrivera à Osaka. » Les yeux tourmentés de Rodrigues le fusillaient. Comment je suis arrivé là, Ingeles ? Je me souviens très bien d'être passé par-dessus bord, et puis plus rien. »

Blackthorne lui raconta.

« Je te dois donc une vie. Que Dieu te maudisse !

— Du gaillard d'arrière, on avait l'impression de pouvoir faire route sur la baie. De l'avant, ton angle de vision devait être différent, de quelques degrés. La vague, c'était la malchance.

— Ça me tracasse pas, Ingeles. T'étais sur le gaillard d'arrière. T'étais à la barre. On le savait tous les deux. Je te maudis simplement parce que je te dois une vie. Sainte Mère, ma jambe ! » Des larmes de douleur coulèrent sur son visage. Blackthorne lui tendit un pot de rhum chaud et le veilla pendant toute la nuit. La tempête se calma. Le docteur japonais vint plusieurs fois et obligea Rodrigues à boire des décoctions médicinales brûlantes, lui mit des serviettes chaudes sur le front et ouvrit les hublots. Dès que le docteur s'en allait, Blackthorne refermait les hublots, car tout le monde savait bien que la maladie était portée par l'air, que plus la cabine était hermétiquement close, plus c'était sain pour quelqu'un d'aussi malade que Rodrigues.

Le docteur finit par l'engueuler et posta un samouraï devant chaque hublot.

A l'aube, Blackthorne monta sur le pont. Hiro-matsu et Yabu étaient là. Il s'inclina comme un courtisan : « *Konnichi wa,* Osaka ? »

Ils le saluèrent à leur tour. Osaka, *hai,* Anjin-san, dit Hiro-matsu, *Hai, Isogi !* Hiro-matsu-sama. Capitaine-san, faites lever l'ancre !

— *Hai,* Anjin-san. »

Il sourit involontairement à Yabu, qui lui rendit son sourire et s'en alla en boitant, pensant : c'est un sacré type, même s'il est le diable et un assassin. *Tu* n'es pas un assassin, toi aussi ? Oui, mais d'une autre façon.

Blackthorne pilota le bateau très facilement jusqu'à Osaka. Le voyage dura un jour et une nuit. Juste après l'aube du second jour, ils longeaient les routes se dirigeant vers Osaka. Un pilote japonais monta à bord pour mener la galère à quai. Dégagé de toute responsabilité, Blackthorne descendit, satisfait, et alla dormir.

Le capitaine vint un peu plus tard et le secoua. Il s'inclina et lui dit par signes qu'il devait se tenir prêt à partir avec Hiro-matsu, dès que le bateau serait amarré. Blackthorne s'étira, Son dos lui faisait mal. Il vit que Rodrigues le regardait.

« Comment te sens-tu ?

— Bien, Ingeles. A part que ma jambe est en feu, que ma tête éclate, que je veux pisser et que ma langue a un goût dégueulasse. »

Blackthorne lui tendit le pot de chambre, puis le vida par le hublot. Il versa du rhum dans un pot d'étain.

— Tu fais une drôle d'infirmière, Ingeles, Rodrigues éclata de rire. C'était bon de l'entendre rire à nouveau. Ses yeux se posèrent sur le carnet, ouvert sur le bureau, puis sur le coffre. Il réalisa qu'il avait été ouvert. « Je t'avais donné la clef ?

— Non. Je t'ai fouillé. Il me fallait le vrai carnet. Je te l'ai dit quand tu t'es réveillé la première nuit.

— C'est juste. Je me souviens plus mais c'est juste. Écoute-moi, Ingeles. Demande à n'importe quel jésuite où se trouve Vasco Rodrigues dans Osaka et ils te conduiront jusqu'à moi. Viens me voir, Tu pourras prendre copie de mon carnet, si tu veux.

— Merci. C'est déjà fait. J'ai recopié le maximum et j'ai lu le reste très soigneusement.

— Et ta sceur ! dit Rodrigues en espagnol.

— La tienne ! »

Rodrigues se remit à parler en portugais.

« Parler espagnol me donne envie de vomir, même si c'est plus facile de jurer dans cette langue. Y a un paquet dans mon coffre. Donne-le-moi.

— Celui avec les cachets jésuites ?

— Oui. »

Il le lui tendit. Rodrigues l'étudia, tâta les cachets toujours intacts, puis sembla changer d'avis et le mit sous la couverture sur laquelle il était étendu. Il se rallongea. « Ah, Ingeles, la vie est si bizarre !

— Pourquoi ?

— Si je suis en vie, c'est par la grâce de Dieu, aidé par un hérétique et un Jap. Fais venir le bouffeur d'herbes que je le remercie.

— Maintenant ?

— Plus tard.

— Très bien.

Cette flotte qui est en train d'attaquer Manille, cette flotte dont t'as parlé au père... Où est la vérité là-dedans, Ingeles ?

— Notre flotte détruira votre empire d'Asie, pas vrai ?

— Cette flotte existe ?

— Bien sûr.

— Combien de bateaux ?

— Cinq. Le reste est en mer, à une semaine environ, d'ici. Je suis venu en éclaireur sur les côtes du Japon et j'ai été pris dans la tempête.

— Encore des mensonges, Ingeles. Mais ça m'est égal. J'en ai dit autant à mes ravisseurs. Y a pas d'autres bateaux. Pas plus qu'y a de flotte.

— Attends et tu verras.

— D'accord. » Rodrigues buvait beaucoup.

Blackthorne s'étira et alla jusqu'au hublot. Il voulait clore cette conversation et regarda le rivage, la ville. « Je croyais que Londres était la plus grande ville du monde, mais comparée à Osaka, elle est minuscule.

— Ils ont une douzaine de villes comme ça, dit Rodrigues, heureux lui aussi de mettre un terme à ce jeu stérile du chat et de la souris.

— Tu veux te reposer ?

— Non, Ingeles. Parler c'est mieux. Parler fait oublier la douleur. Sainte Mère, ce que je peux avoir mal à la tête ! J'arrive pas à penser clairement. Parlons jusqu'à ce qu'on descende. Reviens me voir. J'ai des tas de choses à te demander, Donne-moi un peu de rhum. Merci, merci, Ingeles. » Au bout d'un moment, il poursuivit : « Y a trois ou quatre millions d'hommes rien qu'à Kyushu. Y en a vingt autres millions dans les îles et...

— Ça n'est pas possible ! » Blackthorne s'en voulut de l'avoir interrompu.

« Pourquoi je te mentirais ? » Ses yeux étaient fiévreux. Il n'arrêtait plus de parler. « C'est plus que toute la population du Portugal, de l'Espagne, de la France, des Pays-Bas espagnols et de l'Angleterre réunis. Tu peux même y ajouter tout le Saint Empire romain pour atteindre ce chiffre.

S'il y a tant de Japonais, comment faire face ? S'ils sont vingt millions, ça veut dire qu'ils peuvent, s'ils le veulent, recruter une armée supérieure en nombre aux hommes de notre population tout entière. Et s'ils sont aussi féroces que ceux que j'ai vus (et pourquoi ne le seraient-ils pas ?), par Dieu et ses blessures, ils sont imbattables.

« Si tu crois que c'est beaucoup, lui disait Rodrigues, attends d'être allé en Chine. Y a que des hommes jaunes, aux yeux et aux cheveux noirs, là-bas. Oh, Ingeles, t'as tellement de choses à apprendre. J'étais à Canton l'année dernière, pour la vente de la soie. Canton est une cité fortifiée dans le sud de la Chine, sur la rivière des Perles, au nord de notre ville de Macao. Y a un million de ces païens qui y vivent. Rien que dans ces murs. La Chine a plus d'habitants que tout le reste du monde réuni. Doit avoir. Penses-y ! » Un spasme de douleur le parcourut et il se tint l'estomac de sa seule main valide. « J'avais des écoulements de sang ? Quelque part ?

— Non, j'ai vérifié. Il n'y a que ta jambe et ton épaule. Tu n'as pas de blessures internes, Rodrigues. Du moins, je ne crois pas.

— La jambe est en mauvais état ?

— Elle a été nettoyée et rincée par l'eau de mer. La cassure était nette. La peau était propre.

— T'as versé du cognac et tu l'as enflammé ?

— Non, ils ne m'ont pas laissé faire. Ils m'ont renvoyé. Mais le docteur semblait savoir ce qu'il faisait. Tes hommes vont vite monter à bord ?

— Oui. Dès qu'on aura accosté. C'est sûr.

— Bien. Tu disais ? A propos de la Chine et de Canton ?

— J'en disais peut-être trop. On a le temps de parler d'eux. »

Blackthorne regarda la main valide du Portugais jouer avec le paquet cacheté et se demanda encore quelle pouvait bien être la signification de tout ça.

« Ta jambe va guérir. Tu le sauras d'ici une semaine.

— Oui, Ingeles.

— Je ne crois pas que la gangrène s'y installe. Il n'y a pas de pus. Tu penses bien ; ton cerveau n'est donc pas atteint. Ça va aller, Rodrigues.

— Je te dois toujours la vie. » Un frisson le parcourut. « Quand j'étais en train de me noyer, j'ai pensé qu'aux crabes qui me grignotaient les yeux. Je les sentais courir en moi, Ingeles. C'est la troisième fois que je passe par-dessus bord. Chaque fois, c'est pire.

— J'ai été coulé quatre fois. Trois fois par les Espagnols. » La porte de la cabine s'ouvrit ; le capitaine s'inclina et fit signe à Blackthorne de le suivre.

« *Hai !* » Blackthorne se leva. « Tu ne me dois rien, Rodrigues, dit-il gentiment. Tu m'as donné l'espoir et le réconfort quand j'étais désespéré et je t'en remercie. Nous sommes quittes.

—Peut-être, mais écoute-moi, Ingeles. Voilà quatre vérités en acompte : n'oublie jamais que les Japs ont six visages et trois cœurs. C'est un dicton. Un homme a un cœur faux dans la bouche qu'il montre au monde entier. Un autre dans la poitrine qu'il montre seulement à ses amis et ses parents. Le vrai cœur, celui que personne en dehors de lui ne connaît, le seul vrai, le cœur secret est caché Dieu sait où. Ils sont menteurs au-delà de toute imagination, dévorés par le vice au-delà de toute rédemption,

— Pourquoi est-ce que Toranaga veut me parler ?

— Je sais pas. Je sais pas, par la Très Sainte Vierge ! Reviens me voir si tu peux.

— Oui. Bonne chance, l'Espagnol. »

Rodrigues lui fit un bras d'honneur. « Que Dieu soit quand même avec toi », Blackthorne lui rendit son sourire. Il se retrouva sur le pont et sa tête se mit à tourner devant Osaka, son immensité, son incroyable fourmillement et l'énorme forteresse qui la dominait. Un palanquin fermé le conduisit jusqu'à une grande maison où on lui fit prendre un bain. Il mangea l'inévitable soupe de poisson, le poisson cru et bouilli, les légumes marinés et l'eau mêlée d'herbe. On lui donna, à la place du gruau de blé, un bol de riz. Il en avait déjà vu une fois, à Naples. C'était blanc et très riche, mais sans aucun goût. Son estomac réclamait de la viande et du pain, du bon pain frais croustillant, dégoulinant de beurre, et une platée de bœuf, des gâteaux, des poulets, de la bière et des œufs.

Le lendemain, la servante vint le chercher. Les vêtements que lui avait donnés Rodrigues étaient nettoyés. Elle le regarda s'habiller et l'aida à mettre ses nouveaux habits. Dehors, une nouvelle paire de sandales l'attendait. Ses bottes avaient disparu. Elle secoua la tête et montra les espadrilles, puis le palanquin avec ses rideaux. Un groupe de samouraïs l'entourait. Le chef lui fit signe de se dépêcher et de monter.

Ils s'en allèrent immédiatement. Les rideaux étaient hermétiquement clos. Au bout d'un temps très long, le palanquin s'arrêta.

« Tu n'auras pas peur », dit-il tout fort. Il sortit.

La gigantesque muraille de pierre de la forteresse se dressait devant lui. Un mur de neuf mètres d'épaisseur, garni de créneaux, de bastions, d'ouvrages avancés. La porte était massive et bardée de fer. Elle était ouverte. La herse de fer forgé était levée. Au-delà, un pont de bois, vingt pas de large sur deux cents de long, franchissait la douve et menait à un énorme pont-levis et à une autre porte encastrée dans un second mur, tout aussi énorme.

Il y avait des centaines de samouraïs à l'uniforme gris sombre. Chaque kimono avait cinq petits insignes circulaires : un sur chaque bras, un sur chaque sein et un au milieu du dos. Ils étaient bleus et ressemblaient à une fleur ou à des fleurs.

« Anjin-san ! »

Hiro-matsu était assis, très raide, dans un palanquin ouvert, porté par quatre hommes en livrée. Son kimono était brun et strict, retenu par une ceinture noire ; la même que les cinquantes samouraïs qui l'accompagnaient. Leurs kimonos portaient aussi les cinq insignes mais ceux-là étaient rouges, semblables à celui qui flottait au haut du mât de la galère, à l'emblème de Toranaga. Ils tenaient des lances étincelantes ornées de petits fanions.

Blackthorne s'inclina sans même réfléchir, subjugué par la majesté de Hiro-matsu. Le vieil homme lui rendit son salut, formellement ; sa longue épée reposait sur son ventre. Il lui fit signe de le suivre.

L'officier qui était à la porte, s'avança. Un cérémonial commença. L'officier lut le papier que lui tendit Hiromatsu et, après plusieurs courbettes et regards vers Blackthorne, les laissa passer sur le pont. Une escorte de Gris les entourait.

A la porte suivante, nouveau cérémonial : vérification des papiers. La route tourna ensuite à gauche. Elle descendait une large avenue bordée de maisons fortifiées, cachées par des murs plus ou moins hauts mais aisément défendables, puis se divisait en un labyrinthe d'escaliers et de routes. Une autre porte. D'autres vérifications. Une autre herse. Une autre douve, très large. De nouveaux tournants. Encore d'autres tournants. Blackthorne, qui était fin observateur, avec une extraordinaire mémoire et un incroyable sens de l'orientation, finit par se perdre dans ce dédale. Pendant tout ce temps, d'autres Gris en nombre incalculable, les fixaient du haut des remparts, des parapets, des créneaux et des bastions. Il y en avait encore d'autres qui montaient la garde, s'entraînaient ou soignaient les chevaux aux écuries. Des soldats, partout. Par milliers. Tous bien armés, méticuleusement habillés.

Il se maudit de ne pas avoir été capable d'en obtenir plus de Rodrigues. Concentre-toi. Cherche des indices. Qu'y a-t-il de spécial dans cette forteresse ? C'est la plus grande ? Non. Il y a quelque chose de différent. Quoi ? Les Gris sont-ils hostiles aux Bruns ? Je n'arrive pas à le savoir. Ils sont tous si graves.

Blackthorne les étudia soigneusement et se concentra sur les détails. A gauche, un jardin multicolore, bien soigné avec ses petits ponts et sa minuscule rivière. Les remparts se rapprochaient les uns des autres, les rues se faisaient plus étroites, en arrivant vers le donjon. Il n'y avait pas d'habitants dans les rues, mais des centaines de serviteurs et... *Il n'y a pas de canons !* Voilà la différence !

Si tu avais des armes modernes et si les défenseurs n'en avaient pas, pourrais-tu défoncer les murailles, enfoncer les portes, faire pleuvoir une grêle de boulets sur la forteresse, y mettre le feu et la prendre ? Tu pourrais, avec des bombardes, rendre la vie difficile aux assiégés mais ils pourraient soutenir le siège indéfiniment, si la garnison était déterminée, assez nombreuse, s'ils avaient suffisamment de nourriture, d'eau et de munitions.

Comment franchir les douves ? En bateau ? Avec des radeaux équipés de tours ? Son esprit essayait de dresser un plan quand le palanquin s'arrêta. Hiro-matsu descendit. Ils étaient dans une impasse étroite. Une énorme porte de bois bardée de fer s'ouvrait dans la muraille d'une épaisseur de six mètres et se confondait avec les ouvrages avancés. Cette porte-là, à la différence des autres, était gardée par des Bruns. Ils étaient, de toute évidence, très heureux de voir Hiro-matsu.

Les Gris tournèrent les talons et s'en allèrent. Blackthorne nota les regards hostiles des Bruns à leur encontre.

La porte s'ouvrit. Il suivit le vieil homme. Seul. Les autres samouraïs restèrent dehors.

La cour intérieure était gardée par d'autres Bruns. Le jardin aussi, Ils le traversèrent et pénétrèrent dans le bastion. Hiro-matsu retira ses espadrilles. Blackthorne fit de même.

Le couloir était recouvert de tatamis, ces nattes douces aux pieds qui recouvraient les sols des maisons de riches.

Ils montèrent des escaliers en colimaçon, traversèrent des couloirs, montèrent d'autres escaliers. Il y avait de nombreux gardes. Toujours des Bruns. Les rayons de lumière qui filtraient par les échauguettes dessinaient des motifs compliqués sur les murs. Blackthorne vit qu'ils se trouvaient très haut, au-dessus des trois principaux murs d'enceinte. La ville et le port s'étalaient au-dessous, telle une tapisserie richement colorée. Le couloir tourna à angle aigu et se termina cinquante pas plus loin. Blackthorne avait un goût de fiel dans la bouche. Ne t'inquiète pas, se dit-il, tu sais ce que tu dois faire. Tu es engagé. Des samouraïs étaient massés devant la dernière porte, un jeune officier à leur tête. Ils avaient tous la main droite sur le pommeau de leur épée. Immobiles mais prêts. Ils fixaient les deux hommes qui approchaient. Hiro-matsu fut rassuré par leur attitude. Il avait personnellement choisi ces gardes. Il détestait cette forteresse et pensa encore une fois qu'il était bien dangereux de la part de Toranaga de s'être jeté dans la gueule de l'ennemi. Dès qu'ils avaient accosté la veille, il était allé directement le voir pour lui raconter ce qui s'était passé et pour savoir si rien de suspect n'avait eu lieu en son absence.

Tout en apparence semblait tranquille, Leurs espions leur faisaient cependant part d'inquiétantes concentrations ennemies au nord et à l'est et de la trahison imminente de leurs alliés principaux, les régents Onoshi et Kiyama, les plus grands *daimyōs* chrétiens, en faveur d'Ishido. Il avait changé les gardes, les mots de passe et avait une fois encore supplié Toranaga de s'en aller, mais en vain.

Il s'arrêta à dix pas de l'officier.

11

Yoshi Naga, officier de la garde, était un jeune homme de dix-sept ans, de caractère vil et dangereux. « Bonjour, Sire. Soyez à nouveau le bienvenu.

— Merci. Sire Toranaga m'attend.

— Oui. » Même si Hiro-matsu n'avait pas été attendu, Naga l'aurait laissé passer. Toda Hiro-matsu était l'une des trois personnes toujours admises auprés de sire Toranaga, de jour comme de nuit, avec ou sans invitation. Naga fit signe à ses hommes qui s'écartèrent. Il ouvrit l'épaisse porte lui-même.

Hiro-matsu pénétra dans l'immense salle d'audience. A peine avait-il franchi le seuil qu'il s'agenouilla, mit ses épées devant lui sur le sol, posa ses mains à plat et s'inclina très profondément, attendant dans cette position humiliante.

Naga, toujours sur le qui-vive, fit signe à Blackthorne d'en faire autant. Il entra. La pièce était carrée. Quarante pas de côté sur dix de hauteur. Les tatamis étaient de première qualité. Quatre doigts d'épaisseur. Toranaga était assis sur un coussin, sous un dais. Il réparait l'aile cassée d'un faucon chaperonné, aussi délicatement que l'aurait fait un sculpteur d'ivoire. Personne dans la pièce n'avait prêté attention à Hiro-matsu ou à Blackthorne qui venait d'entrer et s'était mis à côté du vieil homme. Mais Blackthorne, à la différence de Hiro-matsu, s'inclina comme Rodrigues le lui avait appris, puis prenant sa respiration, s'assit en tailleur et fixa Toranaga.

Naga avait déjà porté la main à son épée. Hiro-matsu, la tête toujours inclinée, avait saisi la sienne. Blackthorne se sentait nu mais il s'était engagé. Il ne pouvait rien faire d'autre qu'attendre. Rodrigues lui avait dit : « Avec les Japs, tu dois te comporter comme un roi. » Bien que ce ne fût pas agir comme un roi que d'agir ainsi, c'était cependant suffisant.

Toranaga releva lentement la tête.

Une goutte de sueur perla sur la tempe de Blackthorne en voyant que tout ce que Rodrigues lui avait dit des samouraïs semblait s'être cristallisé dans ce seul homme. Il sentait les gouttes de sueur couler sur sa joue, puis rouler dans son cou. Ses yeux ne cillaient pas. Son visage était impassible. Le regard de Toranaga était tout aussi ferme.

Blackthorne sentit le pouvoir irrésistible de cet homme l'atteindre. Il se força à compter lentement jusqu'à six, puis inclina la tête, salua à nouveau et fit un petit sourire calme et détendu.

Toragana le regarda rapidement, le visage fermé, puis reprit son travail. La tension décrut.

Yoshi Toranaga était un petit homme avec un gros ventre et un grand nez. Ses sourcils étaient épais et sombres. Sa moustache et sa barbe, éparses et poivre et sel. Les yeux lui mangeaient le visage. Il avait cinquante-huit ans et était fort pour son âge. Il portait un kimono très simple, un uniforme brun ordinaire, avec une ceinture de coton. Mais ses épées étaient les meilleures du monde.

« Voilà, ma beauté, dit-il avec la tendresse d'un amant. Te voilà de nouveau comme avant. » Il caressa avec une plume l'oiseau chaperonné, perché sur la main gantée de l'écuyer. Le faucon frissonna et se lissa les plumes de plaisir. « Il volera avant une semaine. »

L'écuyer salua et se retira.

Toranaga tourna les yeux vers les deux hommes, sur le pas de la porte. « Bienvenue, "Main de Fer", je suis heureux de te voir, dit-il. — Voilà donc ton fameux barbare !

— Oui, Sire, » Hiro-matsu s'approcha, laissant ses épées sur le seuil comme le voulait la coutume, mais Toranaga insista pour qu'il les portât.

« Je me sentirais mal à l'aise si tu ne les avais pas à la main », dit-il.

Hiro-matsu le remercia. Il resta cependant à cinq pas. La coutume voulait qu'une personne armée ne puisse pas trop s'approcher de Toranaga. Hiro-matsu devint grave. « Vous devriez quitter ce nid de guêpes immédiatement et retourner à Yedo, dans votre château, là où vos vassaux peuvent vous protéger. Nous sommes nus et sans défense, ici. lshido pourrait à n'importe quel moment...

— Je m'en irai. Dès que la réunion du Conseil des régents aura eu lieu. »

Toranaga se retourna et fit signe au Portugais, tapi dans son ombre. « Voulez-vous bien traduire pour moi, mon ami ?

— Certainement, Sire. » Le prêtre s'avança, s'agenouilla à la japonaise, près du dais. Son corps était aussi maigre que son visage. Ses yeux étaient sombres et liquides. Tout en lui respirait la sérénité. Il portait des tabis et un ample kimono qui semblait ne faire qu'un avec son corps. Un rosaire et une croix dorée pendaient à sa ceinture. Il salua Hiro-matsu en égal, puis jeta un coup d'œil amusé sur Blackthorne.

« Mon nom est Martin Alvito de la Compagnie de Jésus, capitaine-pilote. Sire Toranaga désire que je traduise pour lui.

— Dites-lui d'abord que nous sommes ennemis et que...

— Chaque chose en son temps », l'interrompit calmement le père Alvito qui ajouta : « Nous pouvons parler portugais, espagnol ou, bien sûr, latin... comme vous voulez. »

Blackthorne n'avait pas remarqué le prêtre avant que celui-ci ne s'avance. Le dais l'avait caché. Mais, prévenu par Rodrigues, il s'attendait à le voir. Il se mit alors à exécrer ce qu'il vit : cette aisance pleine de grâce, cette aura de puissance et de force naturelle qui émanait de tous les jésuites. Il pensait que le prêtre serait plus âgé que lui vu sa position influente et la façon dont Rodrigues en avait parlé. Mais ils étaient tous les deux pratiquement du même âge. Le prêtre avait peut-être quelques années de plus.

« Portugais, dit-il, espérant vaguement que cela lui donnerait un léger avantage. Vous êtes portugais ?

— J'ai ce privilège.

— Vous êtes plus jeune que je ne m'y attendais.

— Le senhor Rodrigues est vraiment trop bon. Il me fait trop de compliments. Il vous a parfaitement décrit. Il nous a aussi parlé de votre bravoure. »

Blackthorne le vit se tourner et parler couramment et affablement à Toranaga, pendant un moment. Ceci le perturba encore un peu plus.

« Bien, capitaine-pilote, nous allons commencer. Vous voudrez bien écouter attentivement ce que dit sire Toranaga, sans l'interrompre, lui dit le pére Alvito. Puis vous répondrez. A partir de maintenant, je vais traduire vos paroles presque simultanément. Essayez donc de répondre avec précision.

— De quoi s'agit-il ? Je ne vous fais pas confiance !

Le père Alvito traduisit instantanément ce qu'il venait de dire à Toranaga, dont le visage s'assombrit,

Sois prudent, pensa Blackthorne. Il joue avec toi, comme le chat avec la souris ! Il faut que tu fasses bonne impression sur Toranaga, qu'il traduise correctement ou pas. C'est, peut-être, ta seule chance.

« Vous pouvez me faire confiance. Je traduirai exactement vos paroles, du mieux que je pourrai. » La voix du prêtre était douce, sûre d'elle-même. « Nous sommes ici à la cour de Sire Toranaga. Je suis l'interprète officiel du Conseil des régents, du sire-général Toranaga et du siregénéral Ishido. Sire Toranaga me fait confiance depuis des années. Je vous conseille de répondre correctement, car je peux vous assurer qu'il est très intelligent et très observateur. Il faut aussi que je vous dise que je ne suis pas le père Sebastio. Il est peut-être trop zélé et, malheureusement, ne parle pas le japonais assez bien et n'a pas une grande expérience du Japon. Votre soudaine présence a fait perdre à ce saint homme la grâce divine qui l'habitait. Il a, regrettablement, laissé son passé l'emporter sur son devoir — ses parents, ses frères et sœurs ont été atrocement massacrés aux Pays-Bas, par vos... par les forces du prince d'Orange. J'implore votre indulgence et votre pitié. » Il sourit. « Le mot japonais pour "ennemi" est *teki.* Vous pouvez l'utiliser si vous le désirez. Si vous me montrez du doigt en employant ce mot, sire Toranaga comprendra trés bien ce que vous voulez dire. Oui, je suis votre ennemi, capitaine-pilote John Blackthorne. Complètement. Mais pas votre assassin. Vous y pourvoirez vous-même. »

Blackthorne le vit expliquer à Toranaga ce qu'il avait dit. Il entendit plusieurs fois le mot *teki* revenir dans la conversation. Il se demanda si ça voulait bien dire « ennemi ». Bien sûr que oui, se dit-il. Cet homme ne ressemble pas à l'autre.

« Je vous en prie, oubliez pendant un moment que j'existe, dit le père Alvito. Je ne suis qu'un instrument pour traduire vos réponses à sire Toranaga, tout comme je suis là pour vous transmettre *ses* questions. »

Le père Alvito s'installa, se tourna vers Toranaga et salua poliment. Toranaga parla d'un ton cassant. Le prêtre se mit à traduire.

« Pourquoi êtes-vous l'ennemi de Tsukku-san, mon ami et interprète qui, lui, n'est l'ennemi de personne ? » Le père Alvito ajouta en guise d'explication : « Tsukku-san est mon surnom, car les Japonais n'arrivent pas non plus à prononcer mon nom. Tsukku est un jeu de mots à partir de *Tsuyaku* qui veut dire "interpréter" en japonais. S'il vous plaît, répondez à la question.

— Nous sommes ennemis parce que nos pays sont en guerre.

— Oh ? Quel est votre pays ?

— L'Angleterre.

— Où est-ce que ça se trouve ?

— C'est une île, un royaume qui se trouve à mille miles au nord du Portugal. Le Portugal fait partie d'une péninsule en Europe.

— Ça fait combien de temps que vous étes en guerre avec le Portugal ?

— Depuis que le Portugal est devenu vassal de l'Espagne. C'était il y a vingt ans, en 1580. L'Espagne a conquis le Portugal. Nous sommes vraiment en guerre avec l'Espagne. Ça fait trente ans que ça dure. »

Blackthorne nota la surprise de Toranaga et son regard inquisiteur vers Alvito, qui regardait sereinement au loin.

« Vous dites que le Portugal fait partie de l'Espagne ?

— Oui, Sire. Un état vassal. L'Espagne a conquis le Portugal et c'est maintenant, en fait, un seul et unique pays. Avec le même roi. Les Portugais sont très utiles à l'Espagne dans la plus grande partie du monde et leurs chefs sont traités comme de vils serviteurs dans l'empire espagnol. »

Il y eut un long silence. Puis Toranaga adressa directement la parole au jésuite, qui sourit et répondit d'un trait.

« Qu'a-t-il dit ? » demanda Blackthorne sèchement.

Le père Alvito ne répondit pas et continua de parler.

Toranaga répondit directement à Blackthorne, d'une voix aiguë et cruelle.

« Ce que j'ai dit ne vous regarde pas. Quand je désirerai que vous soyez au courant, je vous le ferai dire.

— Je suis désolé, Sire. Je ne voulais pas être impoli. Puis je vous dire que nous sommes venus pacifiquement ?

— Vous n'avez rien à me dire, pour le moment. Vous tiendrez votre langue jusqu'à ce que je vous demande de répondre à mes questions. Compris ?

— Oui, Sire. »

Faute numéro un. Fais attention, se dit-il.

« Pourquoi êtes-vous en guerre avec l'Espagne ? Avec le Portugal ?

— Parce que l'Espagne veut conquérir le monde et que nous, les

Anglais, et nos alliés hollandais, refusons d'être conquis. En partie aussi à cause de nos religions.

— Une guerre de religion ? Quelle est votre religion ?

— Je suis chrétien. Notre Église...

— Les Portugais et les Espagnols sont chrétiens ! Vous avez dit que votre religion était différente. Quelle est votre religion ?

— Chrétienne. C'est difficile à expliquer en deux mots, Sire. Elles ont toutes deux...

— Pas besoin de faire vite, monsieur le pilote. Soyez simplement précis. J'ai tout mon temps. Je suis très patient. Vous êtes un homme cultivé. Vous n'êtes visiblement pas un paysan. Vous pouvez simplifier ou compliquer, comme vous voulez. Tant que vous restez clair. Si vous vous écartez du sujet, je vous y ramènerai. Vous disiez ?

— Ma religion est chrétienne. Il existe deux religions chrétiennes principales : la protestante et la catholique. La plupart des Anglais sont protestants.

— Vous adorez le même Dieu, la Sainte Vierge et l'Enfant ?

— Non Sire. Pas de la même manière que les catholiques. » Que veut-il savoir ? se demanda Blackthorne. Est-il catholique ? Est-il contre les chrétiens ? N'a-t-il pas appelé le jésuite « mon ami » ? Toranaga est-il un sympathisant de la religion catholique ou sur le point de se convertir au catholicisme ?

« Croyez-vous que Jésus est Dieu ?

— Je crois en Dieu, dit-il prudemment.

— N'éludez pas ma question. Croyez-vous que Jésus est Dieu ? Oui ou non ?

— On ne peut pas répondre à ce genre de question par un simple "oui" ou "non". Il doit y avoir des nuances. Vous ne pouvez pas savoir avec certitude tant que vous n'êtes pas mort. Oui, je crois que Jésus est Dieu. Non, je n'en suis pas sûr, tant que je ne suis pas mort.

— Pourquoi avez-vous brisé la croix du prêtre, à votre arrivée au Japon ?

Blackthorne ne s'attendait pas à cette question. « Je... je vous voulais montrer au *daimyō* Yabu que le jésuite — le père Sebastio — le seul interprète présent, était mon ennemi, qu'il ne fallait pas lui faire confiance, du moins à mon avis. Parce que j'étais sûr qu'il ne traduisait pas de façon précise. Pas comme le fait le père Alvito en ce moment. Il nous a accusés d'être des pirates, par exemple. Nous ne sommes pas des pirates. Nous sommes venus pacifiquement.

— Ah, oui ! Des pirates ! Je reviendrai à la piraterie plus tard. Vous avez dit que vos deux sectes étaient chrétiennes, qu'elles vénéraient toutes deux, Jésus le Christ ? L'essence de son enseignement n'est-elle pas de "s'aimer les uns les autres" ?

— Oui.

— Alors, comment pouvez-vous être ennemis ?

— Leur foi... leur version du christianisme est une fausse interprétation des Écritures,

— Enfin, nous y voilà ! Vous êtes donc en guerre pour une divergence d'opinion : qu'est-ce qui est Dieu et qu'est-ce qui ne l'est pas ?

— Oui.
— C'est un prétexte stupide pour se déclarer la guerre.
— Je suis d'accord avec vous, dit Blackthorne.
— Combien de bateaux y a-t-il dans votre flotte ?
— Cinq.
— Vous étiez le pilote en chef ?
— Oui.
— Où sont les autres ?
— En mer », dit Blackthorne prudemment, continuant à mentir et présumant que Toranaga avait été conseillé par Alvito dans le choix de ses questions. « Nous avons été dispersés par la tempête. Où exactement ? Je ne saurais le dire, Sire.
— Vos bateaux étaient anglais ?
— Non, Sire. Néerlandais. Ils venaient de Hollande.
— Pourquoi un Anglais commande-t-il des bateaux hollandais ?
— Rien d'étrange à cela, Sire. Nous sommes alliés. Les pilotes portugais commandent bien des escadres espagnoles, Je ne crois pas me tromper en vous disant que des pilotes portugais dirigent certains de vos bateaux de haute mer.
— Il n'y a pas de pilotes hollandais ?
— Beaucoup, Sire. Mais pour un aussi long voyage, les Anglais ont plus d'expérience.
— Pourquoi vous ? Pourquoi *vous* ont-ils désigné pour commander leurs bateaux ?
— Peut-être parce que ma mère était hollandaise, que je parle leur langue couramment et que j'ai de l'expérience. J'étais heureux d'avoir cette possibilité.
— Pourquoi ?
— C'était ma première occasion de naviguer en ces eaux. Aucun navire anglais n'avait l'intention de venir aussi loin. La chance m'était offerte de pouvoir faire le tour de la terre.
— Pilote, vous êtes-vous joint, de vous-même, à l'escadre à cause de votre religion pour faire ainsi la guerre à vos ennemis espagnols et portugais ?
— Je suis pilote, Sire. D'abord et avant tout. Personne, Anglais ou Hollandais, n'a jamais mis les pieds dans cette région. Nous sommes avant tout une flotte de commerce, bien que nous ayons des lettres de marque pour attaquer l'ennemi dans le nouveau Monde. Nous sommes venus au Japon pour faire du commerce.
— Que sont des lettres de marque ?
— Des autorisations légales délivrées par la Couronne, ou par le gouvernement, donnant pouvoir d'attaquer l'ennemi.
— Vos ennemis sont donc ici. Avez-vous l'intention de vous battre avec eux, ici ?
— Nous ne savions pas à quoi nous attendre, en venant, Sire. Nous ne sommes venus ici que pour commercer.
— Répondez à la question : vos ennemis sont ici. Avez-vous l'intention de vous battre avec eux ? »
Toranaga changea nerveusement de position. « Ce que vous faites en

mer, dans votre pays, vous regarde. Ici il n'y a qu'une loi pour tous, Les étrangers ne vivent ici que parce que nous le voulons bien. *Tout* incident ou méfait est immédiatement réprimé par la peine de mort. Nos lois sont claires ct seront respectées. Compris ?

— Oui, Sire. Mais nous sommes venus pacifiquement. Nous sommes venus ici pour commercer. Nous pouvons discuter affaires, Sire. J'ai besoin de faire caréner mon bateau, de faire des réparations. Nous pouvons vous payer. Et puis il y a la question de...

— Quand je voudrai parler commerce, je vous le dirai. Pour l'instant, ayez la bonté de vous contenter de répondre à mes questions. Vous avez ainsi rejoint l'expédition pour faire du commerce, pour faire des bénéfices ? Pas par devoir ou loyauté ? Pour de l'argent ?

— Oui. C'est notre coutume, Sire. Être payé et recevoir une part du bu... une part de tous les biens ennemis saisis.

— Vous êtes donc mercenaire ?

— J'ai été engagé comme pilote en chef, pour mener l'expédition. Oui. »

Blackthorne sentait l'hostilité de Toranaga et ne comprenait pas pourquoi.

Toranaga se mit à parler avec Hiro-matsu. Ils échangèrent leur point de vue tout en semblant parfaitement d'accord. Blackthorne crut voir du dégoût sur leurs visages. Pourquoi ? Ça a sûrement quelque chose à voir avec « mercenaire », pensa-t-il. Qu'y a-t-il de mal à ça ? Tout le monde n'est-il pas payé ? Comment gagner sa vie autrement ? Même si vous avez reçu des terres en héritage, vous étes toujours...

« Vous nous avez déjà dit que vous étiez venu ici pour commercer pacifiquement, lui dit Toranaga, Pourquoi avez-vous donc tant d'armes, tant de poudre, de mousquets et de munitions ?

— Nos ennemis portugais et espagnols sont très forts et puissants, Sire. Nous devons nous protéger et...

— Vous voulez dire que vos armes sont défensives ?

— Non. Nous nous en servons non seulement pour nous défendre mais aussi pour attaquer nos ennemis.

— Qu'est-ce qu'un pirate ?

— Un hors-la-loi. Un homme qui viole, tue et pille pour son bénéfice personnel.

— N'est-ce pas la même chose qu'un mercenaire ? N'est-ce pas ce que vous êtes ? Un pirate et le chef de ces pirates ?

— Non. La vérité est que mon bateau a dcs lettres de marque des autorités légales hollandaises. Elles nous autorisent à porter la guerre dans toutes les mers, dans tous les endroits jusqu'à présent gouvernés et dominés par nos ennemis et à trouver des débouchés pour nos marchandises. Oui, nous sommes des pirates et des hérétiques pour les Espagnols et la plupart des Portugais. Mais, je vous le répète, la vérité est que nous ne sommes pas des pirates. »

Le père Alvito finit de traduire, puis se mit à parler tranquillement mais fermement à Toranaga.

Comme j'aimerais pouvoir moi aussi lui parler directement, pensa Blackthorne en maudissant le prêtre.

« Tsukku-san dit que ces “Pays-Bas” — la Hollande — étaient encore un état vassal de l’Espagne il n’y a pas si longtemps. Est-ce vrai ?

— Oui.

— Les Pays-Bas, vos alliés, sont donc en état de rébellion contre leur roi légitime ?

— Ils se battent contre les Espagnols, oui. Mais...

— N’est-ce pas de la rébellion ? Oui ou non ?

— Oui, mais il y a des circonstances atténuantes. De sérieuses...

— Il n’y a pas de “circonstances atténuantes” quand on se rebelle contre son seigneur souverain.

— Sauf si vous gagnez. »

Toranaga le regarda intensément, puis éclata de rire et dit quelque chose à Hiro-matsu qui acquiesça.

« Oui, monsieur l’étranger au nom impossible à prononcer. Oui, vous avez mis le doigt sur la *seule* circonstance atténuante. » Un autre fou rire puis sa bonne humeur disparut, aussi vite qu’elle avait éclaté. « Allez-vous gagner ?

— *Hai.* »

Toranaga se remit à parler, mais le prêtre ne traduisit pas.

Il sourit bizarrement, les yeux fixés sur Blackthorne, Il soupira et dit : « Vous êtes bien sûr ?

— C’est ce qu’il a dit ou c’est vous qui le dites ?

— C’est ce que sire Toranaga a dit.

— J’en suis tout à fait certain. Puis-je lui expliquer pourquoi ?

Le père Alvito parla à Toranaga, beaucoup plus longtemps qu’il ne fallait pour traduire cette simple question. Toranaga prit la parole et sortit un éventail de sa manche.

Le père Alvito se remit à traduire avec le même étrange manque de sympathie, empreint d’ironie. « Oui, pilote, dites-moi pourquoi vous avez le sentiment que vous allez gagner cette guerre ? »

Blackthorne essaya de rester confiant. « Nous dominons actuellement toutes les mers d’Europe, du moins la plupart, dit-il en se corrigeant lui-même. Nous, les Anglais, nous avons détruit les deux invincibles Armadas, espagnole et portugaise. Ils ne seront certainement plus capables d’en constituer d’autres. Notre petite île est une forteresse. Nous sommes, à présent, en sécurité. Notre marine domine les mers. Nos bateaux sont plus rapides, plus modernes et mieux armés. Après plus de cinquante années de terreur, d’inquisition et de sang, les Espagnols ne sont pas arrivés à battre les Hollandais. Nos alliés sont sûrs et forts et, qui plus est, ils saignent l’empire espagnol à mort. Nous gagnerons parce que nous sommes maîtres des mers et parce que ce roi espagnol ne donnera jamais sa liberté à aucun peuple étranger.

— Vous êtes maîtres des mers ? De nos mers aussi ? Celles qui bordent nos côtes ?

— Non. Bien sûr que non, Toranaga-sama. Je ne voulais pas paraître arrogant. Je parlais, bien sûr, des mers européennes, quoique...

— Je suis heureux de vous l’entendre dire. Vous disiez ? Quoique... ?

— Quoique bientôt nous aurons balayé tous les ennemis de tous les océans, dit Blackthorne clairement.

— Vous avez dit "l'ennemi" ? Nous sommes peut-être également vos ennemis. Que se passera-t-il alors ? Essayerez-vous de couler nos bateaux ? De dévaster nos rivages ?

— Je ne peux m'imaginer un seul instant votre ennemi.

— Moi, oui. Très facilement, Qu'adviendrait-il alors ?

— Si vous déclariez la guerre à mon pays, je vous attaquerais et vous écraserais, dit Blackthorne.

— Et si votre monarque vous ordonnait de nous attaquer ici même ?

— Je lui conseillerais de ne pas le faire. Vivement. Notre reine m'écouterait. Elle est...

— Vous êtes gouvernés par une reine ? Pas par un roi ?

— Oui, Sire. Notre reine est sage. Elle ne pourrait... elle ne donnerait pas un ordre aussi imprudent.

— Et si elle donnait cet ordre ? Si votre autorité légale vous ordonnait de le faire ?

— Je recommanderais alors mon âme à Dieu, car je mourrais très certainement.

— Oui, vous mourriez. Vous et toutes vos légions. » Toranaga se tut pendant quelques instants. « Il vous a fallu combien de temps pour arriver ici ?

— Deux ans, presque. Un an, onze mois et deux jours, très exactement. Une distance d'environ quatre mille lieues, chacune de trois miles. »

Le père Alvito traduisit. Toranaga remua pensivement son éventail.

« J'ai converti le temps et la distance, capitaine-pilote Blackthorne, dans leurs mesures, dit le prêtre poliment.

— Merci. »

Toranaga s'adressa à nouveau à lui directement : « Comment êtes-vous arrivés ici ? Par quelle route ?

— Par le détroit de Magellan. Si j'avais mes cartes et mes carnets, je pourrais vous montrer exactement, mais ils ont été volés. Ils ont été enlevés de mon bateau avec mes lettres de marque et tous mes papiers. Si vous... »

Blackthorne s'arrêta de parler. Toranaga parlait avec Hiro-matsu qui semblait, lui aussi, perturbé,

« Vous dites que tous vos papiers ont été emportés, volés ?

— Oui.

— Si c'est vrai, c'est une chose terrible. Nous détestons le vol au Nippon, au Japon. Le vol est puni de mort. Une enquête va tout dc suite être faite. Ça paraît incroyable qu'un Japonais ait pu faire une chose pareille.

— Peut-être ont-ils été changés de place, dit Blackthorne, et mis en sécurité quelque part. Mais ils ont beaucoup de prix, Sire. Sans mes cartes marines, je suis comme un aveugle dans un labyrinthe.

— Dites-moi d'abord *pourquoi* vous avez parcouru une telle distance ?

— Nous sommes venus pour commercer pacifiquement, répéta Blackthorne, bridant son impatience. Pour commercer et retourner ensuite chez nous. Pour vous enrichir et nous enrichir. Et pour essayer...

— Pour vous enrichir et nous enrichir ? Lequel des deux est le plus important ?

— Les deux partenaires doivent, bien sûr, faire des bénéfices. Le commerce doit être juste. Nous cherchons à conclure des accords commerciaux à long terme. Nous vous offrons de meilleurs termes d'échange que les Portugais et les Espagnols. Un délai de livraison bien meilleur, Nos marchands... »

Blackthorne s'arrêta en entendant des bruits de voix à l'extérieur. Toranaga n'avait pas bougé. Il parla au père Alvito.

« Venez ici, capitaine Blackthorne, éloignez-vous de la porte, lui dit le père Alvito d'une voix urgente et en même temps contenue. Si vous tenez à votre vie, ne bougez pas brusquement et ne dites rien. » Il se dirigea lentement vers la porte de gauche et s'assit à côté.

Blackthorne s'inclina, mal à l'aise, devant Toranaga qui l'ignora. Il rejoignit prudemment le prêtre, conscient que l'interview, de son point de vue à lui, avait été un désastre. « Que se passe-t-il ? » murmura-t-il en s'asseyant.

Les gardes à proximité se raidirent, menaçants, mais le prêtre leur dit rapidement quelque chose pour les rassurer. « La prochaine fois que vous parlez, vous êtes un homme mort, dit-il à Blackthorne en pensant que le plus vite serait le mieux.

— Vous devrez être présent ? lui avait demandé le père général, la nuit précédente.

— Toranaga m'a demandé en particulier.

— Je crois que c'est très dangereux, et pour vous et pour nous tous. Vous pourriez peut-être invoquer la maladie. Si vous êtes présent, vous devrez traduire ce que dit le pirate. D'après ce qu'écrit le père Sebastio, c'est le diable sur terre, aussi rusé qu'un juif.

— Il vaudrait mieux que je sois présent, Votre Éminence. Je serais au moins capable d'intercepter ses mensonges les plus flagrants.

— Pourquoi est-il venu ici ? Pourquoi maintenant ? Quand tout redevenait si parfait ? Ont-ils vraiment d'autres bateaux dans le Pacifique ? Est-il vrai qu'ils ont envoyé une escadre contre le territoire espagnol de Manille ? Non pas que je me fasse du souci pour cette ville pestiférée ou pour toute autre colonie espagnole des Philippines, mais une escadre ennemie dans le Pacifique ! Ça aurait de terribles conséquences pour nous, en Asie. Et s'il arrivait à se faire entendre de Toranaga ou d'Ishido, ou de n'importe quel autre puissant *daimyō* ? La situation se ferait très difficile, pour ne pas dire plus !

— Blackthorne est là. Heureusement, nous sommes en position pour nous occuper de lui.

— Si je n'étais pas au courant, je croirais facilement que les Espagnols, ou plus probablement leurs laquais, les Franciscains et les Bénédictins, l'ont volontairement amené ici pour nous détruire.

— Peut-être, Votre Éminence. C'est possible. Les moines ne reculeraient devant rien pour nous anéantir. Ce n'est que jalousie, parce que nous réussissons là où ils échouent. Dieu leur montrera certainement l'erreur de leur jugement ! Peut-être que l'Anglais "s'en ira" avant de faire du mal. Ses carnets attestent de ce qu'il est en vérité. Un pirate. Et le chef des pirates !

— Lisez-les à Toranaga, Martin. Lisez-lui ces passages où il décrit le pillage de tous ces villages sans défense, d'Afrique au Chili... ces passages où il donne le détail des rapines et des meurtres.

— Nous devrions peut-être attendre, Votre Éminence. Nous pourrons toujours produire ces carnets en temps voulu. J'espère qu'il se condamnera lui-même sans que nous ayons besoin d'avoir recours à eux. »

Le père Alvito s'essuya une nouvelle fois les paumes. Il sentait le regard de Blackthorne posé sur lui. Que Dieu ait pitié de toi, pensa-t-il. Pour ce que tu as dit aujourd'hui à Toranaga. Ta vie ne vaut vraiment pas un denier. Pire que ça, ton âme ne peut plus obtenir de rédemption. Tu es crucifié, sans même avoir fourni la preuve de tes carnets.

La porte, à l'autre bout de la pièce, s'ouvrit brusquement.

« Sire Ishido veut vous voir. Immédiatement, a-t-il dit, annonça Naga. Il est... il est dans le couloir et veut vous voir, Sire.

— Vous tous, à vos places », dit Toranaga à ses hommes qui s'exécutèrent sur-le-champ. Tous les samouraïs s'assirent face à la porte. Hiro-matsu en tête. Les épées étaient prêtes, dans leurs fourreaux. « Naga-san, dis au sire Ishido qu'il est toujours le bienvenu. Dis-lui d'entrer. »

Le grand homme entra. Dix de ses samouraïs — des Gris — le suivaient. Ils s'arrêtèrent sur le seuil et s'assirent en tailleur à son signal.

Toranaga s'inclina avec un cérémonial étudié. Le salut lui fut rendu de la même façon.

Le père Alvito bénit sa chance d'être présent. La rencontre entre ces deux chefs rivaux allait décider du cours de l'empire et de l'avenir de la Très Sainte Mère l'Église au Japon. Tout indice ou information pouvant permettre aux jésuites de savoir de quel côté reporter leur influence serait d'une incommensurable importance. Ishido était bouddhiste zen et fanatiquement antichrétien. Toranaga était bouddhiste zen et ouvertement sympathisant. Mais la plupart des *daimyōs* chrétiens pensaient que, si Toranaga éliminait Ishido et son influence au sein du Conseil des régents, il usurperait par la même occasion toute la puissance à son seul profit. Une fois qu'il détiendrait cette puissance, ils pensaient aussi qu'il se servirait des Édits d'expulsion du Taikō pour chasser la Vraie Foi. Par contre, si Toranaga était éliminé, la succession était assurée et la Très Sainte Mère l'Église pourrait prospérer. Il regarda Toranaga quitter son dais et s'avancer.

« Bienvenue, Sire Ishido, Asseyez-vous là, je vous en prie. » Toranaga montra d'un geste de la main l'unique coussin qui se trouvait sous le dais. « J'aimerais que vous soyez à votre aise.

— Non, merci. » Ishido Kazunari était mince, le visage dur et basané. Il avait un an de moins que Toranaga. « Non, merci, Sire Toranaga. Je serais très gêné d'être confortablement assis si vous ne l'étiez pas vous-même, *neh ?* Je prendrais votre coussin, un jour. Pas aujourd'hui. »

Une vague de colère déferla parmi les Bruns, sous la menace implicite d'Ishido. Mais Toranaga répliqua aimablement : « Vous arrivez au bon moment. Je finissais justement d'interroger le nouveau barbare. Tsukkusan, s'il vous plaît, dites-lui de se lever. »

Le prêtre s'exécuta. De sa place, il sentait la fureur d'Ishido. En dehors du fait qu'il n'aimait pas les chrétiens, Ishido s'était toujours élevé avec vigueur contre tous les Européens et voulait que l'empire leur soit totalement fermé.

Ishido regarda Blackthorne avec un dégoût prononcé. « On m'avait dit qu'il était laid mais je ne réalisais pas à quel point. La rumeur circule que c'est un pirate. Est-ce vrai ?

— Vous en doutez ? C'est aussi un menteur.

— Avant de le crucifier, laissez-le-moi une demijournée. Ça pourrait amuser l'héritier de le voir, avec la tête sur les épaules. » Ishido éclata d'un rire gras. « On pourrait peut-être lui apprendre à danser comme un ours. On pourrait alors le montrer à travers l'empire : "Le Monstre de l'Est". Il était vrai que Blackthorne venait des mers orientales (à la différence des Portugais qui venaient toujours du Sud, d'où leur nom de « barbares du Sud ») mais Ishido sous-entendait simplement que Toranaga, qui dominait les provinces orientales, était le véritable monstre.

Toranaga répondit par un sourire et fit comme s'il n'avait pas compris. « Vous êtes un homme très spirituel, Sire Ishido, dit-il. Je suis d'accord avec vous. Plus vite le barbare sera liquidé, mieux se sera. Il est arrogant, fort en gueule. Un animal bizarre en vérité. Mais un animal sans valeur et sans aucune manière. Naga-san, fais venir quelques hommes et mets-le avec les criminels de droit commun. Tsukku-san, dis-lui de les suivre.

— Capitaine-pilote, vous devez suivre ces hommes.

— Où m'emmène-t-on ? »

Le père Alvito hésita. Il était heureux d'avoir gagné, mais son adversaire était courageux et avait une âme immortelle qui pouvait être sauvée. « Vous êtes prisonnier, dit-il.

— Pour combien de temps ?

— Je ne sais pas, mon fils. Jusqu'à ce que sire Toranaga en décide autrement. »

12

Toranaga, tout en regardant le barbare quitter la salle, abandonna à regret cette conversation surprenante pour en venir au problème plus urgent d'Ishido.

Il s'était décidé à ne pas renvoyer le prêtre, sachant que sa présence allait encore irriter Ishido. Il savait cependant que cette présence constante pouvait également être très dangereuse. Moins il y a de gens à savoir et mieux c'est, pensa-t-il. Est-ce que l'influence de Tsukku-san sur les *daimyōs* chrétiens va s'exercer en ma faveur ou contre moi ? Je lui aurais bien fait confiance, jusqu'à aujourd'hui. Mais il y a eu depuis cette conversation avec le barbare tant de moments étranges ! Des moments que je n'arrive pas à saisir.

Ishido esquiva volontairement les courtoisies habituelles et en vint tout de suite au vif du sujet. « Je dois encore vous demander quelle est la réponse que vous comptez donner au Conseil des régents ?

— Je dois vous répéter encore une fois qu'en tant que président de ce Conseil, je ne juge pas la réponse nécessaire. J'ai contracté quelques alliances familiales, mineures. Aucune réponse nécessaire.

— Vous avez fiancé votre fils Naga-san avec la fille de sire Masamune. Vous avez marié l'une de vos petites-filles avec l'héritier de sire Zataki. Une autre petite-fille au fils de sire Kiyama. Tous ces mariages se font avec des seigneurs féodaux ou avec leurs parents proches. Ils ne sont donc absolument pas mineurs et sont absolument contraires aux ordres de feu notre maître.

— Notre maître, le Taikō, est mort depuis un an. Malheureusement. Oui, je déplore la mort de mon beau-frère. Je préférerais qu'il soit toujours vivant et qu'il dirige les destinées de l'empire, ajouta Toranaga plaisamment, retournant le couteau dans la plaie. Si mon beau-frère était vivant, pas de doute qu'il aurait approuvé ces unions familiales, Ses ordres ne s'appliquaient qu'à des mariages mettant en danger la succession de *sa* maison. Je n'inquiète nullement sa maison ou mon neveu, Yaemon, l'héritier. Je suis satisfait en tant que seigneur du Kwanto. Je ne recherche pas d'autre territoire. Je suis en paix avec mes voisins et souhaite que la paix qu'il avait instaurée continue. Par Bouddha, je ne serai pas celui qui rompt la paix.

— Mais vous allez entrer en guerre ?

— Un homme sage se prépare toujours à la trahison, *neh ?* Il y a de mauvais hommes dans chaque province. Certains occupent de hauts postes. Nous connaissons tous deux les ravages incommensurables qu'exerce la trahison dans le cœur des hommes. » Toranaga se raidit. « Là où le Taikō nous avait légué l'unité, nous sommes à présent divisés entre mon Est et votre Ouest. Le Conseil des régents est divisé. Les *daimyōs* sont toujours en désaccord. Un Conseil ne peut gouverner un hameau rongé par les termites, encore moins un empire. Plus vite le fils du Taikō sera en âge de gouverner, mieux ce sera. Plus vite il y aura un nouveau Kwampaku et mieux ce sera.

— Ou peut-être un shōgun ? dit Ishido, d'un ton insinuant.

— Kwampaku, shōgun ou taïkō, la puissance est la même, dit Toranaga.

— Quelle valeur a le titre ? La *puissance* est la seule chose importante. Goroda n'a jamais été shōgun. Nakamura était plus que satisfait avec son titre de Kwampaku et, plus tard, de Taïkō. Il a *gouverné.* Là est l'important. Qu'est-ce ça peut faire que mon beau-frère ait été paysan, une fois dans sa vie ? Qu'importe que ma famille soit ancienne ? Qu'importe que vous soyez de basse naissance ? Vous êtes un général, un seigneur suzerain et même un membre du Conseil des régents.

— Yaemon a sept ans. Dans sept ans, il deviendra Kwampaku. Jusqu'à ce moment-là...

— Dans *huit* ans, général Ishido. Telle est notre loi historique. Quand mon neveu aura quinze ans, il sera adulte et héritera. Jusque-là, nous, les cinq régents, gouvernerons en son nom. Telle est la décision de feu notre maître.

— Oui. Il a également ordonné qu'aucun otage ne soit détenu par un régent, pour s'en servir contre un autre. Dame Ochiba, la mère de l'héritier, est retenue en otage dans votre château de Yedo, en échange de votre sécurité ici. Cela est également contraire à son testament. Vous avez formellement accepté d'obéir aux articles du contrat, comme l'ont fait tous les autres régents. Vous avez même signé le document de votre propre sang. »

Toranaga soupira. « La dame Ochiba est allée à Yedo voir sa sœur qui accouche. Sa sœur est mariée avec mon fils héritier. La place de mon fils est à Yedo, pendant que je suis ici. Qu'y a-t-il de plus naturel pour une sœur que de rendre visite à sa sœur cadette, en un moment pareil ? N'est-elle pas honorée ? Je vais peut-être avoir mon premier petit-fils, *neh ?*

— La mère de l'héritier est la dame la plus importante de tout l'empire. Elle ne devrait pas se trouver... » Ishido était sur le point de dire « aux mains des ennemis », mais il jugea préférable de dire « dans une ville étrangère ». Il s'arrêta de parler, puis ajouta clairement : « Le Conseil aimerait que vous la fassiez revenir ici. »

Toranaga évita le piège : « Je vous répète que la dame Ochiba n'est pas retenue en otage, qu'elle n'est point sous mes ordres et ne l'a d'ailleurs jamais été.

— Laissez-moi alors vous poser la question différemment. Le Conseil exige sa présence immédiate à Osaka.

— Qui exige cela ?

— Moi. Sire Sugiyama, sire Onoshi et sire Kiyama. Nous nous sommes tous mis d'accord pour attendre son retour. Voici leurs signatures. »

Toranaga était livide. II avait jusque-là manipulé le Conseil de sorte que les votes avaient toujours été de trois contre deux. Il n'avait jamais pu obtenir quatre voix contre une, mais Ishido n'y était jamais arrivé non plus. Pourquoi Onoshi s'était-il désisté ? Et Kiyama ? Tous deux, implacables ennemis, même avant leur conversion à cette religion étrangére, Quelle était l'influence qu'exerçait Ishido sur eux ? Ishido savait qu'il avait détruit son ennemi. Mais un pas restait à faire pour obtenir la victoire totale. Il mit donc à effet le plan sur lequel Onoshi et lui s'étaient entendus. « Nous, les régents, sommes tous tombés d'accord pour en finir avec ceux qui tentent d'usurper la puissance de mon maître et de tuer l'héritier. Les traîtres seront condamnés. Ils seront exposés dans les rues comme des criminels de droit commun, ainsi que toutes leurs générations. Ils seront exécutés comme de vulgaires criminels ainsi que tous leurs descendants. Fujimoto, Takashima, basse naissance, haute lignée. Peu importe qui. Même Minowara ! »

La fureur envahit les visages des samouraïs de Toranaga. Un tel sacrilège contre les familles semi-royales était impensable. Le jeune samouraï Usagi, petit-fils de Hiromatsu, se leva, rouge de colère, dégaina sa longue épée et sauta sur lshido, la lame nue prête à asséner le coup mortel. Ishido ne fit pas un geste pour se défendre. C'était ce qu'il avait prévu, espéré. Ses hommes avaient reçu l'ordre de ne pas intervenir jusqu'à ce qu'il soit mort. Si lui, lshido, était tué ici, maintenant, par un samouraï de Toranaga, toute la garnison d'Osaka pourrait légitimement tomber sur Toranaga et l'assassiner, sans penser à l'otage. Dame Ochiba serait exécutée en représailles par les fils de Toranaga et les régents seraient forcés de s'allier pour se dresser contre le clan Yoshi qui, alors isolé, serait éliminé. Ce n'est qu'à ce moment-là que la succession serait garantie et lui, Ishido, aurait fait son devoir envers le Taïkō.

Mais le coup ne vint pas, Au dernier moment, Usagi retrouva ses esprits et rengaina son épée en tremblant.

« Je vous demande pardon, Sire Toranaga », dit-il en s'agenouillant humblement. Je n'ai pas pu supporter la honte de... d'entendre de telles... de telles insultes. Je vous demande la permission... je vous demande la permission de me faire immédiatement seppuku, car je ne peux vivre avec cette honte. »

Toranaga reporta toute son attention sur le jeune homme à genoux.« Comment oses-tu insinuer que ce qu'a dit le seigneur Ishido était une insulte à *mon égard ?* Il n'aurait sûrement pas osé être aussi grossier. Comment oses-tu écouter des conversations qui ne te concernent pas ? Non, tu n'auras pas la permission de te faire seppuku. C'est un honneur. Tu n'as ni honneur ni autodiscipline. Tu seras crucifié comme un vulgaire criminel, aujourd'hui même. Ta tête sera fichée sur une pique et toute la population pourra venir se moquer d'elle. Un écriteau indiquera : "Cet homme était samouraï par erreur. Son nom a cessé d'être !" »

Usagi, dans un sublime effort, contrôla sa respiration mais la sueur coulait et la honte le torturait. Hiro-matsu s'avança et arracha les deux épées que son petit-fils portait à la ceinture.

« Sire, dit-il gravement, avec votre permission, je veillerai personnellement à ce que vos ordres soient exécutés. »

Toranaga acquiesça.

Le jeune homme s'inclina une dernière fois, puis se leva, mais Hiro-matsu le jeta au sol : « Les samouraïs marchent, lui dit-il. Les hommes également. Tu n'es ni l'un ni l'autre. Tu ramperas donc vers ta mort. » Usagi obéit en silence.

13

Toranaga ne trouva pas le sommeil cette nuit-là. C'était très rare chez lui, car il pouvait d'habitude remettre au lendemain le problème le plus urgent, sachant que, s'il était encore vivant, il pourrait le régler au mieux de sa forme. Il avait depuis longtemps découvert qu'un sommeil tranquille pouvait lui apporter une solution à la plupart de ses dilemmes. Si tel n'était pas le cas, qu'est-ce que ça pouvait faire ? La vie n'était-elle pas seulement une goutte de rosée dans une autre goutte de rosée ?

Mais cette nuit-là, trop de questions complexes l'obsédaient.

Que vais je faire avec Ishido ?

Pourquoi Onoshi est-il passé à l'ennemi ?

Comment vais-je agir avec le Conseil ?

Les prêtres chrétiens s'en sont-ils encore mêlés ?

D'où va venir la prochaine tentative d'assassinat ?

Quand devrai-je m'occuper de Yabu ?

Que dois-je faire du barbare ?

Est-ce qu'il disait la vérité ?

Curieux que le barbare soit justement venu des mers orientales à ce moment précis. Est-ce un présage ? Est-ce son *karma* d'être l'étincelle qui mettra le feu aux poudres ?

Toranaga soupira. Une chose est certaine : le barbare ne partira jamais. Mort ou vivant. Il fait à jamais partie du royaume. Ses oreilles perçurent des bruits de pas quasiment imperceptibles, et il tint son épée prête. Chaque nuit, il changeait de chambre à coucher, de gardes et de mots de passe pour se défendre des assassins, toujours tapis dans l'ombre, qui attendaient le moment propice. Les pas s'arrêtèrent devant son panneau coulissant. Il entendit la voix de Hiro-matsu et le début du mot de passe.

« Si la vérité est déjà évidente, à quoi sert la méditation ?

— Et si la vérité est cachée ? répliqua Toranaga.

— C'est déjà évident, répondit Hiro-matsu correctement.

— Entre. »

Une fois que Toranaga eut vu que c'était bien son conseiller, son épée retomba, « Assieds-toi.

— J'ai entendu que vous ne dormiez pas. J'ai pensé que vous aviez peut-être besoin de quelque chose.

— Non, merci. » Toranaga étudia les yeux cernés du vieil homme. « Je suis content que tu sois ici, mon vieil ami, dit-il.

— Vous êtes sûr que ça va ?

— Oui.

— Je vais vous laisser. Désolé de vous avoir dérangé, Sire.

— Non, je t'en prie. Je suis content que tu sois là. Assieds-toi. »

Le vieil homme s'installa près de la porte, le dos bien droit. « J'ai fait doubler la garde.

— Bien. »

Au bout d'un moment, Hiro-matsu dit : « Pour ce qui est du fou, tout a été fait selon vos ordres. Tout.

— Merci.

— Je vous demande officiellement la permission de mettre fin à mes jours. Ce qu'il a fait vous a mis gravement en danger, mais c'était ma faute. J'aurais dû repérer sa folie. J'ai trahi votre confiance.

— Je t'interdis de te faire seppuku.

— Je vous en prie. Je vous demande la permission.

— Non. J'ai besoin de toi vivant.

— Je vous obéirai. Mais acceptez au moins toutes mes excuses.

— Tes excuses sont acceptées. »

Au bout d'un moment, Toranaga dit : « Et le barbare ?

— Plusieurs choses, Sire. Premièrement, si vous n'aviez pas attendu le barbare aujourd'hui, vous seriez parti à la chasse au faucon aux premières lueurs et Ishido ne vous aurait pas contraint à une rencontre aussi déshonorante. Vous n'avez plus le choix. Vous devez maintenant lui déclarer la guerre. Si vous arrivez à sortir de cette forteresse et si vous parvenez à regagner Yedo.

— Deuxièmement ?

— Et troisièmement et quarante-troisièmement et cent quarante-troisièmement ! Je suis loin d'être aussi habile que vous, Sire. Malgré cela, je me suis rendu compte que tout ce que les barbares du Sud nous ont fait croire n'est pas vrai. » Hiro-matsu était heureux de parler. Ça soulageait sa douleur. « Mais s'il existe *deux* religions chrétiennes qui se haïssent, si les Portugais font partie de la grande nation espagnole, si le pays de ce nouveau barbare, quelque soit son nom, fait la guerre aux deux autres et les bat, si ce même pays est une île comme le nôtre et, le plus grand de tous les “si”, s'il a dit la vérité et si le prêtre a correctement traduit ses réponses... alors vous pouvez mettre tous ces “si” ensemble et en dresser un plan. Moi, je ne peux pas. J'en suis désolé. Je sais seulement ce que j'ai vu à Anjiro et à bord du bateau. Je sais que l'Anjin-san est très fort dans la tête et très faible dans le corps, quoique sa faiblesse puisse être imputée à ce long voyage, et maître de nous tous en mer. Je ne comprends rien à lui. Comment peut-il être tout ça et autoriser un homme à lui pisser dans le dos ? Pourquoi a-t-il sauvé

Yabu après ce qu'il lui avait fait ? Comment a-t-il pu sauver la vie de son ennemi déclaré, le Portugais Rodrigu ? Toutes ces questions me font tourner la tête comme si j'avais bu trop de saké. » Hiro-matsu se tut. Il était très fatigué. « Mais je crois que nous devrions le garder à terre et ceux de son espèce, s'il en vient d'autres, et les tuer tous très vite.

— Et Yabu ? »

— Ordonnez-lui de se faire seppuku cette nuit.

— Pourquoi ?

— Il n'a aucun savoir-vivre. Vous aviez prédit ce qui allait arriver à Anjiro. Il allait voler votre bien. C'est un menteur. Ne vous inquiétez pas si vous le voyez, demain, comme prévu. Laissez-moi plutôt lui transmettre vos ordres tout de suite. Vous devrez, tôt ou tard, le tuer. Il vaut mieux que ce soit maintenant pendant qu'il est accessible, sans ses vassaux autour de lui. Je vous conseille de ne pas prendre de retard. » Hiro-matsu se mit à tortiller inconsciemment son fourreau usé. « Vous allez devoir vous dresser contre Ishido. Tous les autres *daimyōs* vont être forcés de prendre parti, une fois pour toutes. Nous finirons par gagner la guerre. Vous pourrez alors dissoudre le Conseil et devenir Shōgun.

— Je ne recherche pas cet honneur, dit Toranaga sèchement. Combien de fois devrai-je te le répéter ?

— Excusez-moi, Sire. Je le sais. Mais j'ai le sentiment que ce serait mieux pour le Japon.

— C'est de la trahison.

— Contre qui, Sire ? Contre le Taikō ? Il est mort. Contre ses dernières volontés et son testament ? C'est un morceau de papier. Contre Yaemon ? Yaemon est le fils d'un paysan qui a usurpé le pouvoir et l'héritage d'un général dont les descendants ont été décimés.

— Tu suggérerais ça si tu étais l'un des régents ?

— Non. De toute façon, je ne suis pas l'un des régents et j'en suis fort aise. Je suis seulement votre vassal... J'ai librement choisi, il y a un an.

— Pourquoi ? » Toranaga ne le lui avait jamais demandé.

« Parce que vous êtes un homme, parce que vous êtes Minowara et parce que vous agissez avec sagesse. Ce que vous avez dit à Ishido était vrai : nous ne sommes pas un peuple qui doit être gouverné par un Conseil. Nous avons besoin d'un chef. Qui, parmi les cinq régents, aurais je dû choisir ? Sire Onoshi ? Oui, c'est un homme très sage, un bon général. Mais il est chrétien, infirme, et sa peau est rongée à ce point par la lèpre qu'il pue à cinquante pas. Sire Sugiyama ? C'est le *daimyō* le plus riche de tout le pays, sa famille est aussi ancienne que la vôtre. Mais il retourne constamment sa veste. C'est un homme versatile et lâche. Nous le connaissons tous depuis une éternité. Sire Kiyama ? Sage, courageux. Un grand général, un vieux camarade. Mais il est chrétien, lui aussi, et je crois que nous avons assez de dieux dans ce pays des dieux pour ne pas avoir l'insolence d'en honorer un seul. Ishido ? Je déteste ce rejeton de paysan, traître, depuis que je le connais et, si je ne l'ai jamais tué, c'est uniquement parce qu'il était le chien du Taïkō. » Son visage tanné s'éclaira. « Vous voyez, Yoshi Toranaga-Noh-Minowara, vous ne m'avez pas laissé le choix.

— Et si je ne vous écoutais pas ? Si je manipulais le Conseil des régents ? Même Ishido ? Et si je portais Yaemon au pouvoir ?

— Toutes vos décisions sont sages. Mais tous les régents aimeraient vous voir mort. Voilà la vérité. Je suis pour la guerre immédiate. *Immédiate.* Avant qu'ils vous isolent ou, plus probablement, qu'ils vous assassinent. »

Toranaga pensa à ses ennemis. Ils étaient nombreux et puissants. Il lui faudrait trois semaines pour regagner Yedo en empruntant la route du Tokaïdō qui suivait la côte et reliait Yedo à Osaka. Y aller en bateau était plus dangereux. Cela prendrait peut-être même plus de temps, sauf en galère, car elle pouvait voyager contre vents et marées.

Toranaga réfléchit encore au plan qu'il avait dressé. Il n'y trouvait aucun défaut.

« J'ai entendu dire secrètement hier que la mère d'Ishido était allée voir son petit-fils à Nagoya. « Hiro-matsu prêta instantanément attention à ce que disait Toranaga. Nagoya était une grande ville-État, neutre par rapport aux différents partis. « La dame devrait être invitée par l'abbé au temple Johji. Pour voir les arbres en fleurs.

— Sur-le-champ, dit Hiro-matsu, par pigeon-voyageur. Les fleurs seront déjà un peu fanées, mais elle y sera demain. Je ne doute pas que la Vénérable Dame veuille rester quelques jours. C'est si reposant. Son petit-fils devrait l'accompagner, *neh ?* » Le temple Johji était renommé pour ses cerisiers en fleur, ses moines bouddhistes zen et sa fidélité à Toranaga qui avait payé les frais de construction de l'édifice et qui en assurait la bonne conservation.

« Non. Elle toute seule. Cela rendrait l'"invitation" de l'abbé par trop évidente. Autre chose : envoie un message codé à mon fils, Sudara : « Je quitte Osaka dés que le Conseil aura clos sa session, dans quatre jours. » Envoie-le par courrier et confirme-le par pigeon demain. »

Hiro-matsu ne cacha pas sa désapprobation. « Puis-je faire venir dix mille hommes à Osaka tout de suite ?

— Non. Les hommes qui sont ici sont amplement suffisants. Merci, mon vieil ami. Je crois que je vais aller dormir. »

Hiro-matsu se leva et étira ses bras.

« Combien de temps le barbare restera-t-il en prison ? » demanda Toranaga. Hiro-matsu ne se retourna pas. « Tout dépend de sa force combative.

— Merci. Bonne nuit, Hiro-matsu. » Quand il fut certain d'être seul, il dit doucement : « Kiri-san ? »

La porte intérieure s'ouvrit. Sa favorite entra et s'agenouilla.

« Envoie un message immédiat à Sudara : "Tout va bien." Envoie-le par pigeon. Lâches-en trois, en même temps, à l'aube. Refais la même chose à midi.

— Oui, Sire. » Elle sortit.

Un pigeon franchira bien les lignes, pensa-t-il. Quatre au moins tomberont sous les flèches, les faucons ou les espions. Le message ne signifiera de toute façon rien pour Ishido, à moins qu'il ne soit parvenu à déchiffrer notre code. Seules quatre personnes le connaissaient. Son fils aîné, Noboru. Son cadet, l'héritier, Sudara. Kiri et lui-même. Le message codé voulait dire : « Ne tiens pas compte des autres messages. Active plan numéro cinq. » Il avait été convenu que le plan numéro cinq comportait l'ordre de rassembler tous les membres du clan Yoshi et tous leurs conseillers privés dans la capitale, à Yedo, et de les tenir sur le pied de guerre. Le mot codé qui voulait dire guerre était « Ciel pourpre ». Son assassinat, sa capture rendaient le Ciel pourpre inexorable et déclenchaient la guerre — une attaque immédiate sur Kyoto conduite par Sudara avec *toutes* ses légions permettrait de prendre possession de la ville et de l'empereur-marionnette. Cette opération serait couplée avec des insurrections dans cinquante provinces. Celles-ci, méticuleuses et secrètes, avaient été préparées depuis des années pour parer à cette éventualité. Toutes les cibles, cols, ponts, châteaux et villes, avaient été repérées depuis longtemps. Il y avait assez d'armes, d'hommes et de détermination pour mener l'opération à bien. C'est un bon plan, pensa Toranaga. Mais il échouera si tu ne le diriges pas toi-même. Sudara échouera. Tu es le seul qui puisse faire réussir Ciel pourpre, peut-être. Le Taikō aurait pu gagner. Mais il vaudrait mieux ne pas avoir recours à Ciel pourpre.

14

Ce fut une aube épouvantable pour Blackthorne. Il se fit prendre dans une rixe avec un détenu. Pour une assiette de gruau. Les deux hommes étaient nus. Chaque fois qu'un prisonnier était enfermé dans cette vaste geôle, on le déshabillait. Un homme vêtu tenait trop de place et ses vêtements pouvaient cacher des armes.

Cette salle à l'atmosphère suffocante et fétide faisait dix pas de long sur dix de large. Elle était remplie de Japonais nus et en sueur. La lumière ne passait presque pas à travers les planches qui servaient de murs et de plafond.

Blackthorne pouvait à peine se tenir debout. Sa peau était marbrée et griffée par les ongles cassés de son assaillant et par les échardes. Il lui donna un coup de tête, le saisit à la gorge et le cogna contre les planches jusqu'à ce qu'il tombe, assommé, puis, du pied, rejeta le corps de côté.

A l'aube, on leur avait apporté à manger. Les gardes leur avaient distribué les assiettes de gruau et l'eau, à travers un guichet. C'était la première ration qu'ils recevaient depuis qu'il avait été enfermé là, au crépuscule le jour précédent. La queue qui s'était formée au moment de la distribution était étrangement calme. S'il n'y avait pas de discipline, personne ne mangeait. C'est alors que cet homme simiesque, pas rasé, sale et couvert de poux, lui avait flanqué un coup dans les reins et lui avait pris sa ration. Les autres attendaient pour voir ce qui allait se passer. Mais Blackthorne avait assisté et participé à trop de bagarres dans les beuveries de marins pour se laisser achever d'un seul coup. Il feignit le désarroi puis décocha un coup vicieux. La bagarre était alors devenue générale.

Dans son coin, Blackthorne vit avec surprise qu'un des hommes lui apportait une assiette de gruau et de l'eau, ration qu'il croyait perdue. Il la prit et remercia l'homme.

Les coins étaient des emplacements de choix. Un madrier, sur le sol de terre battue, divisait la pièce dans le sens de la longueur. Dans chaque section ainsi constituée, il y avait trois rangées d'hommes. Deux rangées se faisaient face. La troisième était installée au milieu. Seuls les vieux et les malades occupaient cette rangée. Quand les hommes forts des autres rangées voulaient étendre leurs jambes, ils devaient le faire en écrasant ceux du milieu.

Il ne pouvait presque rien voir dans cette obscurité étouffante, Le soleil cuisait le bois. Il y avait des latrines, mais l'odeur était intenable. De temps à autres, des gardes ouvraient la porte et appelaient des noms. Les hommes saluaient leurs camarades et sortaient. Mais d'autres venaient aussitôt les remplacer. Tous les prisonniers semblaient avoir accepté leur sort et essayaient de vivre, du mieux qu'ils pouvaient, en paix avec leurs voisins immédiats.

Un homme contre le mur se mit à vomir. On le poussa rapidement vers la rangée centrale où il s'effondra, à demi suffocant, sous le poids des jambes. Blackthorne devait fermer les yeux et lutter pour contrôler sa terreur et sa claustrophobie, Salopard de Toranaga. J'espère avoir l'occasion de te mettre là un de ces jours.

Salopards de gardes ! Il s'était débattu la nuit dernière quand ils lui avaient dit de se déshabiller. Il s'était débattu parce qu'il refusait simplement de se rendre passivement.

Il y avait quatre cellules de ce genre. Elles se trouvaient à la lisière de la ville, dans un endroit pavé, derrière une enceinte de pierre. De l'autre côté des murs, un espace de terre battue entouré de cordes s'étendait près de la rivière. Cinq croix y étaient érigées.

Sans qu'on s'en aperçoive, le type que Blackthorne avait assommé reprit conscience. Il était dans la rangée du milieu. Du sang s'était coagulé sur l'un des côtés de son visage. Son nez était écrasé. Il bondit soudainement, oubliant tous les hommes qui étaient sur son chemin. Blackthorne le vit venir au dernier moment, para le coup et le fit tomber comme une masse. L'un des prisonniers, une armoire à glace, lui flanqua une manchette vicieuse à la base du cou. Il y eut un bruit sec. La tête de l'homme roula sur le côté. Le bouledogue releva la tête à moitié rasée, en la prenant par les cheveux infestés de poux, et la laissa retomber.

Il regarda Blackthorne, dit quelque chose de guttural, rit de sa bouche édentée et haussa les épaules.

« Merci », dit Blackthorne en essayant de reprendre sa respiration, heureux que son assaillant n'ait pas eu l'adresse de Mura dans un combat à mains nues. « Mon noum Anjin-san, dit-il en se montrant du doigt ; toi ?

— *Ah, so desu !* Anjin-san ! » Le bouledogue se montra du doigt et dit en haletant : « Minikui.

— Minikui-san ?

— *Hai.* »

Ils relevèrent le cadavre et le mirent en tas avec les autres. Quand ils revinrent dans leur coin, personne n'avait pris leur place. Blackthorne se sentait sale et horrible, à deux doigts de la mort. Ne t'inquiète pas, se dit-il, tu as encore du chemin à parcourir avant de mourir... Non, je ne pourrai pas vivre longtemps dans ce trou affreux. Nous sommes trop nombreux. Ô Seigneur Dieu, laissez-moi sortir ! Pourquoi est-ce que la pièce tangue ? Est-ce Rodrigues qui remonte des profondeurs avec des pinces pour m'arracher les yeux ? Je ne peux pas respirer, je ne peux pas respirer. Il faut que je sorte d'ici. Je vous en prie, je vous en prie, ne mettez plus de bois dans le feu. Qu'est-ce que tu fais là, Croocq, mon gars ? Je croyais qu'ils t'avaient laissé partir. Je croyais que tu étais de retour au village. Nous sommes au village, ici ? Comment y sommes-nous arrivés ? Il fait si frais et il y a cette fille si belle, près du quai, mais pourquoi l'emmènent-ils vers le rivage ? Le samouraï nu, Omi, est là qui rit. Pourquoi sur le sable, pourquoi y a-t-il des taches de sang sur le sable ? Ils sont tous nus, moi aussi, villageois et enfants, et puis il y a le chaudron et nous sommes dans le chaudron et, non, plus de bois. Je me noie dans des immondices liquides. Ô mon Dieu, mon Dieu, mon Dieu je me meurs, je me meurs, je me meurs. *In nomine Patris et Filii et Spiritus sancti.* C'est le dernier sacrement et tu es catholique. Nous sommes tous catholiques et vous brûlerez ou vous vous noierez dans l'urine et vous brûlerez dans le feu, le feu, le feu...

Il sortit de son cauchemar. Ses oreilles explosaient sous la finalité du dernier sacrement. Il ne sut pas pendant un instant s'il était éveillé ou endormi, car ses oreilles entendaient à nouveau, incrédules, la bénédiction latine et ses yeux ne voulaient pas croire ce qu'ils voyaient : un vieil épouvantail ridé d'Européen penché au-dessus de la rangée centrale, à quinze pas de lui. L'homme édenté avait de longs cheveux sales, une barbe emmêlée et les ongles cassés. Il levait sa main comme une serre d'oiseau de proie et brandissait son crucifix de bois au-dessus du corps à demi enfoui. Un rayon de soleil l'éclaira un instant. Puis il ferma les yeux du mort, marmonna une prière et releva la tête. Il vit Blackthorne qui le dévisageait.

« Sainte Mère de Dieu, êtes-vous réel ? croassa l'homme dans un espagnol rugueux et paysan, tout en se signant.

— Oui, dit Blackthorne en espagnol. Qui êtes-vous ? »

Le vieil homme se fraya un chemin à tâtons, en se marmonnant quelque chose à lui-même. Les autres détenus le laissèrent passer sans proférer un seul mot. Il regarda Blackthorne. Ses yeux coulaient. Il avait des verrues sur le visage. « Ô Sainte Vierge, le señor est réel. Qui étes-vous ? Je suis... je suis frère... frère Domingo... Domingo... Domingo du sacré... du sacré ordre de Saint-Francis... l'ordre... » Pendant quelques instants, il proféra un mélange de japonais, de latin et d'espagnol.

« Le señor est réel ?

— Oui, je suis bien réel. »

Le prêtre marmonna un autre je vous salue Marie. Les larmes roulaient sur ses joues. Il baisa la croix à plusieurs reprises et se serait mis à genoux s'il y avait eu de la place. Le bouledogue réveilla son voisin. Ils s'accroupirent tous les deux pour lui faire juste assez de place pour s'asseoir.

« Par saint Francis, mes prières ont été exaucées. Vous, vous, vous. J'ai cru que c'était une apparition, señor, un fantôme. Oui, un mauvais génie. J'en ai tellement vu, tellement ! Ça fait combien de temps que le señor est là ? C'est dur d'y voir dans le noir et mes yeux ne sont plus très bons... Combien de temps ?

— Hier. Et vous ?

— Je ne sais pas, señor. Il y a longtemps. J'ai été enfermé en septembre de l'année de grâce 1598.

— Nous sommes au mois de mai de l'année de grâce 1600.

— 1600 ? Suivez-moi, mon fils. »

Sans attendre, le moine traversa la cellule dans l'obscurité. Blackthorne hésita, ne voulant pas quitter sa place. Puis il se leva et le suivit. Il se retourna au bout de dix pas. Sa place avait déjà disparu. Il poursuivit son chemin. Dans un coin à l'écart, il y avait, chose incroyable, un espace libre juste assez grand pour qu'un petit homme puisse s'y allonger. Il y avait quelques bois et une vieille natte de paille. Le père Domingo enjamba les hommes assis et lui fit signe de le rejoindre. Les Japonais, tout autour, les observaient en silence.

« C'est mon troupeau, señor. Ils sont tous mes fils devant Notre Seigneur Jésus Christ. J'en ai tellement converti, ici. Celui-là, c'est John et voici Marc et Mathusalem... » Le prêtre s'arrêta pour reprendre sa respiration. « Je suis si fatigué. Fatigué. Je dois... je dois... » Ses mots traînèrent. Il s'endormit.

Au crépuscule, on leur apporta à nouveau à manger. Quand Blackthorne essaya de se lever, un Japonais près de lui, lui fit signe de ne pas bouger et lui rapporta un bol copieusement rempli. Un autre homme tapota l'épaule du prêtre pour le réveiller et lui offrit à manger.

« *Iyé, Farddah-sama.* »

Le prêtre se laissa convaincre et mangea un peu, puis se leva. Ses jointures craquaient. Il tendit son bol à l'un de ceux qui étaient dans l'allée centrale.

« Je suis heureux de voir quelqu'un de mon espèce », dit le prêtre en se rasseyant près de Blackthorne. Sa voix de paysan était épaisse et chantante. Il montra du doigt l'autre extrémité de la cellule. « Une de mes brebis m'a dit que le señor avait employé le mot "pilote", "Anjin" ? Le señor est pilote ?

— Oui.

— Il y a d'autres membres de son équipage, ici ?

— Non, je suis seul. Pourquoi êtes-vous ici ?

— Si le señor est seul, c'est qu'il vient alors de Manille ?

— Non. Je ne suis jamais allé en Asie, dit Blackthorne prudemment. C'était mon premier voyage en tant que pilote, J'étais... j'étais en haute mer. Pourquoi êtes-vous ici ?

— Les jésuites m'ont fait mettre ici, mon fils. Les jésuites et leurs ignobles mensonges. Le señor était en haute mer. Vous n'êtes pas espagnol, portugais non plus... » Le moine lui lança un coup d'œil plein de doutes et Blackthorne reçut son haleine pestilentielle en pleine figure. « Le bateau était portugais ? Dites-moi la vérité devant Dieu !

— Non, mon père. Il n'était pas portugais. Devant Dieu !

— Ô Très Sainte Vierge, merci ! Excusez-moi, señor. J'avais peur. Je suis vieux, stupide et malade. Ce bateau était espagnol et il venait d'où ?

Je suis si heureux. D'où vient le señor ? Des Flandres espagnoles ? Du duché de Brandebourg peut-être ? D'un de nos dominions allemands ? C'est si bon de parler ma très sainte langue maternelle ! Le señor a fait naufrage comme nous ? Il a été jeté ensuite ignominieusement dans cette cellule, faussement accusé par ces suppôts de Satan de jésuites ? Puisse Dieu les maudire et leur montrer l'erreur de leur trahison ! » Ses yeux brillaient méchamment. « Le señor a dit qu'il n'était jamais venu en Asie ?

— Non.

— Si le señor n'est jamais venu en Asie, il doit alors être comme un enfant dans le désert. Il y a tant de choses à raconter Le señor sait-il que les jésuites ne sont que de simples marchands, des trafiquants d'armes et des usuriers ? Qu'ils contrôlent tout le commerce de la soie, tout le commerce avec la Chine ? Que leur Vaisseau noir annuel vaut un million en or ? Qu'ils ont forcé S. S. le pape à leur accorder la toutepuissance en Asie — à eux et à leurs chiens, les Portugais ? Que tous les autres ordres religieux sont interdits ici ? Que les jésuites achètent et vendent à prix d'or pour faire des bénéfices, pour eux et les hérétiques, contre les ordres de S. S. le pape Clément, du roi Philippe et contre les lois de ce pays ? Qu'ils font entrer secrètement des armes au Japon pour les rois chrétiens, qu'ils mentent, trompent et font de faux témoignages contre nous ! Que leur père général lui-même a fait parvenir un message secret à notre vice-roi espagnol à Luzon lui demandant d'envoyer des conquistadores pour maîtriser le pays. Ils ont supplié pour qu'une invasion espagnole ait lieu et couvre ainsi toutes leurs fautes. Tous nos ennuis viennent d'eux. On peut tous les leur imputer, señor. Ce sont les jésuites qui ont menti, trompé et répandu le poison contre l'Espagne et notre roi bien-aimé Philippe ! Ce sont leurs mensonges qui m'ont mené ici et qui ont fait que vingt-six prêtres ont été martyrisés. Ils croient que parce que j'étais un paysan, je ne comprends pas... mais je sais lire et écrire, señor. Je sais lire et écrire ! J'étais secrétaire de S. E. le vice-roi. Ils croient que nous autres les Franciscains nous ne comprenons pas... » Il s'arrêta à ce point de son histoire et se mit à parler de façon incompréhensible, moitié en latin, moitié en espagnol. Blackthorne avait retrouvé toute son acuité d'esprit. Il était très excité par ce que venait de lui dire le prêtre. Quelles armes ? Quel or ? Quel commerce ? Quel Vaisseau noir ? Un million ? Quelle invasion ? Quels rois chrétiens ? La mauvaise humeur du moine se calma. Les Japonais qui étaient à côté de lui se sentaient mal à l'aise. Le père Domingo sortit peu à peu de sa transe. Ses yeux s'éclairèrent. Il regarda Blackthorne, le reconnut, calma les autres en leur répondant en japonais. « Vraiment désolé, señor. Ils... ils croyaient que j'étais en colère contre... contre le señor. Que Dieu me pardonne mon accès de colère ! C'était à cause... *que va !* Les jésuites viennent de l'enfer comme les hérétiques et les païens. Je peux vous en raconter de belles sur eux. » Le moine s'essuya le menton et essaya de se calmer. Il pressa sa poitrine pour calmer la douleur. « Le señor disait ? Votre bateau ? Vous avez été drossés ?

— Oui. D'une certaine manière. Nous nous sommes échoués »,

répondit Blackthorne en étendant ses jambes. Les hommes qui les écoutaient lui firent de la place. « Merci, dit-il. A propos, mon père, comment dit-on merci ?

— *Domo.* Parfois aussi *Arigato.* Une femme doit être extrêmement polie et doit dire : *Arigato goziemashita.*

— Merci. Quel est son nom ? » Blackthorne montra l'homme qui s'était levé.

« Ça, c'est Gonzalez.

— Quel est son nom japonais ?

— Akabo. Mais ça veut simplement dire "porteur", señor. Ils n'ont pas de noms. Seuls les samouraïs en ont un.

— Quoi ?

— Seuls les samouraïs ont un nom et un prénom. C'est leur loi, señor. Les autres portent le nom de leur métier — porteur, pêcheur, cuisinier, bourreau, fermier, etc. ; les fils et les filles sont le plus souvent appelés première fille, deuxième fille, premier fils, etc. ; un homme est parfois appelé "le pêcheur qui habite à côté de l'orme" ou "le pêcheur qui a le mauvais œil". » Le moine haussa les épaules et réprima un bâillement. « Les Japonais ordinaires n'ont pas le droit d'avoir de nom. Les prostituées se donnent elles-mêmes des noms du genre : carpe, lune, pétale, anguille ou étoile. C'est étrange, señor, mais c'est leur loi. Nous leur donnons des noms chrétiens, de vrais noms quand nous les baptisons, en leur apportant le salut et la parole de Dieu... » Ses paroles traînèrent et il s'endormit à nouveau.

« *Domo,* Akabo-san », dit Blackthorne au portefaix.

L'homme sourit timidement et salua.

Le moine se réveilla un peu plus tard, dit une courte prière et grommela :

« Seulement hier, a dit le señor ? Il est seulement arrivé hier ? Qu'est-ce qui est arrivé au señor ?

— Quand nous avons touché terre, il y avait un jésuite qui nous attendait, dit Blackthorne. Mais vous disiez qu'ils vous avaient accusé ? Qu'est-il arrivé à votre bateau ? Que vous est-il arrivé ?

— Notre bateau ? Le señor m'a posé une question au sujet de notre bateau ? Le señor venait de Manille comme nous ? Que je suis bête ! Je me souviens. Le señor était en haute mer, avait quitté son pays pour cingler vers l'horizon et il n'est jamais venu en Asie. Notre bateau ? Nous rentrions enfin chez nous. Nous faisions route de Manille à Acapulco, au pays de Cortés ; de là, nous devions traverser tout le pays et nous embarquer à Veracruz, traverser enfin l'Atlantique et nous retrouver *chez nous.* » Le moine s'arrêta de parler et ferma les yeux. Il revint à lui quelques instants plus tard, comme font souvent les vieilles personnes. Il poursuivit comme s'il n'avait jamais dormi. « Mon bateau s'appelait le *San Felipe.* C'était un gros galion avec une cargaison d'épices, d'or et d'argent d'une valeur d'un million et demi de pesos. Nous avons été pris dans une de ces tempêtes et nous avons été drossés sur le rivage de Shikoku. Notre bateau s'est ouvert en deux sur la barre de sable, le troisième jour. Nous avions à ce moment-là débarqué presque toute notre cargaison. Le bruit courut que tout était confisqué par le Taikō lui-même, que nous étions des pirates et... » Il s'arrêta de parler dans un silence soudain.

La porte de fer venait de s'ouvrir.

Les gardes appelaient des noms sur une liste. Bouledogue, l'homme qui s'était lié d'amitié avec Blackthorne, était parmi les appelés. Il sortit et ne se retourna pas. L'un des hommes du cercle fut également désigné. Akabo. Il s'agenouilla devant le moine qui le bénit, fit le signe de la croix et lui donna les derniers sacrements en vitesse. L'homme baisa la croix et s'en alla.

La porte se referma.

« Ils vont l'exécuter ? demanda Blackthorne.

— Oui. Son calvaire commence derrière cette porte. Puisse la Très Sainte Vierge l'aider à mourir rapidement. Qu'elle prenne son âme et lui donne sa récompense éternelle.

— Qu'a fait cet homme ?

— Il n'a pas respecté la loi, leur loi, señor. Les Japonais sont des gens simples. Très sévères. Ils n'ont qu'un seul châtiment : la mort, Crucifixion, strangulation ou décapitation. Pour le crime d'incendie, c'est la mort par le feu. Ils n'ont pratiquement aucune autre forme de châtiment. Quelquefois le bannissement. Ils coupent parfois les cheveux aux femmes. Mais... » Le vieil homme soupira. « La plupart du temps, c'est la mort.

— Vous avez oublié l'emprisonnement. »

Le moine enlevait d'un air absent les croûtes qu'il avait sur le bras. « Ce n'est pas une forme de châtiment, mon fils. La prison n'est pour eux qu'un endroit temporaire où garder l'homme jusqu'à ce qu'ils décident de sa sentence. Seuls les coupables viennent ici. Pour un tout petit moment.

— C'est faux. Et vous ? Ça fait un an que vous êtes là, bientôt deux.

— Ils viendront me chercher un jour, comme les autres. Ce n'est qu'un lieu de repos entre l'enfer terrestre et la Gloire de la Vie éternelle.

— Je ne vous crois pas.

— N'ayez crainte, mon fils. C'est la volonté de Dieu. Je suis ici et je peux écouter la confession du señor, lui donner l'absolution et le rendre parfait. La Gloire de la Vie éternelle n'est qu'à une centaine de pas et de moments de cette porte. Le señor veut-il se confesser, maintenant ?

— Non. Non, merci. Pas maintenant. » Blackthorne regarda la porte de fer. « Quelqu'un a-t-il jamais essayé de sortir d'ici ?

— Pourquoi essaierait-il ? Il ne peut aller nulle part. Les autorités sont très strictes. Quiconque aide un détenu échappé...

— Alors, tout le monde va à la mort comme un mouton ?

— Il n'y a pas le choix. C'est la volonté de Dieu. »

Ne te mets pas en colère ; ne t'affole pas, se dit Blackthorne en guise d'avertissement. Sois patient. Tu peux trouver une solution. Tout ce que dit le prêtre n'est pas vrai. Il est dérangé du cerveau. Qui ne le serait au bout de tant de jours ?

« Ces prisons sont nouvelles pour eux, señor, disait le moine. Le Taikō les a créées, il y a quelques années seulement. C'est ce qu'ils disent. Il n'y en avait pas avant lui. Quand, dans l'ancien temps, un homme était pris, il avouait son crime et était immédiatement exécuté.

— Et s'il n'avouait pas ?

— Tout le monde avoue. Le plus vite est le mieux, señor. C'est la même chose dans notre monde, si vous êtes pris. »

Le vieux moine ferma les yeux, pria et se força à dormir.

Malgré tout son désir, Blackthorne ne put trouver le sommeil. Sa peau tremblait sous les piqûres des poux. Son esprit était terrifié. Il savait, avec une horrible précision, qu'il n'y avait aucun moyen de s'échapper de cet endroit. Il se sentait impuissant et à l'article de la mort. Au plus noir de la nuit, la terreur l'envahit et, pour la première fois, il s'abandonna et se mit à pleurer.

« Oui, mon fils ? murmura le moine. Qu'est-ce qu'il y a ?

— Rien. Rien », dit Blackthorne. Son cœur battait la chamade. « Dormez.

— Pas besoin d'avoir peur. Nous sommes tous entre les mains de Dieu », dit le moine qui se rendormit.

Cette terreur immense quitta Blackthorne. A sa place ne subsista qu'une peur avec laquelle il était possible de vivre. Je finirai par sortir d'ici, en essayant de croire à ce mensonge.

A l'aube, on leur apporta à boire et à manger. Blackthorne se sentait plus fort. Stupide de se laisser aller comme ça, se dit-il. Stupide, faible et dangereux. Ne refais pas ça sinon tu lâcheras, tu deviendras fou et tu en mourras. Ils te mettront dans la rangée centrale et tu mourras. Sois prudent et patient. Fais attention à toi.

« Comment vous sentez-vous, aujourd'hui, señor ?

— Très bien. Merci, mon père. Et vous ?

— Tout à fait bien, merci.

— Comment dites-vous ça en japonais ?

— *Domo, genki desu.*

— *Domo, genki desu.* Vous parliez hier, mon père, des Vaisseaux noirs portugais. A quoi ressemblent-ils ? Vous en avez déjà vu un ?

— Oui, señor. Ce sont les plus gros bateaux du monde, presque deux mille tonnes. Il faut au moins deux cents hommes pour les manœuvrer. L'équipage plus les passagers, ça doit faire mille personnes à bord. On m'a dit que ces galions naviguent vent arrière mais avancent difficilement quand ils ont le vent de travers.

— Ils ont combien de canons ?

— De vingt à trente, répartis sur trois ponts. »

Le père Domingo était heureux de répondre aux questions, de parler et d'enseigner. Blackthorne était tout aussi heureux d'apprendre et d'écouter. Les connaissances décousues du moine étaient inestimables.

« Non, señor, disait-il maintenant, *domo* veut dire "merci" et *dozo* "s'il vous plaît". L'eau se dit *mizu.* Rappelez-vous toujours que les Japonais attachent beaucoup de prix aux manières et à la courtoisie. Une fois, j'étais à Nagasaki... Oh, si seulement j'avais de l'encre, une plume et du papier ! Je sais. Je vais dessiner les mots dans la poussière. Ça vous aidera à les retenir...

— *Domo* », dit Blackthorne. Après avoir mémorisé quelques mots de plus, il dit : « Ça fait combien de temps que les Portugais sont ici ?

— Oh, le pays a été découvert en 1542, señor, l'année de ma naissance, Il y avait trois hommes, Da Mota, Peixoto, et je ne me souviens plus du troisième. Ils étaient tous les trois des marchands portugais. Ils faisaient du commerce le long des côtes chinoises dans une jonque et venaient d'un port du Siam, Le señor est déjà allé au Siam ?

— Non.

— Il y a tant de choses à voir en Asie. Ces trois hommes faisaient du commerce, mais ils furent pris dans une violente tempête, un typhon, et furent écartés de leur route pour accoster enfin à Tanegashima, dans l'île de Kyushu. C'était la première fois que des Européens mettaient le pied sur le sol japonais et le commerce commença immédiatement. Quelques années plus tard, François Xavier, l'un des membres fondateurs des jésuites, arriva ici. C'était en 1549... Une mauvaise année pour le Japon, señor. L'un de nos frères aurait dû arriver avant lui. On aurait alors hérité de ce royaume. François Xavier mourut trois années plus tard en Chine, abandonné et oublié... Ai-je raconté au señor qu'il y a déjà un jésuite à la cour de l'empereur de Chine, dans une ville nommée Pékin ? Oh, vous devriez aller à Manille, señor, et aux Philippines ! Nous avons quatre cathédrales, trois mille conquistadores, six mille soldats japonais disséminés dans toutes les îles et trois cents frères... »

Blackthorne emplissait son esprit de faits, de mots japonais et de phrases. Il posa des questions sur la vie au Japon, sur les *daimyōs* et les samouraïs, sur le commerce, Nagasaki, la paix, la guerre, les jésuites, les Franciscains et les Portugais en Asie, sur Manille et toujours plus de questions sur le Vaisseau noir qui venait une fois par an de Macao.

Blackthorne resta pendant trois jours et trois nuits avec le père Domingo, le questionna et l'écouta. Il apprit des tas de choses, dormit en faisant des cauchemars, se réveilla pour poser d'autres questions, pour gagner toujours plus de savoir.

Le quatrième jour, ils appelèrent son nom.

« Anjin-san ! »

15

Blackthorne se leva, dans un silence de mort.

« Votre confession, mon fils. Faites-la rapidement.

— Je... je ne pense pas... je... » Blackthorne s'aperçut qu'il était en train de parler en anglais. Il se mordit les lèvres et s'en alla. Le moine se leva avec difficulté, lui saisit le poignet et boitilla à ses côtés.

« Vite, señor. Je vais vous donner l'absolution. Dépêchez-vous pour votre âme immortelle. Confessez-vous vite. Que le señor avoue ses fautes passées et présentes, devant Dieu. »

Ils approchaient de la porte. Le moine s'accrochait à Blackthorne, avec une force surprenante.

« Faites-la maintenant ! La Sainte Vierge vous protégera ! »

Blackthorne libéra son bras et dit sèchement en espagnol : « Allez au diable, mon père ! »

La porte se referma brutalement derrière lui.

Il respira profondément et le sang se remit à sourdre dans ses veines.

La joie de vivre le reprit.

Plusieurs condamnés étaient dans la cour avec un homme de justice et un groupe de samouraïs. L'homme de justice portait un kimono sombre, une espèce de manteau dont les épaules rigides étaient semblables à des ailes, et un petit chapeau noir. Il se tenait devant le premier prisonnier et lisait un délicat parchemin. Une fois la lecture terminée, chaque détenu suivait ses geôliers, vers les grandes portes de la cour. Blackthorne était le dernier à passer. Au contraire des autres, on lui donna un pagne, un kimono de coton et des getas.

Il avait pensé s'enfuir dès qu'il aurait franchi la porte, mais comme il s'en approchait, les samouraïs le ceinturèrent très étroitement,

Un homme était déjà crucifié. Sa croix était dressée vers le ciel. Blackthorne ralentit l'allure. Les samouraïs se firent plus pressants et plus proches. Il pensa vaguement qu'il vaudrait mieux mourir maintenant, vite. Il serra le poing pour sauter sur l'épée la plus proche. Mais il ne trouva jamais d'occasion, car les samouraïs s'éloignaient et se dirigeaient vers le périmètre de la ville et de la forteresse. Il attendit, respirant à peine. Il voulait s'assurer du fait. Ils fendirent la foule qui recula et salua, puis ils se retrouvèrent dans une rue. Il n'y avait plus de doutes.

Blackthorne se sentit renaître.

Quand il put parler, il dit : « Où allons-nous ? » Il se sentait très léger. Ses pas touchaient à peine le sol. Ses getas n'étaient pas inconfortables et l'effleurement irrégulier du kimono pas déplaisant du tout. En fait, c'est tout à fait agréable, pensa-t-il. Un peu léger, peut-être, mais idéal pour une journée comme celle-là.

« Bon Dieu ! Que c'est bon de parler anglais, dit-il au samouraï. Je croyais être un homme mort. Je viens de perdre ma huitième vie. Vous savez ça, vieux frères ? Il ne m'en reste plus qu'une à gâcher. Aucune importance ! Les pilotes ont au moins dix vies. C'est ce qu'Alban Caradoc disait. » Les samouraïs semblaient irrités.

Calme-toi, pensa-t-il. Ne les énerve pas plus qu'ils ne le sont déjà. Il vit tout à coup que les samouraïs étaient des Gris. Les hommes d'Ishido. Il avait demandé au père Alvito, juste avant qu'on lui ordonne de se lever et qu'on l'emmène, le nom de l'homme qui s'était opposé à Toranaga. Alvito lui avait répondu : « Ishido. » Est-ce que tous les Gris sont les hommes d'Hishido, comme tous les Bruns sont ceux de Toranaga ? « Où va-t-on ? Là-bas ? » Il montra la forteresse du doigt. « Là-bas, *hai ?*

— *Hai.* » Le chef acquiesça de sa tête chauve. Il avait la barbe grisonnante. Que me veut Ishido ? se demanda Blackthorne.

Le capitaine tourna dans une autre rue, s'éloigna toujours plus du port. C'est alors que Blackthorne le vit. C'était un petit brick portugais. Son pavillon blanc et bleu flottait au vent. Dix canons sur le pont principal et des pièces de vingt à la proue et à la poupe. L'*Érasme* aurait facilement pu le prendre en chasse, se dit-il. Et mes hommes d'équipage ? Que font-ils au village ? J'aimerais bien les voir. J'étais si content de les quitter l'autre fois et de retourner chez moi, là où se trouvait Onna, Haku... la maison de... Quel était son nom ? Ah oui, Mura-san. Et cette fille qui était venue dans mon lit, et celle qui avait parlé avec Omi ? Celle qui, dans mon rêve, était aussi dans le chaudron.

Pourquoi se souvenir de ces bêtises ? Ça ramollit l'esprit. « Tu dois rester mentalement très fort si tu veux vivre, si tu veux passer ta vie avec la mer », lui avait dit Alban Caradoc.

Blackthorne et les samouraïs marchaient à présent le long d'une rue sinueuse. Pas de magasins ; seulement des maisons de part et d'autre de la chaussée. Les maisons, les palissades et cette rue même étaient d'une incroyable propreté. Ça avait quelque chose de surprenant pour Blackthorne, habitué à voir, à Londres et dans toutes les autres villes d'Angleterre, des déchets et des excréments joncher les trottoirs, s'entasser jusqu'à ce que les passants et les carrosses ne puissent plus passer. Ce n'est qu'à ce moment-là que la plupart des municipalités se décidaient à faire le nettoyage. Des troupeaux de cochons faisaient office de service de nettoiement de la voirie et étaient conduits la nuit, à travers les artères. C'était surtout les rats, les bandes de chiens et de chats sauvages, et les incendies qui nettoyaient Londres, Et les mouches.

Mais Osaka était si différente. Comment font-ils ? Pas d'ordure ni d'immondices d'aucune sorte.

Ils étaient dans une rue bordée de magasins quand ses jambes le lâchèrent. Il s'effondra lourdement et atterrit sur les genoux. Le samouraï l'aida à se relever mais sa force s'était momentanément évanouie et il ne pouvait plus avancer.

« *Gomen nasai, dozo ga matsu* », je suis désolé, attendez un instant s'il vous plaît, dit-il. Il massa les muscles noués de ses mollets et bénit le frère Domingo pour toutes ces choses inestimables qu'il lui avait apprises. Le chef des samouraïs se pencha et lui parla très rapidement.

« Je suis désolé, je ne parle pas le japonais », répondit Blackthorne en japonais, lentement mais clairement.

«*Ah, so desu,* Anjin-san. *Wakarimasu* », dit l'homme. Il donna un ordre bref. Un samouraï partit en courant. Au bout d'un moment, Blackthorne se releva, essaya de marcher en boitillant, mais le chef lui dit : *« Iyé »*, et lui fit signe d'attendre.

Le samouraï revint bientôt en compagnie de quatre porteurs à demi nus et d'un palanquin. Il expliqua à Blackthorne comment s'y installer et lui dit qu'il devait tenir la courroie qui pendait du mât central. Le convoi s'ébranla à nouveau. Blackthorne retrouva toutes ses forces et eut envie de marcher, mais il savait qu'il était encore faible. Il faut que je me repose, pensa-t-il. Il faut que je prenne un bain et que je mange un peu. De la vraie nourriture.

Ils montèrent de larges escaliers qui reliaient une rue à une autre et pénétrèrent dans un quartier résidentiel bordé par un bois. Une fois dans le bois, un autre groupe de trente Gris vint à leur rencontre. Ils s'arrêtèrent et, après le cérémonial habituel des capitaines et de leurs courbettes, ils regardèrent Blackthorne. Il y eut toute une série de questions et de réponses. Au moment où ces hommes s'apprêtaient à repartir, leur chef sortit tranquillement son épée et empala le chef des samouraïs qui conduisaient Blackthorne. Au même instant, le groupe fondit sur les Gris. L'embuscade était si soudaine et si bien orchestrée que les dix premiers moururent presque en même temps. Pas un seul ne put dégainer son épée.

Les porteurs, à genoux, étaient horrifiés, le front enfoui dans l'herbe. Blackthorne était debout à côté d'eux. Le capitaine samouraï, un homme lourdement bâti, au gros ventre, posta des sentinelles à chaque bout de l'allée. Les autres ramassèrent les armes des cadavres. Pendant tout ce temps, ils ne firent pas attention à Blackthorne. Il tenta de s'en aller à reculons. Immédiatement, un ordre sifflant du capitaine le cloua au sol.

A un autre signal, les Gris enlevèrent leurs kimonos. Ils portaient en dessous tout un attirail dépareillé de haillons. Ils mirent les masques qui pendaient déjà autour de leurs cous. Un homme ramassa les uniformes gris et disparut dans le sous-bois. Ce doit être des bandits, pensa Blackthorne, sinon à quoi bon les masques ? Que me veulent-ils ?

Les bandits discutèrent entre eux. Ils le regardaient tout en nettoyant leurs épées sur les vêtements des cadavres.

« Anjin-san, *hai ?* » Les yeux du capitaine qui apparaissaient au-dessus du masque en tissu étaient ronds et perçants.

« *Hai* », répondit Blackthorne qui avait la chair de poule.

L'homme lui montra le sol et lui fit clairement comprendre qu'il ne devait pas bouger. « *Wakarimasu ka ?*

— *Hai.* »

Ils le dévisagèrent. Puis l'un des guetteurs sortit des buissons, à une centaine de pas de là. Il agita la main et disparut à nouveau.

Les hommes firent cercle autour de Blackthorne et s'apprêtèrent à partir. Le capitaine des bandits posa son regard sur les porteurs qui tremblaient comme des chiens devant leur maître cruel. Ils enfoncèrent un peu plus leur tête dans l'herbe.

Le chef des bandits gueula un ordre, Ils levèrent la tête sans y croire. Il répéta le même ordre. Ils saluèrent, rampèrent et partirent à reculons, puis prirent leurs jambes à leur cou et disparurent dans les fourrés. Le bandit sourit avec dédain et fit signe à Blackthorne de se mettre en marche en direction de la ville. Il partit avec eux. Pas de fuite possible.

Ils étaient presque arrivés à la lisière du bois quand ils s'arrêtèrent. Des bruits leur parvenaient et un autre convoi de trente samouraïs apparut au tournant. Ils s'arrêtèrent immédiatement. Les deux groupes se mirent en position de combat, en se dévisageant hostilement. Soixante-dix pas les séparaient. Le chef des bandits s'avança ; ses mouvements étaient saccadés. Il se mit à crier aux autres samouraïs en montrant Blackthorne du doigt puis en indiquant l'endroit où avait eu lieu l'embuscade. Il sortit son épée et la brandit bien haut, menaçant. Il exigeait selon toute évidence que l'autre convoi s'écarte. Tous ses hommes dégainèrent leurs épées, Sur son ordre, l'un des bandits se mit derrière Blackthorne, l'épée brandie. Le chef se remit à haranguer ses adversaires. Rien ne se passa pendant un moment, puis Blackthorne vit descendre l'homme d'un palanquin et le reconnut immédiatement. C'était Kasigi Yabu. Il répondit quelque chose en criant au chef des bandits, qui remua son épée furieusement, leur ordonnant de s'écarter du chemin. Yabu donna un ordre sec et chargea dans un hurlement, en boitant légèrement. Ses hommes le suivirent. La nouvelle escorte de Gris n'était pas très loin derrière.

Blackthorne se baissa pour éviter l'épée qui l'aurait coupé en deux, mais le coup était mal calculé. Le chef des bandits se retourna et s'enfuit dans le sous-bois, avec ses acolytes.

Les Bruns et les Gris entourèrent très vite Blackthorne qui se remettait d'aplomb. Quelques samouraïs partirent dans les buissons à la poursuite des bandits ; d'autres remontèrent l'allée et le reste s'éparpilla pour couvrir le convoi. Yabu s'arrêta à la lisière des buissons et donna des ordres, d'une voix impérieuse. Il revint ensuite lentement ; son boitillement était plus marqué.

« *So desu,* Anjin-san, dit-il haletant.

— *So desu,* Kasigi Yabu-san », répondit Blackthorne, utilisant la même phrase qui signifiait à peu près « bien » ou « oh, vraiment ? » ou

« c'est vrai ? » Il montra du doigt la direction que les bandits avaient prise. « *Domo.* » Il salua poliment, d'égal à égal.

« Vous avez un interprète ? demanda Blackthorne en japonais,

— *Iyé,* Anjin-san, *gomen nasai,* »

Blackthorne se sentait plus à l'aise. Il pouvait communiquer directement. Son vocabulaire était limité, mais c'était un début.

J'aimerais bien savoir ce qui s'est passé quand tu as rencontré Toranaga, Anjin-san, quelles questions il t'a posées, qu'est-ce que tu lui as répondu, qu'est-ce que tu lui as dit du village, des armes, de la cargaison, du bateau, de la galère et de Rodrigu. J'aimerais bien savoir tout ce que vous vous êtes dit et comment vous l'avez dit, où tu as été et pourquoi tu es ici. J'aurais ainsi un aperçu de ce que Toranaga a en tête. Je pourrais alors me faire une idée de ce que je vais lui dire aujourd'hui. Pour l'instant, je suis perdu.

Pourquoi Toranaga t'a-t-il vu immédiatement, dès notre arrivée, et pas *moi ?* Pourquoi ne m'a-t-il pas fait parvenir d'ordres ou de mots depuis que nous avons accosté ? Rien d'autre que l'aimable et poli : « J'espère vous voir très bientôt, avec plaisir. » Pourquoi m'a-t-il fait appeler aujourd'hui ? Pourquoi notre rencontre a-t-elle été reportée deux fois ? Est-ce à cause d'une chose que tu as dite ? A cause de Hiromatsu ? Est-ce un retard normal dû à tous les autres problèmes qui l'accaparent ? Oh oui, Toranaga, tu as des problèmes quasiment insurmontables. L'influence d'Ishido se répand comme le feu. Es-tu déjà au courant de la trahison d'Onoshi ? Sais-tu qu'Ishido m'a offert la tête et les terres d'Ikawa Jikkyu si je m'allie secrètement à lui ?

Pourquoi m'as-tu fait appeler aujourd'hui ? Quel bon *kami* m'a mis précisément sur la route de l'Anjin-san et me permet de lui sauver la vie ? Simplement pour se gausser de moi parce que je ne peux pas lui adresser directement la parole et découvrir la clef de ta serrure secrète ? Pourquoi l'as-tu fait mettre en prison pour le faire exécuter ? Pourquoi Ishido veut-il le faire sortir de prison ? Pourquoi les bandits ont-ils essayé de le capturer contre rançon ? Qui devait verser la rançon ? Pourquoi l'Anjinsan est-il toujours vivant ? Le bandit aurait dû aisément le couper en deux...

Yabu remarqua les cernes profonds que Blackthorne n'avait pas la première fois qu'il l'avait vu. Il a l'air de mourir de faim, pensa Yabu. Il ressemble à un chien sauvage. Mais ce n'est pas un chien de la meute. C'est le chef de la meute, *neh ?*

Oh oui, pilote. Je donnerais mille koku pour avoir maintenant un interprète digne de confiance. Je vais être ton maître. Tu vas construire mes bateaux et entraîner mes hommes. Il faut que j'arrive à manipuler Toranaga, d'une manière ou d'une autre. Si je ne le peux pas, ça n'a pas d'importance. Je serai mieux à même de le faire dans ma prochaine vie.

« Gentil chien ! » dit Yabu à Blackthorne, et il sourit légèrement, Tu as besoin d'une main ferme, de quelques os et de quelques bons coups de fouet. Je vais d'abord t'amener à Toranaga. Après on te fera prendre un bon bain. Tu pues, seigneur pilote. »

Blackthorne ne comprit pas ce que lui disait Yabu, mais il sentit de l'amitié dans ces mots. Il vit le sourire de Yabu et le lui rendit. Le *daimyō* se retourna et regarda dans la direction prise par les bandits. Il mit ses mains en porte-voix et cria. Tous les Bruns le rejoignirent aussitôt. Le chef des samouraïs gris se tenait au milieu de l'allée. Lui aussi rappela les chasseurs. Aucun ne fut capturé. Une discussion éclata entre le chef des samouraïs Gris et Yabu. Tous deux pointaient du doigt vers la ville et la forteresse mais un désaccord profond semblait les diviser, Yabu passa outre, la main sur l'épée, et fit signe à Blackthorne de monter dans le palanquin.

« *Iyé* », dit le capitaine.

Les deux hommes se faisaient face. Les Gris et les Bruns s'agitaient nerveusement.

« Anjin-san, *desu shunjin* Toranaga-sama... »

Blackthorne saisit un mot-par-ci par-là. *Watakushi* voulait dire « je », *hitachi* ajouté au premier mot voulait dire « nous », *shunjin* voulait dire « prisonnier ». Il se souvint alors de ce que Rodrigues lui avait dit. Il secoua la tête et les interrompit sèchement : *Shunjin, iyé ! Watakushi wa* Anjin-san ! »

Les deux hommes le regardèrent.

Blackthorne rompit le silence et ajouta dans un japonais maladroit (il savait qu'il le parlait d'une manière enfantine et sans aucun respect de la grammaire, mais il espérait quand même se faire comprendre) : « Je ami. Pas prisonnier. Compris, s'il vous plaît. Ami, désolé, ami, vouloir bain. Bain, comprendre ? Fatigué. Faim. Bain. » Il montra du doigt le donjon de la forteresse, « Aller là ! Maintenant, s'il vous plaît. Sire Toranaga un. Sire Ishido, deux. Aller *maintenant !* »

Avec autorité sur le dernier *« ima »*, il s'installa gauchement dans le palanquin, s'étendit sur les coussins. Ses pieds dépassaient de la litière. Yabu se mit à rire. Tout le monde fit de même.

«*Ah so,* Anjin-sama ! dit Yabu en saluant ironiquement.

— *Iyé,* Yabu-sama. Anjin-san ! » Blackthorne le corrigea avec satisfaction. Oui, mon salaud. Je sais une ou deux choses, à présent. Mais je n'ai pas oublié ce que tu as fait. Et je marcherai bientôt sur ta tombe.

16

« Il aurait été peut-être préférable de me consulter avant de soustraire *mon* prisonnier à *ma* juridiction, Sire Ishido, disait Toranaga.

— Le barbare se trouvait enfermé avec des prisonniers de droit commun. J'ai, effectivement, présumé qu'il ne vous intéressait plus. Je ne me serais pas permis de l'en sortir, autrement. Je n'ai jamais cherché à intervenir dans vos affaires personnelles. » Ishido était apparemment très calme et poli mais il bouillait intérieurement. Il savait qu'il avait été pris au piège par une indiscrétion. Il était vrai qu'il aurait dû d'abord demander à Toranaga. La moindre des politesses l'exigeait. Ça n'aurait eu aucune importance s'il détenait encore le barbare en son pouvoir, dans ses quartiers. Il l'aurait simplement rendu quand Toranaga l'aurait réclamé. Mais que plusieurs de ses hommes aient été interceptés et tués, que Yabu et quelques soldats aient mis le grappin sur le barbare, malgré la présence de ses samouraïs, changeait radicalement la situation. Il avait perdu la face alors que toute sa stratégie de destruction publique de Toranaga consistait justement à mettre Toranaga dans cette situation même où il se trouvait à présent. « Je vous présente encore toutes mes excuses. »

Toranaga jeta un coup d'œil amusé vers Hiro-matsu. Les deux hommes savaient combien il en avait coûté à Ishido. Ils étaient dans la grande salle d'audience. D'un commun accord, il était entendu que les deux adversaires ne devaient avoir que cinq hommes de confiance avec eux. Les autres attendraient dehors. Yabu, lui aussi, attendait à l'extérieur. On était en train de laver le barbare. Bien, pensa Toranaga, satisfait de lui-même. Il pensa brièvement à Yabu et décida après tout qu'il ne le verrait pas aujourd'hui et qu'il allait continuer à s'amuser de lui. Il demanda donc à Hiro-matsu de le renvoyer et se tourna à nouveau vers Ishido. « J'accepte, bien sûr, vos excuses. Heureusement, il n'y a pas eu de mal.

— Je peux amener le barbare à l'héritier... dès qu'il sera présentable ?

— Je le lui enverrai dès que j'en aurai fini avec lui.

— Puis-je vous demander quand ? L'héritier l'attend ce matin.

— Nous ne devrions pas nous occuper de ça, vous et moi, *neh ?* Yaemon n'a que sept ans. Je suis sûr qu'un enfant de cet âge peut s'armer de patience, *neh ?* La patience est une forme de discipline et requiert de la pratique, n'est-ce pas ? J'expliquerai moi-même le malentendu. Je dois lui donner une autre leçon de natation, ce matin. Vous devriez aussi apprendre à nager, Sire Ishido. C'est un bon exercice qui pourrait devenir très utile en temps de guerre. Mes samouraïs savent nager. J'insiste pour qu'ils apprennent tous.

— Les miens passent leur temps à s'entraîner à l'arc, à l'escrime, au cheval et au tir.

— Les miens ajoutent à cela la poésie, l'écriture, la composition florale et la cérémonie du *Cha-no-yu.* Les samouraïs doivent être très versés dans les arts de la paix pour être forts dans l'art de la guerre.

— Mes hommes sont déjà plus qu'habiles dans ce genre d'art, dit Ishido, conscient du fait que son écriture était déficiente et son savoir limité. Les samouraïs sont nés pour la guerre. Je comprends très bien la guerre. C'est bien suffisant pour le moment. Ça et l'obéissance aux dernières volontés de notre maître.

— La leçon de natation de Yaemon a lieu à l'heure du cheval. » Le jour et la nuit étaient divisés en six parties égales. La journée commençait à l'heure du lièvre (5 à 7 heures du matin), puis venait l'heure du dragon, de 7 à 9. Les heures du serpent, du cheval, de la chèvre, du singe, du coq, du chien, du verrat, du rat et du bœuf suivaient et le cycle s'achevait à l'heure du tigre, entre 3 et 5 heures du matin. « Voulez-vous vous joindre à nous ?

— Non, merci. Je suis trop vieux pour changer mes habitudes, dit Ishido faiblement.

— On m'a dit que le capitaine de vos hommes avait dû se faire seppuku ?

— Bien sûr. Les bandits auraient dû être capturés. On aurait dû au moins en capturer un. On aurait ainsi pu retrouver les autres.

— Je suis suffoqué qu'une telle charogne puisse sévir si près de la forteresse.

— Je suis d'accord avec vous. Peut-être que le barbare pourrait les décrire ?

— Qu'en sait un barbare ? Il y a plein de *ronin* parmi vos hommes. Une enquête pourrait s'avérer très fructueuse. *Neh ?*

— Des enquêtes sont en cours. Dans plusieurs endroits. » Ishido ne releva pas l'allusion ironique sur les *ronin,* ces parias sans maîtres, ces samouraïs mercenaires qui s'étaient ralliés par milliers à la bannière de l'héritier quand Ishido avait murmuré tout haut qu'il accepterait leur fidélité, au profit de l'héritier et de sa mère, oublierait leurs actions passées ou leurs trahisons et en temps voulu paierait de retour leur loyauté par une prodigalité du Taikō. Ishido savait que cette décision avait été efficace. Elle lui avait permis de compter sur un nombre énorme de samouraïs bien entraînés. Leur loyauté était garantie car les *ronin* savaient qu'ils ne retrouveraient jamais chance pareille. Tous les mécontents rejoignaient son camp. Parmi eux se trouvaient de nombreuses personnes devenues *ronin* par suite des conquêtes de Toranaga et de ses alliés. Enfin, cela faisait disparaître un danger pour l'empire, l'augmentation du nombre des bandits, car le seul moyen supportable de vivre pour un samouraï devenu *ronin* était de se faire moine ou bandit.

— Il y a beaucoup de choses que je ne m'explique pas au sujet de cette embuscade », dit Ishido. Sa voix était chargée de venin. « Oui, pourquoi, par exemple, les bandits ont-ils essayé de capturer ce barbare pour obtenir une rançon ? Il y en a bien d'autres en ville, plus importants que lui ? N'est-ce pas ce qu'a dit leur chef ? Qu'ils voulaient une rançon ? Une rançon de qui ? Quelle est la valeur du barbare ? Aucune. Et comment savaient-ils où il se trouvait ? Ce n'est qu'hier que j'ai donné l'ordre de le faire amener à l'héritier, en pensant que ça amuserait le jeune garçon. Très étrange.

— En effet, dit Toranaga.

— Et puis il y a cette coïncidence : Sire Yabu à proximité avec quelques-uns de vos hommes. Et les miens au même moment. Très étrange.

— En effet. Il était là parce que je l'avais fait appeler. Quant à vos samouraïs, ils étaient là parce que nous avons décidé, sur votre suggestion, qu'il était de bonne politique (pour combler le fossé qui nous séparait) que vos soldats accompagnent les miens où qu'ils aillent, pendant le temps de mon séjour officiel.

— Il est étrange que les bandits qui étaient suffisamment courageux et organisés pour tuer les dix premiers hommes sans combat se soient comportés commes des Coréens dès que nos gens sont arrivés. Ils étaient aussi nombreux, de part et d'autre. Pourquoi ne se sont-ils pas battus ? Pourquoi n'ont-ils pas immédiatement emmené le barbare à la forteresse ? Très étrange.

— En effet. Je ferai certainement doubler ma garde quand je partirai demain à la chasse au faucon. Au cas où. C'est vraiment déroutant de savoir que des bandits sévissent si près de la forteresse. Oui. Vous voudriez peut-être venir aussi à la chasse ? Lâcher l'un de vos faucons contre le mien ? J'irai chasser dans les collines, au nord.

— Non, merci. Je suis très occupé demain. Peut-être après-demain ? J'ai ordonné que vingt mille hommes nettoient toutes les forêts, les bois et les clairières autour d'Osaka. Il n'y aura plus un seul bandit sur vingt *ri* pendant dix jours. Ça, je peux vous le promettre. »

Toranaga savait qu'Ishido se servait de la présence des bandits pour augmenter le nombre de ses troupes, aux alentours. Quelle nouvelle trahison ? Pourquoi Ishido est-il si confiant ? « Bien. D'accord pour après-demain, Sire Ishido. Vous tiendrez vos hommes éloignés de mon terrain de chasse ? Je n'aimerais pas être dérangé.

— Bien sûr. Et le barbare ?

— Il est et a toujours été ma propriété. Ainsi que son bateau. Mais vous pourrez en prendre possession dès que j'en aurai terminé avec lui. Vous pourrez alors l'emmener au lieu d'exécution, si bon vous semble.

— Merci, j'y compte bien. » Ishido ferma son éventail et le glissa dans sa manche. « Il n'a aucune importance. Ce qui est important, et là est la raison de ma visite, c'est que... Oh, pendant que j'y pense, on m'a dit que dame ma mère visitait le monastère Johji ?

— Oh, j'aurais pensé que la saison se faisait un peu tardive pour aller voir les cerisiers en fleur. Ils doivent certainement être un peu fanés ?

— Je suis d'accord avec vous. Mais si elle désire quand même aller les voir. Pourquoi pas ? On ne peut jamais savoir, avec les vieillards. Ils ont leur façon de voir et de penser, *neh ?* Mais sa santé n'est pas bonne. Je m'inquiète pour elle. Il faut qu'elle soit prudente. Elle attrape froid si facilement.

— C'est la même chose avec ma mère. On se doit de surveiller la santé des vieillards. » Toranaga prit mentalememt note du fait qu'il devait envoyer un message à l'abbé pour qu'il surveille de près la santé de la vieille dame. Si elle mourait au monastère, les répercussions seraient terribles. Il perdrait la face devant tout l'empire. Tous les *daimyōs* comprendraient qu'il s'était servi d'une vieille femme sans défense, la mère de son ennemi, comme d'un pion sur l'échiquier du pouvoir. Prendre un otage était en vérité un jeu bien dangereux.

Ishido était devenu fou de rage en apprenant que sa très chère mère était dans le fief de Toranaga, à Nagoya. Des têtes étaient tombées. Il avait immédiatement dressé des plans pour liquider Toranaga et avait pris la décision solennelle d'investir Nagoya et d'éliminer le *daimyō,* Kazamaki, dès que les hostilités commenceraient. Enfin, un message personnel avait été envoyé à l'abbé par le truchement d'intermédiaires pour le prévenir que, si elle n'était pas relâchée du monastère dans les vingt-quatre heures, Naga, le seul fils de Toranaga qui puisse être inquiété et toutes ses femmes, du moins toutes celles qui pourraient être capturées, se réveilleraient dans une léproserie après avoir été nourris et servis par des lépreux et l'une de leurs putains. Ishido savait qu'il devait agir avec diplomatie tant que sa mère se trouvait entre les mains de Toranaga. Mais il avait fait clairement comprendre que si on ne la libérait pas, il mettrait le feu à l'empire. « Comment va la dame votre mère, Sire Toranaga ? demanda-t-il poliment.

— Très bien, merci. » Toranaga laissa paraître sa joie, à la fois provoquée par la pensée de sa mère et par la rage impuissante d'Ishido. « Elle est remarquablement alerte pour ses soixante-quatorze ans. J'espère seulement être aussi fort qu'elle quand j'aurai le même âge. » Tu as cinquante-huit ans, Toranaga, mais tu n'auras jamais cinquante-neuf ans, se promit Ishido. « Transmettez-lui tous mes vœux de longue vie. Merci encore et excusez-moi, si vous avez été irrité. » Il salua très poliment, puis retenant avec difficulté le plaisir qui l'envahissait, il ajouta : « Oh oui, le problème important pour lequel je voulais vous voir est le suivant : la dernière rencontre des régents a été reportée. Nous ne nous rencontrerons pas ce soir, au coucher du soleil. » Toranaga garda son sourire mais était intérieurement ébranlé. « Et pourquoi ça ?

— Sire Kiyama est malade. Sire Sugiyama et sire Onoshi acceptent ce retard. Moi aussi. Quelques jours importent peu, n'est-ce pas, pour des problèmes aussi importants ?

— Nous pouvons organiser cette rencontre sans la présence de Sire Kiyama.

— Nous nous sommes mis d'accord pour que cette rencontre n'ait pas lieu sans lui. » Les yeux d'Ishido étaient pleins de mépris. « Formellement ?

— Voici nos quatre sceaux. »

Toranaga écumait. Tout retard le mettait en danger. Pouvait-il échanger la mère d'Ishido contre une rencontre immédiate ? Non, parce que les ordres prendraient trop de temps pour faire l'aller et le retour. Il aurait de plus concédé un énorme avantage pour rien. « Quand aura lieu la rencontre ?

— Je pense que sire Kiyama devrait être remis demain, peut-être après-demain.

— Très bien. Je vais lui envoyer mon médecin personnel.

— Je suis sûr qu'il en serait très touché. Mais son docteur a interdit toutes les visites. La maladie pourrait être contagieuse, *neh ?*

— Quelle maladie ?

— Je ne sais pas, Sire. C'est ce que l'on m'a dit.

— Le docteur est-il un barbare ?

— Oui. Je crois que c'est le médecin-chef des chrétiens. Un prêtre-docteur pour un *daimyō* chrétien. Les nôtres ne sont pas assez bons pour un *daimyō* aussi important », dit ironiquement Ishido.

L'inquiétude de Toranaga augmenta. Si le docteur avait été japonais, il aurait pu faire beaucoup de choses. Mais avec un docteur chrétien, inévitablement un jésuite, intervenir dans ses affaires pourrait lui mettre tous les *daimyōs* chrétiens sur le dos. Il ne pouvait en prendre le risque. Il savait que son amitié avec Tsukku-san ne l'aiderait en rien contre les *daimyōs* chrétiens Onoshi et Kiyama. C'était leur intérêt que de présenter un front uni. Il devrait bientôt se rendre auprès des prêtres barbares, pour conclure un accord, déterminer le prix de leur coopération. Si Ishido a véritablement Onoshi et Kiyama de son côté (tous les *daimyōs* chrétiens suivront ces deux-là s'ils agissent conjointement), je suis isolé, pensa-t-il. Ma seule issue reste Ciel pourpre.

« J'irai voir sire Kiyama après-demain, dit-il en fixant ainsi une limite.

— Et la contagion ? Je ne me pardonnerais jamais si quelque chose vous arrivait pendant votre séjour, à Osaka, Sire. Vous êtes notre invité. J'insiste pour que vous n'y alliez pas.

— Vous pouvez dormir tranquille, Sire Ishido. La contagion qui aura raison de moi n'est pas encore née. Vous oubliez la prédiction du mage ? Une mission plénipotentiaire chinoise s'était présentée devant le Taikō, six ans plus tôt, pour trouver une solution au conflit nippo-sino-coréen. Il y avait parmi les délégués, un astrologue fameux. Ce Chinois avait prédit des tas de choses qui s'étaient vérifiées. Pendant l'un des incroyables et fastueux dîners offerts par le Taikō, celui-ci avait demandé à cet astrologue de prédire la mort de certains de ses conseillers. L'astrologue avait annoncé que Toranaga mourrait par l'épée autour de la cinquantaine, qu'Ishido, le fameux conquérant de la Corée, mourrait de vieillesse, les pieds fermes en terre, et qu'il serait l'homme le plus célèbre de son époque. Le Taikō mourrait de vieillesse dans son lit, respecté, révéré, laissant un garçon en pleine santé pour lui succéder.

« Mais la contagion peut être si pénible. Pourquoi être si malheureux ? Vous pourriez attraper la petite vérole comme votre fils Noboru, excusez-moi, ou devenir lépreux comme Sire Onoshi. Il est encore jeune mais il souffre beaucoup.

— Par Bouddha, je ne souhaiterais pas cela à mon pire ennemi, dit-il.

— Je suis d'accord avec vous », dit Ishido, certain que Toranaga lui souhaitait d'avoir ces deux maladies en même temps, si c'était possible. Il salua encore une fois et sortit.

Toranaga rompit le silence. « Eh bien ? »

Hiro-matsu dit : « Que vous restiez ou que vous partiez, c'est la même chose. C'est le même désastre, Vous avez été trahi et vous êtes isolé, Sire. Si vous restez pour assister à la rencontre, et il n'y en aura pas avant une semaine, Ishido aura eu le temps de mobiliser ses troupes autour d'Osaka et vous ne pourrez plus vous échapper. Quoi qu'il arrive à la dame Ochiba, à Yedo. Ishido est décidé à la sacrifier pour vous avoir. Il est clair que vous avez été trahi. Les quatre régents vont prendre une décision contre vous. Un vote de quatre voix contre une au Conseil, et vous êtes récusé. Si vous partez, ils voteront ce qu'Ishido leur demandera de voter. Vous êtes coincé et obligé d'essuyer un vote de quatre contre un. Vous ne pouvez pas aller contre votre vœu solennel de régent.

— C'est vrai. »

Le silence se poursuivit.

Hiro-matsu attendit, de plus en plus inquiet. « Qu'allez-vous faire ?

— Je vais d'abord me baigner, dit Toranaga avec une surprenante gaieté, puis j'irai voir le barbare. »

La femme traversa tranquillement le jardin privé de Toranaga et se dirigea vers la petite hutte au toit de chaume, si joliment installée au milieu des érables. Son kimono de soie et son obi étaient simples, quoique très élégants. Elle portait ses cheveux à la dernière mode de Kyoto, disposés très hauts sur la tête et tenus en place par de longues épingles en argent. Une ombrelle de couleurs vives protégeait sa peau laiteuse. Elle était petite, un mètre cinquante à peine, mais parfaitement proportionnée. Une fine chaîne d'argent et un petit crucifix en or pendaient autour de son cou. Kiri attendait sous la véranda de la petite cabane. Assise à l'ombre, elle regardait la femme approcher en marchant sur les dalles disséminées dans l'herbe.

« Vous êtes plus belle que jamais, plus jeune que jamais, Toda Mariko-san, dit Kiri sans éprouver de jalousie et en lui rendant son salut.

— J'aimerais que ce fût vrai, Kiritsubo-san », répondit Mariko en souriant. Elle s'agenouilla sur un coussin et arrangea inconsciemment les plis de son vêtement en un délicat dessin.

« C'est vrai. Quand nous sommes-nous vues pour la dernière fois ? Deux, trois ans ? Vous n'avez pas changé en vingt ans. Ça doit faire au moins vingt ans que nous nous sommes rencontrées pour la première fois. Vous vous souvenez ? C'était lors d'une fête donnée par sire Goroda. Vous aviez quatorze ans. Vous veniez à peine de vous marier.

— Et j'étais morte de frousse.

— Non, pas vous. Pas morte de frousse,

— C'était il y a seize ans, Kiritsubo-san. Pas vingt. Je m'en souviens très bien. C'était il y a seize ans, dit Mariko sereinement. J'étais enceinte cette année-là. J'attendais le fils de Sire Toranaga.

— Ah, Mariko-san, il y a si longtemps de ça ! On a presque l'impression d'une autre vie. Mais vous êtes sans âge. Pourquoi n'ai-je point votre visage et vos magnifiques cheveux ? Pourquoi ne puis-je marcher aussi légèrement ? » Kiri se mit à rire. « La réponse est simple : parce que je mange trop !

— Quelle importance ? Vous avez les faveurs de sire Toranaga, *neh ?* Vous êtes comblée. Vous êtes sage, tendre et sereine.

— J'aimerais mieux être mince et capable encore de manger et d'avoir toujours les faveurs de mon maître, dit Kiri. Mais vous, vous n'êtes pas heureuse ?

— Je ne suis qu'un instrument dont joue mon maître, le sire Buntaro. Si mon seigneur est heureux, je le suis, bien sûr. Son plaisir est le mien. C'est la même chose pour vous, dit Mariko.

— Oui, mais c'est un peu différent. » Kiri remua son éventail. « Je suis bien aise de ne pas être à votre place, Mariko, avec toute votre beauté, votre éclat, votre courage et vos connaissances, Non ! Je ne pourrais pas supporter un seul jour d'être mariée à cet homme violent, laid, arrogant. Encore moins pendant dix-sept ans. Il est tellement l'opposé de son père, sire Hiro-matsu. Voilà un homme merveilleux ! Mais Buntaro ? Comment les pères peuvent-ils engendrer de si terribles fils ? J'aurais aimé avoir un fils... » Elle avait perdu son fils en faisant une fausse couche. « Oh, comme j'aurais aimé en avoir un ! Mais vous, Mariko, comment avez-vous pu supporter tant de mauvais traitements, pendant tant d'années ? Comment avez-vous fait pour endurer votre tragédie ? Il semble impossible que vous n'en portiez pas la trace sur le visage ou dans votre âme. Vous êtes une femme étonnante, Toda Buntaro-Mariko-san !

— Merci, Kiritsubo Toshiko-san. Oh, Kiri-san, c'est si bon de vous voir.

— Vous aussi. Comment va votre fils ?

— Magnifique... magnifique... magnifique. Saruji a quinze ans maintenant, vous vous rendez compte ? Grand et fort comme son père. Sire Hiro-matsu a donné à Saruji ses propres terres et il va... saviez-vous qu'il allait se marier ?

— Non. Avec qui ?

— Avec une des petites-filles de Sire Kiyama. Sire Toranaga a tout arrangé. Un très beau parti pour notre famille. J'aurais aimé que la fille soit... soit plus attentive à mon fils, plus experte. Savez-vous qu'elle... » Mariko se mit à rire. « Ça y est. Je suis comme toutes les belles-mères. Mais je crois que vous me donnerez raison, elle n'est pas encore très expérimentée.

— Vous aurez le temps de lui apprendre.

— Je l'espère, oui. J'ai de la chance de ne pas avoir eu de belle-mère. Je ne sais pas ce que j'aurais fait.

— Vous l'auriez séduite et vous lui auriez appris ces choses que vous apprenez à vos domestiques ?

— J'aimerais que ce fût vrai. » Les mains de Mariko étaient immobiles. Elle regarda une libellule se poser puis s'envoler à nouveau. « Mon mari m'a ordonné de venir ici. Sire Toranaga veut-il me voir ?

— Oui. Il veut que vous lui serviez d'interprète. »

Mariko était ébahie. « Pour qui ?

— Le nouveau barbare.

— Et le père Tsukku-san ? Est-il malade ?

— Non. » Kiri jouait avec son éventail. « Je crois que nous pouvons nous poser une devinette. Pourquoi sire Toranaga veut-il que ce soit vous plutôt que le prêtre ? Pourquoi, Mariko-san, devons-nous garder tout l'argent, payer toutes les notes, former tous les domestiques, acheter toute la nourriture et les produits pour la maison, et même, la plupart du temps, les vêtements de nos seigneurs et maîtres ? Eux ne nous disent jamais rien, n'est-ce pas ?

— Peut-être est-ce là que réside l'utilité de notre intuition ?

— Probablement. » Le regard de Kiri était amical. « Mais j'imagine que tout ça doit rester très privé. Il va vous falloir jurer par votre Dieu chrétien de ne rien divulguer de cette rencontre. A personne. »

La journée sembla perdre de sa chaleur.

« Bien sûr », dit Mariko, mal à l'aise. Elle comprenait très bien. Kiri voulait dire qu'elle ne devrait rien raconter à son mari, au père ou à son confesseur... Comme son mari lui avait ordonné de venir à la demande de sire Toranaga, son devoir envers son suzerain l'emportait sur son devoir envers son mari. Elle pourrait donc très bien lui cacher certaines choses. Mais à son confesseur ? Pourrait-elle ne rien lui dire ? Pourquoi était-elle l'interprète ? Et pas Tsukku-san ? Elle savait qu'elle était une fois de plus, contre sa volonté, impliquée dans le genre d'intrigue politique qui avait empoisonné sa vie. Elle aurait encore une fois souhaité que sa famille ne fût pas ancienne et d'ascendance Fujimoto, qu'elle ne fût pas née avec ce don qui lui avait permis d'apprendre ces langues presque incompréhensibles qu'étaient le portugais et le latin, qu'elle ne fût jamais née, Mais, pensa-t-elle, je n'aurais alors jamais vu mon fils ; je n'aurais jamais rien su de l'Enfant Christ ou de sa vérité, de la vie éternelle.

« Très bien, Kiri-san », puis elle ajouta avec pressentiment : « Je jure, par Dieu mon Seigneur, que je ne divulguerai rien de ce qui sera dit ici, aujourd'hui ou chaque fois que je servirai d'interprète à mon seigneur suzerain.

— J'imagine que vous devrez aussi exclure tous sentiments personnels pour traduire exactement ce qu'il a dit. Ce nouveau barbare est étrange et dit des choses bizarres. Je suis sûre que mon maître vous a choisie pour des raisons très spéciales.

— Je suis aux ordres de Sire Toranaga. Je ferai ce qu'il voudra. Il n'aura jamais à douter de ma loyauté.

— Elle n'a jamais été mise en question, madame. Je ne voulais pas vous faire de mal. J'aimerais vous demander une faveur, Mariko-san. Voudriez-vous cacher votre crucifix sous votre kimono ? »

Les doigts de Mariko se posèrent sur l'objet sacré en un geste de défense. « Pourquoi ? Sire Toranaga n'a jamais émis d'objections à ma conversion. Pas plus que sire Hiro-matsu, le chef de mon clan ! Mon mari a... mon mari me permet de le porter.

— Oui. Mais les crucifix rendent *ce* barbare fou et mon maître, sire Toranaga, veut le voir tout à fait calme. »

Blackthorne n'avait jamais vu une personne aussi petite. *Konnichi wa* », dit-il. « *Konnichi,* Toranaga-sama. » Il salua comme un courtisan, fit un geste de la tête vers le garçon agenouillé près de Toranaga et de la grosse femme, derrière lui. Ils étaient sous la véranda. Blackthorne ramena les plis de son kimono autour de lui et s'assit sur le coussin posé sur le sable, devant eux. « *Gomen nasai,* Toranaga-sama, *nihon go ga hanasemasen.*

— Je suis votre interprète, senhor, dit Mariko en un portugais presque parfait. Mais vous parlez japonais ?

— Non, senhorita, juste quelque mots et quelques phrases », répondit Blackthorne, surpris. Il s'attendait à voir le père Alvito.

« Sire Toranaga demande où... Peut-être devrais-je vous demander si vous préférez parler en latin ?

— Comme vous voulez, senhorita. »

Qui est cette femme ? Où a-t-elle appris à parler couramment le portugais et le latin ? Sinon chez les jésuites, pensa-t-il. Dans l'une de leurs écoles. Oh, ils sont si habiles ! Bâtir des écoles, c'est la première chose qu'ils font.

« Nous allons donc parler en portugais, dit-elle, Mon maître veut savoir où vous avez appris vos "quelques mots et quelques phrases" ?

— Il y avait un moine en prison, senhorita, un moine franciscain. C'est lui qui me les a appris. Des choses comme "nourriture, ami, bain, aller, venir, vrai, faux, ici, là, je, tu, s'il vous plaît, merci, vouloir, pas vouloir, prisonnier, oui, non, etc." Ce n'est malheureusement qu'un début. Auriez-vous la gentillesse de dire à sire Toranaga que je suis maintenant à même de répondre à ses question, de l'aider et plus qu'heureux d'être sorti de prison ? Ce pourquoi je le remercie. »

Blackthorne la regarda se tourner et parler à Toranaga. Il savait qu'il devrait parler clairement et simplement en faisant de préférence des phrases courtes et être prudent car, à la différence du prêtre qui traduisait simultanément, cette femme attendait qu'il ait terminé pour donner un résumé ou une version de ce qu'il avait dit.

Est-ce que l'interprète était la concubine de Toranaga ?

Quelle impression cela doit faire d'avoir une femme comme ça dans son lit ? J'aurais peur de la briser, Non, elle ne se briserait pas. Il y a des femmes presque aussi petites en Angleterre. Mais pas comme elle. Le garçon était petit, se tenait bien droit et avait les yeux écarquillés. Ses cheveux noirs étaient rassemblés en une queue très courte ; sa petite tête n'était pas rasée. Sa curiosité était sans limites. Sans penser à ce qu'il faisait, Blackthorne lui fit un clin d'œil. Le garçon sursauta puis se mit à rire et interrompit Mariko en le montrant du doigt et en parlant.

« Sire Toranaga demande pourquoi vous avez fait ça ?

— Simplement pour amuser le petit gars. C'est un enfant comme les autres et les enfants de mon pays rient si vous leur faites ça. Mon fils doit avoir à peu près le même âge que lui. Mon fils a sept ans.

— L'héritier a sept ans, dit Mariko au bout d'un moment, puis elle traduisit ce qu'il venait de dire.

— Héritier ? Est-ce que cela veut dire que le garçon est le seul fils de sire Toranaga ? demanda Blackthorne.

— Sire Toranaga veut que vous répondiez seulement à ses questions pour le moment », puis elle ajouta : « Je suis sûre, si vous êtes patient, capitaine-pilote Blackthorne, qu'il vous sera possible de poser toutes les questions que vous désirez, ensuite.

— Très bien.

— Comme votre nom est très difficile à prononcer, senhor... me permettez-vous d'employer, pour sire Toranaga, votre nom japonais, Anjin-san ?

— Bien sûr,

— Merci. Mon maître demande si vous avez d'autres enfants ?

— Une fille. Elle est née juste avant mon départ d'Angleterre. Elle doit donc avoir deux ans maintenant.

— Vous avez une ou plusieurs femmes ?

— Une seule. Telle est notre coutume. Comme les Portugais et les Espagnols. Nous n'avons pas de concubines... de concubines légales.

— Est-ce votre première femme, senhor ?

— Oui.

— Quel âge avez-vous, s'il vous plaît ?

— Trente-six ans.

— Où habitez-vous, en Angleterre ?

— Aux abords de Chatham. C'est un petit port près de Londres.

— Londres est votre ville la plus importante ?

— Oui.

— Quelles sont les langues que vous parlez ?

— Anglais, néerlandais, espagnol, portugais et, bien sûr, latin.

— C'est quoi, le "néerlandais" ?

— C'est une langue parlée en Europe, aux Pays-Bas. C'est très proche de l'allemand. »

Elle fronça les sourcils. « Le néerlandais est une langue païenne ? L'allemand aussi ?

— Les deux sont des pays non catholiques, dit-il prudemment.

— Excusez-moi mais n'est-ce pas la même chose que païen ?

— Non, senhorita. Le christianisme est divisé en deux religions distinctes et séparées. Catholicisme et protestantisme. Ce sont deux versions du christianisme. La secte qui est au Japon est catholique. Pour le moment, les deux sectes sont très hostiles l'une à l'autre. » Il remarqua sa surprise et sentit l'impatience irritée de Toranaga, exclu de leur conversation. Sois prudent, se dit-il. Elle est certainement catholique. Va directement au but. Sois simple. « Peut-être que sire Toranaga ne désire pas parler de religion, senhorita. Nous en avons déjà parlé dans notre précédente conservation.

— Vous êtes un chrétien protestant ?

— Oui.

— Et les chrétiens catholiques sont vos ennemis ?

— La plupart me considèrent comme un hérétique et donc, comme leur ennemi, oui. »

Elle hésita, se tourna vers Toranaga et lui parla longuement.

De nombreux gardes entouraient le périmètre du jardin. Tous assez éloignés. Tous bruns. Puis Blackthorne remarqua la présence de dix Gris assis à l'ombre, les yeux fixés sur le jeune garçon. Quelle est la signification de tout ça ? se demanda-t-il.

Toranaga interrogea Mariko, puis parla directement à Blackthorne.

« Mon maître veut tout savoir de vous et de votre famille, dit Mariko, tout de votre pays, de sa reine et de ses anciens gouvernants, de ses coutumes, de son histoire. Il veut, de même, tout savoir des autres pays, surtout de l'Espagne et du Portugal. Tout du monde dans lequel vous vivez. Tout de vos bateaux, de vos armes, de votre nourriture et de votre commerce. Tout de vos guerres et de vos batailles. Tout sur la manière de diriger un bateau. Tout sur la manière dont vous avez commandé le vôtre et tout ce qui est arrivé pendant le voyage. Il veut comprendre, excusez-moi, mais pourquoi riez-vous ?

— Simplement, senhorita, parce qu'il veut tout savoir. Savoir tout ce que je sais.

— C'est exactement ce que mon maître désire. “Exactement” est le terme correct.

— Oui, senhorita. Puis je vous complimenter pour votre portugais impeccable ? » Son éventail s'agita discrètement. « Merci, senhor. Oui, mon maître veut savoir toute la *vérité.* Il veut connaître les faits et votre opinion.

— Je serais très heureux de le lui dire. Mais ça prendra un petit peu de temps.

— Mon maître dit qu'il a tout son temps. Mon nom est senhora Mariko Buntaro, pas senhorita.

— Oui, senhora. » Blackthorne jeta un coup d'œil vers Toranaga. « Par quoi veut-il que je commence ? »

Elle le lui demanda. Un sourire éphémère illumina le visage ingrat de Toranaga. « Il me prie de vous dire : par le commencement. »

Blackthorne comprit que c'était encore une nouvelle épreuve. Par quoi allait-il commencer ? A qui devait-il s'adresser ? A Toranaga, au garçon ou à la femme ? Pourquoi sont-ils présents ? Ça doit vouloir dire quelque chose. Il décida de se concentrer sur le garçon et la femme.

« Dans les temps anciens, mon pays était gouverné par un grand roi qui avait une épée magique, Excalibur, et la reine était la plus belle femme du pays. Son conseiller personnel était un sorcier, Merlin, et le nom de ce roi était Arthur. » Il débuta, confiant, cette légende que son père lui racontait si bien dans les brumes de son enfance. « La capitale du roi Arthur s'appelait Camelot et c'était une époque heureuse, sans guerres. Les récoltes étaient bonnes et... » Il réalisa tout à coup l'énormité de son erreur. Le noyau de l'histoire portait sur Guenièvre et Lancelot, une reine adultère et un vassal infidèle, sur Mordred, fils bâtard d'Arthur, qui traîtreusement déclarait la guerre à son père et que celui-ci tuait au combat après avoir été lui-même mortellement blessé par ce fils. Ô Seigneur Jésus, comment ai-je pu être si stupide ? Toranaga n'est-il pas l'équivalent d'un grand roi ? Ne sont-ce pas ses femmes ? N'est-ce pas là son fils ?

— Vous ne vous sentez pas bien, senhor ?

— Non... non, je suis désolé... ce n'était qu'un...

— Vous disiez, senhor, sur ce roi et ces bonnes récoltes ?

— Oui. C'est... comme pour bien d'autres pays ; notre passé est enveloppé de brumes et de légendes. La plupart sont sans importance », dit-il en essayant de gagner du temps.

Elle le fixa, perplexe. Toranaga le fusilla du regard et le garçon bâilla. « Vous disiez, senhor ?

— Je... ah, oui... » Il eut tout à coup une lueur d'inspiration. « Ce que je pourrais peut-être faire, c'est dessiner une carte du monde, senhora, tel que nous le connaissons, à l'heure actuelle, dit-il rapidement. Aimeriez-vous que je fasse ça ? »

Elle traduisit et il perçut un éclair d'intérêt dans les yeux de Toranaga. Rien chez le garçonnet ou les femmes. Comment faire pour les intéresser ?

« Mon maître dit oui. Je vais faire chercher du papier...

— Merci, mais ceci fera l'affaire. Plus tard, si vous me donnez de quoi écrire, je pourrais vous faire un dessin plus précis. »

Blackthorne s'agenouilla. Il commença à dessiner du doigt une carte grossière sur le sable (à l'envers, pour qu'ils puissent mieux la voir). « La terre est ronde comme une orange, mais cette carte est comme une écorce, coupée en tranches, du nord au sud, posée à plat et un petit peu étirée. » Il dessina les continents avec audace. « Voici le nord et le sud, l'est et l'ouest. Le Japon est ici, mon pays est de l'autre côté de la terre... là. Tout ceci est inconnu et inexploré... Nous connaissons les régions côtières, mais pas plus. L'intérieur de l'Afrique, des Amériques et de l'Asie reste un mystère. » Il s'arrêta de parler pour qu'elle ne perde pas le fil. Elle traduisait plus facilement et il sentit que leur intérêt augmentait. Le garçon bougea et se rapprocha,

« L'héritier veut savoir où nous sommes sur la carte.

— Ici. Voici Cathay, la Chine, je crois. Je ne sais pas à quelle distance nous sommes de ses côtes. Il m'a fallu deux ans pour aller d'ici à là. » Toranaga et la grosse femme tendaient le cou pour mieux voir.

« L'héritier demande pourquoi nous sommes si petits sur votre carte.

— Ce n'est qu'une échelle, senhora. Sur ce continent, il y a presque mille lieues, de trois miles chacune, de Terre-Neuve au Mexique. D'ici à Yedo, ça ne fait que cent lieues. »

Un silence, puis ils se mirent tous à parler entre eux.

« Sire Toranaga veut que vous lui montriez sur la carte comment vous êtes arrivé au Japon.

— Par ce chemin. Voici le passage de Magellan — ou le détroit — ici, au bout de l'Amérique du Sud. Il s'appelle ainsi à cause du navigateur portugais qui l'a découvert, il y a quatre-vingts ans. Depuis, les Espagnols et les Portugais ont gardé ce chemin secret, pour leur usage exclusif. Nous avons été les premiers ensuite à le franchir. J'avais un de leurs carnets, une espèce de carte, mais il m'a quand même fallu attendre six mois pour le passer à cause des vents contraires. »

Elle traduisit ce qu'il venait de dire. Toranaga releva la tête, incrédule.

« Mon maître dit que vous vous trompez. Tous les bar... tous les Portugais viennent du Sud. C'est leur route, la seule.

— Oui, c'est vrai que les Portugais préfèrent cette route-là — le cap de Bonne-Espérance — parce qu'ils ont des douzaines de forts le long de ces côtes, Afrique, Indes et îles des Épices — pour hiverner et s'approvisionner. Leurs navires de guerre patrouillent dans ces zones-là et monopolisent les voies maritimes. Cependant, les Espagnols utilisent le détroit de Magellan pour se rendre dans leurs colonies du Pacifique, aux Philippines. Ou bien ils traversent ici, par l'étroit isthme de Panama, ce qui leur évite des mois de voyage. Il était plus sûr de passer par le détroit de Magellan. Il aurait sinon fallu nous battre contre tous ces forts portugais. Dites, je vous en prie, à sire Toranaga que je connais la position de bon nombre d'entre eux. La plupart emploient des troupes japonaises. » Il ajouta avec emphase : « Le frère qui m'a donné ces informations était espagnol, hostile aux Portugais et aux jésuites. »

Blackthorne vit leur réaction immédiate. Donne-leur du temps et reste simple, se dit-il.

« Des troupes japonaises ? Vous voulez dire des samouraïs ?

— Je dirais plutôt des *ronin.*

— Vous avez parlé d'un "carnet" ? Mon maître aimerait savoir comment vous vous l'êtes procuré ?

— Un homme du nom de Pieter Suyderhof, un Hollandais, était secrétaire privé du primat de Goa. Tel est le titre du plus haut dignitaire catholique de la région, et Goa est la capitale des Indes portugaises. Vous savez, bien sûr, que les Portugais essaient de conquérir le continent par la force. En tant que secrétaire privé de l'archevêque qui était en même temps vice-roi, toutes sortes de documents lui passaient, à cette époque-là, entre les mains. Au bout de plusieurs années, il a fini par obtenir leurs carnets — leurs cartes — et les a copiés. Ces carnets dévoilaient les secrets du détroit de Magellan et indiquaient aussi la route du cap de Bonne-Espérance, les bancs et les récifs de Goa au Japon, via Macao. Mon carnet donnait la route du détroit de Magellan. Il se trouvait dans les papiers volés à bord de mon bateau. Ils me sont vitaux et pourraient être d'une valeur inestimable pour sire Toranaga.

— Mon maître dit qu'il a donné des ordres pour qu'on les retrouve. Continuez, je vous en prie.

— Quand Suyderhof est retourné en Hollande, il les a vendus à la Compagnie des Indes orientales qui détenait le monopole de l'exploitation commerciale pour l'Extrême-Orient. »

Elle le regardait froidement. « Cet homme était un espion payé ?

— Il a été payé pour ses cartes, bien sûr. C'est leur coutume. C'est leur façon de récompenser un homme. Pas avec un titre ou des terres, seulement avec de l'argent. La Hollande est une république. Bien sûr, senhora, mon pays et notre allié, la Hollande, sont en guerre avec l'Espagne et le Portugal. Nous le sommes depuis des années. Vous comprendrez, senhora, qu'il est vital, en temps de guerre, de découvrir les secrets de vos ennemis. »

Mariko se retourna et se mit à parler.

« Mon maître demande pourquoi cet archevêque employait un ennemi.

— Pieter Suyderhof m'a raconté que cet archevêque, qui était un jésuite, n'était intéressé que par le commerce. Suyderhof doublait leur revenu. Ils le "chérissaient" particulièrement. C'était un marchand très habile. Les Hollandais sont normalement supérieurs aux Portugais dans ce domaine. Ses lettres de créance n'étaient donc pas examinées de très près. Autre fait : de nombreux hommes aux yeux bleus et aux cheveux blonds, Allemands et autres Européens, sont catholiques. » Blackthorne attendit que sa réponse ait été traduite, puis ajouta prudemment : « C'était l'espion en chef des Hollandais en Asie. Il avait lui-même mis en place plusieurs de ses hommes sur des bateaux portugais. Je vous en prie, dites à sire Toranaga que les Indes portugaises ne pourraient pas vivre très longtemps sans le commerce avec le Japon. »

Toranaga garda les yeux rivés sur la carte pendant que Mariko parlait. Il n'y eut pas de réaction à ce qu'elle venait de dire. Blackthorne se demanda si elle avait bien tout traduit.

Puis : « Mon maître aimerait avoir une carte détaillée du monde, sur papier, dès que possible, avec toutes les bases portugaises indiquées et le nombre de *ronin* qui y sont stationnés. Il vous demande de poursuivre. »

Blackthorne savait qu'il venait de faire un pas de géant. Mais le garçon bâilla. Il se décida donc à changer de cap tout en visant la même destination. « Notre monde n'est pas toujours comme il semble être. Par exemple, au sud de cette ligne que nous appelons l'Équateur, les saisons sont inversées, Quand nous sommes en été, c'est l'hiver là-bas, et vice versa.

— Pourquoi cela ?

— Je ne sais pas, mais c'est la vérité. La route vers le Japon est possible par ces deux détroits septentrionaux. Nous les Anglais, nous essayons de trouver une route par le nord, soit au nord-est par les Sibéries, soit au nord-ouest par les Amériques. J'ai été aussi loin que ça, au nord, dit-il en montrant la carte du doigt. A cette hauteur-là tout le pays n'est que glace et neige perpétuelle. »

Kiri dit : « Il est étonnant, étonnant, *neh ?*

— Que pensez-vous de lui, Mariko-san ? demanda Toranaga.

— Je suis certaine qu'il dit la vérité ou qu'il croit la dire. Il semblerait bien qu'il puisse vous être d'une immense utilité, Sire. Nous connaissons si mal le monde extérieur. Est-ce précieux pour vous, je n'en sais rien. Mais c'est comme s'il était venu des étoiles ou du fond des mers. S'il est l'ennemi des Portugais et des Espagnols, ses informations, si on peut y croire, pourraient vous être vitales, *neh ?*

— Je suis d'accord, dit Kiri,

— Qu'en pensez-vous, Yaemon-sama ?

— Moi, mon oncle ? Je pense qu'il est laid et je n'aime pas ses cheveux dorés, ses yeux de chat. Il n'a pas l'air humain. Je suis content de ne pas être né barbare comme lui, mais samouraï comme mon père. On va encore se baigner ?

— Demain, Yaemon », dit Toranaga, furieux de ne pouvoir directement s'adresser au pilote.

Pendant qu'ils parlaient entre eux, Blackthorne décida que le moment était venu. Mariko se tourna à nouveau vers lui.

« Mon maître demande pourquoi vous étiez dans le Nord ?

— J'étais pilote d'un bateau. Nous essayions de trouver un passage Nord-Est, senhora. Je peux vous raconter mille choses qui vous sembleront risibles, je sais. Il y a par exemple, soixante-dix ans de ça, les rois d'Espagne et du Portugal ont signé un traité solennel déterminant leur zone d'influence dans le Nouveau Monde, ce monde inconnu. Comme votre pays tombe dans la sphère du Portugal, vous lui appartenez officiellement — sire Toranaga, vous, ce château et tout ce qu'il contient a été donné au Portugal.

— Je vous en prie, Anjin-san. Excusez-moi mais tout ceci ne veut rien dire.

— J'admets que leur arrogance est incroyable. Mais c'est vrai. » Elle traduisit immédiatement et Toranaga se mit à rire, d'un air moqueur.

« Sire Toranaga dit qu'il pourrait tout aussi bien diviser les cieux entre l'empereur de Chine et lui, *neh ?*

— Dites à sire Toranaga que je suis désolé mais que ça n'est pas la même chose. » Blackthorne savait qu'il se trouvait sur un terrain dangereux. « Ceci est consigné dans des documents légaux qui donnent à chaque roi un droit sur tout pays non catholique découvert par ses sujets et un droit d'élimination du gouvernement en fonction et de remplacement par la règle catholique. » Son doigt traça sur la carte une ligne nord-sud qui coupait le Brésil en deux. « Tout ce qui se trouve à l'est de cette ligne appartient au Portugal, tout ce qui est à l'ouest appartient à l'Espagne, Pedro Cabral a découvert le Brésil en 1500. Depuis, le Portugal possède le Brésil, a exterminé les gouvernants en place, a tué la culture indigène et est devenu riche grâce à l'argent et l'or extraits des mines ou volés dans les temples. Tout le reste de l'Amérique, jusque-là découvert, est propriété espagnole. Les conquistadores ont des armes modernes. Les indigènes, non. Les prêtres arrivent avec les conquistadores. Quelques princes sont très vite convertis et les prêtres utilisent les inimitiés ainsi créées à leur profit. L'Espagne est à présent la nation la plus riche de notre monde grâce à l'argent et à l'or inca et mexicain qu'elle a pillés et rapatriés. »

Mariko était solennelle. Elle avait très vite saisi la signification de la leçon de Blackthorne. Toranaga aussi.

« Mon maître dit que cette conversation n'a aucun intérêt. Comment ont-ils pu s'arroger de tels droits ?

— Ils ne se sont arrogé aucun droit, dit Blackthorne gravement — C'est le pape qui les leur a donnés. Le Vicaire du Christ, sur la terre, En échange, ils doivent prêcher la parole du Christ.

— Je ne vous crois pas, s'exclama-t-elle.

— Je vous en prie, traduisez ce que je viens de dire, senhora. C'est la vérité. »

Elle obéit, visiblement troublée.

« Mon maître... mon maître dit que vous essayez de lui monter la tête contre vos ennemis. Où est la vérité ? Jurez-le ! Sur votre tête, senhor ?

— Le pape Alexandre VI a tracé la première ligne de démarcation en 1493. » Blackthorne commença à parler en bénissant Alban Caradoc de lui avoir martelé tant de faits dans la tête et le père Domingo de l'avoir instruit sur l'orgueil et la mentalité japonaise. « En 1506, le pape Jules II ratifia les amendements apportés au traité de Tordesillas, signé par l'Espagne et le Portugal en 1494, qui modifiaient légèrement cette ligne. Le pape Clément VII ratifia le traité de Saragosse en 1529, qui tirait une nouvelle ligne. Ici. » Son doigt traça une ligne de longitude qui passait à l'extrémité sud du Japon. « Cette ligne donne au Portugal un droit exclusif sur votre pays, sur tous ces pays — du Japon et de la Chine à l'Afrique — comme je vous l'ai dit. A exploiter exclusivement, *par n'importe quel moyen,* en échange de l'expansion du catholicisme. » Il attendit encore et la femme hésita. Il sentait l'irritation de Toranaga augmenter dans l'attente d'une traduction.

Mariko s'obligea à parler et répéta ce qu'il avait dit. Elle écouta à nouveau Blackthorne, détestant ce qu'elle entendait. Est-ce vraiment possible ? Comment Sa Sainteté pouvait-elle dire de telles choses ? Donner notre pays aux Portugais ? Ce doit être un mensonge. Mais le pilote a juré par le Seigneur Jésus Christ.

« Le pilote dit, Sire, qu'à l'époque où ces résolutions ont été prises par Sa Sainteté le pape, leur monde, le pays de l'Anjin-san y compris, était catholique chrétien. Le schisme ne s'était pas encore produit. Aussi, ces décisions papales s'appliquaient à tous les pays. Il ajoute : bien que les Portugais aient l'exclusivité d'*exploitation* du Japon, l'Espagne et le Portugal s'affrontent constamment pour avoir la *propriété* de cette région parce que notre commerce avec la Chine est prospère.

— Qu'en pensez-vous, Kiri-san ? dit Toranaga, aussi troublé que les autres. Seul le garçon jouait avec son éventail, indifférent.

— Il croit dire la vérité, dit Kiri. Je le pense aussi. Mais comment le prouver ou en prouver une partie ?

— Comment le prouveriez-vous, Mariko-san ? demanda Toranaga, heureux de l'avoir prise pour interprète.

— Si j'étais vous, je demanderais au père Tsukku-san, dit-elle. J'enverrais aussi un vassal en qui j'ai confiance à l'étranger, pour qu'il se rende compte. Peut-être même en compagnie de l'Anjin-san. »

Kiri dit : « Si le prêtre ne supporte pas ces affirmations, ça ne veut pas nécessairement dire que l'Anjin-san ment, *neh ?* » Kiri était heureuse d'avoir suggéré à Toranaga de prendre Mariko pour interprète quand il cherchait quelqu'un pour remplacer Tsukku-san. Elle savait que l'on pouvait faire confiance à Mariko et que, puisqu'elle avait juré devant son Dieu, elle ne soufflerait mot aux prêtres, même si elle était mise à la question. Moins ces diables en savent et mieux c'est, pensa Kiri. Quel puits de savoir que ce barbare !

Kiri vit le jeune garçon bâiller encore une fois et en fut aise. Moins l'enfant comprend et mieux c'est. Puis elle dit : « Pourquoi ne pas faire appeler le chef des prêtres chrétiens et lui demander des explications ? Voyez un peu ce qu'il en dit. Leurs visages sont incapables de dissimuler quoi que ce soit. Ils n'ont aucune subtilité. »

Toranaga acquiesça, les yeux toujours posés sur Mariko. « D'après ce que vous savez des barbares du Sud, Marikosan, croyez-vous qu'ils obéiraient à un ordre du pape ?

— Sans doute.

— Ses ordres seraient-ils considérés comme la voix même de Dieu ?

— Oui.

— Est-ce que tous les catholiques chrétiens obéissent à ses ordres ?

— Je le pense, oui.

— Même vous ?

— Oui, Sire. Si c'était un ordre de Sa Sainteté. Oui, pour le salut de mon âme. » Son regard était ferme, « Mais en attendant ce moment, je n'obéirai à personne d'autre que mon maître et suzerain, qu'au chef de ma famille ou à mon mari, Je suis japonaise. Chrétienne, certes, mais samouraï avant tout.

— Je crois qu'il vaudrait mieux pour Sa Sainteté qu'elle se tienne à l'écart de nos rivages. » Toranaga décida de ce qu'il allait faire du barbare. « Dites-lui... » Il s'arrêta. Leurs regards se tournèrent vers l'allée et vers la vieille femme qui approchait. Elle portait l'aube à capuchon des nonnes bouddhistes. Quatre Gris l'accompagnaient. Ils s'arrêtèrent. Elle poursuivit son chemin seule.

17

Ils saluèrent tous. Toranaga remarqua que le barbare l'imitait, ne se levait pas et ne restait pas là à fixer la personne qui entrait, comme l'auraient fait tous les barbares à l'exception du Tsukku-san. Le pilote apprend vite, pensa-t-il, l'esprit encore troublé par tout ce qu'il venait d'apprendre. Dix mille questions se pressaient sur ses lèvres mais, selon son habitude, il les retint momentanément pour se concentrer sur le danger présent.

Kiri s'était hâtée de donner son coussin à la vieille dame et l'avait aidée à s'asseoir. Elle s'était ensuite agenouillée derrière elle, immobile. « Merci, Kiritsubosan », dit la vieille femme en lui rendant son salut. Son nom était Yodoko. C'était la veuve du Taikō et depuis sa mort, elle s'était faite nonne bouddhiste. « Je suis désolée de venir sans avoir été invitée et désolée de vous déranger, Sire Toranaga.

— Vous êtes toujours la bienvenue, Yodoko-san.

— Merci, merci. » Elle jeta un coup d'œil vers Blackthorne et loucha pour mieux y voir. « Mais je crois que je vous ai interrompu. Je ne vois pas qui... Est-ce un barbare ? Mes yeux sont de plus en plus mauvais. Ce n'est pas Tsukku-san ?

— Non, c'est le nouveau barbare, lui dit Toranaga.

— Oh lui ! » Yodoko regarda de plus près. « Dites-lui, je vous en prie, que je n'y vois pas très bien. Cela pour expliquer mon impolitesse. »

Mariko s'exécuta. « Il dit que beaucoup de gens sont myopes dans son pays, Yodoko-sama, mais qu'ils portent des lunettes. Il m'a demandé si nous en avions. Je lui ai dit que oui, certains d'entre nous... grâce aux barbares du Sud. Que vous les portiez mais que vous ne les portez plus.

— Oui. Je préfère le brouillard qui m'entoure. Je n'aime pas beaucoup ce que je vois aujourd'hui. » Yodoko se tourna et aperçut le garçon. « Oh mon fils ! Vous êtes là ! Je vous cherchais. Qu'il est bon de voir le Kwampaku ! » Elle le salua poliment.

« Merci, mère », dit Yaemon, tout fier. Il la salua. « Vous auriez dû entendre le barbare. Il nous a dessiné une carte du monde et nous a appris des tas de choses. »

La vieille dame grogna : « Moins ils viennent ici et mieux c'est. Vous avez un bon professeur, Yaemonsama. » Ses yeux usés se tournèrent vers Toranaga. « Sire Toranaga a plus de patience que n'importe qui dans tout l'empire.

— La patience est importante pour un homme. Elle est vitale pour un chef, dit-il. La soif de savoir est une excellente qualité, également, n'est-ce pas, Yaemon-sama ? Et le savoir vient des endroits les plus étranges.

— Oui, mon oncle. Oh oui..., dit Yaemon. Il a raison, n'est-ce pas, mère ?

— Oui, oui, je suis d'accord. Mais je suis contente d'être une femme et de ne pas avoir à m'inquiéter de ces choses, *neh ?* » Yodoko étreignait l'enfant qui était venu s'asseoir près d'elle.

« Eh bien, mon fils. Pourquoi suis-je ici ? Parce que je suis venue chercher le Kwampaku. Pourquoi ? Parce que le Kwampaku est en retard pour son dîner et ses leçons d'écriture.

— Je déteste les leçons d'écriture et je vais aller nager ! »

Toranaga dit avec une gravité moqueuse : « Quand j'avais ton âge, je détestais aussi les leçons d'écriture. Mais quand j'ai eu vingt ans, j'ai dû arrêter de livrer des batailles pour retourner à l'école. Je haïssais cela encore plus.

— Retourner à l'école, mon oncle ? Après l'avoir quittée pour toujours ? Quelle horreur !

— Un chef doit savoir bien écrire, Yaemon-sama. Pas seulement clairement mais parfaitement. Et le Kwampaku mieux que quiconque. Comment pourrait-il sans ça écrire à Sa Majesté Impériale et aux *daimyōs ?* Un chef doit toujours être supérieur à ses vassaux, en tout. Un chef doit savoir plusieurs choses difficiles.

— Oui, mon oncle. C'est très difficile d'être Kwampaku. » Yaemon fronça les sourcils pour se donner de l'importance. « Je crois que je vais prendre mes leçons maintenant, pas quand j'aurai vingt ans parce qu'il me faudra alors régler d'importantes affaires d'État.

— Vous êtes très sage, dit Yodoko.

— Oui, mère, comme mon père. Quand est-ce que dame Ochiba revient ? »

Yodoko leva les yeux vers Toranaga. « Bientôt.

— Je l'espère », dit Toranaga. Il savait que Yokodo devait venir chercher l'enfant pour le conduire auprès d'Ishido. Toranaga avait emmené l'enfant et les gardes dans le jardin pour rendre Ishido encore plus furieux. Pour montrer aussi à l'enfant l'étrange pilote et enlever ainsi à Ishido le plaisir de le lui montrer lui-même.

« C'est très fatigant d'être responsable de mon fils, disait Yocloko. Ce serait bien que dame Ochiba soit ici, à Osaka. Je pourrais alors retourner au temple, *neh ?* Comment va-t-elle ? Comment va la dame Genjiko ?

— Elles vont toutes deux très bien », lui dit Toranaga. Il y a neuf ans de ça, dans un geste inhabituel d'amitié, le Taikō l'avait intimement convié à épouser dame Genjiko, la plus jeune sœur de dame Ochiba, sa concubine favorite. « Nos maisons seraient ainsi liées pour toujours, *neh ?* avait dit le Taiko.

— Oui, Sire, mais je ne mérite pas un tel honneur », avait répondu Toranaga respectueusement, tout en désirant ardemment cette union avec le Taikō. Même si Yodoko, l'épouse du Taikō, approuvait ce mariage, il savait qu'Ochiba le haïssait et se servirait de son influence sur le Taikō pour empêcher cette union. Il savait également que prendre la sœur d'Ochiba pour femme aurait donné à celle-ci trop d'influence sur lui. Par contre, s'il lui faisait épouser son propre fils, Sudara, il aurait alors, en tant que chef suprême de la famille, toute la puissance nécessaire. Il lui avait fallu user de toute son habileté pour sceller ce mariage. Il avait finalement réussi. Genjiko lui était devenue infiniment précieuse comme moyen de défense contre Ochiba qui adorait sa jeune sœur.

« Ma belle-fille n'a pas encore eu les premières douleurs. Elles devaient commencer hier. Je pense que dame Ochiba s'en ira dès qu'il n'y aura plus de danger.

— Avec trois filles, il est temps que Genjiko vous donne un petit-fils, Je prierai pour sa naissance.

— Merci », dit Toranaga. Il l'aimait comme toujours, sachant très bien qu'elle pensait ce qu'elle disait, bien qu'il représentât un danger pour sa maison.

« J'ai entendu dire que votre dame Sazuko était enceinte ?

— Oui, j'ai beaucoup de chance. » Toranaga pensa à sa toute nouvelle concubine, à sa jeunesse et sa tendresse. J'espère que nous allons avoir un fils, se dit-il. Oui, ce serait très bien. Dix-sept ans est l'âge idéal pour accoucher d'un premier enfant, avec une santé pareille.

« J'ai beaucoup de chance.

— Bouddha vous a béni. » Yodoko ressentit un soupçon de jalousie. Il semblait injuste que Toranaga ait cinq fils vivants, quatre filles et cinq petites-filles déjà et, avec l'enfant qu'attendait Sazuko, les nombreuses concubines de sa maison et les années qu'il avait devant lui, il pouvait encore engendrer beaucoup de fils. Mais elle, elle avait mis tous ses espoirs en cet enfant de sept ans, son enfant autant que celui d'Ochiba. Oui, il est autant le mien que le sien, pensa-t-elle. Combien j'ai pu haïr Ochiba au début...

Elle vit que tous la fixaient et elle en fut surprise. « Oui ? »

Yaemon fronça les sourcils : « J'ai dit, puis-je m'en aller ? Puis-je prendre ma leçon, mère ? Je vous l'ai dit deux fois.

— Je suis désolé, mon fils, je rêvais. C'est ce qui arrive quand on devient vieille. Allons-y. » Kiri l'aida à se relever. Yaemon courut en avant. Les Gris étaient déjà debout et l'un d'eux passa affectueusement son bras autour des épaules de l'enfant. Les quatre samouraïs qui avaient escorté dame Yodoko attendaient à l'écart.

« Faites un bout de chemin avec moi, Sire Toranaga. Voulez-vous ? J'ai besoin de m'appuyer sur un bras robuste. »

Toranaga se mit debout avec une agilité surprenante. Elle prit son bras mais n'en utilisa pas la force. « Oui, j'ai besoin d'un bras robuste. Yaemon en a besoin. Le royaume aussi.

— Je suis toujours prêt à vous servir », dit Toranaga.

Quand ils se furent éloignés des autres, elle lui dit très calmement : « Devenez l'unique régent. Prenez le pouvoir. Gouvernez seul. Jusqu'à ce que Yaemon ait atteint l'âge de gouverner.

— Le testament du Taikō l'interdit, même si je le souhaitais, ce qui n'est pas le cas. Les dispositions prises interdisent qu'un seul régent prenne le pouvoir. Je ne recherche pas le pouvoir pour moi tout seul. Je ne l'ai d'ailleurs jamais recherché.

— Tora-chan, dit-elle, utilisant le diminutif que le Taikō lui avait donné, nous avons peu de secrets, vous et moi. Vous pourriez le faire si vous le vouliez. Je réponds de la dame Ochiba. Prenez le pouvoir, devenez shōgun et faites...

— Madame, ce que vous dites là est une trahison. Je-necherche-pas-à-devenir-shōgun.

— Bien sûr, mais écoutez-moi, une dernière fois. Devenez shōgun, faites de Yaemon votre *seul* héritier, votre seul héritier. Il pourrait être shōgun après vous. Sa lignée n'est-elle pas Fujimoto — par dame Ochiba jusqu'à son grand-père Goroda et par lui jusqu'à l'Antiquité ? Fujimoto ! »

Toranaga la fixa. « Vous croyez que les *daimyōs* accepteraient une telle chose ou que Sa Majesté, le Fils du Ciel, soutiendrait cette proposition ?

— Non. Pas si elle venait de Yaemon lui-même. Mais si vous étiez d'abord shōgun et que vous l'adoptiez, vous pourriez tous les persuader. On vous soutiendra, dame Ochiba et moi.

— Elle est d'accord sur ce projet ?

— Nous n'en avons jamais parlé. C'est mon idée. Mais elle acceptera. Je réponds d'elle. A l'avance.

— Voilà une conversation impossible, madame.

— Vous pouvez mener Ishido et tous les autres par le bout du nez. Vous l'avez toujours fait. J'ai peur de ce que j'entends, Tora-chan, Rumeurs de guerre, prises de parti. Les Années noires recommencent. Si la guerre éclate, elle ne finira jamais. Elle engloutira Yaemon avec elle.

— Oui, je le crois. Oui, si elle éclate, elle sera éternelle.

— Alors, prenez le pouvoir ! Faites ce que vous voulez, à qui vous voulez, comme vous le voulez. Yaemon est un garçon valable. Je sais que vous l'aimez. Il a l'esprit de son père. Avec votre aide, vos conseils, nous pourrons tous en profiter. Il devrait hériter.

— Je ne m'oppose pas à lui ni à sa succession. Combien de fois faudra-t-il que je vous le dise ?

— L'héritier sera éliminé à moins que vous ne lui apportiez votre aide.

— Je suis pour lui ! dit Toranaga, inconditionnellement. C'est ce qui a été convenu avec le Taikō, feu votre mari. »

Yokodo soupira et resserra les pans de son aube. « Ces vieux os ont froid. Tant de secrets, de batailles, de trahisons, de guerres, Tora-chan. Je ne suis qu'une vieille femme, très seule. Je suis heureuse de m'être vouée à Bouddha, que toutes mes pensées ou presque aillent vers lui et ma vie future. Mais je dois en cette vie présente protéger mon fils et vous dire ces choses. J'espère que vous voudrez bien pardonner mon impertinence.

— Je recherche constamment et apprécie vos conseils.

— Merci. » Elle redressa un peu son dos voûté. « Écoutez-moi. Ni l'héritier ni dame Ochiba ne se dresseront de mon vivant sur votre route.

— Oui.

— Réfléchirez-vous à ce que je vous ai proposé ?

— Le testament de feu mon maître l'interdit. Je ne peux aller contre ses dernières volontés ou contre ma promesse solennelle en tant que régent. » Ils marchèrent en silence. Yokodo soupira : « Pourquoi ne pas la prendre pour femme ? »

Toranaga s'arrêta net. « Ochiba ?

— Pourquoi pas ? Elle constitue un choix politique tout à fait valable. Un choix parfait pour vous. Elle est belle, jeune, en bonne santé, de la meilleure lignée, en partie Fujimoto, en partie Minowara. Vous n'avez pas de femme officielle pour le moment. Alors pourquoi pas ? Cela réglerait le problème de la succession et empêcherait le royaume d'être déchiré en mille morceaux. Vous régneriez sur le royaume et sur Yaemon en étant son père. Vous pourriez le modeler à votre image. Vous l'adopteriez officiellement. Il serait votre fils au même titre que tous vos autres fils. Pourquoi ne pas épouser la dame Ochiba ? »

Parce que c'est un chat sauvage, une tigresse sournoise au visage et au corps de déesse, qui croit être une impératrice et agit comme telle, se dit Toranaga. Vous ne pourriez jamais lui faire confiance au lit. Elle serait tout aussi capable de vous transpercer les yeux avec une aiguille que de vous caresser. Épouser Ochiba ? Jamais.

« Je suis honoré par votre suggestion, dit Toranaga.

— Vous êtes un homme, Tora-chan. Vous pourriez aisément dompter une femme pareille. Vous êtes le seul homme de l'empire qui en soit capable, *neh ?* Elle serait vraiment un merveilleux parti pour vous. Regardez comme elle se bat pour défendre les intérêts de son fils. Et ce n'est qu'une femme sans défense. Ce serait vraiment la femme idéale pour vous.

— Je ne crois pas qu'elle envisagerait un seul instant une telle possibilité.

— Et si elle l'envisageait ?

— J'aimerais le savoir. Ce serait vraiment un honneur pour moi.

— Beaucoup de gens croient que vous vous dressez entre Yaemon et la succession.

— Beaucoup de gens sont fous.

— Mais vous ne l'êtes pas, Toranaga-sama, Dame Ochiba non plus. »

Vous non plus, madame, pensa-t-il.

18

Aux petites heures de la nuit, l'assassin escalada le mur et sauta dans le jardin. Il était presque invisible. Il portait des habits noirs ajustés et des tabis égalements noirs. Un masque et une capuche lui couvraient le visage et la tête. C'était un homme de petite taille. Il courut sans bruit vers la forteresse intérieure et s'arrêta net au pied de la muraille élevée... A cinquante mètres de là, deux Bruns gardaient l'entrée principale. Il lança habilement son grappin enveloppé dans du tissu. Une mince cordelette de soie y était attachée. Le grappin s'encastra dans une embrasure de la corniche de pierre. Il monta le long de la corde, glissa dans l'ouverture et disparut à l'intérieur.

Le couloir était calme, éclairé par des bougies. Il le traversa rapidement, ouvrit une porte donnant sur l'extérieur. Un autre lancer habile, une autre escalade et il se retrouva dans le couloir, à l'étage au-dessus. Les sentinelles postées aux créneaux et qui étaient sur le qui-vive ne l'entendirent pas. Il se plaqua dans un renfoncement de la pierre pour laisser passer une patrouille de Bruns. Puis, il se glissa furtivement le long du couloir, s'arrêta au coin et jeta un coup d'œil autour de lui. Un samouraï gardait la porte du fond. Les flammes des bougies dansaient en silence. L'homme, assis en tailleur, ferma les yeux momentanément. L'assassin se précipita immédiatement sur lui. Sans bruit. Il fit un nœud coulant à la corde de soie, la glissa autour du cou du garde et serra fort. Les doigts du garde essayèrent de se défaire de ce garrot mais il était déjà en train de mourir. Un rapide coup de couteau entre les vertèbres — aussi habilement qu'un chirurgien — et le garde s'immobilisa. L'homme ouvrit la porte ; la salle d'audience était vide. Les portes intérieures n'étaient pas gardées. Il tira le cadavre dans la pièce et referma la porte. Il traversa la salle sans hésitation et choisit la porte intérieure gauche. Elle était en bois renforcé. Le poignard dans la main droite, il frappa doucement.

« Aux temps de l'empereur Shirakawa... », dit-il, donnant ainsi la première partie du mot de passe.

De l'autre côté de la porte, le bruit d'une lame d'acier quittant son fourreau et la réponse : « ... vivait un homme sage du nom de Enraku-ji.

— ... qui écrivit le trente et unième soûtra. J'ai un message urgent pour Sire Toranaga. »

La porte s'ouvrit et le meurtrier s'engouffra. Le poignard plongea dans la gorge du premier samouraï, juste sous le menton, en ressortit aussi rapidement pour plonger dans la gorge du second. Les deux hommes moururent sur place. Il en saisit un et le fit tomber doucement ; l'autre s'écroula sans bruit. Le sang giclait des cadavres et se répandait sur le sol ; leurs corps étaient parcourus de spasmes.

L'homme se hâta le long de ce couloir, mal éclairé. Un panneau coulissant s'ouvrit. Il se figea.

Kiri le regardait bouche bée, à dix pas. Elle portait un plateau qu'elle laissa tomber. Elle fourra ses mains dans son obi et en sortit un stylet. Sa bouche remua mais n'émit aucun son. Il gagna le coin de la pièce précipitamment. A l'autre bout, une porte s'ouvrit et un samouraï ahuri, les yeux gonflés de sommeil, jeta un coup d'œil.

L'assassin bondit dans sa direction et déchira un panneau sur sa droite. Kiri se mit à hurler, donnant ainsi l'alerte. Il courait, le pied sûr, dans l'obscurité, traversait l'antichambre, enjambait les femmes éveillées et les servantes. Il atteignit le dernier couloir, à l'autre bout. Il y faisait nuit noire, mais il se dirigea à tâtons pour trouver la bonne porte. Il l'ouvrit brutalement et se précipita sur la silhouette allongée sur la natte. Mais son bras fut stoppé en plein vol et il se retrouva à terre, luttant en un corps à corps furieux. Il se battit avec ruse, se libéra, se jeta à nouveau pour frapper mais manqua sa cible, se prit les pieds dans une couverture qu'il rejeta avec violence et se lança une fois de plus sur la silhouette. Mais elle roula avec une habileté inattendue et lui décocha un coup de pied en pleine figure. La douleur le brisa. Pendant ce temps, sa victime courait se mettre à l'abri.

Les samouraïs envahissaient l'entrée, Quelques-uns portaient des lanternes ; Naga était là, vêtu d'un pagne, les cheveux hirsutes. Il s'interposa entre Blackthorne et son assassin, l'épée brandie.

« Rends-toi ! »

L'assassin fit une fausse attaque, cria : « *Namu Amida Butsu* — au nom du Bouddha Amida », retourna le poignard contre lui et le plongea de ses deux mains dans sa gorge. Le sang gicla. Il tomba à genoux et Naga ne lui donna qu'un coup d'épée. La tête roula à terre.

Dans le silence, Naga ramassa la tête et en arracha le masque. La figure était ordinaire. Les yeux cillaient encore. Il tint la tête par les cheveux. « Est-ce que quelqu'un le connaît ? »

Personne ne répondit. Naga lui cracha au visage et jeta la tête à l'un de ses hommes. Il déchira les vêtements noirs du meurtrier, souleva le bras droit du cadavre et trouva ce qu'il cherchait. Le petit tatouage — le caractère chinois signifiant Amida, ce bouddha spécial — était incrusté dans son aisselle.

« Qui est l'officier de garde ?

— Moi, Sire. » L'homme était pâle comme un linge.

Naga se jeta sur lui. L'officier ne tenta pas d'éviter le féroce coup d'épée qui lui arracha la tête, une partie de l'épaule et un bras.

« Hayabusa-san, rassemblez tous les samouraïs de garde, dans la cour », dit Naga à un officier. Doublez les effectifs du nouveau quart. Enlevez le cadavre. Le reste, vous êtes... » Il s'arrêta de parler en voyant Kiri dans l'encadrement de la porte, le stylet à la main. Elle regarda le cadavre, puis Blackthorne.

« Est-ce que l'Anjin-san est blessé ? » demanda-t-elle.

Naga jeta un regard sur l'homme qui le dominait de sa taille. Il ne voyait ni blessures ni sang. Simplement un homme englué de sommeil qui avait failli mourir. Blanc de teint mais ne laissant paraître aucune peur, extérieurement.

« Vous êtes blessé, pilote ?

— Je ne comprends pas. »

Naga s'approcha de lui, écarta les pans de son kimono de nuit pour vérifier.

« Ah, comprendre maintenant. Non, non, pas blessé, entendit-il dire le géant.

— Bien, dit-il. Il ne semble pas blessé, Kiritsubo-san. »

Il vit l'Anjin-san montrer du doigt le cadavre et dire quelque chose.

« Je ne vous comprends pas, dit Naga. Anjin-san, vous, rester ici. »

Il ajouta à l'intention de l'un de ses hommes « Apporte-lui à manger et à boire s'il le désire.

— L'assassin était tatoué. Il portait le tatouage d'Amida, *neh ?* demanda Kiri.

— Oui, Dame Kiritsubo.

— Des démons... ce sont des démons.

— Oui. »

Naga la salua puis regarda l'un des samouraïs affolés : « Toi, suis-moi. Apporte la tête ! » Il partit rapidement, se demandant ce qu'il allait bien pouvoir raconter à son père.

« C'était un *ronin,* dit Toranaga sèchement. Vous ne retrouverez jamais sa trace, Hiro-matsu-san.

— Oui, mais Ishido est responsable. Il n'a pas d'honneur pour agir de la sorte, *neh ?* Pas d'honneur pour se servir de ces charognes de tueurs. Je vous en supplie, laissez-moi rassembler nos troupes, maintenant. Je ferai cesser ces agissements une fois pour toutes.

— Non. » Toranaga regarda Naga à nouveau. « Tu es sûr que l'Anjin-san n'est pas blessé ?

— Oui, Sire.

— Hiro-matsu-san, vous dégraderez tous les gardes pour avoir manqué à leur devoir. Ils ont l'interdiction de se faire seppuku. Ils ont ordre de vivre dans la honte devant tous mes hommes, comme soldats de deuxième classe. Que les gardes morts soient tirés par les pieds à travers le château et la ville jusqu'au lieu d'exécution. Qu'ils soient donnés en pâture aux chiens. » Il regarda son fils, Naga. Tôt dans l'après-midi, un message urgent était arrivé du monastère Johji de Nagoya faisant état de la menace d'Ishido sur la vie de Naga. Toranaga avait immédiatement ordonné que son fils reste dans un endroit étroitement surveillé. Les autres membres de la famille qui se trouvaient à Osaka — Kiri et dame Sazuko — étaient également gardés. Le message de l'abbé ajoutait qu'il avait jugé sage de relâcher la mère d'Ishido et de la renvoyer en ville avec ses servantes.« Je ne veux pas risquer la vie de l'un de vos illustres fils stupidement. De plus, la santé de la vieille dame n'est pas bonne. Elle a attrapé froid. Il vaut mieux qu'elle meure chez elle. Pas ici.

— Naga-san, tu es également coupable d'avoir laissé pénétrer le tueur », dit Toranaga. Sa voix était froide et amère. « Tout samouraï est responsable, qu'il soit de garde ou non, qu'il soit réveillé ou non, Je t'enlève la moitié de ton revenu annuel.

— Oui, Sire, dit le jeune homme, surpris de pouvoir garder au moins sa tête. Dégradez-moi également, je vous en prie. Je ne peux vivre avec cette honte. Je ne mérite que mépris pour mon propre échec, Sire.

— Si je voulais te dégrader, je l'aurais fait. Je t'ordonne de partir immédiatement pour Yedo. Tu partiras ce soir avec vingt hommes et tu feras un rapport à ton frère. Tu dois t'y rendre en un temps record. » Naga salua et sortit, le visage blême. Toranaga dit à Hiro-matsu d'une voix aussi sèche : « Quadruplez mes gardes. Annulez la chasse de demain et d'après-demain. Je quitte Osaka après la réunion des régents. Faites le nécessaire ! Jusque-là, je ne bougerai pas d'ici. Je ne veux voir personne. Personne. »

Il congédia ses hommes d'un signe de la main. « Vous pouvez tous partir. Hiro-matsu, reste ! »

La pièce se vida, Hiro-matsu était content que son humiliation ait lieu en privé, car, de tous, c'était lui le plus responsable en tant que commandant de la garde. Toranaga était perdu dans ses pensées. Aucune trace de colère n'était visible sur son visage. « Si tu voulais avoir recours aux services de la secrète Amida Tong, comment feriez-vous pour la contacter ? Comment feriez-vous pour en approcher ses membres ?

— Je ne sais pas, Sire.

— Qui pourrait le savoir ?

— Kasigi Yabu. »

Toranaga regarda par l'embrasure de la fenêtre. Les pâles lueurs de l'aube se mêlaient à l'obscurité qui noyait l'est. « Faites-le venir ici à l'aube.

— Vous croyez qu'il est responsable ? »

Toranaga ne répondit pas, mais retourna à ses pensées.

Le vieux soldat ne put supporter ce silence. « Je vous en prie, Sire, laissez-moi disparaître. J'ai si honte de mon échec...

— Il est pratiquement impossible de prévenir ce genre de tentative.

— Nous aurions pu l'arrêter dehors, pas près de vous, dans vos appartements.

— Je suis d'accord, mais je ne t'en tiens pas responsable.

— Je m'en tiens responsable. Je dois vous dire quelque chose, Sire, car *je suis* responsable de votre sécurité jusqu'à votre retour à Yedo : il y aura d'autres tentatives contre vous ; tous nos espions font état de mouvements de troupes. Ishido mobilise.

— Oui, dit Toranaga. Après Yabu, je veux voir Tsukku-san, puis Mariko-san. Double la garde de l'Anjin-san.

— Des dépêches sont arrivées cette nuit. Sire Onoshi ferait travailler cent mille hommes à l'amélioration de ses fortifications, à Kyushu, dit Hiro-matsu, inquiet pour la sécurité de Toranaga.

— Je le lui demanderai dès que nous nous rencontrerons. »

La colère de Hiro-matsu éclata.« Je ne vous comprends pas du tout. Je dois vous dire que vous risquez tout, stupidement. Oui, stupidement. Je me fiche pas mal que vous me preniez ma tête pour avoir osé vous dire ça. Mais c'est la vérité. Si Kiyama et Onoshi prennent le parti d'Ishido, vous serez récusé ! Vous êtes un homme mort. Vous avez tout risqué en venant ici et vous avez perdu. Sauvez-vous pendant qu'il en est encore temps. Vous garderez au moins la tête sur les épaules !

— Je ne suis pas encore en danger.

— L'attaque de cette nuit ne signifie-t-elle rien pour vous ? Si vous n'aviez pas encore changé de chambre, vous seriez un homme mort en cet instant précis.

— Oui, ça se pourrait, mais je ne le crois pas. Il y avait des tas de gardes devant *mes* portes, cette nuit et la nuit dernière. Tu étais également de garde, cette nuit. Aucun assassin n'avait la possibilité de m'approcher. Même ce tueur, si bien entraîné. Il connaissait le chemin, même le mot de passe, *neh ?* Kiri-san dit qu'elle l'a entendu s'en servir. Il savait donc dans quelle pièce j'étais. Je n'étais pas sa proie. C'était l'Anjin-san qu'il visait.

— Le barbare ?

— Oui. »

Toranaga avait prévu tous les dangers qui planaient sur le barbare après toutes ces révélations extraordinaires, faites le matin. L'Anjin-san était trop dangereux pour certains. Ils ne pouvaient le laisser en vie. Mais Toranaga n'avait pas un seul instant prévu qu'une attaque puisse être montée dans ses appartements et si vite. Qui me trahit ? Il écarta toute trahison de la part de Kiri ou de Mariko. Les châteaux et les jardins renferment toujours des endroits secrets d'où espionner et écouter, pensa-t-il. Je suis au centre de la forteresse de l'ennemi. Là où j'ai un espion, Ishido et les autres en ont vingt. Ce n'était peutêtre qu'un espion. « Double la garde de l'Anjin-san, Il vaut bien dix mille hommes à mes yeux. »

Après le départ de dame Yodoko, ce matin-là, il était revenu vers la maison de thé et avait tout de suite remarqué la fragilité intérieure de l'Anjin-san, ses yeux brillants et sa fatigue. Il l'avait confié à Kiri, avec instructions de lui trouver un médecin, de lui donner de la nourriture barbare, si tel était son désir, et de lui offrir la chambre où dormait habituellement Toranaga. « Donne-lui tout ce qui te paraît nécessaire, Kiri-san, lui avait-il dit en privé, J'ai besoin de lui très rapidement. En forme et sain de corps et d'esprit. »

L'Anjin-san lui avait ensuite demandé qu'il fasse sortir le moine de prison aujourd'hui. L'homme était vieux et malade. Il avait répondu qu'il allait envisager la question et avait congédié le barbare avec ses remerciements, ne lui disant pas qu'il avait déjà envoyé un samouraï pour chercher ce moine, qui était peut-être tout aussi précieux aux yeux d'Ishido qu'aux siens.

Toranaga connaissait l'existence de ce moine depuis longtemps. Il savait qu'il était espagnol, hostile aux portugais. Mais l'homme avait été mis en prison par le Taikō. Il était donc le prisonnier du Taikō, et lui, Toranaga, n'avait aucun pouvoir de juridiction sur quiconque, à Osaka. Il avait volontairement envoyé l'Anjin-san dans cette prison pour faire croire à Ishido que l'étranger n'avait aucune valeur, mais dans l'espoir que ce géant de pilote serait également capable de soutirer au moine toutes ses connaissances. La première tentative maladroite contre l'Anjin-san avait échoué. Un écran protecteur s'était immédiatement formé autour de lui. Toranaga avait récompensé l'espion à sa solde, Minikui, le porteur, en le faisant sortir sain et sauf de prison, en lui donnant quatre autres porteurs et en lui concédant le droit héréditaire d'exploiter une partie de la bande côtière entre Osaka et Yedo — la grande route du Tokaidō — bande située entre la seconde et la troisième borne de Yedo, sur ses terres. Il lui avait fait tout de suite quitter Osaka en secret. Le jour suivant, ses autres espions l'avaient informé que les deux hommes étaient devenus amis, que le moine parlait, que l'Anjin-san posait des questions et écoutait les réponses attentivement. Qu'Ishido ait également des espions dans cette prison ne le tracassait pas outre mesure. L'Anjin-san était protégé et en sécurité. Ishido avait alors, sans qu'on s'y attende, essayé de le faire disparaître, comme par enchantement.

Toranaga se souvenait du plaisir qu'il avait éprouvé en compagnie d'Hiro-matsu à monter l'« embuscade surprise » — les bandits *ronin* n'étaient qu'une fraction infime de ses samouraïs d'élite, dispersés tout autour d'Osaka — et à arranger le délicat moment où Yabu devait, sans le savoir, voler au secours du convoi. Ils avaient bien ri, sachant qu'ils s'étaient une fois de plus servis de Yabu comme d'une marionnette pour mettre le nez d'Ishido dans ses propres déjections. Tout avait merveilleusement marché. Jusqu'à aujourd'hui.

Aujourd'hui, le samouraï qu'il avait envoyé pour aller chercher le moine était revenu les mains vides. « Le prêtre est mort, avait-il dit. Quand on a prononcé son nom, il n'est pas sorti, Sire. Je suis entré dans la cellule pour aller le chercher mais il était mort. Les criminels emprisonnés là m'ont dit qu'il s'était effondré quand les geôliers avaient appelé son nom. Il était bien mort quand je l'ai retourné. Excusez-moi, vous m'avez envoyé et j'ai échoué dans ma mission. Je ne savais pas si vous le vouliez avec ou sans tête. J'ai donc apporté le corps intact. La plupart des criminels qui l'entouraient m'ont dit qu'ils étaient ses brebis. Ils ont essayé de garder le cadavre. J'ai dû en tuer quelques-uns pour pouvoir l'emmener. Il pue, il est plein de vermine, mais il est dans la cour, Sire. »

Pourquoi le moine était-il mort ? se demanda Toranaga. Puis il vit qu'Hiro-matsu le regardait d'un air interrogateur. « Oui ?

— Je vous demandais simplement qui pouvait bien vouloir la mort du pilote ?

— Les chrétiens. »

A l'aube, Kasigi Yabu suivit Hiro-matsu le long du couloir. Il était heureux de voir sire Toranaga. Son attente était enfin terminée. Il avait pris un bain, s'était habillé avec soin. Il avait écrit ses dernières lettres à sa femme et à sa mère, avait cacheté son testament au cas où la rencontre tournerait à son désavantage.

Hiro-matsu ouvrit, sans qu'il s'y attende, une porte bardée de fer qui menait à l'intérieur des fortifications. Plusieurs gardes veillaient. Yabu sentit le danger.

A sa surprise, Toranaga était là et, chose incroyable, il se leva pour le saluer avec une chaleur qu'il n'était pas en droit d'attendre. Après tout, Toranaga était seigneur des Huit Provinces. Lui n'était que seigneur d'Izu. Des coussins avaient été soigneusement disposés. Une théière dormait dans un étui de soi. Une jeune fille au visage carré, pas très belle et richement habillée, saluait très bas. Elle s'appelait Sazuko et était la septième concubine officielle de Toranaga. Elle était enceinte.

« Qu'il est bon de vous voir, Kasigi Yabu-san ! Je suis vraiment désolé de vous avoir fait attendre. »

Yabu était à présent certain que Toranaga avait décidé de le faire décapiter, car, comme il est bien connu universellement, votre ennemi n'est jamais aussi poli que lorsqu'il envisage ou qu'il a envisagé votre perte.

« J'ai pensé que ce serait intéressant de regarder se lever l'aube, Yabu-san, Je crois que la vue est vraiment ravissante d'ici — bien plus belle que du donjon de l'héritier, *neh ?*

— Elle est effectivement très belle », dit Yabu sans réserve. Il n'était jamais monté aussi haut dans le château. Il était sûr que la remarque de Toranaga au sujet de l'« héritier » signifiait que ses tractations secrètes avec Ishido étaient connues. « Je suis très honoré de pouvoir la partager avec vous.

— Je vous présente dame Sazuko. Sazuko, je vous présente mon allié, le fameux seigneur Kasigi Yabu, le *daimyō* qui nous a amené le barbare et le bateau rempli de trésor ! » Elle salua et le complimenta. Il salua. Elle lui rendit son salut. Elle lui offrit la première tasse de thé. Il déclina poliment cet honneur, commençant ainsi le rituel. Il lui demanda de l'offrir à Toranaga qui refusa et le pressa d'accepter. Des mouettes piaillaient. Les bruits de la ville se réveillaient. Le jour venait de naître.

Dame Sazuko soupira, les yeux humides : « J'ai le sentiment d'être une déesse à une telle hauteur, en regardant tant de beauté, *neh ?* C'est si triste que tout ça se soit enfui pour toujours. Si triste, *neh ?*

— Oui », dit Toranaga.

Quand le soleil fut à mi-chemin de l'horizon, elle salua et s'en alla. Les gardes aussi, à la grande surprise de Yabu. Ils restèrent seuls, tous les trois.

« J'ai été très touché par votre cadeau, Yabu-san. C'était trop généreux de votre part. Tout ce bateau et toute cette cargaison, dit Toranaga.

— Tout ce que j'ai vous appartient », dit Yabu, encore troublé par le spectacle de l'aube qui venait de se lever. J'aimerais avoir plus de temps, pensa-t-il. Que c'est élégant de la part de Toranaga d'agir ainsi !

Me donner une dernière fois la vision d'une telle immensité. « Je vous remercie pour ce spectacle.

— Oui, dit Toranaga. C'était à moi de vous donner quelque chose. Je suis heureux que vous ayez aimé mon cadeau, comme j'ai apprécié le vôtre. »

Il y eut un silence.

« Yabu-san, que savez-vous d'Amida Tong ?

— Ce que savent seulement la plupart des gens : que c'est une société secrète de dix... d'unités de dix hommes... un chef et jamais plus de neuf acolytes en un seul endroit, femmes et hommes. Qu'ils sont liés par le serment le plus secret au Seigneur Bouddha Amida, dispensateur de l'Amour éternel, qu'ils font vœu de chasteté, d'obéissance et de mort, qu'ils passent leur vie à s'entraîner pour devenir l'arme parfaite d'un seul crime, qu'ils tuent sur les ordres du chef, que s'ils échouent et ne tuent pas la personne choisie, homme, femme ou enfant, ils doivent immédiatement se supprimer. Que ce sont des fanatiques persuadés d'aller directement de cette vie au paradis de Bouddha et que pas un seul d'entre eux n'a été jusque-là capturé vivant. » Yabu était au courant de la tentative d'assassinat sur la personne de Toranaga. Tout Osaka l'était.

Tout Osaka savait également que le seigneur du Kwanto et des Huit Provinces s'était enfermé à l'intérieur d'une série de cercles d'acier.

« Ils tuent rarement. Leur anonymat est total. Il n'existe aucun moyen de se venger d'eux parce que personne ne sait qui ils sont, où ils vivent et où ils s'entraînent.

— Si vous vouliez faire appel à leurs services, comment vous y prendriez-vous ?

— J'irais le murmurer en trois endroits : au monastère Heinan, aux portes du sanctuaire d'Amida et au monastère Johji. Dans dix jours, si j'étais considéré comme un employeur valable, je serais contacté par des intermédiaires, C'est tellement secret que, même si j'avais la tentation de les trahir ou de les attraper, ce ne serait pas possible. Le dixième jour, ils me demanderaient une somme en argent, la somme dépendant de la personne à assassiner. Pas de marchandage possible. Il faut payer d'avance ce qu'ils demandent. Ils garantissent seulement que l'un de leurs membres tentera de commettre le meurtre dans les dix jours. La légende veut que, si le meurtre a lieu, le meurtrier retourne au temple et commet, en grande pompe, un suicide rituel.

— Vous pensez donc que nous ne découvrirons jamais la personne qui a payé la tentative d'assassinat d'aujourd'hui ?

— Non.

— Vous pensez qu'il y aura une autre tentative ?

— Peut-être. Peut-être pas. Ils signent un contrat pour une tentative unique à chaque fois, *neh ?* Mais vous feriez bien d'accroître et de renforcer votre sécurité. Les femmes du Amida sont entraînées pour empoisonner aussi bien que tuer au couteau ou étrangler. C'est du moins ce qu'on dit.

— Avez-vous jamais fait appel à leurs services ?

— Non.

— Mais votre père y a eu recours, lui ?

— Je ne sais pas. En tout cas, pas avec certitude. On m'a dit que le Taikō avait cherché à les contacter, une fois.

— Est-ce que l'attaque a été concluante ?

— Tout ce que faisait le Taikō était concluant. D'une façon ou d'une autre. » Yabu sentit une présence derrière lui et crut que les gardes étaient secrètement revenus. Il mesura la distance qui le séparait de ses épées. Est-ce que j'essaie de tuer Toranaga ? Je l'avais décidé. Maintenant, je ne sais plus. J'ai changé d'avis. Pourquoi ?

— Quelle somme leur verseriez-vous en échange de ma tête ?

— Il n'y a pas assez d'argent dans toute l'Asie pour me pousser à faire appel à eux, pour un tel acte.

— Que devrait payer un autre ?

— Vingt mille koku, cinquante mille, cent, peut-être plus. Je ne sais pas.

— Est-ce que vous paieriez cent mille koku pour devenir shōgun ? Votre lignée descend des Takashima, *neh ?* »

Yabu dit fièrement : « Je ne paierais rien. L'argent, c'est du fumier, un jouet pour femmes ou pour ces charognes de marchands. Si c'était possible mais ça ne l'est pas, je donnerais ma vie, la vie de ma femme et de tous mes parents à l'exception de mon fils unique, la vie de tous mes samouraïs, la vie de leurs femmes et de leurs enfants pour, un jour, devenir shōgun.

— Et que donneriez-vous pour les Huit Provinces ?

— Comme je vous l'ai déjà dit, tout hormis la vie de ma femme, de mon fils et de ma mére.

— Et pour la province de Suruga ?

— Rien. Ikawa Jikkyu ne vaut rien. Si je ne lui tranche pas la tête dans cette vie, je le ferai dans une autre. Je pisse sur lui et sur sa semence pendant dix mille générations.

— Et si je vous la donnais ? Et si je vous donnais toute la province de Suruga, et peut-être même Totomi ? »

Yabu se sentit fatigué de ce jeu, de cette conversation sur Amida. « Vous avez décidé d'avoir ma tête, Sire Toranaga. Très bien, je suis prêt. Je vous remercie pour cette aube. Mais je n'ai aucunement le désir de gâcher tant de beauté en continuant cette conversation. Qu'on en finisse !

— Mais je n'ai pas décidé d'avoir votre tête, Yabu-san. D'où vous vient cette idée ? L'ennemi vous aurait-il versé du poison dans les oreilles ? Ishido peut-être ? N'êtes-vous pas mon allié favori ? Croyez-vous que je vous entretiendrais ici sans gardes si je vous jugeais hostile ? »

Yabu se retourna doucement. Il s'attendait à trouver des samouraïs derrière lui, des épées au-dessus de sa tête. Il n'y avait personne. Il se retourna et regarda Toranaga. « Je ne comprends pas.

— Je vous ai fait venir ici pour pouvoir parler en privé. Et pour voir l'aube se lever. Aimeriez-vous gouverner les provinces de Suruga et de Totomi, si je ne perds pas cette guerre ?

— Oui, beaucoup. » Yabu voyait ses espoirs grandir.

« Deviendriez-vous mon vassal ? M'accepteriez-vous comme suzerain ? »

Yabu n'hésita pas. « Jamais, dit-il. Allié, oui. Chef, oui. Toujours votre inférieur, oui. Ma vie et tout ce que je possède sont à vos pieds, oui. Mais Izu est à moi. Je suis *daimyō* d'Izu et je ne donnerais jamais à personne aucun droit sur Izu. Je l'aijuré à mon père et au Taikō qui nous a confirmé dans notre droit héréditaire sur Izu. Il était notre suzerain. J'ai juré de ne plus en avoir d'autre avant que l'héritier ne soit en âge de gouverner. »

Hiro-matsu tordit légèrement son épée dans sa main. Pourquoi Toranaga ne me permet-il pas d'en finir une bonne fois pour toutes ? On était d'accord. Pourquoi tous ces bavardages inutiles ?

Toranaga se gratta le nez. « Que vous a offert Ishido ?

— La tête de Jikkyu, dès que la vôtre aura roulé à terre. Et sa province.

— En échange de quoi ?

— Le soutenir dès que la guerre éclate. Vous attaquer sur votre flanc sud.

— Vous avez accepté ?

— Vous me connaissez mieux que ça. »

Les espions de Toranaga, éparpillés dans l'entourage d'Ishido, disaient que le marché avait été conclu et qu'il comprenait aussi la responsabilité du meurtre de trois des fils de Toranaga : Noboru, Sudara et Naga.

« Rien de plus ? Simplement le soutenir ?

— Par tous les moyens à ma disposition, dit Yabu délicatement.

— Assassinat compris ?

— J'ai l'intention de faire la guerre, quand elle commencera, de toutes mes forces. Pour mon allié. Par tous les moyens à ma disposition, pour lui garantir la victoire. Nous n'avons besoin que d'un seul régent pendant la minorité de Yaemon. La guerre est inévitable entre vous et Ishido. C'est le seul moyen. »

Yabu essayait de lire les pensées de Toranaga. Il méprisait ses hésitations, sachant bien qu'il était l'homme le plus fort, que Toranaga avait besoin de son appui, qu'il finirait bien par le vaincre. Mais que faire entre-temps ? se demanda-t-il. Il aurait souhaité que Yuriko, sa femme, soit là pour le guider. Elle aurait su trouver la solution la plus sage. « Je peux vous être utile. Je peux vous aider à devenir seul régent », dit-il. Il s'était décidé à jouer.

« Pourquoi souhaiterais-je être seul régent ?

— Quand Ishido attaquera, je peux vous aider à le vaincre. Dès qu'il mettra fin à la paix, dit Yabu.

— De quelle façon ? »

Il leur fit part de son plan.

« Un régiment de cinq cents samouraïs équipés d'armes à feu ? » dit Hiro-matsu en explosant de colère.

— Oui. Pensez à cette puissance de feu. Ce seront tous des hommes d'élite, entraînés pour agir comme un seul homme. Et il y a aussi vingt canons.

— C'est un très mauvais plan. Répugnant, dit Hiromatsu. Vous ne pourriez jamais garder le secret. Si nous nous y mettons, l'ennemi s'y mettra aussi. Il n'y a pas de fin à une telle horreur, Il n'y a pas d'honneur là-dedans, aucun avenir.

— Cette guerre n'est-elle pas la seule guerre par laquelle nous soyons concernés, Sire Hiro-matsu ? répliqua Yabu. Ne sommes-nous pas seulement concernés par la sécurité de sire Toranaga ? N'est-ce pas là le devoir de ses alliés et de ses vassaux ?

— Oui.

— Tout ce que sire Toranaga doit faire c'est de gagner une seule grande bataille. Cette victoire lui donnera la tête de tous ses ennemis, et le pouvoir. Je maintiens que cette stratégie lui assurera la victoire.

— Moi, je maintiens que non. C'est un plan répugnant dépourvu d'honneur. » Yabu se tourna vers Toranaga. « Une nouvelle ère exige une mûre réflexion sur le concept d'honneur. »

Une mouette passa au-dessus d'eux en piaillant.

« Que dit Ishido de votre plan ?

— Je ne lui en ai pas parlé.

— Pourquoi ? Si vous pensez que votre plan est valable pour moi, il devrait l'être tout autant pour lui. Peut-être même plus.

— Vous m'avez offert une aube. Vous n'êtes pas un paysan comme Ishido. Vous êtes le plus sage, le plus expérimenté de tout l'empire.

— Si nous adoptions ce plan, les hommes seraient moitié à vous et moitié à moi ?

— D'accord. Je les commanderais.

— Mon représentant serait nommé commandant en chef ?

— D'accord. J'aurais besoin de l'Anjin-san pour entraîner mes hommes, pour en faire des canonniers.

— Mais il restera ma propriété exclusive. Vous le chérirez comme vous chérissez l'héritier ? Vous en serez responsable et vous agirez avec lui comme je vous l'ordonnerai.

— D'accord.

Toranaga contempla les nuages pourpres. Ce plan ne veut strictement rien dire, pensa-t-il. Je devrai déclarer Ciel pourpre moi-même et il me faudra marcher sur Kyoto à la tête de toutes mes troupes. A quatre-vingt-dixneuf chances sur cent. « Qui sera l'interprète ? Je ne peux pas détacher éternellement Toda Mariko-san.

— Pour quelques semaines, Sire ? Je veillerai à ce que le barbare apprenne notre langue.

— Ça prendra des années. Les seuls barbares qui y soient arrivés étaient les prêtres chrétiens, *neh ?* Ça fait au moins trente ans que Tsukku-san vit au Japon, *neh ?* Il n'apprendra jamais assez vite, pas plus que nous ne pourrions apprendre leurs langues.

— Oui. Mais je vous promets que cet Anjin-san apprendra très vite. » Yabu leur parla du plan qu'avait dressé Omi, comme si l'idée venait de lui.

« Ce serait trop dangereux.

— Il pourrait ainsi apprendre très vite, *neh ?* Après, il serait dompté. » Au bout d'un silence, Toranaga dit : « Comment ferez-vous pour garder le secret pendant leur entraînement ?

— Izu est une péninsule. La sécurité y est parfaite. Je les baserai près d'Anjiro, au sud. Loin de Mishima et de la frontière, pour plus de sûreté.

— Bien. Nous allons établir un courrier par pigeons d'Anjiro sur Osaka et Yedo tout de suite.

— Excellent. Je n'ai besoin que de cinq ou six mois et...

— Nous aurons de la chance si nous n'avons qu'une semaine, ironisa Hiro-matsu. Voudriez-vous dire par là que votre fameux réseau d'espionnage n'existe plus, Yabu-san ? Vous devez certainement être au courant ? Ishido n'est-il pas en train de mobiliser ? Onoshi n'est-il pas lui aussi en train de mobiliser ? Ne sommes-nous pas prisonniers, ici ? »Yabu ne répondit pas.

« Eh bien ? » lui dit Toranaga.

Yabu dit : « Des indications prouvent que tout ce dont vous parlez a effectivement lieu et qu'il se passe même autre chose. Si nous n'avons que six jours, ce sera toujours ça, mais je crois que vous êtes bien trop rusé pour rester prisonnier ici. A moins que vous ne soyez entraîné dans une guerre, plus tôt que prévu.

— Si j'acceptais votre plan, m'accepteriez-vous comme chef ?

— Oui. Et quand vous serez vainqueur, je serai très honoré d'accepter Suruga et Totomi comme parties intégrantes de mon fief, à jamais.

— Totomi dépendra du succès de votre plan.

— D'accord.

— Vous m'obéirez ? Sur votre honneur ?

— Oui. Sur la *Bushido.* Par le Seigneur Bouddha, sur la vie de ma mère, de ma femme et de ma future postérité.

— Bien. Pissons sur ce marché. »

Il alla au bord des créneaux, grimpa sur le parapet. Le jardin intérieur s'étalait à vingt mètres en contrebas. Hiro-matsu retint sa respiration, époustouflé par la bravade de son maître. Il le vit se tourner et faire signe à Yabu de venir près de lui. Yabu obéit.

Le moindre contact aurait pu les envoyer dans la mort. Toranaga et Yabu écartèrent les pans de leur kimono et entrouvrirent leur pagne. Ils pissèrent ensemble, mêlant leur urine et la regardant arroser le jardin en une fine pluie de rosée.

« Le dernier marché que j'ai scellé de cette façon, a été conclu avec le Taikō lui-même, dit Toranaga, soulagé d'avoir pu vider sa vessie. C'était au moment où il avait décidé de me donner le Kwanto et les Huit Provinces. » Les jambes écartées sur le parapet, il remettait son pagne en place, aussi confortablement que s'il avait été dans le jardin et non pas perché comme un aigle, si haut.

« Vous avez peut-être raison, Kasigi Yabu. Vous pouvez peut-être m'aider comme j'ai aidé le Taikō. Sans moi, il ne serait jamais devenu Taikō.

— Je peux seulement vous aider à devenir seul régent. Je ne peux pas vous aider à devenir shōgun.

— Bien sûr. C'est le seul honneur que je ne cherche pas, quoi qu'en disent mes ennemis. » Il regarda Yabu, toujours sur le parapet, réajuster sa ceinture. Il fut vivement tenté de le pousser pour son insolence. Il préféra s'asseoir et péta avec force : « Ah, ça va mieux ! Comment va votre vessie, Main de Fer ?

— Fatiguée, Sire. Très fatiguée. » Le vieil homme s'écarta et alla la vider avec joie par-dessus les créneaux. Il ne se tint pas là où Yabu s'était tenu. Il était très heureux de ne pas avoir dû sceller le marché avec Yabu. Voilà un marché que je n'honorerai jamais. Jamais.

« Yabu-san, tout ceci doit rester secret. Je crois que vous devriez partir dans les deux ou trois jours qui suivent, dit Toranaga.

— Oui. Avec les fusils et le barbare, Toranaga-sama ?

— Oui. Vous irez sur le bateau. » Toranaga regarda Hiro-matsu : « Préparez la galère.

— Le bateau est prêt, Les fusils et les munitions sont toujours à bord, dit Hiro-matsu, le visage désapprobateur.

— Bien. »

Tu y es arrivé, avait envie de crier Yabu. Tu as les fusils, l'Anjin-san, tout. Tu as tes six mois. Toranaga n'entrera jamais en guerre rapidement. Et si Ishido l'assassine dans les jours qui viennent, tu ne perds rien. Ô Bouddha, protégez Toranaga pendant que je serai en mer !

— Merci, dit-il avec grande sincérité. Vous n'aurez jamais d'allié plus fidèle. »

Quand Yabu fut parti, Hiro-matsu se retourna brusquement vers Toranaga : « C'était la pire des choses à faire. J'ai honte de ce marché. J'ai honte de voir que mes conseils comptent si peu. J'ai visiblement cessé de vous être utile et je suis très fatigué. Ce petit morveux sait qu'il s'est servi de vous comme d'une marionnette. Je crois que les dieux vous ont ensorcelé, Sire. Vous laissez Ishido nous faire honte ouvertement. Vous nous empêchez, moi et tous vos hommes, de vous protéger. Vous avez perdu le contrôle du Conseil, votre ennemi s'est joué de vous et vous pissez maintenant sur un marché solennel qui est aussi répugnant que ce plan. Vous scellez ce marché avec un homme qui ne connaît que le poison, la trahison, comme son père avant lui. » Il tremblait de rage. Toranaga ne répondit pas. Il le fixa calmement comme s'il n'avait rien dit. Hiro-matsu éclata : « Je vous pose des questions. Je vous insulte et vous ne savez que me fixer du regard ! Etes-vous devenu fou ? Suis-je devenu fou ? Je vous demande la permission de me faire seppuku. Si vous ne me le permettez pas, autorisez-moi au moins à me raser la tête et à devenir moine... n'importe quoi, n'importe quoi, mais laissez-moi en finir.

— Vous n'en ferez rien. Mais allez me chercher le prêtre barbare, Tsukku-san. »

Toranaga éclata de rire.

19

Le père Alvito descendait la colline à la tête de sa troupe habituelle de cavaliers. Ils étaient quarante ; tous habillés comme des prêtres bouddhistes, à l'exception du rosaire et du crucifix qui pendaient à leurs ceintures, tous japonais, tous fils bien nés de samouraïs chrétiens, tous étudiants du séminaire de Nagasaki, qui l'avaient accompagné à Osaka.

Ils allaient à une allure soutenue à travers les rues de la ville et se dirigeaient vers la Mission jésuite, une grande maison de style européen qui s'élevait près des quais. Le cortège passa les hautes portes de fer, pénétra dans la cour pavée et s'arrêta devant l'entrée principale. Les serviteurs attendaient pour aider le père Alvito à descendre de cheval. Ses éperons tintèrent sur les pierres. Il traversa le cloître, passa devant la petite chapelle. La porte de l'antichambre était ouverte. Il chassa son angoisse, prit sur lui et franchit le seuil.

« Est-il seul ?

— Non, Martin », dit le père Soldi. C'était un petit homme très doux, au visage grêlé. Il venait de Naples et était secrétaire du père visiteur depuis bientôt trente ans. « Le commandant Ferriera est avec Son Éminence. Oui, le paon est avec lui. Mais Son Éminence a dit que vous deviez entrer tout de suite. Qu'est-ce qui ne va pas, Martin ?

— Rien. »

Soldi grogna et retourna à son travail. Il taillait une plume d'oie.

« Rien, dit-il. Je finirai bien par le savoir.

— Oui », dit Alvito qui aimait cet homme, plus âgé que lui. Il se dirigea vers la porte du fond. Un feu de bois brûlait dans l'âtre et éclairait le lourd mobilier, soigneusement ciré. Un petit Tintoret, une Vierge à l'enfant, que le père visiteur avait apporté de Rome avec lui et qui enchantait Alvito, était suspendu au-dessus de la cheminée.

« Avez-vous revu l'Ingeles ? » lui demanda le père Soldi.

Alvito ne répondit pas et frappa à la porte.

« Entrez. »

Carlo dell'Aqua, père visiteur d'Asie, était représentant personnel du général des jésuites. C'était un homme de soixante et un ans, Napolitain d'origine, de haute stature, aux cheveux blancs et tonsurés. Il portait une soutane orange, et une croix finement ouvragée pendait à son cou. « Ah, Martin, entrez, entrez. Un peu de vin ? » dit-il, parlant le portugais avec le merveilleux accent chantant des Italiens, « Vous avez vu l'Ingeles ?

— Non, Votre Éminence. Simplement Toranaga.

— Mauvais ?

— Oui.

— Un peu de vin ?

— Merci.

— Vraiment mauvais ? » demanda Ferriera. Le soldat était assis près du feu, dans un fauteuil de cuir à haut dossier. Il avait dans les trente ans, était mince, élancé, imposant.

« Je crois que c'est très mauvais, commandant. Toranaga a dit, par exemple, que le problème concernant le commerce de cette année pouvait attendre.

— Le commerce ne peut évidemment pas attendre, pas plus que moi, dit Ferriera. Je pars avec la marée.

— Vous n'avez pas vos lettres de mer. J'ai peur que vous ne deviez attendre.

— Je croyais que tout était arrangé depuis des mois. » Ferriera se mit à maudire les règlements japonais qui imposaient à tous bateaux sans exception des autorisations d'entrée et de sortie. « Nous ne devrions pas être liés par des règlements indigènes, stupides. Vous aviez dit que cette entrevue n'était qu'une formalité, pour rassembler tous les documents.

— Il aurait dû en être ainsi, mais j'avais tort. Peut-être vaudrait-il mieux que je m'explique...

— Je dois rentrer à Macao immédiatement pour préparer le Vaisseau noir. Nous avons déjà acheté pour un million de ducats de soies à la foire de février de Canton et nous transportons au moins cent mille onces d'or chinois. Je croyais m'être fait comprendre en vous disant que toutes les liquidités de Macao, Malacca et Goa, que tous les pennies empruntés par les marchands de Macao et les pères jésuites étaient investis dans cette entreprise. Tous les pennies.

— Nous sommes tout aussi conscients que vous de l'importance de cette affaire, dit Dell'Aqua sèchement.

— Je suis désolé, commandant, mais Toranaga est président du Conseil des régents et la coutume veut que nous allions le voir, dit Alvito. Il a dit qu'il n'approuvait pas les tentatives d'assassinat.

— Qui les approuverait, mon père ? dit Ferriera.

— De quoi parle Toranaga, Martin ? demanda Dell'Aqua. Est-ce une ruse ? Assassinat ? Qu'est-ce que ça a à voir avec nous ?

— Il m'a dit : pourquoi est-ce que, vous les chrétiens, vous tentez d'assassiner mon prisonnier, le pilote ?

— Quoi ?

— Toranaga croit que la tentative visait l'Ingeles. Il a également dit qu'il y avait eu une autre tentative en prison. » Alvito regardait le soldat fixement.

« De quoi m'accusez-vous, mon père ? dit Ferriera. Une tentative d'assassinat ? Moi ? Dans la forteresse d'Osaka ? C'est la première fois que je viens au Japon.

— Vous n'êtes pas au courant, n'est-ce pas ?

— Je reconnais que plus vite l'hérétique sera mort, mieux ce sera, dit Ferriera froidement. Si les Hollandais et les Anglais commencent à semer leur merde en Asie, nous allons au-devant d'ennuis. Tous, tant que nous sommes

— Nous sommes déjà dans de beaux draps, dit Alvito. Toranaga a commencé par dire qu'il avait appris de l'Ingeles que d'incroyables bénéfices étaient réalisés par le *monopole* portugais sur le commerce chinois, que les Portugais vendent les soies, qu'ils sont seuls à pouvoir acheter en Chine, à des prix prohibitifs, en les payant avec de l'argent japonais, qu'ils sous-évaluent. Toranaga a dit : "Puisque l'hostilité existe entre la Chine et le Japon et que tout commerce direct est interdit, puisque les Portugais seuls ont la permission de faire ce commerce, les Portugais devront répondre — *par écrit* — aux accusations 'd'usuriers' portées par le pilote." Il "invite" Votre Éminence à fournir un rapport aux régents sur les taux d'échange — argent contre soie, soie contre argent, or contre argent. Il a ajouté qu'il ne voyait, bien sûr, aucune objection au fait que nous fassions de gros bénéfices pourvu qu'ils soient faits sur le dos des Chinois.

— Vous allez, bien sûr, rejeter une telle requête ? dit Ferriera.

— C'est très difficile.

— Alors, donnez un faux rapport.

— Notre position, fondée sur la confiance mutuelle, subirait un grave préjudice, dit Dell'Aqua.

— Pouvez-vous faire confiance à un Jap ? Bien sûr que non. Nos bénéfices doivent rester secrets. Putain d'hérétique !

— Je suis désolé de vous dire que Blackthorne semble particulièrement bien informé. »

Le père visiteur se tut.

« Qu'est-ce que ce Jap a encore dit ? » demanda Ferriera en faisant semblant de ne s'être pas rendu compte de leur regard complice. Il aurait souhaité en savoir autant qu'eux.

« Toranaga me demande de lui fournir, pour demain midi, une carte du monde avec les lignes de démarcation entre le Portugal et l'Espagne, les noms des papes qui ont approuvé les traités, et leurs dates. Il "exige" d'ici trois jours une explication écrite de nos "conquêtes" dans le Nouveau Monde et, "simplement pour mon intérêt personnel" *dixit,* le montant d'or et d'argent rapatrié — il a en fait utilisé le mot de Blackthorne, "pillé" — du Nouveau Monde vers l'Espagne et le Portugal. Il exige également une autre carte indiquant l'étendue des empires espagnol et portugais il y a cent ans, cinquante ans, et aujourd'hui. Avec les positions exactes de nos bases de Malacca à Goa. Il les a toutes nommées précisément. Elles étaient écrites sur un morceau de papier. Et le nombre exact de mercenaires japonais employés dans chacune de nos bases. »

Dell'Aqua et Ferriera étaient suffoqués. « Il faut absolument refuser, cria le soldat avec colère.

— On ne peut rien refuser à Toranaga, répliqua Dell'Aqua.

— Je crois, Votre Éminence, que vous surestimez son importance, dit Ferriera. Il me semble que ce n'est qu'un despote parmi tant d'autres, juste un autre païen meurtrier, dont il ne faut pas avoir peur. Refusez ! Toute leur économie s'effondrerait sans notre Vaisseau noir. Ils mendient pour avoir nos soies chinoises. Sans soie, pas de kimonos. Ils ont besoin de notre commerce. Que la peste soit sur Toranaga. Nous pouvons commercer avec les rois chrétiens. Comment s'appellent-ils ? Onoshi et Kiyama et les autres rois chrétiens de Kyushu. Nagasaki est là, après tout. Nous y sommes en position de force. Tout le commerce y transite.

— Impossible, commandant, dit Dell'Aqua. C'est votre premier voyage au Japon. Vous ne pouvez pas vous faire une idée de nos problèmes, ici. Oui, ils ont besoin de nous mais nous avons encore plus besoin d'eux. Sans les faveurs de Toranaga et d'Ishido, nous perdrions notre influence sur les rois chrétiens. Nous perdrions Nagasaki et tout ce que nous avons construit depuis cinquante ans. Avez-vous trempé dans cette tentative d'assassinat contre le pilote hérétique ?

— J'ai dit ouvertement à Rodrigues et à tous ceux qui voulaient l'entendre que l'Ingeles était un pirate dangereux risquant de contaminer toutes les personnes qui l'approcheraient. Qu'il fallait donc l'éliminer. Vous avez dit la même chose en employant des mots différents, Votre Éminence. Vous aussi, père Alvito. Le problème n'a-t-il pas été évoqué durant cette entrevue avec Onoshi et Kiyama, il y a deux jours ? N'avez-vous pas dit que le pilote était dangereux ?

— Oui, mais...

— Mon père, pardonnez-moi mais il est parfois nécessaire que des soldats fassent le devoir de Dieu du mieux qu'ils peuvent. Pour tout vous dire : j'étais furieux que Rodrigues n'ait pas provoqué un “accident” pendant la tempête. Par le corps du Christ, regardez ce que ce diable d'Ingeles a fait à Rodrigues. Ce pauvre fou lui est reconnaissant de lui avoir sauvé la vie quand ce n'était qu'une ruse pour gagner sa confiance. Rodrigues n'a-t-il pas été fou de laisser l'hérétique usurper sa place sur le gaillard d'arrière, en manquant en plus se faire tuer ? Quant à la tentative dans la forteresse, qui sait ce qui s'est passé ? Ça a dû être commandé par un indigène. C'est une ruse des Japs. Je ne suis pas mécontent qu'ils aient essayé. Je suis simplement écœuré qu'il aient échoué. Quand je m'occuperai de sa disparition, vous pouvez être sûr qu'il disparaîtra. » Alvito buvait son vin à petites gorgées, « Toranaga a dit qu'il envoyait Blackthorne à Izu.

— La péninsule à l'est ? demanda Ferriera.

— Oui.

— Par terre ou par mer ?

— Par mer.

— Très bien. Je regrette de vous le dire mais ils vont peut-être tous disparaître au cours d'une regrettable tempête. »

— Alvito dit froidement : « Je regrette de vous le dire à mon tour, mais Toranaga m'a dit, je vous livre ses mots exacts : « Un garde surveillera le pilote, Tsukku-san. Si un accident lui arrive, une enquête sera faite. Si par hasard un chrétien ou quelqu'un d'indirectement associé aux chrétiens en est responsable, il est fort possible que les édits d'expulsion soient réexaminés et tout à fait possible que les églises chrétiennes, les écoles soient immédiatement fermées. »

Dell'Aqua dit : « Dieu fasse que ça ne se produise pas !

— Du bluff tout ça ! ricana Ferriera.

— Non, vous avez tort, commandant. Toranaga est aussi habile qu'un Machiavel et aussi impitoyable qu'un Attila. » Alvito se tourna vers Dell'Aqua. « Ce serait si facile de nous blâmer si quoi que ce soit arrivait à l'Ingeles.

— Oui.

— Vous devriez peut-être remonter à la source du problème. Éliminer Toranaga, dit Ferriera brutalement.

— Le moment n'est pas à la plaisanterie, dit le père visiteur.

— Ce qui a si bien marché en Inde, en Malaisie, au Brésil, au Pérou, au Mexique et ailleurs réussira ici. Je l'ai moi-même fait une douzaine de fois avec l'aide de mercenaires japonais à Malacca et à Goa. Je n'ai pas votre influence ni votre savoir. Nous nous servons des rois chrétiens. Nous aiderons l'un d'entre eux à éliminer Toranaga s'il devient un obstacle. J'irai voir Kiyama. Père Alvito, si vous voulez bien me servir d'interprète...

— Vous ne pouvez comparer les Japonais aux Indiens ou à ces sauvages analphabètes d'Incas. Vous ne pouvez diviser et gouverner ici. Le Japon ne ressemble à aucune autre nation. Pas du tout..., dit Dell'Aqua d'un air fatigué. Je dois vous demander formellement, commandant, de ne pas vous immiscer dans les affaires intérieures de ce pays.

— D'accord. Oubliez, je vous prie, ce que je viens de dire. Heureusement que les tempêtes sévissent, à cette époque de l'année.

— Si une tempête éclate, c'est la grâce de Dieu. Mais vous *n'attaquerez pas* le pilote.

— Oh ?

— Pas plus que vous n'ordonnerez à quelqu'un de l'attaquer.

— Je suis lié par serment à *mon* roi pour détruire les ennemis de la couronne. L'Ingeles est un ennemi national. Un parasite, un pirate, un hérétique. Si je décide de l'éliminer, c'est mon affaire. Je suis commandant du Vaisseau noir cette année, et donc gouverneur de Macao et donc investi de pouvoirs semi-régaliens en ces eaux. Si je veux l'éliminer lui, Toranaga, ou qui que ce soit d'autre, je le ferai.

— Vous ne tiendriez donc pas compte de mes conseils. Vous risqueriez ainsi l'excommunication ?

— C'est hors votre juridiction. C'est un problème temporel, pas spirituel.

— La position de l'Église est si regrettablement mêlée à la politique et au commerce de la soie que tout engage sa sécurité. Tant que je vivrai, personne ne mettra en danger le futur de notre Sainte Mère l'Église ici !

— Merci d'être aussi explicite, Votre Éminence. J'essaierai à l'avenir de mieux comprendre les problèmes japonais.

— Je vous le conseille. Pour nous tous. Le christianisme n'est toléré ici que parce que les *daimyōs* sont intimement persuadés que s'ils nous expulsent et qu'ils chassent la Foi, les Vaisseaux noirs ne reviendront jamais plus. Nous, les Jésuites, sommes particulièrement recherchés et avons de l'influence parce que nous sommes les seuls à parler japonais et portugais. Nous pouvons donc jouer les arbitres dans les questions commerciales. Quant à la Foi, ce qu'ils croient, n'est *malheureusement* pas vrai. Je suis sûr que le commerce continuerait quelle que soit notre position et celle de l'Église, parce que les marchands portugais sont bien plus préoccupés par leurs intérêts égoïstes que par la Gloire de Dieu.

— Les intérêts égoïstes de notre clergé qui veut — au point de demander à Sa Sainteté les pleins pouvoirs — nous contraindre à faire route vers les ports de son choix, à traiter avec les *daimyōs* de son choix, sont peut-être tout aussi évidents !

— Vous ne savez pas ce que vous dites, commandant ?

— Je n'ai pas oublié que vous aviez demandé, il y a trois ans, au vice-roi de Goa d'annuler le Vaisseau noir et de ne l'envoyer que lorsque vous le décideriez. Vers le port de votre choix. Il est cependant passé outre, considérant vos désirs comme une ingérence inadmissible.

— C'était pour créer une crise économique au milieu de cette guerre stupide contre la Chine et la Corée. C'était pour refréner le Taikō. Si vous coopérez avec nous, suivez nos conseils. Tout le Japon sera chrétien dans une génération ! Qu'y a-t-il de plus important ? Le commerce ou le salut des âmes ?

— Le salut des âmes. Mais puisque vous m'avez éclairé sur les affaires japonaises, laissez-moi les replacer dans leur perspective correcte. L'argent japonais nous donne les soies et l'or chinois. Les immenses bénéfices que nous en tirons et que nous transférons sur Malacca et Goa, puis sur Lisbonne, soutiennent tout notre empire asiatique, tous nos forts, toutes nos missions, toutes nos expéditions, tous nos missionnaires, toutes nos découvertes et paient la plupart sinon la totalité de nos engagements européens, empêchant les hérétiques d'arriver en Asie. Qu'y a-t-il de plus important ? La chrétienté espagnole, portugaise et italienne ou la chrétienté japonaise, mon père ? »

Dell'Aqua regarda le soldat. « Une fois pour toutes, vous - ne - vous-mêlerez - pas - des - affaires - intérieures - de - ce - pays !

— Et si l'on... si l'on m'empêche d'agir, que proposez-vous pour l'hérétique ? Ou pour Toranaga ? »

Dell'Aqua s'assit, croyant qu'il avait gagné. « Je ne sais pas pour l'instant. L'idée seule d'éliminer Toranaga me semble comique et risible. Il est de notre côté, en faveur d'un commerce toujours plus florissant. » Il baissa la voix. « Et donc en faveur de vos bénéfices toujours plus florissants.

— Et des *vôtres*, dit Ferriera, à nouveau mordant et hargneux.

— Nos bénéfices sont destinés, comme vous le savez très bien, à l'œuvre de Dieu. » Dell'Aqua se versa du vin et dit pour le calmer : « Allez, Ferriera, ne nous bagarrons pas de la sorte. Vous pouvez me croire. Toranaga nous est indispensable. Sans lui pour faire obstacle aux autres régents, le pays entier retournerait à l'anarchie.

— Oui, c'est vrai, commandant..., dit Alvito. Je ne comprends toujours pas pourquoi il est encore dans la forteresse, pourquoi il a accepté que l'entrevue soit reportée. Il doit certainement savoir qu'Osaka est plus fermée que la ceinture de chasteté de la dame du chevalier jaloux. Il aurait dû s'en aller il y a plusieurs jours. »

Ferriera dit : « S'il est indispensable, pourquoi soutenir Onoshi et Kiyama ? Ces deux-là ne se sont-ils pas rangés du côté d'Ishido ? Contre lui ? Pourquoi ne leur conseillez-vous pas le contraire ? Avec une menace d'excommunication à la clef ? »

Dell'Aqua soupira. « J'aimerais que ce soit aussi simple. Rien ne se fait de cette manière-là, au Japon. Ils détestent les ingérences extérieures dans leurs affaires privées. Même une suggestion de notre part doit être offerte avec la plus extrême délicatesse. »

Ferriera vida son gobelet d'argent, se versa encore un peu de vin et se calma, sachant qu'il avait besoin d'avoir les jésuites avec lui. Sans eux comme interprètes, il était perdu.

La main de Ferriera se posa sur le pommeau de sa rapière. « Par le sang du Christ, mon Vaisseau noir partira à temps de Macao, ira jusqu'à Nagasaki, puis repartira avec la mousson vers le sud, vers Goa et le pays ! » Il ajouta silencieusement : « Même si je dois brûler tout le Japon, tout Macao et toute la Chine pour ça, par la Sainte Vierge !

— Nos prières sont, bien sûr, avec vous, répliqua Dell'Aqua en pensant ce qu'il disait. Nous savons l'importance de votre voyage.

— Qu'est-ce que vous suggérez ? Je suis coincé sans ces autorisations portuaires, sans sauf-conduits. On ne peut pas éviter les régents ? Il y a peut-être un autre moyen. »

Dell'Aqua secoua la tête. « Martin, vous qui êtes notre expert commercial ?

— Je suis désolé, mais c'est impossible », dit Alvito. Il avait écouté cette discussion enflammée avec une indignation contenue. « Je suis sûr que dans un jour ou deux tout sera réglé, commandant. Une semaine au plus. Toranaga a pas mal de problèmes à l'heure actuelle. Tout sera réglé. J'en suis certain.

— J'attendrai une semaine. Pas plus, », dit Ferriera. Son ton de voix chargé de menace faisait peur. « J'aimerais bien mettre la main sur l'hérétique. Je lui ferais cracher la vérité. Toranaga a-t-il dit quelque chose de cette prétendue escadre ? D'une escadre ennemie ?

— Non.

— J'aimerais bien savoir la vérité. Parce qu'en mer, chargé comme le serait mon Vaisseau noir, n'importe quelle frégate ennemie — ou cette putain hollandaise d'*Érasme* — pourrait sans difficulté me faire abattre le pavillon impérial du Portugal. Il vaudrait mieux que l'Ingeles ne prenne pas la mer sur son bateau, avec des canonniers, de la poudre et des munitions à bord. Quand est-ce que Blackthorne part pour Izu ?

— Toranaga ne l'a pas dit, répondit Alvito. J'ai l'impression que c'est pour très bientôt.

— Aujourd'hui ?

— Les régents se réunissent dans quatre jours. Je crois que ce sera plutôt après la réunion. »

Dell'Aqua dit : « Blackthorne ne doit pas être inquiété, pas plus que Toranaga.

— Vous serez informé, commandant, dès que j'aurai la réponse de Toranaga.

— Merci. »

Ferriera parti, le père visiteur demanda d'une voix angoissée : « Martin, qu'est-ce qu'a encore dit Toranaga ?

— Il veut une explication par écrit sur la contrebande d'armes et ces conquistadores. Toranaga était amical, gentil mais... je ne l'avais jamais vu comme ça.

— D'où ce maudit Anglais tire-t-il ses informations ?

— J'aimerais bien le savoir,

— Ces dates et ces noms. Vous ne vous êtes pas trompé ? Il les a dits exactement comme ça ?

— Non, Votre Éminence. Les noms étaient écrits sur un morceau de papier. Il me les a montrés.

— C'était son écriture ?

— Non. Les noms étaient écrits, phonétiquement, en japonais.

— Nous devons savoir qui traduit pour Toranaga. Il doit être excellent. Ce n'est certainement pas un des nôtres. Ce ne peut pas être le frère Manuel, n'est-ce pas ?

— Non. Manuel est toujours à Kyushu. Qu'il brûle dans les flammes éternelles. Il est toujours un fervent adversaire de Toranaga. Il ne l'aiderait jamais. Heureusement, il n'a jamais eu accès à aucun secret politique. L'interprète était la dame Maria, dit Alvito, en utilisant le nom de baptême de Toda Mariko.

— C'est Toranaga qui vous l'a dit ?

— Non, Votre Eminence. Mais on m'a dit qu'elle est venue à la forteresse et qu'on l'a vue en compagnie de l'Ingeles.

— Vous êtes sûr de ce que vous avancez ?

— De source très bien informée.

— Bien, dit Dell'Aqua. Peut-être que Dieu est avec nous. Faites-la venir, tout de suite.

— Je l'ai déjà vue. Je me suis débrouillé pour la rencontrer par hasard. Elle était toujours aussi délicieuse, pieuse et respectueuse, mais elle m'a sèchement dit avant que je n'aie eu la moindre possibilité de la questionner : “Bien sûr, l'empire est un pays très secret, mon père. Il y a des choses qui, par coutume, doivent rester secrètes. En est-il de même au Portugal, dans la Compagnie de Jésus ?”

— Vous êtes son confesseur ?

— Oui. Mais elle ne dira rien.

— Pourquoi ?

— Parce qu'elle a été visiblement prévenue et a reçu interdiction de raconter quoi que ce soit. Je les connais trop bien. En ce domaine précis, l'influence de Toranaga sera plus forte que la nôtre.

— Sa foi est-elle si faible ? Certainement pas. Elle deviendra nonne un jour. Elle sera peut-être même la première abbesse japonaise.

— Oui. Mais elle ne vous dira rien maintenant.

— L'Église est en danger. C'est important, peut-être trop important, dit Dell'Aqua. Elle devrait comprendre ça. Elle est trop intelligente pour ne pas comprendre.

— Ne mettez pas, je vous en prie, sa foi à l'épreuve. Nous devons perdre. Elle m'a averti.

— Ce serait peut-être bien pour elle d'être mise à l'épreuve. Pour son propre salut.

— C'est à vous de prendre la décision. Mais j'ai bien peur qu'elle ne doive obéir à Toranaga, Votre Éminence. Pas à nous.

— Je penserai à Maria. »

Que sait vraiment l'hérétique ?

Pendant plus d'une heure, Son Éminence resta assise immobile dans son fauteuil de cuir à haut dossier, fixant le feu. Alvito attendit patiemment près de la bibliothèque, les mains sur le ventre.

Dell'Aqua fini par se lever, s'étira et alla vers la fenêtre. « Eh bien, Martin, il semble que nous ayons du pain sur la planche. » Dell'Aqua se mit à faire les cent pas. « Pour ce qui est du pilote anglais : si nous ne le protégeons pas, il sera tué et nous risquons de perdre les faveurs de Toranaga. Si nous nous arrangeons pour le protéger, il finira par se pendre lui-même. Mais oserons-nous attendre ? Sa présence est un danger pour nous. Nous ne pouvons prédire les dégâts qu'il peut causer avant cette date bénie. Peut-on aider Toranaga à l'éliminer? Nous pourrions peut-être le convertir ? »

Alvito cligna des yeux : « Quoi ?

— Il est intelligent. Il sait beaucoup de choses sur le catholicisme. Les Anglais ne sont-ils pas, au fond d'eux-mêmes, catholiques ? La réponse est affirmative si leur roi ou leur reine est catholique. Les Anglais se moquent de la religion. Ils sont fanatiquement contre nous en ce moment, mais n'est-ce pas à cause de l'Armada ? Peut-être que Blackthorne peut être converti ? Ce serait la solution idéale, pour la Gloire de Dieu. Pour sauver une âme de la damnation vers laquelle elle court très certainement. Pour ce qui est de Toranaga : nous allons lui donner les cartes qu'il réclame. Nous allons tout lui expliquer des "sphères" d'influence. Dites-lui que je serai très honoré de le faire par écrit. Je lui donnerai les cartes dès que possible. Il faut que je vérifie les faits en allant à Macao. Pourrait-il nous accorder un délai raisonnable ? Vous lui direz en même temps que vous êtes au plaisir de lui annoncer que le Vaisseau noir arrivera trois semaines en avance, avec la plus importante cargaison de soie et d'or jamais vue, que toutes nos marchandises et... (il réfléchit un instant), et qu'au moins trente pour cent de toute la cargaison sera vendue par l'intermédiaire de son courtier.

— Votre Éminence, le commandant ne voudra pas partir en avance et ne voudra pas non plus...

— Vous avez pour responsabilité d'obtenir de Toranaga les autorisations portuaires de Ferriera. Allez le voir tout de suite avec ma réponse. Qu'il soit impressionné par notre rapidité. N'est-ce pas l'une des choses qu'il admire le plus ? Avec ses autorisations en poche, Ferriera nous concédera cette arrivée anticipée, cette saison. Quant au courtier, quelle différence y a-t-il pour le commandant entre un indigène et un autre ? Il obtiendra quand même son pourcentage.

— Mais Sire Onoshi et sire Kiyama se divisent généralement le courtage entre eux. Je ne sais s'ils seront d'accord.

— Alors, résolvez le problème. Toranaga acceptera un retard pour obtenir une concession. Les seules concessions dont il ait besoin sont le pouvoir, l'influence et l'argent. Que peut-on lui donner ? Nous ne pouvons pas lui livrer les *daimyōs* chrétiens. Nous...

— Pas encore, dit Alvito.

— Même si nous le pouvions. Je ne sais toujours pas si nous serions obligés de le faire ou si nous le ferions volontairement. Onoshi et Kiyama sont ennemis mais ils se sont ligués contre Toranaga parce qu'ils sont sûrs qu'il éliminera l'Église, qu'il les éliminera, s'il arrive à prendre le contrôle du Conseil.

— Je ne partage pas votre confiance, Martin. Nous ne devons pas oublier ça, parce que Kiyama et Onoshi sont chrétiens. Nous ne pouvons pas les offenser. La seule concession que nous pouvons faire à Toranaga est d'ordre commercial. C'est un fanatique du commerce mais il ne s'en est jamais occupé personnellement. Ce que je suggère pourrait le pousser à nous garantir un délai qui deviendrait par la suite permanent. Vous savez combien les Japonais aiment ce genre de solutions : un gros bâton brandi bien haut et les deux partis faisant semblant d'en ignorer l'existence, n'est-ce pas ?

— De mon point de vue, il n'est pas sage, politiquement parlant, pour sire Onoshi et sire Kiyama de se retourner en ce moment contre Toranaga. Ils devraient suivre le vieux proverbe qui dit de toujours se ménager une voie de salut, non ? Je pourrais leur suggérer qu'une offre de vingt-cinq pour cent à Toranaga — chacun aurait ainsi une part égale — serait une décision anodine qui ferait oublier leur prise de parti "provisoire" en faveur d'Ishido.

— Ishido ne leur ferait plus confiance et nous en voudrait encore plus quand il découvrirait le pot aux roses.

— Ishido nous déteste. Ishido ne leur fait pas plus confiance qu'ils ne lui font confiance. Nous ne savons pas pourquoi ils se sont rangés à ses côtés. Avec l'accord d'Onoshi et de Kiyama, nous pourrions formuler la proposition comme si elle venait de *nous* et maintenir ainsi le statu quo entre Ishido et Toranaga. Nous pouvons en privé informer Toranaga de leur générosité. » Dell'Aqua mit en balance les qualités et les défauts du plan et finit par dire : « Excellent. Mettez-le tout de suite à effet. Pour ce qui est de l'hérétique ? Donnez ses carnets à Toranaga aujourd'hui. Retournez immédiatement auprès de lui. Dites-lui que les carnets nous ont été envoyés secrètement.

— Comment expliquer le retard mis à les lui apporter ?

— Pas d'explication. La vérité, simplement : ils nous ont été apportés par Rodrigues. Aucun de nous n'avait réalisé que ce paquet cacheté contenait les cartes manquantes, Nous ne l'avons en fait pas ouvert pendant deux jours. On les a oubliés dans ce remue-ménage autour de l'hérétique. Les carnets prouvent que Blackthorne est un pirate, un voleur et un traître. Ses propres mots le condamneront une fois pour toutes. Ce ne sera bien sûr que justice divine. Dites la vérité à Toranaga. Que Mura les a donnés au père Sebastio, comme ça s'est effectivement passé, qui nous les a envoyés en sachant que nous saurions quoi en faire. Ceci blanchit Mura, le père Sebastio, tout le monde. Je suis sûr que Toranaga comprendra que nous avions ses intérêts à cœur. Sait-il que Yabu a conclu un arrangement avec Ishido ?

— Je crois, oui, Votre Éminence. Mais la rumeur circule que Toranaga et Yabu sont de nouveaux amis.

— Je ne ferai pas confiance à ce suppôt de Satan.

— Je suis certain que Toranaga non plus ne lui fait pas confiance et que Yabu n'a pas conclu de marché avec lui. »

20

Blackthorne était voluptueusement allongé sur le ventre, à demi enveloppé dans un kimono de coton. Sa tête reposait sur ses bras. La fille lui massait le dos, tâtait ses muscles de temps à autre, calmait sa peau et son esprit. Elle le faisait ronronner de plaisir. Une autre fille versait du saké dans une petite tasse de porcelaine. Une troisième portait un plateau en laque sur lequel étaient disposés un panier débordant de poisson séché à la portugaise, une autre bouteille de saké et quelques paires de baguettes.

« *Nan desu ka,* Anjin-san ?

— Je ne peux pas le dire en *nihon-go,* Rako-san. » Il sourit à la fille qui lui offrait le saké et désigna la tasse. « Comment ça s'appelle ? *Namae ka ?*

— *Sabazuki.* » Elle répéta trois fois le mot. Il fit de même. Asa lui offrit alors le poisson, mais il secoua la tête. « *Iyé. Domo.* » Il ne savait pas comment dire : « Je suis rassasié. » Il essaya de se faire comprendre en disant : « Pas faim, maintenant.

— *Ah ! Ima hara hette wa oranu* », lui expliqua Asa en le corrigeant. Il répéta la phrase plusieurs fois et elles se mirent à rire de sa prononciation. Je n'arriverai jamais à apprendre cette langue, pensa-t-il. Je ne trouve aucune similitude avec les sons anglais, portugais ou latins.

« Anjin-san ? » Asa lui présenta le plateau encore une fois. Il secoua la tête et posa gravement sa main sur son ventre, mais il accepta quand même le saké et l'avala. Sono, la fille qui lui massait le dos, s'était arrêtée. Il lui saisit la main, la mit sur son cou et fit semblant de grogner de plaisir. Elle comprit tout de suite et se remit au travail. Chaque fois qu'il avait terminé sa tasse, elles la remplissaient aussitôt. Tout doux, pensa-t-il, c'est la troisième fiasque que je termine et je sens déjà la chaleur m'envahir le bout des orteils.

Asa, Sono et Rako étaient arrivées avec l'aube. Elles lui avaient servi du *cha* — le père Domingo lui avait appris que les Chinois l'appelaient parfois *t'ee.* Il avait dormi d'un sommeil mouvementé après l'épisode de l'assassin, mais la boisson chaude et piquante l'avait remis d'aplomb. Elles avaient apporté de petites serviettes chaudes, roulées, légèrement parfumées, et Rako lui avait montré comment les utiliser, en les passant sur le visage et sur les mains. Puis elle l'avaient escorté avec ses quatre samouraïs jusqu'aux bains de vapeur et l'avaient remis entre les mains des baigneurs. Pendant qu'on lui donnait son bain, qu'on lui lavait les cheveux, qu'on lui coupait la barbe et qu'on le massait, ses quatre gardes avaient sué, stoïquement. Après cette séance, il se sentit miraculeusement renaître. On lui donna un autre kimono de coton qui lui descendait à mi-genoux, des tabis propres. Les filles l'attendaient. Elles le conduisirent dans une autre pièce où se trouvaient Mariko et Kiri.

Mariko avait alors dit que sire Toranaga avait décidé d'envoyer, d'ici quelques jours, l'Anjin-san dans une de ses provinces pour se reposer, que sire Toranaga était très content de lui et qu'il n'avait aucun besoin de s'inquiéter, car il se trouvait à présent sous sa protection personnelle. L'Anjin-san serait assez aimable de dessiner les cartes et de mettre au point les renseignements qu'elle devait transmettre. Il y aurait d'autres entrevues avec le maître, qui avait promis qu'elle répondrait bientôt à toutes les questions que l'Anjin-san souhaiterait poser. Sire Toranaga était très impatient de voir l'Anjin-san apprendre le japonais tout comme il était très impatient de tout savoir du monde extérieur, de la navigation et de la vie de la mer.

Blackthorne avait ensuite été conduit auprès du docteur qui, à la différence des samouraïs, amouraïs, portait les cheveux coupés au ras du crâne. Blackthorne détestait les docteurs, mais celui-là était doux et incroyablement propre. Il le tâta soigneusement, l'ausculta poliment, tint son poignet pour lui prendre le pouls, lui regarda les yeux, la bouche et les oreilles, lui tapota les genoux, le dos et la poitrine. Un docteur européen ne regardait que votre langue et demandait : « Où avez-vous mal ? » Puis il vous saignait pour expulser toutes les saletés de votre sang et vous donnait un émétique pour purger vos entrailles. Blackthorne détestait être purgé et saigné. C'était chaque fois pire que la fois précédente. Mais ce docteur n'avait pas de scalpel ou de pot à saignement. Il n'avait même pas cette horrible odeur chimique qui, normalement, entourait les autres. Son cœur s'était donc mis à battre plus paisiblement. Il s'était un peu détendu.

Les doigts du docteur touchèrent interrogativement les cicatrices qu'il avait à la cuisse. Blackthorne imita le bruit du fusil. Une balle de mousquet avait un jour traversé sa chair. Le docteur dit : *« Ah so desu »*, et hocha la tête. Il finit par parler à Rako qui acquiesça, salua et remercia.

« Ichi ban? avait demandé Blackthorne qui voulait savoir s'il allait bien.

— *Hai,* Anjin-san.

— *Honto ka ?*

— *Honto.* »

Quel mot utile, *honto* — « c'est vrai ? » « Oui, c'est vrai », pensa Blackthorne. « *Domo,* docteur-san.

— *Do itamashité* », répondit le docteur en saluant. Il n'y a vraiment pas de quoi. Blackthorne lui rendit son salut. Les filles l'emmenèrent. Une fois de retour, sur ses nattes épaisses, son kimono de coton défait et Sono lui caressant le dos, il se souvint d'avoir été nu chez le docteur devant toutes ces filles et ces samouraïs et de n'avoir ressenti aucune honte.

« *Nan desu ka,* Anji-san ? » lui demanda Rako. Pourquoi riez-vous ? Ses dents blanches brillaient. Ses sourcils étaient épilés et dessinés en forme de croissant, ses cheveux noirs arrangés en un énorme chignon au-dessus de sa tête. Elle portait un kimono rose à fleurs et un obi gris-vert.

« Parce que je suis heureux, Rako-san. Mais comment vous le dire ? Comment vous dire que j'ai ri parce que je suis heureux, que j'ai l'esprit léger et libre pour la première fois depuis mon départ de la maison. Parce que mon dos se sent bien. Parce que je me sens totalement bien. Parce que je suis parvenu à avoir l'oreille de Toranaga, que j'ai mis dans le mille, que j'ai coulé ces maudits Jésuites et ces vérolés de Portugais. » Il se leva précipitamment, resserra les pans de son kimono et se mit à danser une *hornpipe* échevelée en chantant un refrain de marins. Rako et ses compagnes étaient stupéfaites. Le panneau coulissant s'ouvrit et les gardes regardèrent le spectacle, tout aussi ahuris. Blackthorne dansa et chanta d'une voix tonitruante, jusqu'à ce qu'il n'en puisse plus. Il éclata alors de rire et s'effondra. Les filles tapèrent des mains et Rako tenta de l'imiter, échouant lamentablement parce que les pans de son kimono la gênaient. Les autres se levèrent et le persuadèrent de leur montrer comment il s'y prenait. Il essaya. Les filles se tenaient en ligne devant lui, le regardaient. Elles avaient relevé leurs kimonos. Mais elles n'y arrivèrent pas.

Les gardes, tout à coup, devinrent solennels et se mirent à saluer très bas. Toranaga se tenait dans l'encadrement de la porte, flanqué de Mariko, de Kiri et de ses éternels samouraïs. Toutes les filles s'agenouillèrent, posèrent leurs mains à plat sur le sol et saluèrent, mais les rires ne disparurent pas pour autant. La peur ne se lisait pas sur leurs visages. Blackthorne salua poliment.

« *Konnichi wa,* Toranaga-sama.

— *Konnichi wa,* Anjin-san.

— Mon maître demande ce que vous étiez en train de faire, senhor ?

— Ce n'était qu'une danse, Mariko-san, dit Blackthorne, se sentant bête. Ça s'appelle une *hornpipe.* C'est une danse de marins. Nous chantons des refrains de mer — des chansons — en même temps. J'étais simplement heureux. C'était peut-être le saké. Je suis désolé. J'espère ne pas avoir dérangé Toranaga-sama.

— Mon maître dit qu'il aimerait beaucoup vous voir danser cette danse en chantant cette chanson.

— Maintenant ?

— Oui, bien sûr. »

Toranaga s'assit en tailleur et sa petite cour s'installa.

Tu y es, crétin, se dit Blackthorne. Voilà ce qui arrive quand on ne fait pas attention. Tu dois, à présent, passer aux actes. Tu n'as plus de voix. Tes pas sont gauches et maladroits.

Il resserra les pans de son kimono et se lança quand même, avec grâce. Il se mit à pivoter, à tourner, à sauter. Sa voix tonnait, grondait, joyeuse.

Grand silence.

« Mon maître dit qu'il n'a jamais rien vu de tel.

— *Arigato goziemashita !* » dit Blackthorne, en nage. Toranaga mit ses épées de côté, remonta les pans de son kimono et vint près de lui. « Sire Toranaga veut apprendre à danser votre danse.

— Pardon ?

— Apprenez-la-lui, s'il vous plaît. »

Blackthorne s'exécuta. Il lui montra les pas de base que Toranaga maîtrisa très vite. Blackthorne était tout à fait impressionné par l'agilité de cet homme d'âge certain, au gros ventre et aux fesses rebondies. Il chanta et dansa et Toranaga se joignit à lui, hésitant, à la grande joie des spectateurs. Il enleva son kimono, croisa les bras et se mit à danser à côté de Blackthorne avec un égal enthousiasme. Blackthorne, lui aussi, ôta son kimono et chanta plus fort. Il fit, pour finir, un petit saut en deux temps trois mouvements et s'arrêta. Il applaudit et salua Toranaga. Ils applaudirent tous leur maître. Toranaga s'assit au milieu de la pièce. Rako se précipita vers lui pour l'éventer ; les autres ramassèrent son kimono. Mais Toranaga le tendit à Blackthorne et en prit un ordinaire à la place. Mariko dit : « Mon maître serait heureux de vous voir accepter ceci en cadeau », elle ajouta : « On considère comme un très grand honneur le fait de recevoir un kimono de son suzerain, même si ce kimono est très vieux.

— *Arigato goziemashita, Toranaga-sama.* » Blackthorne salua profondément puis dit à Mariko : « Je comprends très bien l'honneur qu'il me fait, Mariko-san. Remerciez sire Toranaga, je vous prie, en employant les mots d'usage que je ne connais malheureusement pas encore. Dites-lui que je le garderai précieusement et que je chérirai encore plus l'honneur qu'il m'a fait en dansant avec moi. »

Kiri et ses servantes aidèrent respectueusement Blackthorne à enfiler le kimono de leur maître et lui montrèrent comment en nouer la ceinture. Le kimono était en soie brune, avec les cinq insignes pourpres. La ceinture était en soie blanche.

« Sire Toranaga dit qu'il a beaucoup aimé votre danse. Un jour, il vous apprendra l'une des nôtres. Il aimerait que vous appreniez le japonais le plus vite possible.

— Et moi donc ? Pouvez-vous lui demander quand est-ce qu'on me rendra mon bateau ?

— Senhor ?

— Mon bateau, senhora. Demandez-lui, je vous prie, quand est-ce que je récupérerai mon bateau. Toute la cargaison a été déchargée. Il y avait vingt mille ducats dans le coffre-fort. Je suis sûr qu'il comprendra que nous sommes des marchands. Bien que nous appréciions son hospitalité, nous aimerions quand même faire du commerce — avec les marchandises que nous avons apportées de notre pays — et retourner chez nous. Il va nous falloir au moins dix-huit mois pour faire la route de retour.

— Mon maître dit que vous n'avez pas à vous inquiéter. Tout sera fait dès que possible. Vous devez d'abord être fort et en bonne santé. Vous partez au crépuscule.

— Senhora ?

— Sire Toranaga a dit que vous partiez au crépuscule, senhor. Me suis-je mal exprimée ?

— Non, non, pas du tout, Mariko-san. Mais vous m'avez dit il y a une heure que je ne partais que dans quelques jours.

— Oui, mais il vient de dire que vous partiez cette nuit. Mon maître dit que c'est mieux et plus pratique pour vous. Pas besoin de vous inquiéter, Anjin-san. Vous êtes sous sa protection. Il envoie la dame Kiritsubo à Yedo pour y préparer son retour. Vous partirez avec elle.

— Remerciez-le, s'il vous plaît. Est-il possible de faire libérer le frère Domingo ? Cet homme possède un immense savoir.

— Mon maître dit qu'il est désolé. Il est allé immédiatement le faire chercher, hier, quand vous le lui avez demandé, mais il était déjà mort. »

Blackthorne était atterré. « Comment est-il mort ?

— Mon maître dit qu'il est mort quand on a appelé son nom.

— Pauvre homme !

— Mon maître dit que la vie et la mort sont deux mêmes choses. L'âme du prêtre attendra le quarantième jour pour renaître. Pourquoi être triste ? Telle est la loi immuable de la nature. »

Blackthorne chassa sa tristesse et concentra ses pensées sur Toranaga et le présent. « Puis je lui demander si mon équipage... » Il s'arrêta car Toranaga regardait ailleurs. Un jeune samouraï entra en hâte dans la pièce, salua et attendit.

« *Nanja ?* »

Blackthorne ne comprit rien. Il lui sembla pourtant entendre le nom du père Alvito : « Tsukku-san. » Il vit le regard de Toranaga se poser sur lui et remarqua l'ébauche d'un sourire. Il se demanda s'il avait effectivement envoyé quelqu'un chercher le prêtre. Je l'espère, pensa-t-il. J'espère aussi qu'Alvito est dans la fiente jusqu'au cou. L'est-il, oui ou non ? Blackthorne ne posa pas la question à Toranaga, bien qu'il en fût très tenté.

« *Kare ni matsu yoni,* dit Toranaga sèchement.

— *Gyoi.* » Le samouraï salua et sortit. Toranaga se tourna vers Blackthorne.

« *Nanja,* Anjin-san ?

— Vous disiez, capitaine ? dit Mariko. Au sujet de votre équipage.

— Oui. Est-ce que Toranaga-sama peut aussi le prendre sous sa protection ? Peut-il veiller à ce qu'il soit bien traité ? Est-il, lui aussi, envoyé à Yedo ? »

Elle le lui demanda. Toranaga ficha ses épées dans la ceinture de son kimono. « Mon maître dit que tout a été prévu. Vous n'avez pas à vous inquiéter pour eux.

— Est-ce que mon bateau est en sécurité ? Est-ce qu'on s'en occupe ?

— Oui. Il dit que le bateau est déjà à Yedo. »

Toranaga se leva. Tous saluèrent, mais Blackthorne interrompit brutalement. « Une dernière chose... » Il s'arrêta de parler et se maudit, en se rendant compte de son impolitesse. Toranaga avait, de toute évidence, clos l'entrevue. Ils s'étaient tous mis à saluer et s'étaient immobilisés aux paroles de Blackthorne. Ils étaient complètement perdus, ne sachant plus s'ils devaient poursuivre ou attendre et refaire leur salut plus tard.

« *Nanja,* Anjin-san ? » La voix de Toranaga était cassante et inamicale. Lui aussi venait d'être perturbé.

« Je suis désolé, Toranaga-sama. Je ne voulais pas être impoli. Je voulais simplement savoir si dame Mariko serait autorisée à parler quelques instants avec moi avant mon départ ? Cela me serait d'un grand secours. »

Toranaga grogna un oui impérieux et sortit, suivi de Kiri et de sa garde personnelle.

Quelle bande de petits susceptibles, se dit Blackthorne. Tu dois faire preuve de prudence. Il essuya son front du revers de sa manche et vit le désarroi s'inscrire sur le visage de Mariko. Rako brandit immédiatement un petit mouchoir. Il se rappela qu'il portait le kimono du « maître » et qu'on ne s'essuyait pas le front avec le revers de la manche du « maître ». Tu viens donc de commettre un autre crime de lèse-majesté ! Je n'arriverai jamais à apprendre. Seigneur, qui êtes au ciel... Jamais !

« Anjin-san ? » Rako lui offrait du saké. Il la remercia et le but.

« *Gomen nasai* », dit-il. Il prit la tasse et la tendit à Mariko avec bonne humeur. « Je ne sais si c'est une coutume polie ou pas, mais aimeriez-vous boire un peu de saké ? Est-ce permis ? Dois-je me cogner la tête par terre ? »

Elle rit. « Oh oui, c'est très poli. Non, ne vous cognez pas la tête par terre, s'il vous plaît. Vous n'avez pas besoin de me présenter vos excuses, capitaine. Les hommes ne s'excusent jamais auprès des femmes. Tout ce qu'ils font est bien. C'est, du moins, ce que nous, les femmes, croyons. Vous ne pouviez pas savoir, Anjin-san. Merci, non. Je ne dois plus boire de saké car il me monte à la tête et me paralyse les genoux. Vous apprenez très vite. Ça doit vous être très difficile, Ne vous tourmentez pas, Anjin-san, sire Toranaga m'a dit qu'il trouvait vos aptitudes exceptionnelles. Il ne vous aurait jamais donné son kimono s'il n'avait pas été content de vous.

— A-t-il fait chercher Tsukku-san ?

— Le père Alvito ?

— Oui.

— Vous auriez dû le lui demander, capitaine. Il ne m'a rien dit. Il est, en ce domaine, très sage, car les femmes n'y connaissent rien en politique.

— *Ah, so desu ka ?* J'aimerais que nos femmes soient aussi... sages. »

Mariko s'éventa, confortablement installée, les pieds repliés sous elle, sur son coussin. « Votre danse était tout à fait extraordinaire, Anjin-san. Vos femmes dansent-elles de la même façon ?

— Non. Les hommes seulement, C'était une danse d'hommes. Une danse de marins.

— Puisque vous voulez me poser des questions, me permettez-vous de vous en poser quelques-unes, d'abord ?

— Je vous en prie.

— A quoi ressemble votre femme ?

— Elle a vingt-neuf ans. Je mesure un mètre quatre-vingt-cinq, et elle, un mètre soixante-douze. Vous, vous ne mesurez qu'un mètre cinquante. Elle a donc une tête de plus que vous, tout en étant aussi bien proportionnée que vous. Ses cheveux ont la couleur de... » Il montra du doigt les poutres de cèdre poli ; leurs yeux se tournèrent dans la direction qu'il indiquait, puis revinrent vers lui. « A peu près cette couleur. Blonds avec une touche de rouge. Ses yeux sont bleus, plus bleus que les miens, bleuvert. Elle porte les cheveux longs et flous, la plupart du temps. »

Mariko traduisit pour les autres qui retenaient leur respiration. Les gardes écoutaient tout aussi passionnément. Rako posa une question, puis Asa demanda quelque chose et l'intérêt grandit.

« Asa demande ce que vous pensez de nos femmes par rapport aux vôtres, en ce qui concerne l'oreiller ?

— Désolé, mais je ne comprends pas.

— Oh, excusez-moi, je vous prie ! Une rencontre sur l'oreiller est l'expression que nous employons pour définir l'acte physique entre une femme et un homme. C'est plus poli que fornication, *neh ?* »

Blackthorne ravala son embarras et dit : « J'ai... euh... je n'ai eu qu'une seule expérience, qu'une seule rencontre sur l'oreiller, ici. C'était... euh... au village. Je ne m'en souviens pas très bien, parce que... euh... parce que j'étais si fatigué par notre voyage que j'étais à moitié somnolent. Mais ça m'a... euh... ça m'a semblé satisfaisant... tout à fait satisfaisant. » Mariko fronça les sourcils. « Une seule rencontre sur l'oreiller depuis votre arrivée ?

— Oui.

— Vous devez vous sentir frustré, *neh ?* Une de ces dames serait ravie de vous rencontrer sur l'oreiller, Anjin-san. Ou toutes, si vous le désirez.

— Pardon ?

— S'il y en a une que vous ne désirez pas, ne vous inquiétez pas. Elle ne se sentira pas offensée pour autant. Dites-moi seulement le genre de femmes que vous aimez et nous ferons tout pour vous satisfaire.

— Merci. Pas maintenant.

— Vous êtes sûr ? Excusez-moi, mais Kiritsubo-san a donné des instructions pour que votre santé s'améliore. Comment peut-on être en bonne santé sans rencontres sur l'oreiller ? C'est très important pour un homme, *neh ?* Oh, oui, très important !

— Merci, mais je... peut-être plus tard.

— Vous avez tout le temps. Je serais ravie de revenir plus tard. Nous avons tout le temps pour parler, si vous le désirez. Vous avez au moins six bâtons devant vous. Vous ne devez pas partir avant le coucher du soleil.

— Merci. Pas maintenant, dit Blackthorne abasourdi par le manque de délicatesse de cette suggestion.

— Elles aimeraient vraiment vous faire plaisir, Anjin-san. Oh ! peut-être... peut-être préféreriez-vous un garçon ?

— Pardon ?

— Un garçon. C'est tout aussi simple, si tel est votre désir. » Son sourire était sans artifice, sa voix tout à fait naturelle.

« Quoi ?

— Que se passe-t-il ?

— Me proposez-vous un garçon sérieusement ?

— Pourquoi pas ? Oui, Anjin-san, qu'y a-t-il ? Je vous ai seulement dit que nous vous enverrions un garçon si c'est ce que *vous* désiriez.

— Je n'en veux pas ! » Il sentit le sang lui monter à la tête. « Est-ce que je ressemble à l'un de ces maudits sodomites ? »

Ses mots résonnèrent dans la pièce. Ils le regardèrent tous, paralysés. Mariko salua et garda son visage tourné vers le sol. « Je vous en prie, excusez-moi. J'ai commis une grossière erreur. Je vous ai offensé alors que je ne cherchais qu'à vous plaire. Je n'ai jamais parlé à un... à un étranger en dehors des prêtres. Je n'ai donc aucun moyen de connaître vos... vos coutumes. On ne m'en a jamais rien dit, Anjin-san... les pères n'en parlaient pas. Il y a ici des hommes qui, de temps en temps, veulent de jeunes garçons... les prêtres prennent de temps à autre de jeunes garçons, les nôtres et les vôtres... J'ai bêtement cru que vos coutumes étaient semblables aux nôtres.

— Je ne suis pas un prêtre et ce n'est pas une coutume habituelle chez nous. »

Le chef des samouraïs, Kasu Oan, observait la scène méchamment. Il était responsable de la sécurité du barbare, de sa santé, et il avait vu, de ses propres yeux, les incroyables faveurs prodiguées par Toranaga à l'Anjinsan. L'Anjin-san était à présent furieux. « Qu'est-ce qu'il a ? » demanda-t-il. Il était évident que cette femme stupide avait certainement dit quelque chose de vexant à son très important prisonnier. Mariko lui expliqua ce qu'elle avait dit et ce qu'il avait répondu.

Oan se gratta la tête, décontenancé. « Il est fou furieux parce que vous lui avez proposé un jeune garçon ?

— Oui.

— Je suis désolé, mais avez-vous au moins été polie ? Auricz-vous employé un mot qu'il ne fallait pas employer ?

— Oh non, Oan-san, j'en suis certaine. Je suis vraiment désolée. Je suis responsable.

— Ce doit être quelque chose d'autre. Quoi ?

— Non, Oan-san. Ce n'est que ça.

— Je ne comprendrai jamais rien à ces barbares ! dit Oan, exaspéré.

— Calmez-le, je vous en prie, Mariko-san, pour notre bien à tous,

— Toi, ordonna-t-il à Sono. Apporte encore du saké chaud et des serviettes brûlantes ! Toi, Rako, frotte le cou de ce diable ! » Les servantes obéirent.

Une pensée soudaine : « Je me demande si tout ça n'arrive pas parce qu'il est impuissant. Son histoire de rencontre sur l'oreiller au village était vague, *neh ?* Peutêtre que le pauvre garçon est fou furieux parce qu'il ne peut pas faire de rencontre du tout et parce que vous avez amené le sujet sur le tapis ?

— Désolé, mais je ne le pense pas. Le docteur dit qu'il est très bien membré.

— S'il était impuissant... ça expliquerait tout, *neh ?* Ça suffirait pour me faire hurler, moi aussi. Oui, demandez-le-lui. »

Mariko s'exécuta. Oan fut horrifié de voir le visage du barbare s'empourprer à nouveau et un flot de jurons inonder la pièce. « Il... il dit que non. » La voix de Mariko était à peine un murmure.

« Tout ça pour dire non ?

— Ils utilisent de nombreux jurons très imagés quand ils sont énervés. »

Oan commençait à transpirer d'angoisse, car il était responsable. « Calmez-le ! »

L'un des samouraïs, un soldat plus âgé, suggéra pour les aider : « Oan-san, il fait peut-être partie de ces hommes qui aiment les chiens, *neh ?* On nous a raconté d'étranges histoires sur les Mangeurs d'ail, en Corée. Oui, ils aiment les chiens et... je me souviens maintenant. Oui, les chiens et les canards. Peut-être que ces têtes dorées ressemblent aux Mangeurs d'ail ? Ils puent comme eux, hein ? Peut-être qu'il veut aussi un canard ? »

Oan dit : « Mariko-san, demandez-le-lui. Non, il serait préférable de n'en rien faire. Calmez-le, simplement. » Il s'arrêta de parler. Hiro-matsu s'approchait. « Salut à vous », dit Oan, la voix tendue ; il essayait de la maîtriser et de l'empêcher de chevroter parce que « Main de Fer » avait été comme un tigre sur des charbons ardents, ces derniers jours. Dix hommes avaient été dégradés pour manque de tenue. Toute la garde de nuit avait été traînée à travers la forteresse. Deux samouraïs avaient reçu l'ordre de se faire seppuku pour retard apporté à prendre leur tour de garde. Quatre collecteurs d'immondices avaient été jetés par-dessus les remparts pour en avoir déversé une partie dans le jardin du château.

« Se tient-il bien, Mariko-san ? » demanda Main de Fer d'une voix irritée. Oan était sûr que cette femme stupide qui avait provoqué tous ces ennuis allait cracher cette vérité qui pouvait facilement décoller leurs têtes. A son grand soulagement, il l'entendit dire : « Oui, Sire. Tout va bien, merci.

— Vous avez ordre de partir avec Kiritsubo-san.

— Bien, Sire. » Laissant Hiro-matsu continuer son inspection, Mariko se demanda pourquoi on l'éloignait. Est-ce simplement pour faire l'interprète entre Kiri et le barbare durant le voyage ? Ce n'est certainement pas si important. Où vont donc les autres femmes de Toranaga ? Dame Sazuko ? Est-ce que je pars seule avec Kiri ? Est-ce que mon mari vient, lui aussi ? S'il reste, et ce serait son devoir de rester avec son seigneur... qui surveillera la maison ? Pourquoi devons-nous partir en bateau ? La route du Tokaidō est certainement encore sûre. Ishido ne nous ferait aucun mal. Non, il ne nous ferait aucun mal...

Pense à notre valeur comme otages. Est-ce pour cela que nous devons prendre la mer ?

Mariko avait toujours détesté la mer, Le seul fait de la voir la rendait malade. Mais si je dois y aller, je dois y aller et puis c'est tout. *Karma.* Elle revint au problème immédiat du barbare étranger qui ne lui causait que de la peine. Quand Main de Fer avait disparu au coin du couloir, Oan avait levé la tête et tous avaient soupiré, soulagés. Asa arriva en courant avec le saké ; Sono suivait avec les serviettes brûlantes.

« Oan-san, pourquoi ne pas envoyer une des femmes chercher le canard ? murmura le vieux samouraï. On le pose par terre. S'il en veut, tout est pour le mieux. S'il n'en veut pas, il fera semblant de ne pas l'avoir vu. »

Mariko secoua la tête. « Nous ne devrions peut-être pas prendre ce risque. Il semble, Oan-san, que ce type de barbare ait une aversion pour les questions de rencontre sur l'oreiller, *neh ?* C'est le *premier* de son espèce à venir ici. Il nous faut agir avec prudence.

— Je suis d'accord avec vous, dit Oan. Il était tout à fait gentil avant qu'on parle de ça. » Il fusilla Asa du regard.

« Je suis désolée, Oan-san. Vous avez raison. C'est ma faute.

— Oui, j'en ferai part à Kiritsubo-san.

— Oh !

— Je suis sûre qu'il faut prévenir notre maîtresse et l'empêcher d'aborder de tels problèmes avec cet homme, dit Mariko avec diplomatie. — Vous êtes très sage, Oansan. Oui, Asa a peut-être été l'heureux instrument qui sauvera dame Kiritsubo et même sire Toranaga d'un mauvais pas ! Pensez seulement à ce qui serait arrivé si Kiritsubo-san avait posé la question elle-même devant sire Toranaga, hier ! Si le barbare s'était comporté de la sorte devant lui... »

Oan fit la grimace. « Le sang aurait coulé ! Vous avez tout à fait raison, Mariko-san. Nous devons remercier Asa. J'expliquerai à Kiritsubo-san qu'elle a eu beaucoup de chance. »

Mariko offrit du saké à Blackthorne.

« Non, merci.

— Je vous demande encore pardon pour ma stupidité. Vous vouliez me poser quelques questions ?

— Oui. Vous avez dit que l'acte de sodomie était tout à fait normal.

— Pardonnez-moi, mais ne pourrions-nous pas discuter d'autre chose ?

— Certainement, senhora. Mais je voudrais d'abord essayer de vous comprendre. Finissons-en donc avec ce sujet. La sodomie est tout à fait normale, ici, disiez-vous ?

— Tout ce qui concerne la rencontre sur l'oreiller est tout à fait normal », dit-elle d'un air de défi, stimulée par son manque de manières et sa bêtise évidente. Toranaga lui avait demandé d'être explicite sur les problèmes n'intéressant pas la politique et de lui rapporter ensuite toutes les questions qu'il aurait posées. « La rencontre sur l'oreiller est tout à fait normale. Quant au fait qu'un homme couche avec un autre homme ou un jeune garçon, en quoi cela peut-il regarder les autres ? Ça ne regarde qu'eux. Quel mal cela leur fait-il ? En quoi cela gêne-t-il les autres ? Moi ou vous ? Ça ne nous gêne absolument pas. » Elle adoucit volontairement le ton de sa voix. « Mais si vous pensez...

— La sodomie est un péché, une horreur du diable, une abomination réprouvée par Dieu. Tous ces salauds qui s'y adonnent sont la lie de la terre ! » Blackthorne fit preuve d'autorité sous le choc de l'insulte qu'elle lui avait faite en pouvant penser un seul instant qu'il était au nombre de ceux-là. Par le sang de Notre Seigneur, comment a-t-elle pu penser chose pareille ? Retiens-toi, se dit-il. Tu donnes l'impression d'être l'un de ces fanatiques puritains et vérolés ou l'un de ces calvinistes ! N'est-ce pas parce que tu as été tenté de le faire et que tu t'es haï pour ça ? N'est-ce pas parce que, tout jeune, tu as dû protéger ton corps en te battant et parce qu'une fois tu as été attrapé et presque violé. Mais tu as tué l'un des salauds. Tu avais douze ans et c'était le premier cadavre d'une liste maintenant longue. « C'est un péché maudit... qui va contre les lois de l'homme et de Dieu.

— Ce sont certainement des mots chrétiens qui s'appliquent à d'autres choses, rétorqua-t-elle d'une voix acide, en dépit d'elle-même, subjuguée par son incroyable grossièreté. Un péché ? Où est le péché là-dedans ?

— Vous devriez le savoir. Vous êtes catholique ? Vous avez été éduquée par les jésuites, n'est-ce pas ?

— Un saint homme m'a appris à parler latin et portugais, à écrire. Je ne saisis pas le sens que *vous* donnez à catholique, mais je suis chrétienne et le suis depuis bientôt dix ans. Non, ils ne nous ont jamais parlé de rencontres sur l'oreiller. Comment quelque chose qui donne du plaisir peut-il être considéré comme un péché ?

— Demandez au père Alvito. »

J'aimerais pouvoir le faire, pensa-t-elle, mais j'ai ordre de ne rien dire à personne sauf à Kiri et à Sire Toranaga. J'ai demandé à Dieu et à la Sainte Vierge de me venir en aide, mais ils ne m'ont pas répondu. La seule chose que je sache c'est que, depuis ton arrivée, nous n'avons eu que des ennuis... « Si c'est un péché comme vous le dites, pourquoi alors les prêtres s'y adonnent-ils et s'y sont-ils toujours adonnés ? Les prêtres ne sont pas des suppôts du diable, pas tous. Et certains prêtres, dit-on, ont toujours goûté les plaisirs de ce genre de rencontre. Pourquoi devraient-ils être privés d'un plaisir ordinaire si on leur interdit les femmes ? Proclamer que tout ce qui concerne les rencontres sur l'oreiller n'est que mensonge et péché ne veut rien dire.

— La sodomie est une abomination, contre toute loi ! Demandez à votre confesseur ! »

C'est toi l'abomination, toi, capitaine-pilote, avait envie de crier Mariko. Comment oses-tu être si grossier et si bête ! Contre Dieu, dis-tu ? Quelle absurdité ! Contre ton diable de Dieu, peut-être. Tu dis que tu es chrétien mais tu ne l'es visiblement pas. Tu n'es qu'un menteur et un traître. Tu connais peut-être des endroits extraordinaires, tu as vu des choses extraordinaires, mais tu n'es pas chrétien. Tu es un blasphémateur. Es-tu l'envoyé de Satan ? Tu fais des tas d'histoires pour des choses qui sont normales. Tu te comportes comme un fou. Tu déranges les pères, tu déranges sire Toranaga, tu nous divises et mets nos croyances en doute, tu nous tourmentes avec tes insinuations sur ce qui est vérité et mensonge, sachant que nous ne pouvons te fournir de preuves immédiates.

« Je m'excuse de ma grossièreté, dit-elle. Vous avez raison d'être en colère. Je ne suis qu'une femme stupide. Soyez patient et pardonnez ma stupidité, Anjin-san. »

La colère de Blackthorne s'apaisa immédiatement. « Je m'excuse également, Mariko-san, dit-il, radouci. Mais chez nous, insinuer qu'un homme est un pédéraste, un sodomite, est la pire des insultes.

— Je ne voulais pas vous faire de mal, Anjin-san. Acceptez toutes mes excuses. » Elle soupira et sa voix se fit mielleuse, si mielleuse qu'un mari dans la pire des humeurs y aurait succombé. « Oh, oui. C'était entièrement ma faute. Je suis vraiment désolée. »

Le soleil avait atteint l'horizon et le père Alvito attendait toujours dans la salle d'audience, les carnets à la main. C'était la première fois que Toranaga le faisait attendre, la première fois qu'il attendait un *daimyō.* Durant les huit dernières années du règne du Taikō, il avait eu l'incroyable privilège de l'accès immédiat. Il avait dû cet honneur à sa complète maîtrise de la langue japonaise et à son flair commercial. Sa connaissance des rouages internes du commerce international avait grandement aidé à consolider et à agrandir la fortune du Taikō.

Quoique le Taikō fût pratiquement analphabète, son flair politique était immense. Alvito s'était joyeusement assis aux pieds du despote pour enseigner, apprendre et convertir, si telle était la volonté de Dieu. Tel était du moins le rôle spécifique auquel Dell'Aqua l'avait entraîné. Alvito était devenu confident du Taïkō, l'une des quatre personnes — le seul étranger — à être autorisée à voir les salles du trésor. Celles-ci se trouvaient au quatrième étage du donjon. Elles étaient protégées par une multiplicité de murs, de portes bardées de fer, et de fortifications. Là se trouvait le trésor de l'empire !

D'après nos calculs, pensa Alvito, la valeur de ce trésor doit être environ de cinquante millions de ducats. La plus importante fortune personnelle en espèces sonnantes et trébuchantes.

Est-ce là la cible ? se demanda-t-il, Celui qui contrôle la forteresse d'Osaka n'est-il pas détenteur de cette incroyable richesse ? Cette fortune ne lui donne-t-elle pas, par contrecoup, pouvoir sur le pays tout entier ? Osaka n'a-telle pas été rendue imprenable uniquement pour protéger cette fortune ? Le pays n'a-t-il pas été saigné aux quatre veines pour la construction de cette forteresse, pour qu'elle soit inviolable, qu'elle abrite l'or jusqu'à ce qu Yaemon soit en âge de gouverner ?

Tant que la fortune est intacte, qu'Osaka est intacte et que Yaemon reste le gardien *de facto...* se dit Alvito. Yaemon gouvernera dès qu'il sera en âge de gouverner en dépit de Toranaga, d'Ishido et des autres. Dommage que le Taikō soit mort. Nous savions à qui nous avions affaire. Nous connaissions tous ses défauts. Dommage surtout que Goroda ait été assassiné, car il était notre ami. Mais il est mort, le Taïkō aussi, et no us avons à présent d'autres païens à qui faire courber l'échine : Toranaga et Ishido.

Alvito se souvint de la nuit où le Taıkō était mort. Il avait été invité par celui-ci à venir le veiller en compagnie de Yodoko-sama, sa femme, et de la dame Ochiba, sa favorite, mère de l'héritier. Ils avaient longtemps attendu dans les senteurs de cette nuit d'été sans fin. Puis l'agonie avait commencé.

« Son esprit est parti. Il est entre les mains du Seigneur », avait-il dit doucement, une fois certain de sa mort. Il avait fait le signe de la croix et avait béni le corps.

« Que Bouddha prenne mon seigneur sous sa protection et qu'il l'aide à renaître vite afin de reprendre l'empire en main, encore une fois », avait dit Yodoko, qui pleurait en silence. C'était une femme merveilleuse, une samouraï patricienne, une femme fidèle et un conseiller précieux. Elle avait fermé les yeux du mort, l'avait fait nettoyer. C'était son privilège. Elle avait fait trois fois la révérence puis l'avait laissé avec dame Ochiba.

Sa mort avait été douce. Il avait été malade pendant des mois. Cette nuit-là, on attendait sa fin. Quelques heures auparavant, il avait ouvert les yeux, avait souri à Yodoko et à Ochiba, et avait murmuré : « Écoutez, voici mon poème mortuaire.

Comme la rosée, je suis né
Comme la rosée je m'évanouis
La forteresse d'Osaka et tout ce que j'ai bien pu faire
Ne sont qu'un rêve
Au sein d'un rêve.

Un dernier sourire du despote. Un sourire si tendre. « Veillez tous sur mon fils. » Et ses yeux étaient devenus vitreux à jamais,

Le père Alvito se souvint combien il avait été ému par ce dernier poème, si caractéristique du Taikō. Il avait espéré, parce qu'il n'avait été invité qu'au seuil de la mort, que le Seigneur de tout le Japon céderait, accepterait de se convertir et de recevoir les derniers sacrements. Mais rien n'avait eu lieu. « Vous avez perdu le royaume des cieux pour toujours. Pauvre homme », avait-il marmonné tristement car il avait toujours admiré le Taikō en tant que stratège et homme politique.

« Que se passe-t-il si votre royaume s'arrête au fond d'une impasse barbare ? lui avait dit dame Ochiba.

— Pardon ? » Il n'était pas certain d'avoir bien entendu, révolté par sa malveillance venimeuse et inattendue, Il connaissait dame Ochiba depuis douze ans, depuis le jour où le Taïkō l'avait choisie comme concubine. Elle avait alors quinze ans. Elle avait toujours été docile et serviable, ne disant jamais rien. Mais maintenant...

« J'ai dit : que se passe-t-il si votre royaume des cieux s'arrête au fond d'une impasse barbare ?

— Que Dieu vous pardonne ! Votre maître n'est mort que depuis quelques instants...

— Le seigneur mon maître est mort. Morte avec lui votre influence sur lui ! *Neh ?* Il vous voulait près de lui ! C'était son droit. A présent, il est dans le Grand Néant et il ne commande plus. C'est moi qui commande, maintenant. Prêtre, vous puez, vous avez toujours pué et votre odeur pollue notre air. Sortez de mon château et laissez-nous à notre chagrin ! »

Il avait involontairement fait le signe de la croix devant cette diablesse. Son rire vous faisait froid dans le dos. « Allez-vous-en, prêtre ! Ne revenez jamais ! Vos jours sont comptés !

— Pas plus que les vôtres. Je suis entre les mains de Dieu, madame. Vous feriez mieux de prendre garde à lui. Le salut éternel peut vous appartenir, si vous croyez en lui.

— Ah, oui ? Vous êtes entre les mains de Dieu ? Le Dieu chrétien, *neh ?* Que ferez-vous si vous découvrez après votre mort qu'il n'existe pas, que l'enfer n'existe pas et que votre salut éternel n'est qu'un rêve au sein d'un rêve ?

— Je crois ! Je crois en Dieu, en la résurrection et au Saint-Esprit ! dit-il tout haut. Les promesses chrétiennes sont authentiques. Elles sont authentiques, authentiques. Je crois.

— *Nan ja,* Tsukku-san ? »

Pendant un instant, il entendit des mots japonais sans que ceux-ci n'aient de sens pour lui, Toranaga était dans l'encadrement de la porte, entouré de ses gardes. Le père Alvito le salua, reprit ses esprits. Il transpirait. « Je suis désolé d'être venu sans avoir été appelé. Je... je rêvais. Je réalisais la chance que j'avais eue d'avoir pu assister à tant d'événements, depuis mon arrivée au Japon. J'ai l'impression d'avoir passé toute ma vie, ici. Nulle part ailleurs.

— Vous vouliez me voir ?

— Oui, j'ai pensé que le motif était assez important pour venir sans invitation, » Alvito sortit les carnets de Blackthorne et les mit sur le sol devant lui. Il donna les explications que Dell'Aqua avait suggérées. Il vit le visage de Toranaga se durcir et il en fut satisfait.

« Preuve de sa *piraterie ?*

— Oui, Sire. Les carnets contiennent les ordres exacts qu'il a reçus. Entre autres : si nécessaire, poser pied à terre par la force et réclamer tout territoire découvert. Je peux, si vous le désirez, faire une traduction fidèle de tous les passages susceptibles de vous être utiles.

— Traduisez tout. Et vite.

— Le père visiteur pense que vous devez également savoir que... » Alvito raconta tout ce qui concernait les cartes, les rapports, le Vaisseau noir. Il fut heureux de voir la réaction satisfaite de Toranaga.

« Excellent. Vous êtes sûr que le Vaisseau noir sera en avance ? Absolument certain ?

— Oui, répondit Alvito avec fermeté.

— Bien. Dites à votre suzerain que j'espère très bientôt lire son rapport. Oui, j'imagine qu'il lui faudra plusieurs mois pour vérifier la véracité des faits.

— Il a dit qu'il les préparerait aussi vite que possible. Nous vous envoyons les cartes comme vous nous l'avez demandé. Serait-il possible pour le commandant d'avoir ces autorisations ? Ça nous aiderait si le Vaisseau noir arrivait plus tôt, Sire.

— Vous me garantissez que le Vaisseau arrivera plus tôt ?

— Personne ne peut rien garantir en ce qui concerne le vent, la marée et les tempêtes. Mais le Vaisseau quittera Macao plus tôt.

— Vous les aurez avant le coucher du soleil. Y a-t-il autre chose ? Je ne serai pas disponible pendant trois jours. Jusqu'à ce que la réunion des régents ait eu lieu.

— Non, Sire. Merci. Je prie pour que le Tout-Puissant vous garde sous sa protection, comme toujours. » Alvito salua et attendit que Toranaga le congédie. Au lieu de cela, il congédia ses gardes. C'était la première fois qu'Alvito voyait un *daimyō* sans sa garde personnelle.

« Venez vous asseoir ici, Tsukku-san. » Toranaga indiqua un endroit à côté de lui, sous le dais.

Alvito n'avait jamais été convié sous le dais. Est-ce une marque de confiance ? Est-ce une condamnation ?

« La guerre est imminente, dit Toranaga.

— Oui, Sire.

— Les seigneurs chrétiens Onoshi et Kiyama sont étrangement opposés à mes désirs.

— Je ne peux répondre d'un *daimyō,* Sire.

— De mauvaises rumeurs circulent, *neh ?* Sur eux et les autres *daimyōs* chrétiens.

— Les hommes sages auront toujours à cœur les intérêts de l'empire.

— Oui. Mais en attendant, contre ma volonté, l'empire est divisé en deux camps. Le mien et celui d'Ishido. Tous les intérêts de l'empire se trouvent donc d'un côté ou de l'autre. Pas de moyen terme. De quel côté se rangent les intérêts des chrétiens ?

— Du côté de la paix. Le christianisme est une religion, Sire. Pas une idéologie politique.

— Votre père géant est à la tête de l'Église, ici au Japon. Je vous entends parler. Vous pouvez parler au nom de ce pape.

— Nous avons interdiction de nous immiscer dans vos problèmes politiques.

— Vous croyez qu'Ishido sera en votre faveur ? » La voix de Toranaga se durcit. « Il est tout à fait opposé à votre religion. Je vous ai toujours montré ma sympathie. Ishido veut mettre à effet les édits d'expulsion du Taikō et fermer le pays à tous les barbares. Je veux un commerce florissant.

— Nous n'avons aucun pouvoir sur aucun *daimyō* chrétien.

— Comment puis-je alors les influencer ?

— Je n'en sais pas suffisamment pour me permettre de vous donner un conseil.

— Vous en savez assez, vieil ami, pour comprendre que si Kiyama et Onoshi se rangent aux côtés d'Ishido, tous les autres *daimyōs* chrétiens feront de même très bientôt. J'aurai alors vingt hommes opposés à un seul des miens.

— Si la guerre éclate, je prierai pour que vous gagniez.

— J'ai besoin d'autre chose que de vos prières si vingt hommes font face à un seul des miens.

— N'existe-t-il pas un moyen d'éviter la guerre ? Elle ne s'arrêtera plus, une fois déclarée.

— Je le crois aussi. Alors tout le monde perdra : nous, le barbare, l'Église chrétienne. Mais si tous les *daimyōs* chrétiens se rangent à mes côtés, maintenant, ouvertement, il n'y aura pas de guerre. Les ambitions d'Ishido seront à jamais étouffées dans l'œuf. Les régents pourront l'éliminer comme un vulgaire charançon. »

Alvito sentit le nœud coulant se resserrer autour de son cou. « Nous sommes ici pour prêcher la parole divine, pas pour intervenir dans vos affaires politiques, Sire.

— Votre chef avait offert au Taikō l'aide des *daimyōs* chrétiens de Kyushu avant que nous n'ayons soumis ce morceau de l'empire.

— Il avait tort de le faire. L'Église ou les *daimyōs* euxmêmes ne l'avaient investi d'aucune autorité.

— Il avait offert des bateaux portugais pour transporter nos troupes à Kyushu et des soldats portugais pour nous aider de leurs fusils. Même contre la Chine et la Corée.

— Encore une fois, Sire, il avait tort.

— Il faudra bientôt que chacun prenne un parti, se range d'un côté ou de l'autre, Tsukku-san. Oui, très bientôt. »

Alvito ressentait la menace, physiquement. « Je suis toujours prêt à vous servir.

— Si je perds, mourrez-vous avec moi ? Vous ferez-vous *jenshi ?* Me suivrez-vous... dans la mort, comme un conseiller loyal ?

— Ma vie repose entre les mains de Dieu. Ma mort aussi.

— Ah, oui ! Votre Dieu chrétien ! » Toranaga déplaça ses épées doucement. Il se pencha en avant. « Onoshi et Kiyama de mon côté dans les quarante jours, le Conseil des régents rejetterait les édits d'expulsion. »

Jusqu'où puis-je m'engager ? se demanda Alvito, désespéré. Jusqu'où ?

« Nous ne pouvons les influencer comme vous semblez le croire.

— Peut-être que votre chef pourrait leur donner des ordres. *Leur donner des ordres !* Ishido vous trahira tous. Je le connais bien. Dame Ochiba vous trahira également. N'est-elle déjà pas en train de monter l'héritier contre vous ? »

Oui, avait envie de crier Alvito. Mais Onoshi et Kiyama ont secrètement obtenu d'Ishido de les laisser nommer tous les précepteurs de l'héritier. Il y aura au moins un précepteur chrétien. Onoshi et Kiyama sont persuadés que vous trahirez l'Église une fois que vous aurez éliminé Ishido. « Le père visiteur ne peut leur donner des ordres, Sire. Ce serait une ingérence impardonnable dans vos affaires politiques intérieures.

— Onoshi et Kiyama dans quarante jours, les édits d'expulsion rejetés et plus de prêtres indésirables. Les régents leur interdiront l'entrée du Japon.

— Quoi ?

— Vous et vos prêtres seulement. Pas d'autres prêtres. Les soutanes noires puantes et mendiantes, les chevelus aux nu-pieds, ceux qui ne font que proférer des menaces et créer un désordre inutile, ceux-là, vous pouvez avoir leurs têtes si c'est ce que vous voulez. »

Alvito sentait son corps lui crier la plus extrême prudence. Jamais Toranaga n'avait été aussi ouvert. Un faux pas, tu l'offenses et tu en fais l'ennemi de l'Église pour toujours. Pense à son offre ! L'exclusivité dans tout l'empire ! La seule chose qui garantirait la pureté de l'Église et sa sécurité le temps de son développement. La seule chose inestimable ! La seule chose que personne ne peut donner, pas même le pape ! Personne, excepté Toranaga. Si Onoshi et Kiyama le soutenaient ouvertement, Toranaga pourrait réduire Ishido à néant et dominer le Conseil. Le père Alvito n'aurait jamais cru que Toranaga serait aussi explicite et brutal, qu'il proposerait autant de choses. Était-il possible de faire changer d'avis Onoshi et Kiyama ? Ils se haïssent. Pour des raisons connues d'eux seuls, ils se sont unis pour s'opposer à Toranaga. Pourquoi ? Qu'est-ce qui les ferait trahir Ishido ?

« Je ne suis pas qualifié pour vous répondre, Sire, ou pour parler d'un tel sujet, *neh ?* Je peux vous dire que notre but est de sauver les âmes.

— J'ai entendu dire que mon fils Naga était intéressé par la foi chrétienne ? »

Toranaga menace-t-il ou fait-il une offre ? se demanda Alvito. Accepte-t-il la conversion de Naga — quel coup magistral ce serait — ou veut-il dire : Si vous ne coopérez pas, je serai dans l'obligation de l'en empêcher ? « Le seigneur, votre fils, est l'un de ces nombreux nobles ouverts d'esprit et compréhensifs, Sire. »

Alvito se rendit compte tout à coup de l'énorme dilemme devant lequel se trouvait Toranaga. Il est pris au piège. Il doit conclure avec nous. Il doit essayer ! Quelles que soient nos exigences, il devra les satisfaire si *nous* voulons conclure avec *lui.* Il admet à la fin des fins que les *daimyōs* chrétiens détiennent la clef de l'équilibre ! Quelles que soient nos exigences ! Que pourrions-nous espérer d'autre ? Rien du tout. Excepté...

Il baissa les yeux volontairement sur les carnets qu'il avait posés par terre, devant Toranaga. Il vit la main se tendre, les saisir et les mettre en sécurité dans la manche du kimono.

« Ah, oui, Tsukku-san, dit Toranaga d'une voix étrange et fatiguée. Et puis il y a le nouveau barbare, le pirate. L'ennemi de votre pays. Ils arriveront bientôt ici en nombre, n'est-ce pas ? On peut les encourager ou les décourager. Comme ce pirate, précisément, *neh ?* »

Le père Alvito savait à présent qu'ils avaient tout. Dois-je réclamer la tête de Blackthorne sur un plateau d'argent comme la tête de saint Jean-Baptiste, pour conclure ce marché ? Dois-je demander la permission de construire une cathédrale à Yedo ou à l'intérieur des remparts de la forteresse d'Osaka ? Il se sentit couler pour la première fois de sa vie. Sans gouvernail, à la recherche de la puissance et du pouvoir.

Nous ne voulons pas plus que ce qui nous est offert ! J'aimerais conclure le marché maintenant ! Si ça ne dépendait que de moi, je tenterais le coup. Je connais bien Toranaga et je parierais sur lui. J'aimerais bien essayer et tenir mon serment. Oui, j'excommunierais Onoshi ou Kiyama, s'ils n'étaient pas d'accord. Deux âmes en échange de dix mille, cent mille, des millions. C'est juste, dirais-je. Oui, oui,

oui, pour la Gloire de Dieu. Mais je ne peux rien conclure. Je ne suis que le messager, et partie de ce message...

« J'ai besoin d'aide, Tsukku-san. J'en ai besoin maintenant.

— Je ferai tout ce qui est en mon pouvoir, Toranaga-sama. Je vous le promets. »

Toranaga conclut : « J'attendrai quarante jours. Oui, quarante jours. »

Alvito salua. Il vit que Toranaga lui rendait son salut en s'inclinant plus bas que d'habitude, comme il l'aurait fait devant le Taikō. Le prêtre se leva en tremblant, se retrouva hors de la pièce, dans le couloir. Il hâta le pas. Toranaga l'observa tandis qu'il traversait le jardin, en contrebas. Le panneau coulissant s'ouvrit mais Toranaga renvoya ses gardes et leur ordonna, sous peine de mort, de le laisser seul. Ses yeux ne quittèrent pas Alvito qui passait la porte fortifiée, traversait la cour jusqu'à ce qu'il ait disparu dans le labyrinthe des fortifications intérieures.

Dans le silence, Toranaga se mit alors à sourire. Il remonta les pans de son kimono et commença à danser,

C'était une *hornpipe.*

21

Juste après le coucher du soleil, Kiri descendit les escaliers, accompagnée de deux servantes. Elle se dirigea vers la litière fermée qui attendait près de la petite hutte. Un manteau volumineux recouvrait son kimono de voyage et la faisait paraître plus imposante qu'elle n'était. Elle portait un grand chapeau à larges bords. Dame Sazuko, qui était enceinte, l'attendait patiemment sous la véranda. Mariko se tenait près d'elle. Blackthorne était adossé à un mur, près de la porte fortifiée. Il portait le kimono des Bruns, des tabis et des sandales militaires. Dans la première cour, une escorte de soixante samouraïs bien armés était alignée. Un homme sur trois portait une torche. A leur tête, Yabu parlait à Buntaro, le mari de Mariko, petit homme trapu, avec la tête dans les épaules. Tous deux avaient des cottes de mailles, des carquois et des arcs. Buntaro portait un casque d'acier à cornes. Porteurs et *kagas* étaient accroupis, silencieux et patients, auprès des bagages.

La promesse de l'été flottait dans la brise légère mais personne n'y fit attention, à part Blackthorne. Il était le seul à ne pas avoir d'armes.

« J'aurais aimé rester. Je déteste m'en aller, dit Kiri.

— Il n'y a aucune raison de vous inquiéter », lui répondit Mariko pour la rassurer. Elle portait le même chapeau à larges bords mais le sien était de couleur vive. « Vous serez heureuse de retrouver Yedo. Notre maître suivra dans quelques jours.

— Qui sait ce que demain apportera, Mariko-san ?

— Demain repose entre les mains de Dieu.

— Demain sera une bien jolie journée. S'il n'en est pas ainsi, il n'en sera pas ainsi, dit Sazuko. Qui s'intéresse à demain ? Le présent est une bonne chose. Vous êtes belle et vous allez nous manquer, Kiri-san. Vous aussi, Marikosan ! »

Buntaro invectivait un samouraï qui avait laissé tomber une torche. Yabu, supérieur de Buntaro, était responsable du convoi. Il avait vu Kiri arriver et alla au-devant d'elle en se pavanant. Buntaro le suivit.

« Oh, Sire Yabu, Sire Buntaro, dit Kiri. Je suis désolée de vous avoir fait attendre. Sire Toranaga devait descendre puis il a finalement changé d'avis. Vous devez partir tout de suite, a-t-il dit. Acceptez, je vous prie, toutes mes excuses.

— Vous n'avez pas à vous excuser. » Yabu voulait quitter la forteresse au plus vite, quitter Osaka et retourner à Izu. Il arrivait difficilement à croire qu'il s'en allait avec la tête sur les épaules, avec le barbare, les fusils, tout. Il avait envoyé des messages urgents par pigeon à sa femme et à Omi pour être sûr que tout était prêt à Mishima, sa capitale, et au village d'Anjiro. « Êtes-vous prête ? »

Les larmes brillèrent dans les yeux de Kiri. « Laissez-moi reprendre ma respiration. Je monterai ensuite dans ma litière. Oh, ce que j'aimerais ne pas avoir à partir ! » Elle regarda autour d'elle, cherchant Blackthorne et l'aperçut finalement dans l'ombre. « Qui est responsable de l'Anjin-san jusqu'à ce que nous montions à bord du bateau ? »

Buntaro dit : « Je lui ai ordonné de marcher à côté de la litière de ma femme. Si elle ne peut pas le surveiller, je m'en occuperai.

— Sire Yabu, vous pourriez peut-être escorter la dame Sazuko ?

— *Gardes !* »

L'avertissement parvint de la première cour. Buntaro et Yabu se précipitèrent à la porte fortifiée. Tous les hommes suivirent. D'autres arrivèrent en flots des fortifications intérieures voisines. Ishido s'approchait dans l'avenue, entre les remparts de la forteresse, à la tête de deux cents Gris. Il s'arrêta dans la première cour, à l'extérieur de la porte et salua avec emphase. « Belle soirée, Sire Yabu.

— Oui. Oui, en effet. »

Ishido fit un signe de tête à Buntaro qui lui rendit son salut avec la même désinvolture. Il étudia les Bruns. Ses yeux finirent par découvrir Blackthorne. Il voyait aussi par l'encadrement de la porte les trois femmes et l'autre litière. Ses yeux revinrent sur Yabu. « On avait l'impression que vous partiez tous au combat alors que vous n'êtes qu'une escorte pour la dame Kiritsubo, Yabu-san.

— Hiro-matsu a donné des ordres à cause du meurtrier Amida... »

Yabu s'arrêta en voyant Buntaro s'avancer, provocant, et se planter jambes écartées au milieu du chemin. « Nous sommes toujours prêts à nous battre. Avec ou sans armure. Nous pouvons nous battre à un contre dix, à un contre cinquante Mangeurs d'ail. Nous ne tournons jamais le dos. Nous ne nous enfuyons jamais comme de foutus lâches, Nous ne laissons jamais nos camarades se faire battre. »

Le sourire d'Ishido était plein de mépris ; sa voix était un aiguillon. « Oh ? Peut-être trouverez-vous très bientôt l'occasion de vous confronter à de vrais hommes, pas à des Mangeurs d'ail !

— Quand donc ? Pourquoi pas cette nuit ? Pourquoi pas ici ? » Yabu s'interposa prudemment entre les deux hommes. « Pas cette nuit, parce que nous sommes entre amis, Buntaro-san », dit-il pour le calmer. Il voulait désespérément éviter un accrochage qui les retiendrait pour toujours dans la forteresse. « Nous sommes entre amis, Buntaro-san.

— Quels amis ? Je connais mes amis et je connais mes ennemis. » Buntaro se retourna brutalement vers Ishido. « Où sont ces hommes ?

Ces hommes vrais dont vous parliez, Ishido-san ? Où sont-ils ? Laissez-les ramper hors de leur trou et venir se mettre devant moi — Toda Buntaro, seigneur de Sakura — s'il y en a un seul qui a le courage de venir ! »

Ishido le fixa méchamment. Yabu dit : « Ce n'est pas le moment, Buntaro-san, Amis ou enne...

— Amis ? Où ? Dans cette fosse à purin ? » Buntaro cracha dans la poussière. L'un des Gris porta la main à son épée. Dix Bruns firent le même geste, suivis par cinquante Gris à quelques secondes d'intervalle. Ils attendaient tous qu'Ishido dégaine son épée pour donner le signal de l'attaque. Hiro-matsu sortit alors de l'ombre du jardin, passa la porte et traversa la première cour. Il tenait sa longue épée à moitié dégainée à la main.

« Vous pouvez quelquefois découvrir des amis dans le fumier, mon fils », dit-il calmement. Les mains lâchèrent les pommeaux. « Nous avons des amis dans toute la forteresse. Dans tout Osaka. Oui. Notre seigneur, Sire Toranaga, n'arrête pas de nous le dire. » Il se tenait devant son fils unique et voyait la soif de sang dans ses yeux. Dès qu'on avait vu Ishido approcher, Hiro-matsu avait pris position à la porte intérieure. Le premier danger passé, il s'était faufilé et tapi tel un chat dans l'ombre. Il fixa Buntaro. « N'en est-il pas ainsi, mon fils ? » Avec effort, Buntaro acquiesça et recula d'un pas. Mais il bloquait toujours l'accès du jardin.

Hiro-matsu tourna son attention vers Ishido. « Nous ne vous attendions pas cette nuit, Ishido-san.

— Je suis venu pour présenter mes hommages à la dame Kiritsubo. J'ai été informé il y a quelques minutes de son départ.

— Mon fils aurait-il raison ? Devrions-nous nous inquiéter de ne pas être au milieu de nos amis ? Sommes-nous des otages qui devons demander la permission ?

— Non. Mais Sire Toranaga et moi-même sommes tombés d'accord sur un protocole pendant le temps de sa visite. L'arrivée ou le départ d'un personnage important doit être annoncé un jour à l'avance afin que je puisse venir présenter mes hommages.

— Sire Toranaga a pris une dérision brusque. Il n'a pas pensé qu'envoyer une de ses dames à Yedo était suffisamment important pour vous déranger, lui dit Hiro-Matsu. Oui, Sire Toranaga ne fait que préparer son propre départ.

— La date a déjà été fixée ?

— Oui. Le jour où l'entrevue des régents aura eu lieu. Vous en serez informé en temps voulu, selon le protocole.

— L'entrevue peut, bien sûr, être encore retardée. Sire Kiyama est plus malade qu'avant.

— Est-ce ou n'est-ce pas retardé ?

— J'ai simplement dit qu'elle pouvait l'être. Nous espérons avoir le plaisir de voir Sire Toranaga parmi nous encore très longtemps, *neh ?* Ira-t-il à la chasse avec moi demain ?

— Je lui ai demandé d'annuler toutes les chasses jusqu'à l'entrevue. Je ne trouve pas cet endroit très sûr. Si des assassins peuvent percer les lignes de vos sentinelles aussi aisément, pensez alors à la facilité d'une trahison hors les murs. »

Ishido ne releva pas l'insulte. Les affronts ne feraient qu'enflammer ses hommes et il ne lui convenait pas encore d'allumer la mèche. Il était heureux qu'Hiro-matsu soit intervenu car il avait failli perdre son sang-froid. La seule pensée de voir la tête de Buntaro dans la poussière l'avait dévoré. « Tous les commandants qui étaient de garde, cette nuit-là, ont reçu ordre de partir dans le grand néant, comme vous le savez. Les Amidas ne connaissent que leurs propres lois, malheureusement. Mais ils seront éliminés. Les régents régleront leur sort, très bientôt. Puis-je maintenant présenter mes hommages à la dame Kiritsubo ? »

Ishido s'avança, sa garde personnelle de Gris derrière lui. Ils s'arrêtèrent tous ensemble. Buntaro avait une flèche à son arc. Quoique l'arc fût pointé vers le sol, il était bandé. « Les Gris ont interdiction de passer cette porte. Le protocole en a décidé ainsi !

— Je suis gouverneur de la forteresse d'Osaka et commandant en chef de la garde personnelle de l'héritier ! J'ai le droit d'aller où bon me semble ! »

Une fois de plus, Hiro-matsu reprit le contrôle de la situation. « C'est vrai. C'est vrai... Vous êtes commandant de la garde personnelle de l'héritier et vous avez le droit d'aller où bon vous semble. Mais seuls cinq hommes peuvent passer cette porte avec vous. Ne vous êtes-vous pas mis d'accord là-dessus avec notre maître, pour la durée de son séjour ?

— Cinq ou cinquante, où est la différence ? Cette insulte est into...

— Insulte ? Mon fils ne voulait pas vous insulter, Il ne fait que suivre les ordres de son suzerain et les vôtres. Cinq hommes. Cinq ! » Le mot était un ordre. Hiro-matsu tourna le dos à Ishido et regarda son fils.

« Sire Ishido nous honore en voulant présenter ses hommages à la dame Kiritsubo. »

L'épée du vieillard était cinq doigts hors du fourreau. Personne ne savait si c'était pour frapper Ishido ou pour trancher la tête de Buntaro, Tout le monde savait qu'il n'y avait aucune affection entre le père et le fils. Seul un respect mutuel pour les instincts vicieux de l'autre. « Eh bien, mon fils, que dites-vous au commandant de la garde personnelle de l'héritier ? »

La sueur coulait sur le visage de Buntaro. Il recula au bout d'un moment et relâcha la tension imprimée à son arc. Ishido avait plusieurs fois vu Buntaro dans des compétitions de tir à l'arc, cible dressée à deux cents pas. Il l'avait vu lancer six flèches avant même que la première n'ait eu le temps de toucher la cible. Elles avaient toutes atteint le noir. Il aurait bien aimé éliminer ces deux-là tout de suite, mais il savait que ce n'aurait été que pure folie de commencer par eux et non par Toranaga. Quand la guerre éclatera, Hiro-matsu sera peut-être tenté de quitter Toranaga et de venir se ranger à mes côtés. La dame Ochiba avait dit qu'elle s'occuperait de Main de Fer quand les temps seraient venus. Elle avait juré qu'il n'abandonnerait jamais l'héritier, qu'elle arriverait bien à le convaincre d'assassiner Toranaga. Quelle emprise a-t-elle sur lui ? se demanda Ishido. Il passa la porte et pénétra dans le jardin. Hiro-matsu et Yabu l'accompagnaient. Cinq gardes suivaient. Il salua poliment et souhaita bonne santé à Kiritsubo. Satisfait que tout se soit passé comme il l'avait désiré, il se retourna et s'en alla avec ses hommes. Hiro-matsu dit en donnant libre cours à sa rage : « Vous feriez mieux de partir, maintenant. Cette vermine ne vous embêtera plus.

— Oui, tout de suite. »

Kiri essuya la sueur sur son front, avec un mouchoir. « J'ai peur pour notre maître. » Les larmes se mirent à couler. « Je ne peux pas partir !

— Aucun mal ne sera fait à sire Toranaga, je vous le promets, madame, dit Hiro-matsu. Vous devez partir à présent. » Kiri essaya de réprimer ses sanglots et remonta sa voilette. « Yabu-sama, pouvez-vous accompagner dame Sazuko à l'intérieur, s'il vous plaît ?

— Bien sûr. »

Dame Sazuko salua et partit en se dépêchant. Elle monta les marches quatre à quatre, glissa et tomba.

« Le bébé ! hurla Kiri. Est-elle blessée ? »

Tous les yeux se tournèrent vers la jeune fille prostrée. Yabu la releva. Elle était plus sonnée que blessée. « Ça va, dit-elle, hors d'haleine. Ne vous inquiètez pas. Tout va bien. C'est idiot de ma part. »

Quand Yabu fut certain qu'il n'y avait aucun mal, il repartit vers la première cour pour donner le signal du départ. Kiri était derrière ses rideaux transparents, voilette relevée. Pauvre femme, pensa Mariko, j'aurais aussi peur qu'elle si j'étais à sa place. Abandonner ainsi mon maître.

Ses yeux allèrent vers Sazuko qui fit un signe de la main du haut des marches puis disparut. La porte de fer se referma avec bruit derrière elle. Ça sonne comme un glas, pensa Mariko. Nous reverrons-nous jamais ?

« Que voulait Ishido ? demanda Blackthorne.

— Il était...je ne connais pas le mot exact. Il faisait une ronde impromptue.

— Pourquoi ?

— Il est commandant de la forteresse », lui répondit-elle sans vouloir lui dire la vérité.

Yabu donnait des ordres en hurlant. Il était à la tête de la colonne. Ils partirent. Mariko monta dans sa litière et laissa les rideaux entrouverts. Buntaro fit signe à Blackthorne de se ranger à côté d'elle. Il obtempéra. Ils attendirent que la litière de Kiri soit passée. Blackthorne contemplait la silhouette à demi visible, recouverte. Il jeta un dernier coup d'œil en arrière. Hiro-matsu était seul, debout, près de la petite hutte. Il était appuyé sur son épée. Le jardin était caché par les samouraïs qui fermaient l'énorme porte. La barre de bois retomba en place. Il n'y avait plus de gardes dans la première cour. Ils étaient tous aux créneaux.

« Que se passe-t-il ? demanda Blackthorne.

— Pardon, Anjin-san ?

— On dirait qu'ils sont assiégés. Bruns contre Gris ? Attendent-ils quelque chose ? D'autres ennuis ?

— Oh, non. Il est normal de fermer les portes, la nuit », dit Mariko. Il se mit à marcher à côté de la litière. Buntaro et l'arrière-garde avaient pris place derrière lui. Il observait la litière qui les précédait, la démarche ondulante des porteurs et la vague silhouette, derrière les rideaux. Il était très troublé. Quand Kiritsubo s'était mise à crier, tout le monde avait regardé la jeune fille prostrée au haut des marches. Son intention avait été de regarder également de ce côté-là, mais il avait vu à ce moment-là Kiritsubo se précipiter à l'intérieur de la petite hutte. Il crut pendant un instant que ses yeux lui jouaient un tour, car dans la nuit son manteau noir, son kimono noir, son chapeau noir et sa voilette noire la rendaient presque invisible. Il observa l'endroit où la silhouette avait disparu. Elle réapparut quelques instant plus tard et fonça vers la litière dont elle ferma hermétiquement les rideaux.

Leurs regards se croisèrent, pendant une fraction de seconde. C'était Toranaga.

22

Le cortège entourant les deux litières avançait lentement à travers le labyrinthe de la forteresse. Les documents étaient chaque fois vérifiés avec soin aux différents points de contrôle, Les Gris qui les escortaient étaient chaque fois relayés par un autre groupe. Blackthorne observait avec une inquiétude grandissante chaque capitaine s'approcher des rideaux tirés de la litiére de Kiritsubo. L'homme s'inclinait poliment devant la vague silhouette, entendait les sanglots étouffés et faisait finalement signe au cortège de poursuivre.

Qui d'autre peut savoir ? se demandait Blackthorne désespérément. Les servantes, certainement ; cela expliquerait pourquoi elles sont si terrorisées. Hiro-matsu et la dame Sazuko, le leurre, aussi. Mariko ? Je ne crois pas. Yabu ? Toranaga lui ferait-il confiance ? Cette brute sanguinaire de Buntaro ? Certainement pas.

C'est assurément une tentative d'évasion. Mais pourquoi Toranaga met-il sa vie en danger ? S'il est percé à jour, la situation va se gâter. Ce sera une lutte à mort. Il n'y aura pas de quartier. Je suis sans armes. Même si j'avais une rapière ou un pistolet, les Gris auraient raison de moi. Je n'ai pas d'endroit où aller. Pas de fuite possible.

« Êtes-vous fatigué, Anjin-san ? Si vous voulez, vous pouvez vous allonger dans la litière et je marcherai à vos côtés.

— Merci, Mariko-san, répondit-il sèchement, regrettant de ne pas avoir ses bottes, car il se sentait mal à l'aise avec ces sandales. Mes jambes vont bien. J'étais seulement en train de penser que j'aimerais nous voir en sécurité, en mer.

— Est-on en sécurité, en mer ?

— Parfois, senhora. Pas souvent. » Il pensait : par le Seigneur Jésus, j'espère que je ne vais pas trahir Toranaga. Ce serait épouvantable ! Ç'aurait été tellement plus simple de ne pas l'avoir vu. C'était un manque de chance, le genre d'incident qui peut faire échouer un plan parfaitement huilé. C'est vraiment la poisse si j'ai vu Toranaga aussi clairement. Avec une perruque, maquillé et habillé comme Kiritsubo, certes, mais c'était quand même bien lui.

Au point de contrôle suivant, le nouveau capitaine des Gris s'approcha plus que les autres de la litière ; les servantes s'inclinèrent, les larmes aux yeux, et lui barrèrent le chemin. Il parla avec Mariko qui secoua la tête et lui répondit quelque chose. L'homme grogna, se dirigea vers Yabu, tourna les documents dans tous les sens et fit signe au convoi de s'ébranler.

« Qu'a-t-il dit ? demanda Blackthorne.

— Il se demandait d'où vous veniez... où était votre maison ?

— Mais vous avez secoué la tête. Ce n'est pas une réponse, ça !

— Il se demandait si les lointains ancêtres de votre peuple n'étaient pas apparentés au *kami* qui vit au nord, aux confins de la Chine. Il n'y a pas très longtemps encore, nous croyions que la Chine était le seul endroit civilisé de la terre, à l'exception du Japon, *neh ?* La Chine est tellement immense qu'elle est le monde entier à elle seule. »

Blackthorne savait qu'elle ne disait pas la vérité. J'aimerais parler leur jargon, pensa-t-il. J'aimerais surtout foutre le camp de cette maudite île, remonter à bord de l'*Érasme* avec mon équipage, plein de grog, de munitions, de boulets, nos marchandises vendues, et faire route à nouveau vers mon pays. Il jeta un coup d'œil vers Mariko dont le visage était en partie caché par la voilette et l'immense chapeau.

Après avoir accepté ses excuses, ce matin, il l'avait questionné sur Yedo, les coutumes japonaises, Ishido et le château. Il avait évité le sujet du sexe. Elle avait répondu à tout en évitant les explications politiques ; ses réponses étaient détaillées et en même temps complètement innocentes. Il était très nerveux parce qu'il était constamment suivi et épié. Il y a toujours quelqu'un derrière moi. Ils sont bien trop nombreux. Ce sont des fourmis. J'aimerais bien goûter cette paix royale que l'on savoure derrière une bonne vieille porte en chêne, bien verrouillée. Ça me changerait. La serrure serait bien sûr de mon côté, pas du leur.

Il réalisa soudain, en marchant à travers les chemins de la forteresse d'Osaka, qu'il allait accueillir Toranaga dans son élément personnel, la mer, là où il était lui-même le roi. Nous aurons le temps de parler ; Mariko traduira. Je réglerai alors tous les problèmes qui me tracassent.

Encore un point de contrôle : devant eux, se dressait la dernière herse et le dernier portail du château proprement dit. Au-delà, le dernier pont-levis, la dernière douve. Une multitude de torches avait transformé la nuit obscure en une journée couleur pourpre. Ishido sortit alors de l'ombre.

L'hostilité apparut immédiatement sur les visages des Bruns. Buntaro se précipita vers la tête du convoi.

« Ce salopard cherche la bagarre, dit Blackthorne.

— Je suis désolée, senhor, qu'avez-vous dit ?

— Simplement que... j'ai dit que votre mari semble... Ishido semble rendre votre mari très nerveux.

Yabu s'arrêta. Indifférent, il tendit le sauf-conduit au capitaine de garde à la porte et se dirigea vers Ishido. « Je ne m'attendais pas à vous revoir. Vos gardes sont très efficaces.

— Merci. » Ishido observait Buntaro et la litière aux rideaux tirés.

« Une fois devrait suffire pour contrôler notre sauf-conduit, dit Buntaro. Deux fois au pis. Sommes-nous... en guerre ? C'est vraiment insultant.

— Ce n'est pas une insulte, Buntaro-san. J'ai simplement ordonné un renforcement des mesures de sécurité à cause de l'assassin. » Ishido regarda Blackthorne subrepticement et se demanda s'il devait le laisser partir ou le retenir comme le désiraient Onoshi et Kiyama. Il se tourna à nouveau vers Buntaro. Fumier, pensa-t-il. Ta tête se balancera bientôt au bout d'une pique. Comment une merveille telle que Mariko peut-elle supporter d'être la femme d'un singe tel que toi ?

Le nouveau capitaine revérifiait tout avec minutie, s'assurant que les noms collaient bien avec la liste. « Tout est en ordre, Yabu-sama, dit-il. Vous n'avez plus besoin du sauf-conduit. Nous le gardons.

— Bien. » Yabu se tourna vers Ishido. « Nous nous reverrons bientôt. »

Ishido prit un rouleau de parchemin dans la manche de son kimono. « Je voulais demander à dame Kiritsubo si elle pouvait apporter ceci à ma nièce. Il est peu probable que j'aille à Yedo dans les jours qui viennent.

— Certainement, dit Yabu en tendant la main.

— Ne vous donnez pas ce mal, Yabu-san. Je vais moi-même lui poser la question. » Ishido s'avança vers la litière.

Les servantes l'interceptèrent obséquieusement. Asa tendit la main : « Puis-je prendre le message, Sire. Ma maî...

— Non. »

A la surprise d'Ishido et de tous ceux qui l'entouraient, les servantes ne s'écartèrent pas.

« Mais ma maî...

— Éloignez-vous », ordonna Buntaro.

Les deux servantes reculèrent humblement, terrifiées.

Ishido s'inclina devant le rideau. « Kiritsubo-san, auriez-vous l'amabilité de prendre ce message et de l'apporter à ma nièce ? »

La silhouette montra un moment d'hésitation avant de dire oui de la tête.

« Merci. » Ishido tendit le fin rouleau de parchemin. Les sanglots cessèrent. Blackthorne comprit que Toranaga était pris au piège. La politesse exigeait de lui qu'il prenne le parchemin. Sa main allait le trahir. Tout le monde attendit l'apparition de cette main.

« Kiritsubo-san ? »

Toujours aucun mouvement. Ishido avança d'un pas et écarta violemment les rideaux. Au même moment, Blackthorne poussa un cri et se mit à danser et à sauter comme un fou. Ishido et les autres se tournèrent vers lui, complètement confondus. Pendant quelques minutes, Toranaga resta visible. Blackthorne pensa qu'il pouvait passer pour Kiritsubo à vingt pas, mais à cinq pas c'était impossible, même si la voilette lui couvrait le visage, Durant ce laps de temps qui lui parut une éternité, il put se rendre compte que Yabu avait eu la possibilité de le reconnaître, Mariko aussi. Buntaro se lança en avant, fonça sur le parchemin dont il se saisit, le fourra dans un des plis du rideau et se retourna en babillant : « Dans mon pays, donner un message comme un vulgaire coquin porte malheur à un prince... ça porte malheur. »

Tout s'était si vite passé qu'Ishido n'avait pu dégainer son épée et Blackthorne délirait devant lui comme un diable fou furieux. Ses réflexes reprirent le dessus. Il dégaina son arme et visa la gorge de Blackthorne, dont les yeux désespérés rencontrèrent ceux de Mariko.

« Pour l'amour de Dieu, aidez-moi. Manque de chance, *manque de chance !* »

Elle hurla. La lame s'arrêta à un centimètre du cou de Blackthorne. Mariko expliqua ce qu'avait dit Blackthorne. Ishido baissa son épée, écouta puis fit preuve d'autorité en parlant très fort. Il frappa Blackthorne du revers de la main. Celui-ci devint vert de rage, serra les poings et se jeta sur Ishido.

Si Yabu n'avait pas été aussi prompt à neutraliser le bras armé d'Ishido, Blackthorne aurait eu la tête tranchée. Buntaro se rua sur Blackthorne qui avait saisi Ishido à la gorge et tentait de l'étrangler. Il fallut quatre Bruns pour lui faire lâcher prise. Buntaro lui donna un coup violent à la nuque. Les Gris vinrent à la rescousse mais les Bruns protégeaient Blackthorne et les litières, Mariko et les servantes criaient et pleuraient pour créer une diversion au sein de ce chaos. Yabu calma Ishido. Mariko répétait dans un état semi-hystérique et au milieu des larmes que le barbare à demi fou croyait qu'il était en train de sauver Ishido, le grand commandant — qu'il croyait en fait être un prince — d'un mauvais *kamii.* « C'est la pire des insultes que de les toucher au visage. C'est pareil pour nous. C'est ce qui l'a rendu momentanément fou. C'est un barbare inintelligent mais un *damyō* dans son pays. Il essayait seulement de vous aider, Sire ! »

Ishido tempêta et frappa Blackthorne qui venait vers lui. Les Gris les entouraient. Ils étaient à vingt contre un. Leurs épées étaient dégainées mais personne n'était encore mort et chacun attendait, avec discipline.

Blackthorne vit que toute l'attention était concentrée sur lui. Il savait, à présent, qu'il avait des alliés.

Ishido se tourna vers lui et s'approcha en criant. Blackthorne sentit l'emprise des Bruns se resserrer. Il savait que le coup arrivait mais, cette fois-ci, au lieu d'essayer de leur échapper, il s'effondra puis se redressa et s'en alla en éclatant d'un rire satanique. Il se mit à danser une *hornpipe.* Le frère Domingo lui avait dit que tout le monde au Japon croyait que la folie était causée par un *kami* et que les fous comme les très jeunes enfants et les vieillards n'étaient donc pas responsables et possédaient des privilèges spéciaux. Il se lança alors dans sa folie en chantant en même temps à Mariko : « Aidez-moi... j'ai besoin d'aide pour l'amour de Dieu... Je ne vais pas pouvoir poursuivre ce cirque très longtemps... aidez-moi... »

« Il est fou. Il est possédé », cria Mariko, comprenant brusquement qu'il jouait la comédie. Elle était hors d'elle. Elle ne savait que faire. L'Anjin-san était en train de sauver Toranaga mais comment avait-il su ? se répétait-elle sottement. Le visage de Blackthorne était exsangue, hormis les traces rouges dues aux coups qu'il avait reçus. Il continuait à danser, attendant désespérément qu'on vienne à son aide. Il maudissait silencieusement Yabu, Buntaro et Mariko en les traitant respectivement de lâches et de petite garce stupide. Il cessa de danser, s'inclina devant Ishido comme une marionnette et se dirigea vers la porte. Il dansait en marchant. « Suivez-moi ! Suivez-moi ! » cria-t-il d'une voix étranglée, essayant d'ouvrir la voie comme le joueur de flûte de Hamelin. Les Gris lui barrérènt le chemin. Il grogna d'une rage feinte et leur intima l'ordre de le laisser passer. Il éclata de rire. Ishido saisit un arc et une flèche. Les Gris s'éparpillérent, Blackthorne avait presque atteint la porte. Il se retourna, aux abois, sachant que ce n'était pas la peine de courir. Il reprit sa danse frénétique.

« Il est fou. C'est un chien fou ! Les chiens fous doivent être abattus ! » La voix d'Ishido était dure et menaçante. Il arma l'arc et visa.

Mariko se jeta immédiatement en avant. « Ne vous inquiétez pas, Sire lshido, cria-t-elle. Pas besoin de s'inquiéter. C'est un accès de folie momentané. Ai-je l'autorisation... ? » En se rapprochant, elle put voir la fatigue de Blackthorne, ce sourire fou, figé sur son visage. Elle eut peur malgré elle. « Je peux vous aider maintenant, Anjin-san, dit-elle rapidement. Nous devons essayer de... de sortir. Je vous suis. Ne vous inquiétez pas. Il ne vas pas nous tirer dessus. Arrêtez de danser, je vous en prie. »

Blackthorne s'arrêta instantanément et marcha tranquillement vers le pont. Elle le suivit à quelques pas derrière comme le voulait la coutume. Elle attendait les flèches. Elle les entendait.

Mille yeux observaient ce géant fou et cette femme minuscule qui atteignaient le pont, le franchissaient et s'en allaient. Yabu retrouva ses esprits.

« Si vous le voulez mort, laissez-moi le tuer, Ishidosama. Ce n'est pas digne de vous. Un général ne tue pas de ses propres mains. D'autres doivent le faire pour lui. » Il s'approcha et baissa la voix : « Laissez-le en vie. La folie vient du coup que vous lui avez porté. C'est un *daimyō* dans son pays et le coup... c'est exactement comme l'a dit Mariko-san, *neh ?* Ayez confiance en moi. Il nous est utile vivant.

— Quoi ?

— Il nous est plus utile vivant. Ayez confiance en moi. Vous pouvez avoir sa peau quand vous le voudrez. Nous avons besoin de lui vivant. »

Ishido lut l'angoisse, le désespoir et la vérité sur le visage de Yabu. Il baissa son arc. « Très bien. Mais je le veux un de ces jours, vivant. Je le pendrai par les talons au-dessus du trou. »

Yabu ravala sa salive et s'inclina. Il fit signe nerveusement au cortège d'avancer, de peur qu'Ishido ne se souvienne de la litière et de « Kiritsubo ».

Buntaro, feignant d'être respectueux, prit l'initiative et ordonna aux Bruns de se mettre en marche. Il ne se posait pas la question de savoir comment Toranaga était magiquement apparu au milieu d'eux comme un *kami ;* il ne savait qu'une chose. Son maître était en danger et sans défense. Il vit qu'Ishido n'avait pas quitté Mariko et l'Anjin-san des yeux. Il s'inclina poliment et se plaça derrière la litière de Toranaga pour protéger son maître des flèches, au cas où le combat éclaterait.

La colonne s'approchait de la porte. Yabu s'attendait à tout instant à voir le cortège être arrêté. Les Gris ont certainement dû voir Toranaga, pensa-t-il. Combien de temps va-t-il s'écouler avant qu'ils ne le disent à Ishido ? Ne va-t-il pas penser que je suis complice de cette évasion ? Est-ce que cela ne va pas me ruiner pour toujours ?

A mi-chemin, sur le pont, Mariko regarda en arrière. « Ils suivent, Anjin-san ; les deux litières ont passé la porte. Elles sont sur le pont. »

Blackthorne ne répondit pas. Il ne se retourna pas. Il avait besoin de toute sa volonté pour rester debout. Il avait perdu ses sandales. Son visage brûlait. Sa tête explosait. Les derniers gardes le laissèrent franchir la herse et sortir de la forteresse. Ils laissèrent également passer Mariko, puis les litières.

Blackthorne marchait en avant du convoi le long de la petite colline. Il passa un terrain à découvert puis franchit un pont plus éloigné.

Une fois dans le sous-bois, il s'effondra. Là, personne ne pouvait le voir.

23

« Anjin-san ! Anjin-san ! »

A demi conscient, il laissa Mariko l'aider à boire du saké. La colonne s'était arrêtée. Les Bruns serraient la litière de près. Buntaro avait crié quelque chose à l'une des servantes et elle avait immédiatement sorti une fiasque. Il avait enjoint à ses gardes de tenir toute personne éloignée de la litière de « Kiritsubo-san », puis s'était dirigé précipitamment vers Mariko. « Est-ce que l'Anjin-san va bien ?

— Oui. Oui, je crois », lui avait-elle répondu. Yabu les avait rejoints. Pour essayer de se débarrasser du capitaine des Gris, il dit : « Nous pouvons poursuivre notre route, seuls ; nous allons laisser quelques hommes avec Marikosan. Dès que le barbare ira mieux, ils pourront nous rejoindre.

— Avec tout le respect que je vous dois, Yabu-san, nous allons attendre. Je suis chargé de vous amener jusqu'à la galère. Tous ensemble », lui répondit le capitaine. Ils tournèrent tous leur regard vers Blackthorne qui s'étouffait légèrement avec son vin. « Merci, dit-il dans un croassement. Sommes-nous en sécurité ? Qui d'autre sait que... ?

— Vous êtes sauvé, maintenant ! » l'interrompit Mariko volontairement.

Elle tourna le dos au capitaine et avertit du regard Blackthorne. « Anjin-san, vous êtes sauvé. Vous n'avez pas d'inquiétude à avoir. Vous comprenez ? Vous avez eu une crise. Regardez autour de vous. Vous êtes sauvé ! »

Blackthorne obtempéra. Il vit le capitaine, les Gris et comprit. Ses forces revenaient rapidement. « Désolé, senhora, ce n'était que la peur, je crois. Je deviens vieux. Je deviens fou par moment et ne me souviens jamais de ce qui s'est passé. Parler portugais est fatigant, n'est-ce pas ? » Il se mit à parler en latin. « Vous me comprenez ?

— Assurément.

— Cette langue est-elle “plus facile” ?

— Peut-être », dit-elle, soulagée qu'il ait compris ses consignes de prudence et qu'il se soit mis à parler en latin, langue quasiment incompréhensible et impossible à apprendre pour un Japonais, hormis une poignée d'hommes dans tout l'empire. Elle était la seule femme du pays à parler, lire et écrire couramment le latin et le portugais. « Les deux langues sont difficiles. Chacune a ses dangers.

— Qui d'autre en connaît les "dangers" ?

— Mon mari et cet homme qui nous escorte.

— En êtes-vous sûre ?

— Les deux l'ont prouvé. »

Le capitaine des Gris piétinait nerveusement et dit quelque chose à Mariko. « Il demande si vous êtes dangereux, si on ne devrait pas vous lier les mains et les pieds. J'ai dit que non. Vous êtes sorti de votre crise de folie.

— Oui, dit-il en se remettant à parler portugais. J'ai souvent des crises. Si quelqu'un me frappe au visage, je deviens fou. Je suis désolé. Je ne me souviens jamais de ce qui se passe pendant ces accès. C'est le doigt de Dieu. » Il se rendit compte que le capitaine lisait sur ses lèvres et il pensa : « Je te prends la main dans le sac, mon salaud. Je parie que tu comprends le portugais. »

Sono, la servante, pencha sa tête vers la litière et colla son oreille contre les rideaux. Elle écouta puis revint vers Mariko. « Désolée, Mariko-sama, mais ma maîtresse demande si le fou va mieux et si nous pouvons poursuivre notre route ? Elle vous prie de lui donner votre litière parce qu'elle pense que nous devrions nous dépêcher à cause de la marée. Sachant que les fous ne sont affligés que par les dieux, elle va dire des prières pour sa guérison et lui administrera personnellement des médicaments dès que nous serons à bord de la galère. »

Mariko traduisit.

« Oui, je vais très bien. » Blackthorne se leva et vacilla sur ses jambes. Yabu gueula un ordre.

« Yabu-san dit que vous allez immédiatement monter dans cette litière, Anjin-san. » Mariko sourit devant ses protestations. « Je suis tout à fait forte. Vous n'avez pas à vous inquiéter. Je marcherai à vos côtés. Nous pourrons parler si vous le désirez. »

Il se laissa faire et s'installa dans la litière. Ils repartirent aussitôt. La démarche ondulante des porteurs avait un effet calmant. Il était épuisé. Il attendit que le capitaine des Gris ait rejoint la tête de la colonne pour murmurer cet avertissement en latin : « Ce centurion comprend l'autre langue.

— Je crois qu'il comprend le latin, également, murmura-t-elle. Vous êtes très courageux, Anjin-san. Je vous remercie d'avoir sauvé la vie à sire Toranaga.

— Vous avez fait preuve d'un plus grand courage.

— Non. Le Seigneur n'a fait que guider mes pas sur le sentier et me rendre utile. Je vous remercie encore.

— Vous êtes courageuse. Je vous remercie. Les flèches ne sont pas parties parce que vous me faisiez un bouclier de votre dos.

— Non, capitaine. C'était la volonté divine.

— Vous êtes courageuse et vous êtes belle. »

Elle marcha pendant un moment en silence. Personne ne m'a jamais dit que j'étais belle. Personne, pensa-t-elle. « Je ne suis pas courageuse et je ne suis pas belle. Les épées sont belles. L'honneur est beau.

— Le courage est beau et vous en avez à revendre. »

Mariko ne répondit pas. Elle se souvenait de ce matin, de tous les mots horribles, de toutes ses détestables pensées. Comment un homme peut-il être aussi courageux et aussi stupide, aussi doux et aussi cruel, aussi touchant et aussi haïssable, toutes ces choses en même temps ? L'Anjin-san avait fait preuve d'un courage sans bornes pour détourner l'attention d'Ishido de la litière et avait été vraiment habile pour parvenir à feindre la folie et sortir Toranaga de la souricière. Qu'il était sage de la part de Toranaga de s'échapper de cette manière ! Sois prudente, Mariko, se dit-elle. Pense à Toranaga ! Pas à cet étranger.

La colonne avançait à travers la ville, en direction de la mer. Blackthorne vit Yabu et les hurlements de Pieterzoon lui traversèrent l'esprit momentanément. « Une seule chose à la fois, murmura-t-il.

— Oui, disait Mariko. Ce doit être très difficile pour vous. Notre monde est si différent du vôtre. Très différent mais très sage. » Elle voyait, devant elle, la vague silhouette de Toranaga dans la litière. Elle remercia Dieu encore une fois d'avoir permis son évasion. Comment expliquer au barbare ce que nous sommes, comment le complimenter pour sa bravoure ? Toranaga lui avait donné ordre de tout expliquer, mais comment ? « Laissez-moi vous raconter une histoire, Anjin-san. Quand j'étais jeune, mon père était général d'un *daimyō* qui s'appelait Goroda. A cette époque-là, sire Goroda n'était pas encore un grand dictateur mais un *daimyō* qui se battait pour accéder au pouvoir. Mon père invita donc Goroda et ses principaux vassaux à un grand festin. Que nous n'ayons pas d'argent pour acheter les victuailles, le saké, les laques et les tatamis qu'une telle visite, par coutume, exigeait ne lui effleura jamais l'esprit. Vous pourriez croire que ma mère était une très mauvaise maîtresse de maison. Ce n'était pas le cas. La moindre parcelle des revenus de mon père allait à son samouraï vassal et, quoiqu'il ait eu assez d'argent pour entretenir quatre mille guerriers, ma mère se débrouillait en grattant, rognant et économisant sur tout pour qu'il en entretienne cinq mille trois cents pour la plus grande gloire de son maître et suzerain. Nous, la famille, ma mère, les concubines de mon père, mes frères et sœurs, nous avions à peine de quoi manger. Mais quelle importance ? Mon père et ses hommes avaient les armes les plus modernes, les chevaux les plus racés, Il n'y avait donc pas assez d'argent pour organiser ce festin. Ma mère se rendit alors chez un fabriquant de perruques de Kyoto et lui vendit ses cheveux. Je me souviens qu'ils lui tombaient jusqu'au bas du dos et qu'ils étaient de jais. Mais elle les a vendus. Le perruquier les lui coupa le jour même, lui donna une perruque bon marché. Elle put ainsi acheter tout ce qui était nécessaire et sauver l'honneur de mon père. Il était de son devoir à elle de payer les factures. Elle a fait son devoir. Pour nous, le devoir est une notion très importante. La plus importante de toutes.

— Qu'a dit votre père quand il a découvert la vérité ?

— Que pouvait-il dire ? Il ne pouvait que la remercier. Il était du devoir de ma mère de trouver cet argent pour sauver son honneur.

— Elle éprouvait beaucoup d'amour pour lui.

— L'amour est un mot chrétien, une pensée chrétienne, un idéal chrétien, Anjin-san. Nous n'avons pas d'équivalent pour le mot "amour" tel que vous l'entendez. Devoir, loyauté, honneur, respect, désir, voilà les mots et les concepts dont nous avons besoin. » Elle le regarda malgré elle et revécut l'instant où il avait sauvé Toranaga et, à travers Toranaga, son mari. N'oublie jamais qu'ils étaient tous les deux pris au piège, qu'ils devraient être à présent morts, si cet homme n'avait pas été là. Elle s'assura que personne n'était à proximité. « Pourquoi avez-vous fait ce que vous avez fait ?

— Je ne sais pas. Peut-être parce que... » Il se tut. Il pouvait donner tant de raisons : peut-être parce que Toranaga était aux abois et que je ne voulais pas qu'il soit coupé en morceaux... parce que s'il avait été découvert nous aurions été tous dans de beaux draps... parce que je savais qu'en dehors de moi, personne ne savait. C'était à moi de tenter le tout pour le tout... parce que je ne voulais pas mourir. J'ai trop de choses à faire pour gâcher ma vie, et Toranaga est le seul qui puisse me rendre mon bateau et ma liberté. Au lieu de ça, il répondit, en latin : « Parce qu'il a dit : Rendez à César ce qui appartient à César.

— C'est ça », dit-elle, ajoutant dans la même langue : « C'est ça ; c'est ce que je voulais dire. Ces choses-là à César et celles-là à Dieu. »

La mer n'était plus très loin. Il voyait plusieurs bateaux et la frégate portugaise, feux de navigation allumés. Avec vingt bons canons, je pourrais m'en emparer. Ce ne serait pas une mauvaise prise ! Il se retourna vers Mariko. Étrange personne ! Famille bizarre !

« Senhora, dit-il en gardant une voix douce. Votre mère devait être une femme exceptionnelle pour faire ce qu'elle a fait.

— Oui. Mais elle vivra éternellement à cause de ce qu'elle a fait. Elle est entrée dans la légende. Elle était tout aussi samouraï que mon père.

— Je croyais que seuls les hommes étaient samouraïs ?

— Oh non, Anjin-san. Hommes et femmes le sont également. Ma mère était une samouraï authentique. Son sens du devoir excédait toute autre chose.

— Elle habite avec vous ?

— Non. Pas plus que mon père, mes frères ou mes sœurs. Je suis la dernière de la lignée.

— Y a-t-il eu une catastrophe ? »

Mariko se sentit tout à coup lasse. Je suis fatiguée de parler latin et cette langue portugaise désagréable à l'oreille. Je suis fatiguée de jouer les professeurs, se ditelle. Je ne suis pas professeur. Je suis simplement une femme qui connaît son devoir et veut le faire en paix.

« D'une certaine façon, oui, Anjin-san. Je vous raconterai tout ça, un jour. » Elle accéléra le pas et se dirigea vers l'autre litière. Les deux servantes souriaient nerveusement.

« A-t-on beaucoup de chemin à faire, Mariko-san ? demanda Sono.

— J'espère bien que non », répondit-elle pour la rassurer.

Le capitaine des Gris sortit soudainement de l'ombre et apparut de l'autre côté de la litière. Elle se demanda ce qu'il avait pu surprendre de sa conversation avec l'Anjinsan.

« Voulez-vous un porteur, Mariko-san ? Vous sentez-vous fatiguée ? lui demanda-t-il.

— Non. Non, merci. » Elle ralentit l'allure volontairement, l'entraînant loin de Toranaga et de la litière. « Je ne suis pas du tout fatiguée.

— Le barbare se tient-il bien ? Il ne vous importune pas, au moins ?

— Oh, non. Il semble redevenu très calme.

— De quoi parliez-vous avec lui ?

— De toutes sortes de choses. J'essayais de lui expliquer quelques-unes de nos lois et de nos coutumes. » Elle fit un signe vers le donjon qui se découpait clairement sur le ciel. « Sire Toranaga m'a demandé de lui mettre un peu de plomb dans la cervelle.

— Ah, oui. Sire Toranaga. » Le capitaine jeta un coup d'œil rapide vers la forteresse, puis vers Blackthorne. « Pourquoi Sire Toranaga est-il tellement intéressé par ce barbare, madame ?

— Je ne sais pas. C'est peut-être parce qu'il est très étrange. »

Ils tournèrent dans une autre rue. Il y avait peu de gens dans les parages. Au bout de la rue, les quais et la mer. Des mâts apparaissaient au-dessus des bâtiments. L'air était lourd, chargé de l'odeur des algues,

« De quoi d'autre avez-vous parlé ?

— Ils ont des pensées tout à fait bizarres. Ils pensent toujours à l'argent.

— La rumeur circule que son pays n'est peuplé que d'affreux pirates marchands. Il n'y a pas un seul samouraï dans toute la population, Qu'est-ce que Sire Toranaga attend de lui ?

— Désolée mais je n'en sais rien.

— La rumeur circule qu'il est chrétien, Du moins le dit-il. L'est-il en vérité ?

— Pas chrétien comme nous. Vous l'êtes, capitaine ?

— Mon maître est chrétien. Je le suis donc aussi. Mon maître est Sire Kiyama.

— J'ai l'honneur de bien le connaître. Il a honoré mon mari en fiançant l'une de ses petites-filles à mon fils.

— Oui, je sais, dame Toda.

— Sire Kiyama va mieux maintenant ? Je crois que les docteurs n'autorisent personne à le voir.

— Je ne l'ai pas vu depuis une semaine. Personne ne l'a vu. C'est peut-être la peste chinoise. Que Dieu l'en protège. Que Dieu maudisse tous les Chinois ! » Il jeta un regard brillant sur Blackthorne. « Les docteurs disent que les barbares ont apporté la vérole en Chine, à Macao et sur nos rivages.

— *Sumus omnes in manu Dei,* dit-elle.

— *Ita, amen* », répondit le capitaine, tombant ainsi dans le piège.

Blackthorne s'était lui aussi rendu compte de la faute du capitaine. Il vit un éclair de colère passer sur son visage et l'entendit dire quelque chose entre ses dents. Mariko rougit et s'arrêta. Blackthorne quitta sa litière et les rejoignit.

« Si vous parlez latin, centurion, ce serait gentil à vous de venir parler avec moi. J'ai soif de tout apprendre de votre grand pays.

— Oui, je parle votre langue, étranger.

— Ce n'est pas ma langue, centurion, mais celle de l'Eglise et de tous les gens éduqués dans mon pays. Vous la parlez bien. Comment et quand l'avez-vous apprise ? »

Le cortège passa devant eux et tous les samouraïs, Bruns et Gris, les regardérent. Buntaro, près de la litiére de Toranaga, s'arréta et se retourna. Le capitaine hésita puis se remit à marcher, Mariko était heureuse que Blackthorne les ait rejoints.

« Le centurion parle couramment cette langue. Il la parle merveilleusement, n'est-ce pas ? dit Blackthorne à Mariko.

— Oui. C'est vrai. Vous avez appris au séminaire, centurion ?

— Et vous, étranger ? » répondit le capitaine froidement, ne faisant pas attention à elle, détestant le souvenir de ce séminaire de Macao où il avait été envoyé, enfant, par Kiyama pour apprendre les langues. « Maintenant que nous pouvons nous parler directement, dites-moi simplement pourquoi vous avez dit à madame : “Qui d'autre sait...” Qui d'autre sait quoi ?

— Je ne me souviens pas. Mon esprit divaguait.

— Il divaguait, vraiment ? Et vous avez dit aussi : “Rendez à César ce qui appartient à César.”

— Ce n'était qu'une plaisanterie. J'avais une discussion avec cette dame qui raconte des histoires particulièrement révélatrices mais parfois difficiles à comprendre.

— Oui. Il y a beaucoup de choses à comprendre. Qu'est-ce qui vous a rendu fou quand vous étiez à la porte ? Pourquoi avez-vous guéri aussi rapidement ?

— C'est la miséricorde divine. »

Ils marchaient à nouveau près de la litière. Le capitaine était furieux de s'être laissé prendre si facilement. Il avait été prévenu par sire Kiyama, son maître, que cette femme était infiniment rusée : « N'oublie pas qu'elle porte la tache de la trahison en elle et que le pirate est guidé par Satan le diable. Observe, écoute et souviens-toi de tout. Peut-être se trahira-t-elle elle-même et deviendra-t-elle un témoin contre Toranaga, au bénéfice des régents ? Tue le pirate dès qu'a lieu l'embuscade. »

Les flèches fendirent la nuit. La première vint se planter dans la gorge du capitaine. Sentant ses poumons s'emplir de feu et la mort l'avaler, il eut une dernière pensée de surprise, car l'embuscade ne devait pas avoir lieu là mais un peu plus loin, près des quais. L'attaque ne devait pas les prendre pour cibles mais viser le pirate, uniquement.

Une autre flèche se ficha dans l'une des colonnes de la litière, à quelques centimètres de la tête de Blackthorne. Deux flèches avaient transpercé les rideaux du palanquin de Kiritsubo et une autre s'était plantée dans le ventre d'Asa, la servante. Elle se mit à hurler. Les porteurs abandonnèrent tout et disparurent dans la nuit en prenant leurs jambes à leur cou. Blackthorne prit Mariko avec lui et l'entraîna à l'abri de la litière renversée. Gris et Bruns s'éparpillèrent. Une pluie de flèches s'abattit sur les deux litières. L'une se ficha dans le sol, là où Mariko se tenait quelques instants plus tôt. Buntaro couvrait de son corps la litière de Toranaga. Une flèche se planta dans le dos de sa cotte de mailles et de bambou. Quand la volée cessa, il se précipita et ouvrit les rideaux avec violence. Les deux flèches étaient plantées dans la poitrine et le flanc de Toranaga mais il n'était pas blessé. Il arracha les pointes de la cuirasse protectrice qu'il portait sous son kimono. Il enleva ensuite le chapeau à larges bords et la perruque. Buntaro fouilla l'obscurité à la recherche de l'ennemi. Il était sur le qui-vive, prêt à décocher une flèche pendant que Toranaga se dépêtrait des rideaux et sortait, tirait une épée de dessous la couverture et bondissait en avant. Mariko voulut lui venir en aide mais Blackthorne la tira en arrière en poussant un cri d'avertissement au moment où les flèches reprenaient les palanquins pour cibles. Elles tuèrent deux Bruns et un Gris. Une autre frôla Blackthorne de si près qu'elle lui arracha un bout de peau à la joue. Une dernière épingla son kimono au sol. La servante, Sono, était près de la fille qui se tordait de douleur en retenant courageusement ses cris, Yabu hurla, indiquant une direction, et chargea. De vagues silhouettes étaient visibles sur les toits de tuiles. Une dernière volée de flèches s'abattit sur les litières, droit venue de l'obscurité. Buntaro et quelques Bruns firent un mur devant Toranaga. Un homme tomba. Blackthorne se releva avec difficulté et aida Mariko. Elle était seulement commotionnée.

« Merci », dit-elle. Elle se dépêcha de rejoindre Toranaga pour l'éloigner des Gris et de leurs regards. Buntaro ordonna à ses hommes d'amener les torches près des litières. A ce moment-là, l'un des Gris poussa un cri. « Toranaga ! » Dans la lumière vacillante des torches, le maquillage barbouillé et décomposé par la sueur fit paraître Toranaga grotesque. L'un des officiers Gris s'inclina. Il faisait face, chose incroyable, à l'ennemi de son maître, libre, de l'autre côté des murailles de la forteresse. « Vous allez attendre ici, Sire. Toi (il héla l'un de ses hommes), va le dire immédiatement à Sire Ishido. » L'homme s'en alla en courant.

« Arrêtez-le ! » dit Toranaga calmement. Buntaro décocha deux flèches. L'homme s'écroula, mortellement atteint. L'officier dégaina son épée et fondit sur Toranaga dans un hurlement de guerre, mais Buntaro était prêt à parer le coup. Simultanément, Gris et Bruns sortirent leurs épées et se ruèrent dans la bataille. La rue se transforma en une mêlée confuse. Un Gris se jeta soudainement sur Toranaga, mais Mariko ramassa une torche, se précipita en avant et la lança dans la figure de l'officier. Buntaro coupa son assaillant en deux, puis se jeta sur le deuxième homme et le pourfendit. Quatre Gris rassemblèrent leurs forces et bondirent sur Blackthorne qui était encore à côté de sa litière. Il les vit arriver sans rien pouvoir faire. Yabu et un Brun les interceptèrent et se battirent avec eux comme de beaux diables. Blackthorne saisit une torche et s'en servit comme d'une masse tourbillonnante. Il réussit à faire perdre l'équilibre à ses assaillants. Yabu en tua un, en blessa un autre. Puis quatre Bruns vinrent à la rescousse pour régler leur compte aux deux survivants. Les derniers Gris se battirent courageusement. Quatre d'entre eux s'unirent dans une attaque suicidaire contre Toranaga. Les Bruns les chargèrent. Les Gris se regroupèrent et chargèrent à nouveau, puis un de leurs officiers leur ordonna de se replier et d'aller chercher des renforts. Le reste de l'escorte devait couvrir leur retraite. Les quatre Gris se sauvèrent. Bien qu'ils fussent poursuivis et que Buntaro ait réussi à en abattre un, trois réussirent à s'échapper. Les autres moururent.

24

Ils se dépêchaient à travers les rues désertes, en direction du quai, de la galère. Ils étaient dix, Toranaga en tête suivi de Yabu, Mariko, Blackthorne et six samouraïs. Le reste, sous les ordres de Buntaro, avaient été envoyé avec les litières et les bagages et suivait l'itinéraire convenu, avec comme instructions de se diriger tranquillement vers la galère. Le corps d'Asa, la servante, reposait dans l'un des palanquins. Au milieu de la bataille, Blackthorne avait ôté la pointe fichée en elle. Toranaga avait vu le sang gicler et avait observé, surpris, le pilote la bercer au lieu de la laisser mourir en paix avec dignité, puis, quand le combat avait cessé, la façon dont il l'avait doucement posée dans la litière. La fille était courageuse et ne s'était pas plainte ; elle n'avait fait que le regarder jusqu'à ce que la mort vienne l'emporter.

Des cinquante Bruns qui avaient formé l'escorte, quinze avaient été tués et dix mortellement blessés. Ces derniers avaient été rapidement et honorablement envoyés dans le Grand Néant (trois de leurs propres mains, huit assistés par Buntaro, à leur demande). Puis Buntaro avait réuni les survivants autour des litières et ils s'étaient remis en route. Quarante-huit Gris gisaient dans la poussière.

Toranaga savait qu'il était sans protection, mais il était satisfait. Tout s'est bien passé, pensa-t-il, si l'on considère les vicissitudes de la chance. C'était un plan excellent — cette évasion secrète — établi depuis des mois. Il était évident que Ishido aurait essayé de le garder dans la forteresse, aurait monté les autres régents contre lui en leur promettant n'importe quoi, aurait de bon cœur sacrifié son otage de Yedo, la dame Ochiba, et aurait usé de tous les moyens pour le garder, sous surveillance jusqu'à la réunion finale des régents où il aurait été récusé et déchu.

« Mais ils peuvent encore vous récuser ! » avait dit Hiro-matsu quand Toranaga l'avait fait appeler à la tombée de la nuit pour lui expliquer la tentative. « Même si vous vous échappez, les régents vous récuseront derrière votre dos aussi aisément qu'ils le feront en votre présence. Vous serez contraint de vous faire seppuku dès qu'ils vous l'ordonneront, comme ils le feront très certainement.

— Oui, avait dit Toranaga. En tant que président des régents, je suis contraint de le faire si quatre voix se réunissent contre moi. Mais ici... »

Il avait sorti un rouleau de parchemin de sa manche. « Ici est inscrite ma démission officielle du Conseil des régents. Vous la donnerez à Ishido dès que la nouvelle de mon évasion sera connue.

— Quoi ?

— Si je démissionne, je ne suis plus tenu par mon serment de régent, *neh ?* Le Taikō ne m'a jamais interdit de démissionner, *neh ?* Donnez également ceci à Ishido. » Il avait tendu le sceau officiel de sa fonction présidentielle.

« Mais vous êtes maintenant complètement isolé. Vous êtes condamné !

— Vous avez tort. Écoutez-moi. Le testament du Taikō créait un Conseil de *cinq* régents pour gouverner le royaume. Il n'y en a plus que *quatre,* à présent. Pour qu'ils puissent exercer légalement le mandat de l'empereur, les quatre restants doivent élire un nouveau membre, un cinquième, *neh ?* Ishido, Kiyama, Onoshi et Sugiyama *doivent se mettre d'accord, neh* ? Le nouveau régent ne doit-il pas être accepté de tous ? Bien sûr ! Mon vieil ami, avec qui ces ennemis vont-ils accepter de partager le pouvoir ? Tant qu'ils discutent, aucune décision n'est...

— Nous faisons des préparatifs de guerre et vous n'êtes plus lié par votre serment. Vous pouvez verser un peu de miel ou un peu de venin ça et là et ces charognes vont se manger entre elles ! avait dit Hiro-matsu avec empressement. Oh, Yoshi Toranaga-Noh-Minowara, vous êtes un génie. Je me les coupe si vous n'êtes pas l'homme le plus sage du pays ! »

— Oui, c'est un bon plan, pensa Toranaga et ils ont tous merveilleusement rempli leurs rôles : Hiro-matsu, Kiri et ma douce Sazuko. Et les voilà maintenant enfermés et ils le resteront, à moins qu'ils aient l'autorisation de s'en aller. Je crois qu'ils n'obtiendront jamais cette autorisation-là. Je serais vraiment désolé de les perdre.

Il menait le cortège sans défaillir. Son allure était rapide. C'était l'allure à laquelle il chassait, qu'il pouvait soutenir pendant deux jours et une nuit si besoin était. Ils traversèrent une autre rue déserte et se dirigèrent vers une ruelle. Il savait que l'alarme parviendrait bientôt aux oreilles d'Ishido et que la chasse serait alors ouverte. Nous avons le temps, se dit-il.

Oui, c'est un bon plan mais je n'avais pas prévu l'embuscade. Ça m'a coûté trois jours de sécurité. Kiri était sûre de pouvoir garder le secret pendant au moins trois jours. Il n'y a plus de secret maintenant et je ne pourrai pas monter à bord de la galère et me retrouver en pleine mer. A qui était destinée l'embuscade ? Moi ou le pilote ? Oui, mais les archers étaient éloignés ; il était difficile de voir et il était de toute façon plus sûr de nous tuer tous les deux, au cas où.

Qui a ordonné cette attaque ? Kiyama ou Onoshi ? Les Portugais ou les pères chrétiens ? Toranaga se retourna pour vérifier si le pilote était toujours là. Il vit qu'il tenait bien et que la femme marchait à ses côtés.

Cette nuit, c'est la deuxième fois que je risque ma peau ici, pensa-t-il Cette forteresse va-t-elle être vraiment ma némésis ? Le Taikō m'a souvent dit :

« Tant que la forteresse d'Osaka existera, ma lignée ne mourra pas et vous aurez, Toranaga-Minowara, votre épitaphe gravée sur ses murs. Osaka sera votre mort, mon fidèle vassal ! »

Est-ce que le Taikō vit toujours à travers Yaemon ? Qu'il vive ou non, Yaemon est son héritier légal.

Toranaga détacha avec effort ses yeux de la forteresse, tourna au coin d'une autre rue et marcha rapidement dans un dédale de ruelles. Il finit par s'arrêter devant une vieille porte usée. Un poisson était sculpté dans le bois. Il frappa selon un signal codé. La porte s'ouvrit immédiatement. Le samouraï hirsute s'inclina aussitôt. « Sire ?

— Amène tes hommes et suis-moi, dit Toranaga.

— Avec joie. » Ce samouraï ne portait pas l'uniforme brun mais les hardes dépareillées d'un *ronin.* Il appartenait aux troupes d'élite secrètes que Toranaga avait dispersées dans Osaka, en cas d'urgence. Quinze hommes, pareillement vêtus et aussi bien armés, le suivirent et prirent rapidement leurs postes en éclaireurs et en arrière-garde, tandis qu'un autre se dépêchait d'aller avertir les autres éléments secrets. Toranaga eut bientôt cinquante hommes avec lui. Cent autres protégeaient ses flancs. Un millier seraient prêts à l'aube, s'il avait besoin d'eux. Il se détendit et ralentit l'allure, sentant que le pilote et la femme se fatiguaient.

Toranaga se tenait dans l'ombre des dépôts et observait la galère, le quai, le rivage. Yabu était à ses côtés. Les samouraïs formaient un cordon serré, en contrebas de la ruelle. Un détachement important de Gris attendait prés de l'échelle de coupée de la galère, à quelques centaines de pas de là, de l'autre côté d'un terre-plein qui prévenait ainsi de toute attaque surprise. La galère était solidement amarrée aux bollards du quai qui s'étirait sur une centaine de mètres en mer. Les avirons étaient soigneusement bordés. Toranaga vit indistinctement plusieurs marins et soldats sur le pont.

« Sont-ils des nôtres ? demanda-t-il doucement.

— C'est trop loin pour s'en assurer », répondit Yabu.

C'était la marée haute. Au-delà de la monère, des bateaux de pêche entraient et sortaient. Au nord, le long du rivage, évoluait toute une flottille d'embarcations de tailles diverses. A cinq cents pas, vers le sud, le long d'un autre quai en pierre, était amarrée la frégate portugaise, la *Santa Theresa.* A la lumière des torches, des groupes de porteurs chargaient des paquets, des balles et des tonneaux. Des Gris patrouillaient aux abords. C'était chose habituelle puisque tout bateau portugais ou étranger était de par la loi sous surveillance constante. Les bateaux portugais pouvaient librement entrer et sortir du port de Nagasaki seulement.

Si la sécurité pouvait être renforcée, nous pourrions dormir plus tranquillement, se dit Toranaga. Oui, mais peut-on les enfermer et continuer à commercer avec la Chine ? Voilà le piège auquel les barbares du Sud nous ont pris et duquel nous ne pouvons sortir. En tout cas, pas tant que les *daimyōs* chrétiens clominent Kyushu, tant que nous avons besoin des prêtres. Ce que nous pouvons faire de mieux, c'est ce qu'a fait le Taikō. Donner un petit peu aux barbares, faire semblant de le leur reprendre en essayant de bluffer, en sachant pertinemment que, sans le commerce avec la Chine, la vie est impossible.

« Avec votre permission, Sire, je vais faire donner l'attaque immédiatement, murmura le samouraï.

— Je suis contre, dit Yabu. Nous ne savons pas si nos hommes sont à bord. Il pourrait y avoir un millier de samouraïs cachés aux alentours. Ces hommes... » Il indiqua du doigt les Gris, près du bateau portugais. « Ces Gris donneraient l'alarme. Nous ne pourrions jamais prendre le navire et atteindre la haute mer. Nous avons besoin de dix fois plus d'hommes.

— Le général Ishido va bientôt être au courant, dit le samouraï. Il y aura alors plus de gens hostiles à Osaka que de mouches sur un champ de bataille. J'ai cent cinquante hommes en plus de ceux-là, C'est bien suffisant.

— Pas pour être en sécurité. Ce n'est pas suffisant si nos marins ne sont pas prêts à souquer. Il vaudrait mieux créer une diversion qui éloignerait les Gris et tous ceux qui peuvent se cacher. Ceux-là aussi, dit Yabu en indiquant une nouvelle fois les soldats postés près de la frégate.

— Quel genre de diversion ? demanda Toranaga.

— Mettre le feu à la rue ?

— C'est impossible ! protesta le samouraï, stupéfait. Nous ne pouvons pas mettre le feu à la rue.

— Qu'y a-t-il de plus important ? lui demanda Yabu. La destruction de quelques rues ou la mort de votre maître ?

— Le feu se propage, Yabu-san. Nous ne pouvons pas brûler Osaka. Un million de personnes y vivent, peut-être plus.

— Est-ce là votre réponse ? »

Couleur de cendre, le samouraï se tourna vers Toranaga. « Sire, je ferai ce que vous me demanderez. Est-ce là ce que vous désirez ? »

Toranaga regarda simplement Yabu.

Le *daimyō* secoua un doigt en montrant la ville, méprisant. « Il y a deux ans, la moitié de cette ville a brûlé. Regardez-la maintenant. Il y a cinq ans a éclaté le Grand Incendie. Des centaines de milliers de personnes sont mortes. Qu'avons-nous à en faire ? Ce ne sont que des marchands, des boutiquiers, des artisans. »

Toranaga savait que le feu ne se propagerait pas ; le vent était trop faible. Mais un feu pourrait facilement devenir un holocauste qui détruirait toute la ville, à l'exception de la forteresse. Ah ! si seulement je pouvais la réduire en cendres, je n'hésiterais pas un seul instant. Il tourna les talons et rejoignit les autres. « Mariko-san, emmenez le pilote, six samouraïs et gagnez la galère. Faites semblant d'étre affolés. Dites aux Gris qu'il y a eu une embuscade — des bandits ou des *ronin,* vous ne savez pas très bien —, donnez-leur l'endroit exact et dites-leur que vous avez été envoyée d'urgence par le capitaine des Gris qui nous escortaient pour venir chercher des renforts, que la bataille fait toujours rage, que vous pensez que Kiritsubo a été tuée ou blessée. Dites-leur de se dépêcher. Si vous êtes convaincante, il viendront tous à la rescousse et s'éloigneront donc du bateau.

— Je comprends très bien, Sire.

— Montez à bord avec le pilote. Si nos marins sont là, si le bateau est devenu sûr, revenez vers l'échelle de coupée et faites semblant de vous évanouir. Ce sera notre signal. Faites-le exactement au haut de l'échelle de coupée. »

Toranaga posa son regard sur Blackthorne. « Dites-lui ce que nous allons faire, mais ne lui dites pas que vous allez vous évanouir. » Il se retourna pour donner des ordres à ses hommes et des instructions spéciales aux six samouraïs désignés.

Quand il eut fini, Yabu le prit à part. « Pourquoi envoyez-vous le barbare ? Ne serait-il pas plus prudent de le garder ici ? Plus prudent pour vous ?

— Plus prudent pour lui, Yabu-san, pas pour moi. C'est un leurre, un appât très utile.

— Mettre le feu aux rues serait plus sûr.

— Oui. » Toranaga pensa qu'il était mieux d'avoir Yabu de son côté plutôt que de le voir du côté de Ishido. Je suis content de ne pas l'avoir forcé à sauter du haut de la tour, hier.

« Sire ?

— Oui, Mariko-san ?

— Je suis désolée, Sire, mais l'Anjin-san demande ce qui va se passer si le bateau est aux mains ennemies ?

— Dites-lui qu'il n'est pas obligé d'y aller s'il ne se sent pas le courage. » Blackthorne garda son calme quand elle lui transmit la réponse.

« Dites à Toranaga que ce plan n'est pas fait pour vous, que vous devriez rester ici. Je peux très bien donner le signal, si tout va bien.

— Je ne peux pas faire ça, Anjin-san. Ce n'est pas ce que m'a ordonné mon maître, lui dit Mariko fermement. Tous les plans qu'il dresse sont toujours très sages. »

Il l'avait observée pendant l'embuscade, une longue épée à la main, presque trop grande pour elle, prête à lutter à mort pour Toranaga. Il l'avait vue s'en servir une fois. Buntaro avait bien sûr tué l'assaillant mais c'était elle qui avait rendu la chose possible en forçant son adversaire à reculer. Il y avait encore du sang sur son kimono, déchiré par endroits. Son visage était souillé.

Il sut en la regardant qu'il souhaitait que rien ne lui arrive.

« Laissez-moi aller avec les samouraïs, Mariko-san. Restez ici, je vous en prie.

— Ce n'est pas possible, Anjin-san.

— Alors, il me faut un couteau. Donnez-m'en plutôt deux. »

Elle transmit sa requête à Toranaga qui accepta. Blackthorne en glissa un sous sa ceinture, à l'intérieur du kimono. L'autre, il l'attacha sur son avant-bras, manche pointé vers le bas avec un bout de soie arraché à son ourlet.

« Mon maître demande si tous les Anglais portent des couteaux dans leur manche comme ça ?

— Non. Mais la plupart des marins, oui.

— Nous ne faisons pas ça. Les Portugais, non plus, dit-elle.

— Le meilleur endroit pour un couteau, c'est une botte. Vous pouvez alors faire beaucoup de mal et très vite. Si besoin est. »

Elle traduisit et Blackthorne nota les regards attentifs de Toranaga et de Yabu. Il comprit qu'ils n'aimaient pas le voir ainsi armé.

Après l'embuscade, Toranaga l'avait remercié de sa loyauté devant tous les Bruns rassemblés. Rien de plus. Le vieux moine lui avait dit que la loyauté était la seule chose pour laquelle ils attribuaient des récompenses. « Loyauté et devoir, señor », lui avait-il dit. « C'est leur culte, cette *Bushido.* Là où nous donnons nos vies pour Dieu et son Saint Fils Jésus, ces animaux donnent la leur pour leurs maîtres et meurent comme des chiens. Souvenez-vous, señor, pour le salut de votre âme, que ce sont des chiens. »

Il dit à Mariko : « Nous avons besoin d'un signal, pour dire si le bateau est sûr ou pas. »

Elle traduisit, innocemment cette fois. « Sire Toranaga dit qu'un de nos soldats s'en occupe.

— Je ne trouve pas très courageux de la part de sire Toranaga d'envoyer une femme faire un travail d'homme.

— Soyez patient avec nous, Anjin-san. Il n'y a aucune différence entre un homme et une femme. Les femmes sont égales aux hommes en tant que samouraïs. »

Toranaga lui parla un court instant.

« Êtes-vous prêt, Anjin-san ? Nous partons.

— Ce plan est pourri, dangereux, et je suis fatigué d'être toujours le maudit animal que l'on immole, mais je suis prêt. »

Elle rit, salua encore une fois Toranaga et s'en alla en courant. Blackthorne et les six samouraïs coururent derrière elle. Elle était très alerte et il ne la rattrapa qu'au moment où ils tournaient le coin de la ruelle et se dirigeaient vers le terre-plein. Il ne s'était jamais senti aussi nu. Dès qu'ils apparurent, les Gris les repérèrent et foncèrent sur eux. Ils furent bientôt entourés de toutes parts. Mariko se mit à leur parler fiévreusement. Il se joignit lui aussi à cette tour de Babel en débitant un mélange de portugais, d'anglais et de hollandais, leur faisant signe de se dépêcher. Il se dirigea à tâtons vers l'échelle de coupée et s'y agrippa à cause du vent. Il essaya de voir à l'intérieur du bateau mais ne put rien discerner, hormis les quelques têtes qui apparaissaient sur le plat-bord. Il voyait les crânes rasés des samouraïs et de plusieurs marins. Il ne pouvait deviner la couleur de leurs kimonos.

Derrière lui, un Gris lui parlait rapidement. Il se retourna en lui disant qu'il ne comprenait pas — aller làbas, vite remonter la rue, là où la maudite bataille faisait rage. « *Wakarimasu ka ?* Magne-toi le cul, bon Dieu ! *Wakarimasu ka* ? Bataille là-bas ! »

Mariko haranguait frénétiquement l'officier en chef des Gris qui se tourna vers le bateau et donna une série d'ordres. Aussitôt, plus d'une centaine de samouraïs quittèrent le bateau. Il en envoya quelques-uns vers le nord, le long du rivage, pour intercepter les blessés et les aider si nécessaire. Un soldat fut envoyé vers les Gris qui gardaient la frégate pour leur demander de l'aide. Dix hommes restèrent pour garder l'échelle de coupée. Les autres partirent précipitamment vers la rue qui sinuait loin des quais, vers la ville. Mariko s'approcha de Blackthorne. « Le bateau vous paraît-il sûr ? lui demanda-t-elle.

— Il flotte. » Blackthorne se hissa avec difficulté sur le pont. Mariko le suivit. Quatre Gris gardaient le gaillard d'arrière, deux autres se trouvaient à l'avant. Tous étaient armés d'arcs, de flèches et d'épées. Mariko questionna l'un des marins qui lui répondit obligeamment. « Ce sont tous des marins engagés pour emmener Kiritsubo-san à Yedo, dit-elle à Blackthorne.

— Demandez-lui... » Blackthorne se tut, reconnaissant le second qu'il avait promu capitaine de la galère après la tempête. « *Konbanwa,* capitaine-san !

— *Konbanwa,* Anjin-san.

— Le second a dit au capitaine que vous aviez sauvé le bateau pendant la tempête, Anjin-san. Vous ne nous avez pas raconté cette tempête, dit Mariko.

— Il n'y a pas grand-chose à raconter. Ce n'était qu'une tempête de plus. Remerciez, je vous prie, le capitaine et dites-lui que je suis heureux de me retrouver de nouveau à bord. Demandez-lui si nous sommes prêts à partir dès que les autres arriveront. » Il ajouta calmement : « Cherchez à savoir s'il y a d'autres Gris à bord. »

Elle s'exécuta.

Le capitaine s'approcha. Elle lui demanda quelques renseignements, puis, amusée par l'importance que le capitaine donnait à la présence de Blackthorne, elle le salua et dit : « Anjin-san, il vous remercie d'avoir sauvé son bateau et dit qu'ils sont prêts. » Elle ajouta doucement : « Il ne sait rien au sujet des Gris. »

Blackthorne jeta un regard à terre. Aucun signe de Buntaro ou de la colonne, Le samouraï envoyé à la *Santa Theresa* était encore à une centaine de mètres de sa destination. Personne ne l'avait encore vu venir.

« Et maintenant ? dit Blackthorne, ne pouvant plus supporter l'attente.

— Cet homme va bientôt atteindre la frégate.

— Qui ? »

Il pointa son index. « Cet homme-là. Ce samouraï.

— Quel samouraï ? Je suis désolée, mais je ne peux pas voir si loin, Anjin-san. Je vois tout ce qui est sur le bateau à part les Gris, à l'avant, que je vois comme dans un brouillard. Quel homme ?

— Il est à cinquante mètres à peine. On l'a vu, ça y est ! Nous avons besoin de secours. C'est urgent. Qui donne le signal ? Il faudrait le donner maintenant. C'est très important.

— A-t-on des nouvelles de mon mari ? » demanda-t-elle en portugais. Il fit non de la tête.

Seize Gris s'interposaient entre son maître et son salut, se dit-elle. Sainte Vierge, protégez-le ! Puis, remettant son âme à Dieu, terrorisée parce qu'elle ne savait pas si elle ne prenait pas la mauvaise décision, elle se dirigea péniblement vers le haut de l'échelle de coupée et fit semblant de s'évanouir.

Blackthorne fut pris par surprise. Il vit la tête de Mariko cogner les lattes de bois méchamment. Les marins s'attroupèrent. Il la releva et la porta vers le gaillard d'arrière.

« Allez chercher de l'eau. Eau, *hai ?* »

Les marins le regardèrent sans comprendre. Il fouilla désespérément son esprit à la recherche du mot japonais. Le vieux moine le lui avait dit une bonne cinquantaine de fois. Seigneur, c'est quoi ? Ça se dit comment ?

« Oh, oui. *Mizu, mizu !*

— Ah, *mizu, hai,* Anjin-san. » Un homme partit en courant.

Un soudain cri d'alarme.

A terre, trente des samouraïs de Toranaga déguisés en *ronin* surgissaient de la ruelle. Les Gris se regroupèrent autour de l'échelle de coupée. Ceux qui étaient sur les gaillards d'arrière et d'avant se hissèrent pour mieux voir ce qui se passait. L'un d'entre eux hurla un ordre. Les archers bandèrent leurs arcs. Tous les samouraïs, Gris et Bruns, dégainèrent leurs épées et se ruèrent à nouveau sur le quai.

« Bandits ! » cria l'un des Bruns pour donner le ton.

Les *ronin*-samouraïs de Toranaga chargèrent. Une flèche frappa un homme en pleine poitrine et il s'affaissa lourdement. Au même moment, un Brun qui se trouvait à l'avant de la galère tua un archer Gris. Un autre Brun, sur le gaillard d'arrière, mutila l'un des Gris, mais les trois autres se défirent rapidement de lui et coururent vers l'échelle de coupée. Les marins s'éparpillaient. Les samouraïs, sur le quai, se battaient à mort. Le chef des Gris, un homme à la barbe grise et drue, se retrouva sur le pont face à Mariko et Blackthorne.

« A mort les traîtres ! » hurla-t-il en chargeant dans un cri de guerre.

Blackthorne avait vu les Gris regarder Mariko, étendue et inconsciente. La soif de sang et de meurtre se lisait dans leurs regards. Il savait que si personne ne leur venait bientôt en aide, ils mourraient. De toute façon, les marins ne leur seraient d'aucun secours. Il se souvint que seuls les samouraïs pouvaient se battre contre d'autres samouraïs. Il saisit son couteau et le lança, bandé tel un arc. Il alla se ficher dans la gorge du Gris. Les deux autres plongèrent immédiatement sur Blackthorne. Il s'empara de son deuxième couteau et se plaça devant Mariko, sachant qu'il n'oserait pas la laisser sans protection. Du coin de l'œil, il vit que l'assaut pour l'échelle de coupée était presque gagné. Seuls trois Gris en défendaient encore l'accès ; ces trois hommes, à eux seuls, empêchaient les renforts d'investir le bateau. S'il pouvait rester en vie pendant moins d'une minute, Blackthorne savait qu'il était sauvé et qu'elle était donc également sauvée. A mort ! Tuez tous ces salauds ! Il sentit plus qu'il ne vit l'épée viser sa gorge. Il se rejeta en arrière pour se mettre hors de portée. Un Gris se lança à sa poursuite pendant qu'un autre se tenait au-dessus du corps de Mariko, l'épée brandie.

Blackthorne vit que Mariko revenait à la vie. Elle se jeta dans les jambes du samouraï qui ne se doutait de rien et le fit tomber sur le pont. Puis, en vacillant, elle se dirigea vers le cadavre d'un samouraï, se saisit de l'épée qui reposait dans sa main encore frémissante et se jeta sur le garde en hurlant. Le Gris s'était relevé et, fou de rage, se rua sur elle. Elle recula, donna courageusement un coup d'épée mais Blackthorne savait qu'elle était perdue. L'homme était trop fort pour elle. Blackthorne évita un autre coup d'épée du démon qui s'acharnait sur lui, le fit reculer et lança son couteau sur l'assaillant de Mariko. La lame se planta dans le dos de l'homme dont l'épée frappa le vide. Blackthorne était aux abois sur le gaillard d'arrière ; un Gris montait les marches et se lançait à sa poursuite. Celui qui venait de gagner la bataille sur le gaillard d'avant courait également derriére lui. Blackthorne se précipita vers le plat-bord, vers la sécurité que lui offrait encore la mer, mais il glissa sur le pont maculé de sang. Mariko, le visage défait, fixait le Gris qui venait de l'acculer dans un coin. Elle vacillait sur ses jambes. La vie l'abandonnait peu à peu. Elle le frappa de toutes ses forces mais il para le coup et lui arracha l'épée des mains. Il rassembla ses dernières forces et plongea sur elle au moment où les *ronin*-samouraïs faisaient irruption sur le pont, enjambaient les cadavres et fondaient sur lui. Un samouraï visa le Gris qui se trouvait encore sur le gaillard d'arrière. La flèche l'atteignit dans le dos. Il perdit l'équilibre et son épée passa à deux doigts de Blackthorne pour finalement se planter dans le plat-bord. Blackthorne tenta de se sauver mais l'homme se saisit de lui et le plaqua sur le pont. Il essaya de lui enfoncer ses ongles dans les yeux. Une autre flèche toucha un autre Gris à l'épaule. Il lâcha son épée, hurlant de rage et de douleur ; une troisième flèche le fit tourner sur lui-même. Un flot de sang jaillit de sa bouche et, étouffant, il partit à tâtons à la recherche de Blackthorne et lui tomba dessus au moment où le dernier Gris arrivait, un poignard à la main, Celui-ci frappa Blackthorne qui était à terre mais une main amie paralysa le bras ennemi. La tête de l'assaillant roula sur le pont dans une fontaine de sang. Les deux cadavres furent rapidement enlevés et on aida Blackthorne à se relever. Essuyant le sang qui lui couvrait le visage, il vit que Mariko était allongée de tout son long. Il avança vers elle en titubant. Ses genoux le trahirent et il s'effondra lourdement.

25

Il lui fallut dix bonnes minutes pour retrouver ses forces et se relever. Pendant ce temps les *ronin*-samouraïs s'étaient occupés des blessés graves et avaient jeté les cadavres à la mer. Les six Bruns étaient morts, ainsi que tous les Gris. Le bateau avait été nettoyé, les rameurs envoyés à leurs avirons. D'autres, près des bollards, attendaient le signal pour larguer les amarres. Quelques samouraïs furent dirigés vers le nord à la rencontre de Buntaro. Le gros des hommes se rua vers un brise-lames au sud, à deux cents pas de là, où il prit position pour faire obstacle aux Gris de la frégate qui approchaient à toute allure.

Quand tous les hommes, à bord, eurent été contrôlés et recontrôlés, le chef mit ses mains en porte-voix et cria en direction du rivage. Immédiatement, d'autres *ronin,* sous le commandement de Yabu, sortirent de la nuit et s'étalérent en éventail pour former des boucliers, au nord et au sud. Puis Toranaga apparut. Il avança lentement vers l'échelle de coupée. Seul. Il s'était débarrassé de son kimono de femme, avait enlevé son maquillage. Il portait son armure et, par-dessus, un simple kimono brun. Ses épées étaient fichées dans la ceinture. Il était couvert par son arrière-garde et la phalange se déplaçait à une allure étudiée vers le quai.

Un peu plus tôt, Blackthorne avait vu Mariko emmenée dans une cabine. Il avait présumé qu'elle était blessée. Elle ne devait pas l'être gravement, car tous les samouraïs gravement blessés étaient immédiatement achevés s'ils ne voulaient ou ne pouvaient pas le faire eux-mêmes. Et elle est samouraï, ne l'oublie pas, se dit-il. La brise le débarrassait de cette nausée qui l'étreignait.

Il regarda Toranaga en vacillant encore sur ses jambes. Il y eut un signal soudain au sommet du donjon. Un vague écho d'alarme leur parvint. Des fusées partirent des murailles de la forteresse, vers les étoiles. Des feux, des signaux. Dans le silence, il vit Toranaga se retourner et jeter un regard vers la forteresse. Les lumières embrasaient le ciel, au-dessus de la ville. Toranaga se retourna et, sans hâte, monta à bord de la galère. Des cris lointains portés par le vent parvenaient du nord.

Buntaro ! Ce doit être lui. Avec le reste de la colonne. Blackthorne fouilla des yeux l'obscurité mais ne put rien voir. Au sud, l'écart entre Bruns et Gris rétrécissait à vue d'œil. Le nombre des soldats de part et d'autre était à peu près égal. Mais pour combien de temps ? Tous ceux qui étaient à bord s'agenouillèrent et saluèrent bien bas au passage de Toranaga. Il fit signe à Yabu qui prit immédiatement le commandement et donna ordre de larguer les amarres. Cinquante samouraïs de la phalange montèrent à bord de la galère et prirent des positions défensives. Ils faisaient face au rivage et avaient armé leurs arcs.

Blackthorne sentit que quelqu'un lui tirait la manche.

« Anjin-san !

— *Hai ?* » Il regarda le capitaine droit dans les yeux. L'homme prononça quelques mots en montrant du doigt la barre. Blackthorne comprit. Le capitaine croyait qu'il dirigeait les manœuvres et lui demandait la permission de larguer les amarres.

« *Hai,* capitaine-san, répondit-il. Larguez ! *Isogi.* » Oui, très vite, se dit-il, se demandant comment il avait fait pour se souvenir si facilement de ce mot.

La galère s'éloigna de la jetée, aidée par le vent et l'habileté des rameurs. Blackthorne vit alors que les Gris avaient envahi le brise-lames et le rivage. L'assaut était donné. De derrière une série de bateaux amarrés là, il vit un groupe de trois hommes et une femme charger neuf Gris. Blackthorne reconnut Buntaro et Sono, la servante.

Buntaro sonna la retraite vers la jetée. Son épée était dégoulinante de sang. Des flèches étaient plantées dans son armure, sur sa poitrine et dans son dos. La fille était armée d'une dague. Elle marchait en titubant. L'un des Bruns s'arrêta courageusement et couvrit leur retraite. Les Gris l'encerclèrent. Buntaro accéléra le pas, la fille et le dernier Brun à ses côtés. Puis il se retourna et fondit sur les Gris comme un taureau fou. Les deux premiers dégringolèrent du quai, haut de quatre mètres. L'un se brisa la colonne vertébrale, sur les rochers en contrebas. L'autre fit une chute libre en hurlant, le bras droit arraché. Les Gris hésitèrent un instant, donnant à la fille le temps de viser avec sa dague, mais tous les hommes à bord de la galère savaient que ce n'était qu'un geste. Le dernier Brun passa devant son maître et se jeta à la tête des Gris qui le découpèrent en morceaux puis chargèrent en masse.

A bord du bateau les archers décochaient volée sur volée, tuant ou blessant tous les Gris qui les attaquaient. Une épée ricocha sur le casque de Buntaro puis sur son épaule. De son avant-bras métallique il donna à un Gris un coup violent sous le menton, lui brisant ainsi le cou, puis fondit sur le dernier. La fille était à genoux et tentait de reprendre sa respiration. Buntaro ne perdit pas de temps à vérifier si les Gris étaient bien morts. Il leur trancha simplement la tête et, quand la jetée fut tout à fait sûre, il se tourna vers la mer et fit signe à Toranaga. Il était fatigué mais heureux. Toranaga lui rendit son signe, aussi heureux que lui. Le bateau était à vingt mètres de la jetée. L'écart ne cessait d'augmenter.

« Capitaine-san, appela Blackthorne en faisant des gestes urgents. Retournez vers le quai. *Isogi !* »

Le capitaine, obéissant, donna des ordres. Les avirons cessèrent de souquer et renversèrent. Yabu, qui était sur le gaillard d'arrière, parla au capitaine avec véhémence. L'ordre était clair. Le bateau n'allait sous aucun prétexte faire marche arrière.

« Nous avons tout le temps, pour l'amour de Dieu. Regardez ! » Blackthorne montra le terre-plein abandonné, le brise-lames où les *ronin* tenaient les Gris en respect. Yabu fit non de la tête.

L'écart était à présent de trente mètres et Blackthorne se révoltait. Qu'est-ce qu'il y a ? C'est Buntaro. Son mari.

« Vous ne pouvez pas le laisser mourir. C'est un des nôtres, cria-t-il à Yabu, à tout le bateau. Lui ! Buntaro ! » Il revint vers le capitaine. « Arrière là-bas ! *Isogi !* » Cette fois le marin secoua la tête et tint le cap. Le maître de nage continua à battre la mesure sur son tambour. Blackthorne se précipita vers Toranaga qui lui tournait le dos et scrutait le rivage. Quatre samouraïs se mirent aussitôt en travers du chemin, épées brandies. Il appela : « Toranaga-sama ! *Dozo !* Ordonnez que le bateau fasse marche arrière ! Arrière !

— *Iyé* Anjin-san. » Toranaga indiqua les signaux lumineux au-dessus de la forteresse et lui tourna le dos.

« Fumier ! Charogne !... » Blackthorne se rua vers le plat-bord et se pencha. « Naaaaagez ! cria-t-il en singeant les mouvements. Nagez, pour l'amour de Dieu ! » Buntaro comprit. Il releva la fille, lui parla et la poussa vers le bord du quai. Elle cria et tomba à genoux devant lui en pleurant. Elle ne savait manifestement pas nager. Pas assez de temps pour mettre une embarcation à la mer. Trop loin pour lancer une corde. Pas assez de force pour aller à la nage et revenir. En désespoir de cause il courut vers le rameur le plus proche et interrompit ses efforts. Tous les rameurs sur bâbord perdirent la cadence. Les avirons s'entrechoquèrent. La galère pivota. Le maître de nage cessa de scander le rythme. Deux samouraïs essayèrent de gêner Blackthorne mais Toranaga leur ordonna de s'écarter. Avec l'aide de quatre rameurs, Blackthorne lança l'aviron comme un javelot, par dessus la lisse. Il vola un moment puis frappa l'eau doucement et gagna le quai sous le coup de l'impulsion reçue. A ce moment précis, un cri de victoire retentit. Les Gris arrivaient en renforts de la ville. Les *ronin*-samouraïs tenaient en respect les attaquants mais ce n'était malheureusement plus qu'une question de temps, avant que leur mur protecteur ne s'effondre.

« Allez, cria Blackthorne. *Isogiiii !* »

Buntaro releva la fille une nouvelle fois, lui montra l'aviron et le bateau. Elle salua. Buntaro se tourna et concentra toute son attention sur la bataille. Il attendait de pied ferme. La fille lança un appel vers le navire. Une voix de femme lui répondit. Elle sauta. Sa tête heurta la surface de l'eau. Elle nagea à la chien et se saisit de l'aviron qui supporta aisément son poids. Elle donnait de grands coups de pied dans l'eau pour arriver plus vite. Une petite vague déferla sur elle et la rapprocha de la galère. Mais sa peur lui fit lâcher prise et l'aviron s'éloigna. Elle se débattit l'espace d'un instant, puis disparut sous l'eau. Elle ne réapparut pas.

Buntaro était seul sur le quai et regardait les péripéties de la bataille. Il scruta soigneusement le nord, l'ouest et le sud, puis tourna le dos à la bataille et se dirigea vers le bout de la jetée. La galère se trouvait à soixante-dix mètres de là. Elle attendait. Tous les bateaux de pêche attendaient à l'écart sur les deux côtés du port. Leurs feux de navigation ressemblaient à autant d'yeux de félins dans l'obscurité.

Une fois au bout du quai, Buntaro enleva son casque, se défit de son arc et de son carquois, de sa cotte de mailles, et les rangea à côté de ses fourreaux, sur le sol. Il mit sa longue épée à part. Puis, nu jusqu'à la ceinture, il ramassa tout son équipement et le jeta à la mer. Il étudia sa longue épée et la lança de toutes ses forces dans l'eau. Il salua la galère. Toranaga gagna immédiatement le gaillard d'arrière, endroit d'où il pouvait être vu, et lui rendit son salut.

Buntaro s'agenouilla et mit la courte épée soigneusement devant lui, sur la pierre. Le clair de lune faisait briller la lame par instants. Il resta immobile comme s'il était en prière, face à la galère.

« Mais qu'attend-t-il donc ? » marmonna Blackthorne. La galère était étrangement silencieuse, sans les cris du maître de nage. « Pourquoi ne saute-t-il pas ? Pourquoi ne nous rejoint-il pas à la nage ?

— Il va se faire seppuku. »

Mariko se tenait près de lui, soutenue par une jeune femme.

« Jésus, vous allez bien, Mariko-san ?

— Très bien », dit-elle en l'écoutant à peine, le visage hagard. Il vit le grossier pansement qui lui garnissait le bras gauche, à hauteur d'épaule, là où la manche du kimono avait été arrachée. Le bras reposait dans un brassard fait avec un morceau de kimono.

« Je suis si heureuse... » Il comprit brusquement ce qu'elle venait de dire.

« Seppuku ? Il va se tuer ? Pourquoi ? Il a tout le temps de rejoindre le bateau ! S'il ne sait pas nager, regardez... cet aviron pourra lui tenir la tête hors de l'eau aisément. Là-bas, près de la jetée, vous le voyez ? Vous ne pouvez pas le voir ?

— Si. Mais mon mari sait nager, Anjin-san, dit-elle. Tous les officiers de sire Toranaga doivent apprendre. Il insiste là-dessus. Mais il a décidé qu'il ne nagerait pas.

— Pour l'amour de Dieu, pourquoi ? Dites-lui de nager !

— Il ne nagera pas, Anjin-san. Il se prépare à mourir.

— S'il a envie de mourir, pourquoi ne va-t-il pas là-bas ? » Le doigt de Blackthorne indiqua le champ de bataille. « Pourquoi ne va-t-il pas prêter main-forte à ses hommes ? S'il a envie de mourir, pourquoi ne va-t-il pas mourir au combat, comme un *homme ?* »

Mariko ne quitta pas le quai des yeux. Elle s'appuyait sur la jeune femme.

« Parce qu'il pourrait être capturé et que, s'il nageait, il pourrait également être capturé. L'ennemi l'exposerait en public comme une personne ordinaire, ce qui le couvrirait de honte. Un samouraï ne peut être fait prisonnier et rester samouraï en même temps. C'est la pire des hontes. Mon mari fait donc ce qu'un *homme,* ce qu'un samouraï doit faire. Un samouraï meurt dignement,

— Quel gâchis stupide ! dit Blackthorne entre ses dents.

— Soyez patient avec nous, Anjin-san.

— Patient ? Pourquoi ? Pour d'autres mensonges ? Pourquoi ne me faites-vous pas confiance ? Ne l'ai-je pas mérité ? Vous m'avez menti, n'est-ce pas ? Vous avez fait semblant de vous évanouir et c'était ça le signal, n'est-ce pas ? Je vous l'ai demandé et vous m'avez menti.

— J'avais reçu ordre... j'avais ordre de vous protéger. Bien sûr, je vous fais confiance.

— Vous avez menti, dit-il, conscient de ne pas être raisonnable. Vous étes tous des animaux », dit-il en anglais, sachant que ce n'était pas vrai. Il tourna les talons, longea le pont et se dirigea vers l'avant pour voir s'il y avait des bancs de sable. Les rameurs souquaient avec discipline. Le bateau gagnait du terrain. La mer était calme, le vent doux. Blackthorne goûta l'air salé et l'accueillit avec joie. Puis il vit les bateaux qui encombraient l'entrée du port à une demi-lieue. Bateaux de pêche, certes, mais bourrés de samouraïs.

« Nous sommes coincés », dit-il tout fort, sachant instinctivement que c'était des embarcations ennemies,

Un frisson d'effroi parcourut le bateau. Tous ceux qui assistaient à la bataille se déroulant sur le rivage tremblaient comme un seul homme. Blackthorne regarda à son tour vers la terre, Les Gris nettoyaient calmement le brise-lames, tandis que d'autres se dirigeaient sans hâte vers la jetée, là où se trouvait Buntaro. Mais quatre cavaliers, des Bruns, traversèrent le terre-plein au galop. Ils venaient du nord. Un cinquième cheval, sans cavalier, était attaché au cheval de tête. Buntaro avait regardé autour de lui. Il resta agenouillé et, quand l'homme arriva derrière lui, il lui fit signe de s'en aller, prit son couteau à deux mains, lame retournée vers lui. Toranaga mit ses mains en porte-voix et cria : « Buntaro-san ! Partez avec eux. Essayer de vous échapper ? » Le cri balaya la crête des vagues, se répéta, et Buntaro le perçut très clairement. Il hésita, couteau brandi. Il entendait à nouveau le même appel insistant et impérieux. Il recula avec effort devant la mort et contempla la vie et l'évasion qui lui étaient ordonnés froidement. Le risque est gros. Mieux vaut mourir ici, pensa-t-il. Toranaga ne sait-il pas ça ? Voilà une mort honorable ! Là-bas, c'est la capture certaine. Où t'en vas-tu ? Trois cents *ri,* jusqu'à Yedo ? Tu es certain d'être pris ! Il sentit la force frémir dans son bras. Il vit la dague aussi ferme et pointue qu'une épingle se balancer devant son abdomen nu. Il désira cette agonie, cette mort qui vous libérait, enfin. De tout. Son âme réclamait l'oubli, à présent si proche, si facile et si honorable. La vie prochaine serait meilleure. Comment pourrait-elle être pire ? Il reposa pourtant son couteau et obéit. Son suzerain venait de lui ordonner la souffrance ultime et d'annuler sa tentative de paix. Qu'existe-t-il d'autre pour un samouraï, en dehors de l'obéissance ?

Il se leva en hâte, sauta en selle, planta ses talons dans les flancs de l'animal et s'enfuit. D'autres *ronin*-cavaliers surgirent de la nuit pour protéger sa retraite et abattre ses poursuivants. Puis ils disparurent à leur tour, quelques Gris à leurs trousses.

Un éclat de rire s'éleva du bateau.

Toranaga martelait le plat-bord de joie. Yabu et ses samouraïs rugissaient de plaisir. Même Mariko riait.

« Un homme s'en est sorti, mais qu'en est-il de tous ces morts ? cria Blackthorne, fou de rage. Regardez à terre. Il doit au moins y avoir trois ou quatre cents corps allongés là. *Regardez-les, pour l'amour de Dieu !* »

Mais son cri se perdit dans l'éclat de rire général.

La vigie de beaupré poussa un cri d'alarme. Le fou rire mourut aussitôt.

26

Toranaga dit calmement : « Pouvons-nous forcer le barrage, capitaine ? » Il regardait les bateaux de pêche massés à cinquante mètres et l'intervalle qui subsistait entre eux.

« Non, Sire.

— Il n'y a pas le choix, dit Yabu. Nous ne pouvons pas faire autrement. » Il jeta un coup d'œil vers les Gris qui attendaient sur la jetée et dont les insultes moqueuses lui parvenaient, portées par le vent. Toranaga et Yabu étaient à l'avant. Le tambour s'était tu. La galère dansait sur une mer d'huile. A bord, tout le monde attendait la décision. Ils savaient qu'ils étaient pris au piège. Désastre sur le quai, désastre devant eux. Désastre imminent. Le filet se refermait de plus en plus. Ils allaient être capturés. Ishido pourrait attendre des jours si besoin était.

Yabu bouillait. Si nous étions sortis du port tout de suite au lieu de perdre du temps en nous occupant de Buntaro, nous serions maintenant en sécurité, se dit-il. Toranaga perd la raison. Ishido va croire que je l'ai trahi. Je ne peux rien faire, à moins de nous frayer un chemin hors du port. Même ainsi, je suis voué à rester du côté de Toranaga contre Ishido. Rien à faire. A moins de donner la tête de Toranaga à Ishido, *neh ?* Ça te permettrait de devenir régent et de recevoir le Kwanto, *neh ?* Avec six mois de temps devant toi, tes samouraïs armés de mousquets, pourquoi ne deviendrais-tu pas président du Conseil des régents ? Pourquoi pas le gros lot ? Éliminer Ishido et devenir commandant en chef de la garde de l'héritier, seigneur protecteur et gouverneur de la forteresse d'Osaka, général contrôleur de toute cette richesse légendaire enfermée dans le donjon, avec pouvoir sur tout l'empire pendant la minorité de Yaemon, et ensuite chef en second derrière Yaemon seulement. Pourquoi pas ? Ou même le plus gros de tous les lots, tu pourrais devenir shōgun. Élimine Yaemon et du deviens shōgun. Tout pour une seule tête et quelques dieux magnanimes ! Si facile à faire, pensa-t-il, mais pas moyen de prendre la tête et de s'échapper. Pas encore.

« Aux postes de combat ! » finit par ordonner Toranaga.

Tandis que Yabu transmettait les ordres et que les samouraïs se préparaient, Toranaga tourna son attention sur le barbare qui se trouvait toujours au même endroit depuis que l'alarme avait été donnée.

J'aimerais pouvoir le comprendre, pensa Toranaga. A un moment si courageux, à un autre si couard. A un moment si valable, à un autre si inutile. A un moment assassin, à un autre lâche. A un moment docile, à un autre dangereux. Il est homme et femme, *yang* et *yin*. Il n'est qu'opposés, contradictoires, imprévisibles. Toranaga l'avait observé de près pendant l'évasion, pendant et après l'embuscade. Il avait su par Mariko, le capitaine et les autres, ce qui s'était passé pendant la bataille à bord du bateau. Quand Buntaro s'était échappé, il avait été témoin de son incroyable colère, avait entendu son cri et vu la laideur de son visage alors que tout le monde éclatait de rire.

« Demandez-le-lui, Yabu-san, dit Toranaga.

— Pardon, Sire ?

— Demandez-le-lui ce qu'il faut faire. Demandez-le-lui. N'est-ce pas une bataille navale ? Ne m'avez-vous pas dit que le pilote était un génie, en mer ? Laissez-le faire ses preuves. »

La bouche de Yabu dessinait une ligne dure et cruelle et Toranaga sentait sa peur. Il en était enchanté.

« Mariko-san, cria Yabu. Demandez au pilote comment on peut sortir d'ici, comment on peut percer ce mur de bateaux. »

Mariko s'éloigna du plat-bord, obéissante. La jeune fille la soutenait toujours. « Non, ça va bien, Fujiko-san, dit-elle. Merci. »

La réponse de Blackthorne fut brève. « Il dit : “Avec des canons”, Yabu-san, répliqua Mariko.

— Dites-lui de donner une autre réponse que celle-là s'il veut garder sa tête sur ses épaules !

— Il faut être patient avec lui, Yabu-san, l'interrompit Toranaga — Mariko-san, dites-lui poliment que nous n'avons malheureusement pas de canons. N'existe-t-il pas un autre moyen de s'en sortir ? Nous ne pouvons pas nous échapper par la terre. Traduisez exactement sa réponse. Exactement. »

Mariko obéit. « Je suis désolée, Sire, mais il dit que non. Il le dit comme ça : “Non”. Il ne le dit pas très poliment.

— Très bien. L'Anjin-san prétend qu'il n'y a que les canons qui puissent nous sauver. Il est l'expert. Il n'y a donc que les canons. Capitaine, rendez-vous là-bas ! » Son doigt calleux pointa méchamment la frégate portugaise. « Tenez vos hommes prêts, Yabu-san. Si les barbares du Sud ne veulent pas me prêter leurs canons, il faudra les leur prendre par la force, n'est-ce pas ?

— Avec grand plaisir, dit Yabu, calmement.

— Vous aviez raison. C'est un génie.

— Mais c'est vous qui avez trouvé la solution, Toranaga-sama.

— Il est très facile de trouver la solution quand la réponse vous est donnée, *neh ?* Quelle est la solution à la forteresse d'Osaka, cher allié ?

— Il n'y en a pas et le Taikō le savait pertinemment.

— Oui. Quelle est la solution à la trahison ?

— Une mort ignominieuse, bien sûr. Je ne comprends pas pourquoi vous me posez cette question.

— Une idée comme ça... cher allié. » Toranaga jeta un coup d'œil vers Blackthorne. « Oui, c'est un homme habile. J'ai grand besoin d'hommes habiles. Mariko-san, est-ce que les barbares vont me donner leurs canons ?

— Bien sûr. Pourquoi ne vous les donneraient-ils pas ? » Cette possibilité ne lui avait jamais effleuré l'esprit. Mariko était toujours très inquiète au sujet de Buntaro. Il aurait mieux valu le laisser mourir sur la jetée. Pourquoi mettre son honneur en danger ? Pourquoi Toranaga lui a-t-il ordonné de s'enfuir par la terre au dernier moment ?

« Et s'ils ne les donnent pas ? Êtes-vous prête à tuer des chrétiens, Mariko-san ? lui demanda Toranaga. N'est-ce pas leur loi la plus intransigeante : Tu ne tueras point ?

— Effectivement, Sire. Mais pour vous, nous irions joyeusement en enfer, mon mari, mon fils et moi.

— Vous êtes d'authentiques samouraïs et je n'oublierai jamais que vous avez manié l'épée pour me défendre.

— Ne me remerciez pas, je vous en prie. Si j'ai pu vous venir en aide, aussi petitement et modestement que ce soit, cela ne faisait partie que de mon devoir. Si vous devez vous souvenir de quelqu'un, que ce soit de mon mari ou de mon fils. Ils vous sont plus utiles.

— Pour le moment, c'est vous qui m'êtes plus utile. Vous pourriez même l'être davantage.

— Comment, Sire ? Dites-le-moi et j'exaucerai vos vœux.

— Laissez ce Dieu étranger de côté.

— Excusez-moi, Sire, dit-elle, tremblante. Mais ma religion n'a jamais gêné ma loyauté à votre égard. Ma religion est toujours restée mon problème personnel. Tout le temps. Vous ai-je manqué en quoi que ce soit ?

— Pas encore mais ça viendra.

— Dites-moi ce que je dois faire pour vous satisfaire.

— Les chrétiens peuvent devenir mes ennemis, *neh ?*

— Vos ennemis sont les miens, Sire.

— Les prêtres sont actuellement mes adversaires. Ils peuvent donner aux chrétiens l'ordre de me faire la guerre.

— Non, Sire. C'est impossible. Ce sont des hommes de paix.

— Et s'ils continuent à être mes adversaires ? Si les chrétiens me font la guerre ?

— Vous ne devez et ne devrez jamais douter de ma loyauté.

— Cet Anjin-san peut dire la vérité, et vos prêtres, d'affreux mensonges.

— Il y a de bons et de mauvais prêtres, Sire. Mais vous êtes mon seigneur et suzerain.

— Très bien, Mariko-san, dit Toranaga. J'accepte ce que vous me dites. Je vous ordonne de devenir amie avec le barbare, d'apprendre tout ce qu'il sait, de me rapporter tout ce qu'il dit, d'apprendre à penser comme lui, de ne rien "confesser" à vos prêtres, de les traiter avec suspicion, de me rapporter tout ce qu'ils vous demandent ou vous disent.

Votre Dieu doit trouver une place entre toutes ces choses, quelque part, ou nulle part. »

Mariko repoussa une mèche de cheveux qui la gênait. « Je peux faire tout ça, Sire, et rester chrétienne quand même. Je vous le jure.

— Très bien. Jurez-le par ce Dieu chrétien.

— Je le jure devant Dieu. »

La lumière tomba sur le petit crucifix en or qu'elle portait autour du cou. Elle surprit le regard de Toranaga : « Vous... vous préféreriez que je ne le porte pas, Sire ? Que je l'enlève ?

— Non, dit-il. Portez-le pour vous souvenir de votre serment. »

Ils regardèrent tous la frégate. Toranaga sentit derrière lui quelqu'un qui l'observait. Il se retourna, rencontra le regard dur, les yeux bleus et glacés et y lut de la haine. Non, pas de la haine : de la méfiance. Comment le barbare peut-il se méfier de moi ? pensa-t-il.

« Demandez à l'Anjin-san pourquoi il ne nous a pas dit qu'il y avait plusieurs canons sur le bateau barbare ? Qu'il fallait obtenir leur aide pour sortir de ce piège ? »

Mariko traduisit. « Il dit que... » Mariko hésita puis poursuivit d'une traite : « Excusez-moi, mais il dit qu'il vaut mieux qu'il se serve de sa propre tête, pour son profit personnel. » Toranaga rit. « Remerciez-le pour sa tête. Elle nous a été bien utile. J'espère qu'elle restera sur ses épaules. Dites-lui que nous sommes égaux à présent.

— Non, nous ne le sommes pas, Toranaga-sama. Mais rendez-moi mon bateau, mon équipage, et je nettoierai toutes les mers du globe. De tous nos ennemis.

— Mariko-san, vous croyez qu'il veut dire par là, moi et tous les autres, les Espagnols et les barbares du Sud ? » Il posa sa question avec légèreté.

La brise ramenait des mèches de cheveux dans ses yeux. Elle les repoussa d'un geste fatigué. « Je ne sais pas. Je suis désolée. Peut-être. Peut-être pas. Vous voulez que je le lui demande ? Je suis désolée, mais il est un... Il est très étrange. J'ai peur de ne pas le comprendre. Pas du tout.

— Nous avons le temps devant nous. Oui. Il nous ouvrira son cœur, le moment venu. Il nous expliquera. »

Blackthorne avait vu la frégate larguer ses amarres dès que l'escorte de Gris qui la gardait s'était éloignée. Il avait vu qu'on mettait une chaloupe à la mer. Celle-ci avait rapidement déhalé la frégate de son point d'amarrage le long de la jetée. A présent, elle était mouillée à quelques encablures du rivage, en eau profonde et sûre. Une ancre légère avait été jetée et le bateau se trouvait parallèle au rivage. Telle était la manœuvre habituelle de tous les bateaux européens dans tous les ports étrangers ou ennemis à l'approche d'un danger. Il savait aussi, bien qu'il n'y ait eu aucun mouvement suspect sur le pont, que tous les canons devaient être amorcés, les mousquets sortis, les boulets et la poudre prêts en abondance, les sabres d'abordage hors des râteliers, les hommes armés dans les haubans. Les yeux devaient fouiller tous les points du compas. La galère devait être repérée et marquée depuis qu'elle avait changé de route. Les deux canons arrière, pièces de trente, devaient être pointés sur eux. Les canonniers portugais étaient les meilleurs du monde, après les Anglais. Ils savent tous que Toranaga est là, se dit-il avec amertume, parce qu'ils sont futés et qu'ils ont certainement demandé aux porteurs et aux Gris ce qui se passait. De toute façon, à l'heure qu'il est, ces maudits Jésuites qui savent toujours tout ont sûrement répandu la nouvelle de mon évasion et de celle de Toranaga.

« Mon maître demande quelle est la coutume quand vous voulez approcher d'un bateau de guerre ?

— Si vous aviez des canons, vous le salueriez ou vous pourriez faire des signaux avec des pavillons pour leur demander la permission de venir à bord.

— Et si vous n'avez pas de pavillons ? »

Ils étaient encore hors de portée des canons. Les mantelets de sabord étaient toujours fermés. Blackthorne avait pourtant la sensation d'être assis sur un baril de poudre. Ce bateau avait huit canons de chaque côté du pont principal, deux à l'arrière et deux à l'avant. L'*Érasme* aurait pu en venir à bout, se dit-il.

« Dites au capitaine d'envoyer le pavillon de Toranaga au haut du mât. Ce sera suffisant, senhora. Ce sera officiel. Ils sauront ainsi qui est à bord, mais je parie qu'ils le savent déjà. »

Ainsi fut fait. Tout le monde à bord de la galère sembla reprendre confiance. Blackthorne nota le changement. Il se sentait lui aussi rassuré, à l'abri de ce pavillon.

« Comment obtient-on la permission de venir bord à bord ?

— Dites à sire Toranaga qu'il a deux possibilités s'il n'a pas de pavillons de signalisation : il attend, hors de portée des canons, et il envoie une délégation à bord de l'autre bateau, ou nous nous mettons à portée de voix.

— Mon maître demande quelle est la solution que vous préconisez ?

— Venir directement bord à bord. Aucune raison d'être prudent. Sire Toranaga est à bord. Il est le plus important *daimyō* de l'empire. Ils vont, bien sûr, nous aider et...

— Senhor ? »

Mais il ne répondit pas. Elle traduisit donc rapidement ce qu'il avait dit et écouta la question suivante de Toranaga. « Mon maître demande ce que va faire la frégate. Précisez votre pensée et la raison pour laquelle vous vous êtes arrêté.

— Je me suis tout à coup souvenu qu'il était en guerre avec Ishido. La frégate n'est peut-être pas disposée à l'aider.

— Bien sûr que si.

— Non. Quel est le parti qui rapporte le plus aux Portugais ? Sire Toranaga ou sire Ishido ? S'ils pensent que c'est Ishido, ils nous tomberont dessus. Ça ne fait pas un pli !

— C'est impensable que les Portugais ouvrent le feu sur un bateau japonais, dit Mariko.

— Croyez-moi. Ils le feront, senhora. Je parie que cette frégate ne nous laissera pas venir bord à bord. Je vous en empêcherais d'ailleurs, si j'étais le pilote. » Blackthorne fixa la terre.

Les Gris avaient quitté la jetée et se répandaient parallèlement au rivage. Aucune chance de ce côté-ci, pensa-t-il. Les bateaux de pêche bouchaient toujours l'entrée du port. Pas plus de chances de ce côté-là.

« Dites à Toranaga qu'il n'y a qu'une possibilité pour sortir de ce port. Il ne nous reste plus qu'à espérer une tempête. Nous pourrions peut-être alors passer à travers les mailles du filet. »

Toranaga posa quelques questions au capitaine, puis Mariko dit à Blackthorne : « Mon maître demande si vous pensez qu'une tempête va éclater.

— Mon nez me dit que oui. Mais pas avant plusieurs jours. Deux ou trois. Peut-on attendre jusque-là ?

— Votre nez vous le dit ? La tempête a-t-elle une odeur ?

— Non, senhora. Ce n'est qu'une expression. »

Toranaga soupesa le pour et le contre, puis donna un ordre.

« Nous venons à portée de voix, Anjin-san.

— Dites-lui alors de venir directement vers la poupe. C'est là que nous constituons la plus petite cible. Dites-lui qu'ils sont rusés et mauvais. Je les connais. Dès que leurs intérêts sont en danger, ils sont pires que les Hollandais ! Si ce bateau aidait Toranaga à s'en sortir, Ishido se retournerait contre les Portugais. Ils ne veulent certainement pas courir ce risque.

— Mon maître dit que nous aurons bientôt la réponse.

— Nous sommes sans défense, senhora. Nous n'avons aucune chance contre ces canons. Si le bateau est ennemi, et même s'il est neutre, nous coulons.

— Mon maître dit qu'il est de notre devoir d'obtenir leur aide.

— Comment puis-je obtenir ça ? Je suis leur ennemi.

— Mon maître dit qu'en temps de paix ou en temps de guerre, un bon ennemi peut être plus précieux qu'un bon allié. Il dit que vous les connaissez bien, que vous trouverez donc un moyen de les persuader.

— Le seul moyen sûr est la force.

— Bien, Je suis d'accord. Dites-moi s'il vous plaît comment vous prendriez ce bateau à l'abordage ?

— Quoi ?

— Mon maître a dit qu'il était d'accord et vous demande comment vous feriez pour prendre ce bateau à l'abordage. Comment vous y prendriez-vous pour vous en emparer ? Il a besoin de leurs canons. Je suis désolée. Est-ce clair, Anjin-san ? »

« Permettez-moi de vous dire encore une fois que je vais les couler, déclara Ferriera, le commandant.

— Non, dit Dell'Aqua regardant la galère du gaillard d'arrière.

— Canonnier, est-elle à portée ?

— Non, don Ferriera, répondit le canonnier en chef. Pas encore.

— Pourquoi viendrait-elle vers nous sinon pour des raisons hostiles, Votre Éminence ? Pourquoi ne s'échappe-t-elle pas ? La route est libre. »

La frégate était trop loin de la sortie du port. Personne, à bord, ne pouvait donc voir les bateaux de pêche qui grouillaient.

« Nous ne risquons rien, Votre Éminence, et nous gagnons tout, dit Ferriera. Faisons semblant de croire que nous ignorions la présence de

Toranaga à bord. Nous pensions que les bandits, menés par le pirate hérétique, allaient nous attaquer. Ne vous inquiétez pas. Il sera facile de les provoquer dès qu'ils seront à notre portée.

— Non », ordonna Dell'Aqua.

Le père Alvito tourna le dos au plat-bord. « La galère arbore le pavillon de Toranaga, commandant.

— Faux pavillon, ajouta Ferriera, sardonique. C'est le plus vieux truc du monde. Nous n'avons pas vu Toranaga. Il n'est peut-être pas à bord.

— Non.

— Par la mordieu, la guerre serait une catastrophe ! Elle endommagerait, si elle ne le ruine pas, le voyage annuel du Vaisseau noir. Je ne peux pas me permettre ça !

— Nos finances sont dans une situation plus grave que les vôtres, commandant, dit Dell'Aqua en le remettant à sa place. Si nous ne faisons pas de commerce cette année, l'Église fait banqueroute. Est-ce clair ? Nous n'avons reçu aucun soutien financier de Goa ou de Lisbonne depuis trois ans et la perte des bénéfices de l'année dernière... Dieu, donnez-moi un peu de patience ! Je sais mieux que vous ce qui est en jeu. La réponse est non ! »

Rodrigues était assis dans son fauteuil de mer. Il souffrait. Sa jambe, dans une attelle, reposait sur un tabouret arrimé fermement près de l'habitacle. « Le commandant a raison, Votre Éminence. Pourquoi viendrait-elle vers nous sinon pour des raisons hostiles ?

— Oui, et c'est une décision militaire », dit Ferriera.

Alvito se tourna vers lui et dit sèchement : « Non. Son Éminence est arbitre en ce cas, commandant. Nous ne devons pas blesser Toranaga. Nous devons l'aider. »

Rodrigues dit : « Vous m'avez répété une bonne douzaine de fois que, la guerre déclarée, ça durerait toujours. La guerre est déclarée, n'est-ce pas ? Nous l'avons vue commencer. Ça va gêner le commerce. Toranaga mort, la guerre est finie et tous nos intérêts sont saufs. Je vous dis d'envoyer cette galère au diable.

— Nous nous débarrasserions en même temps de l'hérétique, ajouta Ferriera en regardant Rodrigues. Vous évitez une guerre pour la gloire de Dieu et un autre hérétique s'en va vers les tourments éternels.

— Ce serait une immixtion injustifiable dans leurs affaires politiques, répondit Dell'Aqua en omettant volontairement la véritable raison.

— Nous intervenons constamment. La société de Jésus est réputée pour ça. Nous ne sommes pas de braves paysans bien obtus !

— Je ne vous ai pas dit ça. Mais tant que je serai à bord, vous ne coulerez pas ce bateau.

— Alors, descendez gentiment à terre.

— Plus vite l'archimeurtrier sera mort et mieux ce sera, Votre Éminence, suggéra Rodrigues. Lui ou Ishido, où est la différence ? Ce sont tous deux des païens. Vous ne pouvez faire confiance ni à l'un ni à l'autre. Le commandant a raison. Nous ne retrouverons jamais une occasion pareille. Et notre Vaisseau noir ? » Rodrigues en était le pilote et touchait quinze pour cent de tous les bénéfices.

« J'en prends la pleine et entière responsabilité, dit Ferriera. C'est une décision militaire. Nous sommes impliqués dans une guerre indigène. Mon bateau est en danger. » Il se tourna une nouvelle fois vers le chefcanonnier. « Sont-ils à notre portée ?

— Ça dépend de ce que vous voulez, don Ferriera. Je pourrais maintenant lui arracher l'avant ou l'arrière, ou le toucher en plein milieu. Comme vous voulez. Mais si vous désirez qu'il y ait un mort, un homme en particulier, il faudrait encore attendre un instant.

— Je veux Toranaga mort. Et l'hérétique.

— Vous voulez dire l'Ingeles ? Le pilote ?

— Oui.

— Quelqu'un devra me montrer le jap, Je reconnaîtrai le pilote sans problème. »

Rodrigues dit : « Si le pilote doit mourir pour qu'on puisse tuer Toranaga et stopper la guerre, je suis pour, commandant. Sinon on doit l'épargner.

— C'est un hérétique, un ennemi de notre pays, une abomination. Il nous a déjà causé plus d'ennuis qu'un nid de vipères.

— Je vous ai dit que l'Ingeles était pilote avant tout. L'un des meilleurs du monde.

— Les pilotes doivent-ils avoir des privilèges ? Même l'hérétique ?

— Oui, par Notre Seigneur. Nous devrions les utiliser comme ils nous utilisent. Ce serait un putain de gâchis que de tuer une telle somme d'expérience. Sans pilotes, pas d'empire, pas de commerce. Sans moi, pas de Vaisseau noir, pas de bénéfices. Mon opinion est bougrement importante. »

Un cri du haut du mât : « Gaillard d'arrière, la galère vire de cap ! » La monère, qui s'était dirigée droit vers eux, avait viré à présent, quelques degrés bâbord, loin dans le port. Rodrigues cria immédiatement : « Aux postes de combat ! Toutes voiles dehors ! Levez l'ancre ! » Les hommes se précipitèrent.

« Que se passe-t-il, Rodrigues ?

— Je ne sais pas, commandant, mais nous fonçons vers le large. Cette pute vient au vent.

— Qu'est-ce que ça peut faire ? Nous pouvons la couler à n'importe quel moment, dit Ferriera. Nous avons encore des marchandises à charger et les pères doivent retourner à Osaka.

— Aucun bateau ennemi n'irait dans le vent de mon bateau. Cette pute ne dépend pas du vent. Elle peut naviguer sous le vent. Il se pourrait bien qu'elle nous contourne pour nous éperonner par l'avant, là où nous n'avons qu'un seul canon, et nous prendre à l'abordage ! »

Ferriera rit avec mépris. « Nous avons vingt canons à bord ! Ils n'en ont pas ! Vous croyez que ce fumier d'hérétique de bateau oserait nous attaquer ? Vous êtes un peu simplet !

— Oui, commandant. C'est pourquoi j'ai toujours la tête sur les épaules. »

Libérées de leurs cordages, les voiles frémirent. Le vent s'y engouffra. Les espars grinçaient. Bâbordais et tribordais étaient à leurs postes de combat. La frégate se mit à avancer lentement. « Allez, espèce de salope, avance ! la supplia Rodrigues.

— Prêts, don Ferriera, dit le chef canonnier. Je l'ai dans mon point de mire. Je l'y tiendrai pas longtemps. Lequel est Toranaga ? Montrez-le-moi ! » Il n'y avait pas de torches à bord de la galère ; seul le clair de lune l'illuminait. Elle était toujours sur l'arrière, à une centaine de mètres, mais elle virait bâbord et mettait le cap sur le rivage éloigné. Les avirons plongeaient et souquaient à un rythme uniforme.

« C'est ça le pilote ? Le grand type sur le gaillard d'arrière ?

— Oui, dit Rodrigues.

— Manuel et Perdito ! Visez-les, lui et le gaillard d'arrière ! » Le canon le plus rapproché ajusta sa ligne de tir légèrement. « Lequel est Toranaga ? Vite ! Hommes de barre, deux quarts tribord !

— Deux quarts tribord, canonnier ! »

Conscient des fonds sableux et des bancs qui se trouvaient à proximité, Rodrigues observait les haubans, prêt à prendre la relève du chef canonnier qui, comme le voulait la coutume, dirigeait toutes les manœuvres le temps de la canonnade. « Canons pont principal bâbord ! cria le canonnier. Une fois qu'on a tiré, on la laisse sortir du lit du vent. Ouvrez tous les sabords. Préparez-vous à une bordée de travers. »

Les canonniers obéirent ; leurs yeux interrogeaient les visages des officiers et des prêtres qui se trouvaient sur le gaillard d'arrière. « Pour l'amour de Dieu, Don Ferriera, qui est Toranaga ?

— Qui est-ce, mon père ? » demanda Ferriera qui n'avait jamais vu Toranaga de sa vie. Les deux prêtres gardèrent le silence.

« Vite. Qui peut bien être Toranaga ? » redemanda le canonnier.

Rodrigues, impatienté, le montra du doigt. « Là, à l'avant, le petit gros au milieu de tous ces salopards de païens.

— Vu, senhor pilote. »

Les canonniers firent quelques mises au point.

Ferriera prit la bougie des mains de l'aide canonnier. « Vous avez l'hérétique dans le champ ?

— Oui, commandant. Êtes-vous prêt ? Je baisserai ma main. Ce sera le signal !

— D'accord.

— Tu ne tueras point ! » C'était Dell'Aqua. Ferriera se tourna vers lui. « Ce sont des païens et des hérétiques !

— Il y a des chrétiens parmi eux. Quand bien même il n'y en aurait pas.

— Ne faites pas attention à lui, canonniers ! gronda le commandant. Nous ouvrons le feu dès que vous êtes prêts ! »

Dell'Aqua s'avança et se plaça devant la gueule du canon, la main posée sur son crucifix : « J'ai dit : *Tu ne tueras point !*

— Nous tuons tout le temps, mon père.

— Je sais et j'en ai honte. J'en demande pardon à Dieu. » Dell'Aqua ne s'était jamais trouvé sur un navire de guerre dont les canons étaient amorcés, devant des hommes armés de mousquets, les doigts sur les détentes, prêts à mourir. « Tant que je suis ici, il n'y aura pas de tuerie !

— Et s'ils nous attaquent ? S'ils essaient de s'emparer du bateau ?

— J'implorerai Dieu de nous venir en aide !

— Où est la différence ? Maintenant ou plus tard ? » Dell'Aqua ne répondit pas. Tu ne tueras point, pensait-il. Toranaga leur avait tout promis. Ishido, rien. Ferriera tourna le dos aux prêtres, jeta la bougie et se dirigea vers le bastingage. « Soyez prêts à repousser une attaque ! cria-t-il. Si la galère vient à cinquante mètres sans notre autorisation, vous avez ordre de la mettre en morceaux, quoi que disent les prêtres. »

— Ohé, *Santa Theresa !*

— Ohé, Ingeles !

— C'est toi, Rodrigues ?

— Oui !

— Et ta jambe ?

— Va te faire voir ! »

Rodrigues était enchanté du rire gouailleur qui lui parvenait à travers l'étendue d'eau qui les séparait.

Les deux bateaux avaient manœuvré pendant une demi-heure. Ils s'étaient poursuivis, avaient viré. La galère avait tenté de venir au vent pour coincer la frégate sur un rivage à l'abri, mais celle-ci avait pris du champ pour mettre voiles hors du port. Aucun des deux bateaux n'avait réussi à prendre l'avantage. C'est au cours de cette chasse que les hommes à bord de la frégate avaient pour la première fois vu les bateaux de pêche qui encombraient le chenal. Ils avaient compris. « Voilà pourquoi ils viennent vers nous ! Pour obtenir notre protection !

— Raison de plus pour nous de les couler, maintenant qu'ils sont coincés, Ishido nous en remerciera à tout jamais », avait dit Ferriera.

Dell'Aqua était resté catégorique. « Toranaga est bien trop important. J'insiste pour que nous lui parlions d'abord. Vous pourrez toujours le couler. Il n'a pas de canons. Je sais quand même ça : seul un canon peut en combattre un autre. »

Rodrigues avait organisé une trêve pour trouver le temps de souffler. Les deux bateaux étaient au milieu du port, à l'abri des bateaux de pêche, éloignés l'un de l'autre. La frégate frissonnait dans le vent, prête à abattre sous le vent. La galère, rames bordées, dérivait par le travers pour venir à portée de voix.

« A-t-on l'autorisation de monter à bord ?

— Autorisation pour qui, Ingeles ?

— Sire Toranaga, son interprète et ses gardes. »

Ferriera dit calmement : « Pas de gardes. »

Alvito répliqua : « Il doit en mener quelques-uns avec lui. C'est une question de face.

— Au diable, la face. Pas de gardes.

— Je ne veux pas de samouraïs à bord, avait convenu Rodrigues.

— Accepteriez-vous qu'il n'en vienne que cinq ? demanda Alvito. Juste sa garde personnelle ? Vous comprenez le problème, Rodrigues ? »

Rodrigues réfléchit, puis acquiesça. « Cinq, d'accord, commandant. Nous allons détacher cinq hommes et en faire votre "garde personnelle". Ils auront chacun une paire de pistolets. Mon père, à vous de fixer les détails. Allez-y, mais traduisez-nous ce qui est dit. »

Alvito s'approcha du plat-bord et cria : « Vous ne gagnez rien en mentant. Préparez vos âmes au feu éternel, vous et vos bandits. Vous avez dix minutes, sinon le commandant vous met tous en morceaux et vous envoie dans les tourments éternels !

— Nous arborons le pavillon de Sire Toranaga, bon Dieu !

— Faux pavillon, pirate ! »

Ferriera fit un pas en avant. « A quoi jouez-vous, mon père ?

— Soyez patient, commandant, dit Alvito. Ce n'est qu'une simple question de forme. Nous avons affaire à Toranaga, pas à n'importe quel *daimyō !* Vous feriez peut-être mieux de vous souvenir qu'il a plus de troupes en armes que le roi d'Espagne ! »

Le vent soupirait dans le gréement. Les espars s'entrechoquaient nerveusement. Des torches furent allumées sur le gaillard d'arrière. Maintenant ils pouvaient clairement voir Toranaga. Sa voix leur parvint par-dessus les vagues.

« Tsukku-san ! Comment osez-vous éviter ma galère ? Il n'y a pas de pirates ici. Il n'y en a que dans ces bateaux de pêche qui obstruent le chenal. Je veux venir bord à bord tout de suite ! »

Alvito cria en japonais, feignant l'étonnement : « Mais, Sire Toranaga, nous sommes désolés, nous ne savions pas ! Nous croyions que c'était une ruse ! Les Gris nous ont dit que des bandits-*ronin* s'étaient emparés de la galère ! Nous avons pensé que c'était des bandits, sous le commandement du pirate anglais, qui naviguaient sous un faux pavillon. J'arrive immédiatement.

— Non. Je viens à couple.

— Je vous en prie, Sire Toranaga, permettez-moi de vous escorter. Mon maître, le père visiteur, est ici avec le commandant. Ils insistent pour que nous vous présentions toutes nos excuses. Acceptez-les. »

Alvito parla de nouveau en portugais et cria très fort au bosco : « Une chaloupe à la mer », puis de nouveau en japonais, à Toranaga : « Une chaloupe est mise à la mer, Sire. J'y vais tout de suite, commandant », disait Alvito qui s'était remis à parler en portugais. « Votre Éminence, si vous veniez aussi, le compliment et l'honneur que vous lui feriez permettraient de l'apaiser.

— Je suis d'accord avec vous.

— N'est-ce pas dangereux ? dit Ferriera. Vous pourriez être tous les deux pris en otages. »

Dell'Aqua dit : « Dès que la trahison devient évidente, je vous ordonne, au nom de Dieu, de détruire ce bateau, que nous soyons à bord ou pas. » Il traversa le gaillard d'arrière, descendit sur le pont principal, passa devant les canons. Au haut de l'échelle de coupée, il se tourna, fit le signe de croix puis descendit en traînant le pas et sauta dans la chaloupe.

Le bosco mit en route. Tous les marins étaient armés de pistolets et un baril de poudre était caché sous le banc du bosco.

« J'ai besoin d'une escorte pour sortir du port. C'est urgent », dit Toranaga à Dell'Aqua par l'intermédiaire d'Alvito. Mariko était à côté de Yabu qui se tenait sur le gaillard d'avant de la galère, Dell'Aqua était au-dessous de lui, sur le pont principal, Alvito à ses côtés.

« Ou, si vous voulez, votre frégate peut écarter de mon chemin les bateaux de pêche.

— Veuillez m'excuser, mais ce serait un acte hostile, injustifiable, que vous ne pouvez conseiller à cette frégate, Sire, dit Dell'Aqua en lui parlant directement, trouvant comme d'habitude la traduction simultanée d'Alvito surnaturelle. Ce serait impossible. Un acte de guerre, flagrant.

— Que suggérez-vous alors ?

— Retournons à la frégate et demandons au commandant. Il trouvera une solution maintenant que nous connaissons votre problème. C'est lui, le militaire, pas nous.

— Amenez-le ici.

— Ce serait plus rapide si vous y alliez, Sire. En plus de l'honneur que vous nous feriez ! Je crois que nous devrions y aller tout de suite.

— Très bien. » Toranaga accepta. « Yabu-san, prenez le commandement du bateau. Mariko-san, allez dire à l'Anjin-san qu'il doit rester sur le gaillard d'arrière et surveiller la barre. Venez ensuite avec moi.

— Bien, Sire. »

Toranaga avait compris, vu la taille de la chaloupe, qu'il ne pouvait prendre que cinq gardes avec lui. Le plan était simple. S'il n'arrivait pas à persuader le commandant de la frégate de leur venir en aide, lui et ses hommes tueraient le commandant, leur pilote, les prêtres, puis se barricaderaient dans l'une des cabines. Au même moment, la galère éperonnerait la frégate par l'avant, comme l'Anjinsan l'avait suggéré, et ils essaieraient de la pousser dans la tempête. Ils réussiraient à la prendre ou n'y réussiraient pas. Mais la solution serait rapide d'un côté comme de l'autre.

« C'est un bon plan, Yabu-san, avait-il dit.

— Laissez-moi, je vous en prie, négocier à votre place.

— Ils ne seraient pas d'accord.

— Très bien, mais une fois que nous sommes sortis du piège, expulsez tous les barbares du royaume. Si vous agissez ainsi, vous gagnerez plus de *daimyōs* à votre cause que vous n'en perdrez.

— J'y réfléchirai », avait dit Toranaga, sachant que c'était faux. Il lui fallait coûte que coûte avoir les *daimyōs* chrétiens Onoshi et Kiyama de son côté et donc les autres *daimyōs,* s'il ne voulait pas être englouti. Pourquoi Yabu veut-il se rendre à bord de la frégate ? Quelle trahison a-t-il en tête au cas où ils nous refuseraient leur aide ?

« Sire, disait Alvito. Puis-je inviter l'Anjin-san à nous accompagner ?

— Pourquoi ?

— Il me semble qu'il aimerait sûrement saluer son collègue, l'Anjin Rodrigues. L'homme a une jambe cassée et ne peut pas se déplacer. Il aimerait bien le revoir pour le remercier de lui avoir sauvé la vie, si vous n'y voyez pas d'inconvénient. »

Toranaga ne trouva pas de raison plausible pour empêcher l'Anjin-san de s'y rendre. L'homme était sous sa protection. Il était donc sacré.

« S'il le désire, très bien. Mariko-san, accompagnez Tsukku-san. » Elle retourna en compagnie d'Alvito sur le gaillard d'arrière. Il vit le couteau dans la ceinture de Blackthorne. Jusqu'où est-il parvenu dans la confiance de Toranaga ? se demanda-t-il. « Bien joué, capitaine-pilote Blackthorne.

— Pourrissez en enfer, mon père ! lui répondit-il affablement.

— C'est peut-être là que nous nous rencontrerons, Anjin-san. Peut-être. Toranaga dit que vous pouvez monter à bord de la frégate.

— Ce sont ses ordres ?

— Si vous le désirez, a-t-il dit.

— Je n'en ai nullement envie.

— Rodrigues aimerait vous revoir et vous remercier.

— Transmettez-lui mes amitiés et dites-lui que je le verrai en enfer. Ou ici.

— Sa jambe l'en empêche.

— Comment va-t-elle ?

— Elle est en voie de guérison. Grâce à vous et à Dieu, il pourra marcher dans quelques semaines mais il boitera.

— Dites-lui que je lui souhaite une bonne santé. Vous feriez mieux de vous en aller. Vous perdez votre temps, mon père.

— Rodrigues aimerait tellement vous voir. Il y a du rhum, un délicieux poulet rôti avec des pois frais, de la sauce, du bon pain croustillant et du beurre chaud. Ce serait dommage, pilote, de gaspiller de si bonnes choses.

— Que Dieu vous envoie en enfer !

— Il le fera quand ça lui chantera. Je ne vous dis que ce qui est. »

Le prêtre avait noté le changement soudain sur le visage de Blackthorne. Il arrivait presque à voir ses glandes salivaires travailler et sentait l'épouvantable contraction de cet estomac à l'agonie. Il est vraiment simple de prendre un homme au piège, se dit-il. Il faut seulement connaître le bon appât. « Au revoir, capitaine pilote ! »

Alvito tourna les talons et se dirigea vers l'échelle de coupée. Blackthorne le suivit.

« Qu'est-ce qu'il y a, Ingeles ? lui demanda Rodrigues.

— Où est la nourriture ? On pourra parler ensuite. D'abord le repas que tu m'as promis. » Blackthorne était debout, tremblant, sur le pont principal.

« Suivez-moi, dit Alvito.

— Où l'emmenez-vous, mon père ?

— Au carré, bien sûr. Blackthorne peut manger pendant que sire Toranaga et le commandant parlent ensemble.

— Non. Il peut manger dans ma cabine.

— Il est certainement plus facile d'aller trouver la nourriture là où elle se trouve.

— Bosco ! Veillez à ce que le pilote ait immédiatement à manger. Donnez-lui tout ce qu'il désire dans ma cabine. Ingeles, tu veux du rhum, du vin ou de la bière ?

— De la bière d'abord, du rhum ensuite.

— Bosco, veillez-y. Emmenez-le en bas. Écoutez-moi, Pesaro, Donnez-lui quelques-uns de mes vêtements et des bottes. Restez avec lui jusqu'à ce que je vous appelle !

Sans un mot, Blackthorne suivit Pesaro, un homme corpulent, le long de la coursive. Alvito rejoignit Dell'Aqua et Toranaga qui parlaient par l'intermédiaire de Mariko. Ferriera cria : « Rodrigues, vous descendez ?

— Je reste sur le pont tant que cette putain de galère est là, commandant. Si vous avez besoin de moi, je suis en haut. »

27

« Il doit y avoir une solution, commandant, dit Dell'Aqua avec patience. Désirez-vous... Désirez-vous un acte de guerre contre une nation amie ?

— Bien sûr que non. »

Au carré des officiers, tout le monde comprit qu'ils se trouvaient tous dans le même piège. Tout acte inamical les mettait du côté de Toranaga contre Ishido. Ils devaient absolument éviter cela au cas où Ishido serait l'ultime vainqueur. Pour le moment, Ishido contrôlait Osaka et la capitale, Kyoto, ainsi que la majorité des régents. Par l'intermédiaire des *daimyōs* Onoshi et Kiyama, Ishido contrôlait aussi la plus grande partie du sud de l'île de Kyushu, donc le port de Nagasaki, donc tout le commerce et le Vaisseau noir annuel.

Toranaga dit : « Qu'y a-t-il de si impossible ? Je veux seulement que vous écartiez par la force les pirates qui bloquent le chenal, *neh ?* »

Toranaga occupait, mal à l'aise, la place d'honneur. Il était assis dans le fauteuil à haut dossier, à la grande table. Alvito était à côté de lui, le commandant en face de lui, Dell'Aqua à côté du commandant. Mariko se tenait debout, derrière Toranaga. Les samouraïs attendaient près de la porte et faisaient face aux marins armés. Tous les Européens étaient conscients de la présence de Mariko. Alvito remplissait les fonctions d'interprète mais elle était là pour veiller à ce que la traduction soit précise et complète, que rien de ce qui pouvait nuire aux intérêts de son maître ne soit passé sous silence.

Dell'Aqua se pencha : « Vous pourriez peut-être, Sire, envoyer des messagers auprès de sire Ishido. La solution réside peut-être dans la négociation. Nous pourrions offrir ce bateau comme lieu neutre pour d'éventuelles négociations. Vous pourriez peut-être ainsi régler le conflit. »

Toranaga éclata de rire, méprisant : « Quel conflit ? Nous ne sommes pas en guerre, ni Ishido ni moi.

— Mais, Sire, nous avons vu la bataille, sur le quai.

— Ne soyez pas stupide ! Qui a été tué ? Quelques *ronin* sans importance. Qui a attaqué ? Des *ronin* seulement. Des bandits ou des fanatiques qui se sont trompés.

— Et durant l'embuscade ? On nous a dit que les Bruns s'étaient battus contre les Gris.

— Les bandits nous ont tous attaqués, Bruns et Gris... Mes hommes se sont simplement battus pour me protéger. Dans des escarmouches, la nuit, des erreurs peuvent se produire. Si les Bruns ont tué des Gris et vice versa, c'est une erreur regrettable. Que représentent quelques hommes pour nous ? Rien. Nous ne sommes pas en guerre. »

Toranaga lut la stupéfaction sur leurs visages. Il ajouta : « Dites-leur, Tsukku-san, qu'au Japon les armées font la guerre. Ces escarmouches ridicules et ces tentatives d'assassinat ne sont que de simples tentatives. La guerre n'a pas éclaté cette nuit. Elle a éclaté quand le Taikō est mort. Avant même. Quand il est mort sans laisser d'enfant en âge de prendre la succession. Peut-être même avant ça. Quand Goroda, le seigneur-protecteur a été assassiné. Cette nuit-ci n'a aucune signification durable. Aucun de vous ne comprend notre royaume, notre politique. Comment pourriez-vous d'ailleurs y comprendre quelque chose ? Ishido essaie de me tuer. D'autres *dai myōs* essaient aussi. Ils l'ont tenté dans le passé et le tenteront encore dans l'avenir. Kiyama et Onoshi ont été tous les deux amis et ennemis. Écoutez-moi. Si j'étais assassiné, cela simplifierait les choses pour Ishido, l'ennemi réel, mais ce ne serait que temporaire. Je suis pour l'instant pris dans son piège. Même si son piège est parfait, il ne bénéficie que d'un avantage temporaire. Si je m'échappe, il n'y aura jamais eu de piège. Mais comprenez bien, vous tous, que ma mort ne supprimera pas les conflits à venir. Il n'y aura pas de conflit si Ishido meurt. Il n'y a pas de guerre ouverte pour l'instant. » Il s'agita nerveusement dans son fauteuil. Il détestait l'odeur de friture et de corps mal lavés qui régnait dans cette cabine. « Mais nous avons un problème immédiat à résoudre. J'ai besoin de vos canons. Je les veux maintenant. Des pirates bloquent le chenal. J'ai déjà dit, Tsukku-san, que tôt ou tard chacun devrait prendre parti. Maintenant, de quel côté êtes-vous, vous, votre chef et toute l'Église chrétienne ? Mes amis portugais ? Sont-ils avec moi ou contre moi ? »

Dell'Aqua dit : « Soyez assuré, Sire Toranaga, que nous défendons vos intérêts.

— Très bien. Alors, chassez immédiatement ces pirates.

— Ce serait un acte de guerre. Il n'y a aucun bénéfice à en tirer. Nous pouvons peut-être conclure un marché ? dit Ferriera.

— Dites ceci au commandant : quand le conflit sera résolu, je développerai le commerce. Je suis en sa faveur. Pas Ishido. »

Dell'Aqua espérait qu'Alvito avait su cacher la stupidité de Ferriera. « Nous ne sommes pas des hommes politiques, Sire. Nous sommes des hommes d'Église et nous représentons la Foi et nos ouailles. Nous défendons vos intérêts. Oui, absolument.

— Je suis d'accord. J'envisageais... »

Alvito s'arrêta de traduire. Son visage s'éclaira. « Je suis désolé, Votre

Éminence, mais sire Toranaga a dit : j'envisageais de vous demander de construire un temple, un grand temple à Yedo, comme preuve de ma confiance envers vos intérêts. »

Dell'Aqua s'était démené depuis que Toranaga était devenu seigneur des Huit Provinces pour obtenir cette concession. L'obtenir maintenant, dans la troisième ville de l'empire, était une inestimable concession. Le père visiteur savait que le moment était venu de régler le problème des canons. « Remerciez-le, Martin Tsukku-san, dit-il en utilisant ce code convenu avec Alvito et qui les engageait dans leur prise de parti. Dites-lui que nous essaierons toujours d'être à son service. Oh oui, demandez-lui ce qu'il avait au juste en tête pour cette cathédrale », ajouta-t-il pour le compte du commandant.

« Puis-je vous parler seul à seul pendant un instant, Sire ? dit Alvito à Toranaga. Mon maître vous remercie et dit que ce que vous nous avez demandé est du domaine du possible. Il s'efforcera de toujours vous soutenir.

— S'efforcer est un mot abstrait qui ne me satisfait guère.

— Oui, sire. » Alvito jeta un coup d'œil sur les gardes qui écoutaient, bien sûr, sans en avoir l'air. « Mais je vous entends encore me dire qu'il faut être de temps à autre assez sage pour être abstrait. »

Toranaga comprit immédiatement. Il fit un signe de la main et congédia ses samouraïs. « Attendez-moi dehors ! » Ils obéirent à contrecœur. Alvito se tourna vers Ferriera. « Nous n'avons pas besoin de vos gardes, commandant. » Quand les samouraïs eurent disparu, Ferriera congédia ses hommes et jeta un coup d'œil sur Mariko.

Alvito dit à Toranaga : « Vous voudriez peut-être, Sire, que dame Mariko puisse s'asseoir. »

Toranaga comprit encore une fois. Il réfléchit, acquiesça discrètement et dit sans se retourner « Mariko-san, prenez l'un de mes gardes avec vous et allez voir l'Anjin-san. Restez avec lui jusqu'à ce que je vous rappelle.

— Bien, Sire. »

La porte se referma derrière elle.

Ils étaient seuls. Tous les quatre.

Ferriera dit : « Que nous offre-t-il ?

— Patience, commandant », répondit Dell'Aqua. Ses doigts tapotaient sa croix. Il priait pour le succès de l'entreprise.

« Sire, dit Alvito. Le seigneur mon maître dit qu'il essaiera de faire tout ce que vous lui demandez. Dans quarante jours. Il vous enverra un message personnel pour vous tenir au courant des progrès. Avec votre permission, je serai le messager.

— Et s'il ne réussit pas ?

— Ce ne sera pas par manque de persuasion, d'efforts ou de ruse. Il vous en donne sa parole.

— Devant le Dieu chrétien ?

— Oui, devant Dieu.

— Très bien. Je veux que ce serment soit consigné par écrit. Cacheté de son sceau.

— Vous voulez dire que vous ne donnerez pas votre autorisation si je ne consigne pas mon serment par écrit ? »

Toranaga finit par dire : « Très bien. Sa parole devant ce Dieu Jésus, *neh !* Sa parole devant Dieu.

— Je le jure en son nom. Il ajuré qu'il essaierait, sur la très sainte croix.

— Vous aussi, Tsukku-san ?

— Je le jure également, devant Dieu, sur la très sainte croix. Je ferai tout ce que je peux pour l'aider à convaincre les seigneurs Onoshi et Kiyama de devenir vos alliés.

— En échange, je promets que je tiendrai ma parole. Le quarante et unième jour, vous pourrez poser la première pierre du plus important temple chrétien de tout l'empire.

— Pourrait-on, Sire, réserver dès maintenant l'emplacement nécessaire ?

— Dès que j'arriverai à Yedo. Maintenant, pour ce qui est des pirates ? Ceux qui sont dans ces bateaux de pêche. Vous allez immédiatement les écarter.

— Si vous aviez des canons, l'auriez-vous fait vous-même, sire ?

— Bien sûr, Tsukku-san.

— Je vous prie de m'excuser pour ma méfiance, Sire, mais nous avons dû dresser un plan. Ces canons ne nous appartiennent pas. Laissez-moi quelques instants. » Alvito se tourna vers Dell'Aqua. « Tout est arrangé, Votre Éminence. » Il ajouta à l'intention de Ferriera : « Vous pourrez vous réjouir de ne pas l'avoir coulé, commandant. Sire Toranaga demande si vous acceptez dix mille ducats d'or quand vous repartirez pour Goa avec le Vaisseau noir. Il veut que vous les investissiez pour lui dans le marché de l'or, aux Indes. Nous serions enchantés de vous aider dans cette transaction par le biais de nos intermédiaires habituels. Sire Toranaga dit que la moitié du bénéfice sera pour vous. » Alvito et Dell'Aqua avaient conjointement décidé qu'au moment où le Vaisseau noir s'en retournerait dans six mois, Toranaga aurait été réinvesti président du Conseil des régents, ou bien il serait mort. « Vous pourriez facilement en retirer quatre mille ducats de bénéfices. Sans aucun risque.

— En échange de quoi ?

— Sire Toranaga dit que des pirates l'empêchent de quitter ce port. »

Ferriera répondit d'une voix naturelle : « Vous avez tort de placer votre foi dans cet homme. Son ennemi détient toutes les cartes royales. Tous les rois chrétiens sont contre lui. En tout cas, les deux plus importants. Je les ai entendus de mes propres oreilles. Ils ont dit que ce Jap était leur véritable ennemi. Je crois en eux, pas en ce crétin morveux.

— Je suis sûr que sire Toranaga sait mieux que nous qui est pirate et qui ne l'est pas », lui dit Dell'Aqua sans broncher. Il connaissait, tout comme Alvito, la solution. « Je pense que vous n'émettez pas d'objection à ce que sire Toranaga traite lui-même avec les pirates ?

— Bien sûr que non.

— Vous avez des canons en surplus, à bord, dit le père visiteur. Pourquoi ne pas lui en donner discrètement quelques-uns ? En fait, vendez-lui-en quelques-uns. Ce serait facile de les transborder avec la chaloupe. Le problème serait réglé. »

Ferriera soupira. « Des canons, Votre Éminence, ne servent à rien à bord de la galère. Il n'y a pas de sabords, pas de cordages, pas d'étançons. Ils ne peuvent pas se servir de canons, Même s'ils ont des canonniers, ce qu'ils n'ont pas, non plus. »

Les deux prêtres étaient suffoqués. « Ils ne peuvent pas s'en servir ?

— Bien sûr que non.

— Mais, don Ferriera, on peut certainement les adapter...

— Cette galère ne peut pas utiliser de canons sans subir d'aménagements. Ça prendrait au moins une semaine. »

Dell'Aqua savait que le temps fuyait, qu'ils allaient être pris de court. « Commandant, je vous en prie, aidez-nous. Je vous le demande sincèrement. Nous avons obtenu d'énormes concessions en faveur de la Foi. Vous devez me croire. Vous devez me faire confiance. Vous devez aider sire Toranaga à sortir par n'importe quel moyen de ce port. Je vous en supplie au nom de l'Église. La cathédrale à elle seule est une concession énorme. Je vous en supplie. »

Ferriera ne laissa rien paraître du sentiment de victoire qui l'envahissait. Il ajouta d'une voix encore plus grave : « Puisque vous demandez de l'aide je vais bien sûr faire ce que vous me demandez. Je vais le sortir du piège. Mais en échange, je veux le commandement en chef du Vaisseau noir de l'année prochaine, que cette année soit profitable ou non.

— C'est un cadeau personnel du roi d'Espagne. Lui seul peut en décider. Je ne peux rien faire.

— Secundo : j'accepte l'offre de son or mais je veux avoir votre garantie. Je ne veux aucun ennui du vice-roi à Goa ou ici, en ce qui concerne l'or ou les Vaisseaux noirs.

— Vous osez exiger une rançon de moi et de l'Église ?

— Ce n'est qu'un marché entre vous, moi et ce singe.

— Ce n'est pas un singe, commandant. Vous feriez mieux de vous en souvenir.

— Tertio : quinze pour cent sur la cargaison de cette année et non dix.

— Impossible.

— Quarto : pour que tout soit en ordre, j'exige votre parole devant Dieu qu'aucun des prêtres sous votre juridiction ne me menacera d'excommunication, à moins que je ne commette un acte sacrilège. Et votre parole devant Dieu que vous me soutiendrez activement et aiderez ces deux Vaisseaux noirs.

— Quoi encore ? Ce n'est certainement pas tout, commandant ?

— Enfin, je veux la peau de l'hérétique. »

Mariko regarda Blackthorne, allongé sur le sol de la cabine, dans un état semi-comateux. Il vomissait ses entrailles. Le bosco était adossé au mur et la regardait en souriant, un sourire qui laissait apparaître ses chicots jaunâtres.

« A-t-il été empoisonné ? Est-il soûl ? demanda-t-elle à Totomi Kana, le samouraï qui était à côté d'elle. Elle essayait vainement de ne pas respirer l'odeur fétide et âcre de la nourriture et de la vomissure, l'odeur épouvantable du marin, en face d'elle, et celle, tenace, qui montait des cales et empoisonnait le bateau en permanence. « C'est comme s'il avait été empoisonné, *neh ?*

— On l'a peut-être empoisonné, Mariko-san. Regardez ces ordures. » Le samouraï montra la table avec dégoût.

« Qu'est-ce que vous voulez ? demanda le bosco. Pas de singes, ici, *wakarimasu ?* Pas de singes-sans dans cette-u pièce-u ! » Il regarda le samouraï et lui fit signe de s'en aller. « Dehors ! Fous l' camp ! » Ses yeux revinrent sur Mariko : « Comment vous appelez-vous ? Noum ? »

Mariko détourna son regard hypnotisé de la table et concentra son attention sur le bosco. « Désolée, senhor. Je ne vous ai pas compris. Qu'avez-vous dit ? » La bouche du bosco s'entrouvrit un peu plus. C'était un gros homme aux yeux qui louchaient, aux oreilles en feuilles de chou. Ses cheveux formaient une queue de rat sur sa nuque. Un crucifix pendait entre les plis de son cou et des pistolets étaient fichés dans sa ceinture. « Hé, vous parlez portugais ? Une Jap qui parle bien portugais ? Où c'est que vous avez appris à parler civilisé ?

— Ce sont les... les pères chrétiens m'ont appris.

— Que je sois un maudit fils de pute ! Madonne, une fleur-san qui parle civilisé ! »

Blackthorne eut un nouveau haut-le-cœur. « Pouvez-vous... est-ce que vous pouvez, s'il vous plaît, mettre le pilote là ? dit-elle en indiquant la couchette.

— Ouais. Si ce singe m'aide.

— Qui ? Je vous demande pardon, qu'avez-vous dit ? Qui ?

— Lui. Le Jap. Lui. »

Elle reçut ces mots comme une gifle et il lui fallut toute sa volonté pour garder son calme. Elle fit signe au samouraï : « Kana-san, voulez-vous aider ce barbare. Il faut mettre l'Anjin-san là.

— Avec plaisir, madame. »

Les deux hommes soulevèrent Blackthorne, qui retomba lourdement sur la couchette.

« Il faudrait le laver, dit Mariko à Kana, encore étourdie par le nom que le bosco lui avait donné.

— Oui, Mariko-san. Dites au barbare d'aller chercher des serviteurs.

— Oui. » Ses yeux étonnés revenaient constamment vers la table. « Mangent-ils vraiment ça ? »

Le bosco suivit son regard, se pencha et arracha une cuisse de poulet qu'il lui tendit. « Vous avez faim ? Voilà, petite fleur-san, c'est bon. C'est frais aujourd'hui, du vrai poulet de Macao. »

Elle refusa de la tête.

« Pauvre petite chose ! Qu'est-ce que vous vouliez, donna senhorita ?

— Voir l'An... voir le pilote. Sire Toranaga m'a envoyée. Le pilote est soûl ?

— Oui. Ça et la bouffe. Ce pauvre imbécile a mangé et bu trop vite. Il a avalé d'un trait la moitié d'une bouteille. Les Ingeles sont tous les mêmes. Ils peuvent pas tenir le rhum et ils ont pas de couilles. » Ses yeux la dévisagèrent. « J'ai jamais vu une fleur-san aussi petite que vous. Et j'ai jamais en plus adressé la parole à une Jap qui parlait civilisé.

— Appelez-vous tous les samouraïs et toutes les dames japonaises des Japs et des singes ? »

Le marin gloussa : « Hé, senhorita, c'est ma langue qui a fourché. C'est pour les gens communs, vous savez, les maquereaux et les putains de Nagasaki. Je voulais pas vous insulter. J'ai jamais parlé à une senhorita civilisée. Je savais pas qu'il en existait, sur Dieu !

— Moi non plus, senhor. Je n'avais jamais parlé à un Portugais civilisé, en dehors des pères. Nous sommes des Japonais, pas des Japs, *neh ?* Les singes sont des animaux, n'est-ce pas ?

— Pour sûr. » Le bosco montra ses dents cassées. « Vous parlez comme une donna. Oui. Sans insultes, donna senhorita. » Blackthorne se mit à marmonner. Elle s'approcha de sa couchette et le secoua doucement.

« Anjin-san ! Anjin-san !

— Oui... oui ? » Blackthorne ouvrit les yeux. « Oh, hello... Je suis déso... Je... » Mais la douleur et cette pièce qui tanguait le contraignirent à se rallonger.

« Faites venir un domestique, s'il vous plaît, senhor. Il faudrait le laver.

— Il y a des esclaves... mais pas pour ça, donna senhorita. Laissez l'Ingeles... Qu'est-ce qu'un peu de dégueulis pour un hérétique ?

— Il n'y a pas de domestique ? demanda-t-elle, stupéfaite.

— Nous avons des esclaves... des salopards de nègres... mais ils sont paresseux. »

Mariko comprit qu'elle n'avait pas le choix. Sire Toranaga pouvait avoir besoin de l'Anjin-san. « J'ai besoin d'un peu d'eau, dit-elle. Pour le laver.

— Il y a un baril sous les escaliers, à l'entrepont.

— Allez m'en chercher, s'il vous plaît, senhor.

— Envoyez-le, lui. » Le bosco pointa un doigt sur Kana.

« Non. Vous allez chercher l'eau. Immédiatement. »

Le bosco regarda à nouveau Blackthorne. « Vous, sa petite amie ?

— Non, non, senhor. Je ne suis pas sa petite amie.

— Alors de qui ? Du sin... la petite amie du samouraï ? Du roi peut-être, de celui qui vient de monter à bord ? Tora... quelque chose ?

— Non.

— Pas la petite amie d'un de ceux qui sont montés à bord ?

— Voulez-vous, s'il vous plaît, aller me chercher cette eau ? »

Le bosco acquiesça et sortit. Blackthorne remua. Il essayait de reprendre conscience. Elle se mit à le déshabiller, maladroitement, à cause de son bras.

« Laissez-moi vous aider. » Kana était très habile. « J'ai l'habitude de déshabiller mon père quand il a trop bu de saké. » Au bout d'un moment, Kana dit : « Puisse Bouddha permettre à sire Buntaro de s'échapper. — Oui. » Mariko observa la cabine. « Je me demande comment ils peuvent vivre là-dedans.

— C'est révoltant. Je n'étais jamais monté à bord d'un bateau barbare. »

La porte s'ouvrit. Le bosco entra, posa le seau. Choqué par la nudité de Blackthorne, il sortit une couverture de dessous une couchette et l'en recouvrit. « Il va attraper la crève... à part ça... c'est honteux de faire ça à un homme, même à lui.

— De lui faire quoi ?

— Rien. Comment vous vous appelez, donna senhorita ? »

Elle ne répondit pas, rejeta la couverture et nettoya Blackthorne, heureuse de faire quelque chose. Elle détestait cette cabine, la présence du bosco et se demandait ce qu'ils pouvaient bien se dire, dans l'autre cabine. Quand elle eut terminé, elle roula le kimono et le pagne souillés. « Est-ce que vous pouvez faire nettoyer ça, senhor ?

— Hein ?

— Il faut les faire nettoyer tout de suite. »

— Jetez-les, donna senhorita. Ils en valent pas la peine. Notre capitaine-pilote Rodrigues a dit de lui donner des vêtements propres, Ici. » Il ouvrit un caisson. « Qu'il prenne là-dedans ce qu'il lui faut.

— Je ne sais pas comment habiller un homme avec ça.

— Il a besoin d'une chemise, d'un haut-de-chausses, d'une braguette, de chausses, de bottes et d'une veste de mer. » Avec l'aide de Kana, elle habilla Blackthorne, toujours plongé dans sa torpeur.

« Comment doit-il porter ça ? » Elle tenait à la main cette pièce de tissu triangulaire qui ressemblait à un sac avec ses aiguillettes.

« Madonne, il la porte devant, comme ça, dit le bosco, gêné, touchant du doigt la sienne. Vous la mettez par-dessus le haut-de-chausses, comme je vous ai dit. Sur ses parties. »

Elle étudia la braguette du bosco qui, sentant son regard, eut un début d'érection. Elle repoussa une mèche de cheveux qui lui gênait la vue.

« Senhor, est-ce que l'Anjin-san est correctement vêtu ?

— Ouais. A part les bottes. Elles sont là mais ça peut attendre. » Le bosco s'approcha, les narines frémissantes, baissa la voix, tourna le dos au samouraï. « Ça vous dirait, une petite passe rapide ?

— Quoi ?

— J'ai envie de vous, senhorita. Qu'est-ce que vous en dites ? Y a une couchette dans la cabine, à côté. Envoyez votre ami sur le pont. L'Ingeles est hors circuit pendant au moins une heure. Je paierai le tarif normal.

— Quoi ?

— Vous pouvez gagner une pièce de cuivre ; même trois si vous vous surpassez. Vous chevaucherez la plus belle queue d'ici à Lisbonne. Hein ? Qu'est-ce que vous en dites ? »

Le samouraï vit l'horreur se peindre sur le visage de Mariko.

« Que se passe-t-il, Mariko-san ? » Mariko repoussa le bosco loin de la couchette. Elle bégaya : « Il... il a dit... »

Kana dégaina immédiatement son épée mais se retrouva face à deux pistolets armés. Il se rua néanmoins sur le bosco.

« Arrêtez, Kana-san ! haleta Mariko. Sire Toranaga a interdit toute attaque avant qu'il n'en donne l'ordre.

— Vas-y, singe. Allez, viens, fumier ! Toi ! Dis au singe de rengainer son épée ou j'enlève la tête à ce fils de pute avant qu'il ait le temps de péter ! »

Mariko était à trente centimètres du bosco. « Kana-san, rengainez votre épée, s'il vous plaît. Nous devons obéir à sire Toranaga. Nous devons lui obéir. » Dans un suprême effort, Kana obtempéra.

« Excusez-le, senhor. Veuillez bien m'excuser, dit Mariko, essayant d'être polie. C'était une erreur.

— Ce salopard à la gueule simiesque a tiré son épée. C'était pas une erreur ça !

— Excusez-le, senhor. Je suis désolée. »

Le bosco humecta ses lèvres. « J'oublie tout si tu es gentille avec moi, petite fleur. Dans la cabine d'à côté avec toi. Dis à ce sin... dis-lui de rester ici et j'oublie tout.

— Quel est... quel est votre nom, senhor ?

— Pesaro. Manuel Pesaro. Pourquoi ?

— Pour rien. Excusez ce malentendu, senhor Pesaro.

— Viens dans la cabine d'à côté. Tout de suite. »

« Que se passe-t-il ? Que... ? » Blackthorne ne savait plus s'il était éveillé ou s'il faisait un cauchemar, mais il sentit le danger. « Que se passe-t-il, par Dieu ?

— Ce Jap puant m'a sauté dessus !

— C'était... c'était une erreur, Anjin-san, dit Mariko. Je me suis excusée auprès du senhor Pesaro.

— Mariko ? Est-ce vous... Mariko-san ?

— *Hai,* Anjin-san. »

Elle s'approcha de lui. Les pistolets du bosco étaient toujours pointés sur Kana. Elle dut se retenir pour ne pas lui planter son couteau, en passant près de lui. A ce moment-là, la porte s'ouvrit. L'homme de barre entra avec un seau d'eau. Il prit peur à la vue des pistolets et s'enfuit.

« Où est Rodrigues ? demanda Blackthorne, qui tentait de reprendre ses esprits.

— Sur le pont, là où un bon pilote doit se trouver, dit le bosco d'une voix railleuse. Ce Jap m'a sauté dessus, bon Dieu !

— Aidez-moi à monter sur le pont », demanda Blackthorne en s'agrippant aux rebords de la couchette. Mariko lui prit le bras mais elle ne put le soulever. Le bosco agita un pistolet sous le nez de Kana. « Dis-lui de l'aider », cria-t-il à Mariko.

Le lieutenant Santiago écarta l'oreille de l'orifice secret percé dans le mur du carré. La dernière phrase de Dell'Aqua : « Bon, tout est réglé », résonnait encore à son tympan. Il se faufila sans bruit à travers l'obscure cabine, sortit dans la coursive et referma la porte. Il grimpa sur le pont principal, se dirigea vers le gaillard d'arrière. Rodrigues parlait avec Mariko. Il s'excusa et susurra à l'oreille de Rodrigues tout ce qu'il venait d'entendre. Blackthorne était à l'arrière, accoudé au plat-bord. Mariko était assise, bien droite, en face de Rodrigues, Kana, le samouraï, à côté d'elle. Des marins armés grouillaient sur le pont. Deux hommes surveillaient la barre. A une centaine de mètres, la galère tanguait doucement. Elle était par le travers, à la merci de leurs canons, tous avirons bordés, à l'exception des deux qui lui permettaient de ne pas chasser. Les bateaux de pêche bourrés de samouraïs hostiles s'étaient rapprochés mais ne les encerclaient pas encore. Mariko observait Rodrigues et l'officier. Elle n'entendait pas ce qu'ils se disaient. Même si elle l'avait pu elle se serait certainement, de par son éducation, bouché les oreilles. Quand elle était montée sur le pont avec Blackthorne, Rodrigues avait écouté ses explications et celles du bosco. Elle lui avait dit que c'était sa faute, qu'elle s'était trompée sur les paroles du bosco et que ce malentendu avait poussé Kana à sortir son épée pour défendre son honneur.

« Je lui ai seulement demandé, en la voyant si à l'aise pour laver l'Ingeles et lui fourrer ses bijoux dans la braguette, si elle était sa petite amie !

— Baisse tes pistolets, bosco !

— Il est dangereux. Je vous le dis. Attachez-le.

— Je le surveille. Va à l'avant. »

Quand le bosco était parti, Rodrigues avait demandé : « Que vous a-t-il dit, senhora ? Exactement,

— Rien, senhor.

— Je vous prie de m'excuser pour l'insolence de cet homme, Ça n'aiderait vraiment pas nos suzerains respectifs si nous avions des ennuis à bord. »

Puis elle dit : « Est-ce que tous les Portugais nous appellent des singes ? Et des Japs ? Derrière notre dos ? »

Rodrigues tira la boucle qu'il portait à l'oreille. « Vous ne nous appelez pas des barbares ? Même en face ? Nous sommes civilisés, du moins nous le pensons, senhora. Aux Indes, pays de Bouddha, ils appellent les Japonais les "diables orientaux" et ne leur permettent pas d'accoster ou de débarquer s'ils sont armés. Vous appelez les Indiens des "Noirs" et vous les considérez comme des non-humains. Comment les Chinois appellent les Japonais ? Comment appelez-vous les Chinois ? Comment appelez-vous les Coréens ? Les Mangeurs d'ail, *neh !* — Je ne crois pas que Sire Toranaga, Sire Hiro-matsu ou même le père de votre femme seraient très contents. — Le Seigneur a dit : celui qui voit la paille dans l'œil de son voisin ne voit pas la poutre qu'il a dans le sien. »

Elle repensa à cette phrase tout en regardant l'officier murmurer quelque chose d'urgent au pilote portugais.

« Qu'est-ce qu'il a dit ? » s'exclama Rodrigues involontairement. Mariko essaya de savoir malgré elle, mais ne put entendre. Puis elle les vit tous deux regarder Blackthorne et suivit leur regard. Elle était inquiète.

« Qu'est-il arrivé d'autre, Santiago ? » demanda Rodrigues sur ses gardes, conscient de la présence de Mariko.

Le second lui raconta dans un murmure, les mains devant la bouche : « Combien de temps vont-ils rester en bas ?

— Ils buvaient pour sceller le marché.

— Salauds ! » Rodrigues attrapa le second par la chemise. « Pas un mot de tout ça. Sur ta vie !

— Pas besoin, pilote !

— On éprouve toujours le besoin d'aller raconter quelque chose. » Rodrigues jeta un coup d'œil sur Blackthorne. « Réveille-le ! »

Le second s'approcha de Blackthorne et le secoua brutalement.

« Qu'est-ce qu'il y a, hein ?

— Tape-le ! »

Santiago lui flanqua une bonne gifle.

« Jésus-Christ, je... » Blackthorne se leva, le visage en feu, mais il vacilla et s'écroula.

« Bon Dieu ! Réveille-toi, Ingeles ! » Rodrigues s'adressa furieusement aux deux hommes de barre, le doigt pointé sur eux. « Jetez-le par-dessus bord ! » Les deux hommes s'exécutèrent rapidement et Mariko s'écria : « Pilote Rodrigues, vous n'avez pas le droit... » Mais avant que Kana ou elle-même n'aient pu intervenir, les deux hommes avaient balancé Blackthorne par-dessus la lisse. Il tomba de sept mètres, atterrit sur le ventre dans une gerbe d'écume et disparut. Au bout de quelques secondes, il émergea, crachant et s'étouffant, essayant de fuir cette eau glacée qui lui aiguisait l'esprit.

Rodrigues se démenait pour sortir de son fauteuil. « Sainte Vierge, aidez-moi ! »

L'un des hommes de barre accourut pour l'aider et passa son bras sous l'aisselle de Rodrigues. « Bon Dieu, attention, fais attention à mon pied, pauvre crétin ! »

Il l'amena jusqu'au bastingage. Blackthorne continuait de tousser et de cracher mais nageait vers le flanc du bateau en jurant et en insultant ceux qui l'avaient flanqué par-dessus bord.

« Deux quarts tribord ! » ordonna Rodrigues. Le bateau sortit légérement du lit du vent et s'éloigna de Blackthorne. Rodrigues cria : « Enlève tes foutues pattes. Ne remonte pas à bord de mon bateau ! » Il ajouta à l'intention du second : « Prends la chaloupe, ramasse l'Ingeles et ramène-le à bord de la galère. Vite ! Dis-lui... » Il baissa la voix. Mariko était heureuse que Blackthorne ne soit pas en train de se noyer.

« Pilote ! L'Anjin-san est sous la protection de sire Toranaga. J'exige qu'il soit repêché !

— Un instant, Mariko-san ! » Rodrigues continua de murmurer quelque chose à Santiago qui acquiesça et décampa. « Je suis désolé, Mariko-san, mais c'était urgent. Il fallait que l'Ingeles se réveille.

— Pourquoi ?

— Je suis son ami. Il vous l'a jamais dit ?

— Oui. Mais l'Angleterre et le Portugal sont en guerre. L'Espagne aussi.

— Oui. Mais les pilotes sont au-dessus des guerres.

— Qui servez-vous alors ?

— Le pavillon.

— N'est-ce pas votre roi ?

— Oui et non, senhora. Je dois une vie à l'Ingeles. » Rodrigues observait la chaloupe. « Droit devant. Allez. Ramène-la dans le vent, ordonna-t-il à l'homme de barre.

— Oui, senhor. »

Il attendit, vérifia la direction du vent, la situation des bancs de sable. « Excusez-moi, senhora. Vous disiez ? »

Rodrigues la regarda un instant puis s'en retourna vérifier la position de son bateau et de la chaloupe. Les hommes avaient sorti Blackthorne de l'eau et souquaient vers la galère. L'Anjin-san était caché par l'homme assis à ses côtés, l'individu auquel Rodrigues avait murmuré quelque chose. « Que lui avez-vous dit, senhor ?

— A qui ?

— A lui. Au senhor que vous avez envoyé secouer l'Anjin-san ?

— Je lui ai dit de transmettre mes meilleurs vœux à l'Ingeles et mes prières pour qu'il fasse vite. »

Quand Rodrigues vit la chaloupe contre le flanc de la galère, il poussa un soupir de soulagement. « Sainte Marie, Mère de Dieu... »

Le commandant et les Jésuites apparurent sur le pont. Toranaga et ses gardes les suivaient.

« Rodrigues ! La chaloupe à la mer ! Les pères descendent à terre, dit Ferriera.

— Et ensuite ?

— Ensuite, nous prendrons la mer. Pour Yedo.

— Pourquoi Yedo ? Nous faisions route sur Macao, répondit Rodrigues, image même de l'innocence.

— Nous ramenons d'abord Toranaga à Yedo.

— Nous... ? Quoi ? Et la galère ?

— Elle reste-là où elle est, ou elle se débrouille pour se frayer un passage toute seule. »

Rodrigues sembla encore plus surpris, observa la galère, puis rencontra le regard accusateur de Mariko.

Ferriera observait la galère : « Que fait notre chaloupe là-bas ?

— J'ai renvoyé l'hérétique à son bord.

— Vous avez fait quoi ?

— J'ai renvoyé l'Ingeles à bord. Où est le mal ? L'Ingeles m'a insulté. J'ai envoyé ce morveux à la baille. Je l'aurais bien laissé se noyer mais il sait nager. Alors, j'ai envoyé le second le repêcher et le ramener à bord de son bateau. Comme il semble dans les faveurs de Sire Toranaga... ! Qu'ai-je fait de mal ?

— Ramenez-le ici !

— Il nous a injuriés et maudits. Il ne reviendra pas de lui-même, cette fois-ci.

— Je le veux ici immédiatement.

— Où est le mal ? N'avez-vous pas dit que la galère allait rester, se battre ou faire ce qu'elle voulait ? Alors quoi ? L'Ingeles est dans la merde jusqu'au cou. Très bien. Qui a besoin de ce morveux, de toute façon ? Les pères seraient certainement bien contents de ne plus l'avoir sous les yeux. Pas vrai, mon père ? »

Dell'Aqua ne répondit pas. Pas plus qu'Alvito. Tout ceci déjouait le plan imaginé par Ferriera et unanimement accepté. Les prêtres devaient se rendre à terre pour calmer tout de suite Ishido, Onoshi et Kiyama. Ils devaient leur dire qu'ils avaient cru aux histoires de « pirates » de Toranaga, qu'ils ignoraient qu'il s'était « échappé » de la forteresse.

Pendant ce temps, la frégate devait foncer sur la sortie du port, abandonnant la galère aux bateaux de pêche. Si la frégate était ouvertement attaquée, ils répondraient par la force des armes.

Le père visiteur posa doucement sa main sur le bras du commandant et tourna le dos à la galère. « Il vaut peut-être mieux que l'hérétique soit là-bas », dit-il, pensant que la volonté divine était vraiment étrange et imprévisible.

Le père Alvito expliqua à Toranaga pourquoi le pilote était à bord de la galère. Toranaga s'approcha du bord et scruta l'obscurité. Il savait que l'Anjin-san était un embarras politique et les dieux lui avaient dicté la manière simple de s'en débarrasser, si tel était son désir. Est-ce que je le veux vraiment ? Les prêtres chrétiens seraient enchantés de sa disparition. Cela ne faisait aucun doute. Onoshi et Kiyama seraient tout aussi enchantés. Ils en ont peur au point de fomenter individuellement ou conjointement des tentatives d'assassinat. Pourquoi une telle peur ? pensa-t-il.

— Je peux perdre les canons. Je peux perdre Yabu. Mais l'Anjin-san ? Oui.

Parce que j'ai encore huit autres barbares en réserve. Leur savoir collectif équivaudra ou dépassera peut-être celui de ce seul homme. L'important est que je retourne à Yedo aussi rapidement que possible pour préparer la guerre qui est inévitable. Kiyama et Onoshi ? Qui sait s'ils me soutiendront ? Peut-être oui, peut-être non. Mais un bout de terrain et quelques promesses sont vraiment de peu de poids dans la balance si j'obtiens l'appui des chrétiens d'ici quarante jours.

Le tambour de la galère se remit soudainement à résonner. Les avirons plongèrent dans l'eau avec force. Ils virent la monére s'éloigner d'eux et constatèrent que le pavillon de Toranaga avait été abattu.

« On dirait qu'ils annoncent à chacun de ces putains de bateaux de pêche que sire Toranaga n'est plus à bord, dit Rodrigues. Si j'étais lui, je ferais route vers la haute mer et je nous laisserais pris au piège, du moins j'essayerais. L'Ingeles attire l'attention sur nous. Que va-t-il se passer ?

Les prêtres descendirent à terre.

« Toutes voiles dehors ! » hurla Rodrigues. Sa jambe lui faisait très mal.

« Sud-sud-ouest. Tous les hommes à leurs postes !

— Senhora, dites à sire Toranaga, je vous prie, qu'il vaudrait mieux qu'il descende. Ce serait plus sûr, dit Ferriera.

— Il vous remercie et dit qu'il préfère rester ici. »

Ferriera haussa les épaules, monta sur le gaillard d'arrière.

« Chargez les canons ! Prêts à tirer ! Tous aux postes de combat ! »

28

« *Isogi !* » hurla Blackthorne pour obliger le maître de nage à accélérer la cadence. Il se retourna, regarda la frégate qui fonçait droit sur eux, toutes voiles dehors. Puis il reporta son attention vers l'avant. Il se demanda s'il avait bien jugé, car il y avait peu d'espace pour manœuvrer près des écueils, quelques mètres à peine entre succès et catastrophe. La frégate devait changer de bordée à cause du vent pour faire voile vers la sortie du port, mais elle avait l'avantage de la vitesse. Rodrigues avait annoncé clairement pendant la dernière bordée que la galère ferait mieux de ne pas lui obstruer la route quand la *Santa Theresa* aurait besoin d'espace pour manœuvrer.

« Tenez le coup, bon Dieu ! » gueula Blackthorne. La brise séchait ses vêtements trempés. Il scruta le ciel. Pas de nuages autour de la lune. Vent léger. Pas de danger de ce côté-là, pensa-t-il. Dieu fasse que la lune nous éclaire jusqu'à ce que nous soyons sortis.

Il maintenait le cap, essayant de contraindre la frégate à virer avant d'avoir pris toute la place dans le vent. Mais elle ne dévia pas et poursuivit sa route, venant droit sur lui. Quand le mât de beaupré de la frégate fut presque sur leur pont arrière, il entendit l'ordre de Rodrigues : « Bordée bâbord ! Virez vent devant ! Maintenez le cap ! » Puis un cri en espagnol lui parvint : « Va bouffer le cul du diable, Ingeles !

— Ta mère s'en occupe depuis longtemps, Rodrigues, répondit-il. *Isogi, Isogi,* bon Dieu ! »

Les rameurs redoublèrent d'efforts. Avec de grands signes, Blackthorne ordonna que d'autres hommes s'installent aux avirons. Il fallait atteindre la sortie avant la frégate qui dansait à l'autre bout du port, sinon ils étaient perdus. Il vit que Rodrigues faisait déferler les voiles de perroquet et de hunier.

« Il est aussi rusé qu'un putain de Portugais ! »

Il concentra son attention sur le nouveau cap, sur ces bancs de sable dont Santiago, sur les ordres de Rodrigues, lui avait parlé. Il avait la tête claire. Il se sentait assez fort, s'il faisait preuve de prudence. Mais il savait qu'il ne pouvait plus compter sur ses réserves.

La frégate se fraya si bien son chemin durant la bordée au vent, qu'elle les dépassa d'une centaine de mètres et fit route vers la côte. Il entendit des jurons transportés par le vent mais n'y répondit pas.

« *Isogi !* Nous sommes en train de perdre ! »

L'excitation provoquée par la course et celle d'être seul commandant, ajoutées au rare privilège d'avoir Yabu en son pouvoir, l'emplissaient d'une joie extrême. Je n'ai pas envie de voir ce bateau couler et moi avec lui ; je l'enverrais pourtant bien sur les rochers, simplement pour te voir te noyer, morveux de Yabu ! Pour le vieux Pieterzoon !

Mais Yabu n'a-t-il pas sauvé Rodrigues quand tu ne pouvais rien faire pour lui ? N'a-t-il pas chargé les bandits quand tu es tombé dans l'embuscade ? Il a fait preuve de courage, cette nuit. Oui, c'est un morveux, mais un morveux courageux. C'est la vérité.

La frégate roulait sur sa quille, très proche d'eux.

« Je ne peux pas faire mieux, cria-t-il dans le vent. Mais si j'arrivais à la battre, je fendrais les bateaux, je mettrais voile vers la haute mer et je ne reviendrais jamais. Je retournerais chez moi, je laisserais les Japons aux Japonais et à ces infâmes Portugais. » Il vit que Yabu et le capitaine le fixaient. « Pas vraiment. Pas encore. Il y a un Vaisseau noir à attraper et à piller. Un butin à saisir et la vengeance, Yabu-san ! »

Les deux navires étaient très proches des bateaux de pêche. La galère filait droit vers le chenal. Le vent fraîchit dès qu'ils eurent dépassé les promontoires rocheux qui les abritaient. La haute mer n'était plus qu'à un demi-mile. Des coups de vent gonflaient les voiles de la frégate ; les haubans claquaient comme des coups de pistolet. Les rameurs étaient en sueur. Un homme s'écroula, puis un autre. Les cinquante *ronin*-samouraïs étaient déjà en position. Les archers, à bord des bateaux de pêche, bandaient leurs arcs, Blackthorne vit de petits brasiers à bord de ces embarcations et comprit que les flèches seraient enflammées quand elles leur tomberaient dessus. Il s'était préparé du mieux qu'il avait pu à cette bataille. Il avait installé, en guise de protection, des panneaux de bois autour de la barre. Il avait ouvert quelques-unes des caisses contenant les mousquets et avait demandé aux hommes sachant s'en servir de les armer. Il avait apporté plusieurs barils de poudre sur le gaillard d'arrière et les avait préparés. Quand Santiago, le second, l'avait hissé à bord de la chaloupe, il lui avait dit que Rodrigues allait l'aider, avec la grâce de Dieu.

« Pourquoi ? lui avait-il demandé.

— Mon pilote m'a prié de vous dire qu'il vous a fait passer par-dessus bord pour vous faire cuver votre vin, senhor.

— Pourquoi ?

— Parce... c'est ce qu'il m'a demandé de vous dire, parce qu'il y avait du danger à bord de la *Santa Theresa,* du danger pour vous.

— Quel danger ?

— Vous allez devoir vous frayer un chemin par vous-même, a-t-il dit, si vous le pouvez. Mais il vous y aidera.

— Pourquoi ?

— Pour l'amour de la Sainte Vierge, tenez votre langue d'hérétique et écoutez-moi. J'ai très peu de temps. »

L'officier lui avait tout dit des bancs de sable, des amers, du chenal et du plan. Il lui avait aussi donné deux pistolets. « Vous êtes bon tireur ? Mon pilote m'a prié de vous poser la question.

— Très mauvais, avait-il dit en faisant un mensonge.

— Que Dieu soit alors avec vous, m'a-t-il chargé de vous dire.

— Qu'il soit également avec lui. Et avec vous.

— Je prie, quant à moi, pour que vous alliez en enfer !

— Allez vous faire foutre !

— *Isogi,* si vous tenez à votre peau ! » hurla-t-il. Il prit la barre, remerciant Dieu pour Rodrigues et le clair de lune.

A la sortie, le port se rétrécissait et ne mesurait plus que quatre cents mètres. Les eaux étaient assez profondes d'une rive à l'autre. Les promontoires tombaient en abrupt au-dessus de l'eau. Une centaine de mètres les séparaient encore des bateaux de pêche. La *Santa Theresa* avait pris le mors aux dents, vent arrière tribord, gros sillage écumant. Elle les rattrapait rapidement. Blackthorne se tint au milieu du chenal et fit signe à Yabu de se tenir prêt. Tous leurs *ronin*-samouraïs avaient reçu ordre de s'accroupir contre les plats-bords, invisibles, jusqu'à ce que Blackthorne donne le signal à bâbord ou à tribord. La frégate était à cinquante mètres derrière, au milieu du chenal. Elle se dirigeait droit sur eux et leur faisait clairement comprendre qu'elle voulait qu'ils libèrent la voie.

Blackthorne tenait fermement la barre ; ses bras et ses jambes lui faisaient mal. Le maître de nage jouait du tambour. Les nageurs fournissaient le dernier effort. La frégate n'était plus qu'à vingt mètres derrière, quinze, dix. Blackthorne vira bâbord. La frégate les frôla presque, puis se retrouva bord à bord. Blackthorne vira tribord pour être parallèle à la frégate, à dix mètres d'elle. Ensemble. Côte à côte. Prêts à courir la bouline entre les bateaux de pêche hostiles.

« Souquez, souquez, bande de salopards ! » s'égosilla Blackthorne qui voulait rester à couple. Dans cette position, ils étaient protégés par la masse de la frégate et par ses voiles. Quelques coups de mousquet, puis une salve de flèches enflammées les atteignirent sans causer de gros dommages. Plusieurs flèches cependant se plantèrent par erreur dans les basses voiles de la frégate. Le feu prit.

Les samouraïs qui commandaient les embarcations donnèrent immédiatement à leurs archers ordre de s'arrêter. Ils étaient horrifiés. Personne n'avait encore osé attaquer un bateau appartenant aux barbares du Sud.

Blackthorne put alors se détendre. Rodrigues s'était bien douté qu'à l'abri de la frégate la galère avait une chance, sa seule chance.

« Mon pilote dit que vous devez vous attendre à tout, Ingeles, lui avait dit Santiago.

— Repoussez ce salopard, cria Ferriera. Bon Dieu ! Je vous ai ordonné de le pousser vers les singes !

— Cinq quarts bâbord ! ordonna Rodrigues, obéissant.

— Cinq quarts bâbord ! » répondit l'homme de barre.

Blackthorne entendit la consigne, vira immédiatement cinq quarts bâbord et se mit à prier. Si Rodrigues maintenait ce cap trop longtemps, ils heurteraient les bateaux de pêche et seraient perdus. S'il ralentissait la cadence et se retrouvait derrière la frégate, il savait que les embarcations ennemies fondraient sur eux. Il fallait qu'ils restent à couple.

« Cinq quarts tribord ! » ordonna Rodrigues, juste à temps. Il ne voulait pas, lui non plus, d'autres flèches enflammées. Il avait trop de poudre sur le pont. « Allez, espèce de maquereau, marmonna-t-il en s'adressant au vent. Fous tes couilles dans mes voiles et sors-nous de ce merdier ! »

Les deux bateaux faisaient une course effrénée, bord à bord. Les avirons tribord de la monère touchaient presque la frégate. Le capitaine comprit. Les nageurs et le maître de nage également, Ils mirent leurs dernières forces dans les avirons. Yabu gueula un commandement et les *ronin*-samouraïs se défirent de leurs arcs et accoururent pour aider les nageurs. Yabu se mit lui aussi à souquer.

A égalité. Plus que quelques centaines de mètres.

Alors des Gris plus intrépides que les autres se mirent sur leur chemin, puis lancèrent des grappins. La proue de la galère coula les embarcations. Les grappins furent rejetés par-dessus bord avant qu'ils n'aient trouvé une prise solide. Les samouraïs se noyèrent.

« Plus à bâbord !

— J'ose pas, commandant. Toranaga est pas fou et regardez : y a un récif là devant ! »

Ferriera vit la crête du récif près de la dernière embarcation de pêche.

« Madonne, poussez-le dessus !

— Deux quarts bâbord ! »

La frégate vira encore une fois. Blackthorne fit de même. Les deux bateaux fonçaient sur les embarcations rassemblées.

Blackthorne, lui aussi, avait vu les récifs. Il maintint le cap aussi longtemps que possible, puis hurla : « Cinq quarts tribord ! » pour prévenir Rodrigues, et fit virer la barre à droite.

Rodrigues se contenta de maintenir le cap qui menait à la collision certaine et qui n'était pas prévue dans le plan.

« Allez, bâtard, dit Rodrigues, fouetté par la peur et l'excitation de cette course-poursuite. Montre-nous un peu tes couilles ! »

Blackthorne devait choisir entre les crêtes rocailleuses et la frégate. Il bénit les rameurs et tous ceux qui, à bord, s'en remettaient totalement à lui et fit son choix. Il vira encore à tribord, dégaina son pistolet et visa : « Écartez-vous, bon Dieu ! » cria-t-il en pressant sur la détente. La balle siffla par-dessus le gaillard d'arrière de la frégate, juste entre le commandant et Rodrigues.

Rodrigues cligna des yeux. Espèce d'Ingeles de fils de pute sans lait ! Était-ce la chance ? Es-tu bon tireur ? Visais-tu pour me tuer ? Il vit le second pistolet dans la main de Blackthorne. Sainte Mère de Dieu, que devrais-je faire ? Respecter le plan ou le changer ? Ne vaut-il pas mieux que je tue l'Ingeles ?

« La barre à tribord ! » La frégate s'écarta.

« Mon maître demande pourquoi vous avez failli heurter la galère ?

— Ce n'était qu'un jeu, senhora, un jeu entre pilotes. Pour tester les nerfs de l'autre.

— Et le coup de pistolet ?

— Un jeu également. Les récifs étaient très proches et je poussais peut-être l'Ingeles un peu trop. Nous sommes amis, non ?

— Mon maître dit qu'il est stupide de jouer à de tels jeux.

— Transmettez-lui, je vous prie, mes excuses. Ce qui importe, c'est qu'il soit sauf, que la galère le soit aussi et donc, que je sois heureux.

— Vous vous êtes entendu avec l'Anjin-san pour cette évasion, n'est-ce pas ?

— Il se trouve qu'il est très habile et qu'il a suivi mon plan à la minute près. La lune a éclairé sa route. La mer était en sa faveur. Personne n'a commis d'erreur. Pourquoi les ennemis ne l'ont-ils pas coulé ? Ça, je ne le sais pas. C'était la volonté de Dieu. »

Ils avaient largement dépassé la sortie du port et se trouvaient en sécurité loin des routes d'Osaka. La galère était un peu en retrait. La plupart des avirons avaient été bordés. Les rameurs récupéraient.

Rodrigues ne fit pas attention au commandant Ferriera. Il était préoccupé par Toranaga. Je suis heureux que nous soyons de son côté, se dit-il. Pendant la course, il l'avait soigneusement épié, heureux de cette opportunité si rare. Les yeux de Toranaga avaient été partout. Il avait observé les canonniers, les canons, les voiles, la fusillade avec une curiosité insatiable, posant des questions, par le biais de Mariko, aux marins ou au second.

« Mon maître vous remercie d'avoir été invité à votre bord. Il va retourner maintenant sur la galère.

— Quoi ? » Ferriera se retourna immédiatement. « Nous serons à Yedo bien avant la galère. Sire Toranaga est le bienvenu à notre bord.

— Mon maître dit qu'il n'y a plus à vous inquiéter. Il va retourner à bord de son bateau.

— Demandez-lui de rester. J'apprécierais hautement sa compagnie.

— Sire Toranaga vous remercie mais il désire retourner sans attendre à bord de son bateau.

— Très bien. Faites comme il le désire, Rodrigues. Une chaloupe à la mer ! »

Ferriera était déçu. Il aurait voulu voir Yedo et surtout apprendre à mieux connaître Toranaga, maintenant que leurs destinées étaient si intimement liées. Il ne croyait pas aux moyens exposés par Toranaga pour éviter la guerre. Nous sommes en guerre du côté de ce singe contre Ishido, que nous le voulions ou pas. Et je n'aime pas ça, « Je suis désolé de perdre la compagnie de sire Toranaga. » Il s'inclina poliment.

Toranaga lui rendit son salut et parla brièvement.

« Mon maître vous remercie. » Elle ajouta à l'intention de Rodrigues :

« Mon maître me prie de vous dire qu'il vous récompensera pour la galère dès que vous reviendrez à bord du Vaisseau noir.

— Je n'ai rien fait. Ce n'était que mon devoir. Veuillez m'excuser si je ne me lève pas... ma jambe, *neh ?* répondit Rodrigues en saluant. « Que Dieu vous garde, senhora.

— Merci, capitaine-pilote. Vous aussi. »

29

« Anjin-san ?

— *Hai ?* » Blackthorne émergea d'un profond sommeil.

— Voilà quelque chose à manger et un peu de cha. » Il ne réussit pas à savoir, pendant un moment, qui il était, où il était. Puis il reconnut sa cabine. Un rayon de lumière perçait l'obscurité. Il se sentit immensément reposé. Il vit une servante avec un plateau. Mariko était près d'elle, Elle n'avait plus le bras en écharpe.

Blackthorne était allongé sur la couchette du pilote, celle qu'il avait utilisée pendant ce voyage avec Rodrigues, d'Anjiro à Osaka. Elle lui était devenue familière. Il s'étira voluptueusement, prit la tasse de thé que Mariko lui tendait.

« Merci. C'est délicieux. Comment va votre bras ?

— Mieux, Merci. » Mariko plia le bras pour le lui prouver. « Ce n'était qu'une blessure superficielle.

— Vous avez meilleure mine, Mariko-san.

— Oui, ça va mieux. » Quand, à l'aube, elle était remontée à bord avec Toranaga, elle s'était sentie sur le point de s'évanouir. « Il vaut mieux que vous restiez sur le pont. Le mal de mer disparaîtra plus vite », lui avait dit Blackthorne.

« Mon maître demande... il demande pourquoi y a-t-il eu un coup de pistolet !

— C'était un jeu entre pilotes.

— Mon maître vous félicite pour votre maîtrise de la mer.

— Nous avons eu de la chance. La lune nous a aidés. L'équipage a été fantastique, Mariko-san. Pouvez-vous demander au capitaine-san s'il connaît bien ces eaux ? Je vous prie de m'excuser, mais dites à Toranaga-sama que je ne peux pas rester plus longtemps debout. A moins de mettre à la panne pendant une heure ou deux. Il faut que je dorme ! »

Il se souvint vaguement l'avoir entendu dire qu'il pouvait descendre, que le capitaine-san était tout à fait capable puisqu'ils allaient naviguer le long des côtes.

Blackthorne s'étira à nouveau et ouvrit un des hublots. Un rivage rocailleux s'étirait à quelque deux cents mètres de là. « Où sommes-nous ?

— Au large de la province de Totomi, Anjin-san. Sire Toranaga voulait nager et laisser les rameurs souffler pendant quelques heures. Nous serons à Anjiro demain.

— Le village de pêcheurs ? C'est impossible. Il est presque midi et nous étions au large d'Osaka à l'aube. C'est impossible !

— C'était hier, Anjin-san. Vous avez dormi un jour, une nuit et la moitié d'un autre jour. Sire Toranaga a demandé qu'on vous laisse dormir. Il pense qu'un bain vous fera du bien et vous réveillera. Vous mangerez ensuite.

— Merci. Oui, j'aimerais bien aller me baigner. Presque trente-six heures. Pas étonnant que je me sente aussi bien. » Il prit le plateau des mains de la servante mais ne mangea pas tout de suite. « Pourquoi a-t-elle peur ?

— Elle n'a pas peur, Anjin-san. Elle est simplement un peu nerveuse. Excusez-la. Elle n'a jamais vu un étranger d'aussi près.

— Dites-lui qu'au moment de la pleine lune, des cornes poussent aux barbares et qu'ils se mettent à cracher du feu comme des dragons. »

Mariko éclata de rire. « Je ne vais sûrement pas lui dire ça. »

Leurs regards se croisèrent. Elle salua poliment. La porte se referma derrière elle. Ne pense pas à Mariko, se dit-il. Pense à Toranaga ou à Anjiro. Pourquoi s'arrête-t-on à Anjiro demain ? Pour déposer Yabu ? Bon vent ! Omi sera à Anjiro. Pourquoi ne pas demander à Toranaga la tête d'Omi ? Il te doit une ou deux faveurs. Pourquoi ne pas lui demander la permission de te battre avec Omisan ? Comment ? Au pistolet ou à l'épée ? Tu n'aurais aucune chance à l'épée. Ce serait un meurtre si tu avais un pistolet. Mieux vaut ne rien faire et attendre. Tu saisiras ta chance un de ces jours et tu te vengeras de ces deux-là en même temps. D'une pierre deux coups.

La dernière bouchée avalée, il avait encore faim.

« Il faut trouver quelque chose d'autre à manger, dit-il tout fort. Seigneur Jésus, j'aimerais bien manger du pain frais, des œufs frits, du beurre, du fromage... »

Il monta sur le pont. Presque tout le monde était nu. Quelques hommes se séchaient. D'autres prenaient le soleil. Rares étaient ceux qui plongeaient du bord. Les samouraïs et les marins nageaient le long du bateau comme des enfants.

« *Konnichi wa,* Anjin-san.

— *Konnichi wa,* Toranaga-sama. »

Toranaga, complètement nu, remontait l'échelle de coupée.

« *Sonata wa oyogitamo ka !* dit-il en montrant du doigt la mer.

— *Hai,* Toranaga-sama, *domo.* » Blackthorne crut qu'il l'invitait à venir nager.

Toranaga appela Mariko. « Toranaga-sama dit que vous avez l'air reposé, Anjin-san. Il vous demande donc de vous baigner et de nager. »

Toranaga était adossé au plat-bord et séchait ses oreilles avec une serviette. Blackthorne constata que Toranaga était très musclé. Mal à l'aise, il enleva sa chemise, sa braguette et son haut de chausse.

« Sire Toranaga demande si tous les Anglais sont aussi poilus que vous, aussi blonds ?

— Quelques-uns, oui.

— Nos hommes n'ont pas de poils sur la poitrine ou sur les bras comme vous. Il dit que vous êtes bien bâti.

— Lui aussi. Remerciez-le. » Blackthorne, incapable de garder sa dignité plus longtemps, plongea par-dessus bord, dans l'eau bleu pâle. La fraîcheur de la mer le pénétra délicieusement. La petite baie était déserte. Beaucoup de rochers, un rivage de galets, aucun signe de vie. Les montagnes se dressaient à trois cents mètres de hauteur, dans un ciel bleu, sans limites. Il revint un peu plus tard, à la nage. Toranaga l'observait toujours. Il se hissa sur le pont. Ses vêtements avaient disparu. Fujiko, Mariko et deux servantes étaient là. L'une d'entre elles le salua et lui présenta une serviette ridiculement petite. Il se sécha, se retournant, mal à l'aise, vers le plat-bord.

« Sire Toranaga dit que vous nagez très bien. Voulez-vous lui apprendre ce plongeon ? lui demanda Mariko.

— J'en serais très heureux. » Il s'obligea à se retourner. Mariko lui souriait. Elle est si jolie, pensa-t-il.

« Cette façon de plonger. Nous ne... nous ne l'avions jamais vue. Nous sautons toujours. Il veut apprendre et faire comme vous.

— Maintenant ?

— Oui, s'il vous plaît.

— Je peux essayer. »

Une servante lui tendit un kimomo de coton dont il s'empara avec joie. Tout à fait détendu, il expliqua à Toranaga comment plonger.

« Il vaut mieux commencer au pied de l'échelle de coupée et plonger tête la première, sans sauter ni courir. C'est la méthode que nous enseignons aux enfants. »

Toranaga écouta, posa des questions, puis une fois satisfait dit : « Je crois que j'ai compris. » Il se dirigea vers le haut de l'échelle et, avant que Blackthorne n'ait pu l'arrêter, il s'élança vers l'eau. Il fit un plat énorme. Personne ne rit. Toranaga remonta sur le pont, s'ébroua et recommença. Nouveau plat. Les autres samouraïs faisaient de même, avec aussi peu de succès.

« Ce n'est pas facile, dit, Blackthorne. Il m'a fallu beaucoup de temps pour apprendre ce plongeon. Reposez-vous. Nous reprendrons demain.

— Sire Toranaga dit : demain c'est demain. Je veux apprendre à plonger aujourd'hui. »

Blackthorne recommença sa démonstration. Les samouraïs le singèrent et ratèrent à nouveau. Toranaga également. Six fois.

Après un autre plongeon-démonstration, Blackthorne vit, en remontant péniblement l'échelle de coupée, Mariko nue au milieu d'eux, prête à s'élancer dans l'espace. Son corps était ravissant. Elle portait un bandage propre au bras. « Attendez, Mariko-san ! Il vaut mieux essayer d'ici. Pour la première fois.

— Très bien, Anjin-san. »

Elle s'approcha de lui. Le petit crucifix qu'elle portait au cou accentuait sa nudité. Il lui montra comment se pencher et tomber la tête la première dans l'eau. Toranaga fit une autre tentative à proximité du bord. Le plongeon s'avéra médiocre. Mariko essaya à son tour une nouvelle fois. Sa peau excitait Blackthorne qui fit le clown et tomba à l'eau. Il resta dans l'eau et dirigea les opérations de là jusqu'à ce que son corps soit tout à fait calmé. Puis il remonta sur le pont et alla sur le plat-bord. Il leur montra le plongeon du mort, qu'il jugeait plus facile. Il savait que, pour Toranaga, c'était important de réussir.

« Vous devez rester bien droit, *hai ?* Comme une épée. De cette façon, vous ne pourrez pas rater. » Il plongea à la perfection.

Plusieurs samouraïs s'avancèrent mais Toranaga les écarta d'un geste de la main. Sa poitrine et son ventre étaient écarlates. Il se laissa tomber en avant, comme Blackthorne le lui avait indiqué. Sa tête pénétra d'abord l'eau et ses jambes se plièrent mais c'était quand même un plongeon et le premier qu'il réussissait. Des acclamations le saluèrent quand il émergea. Il recommença. Cette fois-là, c'était mieux. Puis Mariko essaya à son tour. Blackthorne vit les petits seins durs, la taille mince, le ventre bien plat et l'arrondi des jambes. Elle grimaça de douleur en levant les bras au-dessus de sa tête. Mais elle resta droite comme une flèche et plongea courageusement. Elle fendit l'eau sans éclaboussures. Personne à part lui n'y fit attention.

« C'était un très beau plongeon. Vraiment très beau, dit-il en lui tendant la main pour l'aider à remonter. Vous devriez vous arrêter maintenant. Vous pourriez rouvrir votre cicatrice.

— Oui, merci, Anjin-san. » Elle était debout près de lui et lui arrivait à peine à l'épaule : « C'est une sensation bien rare que ce plongeon, ce besoin de rester raide et surtout ce besoin de dominer sa peur. Oui, c'est vraiment une sensation bien rare. » Elle enfila le kimono qu'une servante lui tendait, puis descendit en s'essuyant le visage délicatement.

Au coucher du soleil, Toranaga fit appeler Blackthorne. Il était allongé sur le pont arrière. près d'un petit brasero où brûlaient quelques essences rares. Elles embaumaient l'atmosphère et chassaient moustiques et lucioles. Yabu et Mariko étaient habillés avec élégance. Fujiko, nièce de Buntaro, était là. Vingt samouraïs accroupis montaient la garde silencieusement. Des torches avaient été disposécs ct la galère dansait calmement autour de son ancre au milieu de la baie.

« Un peu de saké, Anjin-san ?

— *Domo,* Toranaga-sama. » Blackthorne s'inclina et accepta la petite tasse des mains de Fujiko, la leva, porta un toast à Toranaga et la vida. Il portait un kimono d'uniforme brun. Il s'y sentait plus libre et plus à l'aise que dans ses propres vêtements.

« Sire Toranaga dit que nous resterons ici cette nuit. Nous serons à Anjiro demain. Il aimerait que vous lui parliez encore de votre pays et du monde extérieur.

— Bien sûr. Qu'aimerait-il savoir ? C'est une bien belle nuit, n'est-ce pas ? » Blackthorne s'installa confortablement, sensible à la présence féminine de Mariko. Trop sensible. Étrange. J'y suis beaucoup plus sensible à présent qu'elle est habillée.

« Oui. Très belle nuit. L'humidité va bientôt tomber, Anjin-san. L'été n'est pas une bonne époque. Mon maître me prie de vous dire que Yedo est marécageux. Il y a beaucoup de moustiques en été, mais le printemps et l'automne sont magnifiques. Oui, vraiment les saisons de la naissance et de l'agonie sont magnifiques.

— L'Angleterre est tempérée. L'hiver y est rude, une fois sur sept. L'été aussi. La famine ne s'installe qu'une fois tous les six ans. Nous en avons parfois deux à la suite, dans la même année.

— Nous aussi, nous connaissons les famines. Elles sont toutes épouvantables. Comment est-ce que ça se passe dans votre pays, maintenant ?

— Nous avons fait de mauvaises récoltes trois fois dans ces dix dernières années. Pas de soleil pour que le blé mûrisse. Mais c'est la main du Tout-Puissant qui veut ça. L'Angleterre est maintenant très forte. Nous sommes un pays prospère. Notre peuple travaille dur. Nous fabriquons tous nos vêtements, toutes nos armes... la plupart des vêtements de laine de toute l'Europe ; un peu de soie nous vient de France mais elle est de mauvaise qualité et seuls les riches peuvent l'acheter. »

Blackthorne ne mentionna pas la peste, les émeutes ou les insurrections dues aux décisions d'« enclosures » des terrains de vaine pâture, de l'exode rural vers les villes, Il préféra lui parler plutôt des bons rois et des bonnes reines, des chefs honnêtes et compétents, des parlements sages et des guerres victorieuses.

« Sire Toranaga veut être tout à fait clair. Vous dites que seule la puissance maritime vous protège de l'Espagne et du Portugal ?

— Oui. Elle, seulement, La maîtrise de nos mers nous permet de sauvegarder notre liberté. Vous êtes, vous aussi, un pays insulaire. Sans la maîtrise de vos mers, n'êtes-vous pas, vous aussi, sans défense contre l'ennemi extérieur ?

— Mon maître est d'accord avec vous.

— Vous avez été envahi, vous aussi ? »

Blackthorne vit Toranaga froncer les sourcils. « Mon maître dit que je dois répondre à votre question, Anjinsan. Oui, nous avons été envahis deux fois. Il y a plus de trois cents ans, ce devait être en 1274 de votre ère, les Mongols de Koublaï khan, qui venaient de conquérir la Chine et la Corée, nous ont envahis. Quand nous avons refusé de nous soumettre à eux, quelques milliers d'hommes débarquèrent dans l'île de Kyushu, mais nos samouraïs les continrent et, au bout de quelque temps, l'ennemi se retira. Mais il revint sept ans plus tard. L'invasion, cette fois-là, consistait en un millier de bateaux coréens et chinois transportant deux cent mille hommes de troupe, mongols, chinois et coréens, cavaliers pour la plupart. Ce fut, de toute l'histoire japonaise, la plus grande invasion de tous les temps. Nous étions sans défense devant une telle force, Anjin-san. Ils commencèrent à débarquer dans la baie Hakata, dans l'île de Kyushu, mais avant qu'ils aient eu le temps de déployer leurs troupes, un grand vent, un *taifun,* vint du sud et détruisit la flotte et les équipages. Ceux restés à terre furent rapidement exterminés. C'était un *kamikazi,* un vent divin, Anjin-san, un *kamikazi* envoyé par les dieux pour protéger ce pays des dieux de l'envahisseur étranger. Les Mongols ne revinrent jamais. Quatre-vingts ans plus tard, leur dynastie, les Chins, fut chassée de Chine. » Mariko ajouta avec une immense satisfaction : « Les dieux nous ont protégés. Les dieux nous protégeront toujours de l'envahisseur. Aprés tout, leur pays se trouve ici, *neh ?* »

Blackthorne songea à cet incroyable nombre de bateaux et d'hommes rassemblés pour cette invasion. L'Armada espagnole à côté semblait insignifiante.

« Nous avons, nous aussi, été aidés par une tempête, senhora, dit-il, aussi sérieux qu'elle. Beaucoup pensent qu'elle fut également envoyée par les dieux et la considèrent comme un miracle. Qui sait ? Ce l'était peut-être. »

Il jeta un coup d'œil vers le brasero où un charbon venait d'éclater. Des flammes avaient jailli et dansaient. Puis il dit : « Les Mongols ont failli engloutir l'Europe. » Il lui raconta comment les hordes de Gengis khan, le grand-père de Kublaï khan, avaient presque atteint les portes de Vienne avant de voir leur avance stoppée. « En ce temps-là, les gens croyaient que Gengis khan et ses soldats étaient envoyés par Dieu pour punir le monde de ses péchés.

— Sire Toranaga dit qu'il n'était qu'un barbare très doué dans l'art de la guerre.

— Oui. Nous bénissons pourtant en Angleterre cette position insulaire que nous détenons. Nous remercions Dieu pour ça et pour la Manche. Et pour notre marine. Avec la Chine si proche et si puissante, je suis surpris que vous ne soyez pas dotés d'une marine importante. Ne craignez-vous pas d'autre attaque ? »

Mariko ne répondit pas mais traduisit à Toranaga ce qu'il venait de dire. Quand elle eut terminé, Toranaga s'adressa à Yabu qui acquiesça. Les deux hommes parlèrent pendant un moment. Mariko répondit à une autre question de Toranaga, puis s'adressa de nouveau à Blackthorne.

« De combien de bateaux avez-vous besoin pour contrôler vos mers, Anjin-san ?

— Je ne sais pas exactement, mais la reine possède cent cinquante bateaux environ. Ce sont des navires de guerre uniquement.

— Mon maître demande combien de bateaux la reine fait-elle construire annuellement ?

— De vingt à trente. Les meilleurs et les plus rapides du monde. Mais ces unités sont généralement construites par des groupes privés de marchands, puis vendus à la Couronne.

— Pour en tirer un bénéfice ?

— La reine donne généreusement une somme au cours normal pour encourager la recherche, les nouvelles techniques. Ce serait presque impossible sans faveur royale. L'*Érasme,* par exemple, est un bateau de conception anglaise construit sous licence en Hollande.

— Pourriez-vous construire un bateau de ce genre ici ?

— Oui. Si j'avais des charpentiers, des interprètes, le matériau et le temps nécessaire. Il me faudrait d'abord construire un bateau plus petit. Je n'en ai jamais construit moi-même. Il faudrait donc que je me fasse la main... Bien sûr, ajouta-t-il en essayant d'endiguer son enthousiasme. Bien sûr, si Toranaga-sama voulait un ou plusieurs bateaux, il serait peut-être possible de conclure un marché. Il pourrait commander un certain nombre de ces bateaux en Angleterre. Nous pourrions les lui livrer gréés et armés selon son choix. » Mariko traduisit. L'intérêt de Toranaga grandit. « Il demande si nos marins pourraient être entraînés pour commander ces bateaux ?

— Bien sûr. Si nous avons du temps pour ça, nous pourrions faire en sorte qu'un instructeur reste dans vos eaux pendant un an. Il pourrait ainsi établir un programme d'entraînement. Vous auriez votre propre marine dans quelques années. Une marine moderne. La première du monde. »

Le silence tomba. Toranaga était évidemment séduit par cette idée mais il essayait de le cacher. « Mon maître demande si vous êtes sûr de ce que vous avancez ?

— Oui.

— Ça prendrait combien de temps ?

— Il me faudrait deux ans pour rentrer en Angleterre. Deux ans pour faire construire un ou plusieurs bateaux et deux ans pour revenir. La moitié du prix payée d'avance, le reste à la livraison. »

Il savait que c'était une idée géniale qui pouvait lui rapporter d'énormes bénéfices et qui lui garantissait son retour en Angleterre.

« Combien de bateaux pourriez-vous ramener, Anjinsan ?

— Cinq à la fois. Il faudrait s'attendre à perdre une unité au moins à cause de la tempête ou de l'obstacle hispano-portugais. Je suis sûr qu'ils lutteraient vigoureusement pour vous empêcher d'avoir des navires de guerre. Vous pourriez vous constituer en dix ans une flotte de quinze à vingt bateaux. » Il la laissa traduire, puis poursuivit lentement : « La première flottille pourrait vous ramener des charpentiers, des menuisiers, des canonniers, des marins et des maîtres. En dix ou quinze ans, l'Angleterre pourrait vous fournir trente bateaux modernes. Ce serait plus que suffisant pour maîtriser vos eaux territoriales. A ce moment-là, si vous le désiriez, vous pourriez vous-même construire vos bateaux pour remplacer les anciens. Nous... » Il allait dire : « Nous vous vendrions » mais changea sa phrase : « Ma reine serait honorée de vous aider à constituer votre marine et, si vous le désiriez alors, l'entraînerait et l'approvisionnerait. » Oh, oui, pensa-t-il enthousiasmé, nous la commanderons et nous vous nommerons un amiral et la reine vous offrira un contrat d'alliance inclus dans le marché. Bon pour vous et pour nous. Ensemble, cher ami Toranaga, nous harasserions ces chiens espagnols et portugais et les bouterions hors de ces mers que nous maîtriserions à jamais. Ce pourrait être le plus important pacte commercial unilatéral qu'une nation ait conclu, pensa-t-il tout à sa joie. Et avec une flotte anglo-japonaise pour nettoyer ces mers, nous les Anglais, nous dominerions le commerce de la soie entre le Japon et la Chine. Ce serait alors des millions de bénéfices chaque année !

« Mon maître dit qu'il est vraiment dommage que vous ne parliez pas notre langue.

— Oui, mais je suis sûr que vous remplissez vos fonctions d'interprète à merveille.

— Il ne dit pas ça pour me critiquer, Anjin-san. Ce n'est qu'une observation. C'est vrai. Ce serait tellement mieux que mon maître puisse vous parler de vive voix comme je le fais moi-même.

— Avez-vous des dictionnaires, Mariko-san ? Des grammaires : portugais-japonais ou latin-japonais ? Si Toranaga-sama pouvait m'aider en me procurant des livres et des professeurs, j'essaierais d'apprendre votre langue.

— Nous n'avons pas ce genre de livres.

— Mais les Jésuites en ont. Vous l'avez dit vous-même.

— Ah ! » Elle s'adressa à Toranaga et Blackthorne vit ses yeux s'éclairer. Un sourire envahit son visage.

« Mon maître dit qu'il va vous aider, Anjin-san. »

Incapable de se taire, Blackthorne ajouta : « Que pense-t-il de ma suggestion ? Quelle est sa réponse ?

— Il vaudrait mieux être patient, Anjin-san. Il vous donnera sa réponse le moment venu.

— Posez-lui ma question maintenant, s'il vous plaît. »

Mariko se tourna à contrecœur vers Toranaga. « Excusez-moi, Sire, mais l'Anjin-san demande avec extrême déférence ce que vous pensez de son plan. Il vous demande humblement et très poliment de bien vouloir répondre à sa question.

— Je lui donnerai ma réponse le moment venu. »

Mariko regarda Blackthorne. « Mon maître dit qu'il va étudier votre plan et réfléchir soigneusement à votre proposition. Il vous demande d'être patient.

— *Domo,* Toranaga-sama.

— Je vais me coucher. Nous partons à l'aube. » Toranaga se leva. Tout le monde le suivit. Ils descendirent tous dans l'entrepont, hormis Blackthorne qui resta seul dans la nuit. Aux premières lueurs de l'aube, Toranaga lâcha quatre pigeons bagués. Les oiseaux tournèrent deux fois dans le ciel puis s'envolèrent à tire-d'aile. Deux vers Osaka, deux vers Yedo, Le message cacheté envoyé à Kiritsubo renfermait un ordre à transmettre à Hiromatsu. Ils devaient tenter de s'en aller sans incidents. S'ils en étaient empêchés, ils devaient se barricader dans leurs appartements. Ils avaient ordre, au moment où l'on enfoncerait leurs portes, de mettre le feu à cette partie de la forteresse et de se faire seppuku.

Le message envoyé à son fils Sudara lui signifiait qu'il s'était échappé, qu'il était sain et sauf et qu'il lui ordonnait de poursuivre les préparatifs secrets de guerre.

« En route, capitaine.

— Oui, sire. »

A midi, ils avaient doublé la baie séparant les provinces de Totomi et d'Izu et se trouvaient au large du cap Ito, pointe extrême sud de la péninsule d'Izu. Le vent était léger, la houle nulle et la seule grand-voile leur permit d'arriver à bon port.

Livre troisième

30

« Tu es certain que tout est prêt, Mura ?

— Oui, Omi-san ; oui, je le crois. Nous avons suivi vos ordres et ceux d'Igurashi-san à la lettre.

— Il vaut mieux que tout se passe bien, sinon le village aura un autre chef au coucher du soleil », lui dit Igurashi, le lieutenant de Yabu. L'œil qui lui restait était injecté de sang par manque de sommeil. Il était arrivé la veille de Yedo avec le premier contingent de samouraïs et des instructions précises.

Mura ne répondit pas, acquiesça seulement avec déférence et garda les yeux rivés au sol.

Ils étaient sur le quai, près de la jetée, et attendaient l'arrivée de la galère. Ils portaient tous leurs plus beaux vêtements.

« Tout ira bien, Iurashi-san », dit Omi. Il avait peu dormi cette semaine, depuis que les ordres de Yabu lui étaient parvenus. Il avait immédiatement mobilisé le village et tous les hommes valides sur une distance de vingt *ri* pour préparer Anjiro à l'arrivée des samouraïs et de Yabu. Depuis qu'Igurashi avait murmuré à ses oreilles que le grand *daimyō* Toranaga accompagnait son oncle et qu'il avait déjoué le piège d'Ishido avec succès, Omi était très satisfait d'avoir dépensé autant d'argent.

« Vous n'avez pas besoin de vous inquiéter, Igurashisan. C'est mon fief. J'en ai la pleine et entière responsabilité.

— Je suis d'accord, oui. C'est votre fief. » Igurashi congédia Mura avec mépris, d'un geste de la main.

Ce matin-là, les dernières compagnies de samouraïs étaient arrivées à cheval de Mishima, la capitale. Omi n'avait pas peur. Il avait fait tout son possible et avait tout vérifié personnellement. Si quelque chose n'allait pas, ce ne serait alors que *karma.* Les préparatifs avaient coûté cinq cents koku, somme supérieure à tout son revenu annuel. Il avait été stupéfié par l'importance des dépenses, mais Midori, sa femme, lui avait dit qu'ils devaient faire des prodigalités, que le coût était minime par rapport à l'honneur que sire Yabu leur faisait. « Et avec Sire Toranaga ici, qui sait les possibilités que vous pourriez avoir ? » avait-elle murmuré. Il scruta le rivage, la place du village. Tout semblait en ordre. Midori et sa mère attendaient sous le vélum dressé en l'honneur de Yabu et de son invité. Omi arrangea un pli de son kimono déjà impeccable, ajusta ses épées et tourna son regard vers la mer.

Mura était las. J'espère que nous n'avons rien oublié. Il regarda les flancs de la montagne, la palissade de bambou qui entourait la petite forteresse si vite construite. Trois cents hommes avaient creusé, porté, charrié, construit et sué. L'autre maison avait été plus facile à bâtir. Elle était sur un tertre, juste en dessous de la maison d'Omi. Il pouvait la voir. Elle était plus petite que celle d'Omi mais avait un toit de tuiles, un jardin de fortune et une petite maison de bains. Je pense qu'Omi s'installera là et laissera la sienne à Yabu, pensa Mura.

Il tourna son regard vers le promontoire d'où devait apparaître à tout moment la galère. Yabu allait mettre bientôt pied à terre. Ils seraient alors tous entre les mains du *kāmi*.

Dans le carré, Fujiko était agenouillée devant Toranaga. Ils étaient seuls.

« Je vous en supplie, Sire, enlevez cette épée suspendue au-dessus de ma tête.

— Ce n'est pas une épée. C'est un ordre.

— J'obéirai, bien sûr. Mais je ne peux pas...

— Vous ne pouvez pas ? » Toranaga s'enflamma « Comment osez-vous discuter ? Je vous ordonne de devenir la concubine du pilote et vous avez l'insolence de discuter ?

— Je vous prie de m'excuser, Sire », dit Fujiko rapidement. Les mots se pressaient au bord de ses lèvres. « Je ne cherchais pas à discuter. Je voulais seulement vous dire que je ne pouvais pas faire ce que vous me demandiez de la façon dont vous le souhaitiez. Je vous supplie de me comprendre. Pardonnez-moi, Sire, mais il n'est pas possible d'être heureux ou même de faire semblant. » Elle inclina la tête vers la natte. « Je vous demande humblement l'autorisation de me faire seppuku.

— J'ai déjà dit que je n'approuvais pas les morts injustifiées, stupides. J'ai un rôle pour vous.

— Je vous en prie, Sire, je voudrais mourir. Je vous en supplie humblement. Je voudrais rejoindre mon mari et mon fils. »

La voix de Toranaga gronda de colère et étouffa les bruits de la galère.

« Je vous ai déjà refusé cet honneur. Vous ne le méritez pas encore. A cause de votre grand-père, parce que sire Hiro-matsu est mon plus vieil ami, j'ai patiemment écouté vos paroles insolentes. Ça suffit, femme ! Cessez de vous comporter comme un paysan stupide et têtu !

— Je vous demande humblement la permission de me couper les cheveux et de devenir nonne, Bouddha fera...

— Non. Je vous ai donné un ordre. Obéissez-y !

— Obéir ? » dit-elle en ne relevant pas son dur et froid visage. Elle ajouta à mi-voix : « Je croyais que je devais aller à Yedo ?

— Je vous ai envoyée sur ce bateau ! Vous oubliez votre rang, votre héritage, votre devoir. Vous oubliez votre devoir ! Vous me dégoûtez. Sortez et tenez-vous prête !

— Je veux mourir. Je vous en prie, laissez-moi les rejoindre, Sire.

— Votre mari est né samouraï par erreur. Il était difforme. Sa progéniture devait l'être également par la force des choses. Cet idiot m'a presque ruiné ! Les rejoindre ? Sottises ! Vous avez interdiction de vous faire seppuku ! Sortez, maintenant ! » Elle ne bougea pas.

« Il vaudrait peut-être mieux que je vous envoie chez les *eta*. Vos manières et votre devoir vous reviendraient peut-être en mémoire. *Je suis votre suzerain.* Vous-obéirez-à-mes-ordres ! »

Fujiko hésita puis haussa les épaules. « Oui, Sire. Pardonnez mes mauvaises manières. » Elle mit ses mains à plat sur la natte et s'inclina profondément, la voix repentante. Mais, dans son cœur, elle n'était pas convaincue. « Sire, je vous demande très sincèrement pardon d'avoir troublé votre *wa,* votre harmonie. Veuillez excuser mes mauvaises manières. Vous aviez raison. J'avais tort. » Elle se leva et se dirigea calmement vers la porte.

« Si je vous accorde ce que vous désirez, dit Toranaga, ferez-vous en échange ce que je vous demande ? »

Elle se retourna lentement. Combien de temps, Sire ? Combien de temps devrai-je rester la concubine du barbare ?

— Un an. »

Elle tourna le dos et saisit la poignée de la porte.

« Six mois », dit Toranaga.

La main de Fujiko s'immobilisa. Elle posa sa tête, tremblante, contre la porte. « Oui. Merci, Sire. Merci. »

Toranaga se leva et s'approcha. Elle ouvrit la porte, s'inclina, le laissa passer et referma la porte derrière lui. Puis ses larmes coulèrent en silence. Elle était samouraï.

Toranaga monta sur le pont, satisfait de lui. Il avait obtenu ce qu'il désirait avec le minimum d'ennuis. S'il avait trop demandé à Fujiko, elle lui aurait très certainement désobéi et se serait tuée sans sa permission. A présent, elle allait tout faire pour le satisfaire. Il était important qu'elle devienne de son plein gré la concubine du pilote. Six mois suffisaient. Il aperçut les samouraïs de Yabu massés sur le pourtour de la baie et son sentiment de bien-être disparut.

« Bienvenue à Izu, Sire Toranaga, déclara Yabu. J'ai fait venir quelques hommes pour vous servir d'escorte.

— Très bien. »

La galère était encore à deux cents mètres du quai. Elle approchait à vive allure. Ils pouvaient distinguer Omi et Igurashi, les nattes et le vélum.

« Tout a été arrangé comme nous en avions décidé à Osaka, disait Yabu. — Mais pourquoi ne restez-vous pas avec moi pendant quelques jours ? J'en serais honoré et ce serait très utile. Vous pourriez entériner le choix des deux cent cinquante hommes du Régiment des mousquets et rencontrer leur commandant.

— Rien ne me ferait plus plaisir mais je dois rentrer à Yedo aussi vite que possible, Yabu-san,

— Deux ou trois jours ? Je vous en prie. Un peu de liberté vous ferait grand bien, *neh ?* Votre santé nous préoccupe au plus haut point, moi et vos alliés. Un peu de repos, une nourriture saine et abondante, la chasse... »

Toranaga cherchait désespérément une solution. Rester ici avec cinquante gardes était impensable. Il se trouverait sous la coupe de Yabu. Ce serait pire qu'à Osaka. Ishido au moins était prévisible et lié par certaines règles. Mais Yabu ? Yabu était aussi traître qu'un requin. On ne tente pas les requins, se dit-il. En tout cas, pas sur leur territoire. Et jamais avec sa vie. Il savait que le marché qu'il avait conclu avec Yabu, à Osaka, avait autant de poids, que leur urine quand elle avait atteint le sol, du moment que Yabu était persuadé d'obtenir de plus importantes concesssions d'Ishido. Le tuer ou descendre à terre ? Tel était son choix.

« Vous êtes trop bon, dit-il. Mais il faut que je rentre à Yedo. » Je n'aurai jamais cru qu'il aurait eu le temps de rassembler autant d'hommes. A-t-il déchiffré notre code ?

« Permettez-moi d'insister, Toranaga-sama. La chasse est très bonne dans ces parages. Mes hommes ont des faucons. Une petite chasse vous ferait grand bien, *neh ?*

— Oui. Ce serait bon, en effet. Je regrette d'avoir perdu mes faucons à Osaka.

— Mais ils ne sont pas perdus. Hiro-matsu les ramènera certainement.

— Je lui ai ordonné de les relâcher dès que nous serions en sécurité. Au moment où ils atteindront Yedo, ils auront perdu tout leur entraînement. C'est une de mes règles : je ne fais voler que les faucons que j'ai entraînés moi-même. Je ne leur permets pas d'autre maître. De cette façon-là, ils ne font que mes propres erreurs.

— C'est une bonne règle ? J'aimerais vous entendre m'exposer vos autres règles. Pendant le dîner peut-être, cette nuit ? »

Il me faut ce requin, pensa Toranaga. Le tuer maintenant serait prématuré.

La galère se rangea habilement le long du quai. Les avirons furent bordés, l'échelle de coupée mise en place. Yabu se tenait au haut de l'échelle. Les samouraïs attroupés entonnèrent en chœur leur cri de guerre : « *Kasigi ! Kasigi !* » Le grondement de leur cri chassa les mouettes qui piaillaient dans le ciel. Les samouraïs s'inclinèrent comme un seul homme.

Yabu rendit le salut, se tourna vers Toranaga et lui fit de grands signes. « Descendons à terre. »

Toranaga observa tous ces samouraïs massés, ces villageois prostrés dans la poussière et se demanda : Est-ce là que je dois mourir par l'épée comme l'astrologue l'a prédit ? La première partie s'est déjà vérifiée : mon nom est inscrit sur les murailles d'Osaka. Il rejeta cette pensée. Il interpella ses cinquante samouraïs : « Vous tous, restez ici ! Vous, capitaine, préparez-vous au départ immédiat ! Mariko-san, vous resterez trois jours à Anjiro. Emmenez Fujiko-san et le pilote à terre et attendez-moi sur la place. » Puis il se retourna vers le quai et, au grand étonnement de Yabu, parla encore plus fort. « Maintenant, Yabu-san, je vais passer vos régiments en revue ! » Il le précéda et descendit l'échelle avec toute l'arrogance et l'assurance du grand général qu'il était. Cette revue était tout à fait inattendue. Il sentit que Yabu le suivait mais il ne se retourna pas.

« Ah, Igurashi-san, c'est bon de vous voir, dit-il avec un enthousiasme qu'il ne ressentait pas. Venez avec moi ; nous allons passer ensemble vos hommes en revue.

— Oui, Sire.

— Vous devez être Kasigi Omi-san ? Votre père est un de mes vieux compagnons d'armes. Venez aussi avec moi.

— Oui, Sire, répondit Omi, sentant sa taille augmenter devant l'honneur qui lui était fait. Merci, Sire. »

Toranaga se mit à marcher à vive allure. Il les emmena avec lui pour les empêcher de comploter à voix basse avec Yabu. Il savait que sa vie dépendait de sa seule maîtrise des événements. Il devait garder le commandement et prendre les initiatives, seul.

« Vous ne vous êtes pas battu avec nous à Odawara, Igurashi-san ? lui demanda-t-il, sachant déjà que c'était là précisément qu'il avait perdu son œil.

— Oui, Sire. J'ai eu cet honneur. J'étais avec sire Yabu. Nous servions sur l'aile droite du Taikō.

— Vous étiez donc au premier rang, là où la bataille faisait rage, Je dois vous en remercier, vous et votre maître.

— Nous avons écrasé l'ennemi, Sire. Nous ne faisions que notre devoir. »

Igurashi haïssait Toranaga. Il était pourtant fier de l'entendre rappeler cette brillante action. Ils étaient arrivés devant le premier régiment. La voix de Toranaga tonna : « Oui, vous et les hommes de Izu, vous nous avez bien aidés ! Si vous n'aviez pas été là, je n'aurais peut-être pas conquis le Kwanto ! N'est-ce pas, Yabu-sama ? » Il se tut brusquement. Il venait de décerner ce titre à Yabu publiquement. Il venait de lui accorder un nouvel honneur. Devant de telles flatteries, Yabu ne savait plus où il en était. Il savait qu'il les méritait mais ne s'attendait pas à les entendre de la bouche de Toranaga.

Il y a trop d'hommes, pensa Toranaga, trop d'hommes sur ce rivage d'Anjiro. Il observa Yabu. « C'est dommage que le Taikō soit mort, *neh ?*

— Oui.

— Mon beau-frère était un grand chef. Un grand instructeur aussi. Comme lui, je n'oublie jamais un ami. Ou un ennemi.

— Sire Yaemon sera bientôt en âge de gouverner. Il a le même esprit que le Taikō, Sire Tora... »

Avant que Yabu n'ait eu le temps de l'arrêter, Toranaga était déjà reparti. Il inspecta les rangs les uns après les autres, s'arrêtant de temps à autre dès qu'il reconnaissait un soldat. Ses yeux n'étaient jamais en repos car il cherchait constamment des noms et des visages dans sa mémoire. Il avait cette qualité très rare aux généraux passant une inspection de faire croire aux hommes, le temps d'un éclair, qu'il leur avait, à eux seuls, adressés la parole. Toranaga faisait ce que sa naissance lui avait imposé, ce qu'il avait déjà fait des milliers de fois : maîtriser des hommes par sa seule volonté.

Yabu, Igurashi et Omi n'en pouvaient plus. Toranaga n'était absolument pas fatigué. Il se dirigea vers un tertre, s'y tint bien droit et déclara de sa voix basse et profonde : « Samouraïs d'Izu, vassaux de mon ami et allié Kasigi Yabu-sama ! Je suis très honoré d'être ici, de voir une partie de la puissance d'Izu et des forces de mon grand allié. Écoutez-moi, samouraïs. De sombres nuages se rassemblent au-dessus de l'empire et mettent en danger la paix instaurée par le Taikō. Nous devons préserver les cadeaux qu'il nous a légués de la trahison qui se trame en haut lieu ! Que chacun de vous soit prêt ! Que chaque épée soit aiguisée ! Nous défendrons ensemble ses dernières volontés ! Et nous vaincrons ! Que les dieux du Japon, petits et grands, nous protègent ! Puissent-ils éliminer tous ceux qui s'opposent aux ordres du Taikō ! » Il leva les bras et poussa leur cri de guerre : « *Kasigi !* » et, chose incroyable, il s'inclina devant les légions. Tous le fixèrent et lui rendirent son salut. Yabu s'inclina à son tour, dépassé par la force de l'événement.

Avant qu'il ait eu le temps de se redresser, Toranaga descendait déjà la colline à vive allure. « Suis-le, Omisan », ordonna-t-il. Quand Omi se fut éloigné, Yabu dit à Igurashi : « Quelles sont les nouvelles de Yedo ?

— La dame Yuriko, votre femme, m'a prié de vous dire que la mobilisation avait été décrétée dans tout le Kwanto. Rien n'apparaît en surface mais tout bout en profondeur. Elle pense que Toranaga prépare la guerre. Une attaque soudaine contre Osaka. Peut-être !

— Et Ishido ?

— Rien jusqu'à notre départ. C'était il y a cinq jours. Rien non plus sur l'évasion de Toranaga. J'en ai seulement entendu parler hier, quand votre épouse a envoyé un pigeon de Yedo.

— Zukimoto a donc déjà installé le service du courrier ?

— Oui, Sire.

— Très bien.

— Son message disait : « Toranaga est parvenu à s'enfuir avec votre maître à bord d'une galère. Arrangez toutes choses pour les recevoir à Anjiro. » J'ai pensé qu'il valait mieux n'en parler à personne sauf à Omisan, mais nous sommes tout à fait prêts.

— Comment ?

— J'ai mis dans tout Izu mes troupes en alerte, au cas où, Sire... Dans trois jours, toutes les routes et les cols seront fermés, si tel est votre désir. Une flotte est mouillée au nord — nos gens déguisés en pirates — et peut couler tout un bateau dejour ou de nuit, si tel est votre désir. Il y a assez de place ici pour vous et pour un invité, aussi important soit-il, si tel est votre désir.

— Très bien. Rien d'autre ? »

Igurashi hésitait à divulguer des informations dont il mesurait mal les conséquences. « Nous sommes prêts à tout. Mais un message cacheté est arrivé ce matin d'Osaka : Toranaga a démissionné du Conseil des régents.

— Impossible ! Pourquoi aurait-il fait ça ?

— Je ne sais pas. Je ne comprends pas pourquoi. Mais ce doit être vrai, Sire. Nous n'avons jamais reçu de fausses informations de cette source.

— De dame Sazuko ? » demanda Yabu prudemment, nommant la plus jeune concubine de Toranaga dont la servante était une espionne à sa solde.

Igurashi acquiesça : « Oui, mais je n'y comprends rien du tout. Les régents vont le récuser, n'est-ce pas ? Ils vont lui ordonner de se tuer. C'est de la folie que d'avoir démissionné, *neh ?*

— Ishido a dû le pousser. Mais comment ? Pas une seule rumeur n'a circulé à ce sujet. Toranaga ne démissionnerait jamais de lui-même ! Vous avez raison. Ce serait faire acte de folie. S'il a vraiment démissionné, il est perdu. Ce doit être faux. »

Yabu descendit la colline profondément troublé. Il regarda Toranaga traverser la place et se diriger vers Mariko et le barbare.

Il le vit tendre un petit parchemin à Mariko, se demanda ce qu'il contenait et ce que Toranaga pouvait bien dire à Mariko. Qu'est-il encore en train de comploter ? Il aurait aimé avoir sa femme, Yuriko, avec lui. Elle l'aurait aidé de ses précieux et sages conseils.

Toranaga s'arrêta sur le quai, ne remonta pas à bord du bateau car il savait que la décision finale allait se prendre à terre. Il ne pouvait s'échapper. Rien n'était résolu. Il regarda Yabu et Igurashi s'approcher. « Alors, Yabu-san ?

— Vous allez bien rester quelques jours, Toranagasama ?

— Il vaudrait mieux que je m'en aille tout de suite. »

Yabu congédia tous les hommes susceptibles d'écouter leur conversation.

« J'ai des nouvelles inquiétantes d'Osaka. Vous avez démissionné du Conseil des régents ?

— Oui, en effet. »

— Vous vous êtes donc tué vous-même. Vous avez détruit votre cause, vos vassaux, vos alliés, vos amis ! Vous avez enterré Izu ! Vous m'avez assassiné !

— Le Conseil des régents peut certainement vous enlever votre fief et votre vie si bon lui semble. Oui.

— Par tous les dieux, tous les vivants, tous les morts et tous ceux encore à naître... »

Yabu luttait pour dominer sa colère. « Je vous prie d'excuser mes mauvaises manières, mais votre... votre attitude incroyable... oui, pardonnez-moi. » Il n'y avait aucune raison de se laisser prendre par l'émotion. « Il vaut mieux que vous restiez ici, Toranaga-sama.

— Je préfère partir tout de suite. »

— Ici ou Yedo, où est la différence ? L'ordre des régents va bientôt arriver. Je suppose que vous voudrez vous faire seppuku dans l'heure, avec dignité. En paix. Je serais très honoré d'être votre second.

— Merci. Aucun ordre n'est encore arrivé. Ma tête restera donc là où elle est.

— Un jour ou deux ne changeront rien à l'affaire. L'ordre est inévitable. Je m'occuperai de tout. Ce sera parfait. Vous pouvez entièrement compter sur moi.

— Merci. Je crois savoir pourquoi vous voulez ma tête.

— Ma tête me sera également prise, si j'envoie la vôtre à Ishido, si je la lui apporte et lui demande pardon, je pourrais le convaincre mais j'en doute, *neh ?*

— Si j'étais à votre place, peut-être demanderais-je votre tête. La mienne ne vous sera malheureusement d'aucun secours.

— J'ai tendance à le croire, moi aussi. Mais ça vaut quand même le coup d'essayer. » Yabu cracha violemment dans la poussière. « Je mérite de mourir pour avoir été aussi stupide et m'être laissé prendre.

— Ishido n'hésitera pas à prendre votre tête. Mais il s'emparera d'abord d'Izu. Oh oui, Izu est perdu s'il prend le pouvoir.

— N'essayez pas de m'appâter. Je sais que tout cela va se produire.

— Je ne cherche pas à vous appâter, mon ami. J'ai simplement dit qu'avec Ishido au pouvoir, vous étiez perdu, qu'Izu l'était aussi parce qu'Ikawa Jikkyu lorgne Izu, *neh !* Mais Ishido ne détient pas encore le pouvoir, Yabu-san », et il lui raconta pourquoi il avait démissionné.

« Le Conseil ne peut plus agir ! » Yabu avait de la peine à y croire. « *Il n'y a pas de Conseil !* Il n'y en aura pas tant qu'il n'y aura pas à nouveau cinq membres. » Toranaga sourit. « Pensez-y, Yabu-san. Je suis plus fort que jamais, *neh ?* Ishido est neutralisé. Jikkyu l'est donc aussi. Vous avez tout le temps qu'il faut pour entraîner votre Régiment des mousquets. Vous êtes dès à présent maître de Totomi et Suruga. Vous avez la tête d'Ikawa Jikkyu. Vous la verrez dans quelques mois se balancer au bout d'une pique, ainsi que celles de tous ses parents. Vous entrerez en maître sur vos nouveaux domaines. » Il se tourna tout à coup et cria : « Igurashi-san ! » Cinq cents hommes entendirent l'appel en même temps. Igurashi arriva en courant mais, avant d'avoir pu faire trois pas, Toranaga lui ordonna d'amener une garde d'honneur. « Cinquante hommes avec vous ! Immédiatement ! » Il n'osa pas laisser un seul moment de répit à Yabu de peur qu'il se rende compte de l'énorme faille de sa démonstration. Si Ishido était coincé et n'avait pas le pouvoir, la tête de Toranaga sur un plateau prenait une valeur inestimable pour lui et, donc, pour Yabu. Toranaga enchaîné comme un vulgaire félon et amené vivant devant les murailles d'Osaka procurerait à Yabu l'immortalité et les clefs du Kwanto, Toranaga dit tout fort, pendant que la garde d'honneur se formait devant lui : « En l'honneur de cette occasion, Yabu-sama, vous accepterez peut-être ceci, comme preuve de mon amitié. » Il dégaina sa longue épée, la tint à plat dans ses paumes et la lui offrit. Yabu se saisit de l'épée comme dans un rêve. Elle était inestimable. C'était une lame Minowara, célèbre de par tout le pays. Toranaga la possédait depuis quinze ans.

« Est-elle aussi effilée qu'on le dit ?

— Oui.

— Vous me faites là un bien grand honneur. Je chérirai ce présent. » Yabu s'inclina, conscient d'être, après ce cadeau, premier du pays derrière Toranaga.

Toranaga lui rendit son salut, puis se dirigea, désarmé, vers l'échelle de coupée. Il lui fallut toute sa volonté pour dissimuler sa rage. Il pria pour que l'avarice de Yabu le tienne hypnotisé pendant encore quelques instants.

« Larguez les amarres ! » Il se tourna vers le rivage et fit de grands signes cordiaux de la main.

Une voix déchira le silence et hurla son nom. Tous les autres hommes le reprirent en chœur. Il y eut un grondement unanime d'approbation devant l'honneur fait à leur maître. La galère s'éloigna.

« Capitaine, cap sur Yedo et vite !

— Oui, Sire. »

Toranaga regarda en arrière. Ses yeux scrutèrent le rivage. Yabu était toujours près de la jetée, hypnotisé par l'épée. Mariko et Fujiko attendaient près du vélum. L'Anjin-san était sur la place, là où on lui avait dit d'attendre. Raide, immense et furieux. Leurs yeux se rencontrèrent. Toranaga sourit et lui fit signe de la main. Blackthorne le lui rendit mais très froidement. Toranaga en fut énormément amusé.

Blackthorne se dirigea vers la jetée, morose.

« Quand revient-il, Mariko-san ?

— Je ne sais pas, Anjin-san.

— Comment va-t-on aller à Yedo ?

— Nous restons ici. Je reste au moins trois jours. Après je retourne là-bas.

— Par mer ?

— Par la terre.

— Et moi ?

— Vous restez ici,

— Pourquoi ?

— Vous avez montré un intérêt très vif pour l'étude de notre langue. Vous avez du travail, ici.

— Quel genre de travail ?

— Je ne sais pas. Je suis désolée. Sire Yabu vous le dira. Mon maître m'a laissée pour que je serve d'interprète, pendant ces trois jours. »

Blackthorne avait un pressentiment. Ses pistolets étaient fichés dans sa ceinture mais il n'avait plus de couteaux, plus de poudre, plus de balles. Tout était resté dans la cabine du bateau.

« Pourquoi ne m'avez-vous pas dit que nous allions rester ici ? Vous m'avez simplement enjoint de descendre à terre.

— Je ne savais pas que vous alliez, vous aussi, rester. Sire Toranaga ne me l'a dit qu'il y a quelques minutes, sur la place.

— Pourquoi ne m'en a-t-il rien dit lui-même ?

— Je ne sais pas.

— Je devais aller à Yedo. C'est là que se trouve mon équipage. C'est là qu'est mon bateau.

— Il a simplement dit que vous deviez rester ici.

— Pour combien de temps ?

— Il ne me l'a pas dit, Anjin-san. Peut-être que sire Yabu le sait. Je vous en prie. Prenez patience. »

Blackthorne pouvait voir Toranaga debout sur le gaillard d'arrière. « Il savait depuis le début que j'allais rester ici, n'est-ce pas ? »

Elle ne répondit pas.

« Est-ce vrai ? Est-ce bien ça ?

— Comment ? Oh, je suis désolée, mais je ne sais pas, Anjin-san. Je peux simplement vous dire que sire Toranaga est très sage, l'homme le plus sage de tous. Quelle que soit sa raison, elle est bonne. » Elle étudia les yeux bleus et le dur visage. Elle savait que Blackthorne n'avait rien compris à tout ce qui s'était passé. « Soyez patient, Anjin-san, je vous en prie. Vous n'avez rien à craindre. Vous êtes son vassal favori et sous sa...

— Je ne suis pas inquiet, Mariko-san. Je suis seulement fatigué d'être un pion qu'on déplace et je ne suis le vassal de personne.

— Vous préférez être l'homme de confiance ? Comment appelleriez-vous un homme qui travaille pour un autre pour... » Elle vit le sang monter à la tête de Yabu.

« Les mousquets... les mousquets sont toujours à bord de la galère ! » cria-t-il.

Mariko comprit que le moment était venu. Elle s'approcha de lui en courant. Il se retourna pour donner des ordres à Igurashi. « Veuillez m'excuser, Sire Yabu, vous n'avez pas à vous inquiéter pour les mousquets. Sire Toranaga m'a demandé de vous présenter toutes ses excuses mais il a des affaires urgentes à régler à Yedo, pour vos intérêts communs. Il m'a dit qu'il renverrait la galère tout de suite. Avec les mousquets. Avec de la poudre. Avec les deux cent cinquante hommes que vous lui avez demandés. Ils seront ici dans cinq ou six jours.

— Quoi ? »

Mariko expliqua patiemment et poliment ce que Toranaga lui avait prié de dire. Une fois que Yabu eut compris, elle sortit le parchemin de sa manche. « Mon maître vous demande de lire ceci. Cela concerne l'Anjin-san. » Elle lui tendit le rouleau.

Yabu ne le prit pas. Ses yeux se tournèrent vers la galère. Elle était loin et avançait rapidement. Hors de portée. Mais qu'est-ce que cela peut faire, pensa-t-il. Je récupérerai très vite les mousquets, J'ai échappé au piège d'Ishido et je possède la plus célèbre épée de Toranaga. Tous les *daimyōs* du pays connaîtront bientôt ma nouvelle position au sein des armées de l'Est. Second de Toranaga ! Yabu voyait encore Toranaga et lui fit signe. Toranaga lui rendit son salut puis disparut du gaillard d'arrière. Yabu prit le parchemin et concentra son attention sur le présent. Et sur l'Anjin-san.

Blackthorne l'observait, à trente pas de là, et sentait la moutarde lui monter au nez. Il entendit Mariko parler de sa petite voix chantante mais il ne fut pas rassuré. Sa main se raidit sur son pistolet.

« Anjin-san ! cria Mariko. Voulez-vous venir ici ? »

Blackthorne s'approcha et Yabu leva son regard du parchemin. Quand il eut fini de le lire, il le tendit à Mariko et parla brièvement. Mariko offrit respectueusement le parchemin à Blackthorne qui le prit et en examina les caractères indéchiffrables.

« Sire Yabu dit que vous êtes le bienvenu dans ce village. Ce papier porte le sceau de sire Toranaga, Anjin-san. Vous devez le garder. Il vous accorde un honneur très rare. Sire Toranaga vous nomme *hatamoto.* C'est la position d'un confident de sa suite personnelle. Vous avez sa protection absolue, Anjin-san. Sire Yabu, bien sûr, approuve tout ceci. Je vous expliquerai plus tard vos privilèges, mais sire Toranaga vous octroie un salaire de vingt *koku* par mois. Cela fait environ... » Yabu l'interrompit en faisant de grands gestes vers Blackthorne et vers le village. Mariko traduisit : « Sire Yabu répète que vous êtes le bienvenu ici. Il espère que vous serez satisfait, que tout sera fait pour rendre votre séjour agréable. Une maison sera mise à votre disposition. Des professeurs également. Vous apprendrez, s'il vous plaît, le japonais aussi vite que possible. Il vous posera quelques questions ce soir et vous parlera du travail spécial que vous avez à accomplir.

— Demandez-lui, s'il vous plaît, quelle est la nature de ce travail.

— Puis-je vous conseiller la patience ? Un petit peu de patience, Anjin-san. Ce n'est vraiment pas le moment.

— Très bien.

— Vous comprenez, Anjin-san ? dit Yabu.

— *Hai,* Yabu-san. *Domo.* »

Yabu donna des ordres à Igurashi pour renvoyer le régiment, puis se dirigea vers les villageois, prostrés dans le sable.

Ses mots les frappèrent au visage. Yabu pointa son épée vers Blackthorne et les harangua pendant quelques instants, puis s'arrêta brusquement. Mura s'inclina et dit : *« Hai »* plusieurs fois, se tourna, posa une question aux habitants du village, Tous les yeux se tournèrent vers Blackthorne.

« Wakarimasu ka ? » cria Mura.

Tous répondirent : *« Hai. »* Leurs voix se mêlaient aux soupirs des vagues qui venaient mourir sur la plage.

« Que se passe-t-il ? » demanda Blackthorne à Mariko, mais Mura cria : *« Keirei »,* et les habitants s'inclinèrent à nouveau. Yabu s'en alla sans se retourner.

« Que se passe-t-il, Mariko-san ? »

« Il... Sire Yabu leur a dit que vous étiez son invité d'honneur, que vous étiez aussi le vas... le confident très honoré de Sire Toranaga, que vous étiez ici pour apprendre notre langue, qu'il confiait au village l'honneur et la responsabilité de votre éducation. Le village est responsable, Anjin-san. Tout le monde est là pour vous aider. Il leur a dit que si vous n'aviez pas fait de progrès satisfaisants d'ici six mois, le village serait brûlé, que chaque homme, chaque femme et chaque enfant serait crucifié. »

31

Le jour tombait. Les ombres s'allongeaient. La mer devenait rouge. Une gentille brise soufflait.

Blackthorne remonta l'allée venant du village. Mariko pensait pouvoir l'accompagner jusque chez lui, mais il avait refusé. Il voulait être seul pour réfléchir.

Penser lui avait paru un effort trop grand rien ne semblait plus aller. Il s'était fait couler un peu d'eau sur la tête pour retrouver ses esprits mais ça n'avait rien fait. Il s'en était retourné, sans but, le long du rivage, à travers la place et le village jusqu'à sa maison.

Il s'arrêta devant la porte. Elle était si ingénieusement découpée qu'on devinait sans le voir le jardin qu'elle cachait.

Avant qu'il ait pu ouvrir la porte, elle s'ouvrit d'elle-même et un vieil homme apeuré l'accueillit en le saluant.

« *Konbanwa,* Anjin-san. » Sa voix tremblait et chevrotait misérablement.

« *Konbanwa,* répondit-il. Écoute-moi, vieil homme. *O namae ka ?*

— *Namae watashi wa,* Anjin-sama ? *Ah, watashi* Ueki-ya... Ueki-ya. » Le vieil homme en bavait presque de soulagement.

Blackthorne répéta son nom plusieurs fois pour s'en souvenir et ajouta « san ». Le vieil homme fit non de la tête. « *Iyé, gomen nasai ! Iyé* "san", Anjin-sama, Ueki-ya ! Ueki-ya !

— D'accord. Ueki-ya. » Pourquoi pas « san » comme tout le monde ? se demanda Blackthorne. Il le congédia d'un geste de la main. Le vieil homme s'éloigna en claudiquant.

« Il va falloir être plus prudent. Il va falloir que je les aide. », dit-il tout fort. Une servante apparut, inquiète, sous la véranda. Elle s'inclina. « *Konbanwa,* Anjin-san.

— *Konbanwa* », répondit-il en la reconnaissant vaguement. Elle était sur le bateau. Il la congédia, elle aussi.

Un bruissement de soie. Fujiko sortit de la maison. Mariko était avec elle.

« Vous avez fait une bonne promenade, Anjin-san ?

— Oui, merci, Mariko-san. » Il faisait à peine attention à elle, à Fujiko, à la maison et au jardin.

« Voulez-vous du thé ? Du saké, peut-être ? Un bain ? L'eau est chaude. »

Mariko eut un rire nerveux. Elle était troublée par l'expression de son regard. « La maison de bains n'est pas tout à fait terminée. Nous espérons qu'elle vous satisfera quand même.

— Du saké, s'il vous plaît. Oui, un peu de saké pour commencer, Mariko-san. »

Mariko parla à Fujiko qui rentra dans la maison. Une servante apporta silencieusement trois coussins et se retira. Mariko prit gracieusement place sur l'un d'eux.

« Asseyez-vous, Anjin-san. Vous devez êtes fatigué.

— Merci. »

Il s'assit sur les marches de la véranda et n'ôta pas ses sandales lacées. Fujiko apporta deux fiasques de saké, une tasse de thé, comme Mariko le lui avait demandé.

« Il vaut mieux lui faire boire beaucoup de saké, avait dit Mariko. Il vaudrait mieux le soûler, mais sire Yabu a besoin de lui cette nuit. Un bain et du saké le détendront peut-être. »

Blackthorne but la tasse de vin chaud sans la savourer. Une seconde. Une troisième.

Fujiko et Mariko l'avaient vu monter la colline à travers la fente d'un panneau coulissant. « Qu'a-t-il ? avait demandé Fujiko, alarmée.

— Il est désespéré par ce qu'a dit sire Yabu, par cet avertissement donné au village.

— Pourquoi est-ce que ça le tracasse ? Il n'est pas concerné. Ce n'est pas sa vie qui est en jeu.

— Les barbares sont très différents de nous, Fujiko-san. L'Anjin-san croit, par exemple, que les habitants du village sont des êtres humains, comme n'importe quel autre être humain ; que certains sont meilleurs et mieux que les samouraïs. »

Fujiko s'était mise à rire nerveusement. « Ça ne veut rien dire, *neh ?* Comment est-ce qu'un paysan pourrait être l'égal d'un samouraï ? »

Mariko n'avait pas répondu.

« Pauvre homme, dit-elle.

— Pauvre village ! s'exclama Fujiko. Quel gâchis stupide de paysans et de pêcheurs ! Kasigi Yabu-san est un imbécile ! Comment un barbare peut-il apprendre notre langue en six mois ? Combien de temps a-t-il fallu au barbare Tsukku-san ? Plus de vingt ans, *neh ?* N'est-il pas le seul à avoir été capable de parler passablement notre langue ?

— Non. Pas le seul. C'est cependant le seul que j'ai entendu parler aussi bien. Oui, ça leur est très difficile. Mais l'Anjin-san est un homme intelligent et Sire Toranaga dit que dans six mois, isolé des autres barbares, mangeant notre nourriture, vivant comme nous, buvant du thé, prenant un bain tous les jours, il deviendra comme nous. »

Le visage de Fujiko s'était fermé : « Regardez-le, Mariko-san... si laid, si monstrueux. Je suis intriguée car, aussi fort que soit mon dégoût pour lui, je sais que dès qu'il a franchi la porte du jardin, je suis liée à lui. Il devient mon seigneur et maître.

— Il est courageux. Très courageux, Fujiko. Il a sauvé la vie de Sire Toranaga. Il lui est très précieux.

— Oui, je le sais. Ça devrait me le rendre moins haïssable mais ça n'est pas possible. J'en suis désolée. Je vais essayer de le transformer et d'en faire un des nôtres. Je prie le Seigneur Bouddha de me venir en aide. »

Mariko regarda Fujiko verser le reste du saké.

« *Dozo,* saké », dit Blackthorne.

Fujiko lui en redonna. Il l'avala, puis dit encore : « *Dozo,* saké.

— Mariko-san, dit Fujiko. Le maître ne devrait plus boire de saké, *neh* ? Il va être soûl. Demandez-lui, je vous prie, s'il veut prendre son bain maintenant.

— Il dit qu'il le prendra plus tard. »

Fujiko demanda que l'on apporte encore du saké et Mariko ajouta à l'intention de la servante : « Apporte aussi du poisson grillé au feu de bois. »

Il vida la nouvelle fiasque avec la même détermination muette. La nourriture ne le tenta pas ; il prit un morceau sur les insistances de Mariko mais ne le mangea pas.

« Transmettez, je vous prie, mes excuses à l'Anjin-san, dit Fujiko. Je suis désolée, mais il n'y a plus de saké dans la maison. Dites-lui que j'ai envoyé la servante en chercher au village.

— Très bien. Il a assez bu même s'il donne l'impression de n'avoir rien bu. Voulez-vous nous laisser, Fujiko ? Le moment est venu de lui faire cette proposition vous concernant. »

Fujiko salua Blackthorne et sortit. Elle était heureuse que la coutume veuille qu'une tierce personne s'occupât des problèmes importants. La dignité était ainsi sauve des deux côtés.

« Vous aimeriez peut-être prendre votre bain, maintenant ?

— Toranaga a-t-il dit quelque chose de mon plan, avant de partir ? Au sujet de cette flotte ?

— Non. Je suis désolée. Il n'en a rien dit. » Mariko était sur le qui-vive et attendait les premiers signes d'ivresse mais aucun n'apparut, à son grand étonnement. N'importe quel Japonais aurait été soûl après avoir ingurgité une telle quantité de vin. « Le vin n'est pas à votre goût, Anjin-san ?

— Pas vraiment. Il est trop faible. Il ne me fait rien.

— Vous cherchez l'oubli ?

— Non... une solution.

— Tout ce qui peut être fait pour vous aider sera fait.

— Il me faut des livres, du papier et des plumes.

— Je m'en occuperai demain.

— Non. Ce soir, Mariko-san. Je dois commencer tout de suite.

— Sire Toranaga a dit qu'il vous enverrait un livre. Comment appelez-vous ça ? Ces livres de grammaire et de vocabulaire des pères jésuites.

— Ça prendra du temps ?

— Je ne sais pas, mais je suis ici pour trois jours. Je peux vous aider. Fujiko-san est également là pour vous aider. »

Elle sourit. Elle était contente pour lui. « Je suis très honorée de vous apprendre qu'elle vous est destinée comme concubine et qu'elle...

— Quoi ?

— Sire Toranaga lui a demandé de devenir votre concubine. Elle a accepté. Elle...

— Mais je n'ai pas accepté,

— Pardon ? Je suis désolée mais je ne comprends pas.

— Je n'en veux pas. Comme concubine ou même près de moi. Je la trouve laide. »

Mariko le regarda bouche bée. « Mais qu'est-ce que ça a à voir avec le fait d'être concubine ?

— Dites-lui de s'en aller.

— Mais, Anjin-san, vous ne pouvez pas refuser ! Ce serait une terrible insulte pour Sire Toranaga, pour elle et pour nous ! Quel mal vous a-t-elle fait ? Aucun ! Usagi Fujiko est consen...

— Écoutez-moi ! » Les mots de Blackthorne ricochèrent sur les murs de la véranda et dans toute la maison. « Dites-lui de s'en aller ! »

Mariko dit : « Désolée, Anjin-san. Vous avez raison d'être en colère, mais...

— Je ne suis pas en colère. dit Blackthorne, glacial. Ne pouvez-vous pas... vous ne pouvez pas vous enfoncer une fois pour toutes dans vos petites têtes que j'en ai assez d'être traité comme une marionnette ? Je ne veux pas que cette femme reste là ; je veux mon bateau et mon équipage, un point c'est tout ! Je ne vais pas rester six mois ici. Je déteste vos coutumes. Il est impensable qu'un homme menace de détruire tout un village pour que j'apprenne uniquement le japonais. Quant aux concubines... c'est pire que l'esclavage... c'est une insulte que d'arranger tout ça sans me demander mon avis ! » Elles se souvint de l'avertissement de Toranaga. « Vous êtes personnellement responsable, Mariko-san. Vous devez empêcher Yabu d'intervenir dans mon départ dès que je lui aurai donné l'épée. Vous êtes totalement responsable de l'Anjin-san. Vous devez veiller à ce que son installation à Anjiro se fasse dans le calme et la docilité.

— Je ferai de mon mieux, Sire. J'ai peur que l'Anjin-san ne m'échappe.

— Traitez-le comme un faucon. Voilà la clef. J'apprivoise un faucon en deux jours. Vous en avez trois. »

Elle détourna son regard de Blackthorne et réfléchit. Il ressemble à un faucon quand il est furieux, pensa-t-elle, il siffle de la même manière. Il en a la férocité sensible. Quand il n'est pas furieux, il en a le regard fixe et hautain. La violence n'est jamais très loin.

« Je suis d'accord. Vous avez tout à fait raison. On a terriblement disposé de vous. Vous avez tout à fait raison d'étre en colère, lui dit-elle pour le calmer. Sire Toranaga aurait dû vous demander votre avis, même s'il ne comprend pas vos coutumes. Il ne lui est jamais venu à l'esprit que vous pourriez émettre une objection. Il voulait seulement vous honorer, comme il aurait honoré son samouraï favori. Il vous a fait *hatamoto.* Vous êtes presque son parent, Anjin-san. Il n'y a peut-être que mille *hatamoto* dans tout le Kwanto. Quant à dame Fujiko, il a essayé seulement de vous aider. Ce serait un grand honneur.

— Pourquoi ?

— Parce que sa famille est très ancienne et qu'elle est très bien éduquée. Son père et son grand-père sont *daimyōs.* Elle est, bien sûr, samouraï. Vous lui feriez un grand honneur en la prenant pour concubine. Elle a de plus besoin d'un toit, d'une nouvelle vie.

— Pourquoi ?

— Elle est veuve depuis peu, Elle n'a que dix-neuf ans. Elle a perdu son mari et son fils. Elle est bourrelée de remords. Être votre concubine lui changerait la vie.

— Qu'est-il arrivé à son mari et à son fils ? »

Mariko hésita. « Ils ont été condamnés à mort, Anjin-san. Vous aurez besoin de quelqu'un pour s'occuper de votre maison pendant le temps de votre séjour ici. Dame Fujiko sera...

— Pourquoi ont-ils été condamnés à mort ?

— Son mari a failli causer la mort de Sire Toranaga.

— Toranaga les a condamnés à mort ?

— Oui, Mais il a été juste, Demandez-le-lui. Elle sera d'accord, Anjin-san.

— Quel âge avait le garçon ?

— Quelques mois, Anjin-san.

— Toranaga a fait tuer un bébé pour une faute commise par son père ?

— Oui. Notre coutume le veut ainsi. Soyez patient avec nous. Nous ne sommes pas libres en certains domaines. Nos coutumes sont différentes des vôtres. Voyez-vous, nous appartenons de par la loi à notre suzerain. Un père détient de par la loi droit de vie ou de mort sur ses enfants, sa femme, ses concubines et ses serviteurs. Sa vie appartient de par la loi à son suzerain. Telle est notre coutume.

— Un père peut tuer n'importe qui sous son toit ?

— Oui.

— Vous êtes une nation d'assassins !

— Non.

— Et les Commandements ?

— Je ne peux pas vous expliquer. Je suis chrétienne, samouraï et japonaise. Tout cela n'est pas incompatible. En tout cas, pas pour moi. Prenez patience.

— Vous tueriez vos propres enfants si Toranaga-sama vous l'ordonnait ?

— Oui, je le crois. Je n'ai qu'un fils mais je le ferais. Il serait de mon devoir de le faire. Telle est la loi. Si mon mari acceptait,

— J'espère que Dieu pourra tous vous pardonner.

— Dieu comprendra, Anjin-san. Il comprendra. Il vous ouvrira même peut-être l'esprit pour que vous puissiez comprendre. Je ne sais pas vous expliquer. *neh ?* Je vous prie de m'excuser. » Elle l'observa en silence, troublée. « Je ne vous comprends pas non plus, Anjin-san. Vous m'échappez, Vos coutumes m'échappent. Nous pourrions peut-être tous les deux apprendre quelque chose, si nous avons de la patience. En tant que concubine, la dame Fujiko s'occupera de votre maison, de vos domestiques. Vous devez avoir quelqu'un pour ça. Vous n'avez pas besoin de la rencontrer sur l'oreiller, si c'est ça qui vous ennuie, si vous ne la trouvez pas à votre goût. Vous n'avez même pas besoin d'être poli avec elle. Elle mérite cependant votre courtoisie. Elle vous servira, comme vous le désirez, de la façon que vous désirez.

— Je peux la traiter comme je veux ?

— Oui.

— Je peux la rencontrer ou ne pas la rencontrer sur l'oreiller ?

— Bien sûr. Elle vous trouvera quelqu'un qui vous plaît et qui satisfera vos besoins physiques, si vous le désirez. Elle peut également ne pas s'en mêler, si vous le désirez.

— Je peux la traiter comme un domestique ? Une esclave ?

— Oui, mais elle mérite mieux.

— Puis-je la renvoyer ?

— Si elle vous a offensé, oui.

— Que lui arrivera-t-il ?

— Normalement, elle devra rentrer chez ses parents en disgrâce. Ils pourront l'accepter ou la refuser. Quelqu'un comme dame Fujiko préférera se tuer plutôt qu'endurer une telle honte. Mais elle... Vous devez savoir que les vrais samouraïs n'ont pas le droit de se tuer sans l'autorisation de leur seigneur. Certains le font, bien sûr, mais ils manquent à leur devoir et ne sont pas dignes d'être samouraïs. Je ne me tuerais pas, quelle que soit ma honte, sans la permission de Sire Toranaga ou celle de mon mari. Sire Toranaga lui a interdit de mettre fin à ses jours. Elle deviendra une paria si vous la renvoyez.

— Pourquoi sa famille n'accepterait-elle pas son retour ? »

Mariko soupira.

« Désolée, Anjin-san, mais si vous la renvoyez, sa disgrâce sera telle que plus personne ne voudra d'elle.

— Parce qu'elle sera contagieuse pour avoir vécu auprès d'un barbare ?

— Non, Anjin-san. Parce qu'elle aura simplement échoué dans son devoir à votre égard. Elle est votre concubine. Sire Toranaga le lui a ordonné. Elle a accepté. Vous êtes le maître de la maison.

— Vraiment ?

— Oh, oui, croyez-moi, Anjin-san. Vous avez des privilèges. En tant qu'*hatamoto,* vous êtes béni, riche. Sire Toranaga vous a octroyé un revenu de vingt *koku* par mois. Avec cette somme, un samouraï devrait normalement s'entretenir et entretenir deux samouraïs ainsi que toutes leurs familles. Vous n'avez pas à le faire. Je vous demande de prendre Fujiko en considération, de la traiter en être humain, Anjin-san. Je vous supplie d'avoir un peu de charité chrétienne. C'est une adorable personne. Oubliez sa laideur. Elle sera une concubine à la hauteur.

— Elle n'a pas de toit ?

— Son toit est ici. » Mariko maîtrisa son impatience. « Je vous supplie de l'accepter officiellement. Elle peut vous aider, vous apprendre des choses si vous le désirez. Considérez-la comme un néant si vous le désirez, comme ce pilier ou ce panneau coulissant ou cette pierre dans votre jardin. Comme vous voulez. Si vous ne la prenez pas comme concubine, ayez pitié d'elle. Acceptez-la et, en tant que chef de votre maison, selon nos lois, tuez-la !

— C'est le seul mot que vous ayez à la bouche ? tuer ! ! !

— Non, Anjin-san. Mais la mort et la vie sont deux mêmes choses. Qui sait ? Vous rendriez peut-être un très grand service à Fujiko en lui ôtant la vie. Vous en avez le droit de par la loi. C'est *votre* droit, Si vous préférez en faire une paria, vous en avez aussi le droit.

— Je suis encore une fois pris au piège. Si je n'apprends pas votre langue, vous massacrez tout un village. Si je ne fais pas ce que vous voulez, un innocent est tué. Il n'y a pas d'issue.

— Il existe une très bonne solution, Anjin-san. Mourez. Vous n'aurez plus ainsi à endurer l'insupportable.

— Le suicide est un acte fou. C'est un péché mortel. Je croyais que vous étiez chrétienne,

— Je vous ai dit que je l'étais. Mais vous, Anjin-san, vous avez mille possibilités de mourir honorablement sans vous suicider. Vous vous êtes moqué de mon mari parce qu'il voulait mourir sans se battre, *neh ?* Ce n'est pas notre coutume. Mais c'est apparemment la vôtre. Pourquoi ne le faites-vous pas ? Vous avez un pistolet. Tuez Sire Yabu. Vous croyez que c'est un monstre, *neh ?* Essayez de le tuer et, aujourd'hui même, vous serez au paradis ou en enfer.

— C'est lâcheté que de mourir sans raisons. Stupide serait un mot plus approprié.

— Vous dites que vous êtes chrétien. Vous croyez donc en l'Enfant Jésus, en Dieu et au Paradis. La mort ne devrait pas vous faire peur, Quant à "mourir sans raisons" c'est à vous d'y accorder ou de ne pas y accorder de valeur. On peut toujours avoir de multiples raisons de mourir.

— Je suis en votre pouvoir. Vous le savez. Je le sais. » Mariko se pencha et lui toucha le bras avec compassion. « Anjin-san, oubliez le village. Un milliard de choses peuvent se produire avant que ces six mois ne se soient écoulés. Un raz de marée ou un tremblement de terre. Vous pouvez reprendre la mer, Yabu peut mourir. Nous pouvons tous mourir. Qui sait ? Laissez les problèmes de Dieu à Dieu et le *karma* au *karma.* Vous êtes ici aujourd'hui. Rien n'y changera rien, quoi que vous fassiez. Vous êtes vivant aujourd'hui, Vous êtes, ici, honoré, béni de la fortune. Regardez ce coucher de soleil. Il est beau, *neh ?* Ce coucher de soleil existe. Demain n'existe pas. Il n'y a que *maintenant* qui compte. Regardez-le. Il est si beau et il ne se reproduira plus jamais. Pas *ce* coucher de soleil-là. Jamais dans l'infinité des siècles. Perdez-vous dans sa beauté, ne faites plus qu'un avec la nature et ne vous inquiétez pas du *karma,* du vôtre, du mien ou de celui du village. »

Il était séduit par sa sérénité, ses mots. Il regarda vers l'ouest. De grandes traînées rouge-violet et noires zébraient le ciel.

Il regarda le soleil jusqu'à ce qu'il ait disparu.

« J'aimerais que vous soyez cette concubine.

— J'appartiens à Sire Buntaro. Je ne peux dire ou penser ce qui pourrait être dit ou pensé tant qu'il n'est pas mort. »

Il entendit un bruit de pas. Des torches montaient le flanc de la colline. Vingt samouraïs approchaient, Omi à leur tête.

« Je suis désolé, Anjin-san, mais Omi-san vous demande de lui donner vos pistolets.

— Dites-lui d'aller se faire foutre !

— Je ne peux pas, Anjin-san. Je n'ose pas lui dire ça. »

Blackthorne garda sa main sur la crosse de son pistolet. Ses yeux fixaient Omi. Il était volontairement resté assis sur les marches de la véranda. Dix samouraïs étaient dans le jardin, derrière Omi. Le reste attendait près des palanquins. Fujiko se tenait derrière Blackthorne. Elle avait le visage blanc comme un linge. « Sire Toranaga n'a jamais émis d'objections à ce que je sois armé. »

Mariko dit nerveusement : « Oui, Anjin-san, mais essayez de comprendre, je vous en prie. Ce qu'Omi-san dit est vrai. Notre coutume veut que vous ne puissiez être armé en présence d'un *daimyō.* Yabu-san est votre ami, vous êtes son invité, ici.

— Dites à Omi-san que je ne lui donnerai pas mes pistolets. » Elle garda le silence. La colère de Blackthorne éclata. « *Iyé,* Omi-san ! *Wakarimasu ka ? Iyé !* »

Le visage d'Omi se renfrogna. Il hurla un ordre. Deux samouraïs s'avancèrent, Blackthorne dégaina ses pistolets et visa le visage d'Omi. Les deux soldats s'arrêtèrent.

« *Iyé ! dit* Blackthorne. Dites-lui de les rappeler ou j'appuie sur la détente. »

Elle obéit. Personne ne bougea. Blackthorne se leva lentement. Les pistolets ne changèrent pas de cible. Omi était tout à fait calme. Ses yeux suivaient les mouvements félins de Blackthorne.

« Dites à Omi-san que si lui ou l'un de ses hommes avance à moins de dix pas, je lui brûle la cervelle.

— Omi-san demande poliment : pour la dernière fois, vous avez ordre de me donner ces pistolets.

— *Iyé !*

— Pourquoi ne pas les laisser ici, Anjin-san ? Il n'y a rien à craindre. Personne ne touchera...

— Vous me prenez pour un idiot ?

— Alors, donnez-les à Fujiko-san !

— Que peut-elle faire ? Il les lui prendra. N'importe qui les lui prendra. Je serai alors sans défense. »

La voix de Mariko se fit tranchante : « Pourquoi ne m'écoutez-vous pas, Anjin-san ? Fujiko-san est votre concubine. Si vous les lui donnez, elle protégera ces pistolets de sa vie. C'est son devoir. Je ne vous le dirai plus, mais Toda-noh-Usagi Fujiko est samouraï. »

Blackthorne se concentrait sur Omi et écoutait à peine Mariko.« Dites à Omi-san que je n'aime pas les ordres. Je suis l'invité de Sire Toranaga. Je suis l'invité de Sire Yabu. Vous "demandez" à vos invités de faire certaines choses. Vous ne le leur ordonnez pas. Et vous n'entrez pas de surcroît chez quelqu'un sans y avoir été convié. »

Mariko traduisit. Omi écouta. Son regard était inexpressif. Il répondit brièvement en fixant les pistolets immobiles.

« Il dit : moi, Kasigi-Omi, je vous demande vos pistolets et vous prie de me suivre parce que Kasigi Yabu-sama exige votre présence. Mais Kasigi Yabu-sama m'ordonne de lui donner vos armes. Désolé, Anjin-san, je vous ordonne pour la dernière fois de me les donner. »

La poitrine de Blackthorne était contractée. Il savait qu'il allait être attaqué et sa propre stupidité le rendait furieux. Mais un moment arrive où l'on ne peut plus rien supporter. Alors, on sort un pistolet ou un couteau et le sang est versé à cause de ce stupide orgueil. La plupart du temps, c'est stupide. Si je dois mourir, Omi-san mourra le premier, devant Dieu ! Il se sentait très fort, même avec un cerveau vide. Ce qu'avait dit Mariko parvint pourtant à ses oreilles : « Fujiko est samouraï. C'est votre concubine ! » Son cerveau se remit à fonctionner.

« Un instant ! Mariko-san, dites exactement ceci à Fujiko-san : "Je vais vous donner mes pistolets. Vous allez les garder. Personne en dehors de moi ne devra les toucher." »

Mariko s'exécuta et il entendit, derrière lui, Fujiko dire : « *Hai.*

— Mariko-san, dites à Omi-san que je vais le suivre. Je suis désolé de ce malentendu. Oui, j'en suis vraiment désolé. »

Blackthorne recula, se retourna et tendit les pistolets à Fujiko qui les accepta. La sueur inondait son front. Il fit face à Omi. « Nous pouvons partir. »

Omi parla à Fujiko et tendit la main. Elle refusa d'un signe de tête. Il donna un ordre bref. Les deux samouraïs s'approchèrent d'elle. Elle fourra l'un des pistolets dans la ceinture de son obi et tint l'autre à deux mains en visant Omi. Les samouraïs s'arrêtèrent. Omi parla rapidement. Il était furieux. Elle lui répondit d'une voix douce et polie. Le pistolet dont le chien était armé ne changea pas de cible. « *Iyé, gomen nasai,* Omi-san ! »

Blackthorne attendit.

Un samouraï fit un pas en avant. Le chien du pistolet remonta dangereusement. Fujiko garda le bras tendu. Personne ne doutait qu'elle allait appuyer sur la détente. Pas même Blackthorne. Omi dit brièvement quelque chose à ses hommes qui le rejoignirent. Elle abaissa le pistolet, toujours chargé.

« Qu'a-t-il dit ? demanda Blackthorne.

— Qu'il allait simplement rapporter l'incident à Yabusan.

— Très bien. Dites-lui que je vais en faire de même. » Blackthorne se tourna vers Fujiko. « *Domo,* Fujikosan. » Puis, se souvenant de la façon dont Toranaga et Yabu parlaient aux femmes, il grogna, impérieux « Allons-y, Mariko-san... » Il se dirigea vers la porte du jardin.

« Anjin-san ! appela Fujiko.

— *Hai ?* » Blackthorne s'arrêta. Fujiko le salua puis s'adressa à Mariko. Les yeux de Mariko s'écarquillèrent. Elle acquiesça et répondit. Elle parla ensuite à Omi qui acquiesça à son tour. Il était visiblement furieux mais se retenait.

« Que se passe-t-il ?

— Patience, Anjin-san. »

Fujiko appela quelqu'un. Une servante apparut sous la véranda. Elle portait deux épées à la main. Fujiko les prit respectueusement, les offrit à Blackthorne en s'inclinant. Elle parlait doucement. Mariko dit :

« Votre concubine fait remarquer à juste titre qu'un *hatamoto* est obligé de porter les deux épées. Elle pense qu'il serait impoli de votre part de vous rendre auprès de sire Yabu sans ces épées. C'est notre *devoir,* de par nos lois, de les porter. Elle vous demande d'utiliser celles-ci, aussi indignes puissent-elles être, en attendant d'acheter les vôtres. »

Blackthorne la fixa du regard, se tourna vers Fujiko puis regarda Mariko à nouveau, « Ça veut dire que je suis samouraï ? Que sire Toranaga m'a fait samouraï ?

— Je ne sais pas, Anjin-san. Mais il n'y a jamais eu de *hatamoto* qui ne soit pas samouraï. Jamais. » Mariko se tourna vers Omi et lui posa la question. Il secoua la tête avec impatience. « Omi-san n'en sait rien non plus. C'est certainement le privilège spécial du *hatamoto* que de porter constamment les épées, même en présence de sire Toranaga. C'est de son devoir, car il est un garde du corps digne de confiance. Le *hatamoto* a également droit d'audience immédiate auprès du Seigneur. »

Blackthorne saisit la courte épée et la ficha dans sa ceinture. Il prit l'autre et la porta de la même manière qu'Omi. Il se sentit mieux, une fois armé.

«*Arigato goziemashita,* Fujiko-san. »

Elle baissa les yeux.

« Fujiko-san dit : avec votre permission, Seigneur, car vous devez apprendre à parler rapidement et correctement notre langue... je tiens à vous signaler que *domo* est plus que suffisant de la part d'un homme. *Arigato,* avec ou sans *goziemashita,* est une politesse superflue, une expression réservée aux femmes.

— *Hai. Domo. Wakarimasu,* Fujiko-san. Dites-lui, Mariko-san, que dans ce cas précis, je ne considère pas *l'Ari ato goziemashita* comme une politesse superflue à son égard. »

Yabu jeta de nouveau un coup d'œil vers les épées. Blackthorne était assis en tailleur sur un coussin, face à lui. Mariko d'un côté, Igurashi de l'autre. Ils se trouvaient dans la pièce principale de la forteresse. Omi finit de parler. Yabu haussa les épaules. « Vous avez bien mal mené cette affaire, mon neveu. Il est bien sûr du devoir de la concubine de protéger l'Anjin-san et ses biens. Il a bien sûr le droit de porter des épées maintenant, Oui, vous avez bien mal mené cette affaire. J'avais pourtant précisé que l'Anjin-san était mon invité. Présentez-lui vos excuses. »

Omi se leva, s'agenouilla devant Blackthorne et s'inclina. « Je vous prie de pardonner mon erreur, Anjin-san. » Il entendit Mariko lui dire que le barbare acceptait ses excuses. Il s'inclina encore et retourna à sa place. Mais il n'était pas calme, intérieurement. Il était envahi par cette seule idée : tuer Yabu.

Il avait décidé de commettre l'impensable : tuer son suzerain et chef de clan. Non pas parce qu'il avait dû s'excuser publiquement. L'Anjin-san a eu tout à fait raison de donner ses pistolets à sa concubine, se dit-il, tout comme elle a eu raison de faire ce qu'elle a fait. Elle aurait certainement appuyé sur la détente. Ce n'était un secret pour personne qu'Usagi Fujiko cherchait à mourir. Non, la décision d'Omi n'avait rien à voir avec ces excuses publiques. La raison profonde en était que Yabu avait insulté sa mère et sa femme devant des paysans, aujourd'hui. Il les avait fait attendre pendant des heures au soleil puis les avait congédiées comme de vulgaires paysannes.

« Ça n'a pas d'importance, mon fils, lui avait dit sa mère. C'est un de ses privilèges.

— C'est notre suzerain », lui avait dit Midori, sa femme. Des larmes de honte roulaient sur ses joues. « Je vous en prie, excusez-le.

Et cet ordre concernant mon père ?

— Ce n'est pas encore un ordre. Ce n'est qu'une rumeur.

Le message que j'ai reçu de mon père dit que Yabu a l'intention de lui donner ordre de se raser le crâne et de se faire moine, ou de s'ouvrir le ventre. La femme de Yabu s'en vante en privé !

— Ce sont des on-dit rapportés à votre père. On ne peut pas toujours faire confiance aux espions. Je suis désolée, mon fils, mais votre père n'est pas très sage.

— Que va-t-il vous arriver, ma mère, si cette rumeur s'avère fondée ?

— Quoi qu'il arrive, c'est le *karma.*

— Non. Ces insultes sont insupportables.

— Je vous en prie, mon fils, acceptez-les.

— J'ai donné la clef du bateau, de l'Anjin-san et des nouveaux barbares, celle qui le sortait du piège de Toranaga, à Yabu. Mon aide lui a procuré un prestige immense. Avec cette épée symbolique, il est devenu second de Toranaga pour les armées de l'Est. Qu'avons-nous reçu en échange ? Des insultes.

— Acceptez votre *karma.*

— Vous le devez, mon mari, je vous en supplie. Écoutez dame votre mère !

— Je ne peux pas vivre avec cette honte. Je me vengerai. Je me tuerai ensuite.

— Pour la dernière fois, mon fils, acceptez, je vous en conjure, votre *karma.*

— Mon *karma* est d'éliminer Yabu. »

La vieille dame avait soupiré.

« Très bien. Vous êtes un homme. Vous avez le droit de décider. Ce qui doit être doit être. Mais la mort de Yabu n'est rien en elle-même. Nous devons dresser un plan. Son fils doit, lui aussi, être éliminé, ainsi qu'Igurashi. Votre père pourrait devenir chef du clan selon son droit. »

Je n'ai pas de suzerain. Qui vais-je servir maintenant, se demandait Omi. Ikawa Jikkyu ? Toranaga ? Ishido ? Toranaga me donnera-t-il ce que je veux en échange ?

Cet après-midi, Yabu avait réuni Igurashi, Omi et les quatre capitaines et avait mis son plan clandestin d'entraînement des cinq cents samouraïs artilleurs en action. Igurashi devait en assurer le commandement. Ils s'étaient consultés sur la manière d'incorporer les hommes de Toranaga dès leur arrivée et sur la façon de les neutraliser s'ils s'avéraient être des traîtres. Omi avait suggéré que trois unités secrètes de réserve, de cent samouraïs chacune, soient entraînées subrepticement de l'autre côté de la péninsule. Précaution supplémentaire contre un mouvement habile et traître de Toranaga.

« Qui commandera les hommes de Toranaga ? Qui enverra-t-il comme second ? avait demandé Igurashi.

— Ça ne fait aucune différence, avait répondu Yabu. Je nommerai ses cinq adjoints. Ils auront la responsabilité de lui trancher la gorge, si besoin est. Le mot code signifiant "tuer" sera "prunier". Igurashi-san, vous choisirez demain les hommes dont la nomination sera soumise à mon accord. Aucun d'entre eux ne devra connaître (du moins pas encore) ma stratégie concernant le Régiment des mousquets. »

Tout en observant Yabu, Omi savourait ce sentiment d'extase que lui procurait l'idée de vengeance. Tuer Yabu serait facile mais l'assassinat devra être soigneusement préparé. Ce n'est qu'à ce moment-là que son père et son frère aîné seront à même de contrôler le clan et Izu.

Yabu en vint au vif du sujet. « Mariko-san, ayez la bonté de dire à l'Anjin-san que je veux le voir commencer l'entraînement de mes hommes dès demain. Il doit leur apprendre à tuer comme des barbares. Je veux savoir tout ce qu'il est possible de savoir sur la façon dont les barbares font la guerre.

— Mais les mousquets n'arriveront pas avant six jours, lui rappela Mariko.

— Mes hommes suffisent pour l'instant, répondit-il, Je veux qu'il commence demain.

— Que veut-il savoir de la guerre ? demanda Blackthorne.

— Il dit qu'il veut tout savoir.

— Quoi en particulier ?

— Yabu-san demande si vous avez pris part à des batailles, à terre ?

— Oui. Aux Pays-Bas. Une fois aussi, en France.

— Yabu-san dit que c'est parfait. Il veut tout savoir de la stratégie européenne, comment se livre une bataille, chez vous. En détail. »

Blackthorne réfléchit, puis dit : « Dites à Yabu-san que je peux entraîner le nombre d'hommes qu'il désire. Je sais exactement ce qu'il veut savoir. » Il avait beaucoup appris sur la façon dont les Japonais faisaient la guerre grâce au frère Domingo qui était un expert. « Je sais tout de la guerre, señor, je sais tout de la guerre. C'était la volonté de Dieu... C'était mon devoir de tout savoir de la guerre. Peut-être que Dieu m'a envoyé pour vous l'apprendre, au cas où je mourrais. Écoutez-moi, Mes brebis, ici dans cette prison, ont été mes professeurs et m'ont tout appris de l'art de la guerre chez les Japonais, señaor. Je sais donc comment se battent leurs armées, comment les battre et comment elles peuvent nous battre. Souvenez-vous, señor, je vous livre un secret : ne venez pas ajouter les armes et les méthodes modernes à la férocité des Japonais, sinon ils nous battront sur terre et nous détruiront. »

Blackthorne s'en remit à Dieu et dit : « Dites à Sire Yabu que je peux immensément l'aider, ainsi que Sire Toranaga. Je peux rendre leurs armées imbattables.

— Sire Yabu dit : si ce que vous dites est vrai, Anjin-san, il augmentera votre salaire. Des deux cent quarante *koku* par an que vous a octroyés sire Toranaga, votre revenu passera à cinq cents *koku* par mois.

— Remerciez-le mais dites-lui que je lui demande une faveur en échange : je veux qu'il annule le décret qui pèse sur le village. Je veux que mon bateau et mon équipage me soient rendus dans cinq mois.

— Anjin-san, vous ne pouvez pas marchander avec lui, comme un vulgaire maquignon.

— Demandez-le-lui, je vous en prie. Une humble faveur faite par un invité d'honneur et futur vassal reconnaissant. »

Yabu fronça les sourcils et répondit : « Yabu-san dit que le village n'a aucune importance, que les habitants ont besoin d'être sur des charbons ardents si l'on veut obtenir quelque chose d'eux, que vous n'avez pas à vous inquiéter. Quant au bateau, il est sous la protection de sire Toranaga. Il est sûr que vous le récupérerez très bientôt. Il me demande de présenter votre requête à Sire Toranaga dès mon arrivée à Yedo. Je le ferai, Anjin-san.

— Présentez mes excuses à Sire Yabu, mais je dois lui demander d'annuler le décret, cette nuit.

— Il refuse, Anjin-san. Ça ne se fait pas.

— Je comprends. Redemandez-le-lui. C'est trés important pour moi... une pétition.

— Je vous demande d'être patient. Ne vous inquiétez pas pour les habitants. »

Blackthorne acquiesça, puis se décida. « Merci, je comprends. Ayez la gentillesse de remercier Yabu-san et dites-lui que je ne puis vivre avec cette honte. »

Mariko pâlit. « Quoi ?

— Je ne puis vivre avec ce village et cette honte sur la conscience. Je suis déshonoré. Je ne peux le supporter. C'est contre mes croyances chrétiennes. Je dois me suicider immédiatement.

— Vous suicider ?

— Oui, C'est ce que j'ai décidé. »

Yabu l'interrompit. « *Nanja,* Mariko-san ? »

Elle traduisit hors d'haleine ce que Blackthorne venait de dire. Yabu la questionna, puis dit : « Si vous n'aviez pas aussi vivement réagi, j'aurais cru que c'était une blague, Mariko-san. Pourquoi vous sentez-vous aussi concernée ? Qui vous fait croire qu'il en a vraiment l'intention ?

— Je ne sais pas, Sire. Il semble... Je ne sais pas... » Sa voix se fit traînante.

« Omi-san ?

— Le suicide est contraire aux croyances chrétiennes. Ils ne se suicident pas, comme le ferait un samouraï.

— Vous êtes chrétienne, Mariko-san. Est-ce vrai ?

— Oui, Sire. Se suicider est un péché mortel. C'est contraire à la parole divine.

— Igurashi-san ? Qu'en pensez-vous ?

— C'est du bluff. Il n'est pas chrétien. Souvenez-vous du premier jour, Sire. Souvenez-vous de ce qu'il a fait au prêtre. » Yabu sourit. Il se souvenait de ce jour-là, de la nuit qui avait suivi. « Oui, je suis d'accord. Il n'est pas chrétien, Mariko-san.

— Je vous prie de m'excuser, mais je ne comprends pas, Sire. Que s'est-il passé avec le prêtre ? »

Yabu lui raconta ce qui s'était passé le premier jour entre Blackthorne et le père Sebastio.

« Il a profané une croix ? dit-elle, visiblement choquée.

— Et il a jeté les morceaux dans la poussière, ajouta Igurashi. Ce n'est que de la comédie, Sire. »

Yabu but un peu de saké. « Dites-lui ceci : le suicide n'est pas une coutume barbare. C'est contraire à la parole divine. Comment peut-il donc se suicider ? »

Mariko traduisit. Yabu observa Blackthorne attentivement.

« L'Anjin-san vous prie de l'excuser mais il dit que coutumes ou pas, la honte qu'il ressent à cause de ce décret est trop lourde à supporter. Il dit que... qu'il est au Japon, qu'il est *hatamoto* et qu'il a le droit de vivre selon nos lois. » Ses mains tremblaient. « Voilà ce qu'il a dit, Yabu-san. Le droit de vivre selon nos coutumes, notre loi.

— Les barbares n'ont aucun droit.

— Sire Toranaga l'a nommé *hatamoto.* Cela lui en donne le droit, *neh ?*

— Comment compte-t-il se suicider ? Demandez-le-lui.

Blackthorne sortit la courte épée de sa ceinture et la déposa doucement sur le tatami, pointe tournée vers lui.

Yabu fronça les sourcils. Ses battements de cœur ralentirent. « Que me conseillez-vous, Omi-san ?

— Vous avez dit au village, Sire : "Si l'Anjin-san n'apprend pas *de manière satisfaisante."* Je vous conseille de faire une toute petite concession. Dites-lui que, quoi qu'il ait appris en cinq mois, vous considérerez ses connaissances "satisfaisantes". Il devra en échange jurer sur son Dieu de ne jamais révéler cette concession au village.

— Mais il n'est pas chrétien. Comment ce serment pourrait-il le lier ?

— Je crois qu'il l'est, Sire. Il est contre les Robes noires, c'est ce qui importe. Je crois que prêter serment sur son Dieu le lierait. Il devrait également jurer, au nom de ce Dieu, d'apprendre de tout son cœur et de vous être entiérement dévoué. Il aura beaucoup appris en cinq mois parce qu'il est intelligent. Ainsi votre honneur est sauf. Le sien, s'il existe, l'est également. Vous ne perdez rien. Vous gagnez tout. Chose très importante, il vous fait serment d'allégeance de son plein gré.

— Vous croyez qu'il va se tuer ?

— Oui.

— Mariko-san ?

— Je ne sais pas, Yabu-san. Je suis désolée mais je ne peux vous conseiller. J'aurais dit non il y a quelques heures. Maintenant, je ne sais plus. Il est... depuis qu'Omi-san est venu le chercher cette nuit... il est... différent.

— Igurashi-san ?

— Si vous lui cédez et si c'est de la comédie, il recommencera la prochaine fois en usant du même procédé. Il est rusé. Nous avons tous vu combien il était rusé, *neh ?* Il vous faudra dire "non" un de ces jours, Sire. Je vous conseille de le dire maintenant. C'est de la comédie. »

Omi se pencha et secoua la tête : « Sire, excusez-moi mais je dois vous le répéter : si vous dites non, vous courrez un gros risque. Vous avez besoin de lui. Il a demandé une chose à laquelle il a droit en tant que *hatamoto.* Il dit qu'il veut vivre selon nos coutumes, et ce de sa propre volonté. N'est-ce pas un énorme pas en avant, Sire ? C'est merveilleux et pour vous et pour lui. Je vous conseille la prudence. Usez de lui mais à votre avantage.

— J'en ai bien l'intention », dit Yabu d'une voix empâtée.

Igurashi dit : « Oui, il est très précieux. Oui, je veux savoir ce qu'il sait mais il faut le contrôler. Vous l'avez vous-même répété des dizaines de fois, Omi-san. C'est un barbare. Voilà ce qu'il est. Oh, je sais ! Il est *hatamoto,* et il peut porter les deux épées à partir d'aujourd'hui. Mais ça n'en fait pas un samouraï pour autant. Il n'est pas et ne sera jamais un samouraï. »

Les yeux traqués de Blackthorne fixaient le lointain. Des perles de sueur couvraient son front.

« Mariko-san ?

— Oui, Seigneur ?

— Dites-lui... » La bouche de Yabu devint soudainement sèche. Sa poitrine lui fit mal. « Dites à l'Anjin-san que la condamnation est maintenue.

— Sire, excusez-moi mais je vous adjure d'écouter les conseils d'Omi-san. » Yabu ne la regarda pas. Il observait Blackthorne. La veine de son front tambourinait.

L'Anjin-san dit qu'il est décidé. Qu'il en soit donc ainsi. Voyons s'il est barbare ou... un *hatamoto.* »

La voix de Mariko était presque inaudible. « Anjin-san, Yabu-san confirme la condamnation. Je suis désolée. »

Blackthorne l'entendit mais n'en fut point troublé. Il se sentait plus fort et plus serein que jamais.

Il les avait écoutés, observés. Il s'était engagé. Il confiait le reste à Dieu. Il s'était enfermé dans ses pensées, ressassant encore et toujours les mêmes mots, ces mots qui lui avaient permis de vivre ici, ces mots que Dieu lui avait certainement envoyés par le biais de Mariko. « Il existe une solution très simple... mourez. Vous devez, pour survivre ici, vivre selon nos coutumes.

— ... Il confirme la condamnation. »

Je dois donc mourir.

Je devrais avoir peur. Mais ce n'est pas le cas. Pourquoi ?

Je ne sais pas. Je ne sais qu'une chose : au moment où j'ai décidé que le seul moyen de vivre ici était de vivre selon leurs lois, de risquer ma vie, de mourir... de mourir peut-être, la peur de la mort m'a quitté. « La vie et la mort ne sont que deux mêmes choses. »

De l'autre côté du panneau coulissant, la pluie s'était mise à tomber doucement. Il regarda le couteau posé à terre, puis se tourna vers Yabu.

« *Wakarimasu* », dit-il très clairement. Ses lèvres avaient articulé le mot. Il avait pourtant l'impression que quelqu'un d'autre avait parlé à sa place.

Personne ne broncha.

Il vit sa main droite saisir le couteau, et sa main gauche, la garde. La lame était bien droite et ferme, pointée vers son cœur. Il n'y avait plus d'autre bruit que celui de sa vie, qui augmentait de plus en plus, grondait de plus en plus jusqu'à ne plus pouvoir l'écouter. Son âme réclamait le silence éternel.

Un cri déclencha son réflexe. Ses mains portèrent sans hésitation le couteau vers leur cible. Omi était prêt à l'arrêter mais il ne s'attendait pas à la soudaineté et à la férocité du coup. Igurashi vint à son secours et, tous deux, ils arrêtèrent la lame à temps. Ils arrachèrent le couteau des mains de Blackthorne. Un mince filet de sang coulait sur sa peau, juste au-dessus du cœur, là où la lame avait pénétré.

Mariko et Yabu n'avaient pas bougé.

« Dites-lui, dites-lui que tout ce qu'il aura appris sera jugé satisfaisant, Mariko-san. Ordonnez-lui... non, demandez-lui... demandez à l'Anjin-san de jurer comme Omi-san l'a suggéré. Tout ce qu'Omi-san a suggéré. »

Blackthorne revint doucement à la vie. Il les regarda fixement puis jeta un coup d'œil sur le couteau, de très loin, sans comprendre. Le torrent de la vie se remit à couler en lui à toute allure mais il ne put en saisir la signification, convaincu qu'il était d'être mort.

« Anjin-san ? Anjin-san ? »

Il vit bouger ses lèvres, entendit ses paroles mais il concentrait toute son attention sur la pluie et la brise. « Oui. » Sa voix était lointaine. Les autres étaient assis en silence. Aucun homme, dans tout le Japon, n'avait jamais vu chose pareille.

Tout était tranquille. Cette absence de vie sembla éternelle à Blackthorne. Puis ses yeux se mirent à voir, ses oreilles à entendre.

« Anjin-san ?

— *Hai ?* » répondit-il dans un état de fatigue qu'il n'avait jamais connu auparavant.

Mariko répéta ce qu'Omi avait dit comme si ça venait de Yabu. Elle dut répéter plusieurs fois avant d'être certaine qu'il ait vraiment compris. Blackthorne rassembla ses dernières forces. La victoire lui était douce.

« Ma parole est suffisante, la sienne aussi. Je jure quand même devant Dieu comme il le demande. Oui, je le jure. Tout comme Yabu-san jurera devant son propre Dieu de respecter les clauses du contrat.

— Sire Yabu est d'accord. Il le jure devant le Seigneur Bouddha. »

Blackthorne accepta. Jamais le thé n'avait été aussi délicieux. La tasse lui semblait trop lourde et il ne put la tenir très longtemps.

« Pourquoi ne pas vous reposer, Anjin-san ? Sire Yabu vous remercie et dit qu'il vous parlera demain. Reposez-vous, maintenant !

— Oui. Merci. Ce serait bien, en effet.

— Vous croyez que vous pouvez tenir sur vos jambes ?

— Oui, je crois.

— Yabu-san demande si vous désirez un palanquin ? »

Blackthorne réfléchit. Un samouraï doit marcher... doit du moins essayer. Il ramassa le couteau lentement, l'étudia puis le mit dans son fourreau. Tout cela lui prit beaucoup de temps.

« Je suis désolé d'être si lent, murmura-t-il.

— Vous ne devez pas l'être, Anjin-san. Vous renaissez à la vie, ce soir. C'est une autre vie. Une nouvelle vie, dit Mariko fièrement. Peu de gens en reviennent. Ne soyez pas désolé, Nous savons que cela exige beaucoup de courage. La plupart des hommes n'ont pas assez de force ensuite pour se relever. Puis-je vous aider ?

— Non, merci.

— Ce n'est pas un déshonneur de se faire aider. Je serais très honorée si vous me le permettiez.

— Merci. Mais je...je voudrais essayer tout seul. »

Il ne put se mettre debout immédiatement. Il dut se servir de ses mains pour s'agenouiller et se reposer quelques instants afin de rassembler ses forces. Un peu plus tard, il se leva en hésitant, vacilla, tomba, se releva en titubant.

Yabu s'inclina. Mariko, Omi et Igurashi également.

Blackthorne avança comme un ivrogne pendant les premiers mètres. Il s'agrippa à un pilier, s'y tint pendant un moment, puis se remit en marche, vacilla, mais s'éloigna seul. Il garda une main sur son épée fichée dans sa ceinture et s'en alla la tête haute. Yabu soupira et but une bonne gorgée de saké. Quand il put parler, il dit à Mariko : « Suivez-le et veillez à ce qu'il retourne chez lui sans encombre.

— Oui, Sire. »

Quand elle fut partie, Yabu se tourna vers Igurashi. « Toi, espèce de sale crétin d'imbécile ! »

Igurashi baissa les yeux et s'inclina vers la natte, en signe de pénitence.

« Tu as dit que c'était de la comédie, *neh ?* Ta stupidité a failli me coûter un trésor inestimable !

— Oui, Sire, vous avez raison. Je vous demande immédiatement la permission de mettre fin à mes jours.

— Ce serait trop beau pour toi ! Va vivre aux écuries jusqu'à ce que je t'y fasse chercher ! Dors avec les chevaux stupides ! Tu es un sinistre crétin avec une cervelle de cheval !

— Oui, Sire. Excusez-moi, Sire.

— Sors d'ici ! C'est Omi-san qui commandera les mousquets. Sors d'ici ! »

Les flammes des bougies dansèrent. « Comédie ? Il a dit que c'était de la comédie. Pourquoi suis-je entouré d'imbéciles ? » Omi ne dit rien. Il exultait intérieurement.

« Toi, Omi-san, tu n'es pas un imbécile. Tes conseils me sont précieux. Ton fief est doublé à partir d'aujourd'hui. Six cents *koku,* pour l'année prochaine. Agrandis ton fief de trente *ri,* tout autour d'Anjiro. »

Omi s'inclina. Yabu devrait mourir, pensa-t-il, méprisant. Il est si facile à manipuler. « Je ne mérite rien, Sire. Je ne faisais que mon devoir.

— Oui. Mais un suzerain doit récompenser la fidélité et le devoir. »

Yabu portait son épée Yoshitomo, cette nuit-là. Cela lui faisait très plaisir de la toucher.

Il appela l'une des servantes : « Suzu ! — Fais venir Zukimoto !

— Quand va commencer la guerre ? demanda Omi.

— Cette année. Tu as peut-être six mois devant toi. Pourquoi ?

— Dame Mariko devrait peut-être rester plus de trois jours. Pour vous protéger.

— Ah, bon, pourquoi ?

— Elle est la parole de l'Anjin-san. Avec elle comme interprète, il pourrait entraîner vingt hommes en quinze jours qui pourraient à leur tour en entraîner cent qui pourraient enfin entraîner le reste. Qu'il meure ou qu'il vive n'aurait plus alors aucune importance.

— Pourquoi devrait-il mourir ?

— Le résultat peut être différent la prochaine fois, qui sait ? Vous pouvez vouloir sa mort. Vous pouvez vouloir faire pression sur lui. A quoi vous servirait la carcasse, une fois la substance extraite ?

— A rien.

— Vous devez apprendre la stratégie des barbares mais vous devez le faire rapidement. Sire Toranaga peut venir le reprendre. Vous devez donc garder cette femme aussi longtemps que possible. Quinze jours sont bien suffisants pour lui soutirer tout ce qu'il sait, maintenant que vous avez son attention. Il faudra expérimenter, adapter leurs méthodes aux nôtres. Oui, ça prendra bien un mois, *neh ?*

— Et Toranaga-san ?

— Il acceptera si on sait lui présenter les choses, Sire. Il doit accepter. Les mousquets sont aussi bien sa propriété que la nôtre. Et la présence de Mariko-san peut être très précieuse en d'autres domaines,

— Oui », dit Yabu avec satisfaction. La retenir en otage lui avait traversé l'esprit sur le bateau quand il avait pensé offrir Toranaga en sacrifice à Ishido. « Toda Mariko doit être protégée. Il serait très mauvais qu'elle tombe entre de vilaines mains.

— Oui. Elle serait peut-être ce moyen idéal pour contrôler Hiromatsu, Buntaro et leur clan. Peut-être même Toranaga.

— Libellez le message la concernant. »

Omi dit : « Ma mère a reçu des nouvelles de Yedo, aujourd'hui. Elle m'a prié de vous dire que la dame Genjiko venait de donner son premier petit-fils à Toranaga. »

Yabu prêta immédiatement attention.

Le petit-fils de Toranaga ! Serait-il possible de contrôler Toranaga par le biais de son petit-fils. Ce bébé assure sa dynastie, *neh ?* Comment puis-je prendre l'enfant en otage ? « Et Ochiba ? demanda-t-il.

— Elle a quitté Yedo il y a trois jours, avec toute sa suite. Elle est en sécurité sur le territoire d'Ishido.

— Maintenant que la dame Ochiba n'est plus retenue en otage à Yedo... ce pourrait être bon et mauvais... dit Yabu, tenté. *Neh ?*

— Bon. Ce ne peut-être que bon. Ishido et Toranaga doivent bientôt s'affronter. » Omi fit exprès de ne pas accoler le suffixe « sama » après leurs deux noms. « Dame Mariko devrait rester pour votre protection.

— Veille à ce qu'il en soit ainsi. Rédige le message destiné à Toranaga. »

Suzu, la servante, frappa discrètement et ouvrit la porte. Zukimoto entra.

« Sire ?

— Où sont les cadeaux que j'ai fait venir de Mishima pour Omi-san ?

— Ils sont dans l'entrepôt, Sire. Voici l'inventaire. Les deux chevaux peuvent être choisis aux écuries. Voulez-vous que je le fasse maintenant ?

— Non. Omi-san les choisira lui-même demain. » Yabu jeta un coup d'œil sur la liste : Vingt kimonos (deuxième qualité), deux épées, une armure (réparée mais en bon état), deux chevaux, des armes pour cent samouraïs, une épée, un casque, un pectoral, un arc, vingt flèches et une lance pour chaque homme (première qualité). Valeur totale : quatre cent vingt-six *koku*. Une pierre nommée « Pierre d'attente ». Valeur inestimable.

« Ah, oui, dit-il, de meilleur humeur, au souvenir de cette nuit-là.

— La pierre que j'ai trouvée à Kyushu. Tu voulais la rebaptiser "le barbare en attente", n'est-ce pas ?

— Oui, Sire, si cette apellation vous plaît toujours, dit Omi. Me feriez-vous l'honneur de choisir son emplacement dans mon jardin, demain ? Je ne crois pas qu'il y ait d'endroit satisfaisant.

— J'en déciderai demain. Oui. » Yabu laissa errer ses pensées, puis il remarqua la présence de Zukimoto. « Qu'attends-tu ? Va-t'en !

— Vous m'aviez demandé de vous rappeler les problèmes d'impôts, Sire. »

Zukimoto transporta sa masse de chair suante et sortit en hâte.

« Omi-san, tu vas immédiatement doubler les impôts.

— Oui, Sire.

— Maudits paysans qui ne travaillent pas assez ! Ils sont paresseux. Tous ! Je leur garantis la sécurité des routes terrestres et maritimes contre tous les bandits. Je leur offre un bon gouvernement et qu'est-ce qu'ils font ? Ils passent leurs journées à boire du thé, du saké et à manger du riz. Il est temps que mes paysans songent à prendre leurs responsabilités !

— Oui, Sire. »

Yabu en vint au sujet qui lui tenait pour le moment le plus à cœur.

« L'Anjin-san m'a vraiment stupéfié, cette nuit. Pas toi ?

— Oh, oui, Sire. Plus que vous. Mais vous avez fait preuve de sagesse en le laissant s'engager totalement.

— Tu veux dire qu'Igurashi avait raison ?

— J'admire simplement votre sagesse, Sire. Il vous aurait fallu dire "non" un de ces quatre matins. Je crois que vous avez fait preuve d'une grande sagesse en le lui disant tout de suite.

— J'ai cru qu'il allait se tuer. Heureusement que tu étais prêt. J'étais d'ailleurs persuadé que tu serais prêt à intervenir. L'Anjin-san est un homme extraordinaire, pour un barbare, *neh ?* Dommage qu'il soit barbare et stupide.

— Oui. »

Yabu bâilla, accepta le saké que lui offrait Suzu. « Quinze jours ? Mariko-san doit au moins rester quinze jours, dis-tu ? Je prendrai ensuite une décision vis-à-vis d'elle et de l'Anjin-san. Il a besoin de recevoir bientôt une autre leçon. » Il rit, montrant ses dents gâtées.

« Si l'Anjin-san nous apprend des choses, nous devrons à notre tour lui en apprendre, *neh ?* On pourra lui apprendre à se faire seppuku correctement. Ce sera à voir, *neh ?* Veille là-dessus. Oui, je suis d'accord avec toi. Les jours du barbare sont comptés. »

32

Douze jours plus tard, le courrier d'Osaka arriva accompagné par dix samouraïs. Les chevaux, couverts de sueur et d'écume, étaient exténués. Les fanions piqués au haut des lances portaient l'emblème du tout-puissant Conseil des régents. Il faisait chaud. Le temps était couvert et humide. Le courrier, lieutenant d'Ishido, était un samouraï de haut rang, ascétique et de taille élancée. Il s'appelait Nebara Jozen et était réputé pour sa rudesse. Son uniforme gris était froissé et maculé de boue, ses yeux rouges de fatigue. Il refusa la boisson et la nourriture qu'on lui offrait et exigea audience immédiate auprès de Yabu.

« Veuillez excuser mon arrivée, Yabu-san, mais mon motif est urgent. Oui, je vous en demande pardon. Mon maître veut savoir pourquoi vous entraînez les soldats de Toranaga avec les vôtres. Il veut également savoir pourquoi ils s'entraînent avec ces mousquets. »

Yabu rougit devant tant d'insolence, mais se contint, sachant que Jozen avait dû recevoir des instructions, qu'un tel manque de manières signifiait une position de force authentique. Il était furieux que des fuites aient encore eu lieu au sein de son réseau de sécurité.

« Vous êtes le bienvenu, Jozen-san. Vous pouvez assurer votre maître que je prends toujours ses intérêts à cœur », dit-il avec une courtoisie qui ne trompa personne.

Omi-san était assis derrière Yabu. Igurashi, qui avait été pardonné quelques jours plus tôt, se trouvait près de Jozen. Des gardes dignes de confiance les entouraient,

« Votre maître a-t-il dit autre chose ? »

Jozen répondit : « Mon maître sera heureux de savoir que vos intérêts sont toujours les siens. Mais en ce qui concerne les mousquets et cet entraînement, il aimerait bien savoir pourquoi le fils de Toranaga, Naga, est second en chef. Second en chef de quoi ? Qu'y a-t-il de si important ici pour justifier sa présence ? demande poliment Sire Ishido. Tout ce que font ses alliés l'intéresse. Pourquoi, par exemple, le barbare semblet-il s'occuper de l'entraînement ? Entraînement de quoi ? Oui, Yabu-sama, tout cela est très intéressant. » Jozen arrangea ses épées pour être plus à l'aise. Il était heureux d'avoir le dos protégé par ses hommes. « Autre chose : le Conseil des régents se réunit le premier jour de la nouvelle lune. Dans vingt jours. Vous êtes officiellement invité à Osaka pour venir prêter serment de fidélité. »

Le ventre de Yabu se contracta. « Je crois que Toranaga-sama a démissionné,

— Il a démissionné en effet, Yabu-san, mais sire Ito Teruzumi le remplace, Mon maître devient nouveau président des régents. »

Yabu était affolé. Toranaga lui avait juré que les quatre régents n'arriveraient jamais à se mettre d'accord sur le cinquième, Ito Teruzumi était un *daimyō* d'importance mineure, de la province de Negato, à l'ouest de Honshu, mais sa famille était ancienne et descendait des Fujimoto. Sa candidature était donc tout à fait recevable. Il était pourtant inefficace, efféminé. Une marionnette. « Je serais très honoré de recevoir leur invitation, dit Yabu sur la défensive, essayant de gagner du temps.

— Mon maître pense que vous aimeriez partir tout de suite. Vous arriveriez ainsi à temps à Osaka pour la rencontre officielle. Il m'a ordonné de vous dire que tous les *daimyōs* allaient recevoir la même invitation. Ils auront ainsi la possibilité d'être à Osaka pour le vingt et unième jour. S. A. I. l'empereur Go Nijo a autorisé qu'un *ikebana* ait lieu à cette occasion. » Jozen lui tendit le parchemin officiel.

« Ce parchemin ne porte pas le sceau du Conseil des régents.

— Mon maître vous envoie son invitation maintenant, sachant qu'en tant que loyal vassal de feu le Taikō, de Yaemon son fils et héritier, dirigeant légitime de l'empire dès qu'il sera en âge de gouverner, vous comprendrez que le nouveau Conseil approuvera, bien sûr, ses actions, *neh ?*

— Ce serait très certainement un immense privilège que d'assister à cette rencontre. » Yabu se débattait pour ne pas perdre la face.

« Très bien », dit Jozen. Il sortit un autre parchemin, le déroula et le tendit. « Voici un exemplaire de la lettre de nomination de sire Ito approuvée et signée par les autres régents, les Sires Ishido, Kiyama Onoshi et Sugiyama. » Jozen ne se priva pas d'arborer un air triomphant, sachant que cette lettre refermait définitivement le piège sur Toranaga et ses alliés. Cc papier les rendait, de même, lui et ses hommes, invulnérables.

Yabu prit le rouleau. Ses doigts tremblaient. Il n'y avait pas de doute sur son authenticité. Il avait été contresigné par la dame Yodoko, femme du Taikō, qui certifiait que le document avait été bien paraphé en sa présence. Cet exemplaire était destiné aux seigneurs d'Iwari, Mikawa, Totomi, Suruga, Izu et du Kwanto. Il avait été daté onze jours plus tôt.

« Les seigneurs d'Iwari, Mikawa, Suruga et Totomi ont déjà accepté. Voici leurs sceaux. Vous êtes l'avant-dernier de la liste.

— Remerciez votre maître et dites-lui que j'espère le rencontrer et le féliciter très bientôt, dit Yabu.

— Très bien. Je veux que cela soit dit par écrit. Cela serait bien, si vous le faisiez tout de suite.

— Ce soir, Jozen-san. Après le dîner.

— Très bien. Pouvons-nous aller assister à l'entraînement ?

- Il n'y en a pas aujourd'hui. Tous mes hommes sont partis en marche forcée », dit Yabu. Dès que Jozen et ses samouraïs étaient entrés sur le territoire d'Izu, Yabu avait été prévenu. Il avait ordonné de cesser tous les tirs et de continuer l'entraînement aux armes blanches, loin d'Anjiro. « Vous pouvez venir avec moi, demain... à midi, si vous le désirez. » Jozen scruta le ciel. C'était la fin de l'après-midi. « Très bien. J'aimerais dormir un peu. Mais je reviendrai avec votre permission à la tombée de la nuit, Vous me raconterez, dans l'intérêt de mon maître, tout sur l'entraînement, les mousquets. Tout du barbare.

— Il est... Oui, bien sûr. » Yabu fit signe à Igurashi : « Arrangez les chambres pour mon invité et ses hommes.

— Merci. Ce n'est pas nécessaire. Le sol est une natte suffisante pour un samouraï, et la selle, un oreiller tout à fait convenable... J'aimerais seulement prendre un bain, si vous le permettez... cette humidité, *neh ?* Je camperai, avec votre permission, sur la crête.

— Comme vous voulez. » Jozen s'inclina avec raideur et se retira, entouré de ses hommes. Deux archers gardaient leurs chevaux.

Une fois qu'ils se furent éloignés, le visage de Yabu devint rouge de colère : « Qui m'a trahi ? Qui ? Où est l'espion ? »

Igurashi congédia les gardes. Il était tout aussi pâle que Yabu.

« Ce doit être à Yedo, Sire. La sécurité est parfaite, ici.

— *Oh ko !* dit Yabu, déchirant presque ses vêtements. Je suis trahi. Nous sommes isolés. Izu et le Kwanto sont isolés. Ishido a gagné. Il a gagné. »

Omi dit rapidement : « Il n'a pas encore gagné. Il reste vingt jours, Sire. Envoyez immédiatement un message à sire Toranaga. Informez-le de la...

— Imbécile ! siffla Yabu. Toranaga le sait déjà. Là où j'ai un seul espion, il en a cinquante. Il m'a laissé dans le piège !

— Je ne le crois pas, Sire. Iwari, Mikawa, Totomi et Suruga lui sont tous hostiles, *neh ?* Hostiles à tous ceux qui sont ses alliés. Ils ne l'auraient jamais prévenu. Il ne le sait donc peut-être pas encore. Informez-le et suggérez-lui... »

— Tu n'as donc point entendu ? cria Yabu. Les quatre régents sont tombés d'accord sur la nomination d'Ito. Le Conseil a retrouvé une existence légale et se réunit dans vingt jours !

— La solution est très simple, Sire. Suggérez à Toranaga de faire assassiner Ito Teruzumi ou l'un des trois autres régents sur-le-champ. »

Yabu resta bouche-bée. « Quoi ?

— Si vous ne voulez pas le faire, laissez-nous, Igurashisan ou moi, le faire. Sire Ito mort, Ishido se retrouve seul.

— Je ne sais pas si tu es devenu fou, dit Yabu aux abois. Réalises-tu ce que tu viens de dire ?

— Sire, je vous adjure d'être patient avec moi. L'Anjinsan vous a appris des choses inestimables, *neh ?* Plus que nous ne pouvions en espérer. Toranaga sait tout ça par vos comptes rendus et ceux de Naga-san, Si nous pouvons gagner du temps, nos cinq cents mousquets et les trois cents supplémentaires nous donneront une puissance de feu absolue, unique. Quand l'ennemi, quel qu'il soit, aura compris notre stratégie, il l'apprendra très vite. Mais il aura perdu la première bataille. Une seule bataille, si c'est la bonne, peut assurer la victoire totale à Toranaga.

— Ishido n'a pas besoin de bataille. Il reçoit le mandat de l'empereur dans vingt jours.

— Ishido est un paysan. Il est le fils d'un paysan menteur. Il abandonne ses camarades au feu du combat. »

Yabu regarda fixement Omi, le visage marbré. « Tu... te rends-tu compte de ce que tu es en train de dire ?

— C'est ce qu'il a fait en Corée. J'y étais, Je l'ai vu. Mon père aussi. Ishido a *effectivement* abandonné Buntaro-san et nous a laissés nous frayer un chemin seuls. Ce n'est qu'un paysan, un traître... le chien du Taikō, c'est vrai. Vous ne pouvez pas faire confiance aux paysans. Mais, Toranaga, lui, est un Minowara. Vous pouvez lui faire confiance. Je vous conseille de prendre à cœur ses intérêts. »

Yabu secoua la tête. Il n'en croyait pas ses oreilles. « Es-tu sourd ? N'as-tu pas entendu Nebara Jozen ? Ishido a gagné. Le Conseil prend le pouvoir dans vingt jours.

— *Peut* le prendre...

— Même si Ito... comment pourrais-tu ? C'est impossible.

— Je peux essayer maisje ne parviendrai pas à le faire à temps. Personne ne peut réussir ; pas en vingt jours. Toranaga, seul, peut réussir. » Omi savait qu'il s'était jeté dans la gueule du loup. « Je vous supplie d'envisager ma suggestion. »

Yabu s'essuya le visage. Ses mains étaient moites. « Après une telle invitation, si le Conseil se réunit et sije ne suis pas présent, moi et tout mon clan sommes des hommes morts, toi y compris. J'ai besoin de deux mois pour entraîner mes hommes. Même s'ils étaient fin prêts, Toranaga et moi-même ne pourrions jamais vaincre les autres. Non, tu as tort, Je dois soutenir Ishido. »

Omi dit : « Vous n'avez pas besoin de vous rendre à Osaka avant dix jours. Quatorze, si vous y allez en marche forcée. Parlez immédiatement de Nebara Jozen à Toranaga. Vous sauverez lzu et la maison des Kasigi. Je vous en conjure. Ishido va vous trahir et vous dévorer. Ikawa Jikkyu est son parent, *neh ?*

— Et Jozen ? s'exclama Igurashi. Et les mousquets ? La grande stratégie ? Il veut tout savoir cette nuit.

— Racontez-lui tout en détail. Qu'est-il sinon un laquais ? » dit Omi, le manœuvrant. Il savait qu'il risquait le tout pour le tout, mais il devait essayer et empêcher Yabu de se ranger du côté d'lshido, de ruiner ainsi toutes leurs chances. « Faites-lui part de vos plans. »

Igurashi n'était pas du tout d'accord. « Dès que Jozen saura ce que nous faisons, il enverra un message à sire Ishido. C'est trop important pour qu'il n'en fasse rien. Ishido nous volera nos plans. C'en sera fini pour nous.

— Nous filons le messager et nous le tuons quand nous voulons. »

Yabu devint écarlate. « Ce parchemin était signé par l'autorité suprême du pays ! Ils voyagent tous sous la protection des régents ! Tu dois être fou pour suggérer pareille chose ! »

Omi secoua la tête. « Je crois que Yodoko-sama et les autres ont été dupés, tout comme Son Altesse Impériale l'a été, elle-même, par le traître Ishido. Nous devons protéger les mousquets, Sire. Nous devons arrêter tout messager...

— Silence ! Ton conseil n'est que pure folie ! »

Omi s'inclina sous la gifle verbale de Yabu, releva la tête et dit calmement : « Alors, permettez-moi de me faire seppuku, Sire. Mais d'abord, veuillez me laisser finir. Je manquerais à mon devoir si je n'essayais pas de vous protéger. Je vous demande cette dernière faveur en tant que fidèle vassal.

— Finis !

— Il n'y a pas de Conseil des régents, actuellement. Il n'y a donc aucune protection légale pour ce morveux insolent de Jozen et ses hommes. A moins que vous ne respectiez un document illégal ! » Omi allait dire : à moins que vous n'ayez la faiblesse, mais il tourna sa phrase et dit de sa voix calme et autoritaire : « En étant dupe de celui-ci, comme les autres, Sire. *Il n'existe pas de Conseil.* Ils ne peuvent vous "ordonner" de faire quoi que ce soit. Une fois qu'ils seront réunis, ils le pourront. Pour l'instant, combien de *daimyōs* vont y obéir avant que des ordres légaux puissent être donnés ? A part les alliés d'Ishido, *neh ?* Iwari, Mikawa, Totomi et Suruga ne sont-elles pas gouvernées par ses parents ou ses alliés ? Ce document signifie bien que la guerre est déclarée. Mais je vous demande de le considérer selon vos termes, à vous. Traitez cette menace avec le mépris qu'elle mérite ! Toranaga n'a jamais perdu une bataille. Ishido, si. Toranaga n'a pas pris part à l'attaque lancée par le Taikō sur la Corée. Ishido, si Toranaga est en faveur de la marine et du commerce. Ishido donnera, s'il remporte la victoire, votre fief d'Izu à Ikawa Jikkyu. Toranaga vous donnera toute la province de Jikkyu. Vous êtes l'allié privilégié de Toranaga. Ne vous a-t-il pas donné son épée ? Ne vous a-t-il pas donné le contrôle absolu des mousquets ? Ne nous garantissent-ils pas une victoire, *par surprise ?* Que donnera Ishido, ce paysan, en échange ? Il vous envoie un *ronin*-samouraï sans éducation, avec ordre de vous faire honte dans votre propre province ! Je dis bien que Toranaga Minowara est votre seul choix ! Vous devez vous ranger de son côté. » Il s'inclina et attendit silencieusement. Yabu jeta un coup d'œil vers Igurashi.

« Eh bien ?

— Je suis d'accord avec Omi-san, Sire. » Le visage d'Igurashi reflétait l'angoisse. « Ce serait quand même dangereux de tuer le messager. Jozen en dépêchera certainement un ou deux demain. Ils pourraient peut-être disparaître, tués par des bandits... » Il s'arrêta au milieu de sa phrase. « Les pigeons ! Il y en avait deux nasses dans les bagages de Jozen !

— Il faudra les empoisonner cette nuit, dit Omi.

— Comment ? Ils seront gardés.

— Je ne sais pas mais ils doivent être liquidés ou blessés avant l'aube. »

Yabu dit : « Igurashi, envoyez immédiatement quelques hommes pour surveiller Jozen et voir s'il lâche un de ses pigeons, aujourd'hui ou demain.

— Je vous suggérerais plutôt d'envoyer vos palefreniers et vos faucons vers l'est », ajouta Omi. Igurashi dit : « Il va soupçonner la trahison s'il voit ses oiseaux abattus ou empoisonnés. Omi haussa les épaules. « Il faut l'arrêter. » Igurashi regarda Yabu qui, résigné, acquiesça : « Faites-le ! »

Igurashi revint quelques instants plus tard et dit : « Une chose m'est venue à l'esprit, Omi-san. Tout ce que vous avez dit au sujet de Jikkyu et de sire Ishido est juste. Mais si vous nous conseillez de faire "disparaître" ces messagers, pourquoi jouer avec Jozen ? Pourquoi tout lui raconter ? Pourquoi ne pas les tuer tout de suite ?

— Pourquoi pas, en effet ? A moins que ça n'amuse Yabu-sama. Je trouve votre plan bien meilleur, Igurashisan. »

Les deux hommes regardaient Yabu. « Comment puis-je garder secréte l'existence des mousquets ? leur demanda-t-il.

— Tuez Jozen et ses hommes, répliqua Omi.

— Il n'y a pas d'autre moyen ? »

Omi et Igurashi firent non de la tête.

« Je pourrais peut-être marchander avec Ishido, dit Yabu, troublé, essayant de sortir du piège. Vous avez raison en ce qui concerne le temps qui m'est imparti. J'ai dix jours, quatorze au plus. Comment agir avec Jozen et avoir encore un peu de temps pour manœuvrer ?

— Vous seriez très sage en faisant semblant d'aller à Osaka, dit Omi.

— Mais il n'y a pas de mal à en informer Toranaga, *neh ?* L'un de nos pigeons atteindrait Yedo avant le crépuscule. Peut-être.

Igurashi dit : « Vous pourriez annoncer à Sire Toranaga l'arrivée de Jozen, la réunion du Conseil dans vingt jours. Mais c'est trop dangereux de parler par écrit de l'assassinat de Sire Ito, *neh ?*

— Je suis d'accord. Rien concernant Ito. Toranaga y pensera tout seul. C'est évident, *neh ?*

— Oui, Sire. Impensable mais évident. »

Omi garda le silence. Son cerveau cherchait désespérément une solution. Yabu le fixait mais il n'avait pas peur. Ses conseils étaient bons ; il ne les offrait que pour la protection de son clan, de sa famille. Qu'Omi ait décidé de liquider Yabu et de changer de chef de clan ne l'empêchait pas de le conseiller intelligemment. Il était prêt à mourir. Si Yabu était stupide au point de ne pas accepter le bien-fondé de ses idées, il n'y aurait plus de clan du tout. Yabu se pencha, toujours hésitant.

« Existe-t-il un moyen d'éliminer Jozen et ses hommes sans danger pour moi ? Existe-t-il un moyen qui me permette de rester neutre pendant dix jours ?

— Naga. Servez-vous de Naga comme appât », dit Omi simplement.

A la tombée de la nuit, Blackthorne et Mariko revinrent à cheval. Des cavaliers les suivaient. Ils étaient tous deux très fatigués. Elle montait comme un homme. Elle portait de larges pantalons et un manteau fermé par une ceinture, un chapeau à larges bords et des gants pour se protéger du soleil. Plus la peau était blanche, plus la personne était de haut rang. Des serviteurs se saisirent des rènes et emmenèrent les chevaux. Blackthorne congédia ses cavaliers dans un japonais acceptable et salua Fujiko qui attendait fièrement sous la véranda, comme d'habitude,

« Puis-je vous servir le thé, Anjin-san ?

— Non, dit-il cérémonieusement. Je vais d'abord prendre mon bain. Puis je prendrai du saké et je mangerai. » Il lui rendit son salut, traversa le couloir de la maison, sortit dans le jardin, prit l'allée circulaire qui menait à la maison de bain, au sol de terre boueuse. Une servante lui prit ses vêtements. Il entra et s'assit, nu. Une autre servante le frictionna, le savonna et l'aspergea d'eau. Puis, tout à fait propre, il entra dans la grande baignoire de fer et s'étendit dans l'eau chaude. Il laissa la chaleur s'infiltrer dans ses muscles, ferma les yeux. La sueur ruisselait sur son front.

« Anjin-san ?

— *Hai,* Mariko-san ? »

Elle le salua : « *Yabu ko wa kiden no goshusseki o kou-ya wa hitmyo to senu to oserareru,* Anjin-san. »

Les mots s'inscrivirent lentement dans sa tête « Sire Yabu ne désire pas vous voir ce soir.

— *Ichi ban,* dit-il, heureux. *Domo.*

— *Gomen nasai,* Anjin-san. *Anatawa...*

— Oui, Mariko-san », l'interrompit-il. La chaleur de l'eau lui enlevait toute son énergie. « Je sais que j'aurais dû vous répondre différemment mais je ne veux pas parler japonais aujourd'hui. Pas ce soir. Je me sens comme un écolier en vacances. Vous rendez-vous compte que je goûte enfin mes premiers moments de liberté depuis mon arrivée ?

— Oui. Je m'en rends compte, dit-elle, moqueuse. Vous rendez-vous compte, senhor capitaine-pilote B'rack'fon, que je goûte également mes premières heures de liberté depuis mon arrivée ? »

Il rit. Elle portait une robe de bain en coton épais, une serviette enroulée autour de la tête pour protéger ses cheveux.

« Je vous laisse la place, dit-il, s'apprêtant à sortir.

— Oh, non, je ne voulais pas vous déranger.

— Alors partagez-le avec moi. C'est merveilleux.

— Merci. » Elle enleva sa robe et s'assit sur le petit banc. Une servante se mit à la frictionner. Il supporta la chaleur aussi longtemps que possible puis émergea de l'eau et s'allongea haletant sur l'épaisse serviette. « Votre aide m'est tout à fait précieuse, Mariko-san.

— C'est un plaisir pour moi que de vous être utile. » Elle se détendait dans cette chaleur. « Fujiko est en train de vous mijoter un petit plat, pour le dîner.

— Oh ?

— Elle a acheté... je crois que vous appelez ça un faisan. C'est un gros oiseau. L'un des fauconniers l'a attrapé pour elle.

— Un faisan, *honto ?*

— *Honto.* Fujiko-san m'a demandé de vous le dire et vous prie de bien vouloir l'excuser s'il n'est pas très bien préparé.

— Je suis certain que ce sera parfait.
— Vous avez tellement changé en si peu de temps.
— Vraiment ? »

Il essaya de se souvenir de la première nuit. Il s'était débrouillé pour revenir à pied. Fujiko et les servantes l'avaient aidé à se mettre au lit. Après un sommeil sans rêves, il s'était levé à l'aube et était allé nager, puis, se séchant au soleil, il avait remercié Dieu de la force que lui avait donnée Mariko. En retournant vers la maison, il avait salué des habitants sachant secrètement qu'ils en avaient assez, comme lui, de Yabu et qu'ils voulaient s'en débarrasser. Quand Mariko était arrivée, il avait fait chercher Mura.

« Mariko-san, dites ceci à Mura : nous avons vous et moi un problème. Nous le résoudrons ensemble. Je voudrais faire partie de l'école du village. Je voudrais apprendre à parler avec les enfants.
— Ils n'ont pas d'école, Anjin-san.
— Pas d'école ?
— Non. Mura dit qu'il y a un monastère à quelques *ri* à l'ouest. Les moines vous apprendront à lire et à écrire si vous le désirez. Mais c'est un village, ici, Anjin-san. Les enfants apprennent à pêcher, à coudre des filets, à faire pousser le riz et les récoltes. Il y a peu de temps à consacrer à autre chose, hormis la lecture et l'écriture. Ce sont les parents et les grands-parents qui l'enseignent eux-mêmes à leurs enfants.
— Comment vais-je pouvoir apprendre quand vous serez partie ?
— Sire Toranaga va vous envoyer des livres.
— J'ai besoin d'autre chose que de livres.
— Tout ira bien, Anjin-san.
— Oui. Peut-être, mais dites au chef qu'à chaque fois que je ferai une faute, tout le monde, même un enfant, tout le monde devra me corriger. Je l'ordonne.
— Il vous remercie, Anjin-san.
— Y a-t-il ici quelqu'un qui parle le portugais ?
— Non.
— Personne aux alentours ?
— *Iyé,* Anjin-san.
— Il me faut quelqu'un, Mariko-san. Pour après votre départ.
— Je le dirai à Yabu-san.
— Mura-san, vous...
— Il dit que vous ne devez pas employer le suffixe "san" pour vous adresser à lui ou aux habitants du village. Ce n'est pas correct de dire "san" à quelqu'un d'inférieur. »

Fujiko s'était elle aussi inclinée jusqu'au sol le premier jour.

« Fujiko-san vous souhaite la bienvenue ici, Anjin-san. Vous lui avez fait un grand honneur. Elle vous demande pardon d'avoir été si malpolie sur le bateau, Elle est très honorée d'être votre concubine et la maîtresse de votre maison. Elle demande si vous allez garder les épées. Elle en serait très heureuse. Elles ont appartenu à son père qui est mort, Elle ne les avait pas données à son mari parce qu'il avait déjà les siennes.
— Remerciez-la et dites-lui que je suis très honoré de l'avoir pour concubine, avait-il dit.

— Vous êtes dans votre nouvelle vie, Anjin-san. Nous vous regardons avec des yeux neufs. Notre coutume veut que nous soyons parfois formels et graves. Vous n'étiez pour moi qu'un barbare. Excusez, je vous prie, ma stupidité. Ce que vous avez fait prouve que vous êtes samouraï. Vous *êtes* maintenant samouraï, »

Il s'était senti très grand, ce jour-là. Mais la mort qu'il avait failli s'infliger l'avait beaucoup plus changé qu'il ne voulait l'admettre et l'avait marqué pour toujours. Encore une vie envolée ! se dit-il.

Des tas de choses peuvent arriver demain.

Je me conforme à leurs lois, aujourd'hui.

Oui, je m'y conformerai.

La servante apporta le plat dissimulé sous un couvercle. Elle le tenait bien haut au-dessus de sa tête, comme le voulait la coutume, pour que son haleine n'abîme pas la nourriture. Elle s'agenouilla et le posa soigneusement sur la table basse devant Blackthorne. Fujiko et Mariko étaient assises en face de lui. Elles portaient des peignes en argent et des fleurs dans les cheveux. Le kimono de Fujiko était vert pâle sur fond blanc ; son obi était doré. Mariko portait un kimono noir et rouge avec un motif très discret de chrysanthèmes, un obi rouge et argent. De l'encens brûlait et empêchait les phalènes d'envahir la pièce.

Blackthorne s'était depuis longtemps composé un visage. Il savait que sa mauvaise humeur pouvait détruire toute une soirée. Fujiko se pencha et ôta le couvercle. Les petits morceaux de viande frite étaient dorés et semblaient parfaits. Le fumet lui fit venir l'eau à la bouche. Il prit lentement un morceau avec ses baguettes, ne voulant pas qu'il tombe, et mastiqua la chair. C'était dur et sec mais il avait été si longtemps privé de viande qu'il la trouvait quand même délicieuse. Un autre morceau. Il soupira de plaisir : « *Ichi ban, ichi ban.* »

Fujiko rougit et lui versa du saké pour cacher son visage. Mariko s'éventa, Blackthorne but le vin et mangea un autre morceau de viande. Puis il s'attaqua au faisan en essayant de montrer aussi peu d'enthousiasme que possible. Les femmes touchèrent à peine leurs portions de poisson et de légumes. Il n'en fut pas gêné, car c'était une coutume féminine de manger avant ou après afin de concentrer toute son attention sur le repas du maître. Il mangea tout le faisan avec trois bols de riz. il avala son saké en faisant beaucoup de bruit. Cela faisait aussi partie des bonnes manières. Il se sentit rassasié pour la première fois depuis des mois. Il avait avalé six fiasques de vin chaud durant le repas. Mariko gloussa et mit la main devant sa bouche. « J'aimerais pouvoir boire le saké comme vous, Anjin-san, Vous buvez mieux que personne. Je parie que vous êtes le meilleur buveur de tout Izu ! Je pourrais gagner beaucoup d'argent en pariant sur vous !

— Je croyais que les samouraïs désapprouvaient les jeux d'argent.

— Oh, oui, absolument. Ce ne sont pas des marchands ou des paysans, mais les samouraïs ne sont pas tous aussi forts et beaucoup... comment dites-vous... beaucoup parient comme les barbares du... comme les Portugais.

— Est-ce que les femmes parient ?

— Oh, oui, beaucoup. Mais entre femmes seulement. Des sommes raisonnables en cachette de leurs maris. » Elle traduisit gaiement à Fujiko, encore plus congestionnée qu'elle.

« Votre concubine demande si les Anglais aiment parier.

— C'est notre passe-temps national.

— Mais comment faites-vous pour trouver le temps de vivre, de faire la guerre, et des rencontres sur l'oreiller ? demande Fujiko.

— Il y a un temps pour tout. » Leurs yeux se rencontrèrent mais il ne put rien lire dans son regard. Mariko le supplia de chanter la *hornpipe* pour Fujiko. Il s'exécuta.

« Encore un peu de saké ?

— Ce n'est pas à vous de le verser, Anjin-san. C'est le devoir d'une femme. Ne vous l'ai-je pas déjà dit ?

— Oui. Prenez-en encore un peu, *dozo.*

— Il ne vaut mieux pas, sinon je m'écroulerais. » Mariko agita furieusement son éventail.

« Vous avez des oreilles ravissantes, dit-il.

— Vous aussi. Nous trouvons, Fujiko-san et moi, que vous avez un nez parfait, digne d'un *daimyō.* »

Il grogna et s'inclina. Elles lui rendirent son salut.

« Saké, Anjin-san ? »

Il tendit sa tasse, les doigts raides. Elle versa. Le bout de sa langue errait sur ses lèvres. Fujiko en accepta encore un peu, bien qu'elle ait avoué ne plus sentir ses jambes. Elle paraissait jeune à nouveau. Blackthorne remarqua qu'elle n'était pas aussi laide qu'il l'avait d'abord pensé.

La tête de Jozen était toute bourdonnante de l'incroyable théorie stratégique que lui avaient si ouvertement décrite Yabu, Igurashi et Omi. Seul Naga, le commandant en second, fils de son ennemi numéro un, n'avait rien dit et était restè de glace, arrogant pendant toute la soirée.

« Tout à fait étonnant, Yabu-sama, dit-il. Je comprends maintenant la raison du secret. Mon maître la comprendra également. Subtil. Très subtil. Et vous, Naga-san, vous n'avez rien dit de toute la soirée. J'aimerais avoir votre opinion. Que pensez-vous de cette mobilité ? De cette nouvelle stratégie ?

— Mon père pense que toutcs lcs possibilités de faire la guerre doivent être envisagées, Jozen-san, répondit le jeune homme.

— Mais quelle est votre opinion personnelle ?

— J'ai été envoyé ici pour obéir, observer, écouter, apprendre et tester. Pas pour exposer mon point de vue.

— Bien sûr. Mais en tant que second, je devrais dire en tant qu'illustre commandant en second, cette expérience vous paraît-elle être un succès ?

— Yabu-sama, Omi-sama ou mon père sont mieux à même de vous répondre.

— Mais Yabu-sama a dit que tout le monde pouvait parler librement, ce soir. Qu'y a-t-il à cacher ? Nous sommes tous des amis, *neh ?* Le fils aussi célèbre d'un père aussi célèbre doit bien avoir une opinion, *neh ?* »

Les yeux de Naga se fermèrent sous l'insulte mais il ne répondit pas.

« Tout le monde peut parler librement, Naga-san. Qu'en pensez-vous ? dit Yabu.

— Je pense que cette idée permettrait probablement de gagner une escarmouche ou une bataille par surprise. Et après ? » Il poursuivit d'une voix glaciale : « Les deux côtés pratiqueront alors la même méthode. Des tas de gens mourront inutilement, abattus sans honneur par un assaillant qui ne saura même pas qui il a tué. Je doute que mon père ait recours à une telle méthode dans une vraie bataille.

— L'a-t-il dit ?

— Non, Yabu-sama. Je ne donne bien sûr que mon opinion.

— Mais le Régiment des mousquets... Vous n'approuvez pas ce régiment ? Il vous dégoûte ? » demanda Yabu, songeur. Naga le regarda de ses yeux de reptile. « Avec tout le respect que je vous dois, puisque vous me le demandez : oui, il me dégoûte, Nos ancêtres ont toujours su qui ils tuaient et contre qui ils se battaient. Notre guide, c'est la *Bushido,* le guide du guerrier et du vrai samouraï. Le meilleur gagne, *neh ?* Mais ça ? Comment prouver sa valeur à son seigneur ? Comment votre seigneur peut-il récompenser votre courage ? Charger contre des balles est un acte courageux, certes, mais stupide. Où est la valeur ? Les mousquets sont contraires au code du samouraï. Les barbares se battent de cette façon-là, les paysans aussi. » Naga poursuivit, toujours aussi menaçant : « Quelques paysans fanatiques pourraient tuer des tas de samouraïs s'ils avaient ces mousquets ! Oui, ils pourraient tuer n'importe lequel d'entre nous, même le sire Ishido qui veut s'asseoir à la place de mon père ! »

Jozen se rebiffa. « Sire Ishido ne convoite pas les territoires de votre père. Il cherche simplement à protéger l'empire au profit de l'héritier légitime.

— Mon père ne représente aucune menace pour sire Yaemon ou pour le royaume.

— Bien sûr, mais vous parliez de paysans. Le Taikō était un paysan. Mon maître, Sire Ishido, en était un aussi. Je l'ai été moi-même. J'ai même été *ronin !* »

Naga ne cherchait pas querelle. Il savait bien qu'il n'était pas un adversaire valable pour Jozen, dont les prouesses à la hache et à l'épée étaient réputées. « Je ne voulais pas vous insulter ni insulter votre maître, Jozensan. Je voulais simplement dire que nous autres, les samouraïs, nous devions veiller à ce qu'aucun paysan n'ait d'armes, car nous ne pourrions plus dormir en paix.

— Les marchands et les paysans ne seront jamais un sujet d'inquiétude.

— Je suis d'accord, ajouta Yabu, Je suis également d'accord avec vous, Naga-san. Du moins partiellement. Mais les mousquets sont des armes modernes. Les batailles ne se livreront bientôt plus qu'avec des mousquets. Je suis d'accord, c'est dégoûtant. Mais c'est ça, la guerre moderne. Il en sera toujours ainsi : le samouraï le plus courageux sera toujours le vainqueur.

— Désolé, mais vous avez tort, Yabu-sama ! Que nous a raconté ce maudit barbare ? Quelle est l'essence même de leur stratégie guerrière, d'aprés lui ? N'a-t-il pas librement admis que toutes leurs armées étaient faites de conscrits et de mercenaires, *neh ?* Mercenaires ! Aucun sens du devoir envers leurs seigneurs. Ces soldats ne se battent que pour de l'argent, pour violer et piller. N'a-t-il pas dit que leurs armées étaient des *armées de paysans ?* Voilà ce que les mousquets leur ont apporté. Voilà ce qu'ils vont nous apporter. Si j'étais au pouvoir, je couperais la tête de ce barbare ce soir. Je bannirais tous ces mousquets.

— Est-ce là l'opinion de votre père ? demanda Jozen.

— Mon père ne me dit pas et ne dit à personne ce qu'il pense. Vous devez le savoir aussi bien que moi. Je ne parle pas au nom de mon père. Personne ne parle en son nom, répondit Naga, furieux de s'être laissé engager dans cette conversation. J'ai été envoyé ici pour obéir, écouter, non pour parler. Je vous prie de m'excuser. Je n'aurais rien dit si vous ne m'aviez pas posé de questions. Pardonnez-moi si je vous ai offensé.

— Vous n'avez pas besoin de vous excuser, Naga-san. Je vous ai demandé votre avis, dit Yabu. Pourquoi devrions-nous nous sentir offensé ? C'est une discussion, *neh ?* Entre chefs. Vous banniriez ainsi les mousquets ?

— Oui. Je crois qu'il serait sage de les contrôler de très près.

— Tous les paysans ont interdiction de détenir des armes. Mes gens sont étroitement surveillés. »

Jozen sourit au jeune homme d'un air affecté. « Vous avez des idées intéressantes, Naga-san, mais vous avez tort en ce qui concerne les paysans. Ils n'ont d'autre mission que celle d'être pourvoyeurs des samouraïs. Ils ne constituent pas plus une menace que n'en constituerait un tas de fumier.

— Pour le moment ! » dit Naga. Son orgueil le guidait. « Voilà pourquoi je bannirais les mousquets. Une nouvelle ère requiert des méthodes nouvelles, mais en raison de ce que cet Anjin-san, ce barbare a dit, j'irais plus loin que nos lois actuelles. Je promulguerais des décrets condamnant à mort toute personne non samouraï trouvée en possession d'un mousquet ou en faisant commerce, ainsi que tous les membres de sa famille. J'interdirais la fabrication et l'importation de ces armes. J'interdirais aux barbares d'en amener sur nos rivages. Oui, si j'étais au pouvoir, ce que je ne cherche pas et ne chercheraijamais, j'interdirais l'entrée des barbares dans ce pays, hormis quelques prêtres et un port franc que je ferais cerner de hautes palissades et constamment surveiller par des guerriers loyaux et fidèles. Je mettrais enfin ce barbare à mort, cet Anjin-san, afin que ses connaissances ne nous contaminent pas. Cet homme est une vraie peste ! »

Jozen dit : « Ah, Naga-san, c'est bien d'être jeune. Vous savez que mon maître a, à peu près, le même point de vue que vous au sujet des barbares ? Je l'ai si souvent entendu dire : "Emêéchez-les d'entrer. Chassez-les ! Qu'ils restent à Nagasaki !" Vous tueriez l'Anjin-san n'est-ce pas ? Intéressant. Mon maître n'aime pas l'Anjin-san non plus. Mais pour lui... » Il se tut. « Vous avez vraiment une opinion bien intéressante sur les mousquets. Puis-je la transmettre à mon maître ? Puis-je également lui transmettre vos idées concernant ces nouvelles lois ?

— Bien sûr. » Naga était plus calme et plus détendu, maintenant qu'il avait vidé son sac.

« Vous avez fait part de cette opinion à sire Toranaga ? demanda Yabu.

— Sire Toranaga ne m'a pas demandé mon avis. J'espère qu'il m'honorera un jour en me le demandant comme vous l'avez fait ce soir », répondit Naga sincèrement.

Omi dit : « Comme nous avons une discussion à bâtons rompus, Sire, je me permets de vous signaler que ce barbare est un trésor. Je crois que nous pouvons apprendre beaucoup de choses grâce à lui. Nous devons tout savoir des mousquets et des navires de guerre parce qu'ils savent tout à ce sujet. Nous devons savoir ce qu'ils savent. Certains de nous se mettent même à penser comme eux. Nous pourrions donc les surpasser très bientôt. »

Naga dit, confiant : « Que peuvent-ils savoir, Omi-san ? Les mousquets, les navires, oui. Quoi d'autre ? Comment pourraient-ils nous détruire ? Il n'y a pas un seul samouraï parmi eux. Cet Anjin n'admet-il pas sans honte que leurs rois sont des assassins et des fanatiques ? Nous sommes des millions. Ils ne sont qu'une poignée. Nous pourrions les écraser de nos seules mains !

— Cet Anjin-san m'a ouvert les yeux, Naga-san. J'ai découvert que notre pays, que la Chine n'étaient pas le monde entier, mais une infime partie seulement. J'ai d'abord cru que le barbare n'était qu'une curiosité. J'ai révisé mon opinion. Je remercie les dieux de nous l'avoir envoyé. Je crois qu'il nous a sauvés. Je sais qu'il peut nous apprendre des tas de choses. Il nous a déjà donné la force qui nous place au-dessus des barbares du Sud, au-dessus de la Chine.

— Quelle force ?

— Le Taiko a échoué parce qu'ils étaient trop nombreux, *neh ?* Nous pourrions à présent nous emparer de Pékin avec les mousquets et l'intelligence barbare.

— Avec la trahison barbare, Omi-san !

— Nous pourrions nous emparer de Pékin grâce au savoir barbare, Naga-san. Celui qui contrôle Pékin, contrôle la Chine tout entière. Celui qui contrôle la Chine peut contrôler le monde. Nous ne devons plus avoir honte de tirer nos connaissances là où nous les trouvons.

— Je dis que nous n'avons pas besoin du monde extérieur.

— Sans vouloir vous offenser, Naga-san, je crois que nous devons veiller sur ce pays des dieux par n'importe quel moyen. Notre premier devoir est de protéger la situation unique et divine que nous avons. Seul ce pays est le pays des dieux, *neh ?* Seul notre empereur est d'essence divine. Je suis d'accord avec vous. Il faudrait bâillonner ce barbare. Mais pas en le faisant mourir. En l'isolant pour toujours ici, à Anjiro, Jusqu'à ce que nous ayons appris tout ce qu'il sait. »

Jozen se gratta la tête pensivement. « Je ferai part à mon maître de vos points de vue. Je pense, qu'il faut isoler ce barbare et que cet entraînement doit cesser immédiatement. »

Yabu prit un parchemin dans sa manche. « Voici un compte rendu complet de l'expérience, à l'intention de Sire Ishido. Quand il voudra que l'entraînement cesse, celui-ci cessera. »

Jozen prit le parchemin. « Et Sire Toranaga ? » Ses yeux allèrent vers Naga qui ne dit rien.

Yabu dit : « Vous pourrez lui demander son opinion de vive voix. Il a un compte rendu semblable. Je présume que vous partez pour Yedo demain. A moins que vous ne vouliez assister à l'exercice ? Je n'ai pas besoin de vous dire que les hommes ne sont pas encore au point.

— J'aimerais beaucoup voir une "attaque".

— Omi-san, arrange ça, Tu la commanderas.

— Oui, Sire. »

Jozen se tourna vers son second et lui tendit le parchemin. « Mazumoto, apporte ceci à sire Ishido. Pars sur le champ.

— Oui, Jozen-san. »

Yabu dit à Igurashi « Donnez-lui des chevaux frais et des gardes pour l'escorter jusqu'à la frontière. »

Igurashi s'en alla immédiatement avec le samouraï. Jozen s'étira et bâilla.

« Excusez-moi, mais ce sont ces kilomètres que j'ai faits à cheval, tous ces derniers jours, Je dois vous remercier pour cette extraordinaire soirée, Yabu-sama. Vos idées vont vraiment très loin. Les vôtres aussi, Omi-san. Les vôtres également, Naga-san. Je ferai votre éloge à sire Toranaga et à mon maître. Maintenant, si vous voulez bien m'excuser. Je suis très fatigué et il y a beaucoup de chemin à faire jusqu'à Yedo.

— Bien sûr, dit Yabu. Comment était-ce à Osaka ?

— Très bien. Vous vous souvenez de ces bandits ? Ceux qui vous ont attaqués à terre et en mer ?

— Bien sûr.

— Nous en avons décapité quatre cent cinquante. Beaucoup d'entre eux portaient l'uniforme de Toranaga.

— Ces *ronin* n'ont vraiment aucun honneur.

— Certains *ronin* en ont, dit Jozen, accusant l'insulte. Certains mêmes portaient l'uniforme de nos Gris. Pas un seul n'a pu s'échapper.

— Et Buntaro-san ?

— Non. Il... non. Nous ne sommes pas sûrs. Personne n'a eu sa tête. Vous avez eu de ses nouvelles ?

— Non, dit Naga.

— Il a peut-être été capturé, ou s'est fait tailler en pièces. Mon maître aimerait être tenu au courant. Tout va bien à Osaka, maintenant. Les préparatifs de la réunion vont bon train, Des dépenses somptuaires sont faites pour célébrer la nouvelle ère et honorer, bien sûr, tous les *daimyōs*.

— Et sire Toda Hiro-matsu ? demanda Naga poliment.

— Le vieux "Main de Fer" est toujours aussi fort et plus vert que jamais.

— Est-il toujours là-bas ?

— Il est parti avec tous les hommes de votre père, quelques jours avant mon départ.

— Et la suite de mon père ?

— On m'a dit que dame Kiritsubo et dame Sazuko avaient demandé à rester avec mon maître. Un docteur a conseillé à la dame Sazuko de se reposer pendant un mois, Sa santé, vous êtes au courant. Il a pensé que le voyage n'était pas très indiqué pour l'enfant. » Il ajouta en s'adressant à Yabu : « Elle est tombée le soir où vous êtes partis, n'est-ce pas ?

— Oui.

— Rien de sérieux, j'espère, demanda Naga, particulièrement concerné.

— Non, Naga-san. Rien de sérieux », dit Jozen. Il s'adressa ensuite à Yabu : « Avez-vous mis Sire Toranaga au courant de mon arrivée ?

— Bien sûr.

— Très bien.

— Les nouvelles que vous nous avez apportées l'intéresseront énormément.

— J'ai vu un pigeon tournoyer et filer vers le nord.

— Oui, c'est vrai. » Yabu n'ajouta pas que le pigeon de Jozen avait été également observé, que les faucons l'avaient intercepté près des montagnes, que le message avait été décodé : « A Anjiro, tout est vrai comme rapporté. Yabu, Naga, Omi et le barbare sont ici.

— Je partirai demain, avec votre permission, après l'"attaque". Vous me donnerez des chevaux frais. Je ne veux pas faire attendre sire Toranaga. Nous avons hâte, mon maître et moi, de le voir à Osaka. J'espère que vous l'accompagnerez, Naga-san,

— Si j'ai ordre d'y aller, j'irai. » Naga garda les yeux baissés. Il explosait d'une rage contenue. Jozen s'en alla et grimpa au sommet de la colline, sur la crête, avec ses gardes. Il posta des sentinelles, ordonna à ses hommes de dormir et alla se mettre à l'abri de la petite cahute de branchages qu'ils avaient construite en prévision de la pluie imminente. A la flamme d'une bougie, sous une moustiquaire, il réécrivit le précédent message sur une fine feuille de papier de riz et ajouta : « Les cinq cents mousquets sont mortels. Attaque surprise mousquets prévue. Compte rendu complet déjà envoyé. Parti avec Mazumoto. » Il data son message et souffla la bougie. Il glissa hors de son nid, dans l'obscurité, sortit l'un des pigeons d'une des nasses, mit le message dans le petit cylindre attaché à la patte. Il se fraya un chemin discrètement et tendit l'oiseau à l'un de ses hommes. « Emmène-le dans les buissons, lui murmura-t-il. Cachele quelque part, là où il peut rester perché et tranquille, jusqu'à l'aube. Aussi loin que tu pourras. Sois prudent. Il y a des yeux partout, si tu est intercepté, dis que je t'ai ordonné de faire une patrouille, mais cache le pigeon. »

L'homme disparut dans la nuit, aussi silencieusement qu'un cafard. Satisfait, Jozen contempla le village en contrebas. Des lumières brillaient. Ce petit morveux de Naga a raison, pensa Jozen, chassant un moustique d'un geste de la main. Ce barbare est une peste.

« Bonne nuit, Fujiko-san.

— Bonne nuit, Anjin-san. »

Le panneau se referma derrière elle. Blackthorne enleva son kimono, son pagne et enfila un kimono de nuit, plus léger. Il se glissa sous la moustiquaire, s'allongea et souffla la bougie. L'obscurité totale l'enveloppa. La maison était silencieuse. Les petits volets étaient fermés. Il entendait le bruit du ressac sur la plage. Les nuages obscurcissaient la lune. Le vin et les rires l'avaient rendu euphorique. Il écoutait le ressac et se sentait partir avec lui. Son esprit était brumeux. Un chien aboyait de temps à autre. Il me faudrait un chien, pensa-t-il, se souvenant de son terrier, en Angleterre. Est-il encore vivant ? Il s'appelait Grog mais Tudor, son fils, l'appelait « Og-Og ». Oh, Tudor, mon petit gars, ça fait si longtemps... ! J'aimerais tant vous voir... Peut-être même vous écrire une lettre et vous l'envoyer. Voyons un peu comment je commencerais ?

Mes chers tous : c'est la première lettre que je peux vous envoyer depuis que nous sommes arrivés au Japon. Les choses vont bien, maintenant que je peux vivre selon leurs coutumes. La nourriture est horrible mais cette nuit j'ai mangé du faisan. Je récupérerai bientôt mon bateau et je reviendrai. Par où commencer mon histoire ? Je vis aujourd'hui comme un seigneur féodal dans ce pays étrange. J'ai une maison, un cheval, huit serviteurs, une intendante, mon barbier personnel et mon interprète. Je suis rasé de près tous les jours. Ils ont certainement les meilleures lames du monde entier. Mon revenu est énorme. Suffisant pour nourrir deux cent cinquante familles japonaises pendant toute une année. C'est à peu près l'équivalent de mille guinées d'or par an. Dix fois le salaire que me versait la Compagnie hollandaise... Le panneau s'entrouvrit. Sa main chercha le pistolet sous l'oreiller et se tint prête. Il perçut un bruissement imperceptible de soie et sentit une bouffée de parfum.

« Anjin-san ? » Juste un murmure, plein de promesses.

« *Hai ?* » Il fouillait l'obscurité, incapable de discerner quoi que ce soit avec précision. Les pas se rapprochèrent. Le bruit de quelqu'un qui s'agenouille, qui vous rejoint sous la moustiquaire. Elle le rejoignit, lui saisit la main, la posa sur sa poitrine puis la porta à ses lèvres,

« Mariko-san ? »

Elle chercha ses lèvres dans l'obscurité et lui imposa silence. Il acquiesça, comprenant le risque immense qu'ils couraient. Il lui tint le poignet et y frotta ses lèvres. Dans la nuit noire, il chercha son visage de son autre main et se mit à le caresser. Elle embrassa ses doigts, l'un après l'autre. Ses cheveux étaient défaits et lui tombaient jusqu'à la taille. Blackthorne la caressait. La soie sur ce corps nu lui procurait une merveilleuse sensation. Elle avait un goût délicieux. Sa langue toucha ses dents, fit le tour de ses oreilles, partit à sa découverte. Elle lui défit son kimono et se débarrassa du sien. Sa respiration se fit plus langoureuse. Elle se rapprocha, se lova près de lui, tira les couvertures.

Elle se mit à l'aimer, de ses mains, de ses lèvres, avec plus de tendresse, de recherche et de science qu'il n'en avait connu jusque-là.

33

Blackthorne se réveilla à l'aube, seul. Il crut d'abord qu'il avait rêvé mais le parfum flottait toujours dans la pièce. Elle n'avait pas été le fruit de son imagination.

Un coup discret à la porte.

« *Hai ?*

— *Ohayo,* Anjin-san, *gomen nasai.* » Une servante ouvrit le panneau coulissant, laissa passer Fujiko et entra avec un plateau sur lequel il y avait du thé, un bol de gruau et de petits gâteaux de riz.

« *Ohayo,* Fujiko-san, *domo* », dit-il.

Elle lui apporta le petit déjeuner personnellement, souleva la moustiquaire et attendit pendant qu'il mangeait.

La servante disposa un kimono et un pagne propres, des *tabis* près du *futon* où il était allongé. Il avala son thé, se demandant si Fujiko était au courant de ce qui lui était arrivé la nuit précédente. Son visage ne laissait rien paraître.

« *Ikaga desu ka ?* Comment allez-vous ? demanda Blackthorne.

— *Okagasama degenki desu,* Anjin-san, *anata wa ?* Très bien, merci. Et vous ?

— *Anata wa nemutta ka ?* Avez-vous bien dormi ?

— *Hali,* Anjin-san, *arigato goziemashita.* »

Elle sourit, porta la main à son front en simulant la souffrance puis mima le fait d'avoir trop bu et d'avoir dormi comme une souche.

« *Anata wa ?*

— *Watashi wa yoku nemuru.* J'ai très bien dormi. »

Elle le corrigea : « *Watashi wa yoku nemutta.*

— *Domo. Watashi wa yoku nemutta.*

— *Yoi ! Taihenyoi !* Bien. Très bien.

Il entendit Mariko appeler : « Fujiko-san ?

— *Hai,* Mariko-san ? » Elle se dirigea vers le panneau qu'elle entrouvrit. Il ne voyait pas Mariko et ne comprenait pas ce qu'elles se disaient. J'espère que personne n'est au courant. J'espère que c'est un secret entre nous. Il serait peut-être préférable d'avoir simplement rêvé. Il s'habilla. Fujiko revint.

« Mariko-san ? *Nan ja ?*

— *Nane mo,* Anjin-san », répondit-elle. Ce n'était pas important.

Elle alla vers le *Takonama,* l'alcôve ornée d'un parchemin et d'un arrangement floral où étaient rangées ses épées.

Elle les lui tendit. Il les ficha dans sa ceinture. Les épées ne lui paraissaient plus ridicules. Il aurait pourtant aimé les porter sans s'en rendre compte. Il sortit et passa sous la véranda. C'était un jour gris et triste. Le ciel était bouché. Un vent chaud, humide soufflait de la mer. Les dalles, dans l'allée du jardin, étaient mouillées. La pluie était tombée durant la nuit. Les dix samouraïs de son escorte l'attendaient dehors, avec Mariko.

Elle était déjà en selle et portait une cape jaune clair sur des pantalons de soie vert pâle, un chapeau à larges bords retenu par des rubans jaunes, une voilette et des gants. Un parapluie était prêt dans sa sacoche de selle. Elle ne laissa à personne la possibilité de soupçonner quoi que ce soit. Tout était comme avant. Son parfum l'envahit et il eut envie de l'embrasser, là, devant tout le monde.

« *Ikimasho !* » dit-il en sautant en selle.

Il fit signe au samouraï de partir. Son cheval allait à l'amble. Mariko vint se ranger près de lui. Il se détendit dès qu'ils furent seuls.

« Mariko.

— *Hai ?*

— Vous êtes belle et je vous aime, dit-il en latin.

— Je vous remercie mais tout ce vin bu hier au soir me donne l'impression de ne pas l'être ce matin. Quant à "aimer" c'est un mot chrétien.

— Vous êtes belle et chrétienne et le vin ne peut vous faire de mal.

— Merci pour ce mensonge, Anjin-san. Oui, merci.

— Non. C'est moi qui devrais vous remercier.

— Oh ? Pourquoi ?

— Il ne faut jamais demander "pourquoi" ; il n'y a pas de "pourquoi". Je vous remercie très sincèrement.

— Si le vin et la viande vous rendent si tendre et si galant, je vais devoir demander à votre concubine de remuer ciel et terre pour vous en procurer chaque soir.

— Oui. J'aimerais avoir toujours la même chose. Toujours.

— Vous avez l'air bien content ce matin. Pourquoi ?

— A cause de vous. Vous savez bien pourquoi.

— Je ne sais rien, Anjin-san.

— Rien, dit-il en la raillant.

— Rien. »

Il en fut surpris

« Pourquoi le mot "rien" fait-il disparaître votre sourire ?

— Stupidité ! Stupidité ! J'ai oublié qu'il fallait être prudent. Je voulais seulement en parler puisque nous étions seuls. En vérité, pour en dire plus...

— Votre langage est bien sibyllin. Je ne vous comprends pas. »

Il était stupéfait : « Vous ne voulez pas en parler ? Pas du tout ?

— Parler de quoi, Anjin-san ?

— De ce qui s'est passé cette nuit.

— Je suis passée devant votre porte la nuit dernière pendant que Koi, ma servante, était avec vous.

— Quoi ?

— Nous avons pensé, votre concubine et moi-même, qu'elle pouvait être un bien joli cadeau pour vous. Elle vous a plu, n'est-ce pas ? »

Blackthorne essayait de se remettre. La servante de Mariko avait la même taille qu'elle mais était plus jeune. De toute façon elle n'était pas aussi belle et aussi blanche de peau. Oui, il faisait nuit noire ; oui, sa tête était embrumée par les vapeurs d'alcool. Non, ce n'était pas la servante.

« C'est impossible, dit-il.

— Qu'est-ce qui est impossible, senhor ?

— Je vous en prie, ne vous moquez pas de moi. Personne ne peut entendre. Je reconnais une présence, un parfum.

— Vous pensiez que c'était moi ? Oh, non, Anjin-san, ce n'était pas moi. Je serais très honorée mais ça m'est impossible... Aussi fort que puisse être mon désir. Oh, non, Anjin-san, ce n'était pas moi. C'était Koi, ma servante. Je serais très honorée mais j'appartiens à un autre, même s'il est mort.

— Oui, mais ce n'était pas votre servante. » Il ravala sa colère. « N'en parlons plus.

— C'était ma servante, Anjin-san, dit-elle pour le calmer. Nous l'avons aspergée de mon parfum et nous lui avons donné pour instructions de ne pas parler. Seulement de toucher. Nous n'avons pas un seul instant songé que vous croiriez que c'était moi ! Nous ne voulions pas vous jouer un tour mais vous mettre à l'aise, sachant que les discussions concernant les rencontres sur l'oreiller vous gênent encore. » Elle le regardait de ses grands yeux innocents. « Elle vous a fait plaisir, Anjin-san ? Vous lui avez fait plaisir ?

— Ironiser sur des problèmes importants est parfois exempt d'humour.

— Les problèmes importants doivent toujours être traités avec importance. Mais une servante, la nuit, avec un homme est un problème de peu d'importance.

— Je ne considère pas ça sans importance.

— Je vous remercie. Je le pense aussi. Mais une servante avec un homme, la nuit, est quelque chose de privé, sans importance. C'est un cadeau qu'elle lui fait. C'est parfois un cadeau qu'il lui fait. Rien de plus.

— Jamais ?

— Parfois. Mais ce problème intime de rencontre sur l'oreiller n'a pas l'importance que vous voulez bien lui accorder.

— Jamais ?

— Seulement quand un homme et une femme ont des rapports physiques illégaux. Dans *ce* pays. »

Il remit son cheval au pas. Il comprit soudain la raison de son refus.

« Veuillez m'excuser, dit-il. Oui, vous avez raison. J'ai tout à fait tort. Je n'aurais jamais dû en parler. Je vous prie de m'excuser.

— Pourquoi vous excuser ? De quoi ? Dites-moi, Anjinsan, cette fille portait-elle un crucifix ?

— Non.

— Je le porte toujours.

— Un crucifix peut s'enlever. Ça ne prouve rien. Vous auriez pu le lui prêter comme votre parfum.

— Une dernière chose : avez-vous vraiment vu cette fille ? L'avez-vous au moins *vue ?*

— Bien sûr. Je vous en prie, n'en parlons plus...

— La nuit était tout à fait noire. La lune était cachée. La vérité, Anjin-san ! Repensez-y ! Avez-vous vraiment vu cette fille ? »

Bien sûr que je l'ai vue, pensa-t-il, indigné.

Bon Dieu, penses-y ! Tu ne l'a pas *vue.* Ton esprit était embrumé. Ce pouvait être la servante mais c'était Mariko parce que tu voulais que ce soit elle, parce que tu ne voyais qu'elle dans ta tête, parce que tu croyais qu'elle te désirait autant que toi tu la désirais. Tu es un imbécile, un sinistre imbécile !

« En vérité, non. En vérité, je devrais vous présenter mes excuses. Comment faire pour obtenir votre pardon ?

— Il n'est pas besoin de vous excuser, Anjin-san, répondit-elle calmement. Je vous l'ai déjà répété des centaines de fois. Un homme ne s'excuse jamais, même quand il a tort. Vous n'avez pas tort. » Elle le fixa d'un air moqueur. « Ma servante n'a pas besoin d'excuses.

— Merci, dit-il en riant. Je me sens grâce à vous un peu moins stupide.

— Les années s'envolent quand vous riez. L'Anjin-san si sérieux redevient alors un petit garçon.

— J'ai trop longtemps navigué. Les marins sont toujours sérieux. Ils ont appris à scruter la mer. Ils fouillent constamment l'horizon dans l'attente du désastre.

— J'ai peur de la mer, dit-elle.

— Moi aussi. Un vieux pêcheur m'a dit une fois : l'homme qui n'a pas peur de la mer se noiera car il sortira le jour où il n'aurait pas dû. Nous, nous vivons dans la peur de la mer. Nous ne nous noyons que de temps à autre. » Il la regarda. « Mariko-san...

— Oui ?

- Vous m'aviez convaincu il y a quelques minutes de... disons que j'étais convaincu. Je ne le suis plus. Où est la vérité ? Je dois savoir.

— Les oreilles sont faites pour entendre. C'était la servante, bien sûr.

— Cette servante... puis-je la faire venir chaque fois que j'en aurai envie ?

— Bien sûr. Un homme ne le ferait pas.

— Parce que je peux être déçu, la prochaine fois ?

— Probablement.

— Il est difficile de posséder puis de perdre une servante, difficile de ne rien dire...

— La rencontre sur l'oreiller est un plaisir. Plaisir du corps. Rien à dire.

— Mais comment puis-je dire à une servante qu'elle est belle ? Que je l'aime ? Qu'elle me remplit d'extase ?

— Ill n'est pas convenable d'"aimer" une servante de cette manière. Pas ici, Anjin-san. Cette passion n'est même pas digne d'une épouse ou d'une concubine. Seule une personne comme Kiku-san, cette courtisane si belle, mérite cet "amour".

— Où puis-je trouver cette femme ?

— Au village. Ce serait un honneur pour moi que d'être votre intermédiaire.

— Ma parole, vous le pensez vraiment ?

— Bien sûr. Un homme a besoin de passions de toutes sortes. Cette dame est digne d'une romance... si vous pouvez vous l'offrir.

— Qu'est-ce que ça veut dire ?

— Elle est très chère.

— L'amour ne s'achète pas. Ce genre-là ne vaut rien. L'"amour" n'a pas de prix. » Elle sourit. « Une rencontre sur l'oreiller a toujours un prix. Ce n'est pas nécessairement de l'argent, Anjin-san. Mais un homme paie, toujours, pour une rencontre sur l'oreiller. D'une manière ou d'une autre. Le véritable amour, celui que nous appelons devoir, est l'échange de deux âmes et n'a pas besoin de ce genre d'expression... pas d'expression physique en dehors de la mort.

— Vous avez tort. J'aimerais pouvoir vous montrer le monde tel qu'il est.

— Je connais le monde tel qu'il est et tel qu'il sera toujours. Vous désirez encore cette méprisable servante ?

— Oui. Vous savez que je veux... »

Mariko rit gaiement. « Nous vous l'enverrons au coucher du soleil. Nous vous l'amènerons, Fujiko et moi. Depuis que vous êtes arrivé à Anjiro, vous avez bien changé.

— Pas tant que ça. Mais la nuit dernière, j'ai fait un rêve. Ce rêve était la perfection même.

— Dieu est la perfection même. Un coucher de soleil, un clair de lune ou le premier crocus de l'année peuvent aussi être parfois la perfection même.

— Je ne vous comprends pas du tout. »

Elle remonta sa voilette et le regarda droit dans les yeux. « Un autre homme m'a déjà dit ça une fois : "Je ne vous comprends pas du tout." Et mon mari a répondu : "Excusez-moi, Sire, mais aucun homme ne peut la comprendre. Son père ne la comprend pas. Les dieux non plus. Pas plus que son Dieu barbare que sa mère !"

— C'était Toranaga ? Sire Toranaga ?

— Oh, non, Anjin-san. C'était le Taikō. Sire Toranaga me comprend. Il comprend tout.

— Même moi ?

— Vous surtout.

— Vous en êtes certaine ?

— Oui. Tout à fait.

— Gagnera-t-il la guerre ?
— Oui.
— Suis-je son vassal privilégié ?
— Oui.
— Va-t-il accepter mon offre concernant la marine ?
— Oui.
— Quand vais-je récupérer mon bateau ?
— Jamais.
— Pourquoi ? »

Sa gravité disparut. « Parce que vous aurez votre "servante" à Anjiro et que vous ferez tellement de rencontres sur l'oreiller que vous n'aurez plus la force de partir, même à genoux, quand elle vous suppliera de monter à bord, quand sire Toranaga vous demandera de partir.

— Ça recommence ! Un moment sérieuse, moqueuse l'instant d'après !

— Je voulais simplement vous répondre, Anjin-san, pour remettre certaines choses à leur place. Mais avant de nous quitter, vous devriez aller voir dame Kiku. Elle vaut bien une grande passion. Elle est si belle et si douée. Il faudrait vous surpasser pour elle !

— Je suis tenté de relever ce défi.

— Je ne mets personne au défi. Mais si vous êtes prêt à étre samouraï et non pas étranger, si vous êtes prêt à prendre les rencontres sur l'oreiller pour ce qu'elles sont, je serait trés honorée de vous servir d'intermédiaire.

— Qu'est-ce que ça veut dire ?

— Demandez à votre concubine de m'en faire part dès que vous vous sentirez en forme et de bonne humeur.

— Pourquoi Fujiko-san ?

— Parce qu'il est du devoir de votre concubine de veiller à ce que vous soyez satisfait. Notre coutume veut que nous rendions la vie simple à nos maîtres. Nous admirons la simplicité. Les *hommes* et les *femmes* peuvent ainsi prendre les rencontres sur l'oreiller pour ce qu'elles sont. C'est effectivement une part importante de notre vie, mais il existe d'autres choses plus importantes entre un homme et une femme. L'humilité par exemple. Le respect. Le devoir. Même cet "amour" que vous ressentez. Fujiko vous "aime".

— Non, elle ne m'aime pas !

— Elle donnerait sa vie pour vous. Qu'y a-t-il d'autre à donner ? »

Il détourna son regard et scruta la mer. Les vagues ourlaient le rivage et le vent fraîchissait. Il se retourna vers elle. « Il n'y a donc rien à dire ? Sur nous deux ?

— Rien. C'est plus sage.

— Et si je n'acceptais pas ?

Vous devez. Vous êtes ici. C'est votre toit. »

Les cinq cents « attaquants » descendirent au galop le flanc de la colline en rangs désordonnés vers le fond de la vallée, où les deux mille « défenseurs » avaient pris position. Chaque cavalier portait un mousquet sur le dos, une cartouchière, des pierres à feu et une corne à poudre. Comme la plupart des samouraïs, ils étaient vêtus de kimonos et de haillons dépareillés, mais leurs armes étaient de première qualité. Seuls Toranaga et Ishido insistaient pour que leurs troupes soient en uniforme. Tous les autres *daimyōs* considéraient cette extravagance comme un gaspillage d'argent, une innovation inutile. Blackthorne était de cet avis-là. Les armées européennes ne portaient jamais d'uniformes. Quel était le roi qui aurait pu se le permettre ?

Blackthorne était sur une hauteur avec Yabu, ses aides de camp, Jozen, ses hommes et Mariko. C'était la première vraie grande répétition d'une attaque. Il attendit, mal à l'aise. Yabu était inhabituellement tendu. Omi et Naga irritables au point d'en arriver à se battre. Surtout Naga.

« Qu'est-ce qu'ils ont tous ? avait demandé Blackthorne à Mariko.

— Ils veulent que tout se déroule parfaitement devant leur seigneur et son invité.

— C'est un *daimyō,* lui aussi.

— Non, mais c'est un personnage important. L'un des généraux de Sire Ishido. Ce serait bien si tout se déroulait parfaitement.

— J'aurais aimé qu'on me tienne au courant et qu'on me prévienne de cette répétition,

— Qu'est ce que ça aurait changé ? Vous avez fait tout votre possible. »

Les « attaquants » prirent de la vitesse. Les « défenseurs » attendaient, debout sous les étendards de leurs capitaines. Ils insultaient l'« ennemi » comme ils l'auraient fait en temps normal, alignés en formations éparses sur trois ou quatre rangs. Les « attaquants » descendirent de selle, hors de portée des flèches. Des deux côtés, les guerriers les plus courageux s'avançaient hardiment pour jeter leur gantelet et proclamer l'ancienneté de leur famille et leur supériorité, ajoutant les insultes les plus évidentes et les plus grossières. On en vint çà et là à des accrochages individuels qui augmentèrent peu à peu. Puis un commandant ordonna l'attaque générale. Chaque homme était maintenant livré à lui-même. La mort était le lot des vaincus. Rapide pour les courageux, honteuse pour les lâches. Tel était le schéma historique des escarmouches et batailles de ce pays. Les soldats y étaient les mêmes qu'ailleurs mais plus féroces et prêts à mourir pour leurs maîtres.

« Où est le commandant de l'attaque ? Où est Omisan ? demanda Jozen.

— Parmi les hommes. Soyez patient, répondit Yabu.

— Mais où est son étendard ? Pourquoi ne porte-t-il pas une armure et des plumes ? Où est l'étendard du commandant ? Ça ressemble à une bande de voleurs !

— Un peu de patience ! Tous les officiers ont reçu ordre de rester anonymes. Je vous l'ai déjà dit. N'oubliez pas que c'est un simulacre. Nous faisons comme si la bataille faisait rage, comme si c'était un épisode d'une grande bataille avec des réserves et... »

Jozen s'écria : Où sont les épées ? Aucun ne porte d'épée ! Des samouraïs sans épée ! Ils vont se faire massacrer !

— Un peu de patience ! »

Les premiers « défenseurs » sortirent des rangs pour montrer leur bravoure. Tout à coup, les « attaquants » passèrent à la charge ; cinq phalanges bien disciplinées de quatre rangs de vingt-cinq hommes chacune. Deux marchaient en tête. Deux restaient en réserve, à quarante pas derrière. Ils chargèrent l'ennemi tous ensemble. A un signal donné, ils s'arrêtêrent sur un seul rang et tirèrent une salve à vous déchirer les tympans. Hurlements des samouraïs à l'agonie. Jozen et ses hommes se baissèrent instinctivement puis virent avec stupéfaction le premier rang s'agenouiller, recharger, tandis que le second tirait par-dessus leurs têtes. A chaque salve, les « défenseurs » tombaient en grand nombre et la vallée n'était plus que hurlements, cris et confusion.

« Vous tuez vos propres hommes ! cria Jozen au milieu du vacarme.

— Ce sont des balles à blanc. Ils jouent tous la comédie mais imaginez seulement que c'est une vraie bataille avec de vraies balles ! Observez ! »

Les « défenseurs » commençaient à se remettre du premier choc. Ils se regroupèrent et lancèrent une attaque frontale. Lc premier rang des « attaquants » avait déjà rechargé et, au signal, tira une nouvelle salve en position agenouillée. Le second rang, debout, tira à son tour, s'agenouilla, laissant place aux troisième et quatrième rangs. Bien que les mousquetaires fussent lents, il était facile d'imaginer les dégâts que pouvaient causer des hommes entraînés. La contre-attaque échoua et les « défenseurs » battirent en retraite dans une confusion simulée. Ils remontèrent le flanc de la colline et s'arrêtèrent juste audessous des observateurs. De nombreux morts jonchaient le terrain. Jozen et ses hommes étaient stupéfaits. « Les mousquets perceraient n'importe quelle ligne !

— Attendez ! La bataille n'est pas finie ! »

Les « défenseurs » se regroupèrent et, après les avoir exhortés à la victoire, les chefs ordonnèrent l'attaque finale. Les samouraïs dévalèrent la pente en proférant leurs terribles cris de guerre.

« Ils vont tous être écrasés », dit Jozen, piqué au jeu de cette bataille pour rire.

Il avait raison. Les phalanges se scindèrent en deux et prirent la fuite devant les cris de guerre des samouraïs armés de lances et d'épées.

Les mousquetaires s'éparpillaient comme les Mangeurs d'ail, cent pas, deux cents, trois cents. Soudainement, sur un ordre, les phalanges se regroupèrent en adoptant une formation en V et les salves assourdissantes reprirent. L'attaque hésita puis s'arrêta et les mousquets s'arrêtèrent à leur tour. Tous, sur la hauteur, savaient que, dans de vraies conditions, les deux mille hommes auraient été massacrés. Dans le silence, « attaquants » et « défenseurs » se relevèrent. Les « morts » se remirent à marcher et ramassèrent leurs armes. Des rires et des grognements s'élevaient du champ de bataille. Plusieurs hommes boitaient. D'autres étaient sérieusement blessés.

« Je vous félicite, Yabu-sama, dit Jozen, sincère. Je comprends maintenant ce que vous vouliez dire.

— Le feu n'était pas suffisamment nourri, dit Yabu, intérieurement aux anges. Il faudra des mois pour qu'ils soient au point. »

Jozen secoua la tête. « Je n'aimerais pas les attaquer, même aujourd'hui. En tout cas, pas s'ils avaient de vraies balles. Aucune armée ne pourrait soutenir cette puissance. Aucune ! C'était terrible ! J'ai cru pendant un moment que c'était une vraie bataille.

— Ils avaient ordre de faire en sorte qu'elle paraisse vraie. Vous pouvez passer mes mousquetaires en revue, si vous le désirez.

— Merci. Ce serait un très grand honneur. »

Les « défenseurs » s'en allaient vers leurs cantonnements installés sur le versant éloigné de la colline. Les cinq cents mousquetaires attendaient dans la vallée, près du chemin qui menait au village. Ils se regroupèrent par compagnies. Omi et Naga, à leur tête. Tous deux portaient à nouveau leurs épées.

« Yabu-sama ?

— Oui, Anjin-san ?

— C'était bien, non ?

— Oui, très bien.

— Merci, Yabu-sama. Je suis content. »

Jozen prit Yabu à part. « Tout ça vient de l'imagination du barbare ?

— Non, dit Yabu. Mais c'est la façon dont se bat le barbare. Il entraîne les hommes et leur apprend à charger et à tirer.

— Pourquoi ne pas faire comme l'a conseillé Naga-san ? Vous avez les connaissances du barbare, à présent. Pourquoi risquer la contamination ? C'est une peste. Il est très dangereux, Yabu-sama. Naga-san avait raison. C'est vrai... Les paysans *pourraient* se battre de cette manière. Très facilement. Débarrassez-vous tout de suite du barbare.

— Si le sire Ishido veut sa tête, il n'a qu'à la demander.

— Je la demande. Maintenant. En son nom.

— J'y réfléchirai, Jozen-san.

— Et j'exige que tous les mousquets soient immédiatement retirés des mains de ces soldats. »

Yabu fronça les sourcils puis tourna son attention vers les compagnies qui s'approchaient du sommet de la colline. Leurs rangs serrés et disciplinés avaient quelque chose de comique. Elles s'arrêtèrent à cinquante pas. Seuls Omi et Naga s'avancèrent et saluèrent.

« C'était bien, pour un premier exercice, dit Yabu.

— Merci, Sire », répondit Omi. Il boitait légèrement. Son visage était sale.

Jozen dit : « Vos troupes devraient porter des épées dans les vraies batailles, Yabu-sama, *neh ?* Un samouraï doit porter des épées, au cas où il serait à court de munitions, *neh ?*

Les épées le gêneraient lors de la charge ou de la retraite. Il les portera, bien sûr, au début, pour conserver l'effet de surprise, mais s'en débarassera avant la première charge.

Un samouraï aura toujours besoin d'épées, dans une vraie bataille. Je suis heureux de savoir que vous n'aurez jamais recours à ce genre d'attaque ou à... » Jozen allait ajouter : « à cette méthode traîtresse et dégoûtante », mais il préféra dire : « sinon nous n'avons plus qu'à tous nous débarrasser de nos épées.

— C'est peut-être ce qui va se passer, Jozen-san, quand nous entrerons en guerre.

— Vous abandonneriez votre lame Murasama ou celle que vous a offerte Toranaga ?

— Pour gagner une bataille, certainement. Sinon je ne le ferais pas.

— Vous devrez alors courir très vite pour sauver votre peau si vos mousquets se grippent ou si votre poudre est humide. » Jozen rit mais Yabu ne broncha pas.

« Omi-san ! Montrez-lui ! » ordonna-t-il.

Omi donna immédiatement un ordre et ses hommes exhibèrent une minuscule épée-baïonnette qui pendait dans leurs dos et que l'on remarquait à peine. Ils l'ajustèrent au canon de leurs mousquets.

« *Chargez !* »

Les samouraïs s'exécutèrent au cri de « *Kasigi !* »

La forêt de lames d'acier s'arrêta à quelques centimètres d'eux. Jozen et ses hommes riaient nerveusement devant cette férocité soudaine.

« Bien, très bien », dit Jozen. Il tendit la main et toucha les baïonnettes pointues et effilées.

« Vous avez peut-être raison, Yabu-sama. Espérons que ça ne servira jamais.

— Omi-san ! » cria Yabu. Reforme les rangs ! Jozen-san va les passer en revue. Vous retournerez tous ensuite au camp. Mariko-san, Anjin-san, suivez-moi ! » Il se fraya un passage.

Naga et ses deux cent cinquante samouraïs restèrent là où ils étaient, baïonnette au canon, menaçants.

Jozen se rebiffa. « Que se passe-t-il ?

— Je trouve vos insultes intolérables, lui dit Naga d'une voix venimeuse.

— C'est incroyable ! Je ne vous ai pas insulté ! Je n'ai insulté personne. Ce sont vos baïonnettes qui sont une insulte à mon rang ! Yabu-sama ! »

Yabu se retourna. Il était derrière les samouraïs de Toranaga. « Naga-san ! cria-t-il. Qu'est-ce que tout cela veut dire ?

— Je ne peux pardonner les insultes que cet homme a proférées à l'égard de mon père et de moi-même,

— Il est protégé. Vous ne pouvez pas le toucher. Il voyage sous protection du sceau des régents !

— Excusez-moi, Yabu-sama, mais c'est une affaire entre Jozen-san et moi-même.

— Non. Vous êtes sous mes ordres. Je vous ordonne de dire à vos hommes de retourner à leur campement. »

Pas un homme ne broncha. La pluie se mit à tomber.

« Excusez-moi, Yabu-san, mais c'est une affaire entre lui et moi. Je vous décharge de toute responsabilité, quoi qu'il arrive. »

Derrière Naga, l'un des hommes de Jozen dégaina son épée. Une rafale de mousquet lui arracha la tête. Les vingts hommes qui venaient de tirer s'agenouillèrent pour recharger. Le second rang se prépara.

« Qui a ordonné d'utiliser de vraies munitions ?

— Moi, moi, Yoshi Naga-noh-Toranaga !

— Naga-san ! Je vous ordonne de laisser partir Nebara Jozen et ses hommes. Vous êtes consigné jusqu'à ce que Sire Toranaga soit informé de votre insubordination.

— Vous en informerez, bien sûr, sire Toranaga. Mais j'ai le regret de vous dire, Sire Yabu, que cet homme mourra d'abord. Tous doivent mourir, aujourd'hui. »

Jozen hurla de terreur. « Je suis protégé par les régents ! Vous ne gagnerez rien en me tuant !

— Je retrouverai au moins mon honneur, *neh ?* dit Naga. Je vous ferai payer vos sarcasmes et vos insultes. Vous deviez mourir de toute façon. *Neh ?* Je ne pouvais pas être plus clair, la nuit dernière. Vous avez maintenant vu une attaque. Je ne peux pas prendre le risque qu'Ishido soit au courant. » Sa main montra d'un geste le champ de bataille. « De cette horreur !

— Il le sait déjà ! laissa échapper Jozen. Il le sait déjà ! J'ai envoyé un message par pigeon, à l'aube ! Vous ne gagnerez rien en me tuant, Naga-san ! »

Naga fit signe à l'un de ses hommes qui s'avança et jeta le pigeon étranglé aux pieds de Jozen. Puis une tête coupée. C'était celle de Mazumoto, le samouraï envoyé la veille par Jozen avec le parchemin. Les yeux étaient encore ouverts, les lèvres retroussées en une grimace haineuse. La tête roula, passa au milieu des soldats et s'arrêta contre une pierre. Jozen poussa un gémissement. Naga et ses hommes se mirent à rire. Même Yabu sourit. Un autre samouraï de Jozen se jeta sur Naga. Vingt mousquets le réduisirent au silence ; l'homme qui était près de lui et qui n'avait pas bougé tomba lui aussi, mortellement atteint.

Les rires cessèrent.

Omi dit : « Dois-je donner ordre à mes hommes d'attaquer, Sire ?

Il avait été si facile de manipuler Naga. Yabu essuya la pluie qui lui coulait sur la figure. « Ça ne mènerait à rien. Jozen-san et ses hommes sont de toute façon morts, quoi qu'ils fassent. C'est leur *karma.* Comme Naga-san a la sienne. Naga-san ! cria-t-il. Pour la dernière fois, je vous ordonne de les laisser partir !

— Excusez-moi mais je dois vous désobéir.

— Très bien. Faites-moi un rapport quand ce sera fini.

— Il faut un témoin officiel, Yabu-san. Pour Sire Toranaga et Sire Oshido.

— Omi-san, tu restes ; tu signeras le certificat de décès et tu diffuseras la nouvelle. Naga-san et moi-même le contre-signerons. »

Naga montra Blackthorne du doigt. « Laissez-le assister, lui aussi, En tant que témoin. Il est responsable de leurs morts. Il doit en être le témoin.

— Anjin-san, allez-y ! Rejoignez Naga-san, compris ?

— Oui, Yabu-san. J'ai compris, mais pourquoi ?

— Pour être témoin.

Je ne comprends pas.

— Mariko-san, expliquez-lui ce qu'est un “témoin”. Yabu se retourna et s'en alla en dissimulant sa satisfaction.

Jozen hurla : « Yabu-sama ! Je vous en prie ! Yabuuuuu-samaaaaaa ! »

Blackthorne assista à l'exécution. Il retourna ensuite chez lui. Le saké ne lui enleva pas le mauvais goût qu'il avait dans la bouche, L'encens ne chassa pas la puanteur de ses narines.

Yabu le fit chercher un peu plus tard. L'attaque fut disséquée, point par point. Omi et Naga étaient avec Mariko. Naga était froid, comme d'habitude. Il écoutait et commentait rarement. Personne ne semblait affecté pair l'événement du jour. Ils travaillèrent bien après le coucher du soleil. Yabu ordonna que le rythme des entraînements soit accéléré. Cinq cents hommes supplémentaires devaient être immédiatement formés, Un autre groupe une semaine plus tard.

Blackthorne rentra seul chez lui. Il mangea seul, troublé par son horrible découverte. *Ils n'ont aucun sens du péché. Ils n'ont pas de conscience, même Mariko.* Il ne put dormir cette nuit-là. Il quitta la maison ; le vent le harcelait ; des rafales faisaient moutonner les vagues. Des chiens aboyaient à la lune et s'agitaient. Les toits en paille de riz bougeaient comme des choses vivantes. Des volets claquaient. Des-hommes et des femmes luttaient pour les fermer. La marée montait rapidement. Tous les bateaux de pêche avaient été mis à l'abri, plus haut que d'habitude, sur la plage. Il longea le rivage puis revint chez lui en luttant contre le vent. Il n'avait rencontré personne. La pluie tombait à verse. Il arriva complètement trempé. Fujiko l'attendait sous la véranda. Le vent la bousculait et faisait vaciller la flamme du fanal. Tout le monde était debout. Des serviteurs transportaient les affaires de valeur dans la petite maison de pierre, au fond du jardin.

La tempête ne menaçait pas encore. Un pan du toit de tuiles se détacha sous une bourrasque de vent et le toit de la maison trembla. Les tuiles tombèrent en faisant grand bruit. Certains serviteurs se précipitèrent pour remplir les seaux, d'autres pour essayer de réparer le toit. Le vieux jardinier, Ueki-ya, aidé par les enfants, attachait les buissons fragiles et les arbustes à des tuteurs en bambou.

Une autre rafale ébranla la maison.

« Tout va s'écrouler, Mariko-san. » Elle ne dit rien. Le vent la harcelait. Il regarda le village. Des débris voletaient partout. Blackthorne se retourna affolé en voyant s'envoler un panneau de sa chambre. Le mur disparut. Celui d'en face également. Les quatre murs partirent en morceaux. Il voyait à travers la maison, mais la charpente tint bon et le toit de tuiles ne bougea pas. Les couvertures, les lanternes et les nattes s'envolèrent. Les serviteurs partirent à leur poursuite.

Personne n'était gravement blessé. A l'aube, le vent tomba et les habitants se mirent à reconstruire leurs maisons. A midi, les murs étaient à nouveau debout et la moitié du village avait retrouvé son allure normale. Omi s'approcha de sa démarche sautillante, les yeux fixés sur Blackthorne. « Bonjour, Anjin-san, dit-il.

— Bonjour, Omi-san. Votre maison est-elle intacte ?

— Oui, merci. Vous allez bien ? Pas d'ennuis ?

— Très bien, aujourd'hui. Et vous ? »

Omi parla à perdre haleine.

« Désolé mais je ne comprends pas, dit Blackthorne.

— La journée d'hier vous a-t-elle plu ? L'attaque ? La fausse bataille ?

— Ah, je comprends, Oui, elle m'a beaucoup plu.

— Et le spectacle ?

— Pardon ?

— Le spectacle ! Le *ronin* Nebara Jozen et ses hommes ! » Omi imita la charge à la baïonnette dans un éclat de rire.

« Vous avez assisté à leur mort. Mort ! Vous comprenez ?

— Ah, oui. En vérité, Omi-san, pas aimer les tueries.

— *Karma,* Anjin-san.

— *Karma.* Exercice, aujourd'hui ?

— Oui. Mais Yabu-sama veut parler. Plus tard. Compris, Anjin-san ? Parler seulement. Plus tard, répéta Omi patiemment.

— Parler seulement. Compris.

— Vous commencez à bien parler notre langue. Oui, très bien.

— Merci. Difficile. Peu de temps.

— Oui, mais vous êtes un homme docile et vous vous appliquez. C'est ce qui importe. On vous donnera du temps, Anjin-san, ne vous inquiétez pas. Je vous aiderai. » Omi voyait bien que la presque totalité de ses paroles n'était pas comprise mais il s'en fichait, du moment que l'Anjin-san en comprenait le contexte.

« Je veux être votre ami », dit-il. Il répéta sa phrase très clairement. « Vous comprenez ?

— Ami ? Je comprends "ami". »

Omi se montra du doigt, puis pointa son index sur lui. « Je veux être votre ami.

— Merci. Très honoré. »

Omi sourit encore, s'inclina d'égal à égal et s'en alla.

Ami avec lui ? marmonna Blackthorne. Aurait-il oublié ? Pas moi. Il s'assit sous la véranda et regarda Ueki-ya réparer les dommages et enlever les feuilles éparses.

Aux premières lueurs de l'aube, il avait été épouvanté de voir l'importance des dégâts.

« Cette tempête aurait à peine ébranlé une maison anglaise, avait-il dit à Mariko. C'était une tempête, c'est vrai, mais elle n'était pas très grosse. Pourquoi ne construisez-vous pas des maisons de briques et de pierres ?

— A cause des tremblements de terre, Anjin-san. Pour éviter que les habitants ne soient tués ou blessés par des chutes de pierres. Vous allez voir comme tout revient vite en place.

— Oui, mais vous avez les inconvénients des incendies. Qu'arrive-t-il quand la saison des grands vents commence ? Les *tai-funs ?*

— Ça devient alors très difficile. » Elle lui avait expliqué les *tai-funs* et leurs saisons — de juin à septembre, normalement.

« Pourquoi est-ce que les gens rient devant la catastrophe ?

— Nous trouvons honteux et impoli de montrer des sentiments forts comme la peur, Nous les cachons donc derrière le rire ou le sourire. Bien sûr, nous avons tous peur, même si nous ne le montrons jamais. »

Certains d'entre vous le montrent, pensa Blackthorne, Nebara Jozen entre autres, qui était mort horriblement, pleurant de peur, demandant grâce d'une mort lente et cruelle. Blessé à coups de baïonnette au milieu des éclats de rire, il avait dû courir puis avait été empalé. Son sang jaillissait de toutes parts. Naga avait ensuite tourné son attention sur les autres samouraïs. Trois d'entre eux s'étaient immédiatement agenouillés, avaient dénudé leur ventre pour se faire formellement seppuku. Trois de leurs camarades, derrière eux, officiaient comme seconds. De leurs longues épées brandies, ils avaient cinglé l'air et les avaient décapités d'un seul coup. Deux des trois derniers samouraïs s'étaient ensuite agenouillés, le troisième leur servant de second. Le premier des deux avait été décapité au moment où il ramassait son couteau. L'autre avait dit : « Non. Moi, Hirasaki Kenko, je sais mourir. Je sais comment un samouraï doit mourir. » Jeune homme élancé, parfumé, presque beau, à la peau laiteuse, aux cheveux propres et bien huilés, Kenko avait ramassé son couteau respectueusement. « Je proteste pour la mort de Nebara Jozen, pour celles de ses hommes », avait-il dit fermement, en saluant Naga. Il avait regardé le ciel une dernière fois et avait souri à son second : « *Sayonara,* Tadeo. » Puis il avait enfoncé profondément la lame dans la partie gauche de son ventre. Il avait ensuite déchiré ses entrailles sur toute la largeur, avait sorti son couteau, l'avait replongé aussitôt au-dessus de l'aine et avait remué la lame en silence. Ses entrailles lacérées s'étaient déversées sur ses genoux. Au moment où sa tête hideusement déformée par la souffrance tombait en avant, son second la lui avait tranchée d'un seul coup d'épée magistral. Naga avait ramassé la tête du samouraï, lui avait fermé les yeux. Il avait ordonné à ses hommes de veiller à ce que la tête soit lavée, enveloppée et envoyée avec tous les honneurs à Ishido, accompagnée d'un compte rendu détaillé sur l'héroïsme de Hirasaki Kenko. Le dernier samouraï s'était agenouillé. Il n'y avait plus personne pour lui servir de second. Lui aussi était jeune. Ses doigts tremblaient. Il avait par deux fois fait son devoir envers ses camarades. Il leur avait proprement et honorablement tranché la tête, leur évitant ainsi la douleur et la honte de la peur. Il avait assisté son très cher ami qui venait de mourir comme un samouraï devait mourir, en s'immolant lui-même, enfermé dans un silence orgueilleux. Il avait encore une fois fait son devoir proprement. Et il n'avait jamais tué de sa vie. Ses yeux s'étaient concentrés sur le couteau. Il avait dénudé son ventre et prié pour avoir le même courage que son amant. Les larmes aux yeux, il avait figé ses traits et transformé son visage en un masque glacé et souriant. Il avait défait sa ceinture, enveloppé partiellement la lame de son couteau pour s'assurer une meilleure prise, mais parce qu'il avait bien fait son devoir, Naga avait fait signe à l'un de ses lieutenants. Le samouraï s'était avancé et présenté en s'inclinant : « Osaragi Nampa, capitaine de la neuvième légion de sire Toranaga. Je serais très honoré d'être votre second.

— Ikomo Tadeo, lieutenant vassal de Sire Ishido, avait répondu le jeune homme. Merci. Je suis très honoré de vous avoir comme second. »

Sa mort avait été rapide, indolore et honorable.

On avait ramassé les têtes. Jozen était revenu un peu plus tard à la vie et s'était remis à hurler de douleur.

Ils l'avaient abandonné aux chiens, venus du village.

34

A l'heure du cheval, onze heures du matin, dix jours après la mort de Jozen et de ses samouraïs, trois galères bourrées d'hommes de troupe arrivèrent à Anjiro. Toranaga descendit à terre, Buntaro à ses côtés.

« J'aimerais tout d'abord voir un exercice d'attaque, Yabu-san, avec les cinq cents mousquetaires déjà entraînés, dit-il. Tout de suite !

— Ne pourrait-il pas avoir lieu demain ? Ça me laisserait le temps de me préparer », dit Yabu, affable. Il était intérieurement furieux de la soudaineté de cette arrivée et hors de lui, car ses espions ne l'avaient pas prévenu. Il avait juste eu le temps de se précipiter au port avec une garde d'honneur. « Vous devez être fatigué...

« Je ne suis pas fatigué, merci. Je n'ai pas besoin de "défenseurs", de hurlements ou de "de fausses morts". Vous oubliez, mon vieil ami, que j'ai joué suffisamment de pièces du théatre nô pour savoir me servir de mon imagination. Je ne suis pas un paysan-*ronin !* Ordonnez, je vous prie, cette démonstration. Tout de suite ! » Ils étaient sur là plage, près du quai. Toranaga était entouré par ses samouraïs d'élite. C'était une journée chaude. Le ciel était sans nuages. Quelques moutons ourlaient la surface de la mer. L'horizon était enveloppé de brumes de chaleur.

« Igurashi, veillez à ce que le nécessaire soit fait ! » Yabu contint sa rage. Depuis le premier message qu'il avait envoyé relatant l'arrivée de Jozen, onze jours auparavant, peu de choses avaient filtré. Ses espions, à Yedo, n'avaient rien pu lui communiquer en dehors des réponses acerbes et vagues de Toranaga à ses appels de plus en plus urgents. « Votre message a été bien reçu ; il est à l'étude. » « Choqué par les nouvelles concernant mon fils ; attendez instructions. » « Les responsables de la mort de Jozen seront punis ; ils doivent rester à leurs postes jusqu'à ce que j'en parle à sire Ishido. » Et hier, la bombe : « J'ai reçu aujourd'hui une invitation du nouveau Conseil des régents pour l'*ikebana* d'Osaka. Quand comptez-vous partir ? Tenez-moi au courant.

— Ça ne veut pas dire que Toranaga y va ? » avait demandé Yabu, éberlué.

— Il vous oblige à prendre parti, avait dit Igurashi. Quoi que vous disiez, vous tombez dans son piège.

— Je suis d'accord, avait dit Omi.

— Pourquoi n'avons-nous pas de nouvelles de Yedo ? Qu'est-il arrivé à nos espions ?

— C'est comme si Toranaga avait recouvert tout le Kwanto d'une couverture, lui avait dit Omi. Peut-être sait-il qui sont vos espions !

— C'est le dixième jour, aujourd'hui, Sire, avait rappelé Igurashi à Yabu. Tout est prêt pour votre départ pour Osaka. Voulez-vous partir, oui ou non ? »

Là, sur la plage, Yabu bénit son *kami* gardien qui l'avait persuadé d'accepter le conseil d'Omi et d'attendre jusqu'au dernier jour. Il lui restait encore trois jours.

« En ce qui concerne votre dernier message, Toranagasama, celui qui m'est parvenu hier, dit-il. Vous n'allez pas vous rendre à Osaka ?

— Vous y allez ?

— Vous êtes le chef. J'attends, bien sûr, votre décision.

— Ma décision est simple, Yabu-sama. La vôtre est difficile. Si vous y allez, les régents vous tueront pour avoir assassiné Jozen et ses hommes. Ishido est très en colère, et ce à juste titre, *neh ?*

— Ce n'est pas moi qui l'ai fait, Sire. Le meurtre de Jozen, si mérité soit-il, a eu lieu contre mes ordres.

— Il a mieux valu que Naga-san s'en charge lui-même, *neh ?* Sinon vous auriez certainement dû vous en occuper. Je m'occuperai de Naga-san plus tard. Venez avec moi. Nous parlerons tout en marchant jusqu'au terrain d'exercice. Pas besoin de perdre du temps. » Toranaga partit à vive allure. Ses gardes le suivaient de près.

« Oui. Vous vous trouvez vraiment devant un dilemme, mon vieil ami. Si vous y allez, vous perdez votre tête, vous perdez Izu et toute la famille Kasigi se rend, bien sûr, au poteau d'exécution. Si vous restez, le conseil ordonnera la même chose. » Toranaga le regarda de biais. « Vous devriez peut-être faire ce que vous m'aviez suggéré la dernière fois. Je serais très honoré d'être votre second. Votre tête calmera les humeurs d'Ishido.

— Ma tête n'a aucune valeur pour Ishido.

— Je ne suis pas de votre avis. »

Buntaro vint à leur rencontre. « Excusez-moi, Sire. Où voulez-vous que les hommes soient cantonnés ?

— Sur le plateau. Établissez vos cantonnements permanents là-bas. Deux cents gardes resteront avec moi à la forteresse. Quand vous en aurez terminé, rejoignez-moi. Je voudrais que vous voyiez cet exercice. » Buntaro s'en alla en hâte.

« Cantonnement permanent ? Vous vous installez ici ? demanda Yabu.

— Mes hommes seulement. Si l'attaque est aussi bonne qu'on me l'a rapporté, nous pourrons constituer neuf bataillons d'assaut de cinq cents samouraïs chacun.

— Quoi ?

— Je vous ai amené mille samouraïs supplémentaires. Vous fournirez tout le nécessaire à l'autre millier.

— Mais il n'y a pas assez de mousquets et de...

— Désolé. J'ai apporté mille mousquets, de la poudre et des munitions. Le reste arrivera dans une semaine avec mille autres hommes.

— Nous allons avoir neuf bataillons d'assaut ?

— Oui. Ça fera un régiment, Buntaro le commandera.

— Ce serait peut-être mieux que ce soit moi. Il...

— Vous oubliez que le Conseil se réunit dans quelques jours. Comment pouvez-vous commander un régiment si vous partez pour Osaka ? N'êtes-vous pas prêt à partir ? »

Yabu s'arrêta. « Nous sommes alliés. Nous avons décidé que vous étiez le chef. Nous avons pissé sur le marché. Je l'ai tenu et je le tiens. Je vous demande à présent de me dévoiler votre plan. Déclarons-nous la guerre, oui ou non ?

— Personne ne m'a déclaré la guerre. Pas encore. »

Yabu eut l'envie folle de dégainer sa lame Yoshitomo et de faire couler le sang de Toranaga une fois pour toutes, quel qu'en soit le prix. Il entendait respirer les gardes autour de lui mais s'en fichait royalement. « Le Conseil n'est-il pas votre glas, à vous aussi ? Vous l'avez dit vous-même. Une fois qu'ils se seront réunis, vous devrez obéir, *neh ?*

— Bien sûr. » Toranaga fit signe à ses gardes de reculer. Il s'appuya sur son épée ; ses jambes trapues étaient écartées et fermement plantées sur le sol.

« Quelle est votre décision ?

— D'abord, assister à une attaque.

— Ensuite ?

— Aller à la chasse.

— Allez-vous à Osaka ?

— Bien sûr.

— Quand ?

— Quand ça me chantera.

— Vous voulez dire : quand ça ne chantera *pas* à Ishido ?

— Je veux dire simplement : quand ça me chantera, à moi.

— Nous sommes isolés, dit Yabu. Nous ne pouvons pas nous battre contre tout le Japon, même avec un régiment d'assaut. Nous ne pouvons pas le former en dix jours. Alors, quel est votre plan ?

— Que s'est-il au juste passé entre Jozen et Naga-san ? »

Yabu lui dit la vérité, omettant simplement le fait que Naga avait été manipulé par Omi.

« Comment l'Anjin-san se comporte-t-il ?

— Très bien. » Yabu lui raconta sa tentative de seppuku ; comment il avait réussi à faire plier l'Anjin-san à leur avantage.

« Très habile, dit Toranaga doucement. Je n'aurais jamais cru qu'il tenterait de se faire seppuku. Intéressant.

— Heureusement que j'avais dit à Omi d'être prêt à intervenir. »

Yabu attendit impatiemment que Toranaga lui en demande davantage mais il resta silencieux. « Cette nouvelle que je vous ai envoyée : Sire

Ito nommé régent, la connaissiez-vous déjà avant de recevoir mon message ? » Toranaga garda le silence un moment. « Des rumeurs avaient circulé. Sire Ito est un choix parfait pour Ishido. Ce pauvre imbécile d'Ito a toujours adoré se faire empaler en ayant en même temps son nez fourré dans le cul d'un autre homme. Ils feront d'excellents compagnons de lit.

— Son vote va vous éliminer quand même.

— Si seulement le Conseil existe.

— Vous avez donc un plan ?

— J'ai toujours un plan... des plans... Vous ne le saviez pas ? Et vous, quel est votre plan, cher allié ? Si vous voulez partir, partez... Si vous voulez rester, restez. Choisissez ! » Il poursuivit son chemin.

Mariko tendit un parchemin couvert de caractères serrés à Toranaga. « Est-ce tout ?

— Oui, Sire », répondit-elle. Elle n'aimait pas cette cabine et son odeur de renfermé. Elle n'aimait pas être de nouveau à bord de la galère, même à quai.

« Beaucoup d'éléments contenus dans le manuel de guerre sont répétés ici, mais j'ai pris des notes chaque soir et j'ai écrit ce qui s'était passé... du moins ai-je essayé. C'est presque un journal qui relate tout depuis votre départ.

— Quelqu'un l'a-t-il lu ?

— Pas à ma connaissance. » Elle s'éventa. « La concubine de l'Anjin-san et les servantes m'ont vue le tenir, mais je l'ai toujours caché, loin de leurs regards.

— Quelles sont vos conclusions ? »

Mariko hésita. Elle jeta un coup d'œil vers la porte de la cabine, vers le hublot fermé.

« Seuls mes hommes sont à bord. Il n'y a personne dans l'entrepont, à part nous.

— Oui, Sire, j'étais seulement en train de me souvenir de ce que l'Anjin-san m'avait dit : il n'y a pas de secrets à bord d'un bateau. Excusez-moi. » Elle réfléchit pendant un instant, puis dit en confiance : « Le Régiment des mousquets ne gagnera qu'une seule bataille. Les barbares peuvent nous détruire s'ils débarquent en force avec des mousquets et des canons. Vous devez avoir une marine barbare. Jusqu'à présent, les connaissances de l'Anjin-san vous ont été très précieuses, tellement précieuses qu'elles doivent rester secrètes. Dans d'autres mains, elles pourraient vous être fatales.

— Qui d'autre partage ces connaissances ?

— Yabu-san en sait beaucoup, Omi plus encore... C'est le plus fin et le plus intelligent. Naga-san et les troupes... les troupes comprennent bien sûr la stratégie mais pas les détails subtils ni les connaissances politiques et générales de l'Anjin-san. Plus que tout autre, j'ai noté toutes ses paroles, toutes ses questions, tous ses commentaires. Il ne nous a parlé que de certaines choses mais ses connaissances sont immenses et sa mémoire prodigieuse. Avec un peu de patience, il peut vous apporter une image précieuse du monde, de ses coutumes et de ses dangers. S'il dit la vérité.

— La dit-il ?
— Je le crois.
— Quelle est votre opinion sur Yabu ?
— Yabu-san est un homme violent et sans scrupule. Il n'honore rien en dehors de ses propres intérêts. Devoir, loyauté sont des mots qui ne veulent rien dire pour lui. Il a de temps à autre des éclairs de ruse et de finesse, même de génie. Il est aussi dangereux, allié qu'ennemi.
— Toutes vertus recommandables. Qu'y a-t-il à dire contre lui ?
— C'est un mauvais administrateur. Ses paysans se révolteraient s'ils le pouvaient, s'ils avaient des armes.
— Pourquoi ?
— Parce qu'il leur extorque des impôts illégaux, qu'il leur prend soixante-quinze pour cent des parts de riz, de poisson et de récoltes. Il lève un impôt par tête, un impôt sur les terres, sur les bateaux, sur chaque tonneau de saké ; tout est imposé à Izu.
— Peut-être devrais-je employer Yabu ou son intendant général pour lever les impôts dans le Kwanto. Ce qu'il fait ici est son affaire. Ses paysans ne se procureront jamais d'armes. Il n'y a donc pas lieu de s'inquiéter. Je pourrais toujours me servir d'Izu comme base, si besoin est.
— Mais, Sire, soixante parts est la limite légale.
— C'était la limite légale. Le Taïkō l'avait légalement fixée. Il est mort. Quoi d'autre sur Yabu ?
— Il mange peu, il semble en bonne santé. Il a de drôles d'habitudes.
— Lesquelles ? »
Elle lui raconta la nuit des hurlements.
« Qui vous en a parlé ?
— La femme d'Omi et sa mère.
— Le père de Yabu faisait bouillir ses ennemis. Perte de temps. Mais j'arrive à comprendre ce besoin de le faire de temps à autre. Et son neveu Omi ?
— Très brave ; très sage. Tout à fait loyal envers son oncle. Un vassal très capable et tout à fait digne d'intérêt.
— Et la famille d'Omi ?
— Sa mère est... est suffisamment ferme avec Midori, sa femme. Cette dernière est samouraï ; douce, forte et très bonne. Toutes les deux sont de loyaux sujets de Yabu-san. Omi n'a pas de concubine pour l'instant, quoique Kiku, la plus célèbre courtisane d'Izu, le soit presque. S'il pouvait racheter son contrat, je crois qu'il l'amènerait chez lui.
— Est-ce qu'il m'aiderait contre Yabu si je le désirais ? »
Elle réfléchit à la question, puis secoua la tête. « Non, Sire, je ne le pense pas. Je crois qu'il est, avant tout, vassal de son oncle.
— Naga ?
— Aussi bon samouraï que puisse l'être un homme. Il a immédiatement vu le danger que représentaient Jozen-san et ses hommes pour vous. Il a beau détester le Régiment des mousquets, il entraîne les hommes du mieux qu'il peut.
— Je crois qu'il a vraiment fait preuve de stupidité... d'être ainsi la marionnette de Yabu. »

Elle rajusta un pli de son kimono sans rien dire.

Toranaga s'éventa. « Et l'Anjin-san ? »

Elle attendait la question ; maintenant qu'elle était posée, toutes les observations intelligentes qu'elle avait préparées à son sujet avaient fui son esprit.

« Eh bien ?

— Vous jugerez d'après le parchemin, Sire. Il est, sur certains plans, impossible à comprendre. Son éducation et son héritage n'ont, bien sûr, rien de commun avec les nôtres. Il est très complexe et au-delà de notre... de *ma* compréhension. Il était très ouvert. Depuis qu'il a tenté de se faire seppuku, il a changé. Il est plus secret. » Elle lui raconta ce qu'Omi avait dit et fait cette nuit-là, la promesse de Yabu.

« Ah, c'est Omi qui l'a arrêté. Ce n'est donc pas Yabusan ?

— Non.

— Et Yabu a suivi les conseils d'Omi ?

— Exactement, Sire.

— Omi est donc son conseiller. Intéressant. Mais l'Anjin-san ne s'attend certainement pas à voir Yabu-san tenir sa promesse ?

— Absolument. »

Toranaga se mit à rire. « Que tout ça est enfantin !

— La "conscience" chrétienne est fermement implantée en lui ; je suis désolée. Il ne peut éviter son *karma,* qui est totalement gouverné par sa haine de la mort ou des morts de ce qu'il appelle les "innocents". Même la mort de Jozen l'a profondément bouleversé. Son sommeil a été troublé pendant plusieurs nuits et il a à peine parlé pendant plusieurs jours.

— Est-ce que cette "conscience" s'applique à tous les barbares ?

— Non. Elle devrait pourtant s'appliquer à tous les barbares chrétiens.

— Perdra-t-il cette "conscience" ?

— Je ne le crois pas. Mais tant que cette "conscience" le tourmentera, il sera sans défense, comme une poupée.

— Et sa concubine ? »

Elle lui raconta tout.

« Très bien. » Il était satisfait que le choix de Fujiko et le plan aient si bien marché. « Elle s'est très bien comportée avec les pistolets. Et les habitudes de l'Anjin-san ?

— Tout à fait normales, hormis cette gêne incroyable concernant les rencontres sur l'oreiller et cette curieuse réticence à parler des fonctions les plus normales. » Elle décrivit aussi son goût particulier pour la solitude et ses goûts abominables en matière gastronomique. « En toute autre chose, il est attentif, raisonnable, d'une intelligence aiguë ; un élève tout à fait apte, curieux de tout savoir de nous et de nos coutumes. Tout est brièvement consigné dans mon rapport. Je lui ai expliqué certaines choses sur notre manière de vivre, sur nous et notre histoire, sur le Taikō et les problèmes qui assiègent actuellement notre empire.

— Et au sujet de l'héritier ?

— Je lui en ai aussi parlé. Ai-je eu tort, Sire ?

— Non. On vous a dit de l'instruire. Où en est-il de l'apprentissage de notre langue ?

— Il parlera bientôt notre langue couramment. C'est un très bon élève, Sire.

— A-t-il fait une ou plusieurs rencontres sur l'oreiller ?

— L'une des servantes, dit-elle immédiatement.

— L'a-t-il choisie ?

— Sa concubine la lui a envoyée.

— Et alors ?

— Ce fut satisfaisant des deux côtés, à ce que je crois savoir.

— Ah ! Elle n'a donc eu aucune difficulté.

— Non, Sire.

— Mais il est bien armé, non ?

— La fille a dit : oh, oui, très bien armé. Elle a même employé le terme "somptueux".

— Excellent. Son *karma* est au moins bon en ce domaine. C'est le problème de bien des hommes... à commencer par Yabu et Kiyama. Ils ont de petits membres. C'est épouvantable de naître avec un petit membre. Oui, affreux. » Il jeta un coup d'œil sur le parchemin, ferma son éventail. « Et vous, Mariko-san, comment allez-vous ?

— Tout va bien, Sire, merci. Je suis très heureuse de vous voir en aussi bonne forme. Puis-je me permettre de vous présenter toutes mes félicitations à l'occasion de la naissance de votre petit-fils ?

— Merci. Oui, je suis très heureux. Le garçon est en bonne santé.

— Et dame Genjiko ? »

Toranaga grogna : « Toujours aussi forte. » Il retroussa les lèvres, réfléchit un moment. « Vous pourriez peut-être me recommander une nourrice ? » La coutume voulait qu'on donne aux fils de samouraïs importants des nourrices qui se consacraient à l'éducation de l'enfant, le rendant fort pour qu'il fasse honneur à ses parents et que la mère puisse s'occuper de la maison. « J'ai peur qu'il ne soit pas facile de trouver la personne qu'il faut, car dame Genjiko est une maîtresse exigeante, *neh ?*

— Je suis certaine que vous trouverez cette personne, Sire. J'y réfléchirai à l'occasion », répondit Mariko, sachant qu'il était folie de chercher une solution, car aucune femme en ce monde ne pouvait satisfaire Toranaga ou sa belle-fille.

« Et votre conscience chrétienne, Mariko-san ?

— Aucun conflit, Sire. Aucun. J'ai fait tout ce que vous vouliez. Sincèrement.

— Y a-t-il eu des prêtres dans les parages ?

— Non, Sire.

— En voulez-vous un ?

— J'aimerais bien me confesser, recevoir le Saint Sacrement. Oui, ce serait bien. »

Toranaga l'étudia de près. « Vous avez bien travaillé, Mariko-san. Continuez sur votre lancée,

— Oui, Sire. Merci. Encore un chose... L'Anjin-san a vraiment besoin d'un livre de grammaire et d'un dictionnaire.

— J'ai envoyé Tsukku-san les chercher. » Il remarqua le froncement de ses sourcils. « Vous pensez qu'il ne les enverra pas ?

— Il obéira, bien sûr. Peut-être pas avec la rapidité que vous seriez en droit d'espérer.

— Je le saurai bientôt. » Toranaga ajouta : « Il ne lui reste plus que treize jours. »

Mariko était stupéfaite. « Sire ? demanda-t-elle sans comprendre.

— Treize ! dit Toranaga nonchalamment. Quand nous étions à bord du bateau, il m'a demandé la permission d'aller à Yedo, pourvu que ce soit dans les quarante jours. Il ne lui en reste plus que treize. N'était-ce pas quarante jours que ce *bonze,* ce prophète, ce Moïse a passés sur la montagne à rassembler les Commandements de Dieu qu'il a gravés sur une pierre ?

— Oui, Sire.

— Vous croyez vraiment que c'est arrivé ?

— Oui. Mais je ne comprends pas pourquoi ni comment.

— Perte de temps que de discuter des “choses de Dieu”, *neh ?*

— Si vous cherchez des faits, oui, Sire.

— Dans l'attente du dictionnaire, avez-vous au moins essayé d'en constituer un ?

— Oui, Toranaga-sama. J'ai bien peur qu'il ne soit pas très bon. Malheureusement, nous avons si peu de temps et tellement de problèmes. Ici... partout », ajouta-t-elle en mettant les points sur les i.

Il acquiesça, sachant qu'elle aurait bien aimé poser des tas de questions sur le nouveau Conseil, la nomination de Sire Ito, l'imminence de la guerre. « Nous avons la chance d'avoir de nouveau votre mari parmi nous, *neh ?* »

Son éventail s'arrêta. « Je n'ai jamais pensé un seul instant qu'il s'en sortirait. J'ai dit une prière et brûlé de l'encens à sa mémoire, tous les jours. » Buntaro lui avait raconté ce matin comment un autre bataillon de samouraïs de Toranaga avait couvert sa retraite depuis la plage et lui avait permis de gagner les environs d'Osaka sans encomhre.

Il s'était ensuite enfui avec cinquante hommes et des chevaux dans les collines, déguisé en bandit, et avait emprunté de petits sentiers dans sa course effrénée vers Yedo. Deux fois, ses poursuivants l'avaient rattrapé mais n'avaient pas été assez nombreux pour le capturer. Une fois même, il était tombé dans une embuscade et avait perdu tous ses hommes sauf quatre. Il s'était à nouveau échappé, s'enfonçant plus profond dans la forêt, avait voyagé de nuit et dormi de jour. Eau de source et baies sauvages ; un petit peu de riz volé dans des fermes isolées, puis encore un galop, les chasseurs toujours sur leurs traces. Deux hommes avaient survécu.

« C'est presque un miracle, dit-elle. J'ai cru que j'étais possédée par un *kami* quand je l'ai vu à côté de vous, sur la plage.

— Il est très habile et très fort.

— Puis-je vous demander des nouvelles de Sire Hiromatsu, Sire ? D'Osaka ? De dame Sazuko et de dame Kiritsubo ? »

Diplomate, Toranaga l'informa qu'Hiro-matsu était de retour à Yedo, que ses femmes avaient décidé de rester à Osaka à cause de l'état de santé de dame Sazuko. Pas besoin de s'inquiéter outre mesure. Il savait bien, comme Mariko, que ce n'était qu'une formule pour sauver la face et que le général Ishido ne permettrait pas à deux otages aussi importants de s'en aller, maintenant que Toranaga lui avait échappé.

Il ramassa le parchemin. « Il faut que je lise ceci. Merci, Mariko-san. Vous avez fait du beau travail. Amenez, s'il vous plaît, l'Anjin-san à la forteresse, demain à l'aube.

— Sire, maintenant que mon maître est de retour, je vais devoir...

— Votre mari est d'accord pour que, pendant la durée de mon séjour, vous restiez où vous êtes et me serviez d'interprète, votre premier devoir restant l'Anjin-san.

— Mais, Sire, je dois trouver une maison pour mon seigneur. Il a besoin de serviteurs et d'une maison.

— Ce serait une perte de temps, d'argent et d'effort. Il campera avec ses troupes ou séjournera dans la maison de l'Anjin-san. Il fera comme il lui plaira. » Il vit une lueur d'irritation sur le visage de Mariko. « *Nan ja ?*

— Ma place devrait être auprès de mon maître.

— Votre place est là oùje veux qu'elle soit, *neh ?*

— Excusez-moi. Bien sûr. »

Elle sortit.

Il lut le parchemin ainsi que le manuel de guerre très soigneusement, puis il relut certains passages. Il posta des gardes devant sa cabine et monta sur le pont. C'était l'aube. La journée promettait d'être chaude et couverte. Il annula la réunion avec l'Anjin-san et se rendit à cheval vers le plateau, Il rassembla ses fauconniers, prit trois faucons et chassa sur vingt *ri*. *A* midi, il avait attrapé trois faisans, deux énormes coqs de bruyère, un lièvre et une paire de cailles. Il fit envoyer un faisan et le lièvre à l'Anjin-san.

Des bruits de sabots résonnèrent devant la porte. Buntaro descendit de cheval et congédia ses hommes. Poussiéreux et couvert de sueur, il traversa le jardin accompagné d'un garde. Fujiko et la servante s'inclinèrent. Fujiko haïssait cet oncle réputé pour ses accès de rage inattendus et incontrôlables qui le faisaient se bagarrer avec n'importe qui. Ses serviteurs ou ses femmes étaient la plupart du temps les premiers à en pâtir. « Entrez, je vous en prie, mon oncle. C'est vraiment très gentil à vous de venir si tôt nous rendre visite, dit Fujiko.

— Ah, Fujiko-san... Qu'est-ce que c'est que cette puanteur ?

— Mon maître fait la cuisine. Il fait cuire du gibier que lui a envoyé Sire Toranaga. Il explique à mes pauvres serviteurs comment le préparer.

— S'il a envie de faire de la cuisine, je pense que c'est son droit, quoique... » Buntaro se tordit le nez de dégoût. « Oui, un maître est libre de faire ce qu'il veut dans sa propre maison, à moins de déranger ses voisins... »

Omi était leur voisin immédiat. « J'espère sincèrement que personne n'est incommodé », dit-elle mal à l'aise, se demandant encore ce que Buntaro était en train de mijoter. « Vous vouliez voir mon maître ? »

Elle se leva mais il l'arrêta. « Non, Ne le dérangez pas, J'attendrai. » Le cœur de Fujiko fondit. Buntaro n'était pas réputé pour ses manières et sa politesse devait cacher quelque nouveau danger.

« Excusez-moi d'arriver ainsi sans avoir envoyé de messager à l'avance, mais Sire Toranaga m'a dit que je pourrais peut-être prendre un bain et habiter ici. Pourrez-vous demander à l'Anjin-san s'il m'accorde sa permission ?

— Bien sûr », dit-elle. Elle détestait l'idée de l'avoir dans sa maison. « Je suis sûre qu'il sera trés honoré, mon oncle. Puis-je vous servir du thé ou du saké en attendant ?

— Du saké, merci. »

Nigatsu déposa rapidement un coussin sous la véranda et courut chercher le saké.

Buntaro tendit son arc et son carquois à son garde, enleva ses sandales poussiéreuses et passa sous la véranda. Il ôta la longue épée qu'il portait à la ceinture et s'assit en tailleur.

« Où est ma femme ? Avec l'Anjin-san ?

— Non, Buntaro-sama. Elle a reçu ordre de se rendre à la forteresse où...

— Un *ordre* ?De qui ? De Kasigi Yabu ?

— Oh, non. De Sire Toranaga, Sire.

— Ah, de Sire Toranaga. » Buntaro se calma et regarda la forteresse, de l'autre côté de la baie, d'un air renfrogné. Le pavillon de Toranaga y flottait à côté de celui de Yabu.

« Voulez-vous que j'envoie quelqu'un la chercher ? »

II secoua la tête. « J'ai tout le temps de la voir. » Il soupira, regarda sa nièce, fille de sa sœur cadette. « J'ai de la chance d'avoir une femme aussi parfaite, *neh ?*

— Oui, Sire, vous avez de la chance. Elle a énormément rendu service à sire Toranaga en lui traduisant les connaissances de l'Anjin-san. » Buntaro fixa la forteresse des yeux, puis renifla le vent ; l'odeur de cuisine flottait à nouveau. « C'est comme si j'étais à Nagasaki ou de retour en Corée. Ils préparent tout le temps de la viande, là-bas — bouillie ou rôtie. Ça pue... vous n'avez jamais rien senti d'aussi mauvais ! Les Coréens sont des animaux. Ils ressemblent aux cannibales. L'odeur atroce de l'ail s'incruste même dans vos vêtements et dans vos cheveux.

— Ce devait être terrible,

— La guerre était facile. Nous aurions pu facilement gagner, envahir la Chine et civiliser ces deux pays. » Buntaro rougit et sa voix se fit rauque. « Mais nous ne l'avons pas fait. Nous avons échoué et il nous a fallu revenir avec notre honte parce que nous avions été trahis par de sales traîtres en haut lieu.

— Oui. C'est bien triste, mais vous avez raison, Buntaro-sama », dit-elle apaisante, proférant d'autant plus aisément ce mensonge qu'elle savait qu'aucune nation au monde ne pouvait conquérir la Chine et la civiliser parce qu'elle l'était déjà depuis des temps immémoriaux.

La veine du front de Buntaro battait et il se parlait à lui-même. « Les traîtres paieront tous. Il suffit d'attendre assez longtemps au bord de la rivière pour voir passer les corps de vos ennemis, *neh* ?J'attendrai et je leur cracherai bientôt à la figure. Je me le suis juré. » Il la regarda. « Je hais les traîtres et les adultères ! Tous les menteurs !

— Je suis d'accord avec vous, Buntaro-sama », dit-elle. Elle avait froid dans le dos, car elle savait que sa férocité n'avait pas de limites, Il avait exécuté sa propre mère à l'âge de seize ans. C'était l'une des concubines d'Hiromatsu. Il l'avait tuée pour infidélité présumée pendant que son père était à la guerre et se battait pour le dictateur, Sire Goroda. Quelques années plus tard, il avait écorché vif le fils qu'il avait eu d'un premier lit pour insultes et avait renvoyé sa femme dans sa famille. Elle s'était tuée, incapable de supporter cette honte. Il avait fait endurer des choses terribles à ses concubines, à Mariko. Il s'était violemment querellé avec le père de Fujiko et l'avait accusé de lâcheté en Corée, le discréditant ainsi auprès du Taikō qui lui avait immédiatement ordonné de se raser la tête et de devenir moine.

Fujiko avait besoin de toute sa volonté pour paraître calme. « Nous avons été si fiers d'apprendre que vous aviez échappé à l'ennemi », dit-elle.

Le saké arriva. Buntaro se mit à boire beaucoup. Fujiko se leva, jugeant l'attente suffisante. Elle se dirigea vers la cuisine pour prévenir Blackthorne, lui demander la permission de loger Buntaro dans la maison et lui dire, ainsi qu'aux serviteurs, ce qu'il fallait faire.

« Pourquoi ici ? demanda Blackthorne, agacé. Pourquoi le loger ici ? Est-ce nécessaire ? »

Fujiko s'excusa et essaya de lui explique, qu'il était hors de question de renvoyer Buntaro, Blackthorne regagna sa cuisine, l'air ombrageux. Elle retourna auprès de Buntaro. Sa poitrine lui faisait mal.

« Mon maître dit qu'il est très honoré de vous avoir sous son toit. Sa maison est la vôtre.

— Ça vous fait quoi d'être la concubine d'un barbare ?

— Ce devrait être horrible je pense... mais l'Anjin-san est *hatamoto* et donc samouraï... C'est la première fois que je suis concubine. Je préfère être épouse. Il a, bien sûr, des façons un peu bizarres.

— Qui aurait pensé que quelqu'un de notre maison deviendrait concubine d'un barbare, quand bien même *hatamoto ?*

— Je n'avais pas le choix. Je n'ai fait qu'obéir à sire Toranaga et à Sire Hiro-matsu, mon grand-père et chef de notre clan. Une femme doit obéir.

— Oui. L'obéissance est une chose importante, pour une femme. Mariko-san est obéissante, n'est-ce pas ?

— Oui, Sire. » Elle regarda sa face simiesque. « Elle ne vous a apporté que des honneurs. Sans elle, Sire Toranaga n'aurait jamais pu conquérir le savoir de l'Anjin-san. »

Il sourit avec perversité. « On m'a dit que vous aviez brandi une paire de pistolets sous le nez d'Omi-san ?

— Je ne faisais que mon devoir, Sire.

— Où avez-vous appris à vous servir de pistolets ?

— Je ne m'étais jamais servi d'un pistolet avant. Je ne savais pas s'ils étaient chargés, mais j'aurais quand même appuyé sur la détente. »

Buntaro éclata de rire.

Omi-san le pensait, lui aussi.

Elle lui remplit de nouveau sa tasse. « Je n'ai toujours pas compris pourquoi Omi-san n'avait pas essayé de me les prendre. Son maître le lui avait ordonné et il ne l'a pas fait.

— Je l'aurais fait.

— Oui, mon oncle, je sais. Mais excusez-moi, j'aurais quand même appuyé sur la détente.

— Oui, et vous m'auriez certainement raté !

— Probablement. Mais depuis j'ai appris à tuer.

— Il vous a appris ?

— Non, pas lui. Un des officiers de Sire Naga.

— Pourquoi ?

— Mon père n'a jamais permis à ses filles d'apprendre le maniement de l'épée ou de la lance. Il pensait, sagement je veux le croire, que nous devions consacrer notre temps à apprendre des choses plus pacifiques et innocentes. Mais une femme a parfois besoin de défendre son maître et sa maison. Le pistolet est une arme trés pratique pour une femme. Il n'exige aucune force et peu d'exercice. Je peux ainsi être un peu plus utile à mon maître, car je brûlerai très certainement la cervelle de n'importe qui pour le protéger et défendre l'honneur de notre maison. »

Buntaro vida sa tasse. « J'ai été très fier de vous quand on m'a appris que vous vous étiez opposée à Omi-san de cette façon-là. Vous aviez tout à fait raison. Sire Hiromatsu sera très fier, lui aussi.

— Merci, mon oncle, mais je ne faisais que mon devoir. » Elle s'inclina. « Mon maître demande si vous voulez bien lui accorder l'honneur de parler avec lui, si vous en exprimez le désir. »

Il poursuivit le rituel. « Remerciez-le, je vous prie, mais j'aimerais d'abord prendre un bain. Si cela lui convient, je le verrai quand ma *femme* sera de retour. »

35

Blackthorne attendit dans le jardin. Il portait l'uniforme brun que lui avait donné Toranaga, ses épées et un pistolet chargé, caché dans la ceinture. Il avait compris, d'après les explications rapides de Fujiko et des serviteurs, qu'il devait accueillir Buntaro, car le samouraï était un important général, un *hatamoto* et l'invité d'honneur de sa maison. Il avait donc pris un bain, s'était changé et était venu à sa rencontre. Il avait vu Buntaro très brièvement la veille, lors de son arrivée. Buntaro et Mariko avaient passé le restant de la journée avec Toranaga et Yabu, et Blackthorne avait été laissé avec Omi et Naga pour organiser la démonstration d'« attaque » qui s'était finalement révélée satisfaisante. Mariko était revenue très tard à la maison. Elle lui avait raconté l'évasion de Buntaro. « C'était très difficile, mais peut-être pas tant que ça, Anjin-san, car mon mari est très courageux.

— Que va-t-il se passer maintenant ? Vous partez ?

— Sire Toranaga ordonne que tout soit comme avant.

— Vous avez changé, Mariko. Une lueur s'est éteinte en vous.

— C'est votre imagination qui vous fait croire ça. C'est simplement le soulagement de le savoir vivant quand j'étais persuadée qu'il était mort.

— Oui. Mais ça fait quand même une différence, n'est-ce pas ?

— Bien sûr. Je remercie Dieu que mon maître n'ait pas été capturé... qu'il vive pour obéir à sire Toranaga. Excusez-moi, Anjin-san, je suis très fatiguée.

— Puis-je faire quelque chose pour vous ?

— Que pourriez-vous faire ? Réjouissez-vous pour lui et pour moi. Rien n'a changé. Rien n'est fini puisque rien n'a commencé. Tout est comme avant. Mon mari est vivant. »

Ne souhaiterais-tu pas plutôt qu'il soit mort ? se demanda Blackthorne une fois dans le jardin. Non. Alors pourquoi ce pistolet caché ? Te sens-tu coupable ?

Non, Rien n'a jamais commencé.

N'est-ce pas ?

Non.

Tu as cru la prendre. N'est-ce pas la même chose que de l'avoir vraiment prise ?

Il vit Mariko sortir de la maison et marcher dans le jardin. Elle ressemblait à une miniature de porcelaine et suivait Buntaro dont la corpulence paraissait encore plus imposante, à côté d'elle. Fujiko accompagnait Mariko.

Il s'inclina. « Bienvenue dans ma maison, Buntaro-san. »

Ils s'inclinèrent tous. Buntaro et Mariko s'assirent sur des coussins en face de lui. Fujiko s'assit près de lui. Nigatsu et la servante, Koi, versèrent le thé et le saké.

« *Domo,* Anjin-san. *Ikaga desu ka ? Ii. Xowa jozuni shabereru voni natta na.* Très bien. Vous commencez à bien parler japonais. »

Blackthorne perdit trés vite le fil de la conversation, car Buntaro mâchait ses mots et parlait rapidement sans se soucier de lui.

« Désolé, Mariko-san. Je n'ai pas compris.

— Mon mari voudrait vous remercier car vous avez tenté de lui sauver la vie avec cet aviron. Vous vous souvenez ? Quand nous nous sommes échappés d'Osaka ?

— *Ah, so desu ! Domo.* Dites-lui que je reste persuadé que nous aurions dû revenir vers le rivage. Nous avions le temps. La servante s'est noyée inutilement.

— Il dit que c'était le *karma.*

— C'était surtout le gaspillage d'une vie », répondit Blackthorne, regrettant sa rudesse. Il remarqua qu'elle ne traduisait pas.

« Mon mari dit que la stratégie de l'"assaut" est bonne, vraiment très bonne.

— *Domo.* Dites-lui que je suis heureux qu'il se soit échappé indemne, heureux qu'il prenne le commandement du régiment et, bien sûr, dites-lui aussi qu'il est le bienvenu ici.

— *Domo,* Anjin-san. Buntaro-sama dit que la stratégie est très bonne mais qu'il gardera toujours son arc et ses épées, car il peut tuer à une plus grande distance et avec plus de précision et de rapidité qu'avec un mousquet.

— Nous tirerons demain et nous verrons, s'il le désire.

— Vous perdrez, Anjin-san, je suis désolée. Puis-je vous avertir et vous dire de ne pas tenter ce genre d'expérience ? »

Blackthorne vit les yeux de Buntaro aller et venir de l'un à l'autre. « Merci, Mariko-san. Dites-lui que j'aimerais le voir tirer.

— Il vous demande si vous savez vous servir d'un arc.

— Oui, mais pas comme un véritable archer. Chez nous, on n'utilise plus les arcs. Hormis l'arbalète. J'ai été entraîné uniquement pour la mer où nous ne nous servons que des canons, des mousquets et des sabres d'abordage. Nous nous servons parfois de flèches enflammées mais seulement quand les voiles ennemies sont à proximité.

— Il vous demande comment vous vous servez de ces flèches et comment vous les fabriquez ? Sont-elles différentes des nôtres ? Sont-elles semblables à celles décochées sur la galère, à Osaka ? »

Blackthorne expliqua et les habituelles interruptions et questions recommencèrent. Il s'était fait à leur esprit incroyablement curieux sur tous les aspects de la guerre, mais il trouvait ce genre de discussion très fatigant.

Sans Mariko, il savait qu'il n'aurait jamais pu leur devenir aussi précieux. Ce sont mes connaissances qui me tiennent hors du trou, se rappela-t-il. Mais ça ne me pose aucun problème car j'ai encore des tas de choses à leur apprendre et il reste encore une bataille à gagner. Une vraie bataille, Tu es toujours sain et sauf. Tu as toute une marine à organiser. Et puis le retour à la maison.

« Anjin-san, Buntaro-sama vous demande si vous pouvez montrer à ses hommes comment fabriquer ces flèches.

— Où peut-on se procurer de la poix ?

— Je ne sais pas. » Mariko lui demanda où on trouvait normalement cette matière, à quoi elle ressemblait et qu'est-ce qu'elle sentait, puis elle parla à Buntaro. Fujiko n'avait pas dit un seul mot mais ses yeux et ses oreilles ne perdaient rien de la conversation.

« Mon mari dit qu'il en discutera avec Sire Toranaga. Peut-être que la poix existe quelque part dans le Kwanto. Si nous n'avons pas de poix, nous avons des huiles lourdes — les huiles de baleine — qui pourraient servir de substituts. Il demande si vous utilisez parfois des engins incendiaires, comme les Chinois ?

— Oui. Mais nous ne pensons pas qu'ils aient beaucoup d'intérêt, sauf en cas de siège. Les Turcs les ont utilisés quand ils se sont battus avec les Chevaliers de Malte. Les engins incendiaires sont essentiellement utilisés pour semer le feu et la panique.

— Il vous demande de lui donner des détails sur cette bataille.

— C'était il y a quarante ans. Dans la plus grande... »

Blackthorne se tut. Son esprit était en ébullition. Six mille Turcs, la crème de l'Empire ottoman, s'étaient battus contre six cents chevaliers chrétiens soutenus par quelques milliers d'auxiliaires maltais. Les Chevaliers avaient, dans leur vaste forteresse de Saint-Elme, soutenu six mois de siège et avaient contraint l'ennemi à se retirer, penaud et honteux. Cette victoire avait sauvé la chrétienté de la destruction par les hordes infidèles.

Blackthorne venait de comprendre soudain que cette bataille lui donnait l'une des clefs de la forteresse d'Osaka. Comment l'investir, la harceler, enfoncer ses portes, la conquérir.

« Vous disiez, senhor ?

— C'était il y a quarante ans, dans la plus grande mer intérieure que nous ayons en Europe, la Méditerranée. Ce n'était qu'un siège semblable à des milliers d'autres. Il n'est pas utile d'en parler. » Il mentait. Un tel savoir était inestimable. Il ne fallait pas le livrer maintenant. Mariko lui avait souvent expliqué que la forteresse d'Osaka se dressait inexorablement entre Toranaga et la victoire. Blackthorne était sûr que la solution concernant la forteresse d'Osaka pouvait devenir son visa de sortie de l'empire. Il se rendit compte que Mariko était troublée. « Senhora ?

— Rien, senhor. » Elle traduisit ce qu'il avait dit mais il n'ignorait pas qu'elle savait qu'il cachait quelque chose. Une odeur de pot-au-feu détourna son attention.

« Fujiko-san !

— *Hai,* Anjin-san ?

— *Shokuji wa madaka ? Kyaku wa... sazo kufuku de oro, neh* ? Quand dîner ? Invités peut-être faim.

— *Ah, gomen nasai, hi ga kurete kara ni itashimasu.* »

Blackthorne la vit indiquer le soleil et comprit qu'elle avait dit : au coucher du soleil. Il acquiesça et grogna, ce qui passait au Japon pour impoli : « Merci, je comprends. » Mariko se tourna vers Blackthorne. « Mon mari voudrait que vous lui racontiez une des batailles à laquelle vous avez pris part.

— Elles sont toutes consignées dans le manuel de guerre.

— Il dit qu'il l'a lu avec grand intérêt mais qu'il ne contient que peu de détails. Il aimerait tout savoir de vos batailles d'ici demain. Racontez-en une maintenant, si ça ne vous dérange pas.

— Elles sont toutes rapportées dans le manuel de guerre. Peut-être demain, Mariko-san. » Il voulait avoir le temps de réfléchir à cette idée géniale qui venait de lui traverser l'esprit. Et il était de plus fatigué de parler, fatigué d'être questionné constamment. Il voulait surtout manger.

« Je vous en prie, Anjin-san. Racontez-en une encore une fois, pour mon mari ? » Il entendit son ton suppliant et se laissa convaincre.

« Bien sûr. Laquelle lui plairait, pensez-vous ?

— Celle qui s'est déroulée près de la "Zélande", aux Pays-bas. »

Il se mit à raconter cette bataille qui ressemblait à n'importe quelle autre. Des hommes y mouraient la plupart du temps par la faute et la stupidité de leurs officiers.

« Mon mari dit que ce n'est pas la même chose ici. Les officiers doivent être excellents s'ils ne veulent pas mourir très vite.

— Mes critiques ne s'adressaient, bien sûr, qu'à nos officiers européens.

— Buntaro-sama dit qu'il vous parlera de nos guerres et de nos chefs. En particulier du Taikō. Dans les prochains jours. Ainsi vous serez quittes.

— *Domo.* » Blackthorne s'inclina légèrement. Il sentait le regard de Buntaro qui le fusillait.

Qu'attends-tu de moi, fils de pute ?

Le dîner fut un désastre, pour tout le monde.

« Excusez-moi, Anjin-san. Qu'est-ce que c'est que ça ? Là.

— Où ? Ah, là. C'est un faisan. Sire Toranaga me l'a envoyé avec un lièvre. Nous allons le manger, au dîner. Du moins vais-je le manger.

— Merci, mais... mon mari et moi nous ne mangeons pas de viande. Pourquoi ce faisan est-il suspendu là, dans cette chaleur ? Ne devrait-il pas être emporté à la cuisine et préparé ?

— C'est notre façon de préparer la viande. Nous la pendons pour qu'elle faisande.

— Comme ça ? Excusez-moi, Anjin-san, mais ça va pourrir très vite. Il a encore des plumes et... il n'a pas été vidé.

— La chair du faisan est sèche, Mariko-san. Il faut donc le pendre quelques jours, deux semaines peut-être. Ça dépend du temps. Puis vous le déplumez, vous le videz et vous le préparez.

— Vous... vous le laissez pourrir à l'air ? Comme... Votre concubine dit que vous avez ordonné que personne d'autre que vous ne le touche ?

— Oui. Vous ne pendez pas le gibier ? Tout le monde n'est pas bouddhiste.

— Non, Anjin-san, je ne le crois pas.

— Certaines personnes pensent qu'il faut pendre un faisan par les plumes de la queue jusqu'à ce qu'il tombe de lui-même, mais ce sont de vieilles histoires de sorcières. La bonne façon, c'est de le suspendre par le cou. Les jus restent où ils sont. Certains le laissent pendre jusqu'à ce que le cou se détache, mais je n'aime pas, personnellement, la viande aussi faisandée. » Il se tut en voyant le visage de Mariko devenir vert.

« *Nan desu ka,* Mariko-san ? » lui demanda Fujiko.

Mariko expliqua. Ils rirent tous nerveusement et Mariko se leva en essuyant la sueur qui lui couvrait le front. « Je suis désolée, Anjin-san, veuillez m'excuser un moment... »

Votre nourriture est tout aussi bizarre, avait-il envie de dire. Que penser du calamar cru de la veille, de cette viande blanche et caoutchouteuse, de cette unique sauce de soja pour la faire descendre ? Ou des tentacules de pieuvre en lamelles, toujours crues, avec du riz froid et des algues ? Oui, tout ça est merveilleusement servi dans de jolis petits bols mais ça ressemble à de la pâtée pour chiens ! Oui, bon Dieu, c'est assez pour rendre un homme malade ! Il souleva le couvercle. Ce bouillon riche en graisses lui faisait venir l'eau à la bouche. Il en offrit fièrement mais tous refusèrent et le supplièrent de manger. Ils le contemplaient avec une fascination malsaine qu'ils essayaient en vain de dissimuler. Son appétit disparut. Il essaya de ne pas faire attention à eux mais n'y parvint pas. Son estomac gargouillait. Cachant son irritation. il reposa son bol et remit le couvercle sur le plat. Il leur dit que ce n'était pas à son goût et ordonna à Nigatsu d'enlever le plat.

« Doit-on jeter le contenu, demande Fujiko ? dit Mariko, remplie d'espoir.

— Oui. »

Fujiko et Buntaro se détendirent.

« Voulez-vous encore un peu de riz ?

— Non merci. »

Mariko s'éventa en souriant et lui remplit sa tasse, mais Blackthorne n'était pas calmé et il décida de faire dorénavant sa cuisine en privé dans les collines et de chasser ouvertement. Qu'ils aillent au diable, pensa-t-il. Si Toranaga peut chasser, pourquoi pas moi ? Quand vais-je le voir ? Combien de temps vais-je encore attendre ?

« La vérole sur cette attente et la vérole sur Toranaga ! » dit-il tout fort en anglais. Il se sentit tout de suite mieux.

« Pardon, Anjin-san ? demanda Mariko en portugais.

— Rien. Je me demandais seulement quand j'allais voir sire Toranaga.

— Il ne me l'a pas dit. Très bientôt, je l'espère. »

Buntaro buvait son saké et sa soupe à grand bruit, comme le voulait la coutume. Blackthorne en fut vite agacé. Mariko parlait gaiement avec son mari qui ne lui répondait que par grognements, sans même la regarder. Elle ne mangeait pas. Il était encore plus irrité de voir Mariko et Fujiko assister au repas de Buntaro et de devoir, lui aussi, s'accommoder de sa présence.

« Dites à Buntaro-sama que dans mon pays l'hôte boit à la santé de son invité d'honneur. » Il leva sa tasse avec un sourire contraint. « Longue vie et bonheur. »

Buntaro écouta les explications de Mariko, acquiesça, leva sa tasse à son tour, fit un sourire forcé et but.

Il appela quelqu'un, puis le panneau s'ouvrit immédiatement. Son garde, éternellement présent, s'inclina et lui tendit son arc et son carquois. Buntaro les prit et parla avec véhémence à Blackthorne.

« Mon mari... mon mari dit que vous vouliez le voir tirer, Anjin-san. Il pense que demain est trop éloigné. Il pense que maintenant est le moment approprié. Il vous demande de choisir un des piliers de la porte du jardin. Lequel choisissez-vous ?

— Je ne comprends pas », dit Blackthorne. La porte d'entrée devait être à quarante mètres, quelque part de l'autre côté du jardin. Elle était cachée à leurs regards par le panneau coulissant à sa droite.

— Le pilier droit ou le gauche ? Choisissez ! » Sa voix était urgente.

Prévenu, il regarda Buntaro. L'homme semblait complètement détaché, loin d'eux. « Gauche, dit-il, fasciné.

— *Hidari* », dit-elle.

Buntaro sortit immédiatement une flèche du carquois, banda l'arc à hauteur d'œil et relâcha la tension avec une précision sauvage. La flèche siffla sous le nez de Mariko, frôla une de ses mèches de cheveux et disparut à travers le panneau. Une autre flèche partit avant même que la première n'ait eu le temps de disparaître, puis une troisième, chacune frôlant Mariko au passage, Elle restait calme et immobile, toujours agenouillée.

Une quatrième puis une cinquième flèche. Le silence était empli par l'écho de la corde qui vibrait. Buntaro soupira et revint à lui doucement. Il posa l'arc sur ses genoux. Mariko et Fujiko essayèrent de reprendre leur respiration. Elles sourirent, s'inclinèrent et complimentèrent Buntaro qui salua. Ils regardèrent Blackthorne qui comprit qu'il venait d'être témoin de quelque chose de magique. Toutes les flèches étaient passées par le même trou dans le panneau coulissant.

Buntaro rendit l'arc à son garde et ramassa sa petite tasse. Il la fixa pendant quelques instants, puis la leva vers Blackthorne, la vida et parla sèchement, à nouveau brutal et fruste.

« Il... mon mari vous demande poliment d'aller voir. »

Blackthorne réfléchit un instant, essayant de calmer son cœur. « Pas besoin. Il a touché la cible. Ça va de soi.

— Il aimerait en être sûr.

— J'en suis sûr.
— Je vous en prie, Anjin-san, vous lui feriez un grand honneur.
— Je n'ai pas besoin de lui faire honneur.
— Puis-je vous soumettre encore ma requête ? supplia-telle.
— Comment dites-vous : c'était merveilleux à voir ? »

Elle le lui dit. Il prononça la phrase et s'inclina. Buntaro s'inclina à son tour, pour la forme.

« Demandez-lui de venir avec moi.
— Il vous demande d'y aller seul.
— Pourquoi ?
— Vous devez vérifier par vous-même si son tir est précis, senhor. S'il ne l'est pas, vous devez vous en rendre compte seul. Ainsi, ni vous ni lui ne serez embarrassés.
— Et s'il a raté ?
— Il n'a certainement pas raté, mais en des circonstances aussi impossibles, la précision ne compte pas, comparée à la grâce, la noblesse du mouvement, la puissance du tir ou le détachement de l'archer face à sa défaite ou sa victoire. »

Les flèches étaient fichées en plein milieu du pilier, à un centimètre les unes des autres. Blackthorne se retourna vers la maison et put voir, à quarante pas de là, le petit trou percé dans le panneau de papier. C'est impossible d'être aussi précis, pensa-t-il. De là où il était, il ne pouvait voir ni le jardin ni la porte. Il faisait nuit noire au-dehors. Blackthorne se tourna vers le pilier et leva son fanal. Il tenta d'arracher une flèche avec la main, mais la tête en acier était trop profondément encastrée. Il aurait pu briser le pilier de bois mais n'en avait pas envie. Il hésita. Le garde s'avança pour l'aider mais il secoua la tête. « *Iyé. Domo.*

— Mariko-san, dites à ma concubine que je voudrais que ces flèches restent à jamais plantées dans ce pilier. Toutes. Pour me souvenir d'un tel archer. Je n'ai jamais rien vu de pareil. » Il salua Buntaro.

« Merci, Anjin-san. »

Blackthorne but à la santé de Buntaro pendant plus d'une heure. Il finit par sentir sa tête flotter. Buntaro s'écroula au milieu des tasses renversées. Le panneau s'ouvrit aussitôt, Le garde entra avec Mariko. Ils soulevèrent Buntaro et le portèrent dans la pièce voisine, dans la chambre de Mariko. Le garde referma le panneau et se posta devant, la main sur le pommeau de son épée dégainée. Fujiko attendit en regardant Blackthorne. Des servantes entrèrent et firent disparaître le désordre. Blackthorne passa avec lassitude ses mains dans ses cheveux et refit son catogan, puis se leva et sortit sous la véranda. Sa concubine le suivit. Il s'assit lourdement sur le perron et but, cerné par la nuit. Fujiko s'agenouilla derrière lui et se pencha. « *Gomen nasai,* Anjin-san, murmura-t-elle en montrant la maison d'un geste de menton, *Wakarimasu ka ?*

— *Wakarimasu, shigataga ganai.*
— *Ari ato,* Anjin-sama,
— *Anatawa suimin ima,* Fujiko-san, dit-il en cherchant ses mots. Vous dormir maintenant,

— *Dozo, gomen nasai,* Anjin-sama, *suimin, neh ?* » dit-elle en lui montrant sa propre chambre. Ses yeux l'imploraient.

« *Iyé, watashioyogu ima.* Non, je vais aller nager.

— *Hai.* » Elle se retourna, obéissante, et appela deux serviteurs qui arrivèrent en courant. C'était deux jeunes hommes du village réputés pour être d'excellents nageurs.

Blackthorne n'émit aucune objection. Il savait que ça ne servirait à rien. « De toute façon... », dit-il tout fort en descendant la colline, suivi de ses hommes. Son esprit était embrumé par les vapeurs d'alcool. « Je l'ai fait s'endormir. Il ne peut lui faire aucun mal, pour l'instant. »

Blackthorne nagea pendant une heure et se sentit mieux. Quand il revint, Fujiko l'attendait sous la véranda avec un pot de thé. Il en accepta une tasse, puis alla se coucher et s'endormit aussitôt. La voix de Buntaro le réveilla en sursaut. Son cœur battait la chamade et sa main agrippa la crosse du pistolet chargé qu'il gardait constamment sous le *futon.* Mariko se mit à parler. Blackthorne ne put saisir que quelques mots mais il ressentait parfaitement la violence et les supplications. Il n'entendit pas de gémissements, de cris ou de pleurs. Elle gardait son calme habituel. Buntaro explosa à nouveau. Blackthorne ne voulait pas écouter. « Ne vous en mêlez pas », lui avait-elle dit, et elle avait raison. Il n'avait aucun droit. Buntaro, lui, en avait beaucoup. « Je vous supplie, Anjin-san. Soyez prudent. Souvenez-vous de ces oreilles pour écouter et de cette Palissade octuple. » Il s'allongea de nouveau. Il était couvert de sueur. « Voyez-vous, Anjin-san », lui avait-elle dit cet après-midi-là, en finissant sa fiasque de saké. (Il s'était moqué du manque d'intimité de ce pays, des gens partout, des murs de papier, de ces yeux et de ces oreilles qui vous épiaient.) Voyez-vous, vous devez créer votre propre intimité. On nous apprend dès l'enfance à disparaître intérieurement, à nous replier en nous-mêmes, à élever d'impénétrables murs derrière lesquels nous vivons. Si nous ne pouvions agir ainsi, nous deviendrions tous fous et nous nous tuerions.

— Quels murs ?

— Oh, vous savez, nous possédons un surprenant labyrinthe où nous dissimuler. Rituels et coutumes, tabous en tous genres. Même notre langue obéit à des nuances que la vôtre ignore et qui nous permettent d'éluder poliment toutes les questions auxquelles nous ne voulons pas répondre.

— Mais comment arrivez-vous à vous boucher les oreilles, Mariko-san ? C'est impossible,

— Oh, c'est très facile avec un peu de pratique. On nous l'apprend dès que nous savons parler. Cela devient une seconde nature. Comment pourrions-nous survivre autrement ? Vous commencez d'abord par chasser les gens de votre esprit pour atteindre un autre plan. Regarder un coucher de soleil ou écouter la pluie nous aide beaucoup... Anjin-san, avez-vous remarqué les différents bruits que la pluie fait ? Si vous *écoutez* vraiment, le présent s'évanouit, *neh ? Écouter* les bourgeons éclater et les pierres grandir sont également de très bons exercices. Bien sûr, vous n'êtes pas supposé *voir* ces choses. Ce ne sont que des signes, des messages transmis à votre *hara,* votre centre, pour vous rappeler combien la vie est éphémère, pour vous aicler à gagner votre *wa,* votre harmonie, Anjin-san, une harmonie parfaite qui est la qualité la plus recherchée de la vie japonaise, de l'art... » Elle avait ri. « Voyez l'effet que provoque le saké sur moi. » Le bout de sa langue avait effleuré ses lèvres d'une manière si excitante. « Je vais vous livrer un secret : ne vous trompez pas sur nos sourires, notre gentillesse, notre cérémonial, nos courbettes et nos attentions. Derrière tout cela, nous pouvons nous trouver à des millions de *ri,* seuls, en sécurité, invulnérables. Voilà ce que nous cherchons : l'oubli. Peut-être l'un de nos poèmes les plus, anciens, qui se trouve dans le *Kojiko,* notre premier livre d'histoire écrit il y a un millier d'années, va-t-il éclairer ce que je viens de vous dire :

Huit cumulus se sont levés
Pour permettre aux amants de se cacher
La Palissade octuple de la province
d'Izumo
Entoure ces octuples
Oh, quelle est merveilleuse
cette Palissade octuple !

« Nous deviendrions certainement fous si nous n'avions pas cette Palissade octuple. Oh, oui ! »

Souviens-toi de la Palissade octuple, se dit-il, en entendant les sifflements furieux de Buntaro, je ne sais rien d'elle. Rien de lui. à dire vrai. Pense au Régiment des mousquets, à ta maison, à Felicity, à Baccus, à Toranaga et à Omi-san. Le bruit d'un coup le rappela à lui. La voix de Mariko s'éleva à nouveau. Un second coup. Blackthorne se retrouva instantanément debout et ouvrit le *shoji.* Le garde au visage sinistre lui faisait face et se tenait devant la porte de Mariko, l'épée prête.

Blackthorne s'apprêtait à se lancer sur lui quand la porte du fond s'ouvrit. Fujiko, les cheveux flottant sur son kimono de nuit, s'approcha. Le bruit des vêtements que l'on déchire et les coups ne semblaient pas du tout l'atteindre. Elle salua poliment le garde, puis Blackthorne, et lui prit le bras en lui faisant signe de regagner sa chambre. Il n'avait qu'une bulle dans son pistolet. Il préféra battre en retraite. Fujiko le suivit et ferma le panneau derrière elle, Effrayée, elle secoua la tête en guise d'avertissement, mit un doigt sur ses lèvres et secoua encore une fois la tête. Ses yeux le suppliaient. *« Gomen nasai, wakarimasu ka ? »* dit-elle dans un souffle.

Mais il concentrait son attention sur le mur de la pièce voisine, ce mur qu'il pouvait si facilement détruire. Elle regarda le mur, elle aussi. Elle s'assit, lui faisant signe de l'imiter. Mais il ne pouvait pas. Il resta debout, prêt à affronter cette charge qui allait tous les engloutir, aiguillonné par le cri plaintif qui suivit un autre coup.

« *Iyé !* » Fujiko était terrorisée. Il lui fit signe de s'écarter de son chemin.

« *Iyé, iyé,* supplia-t-elle encore.

— *IMA !* »

Fujiko se leva immédiatement et lui fit signe d'attendre. Elle courut prendre les épées dans le *Takonama.* Ses mains tremblaient. Elle se saisit de la longue épée, la sortit du fourreau et s'apprêta à franchir le mur à sa suite. Un dernier coup claqua et un torrent de colère déferla. L'autre panneau s'ouvrit brutalement, et Buntaro s'en alla à l'insu de tous. Le silence retomba sur la maison, puis la porte du jardin se referma violemment. Blackthorne se dirigea vers la porte de la chambre. Fujiko s'interposa. Il l'écarta et ouvrit le panneau. Mariko était toujours à genoux dans un coin de la pièce, une marque violacée à la joue, les cheveux hirsutes, le kimono déchiré, des bleus sur les cuisses et au bas du dos. Il se précipita pour l'aider à se relever mais elle s'écria : « Allez-vous-en, je vous en prie, allez-vous-en, Anjin-san ! »

Il vit le filet de sang au coin de sa bouche. « Jésus, dans quel état vous êtes...

— Je vous ai dit de ne pas vous en mêler. Je vous en prie, allez-vous-en », dit-elle d'une voix plus calme. Elle vit Fujiko sur le pas de la porte. Elle lui adressa la parole. Fujiko prit, obéissante, le bras de Blackthorne pour l'emmener mais il se libéra.

« Non. *Iyé !* »

Mariko dit : « Votre présence me fait perdre la face et m'empêche de retrouver la paix. Vous me faites honte. Allez-vous-en !

— Je veux vous aider. Ne comprenez-vous pas ?

— Vous n'avez aucun droit dans cette affaire. C'est une dispute conjugale, une affaire privée, entre mari et femme.

— Ce n'est pas une excuse pour frapper...

— Pourquoi ne m'écoutez-vous pas, Anjin-san ? Il peut me battre à mort s'il le désire. Il en a le droit et j'aurais aimé qu'il le fasse ! Je n'aurais plus à supporter cette honte. Vous croyez que c'est facile de vivre dans la honte ? Si je pleurais comme il veut que je pleure, si je lui demandais pardon comme il veut que je lui demande pardon, si je le craignais comme il veut que je le craigne, si j'écartais les jambes comme il veut que je les écarte, en simulant la terreur, si je faisais toutes ces choses féminines que mon devoir m'impose, il serait comme un enfant au creux de ma main, mais je n'en ferai rien.

— Pourquoi ?

— Parce que telle est ma vengeance. Pour lui faire payer le fait de m'avoir bannie pendant huit ans, de m'avoir laissée vivante après la trahison. Pour m'avoir laissée en vie. »

Elle s'assit, le visage douloureux, et arrangea son kimono froissé. « Je ne me redonnerai jamais plus à lui. Je l'ai fait une fois, consentante, même si je l'ai détesté dès la première minute où je l'ai vu.

— Pourquoi l'avez-vous donc épousé ? Vous m'avez bien dit que les femmes ont le droit de refuser, qu'elles peuvent ne pas se marier contre leur gré !

— Je l'ai épousé pour faire plaisir à Sire Goroda et à mon père, » Elle bougea, tentant d'apaiser la douleur qui lui tenaillait le flanc. « Il n'y a que haine entre mon mari et moi. Ça lui serait si facile de me laisser gagner la petite alcôve de la mort.

— Pourquoi ne vous laisse-t-il pas vous en aller ? Divorcer ? Pourquoi ne vous accorde-t-il pas ce que vous désirez ?

— Parce que c'est un homme. » La douleur la fit grimacer. Blackthorne se mit à genoux près d'elle et la consola. Elle le repoussa, essayant de se maîtriser. Fujiko observait la scène stoïquement. Elle était toujours sur le pas de la porte.

« Tout va bien, Anjin-san. Je vous en prie, laissez-moi.

— Je n'ai pas peur de lui. »

Elle rejeta avec lassitude une mèche qui lui gênait les yeux et scruta le plafond.

Qu'arriverait-il si Buntaro apprenait la vérité ? Ou Toranaga ? S'ils étaient au courant de la rencontre sur l'oreiller...

« Vous êtes folle ? lui avait dit Fujiko, la première nuit.

— Non.

— Alors pourquoi allez-vous prendre la place de la servante ?

— A cause du saké et pour m'amuser, Fujiko-san. Par curiosité, aussi. »

Elle avait menti. cachant sa véritable raison : parce qu'il l'excitait, parce qu'elle le désirait, parce qu'elle n'avait jamais eu d'amants.

C'était cette nuit ou jamais et il fallait que ce soit l'Anjin-san. Lui seul.

Elle s'était donc rendue dans sa chambre et il l'avait emportée au septième ciel. La veille, quand la galère était arrivée, Fujiko lui avait discrètement demandé : « Y seriez-vous allée si vous aviez su que votre mari était vivant ? »

Elle avait une fois de plus menti. « Bien sûr que non.

— Vous allez le dire à Buntaro-sama, *neh ?* Vous allez lui parler de cette rencontre sur l'oreiller avec l'Anjinsan ?

— Pourquoi le ferais-je ?

— Je pensais que telle était votre intention. Si vous le dites à Buntaro-sama pendant qu'il en est encore temps, sa colère éclatera et vous mourrez très vite, avant même qu'il ait réalisé ce qu'il a fait.

— Non, Fujiko-san. Il ne me tuera jamais. Malheureusement.

— Je n'ai pas peur de lui, répéta Blackthorne.

— Je sais, dit-elle. Mais, je vous en supplie, ayez peur de lui pour moi. »

Blackthorne se dirigea vers la porte.

Buntaro l'attendait à une centaine de mètres sur le sentier qui descendait au village. Trapu, immense et pâle comme la mort. Le garde était près de lui. L'aube était triste et sombre. Les bateaux de pêche étaient déjà à pied d'œuvre. La mer était calme.

Blackthorne vit Buntaro, l'arc à la main. Il vacillait légèrement et Blackthorne espéra que l'homme aurait ainsi plus de difficultés à bien viser. Cela lui permettrait de s'approcher. Impossible de se cacher. Il chargea ses deux pistolets et alla au-devant des deux hommes.

Au diable l'abri, pensa-t-il, sachant en même temps que ce qu'il faisait était fou. Il n'avait aucune chance contre ces deux samouraïs et cet arc, il n'avait pas le droit de se mêler de tout ça. Alors qu'il n'était pas encore à portée de pistolet, Buntaro s'inclina profondément. Le garde fit de même. Blackthorne s'arrêta, flairant le danger. Il regarda autour de lui. Personne à proximité. Comme dans un rêve, il vit Buntaro se mettre à genoux, placer son arc à ses côtés, poser ses mains à plat sur le sol et le saluer comme l'aurait fait un paysan devant son seigneur. Le garde l'imita.

Blackthorne, stupéfait, les regardait bouche bée. Quand il fut certain que ses yeux ne lui jouaient pas de tour, il avança lentement, les pistolets toujours prêts dans sa main. Il ne visait pas mais s'attendait à une trahison. Il s'arrêta à portée des pistolets. Buntaro n'avait pas bougé. La coutume voulait qu'il s'agenouillât et qu'il s'inclinât à son tour parce qu'ils étaient égaux ou presque. Il n'arrivait cependant pas à comprendre le pourquoi d'une telle cérémonie alors que le sang allait couler. « Debout, fils de catin ! » Blackthorne était prêt à appuyer sur la détente. Buntaro ne dit rien, ne fit rien. Il garda la tête baissée, les mains à plat sur le sol. Le dos de son kimono était trempé de sueur. Conscient qu'il était impoli de rester debout, Blackthrone s'agenouilla et, tenant toujours ses pistolets, posa les mains sur le sol et leur rendit leur salut. Il s'assit sur ses talons. « *Hai ?* » demanda-t-il avec une politesse forcée. Buntaro se mit immédiatement à marmonner lâchement des excuses. Pourquoi exactement, Blackthorne n'en savait rien. Il saisissait un mot çà et là. Saké plusieurs fois, mais c'était surtout une humble supplication pour être pardonné. Buntaro s'arrêta de parler et s'inclina à nouveau.

La colère aveugle de Blackthorne avait disparu.

Buntaro releva la tête et dit : «*Arigato, arigato,* Anjin-sama. *Domo. Gomen nasai* »

Pourquoi toutes ces excuses ? Pense ! Tu dois arriver à penser comme eux. La solution lui traversa brusquement l'esprit. Ce doit être parce que je suis *hatamoto,* et Buntaro, l'invité, a détruit le *wa* de ma maison. En ayant une violente querelle avec sa femme, dans *ma* maison, il *m'a* offensé. Il est donc dans son tort et doit s'excuser. Qu'il le pense sincèrement ou pas, une excuse est obligatoire de la part d'un samouraï à un autre, d'un invité à son hôte...

Fujiko était sous la véranda. Toujours aussi polie. A quoi pensez-vous ? se demanda-t-il en la saluant. Elle lui rendit son salut.

La porte de Mariko était fermée.

« Mariko-san ?

— Oui, Anjin-san ? »

Il attendit mais la porte resta fermée. « Ça va, Mariko-san ?

— Oui, merci, » Il l'entendit s'éclaircir la gorge puis reprendre d'une voix faible : « Fujiko a prévenu Yabu-san et Sire Toranaga que je suis indisposée aujourd'hui et que je ne pourrai pas servir d'interprète.

— Vous feriez mieux de voir un docteur.

— Oh, merci... Je... je me suis fait un point de côté. Ça va bien, je vous assure. Vous n'avez pas besoin de vous inquiéter.

— Écoutez-moi. Je m'y connais un peu en médecine. Vous ne crachez pas de sang, n'est-ce pas ?

— Oh, non, Quand je suis tombée, je me suis juste heurté la joue. Ça va très bien, je vous assure. »

Au bout d'un moment, il dit : « Buntaro m'a fait ses excuses.

— Oui. Fujiko a regardé la scène de la porte du jardin. Je vous remercie humblement d'avoir bien voulu accepter ses excuses. Merci. Je suis désolée, Anjin-san, que vous ayez été dérangé. C'est impardonnable que votre harmonie... Acceptez également mes excuses. Je n'aurais jamais dû me laisser aller à dire de telles choses. C'était très impoli de ma part. Excusez-moi. Cette querelle est ma faute. Acceptez toutes mes excuses.

— D'avoir été battue ?

— D'avoir refusé d'obéir à mon mari, d'avoir refusé de l'aider à dormir, repu, d'avoir manqué à mon hôte, d'avoir également dit ce que j'ai dit.

— Vous êtes sûre que je ne puis rien faire pour vous ?

— Non, merci, Anjin-san. »

Mais Blackthorne ne la vit pas pendant huit jours.

36

« Je t'ai invité pour chasser, Naga-san, pas pour que tu me répètes des choses déjà entendues mille fois, dit Toranaga.

— Pour la dernière fois, je vous en supplie, père, faites cesser l'entraînement, interdisez les mousquets, éliminez le barbare, constatez que cette expérience est un échec et finissez-en avec cette horreur !

— Pour la dernière fois, non ! » Le faucon encapuchonné, perché sur le gant de Toranaga, changea de position et se mit à siffler de colère devant le ton menaçant de son maître.

Ils se trouvaient dans le sous-bois ; les rabatteurs et les gardes étaient suffisamment éloignés pour ne rien entendre. La journée était couverte, humide et étouffante.

« Très bien, père, mais il est de mon devoir de vous rappeler que vous êtes en danger ici, et d'exiger de vous, avec toute la politesse requise et pour la dernière fois, que vous quittiez Anjiro.

— Pour la dernière fois, non !

— Alors prenez ma tête !

— Je l'ai déjà !

— Prenez-la aujourd'hui, ou laissez-moi en finir puisque vous ne voulez rien écouter.

— Apprends donc la patience, jeune chiot !

— Comment puis-je être patient quand je vous vois vous détruire ? Il est de mon devoir de vous le dire. Vous êtes ici à chasser, à perdre votre temps, pendant que vos ennemis montent le monde entier contre vous. Les régents se réunissent demain. Presque tous les *daimyōs* du Japon se trouvent déjà à Osaka ou sont en route. Vous êtes le *seul* à refuser. Vous allez être récusé. Plus rien ne peut vous sauver. Vous devriez être à Yedo, entouré de vos légions. Ici, vous êtes nu et sans défense. Nous ne pouvons pas vous protéger. Nous avons à peine mille hommes. Yabusan n'a-t-il pas mobilisé tout Izu ? Il a plus de huit mille samouraïs sur vingt *ri* à la ronde. Six mille autres ferment ses frontières.

Vos espions disent qu'il a une flotte mouillée au nord, prête à vous couler si vous tentez de vous échapper ! Vous êtes son prisonnier, vous ne vous en rendez pas compte ? Un seul pigeon d'Ishido, et Yabu peut vous détruire quand il le désire. Comment savez-vous s'il n'est pas déjà en train de vous trahir ?

— Je suis sûr qu'il l'envisage. Je le ferais si j'étais lui. Pas toi ?

— Non.

— Alors tu serais vite mort et ce ne serait que justice. Mais ta famille, tout ton clan et tes vassaux le seraient aussi, et ce serait impardonnable. Tu es un imbécile, un stupide petit insolent ! Tu ne te sers pas de ta cervelle. Tu n'écoutes rien ; tu n'apprends rien. Tu ne veux pas tourner ta langue sept fois dans ta bouche avant de parler ! Tu ne cherches pas à calmer tes humeurs ! Tu te laisses manipuler de la façon la plus puérile et tu crois que tout peut se résoudre à la pointe de ton épée. Si je ne prends pas ta stupide petite tête, c'est uniquement parce que tu es jeune. J'ai toujours pensé que tu avais des possibilités. Tes erreurs ne sont pas malveillantes. Tu n'es pas perfide et ta loyauté est hors de doute. Mais si tu n'apprends pas rapidement la patience et l'autodiscipline, je t'enlèverai ton statut de samouraï et je t'enverrai ainsi que toute ta descendance grossir la classe paysanne ! » Le poing droit de Toranaga retomba sur la selle et le faucon émit un cri perçant. « Tu as compris ? »

Naga était abasourdi. Il n'avait jamais vu son père crier de colère ou perdre son sang-froid. Son père lui avait toujours pardonné. Il avait toujours été calme et grave mais aujourd'hui... Naga descendit prestement de cheval et se prosterna. « Pardonnez-moi, père, je ne voulais pas vous mettre en colère... C'est seulement parce que je meurs d'angoisse pour vous... Excusez-moi d'avoir troublé votre harmonie...

— *Tiens ta langue !* » hurla Toranaga, dont le cheval fit un écart. Il enfonça ses genoux dans les flancs de l'animal pour ne pas être vidé de selle, tint les rênes un peu plus fermement dans sa main droite mais le cheval ne se calma pas. Le faucon, qui avait perdu l'équilibre, entra dans une colère folle, quitta le poing de Toranaga et se mit à voleter en piaillant, excité par l'agitation inhabituelle qui l'entourait. « Là, ma beauté, là... »

Toranaga essaya de le calmer tout en reprenant le contrôle de son cheval tandis que Naga saisissait la bride et empêchait la bête de déguerpir. Le faucon criait. Fermement retenu par son jet, il finit par revenir sur le gant expert de Toranaga, mais ses ailes continuèrent de bouger nerveusement. Les clochettes, qu'il avait aux pattes, tintaient furieusement. Toranaga tourna son attention sur Naga. « Eh bien ? »

Naga s'agenouilla près de son cheval et s'inclina. « Vous avez tout à fait raison, Sire... Ce que vous avez dit sur moi. Veuillez m'excuser de vous avoir offensé.

— Pas de m'avoir donné de mauvais conseils ?

— Je... je vous supplie de me mettre auprès de quelqu'un qui puisse m'éduquer et m'éviter ainsi de recommencer mes erreurs. Je n'ai jamais voulu vous donner de mauvais conseils, jamais.

— Très bien. Tu passeras chaque jour quelques heures avec l'Anjin-san. Il peut être l'un de tes professeurs.

— Lui !

— Oui. Tu apprendras ainsi la discipline et, si tu arrives à te débarrasser de ce rocher qui bouche tes oreilles et t'empêche d'*écouter*, tu apprendras certainement des choses très utiles pour toi. Pour moi aussi, à l'occasion. » Naga fixa le sol d'un air sombre et renfrogné.

« Je veux que tu apprennes tout ce qu'il sait sur les mousquets, les canons et l'art de la guerre. Tu deviendras mon expert. Je te veux très féru en la matière. » Naga ne dit rien.

« Je veux que tu deviennes son ami.

— Comment le pourrais-je, Sire ?

— Pourquoi ne cherches-tu pas un moyen ? Fais travailler ta cervelle. Réfléchis !

— Je vais essayer. Je vous le jure.

— Je veux que tu fasses mieux que ça. Tu as l'ordre de réussir. Sers-toi d'un peu de "charité chrétienne". Tu dois en savoir assez pour pouvoir le faire, *neh ?* »

Naga fit grise mine. « C'est impossible à apprendre. J'ai pourtant essayé, c'est la vérité ! Tout ce que raconte Tsukku-san n'est que dogme, bêtises qui feraient vomir n'importe qui. Le christianisme est pour les paysans, pas pour les samouraïs. Tu ne tueras pas, tu ne prendras pas plus d'une femme et cinquante stupidités de ce goût-là ! Je vous ai obéi par le passé et vous obéirai toujours ! Pourquoi ne pas me laisser seulement faire les choses que je peux faire, Sire ? Je deviendrai chrétien si c'est ce que vous voulez mais je ne peux pas croire. C'est de la fiente et... Excusez-moi de parler ainsi. Je deviendrai l'ami de l'Anjin-san. Je vous le promets.

— Bien. Souviens-toi qu'il vaut vingt mille fois son poids de soie brute. Il possède plus de connaissances que tu ne pourrais en amasser durant vingt vies. »

Naga se maîtrisa et acquiesça.

« Bien. Tu commanderas deux des bataillons. Omi en commandera deux également et le cinquième sera tenu en réserve sous le commandement de Buntaro.

— Et les quatre autres, Sire ?

— Nous n'avons pas assez de mousquets pour eux. C'était une ruse pour égarer Yabu.

— Pardon, Sire ?

— Ce n'était qu'un prétexte pour amener mille hommes de plus ici. Ils arrivent bien demain ? Avec deux mille samouraïs, j'arriverai bien à tenir Anjiro et à me ménager une voie de salut, si besoin est, *neh ?*

— Mais Yabu-san peut encore... » Naga préféra se taire, sachant qu'il était une fois de plus sur le point d'émettre un faux jugement. « Pourquoi suis-je donc aussi stupide ? demanda-t-il amèrement. Pourquoi ne puis-je entrevoir les choses comme vous ? Ou comme Sudara-san ? J'aimerais être utile. Je ne veux pas vous provoquer tout le temps.

— Apprends donc la patience, mon fils, et calme tes humeurs, Ton tour viendra.

— Sire ? »

Toranaga se sentit tout à coup fatigué. Il en avait assez d'être patient. Il leva le visage vers le ciel. « Je crois que je vais dormir quelques instants. » Naga prit immédiatement la selle et la couverture et les posa à terre. Toranaga le remercia. Quand il fut certain que tout était en ordre, il s'allongea et ferma les yeux. Il ne voulait pas dormir, penser simplement, Il savait que c'était un très mauvais signe d'avoir perdu son sang-froid. Tu as de la chance que ça se soit produit en présence de Naga qui n'y comprend rien. Si c'était arrivé devant Omi ou Yabu, ils auraient deviné ton inquiétude et ça les aurait poussés à te trahir. Tu as eu de la chance, cette fois-ci. L'angoisse envahit à nouveau l'esprit de Toranaga. Que se passe-t-il à Osaka ? J'ai fait de très mauvais calculs sur les *daimyōs,* sur ceux qui accepteraient ou rejetteraient l'invitation. Suis-je trahi ? Tant de dangers me cernent...

Et l'Anjin-san ? C'est un faucon, lui aussi. Mais il n'est pas apprivoisé. Je ne le tiens pas encore sur mon poing. Quelles sont ses proies ? Le Vaisseau noir, le Rodriguesanjin, l'affreux et arrogant commandant qui n'en a plus pour longtemps sur cette terre, tous les prêtres en robes noires et tous ces prêtres puants, aux cheveux longs, tous ces Portugais, ces Espagnols, sans oublier Omi, Yabu, Buntaro, Ishido et moi-même.

Toranaga se retourna pour s'installer plus confortablement et se sourit à lui-même.

Mais l'Anjin-san n'est pas un faucon de grande envergure ; c'est un faucon de petite taille, aux ailes courtes ; un faucon de poing que l'on envoie directement sur tout ce qui bouge, un vautour qui attrape des perdrix ou des lièvres faisant trois fois son poids en fondant sur eux à une vitesse incroyable et en les tuant d'un seul coup de serres, un faucon qui déteste le capuchon et ne l'acceptera pas, un faucon qui se perche sur votre poignet, arrogant, dangereux et sans pitié, les yeux jaunes, un ami fidèle qui peut devenir une peste quand il est de mauvaise humeur. Oui, l'Anjin-san est de petite envergure. Vers qui vais-je le diriger ? Sur qui va-t-il fondre ?

Omi ? Pas encore.

Yabu ? Pas encore.

Buntaro ?

Pourquoi l'Anjin-san s'est-il avancé vers Buntaro en brandissant ses pistolets ? A cause de Mariko, bien sûr. Se sont-ils rencontrés sur l'oreiller ? Ils en ont eu mille fois l'occasion. Je le crois, oui. « Somptueux », avait-elle dit le premier jour. Très bien. Il n'y a pas de mal à ce qu'ils se rencontrent sur l'oreiller. Buntaro passait pour un homme mort. Du moment que ça reste un secret. Mais l'Anjin-san a été stupide de risquer si gros avec la femme d'un autre homme. N'en existe-t-il pas mille autres, libres et indépendantes, tout aussi belles, petites ou grandes ? Il s'est comporté comme un barbare stupide et jaloux. Souviens-toi du Rodrigues-anjin. Ne s'est-il pas battu en duel ? N'a-t-il pas tué un autre barbare selon leur coutume, pour ravir la fille d'un marchand de basse classe et pour l'épouser à Nagasaki ?

Non, l'Anjin-san ne fondra pas sur Buntaro. J'ai besoin de cet imbécile. Quand Buntaro avait fini de cuver son vin, Toranaga l'avait fait appeler.

« Comment osez-vous faire passer vos intérêts avant les miens ! Pendant combien de temps Mariko-sun va-telle être indisponible ?

Le docteur a parlé de quelques jours, Sire. Je vous prie de m'excuser.

— Je vous avais pourtant bien dit que j'avais besoin de ses services pour les vingt jours à venir. Vous ne vous souvenez pas ?

— Oui, je suis désolé.

— Si elle vous a déplu, quelques claques sur les fesses suffisaient. Toutes les femmes en ont besoin. Mais vous vous êtes comporté comme un rustre, un grossier paysan, Vous avez égoïstement mis en danger l'entraînement. Sans elle, je ne peux pas parler à l'Anjin-san.

— Je sais, Sire. J'en suis désolé. C'est la première fois que je la bats. C'est... Elle me rend fou. Tellement que... que je n'y vois plus clair.

— Pourquoi ne divorcez-vous pas ? Pourquoi ne la renvoyez-vous pas ? Pourquoi ne la tuez-vous pas ou ne lui ordonnez-vous pas de se trancher la gorge dès que je n'aurai plus besoin d'elle ?

— Je ne peux pas, Sire. Je ne peux pas, avait dit Buntaro. Elle est... Je l'ai désirée dès le premier instant où je l'ai vue. »

Toranaga avait laissé Buntaro vider son sac puis l'avait congédié en lui ordonnant de rester éloigné de Mariko. Il avait envoyé son docteur personnel pour la faire examiner. Le rapport avait été favorable : pas de blessures internes, seulement quelques ecchymoses. Pour sa propre sécurité, car il s'attendait à être trahi et qu'il voyait le temps s'enfuir, il avait décidé d'accroître sa pression sur eux tous. Il avait ordonné à Mariko de rester dans la maison d'Omi avec, pour instructions, de se reposer et d'éviter l'Anjin-san. Il avait ensuite convoqué l'Anjin-san et avait feint la colère quand leur conversation s'était révélée impossible. Il l'avait congédié sans tambour ni trompette. L'entraînement avait été intensifié. Naga avait reçu l'ordre d'emmener l'Anjin-san en marche forcée afin de l'exécuter, mais il n'y avait pas réussi.

Toranaga souriait à présent, sous ce ciel chargé de pluie. L'Anjin-san est de petite envergure, c'est vrai. Mariko est tout aussi intelligente mais plus brillante et d'une nature impitoyable. Elle ressemble à un faucon pélerin. Pourquoi la femelle du faucon est-elle toujours plus dodue, plus puissante, plus rapide que le mâle ? Pourquoi est-elle toujours supérieure à lui ? Je dois placer Naga juste au-dessus de sa proie et le laisser fondre. Qui sera sa proie ? Omi ou Yabu ?

« Yabu-san, quelle est donc votre décision ? avait-il demandé le deuxième jour.

— Je ne me rends pas à Osaka tant que vous n'y allez pas vous-même, Sire. J'ai décrété la mobilisation générale d'Izu.

— Ishido va vous récuser.

— Il vous récusera d'abord, Sire. Si le Kwanto tombe, Izu tombe également. J'ai conclu un pacte solennel avec vous. Je me range de votre côté. Les Kasigi honorent toujours leurs contrats.

— Je suis tout aussi honoré de vous avoir comme allié », avait menti Toranaga, satisfait de voir que Yabu faisait une fois de plus ce qu'il avait prévu. Le lendemain, Yabu avait convié son hôte à passer ses hommes en revue puis, devant eux, s'était agenouillé et avait fait serment de vassalité.

— Vous me reconnaissez comme suzerain ? avait dit Toranaga.

— Oui. Tous les hommes d'Izu également. »

Le bruit assourdi des premières gouttes de pluie sortit Toranaga de sa méditation. Naga indiqua du doigt, fiévreusement, un point quelque part vers l'ouest. Tous les yeux se tournèrent vers l'endroit qu'il montrait.

Le pigeon volait en ligne directe, venant de l'ouest. Il voleta et alla se percher dans un arbre lointain pour s'y reposer un instant, puis reprit son envol alors que la pluie se mettait à tomber très fort. Loin vers l'ouest, dans son sillage, se trouvait Osaka.

37

Le serviteur retenait gentiment mais fermement le pigeon pendant que Toranaga enlevait ses vêtements trempés. Il était revenu au galop sous la pluie battante. Naga et les autres samouraïs encombraient anxieusement le seuil, indifférents à la pluie chaude qui tombait à torrents en tambourinant sur le toit de tuiles.

Toranaga se sécha les mains soigneusement. L'homme lui tendit le pigeon. Deux petits cylindres cabossés, en argent, étaient attachés à ses pattes. Un seul aurait été normal. Toranaga maîtrisa avec difficulté ses doigts qui tremblaient, détacha les tubes et s'approcha de la fenêtre pour en examiner les sceaux. Il reconnut le sceau secret de Kiri. Naga et ses hommes l'observaient, tendus. Il resta de marbre, ne brisa pas les sceaux malgré son envie, et attendit qu'un serviteur lui apporte un kimono sec et une ombrelle de papier huilé. Il regagna alors ses appartements dans la forteresse. Une fois calme et détendu, il posta des gardes, s'enferma et brisa les cachets. Le papier des trois petits parchemins était extrêmement fin, les caractères minuscules, le texte très long. Le décodage fut laborieux. Une fois terminé, il lut le message puis le relut par deux fois. Il laissa ensuite errer son esprit.

La nuit tombait. La pluie cessa.

« Naga. Naga-san ! »

Naga arriva en courant. « Oui, père ?

— Fais venir Yabu-san et ses conseillers sur le plateau aux premières lueurs de l'aube, ainsi que Buntaro, nos trois capitaines et Mariko-san. Je veux que l'Anjin-san se tienne prêt, au camp. Les gardes devront veiller et nous entourer à deux cents pas.

— Oui, père. » Naga tourna les talons mais, incapable de se contenir, dit : « C'est la guerre, n'est-ce pas ? »

Parce qu'il avait besoin d'une source d'optimisme au sein de la forteresse, Toranaga ne fit pas de remontrances à son fils pour son impertinence et son manque de discipline.

« Oui... Mais selon mes termes, à moi. »

Naga referma le panneau coulissant et s'en alla sans attendre. Toranaga savait que rien ne viendrait gommer l'excitation dans la démarche de Naga ni le feu couvant au fond de ses pupilles, même s'il se composait une attitude calme en apparence, Rumeurs et contre-rumeurs allaient circuler dans Anjiro pour se répandre encore plus rapidement à travers toute la péninsule d'Izu et au-delà, si le feu était correctement attisé.

« Me voilà engagé », dit-il tout fort aux fleurs du *Takonama.* Les ombres dansaient à la lueur des bougies.

Kiri lui avait écrit : « Sire, je prie Bouddha pour que vous soyez sain et sauf. Ce pigeon étant le dernier, je supplie donc Bouddha de le guider vers vous... Des traîtres ont tué les autres la nuit dernière. Celui-ci a été sauvé parce qu'il était malade et que je le soignais dans mes appartements.

« Hier matin, Sire Sugiyama a brusquement démissionné, comme prévu. Mais avant d'avoir pu s'échapper, il est tombé dans une embuscade tendue par les *ronin* d'Ishido. Certains membres de sa famille ont malheureusement été capturés avec lui. Je crois savoir qu'il a été trahi par quelqu'un de son entourage. La rumeur circule qu'Ishido lui avait offert un compromis : s'il retardait sa démission jusqu'à la réunion du Conseil des régents pour que vous puissiez être récusé, Ishido lui garantissait le Kwanto, en échange. En signe de bonne foi, Ishido devait immédiatement le relâcher avec toute sa famille. Sugiyama a refusé de vous trahir. Ishido a ordonné aux *eta* de le persuader. Ils ont torturé ses enfants et sa concubine sous ses yeux, mais il n'a pas cédé. Ils ont tous péri de mort affreuse. La sienne, survenue en dernier, a été particulièrement atroce.

« Il n'y a bien sûr aucune preuve de cette trahison et ce ne sont que des on-dit, mais j'y crois. Ishido a proclamé qu'il n'était pas au courant de ces meurtres, qu'il n'y avait pas pris part et qu'il allait pourchasser les "meurtriers". Il a tout d'abord déclaré que Sugiyama n'avait jamais démissionné. Le Conseil, selon lui, pouvait donc toujours se réunir. J'ai envoyé des exemplaires de la démission de Sugiyama aux autres régents, Kiyama, Ito et Onoshi. J'en ai également envoyé un à Ishido et j'en ai fait circuler quatre autres parmi les *daimyōs.* Depuis hier, comme vous l'aviez si bien prévu avec Sugiyama, le Conseil n'existe plus légalement. Sur ce point-là, votre succès est total.

« Bonne nouvelle : Sire Mogami a quitté la ville sain et sauf avec toute sa famille et ses samouraïs. Sires Maeda, Kukushima, Asano, Ikeda, Okudiara, ainsi que Sire Oda, qui est chrétien, ont tous réussi à quitter Osaka la nuit dernière pour aller se mettre à l'abri.

« Mauvaise nouvelle : les familles Maeda, Ikeda et Oda ainsi que celles d'une douzaine d'autres *daimyōs* importants n'ont pu s'échapper et sont retenues en otages, comme le sont cinquante ou soixante seigneurs neutres, mais de moindre importance.

« Mauvaise nouvelle : hier, votre demi-frère, Sire Zataki, Seigneur de Shinano, s'est publiquement déclaré en faveur de l'héritier Yaemon, contre vous. Il vous accuse de comploter avec Sugiyama pour renverser le Conseil des régents en créant la confusion et le désordre. Votre frontière nord-est est à présent menacée et ses cinquante mille fanatiques se battront contre vous.

« Mauvaise nouvelle : presque tous les *daimyōs* ont accepté l'"invitation" de l'empereur.

« Mauvaise nouvelle : nombreux sont vos amis et alliés irrités parce que vous ne leur avez pas personnellement fait part de votre stratégie. Votre vieil ami, le grand Sire Shimazu, est au nombre de ceux-là. On m'a dit cet après-midi qu'il avait ouvertement exigé que tous les seigneurs reçoivent ordre de l'empereur de s'agenouiller dès maintenant devant Yaemon.

« Mauvaise nouvelle : dame Ochiba tisse habilement sa toile. Elle promet fiefs et titres aux *daimyōs* neutres. C'est un ennemi dangereux. C'est vraiment dommage qu'elle ne soit pas de votre côté, Tora-chan. Dame Yodoko exhorte à la prière et au calme mais personne ne l'écoute. Dame Ochiba veut précipiter la guerre pendant qu'elle vous sent faible et isolé. Désolé, mon seigneur, mais vous l'êtes et je crois que vous avez été trahi.

« La pire des nouvelles, enfin : les régents chrétiens, Kiyama et Onoshi, se sont alliés ouvertement contre vous. Ils ont fait ce matin une déclaration commune, déplorant la "défection" de Sugiyama, disant que son action n'a créé que confusion au sein du royaume : "Nous devons tous être forts pour le bien de l'empire. Les régents détiennent la responsabilité suprême. Nous devons nous tenir prêts à écraser tout seigneur ou toute coalition visant à rejeter le testament du Taikō ou la succession légale", ont-ils affirmé. Cela veut-il dire qu'ils ont l'intention de réunir un Conseil des régents de quatre membres ? L'un de nos espions chrétiens aux quartiers généraux des Robes noires a murmuré que le prêtre Tsukku-san aurait quitté Osaka secrètement il y a cinq jours, mais nous ne savons pas s'il est allé à Yedo ou à Nagasaki, où le Vaisseau noir est attendu. Saviez-vous qu'il arriverait plus tôt, cette saison ? Peut-être dans vingt ou trente jours ?

« Sire, j'ai toujours hésité à émettre des opinions fondées sur des on-dit, des rumeurs ou des intuitions, mais il reste peu de temps et je peux très bien ne plus pouvoir vous parler dans les jours qui viennent. Trop de familles sont retenues ici. Ishido ne les laissera jamais partir (pas plus qu'il ne nous laissera partir). Ces otages constituent un énorme danger pour vous. Peu de seigneurs possèdent autant que Sugiyama le sens du devoir. Beaucoup, je pense, vont se ranger du côté d'Ishido, à cause de ces otages. Je crois que Maeda va vous trahir. Asano probablement. Sur deux cent soixante-quatre *daimyōs,* vingt-quatre vous suivront. Cinquante autres peuvent se joindre à vous. C'est à peu près tout. Kiyama et Onoshi entraîneront la quasi-totalité sinon l'ensemble des *daimyōs* chrétiens dans leur sillage et je ne pense pas qu'ils viendront se ranger de votre côté. Sire Mori, le plus grand et le plus riche de tous, reste comme toujours votre adversaire personnel. Il entraînera à sa suite Asano, Kobayakawa et, peut-être, Oda. Votre position devient terriblement précaire avec l'hostilité de votre demi-frère, sire Zataki. Je vous conseille de déclarer "Ciel pourpre" immédiatement et de marcher au plus vite sur Kyoto. C'est votre dernière chance. En ce qui nous concerne, dame Sazuko et moi-même, tout va pour le mieux. L'enfant s'annonce bien et, si c'est son *karma* de naître, il naîtra. Nous sommes en sécurité dans cette partie de la forteresse qui nous est réservée. Les portes sont fermées à double tour et la herse est baissée. Nos samouraïs sont pleins de dévotion pour vous et votre cause et si c'est notre *karma* de quitter cette vie, nous la quitterons sereinement. Dame Sazuko a besoin de vous. Vous lui manquez énormément. Quant à moi, Tora-chan, j'ai hâte de vous revoir, de rire avec vous et de voir votre sourire. Mon seul regret, dans la mort, serait de ne plus pouvoir faire toutes ces choses et de ne plus pouvoir veiller sur vous. Si la vie existe après la mort, si Dieu, Bouddha ou les *kami* existent, je jure que je ferai tout ce qui sera en mon pouvoir pour les faire pencher de votre côté... Bien que je doive leur demander d'abord de me rendre mince, plus jeune, plus pulpeuse et attirante, tout en me laissant les joies de la table. Ce serait vraiment le Paradis : rester perpétuellement jeune et mince et continuer de manger !

« Je vous envoie mes éclats de rire. Que Bouddha vous bénisse. »

Toranaga leur lut le message en omettant les passages intimes concernant Kiri et dame Sazuko. Ils étaient assis sur des nattes, au centre du plateau. Ils étaient sans gardes, loin des oreilles indiscrètes.

« J'ai besoin de vos conseils. Mes conseillers sont à Yedo. Le problème est urgent et je veux que vous agissiez tous à leur place. Que va-t-il arriver et que dois-je faire, Yabu-san ? »

Yabu était aux quatre cents coups. Chaque route semblait mener au désastre. « Tout d'abord, que veut dire au juste "Ciel pourpre", Sire ?

— C'est le nom de code de mon plan final de bataille. C'est une marche ne dépendant que de la mobilité de mes troupes et de l'effet de surprise, pour prendre possession de Kyoto, débarasser la capitale des forces du mal qui l'environnent, pour délivrer l'empereur des mains de ceux qui, menés par Ishido, l'ont trompé. Une fois le Fils du Ciel hors de leurs serres, je lui présenterai une pétition pour révoquer le mandat du présent Conseil et obtenir son mandat pour en former un autre qui ferait passer les intérêts du royaume et de l'héritier avant les siens propres. Je serai à la tête de quatre-vingts ou cent mille hommes, laissant mes terres sans défenses, mes flancs à découvert. » Toranaga constata que tous le regardaient, ahuris. Il ne fit pas mention de tous les samouraïs d'élite disséminés au fil des ans dans nombre d'importants châteaux et de provinces, prêts à se révolter pour créer une confusion essentielle à la bonne réalisation du plan. Yabu s'écria : « Mais vous seriez obligé de vous battre à chaque pas du chemin. Ikawa Jikkyu contrôle le Tokaidō sur une centaine de *ri*. Le reste est contrôlé par les forces d'Ishido.

— J'ai de toute façon l'intention de marcher en direction du nord-ouest le long du Koshu-Kaïdō, puis de tomber sur Kyoto en me tenant éloigné des zones côtières. »

Ils se mirent tous à parler mais Yabu les interrompit : « Sire, le message dit que votre parent, Zataki-san, est déjà passé à l'ennemi ! Votre route du nord est également bloquée. Sa province est à cheval sur le Koshu-Kaïdō. Il va falloir vous battre dans la province de Shinano. C'est une région montagneuse, très rude. Ses hommes sont loyaux. Vous serez taillé en pièces.

— C'est la seule voie de salut. Je suis d'accord, mais il y a trop de gens hostiles sur cette route côtière. »

Yabu jeta un coup d'œil vers Omi. Il aurait aimé pouvoir le consulter. Il détestait ce message et la situation confuse qui régnait à Osaka. Il détestait parler le premier et haïssait surtout ce statut de vassal qu'il avait accepté sur les instances d'Omi.

« C'est votre seule chance, Yabu-san, lui avait dit Omi, pressant.

— La seule façon que vous ayez d'éviter le piège de Toranaga et d'avoir du champ pour manœuvrer... »

Igurashi l'avait interrompu, furieux : « Il vaudrait mieux tomber sur Toranaga tant qu'il a peu d'hommes ici, le tuer et apporter sa tête à Ishido pendant qu'il en est encore temps.

— Il vaudrait mieux attendre, être patient... »

Omi est le meilleur conseiller que j'aie jamais eu, se dit-il. Mais le plus dangereux. Omi est assez habile pour s'emparer d'Izu, si je meurs. Quelle importance cela a-t-il ? De toute façon, nous sommes tous morts.

« Vous êtes complètement isolé, dit-il à Toranaga.

— Ai-je encore le choix ? demanda Toranaga.

— Pardon, Sire, combien de temps faudrait-il pour préparer cette attaque ? demanda Omi.

— Elle est prête.

— Izu est prêt également, Sire, dit Yabu. Vos quatre cents hommes, mes seize mille plus le Régiment des mousquets... Est-ce suffisant ?

— Non. “Ciel pourpre” est le plan du désespoir... tout doit être risqué en une seule attaque.

— Vous devez vous lancer dès que les pluies cesseront, insista Yabu.

— Quel choix avez-vous ? Ishido va immédiatement former un nouveau Conseil. Ils ont toujours le mandat. Vous serez récusé, aujourd'hui, demain ou après-demain. Pourquoi attendre et se laisser dévorer ? Peut-être le Régiment des mousquets pourrait-il nous frayer un chemin à travers les montagnes ! Déclarez “Ciel pourpre” ! Tous les hommes jetés duns une grande attaque : c'est la voie du guerrier — digne d'un samouraï, Toranaga-sama. Nos mousquets chasseront Zataki de notre chemin. Que vous réussissiez ou que vous échouiez, quelle importance cela a-t-il ? Notre tentative vivra à jamais ! »

Naga dit : « Oui, mais nous vaincrons... nous vaincrons ! » Les capitaines acquiescèrent, soulagés de voir enfin la guerre sur le point d'éclater. Omi ne dit rien.

Toranaga regarda Buntaro. « Eh bien ?

— Je vous prie de m'excuser, Sire, si je ne donne pas mon opinion. Mes hommes et moi-même nous ferons ce que vous déciderez de faire. Tel est mon devoir. Mon opinion ne vous est d'aucun intérêt.

— J'accepterais cette réponse en des circonstances normales mais pas aujourd'hui !

— Alors je suis pour la guerre. Yabu-san a raison. Marchons sur

Kyoto, aujourd'hui, demain ou quand les pluies cesseront. "Ciel pourpre" ! J'en ai assez d'attendre.

— Omi-san ?

— Yabu-sama a raison, Sire. Ishido tournera le testament du Taikō pour bientôt former un nouveau Conseil. Celui-ci aura le mandat de l'empereur. Vos ennemis applaudiront, la plupart de vos amis hésiteront puis se décideront à vous trahir. Le nouveau Conseil vous récusera et...

— Et "Ciel pourpre" est déclaré ! interrompit Yabu.

— Si Toranaga-sama l'ordonne, oui, mais je ne crois pas que l'ordre de récusation ait une valeur quelconque. Vous pouvez l'ignorer !

— Pourquoi ? » demanda Toranaga. Toute l'attention de l'auditoire se reporta sur Omi.

« Je suis d'accord avec vous, Sire. Ishido est une plaie, *neh ?* Tout *daimyō* qui accepte de le servir en est une également. Les loyaux sujets connaissent Ishido pour ce qu'il est et savent que l'empereur a été une fois de plus trompé. » Omi avançait prudemment sur des sables mouvants.

« Je crois qu'il a commis une erreur fatale en faisant assassiner sire Sugiyama. Je crois que tous les *daimyōs* vont, à cause de ces crimes horribles, le suspecter de trahison et peu d'entre eux se plieront aux ordres de "son Conseil". Vous êtes sauf pour un temps.

— Combien de temps ?

— Les pluies sont encore avec nous pendant deux mois, au moins. Quand les pluies cesseront, Ishido envisagera de vous envoyer Ikawa Jikkyu et sire Zataki, en même temps. Son armée les soutiendra sur la route du Tokaïdō. Entre temps, jusqu'à la fin des pluies, tout *daimyō* qui nourrira un ressentiment quelconque contre un autre *daimyō* ne fera que verser un pourboire à Ishido jusqu'à ce que ce dernier fasse le premier mouvement. A ce moment-là, je crois qu'ils l'oublieront, qu'ils se vengeront et prendront possession des territoires. L'empire sera déchiré comme il l'était avant le Taikō. Mais vous, Sire, vous avez avec Yabu-sama un peu de chance, suffisamment de forces pour tenir les cols menant au Kwanto et à Izu et les défendre contre la première vague que vous écraserez. Je ne crois pas qu'Ishido puisse monter d'autre attaque. Quand Ishido et les autres auront dépensé toute leur énergie, vous et Sire Yabu vous pourrez alors sortir prudemment de derrière vos montagnes et conquérir peu à peu l'empire tout entier.

— A quel moment cela se passera-t-il ?

— A l'époque de vos enfants, Sire.

— Tu proposes une bataille défensive ? demanda Yabu dédaigneusement.

— Je crois que vous êtes tous les deux en sécurité derrière vos montagnes. Attendez, Toranaga-sama, attendez jusqu'à ce que vous ayez plus d'alliés. Tenez les cols. C'est faisable ! Le général Ishido est une peste mais il n'est pas stupide au point de lancer toutes ses forces dans une seule bataille. Il se cachera dans la forteresse d'Osaka. Pour le moment, nous devons renforcer la sécurité ; nous ne devons pas nous servir de notre Régiment de mousquets. Nous devons le tenir toujours prêt, jusqu'à ce que vous sortiez de derrière vos montagnes. »

Omi sentait tous ces regards qui le fixaient. Il s'inclina devant Toranaga : « Excusez-moi d'avoir parlé si longtemps, Sire. »

Toranaga l'observa puis jeta un coup d'œil sur son fils. Il se rendit compte de l'excitation retenue du jeune homme et comprit qu'il était temps de le faire fondre sur sa proie. « Naga-san ?

— Ce qu'a dit Omi-san est vrai, dit Naga. Pour la plus grande part, mais je vous conseille d'utiliser ces deux mois à vous faire des alliés pour isoler Ishido un peu plus et, quand les pluies cesseront, d'attaquer sans prévenir... "Ciel pourpre" !

— Tu n'es pas d'accord avec Omi-san sur une guerre de longue durée ?

— Non. Mais n'est-ce pas... » Il se tut.

« Continue, Naga-san. Parle ouvertement,

— Sire, il m'est venu à l'esprit... » Il se tut encore une fois et dit d'un trait : « N'est-ce pas là votre grande chance de devenir shōgun ? Si vous réussissez à vous emparer de Kyoto, si vous obtenez le mandat de l'empereur, pourquoi voulez-vous former un Conseil ? Pourquoi ne pas faire une pétition et l'envoyer à l'empereur pour devenir shōgun ? Ce serait mieux, et pour vous et pour le royaume. » Naga tenta de dissimuler la peur qui transparaissait dans sa voix, car il prêchait la trahison contre Yaemon et la plupart des samouraïs présents. « Je dis que vous devriez être shōgun ! » Il se tourna vers les autres : « Si on laisse échapper cette possibilité... Omi-san, vous avez raison en ce qui concerne une guerre de longue durée mais je dis que sire Toranaga doit prendre le pouvoir pour pouvoir ensuite le donner. Une guerre de longue durée ruinerait l'empire et le découperait à nouveau en mille fragments ! Qui veut de ça ? Sire Toranaga doit devenir shōgun, pour faire cadeau de l'empire à Yaemon, à sire Yaemon. L'empire doit d'abord être consolidé. L'occasion ne se représentera plus... » Ses paroles se perdirent. Il redressa le dos, affolé par ce qu'il venait de dire, mais heureux d'avoir dit publiquement ce qu'il avait toujours pensé.

Toranaga soupira : « Je n'ai jamais cherché à devenir shōgun. Combien de fois devrai-je le répéter ? Je soutiens mon neveu Yaemon ainsi que le testament du Taikō. » Il les regarda tous, les uns après les autres. Naga fit la grimace, mais Toranaga lui dit gentiment : « Ton ambition et ton zèle t'excusent. Malheureusement, beaucoup de personnes, plus âgées et plus sages que toi, pensent de même. Il n'en est rien. Il n'y a qu'un seul moyen de régler ce malentendu stupide, c'est de porter Sire Yaemon au pouvoir. C'est ce que j'ai l'intention de faire. » Toranaga se tourna vers Igurashi.« Que me conseillez-vous ? »

Le samouraï borgne s'exécuta : « Je ne suis qu'un soldat. Je ne suis pas un conseiller. Je ne vous pousserais pourtant pas à lancer "Ciel pourpre", surtout si, comme Omi-san le dit, nous pouvons faire la guerre selon nos propres termes. Je me suis battu, il y a plusieurs années, dans la province de Shinano. C'est une région difficile. Sire Zataki était à cette époque-là de notre côté. Je ne voudrais pour rien au monde me battre à nouveau dans cette région, surtout si Zataki est maintenant notre ennemi. Si votre principal allié, Sire Maeda, est susceptible de vous trahir, comment pouvez-vous dresser un plan valable ? Sire Ishido lancera deux ou trois cent mille hommes contre vous tout en en gardant une centaine de mille en réserve à Osaka. Nous n'avons pas assez d'hommes, même avec les mousquets, pour passer à l'attaque. Mais en nous servant de nos mousquets derrière nos montagnes, nous pourrions tenir les cols éternellement, si tout se passe comme le prévoit Omi-san. Vous avez assez de riz... Le Kwanto ne fournit-il pas la moitié de l'empire ? Au moins un tiers. Nous pourrions vous fournir tout le poisson dont vous auriez besoin. Vous seriez en sécurité. Laissez venir à vous ces petites pestes d'Ishido et d'Ikawa Jikkyu. Vos ennemis se mangeront bientôt entre eux. Sinon, tenez "Ciel pourpre" prêt. Un homme ne peut mourir qu'une seule fois pour son seigneur.

— Quelqu'un a-t-il quelque chose à ajouter ? » demanda Toranaga. Personne ne répondit. « Mariko-san ?

— Je n'ai pas à parler ici, Sire, répondit-elle. Je suis sûre que tout ce qui devait être dit l'a été. Me permettez-vous néanmoins de vous poser une question au nom de tous vos conseillers ici présents : Que pensez-vous qu'il arrivera ? »

Toranaga choisit ses mots : « Je crois que ce que prévoit Omi-san va effectivement arriver. Le Conseil conservera suffisamment de poids pour rassembler une force alliée invincible. Quand les pluies cesseront, ces troupes seront lancées contre le Kwanto en passant par Izu. Izu et le Kwanto seront engloutis. Les *daimyōs* ne se battront entre eux qu'après ma mort.

— Pourquoi, Sire ? osa demander Omi.

— Parce que j'ai trop d'ennemis, que je suis maître du Kwanto, que j'ai guerroyé pendant quarante ans et que je n'aijamais perdu une bataille. Ils ont tous peur de moi. Je *sais* que les vautours se rassembleront d'abord pour me détruire. Sachez tous que je suis l'unique obstacle de Yaemon, même si je ne représente pour lui aucune menace. Telle est l'ironie de l'histoire. Ils croient tous que je veux devenir shōgun. Il n'en est rien. C'est une guerre inutile. »

Naga rompit le silence.« Qu'allez-vous faire, Sire ?

— Lancer "Ciel pourpre". vraisemblablement.

— Mais vous avez dit qu'ils allaient nous dévorer ?

— Ils le feraient... si je leur en donnais le temps. Mais je ne vais pas le leur donner. Nous déclarons la guerre sur-le-champ !

— Et les pluies ?

— Nous arriverons trempés à Kyoto. Puants et mouillés. La surprise, la mobilité, l'audace et le temps font gagner les guerres, *neh ?* Yabu-san avait raison. Les mousquets nous fraieront un passage à travers les montagnes. »

Ils discutèrent pendant une heure de l'importance que devait avoir une guerre pendant la saison des pluies, puis Toranaga les congédia, à l'exception de Mariko. Il ordonna à Naga de faire venir l'Anjin-san.

« Mariko-san, cherchez à savoir, avec tact et discrétion, combien coûterait le contrat de la courtisane Kiku,

— Kiku-san, Sire ?

— Oui.

— Tout de suite ?

— Cette nuit serait bien. » Il la regarda d'un air narquois. « Son contrat n'est pas forcément pour moi. Il peut être pour l'un de mes officiers.

— Je crois pouvoir vous dire que le prix variera selon la personne, Sire.

— En effet. Mais convenez d'un prix. La fille a bien sûr le droit de refuser quand on lui dira le nom du samouraï. Dites à sa mama-san que Kiku est une dame de première classe de Mishima et non de Yedo, Osaka ou Kyoto, ajouta Toranaga avec un plaisir non dissimulé. Je m'attends donc à payer le prix de Mishima et non ceux pratiqués à Yedo, Osaka ou Kyoto.

— Oui, bien sûr.

— Donnez-moi votre opinion, Mariko-san.

— Je pense que nous sommes en sécurité entre vos mains, tout comme le pays l'est entre vos mains.

— Je veux que vous me parliez sérieusement.

— Je vous parle sérieusement, Sire. Tout ce que vous faites est bien. Par la Mado... Oui, par la Madone, je vous jure que je le pense.

— Très bien, mais je veux quand même votre opinion.

— Vous devriez tout d'abord amener secrètement Sire Zataki de votre côté. Je serais étonnée que vous ne sachiez déjà comment vous y prendre. Vous avez certainement scellé un pacte avec votre demi-frère. Vous lui avez soufflé cette "défection" pour mettre Ishido dans une fausse position. Vous n'attaquerez jamais le premier. Vous ne l'avez jamais fait. Vous avez toujours préconisé la patience. Ordonner "Ciel pourpre" publiquement n'est qu'une diversion supplémentaire de votre part. Je suis certaine que vous devez faire ce que vous comptiez faire : feindre le lancement de "Ciel pourpre" et ne jamais mettre le plan à exécution. Ishido ne saura plus où il en est, car il est évident que ses espions vont lui faire part de votre plan. Il va devoir éparpiller ses troupes, dans le mauvais temps, pour parer à une menace qui ne se concrétisera jamais. Vous utiliserez ces deux mois à vous faire des alliés, à miner les alliances d'Ishido, à briser la coalition par n'importe quel moyen. Vous devez, bien sûr, essayer d'attirer Ishido hors de sa forteresse. Si vous n'en faites rien, Sire, il gagnera. Vous perdrez, du moins, le shōgunat. Vous...

— Je me suis expliqué clairement à ce sujet. » Toranaga était vert de rage. « Vous ne savez pas ce que vous dites. »

Mariko dit d'un air désinvolte : « Je dois vous confier des secrets, Sire, à cause des otages. C'est un couteau dans votre plaie.

— Qu'en est-il des otages ?

— Un peu de patience, je vous en prie, Sire. Il se peut que je ne puisse plus vous parler de cette façon que l'Anjin-san appelle "une conversation intime, ouverte, à l'anglaise". Vous n'êtes jamais seul comme vous l'êtes à présent. Je vous prie d'excuser mes mauvaises manières. » Mariko rassembla ses idées et poursuivit : « Mon opinion est que Naga-san a entièrement raison. Vous devez devenir shōgun, *sinon vous aurez manqué à votre devoir visà-vis de l'empire et des Minowara.*

— Comment osez-vous dire une telle chose ? »

Mariko garda son calme. La colère sous-jacente de Toranaga ne la touchait pas. « Je vous conseille d'épouser la dame Ochiba. Il y a encore huit années avant que Yaemon n'hérite légalement. C'est une éternité ! Qui sait ce qui peut arriver en huit mois. lmaginez en huit ans !

— Toute votre famille peut disparaître en huit jours !

— Oui, Sire, mais cela n'a rien à voir avec vous, votre devoir ou le royaume. Naga-san a raison. Vous devez prendre le pouvoir pour pouvoir le donner. » Elle ajouta hors d'haleine et d'un air faussement grave : « Votre fidèle conseiller peut-il aller maintenant se faire seppuku ou doit-il seulement le faire plus tard ? » Elle fit semblant de s'évanouir. Toranaga éclata de rire devant son incroyable effronterie et tapa du poing sur le sol. Quand il put parler, il ânonna : « Je ne vous comprendrai jamais, Mariko-san.

— Mais vous me comprenez très bien, Sire, dit-elle en s'essuyant le front. Vous avez la gentillesse de permettre à votre dévoué vassal de vous faire rire, de faire entendre ses requêtes, de dire ce qui doit et devait être dit. Excusez mon impertinence, je vous en prie.

— Pourquoi le devrais-je ? Pourquoi ? » Toranaga lui souriait.

« A cause des otages, Sire.

— Ah, les otages. » Il redevint sérieux.

« Je dois me rendre à Osaka, Sire.

— Oui, je sais. »

38

Accompagné par Naga, Blackthorne descendit la colline d'un air triste et se dirigea vers les deux silhouettes assises sur des *futons* au milieu du.cercle des sentinelles. Au-delà de ce cercle, les flancs des montagnes s'élevaient vers le ciel nuageux. La journée était triste et lourde. Blackthorne avait mal à la tête d'avoir trop pensé à Mariko, de s'être trop rongé à son sujet. Il la reconnut et sa détresse disparut.

Il était venu plusieurs fois chez Omi pour voir Mariko ou prendre de ses nouvelles. Les samouraïs l'avaient toujours renvoyé poliment mais fermement. Omi lui avait dit en tant que *tomodashi,* en tant qu'ami, que Mariko allait très bien.

Fujiko était allée plusieurs fois la voir. Elle était chaque fois revenue en disant également que Mariko allait très bien. Elle ajoutait à chaque fois l'inévitable : « Ne vous inquiétez pas, Anjin-san. Vous comprenez ? » Quant à Buntaro, il agissait comme si rien ne s'était passé. Blackthorne avait été pris de l'aube au crépuscule par les séances d'entraînement accéléré. Il avait dû faire abstraction de son sentiment de frustration en essayant d'instruire les samouraïs et en se démenant comme un beau diable pour apprendre leur langue. A la tombée de la nuit, il était épuisé, en sueur et trempé jusqu'aux os. Il ne s'était jamais senti aussi seul.

Il s'assit en tailleur face à Toranaga. La brise légère faisait voleter son kimono. Il écouta l'air absent, répondit. Rien n'était important. La guerre est imminente, disait-elle. Quand ? lui avait-il demandé. Très bientôt. Vous allez partir immédiatement et faire un bout de chemin avec moi, Anjin-san, parce que je vais à Osaka. Mais vous, vous allez à Yedo par la route pour préparer votre bateau à cette guerre... Un silence de mort s'abattit tout à coup sur eux. La terre se mit à trembler.

Il sentit ses poumons sur le point d'éclater. Chaque fibre de son être hurlait d'effroi. Il essaya de se mettre debout mais n'y parvint pas. Toranaga et Mariko s'agrippaient désespérément au sol, de leurs pieds et de leurs mains. Le grondement roulant venait du ciel et de la terre. Il les cernait, de plus en plus terrifiant, à leur crever les tympans. Ils ne firent plus qu'un avec la fureur. Il s'arrêta un instant mais reprit aussitôt. Blackthorne sentit qu'il allait vomir. Il cracha pour débarrasser sa bouche de ce goût amer. Il s'agrippait à la terre, le corps parcouru de hauts-le-cœur. Une avalanche de rochers dégringola avec fracas du sommet de la montagne, au nord, dans la vallée. Une partie du camp des samouraïs disparut. Blackthorne s'entendit hurler mais aucun son ne sembla sortir de sa bouche. La secousse cessa.

La terre était à nouveau ferme, comme elle l'avait toujours été. Ses mains, ses genoux et son corps tremblaient sans qu'il puisse les contrôler. Il essaya de les calmer et reprit sa respiration.

La terre se remit à gronder. La deuxième secousse commença. Elle fut plus violente. La terre s'entrouvrit à l'autre bout du plateau et la crevasse béante se dirigea vers eux à une incroyable vitesse, passa à cinq pas et poursuivit sa course. Blackthorne vit Toranaga et Mariko au bord de ce gouffre. Il vit, comme dans un cauchemar, Toranaga vaciller, Blackthorne sortit de sa stupeur et se précipita. Sa main droite saisit la ceinture de Toranaga, La terre tremblait comme une feuille dans la rafale. La crevasse faisait vingt pas de profondeur sur dix de large. Une odeur de mort s'en dégageait. De la boue et des rochers tombèrent dans cet abîme, emmenant Toranaga et Blackthorne dans leur chute. Blackthorne se débattit pour s'assurer un appui. A moitié assommé, Toranaga planta ses orteils dans la paroi et, tiré par Blackthorne, se hissa hors de la crevasse. Ils s'étendirent tous les deux sur le sol, haletants, enfin saufs. A ce moment-là, une autre secousse se produisit. La terre se rouvrit. Mariko hurla, en essayant de se mettre hors champ, mais cette nouvelle crevasse la happa. Blackthorne rampa jusqu'au bord. Les secousses mineures le déséquilibraient. Il vit Mariko qui tremblait sur une corniche, quelques pas en dessous. L'ouverture faisait trente pas de profondeur. Il se laissa glisser. La boue et les pierres l'aveuglaient. Il saisit Mariko, la poussa à l'abri sur une autre corniche. Ils cherchaient tous deux leur équilibre quand une nouvelle secousse fit s'effondrer la corniche. Ils étaient perdus., La main de fer de Toranaga agrippa alors la ceinture de Blackthorne, stoppant ainsi leur descente aux abîmes.

« Pour l'amour de Dieu... », hurla Blackthorne. Ses bras étaient déchirés de douleur. Il cherchait un point d'appui. Toranaga le retint jusqu'à ce qu'ils soient saufs sur une arête étroite. A ce moment-là, la ceinture craqua. Toranaga se mit en hâte à l'abri, leur criant de faire vite, car la crevasse se refermait. Blackthorne et Mariko étaient encore très loin dans le goulet. Toranaga ne leur était plus d'aucun secours. La terreur prêta à Blackthorne une force inhumaine. Il parvint à arracher Mariko à cette tombe et la hissa vers le sommet de la crevasse. Toranaga se saisit du poignet de Mariko et la ramena sur le bord. Blackthorne tenta de la suivre mais la paroi s'effondra et il retomba au fond. La paroi opposée s'avançait dans un craquement sinistre. Il crut qu'il était pris au piège mais parvint à se dégager. Il se retrouva, allongé sur le bord, la moitié du corps suspendue dans le vide. Ses poumons cherchaient l'air. La crevasse se refermait. Elle s'arrêta subitement. Six pas de large, huit de profondeur. Tout tremblement cessa ; la terre se raffermit, le silence retomba. Ils attendirent à quatre pattes que l'horreur recommence. Blackthorne se releva. La sueur coulait sur tout son corps.

« *Iyé !* » Toranaga lui fit signe de se remettre par terre. Il avait le visage burbouillé de terre. Une blessure à la tempe, là où sa tête avait cogné contre un rocher.

Les gardes se relevèrent et accoururent vers Toranaga.

« *Iyé !* cria-il. Attendez ! »

Ils obéirent et se remirent à quatre pattes. L'attente parut éternelle. Puis un oiseau prit son envol et partit à tire-d'aile en piaillant. Un autre le suivit. Blackthorne s'assit sur ses talons. « Est-ce terminé ? »

Mariko ne répondit pas. Elle était hypnotisée par la crevasse. Il se dirigea vers elle en titubant : » Ça va ?

— Oui... oui », dit-elle, hors d'haleine. Son visage était maculé de boue, son kimono sale et déchiré. Il l'aida à s'éloigner du bord. Elle était encore étourdie. Blackthorne regarda Toranaga : « *Ikaga desu ka ?* » Toranaga était incapable de parler. Sa poitrine lui faisait mal. Ses bras et ses jambes étaient lacérés. Il pointa le doigt. La crevasse qui l'avait à moitié englouti n'était plus maintenant qu'un fossé étroit, qui s'élargissait un peu plus au nord, mais n'était pas aussi large ni aussi profond qu'il l'avait été quelques instants auparavant. Blackthorne haussa les épaules : « *Karma !* »

Après de difficiles efforts, Toranaga dit : « La peste soit sur le *karma,* sur le tremblement de terre. La peste soit sur ce fossé. J'ai perdu mes épées ! »

Blackthorne éclata de rire, heureux et soulagé d'être toujours vivant. Toranaga se mit à rire lui aussi et leur hilarité gagna Mariko à son tour.

Toranaga se releva, avec mille précautions. Repris par l'amour de la vie, il se mit à faire le clown près du fossé. Il s'arrêta, fit signe à Blackthorne de le rejoindre. Il se plaça au-dessus du fossé, jambes écartées, entrouvrit son pagne et, dans un énorme éclat de rire, dit à Blackthorne d'en faire autant. Blackthorne obéit et les deux hommes essayèrent de pisser. Mais rien ne vint, pas même une gouttelette. Blackthorne s'assit pour retrouver ses forces, les mains tendues en arrière, posées sur le sol. Il se tourna vers Mariko : « Le tremblement de terre est-il vraiment fini. Mariko-san ?

— Jusqu'à la prochaine secousse, *neh ?* » Elle continuait d'enlever la boue qui souillait ses mains et son kimono.

« C'est toujours comme ça ?

— Parfois, c'est plus faible. Parfois, il y a une autre secousse au bout d'un jour ou d'une demi-journée. Parfois, il n'y a qu'une secousse. On ne peut pas savoir, Anjin-san. C'est fini jusqu'à ce que ça recommence. *karma, neh ?* »

Les gardes les observaient, immobiles. Ils attendaient un ordre de Toranaga. Au nord, le feu faisait rage dans le bivouac improvisé. Les samouraïs se battaient contre les flammes et fouillaient les rochers à la recherche des cadavres. Igurashi avait disparu. La terre l'avait englouti. Toranaga, brusquement sérieux, dit : « *Domo,* Anjin-san, *neh ? Domo.*

— *Dozo,* Toranaga-sama. *Nané mo. Hombun, neh ?* Ce n'est rien — devoir. »

Puis, comme il ne savait pas assez de mots et qu'il voulait être clair et précis, il dit : « Mariko-san, veuillez expliquer que je crois savoir ce que sire Toranaga et vous-même voulez dire par *karma.* Des tas de choses me semblent plus claires. Je ne sais pas pourquoi... peut-être parce que je n'ai jamais eu aussi peur. Ça m'a peut-être éclairci les idées car je n'ai jamais pensé aussi clairement. Nous étions presque morts, il y a quelques instants. L'inquiétude et la nausée étaient inutiles, n'est-ce pas ? *Karma.* Oui, je sais maintenant ce qu'est le *karma.*

— Oui. » Elle traduisit à Toranaga.

« Il dit : “Très bien, Anjin-san. *Karma* est le début du savoir. La patience est très importante. Les hommes forts sont ceux qui sont patients. La patience, c'est ne pas se laisser aller aux sept émotions : haine, adoration, joie, angoisse, colère, peine, peur. Si vous ne vous laissez pas aller à ça, vous serez *patient.* Vous saisirez alors très vite les différentes facettes des choses et vous serez en harmonie avec l'éternité.”

— Vous croyez ça, Mariko-san ?

— Tout à fait. J'essaie moi aussi d'être patiente mais c'est très difficile.

— Je suis d'accord avec vous. C'est aussi le *wa,* votre harmonie, votre « tranquillité », *neh ?*

— Oui. Voilà. Votre âge s'est de nouveau envolé. » Elle ajouta en latin : « Vous voilà de nouveau vous-même, mieux qu'avant !

— Vous êtes belle comme toujours. » Ses yeux brillèrent et elle évita de rencontrer le regard de Toranaga.

Blackthorne s'en rendit compte et prit note de sa prudence. Il se leva et alla jeter un coup d'œil dans la crevasse aux parois pleines d'aspérités. Il sauta dedans avec précaution et disparut.

Mariko se leva, affolée, mais Blackthorne refit très vite surface. Il tenait l'épée de Fujiko à la main. Elle était encore dans son fourreau. Sa courte épée avait disparu.

Il s'agenouilla devant Toranaga et lui offrit son épée. « *Dozo,* Toranaga-sama. *kara samouraï ni samouraï. neh ?* D'un samouraï à un autre.

— *Domo,* Anjin-san. » Le seigneur du Kwanto accepta l'épée et la ficha dans sa ceinture, puis il sourit, se pencha et frappa sur l'épaule de Blackthorne : « *Tomo, neh ?* Ami, n'est-ce pas ? »

— *Domo.* » Blackthorne détourna le regard. Son sourire disparut. Une colonne de fumée s'élevait au-dessus du tertre qui abritait le village. Il demanda tout de suite la permission à Toranaga de se retirer pour aller voir si rien n'était arrivé à Fujiko.

« Il vous y autorise, Anjin-san. Nous devons le retrouver à la forteresse au coucher du soleil, pour le repas du soir. Il veut encore aborder quelques sujets de discussion avec vous. »

Blackthorne retourna au village. Il était dévasté. Mais les bateaux étaient intacts. De nombreux incendies brûlaient encore. Les habitants charriaient des seaux de sable et des seaux d'eau. Il tourna le coin de la rue. La maison d'Omi penchait sur un côté. La sienne n'était plus que cendres.

39

Fujiko était blessée. Nigatsu, sa servante, était morte. La première secousse avait fait s'écrouler les piliers centraux de la maison et se répandre les charbons du feu de la cuisine. Fujiko et Nigatsu avaient été faites prisonnières par l'une des poutres et les flammes avaient transformé Nigatsu en torche vivante. Fujiko avait pu se libérer. Elle gisait à demi consciente sur l'un des *futons* sauvé de l'incendie. Quand elle vit que Blackthorne était indemne, elle faillit pleurer. « Je remercie Bouddha, Anjin-san. Vous n'êtes pas blessé », dit-elle faiblement.

Elle essaya de se relever mais il la pria de ne pas bouger. Elle avait les jambes et le bas du dos sévèrement brûlés. Un docteur s'occupait d'elle et lui mettait des pansements calmants, trempés dans un mélange de thé et d'herbes.

« *Shigata ga nai* », dit le docteur. Il ordonna aux servantes de changer les pansements régulièrement et donna à Blackthorne des herbes pour ses écorchures en lui disant qu'il reviendrait bientôt. Puis il monta la pente et se rendit dans la maison d'Omi.

Blackthorne se tenait à l'entrée du jardin. Les flèches de Buntaro étaient toujours fichées dans le pilier gauche. Il en toucha une, d'un air absent, ordonna à une servante d'apporter du thé et retourna auprès de Fujiko. Il l'aida à boire, lui tint la main jusqu'à ce qu'elle s'endorme. Les serviteurs essayaient de sauver tout ce qui pouvait l'être. Ils travaillaient rapidement, aidés par quelques habitants. Ils savaient que les pluies allaient bientôt commencer. Quatre hommes construisaient un abri temporaire.

Un samouraï grimpa la colline. Il apportait un message de Toranaga. Blackthorne et Fujiko devaient venir dormir à la forteresse jusqu'à ce que la maison soit reconstruite. Deux palanquins arrivèrent. Blackthorne souleva doucement Fujiko, l'allongea dans l'un d'eux, l'abandonna aux bons soins des servantes et renvoya son palanquin en disant qu'il allait les rejoindre.

La pluie se mit à tomber. Il s'assit sur une pierre dans le jardin qui lui avait procuré tant de plaisir et qui n'était plus que décombres. Le petit pont était rompu, l'étang détruit et le ruisseau avait disparu.

Ses oreilles lui dirent de revenir à lui. Il leva la tête. Omi l'observait, assis sur les talons. Il pleuvait toujours. Omi portait un kimono propre sous un manteau de pluie en paille de riz et avait un chapeau conique en bambou.

« *Karma,* Anjin-san, dit-il en montrant les décombres fumantes.

— *Yoi.* » Omi lui montra sa maison : « *Watakushi no yuya wa hakaisarete imasen ostukai ni narimasen ka?* Mes bains n'ont pas été endommagés. Voulez-vous en profiter ?

— *Ah, so desu! Domo,* Omi-san. » Blackthorne, reconnaissant, le suivit le long d'un sentier sinueux jusque dans la cour. Des serviteurs et des habitants du village, sous la surveillance de Mura, martelaient et clouaient, sciaient et réparaient. Les piliers centraux étaient déjà en place. Omi lui expliqua par signes que les serviteurs s'étaient débrouillés pour étouffer le feu. » Dans un jour ou deux, la maison sera debout, lui dit-il. Aussi belle qu'avant. La vôtre demandera plus de temps, une semaine peut-être, Anjin-san. Ne vous inquiétez pas, Fujiko-san est une très bonne maîtresse de maison. Elle aura tout arrangé financièrement avec Mura en un rien de temps et votre maison sera plus belle que jamais. On m'a dit que Fujiko-san était brûlée ? Ça arrive parfois mais il ne faut pas s'inquiéter, car nos docteurs s'y connaissent en brûlures. Les rizières ont été à peine touchées et le système d'irrigation est intact. Les bateaux n'ont pas été endommagés. C'est également très important. Seuls cent cinquante-quatre samouraïs ont été tués par l'avalanche. Ce n'est pas énorme, *neh ?* Quant au village... une semaine et il n'y paraîtra plus. Cinq paysans et quelques enfants ont été tués. Rien du tout. Anjiro a eu beaucoup de chance. On m'a dit que vous aviez sauvé Toranaga-sama de la mort. Nous vous sommes tous reconnaissants, Anjin-san. Si nous l'avions perdu... Sire Toranaga dit qu'il a accepté votre épée... Vous avez beaucoup de chance. C'est un très grand honneur. Oui. Votre *karma* est très bon, très fécond. Nous vous remercions beaucoup. Nous parlerons plus longtemps après votre bain. Je suis heureux de vous avoir comme ami. »

Les serviteurs escortèrent Blackthorne jusqu'aux bains.

Fujiko va aller mieux. J'ai eu de la chance d'être là pour sortir Toranaga de ce mauvais pas, pour sauver Mariko. J'ai de la chance que Toranaga ait été là pour nous sortir de la crevasse, tous les deux.

Un abri avait été temporairement installé dans un coin du jardin. Omi l'y attendait en compagnie d'une vieille femme édentée.

« Asseyez-vous, Anjin-san, dit Omi.

— Merci pour vêtements, dit Blackthorne dans un japonais hésitant.

— N'en parlons plus, je vous en prie. Voulez-vous du thé ou du saké ?

— Thé, merci.

— Je vous présente ma mère. » Il était clair qu'Omi avait une adoration pour elle. Blackthorne la salua.

« C'est un honneur pour moi, Anjin-san, dit-elle.

— Merci, mais honneur est pour moi.

— Nous avons été si désolés de voir brûler votre maison, Anjin-san.

— Faire quoi ? C'était le *karma, neh ?*

— Oui, c'était le *karma.* » La vieille femme détourna le regard et se renfrogna : « Dépêchez-vous ! L'Anjin-san veut son thé bouillant ! »

La fille qui accompagnait la servante lui coupa la respiration. Il se souvint d'elle. N'était-ce pas cette fille qu'il avait vue avec Omi, la première fois, quand il traversait le village pour aller s'embarquer sur la galère ?

« Voici ma femme, dit Omi avec précision et élégance.

— Très honoré, répondit Blackthorne.

— Veuillez excuser sa lenteur, dit la mère d'Omi. Le thé est-il assez chaud pour vous ?

— Merci. Délicieux. » Blackthorne avait noté que la mère d'Omi n'avait pas utilisé le nom de la jeune femme comme elle aurait dû le faire. Il n'en fut pas surpris, car Mariko lui avait déjà parlé de la position dominante qu'occupaient les belles-mères dans la société japonaise.

En regardant la belle-mère de Midori, Blackthorne se rappela que cette vieille harpie avait droit de vie ou de mort, de divorce ou de dégradation sur elle, pourvu que son mari, chef de la maison, soit d'accord. De toute façon, Omi lui obéirait.

Midori était gracieuse. Elle avait un visage ovale, une épaisse chevelure soyeuse. Elle était beaucoup plus belle que Mariko mais n'en avait ni la flamme ni la force intérieure.

Omi dit : « Mère, j'ai beaucoup de chance d'avoir l'Anjin-san comme ami.

— Nous avons tous de la chance, répondit-elle.

— Non, moi j'ai la chance, dit Blackthorne. J'ai la chance avoir amis famille de Kasigi Omi-san. » Nous mentons tous, pensa Blackthorne, mais je ne sais pas pourquoi vous mentez. Pour ma part, je mens pour me préserver et parce que c'est la coutume. Mais je n'ai pas oublié...

Un groupe de cavaliers monta la pente, Naga à leur tête. Il sauta de cheval et traversa le jardin. Tous les villageois s'arrêtèrent de travailler et se mirent à genoux. Il leur fit signe de continuer leur travail.

« Désolé de vous déranger, Omi-san, mais Sire Toranaga m'envoie.

— Je vous en prie. Vous ne me dérangez pas. Joignez-vous à nous. »

Midori céda immédiatement son coussin en s'inclinant profondément.

« Voulez-vous du thé, du saké, Naga-sama ? »

Naga s'assit. « Ni l'un ni l'autre. Je n'ai pas soif. Merci.

— Comment va Sire Toranaga ? demanda Omi.

— Très bien. Vous nous avez rendu un très grand service, Anjin-san. Je vous remercie personnellement.

— Le devoir, Naga-san. Peu de chose. Sire Toranaga m'a sorti de... m'a sorti de terre également.

— Oui, mais c'était après. Je vous remercie beaucoup.

— Puis-je faire quelque chose pour sire Toranaga, Naga-san ? » L'étiquette permettait enfin à Omi d'en venir au vif du sujet.

« Il voudrait vous voir après le souper. Une réunion au sommet aura lieu à ce moment-là.

— J'en serai très honoré.

— Vous devez me suivre maintenant, Anjin-san. S'il vous plaît.

— Bien sûr. C'est un honneur pour moi. »

Blackthorne se retrouva à cheval et ils descendirent la colline au petit galop.

« Anjin-san.

— *Hai ?*

— Je vous remercie de tout cœur d'avoir sauvé Sire Toranaga. Permettez-moi d'être votre ami... » Il proféra encore quelques mots que Blackthorne ne comprit pas.

« Toranaga-sama dit que toute la poudre à canon et toutes les munitions ont été réembarquées sur votre bateau, Anjin-san, avant de partir pour Yedo. Combien de temps vous faudrait-il pour reprendre la mer ?

— Tout dépend de l'état du bateau. Si les hommes l'ont caréné en ont pris soin, si le mât a été remplacé, etc. Sire Toranaga est-il au courant de l'état du bateau ?

— Le bateau semble en état, dit-il, mais il n'est pas marin. Il n'en est donc pas certain. Il n'est pas remonté à bord depuis qu'il a été remorqué jusqu'à Yedo et qu'il a donné des instructions pour qu'on le répare. En supposant que le bateau soit en excellent état de marche, combien de temps vous faudrait-il pour être prêt pour la guerre ? »

Blackthorne eut un coup au cœur. « Contre qui est-ce que je me bats, Mariko-san ?

— Sire Toranaga demande contre qui vous aimeriez vous battre ?

— Contre le Vaisseau noir », répondit Blackthorne immédiatement. Il espérait que c'était le bon moment pour exposer le plan qu'il avait ourdi ces derniers jours. Il espérait que le fait d'avoir sauvé Toranaga le matin lui donnait le privilège d'éviter les écueils.

« Quoi ? s'exclama Mariko, surprise.

— Le Vaisseau noir. Dites à sire Toranaga qu'il n'a qu'à me donner ses lettres de marque et je ferai le reste. Avec mon bateau et un tout petit peu d'aide... nous partageons le butin et la soie. »

Elle éclata de rire. Toranaga ne broncha pas.

« Mon... mon maître dit que ce serait un acte de guerre impardonnable contre une nation amie. Les Portugais sont essentiels au Japon.

— Oui, c'est vrai... pour le moment. Mais je crois qu'ils sont ses ennemis, tout comme ils sont les miens. Quels que soient les services qu'ils vous rendent, nous pouvons faire mieux qu'eux et à moindre prix.

— Peut-être, mais il ne croit pas que la Chine voudra commercer avec vous. Les Anglais pas plus que les Néerlandais n'occupent encore de position forte en Asie et nous avons besoin de la soie. Nous en avons continuellement besoin.

— Il a raison, bien sûr, mais dans un an ou deux la situation va changer. Il en aura alors la preuve. Je suggère autre chose, Je suis déjà en guerre avec les Portugais. Au-delà de la limite des trois miles, se trouvent les eaux internationales. Avec mes lettres de marque, je peux légalement arraisonner le Vaisseau noir, en faire ma prise et aller de port en port pour vendre la cargaison. Ce sera facile avec mon bateau et mon équipage. Dans quelques semaines ou quelques mois, je pourrai livrer le Vaisseau noir, avec toute sa cargaison, à Yedo. La moitié de sa valeur sera... une taxe portuaire.

— Il dit que ce qui vous arrive avec vos ennemis en pleine mer ne l'intéresse pas. La mer appartient à tout le monde mais ce pays est nôtre et nos lois ne peuvent être transgressées.

— Oui. » Blackthorne savait que sa course était dangereuse mais son intuition lui disait qu'il avait choisi le bon moment et que Toranaga mordait à l'hameçon. « Ce n'était qu'une suggestion. Sire Toranaga m'a demandé contre qui j'aimerais me battre. Excusez-moi mais il est bon, de temps à autre, de dresser des plans pour parer à toute éventualité. Je crois qu'en cela les intérêts de Sire Toranaga sont les miens. »

Mariko traduisit, Toranaga grogna et parla brièvement.

« Sire Toranaga apprécie les suggestions intelligentes, Anjin-san, mais cela est ridicule. Même si vos intérêts étaient semblables, et en vérité ils ne le sont pas, comment pourriez-vous attaquer un si gros bateau avec neuf hommes ?

— Je ne le ferais pas. Il me faut un nouvel équipage, Mariko-san. Quatre-vingts ou quatre-vingt-dix marins et canonniers expérimentés. Je les trouverai à Nagasaki sur des bateaux portugais. Il faut qu'il y ait quelques Français, un Anglais ou deux si j'ai de la chance, quelques Allemands ou Hollandais. Renégats pour la plupart. J'ai besoin d'un sauf-conduit jusqu'à Nagasaki, d'une protection et d'un peu d'argent ou d'or. On trouve toujours des marins prêts à signer pour quelques ducats et une part de butin.

— Mon maître dit que celui qui commanderait un tel navire dans une attaque devrait être fou.

— Je suis d'accord, mais il me faut un équipage si je veux prendre la mer.

— Serait-il possible d'entraîner nos samouraïs à devenir des loups de mer et des canonniers ?

— Sans problème, mais ça prendrait des mois. Ils seraient prêts l'année prochaine mais il n'y aurait aucune chance de prendre le Vaisseau noir cette année.

— Sire Toranaga dit qu'il n'a nullement l'intention d'attaquer le Vaisseau noir des Portugais, cette année ou l'année prochaine. Ils ne sont pas ses ennemis et il n'est pas en guerre avec eux.

— Je le sais, mais je suis en guerre avec eux. Excusez-moi. Ce n'est qu'une discussion, mais il me faut quelques hommes pour prendre la mer et être au service de Sire Toranaga, s'il le désire. »

Ils étaient dans les appartements privés de Toranaga qui donnaient sur le jardin. La forteresse avait été épargnée par le tremblement de terre. La nuit était humide et étouffante. La fumée s'élevait paresseusement des bâtons d'encens et faisait fuir les moustiques.

« Sire Toranaga ne pense pas que vous puissiez capturer le Vaisseau noir avec quatre-vingt-dix hommes.

— Je peux le prendre de vitesse et le couler, avec l'*Érasme.* Je sais, bien sûr, que ce ne sont que des mots, Mariko-san. Pourtant, si j'avais le droit d'attaquer mon ennemi, je mettrais, avec la marée, voile sur Nagasaki. Si le Vaisseau noir était déjà au port, je hisserais mes pavillons de combat et je resterais au large pour lui bloquer le passage. Je le laisserais finir ses opérations commerciales puis, quand le vent serait suffisant pour son voyage de retour, je ferais semblant d'avoir besoin de ravitailler et je le laisserais sortir, prendre quelques lieues d'avance, car nous allons plus vite que lui. Mes canons feraient le reste. Une fois qu'il aurait amené ses couleurs, j'amarinerais ma prise et la ramènerais à Yedo. Il a presque quatre cents tonnes d'or à son bord.

— Pourquoi le capitaine ne saborderait-il pas son navire une fois que vous l'aurez battu, si vous le battez, et avant que vous ne l'amariniez ?

— Habituellement... » Blackthorne allait dire « L'équipage se mutine si le capitaine est un fanatique, mais je n'en ai jamais rencontré d'aussi fou. La plupart du temps, vous faites un marché avec le capitaine... Épargner leurs vies, leur donner une petite part du butin et un mouillage sûr dans le port le plus proche. Mais cette fois-ci il faudrait marchander avec Rodrigues. Je le connais et je sais ce qu'il fera. » Mais il préféra ne pas révéler son plan. Il vaut mieux laisser les barbares et leurs habitudes de barbares aux barbares, se dit-il. « Habituellement, le bateau vaincu abandonne, Mariko-san. C'est l'une de nos coutumes navales : éviter des pertes humaines inutiles.

— Sire Toranaga dit que c'est une coutume dégoûtante. Il interdirait toute reddition s'il avait une marine. Et si le bateau n'était pas encore au port ?

— Je balaierais les mers pour l'accrocher à quelques lieues, dans les eaux internationales. Il serait plus facile à capturer parce que très chargé, mais plus difficile à ramener à Yedo. Quand est-il attendu ?

— Mon maître ne sait pas. D'ici trente jours, peut-être. Le bateau doit arriver plus tôt. »

Blackthorne savait qu'il était très proche du but. « Il faut donc le bloquer et le capturer à la fin de la saison. »

Elle traduisit et Blackthorne crut lire la déception sur le visage de Toranaga.

« Il existerait un autre moyen si nous étions en Europe. Nous pourrions naviguer de nuit et le prendre de force, par surprise. »

Toranaga raffermit sa main sur le pommeau de son épée.

« Vous oseriez faire la guerre dans *notre* pays contre *vos* ennemis ? »

Les lèvres de Blackthorne étaient sèches. « Non, ce n'est qu'une supposition. Mais si l'état de guerre existait entre sire Toranaga et les Portugais, s'il désirait leur faire beaucoup de mal, ce serait une façon. Si j'avais deux ou trois cents combattants bien disciplinés, un bon équipage et l'*Érasme,* ce serait facile d'aborder le Vaisseau noir et de l'emmener au large. Toranaga-sama pourrait même choisir l'heure et la date de l'attaque surprise. »

Long silence.

« Sire Toranaga dit que nous ne sommes pas en Europe, qu'aucun état de guerre n'existe et n'existera jamais entre lui et les Portugais.

— Bien sûr. Un dernier point, Mariko-san ! Nagasaki n'est pas sous le contrôle de Sire Toranaga, n'est-ce pas ?

— Non, Anjin-san. C'est Sire Harima qui contrôle le port et l'arrière-pays.

— Les Jésuites ne contrôlent-ils pas en pratique le port et tout le commerce ? » Blackthorne nota sa mauvaise volonté à traduire. « N'est-ce pas la vérité, Mariko-san ? Sire Harima n'est-il pas catholique ? Kyushu n'est-elle pas en grande partie catholique ? Les Jésuites ne contrôlent-ils donc pas, d'une certaine façon, toute l'île ?

— Le christianisme est une religion. Les *daimyōs* contrôlent leurs propres provinces, Anjin-san.

— Mais on m'a dit que Nagasaki était propriété des Portugais. On m'a dit qu'ils y agissaient comme si ce sol leur appartenait. Le père de Sire Harima n'a-t-il pas vendu ces terres aux Jésuites ? »

La voix de Mariko se fit tranchante. « Oui, mais le Taikō a repris ces terres. Aucun étranger n'a le droit d'en posséder dans ce pays,

— Le Taikō n'a-t-il pas laissé les édits tomber en désuétude ? Ainsi, aujourd'hui, rien n'arrive à Nagasaki sans le consentement des Jésuites. Les Jésuites ne contrôlent-ils pas tout le commerce maritime de Nagasaki ? Ne négocient-ils pas tous les marchés et n'agissent-ils pas comme vos intermédiaires ? »

— Vous êtes bien informé, Anjin-san, dit-elle sèchement.

— Peut-être Sire Toranaga devrait-il enlever le contrôle de ce port à l'ennemi. Peut-être...

— Ce sont vos ennemis, Anjin-san, pas les nôtres, dit-elle, mordant enfin à l'hameçon. Les Jésuites sont...

— *Nan ja ?* »

Elle se tourna vers Toranaga et lui expliqua ce qu'ils venaient de se dire. Quand elle eut fini, il lui parla très sévèrement.

« *Hai* », dit-elle plusieurs fois en le saluant. Elle eut un sourire forcé, furieuse de s'être laissé prendre.

« Notre maître demande pourquoi vous posez tant de questions sur sire Harima et Nagasaki.

— Pour lui montrer simplement que le port de Nagasaki est contrôlé par des *étrangers.* Par les *Portugais.* Selon la loi qui me gouverne, j'ai le droit d'attaquer l'ennemi là où il se trouve.

— Mais ce n'est pas "n'importe où", dit-il. C'est le pays des dieux, ici, et une telle attaque y est impensable.

— Je suis d'accord. Mais si jamais Sire Harima ou les Jésuites devenaient hostiles, ce serait bien là un moyen de les chasser.

— Sire Toranaga dit qu'il ne permettra jamais, pas plus que ne le permettrait n'importe quel *daimyō,* l'attaque d'une nation étrangère contre une autre sur le sol japonais, ou l'assassinat *d'un* des nôtres par eux. Pour ce qui est de trouver des combattants et un équipage, ce serait tâche facile pour quelqu'un parlant japonais. Il y a beaucoup de *wako* à Kyushu.

— *Wako ?*

— Oh, excusez-moi. Ce sont les corsaires que nous appelons ainsi, Anjin-san. Ils avaient de nombreux repères autour de Kyushu mais ils ont été pour la plupart éliminés par le Taikō. On peut encore, malheureusement, trouver des survivants. Les *wako* ont terrorisé les côtes de Chine pendant des siècles. C'est à cause d'eux que la Chine nous a fermé ses ports. Sire Toranaga dit qu'il ne vous laissera jamais dresser un plan d'attaque sur terre, même si vous avez raison de vouloir harceler l'ennemi de votre reine, en haute mer. Il répète que ce pays n'est pas "n'importe où". C'est le pays des dieux. Vous devez être patient comme il vous l'a déjà demandé.

— J'ai l'intention de l'être à sa manière. Je ne veux battre l'ennemi que parce qu'il *est* l'ennemi. Je crois, de tout cœur, qu'il est aussi le sien.

— Sire Toranaga dit qu'il a été prévenu contre vous par les Portugais ; ils lui ont dit que *vous* étiez *son* ennemi. Tsukku-san et le père visiteur en sont certains.

— Si je pouvais m'emparer du Vaisseau noir en mer et le ramener sous pavillon anglais, serais-je autorisé à le vendre ainsi que *toute* sa cargaison à Yedo, selon nos coutumes ?

— Sire Toranaga dit que cela dépend.

— Si la guerre éclate, aurai je l'autorisation d'attaquer l'ennemi de sire Toranaga ?

— Il dit que c'est le devoir d'un *hatamoto*. Un *hatamoto* reste constamment sous ses ordres. Mon maître veut que je souligne ce point : au Japon, les problèmes ne se résolvent que par la méthode japonaise.

— Je comprends. Je voulais simplement lui montrer ce que je sais et ce que je pouvais faire pour l'aider.

— Il dit que le devoir d'un *hatamoto* est de toujours aider son seigneur, Anjin-san. Il me demande de répondre à toutes les questions que vous voudrez me poser.

— Merci. Puis-je lui demander s'il aimerait avoir sa propre marine, comme je le lui avais suggéré à bord de la galère ?

— Je vous ai déjà dit qu'il aimerait avoir une marine moderne, Anjin-san, dont les équipages ne seraient formés que de samouraïs. Quel est le *daimyō* qui ne le souhaiterait pas ?

— Alors dites-lui ceci : si j'avais assez de chance pour me saisir du Vaisseau noir, je le ramènerais à Yedo pour le faire réparer. Je transborderais ma part de butin sur l'*Érasme* et je revendrais le Vaisseau noir aux Portugais, ou j'en ferais cadeau à Toranaga-sama, ou je le brûlerais, ou... J'en ferais ce qu'il veut. Puis je rentrerais chez moi. Je reviendrais d'Angleterre au bout d'un an et je lui ramènerais quatre navires de guerre, cadeaux de la reine d'Angleterre.

— Il demande où serait votre bénéfice ?

— Il me resterait beaucoup d'argent, une fois que la reine aurait payé les bateaux. J'aimerais emmener avec moi l'un de ses conseillers personnels comme ambassadeur auprès de ma reine. Un traité d'amitié liant nos deux pays pourrait lui être d'un immense intérêt.

— Sire Toranaga dit que ce serait vraiment trop généreux de la part de votre reine. Il ajoute : si par miracle une telle chose se produit, qui entraînera mes marins, samouraïs et capitaines ?

— Moi, au début. Si ça lui fait plaisir. J'en serais très honoré. D'autres pourraient ensuite prendre ma place.

— Il demande ce qu'"au début" veut dire.

— Deux années. »

Toranaga eut un sourire fugitif.

« Notre maître dit que deux années ne suffiraient pas. Il ajoute que tout ça n'est de toute façon qu'illusion. Il n'est pas en guerre avec les Portugais ou avec Sire Harima de Nagasaki. Ce que vous faites hors des eaux japonaises est votre *karma.* » Mariko semblait troublée. « Vous êtes un étranger, hors de nos eaux. Ici, vous êtes samouraï.

— Je sais l'honneur qu'il m'a fait. Puis-je lui demander où un samouraï peut emprunter de l'argent, Mariko-san ?

— Chez un usurier, Anjin-san. Où d'autre ? Chez un usurier malhonnête et pourri. Pourquoi avez-vous besoin d'argent ?

— Y a-t-il des usuriers à Yedo ?

— Oh oui. Les usuriers existent partout, *neh ?* N'est-ce pas la même chose dans votre pays ? Demandez à votre concubine, Anjin-san. Elle peut vous aider. Ça fait partie de son devoir.

— Vous m'avez dit que nous partions demain, pour Yedo.

— Oui.

— Fujiko-san ne pourra malheureusement pas faire le voyage. »

Mariko parla avec Toranaga.

« Sire Toranaga dit qu'elle partira avec la galère. Il demande pourquoi vous avez besoin d'emprunter de l'argent.

— Il me faut un nouvel équipage, Mariko-san... pour mettre voile n'importe où, pour servir Sire Toranaga. Est-ce permis ?

— Un équipage venant de Nagasaki ?

— Oui.

— Il vous donnera sa réponse quand vous arriverez à Yedo.

— *Domo,* Toranaga-sama. Quand j'arriverai à Yedo, où devrai-je aller, Mariko-san ? Y aura-t-il quelqu'un pour me guider ?

— Ne vous inquiétez pas, Anjin-san. Vous êtes l'un des *hatamoto* de Sire Toranaga. » Quelqu'un frappa à la porte.

« Entrez. »

Naga ouvrit le panneau et s'inclina. « Excusez-moi, père, mais vous m'aviez demandé de vous prévenir dès que vos officiers seraient là.

— Merci. J'arrive tout de suite. »

Toranaga réfléchit puis fit amicalement signe à Blackthorne de suivre Naga-san,

« Suivez-le, Anjin-san. Il va vous montrer votre chambre. Merci de votre point de vue.

— Oui, Sire. Merci de m'avoir écouté. Je vais essayer d'être patient et parfait

— Merci, Anjin-san. » Toranaga le regarda s'en aller. Quand ils furent seuls, il se tourna vers Mariko. « Eh bien, qu'en pensez-vous ?

— Deux choses, Sire. Tout d'abord, sa haine des Jésuites est sans bornes ; elle dépasse même sa haine des Portugais. Il représente donc le fouet dont vous pouvez vous servir pour flageller l'un ou l'autre ou les deux à la fois. Nous savons qu'il est courageux. Nous savons aussi que l'argent reste son but. Même sa reine est un marchand et "vend" des terres à ses seigneurs. Ils ne sont pas si différents de nous, hormis le fait qu'ils ne comprennent pas ce que veut dire la puissance. Ils ne comprennent pas que la guerre signifie la vie et que la vie signifie la mort.

— Les Jésuites sont-ils mes ennemis ?

— Je ne le crois pas.

— Les Portugais ?

— Je crois qu'ils ne sont préoccupés que par leurs bénéfices, des terres à conquérir, l'expansion de la parole divine.

— Les chrétiens sont-ils mes ennemis ?

— Non, Sire, même si certains de vos ennemis sont chrétiens — catholiques ou protestants.

— Vous pensez donc que l'Anjin-san est mon ennemi ?

— Non, Sire. Je crois qu'il vous honore et qu'en temps voulu il deviendra un loyal et fidèle vassal.

— Qui sont mes ennemis parmi nos chrétiens ?

— Les sires Harima, Kiyama, Onoshi et tous les samouraïs qui se retournent contre vous. »

Toranaga éclata de rire. « Les prêtres les contrôlent-ils comme le dit l'Anjin-san ?

— Je ne le crois pas.

— Ces trois-là vont-ils se ranger dans le camp adverse ?

— Je ne sais pas, Sire. Ils ont été, par le passé, hostiles et en même temps amicaux à votre égard. Mais s'ils se rangeaient du côté d'Ishido, ce serait très mauvais pour vous.

— Je suis bien d'accord. Vous êtes vraiment un conseiller de premier ordre. Ce doit vous être difficile d'être catholique, d'être amie avec l'ennemi et d'écouter les idées ennemies.

— Oui, Sire.

— Ce sera encore très difficile. Ce le sera peut-être même plus,

— Oui, Sire. Mais il vaut mieux connaître le revers de la médaille. Vous ne devez pas douter de ma loyauté, Sire. Je ferai toujours mon devoir, si difficiles que puissent devenir les circonstances.

— Merci. Ce qu'a dit l'Anjin-san était très intéressant, *neh ?* Intéressant mais stupide. Oui, merci, Mariko-san. Dois je ordonner votre divorce ?

— Sire ? »

Toranaga l'observait en silence. Oui, pensa-t-il, cette femme est un faucon. Mais contre qui vais-je la diriger ?

« Non, Sire. dit-elle finalement. Je ne préfère pas.

— L'Anjin-san est un homme vraiment bizarre. Sa tête déborde de rêves. C'est vraiment ridicule de penser attaquer nos amis portugais ou le Vaisseau noir. »

Mariko hésita. « S'il dit qu'une flotte est possible, en ce cas je le crois moi aussi.

— Je ne suis pas d'accord. Vous avez raison quand vous dites qu'il est le point d'équilibre face aux autres et, comme le dit si bien Omi : nous avons besoin de lui pour le moment, pour apprendre tout ce qu'il sait.

— Oui.

— Il est temps d'ouvrir l'empire, Mariko-san. Ishido le fermera aussi hermétiquement qu'une huître. Si j'étais de nouveau président du Conseil des régents, je signerais des traités d'amitié avec toutes les nations disposées à le faire. J'enverrais des hommes et des ambassadeurs. Il serait bien de commencer par la reine de ce barbare. Peut-être devrais-je, pour une reine, envoyer un ambassadeur femme, mais il faudrait qu'elle soit très intelligente et habile.

— Il faudrait qu'elle soit très forte et très fine, Sire.

— Oui, ce serait un voyage dangereux.

— Tous les voyages sont dangereux.

— Si l'Anjin-san rentrait chez lui avec son bateau plein d'or, reviendrait-il ? »

Elle dit au bout d'un long moment : « Je ne sais pas. »

Toranaga se décida à ne pas la harasser. « Merci, Mariko-san, dit-il amicalement. Je veux que vous soyez présente à la réunion pour traduire ce que je dirai à l'intention de l'Anjin-san.

— A vos ordres, Sire.

— Ce soir, quand vous irez à la maison de thé pour acheter le contrat de Kiku, emmenez l'Anjin-sans avec vous. Dites à sa concubine de s'occuper des préparatifs. Il a besoin d'une récompense, *neh ?*

— *Hai.* »

Quand elle fut arrivée devant le panneau coulissant, Toranaga lui dit : « Je vous donnerai ordre de divorcer dès que l'histoire avec Ishido sera réglée. »

Elle agrippa le panneau très fort, hocha la tête légèrement pour bien lui montrer qu'elle avait entendu, mais ne se retourna pas. La porte se referma derrière elle.

Les cent cinquante officiers étaient alignés en rangs disciplinés. Yabu, Omi et Buntaro étaient à leur tête. Mariko était agenouillée près de Blackthorne. Toranaga entra à la tête de sa garde personnelle et s'assit sur le coussin unique qui leur faisait face. Il leur rendit leurs saluts puis exposa brièvement le motif de la réunion et dévoila pour la première fois son plan de l'ultime bataille. Il ne leur dit pas que l'attaque se ferait par la route nord. Sous les acclamations générales (ses guerriers étaient heureux de voir la fin de leurs incertitudes), il leur annonça qu'il lancerait le mot code « Ciel pourpre » qui déclenchait l'attaque dès que les pluies cesseraient. « Je m'attends entre-temps à ce qu'Ishido réunisse illégalement un nouveau Conseil des régents. Je m'attends à être illégalement récusé. Je m'attends à ce qu'ils me déclarent illégalement la guerre. » Il se pencha ; son poing gauche fermé reposait sur sa cuisse. L'autre était contracté sur le pommeau de son épée. « Écoutez-moi. Je soutiens et défends le testament du Taikō. Je reconnais mon neveu Yaemon comme Kwampaku et héritier du Taikō. Je ne convoite aucune autre terre. Je ne vise aucun autre honneur. Mais si des traîtres m'attaquent, je dois me défendre. Si des traîtres trompent Sa Majesté Impériale et tentent de prendre le pouvoir dans ce pays, il est de mon devoir de défendre l'empereur et de bouter le mal, *neh ?* »

Un rugissement d'approbation accueillit sa déclaration. Les cris de guerre « Kasigi » et « Toranaga » retentirent dans la pièce et se répercutèrent à travers la forteresse.

« Le Régiment d'attaque, sous le commandement de Toda Buntaro-san, va se tenir prêt à partir pour Yedo dans cinq jours. Kasigi Omi-san en sera le commandant en second. Sire Kasigi Yabu, vous voudrez bien décréter la mobilisation générale d'Izu et ordonner que six mille hommes soient postés aux frontières au cas où ce traître d'Ikawa Jikkyu déploierait ses forces vers le sud pour nous couper nos lignes de communication. Quand les pluies cesseront, Ishido attaquera le Kwanto... »

Omi, Yabu et Buntaro acquiescèrent en silence.

« Nos mousquets nous fraieront un chemin, avait dit Yabu, enthousiaste.

— Oui », avait dit Omi qui ne faisait pas confiance à ce plan, mais qui n'avait rien d'autre à proposer. C'est de la folie, se disait-il, bien que satisfait d'avoir été promu second. Je n'arrive pas à comprendre comment Toranaga peut penser qu'il y ait une chance de succès par la route nord. Il n'y en a pas. Et il s'était bouché les oreilles pour ne pas entendre l'exhortation de Toranaga et pour se concentrer sur le problème de sa vengeance. L'attaque de Shinano t'offrira certainement une douzaine de possibilités de manipuler Yabu sur la ligne de front, sans aucun risque pour toi. Une guerre, n'importe laquelle, tournera à ton avantage pourvu qu'elle ne soit, bien sûr, pas perdue...

Puis il entendit Toranaga dire : « J'ai failli être tué aujourd'hui. L'Anjin-san m'a sorti de terre. C'est la seconde fois, peut-être même la troisième, qu'il me sauve la vie. Ma vie n'est rien comparée à l'avenir de mon clan. Quoique cela fasse partie de la *Bushido,* quoique les vassaux n'aient aucune récompense à attendre pour services rendus, il est de mon devoir en tant que suzerain d'accorder quelques faveurs de temps à autre. »

Au milieu des acclamations générales, Toranaga dit : « Anjin-san, asseyez-vous ici ! Vous aussi, Mariko-san ! »

Omi regarda avec jalousie le géant se dresser et s'agenouiller à l'endroit indiqué par Toranaga. Tout le monde, à cet instant, aurait souhaité avoir fait la même chose que le barbare.

« L'Anjin-san recevra un fief d'une valeur de deux mille koku par an près du village de pêcheurs de Yokohama, au sud de Yedo. Il recevra en outre le droit de recruter deux cents samouraïs en tant que samouraï et *hatamoto* de la maison de Yoshi Toranaga-Noh-Chikitada-Minowara. Il recevra de surcroît dix chevaux, vingt kimonos, tout l'équipement nécessaire pour ses vassaux et le rang d'amiral et de pilote du Kwanto. » Toranaga attendit que Mariko ait fini de traduire, puis il cria : « Naga-san ! »

Naga, obéissant, apporta un paquet enveloppé dans de la soie. Toranaga ôta le tissu. Le paquet contenait deux épées. « Vu que la terre a englouti mes épées et que j'étais désarmé, l'Anjin-san est redescendu dans la crevasse pour retrouver son épée et pour me la donner. Anjin-san, je vous donne celles-ci en échange. Elles ont été ciselées par le maître armurier Yori-Ya. Souvenez-vous que l'épée est l'âme du samouraï. S'il les oublie ou les perd, il n'est jamais pardonné. »

Blackthorne prit les épées sous les acclamations, salua correctement et les ficha dans sa ceinture, puis salua encore une fois.

« Merci, Toranaga-sama. Vous me faites trop d'honneur. Merci. »

Il s'apprêtait à partir mais Toranaga le pria de rester. « Asseyez-vous ici, près de moi, Anjin-san. » Toranaga se retourna vers les visages fanatiques de ses officiers.

Imbéciles ! avait-il envie de leur crier. Ne comprenezvous donc pas que cette guerre, pendant ou après la pluies, serait un désastre ? N'importe quelle guerre avec Ishido, Ochiba, Yaemon et leurs alliés se solderait par le massacre de toutes mes troupes, par votre massacre et la disparition de ma personne et de toute ma lignée. Ne comprenez-vous donc pas que je n'ai aucune chance, à moins d'attendre et d'espérer qu'Ishido ne s'étrangle lui-même ?

Il préféra les exhorter un peu plus ardemment car il était essentiel de faire perdre l'équilibre à l'ennemi.

« Écoutez-moi, samouraïs. Vous allez bientôt avoir l'occasion de prouver votre valeur, d'homme à homme, comme nos ancêtres prouvaient la leur. Je détruirai Ishido et tous ses traîtres. Le premier sera Ikawa Jikkyu. Je donne donc toutes ses terres, les deux provinces de Suruga et Totomi, d'une valeur de trois cent mille *koku,* à mon fidèle vassal sire Kasigi Yabu et, avec Izu, le confirme comme suzerain, lui et sa lignée, de ces provinces. »

Tonnerre d'acclamations. Yabu était rouge de plaisir. Omi frappait le sol du pied et criait aussi hystériquement que les autres. Son butin était maintenant sans limites. Comment tuer Yabu sans attendre la guerre ? Pourquoi ne pas laisser l'Anjin-san le faire pour toi, se demanda-t-il. Il se mit à rire bruyamment à cette seule pensée. Buntaro se pencha vers lui et lui tapa sur l'épaule, croyant que son rire était un rire de bonheur à l'égard de Yabu et de ce qui lui arrivait.

« Vous recevrez bientôt le fief que vous méritez, *neh ?* » Buntaro criait au-dessus du tumulte. « Vous méritez aussi sa reconnaissance. Vos idées et vos conseils sont inestimables.

— Merci, Buntaro-san.

— Ne vous inquiétez pas. Nous pouvons nous frayer un chemin à travers n'importe quelle montagne.

— Oui. » Buntaro était un général féroce et Omi savait qu'ils allaient bien ensemble ; lui, le stratège valeureux, et Buntaro, le hardi meneur d'hommes. Si quelqu'un était capable de se frayer un chemin à travers les montagnes, c'était bien lui.

D'autres acclamations fusèrent quand Toranaga ordonna que du saké soit apporté pour clore la réunion. Omi but son saké et regarda Blackthorne vider une seconde tasse. Son kimono était propre, ses épées correctement mises.

Tu as beaucoup changé, Anjin-san, depuis ce premier jour, pensa-t-il, satisfait. Nombreuses sont encore les idées européennes fermement enracinées en toi, mais tu deviens presque civilisé...

40

« J'ai pour instructions de savoir si Kiku serait libre ce soir, dit Mariko.

— Je suis désolée, dame Toda, mais je n'en suis pas certaine, répondit Gyoko, sa mama-san, avec un grand sourire. Puis-je vous demander si ce très honoré client a l'intention de garder Kiku-san toute la soirée ou une partie seulement ? Peut-être jusqu'à demain, à condition qu'elle ne soit pas retenue ? »

La mama-san était une grande femme, élégante, dans la cinquantaine, Elle buvait trop de saké et son cœur était un boulier. Son nez pouvait flairer une pièce d'argent à vingt *ri.* Les deux femmes se trouvaient dans une pièce voisine des appartements privés de Toranaga.

Mariko dit d'une voix douce : « C'est au client d'en décider, mais peut-être qu'un accord parant à toute éventualité pourrait être conclu dès maintenant ?

— Je suis vraiment désolée mais je ne puis vous dire si elle est libre ou pas. Elle est si recherchée. Je suis sûre que vous comprenez, dame Toda.

— Oh, oui, bien sûr. Nous avons vraiment beaucoup de chance d'avoir une dame de telle qualité, ici, à Anjiro. » Mariko appuya bien sur le mot « Anjiro ».

« La maison de thé a-t-elle subi de graves dommages ? demanda-t-elle.

— Heureusement, non. Hormis quelques vêtements et poteries de prix. Ça va quand même coûter une petite fortune pour faire réparer le toit et remettre le jardin en état. C'est toujours si cher de faire faire les choses rapidement, vous ne trouvez pas ?

— Oui. C'est une très dure épreuve, à Yedo, Mishima ou dans ce village.

— C'est si important de vivre dans un joli cadre, *neh ?* Le client nous honorera-t-il de sa présence ou préfère-t-il que Kiku-san vienne le voir ici, si elle est libre ?

— Saké, Gyoko-san ?

— Oui, merci, dame Toda. »

Le servante versa le breuvage, puis Mariko la congédia.

Elles burent sans rien dire, pendant un moment. Mariko resservit à boire.

« Que cette poterie est gracieuse. Qu'elle est élégante ! dit Gyoko.

— Elle est très ordinaire. Je suis désolée de devoir l'utiliser.

— Si Kiku est libre, cinq *Koban* seraient-ils acceptables ? » Un *koban* était une pièce d'or de dix-huit grammes qui équivalait à trois *koku* de riz.

« Je suis désolée. Peut-être me suis-je mal fait comprendre ? Je n'ai pas l'intention d'acheter toute la maison de thé de Mishima. Je ne veux que les services de cette personne ce soir. »

Gyoko se mit à rire. « Ah, dame Toda, votre réputation est tout à fait méritée. Puis-je attirer votre attention sur le fait que Kiku-san est une clame de première classe ? La corporation lui a fait cet honneur, l'année dernière.

— C'est vrai et je suis sûre qu'elle le mérite, mais c'était à Mishima. Même à Kyoto... Vous disiez, bien sûr, cela pour rire ? »

Gyoko retint la grossièreté qu'elle avait sur la langue et sourit.

« Il me faudra malheureusement rembourser les clients qui, je m'en souviens maintenant, ont loué ses services. Pauvre enfant, quatre de ses kimonos ont été complètement détruits par l'eau déversée pour éteindre les flammes. Les temps deviennent très durs, madame ; je suis sûre que vous voudrez bien le comprendre. Cinq *koban* ne constituent pas une somme déraisonnable.

— Bien sûr que non. Cinq *koban* sont chose courante à Kyoto pour une semaine de festivités en compagnie de deux dames de première classe. Mais nous ne vivons pas en des temps normaux et nous devons savoir faire quelques concessions. Un demi-*koban*. Un peu de saké, Gyoko-san ?

— Merci. Ce saké est si bon... la qualité en est si extraordinaire, si fine. Encore un, s'il vous plaît, et je m'en irai. Si Kiku-san n'est pas libre ce soir, je serais ravie de vous envoyer une autre dame. Akeko, par exemple. A moins qu'un autre jour soit préférable ? Après-demain, peut-être ? »

Mariko ne répondit pas. Cinq *koban* étaient une somme folle. Ce qu'il aurait fallu payer pour une célèbre courtisane de première classe à Yedo. Un demi-*koban* était plus que raisonnable pour Kiku. Mariko connaissait le prix des courtisanes parce que Buntaro louait leurs services de temps à autre et parce qu'il avait racheté le contrat de l'une d'entre elles. Mariko avait dû payer les factures. Ses yeux sondaient Gyoko. La femme sirotait calmement son saké. Ses mains ne tremblaient pas.

« Peut-être, dit Mariko, Mais je ne le pense pas. Pas d'autre dame, pas d'autre nuit, pas d'autre jour... Si la chose ne peut se faire ce soir, j'ai bien peur qu'après-demain ne soit trop tard, Désolée », Mariko sourit et haussa les épaules.

Gyoko reposa sa tasse tristement. « On m'a dit que notre glorieux samouraï allait nous quitter. Dommage ! Les nuits sont si agréables, ici. Nous n'avons pas l'air de la mer, à Mishima. Je suis désolée mais il faut que je m'en aille.

— Un koban, peut-être. Si cet accord vous satisfaisait, j'aimerais discuter du prix de son contrat.

— Son contrat ?

— Oui. Un peu de saké ?

— Oui, merci. Son contrat ? C'est tout autre chose. Cinq mille *koku*.

— Impossible !

— Oui, acquiesça Gyoko. Mais Kiku-san est comme ma fille. C'*est* ma propre fille. Mieux qu'une fille. J'ai entrepris son éducation quand elle avait six ans. C'est la dame la plus experte du Monde du saule pleureur, à Izu. Oh, je sais, vous avez de plus grandes dames à Yedo, plus spirituelles et plus savantes. Kiku-san n'a pas eu la chance d'être mêlée à des personnes de qualité égale. Mais même à présent, personne ne peut égaler sa façon de chanter ou de jouer du samisen. Je le jure par tous les dieux. Donnez-lui un an à Yedo avec un maître et elle pourra se mesurer avec n'importe quelle courtisane dans tout l'empire. Cinq mille *koku* représentent une bien petite somme pour acquérir une telle fleur. » La sueur couvrait le front de Gyoko. « Excusez-moi mais je n'avais jamais envisagé de vendre son contrat. Elle a dix-huit ans à peine. Elle est, sans honte, la seule dame de première classe dont j'ai eu le privilège de m'occuper. Je ne crois pas être capable de vendre son contrat, même au prix que je viens de vous indiquer. Je vais reconsidérer le problème. Nous pourrions peut-être en discuter demain ? Perdre Kiku-san, ma petite Kiku-chan ? » Les larmes perlèrent au coin de ses yeux et Mariko pensa : si ce sont de vraies larmes, alors toi, Gyoko, tu n'as jamais ouvert tes jambes à une verge princière !

« Désolée, *neh ?* » dit Mariko courtoisement. Elle laissa la femme geindre et pleurer et remplit sa tasse à nouveau. Combien vaut ce contrat, se demandait-elle. Cinq cents *koku* seraient plus que suffisants. Ça dépend du degré de frustration de l'homme en question, Toranaga n'est certainement pas frustré, Pour qui l'achète-t-il donc ? Pour Omi ? Probablement. Pourquoi sire Toranaga ordonne-t-il que l'Anjin-san vienne à la maison de thé ?

« Vous êtes d'accord, Anjin-san ? lui avait-elle demandé, avec un petit rire nerveux.

— Vous voulez dire que sire Toranaga m'a réservé une dame ? Ça fait aussi partie de ma récompense ?

— Oui. C'est Kiku-san. J'ai... j'ai ordre de jouer les interprètes.

— Vous avez reçu un ordre ?

— Oh, je serais très heureuse d'être votre interprète. Vous ne pouvez pas refuser. Ce serait terriblement impoli après tant d'honneurs, *neh ?* » Elle lui avait souri en le défiant, si fière de l'incroyable générosité de Toranaga. « Je n'ai jamais vu l'intérieur d'une maison de thé. J'aimerais tant parler avec une vraie dame du Monde du saule pleureur.

— Avec qui ?

— Oh, on les appelle comme ça parce qu'elles sont censées être aussi fragiles et gracieuses qu'un saule. On les appelle parfois le Monde mouvant, car elles ressemblent aux nénuphars qui flottent sur un lac. Je vous en prie, Anjin-san, acceptez.

— Que va penser Buntaro-sama ?

— Il sait que je m'occupe de tout ça pour vous. Sire Toranaga le lui a dit. C'est tout ce qu'il y a de plus officiel, vous savez. » Elle avait ajouté en latin : « Il y a une autre raison dont je vous ferai part plus tard.

— Dites-la-moi maintenant.

— Plus tard.

— Vous... Comment puis-je vous refuser ?

— Tout doit se passer dans la joie, promis ?

— Dans le rire et la joie. Promis. »

Elle l'avait quitté pour faire les préparatifs.

« Je suis déchirée à la pensée de vendre le contrat de ma beauté, marmonnait Gyoko. Oui, encore un petit peu de saké, merci. Ensuite il faut que je m'en aille. » Elle vida sa tasse et la tendit pour que Mariko la remplisse. « Pouvons-nous nous entendre sur deux *koban* la soirée ? C'est un geste pour bien montrer mon désir de plaire à une dame de tant de mérite.

— Un *koban*. Si ça vous va, nous pourrions peut-être parler plus sérieusement du contrat, ce soir, à la maison de thé. Je suis désolée d'être si pressée par le temps mais, vous comprenez... » Mariko agita vaguement la main vers la salle de conférences. « Affaires d'État, sire Toranaga, l'avenir du royaume, vous comprenez, Gyoko-san ?

— Oh oui, dame Toda, bien sûr. » Gyoko s'apprêta à se lever. « Pouvons-nous nous entendre sur un *koban* et demi pour ce soir ? Tout serait ainsi réglé.

— Un.

— *Oh ko,* madame, le demi-*koban* n'est qu'un simple geste qui ne mérite même pas discussion. Par tous les dieux, dame Toda, je me mets à votre merci. Pensez, je vous prie, aux enfants que je dois habiller, éduquer et nourrir pendant des années, qui n'atteignent jamais la valeur de Kiku-san mais qui doivent être chéries tout autant.

— Un *koban* d'or, demain, *neh ?* »

Gyoko prit le flacon de porcelaine et remplit deux tasses. Elle en offrit une à Mariko, vida l'autre et la remplit à nouveau sans attendre.

« Un *koban*, dit-elle.

— Merci, vous êtes bien bonne. Oui, les temps sont durs. » Mariko avala son vin d'un air grave. « Je viendrai à la maison de thé dans un petit moment, avec l'Anjin-san. »

« Le barbare ? s'exclama Kiku, la respiration coupée.

— Le barbare. Et il sera là dans un moment à moins qu'on ne l'arrête. Il vient avec elle, la plus cruelle et la plus terrible harpie que j'ai jamais rencontrée. Puisse-t-elle, dans sa prochaine vie, renaître sous les traits d'une putain de quinzième rang d'une ruelle oubliée. »

En dépit de sa peur, Kiku se mit à rire. « Oh, mama-san, ne jurez pas ainsi ! Elle paraît si charmante et un *koban* tout entier... Vous avez fait un marché merveilleux ! Tout doux, nous avons du temps devant nous. Un peu de saké vous enlèvera vos brûlures et votre énervement. Ako, sois aussi rapide que le colibri ! » Ako disparut.

« Oui, le client est bien l'Anjin-san », dit Gyoko en s'étouffant une seconde fois, Kiku l'éventa et lui fit respirer des herbes odorantes.

« Je croyais qu'elle discutait pour sire Buntaro ou pour sire Toranaga lui-même. Quand elle m'a dit que c'était pour l'Anjin-san, je lui ai bien sûr demandé pourquoi ce n'était pas sa concubine, Fujiko-san, qui menait les négociations, comme l'exigent les bonnes manières. Elle m'a répondu que Fujiko-san s'était gravement brûlée et qu'elle-même avait reçu l'ordre de Sire Toranaga de parler avec moi.

— Je dois avoir de la chance de pouvoir servir un aussi grand seigneur !

— Tu l'auras, Tu l'auras si nous dressons un plan. Mais le barbare ! Que vont dire tous tes clients ? Que vont-ils dire ? Bien sûr, je n'ai pas pris de décision définitive et j'ai dit à dame Toda que je ne savais pas si tu étais libre. Tu peux donc refuser si tu le veux, sans offenser qui que ce soit.

— Que pourraient dire mes clients ? Sire Toranaga l'a ordonné. Il n'y a rien à faire, *neh ?* » Kiku cacha son appréhension.

« Oh, Tu peux facilement refuser. Mais tu dois faire vite, Kiku-chan. *Oh ko.* J'aurais dû être plus maligne... j'aurais dû...

— Ne t'inquiète pas, Gyoko-sama. Tout ira bien. Nous devons regarder les choses en face. C'est un gros risque, *neh ?*

— Oui, très gros.

— Nous ne pourrons pas faire marche arrière si nous acceptons.

— Oui, je le sais.

— Conseille-moi.

— Je ne peux pas, Kiku-chan. J'ai l'impression d'avoir été prise au piège par les *kami.* Ce doit être leur volonté. »

Kiku pesa le pour et le contre. « On joue le jeu. On accepte. Il est samouraï après tout et *hatamoto* de surcroît. Il est le vassal préféré de sire Toranaga. N'oublie pas ce qu'a dit la diseuse de bonne aventure : "Kiku t'aidera à devenir riche et célèbre." Je prie d'avoir l'occasion de pouvoir te rendre toutes les largesses. »

Gyoko tapota les merveilleux cheveux de Kiku. « Oh, mon enfant, tu es si bonne, merci, merci. Je crois que tu es très sage. Je suis d'accord. Laissons-le nous rendre visite. » Elle lui pinça la joue affectueusement. « Tu as toujours été ma favorite ! Mais j'aurais demandé le double si j'avais su que c'était pour l'amiral barbare.

— Nous avons eu le double, mama-san.

— J'aurais dû en tirer le triple. »

Kiku tapota la main de Gyoko, « Ne t'inquiète pas... C'est le début de ta grande chance.

— Oui, c'est vrai que l'Anjin-san n'est pas un barbare comme les autres, Dame Toda m'a dit qu'on lui avait donné un fief de deux mille *koku*, qu'il avait été nommé amiral de la flotte de Toranaga, qu'il prenait des bains comme une personne civilisée et qu'il ne puait plus... »

Ako arriva hors d'haleine et versa le vin sans en perdre une goutte. Gyoko commença à se sentir mieux après le quatrième verre. « Cette nuit doit être parfaite. Oui, Sire Toranaga l'a ordonné. L'Anjin-san ressemble vraiment à un *daimyō.* Deux mille *koku* par an... par tous les *kami,* nous devons avoir beaucoup de chance ! Kiku-san, écoute-moi ! » Elle se pencha davantage et Ako fit de même. « J'ai demandé à dame Toda, vu qu'elle parle leur langue bizarre, si elle connaissait des coutumes étranges, des danses ou des histoires, des positions ou des instruments pour lesquels l'Anjin-san marquerait une préférence.

— Ce serait très utile, dit Kiku, affolée d'avoir accepté.

— Elle ne m'a rien dit. Elle parle leur langue mais ne sait rien de leurs rencontres sur l'oreiller. Je lui ai demandé si elle lui avait posé la question. Elle m'a dit que oui, mais que ça avait eu des résultats désastreux. » Gyoko raconta ce qui s'était passé dans la forteresse d'Osaka. « Vous pouvez imaginer combien la situation a dû être embarrassante.

— On sait au moins qu'il ne faut pas lui proposer des garçons. C'est déjà quelque chose.

— A part ça, seule la servante l'a rencontré sur l'oreiller.

— A-t-on le temps de la faire venir ?

— Je l'ai vue. Un mois de salaire ne lui a pas fait ouvrir la bouche. Stupide petite gourgandine !

— Est-elle présentable ?

— Pour une servante amateur, oui. Elle m'a dit qu'il était assez léger, très viril, qu'il l'avait abondamment rencontrée sur l'oreiller dans la position la plus classique et qu'il était excessivement bien membré.

— Ça ne nous aide pas beaucoup, mama-san !

— Je sais. Peut-être que le mieux reste de tout tenir prêt d'avance, au cas où.

— Il va falloir que je fasse très attention. Il est très important que tout se passe à la perfection. Ce sera très difficile sinon impossible de l'amuser correctement si je ne peux pas lui parler.

— Dame Toda a dit qu'elle serait là pour faire l'interprète.

— C'est très gentil à elle. Ça me sera très utile, même si ce n'est pas la même chose.

— C'est vrai ? Encore un peu de saké, Ako... gracieusement, mon enfant. Verse-le avec grâce. Kiku-san, tu es une courtisane de première classe. Improvise ! L'amiral barbare a sauvé la vie de sire Toranaga ce matin et règne dans son ombre. Notre avenir dépend de toi ! Je sais que tu vas réussir, que tu vas faire merveille. Ako !

— Oui, maîtresse ?

— Veille à ce que les *futons* soit parfaits, que tout soit parfait. Veille à ce que les fleurs... non, je m'occuperai des fleurs moi-même ! Et Cook ? Où est Cook ? » Elle caressa le genou de Kiku. « Porte le kimono doré avec le kimono vert en dessous. Nous devons impressionner dame Toda, ce soir. » Elle sortit en hâte pour faire mettre la maison en ordre. Quand tout fut fait, l'horaire des filles réaménagé, Gyoko se rendit dans sa chambre et s'étendit quelques instants pour rassembler ses forces. Elle n'avait pas encore parlé à Kiku de l'offre concernant le contrat. Je vais attendre un peu et voir. Si j'arrive à conclure le marché que je désire, je laisserai peut-être ma douce et merveilleuse Kiku partir. Mais jamais avant de savoir chez qui elle va. Je suis contente d'avoir bien précisé ce point à dame Toda avant de me retirer.

Blacthorne la regarda et murmura : « Alléluia !

— Voici Kiku-san », dit Mariko, enthousiasmée par la réaction de Blackthorne. La fille entra dans un bruissement de soie. Elle s'agenouilla, salua et dit quelque chose à Blackthorne qui ne comprit pas.

« Elle dit que vous êtes le bienvenu, que vous faites un très grand honneur à cette maison.

— *Domo.*

— *Do itashemashite,* Anjin-san. »

Il vit les mains parfaites saisir la fiasque sans hésitation, vérifier la température puis remplir la tasse qu'il tenait levée vers elle comme Mariko le lui avait appris. Gyoko et ses servantes avaient attendu patiemment à l'entrée de la maison de thé pour les accueillir.

« Voici Gyoko-san. C'est la mama-san, ici.

— Si honorée, Anjin-san.

— Mama-san ? Vous voulez dire mama ? Maman ? C'est la même chose en anglais, Mariko-san. Mama-*mummy* — maman.

— Oh, c'est presque la même chose, mais "mama-san" veut simplement dire "belle-mère" ou "mère adoptive", Anjin-san. »

Au bout d'un moment Gyoko et Kiku-san firent leur excuses et se retirèrent. Blackthorne sourit à Mariko. Elle ressemblait à un enfant. Elle dévorait tout des yeux.

« J'ai toujours voulu voir l'intérieur d'un de ces endroits, Anjin-san. Les hommes ont tellement de chance ! N'est-ce pas ravissant ? N'est-ce pas adorable ? Gyoko-san l'a fait complètement arranger par des maîtres artisans. Regardez la qualité des bois et... Vous êtes si bon de me permettre d'être avec vous, Je n'aurais jamais plus d'autre occasion... regardez les fleurs... quelle charmante composition... regardez le jardin... »

Blackthorne était très heureux et en même temps déçu qu'une servante soit dans la pièce et que le panneau soit ouvert. Il était dangereux, même dans une maison de thé, que Mariko reste seule avec lui.

« Vous êtes belle, lui dit-il en latin.

— Vous aussi. Je suis si fière de vous. Amiral de la flotte. Et Fujiko... »

Elle était si fière qu'elle ne pouvait pas rester en place !

« Ses brûlures sont vilaines.

— N'ayez crainte. Nos docteurs sont très expérimentés. Elle est jeune, forte et confiante. Oubliez tout ça cette nuit, Plus de questions sur Ishido, Ikawa Jikkyu, les batailles, les mots codés, les fiefs ou les bateaux. Seules les choses magiques comptent pour vous, ce soir.

— Vous êtes magique pour moi. »

Elle remua son éventail, versa le vin et ne dit rien. Il l'observa puis ils sourirent ensemble, « Des langues et des oreilles nous entourent, Restons prudents. Oh, je suis si heureuse pour vous.

— Quelle était l'autre raison ? Vous m'avez dit qu'il y avait une autre raison ?

— Ah, oui, l'autre raison, » Le même parfum capiteux tournoyait autour de lui. « C'est une ancienne coutume que nous pratiquons encore, Anjin-san. Quand une dame mariée éprouve un sentiment bien précis pour un autre homme et veut lui donner quelque chose d'important qu'elle ne peut lui donner, elle s'arrange alors pour qu'une autre prenne sa place... un cadeau... la courtisane la plus parfaite qu'elle puisse payer.

— Vous avez dit : “quand une femme *éprouve un sentiment bien précis* pour quelqu'un d'autre” ? Vous voulez parler d'amour ?

— Oui. Cette nuit seulement.

— Toi.

— Toi, Anjin-san.

— Pourquoi cette nuit, Mariko-san ? Pourquoi pas avant ?

— Cette nuit est une nuit magique et les *kami* sont avec nous. Je te désire. »

Kiku était sur le seuil.

« Comment dire à cette dame qu'elle est extrêmement belle ? » Mariko le lui dit et il répéta les mots. La fille rit de bon cœur, accepta le compliment et le retourna.

« Kiku-san demande si vous voulez qu'elle chante ou qu'elle danse pour vous ?

— Que préférez-vous ?

— Cette dame est ici pour votre plaisir, samouraï, pas pour le mien.

— Et vous ? Vous êtes ici pour mon plaisir ?

— Oui. D'une certaine manière... très privée.

— Demandez-lui donc de chanter. »

Kiku frappa doucement dans ses mains et Ako apporta le samisen. C'était un instrument très long qui ressemblait un peu à une guitare et qui avait trois cordes. Ako tendit un médiator d'ivoire à Kiku qui dit : « Dame Toda, ayez la gentillesse de dire à notre hôte que je vais d'abord chanter le chant de la libellule.

— Je serais très honorée, Kiku-san, si vous m'appeliez Mariko-san cette nuit.

— Vous êtes trop bonne, madame.

— Je vous en prie.

— Je le ferai si ça vous fait plaisir, quoique... » Elle eut un merveilleux sourire. « Merci, Mariko-sama. »

Elle pinça une corde. Dès que ses invités avaient franchi la porte de son monde, tous ses sens s'étaient mis à l'unison. Elle les avait secrètement observés pendant qu'ils étaient avec Gyoko-san ou seuls, cherchant un indice susceptible de la mettre sur la voie, de lui faire savoir ce qui lui ferait plaisir ou intéresserait dame Toda.

Elle ne s'était pas préparée à ce qui lui sauta aux yeux : l'Anjin-san désirait dame Toda. Cela n'avait rien de surprenant, car dame Toda était la plus belle, la plus accomplie et la plus importante des femmes. Elle, seule, pouvait lui parler. Ce qui, en revanche, la surprit était cette certitude que dame Toda le désirait tout autant, sinon plus.

Ses doigts pincèrent une seconde corde, pleine de mélancolie. Elle vit que, si Mariko était subjuguée par sa musique, ce n'était pas le cas de l'Anjin-san. Pourquoi ? Kiku était certaine que ce n'était pas sa façon de jouer qui était en cause. Elle pinça une troisième corde au son plus limpide et cristallin. Pas de doute, se dit-elle, ça ne lui plaît pas. Elle laissa le son mourir et se mit à chanter sans accompagnement. Mariko se laissa envoûter une fois de plus. Il resta de glace. Kiku prit immédiatement la décision de s'arrêter. « Cette nuit n'est pas faite à la joie. Mariko-san, comment puis-je dire "excusez-moi, s'il vous plaît" dans sa langue ?

— *Per favor.*

— *Per favor.* Anjin-san, nous ne devons rien faire d'autre que rire, cette nuit, *neh ?*

— *Domo,* Kiku-san. *Hai.*

— Il est difficile d'amuser et de distraire sans paroles, mais ce n'est pas impossible, *neh ?* Je sais ! » Elle se leva et se mit à jouer la pantomime, Elle imita le *daimyō,* le porteur, le pêcheur, le fauconnier, le samouraï et le fit si bien que Mariko et Blackthorne pleurèrent bientôt de joie et applaudirent comme des fous. Kiku s'inclina sous leurs applaudissements, but un peu de thé, s'essuya le front. Elle remarqua qu'il avait mal aux épaules et dans le dos. *« Oh, per favor, senhor ! »*

Elle s'agenouilla et lui massa le cou. Ses doigts experts découvrirent très vite les zones douloureuses.

« Mon Dieu, c'est... *hai...* juste là, oui ! »

Elle le massa comme il le lui demandait. « Votre cou va se sentir mieux. Vous êtes resté trop longtemps assis, Anjin-san !

— Ça très bon, Kiku-san.

— Merci, Anjin-san. Mariko-san, voulez-vous bien m'aider ? Ses épaules sont si grandes ! Massez-lui l'épaule gauche pendant que je lui masse la droite. Mes mains ne sont pas assez fortes, je suis désolée. »

Mariko se laissa convaincre. Kiku cacha son sourire en le sentant se raidir sous les doigts de Mariko. Elle était très satisfaite de ses improvisations.

« Ça va mieux, Anjin-san ?

— Oh, oui, merci.

— Je vous en prie, c'était mon plaisir. Mais dame Toda est tellement plus habile que moi. » Kiku sentait leur attraction mutuelle, bien qu'ils fissent tout pour la cacher. « Voulez-vous manger ? »

Le dîner fut immédiatement servi.

« Pour vous, Anjin-san », dit-elle fièrement. Le plat contenait un petit faisan, coupé en morceaux, grillé sur du charbon de bois et accompagné d'une douce sauce de soja.

« Délicieux, délicieux. Prenez donc un morceau, Mariko-san.

— Merci. » Elle le prit mais ne le mangea pas.

Kiku prit un morceau avec ses baguettes et le mâchonna avec grand plaisir.

« C'est bon, *neh ?*

— Non, Kiku-san. Très bon ! Très bon !

— Je vous en prie, Anjin-san. Réservez-vous. » Elle prit un second morceau. « Comment avez-vous... Comment ça ? » Il désigna l'épaisse sauce brune.

Mariko traduisit. « Kiku dit que c'est du sucre et du soja avec un peu de gingembre. Elle demande si vous avez du sucre et du soja, dans votre pays.

— Du sucre de betterave, oui. Du soja, non, Kiku-san.

— Comment peut-on vivre sans soja ? » Kiku devint solennelle. « Dites à l'Anjin-san que nous avons du sucre depuis mille ans. Le moine bouddhiste Ganjin nous l'a rapporté de Chine. Nos meilleurs produits nous viennent de Chine, Anjin-san. Le thé est arrivé ici il y a quelque cinq cents ans. Le moine bouddhiste Ei sai a apporté quelques graines et les a plantées dans la province de Chikuzen, là où je suis née. Il nous a aussi apporté le bouddhisme zen. »

Mariko traduisit puis Kiku éclata de rire. « Excusezmoi, Mariko-sama, mais vous avez l'air tous les deux si sérieux. Je faisais semblant de parler du thé avec gravité, comme si ça avait de l'importance ! Ce n'était que pour vous amuser ! »

Elles regardaient Blackthorne terminer son faisan. « Bon, dit-il. Très bon. S'il vous plaît, remerciez Gyokosan.

— Elle en sera très honorée. » Kiku leur versa encore du saké puis, sachant que le moment était venu, dit innocemment : « Puis-je vous demander ce qui s'est passé aujourd'hui pendant le tremblement de terre ? On m'a dit que l'Anjin-san avait sauvé la vie de sire Toranaga. Cela serait un honneur pour moi d'entendre cette histoire de vive voix. »

Elle se réinstalla et laissa Mariko et Blackthorne à la joie de leur récit. Elle ajoutait de temps à autre un « Oh ! » ou un « Et alors ? » Quand ils eurent fini, Kiku s'émerveilla de leur courage et de la chance de sire Toranaga. Blackthorne s'absenta quelques instants. Mariko rompit le silence : « Vous n'avez jamais mangé de viande de votre vie, n'est-ce pas, Kiku-san ?

— Il est de mon devoir de faire tout ce qui peut lui faire plaisir, juste pendant un petit moment, *neh ?*

— Je ne m'étais jamais rendu compte à quel point une courtisane devait être parfaite. Je comprends pourquoi il faut qu'il y ait toujours un Monde mouvant, un Monde du saule. Je mesure combien les hommes ont de la chance et combien je ne suis pas à la hauteur.

— Mais ce n'était pas mon but. Loin de moi cette pensée, Mariko-sama, Ce n'est pas notre but. Nous ne sommes là que pour faire plaisir, le temps d'un instant fugitif.

— Je voulais simplement dire que je vous admirais beaucoup, J'aimerais avoir une sœur comme vous. »

Kiku s'inclina. « Je ne suis pas digne de cet honneur. » L'amitié les rapprochait. « C'est un endroit secret et on peut faire confiance à tout le monde. Pas d'yeux indiscrets. La chambre de plaisir, dans le jardin, est très obscure si on veut qu'elle le soit. Et l'obscurité garde tous les secrets.

— La seule façon de garder un secret, c'est de rester seule et de le murmurer dans un puits vide à midi, *neh ?* » dit Mariko. Elle avait besoin d'un peu de temps pour se décider.

« Pas besoin d'un puits entre deux sœurs. J'ai congédié ma bonne jusqu'à l'aube. Notre chambre de plaisir est un endroit très intime.

— Vous devez y être seule avec lui.

— Je peux toujours être seule, toujours.

— Vous êtes si gentille avec moi, Kiku-chan.

— C'est une nuit magique, *neh ?* Une nuit très spéciale.

— Les nuits magiques se terminent toujours trop vite, petite sœur. Les nuits magiques appartiennent aux enfants. Je ne suis plus une enfant.

— Qui sait ce qui arrive pendant une nuit magique ? L'obscurité retient tout. »

Mariko secoua la tête tristement et toucha Kiku avec tendresse. « Oui, mais pour lui, si cette nuit vous contenait, ce serait magnifique. »

Kiku laissa tomber le sujet. « Suis-je un cadeau pour l'Anjin-san ? Il ne m'a pas demandé de lui-même ?

— S'il vous avait vue, comment aurait-il pu ne pas vous demander ? En vérité, vous lui faites un très grand honneur de l'accueillir.

— Mais il m'a vue une fois. Mariko-san. J'étais avec Omi-san et ils allaient s'embarquer sur la galère.

— L'Anjin-san dit qu'il a vu Midori-san avec Omi-san. C'était donc vous ? A côté du palanquin ?

— Oui. Sur la place. Oui, c'était moi, Mariko-san. Il m'a dit : *"Konnichi wa"* mais il ne se souvient bien sûr pas de ça. Comment s'en souviendrait-il ? C'était dans une vie antérieure, *neh ?*

— Il se souvient d'elle, de cette belle fille à l'ombrelle verte. Il m'a dit que c'était la plus belle fille qu'il ait jamais vue. Il m'en a parlé plusieurs fois. » Mariko l'étudia de plus près. « Oui, Kiku-san, il pouvait facilement vous confondre avec elle, sous une ombrelle. »

Kiku versa du saké et Mariko tomba en extase devant son élégance et sa grâce.

« Mon ombrelle était vert d'eau », dit-elle, heureuse qu'il s'en soit souvenu.

« A quoi ressemblait alors l'Anjin-san ? Était-il très différent ? La nuit des hurlements a dû être quelque chose de terrible.

— Oh, oui, ce fut terrible, Il avait l'air plus vieux à cette époque-là. La peau de son visage était plus tendue... mais nous devenons trop sérieuses, grande sœur. Vous ne pouvez savoir l'honneur que vous me faites en me permettant de vous appeler ainsi. Cette nuit est une nuit vouée au plaisir. Plus de gravité, *neh ?*

— Oui, je suis d'accord avec vous. Pardonnez-moi.

— Maintenant, passons à des problèmes plus pratiques. Auriez-vous la gentillesse de me conseiller ?

— Tout ce que vous voulez, Kiku-san.

— En ce qui concerne les rencontres sur l'oreiller, les habitants de son pays préfèrent-ils une position plutôt qu'une autre ? En auriez-vous eu connaissance ? Je suis désolée de vous le demander mais vous seriez peut-être capable de me guider. »

Il fallut à Mariko toute son expérience pour ne pas paraître stupéfaite. « Non. Pas à ma connaissance. L'Anjin-san est très susceptible pour tout ce qui touche aux rencontres sur l'oreiller.

— Pourrait-on le lui demander, indirectement, en lui montrant les instruments ?

— Je ne pense pas que vous puissiez interroger un étranger comme ça. En tout cas, pas l'Anjin-san. Je suis désolée mais je ne connais pas ces instruments dont vous me parlez, à part bien sûr les *harigata.* »

Kiku demanda sans façon : « Ça vous ennuierait de les voir ? Je pourrai tous vous les montrer, en sa présence peut-être. Ainsi nous n'aurions pas besoin de lui demander. Nous pourrions vite nous faire une idée selon ses réactions. » Mariko hésita. Sa curiosité l'emportait sur son jugement,

« Si cela peut se faire avec humour... »

Elles entendirent Blackthorne s'approcher. Kiku l'accueillit avec chaleur et, lui versa du vin. Ils parlèrent et jouèrent à de petits jeux stupides puis Kiku, jugeant le moment venu, leur demanda s'ils voulaient voir le jardin et les chambres de plaisir. Ils sortirent dans la nuit. Le jardin étincelait à la lumière des torches, là où les gouttes de pluie subsistaient encore. Le sentier serpentait près d'un petit plan d'eau et d'une cascade gargouillante. Au bout du sentier, au milieu du bosquet de bambous, se trouvait une petite maison isolée. Surélevée. Il fallait monter quatre marches pour accéder à la véranda.

« C'est ravissant, Kiku-san, dit Mariko.

— La maison de thé de Mishima est bien plus belle, Mariko-san, Installez-vous confortablement, Anjin-san ! *Per favor,* est-ce que ça vous plaît ?

— Oui, beaucoup. »

Kiku vit qu'il était encore étourdi par la nuit et le saké mais tout à fait sensible à la présence de Mariko. Elle fut très tentée de se lever et de s'en aller, mais si elle le faisait, elle savait qu'elle violerait la loi. Non, pensa-t-elle, je ne peux pas la mettre dans une telle situation, d'autant que ce peut être utile pour mon avenir. Je le lui ai offert et Mariko s'est obligée à refuser. Sagement. Sont-ils amants ? Je ne sais pas. C'est leur *karma.*

Elle se pencha et rit avec un air de conspirateur : « Écoutez-moi, grande sceur. Dites à l'Anjin-san qu'il y a plusieurs instruments ici qui servent pour les rencontres sur l'oreiller. Demandez-lui s'ils ont les mêmes chez eux.

— Il dit que non, Kiku-san. Il n'en a jamais entendu parler.

— Est-ce que ça l'amuserait de les voir ? Ils sont dans la pièce voisine. Je peux aller les chercher... Ils sont vraiment très excitants.

— Aimeriez-vous les voir, Anjin-san ? Elle dit qu'ils sont très “amusants”. Mariko changea de mot volontairement.

« Pourquoi pas », dit Blackthorne, la gorge serrée. Tout son être était enivré de son parfum et de sa féminité. « Vous... vous utilisez des instruments pour vous rencontrer sur l'oreiller ?

— Kiku-san dit qu'ils en utilisent parfois, Anjin-san. Elle dit, et c'est vrai, que notre coutume veut que nous prolongions au maximum l'instant “des nuages et de la pluie”, car nous croyons, nous mortels, ne plus faire qu'un avec les dieux, en cet instant fugitif. » Mariko l'observa. « Il est donc très important que nous le fassions durer le plus longtemps possible, *neh ?* C'est presque un devoir.

— Oui.

— Elle dit qu'il est tout à fait primordial de ne plus faire qu'un avec les dieux. C'est une très bonne croyance.

— Oh, oui.

— Voulez-vous du saké, Anjin-san ?

— Merci. »

Elle s'éventa. « Tout ce qui concerne les nuages, la pluie, le feu et le torrent, comme nous le disons parfois, est très japonais, Anjin-san. Il est très important d'être japonais quand il s'agit de rencontres sur l'oreiller, *neh ?* »

Il grimaça et salua comme un courtisan. « Oui. Je suis japonais, Mariko-san. *Honto !* »

Kiku revint avec un coffret garni de soie. Elle l'ouvrit, en sortit un pénis en ivoire, grandeur nature, et un autre fait d'un matériau plus mou, plus élastique, que Blackthorne n'avait jamais vu de sa vie.

« Ce sont des *harigata* tout à fait ordinaires, Anjin-san, dit Mariko, les yeux rivés sur les autres objets. Vos femmes en ont certainement, Anjin-san !

— Certainement pas ! Non, elles n'en ont pas », ajouta-t-il en se souvenant qu'il devait tout prendre avec humour.

Mariko n'arrivait pas à en croire ses oreilles. Elle expliqua à Kiku, qui en fut tout aussi surprise. Kiku se mit à parler et Mariko approuva.

« Kiku-san dit que c'est très étrange. Ici, presque toutes les femmes en utilisent un, hygiéniquement, sans y attacher d'importance. Comment une femme pourrait-elle rester en bonne santé si elle était frustrée, dans un domaine où l'homme, lui, ne l'est pas ? Êtes-vous bien sûr, Anjin-san ? Ne vous moquez-vous pas de nous ?

— Non. Je... je suis sûr que nos femmes n'en utilisent pas. Ce serait... Jésus... Ce... non... Nous... Elles... n'en ont pas.

— Sans eux, la vie doit être difficile. Nous avons un dicton qui dit qu'un *harigata* est comme un homme, mais en mieux, puisqu'il ressemble exactement à sa meilleure part sans en avoir les mauvaises, *neh ?* C'est également mieux parce que tous les hommes ne sont pas... n'ont pas la suffisance des *harigata.* Un *harigata,* Anjin-san, vous est complètement dévoué. Il ne se fatigue jamais de vous comme un homme peut le faire. Il peut aussi bien être doux ou dur... Anjin-san, vous m'avez promis, vous vous souvenez ? Avec humour !

— Vous avez raison ! » Blackthorne fit la grimace. « Par Dieu, vous avez raison, excusez-moi. » Il prit le *harigata* et l'étudia de près en sifflotant, puis le tenant en l'air il dit : « Vous disiez professeur-san ? Il peut être dur ?

— Oui, dit-elle gaiement. Il peut être dur ou doux, comme vous voulez. Les *harigata* ont surtout plus d'endurance. Ils ne s'usent jamais !

— Voyez-vous ça ?

— N'oubliez pas qu'il y a des femmes qui n'ont pas la chance d'être mariées à un homme viril. Sans l'un de ces instruments pour les aider à assouvir des besoins normaux, ces femmes se laisseraient empoisonner physiquement. Leur harmonie serait très vite détruite. Les femmes n'ont pas la liberté que possèdent les hommes, *neh ?* Le monde appartient aux hommes et à juste titre, *neh ?*

— Oui et non. » Il sourit.

« Je plains vos femmes qui doivent ressembler aux nôtres. Quand vous rentrerez, vous devez le leur dire, Anjin-san. Vous devez les instruire.

Oh, oui, dites-le à votre reine, elle comprendra. Nous nous y connaissons en matière de rencontres sur l'oreiller.

— J'en ferai part à Sa Majesté. » Blackthorne mit le *harigata* de côté. « Quoi d'autre ? »

Kiku sortit un collier fait de quatre grosses boules en jade blanc, espacées et séparées par un gros fil de soie. Mariko écouta attentivement les explications de Kiku, les yeux écarquillés. Elle agita son éventail et fixa le collier d'un air rêveur jusqu'à ce que Kiku ait terminé. «*Ah so desu,* Anjin-san, ceci s'appelle un *konomi-shinju,* perles de plaisir. Le senhor ou la senhora peuvent s'en servir. Un peu de saké, Anjin-san ?

— Merci.

— L'homme ou la femme peuvent s'en servir. Les boules sont soigneusement introduites dans l'anus. Au moment où éclate l'instant des nuages et de la pluie, on retire les boules, très lentement, une à une.

— Quoi ? »

Mariko posa le collier sur le coussin qui était en face de lui. « Dame Kiku dit que le moment propice est très important et que toujours... Je ne sais pas comment vous appelez ça, oh oui, il faut toujours utiliser une pommade très grasse... Anjin-san, pour que ça ne fasse pas mal. »

Elle releva le visage et ajouta : « Elle dit aussi qu'on peut trouver des perles de plaisir de différentes tailles et que, si elles sont utilisées correctement, elles peuvent déclencher un résultat d'une ampleur extraordinaire. »

Il éclata d'un rire hystérique et bredouilla en anglais : « J' parie un coffret de doublons contre une paire de saucisses qu'on peut en être sûr !

— Je n'ai pas compris, Anjin-san. »

Quand il put parler, il dit en portugais : « Je parie une montagne d'or contre un brin d'herbe, Mariko-san, que le résultat doit en effet être considérable. » Il prit le collier : « Perles de plaisir, n'est-ce pas ? » le reposa et demanda : « Qu'y a-t-il d'autre ? »

Kiku était contente du succès de l'expérience. Elle lui montra ensuite un *himitsu-kawa,* une secrète peau.

« C'est un anneau de plaisir, Anjin-san, que l'homme porte pour rester en érection quand il est fatigué. Kikusan dit qu'avec cet instrument, un homme peut honorer sa femme, même après avoir eu son orgasme, même si son désir s'est estompé.

— Dieu fasse que je ne porte pas une telle chose et que j'honore ma femme. Demandez à Kiku de m'en acheter quand même trois, au cas où ! »

Elle lui montra ensuite le *hiro-gumbi,* la Force des Faibles. De fines tiges séchées qui, trempées et enroulées autour des Parties incomparables, gonflaient et faisaient paraître le membre très fort. Il y avait encore d'autres instruments — pour exciter, augmenter l'excitation —, toutes sortes de pommades : pour lubrifier, faire gonfler ou durcir.

« Jamais pour ramollir ? demanda-t-il, au comble de l'hilarité.

— Oh, non, Anjin-san, ce serait contre nature ! »

Kiku lui montra encore d'autres anneaux de plaisir,

« Plus la femme est excitée, plus l'homme a du plaisir, *neh ?* disait Mariko. Bien sûr, l'homme a le devoir de donner du plaisir à une femme, n'est-ce pas ? Si, par malchance, il est petitement membré, fatigué, vieux ou déficient, il peut quand même l'honorer correctement grâce à l'un de ces instruments.

— Vous les avez déjà utilisés, Mariko-san ?

— Non, Anjin-san, je n'en avais jamais vu. Ce sont... Les épouses ne sont pas faites pour le plaisir. Leur rôle est d'enfanter, de surveiller la maison et les serviteurs.

— Les femmes ne s'attendent pas à trouver du plaisir ?

— Ce ne serait pas normal. Le plaisir appartient seulement aux dames du Monde du saule. » Mariko s'éventa et traduisit pour Kiku. « C'est certainement la même chose chez vous. Le devoir de l'homme est de faire plaisir à la femme.

— Dites-lui que je suis désolé, mais c'est justement le contraire.

— C'est bien dommage. Un peu de saké ?

— Dites à Kiku qu'on nous apprend à avoir honte de nos corps et des rencontres sur l'oreiller et... toutes ces stupidités. Je m'en suis rendu compte en vivant ici. Maintenant, je suis un peu plus au courant parce que je suis un petit peu plus civilisé. »

Mariko traduisit. Il vida sa tasse. Kiku la lui remplit à nouveau. Elle se pencha, retint sa longue manche de sa main gauche tout en versant de la main droite.

L'extraordinaire atmosphère de sensualité avait disparu. C'est peut-être aussi bien, pensa-t-elle. Mariko et l'Anjin-san sont au moins en sécurité. Pour une nuit de plus.

Elle les regarda puis sentit un changement de ton dans leur voix.

« Je dois vous quitter, lui dit Mariko en latin.

— Partons ensemble.

— Je vous supplie de rester. Pour votre honneur et le sien. Et le mien, Anjin-san.

— Je ne veux pas de ce cadeau. C'est vous que je veux.

— Je suis vôtre, croyez-le bien, Anjin-san. Restez, je vous en supplie, et sachez que cette nuit je suis vôtre. »

Il n'insista pas.

41

Le messager descendait le sentier au galop en direction du village endormi. L'aube colorait déjà le ciel, et les bateaux de pêche qui étaient allés jeter leurs filets près des bancs de sable rentraient. Il avait voyagé sans faire de halte depuis Mishima en traversant cols et mauvaises routes, réclamant une monture fraîche là où il pouvait. Les sabots de son cheval résonnèrent dans les rues du village. Des yeux l'épiaient. Son étendard portait l'emblème de Toranaga. Il connaissait le mot de passe. Il fut néanmoins mis à l'épreuve et contrôlé quatre fois avant d'obtenir l'autorisation d'entrer et d'obtenir une audience auprès de l'officier de garde.

« Nouvelles urgentes en provenance de Mishima, Naga-san, de la part de Sire Hiro-matsu. »

Naga prit le parchemin et rentra en hâte. Il s'arrêta devant le panneau coulissant constamment gardé. « Père ?

— Oui ? »

Naga ouvrit le panneau et attendit. L'épée de Toranaga retourna dans son fourreau. L'un des gardes apporta une lampe à huile.

Toranaga s'assit sous la moustiquaire et brisa le cachet. Il avait ordonné il y quinze jours à Hiro-matsu de se rendre secrètement à Mishima avec un régiment d'élite. Mishima était une cité fortifiée sur la route du Tokaidō qui gardait le passage du col menant, à travers les montagnes, vers les villes d'Atami et Odawara, sur la côte orientale d'Izu. Atami était la clef d'Odawara, au nord. Odawara était la clef de tout le Kwanto. Hiro-matsu écrivait : « Sire, votre demi-frère, Zataki, seigneur de Shinano, est arrivé hier, venant d'Osaka. Il a demandé un sauf-conduit pour venir vous voir à Anjiro. Il voyage officiellement avec une centaine de samouraïs et de porteurs sous le sceau du “nouveau” Conseil des régents. J'ai le regret de vous apprendre que les nouvelles envoyées par dame Kiritsubo étaient fondées. Zataki est devenu un traître et fait ouvertement étalage de son allégeance à Ishido. Ce que dame Kiritsubo ne savait pas, c'est que Zataki est à présent à la place de Sire Sugiyama. Il m'a montré sa nomination officielle, dûment signée par Ishido, Kiyama, Onoshi et Ito. Je voulais tuer ce morveux moi-même mais j'ai obéi à vos ordres. Je laisse donc passer tout messager d'Ishido. Le prêtre barbare Tsukku-san voyage avec lui. Il est arrivé de Numazu par bateau, venant de Nagasaki. Il a demandé la permission de vous rendre visite. Je l'ai envoyé avec le convoi. Deux cents de mes hommes les escortent. Ils arriveront dans deux jours environ à Anjiro. Quand revenez-vous à Yedo ? Des espions disent que Jikkyu mobilise secrètement et que les clans du nord sont prêts à se joindre à Ishido, maintenant que la province de Shinano est contre vous. Je vous supplie de quitter Anjiro immédiatement. Partez par mer. Laissez Zataki vous rejoindre à Yedo, là où nous pouvons nous occuper de lui efficacement. »

Toranaga donna un coup de poing sur le sol.

« Naga-san, va chercher Buntaro-san, Yabu-san et Omi-san. Qu'ils viennent ici tout de suite.

Ils arrivèrent très rapidement. Toranaga leur lut le message. « Nous ferions mieux d'annuler tout entraînement. Envoyez le Régiment des mousquets, au complet, dans les montagnes. »

Omi dit : « Excusez-moi, Sire, mais vous pourriez intercepter le convoi dans les montagnes, disons à Yokosé. Invitez-y sire Zataki. Invitez-le à venir faire une cure dans l'une des stations thermales proches, mais organisez la rencontre à Yokosé. Dès qu'il aura livré son message lui et tous ses hommes pourront être escortés jusqu'à la frontière ou tués, comme vous voudrez.

— Je ne connais pas Yokosé. »

Yabu dit d'un air important : « C'est très joli. Presque au centre d'Izu, de l'autre côté des montagnes, dans un vallon. Près de la rivière Kano. Le Kano coule vers le nord et se jette dans la mer en traversant Mishima et Numazu, *neh ?* Yokosé serait un excellent lieu de rencontre, Sire. La station thermale de Shuzenji — très chaude — est l'une des meilleures que nous ayons. Vous devriez y aller, Sire. Je crois qu'Omi-san vient de faire une excellente suggestion.

— Pourrions-nous défendre l'endroit facilement ?

— Oui, Sire. Il y a un pont. Les montagnes tombent à pic. N'importe quel attaquant devrait se battre le long d'une route sineuse. Les deux cols peuvent être tenus par quelques hommes. Vous ne risquez pas de tomber dans une embuscade. Nous avons suffisamment d'hommes pour vous défendre et tuer dix fois leur nombre, si besoin est.

— Nous les tuerons quoi qu'il arrive, *neh ?* dit Buntaro avec mépris.

— Mais il vaut mieux que ça se passe là-bas. Sire, je vous en prie, laissez-moi nettoyer l'endroit. Cinq cents archers, pas de mousquetaires. Des cavaliers. Ajoutés aux hommes envoyés par mon père, ce sera plus que suffisant. »

Toranaga vérifia la date du message. « Quand atteindront-ils la croisée des chemins ? »

Yabu regarda Omi pour se renseigner. « Cette nuit au plus tôt ?

— Oui, demain à l'aube, peut-être.

— Partez immédiatement, Buntaro-san, dit Toranaga. Contenez-les à

Yokosé mais empêchez-les de passer la rivière. Je partirai demain à l'aube avec cent hommes de plus. Nous devrions arriver là-bas, vers midi. Yabu-san, occupez-vous du Régiment des mousquets pour le moment et couvrez notre retraite. Placez-le en embuscade de chaque côté de la route Heikawa, que nous puissions nous rabattre sur vous, en cas de besoin. »

Buntaro s'apprêtait à partir mais s'arrêta au moment où Yabu disait : Comment peut-il s'agir d'une trahison, Sire ? Ils n'ont que cent hommes ?

— Je m'attends à la trahison, Sire Zataki ne viendrait pas se jeter dans le gueule du loup sans avoir de plan, car il va de soi que j'essaierai de prendre sa tête si je le peux, dit Toranaga. S'il ne commandait pas ses fanatiques, nous aurions une meilleure possibilité de franchir ses montagnes. Pourquoi vient-il tout risquer ici ? Pourquoi ? »

Omi dit avec hésitation : « Serait-il prêt à redevenir votre allié ? » Ils connaissaient tous la rivalité qui existait depuis toujours entre les deux demi-frères, rivalité jusque-là amicale.

« Non, pas lui. Je ne lui ai jamais fait confiance. Quelqu'un, parmi vous, lui ferait-il confiance ? »

Ils secouèrent la tête.

Yabu dit : « Il n'y a vraiment aucune raison de vous inquiéter, Sire. Sire Zataki est un régent, oui, mais ce n'est qu'un messager, *neh ?* »

Imbécile, avait envie de crier Toranaga. Tu ne comprends donc rien ?

« Nous allons bientôt le savoir. Buntaro-san, partez sur-le-champ.

— Oui, Sire. Je vais soigneusement choisir le lieu de la rencontre, mais ne le laissez pas s'approcher à moins de dix pas. J'étais avec lui en Corée. Il est trop rapide à l'épée.

— Oui. »

Buntaro s'en alla. Yabu dit : « Zataki peut être tenté de trahir Ishido. Même s'il ne commande pas ses troupes, les montagnes de Shinano restent impitoyables. Quel est son appât ?

— L'appât est évident, dit Toranaga. Le Kwanto. N'est-ce pas ce qu'il veut et a toujours voulu ? N'est-ce pas ce que tous mes ennemis convoitent ? N'est-ce pas ce qu'Ishido lui-même désire ? »

Ils ne répondirent pas.

Toranaga dit gravement : « Puisse Bouddha nous venir en aide. La paix instaurée par le Taikō n'est plus. La guerre commence. »

Les oreilles de Blackthorne avaient compris l'urgence de ces sabots qui approchaient. Ces bruits lui avaient murmuré qu'il y avait du danger. Il s'était immédiatement réveillé, prêt à l'attaque ou à la retraite, tous ses sens en éveil. Le son des sabots était passé puis s'était dirigé vers le haut de la colline, vers la forteresse. Il attendit. Aucun bruit d'escorte. Un messager seul, probablement, pensat-il. D'où vient-il ? Serait-ce déjà la guerre ?

L'aube était proche. Blackthorne apercevait un morceau de ciel, couvert, chargé de pluie, L'air était chaud et salé, et soulevait la moustiquaire de temps à autre. Un moustique bourdonna, de l'autre côté du réseau de fines mailles, Blackthorne était heureux de se trouver du bon côté. Jouis de la tranquillité pendant qu'elle dure, se dit-il. Kiku dormait près de lui, lovée comme un chaton. Engourdie de sommeil, elle lui paraissait encore plus belle. Il se rallongea confortablement dans la douceur des couvertures, sur le tatami.

C'est tellement mieux qu'un lit. Mieux que n'importe quelle couchette ! Mais il va falloir bientôt remonter à bord, tomber sur le Vaisseau noir et le capturer, *neh ?* Je crois que Toranaga est d'accord, même s'il ne l'a pas dit explicitement. N'a-t-il pas accepté à la japonaise ? Au Japon, *les problèmes se résolvent par la méthode japonaise.* Je crois que c'est vrai. Je voulais être mieux informé. N'a-t-il pas dit à Mariko de tout me traduire et de m'expliquer tous ses problèmes politiques ? Je voulais de l'argent pour acheter un nouvel équipage. Ne m'a-t-il pas donné deux mille *koku* ? J'ai demandé deux ou trois cents corsaires. Ne m'a-t-il pas donné deux cents samouraïs ainsi que le titre et le pouvoir dont j'avais besoin ? M'obéiront-ils ? Bien sûr. Il m'a fait samouraï et *hatamoto.* Ils obéiront donc jusqu'à la mort et je les ramènerai à bord de l'*Érasme* et je commanderai l'attaque.

Qu'est-ce que j'ai comme chance ! Incroyable ! J'ai tout ce que je veux, sauf Mariko. Mais je l'ai quand même. J'ai son amour et j'occupe ses pensées. J'ai possédé son corps la nuit dernière, cette nuit magique qui n'a jamais existé. Nous nous sommes aimés sans nous aimer. Y a-t-il une différence ?

Il n'y a pas d'amour entre Kiku et moi. Simplement, un désir. Ce fut extraordinaire pour moi. J'espère que ce le fut également pour elle, J'ai essayé d'être tout à fait japonais et de faire mon devoir en lui faisant plaisir comme elle m'a fait plaisir. Il se souvint de s'être servi d'un anneau de plaisir. Il s'était senti un peu gauche et timide et lui avait tourné le dos, pour le mettre. Il avait eu peur de voir son érection disparaître, mais il n'en avait rien été. L'anneau mis en place, ils s'étaient à nouveau rencontrés sur l'oreiller. Son corps avait frémi et ses vibrations l'avaient amené à un stade d'excitation qu'il n'avait jamais connu jusque-là.

Je n'aime pas Kiku-san, J'ai de l'affection pour elle. J'aime Mariko-san sans réserves et j'aime bien Fujiko-san. Rencontrerais-tu Fujiko-san sur l'oreiller ? Non, je ne pense pas que j'en serais capable. N'est-ce pas ton devoir ? Si tu acceptes les privilèges du samouraï, si tu exiges des autres qu'ils te traitent comme un samouraï avec tout ce que cela implique, tu dois en accepter les devoirs et les responsabilités, *neh ?* C'est juste et honorable, *neh ?* Ton devoir te contraint de donner un fils à Fujiko.

Et Felicity. Qu'en dirait-elle ? Quand tu rentreras chez toi, qu'adviendra-t-il de Fujiko et de Mariko-san ? Remettras-tu cap une fois de plus vers l'inconnu hostile, recommenceras-tu à te battre contre les tempêtes du détroit de Magellan, contre le scorbut et les mutineries pendant six cent quatre-vingt-dix-huit jours pour revenir une fois de plus au Japon ? Pour recommencer à mener cette vie ?

Décide-toi !

Il se souvint alors des compartiments de l'esprit dont lui avait parlé Mariko : « Soyez japonais, Anjin-san. Il le faut, si vous voulez survivre. Faites comme nous. Abandonnez-vous sans en avoir honte au rythme du *karma.* Ne vous plaignez pas des forces que vous ne pouvez pas contrôler. Mettez chaque chose dans son compartiment et abandonnez-vous à la *wa,* l'harmonie de la vie. Abandonnez-vous, Anjin-san. »

Oui. Je prendrai une décision quand le moment viendra. Il me faut d'abord un équipage, puis capturer le Vaisseau noir, faire la moitié du tour de la terre pour retourner en Angleterre, acheter et équiper les navires de guerre. Je prendrai ma décision à ce moment-là.

Kiku remua puis s'enfouit plus profond dans les couvertures et vint se blottir tout contre lui. Il sentait sa chaleur à travers son kimono de soie. Il en fut excité.

« Anjin-chan, murmura-t-elle.

— *Hai ?* »

Il ne la réveilla pas. Il était heureux de la bercer et se reposa, stupéfait de la sérénité que l'abandon lui avait procurée.

« Oui, Omi-sama, Certainement, dit Gyoko. Je vais chercher l'Anjin-san tout de suite. Excusez-moi. Ako, viens avec moi. » Gyoko envoya Ako chercher du thé puis traversa le jardin en se demandant quelles nouvelles urgentes le messager avait apportées. Elle aussi, elle avait entendu les sabots. Pourquoi Omi est-il si bizarre, aujourd'hui ? Pourquoi si froid et si brutal ? Pourquoi s'est-il lui-même dérangé pour une aussi petite tâche ? Pourquoi n'a-t-il pas envoyé un samouraï ? Qui sait ? Omi est un homme. Comment les comprendre ? Surtout les samouraïs. Mais il y a quelque chose d'anormal. Le messager aurait-il apporté une déclaration de guerre ? Je le pense. Si c'est la guerre, alors ce sera la guerre et la guerre n'a jamais fait de mal à notre profession. En temps de guerre, l'argent a encore moins de signification pour eux. Très bien ! Elle se sourit à elle-même. Souviens-toi des temps de guerre, il y a quarante années de ça, quand tu avais dix-sept ans et que tu étais la perle de Mishima ? Souviens-toi de tous les éclats de rire, des rencontres sur l'oreiller et des nuits qui se changeaient en jours. Elle se dépêcha et fit en sorte que ses pas soient suffisamment sonores pour annoncer sa présence. Elle monta les marches de cèdre poli et frappa à la porte.

« Anjin-san, Anjin-san ? Je suis désolée mais sire Toranaga a envoyé quelqu'un vous chercher. Vous avez ordre de vous rendre immédiatement à la forteresse.

— Quoi ? Qu'avez-vous dit ? »

Elle répéta ce qu'elle venait de dire en utilisant des mots plus simples.

« Ah, compris ! Très bien. Je là-bas aller vite, l'entendit-elle dire avec son accent amusant.

— Excuse-moi, Kiku-san.

— Oui, mama-san ? » Le panneau s'ouvrit. Kiku lui souriait. Son kimono pendait et ses cheveux étaient gracieusement décoiffés. « Bonjour, mama-san. Vous avez fait de beaux rêves ?

— Oui, merci. Je suis désolée de te déranger, Kiku-chan. Voudrais-tu du thé frais ?

— Oh ! » Le sourire de Kiku disparut. C'était la phrasecode que Gyoko utilisait en présence de n'importe quel client pour dire à Kiku que son client attitré, Omi-san, se trouvait dans l'enceinte de la maison de thé. Kiku pouvait toujours finir son histoire ou sa chanson plus rapidement et aller voir Omi-san si elle le désirait. Kiku rencontrait très peu de clients sur l'oreiller, même si elle en distrayait beaucoup car ses clients pouvaient difficilement s'offrir ses services.

« Qu'y a-t-il ? demanda Gyoko.

— Rien, mama-san. Anjin-san, voudriez-vous du thé ?

— Oui, s'il vous plaît.

— Il arrive tout de suite. Ako, dépêche-toi, ma petite !

— Oui, maîtresse. » Ako apporta deux tasses, versa le thé. Gyoko se retira en s'excusant encore de l'avoir dérangé. Kiku tendit elle-même la tasse à Blackthorne qui la vida, assoiffé. Puis elle l'aida à s'habiller.

« Kiku-san ?

— Oui, Anjin-san ?

— Maintenant, je vais.

— Oui. Allons-y ensemble. » Il prit tendrement son visage entre ses mains calleuses et l'embrassa.

« Merci. Pas assez de mots pour remercier.

— C'est moi qui devrais le faire. Permettez-moi de vous remercier, Anjin-san, Partons maintenant. »

Elle laissa Ako coiffer et arranger ses cheveux. Elle mit la ceinture de son kimono propre et sortit avec lui. Elle marchait à ses côtés comme c'était son privilège. Il mit sa main sur son épaule. Elle en fut irritée car ils n'étaient plus dans l'intimité des chambres. Elle eut soudain l'horrible pressentiment qu'il allait l'embrasser en public. Mariko lui avait dit que c'était une coutume barbare. Oh, Bouddha, faites que cela n'arrive pas, pensa-t-elle, morte de peur. Ses épées étaient dans la pièce de réception. La coutume voulait que toutes les armes soient laissées sous bonne garde, en dehors des chambres de plaisir, pour éviter les querelles mortelles entre clients et empêcher toute femme de la maison de mettre fin à ses jours. Les dames du Monde du saule n'étaient pas toutes heureuses, n'avaient pas toutes de la chance. Blackthorne glissa les épées dans sa ceinture. Kiku le salua jusque sous la véranda. Il chaussa ses sandales. Gyoko et ses pensionnaires étaient toutes assemblées pour saluer le départ de l'invité d'honneur. De nombreux samouraïs allaient et venaient sur la place. Buntaro était parmi eux. Kiku ne voyait pas Omi. Elle était pourtant certaine qu'il les regardait. L'Anjin-san semblait immensément grand. Elle, toute petite, à côté de ce géant. Ils traversèrent la cour et virent Omi en même temps. Il se tenait près de la porte. Blackthorne s'arrêta.

« Bonjour, Omi-san. » Il s'inclina.

Il ne savait pas que Kiku et Omi étaient plus qu'amis. Comment pourrait-il le savoir ? pensa-t-elle. Personne ne le lui a dit. Pourquoi le lui aurait-on dit ? Quelle importance cela a-t-il, de toute façon ?

« Bonjour, Anjin-san. » La voix d'Omi était amicale. Ses yeux de jais la regardèrent. Elle le salua. Son sourire était parfait. « Bonjour, Omi-san. Notre maison est très honorée.

— Merci, Kiku-san. »

Elle sentit son regard scrutateur mais feignit de ne pas s'en rendre compte. Elle resta les yeux baissés. Gyoko, les servantes et les courtisanes observaient la scène, de la véranda.

« Je vais forteresse, Omi-san, dit Blackthorne. Tout va ?

— Oui. Sire Toranaga vous a fait demander.

— Aller maintenant. Espère voir vous bientôt.

— Oui. »

Kiku releva son visage. Omi la fixait toujours. Elle lui fit son plus beau sourire et regarda l'Anjin-san qui fixait Omi intensément, Sentant le regard de Kiku posé sur lui, il se tourna vers elle et lui rendit son sourire. Elle eut le sentiment que ce sourire était forcé. « Désolé, Kiku-san, Omi-san, devoir partir maintenant. » Il salua Omi qui lui rendit son salut. Il passa la porte. Elle le suivit en respirant à peine. Sur la place, l'agitation cessa. Elle le vit se retourner dans ce silence. Elle eut, pendant un moment affreux, la certitude qu'il allait l'embrasser. Mais il n'en fit rien, à son grand soulagement. Il resta là à attendre comme l'aurait fait n'importe quelle personne civilisée. Elle s'inclina en lui montrant toute sa tendresse. Omi la fusillait du regard.

« Merci, Anjin-san », dit-elle en lui souriant. Un soupir parcourut la place. « Revenez nous rendre visite. Je vais compter les moments jusqu'à votre retour. »

Il salua et sortit, arrogant, comme l'aurait fait tout samouraï de qualité, puis parce qu'il l'avait traitée tout à fait correctement et qu'elle voulait se venger de la froideur qu'Omi avait mise dans son salut, elle resta là au lieu de rentrer immédiatement dans la maison. Elle regarda l'Anjin-san s'éloigner. C'était lui faire encore plus d'honneur. Elle attendit qu'il ait atteint le coin de la rue. Elle le vit se retourner. Il agita la main, elle s'inclina très profondément. Elle était heureuse de retenir l'attention de la place tout en feignant de ne pas le remarquer. Elle ne rentra qu'après qu'il eut disparu. Avec fierté et élégance. Tous les hommes la regardèrent. Ils enviaient l'Anjin-san, car il devait être un vrai homme pour qu'elle lui fasse tant d'honneurs.

« Vous êtes si belle, lui dit Omi.

— J'aimerais que vous disiez la vérité, Omi-san, lui répondit-elle en souriant. Voudriez-vous prendre un peu de thé, Omi-sama ? Manger quelque chose ?

— Avec vous, oui. »

Gyoko se joignit à eux et dit, mielleuse : « Veuillez excuser mes mauvaises manières, Omi-sama. Restez avec nous, je vous en prie. Avez-vous déjà mangé ?

— Non, pas encore. Je meurs de faim. » Omi jeta un coup d'œil vers Kiku. « Avez-vous déjà mangé ? »

Gyoko l'interrompit : « Permettez-nous de vous apporter quelque chose de pas trop mauvais, Omi-sama. Quand tu te seras changé, Kiku-san, viens nous rejoindre, *neh ?*

— Bien sûr, Excusez-moi, Omi-sama, de me présenter ainsi devant vous. Veuillez m'excuser. » La jeune femme se retira en courant, feignant un bonheur qu'elle ne ressentait pas. Ako la suivit.

Omi dit brièvement : « Je voudrais passer la nuit avec elle. Seulement manger et me distraire.

— Bien sûr, Omi-sama », répondit Gyoko en s'inclinant. Elle savait que Kiku ne serait pas libre. « Vous honorez ma maison et vous nous faites beaucoup d'honneur. Kiku-san a tellement de chance de recevoir vos faveurs. »

« Trois mille *koku* ? » Toranaga était scandalisé.

« Oui, Sire », dit Mariko. Ils se trouvaient sous la véranda de la forteresse. La pluie avait commencé de tomber mais ne faisait pas diminuer la chaleur caniculaire de la journée. Elle écouta, indifférente, fatiguée. Elle attendait avec impatience les fraîcheurs automnales.

« Je suis désolée, mais je n'ai pas pu marchander beaucoup plus. J'ai parlé avec elle jusqu'à l'aube. Je suis désolée, Sire, mais vous m'aviez ordonné de conclure le marché hier au soir.

— Mais trois mille *koku,* Mariko-san ! C'est un taux usuraire ! » Toranaga était heureux d'avoir un nouveau problème en tête. Cela lui permettait d'oublier ce qui le tracassait. Le prêtre chrétien Tsukku-san voyageait avec Zataki, ce régent parvenu, et cela n'augurait rien de bon. Il avait examiné et vérifié toutes les possibilités d'évasion ou de retraite, avait envisagé toutes les attaques qu'un homme pouvait envisager. La réponse était restée la même : si Ishido se met rapidement en mouvement, je suis perdu. Il faut que je gagne du temps. Comment ? Si j'étais Ishido, je lancerais l'attaque maintenant, avant la fin des pluies. Je mettrais des hommes en position comme le Taikō et moi-même l'avons fait pour détruire le Beppu. Le même plan réussira toujours. C'est si simple ! Ishido ne peut être stupide au point de ne pas voir que la seule façon de défendre le Kwanto est de posséder Osaka et toutes les terres entre Yedo et Osaka. Tant qu'Osaka nous est hostile, le Kwanto est en danger. Le Taikō le savait. Pourquoi me l'aurait-il donné, autrement ? Sans Kiyama, Onoshi et les prêtres barbares...

Toranaga remit avec effort les problèmes à venir dans leur compartiment et se concentra sur cette impossible somme d'argent. « Trois mille *koku* ? C'est hors de question !

— Je suis d'accord avec vous, Sire. C'est entièrement ma faute. J'avais même pensé que cinq cents *koku* seraient excessifs mais la femme Gyoko a refusé de baisser son prix. Elle fait pourtant une concession.

— Laquelle ?

— Gyoko accepterait de baisser son prix à deux mille cinq cents *koku* si vous acceptiez de la voir pendant un bâtonnet de temps.

— Une mama-san renoncerait à cinq cents *koku* uniquement pour me parler ?

— Oui, Sire.

— Pourquoi ? demanda-t-il, méfiant.

— Elle m'a donné ses raisons, Sire, mais m'a supplié de la laisser vous les exposer elle-même. Je crois que sa proposition vous intéresserait, Sire. Et cinq cents *koku*... Ce serait une économie. Je suis navrée de n'avoir pu conclure un marché plus avantageux, même si Kiku-san est de première classe et mérite pleinement ce statut. Je sais que je vous ai manqué.

— C'est vrai, dit Toranaga sèchement. Même mille *koku* seraient de trop. Nous sommes à Izu, pas à Kyoto !

— Vous avez tout à fait raison, Sire. J'ai dit à cette femme que la somme qu'elle exigeait était élevée, que je ne pouvais pas conclure le marché moi-même, bien que vous m'en ayez donné l'ordre. J'espère que vous me pardonnerez cet acte de désobéissance, mais je lui ai dit qu'il me faudrait tout d'abord consulter dame Kasigi, la mère d'Omi-san, avant de conclure quoi que ce soit. »

Le regard de Toranaga s'éclaira. Il avait oublié tous ses problèmes. « Ah, c'est conclu sans l'être ?

— Oui, Sire. Rien ne vous lie avant que j'aie consulté la dame Kasigi. J'ai dit à Gyoko que je lui donnerais la réponse aujourd'hui à midi. Pardonnez, je vous prie, ma désobéissance.

— Vous auriez dû conclure le marché comme je vous l'avais ordonné ! »

Toranaga était intérieurement aux anges. Mariko lui avait ainsi habilement laissé la possibilité d'accepter ou de refuser sans perdre la face. Il aurait été impensable qu'il discute lui-même sur une question d'argent. Mais *oh ko,* trois mille *koku*... « Vous dites que le contrat de cette fille vaut assez de riz pour nourrir un millier de familles pendant trois années ?

— Elle vaut bien chaque grain de riz si elle est destinée à la personne adéquate. »

Toranaga la regarda, « Oh ? Dites-moi un peu qui elle est et ce qui est arrivé. »

Elle lui raconta tout, sauf le sentiment qu'elle éprouvait à l'égard de l'Anjin-san et qu'il ressentait lui aussi. Elle ne lui parla pas non plus de l'offre que lui avait faite Kiku.

« Bien, Oui, très bien. Très habile, dit Toranaga. Il a dû vraiment la satisfaire pour qu'elle reste, dès la première fois, sur le pas de la porte.

— Oui.

— Les trois *koku* investis lui ont fait le plus grand bien. Sa renommée va maintenant toujours le précéder. »

Mariko acquiesça, pas peu fière du succès de Blackthorne.

« C'est une dame exceptionnelle, Sire. »

Toranaga était indigné par la confiance de Mariko face au marché conclu. Cinq cents *koku* auraient été très suffisants pour ce contrat. La plupart des mama-sans n'arrivaient à gagner une telle somme qu'au bout d'une vie entière. Qu'une d'entre elles envisage de céder cinq cents *koku*...

« Elle vaut bien chaque grain de riz, avez-vous dit ? J'arrive difficilement à le croire.

— Elle les vaut si elle est destinée à l'homme qu'il lui faut. Je le crois très aisément. Mais je ne pourrais dire qui est cet homme. »

On frappa au *shoji.*

« Oui ?

— L'Anjin-san est à la porte principale, Sire.

— Faites-le venir.

— Bien, Sire. »

Toranaga s'éventa. Il avait subrepticement regardé Mariko et avait vu son visage s'éclairer. Il avait fait exprès de ne pas la prévenir de sa venue. Que faire ? Tout ce qui est prévu reste en vigueur, mais j'ai maintenant, plus que jamais, besoin de Buntaro, de l'Anjin-san et d'Omi-san. Et j'ai extrêmement besoin de Mariko.

« Bonjour, Toranaga-sama. »

Il rendit à Blackthorne son salut.

« Mariko-san, dites-lui qu'il part avec moi à l'aube. Vous aussi. Vous poursuivrez votre voyage sur Osaka. » Un frisson la parcourut. « Oui, Sire.

— Je vais Osaka, Toranaga-sama ?

— Non, Anjin-san. Mariko-san, dites-lui que je me rends à la station thermale de Shuzenji pour quelques jours. Vous m'y accompagnerez tous les deux. Vous poursuivrez sur Osaka. Il fera une partie du voyage avec vous jusqu'à la frontière, puis continuera seul jusqu'à Yedo. »

Il les observa tandis que Blackthorne lui parlait.

« Désolée, Toranaga-sama, mais l'Anjin-san demande humblement s'il pourrait m'utiliser » pendant quelques jours encore. Il dit que ma présence à ses côtés ferait considérablement avancer le problème de son bateau. Si cela vous plaît, il prendra immédiatement l'un de vos bateaux côtiers pour m'amener jusqu'à Osaka et, de là, poursuivra sa route jusqu'à Nagasaki. Il dit que cela permettra de gagner du temps.

— Je n'ai rien décidé en ce qui concerne son bateau et son équipage. Il peut ne pas avoir besoin d'aller à Nagasaki. Soyez très claire là-dessus. Rien n'est encore décidé, mais j'envisagerai quand même la requête vous concernant. Vous connaîtrez ma décision demain. Vous pouvez vous en aller, maintenant... Oh, oui, Mariko-san, dites-lui, pendant que j'y pense, que je veux sa généalogie. Qu'il la transcrive sur papier. Vous la traduirez, certifiant ainsi son authenticité.

— Oui, Sire. Vous la voulez tout de suite ?

— Non. Quand il arrivera à Yedo, ce sera bien suffisant. »

Mariko expliqua à Blackthorne.

« Pourquoi veut-il ma généalogie ? »

Mariko le regarda, étonnée. « Tous les samouraïs doivent enregistrer leurs dates de naissance et de mort, Anjin-san, ainsi que tous leurs fiefs et les donations qu'ils se sont vu accorder. Comment un suzerain pourrait-il sauvegarder un équilibre ? N'est-ce pas la même chose dans votre pays ?

— Nous n'écrivons rien. Ce n'est pas officiel. Tout le monde est enregistré ?

— Oh, oui, même les *eta,* Anjin-san. Comme ça, personne ne peut prétendre à ce qu'il n'est pas. »

Blackthorne mit cette question-là de côté en se disant qu'il en reparlerait plus tard et abattit une autre carte dans le jeu qu'il jouait avec Toranaga, espérant qu'elle allait sceller la mort du Vaisseau noir. Mariko écouta attentivement, le questionna, puis se tourna vers Toranaga. « Sire, l'Anjin-san vous remercie de vos faveurs et de vos nombreux cadeaux. Il vous demande de lui faire l'honneur de choisir ses deux cents vassaux. Il dit que votre choix n'a pas de prix.

— Vaut-il mille *koku* ? » demanda Toranaga. Il vit la surprise de Mariko et celle de l'Anjin-san. Je suis heureux de constater que vous êtes encore transparent, Anjin-san, sous votre vernis d'homme civilisé, pensa-t-il. Si j'étais un joueur, je parierais bien que ce n'est pas de vous... ce choix que vous me demandez de faire.

« *Hai.*

— Très bien, répondit-il, irrité. Puisque l'Anjin-san est si généreux, j'accepte son offre. Mille *koku.* Ça me permettra de venir en aide à un samouraï dans le besoin. Dites-lui que ses hommes l'attendront à Yedo. Je vous verrai demain matin à l'aube, Anjin-san.

— Oui, merci, Toranaga-sama.

— Mariko-san, veuillez consulter la dame Kasigi sur-lechamp. Puisque vous êtes tombée d'accord sur le prix, elle acceptera certainement le marché que vous avez conclu, aussi incroyable et intolérable qu'il puisse paraître. Envoyez un serviteur à la femme Gyoko et faites-lui dire d'être ici au coucher du soleil. Elle peut amener la courtisane avec elle. Kiku-san pourra chanter pendant que nous discuterons, *neh ?* »

Il les congédia, satisfait d'avoir économisé mille cinq cents *koku.*

« Me restera-t-il assez d'argent pour acheter un équipage ?

— Oh, oui, Anjin-san. Mais il n'a pas encore donné son accord pour que vous alliez à Nagasaki. Cinq cents *koku* suffisent pour vivre pendant toute une année et les cinq cents autres vous laissent encore la possibilité d'acheter tous vos marins. Cinq cents *koku*, cela fait environ cent quatre-vingts *koban* en or. C'est une somme énorme. »

Fujiko se releva avec difficulté et parla à Mariko,

« Votre concubine vous demande de ne pas vous inquiéter, Anjin-san. Elle peut vous donner des lettres de crédit auprès de certains usuriers qui vous avanceront ce dont vous avez besoin. Elle s'occupera de tout.

— Oui, mais ne dois-je pas payer toute ma suite ? Comment paierai-je la maison, Fujiko-san, mes serviteurs ? »

Mariko était choquée. « Ça ne vous regarde pas. Votre concubine vous a dit qu'elle s'occupait de tout. Elle... »

Fujiko l'interrompit et les deux femmes parlèrent pendant un moment.

« *Ah so desu,* Fujiko-san ! » Mariko se tourna vers Blackthorne. « Elle dit que vous ne devez pas perdre votre temps en pensant à ça et vous supplie de l'utiliser pour résoudre les problèmes de Sire Toranaga. Elle a de l'argent personnel dont elle peut se servir, si la nécessité s'en fait sentir. »

Blackthorne cligna des yeux. « Elle me prêterait son argent personnel ?

— Oh non, Anjin-san. Elle vous le *donnerait.* Si vous en aviez besoin. N'oubliez pas les problèmes de cette année. L'année prochaine, vous serez riche. Quand aux membres de votre suite, deux *koku* par an leur suffisent. N'oubliez pas que Toranaga-sama vous offre toutes leurs armes et leurs chevaux. Deux *koku* suffisent pour les nourrir, eux et toute leur famille. N'oubliez pas aussi que vous avez donné la moitié de votre revenu annuel à Sire Toranaga pour être sûr qu'il les choisirait personnellement. C'est un honneur immense, Anjin-san.

— Vous croyez ?

— Assurément. Fujiko est d'accord avec moi. Vous avez fait preuve d'intelligence et de finesse en ayant cette idée.

— Merci. »

Tu es en train de retrouver tes esprits et tu te mets à penser comme eux, se dit-il joyeusement. Oui, c'était très habile à toi de demander ça à Toranaga. Tu vas avoir les meilleurs hommes qui soient. Tu n'y serais jamais arrivé tout seul. Que représentent mille *koku* en échange du Vaisseau noir ? Toranaga peut reprendre aussi vite ce qu'il donne. Tu crois qu'il est ton ami mais s'il a assassiné une femme et un de ses fils favoris, comment peux-tu chérir son amitié ou compter sur ta vie ?

« Votre concubine s'occupera de tout et vous suggère de prendre deux chevaux pour vous et un pour vos bagages. Deux serviteurs. Un homme et une femme...

— L'homme suffira.

— Je suis désolée mais la femme doit aussi partir avec vous ainsi qu'une cuisinière et un gâte-sauce.

— Il n'y aura pas de cuisine dont nous... dont je puisse me servir ?

— Oh, oui. Mais vous devez avoir quand même votre cuisinière personnelle, Anjin-san. Vous êtes *hatamoto.* »

Il savait que ce n'était pas la peine de discuter. « Je vous laisse tout faire.

— C'est très sage à vous, Il faut que je m'en aille à présent faire mes bagages. Excusez-moi. » Mariko se retira, heureuse. Ils n'avaient pas beaucoup parlé, juste assez pour savoir que même si la nuit magique n'avait jamais eu lieu, même si, comme de la nuit précédente, il ne fallait jamais parler, elles vivraient éternellement dans leur imagination.

« Vous.

— Vous.

— J'ai été tellement fière d'apprendre que Kiku était restée si longtemps sur le seuil. Votre image est immense, Anjin-san.

— J'ai failli oublier ce que vous m'aviez dit. J'ai été à deux doigts de l'embrasser en public.

— *Oh ko,* Anjin-san. Ç'aurait été affreux !

— *Oh ko,* vous pouvez le dire ! Si vous ne me l'aviez pas dit, j'aurais aujourd'hui perdu la face. Je serais un ver se tortillant dans la poussière.

— Je suis heureuse que cette soirée ait été à votre goût. Être japonais au Japon, voilà qui est sage, *neh ?*

— Je ne pourrai jamais assez vous remercier de m'avoir tant appris, de m'avoir guidé et de m'avoir ouvert les yeux, de... » Il allait dire : de m'avoir aimé, mais il préféra ajouter : « De m'avoir permis d'être.

— Je n'ai rien fait. Vous avez tout fait vous-même.

— Je vous remercie. De tout. Et de votre cadeau.

— Je suis heureuse que votre plaisir ait été immense.

— Je suis triste que le vôtre ait été nul, Je suis si heureux que vous ayez ordre d'aller à cette station thermale. Mais pourquoi à Osaka ?

— Oh, je n'ai pas ordre d'aller à Osaka, Sire Toranaga me permet d'y aller. Nous avons des biens et des problèmes de famille à régler. Mon fils est là-bas. Je pourrai en même temps apporter des messages à dame Kiritsubo et à la dame Sazuko.

— N'est-ce pas dangereux ? Souvenez-vous de vos paroles... La guerre est imminente et Ishido est l'ennemi. Sire Toranaga n'a-t-il pas dit la même chose ?

— Si, mais la guerre n'a pas éclaté, Anjin-san. Et les samouraïs ne se battent pas contre leurs femmes, à moins que celles-ci ne se battent contre eux.

— Mais vous ? Vous souvenez-vous du pont d'Osaka, au-dessus des douves ? Ne m'avez-vous pas suivi pour tromper Ishido ? Il m'aurait tué. Vous souvenez-vous de votre épée, lors du combat à bord du bateau ?

— Ce n'était que pour protéger la vie de mon suzerain, ma vie, quand elles étaient en danger. C'était mon devoir, Anjin-san, rien de plus. Je ne cours aucun danger. J'ai été dame de compagnie de dame Yodoko, la veuve du Taikō, de dame Ochiba, la mère de l'héritier. Je suis très honorée d'être leur amie. Je suis tout à fait en sécurité. Voilà pourquoi Toranaga-sama me permet de m'y rendre. Mais vous, vous courriez un danger en y allant, à cause de l'évasion de Sire Toranaga et de ce qui a été fait à Sire Ishido. Il vaut mieux que vous ne mettiez pas les pieds là-bas. Nagasaki est plus sûr, pour vous.

— Il a donc accepté que je m'y rende ?

— Non, pas encore. Mais quand il vous le permettra, vous pourrez y aller sans danger. Toranaga détient toute la puissance, à Nagasaki. »

Il eut envie de demander si elle était plus grande que celle des Jésuites.

« Je prie que Sire Toranaga vous ordonne d'aller à Osaka par mer. » Il la vit trembler légèrement. « Qu'est-ce qui ne va pas ?

— Rien. Sinon... Sinon que la mer ne me plaît pas.

— Va-t-il vous ordonner de faire le voyage par bateau ?

— Je ne sais pas, mais... » Elle détourna la conversation et prit un ton ironique en parlant à nouveau en portugais. « Mais nous devrions emmener, pour votre santé, Kiku-san avec nous, *neh ?* »

Il rit avec elle. « Ce serait très bien, quoique... » Il se tut en se souvenant avec précision du regard d'Omi. « Vous savez, Mariko-san, quand j'étais sur le seuil, je suis sûr d'avoir vu Omi-san la regarder d'une façon très spéciale, comme un amant, un amant jaloux. Je ne savais pas qu'ils étaient amants.

— Je crois qu'il est un de ses clients préférés. En quoi cela vous concerne-t-il ?

— C'était un regard complice. Tout à fait spécial.

— Il n'a aucun droit sur elle, Anjin-san. Elle est courtisane de première classe. Elle est libre d'accepter ou de refuser qui bon lui semble.

— Si nous étions en Europe et que je rencontre cette femme sur l'oreiller... Vous comprenez, Mariko-san ?

— Je crois comprendre, Anjin-san, mais en quoi cela vous concerne-t-il ? Vous n'êtes pas en Europe, Anjin-san, et il n'a aucun droit légal sur elle. Si elle vous accepte tous les deux, quelle importance cela a-t-il ?

— J'ai dit qu'il était son amant. Ça a une énorme importance, *neh ?*

— Mais qu'est-ce que ça a à voir avec sa profession, avec une rencontre sur l'oreiller ?

Il avait fini par la remercier et par laisser tomber le sujet. Mais sa tête et son cœur lui dictaient la prudence. Ce n'est pas aussi simple que vous le pensez, Mariko-san, même ici. J'aurais aimé savoir qu'il était son amant. Je préférerais avoir Omi comme ami plutôt que comme ennemi, Mariko aurait-elle à nouveau raison ? Une rencontre sur l'oreiller n'aurait-elle pour eux vraiment rien à voir avec l'amour ? Que le seigneur me vienne en aide. Je ne sais plus où j'en suis. Je suis en partie oriental mais occidental surtout. Il faut que je me comporte et que je pense comme eux sije veux rester vivant.

« Anjin-san ?

- Oui, Fujiko-san,

— Ne vous inquiétez pas pour l'argent. Je ne peux pas supporter votre inquiétude. Je suis désolée de ne pouvoir venir à Yedo avec vous.

— Bientôt se voir à Yedo, *neh ?*

— Oui. Le docteur dit que je guéris très vite. La mère d'Omi est d'accord.

— Quand docteur là ?

— Au coucher du soleil. Je suis désolée de ne pouvoir partir avec vous demain. »

Il réfléchit encore sur ses devoirs envers sa concubine, puis remit cette pensée dans son compartiment, car une nouvelle idée venait de surgir. Il trouva l'idée excellente. « Je aller maintenant. Revenir bientôt. Vous reposer... Compris ?

— Oui. Excusez-moi de ne pas me lever et de... Je suis désolée. »

Il se rendit dans sa chambre, sortit un pistolet de sa cachette, vérifia s'il était armé et le fourra dans son kimono. Puis il partit seul vers la maison d'Omi. Omi n'était pas là. Midori l'accueillit, lui offrit du thé qu'il refusa poliment. Elle portait son enfant de deux ans dans les bras. Elle lui dit qu'elle était désolée mais qu'Omi n'allait pas tarder à revenir. L'Anjin-san veut-il l'attendre ? Elle paraissait mal à l'aise, quoique attentive et polie. Il refusa à nouveau, la remercia en lui disant qu'il reviendrait plus tard, puis il redescendit vers sa maison. Les habitants du village avaient enlevé les décombres qui jonchaient le sol et s'apprêtaient à tout rebâtir. Rien n'avait pu être sauvé de l'incendie, à part les ustensiles de cuisine. Fujiko ne voulait pas lui dire le prix des réparations. « Ça ne coûte rien. Ne vous inquiétez pas. »

Blackthorne vit Omi monter la colline, grave et tendu. Il vint à sa rencontre. En le voyant, Omi sembla se calmer. « Oh, Anjin-san, dit-il cordialement. On m'a dit que vous partiez aussi avec Toranaga-sama, à l'aube. Très bien, nous pourrons faire le chemin ensemble. »

En dépit de l'amitié apparente d'Omi, Blackthorne restait sur ses gardes.

« Omi-san, maintenant, je aller là-bas. » Il indiqua du doigt le plateau. « S'il vous plaît, vous venir avec moi, oui ?

— Il n'y a pas d'entraînement aujourd'hui.
— Compris. S'il vous plaît, vous venir avec moi. Oui ?
— Très bien, Anjin-san. Mais nous y allons à cheval. Je vous rejoins tout de suite. » Omi grimpa la colline et rentra chez lui. Blackthorne ordonna à un serviteur de seller son cheval et se mit en selle maladroitement, du côté droit comme le voulait la coutume au Japon et en Chine. Omi réapparut, accompagné par quatre samouraïs. Ils grimpèrent tous ensemble la route pleine d'ornières, jusqu'au plateau. Ils dépassèrent de nombreuses compagnies en ordre de marche. Leurs fanions flottaient au bout des lances. En longeant la crête, ils virent que le Régiment des mousquets avait reçu son ordre de route. Chaque homme était près de sa monture. Yabu, Naga et leurs officiers ouvraient la marche. La pluie se mit à tomber à grosses gouttes.
« Toutes troupes aller ? demanda Blackthorne, inquiet.
— Oui.
— Aller Shuzenji avec Toranaga-sama, Omi-san ?
— Je ne sais pas. »
Son instinct de conservation l'avertit de ne pas poser d'autres questions, mais l'une d'elles exigeait pourtant une réponse. « Et Buntaro-sama ? Avec nous demain ?
— Non. Il est déjà parti. Il était sur la place, ce matin, quand vous êtes sorti de la maison de thé. Vous ne l'avez pas vu ? » Blackthorne n'arrivait pas à lire les pensées d'Omi. « Non. Pas voir, désolé. Il aller à Shuzenji aussi ?
— Je crois, oui. Je n'en suis pas certain. Pourquoi vouliez-vous que je vienne ici ?
— Montrer endroit. » Avant qu'Omi ait pu ajouter un seul mot, Blackthorne avait déjà éperonné son cheval. Il nota les points de repère avec son sens aigu de navigateur et se rendit très vite au bon endroit près de la crevasse. Il descendit de selle et fit signe à Omi. « S'il vous plaît.
— Qu'est-ce qu'il y a ? dit Omi d'une voix tranchante.
— S'il vous plaît, ici, Omi-san. Seul. »
Omi fit signe à ses gardes de s'éloigner et rejoignit Blackthorne. « *Nan desu ka ?* » Sa main se contracta sur le pommeau de son épée.
— Cet endroit Toranaga-sama... » Blackthorne ne trouvait pas ses mots. Il s'expliqua par gestes. « Compris ?
— C'est ici que vous l'avez sorti de terre, *neh ?* Et alors ? »
Blackthorne le regarda puis regarda son épée et le regarda à nouveau sans rien dire. Il essuya la pluie qui coulait sur son visage.
« *Nan desu ka ?* » répéta Omi, de plus en plus agacé.
Blackthorne ne répondit pas. Omi fixa la crevasse puis tourna à nouveau son regard vers Blackthorne. Ses yeux s'éclairèrent tout à coup.
« *Ah, so desu ! Wakarimasu !* » Omi réfléchit, puis appela l'un de ses gardes. « Fais venir Mura ici immédiatement, avec vingt hommes et des pelles ! »
Le samouraï partit au galop. Omi renvoya les autres au village. Il descendit de cheval et se tint près de Blackthorne.
« Oui, Anjin-san, dit-il, C'est une excellente idée. Excellente.

— Idée ? Quelle idée ? demanda Blackthorne innocemment. Juste montrer endroit... Penser vous vouloir connaître endroit, *neh ?* Désolé... Pas comprendre.

— Toranaga-sama a perdu ses épées ici. Elles sont très précieuses. Il sera content de les récupérer. Très content, *neh ?*

— *Ah so !* Pas mon idée, Omi-san, dit Blackthorne. Idée Omi-san.

— Bien sûr. Merci, Anjin-san. Vous êtes un bon ami et votre esprit fonctionne bien. J'aurais dû y penser moimême. Oui, vous êtes un bon ami et nous avons tous besoin d'amis pour les mois à venir. La guerre nous guette, que nous le voulions ou non.

— S'il vous plaît ? Pas comprendre. Parler trop vite.

— Je suis heureux que nous soyons amis. Vous et moi. Compris ?

— *Hai.* Vous dire guerre ? Guerre maintenant ?

— Bientôt. Que peut-on faire ? Rien. Ne vous inquiétez pas. Toranaga-sama vaincra Ishido et ses traîtres. C'est la vérité, compris ? Il n'y a pas à s'inquiéter, *neh ?*

— Compris. Je partir maintenant. Ma maison. D'accord ?

— Oui. Je vous reverrai à l'aube. Merci encore. »

Blackthorne acquiesça mais ne s'en alla pas. « Elle est belle, *neh ?*

— Qui ?

— Kiku-san. » Blackthorne avait les jambes légèrement écartées. Il était prêt à bondir en arrière, à braquer son pistolet sur Omi et à tirer. Il se souvenait avec précision de l'incroyable rapidité avec laquelle Omi avait décapité le pauvre Tamazaki. Il se tenait prêt et se disait que sa sécurité exigeait qu'il parlât le plus vite possible de Kiku. Omi n'en parlerait jamais. Parce qu'elle lui était étrangère et motif de honte, la jalousie qu'il éprouvait l'empoisonnerait jusqu'au moment où il exploserait aveuglément et férocement.

« Kiku-san ? dit Omi.

— *Hai.* » Blackthorne voyait qu'Omi était troublé. Il était tout de même content d'avoir choisi le moment et le lieu. « Elle est belle, *neh ?*

— Belle ?

— *Hai.* »

La pluie redoubla d'intensité. Les grosses gouttes faisaient gicler la boue. Les chevaux frissonnaient. Les deux hommes étaient trempés.

« Oui, dit Omi. Kiku-san est très belle. » Il continua de parler mais Blackthorne ne put saisir la signification de ce flot de paroles.

« Pas assez de mots maintenant, Omi-san... Pas assez pour parler clairement. Plus tard, oui. Pas maintenant, compris ? »

Omi sembla ne pas entendre, puis il dit : « Nous avons tout le temps, Anjin-san, tout le temps pour parler d'elle, de vous et de moi. Mais je suis d'accord avec vous. Ce n'est pas le moment, *neh ?*

— Croire compris, oui. Hier pas savoir Omi-san et Kiku-san très amis, dit-il, le poussant dans ses retranchements.

— Elle n'est pas ma propriété.

— Maintenant savoir vous et elle très amis. Maintenant...

— Maintenant partir. Le sujet est clos. Cette femme n'est rien. Rien ! »

Blackthorne resta, entêté, là où il était. « Prochaine fois, je...

— Cette conversation est finie ! Vous n'avez pas entendu ? Finie !

— *Iyé, iyé,* par Dieu ! »

Omi chercha son épée. Blackthorne recula de deux pas sans s'en rendre compte, mais Omi ne dégaina pas et Blackthorne ne sortit pas son pistolet. Les deux hommes étaient prêts mais ni l'un ni l'autre ne voulait engager le combat.

« Que voulez-vous dire, Anjin-san ?

— Prochaine fois, je demander... pour Kiku-san. Si Omi-san dire oui... oui. Si non... non ! Compris ? Ami à ami, *neh ?* »

Omi relâcha légèrement le pommeau de son épée. « Je vous répète qu'elle n'est pas ma propriété. Merci de m'avoir montré cet endroit, Anjin-san, Au revoir.

— Ami ?

— Bien sûr. » Omi s'approcha et tint la bride du cheval pendant que Blackthorne montait en selle. Blackthorne jeta un coup d'œil sur Omi. Il aurait aimé brûler la cervelle de ce samouraï, là, maintenant, s'il avait pu le faire. Sa sécurité lui dictait cette action.

« Au revoir, Omi-san. » Omi le regarda s'en aller et ne se retourna pas avant qu'il ait disparu de l'autre côté du tertre. Il signala l'endroit exact de la crevasse à l'aide de quelques pierres, puis, profondément troublé, s'accroupit et attendit sans prêter attention au déluge.

Mura et les paysans arrivèrent très vite, maculés de boue.

« Toranaga-sama est tombé dans la crevasse à cet endroit-là, Mura, et ses épées y sont enterrées. Apportezles-moi avant le coucher du soleil.

— Bien, Omi-sama.

— Si vous aviez un tant soit peu de jugeote, si vous aviez mes intérêts à cœur, moi votre suzerain, vous l'auriez déjà fait.

— Veuillez excuser, je vous prie, ma stupidité. »

Omi s'en alla. Ils le regardèrent partir puis se placèrent en cercle autour des pierres et se mirent à creuser.

42

Ils arrivèrent à Yokosé à midi. Buntaro avait intercepté Zataki la veille au soir et comme Toranaga le lui avait ordonné, l'avait accueilli officiellement. « Je lui ai demandé de camper à l'extérieur du village, au nord, Sire, jusqu'à ce que le lieu de la rencontre ait été aménagé. La rencontre aura lieu ici, cet après-midi, si cela vous convient. » Il ajouta : « J'ai pensé que l'heure de la chèvre serait favorable.

— Très bien.

— Il voulait vous rencontrer cette nuit mais j'en ai décidé autrement. Je lui ai dit que vous "seriez honoré" de le rencontrer aujourd'hui ou demain quand il le désirait, mais après la tombée de la nuit. »

Toranaga grogna son approbation mais ne descendit pas de cheval. Il portait un pectoral, un casque et une armure légère en bambou. Il fit un tour d'horizon, soigneusement. L'endroit avait été bien choisi. Pas la moindre possibilité de tendre une embuscade. Pas de maisons ou d'arbres pouvant dissimuler des archers ou des mousquetaires. A l'est seulement, le terrain se relevait un peu. Au nord et au sud ils étaient gardés par le village et le pont qui enjambait la rivière au courant rapide. Ici, dans le goulet, l'eau tourbillonnait et le lit était infesté de rochers. Vers l'est, derrière lui, le sentier grimpait, très raide jusqu'au col, sur la crête enveloppée de brouillard, à cinq ride là. Les montagnes, pour la plupart volcaniques, les surplombaient. Elles avaient toutes leurs sommets perdus dans la brume. Au centre de la clairière, un énorme baldaquin avait été installé en hâte. Deux coussins de brocart étaient posés sur les tatamis, l'un en face de l'autre.

« J'ai des hommes ici, là et là-bas, poursuivit Buntaro. Vous pouvez voir sur plusieurs *ri* dans toutes les directions, Sire. De très bonnes positions de défense... Le pont et tout le village sont couverts. A l'est, votre retraite est assurée par d'autres hommes postés en nombre. Le pont est, bien sûr, bloqué par des sentinelles et j'ai laissé une "garde d'honneur" d'une centaine d'hommes au campement de Zataki.

— Sire Zataki est là-bas ?

— Non, Sire. J'ai choisi une auberge pour lui et sa suite, aux abords du village. Une auberge digne de son rang. Je l'ai invité à profiter des bains. Cette auberge est isolée et gardée. J'ai laissé entendre que vous iriez à Shuzenji demain et qu'il y serait votre invité. » Buntaro indiqua une auberge propre, d'un étage, à la lisière de la clairière, près d'une source chaude qui jaillissait d'entre les rochers en gargouillant et formait une baignoire naturelle. « Cette auberge est la vôtre, Sire. » Un groupe d'hommes agenouillés, têtes baissées, se tenait devant l'établissement. « C'est le chef du village et les anciens. Je ne savais pas si vous vouliez les voir tout de suite.

— Plus tard. » Le cheval de Toranaga hennit faiblement et secoua la tête de droite et de gauche. Les brides s'agitèrent. Toranaga le calma. Tout à fait satisfait par le dispositif de sécurité, il fit signe à ses hommes et descendit de selle. L'un des samouraïs de Buntaro se saisit des rênes. Toranaga s'étira pour soulager les muscles perclus de son dos et de ses jambes. Il avait fait le chemin depuis Anjiro d'une seule traite, en une marche forcée où l'on ne s'arrêtait que pour changer de monture. Le reste du convoi — palanquins et porteurs — sous le commandement d'Omi, se trouvait encore loin derrière. La route, depuis Anjiro, avait longé la côte, puis avait bifurqué. Ils avaient pris la route intérieure ouest et avaient traversé des forêts luxuriantes regorgeant de gibier.

« Bien, oui, très bien, dit-il. Vous avez fait du bon travail.

— Si vous voulez me faire honneur, Sire, dit Buntaro, permettez-moi d'éliminer immédiatement sire Zataki et ses hommes.

— Il vous a insulté ?

— Non... Au contraire... Ses manières étaient dignes d'un courtisan mais l'étendard sous la protection duquel il voyage est une trahison à votre égard.

— Patience. Combien de fois devrai-je vous le répéter ? dit Toranaga avec indulgence.

— J'ai bien peur que ce ne soit souvent encore, Sire, répondit Buntaro d'un ton bourru. Excusez-moi. Je vous en prie.

— Vous étiez son ami.

— Il était votre allié.

— Il vous a sauvé la vie à Odawara.

— Nous étions du même côté », dit Buntaro qui ne pouvait plus se contenir. Comment peut-il vous faire ça, Sire ? Votre propre frère ! Ne lui avez-vous pas fait de faveurs ? N'avez-vous pas combattu du même côté ?

— Les gens changent. » Toranaga reporta toute son attention sur le baldaquin. De délicats rideaux de soie avaient été pendus aux poutres, au-dessus de la plate-forme, par souci de décoration. Des glands de brocart formaient une frise et se mariaient très bien avec les coussins du même tissu.

« C'est bien trop riche. Ça donne trop d'importance à cette rencontre, dit-il. Un peu de simplicité. Enlevez les rideaux, tous les glands et tous les coussins ; renvoyez-les au marchand et, s'il ne redonne pas l'argent à l'intendant. dites-lui de les vendre. Qu'il achète quatre coussins, pas deux. Qu'ils soient ordinaires, bourrés de grains.

— Oui, Sire. »

Le regard de Toranaga tomba sur la source et erra sur ce spectacle pendant quelques instants. L'eau, bouillonnante et sulfureuse, sifflait en jaillissant d'entre les rochers. Son corps réclamait un bain d'urgence.

« Et le chrétien ?

— Sire ?

— Tsukku-san ?

— Il est quelque part dans le village, mais de l'autre côté du pont. Il n'a pas l'autorisation, à moins que vous ne la lui donniez, de venir de ce côté-ci. Pourquoi ? Est-ce important ? Il a dit qu'il serait très honoré de vous voir, quand cela vous conviendrait. Voulez-vous le voir ?

— Était-il seul ? »

Les lèvres de Buntaro se retroussèrent. « Non. Vingt acolytes l'escortaient. Tous tonsurés comme lui ; tous des hommes de Kyushu, Sire, tous bien nés et tous samouraïs ; tous avec de très belles montures mais pas d'armes. Je les ai fait fouiller. Soigneusement.

— Et lui ?

— Bien sûr, lui aussi. Lui plus qu'aucun autre. Il y avait quatre pigeons dans ses bagages. Je les ai confisqués.

— Bien. Tuez-les... Un imbécile les aura tués par erreur, désolé, *neh ?*

— Compris. Vous voulez que j'aille le chercher ?

— Plus tard. Je le verrai plus tard. »

Buntaro fronça les sourcils. « Ai-je eu tort de le faire fouiller ? » Toranaga fit non de la tête et regarda à nouveau la ligne de crête, d'un air absent. Il était complètement perdu dans ses pensées. « Envoyez deux hommes de confiance surveiller le Régiment des mousquets.

— C'est déjà fait, Sire. » Le visage de Buntaro s'éclaira, satisfait. « Quelques yeux et quelques oreilles à nous sont disséminés parmi les gardes personnels de Sire Yabu. Il ne lui sera pas possible de péter sans que nous le sachions, si tel est votre désir.

— Très bien. »

La tête du convoi des bagages, encore éloignée, venait de tourner dans le sentier. Toranaga pouvait voir les trois palanquins. Omi était dans celui de tête. L'Anjin-san chevauchait à ses côtés.

Il leur tourna le dos. « J'ai amené votre femme avec moi.

— Oui, Sire.

— Elle m'a demandé la permission de se rendre à Osaka. »

Buntaro le fixa sans rien dire.

« J'ai donné mon accord, à condition, bien sûr, que vous soyez d'accord, vous aussi.

— Si vous approuvez, Sire, j'approuve, répondit Buntaro.

— Je peux soit la laisser prendre la route de Mishima, soit lui faire accompagner l'Anjin-san jusqu'à Yedo d'où elle irait à Osaka par la mer. L'Anjin-san est d'accord pour en prendre la responsabilité... si vous êtes d'accord.

— Ce serait plus sûr par la mer.

— Tout dépend du message de sire Zataki. Si Ishido me déclare officiellement la guerre, je devrai alors le lui interdire. Sinon, votre femme pourra partir demain ou après-demain, si vous êtes d'accord.

— Quelle que soit votre décision, je suis d'accord.

— Déléguez cet après-midi vos pouvoirs à Naga-san. C'est le moment de faire la paix avec votre femme.

— Excusez-moi, Sire. Je dois rester avec mes hommes. Je vous supplie de me laisser avec mes hommes jusqu'à ce que vous soyez reparti sain et sauf.

— Vous déléguerez cet après-midi vos pouvoirs à mon fils. Vous me rejoindrez avec votre femme, pour le repas du soir. Vous resterez à l'auberge. Vous y ferez la paix. »

Buntaro fixa le sol, puis dit d'un air renfrogné : « Oui, Sire.

— Vous avez ordre d'essayer de conclure la paix. » Il allait ajouter : une paix honorable vaut mieux qu'une guerre, *neh ?* mais ce n'était pas vrai et cela aurait pu engendrer une discussion philosophique. Il était fatigué et n'avait aucune envie de discuter. Il voulait prendre un bain et se reposer. « Allez chercher le chef du village ! »

Toranaga lui dit sèchement que la note qu'il présenterait à son intendant le jour du départ devrait, bien sûr, être raisonnable. « *Neh ?*
— *Hai.* » Le chef du village et les anciens bénissaient les dieux de leur chance et des moissons d'argent que cette visite allait déverser sur eux. Le sémillant vieillard fit entrer Toranaga dans l'auberge après s'être incliné et avoir encore dit combien il étaient honorés de recevoir le plus grand *daimyō* de tout l'empire dans leur village. Toranaga inspecta les lieux entièrement. Des servantes de tous âges lui souriaient au passage. Il y avait dix chambres autour d'un jardin indéfinissable. Une petite maison de thé en occupait le centre. A l'ouest, nichée au creux des rochers, une maison de bains alimentée par les eaux de sources. Toute l'auberge était fermée par une palissade. Une allée couverte menait aux bains. C'était très facile à défendre.

« Je n'ai pas besoin de toute l'auberge, Buntaro-san. Trois pièces seront amplement suffisantes. Une pour moi, une pour l'Anjin-san et une pour les femmes. Vous en prendrez une quatrième. Pas la peine de payer le reste.

— Mon intendant me dit qu'il a conclu un marché très intéressant portant sur toute l'auberge, Sire. Il paie jour après jour. C'est moins que moitié prix et nous sommes encore hors saison. J'ai donné mon accord sur le prix en raison de votre sécurité.

— Très bien, mais je veux voir la note avant de partir. Pas besoin de gaspiller de l'argent. Vous feriez mieux de remplir les chambres avec des gardes. Quatre par pièce.

— Oui, Sire. » Buntaro avait déjà pensé faire ça. Il regarda Toranaga s'en aller avec deux gardes, entourés par quatre des plus jolies servantes, et le vit se diriger vers sa chambre, dans l'aile est. Il se demanda quelles étaient les femmes qui allaient occuper la chambre. Fujiko ? Peu importe, pensa-t-il, je le saurai bien assez vite. Toujours pensif, il sortit dans la cour. Pourquoi Osaka ?

A l'heure de la chèvre, les sentinelles s'écartèrent, sur le pont. Un cortège le traversa ; les étendards d'abord portant les bannières revêtues du tout-puissant emblème des régents, puis le riche palanquin, enfin les nombreux gardes. Les habitants du village étaient à genoux, intérieurement stupéfaits par tant de pompe et de richesse. Le chef du village avait prudemment demandé s'il devait rassembler tous les habitants en l'honneur d'une telle occasion. Toranaga avait fait répondre que ceux qui ne travaillaient pas pourraient assiter au spectacle avec la permission de leur maître. Le chef du village, avec encore plus de prudence, avait donc formé une délégation qui comprenait essentiellement des vieux et des très jeunes, juste en assez grand nombre pour constituer un comité d'accueil. Saigawa Zataki, seigneur de Shinano, était plus grand que Toranaga et avait cinq ans de moins que lui. Il avait la même carrure d'épaules et le même nez proéminent, mais son ventre était plat et sa barbe brune et très fournie. Ses yeux ne formaient que deux fentes minuscules sur le visage. Quoiqu'il y eût une étrange ressemblance entre les deux frères quand ils étaient vus séparément, ensemble ils étaient tout à fait dissemblables.

Le kimono de Zataki était richement brodé. Son armure était imposante et étincelante. Ses épées avaient visiblement beaucoup servi.

« Bienvenu, cher frère. » Toranaga quitta le dais et s'inclina. Il portait le plus simple des kimonos, des sandales militaires en paille et ses épées. « Excusez-moi de vous recevoir aussi simplement, mais j'ai fait aussi vite que je pouvais.

— Excusez-moi de vous déranger. Vous semblez en bonne forme, cher frère. Vous avez très bonne mine. » Zataki sortit de son palanquin et lui rendit son salut, commençant ainsi l'interminable cérémonial et ses formalités.

« Prenez ce coussin, Sire Zataki.

— Je serais très honoré si vous preniez place d'abord, Sire Toranaga.

— Vous êtes trop bon. Mais faites-moi honneur en vous asseyant le premier. »

Ils continuèrent à jouer ce jeu qu'ils avaient joué de nombreuses fois entre eux. Ils finirent par s'asseoir l'un en face de l'autre, à deux épées de distance. Buntaro était à la gauche de Toranaga. Zataki avait son aide de camp principal, un samouraï d'un certain âge aux cheveux grisonnants, à sa gauche. Les samouraïs de Toranaga étaient assis en rangs, à vingt pas autour du dais. Ils portaient tous volontairement l'uniforme avec lequel ils avaient voyagé mais leurs armes étaient en parfait état. Omi était assis à même la terre, contre le bord de l'estrade. Naga se trouvait de l'autre côté. Les hommes de Zataki étaient richement vêtus. Leurs amples manteaux aux épaules retroussées comme des ailes étaient serrés à la taille par des ceintures à boucle d'argent. Ils étaient également bien armés, Ils s'installèrent eux aussi, à vingt pas. Mariko servit le thé et les deux frères échangèrent des paroles anodines. Mariko s'inclina et se retira. Zataki dit brusquement : « J'amène les ordres du Conseil des régents. »

Un silence soudain tomba sur la place. Ils étaient tous surpris par les mauvaises manières de Zataki, par sa façon insolente de dire « les ordres » et non « un message » et de ne pas avoir laissé Toranaga lui demander : « En quoi puis-je vous être utile ? » comme l'exigeait le cérémonial. Naga jeta un regard rapide sur son père. Il vit la rougeur du cou de Toranaga, signe infaillible d'un accès de colère imminent.

Naga fut stupéfait d'entendre sa réponse calme et sereine : « Vous avez des ordres ? Pour qui, cher frère ? Vous avez certainement un message. »

Zataki sortit deux rouleaux de sa manche. La main de Buntaro chercha en hâte son épée devant la soudaineté du geste de Zataki. Le rituel exigeait que tous les mouvements soient lents et calculés. Toranaga n'avait pas bougé. Zataki brisa le sceau du premier rouleau et lut d'une voix haute et glaciale : « Sur ordre du Conseil des régents, au nom de l'empereur Go Niji, Fils du Ciel, nous saluons notre illustre vassal Yoshi Toranaga Noh-Minowara et l'invitons à faire acte d'obéissance devant nous à Osaka. Nous le pressons également d'informer notre illustre ambassadeur, le régent, Sire Saigawa Zataki, de la décision qu'il compte prendre face à la dite invitation. » Il releva la tête et, d'une voix tout aussi forte, poursuivit : « C'est signé par tous les régents et scellé avec le grand sceau du royaume. » Il plaça hautainement le rouleau devant lui. Toranaga fit signe à Buntaro qui s'avança, s'inclina profondément devant Zataki, ramassa le rouleau, se tourna vers Toranaga et s'inclina à nouveau. Toranaga accepta le parchemin et fit signe à Buntaro de regagner sa place. Toranaga étudia le parchemin pendant un temps interminable.

« Toutes les signatures sont authentiques, dit Zataki. Vous acceptez ou vous refusez ? »

A voix basse, pour que seuls ceux qui se trouvaient sous le dais en dehors d'Omi et de Naga puissent l'entendre, Toranaga dit : « Pourquoi ne vous enlèverais je pas la tête pour vos détestables manières ?

— Parce que je suis le fils de ma mère, répondit Zataki.

— Ça ne vous protégera pas longtemps si vous continuez ainsi.

— Alors, elle mourra avant son heure.

— Pardon ?

— Dame notre mère se trouve à Takato. » Takato était l'imprenable citadelle et capitale de Shinano. « Je suis désolé de vous dire que son corps y resterait à jamais.

— Comédie ! Vous la respectez autant que je la respecte.

— Sur son esprit immortel, cher frère, je la respecte, c'est vrai. Mais je déteste encore plus ce que vous êtes en train de faire au royaume.

— Je ne cherche pas à prendre de nouveaux territoires et...

— Vous cherchez à renverser la succession.

— Vous avez tort, une fois de plus. Je protégerai toujours mon neveu contre les traîtres.

— Vous cherchez à renverser l'héritier. Voilà ce que je crois. J'ai décidé de rester vivant et j'ai donc fermé Shinano et la route du nord contre vous, *quel qu'en soit le prix,* et je continuerai ainsi jusqu'à ce que le Kwanto soit entre des mains amies... *quel qu'en soit le prix.*

— Dans *vos* mains, cher frère ?

— N'importe quelles mains, sauf les vôtres, cher frère.

— Vous avez confiance en Ishido ?

— Je n'ai confiance en personne. C'est vous qui me l'avez enseigné. Ishido est Ishido mais sa loyauté est hors de doute. Vous voudrez bien l'admettre.

— J'admets qu'Ishido essaie de me détruire et de diviser le royaume, qu'il a usurpé le pouvoir et qu'il est en train de bafouer le testament du Taikō.

— Mais vous avez bien comploté avec Sire Sugiyama pour couler le Conseil des régents, *neh ?* » La veine du front de Zataki battait. « Qu'avez-vous à dire ? L'un de ses conseillers a avoué la trahison. Vous complotiez avec Sugiyama pour qu'il accepte Sire Ito à votre place. Vous aviez ensuite l'intention de démissionner la veille de la première rencontre et de vous échapper de nuit en jetant ainsi la confusion dans le royaume. J'ai entendu cette confession... cher frère.

— Étiez-vous l'un des assassins ? »

Zataki rougit de colère. « Des *ronin* pleins de zèle ont tué Sugiyama. Ce n'était pas moi ni les hommes d'Ishido !

— Curieux que vous ayez pris si rapidement sa place comme régent, *neh ?*

— Non. Ma lignée est aussi ancienne que la vôtre, mais je n'ai pas ordonné qu'on le tue. Ishido non plus. Il l'a juré sur son honneur de samouraï. Je le jure, moi aussi. Ce sont des *ronin* qui ont tué Sugiyama, mais il méritait de mourir.

— Par la torture, déshonoré, au fond d'une cave puante, ses enfants et ses concubines découpés en morceaux sous ses yeux ?

— C'est une rumeur colportée par des mécontents ignominieux. Par *vos* espions, peut-être, pour discréditer Sire Ishido et, à travers lui, dame Ochiba et l'héritier. Il n'y a pas de preuves.

— Regardez leurs corps.

— Les *ronin* ont incendié la maison. Il n'y a pas de corps.

— C'est bien commode, *neh ?* Comment pouvez-vous avaler de telles sornettes ? Vous n'êtes pas un paysan stupide !

— Je refuse de rester assis et d'écouter pareils propos. Donnez-moi votre réponse maintenant. Prenez ma tête et notre mère meurt ou laissez-moi partir, » Zataki se pencha. « Dans les minutes qui suivront ma décapitation dix pigeons s'envoleront pour Takato. J'ai des hommes de confiance au nord, à l'est et à l'ouest, à un jour de marche d'ici, hors de votre portée. S'ils échouent, j'en ai d'autres en sécurité de l'autre côté de vos frontières. Si vous me décapitez, si vous me faites assassiner ou si je meurs à Izu — *quelle que soit la raison* —, notre mère meurt aussi. Maintenant prenez ma tête ou finissons-en avec ces parchemins et je quitte Izu sur-le-champ. Choisissez !

— Ishido a assassiné Sire Sugiyama. Je vous en fournirai la preuve en temps voulu. C'est important, *neh ?* Je n'ai besoin que d'un peu...

— Vous n'avez plus le temps ! Le message vous ordonne de donner une réponse immédiate. Bien sûr, vous refusez d'obéir. Alors, c'en est fait. Voici... »

Zataki posa le second parchemin sur le tatami. « Voici votre récusation officielle et l'ordre de vous faire seppuku que vous allez traiter avec un égal dédain. Que le Seigneur Bouddha vous pardonne ! Maintenant, tout est réglé. Je pars immédiatement. La prochaine fois que nous nous rencontrerons, ce sera sur un champ de bataille et je me suis promis que ce jour-là je verrais votre tête au bout d'une pique avant le coucher du soleil. »

Toranaga garda les yeux fixés sur son adversaire. « Sire Sugiyama était votre ami et le mien. Notre camarade. Aussi honorable qu'un samouraï puisse l'être. La vérité sur sa mort devrait avoir de l'importance pour vous.

— La vôtre en a beaucoup plus, cher frère.

— Ishido vous a dupé comme un enfant affamé se laisserait attraper par le sein de sa mère ! »

Zataki se tourna vers son conseiller.

« Sur votre honneur de samouraï, ai-je bien posté des hommes ? Quelle est la teneur du message ? » Le vieux et digne samouraï aux cheveux grisonnants, chef des hommes de confiance de Zataki, se sentait mal à l'aise et avait honte de cette explosion de haine. « Désolé, Seigneur, dit-il dans une murmure étouffé, s'inclinant devant Toranaga. Mais mon maître vous dit, bien sûr, la vérité. Comment pouvez-vous mettre sa parole en doute ? Excusez-moi, mais il est de mon devoir, en tout honneur et humilité, de vous faire remarquer à tous deux qu'un tel... qu'un tel manque de politesse n'est pas digne de votre rang et de la solennité d'une telle rencontre. Je me demande vraiment comment vous feriez pour retenir vos vassaux, s'ils vous avaient entendus. Vous oubliez votre devoir en tant que samouraïs et votre devoir envers vos hommes. Excusez-moi, je vous en prie. » Il les salua. « Mais ce devait être dit. Tous les messages sont identiques, sire Toranaga, et portent tous le sceau officiel de sire Zataki : « Mettez madame ma mère à mort. Immédiatement ! »

— Comment puis-je vous prouver que je n'essaie pas de renverser l'héritier ? demanda Toranaga.

— Abdiquez en faveur de votre fils et héritier — sire Sudara — et faites-vous seppuku aujourd'hui. Alors, moi et tous mes hommes — jusqu'au dernier — nous soutiendrons Sudara, seigneur du Kwanto, dit Zataki.

— Je réfléchirai à votre proposition.

— Pardon ?

— Je réfléchirai à votre proposition, répéta Toranaga plus fermement. Nous nous reverrons demain à la même heure, si cela vous convient. »

Zataki grimaça. « Est-ce encore un de vos tours ? Pourquoi nous rencontrer à nouveau ?

— Pour parler de votre proposition. » Toranaga brandit le parchemin qu'il tenait à la main. « Je vous donnerai ma réponse demain.

— Buntaro-san ! » Zataki indiqua le second parchemin. « Veuillez donner ceci à votre maître.

— Non ! » La voix de Toranaga se répercuta dans la clairière. Il ajouta avec toute la pompe requise : « Je suis très honoré d'accepter officiellement le message du Conseil. Je donnerai demain, à cette heure-ci, ma réponse à leur illustre ambassadeur, mon très cher frère, seigneur de Shinano. »

Zataki le fixa avec méfiance. « Quelle ré...

— Veuillez m'excuser, Seigneur, interrompit le vieux samouraï, d'une voix basse et secrète. Je suis désolé, mais sire Toranaga reste tout à fait correct en émettant cette suggestion. Vous lui avez donné un choix solennel à faire. Il est honorable et juste de lui laisser le temps qu'il demande. »

Zataki ramassa le second parchemin et le fourra dans sa manche.

« Très bien, j'accepte. Veuillez excuser mes mauvaises manières, sire Toranaga. Veuillez enfin me dire où se trouve Sire Kasigi Yabu ? J'ai un parchemin pour lui. Un seul, dans son cas.

— Je vais le faire chercher, »

Le faucon replia ses ailes et fondit sur le pigeon, dans un bruissement de plumes, le tint dans ses serres et le ramena vers la terre, en tombant comme une pierre. A quelques pieds du sol, il lâcha sa proie, maintenant morte, freina sa chute et se posa sur l'oiseau. Toranaga et Naga galopérent vers le sommet de la colline. Le *daimyō* se laissa descendre de cheval et rappela doucement le faucon sur son poing. L'oiseau obéissant vint se percher sur le gant et fut immédiatement récompensé d'un morceau de viande. Toranaga lui remit son capuchon en serrant les lacets avec les dents. Naga ramassa le pigeon, le mit dans la gibecière à moitié pleine qui pendait à la selle de son père, se retourna et fit signe aux rabatteurs et aux gardes. Toranaga remonta en selle, le faucon confortablement perché sur son gant. Il regarda le ciel et évalua le temps qui restait avant la nuit.

« Il devrait faire beau temps, Naga-san. Pas de nuages. Je crois que j'irai chasser, demain à l'aube.

— Oui, père. » Naga le regarda. Il était perplexe et avait, comme toujours, peur de lui poser des questions. Il aurait bien aimé tout savoir. Il n'arrivait pas à comprendre comment son père pouvait se sentir aussi détaché après une aussi hostile rencontre. Saluer Zataki avant de partir, convoquer les fauconniers, les rabatteurs et les gardes, les emmener vers les collines au-delà de la forêt, paraissait à Naga la preuve irréelle d'une maîtrise de soi. La seule pensée de Zataki lui faisait se dresser les cheveux sur la tête et il savait que le vieux conseiller avait raison. Si un seul dixième de la conversation avait été surpris, les samouraïs se seraient précipités pour défendre l'honneur de leur maître. Il se serait lui-même jeté sur Zataki n'eût été la menace planant au-dessus de sa très chère grand-mère. Voilà bien la raison pour laquelle mon père est ce qu'il est et se trouve là où il se trouve... pensa-t-il.

Il entrevit les cavaliers qui débouchaient de la forêt et venaient à leur rencontre. Les lumières des auberges scintillaient comme des lucioles.

« Père !

— Pardon ? Oui, je les aperçois. Qui sont-ils ?

— Yabu-san, Omi-san et... huit gardes.

— Tes yeux sont meilleurs que les miens. Ah, oui, je les reconnais. »

Naga dit sans y penser : « Je n'aurais pas laissé Yabusan aller voir sire Zataki sans... » Il se tut puis ajouta en bégayant : « Excusez-moi...

— Pourquoi n'aurais-tu pas envoyé Yabu-san seul ? »

Naga se maudit d'avoir ouvert la bouche et hésita sous l'œil attentif de son père. « Excusez-moi. Peut-être parce que je n'aurais pas su la nature du marché conclu entre eux deux. Je ne lui fais pas confiance.

— Si Yabu-san et Zataki-san ont l'intention de me trahir dans mon dos, ils le feront, témoin ou pas. Il est parfois plus sage de jeter du lest. Voilà comment il faut prendre le poisson, *neh ?*

— Oui. Veuillez me pardonner, père.

— Je suis heureux que tu comprennes, mon fils, dit-il pour l'encourager, connaissant ses qualités et les appréciant à leur juste valeur. Tu es un bon fils, ajouta-t-il sincèrement.

— Merci, père, dit Naga, rempli d'orgueil à ce compliment si rare. J'espère seulement que vous voudrez bien pardonner ma stupidité et m'apprendre à mieux vous servir.

— Tu n'es pas stupide. » Yabu est stupide, faillit ajouter Toranaga. Moins les gens en savent, mieux c'est. Il contempla les cavaliers qui approchaient. Yabu et Omi montèrent la colline et mirent pied à terre. Ils s'arrêtèrent à dix pas et saluèrent.

« Il m'a donné un parchemin, dit Yabu, fou de rage, en le brandissant. "... Nous vous invitons à quitter Izu pour Osaka aujourd'hui. Présentez-vous à la forteresse d'Osaka ou toutes vos terres seront confisquées et vous serez déclaré hors-la-loi." Il écrasa le parchemin dans son poing et le jeta au sol. « Aujourd'hui !

— Vous feriez mieux de partir tout de suite », dit Toranaga. La stupidité et l'insolence de Yabu le mettaient soudainement de mauvaise humeur.

« Sire, je vous en supplie, dit Omi en se jetant à ses genoux. Sire Yabu est votre dévoué vassal. Je vous supplie de ne pas l'accabler de sarcasmes. Excusez-moi d'être impoli mais Sire Zataki... Veuillez excuser mon impolitesse.

— Yabu-san, pardonnez ma remarque. Elle se voulait amicale. » Toranaga maudissait sa défaillance, « Nous devrions tous garder le sens de l'humour à la lecture de ces messages, *neh ?* »

Il rappela son fauconnier, lui donna l'oiseau, le congédia ainsi que les rabatteurs, puis fit signe à tous les samouraïs, à l'exception de Naga, de s'éloigner. Il s'accroupit et pria Yabu d'en faire autant. « Il vaudrait peut-être mieux que vous me racontiez ce qui s'est passé.

— Il n'y a rien à raconter. Je suis allé le voir. Il m'a reçu avec le minimum de courtoisie. J'ai d'abord reçu les "salutations" de Sire Ishido puis une invitation très sèche pour m'allier secrètement avec lui, mettre au point votre prochain assassinat et tuer tous les samouraïs vous appartenant et qui se trouvent à Izu. J'ai refusé d'entendre et, sans aucune forme de politesse, Zataki m'a tendu ceci ! » Son doigt pointa le parchemin méchamment. « Si vous ne l'aviez pas déclaré intouchable, je l'aurais mis en pièces ! Je vous demande d'annuler cet ordre. Je ne peux vivre avec une telle honte. Je dois tirer vengeance !

— Est-ce bien ce qui s'est passé ?

— Ça ne vous suffit pas ? »

Toranaga ne releva pas l'impolitesse de Yabu et cria à Omi : « Vous êtes à blâmer, *neh ?* Pourquoi n'avez-vous pas eu l'intelligence de mieux défendre votre maître ? Vous êtes sensé être son conseiller. Vous auriez dû lui servir de bouclier, attirer sire Zataki à découvert, essayer de savoir ce qu'Ishido avait en tête, quelle était la nature de la corruption, quels étaient leurs plans. Vous avez laissé passer l'occasion comme un pauvre lourdaud stupide et sans expérience ! »

Omi baissa la tête. « Excusez-moi, Sire.

— Je devrais mais je ne vois pas pourquoi Sire Yabu, lui, vous pardonnerait. Votre Seigneur a maintenant accepté ce parchemin. Il s'est compromis. Il lui faut prendre une décision. Pourquoi croyez-vous que j'ai fait ce que j'ai fait ? Pour retarder, bien sûr, retarder.

— Mais un jour ? Que représente un jour ? demanda Yabu.

— Un jour pour vous est un jour de moins pour l'ennemi. » Le regard de Toranaga se tourna brusquement vers Omi. « Le message d'Ishido était-il oral ou écrit, Omi-san ? »

Yabu répondit à sa place : « Oral, bien sûr. »

Toranaga garda le regard fixé sur Omi : « Vous avez manqué à votre devoir vis-à-vis de votre seigneur et à mon égard.

— Excusez...

— Qu'avez-vous dit exactement ? »

Omi ne répondit pas.

« Vous avez aussi oublié vos bonnes manières. Qu'avez-vous dit ?

— Rien, Sire. Je n'ai rien dit.

— Comment ça ? »

Yabu tonitrua : « Il n'a rien dit à Zataki parce qu'il n'était pas là. Zataki a demandé à me parler seul à seul.

— Oh ? » Toranaga dissimula le plaisir qu'il ressentait en forçant Yabu à avouer ce qu'il soupçonnait déjà. « Excusez-moi, Omi-san, je vous en prie. Je croyais que vous étiez présent.

— Ce fut une erreur de ma part, Sire. J'aurais dû insister. Vous avez raison, J'ai manqué à mon devoir. J'aurais dû me montrer plus inflexible. Excusez-moi, Yabusama. »

Avant que Yabu n'ait eu le temps de répondre, Toranaga dit : « Vous êtes pardonné, Omi-san. Si votre seigneur a décidé d'aller contre votre avis, c'est son privilège. Etes-vous allé contre son avis, Yabu-sama ?

— Oui... oui..., maisje ne pensais pas que c'était important. Vous croyez que je...

— Le mal est fait. Quelles sont vos intentions ?

— Considérer le message pour ce qu'il représente, Sire. Croyez-vous que j'aurais pu ne pas le prendre ?

— Bien sûr. Vous auriez pu négocier avec Zataki, gagner un jour. Peut-être plus. Des semaines même. » Toranaga retournait le couteau dans la plaie. Il était aux anges de voir Yabu ferré à l'hameçon par sa stupidité.

« Je suis désolé mais vous vous êtes compromis. Peu importe, comme vous le dites si bien : "Plus vite on choisit son côté, mieux vaut." » Il se leva. « Pas besoin de retourner au Régiment, cette nuit. Rejoignez-moi tous les deux pour le repas du soir. J'ai fait préparer un divertissement. Pour tout le monde, ajouta-t-il à mi-voix. Il en éprouva une énorme satisfaction.

Les doigts habiles de Kiku pincèrent une corde. Elle se mit à chanter et la pureté de sa voix emplit la nuit silencieuse. Ils étaient assis, fascinés, dans la grande pièce donnant sur le jardin. Toranaga regarda autour de lui, sensible aux courants nocturnes. Mariko était assise entre Blackthorne et Buntaro, Omi près de Yabu. La place d'honneur était toujours vide. Zataki avait été convié mais avait bien sûr décliné l'invitation pour cause de santé précaire, quoiqu'on l'ait vu galoper dans les collines au nord et qu'on le sût présentement en train de faire une rencontre sur l'oreiller. Il était réputé pour son insatiable virilité. Naga et des gardes triés sur le volet veillaient aux alentours. Gyoko était quelque part en arrière-plan. Kiku-san était agenouillée sous la véranda et leur faisait face, petite, seule et gracile.

Mariko a raison, pensa Toranaga. La courtisane vaut bien le prix. Son esprit était absolument fasciné par elle, et son angoisse au sujet de Zataki décrut. Dois-je encore la demander cette nuit ? Dois-je dormir seul ? Sa virilité frissonna au souvenir de la nuit précédente.

« Ainsi donc, Gyoko-san, vous vouliez me voir ? lui avait-il demandé.

— Oui, Sire. »

Il alluma un bâton d'encens. « Continuez, je vous en prie. »

Gyoko s'était inclinée mais il l'avait à peine regardée. C'était la premiére fois qu'il voyait Kiku de si prés. La proximité améliorait encore ses traits charmants épargnés par les rigueurs de la profession.

« Je vous en prie, jouez-nous quelque chose pendant que nous parlons », avait-il dit, surpris que Gyoko soit disposée à parler en sa présence, Kiku avait obéi, mais sa musique n'avait rien de comparable à celle qu'elle avait jouée la veille au soir. Cette nuit, c'était une musique pleine de promesses et d'excitation.

« Sire, avait dit Gyoko. Je veux tout d'abord vous remercier humblement de l'honneur que vous me faites, que vous faites à ma pauvre maison et à ma Kiku-san, première de mes dames du Monde du saule. Le prix que je demande pour son contrat est insolent, je le sais, impossible, j'en suis certaine, non encore accepté jusqu'à ce que dame Kasigi et dame Toda aient pris, dans leur sagesse, une décision. Si c'était votre problème, vous auriez déjà tranché depuis longtemps, car que représente cet argent méprisable pour un samouraï, à plus juste titre, pour le plus grand *daimyō* du monde ? »

Gyoko s'était arrétée de parler pour faire son petit effet. Il n'avait pas mordu à l'hameçon mais avait secoué légèrement son éventail, ce qui pouvait être différemment interprété — irritation, accord ou rejet absolu du prix demandé,

« Qu'est-ce que l'argent, sinon un moyen de communication ? poursuivit-elle. — Tout comme la musique de Kiku-san. Que faisons-nous en fait, nous les femmes du Monde du saule ? Nous ne faisons rien d'autre que communiquer et distraire, éclairer l'âme de l'homme et alléger son fardeau... »

Toranaga avait retenu une réponse caustique, se souvenant que la femme avait acheté un bâtonnet de temps pour cinq cents *koku.* Cinq cents *koku* méritaient bien un auditoire attentif. Il la laissa donc parler et l'écouta d'une oreille, prêtant l'autre à cette perfection musicale qui lui remuait les entrailles et le mettait dans un doux état euphorique. Il fut brutalement ramené à la réalité par une parole de Gyoko. « Pardon ?

— Je vous suggérais de prendre le Monde du saule sous votre protection et de changer ainsi le cours de l'histoire.

— Comment cela ?

— En faisant ce que vous avez toujours fait, Sire. En vous sentant concerné par l'avenir de l'empire... avant de vous sentir concerné par le vôtre. » Il ne releva pas cette exagération stupide et s'interdit d'écouter la musique. Il venait de tomber dans un premier piège en disant à Gyoko d'amener la fille avec elle, dans un second piège en se repaissant de sa beauté et de l'odeur de son parfum, dans un troisième piège en lui permettant de jouer avec séduction pendant que sa maîtresse parlait.

« Le Monde du saule ? Qu'y a-t-il donc avec le Monde du saule ?

— Deux choses, Sire. Le Monde du saule est tout d'abord imbriqué dans le monde quotidien, pour le malheur des deux. Par là nos dames ne peuvent atteindre cette perfection que tous les hommes sont en droit d'attendre d'elles.

— Oh ? » Les effluves du parfum de Kiku vinrent caresser ses narines. C'était un parfum qu'il ne connaissait pas. Il la regarda involontairement. Elle ébaucha une esquisse de sourire et baissa les yeux langoureusement. Ses doigts tapotèrent les cordes. Il les sentit très précisément sur tout le corps. Il essaya de se concentrer. « Désolé, Gyoko-san, vous disiez ?

— Veuillez excuser mon manque de clarté, Sire. Tout d'abord, le Monde du saule devrait être séparé du monde quotidien. Ma maison de thé de Mishima se trouve dans une rue au sud de la ville. Les autres maisons de thé sont éparpillées dans toute la ville. C'est la même chose à Kyoto et à Nara, dans tout l'empire. Même à Yedo. J'ai pensé que Yedo pourrait donner ce nouvel exemple.

— Quel exemple ? » Son cœur cessa de battre pendant une seconde au son d'un accord parfait.

« Toutes les corporations ont leurs rues, des endroits précis dans chaque ville. Nous devrions recevoir notre quartier, Sire. Yedo est une ville neuve. Vous devriez envisager de réserver un quartier pour notre Monde du saule. Rassemblez, regroupez toutes les maisons de thé dans l'enceinte de ce quartier. Interdisez à toutes les maisons de thé, si modestes soient-elles, d'exister à l'extérieur de cette enceinte.

Son esprit était à présent attentif, car venait de surgir devant lui une idée extraordinaire. Elle était d'ailleurs si extraordinaire qu'il s'en voulut de ne pas y avoir pensé lui-même. Toutes les maisons de thé et toutes les courtisanes derrière une enceinte. Voilà qui faciliterait la tâche de la police ! Voilà qui permettrait de lever l'impôt plus aisément ! Voilà qui permettrait d'espionner et de surveiller les clients. La simplicité de l'idée le suffoqua. Il connaissait aussi l'influence primordiale qu'exerçaient les dames de première classe.

Mais son enthousiasme ne transparut pas. « Quel est l'avantage d'un tel système, Gyoko-san ?

— Nous aurions notre corporation, Sire, ainsi que la protection qu'une telle corporation entraîne. Une vraie corporation regroupée en un seul endroit et à qui tous obéiraient...

— *Devraient* obéir.

— Oui, Sire. Ils devraient y obéir pour le bien de tous. La corporation serait responsable de la vérité des prix et du maintien d'un certain niveau. Ainsi, en quelques années, une dame de seconde classe de Yedo en vaudrait une de Kyoto... Si le projet se révélait viable à Yedo, pourquoi ne pourrait-on pas l'étendre à chaque ville de vos domaines ?

— Mais ces propriétaires dans leur quartier réservé seraient des monopolistes, *neh ?* Ils pourraient pratiquer des prix d'entrée usuraires, fermer les portes à n'importe qui, ayant tout autant de droit qu'eux de travailler au sein du Monde du saule, *neh ?*

— Oui. Cela pourrait aussi arriver, Sire. Ça arrivera dans certains endroits, mais des lois strictes peuvent aisément assurer la justice. Le bon triomphera du mauvais, pour notre bien et celui de nos honorés clients. Ensuite, les dames du...

— Finissons-en d'abord avec ce premier point, Gyokosan, dit Toranaga sèchement. Voilà donc un point contre vous et votre suggestion, *neh ?*

— Oui, Sire, c'est possible. Mais n'importe quel *daimyō* peut aisément ordonner qu'il en aille autrement. Vous, Sire, vous n'auriez aucun problème. Chaque quartier serait responsable de sa tranquillité et de sa paix. Et des impôts.

— Ah, oui, les impôts ! Ce serait certainement plus facile de les lever. C'est un très bon point en faveur de ce projet. »

Les yeux de Gyoko fixaient le bâton d'encens. Plus de la moitié était déjà consumée. « Vous, dans votre immense sagesse, vous pourriez décréter que notre Monde du saule serait le seul Monde au sein du Monde entier à ne pas payer d'impôts, jamais, jamais, jamais. » Elle releva le visage et le regarda innocemment. « Après tout, Sire, notre monde n'est-il pas également appelé le “Monde mouvant” ? La beauté n'est-elle pas notre seule offrande ? La jeunesse n'est-elle pas une grande part de cette beauté ? La jeunesse, cette chose si éphémère et fugitive, n'est-elle pas un cadeau des dieux, une chose sacrée ? Vous devez savoir mieux que quiconque combien la jeunesse est fugitive, combien une femme est éphémère, Sire. »

La musique cessa. Ses yeux se tournèrent vers Kiku-san. Elle le regardait intensément, en fronçant légèrement les sourcils.

« Oui, dit-il sincèrement. Je sais combien éphémère elle peut être. Je vais réfléchir à ce que vous venez de dire. Ensuite ?

— Ensuite... » Gyoko rassembla ses esprits. « Ensuite et pour finir, Sire vous pourriez laisser votre marque indélébile sur le Monde du saule. Voyez, par exemple, certaines de nos dames, comme Kiku-san... Elle a appris à chanter, à danser et à jouer du samisen depuis l'âge de six ans. Chaque moment de sa journée est voué à un dur travail de perfectionnement. Elle est devenue, et c'est assurément justifié, dame de première classe, mais elle reste quand même une courtisane et certains clients s'attendent à profiter de son art tout en la rencontrant également sur l'oreiller. Je crois que deux classes de dames devraient être instituées. D'une part, les courtisanes qui seraient comme toujours joyeuses, spirituelles et assureraient le côté physique. D'autre part, une nouvelle classe... peut-être que le mot *gei-sha* pourrait très bien les définir : artistes, personnes uniquement vouées à leur art. Les *gei-shas* n'auraient pas à faire de rencontres sur l'oreiller. Elles ne seraient là que pour distraire. Elles seraient danseuses, chanteuses ou musiciennes — des spécialistes —, et ne s'adonneraient qu'à cette profession. Que les *gei-shas* distraient l'esprit et l'âme des hommes par leur beauté, leur grâce et leur art, Que les courtisanes satisfassent le corps par leur grâce et leur art tout aussi incomparable. »

Il fut à nouveau frappé de la simplicité et des incroyables horizons que dévoilait une telle idée. « Comment sélectionneriez-vous une *gei-sha ?*

— Par ses aptitudes. A la puberté, son propriétaire déciderait du cours que prendrait son avenir. La corporation pourrait approuver ou désapprouver le choix de cette nouvelle recrue, *neh ?*

— C'est une idée extraordinaire, Gyoko-san. »

La femme s'inclina et frissonna. « Excusez mes digressions, Sire, mais de cette façon, quand la grâce se fâne et que le corps s'épaissit, la fille peut encore espérer posséder une valeur et un avenir. Elle n'a pas à subir la chute que subissent aujourd'hui la plupart des courtisanes. Je plaide en faveur des artistes qui existent parmi elles, comme ma Kiku-san. Je vous supplie d'accorder à ces quelques élues l'avenir et la position qu'elles méritent dans ce pays. Il faut des années et des années de pratique pour apprendre à chanter, danser ou jouer de la musique. Les rencontres sur l'oreiller n'ont besoin que de jeunesse. Il n'y a pas de meilleur aphrodisiaque, *neh ?* »

Toranaga l'observait. « Les *gei-shas* pourraient ne pas faire de rencontres sur l'oreiller ?

— Ça ne ferait pas partie du devoir de la *gei-sha.* Elle ne serait jamais *contrainte* de faire des rencontres sur l'oreiller, Sire. Si une *gei-sha* souhaitait la faire avec un homme en particulier, ce serait du ressort de sa vie privée. Un arrangement pourrait être conclu avec la permission de sa maîtresse. Les *gei-shas* et les apprenties *gei-shas* seraient intouchables. Excusez-moi d'avoir parlé si longtemps. » Gyoko et Kiku s'inclinèrent. Il ne restait qu'une minuscule fraction du bâton d'encens.

Toranaga les interrogea longuement, enchanté de cette possibilité qui lui était offerte de pénétrer dans leur monde. Ce qu'il apprit l'excita au plus haut point. Il mémorisa ces renseignements pour un usage ultérieur puis envoya Kiku dans le jardin. « Cette nuit, Gyoko-san, je voudrais qu'elle reste, si elle le veut bien, jusqu'à l'aube... Si elle est libre. Auriez-vous l'amabilité de le lui demander ? Je comprendrais très bien qu'elle soit très fatiguée. Elle a si magnifiquement et si longtemps joué que je le comprendrais aisément. Peut-être pourrait-elle envisager ma demande ? Je vous serais très reconnaissant si vous le lui demandiez.

— Bien sûr, Sire. Je sais qu'elle sera très honorée par votre invitation. Il est de notre devoir de servir, *neh ?*

— Oui. Mais elle est comme vous le faisiez remarquer si justement spéciale. Je comprendrais très bien qu'elle soit fatiguée. Demandez-le-lui dans un moment, s'il vous plaît. » Il donna à Gyoko une petite bourse de cuir. Elle contenait dix *koban.* Il regrettait ses largesses, mais savait que sa position l'exigeait. Peut-être ceci compensera-t-il cette soirée fatigante ?

« Il est de notre devoir de servir, Sire », dit Gyoko. Il vit qu'elle essayait de maîtriser ses doigts qui comptaient, malgré eux, les pièces à travers la peau. « Merci, Sire. Excusez-moi. Je vais le lui demander. »

De façon étrange et inattendue, des larmes coulèrent sur son visage.

« Écoutez-moi, Gyoko-san, je vous comprends. Ne vous inquiétez pas. Je vais réfléchir à tout ce que vous m'avez dit. Oh, oui, vous partirez toutes les deux avec moi, peu après l'aube. Quelques jours en montagne seront un agréable changement. Je pense que le prix du contrat sera accepté, *neh ?* »

Gyoko s'inclina, remercia, essuya ses larmes et dit avec fermeté : « Puis-je vous demander le nom de l'honorable personne pour qui le contrat de Kiku-san a été acheté ?

— Yoshi Toranaga-Noh-Minowara. »

43

Toranaga regarda le prêtre à la haute stature s'approcher à travers la clairière. Les lueurs des torches lui faisaient un visage mince et beaucoup plus grave. Sa robe orange bouddhiste était élégante et un rosaire et une croix pendaient à sa ceinture, Le père Alvito s'arrêta à dix pas de Toranaga, s'agenouilla et le salua respectueusement.

Toranaga était seul sous le dais. Les gardes étaient en demi-cercle autour de lui. Blackthorne se trouvait à proximité. Il était nonchalamment adossé à l'estrade comme il en avait reçu l'ordre. Ses yeux fusillaient le prêtre. Alvito fit celui qui le remarquait pas.

« Il est bon de vous voir, Sire, dit le père Alvito.

— De vous voir également, Tsukku-san. » Toranaga fit signe au prêtre de s'installer confortablement sur le coussin disposé sur un tatami jeté à même le sol, devant l'estrade. « Ça fait longtemps queje ne vous ai pas vu.

— Oui, Sire. Nous avons beaucoup de choses à nous dire. »

Alvito se rendit bien compte que le coussin était à même le sol et non sous le dais. Il avait également remarqué les épées de samouraï que portait Blackthorne. « Je vous apporte un message confidentiel de la part de mon supérieur, le père visiteur, qui vous salue respectueusement.

— Merci, mais parlez-moi d'abord de vous.

— Puis-je saluer le pilote ? »

Toranaga acquiesça.

« Je dois vous féliciter, pilote, dit Alvito en portugais. Vos épées vous vont bien.

— Merci, mon père ; j'apprends à m'en servir. Mais je suis navré de vous annoncer queje ne suis pas encore trés expert. Quand je dois me battre, j'ai toujours recours aux pistolets, aux canons ou aux sabres d'abordage.

— Je prie pour que vous n'ayez jamais à vous battre, pilote, et que vos yeux s'ouvrent à la miséricorde infinie de Dieu.

— Mes yeux sont ouverts. Ce sont les vôtres qui sont embrumés.
— Pour l'amour de votre âme, pilote, gardez les yeux ouverts ainsi que l'esprit. Vous avez peut-être tort. Je dois cependant vous remercier d'avoir sauvé la vie de Sire Toranaga.
— Qui vous a dit ça ? »
Alvito ne répondit pas et se tourna vers Toranaga.
« Qu'avez-vous dit ? demanda Toranaga, rompant ainsi le silence.
— Bien qu'il soit un ennemi de ma foi et un pirate, je suis heureux qu'il vous ait sauvé la vie, Sire. Dieu agit de façon mystérieuse. Vous avez fait beaucoup d'honneurs au pilote en le faisant samouraï.
— Il est *hatamoto* également. Avez-vous apporté le dictionnaire ?
— Oui, Sire, ainsi que plusieurs cartes montrant les bases portugaises sur la route venant de Goa. Le livre est dans mes bagages. Voulez-vous que j'envoie quelqu'un le chercher ou puis je le lui donner plus tard ?
— Donnez-le-lui plus tard. Ce soir ou demain. Avez-vous apporté le rapport ?
— Au sujet des mousquets soi-disant apportés de Macao ? Le père visiteur le rédige, Sire.
— Et le nombre des mercenaires japonais employés dans chacune de vos nouvelles bases ?
— Le père visiteur a exigé qu'on lui fasse un rapport sur chacune d'entre elles, Sire. Il vous les transmettra dès que le travail sera achevé.
— Bien. Racontez-moi maintenant comment vous avez appris mon sauvetage ?
— Toute chose arrivant à Toranaga-Noh-Minowara devient sujet de rumeur ou de légende. Venant de Mishima, nous avons entendu dire que vous aviez été presque englouti dans un tremblement de terre, Sire, mais que le "barbare doré" vous en avait sorti, que vous en aviez fait de même pour lui et une dame. Je suppose qu'il doit s'agir de dame Mariko ? »
Toranaga acquiesça brièvement. « Oui. Elle est ici à Yokosé. Elle aimerait se confesser demain, selon vos coutumes. Je pense que cette confession exclut tout ce qui me concerne, moi et mon *hatamoto, neh ?* Je le lui ai déjà expliqué. »
Alvito s'inclina en guise d'assentiment. « Avec votre permission, pourrais-je dire la messe pour tous les chrétiens qui sont ici, Sire ? Ce sera, bien sûr, fait avec discrétion. Demain ?
— J'envisagerai. » Toranaga continua pendant quelques instants cette conversation futile, puis dit : « Vous avez un message pour moi ? De votre prêtre en chef ?
— Avec humilité, Sire, je me permets de vous répéter que c'est un message confidentiel. »
Toranaga feignit d'y réfléchir. Il avait donné des instructions à l'Anjin-san sur la façon de se comporter et sur ce qu'il devait dire.
« Très bien. » Il se tourna vers Blackthorne. « Anjinsan, vous pouvez vous retirer. Nous parlerons plus tard.
— Oui, Sire, répondit Blackthorne. Désolé. Le Vaisseau.
— Oh oui, merci. » Toranaga était soulagé de voir que la question de l'Anjin-san ne faisait pas trop « phrase répétée d'avance. » « Alors, Tsukku-san, le Vaisseau noir est-il déjà à quai ? » demanda Toranaga.

Alvito fut surpris du japonais parlé par Blackthorne et très embarrassé par la question.

« Oui, Sire. Il est arrivé il y a quatorze jours.

— Quatorze ? Vous avez compris, Anjin-san ?

— Oui, merci.

— Très bien. Vous pourrez poser toutes les questions que vous voulez à Tsukku-san, plus tard, *neh ?*

— Oui, Sire. Excusez-moi. » Blackthorne se leva, salua et s'en alla nonchalamment.

Toranaga le regarda partir. « Un homme vraiment très intéressant — surtout pour un pirate. A nous deux, Tsukku-san. Racontez-moi d'abord tout sur le Vaisseau noir.

— Il est arrivé à bon port, Sire, avec la plus énorme cargaison de soie jamais vue. » Alvito feignit l'enthousiasme. « L'accord conclu entre sires Kiyama, Harima, Onoshi et vous-même prend effet. Votre trésorerie va s'enrichir d'une dizaine de milliers de *koban*, l'année prochaine. Les soies sont de premiére qualité, Sire. J'ai apporté un exemplaire de la déclaration d'expédition à l'intention de votre intendant, Le commandant Ferriera me prie de vous transmettre ses hommages et espère vous voir très bientôt. Le père visiteur m'a envoyé d'urgence d'Osaka à Nagasaki pour m'assurer que tout était en ordre. C'est au moment où je quittais Nagasaki que j'ai appris que vous quittiez Yedo pour Izu. Je suis donc venu aussi vite que possible. Je suis allé en bateau jusqu'à Nimazu, puis j'ai fait le reste du trajet par la route. Je suis tombé sur sire Zataki à Mishima et je lui ai demandé la permission de me joindre à lui. Voilà la raison de mon retard.

— Votre bateau est toujours à Nimazu ?

— Oui, Sire. Il m'attend là-bas.

— Bien. » Toranaga se demanda pendant quelques instants s'il allait oui ou non envoyer Mariko à Osaka à bord de ce bateau. Il remit sa décision à plus tard.

« Veuillez donner ce soir la déclaration à mon intendant.

— Oui, Sire.

— Le marché concernant la cargaison de cette année est-il conclu ?

— Oui, Sire. » Les mains d'Alvito devinrent moites. « Sire Kiyama ni Sire Onoshi n'acceptent pas d'abandonner le général Ishido. Je suis désolé. Ils n'acceptent pas dc sc joindrc à votre étendard en dépit de nos pressions et de nos suggestions. »

La voix de Toranaga se fit sourde et cruelle : « Je vous ai déjà fait remarquer que j'exigeais autre chose que des suggestions !

— Je suis désolé de vous apporter de mauvaises nouvelles sur ce plan-là, Sire, mais aucun d'entre eux n'accepte de revenir publiquement à...

— Publiquement, vous dites ? Pourquoi pas secrètement... secrètement ?

— Ils étaient aussi catégoriques en privé que publi...

— Vous leur avez parlé séparément ou ensemble ?

— Ensemble et séparément. Mais rien de ce que nous leur avons suggéré...

— Vous avez seulement "suggéré" ? Pourquoi ne leur avez-vous rien ordonné ?

— Comme dit le père visiteur, Sire, nous ne pouvons pas donner d'ordres à un *daimyō* ni à un...

— Oui, mais vous pouvez donner des ordres à vos ouailles, *neh ?*

— Oui, Sire.

— Les avez-vous menacés d'excommunication ?

— Non, Sire.

— Pourquoi ?

— Parce qu'ils n'ont pas commis de péché mortel », dit Alvito fermement.

Son cœur battait la chamade. Il détestait être le messager de ces mauvaises nouvelles, pires que ce qu'il disait, car Sire Harima, qui possédait Nagasaki légalement, leur avait déclaré confidentiellement qu'il mettait toute son influence et son immense fortune à la disposition d'Ishido.

« Excusez-moi, Sire, mais ce n'est pas moi qui fais les lois divines, pas plus que vous ne faites le code de la *Bushido.* Nous devons faire avec ce que...

— Vous excommuniez de pauvres imbéciles pour une chose aussi naturelle qu'une rencontre sur l'oreiller mais quand deux de vos brebis se comportent illégalement — traîtreusement même — vous ne faites que des "suggestions". Saisissez-vous la gravité de tout ça, *neh ?*

— Je suis désolé, Sire. Excusez-moi, mais...

— Je ne vous excuserai peut-être pas, Tsukku-san. Nous l'avons déjà dit : chacun doit prendre son parti, dit Toranaga.

— Nous sommes bien sûr de votre côté, Sire, mais nous ne pouvons ordonner à sire Kiyama ou à sire Onoshi de faire quoi que ce soit...

— Je peux heureusement donner des ordres à mon chrétien.

— Pardon, Sire ?

— Je peux donner ordre de libérer l'Anjin-san, avec son bateau et ses canons.

— Faites attention à lui, Sire. Le pilote est diaboliquement rusé, mais c'est un hérétique, un pirate. Il ne faut pas lui faire confiance...

— L'Anjin-san est un samouraï et un *hatamoto,* ici. En mer, il est peut-être un pirate. Si c'est un pirate, je pense qu'il attirera d'autres corsaires, d'autres *wako.* Beaucoup. Ce qu'un étranger fait en pleine mer le regarde, *neh ?* Ça a toujours été notre politique, *neh ?* »

Alvito garda son calme et essaya de faire fonctionner sa cervelle. Personne n'avait prévu que l'Ingeles deviendrait si proche de Toranaga. « Ces deux *daimyōs* chrétiens ne prennent aucun engagement... pas même secret ?

— Non, Sire. Nous avons essayé de...

— Aucune concession. Aucune ?

— Non, Sire...

— Pas d'échange, de marché, de compromis, rien ?

— Non, Sire. Nous avons tout essayé. Persuasion, tentations. Croyez-moi, je vous en prie. » Alvito savait qu'il était pris au piège. Il laissa paraître son désarroi. « Si ça ne tenait qu'à moi, je les menacerais d'excommunication. Mais une menace visant à obtenir un gain temporel serait une faute de ma part, Sire, Un péché mortel. Je risquerais la damnation éternelle.

— Voulez-vous dire que s'ils péchaient contre votre foi, vous les excommunieriez ?

— Oui. Je ne veux pas dire par là que nous pourrions nous servir de ce motif pour vous les rallier, Sire. Excusez-moi mais ils... ils vous sont totalement opposés pour le moment. Je suis désolé mais c'est la vérité. Ils l'ont dit tous les deux trés clairement, ensemble et séparément. Devant Dieu, je prie pour qu'ils changent d'avis. Nous vous avons donné notre parole que nous essaierions, devant Dieu, le père visiteur et moi. Nous avons tenu notre promesse. Devant Dieu, nous avons échoué.

— Alors, je vais perdre, dit Toranaga. Vous le savez, n'est-ce pas ? S'ils restent les alliés d'Ishido, tous les *daimyōs* chrétiens vont se ranger de son côté. Alors, il faut que je perde. Vingt samouraïs contre un seul des miens, *neh ?*

— Oui.

— Quel est leur plan ? Quand vont-ils m'attaquer ?

— Je ne sais pas, Sire.

— Me le diriez-vous si vous le saviez ?

— Oui... oui, je vous le dirais. »

J'en doute, pensa Toranaga. Il détourna le regard et contempla la nuit. Le poids de son angoisse l'étouffait. Va-t-il falloir déclarer « Ciel pourpre » ? se demanda-t-il, désespéré. Va-t-il falloir lancer cette stupide attaque vouée à l'échec, sur Kyoto ? Il haïssait la cage dans laquelle il était prisonnier. Comme le Taikō et Goroda avant lui, il devait tolérer la présence des prêtres chrétiens parce qu'ils étaient aussi inséparables des marchands portugais que l'étaient les mouches du cheval. Ils détenaient tout pouvoir temporel et spirituel sur leur troupeau indocile. Il n'y avait pas de commerce sans les prêtres. Leur bonne volonté de négociateurs et d'intermédiaires dans les opérations du Vaisseau noir était vitale car ils parlaient la langue et avaient la confiance des deux parties. Si les prêtres devenaient interdits de séjour dans l'empire, tous les barbares s'en iraient et ne reviendraient jamais. Le Taikō avait tenté de se débarrasser des prêtres tout en continuant d'encourager le commerce. Le Vaisseau noir n'était plus venu pendant deux ans. Des espions avaient raconté comment le chef des prêtres, veuve noire installée à Macao, avait ordonné que le commerce soit interrompu en signes de représailles contre les édits d'expulsion du Taikō. Il savait qu'à la longue le Taikō devrait finir par céder. Au bout de la troisième année, le Taikō s'était plié devant l'inévitable, avait invité les prêtres à revenir et avait fermé les yeux sur les édits, sur la trahison et la rébellion qu'avaient fomentées les prêtres.

Il n'y a pas de possibilités de fuite hors cette réalité, pensa Toranaga. Je ne crois pas ce que dit l'Anjin-san : que le commerce soit aussi essentiel pour les barbares qu'il l'est pour nous, que leur croyance leur fasse faire du commerce quels que soient les malheurs que nous infligions aux prêtres. Le risque est trop gros pour tenter l'expérience et je n'ai plus le temps ni la puissance pour essayer. Nous avons fait l'expérience une fois et nous avons échoué. Qui sait ? Peut-être les prêtres pourraient-ils nous attendre pendant dix ans. Ils sont assez impitoyables pour nous faire ça. S'ils décidaient d'interdire le commerce, je crois qu'il cesserait immédiatement. Nous ne pourrions pas attendre dix ans. Pas même cinq. Et si nous expulsions tous les barbares, il faudrait au moins vingt ans avant que l'Anglais comble le vide. Si l'Anjin-san dit toute la vérité et si... — et c'est un « si » énorme —, si les Chinois acceptaient de commercer avec eux au lieu de le faire avec les barbares du Sud... Je ne crois pas que les Chinois changeraient leurs habitudes. *Ils n'ont jamais changé.* Vingt ans, c'est trop long. Dix ans, c'est également trop long, Aucune possibilité de fuir hors de cette réalité. Si, de plus, nous poussons trop loin ces prêtres chrétiens, impavides et fanatiques, ils risquent de placer leur influence, leur puissance commerciale et maritime du côté de l'un de ces grands *daimyōs* chrétiens. Ils seraient encore capables de faire venir une armée de conquistadores pour le soutenir, *Comme ils ont failli le faire la dernière fois.* Les armées barbares d'invasion et les prêtres ne sont pas en eux-mêmes une menace. Nous avons écrasé les hordes de Koublaï khan. Nous pouvons régler son compte à n'importe quel envahisseur mais, alliées à l'un des nôtres, elles pourraient donner une puissance absolue à ce *daimyō.* Kiyama ou Onoshi ? Lequel des deux ? Tous les deux sont aidés par Harima de Nagasaki. Mais qui portera la bannière ultime ? Kiyama puisqu'Onoshi, le lépreux, n'en a plus pour longtemps sur cette terre. Ils ont quatre cent mille samouraïs à eux deux. Leur base est Kyushu. Il y a peut-être cinq ou six cent mille chrétiens supplémentaires à travers tout le pays. Plus de la moitié sont des samouraïs, convertis par les Jésuites, tous disséminés parmi les armées de tous les *daimyōs.* Un vaste réseau de traîtres en puissance, d'espions ou d'assassins, *si les prêtres leur en donnent l'ordre.* Pourquoi ne le feraient-ils pas ? Ils obtiendraient ce qu'ils veulent : pouvoir absolu sur toutes nos âmes, donc sur l'âme de ce pays des dieux, pour hériter de notre terre. Il serait si facile à cette petite bande de prêtres barbares de nous conquérir. Combien sont-ils au Japon ? Cinquante ou soixante ? Mais ils détiennent la puissance et *ils croient.* Ils sont prêts à mourir heureux pour leur Foi, avec fierté et héroïsme, le nom de Dieu sur les lèvres. Nous l'avons vu à Nagasaki quand l'expérience du Taikō s'est révélée désastreuse. Pas un seul prêtre ne s'est rétracté. Des dizaines de milliers de personnes ont assisté à leur mort. Des dizaines de milliers se sont converties et ce « martyre » a procuré un immense prestige à la religion chrétienne.

C'est donc Kiyama.

Le plan est-il déjà au point avec Ishido, la dame Ochiba et Yaemon ?

Harima les a-t-il secrètement unis à sa destinée ? Devrais-je immédiatement lancer l'Anjin-san contre le Vaisseau noir et Nagasaki ?

Que dois-je faire ?

Rien. Sois patient. Recherche l'harmonie, mets de côté toutes tes inquiétudes sur la vie ou la mort, l'oubli ou l'au-delà, maintenant ou après. Dresse un nouveau plan. Quel plan ? avait-il envie de crier. Il n'y en a pas !

« Ça m'attriste de les voir se liguer avec le véritable ennemi.

— Je jure que nous avons tout fait, Sire. » Alvito le regarda avec pitié.

« Oui, je le crois. Je crois aussi que le père visiteur et vous-même avez tenu votre promesse. Je vais donc tenir la mienne. Vous pouvez commencer la construction de votre temple à Yedo. L'emplacement a été réservé. Je ne peux pas empêcher les autres prêtres, ceux qui ont les cheveux longs, d'entrer dans l'empire mais je peux au moins les déclarer indésirables sur mes terres tout comme je peux déclarer indésirables les nouveaux barbares. Quant à l'Anjin-san... » Toranaga haussa les épaules. « Combien de temps tout ceci... C'est le *karma, neh ?* »

Alvito remerciait Dieu de son infinie bonté.

« Soyez remercié, Sire. Je sais que vous ne le regretterez pas. Je prie pour que vos ennemis soient battus à plate couture, pour que vous puissiez récolter les récompenses du ciel.

— Je suis désolé pour mes paroles amères. C'est la colère qui me les a dictées. Il y a tant... » Toranaga se leva péniblement. « Je vous autorise à dire votre messe demain, mon vieil ami.

— Soyez remercié, Sire. » Alvito salua cet homme habituellement arrogant et majestueux dont il avait à présent pitié. « Puisse la divinité vous bénir et vous garder sous sa protection. »

Toranaga pénétra dans l'auberge, suivi de ses gardes. « Naga-san !

— Oui, père,

— Où est dame Mariko ?

— Là-bas, Sire, avec Buntaro-san. » Naga indiqua la petite maison de thé éclairée par une lanterne, au milieu du jardin. De très vagues silhouettes étaient visibles. « Dois-je interrompre le *cha-no-yu ?* » Un *cha-no-yu* était une cérémonie du thé dont le rituel était porté à son degré extrême.

« Non. On ne doit jamais troubler cette cérémonie. Où sont Omi-san et Yabu-san ?

— A leur auberge, Sire. » Naga indiqua un long bâtiment, de l'autre côté de la rivière.

« Qui a choisi cette auberge ?

— Moi, Sire. Excusez-moi mais vous m'avez demandé de leur trouver une auberge de l'autre côté de la rivière. Vous ai-je mal compris ?

— Et l'Anjin-san ?

— Il est dans sa chambre, Sire. Il attend, au cas où vous auriez besoin de lui.

— Je le verrai demain. » Après un silence, il ajouta de cette même voix lointaine : « Je vais aller prendre un bain. Je ne veux pas être dérangé avant l'aube, sauf... »

Naga attendit, mal à l'aise ; son père regardait le vide.

« Vous allez bien, père ?

— Quoi ?... Oh, oui, tout à fait bien. Pourquoi ?

— Rien... Excusez-moi. Voulez-vous toujours aller chasser, à l'aube ?

— Chasser ? Oui, c'est une très bonne idée. Merci de la suggestion. Oui, ce serait bien, Occupe-t'en. Bien, bonne nuit... Ah, oui, le Tsukku-san a ma permission pour célébrer sa messe demain. Tous les chrétiens peuvent y aller. Tu y assisteras également.

— Sire ?

— Tu deviendras chrétien le premier jour de la nouvelle année.
— Moi !
— Oui, De ta propre volonté. Dis-le confidentiellement à Tsukku-san.
— Sire ? »

Toranaga s'approcha de lui. « Es-tu sourd ? Tu ne comprends donc pas les choses les plus simples ?

— Excusez-moi, père. Oui, je comprends.

— Bien. » Toranaga s'en alla, suivi de son garde. Tous les samouraïs saluèrent mais il n'y fit pas attention. Un officier s'approcha de Naga ; lui aussi était inquiet : « Qu'a donc notre seigneur ?

— Je ne sais pas, Yoshinaka-san. » Naga tourna le regard vers la clairière. Alvito s'en allait et se dirigeait vers le pont. Un samouraï l'escortait.

« Ça doit avoir quelque chose à faire avec *lui.*

— Je n'ai jamais vu sire Toranaga marcher aussi péniblement. Jamais. On dit... On dit que le prêtre barbare est un magicien, un sorcier. Il doit l'être pour si bien parler notre langue, *neh* ?Aurait-il jeté un sort à notre maître ?

— Non. Jamais. Pas à mon père.

— Si vous me posiez la question, je vous répondrais qu'une flèche en travers de la gorge du prêtre empêcherait notre maître d'avoir un tas d'ennuis.

— Oui.

— On devrait peut-être en parler à Buntaro-san ? C'est notre officier en chef.

— Je suis d'accord... mais plus tard. Mon père m'a clairement fait comprendre que je ne devais pas interrompre le *cha-no-yu.* J'attendrai qu'il soit fini. »

Dans la tranquillité et le calme de la maisonnette, Buntaro ouvrit délicatement la petite boîte à thé en faïence d'époque T'ang et, avec tout autant de minutie, se saisit de la petite cuiller de bambou, entamant ainsi la dernière partie de la cérémonie. Il prit habilement la dose exacte de poudre verte et la versa dans la tasse de porcelaine dépourvue d'anses. Une ancienne bouilloire en fer chantait sur les charbons de bois. Avec la même grâce sereine et tranquille, Buntaro versa l'eau frémissante dans la tasse, remit la bouilloire sur son trépied puis mélangea doucement l'eau et la poudre avec une palette de bambou. Il ajouta une cuillerée d'eau fraîche, salua Mariko, agenouillée face à lui, et lui offrit la tasse. Elle le salua, prit la tasse avec tout autant de raffinement, admira le liquide vert, le but à trois reprises, s'arréta, se remit à boire, le termina et rendit la tasse. Il refit la même cérémonie et lui tendit à nouveau la tasse. Elle le pria de goûter le thé lui-même, comme prévu par le cérémonial. Il but une gorgée, une autre encore et vida la tasse. Puis il fit une troisième et une quatrième tasse. La cinquième fut poliment refusée. Avec beaucoup de soin, il rinça rituellement la tasse qu'il essuya en utilisant un tissu de coton extrêmement fin. Il la salua. Elle le salua. Le *cha-no-yu* était terminé.

Buntaro était satisfait d'avoir fait de son mieux. Il n'avait pas eu un seul moment de paix durant tout cet après-midi, Il était allé à la rencontre du palanquin de Mariko. Il s'était comme toujours senti fruste et maladroit face à sa perfection si fragile. Tous les mots qu'il avait préparés lui étaient sortis de la tête et il l'avait maladroitement et gauchement invité au *cha-no-yu* en ajoutant : « Ça fait des années que... je n'en ai jamais fait pour vous mais ce soir, ce sera trés bien. » Il avait bégayé, sachant que c'était inélégant et stupide : « Sire Toranaga a dit qu'il était temps que nous parlions.

— Vous n'avez pas envie de parler, Sire ? »

En dépit de sa promesse, il blêmit et sa voix devint méchante : « J'aimerais que l'harmonie règne entre nous, oui. De plus, je n'ai jamais changé, *neh ?*

— Bien sûr, Sire. Pourquoi donc auriez-vous changé ? Si une faute existe, elle doit m'être imputée. C'est à cause de moi. Excusez-moi.

— Je vous excuse », dit-il. Il la dépassait d'une tête, là, prés du palanquin, conscient des regards de l'Anjin-san et de Omi. Elle était si charmante, si petite, unique. Un regard si posé qui n'était, pour lui, empreint que de froideur, de cette froideur qui le mettait en fureur, lui donnait envie de tuer, de crier, de mutiler, d'écraser et de se comporter comme ne devait jamais se comporter un samouraï.

« J'ai réservé la maison du cha pour cette nuit, lui avait-il dit. Pour cette nuit, après le repas du soir auquel nous a conviés sire Toranaga. Je serais très honoré si vous acceptiez d'être mon invitée.

— C'est moi qui suis très honorée, » Elle l'avait salué et avait attendu, les yeux toujours baissés. Il avait eu envie de l'écraser, de l'enfouir dans le sol puis de se sauver, de s'enfoncer un couteau dans le ventre et de laisser la douleur éternelle le délivrer du tourment qui étouffait son âme.

Il l'avait vue lever son visage vers lui.

« Vous avez autre chose à me dire ? » lui avait-elle demandé doucement. Sa poitrine lui faisait aussi mal que sa tête. « Vous... Vous restez à l'auberge, cette nuit. » Puis il l'avait quittée et s'était occupé du convoi aux bagages. Dès qu'il l'avait pu, il avait délégué ses pouvoirs à Naga et s'était éloigné le long de la rivière en feignant la désinvolture. Quand il s'était retrouvé seul, il avait plongé, nu, dans la rivière et était resté dans l'eau jusqu'à ce qu'il ait retrouvé ses esprits et que le mal lancinant ait disparu. Il s'était allongé sur la rive pour récupérer. Il devait tout préparer maintenant qu'elle avait accepté. Il avait peu de temps. Il avait rassemblé ses forces. Il voulait que tout soit parfait, cette nuit. La petite maison était bien sûr imparfaite, comme le jardin. Peu importe, avait-il pensé, complètement absorbé par sa tâche. Il faudra faire avec... La nuit en cachera les défauts et les lumières créeront les formes qui manquent. Des serviteurs avaient déjà apporté les objets qu'il avait demandés plus tôt : tatamis, lampes à huile en argile ou en terre cuite, ustensiles, ce qu'il y avait de mieux à Yokosé. Tout restait bien modeste, simple et sans prétention. Il avait enlevé son kimono, posé ses épées et s'était mis à nettoyer la petite pièce de réception puis la cuisine et la véranda. Ensuite l'allée sinueuse et les pierres plates cernées de mousse, enfin les rochers et le jardin environnant. Il avait frotté, balayé et brossé jusqu'à ce que tout soit impeccable. Il s'était laissé aller à l'humilité du travail manuel qui était le début de tout *cha-no-yu,* la première perfection étant la propreté absolue.

A la tombée du jour, il avait terminé presque tous les préparatifs. Il avait alors pris un bain, assisté au repas du soir, supporté les chants. Dés qu'il l'avait pu, il était allé se changer, avait enfilé des vêtements plus sombres et était retourné dans le jardin. Il avait mis le loquet à la porte d'entrée, avait allumé les lampes à huile, puis avait soigneusement arrosé les pierres plates et les arbres qui étincelaient de temps à autre, sous la lueur vacillante des lampes. Le petit jardin était un pays de contes de fée où habitaient les gouttes de rosée qui dansaient dans la chaleur de la brise estivale, Il avait changé quelques lanternes de place. Satisfait, il avait déverrouillé la porte, s'était rendu dans le vestibule. Les morceaux de charbon de bois soigneusement sélectionnés avaient été empilés en pyramide, sur du sable blanc. Ils brûlaient correctement. Les fleurs semblaient parfaites dans le *Takonama.* Il avait une fois de plus nettoyé les ustensiles déjà propres. La bouilloire s'était mise à chanter. Tout était prêt. La première perfection du *cha-no-yu* était la propreté ; la seconde, la simplicité totale ; la troisième, la plus importante, l'accord avec le ou les invités.

Il avait entendu des bruits de pas sur les pierres plates, le bruit de ses mains qu'elle rinçait rituellement dans la vasque d'eau de source et qu'elle séchait. Trois petits pas feutrés jusqu'à la véranda. Deux pas encore jusqu'à l'entrée, fermée par un rideau. Elle avait même dû se baisser en franchissant le seuil qui était volontairement bas pour rendre humble tout humain qui le passait. Tout le monde était à égalité pendant un *cha-no-yu,* hôte et invité, le plus grand *daimyō* et le plus simple samouraï. Même un paysan, si ce dernier était convié.

Elle avait tout d'abord étudié la composition florale arrangée par son mari. Il avait choisi un bouton d'une rose blanche sauvage. Il avait mis une perle d'eau sur la feuille verte et avait arrangé le tout sur des pierres rouges. L'automne arrive, suggérait-il avec cette fleur. Ne pleure pas parce que l'automne arrive, que la mort s'approche quand la terre commence son long sommeil. Jouis du temps où tout commence. Apprécie la fraîcheur extraordinaire de l'air automnal, dans cette soirée d'été... Les larmes disparaîtront bientôt ainsi que la rose. Nous disparaîtrons bientôt... Seules les pierres subsisteront.

Il l'avait observée, dans un état second, état qu'un maître de cha avait parfois la chance de connaître, complètement en harmonie avec l'environnement. Elle avait salué la fleur en hommage, s'était agenouillée face à lui. Elle portait son kimono noir. Un fil d'or en ourlait les bords et rehaussait la blancheur de son visage. Son obi était d'un vert très sombre assorti à son kimono de dessous. Ses cheveux étaient simplement arrangés, sans aucun motif de décoration, aucun bijou.

« Vous êtes la bienvenue, lui avait-il dit en la saluant et en commençant ainsi le rituel.

— C'est un honneur pour moi », avait-elle répondu, acceptant son rôle. Il avait servi le petit repas sur un plateau en laque d'une propreté irréprochable. Les baguettes étaient négligemment posées ainsi que les tranches de poisson cru sur du riz. Pour compléter l'effet, quelques fleurs sauvages trouvées au bord de la rivière étaient éparpillées sur le plateau en un désordre parfait. Quand elle avait fini de manger, il avait soulevé le plateau et l'avait emmené à la cuisine.

Seule, au repos, Mariko observait le feu d'un œil critique. Les charbons formaient une montagne incandescente sur une mer de sable blanc, sous le trépied. Elle écoutait le sifflement du feu qui se mêlait aux soupirs de la bouilloire à peine frémissante et, de la cuisine invisible, la caresse du tissu sur la porcelaine et le bruit de l'eau qui nettoyait des objets déjà propres. Ses yeux errèrent ensuite sur les poutres non équarries, enchevêtrées dans les tiges et les bambous du chaume. Les ombres projetées par les lampes qu'il avait disposées dans un désordre parfait agrandissaient les choses petites et embellissaient les insignifiantes. Tout n'était qu'harmonie. Après avoir tout passé en revue et y avoir mesuré son âme, elle sortit dans le jardin et alla vers la vasque que la nature, au fil du temps, avait creusée dans la roche. Elle se purifia à nouveau les mains et la bouche dans cette eau fraîche et s'essuya avec une serviette propre. Quand elle regagna sa place, il dit : « Prendriez-vous un petit peu de thé ?

— J'en serais très honorée, mais ne vous donnez pas tant de mal pour moi.

— J'en suis très honoré. Vous êtes mon invitée. »

Il l'avait donc servie. Maintenant, c'était la fin.

Dans le silence, Mariko resta immobile un long moment, ne voulant pas rompre la paix qui l'entourait. Elle sentait les yeux de Buntaro posés sur elle. Le *chano-yu* était terminé. La vie reprenait ses droits.

« Vous l'avez parfaitement fait », murmura-t-elle, envahie de tristesse. Une larme roula et la vue de cette larme lui arracha le cœur.

« Non... non... excusez-moi... Vous êtes parfaite... C'était très simple, dit-il étonné.

— C'est le plus beau *cha-no-yu* de ma vie, dit-elle, émue par la sincérité de sa voix.

— Non, non, excusez-moi. S'il était beau, c'est à cause de vous, Mariko-san. Il était simplement correct et vous l'avez rendu beau.

— Il est triste que d'autres plus dignes que moi n'aient pu en être les témoins ! » Ses yeux brillèrent dans la lumière vacillante.

« Vous en avez été le témoin. Là est l'important. Il n'était que pour vous. D'autres ne l'auraient pas compris. »

Elle sentit des larmes chaudes rouler sur ses joues. Elle en aurait eu normalement honte mais, en cet instant, cela ne la gênait pas. « Merci. Comment puis-je vous remercier ? »

Il prit, les doigts tremblants, un rameau de thym sauvage, se pencha et ramassa doucement l'une de ses larmes. Il contempla en silence la larme et le rameau qui semblaient minuscules dans son poing énorme. « Mon œuvre, n'importe quelle œuvre, reste imparfaite face à la beauté de ceci. Merci. »

Il contempla la larme posée sur le rameau. Un morceau de charbon de bois tomba de la pyramide et, sans y penser, il saisit les pincettes et le remit à sa place. Quelques étincelles dansèrent dans l'air en s'échappant du haut de la pyramide qui se transforma en un volcan.

Tous deux glissèrent doucement dans la mélancolie, unis par la simplicité de cette larme unique, tous deux heureux dans cette sérénité, unis par l'humilité, sachant tous deux que ce qui avait été donné avait gagné en pureté.

Il dit, un peu plus tard : « Si notre devoir ne nous l'interdisait pas, je vous demanderais de vous joindre à moi dans la mort. Maintenant.

— Je me joindrais à vous. Heureuse, répondit-elle. Partons ensemble dans la mort. Maintenant.

— Nous ne le pouvons pas. Notre devoir est de servir Sire Toranaga. »

Elle sortit le stylet de son obi et le plaça respectueusement sur le tatami. « Alors permettez-moi de me préparer à cette mort.

— Ce serait manquer à notre devoir.

— Ce qui doit être sera. Vous et moi ne pouvons pas changer le cours des choses.

— Mais nous n'avons pas le droit de faire passer nos désirs avant ceux de notre maître. Ni vous ni moi. Il a encore besoin de chacun de ses loyaux vassaux. Excusez-moi. Je dois vous l'interdire.

— Je serais heureuse de mourir cette nuit. Je suis prête. Je désire vraiment partir vers l'au-delà. Oui. Mon âme déborde de joie. » Un sourire hésitant. « Excusez-moi d'être égoïste. Vous avez tout à fait raison en ce qui concerne notre devoir. »

La lame aussi effilée qu'un rasoir brillait à la lueur de la bougie. Ils la contemplèrent, Puis il rompit le charme.

« Pourquoi Osaka, Mariko-san ?

— Il y a des choses à y faire que je suis seule à pouvoir faire. » Il fronça les sourcils. « Quel genre de choses ?

— Des choses qui concernent l'avenir de notre maison.

— En ce cas, vous devez y aller. » Il la regarda, inquisiteur. « Vous y allez seule ?

— Oui. Je veux être sûre que tout est parfait entre nous et Sire Kiyama et que tout est prêt pour le mariage de Saruji. Argent, dot, terres, etc. Il y a aussi son augmentation de fief à légaliser. Sire Hiromatsu et Sire Toranaga ont demandé à ce que ce soit fait. Je suis responsable de notre maison.

— C'est votre devoir. » Il avait ses yeux dans les siens. « Si Sire Toranaga vous donne la permission d'y aller, alors allez-y, mais il est peu probable que vous obteniez l'autorisation d'entrer. Même ainsi... Revenez vite. Très vite. Il ne serait pas sage de rester à Osaka plus longtemps que nécessaire.

— Oui.

— Y aller par mer serait plus rapide que par la route. Mais vous détestiez la mer.

— Je la déteste toujours.

— Devez-vous y être rapidement ?

— Je ne pense pas que quinze jours ou un mois aient de l'importance. J'ai simplement le sentiment qu'il faut que je parte immédiatement.

— Nous laisserons donc la décision à Sire Toranaga. Sire Zataki et ces deux parchemins ne peuvent signifier que la guerre. Ce serait dangereux d'aller à Osaka. »

Heureux que tout soit fini, il parcourut du regard la petite pièce avec satisfaction. « Ce fut une agréable pièce. Mieux que je ne l'espérais. J'ai été content d'être ici. Il me vient à l'esprit qu'un corps n'est pas autre chose qu'une hutte dans le désert. Je suis si heureux que vous soyez venue à Yokosé, Mariko-san. Si vous n'aviez pas été là, je n'aurais jamais donné de *cha-no-yu* et ne me serais donc jamais senti “faire un” avec l'éternité. »

Elle hésita puis prit timidement la boîte à thé d'époque T'ang. C'était un pot trés simple sans motif de décoration. La faïence ocre n'existait plus, laissant à peine un filet inégal et nu de porcelaine au fond, dramatisant ainsi la spontanéité du potier et sa volonté de ne pas cacher la simplicité du matériau. Buntaro l'avait achetée vingt mille *koku* à Sen-Nakada, le plus grand et le plus célèbre maître du thé ayant jamais existé. « C'est si beau, murmura-t-elle en en appréciant le toucher.

— Si parfait pour cette cérémonie.

— Oui.

— Vous avez vraiment été un maître cette nuit, Buntaro-san. Vous m'avez donné tant de bonheur. » Sa voix était basse et décidée. Elle se pencha légèrement. « Tout était parfait pour moi, ce jardin et cette maîtrise artistique dont vous avez usé en cachant les imperfections grâce aux jeux d'ombre et de lumière. Et ceci. » Elle toucha à nouveau la boîte à thé. « Tout était parfait. Même cet idéogramme calligraphié sur la serviette, *ai* — affection. Le mot “affection” était pour moi le mot idéal pour cette nuit. » Des larmes roulèrent le long de ses joues. « Excusez-moi », dit-elle en les essuyant.

Il la salua, embarrassé devant tant de louanges. Pour cacher sa gêne, il rangea la boîte à thé dans sa gaine de soie, la plaça dans son écrin et la posa soigneusement devant elle. « Mariko-san, si votre maison a des problèmes financiers, prenez-la et vendez-la.

— Jamais ! » C'était la seule chose à laquelle il attachait de l'importance en dehors de ses épées et de son arc. « Ce serait bien la dernière chose que je vendrais.

— Excusez-moi mais si vous avez des difficultés pour payer mes vassaux, prenez-la.

— Nous aurons assez pour chacun d'entre eux si nous comptons bien. Les meilleures armes et les meilleurs chevaux. Notre maison est forte sur ce plan-là. Non, Buntaro-san, le T'ang est à vous.

— Nous n'avons plus beaucoup de temps devant nous. A qui le léguerais-je ? A Saruji ? »

Elle regarda les charbons et le feu consumer le volcan.

« Pas avant qu'il ne soit un maître de thé, digne de son père. Je vous conseille de laisser le T'ang à Sire Toranaga qui est en digne et de lui demander, avant qu'il ne meure, de juger si notre fils méritera jamais de le recevoir.

— Et si Sire Toranaga perd et meurt avant l'hiver, comme j'en suis certain ?

— Quoi ?

— Ici, en privé, je peux calmement vous dire la vérité sans détours. Oui, il perdra sauf si Kiyama, Onoshi... et Zataki se rangent de son côté.

— En ce cas, dites dans votre testament que le T'ang doit être envoyé en cortège à Sa Majesté Impériale. Envoyez-lui une pétition pour le faire accepter. Le T'ang mérite certainement la divinité.

— Ce serait un choix parfait. » Il étudia le couteau puis ajouta tristement : « Oh, Mariko-san, il n'y a rien à faire pour Sire Toranaga, Son *karma* est écrit. Il perd ou il gagne. Qu'il gagne ou qu'il perde, il y aura beaucoup de morts. »

Il contempla le rameau de thym sauvage. La larme était toujours là, cristalline. « S'il perd, avant que je ne meure, l'un de mes hommes ou moi nous tuerons l'Anjin-san.

— Puis-je vous demander pourquoi ?

— Il est trop dangereux pour rester en vie. Ses connaissances, ses idées... Il contaminera le royaume et même Sire Yaemon. Sire Toranaga est sous son charme, *neh ?*

— Sire Toranaga apprécie ses connaissances.

— La mort de Sire Toranaga sonnera l'arrêt de mort de l'Anjin-san, mais j'espère que les yeux de notre seigneur seront ouverts avant ce moment-là. » Il la regarda.

« Êtes-vous sous son charme ?

— C'est un homme fascinant, mais son esprit est si différent du nôtre... ses valeurs... oui, si divergentes en de nombreux points. Il est presque impossible à comprendre par moments. J'ai essayé de lui expliquer un *cha-no-yu* mais c'était au-delà de sa compréhension.

— Ce doit être terrible d'être né barbare... Terrible.

— Oui. »

Ses yeux se posèrent sur la lame du stylet. « Certains pensent que l'Anjin-san était japonais dans une vie antérieure. Il n'est pas comme les autres barbares et il... il essaie de parler et d'agir comme l'un des nôtres, bien qu'il n'y arrive pas, *neh*.

— J'aurais aimé que vous l'ayez vu se faire seppuku, Buntaro-san. Je... C'était fantastique. J'ai vu la mort s'approcher de lui, être écartée par la main d'Omi-san. S'il a été japonais dans une vie antérieure, je crois que ça expliquerait bien des choses. Sire Toranaga pense qu'il nous est très précieux.

— Il est temps que vous cessiez de l'instruire et que vous redeveniez japonaise.

— Sire ?

— Je crois que Sire Toranaga est sous son charme. Vous aussi ?

— Je ne crois pas être sous son charme.

— Cette nuit-là à Anjiro, cette nuit qui a si mal tourné, j'ai senti que vous étiez de son côté, contre moi. C'était, bien sûr, une mauvaise pensée, mais je l'ai eue. »

Elle le regarda fermement mais ne répondit pas.

« Oui, je l'ai haï, cette nuit-là, poursuivit-il de cette même voix calme. Et je voulais qu'il meure. Ainsi que Fujiko-san et vous-même. Mon arc me murmurait, comme il le fait parfois, de vous tuer. Et quand, à l'aube, je l'ai vu descendre la colline avec ces pistolets de lâche dans les mains, mes flèches m'ont supplié de pouvoir goûter son sang. Mais j'ai rejeté l'idée de meurtre et je me suis fait humble, me haïssant beaucoup plus à cause de mes mauvaises manières et du saké. » Sa fatigue apparaissait à présent. « Que de honte à boire, vous et moi, *neh ?*

— Oui.

— Vous ne voulez pas que je le tue ?

— Vous devez faire ce que dicte votre devoir. Comme je ferai ce que me dicte le mien.

— Nous restons à l'auberge, cette nuit.

— Oui. »

Parce qu'elle avait été une invitée parfaite et que le *cha-no-yu* avait été le plus réussi qu'il ait jamais accompli, il changea d'avis et lui donna en retour autant de temps et de paix qu'elle lui en avait donné.

« Rentrez à l'auberge et dormez », dit-il. Sa main se saisit du stylet et le lui tendit. « Quand les érables seront dénudés de leurs feuilles, ou quand vous reviendrez d'Osaka, nous reprendrons notre vie commune. Comme mari et femme.

— Oui, merci.

— Acceptez-vous librement, Mariko-san ?

— Devant Dieu. »

Elle salua, accepta le couteau, le remit dans sa cachette, le salua encore et sortit.

Ses pas s'éloignèrent. Buntaro jeta un regard sur le rameau qui se trouvait encore dans son poing. La larme était toujours prisonnière d'une petite feuille. Ses doigts tremblèrent en déposant doucement le rameau sur les derniers charbons. Les petites feuilles vertes se tordirent et noircirent. La larme disparut dans un grésillement, puis, en silence, il se mit à pleurer de rage, certain tout à coup, au plus profond de lui-même, qu'elle l'avait trahi avec l'Anjin-san.

Blackthorne la vit sortir du jardin et traverser la cour bien éclairée. Il retint son souffle devant une telle beauté, une telle blancheur virginale. L'aube s'annonçait vers l'est.

« Hello, Mariko-san.

— Oh... hello, Anjin-san ! Excusez-moi... vous m'avez fait peur... Je ne vous avais pas vu. Vous êtes encore debout ?

— Non. *Gomen nasai.* Je suis à l'heure. » Il sourit et lui montra que le jour n'était plus très éloigné. « C'est une habitude que j'ai prise en mer de me lever juste avant l'aube, à temps pour monter sur le pont et saisir le soleil. » Son sourire s'élargit. « C'est vous qui êtes debout très tard.

— Je ne me suis pas rendu compte qu'il était... que la nuit était finie. »

Des samouraïs étaient postés à toutes les portes et observaient avec curiosité. Naga était parmi eux. La voix de Mariko devint presque imperceptible quand elle se mit à parler en latin : « Gardez vos yeux ouverts, je vous en supplie. Même l'obscurité de la nuit renferme les signes du destin.

— Je vous demande pardon. »

Ils tournèrent leurs regards vers l'entrée principale au bruit de chevaux qui arrivaient. C'étaient les fauconniers et les gardes. Toranaga sortit de la maison, l'air abattu.

« Tout est prêt, Sire, dit Naga. Puis-je venir avec vous ?
— Non, merci. Repose-toi un peu. Comment s'est passé le *cha-no-yu,* Mariko-san ?
— Merveilleusement, Sire. Merveilleusement.
— Buntaro-san est un maître. Vous avez de la chance.
— Oui, Sire.
— Anjin-san ! Voulez-vous venir à la chasse ? J'aimerais savoir comment vous vous servez d'un faucon ?
— Sire ? »
Mariko traduisit. « Oui, merci, dit Blackthorne.
— Très bien. » Toranaga lui indiqua un cheval. « Venez avec moi.
— Oui, Sire. »
Mariko les regarda partir. Quand ils eurent grimpé le sentier, elle rentra et alla dans sa chambre. Sa servante l'aida à se déshabiller, à enlever son maquillage et à défaire ses cheveux, puis elle demanda à sa servante de rester dans la chambre et lui ordonna qu'on ne la dérange pas avant midi.
« Oui, maîtresse. »
Mariko s'allongea, ferma les yeux et laissa son corps s'enfoncer dans la chaleur douillette des couvertures. Elle était épuisée et heureuse. Le *cha-no-yu* l'avait amenée à un stade étrange de sérénité, l'avait purifiée. Elle avait eu l'impression d'être dans un état second quand elle avait répondu patiemment à Buntaro, certaine que ses réponses et sa comédie avaient été parfaites, Elle se lova dans le lit, si heureuse que la paix soit... Que cette paix dure jusqu'à ce que les feuilles d'érable tombent.
Oh, Sainte Vierge, dit-elle avec ferveur, je vous remercie de m'avoir accordé ce délai. Je vous remercie et vous adore de tout mon cœur, de toute mon âme, dans l'éternité des siècles...
Elle récita un *Ave Maria,* humblement, puis demandant pardon selon sa coutume et, par obéissance à son suzerain, elle rangea Dieu dans l'un des compartiments de son esprit. Qu'aurais-je fait, se demanda-t-elle avant de sombrer dans le sommeil, qu'aurais-je fait si Buntaro m'avait demandé de partager sa couche ? J'aurais refusé.
Et s'il avait insisté, comme il en a le droit ? J'aurais tenu ma promesse. Oh, oui, je l'aurais tenue. Rien n'est changé.

44

A l'heure de la chèvre, le cortège retraversa le pont. Rien n'avait changé, sinon que Zataki et ses hommes étaient plus légèrement vêtus. Ils portaient des tenues de voyage, étaient armés et, quoique très disciplinés, avaient tous envie de se battre. Is s'assirent bien en face des forces de Toranaga qui les surpassaient largement en nombre. Le père Alvito était, ainsi que Blackthorne, du côté des observateurs.

Toranaga accueillit Zataki sur un ton officiel et calme. Les deux *daimyōs* étaient seuls sous le dais. Leurs coussins étaient éloignés l'un de l'autre. Yabu, Omi, Naga et Buntaro étaient assis sur le sol et entouraient Toranaga. Les conseillers de Zataki s'étaient installés derrière lui. L'heure venue, Zataki sortit le second parchemin. « Je suis venu pour recevoir votre réponse officielle.

— J'accepte de me rendre à Osaka et de me soumettre à la volonté du Conseil », répondit calmement Toranaga. Il s'inclina.

« Vous allez vous soumettre ? » dit Zataki. Son visage grimaça, incrédule. « Vous, Toranaga-Noh-Minowara, vous allez...

— Écoutez-moi, l'interrompit Toranaga de sa voix sourde qui fit écho dans toute la clairière. Il faut obéir au Conseil des régents ! Même s'il est illégal, il *est* constitué. Aucun *daimyō* n'a le droit de diviser le royaume, si forte que soit la vérité qu'il détient. Le royaume a droit de préséance. Si un *daimyō* se révolte, il est du devoir de tous de l'éliminer. J'ai juré au Taikō que je ne serais jamais le premier à détruire la paix. Je ne le ferai pas aujourd'hui, même si le mal existe et prolifére dans ce pays. *J'accepte l'invitation. Je partirai aujourd'hui.* »

Stupéfait, chaque samouraï essayait de prédire ce que cette incroyable volte-face signifiait. Ils étaient tous certains de devenir pour la plupart *ronins* : avec tout ce que cela impliquait. Perte de l'honneur, des revenus, de la famille et de l'avenir.

Buntaro savait qu'il allait accompagner Toranaga dans son dernier voyage et partager son sort. Ishido était un trop grand ennemi personnel pour lui pardonner. Qui, de toute façon, accepterait de rester en vie quand son propre seigneur abandonnait le combat avec une telle lâcheté ?

Naga était abasourdi. Pas de « Ciel pourpre » ? Pas de guerre ? Pas de lutte d'attaque, mort honorable sur un champ de bataille, en défendant le drapeau de son père ? Pas de cadavres ennemis à enjamber dans un dernier assaut ou une victoire divine ? Pas d'attaque, même avec ces horribles mousquets ? Rien de tout cela. Juste un seppuku, fait à la va-vite probablement, sans pompe ni cérémonie, la tête fichée au bout d'une pique, exposée aux quolibets du peuple. Simplement une mort et la fin des Yoshi. Car ils mourraient, tous bien sûr, ses yeux fixèrent Zataki et une envie de sang l'envahit...

Omi observait Toranaga, les yeux mi-clos. La haine le dévorait. Notre maître est devenu fou, se dit-il. Comment peut-il être aussi stupide ? Nous avons cent mille hommes et le Régiment des mousquets, plus cinquante mille hommes autour d'Osaka ! « Ciel pourpre » vaut mille fois mieux qu'une tombe puante et solitaire !

Sa main se fit lourde sur le pommeau de son épée et, pendant un moment sublime, il se vit fonçant sur Toranaga, le décapitant pour tendre sa tête au régent Zataki et en finir avec cette odieuse mascarade. Mourir ensuite de sa propre main avec honneur, ici, devant tout le monde. A quoi cela servait-il de vivre ? Kiku était hors d'atteinte. Toranaga possédait son contrat et les avait tous trahis. La nuit dernière, Omi avait été embrasé par le chant de Kiku, chant qui lui était secrétement dédié à lui seul. Passion malheureuse — elle et lui. Si l'on se suicidait ensemble ? Ensemble pour l'éternité ? Comme ce serait bien ! Mêler nos âmes dans la mort en signe de notre éternelle adoration de la vie. Mais il y a d'abord Toranaga le traître, *neh ?*

Omi sortit de sa rêverie avec difficulté. Tout se déroule mal, pensa-t-il. Je n'ai pas la paix dans ma maison. Tout n'est que colère et querelle, Midori est toujours en larmes. Je ne suis pas près de tirer vengeance de Yabu. Aucun marché secret avec ou sans Yabu n'a été conclu avec Zataki. Aucun accord d'aucune sorte. Quand Mura a trouvé les épées, elles étaient toutes les deux si abîmées que Toranaga m'aurait haï si je les lui avais montrées. Et maintenant, ceci... Cette lâche reddition.

« Vous abandonnez ? Nous ne faisons pas la guerre ? hurla Yabu.

— J'accepte l'invitation du Conseil, répondit Toranaga. Comme vous allez l'accepter !

— Je ne l'... »

Omi savait qu'il devait interrompre Yabu et le protéger d'une mort imminente qu'une confrontation avec Toranaga allait susciter. Mais il préféra se taire, attendant que le désastre s'effondre sur Yabu.

« Vous n'allez pas accepter ? demanda Toranaga.

— Je... je... bien sûr vos vassaux vous obéiront. Oui... si vous décidez... quoi que vous décidiez... Je... je... vous suivrai. »

Toranaga laissa Yabu bégayer un flot d'excuses, puis lui coupa dédaigneusement la parole. « Très bien. » Il se tourna vers Zataki sans relâcher sa surveillance. « Cher frère, vous pouvez donc ranger votre second parchemin. Rien de plus... »

Du coin de l'œil, il vit le visage de Naga changer.

« Naga ! » Le jeune homme eut très peur et sa main gauche relâcha l'épée.

« Oui, père ? balbutia-t-il.

— Va me chercher de quoi écrire ! Tout de suite ! » Toranaga soupira de soulagement quand Naga fut hors de portée d'épée. Il observa Buntaro soigneusement, puis Omi. Yabu, enfin. Il jugea que ces trois-là étaient suffisamment maîtres d'eux-mêmes pour éviter tout acte stupide, précipitant ainsi l'émeute et le massacre. Il s'adressa encore une fois à Zataki :

« Je vous donne mon accord officiel par écrit, immédiatement. Ça permettra au Conseil de se préparer à ma visite officielle. » Il baissa la voix et ne s'adressa qu'à Zataki : « Vous êtes en sécurité à Izu et au-dehors, régent. Vous êtes en sécurité tant que ma mère n'est pas hors de votre portée. Jusqu'à ce moment-là seulement !

— Très bien. Visite officielle ? » Zataki était ouvertement méprisant. « Quelle hypocrisie ! Je ne pensais jamais voir le jour où Yoshi Toranaga-Noh-Minowara irait se prosterner devant le général Ishido. Vous n'êtes...

— Qu'y a-t-il de plus important, cher frère ? La continuité de ma lignée... ou celle du royaume ? »

La tristesse flottait sur la vallée. Il pleuvait à verse. Les nuages étaient à trois cents pieds à peine au-dessus du sol et obscurcissaient complètement le chemin qui montait vers le col. La clairière et la cour de l'auberge étaient pleins de samouraïs de mauvaise humeur. Les chevaux frappaient nerveusement des sabots. Des officiers lançaient des ordres avec une dureté inutile. Des porteurs affolés s'affairaient et préparaient la colonne au départ. Il ne restait qu'une heure avant la tombée de la nuit. Toranaga avait écrit un message ampoulé, l'avait signé et l'avait fait porter par messager à Zataki, malgré les supplications de Buntaro, Omi et Yabu réunis en conciliabule. Il avait écouté leurs points de vue en silence puis avait déclaré : « Je ne veux plus rien entendre. J'ai choisi ma route. Obéissez ! »

Il leur avait dit qu'il retournait à Anjiro pour rassembler ses hommes, qu'il prendrait le lendemain la route côtière orientale vers Atami et Odawara, qu'il franchirait les cols pour arriver à Yedo. Buntaro commanderait son escorte. Le Régiment des mousquets, sous les ordres de Yabu, devait s'embarquer le lendemain à Anjiro et l'attendre à Yedo. Le jour suivant, Omi devait gagner la frontière par la route centrale avec tous les guerriers disponibles à Izu et épauler Hiro-matsu qui détenait le commandement en chef. Après s'être assuré que l'ennemi, Ikawa Jikkyu, ne ferait rien pour empêcher leur déplacement, il devait baser ses troupes à Mishima pour garder cette portion du Tokaidō et rassembler, en quantité suffisante, palanquins et chevaux pour Toranaga et la suite nombreuse qu'exigeait une visite officielle.

« Alertez toutes les bases le long de la route. Qu'elles se tiennent prêtes. Compris ?

— Oui, Sire.

— Veillez à ce que tout soit parfait.

— Oui, Sire. Vous pouvez compter sur moi. » Même Omi avait baissé les yeux devant ce regard sinistre.

Quand tout fut prêt pour le départ, Toranaga sortit sous la véranda. Tout le monde le salua. Il leur fit signe de vaquer à leurs occupations et demanda la note. Il la vérifia article par article. Elle était trés honnête. Il acquiesça, la lança à son intendant pour paiement. Il fit ensuite venir Mariko et l'Anjin-san. Mariko reçut la permission d'aller à Osaka. « Mais vous irez d'abord à Mishima. Vous donnerez ce message à Hiro-matsu-san, puis vous poursuivrez votre route sur Yedo avec l'Anjin-san dont vous serez responsable jusqu'à votre arrivée. Vous irez à Osaka par bateau. Je prendrai ma décision plus tard. Anjin-san ! Le prêtre-san vous a-t-il donné le dictionnaire ?

— Excusez-moi. Moi pas compris. »

Mariko avait déjà traduit.

« Désolé, oui. J'ai livre reçu.

— Quand nous nous reverrons à Yedo, vous parlerez le japonais mieux que ça. Beaucoup mieux. *Wakarimasu ka ?*

— *Hai. Gomen nasai.* »

Toranaga sortit d'un air découragé, ne fit pas attention à tous ceux qui le saluaient et s'installa dans son palanquin, en tête du convoi. Il tira les rideaux. Les six porteurs, à moitié nus, soulevèrent la litière et partirent au petit trot. Leurs pieds faisaient éclabousser les flaques. Des samouraïs chevauchaient en tête. Les bagages et les porteurs de relais suivaient. Il étaient tous pressés, tendus et terrorisés. Omi menait le convoi. Buntaro commandait l'arrière-garde. Yabu et Naga étaient déjà partis rejoindre le Régiment des mousquets qui se tenait en embuscade à l'écart de la route et attendait Toranaga sur la crête. Il devait ensuite fermer la marche. « Une arrière-garde contre qui ? » avait demandé Yabu à Omi dans les quelques moments d'intimité qu'ils avaient eus avant de partir au triple galop.

Buntaro revint vers la porte de l'auberge. « Mariko-san ! »

Elle accourut vers lui, obéissante. Son ombrelle en papier huilé orange était martelée par les gouttes de pluie.

« Oui, Sire ? »

Ses yeux la dévisageaient. Il se tourna vers Blackthorne, qui observait la scène de la véranda,

« Dites-lui... » Il se tut.

« Sire ? »

Il la regarda. « Dites-lui que je le tiens responsable de votre personne.

— Oui, Sire, mais excusez-moi. Je suis responsable de moi-même. »

Buntaro se retourna et mesura la distance qui le séparait de la tête du convoi. Quand il la regarda à nouveau, son visage était déformé par la douleur. « Il n'y aura donc pas de chute de feuilles à contempler, *neh ?*

— C'est entre les mains de Dieu, Sire. »

— Non, c'est entre les mains de Sire Toranaga », dit-il dédaigneusement.

Elle leva le visage vers lui sans ciller. Les gouttes tombaient du bord de son ombrelle comme un rideau de larmes. De la boue souillait le bas de son kimono. Il dit : « Sayonara....jusqu'à ce que je vous voie à Osaka. »

Elle fut surprise. « Désolée, ne vous verrai-je pas à Yedo ? Vous y serez avec Sire Toranaga. Vous arriverez en même temps, *neh ?* Je vous verrai à ce moment-là.

— Oui, mais nous ne recommencerons que lorsque nous nous verrons à Osaka ou quand vous en reviendrez. Ce n'est qu'à ce moment-là que je vous verrai vraiment.

— Oh, je comprends. Veuillez m'excuser.

— *Sayonara,* Mariko-san.

— *Sayonara,* maître. » Mariko le salua. Il lui rendit son salut et traversa les fondrières pour rejoindre son cheval. Il se mit en selle et partit au galop sans se retourner.

« Que Dieu soit avec vous », dit-elle en le regardant s'éloigner.

Blackthorne attendait à l'abri de la véranda. La pluie se calmait. La tête du convoi disparut bientôt dans les nuages, puis ce fut au tour du palanquin de Toranaga.

Ce matin, la chasse au faucon avait si bien commencé. Il avait choisi un petit faucon de grande envergure, semblable à un émerillon, et l'avait fait fondre avec succès sur une alouette. Il avait mené la battue comme le lui accordait son privilège. Il avait traversé la forêt en prenant un sentier qu'empruntaient fermiers et colporteurs itinérants, Mais un marchand d'huile, accompagné d'un vieux cheval épuisé, avait bloqué le passage et refusé grossièrement de s'écarter. Tout à l'excitation de la chasse, Blackthorne avait crié à l'homme de se garer, mais le colporteur avait encore refusé. Il l'avait donc copieusement injurié. Le marchand d'huile l'avait injurié à son tour et Toranaga était arrivé. Il avait fait signe à l'un de ses gardes du corps et avait dit : « Anjin-san, donnez-lui votre épée pour un instant. »

Blackthorne avait immédiatement obéi. Avant de comprendre ce qui se passait, le samouraï s'était jeté sur le colporteur. Le coup qu'il lui avait assené avait été si sauvage et si parfait que le marchand d'huile n'avait fait qu'un pas avant de s'effondrer, coupé en deux.

Le garde du corps avait soigneusement essuyé la lame en se servant de sa ceinture de soie pour protéger l'acier. Il avait rengainé l'épée avec une satisfaction évidente et la lui avait rendue en disant quelque chose que Mariko lui avait expliqué plus tard : « Il a simplement dit qu'il était très fier d'avoir reçu la permission d'utiliser une telle lame, Anjin-san. Sire Toranaga suggère que vous lui donniez le nom de “marchand d'huile”, car on doit se souvenir d'un tel coup, d'un tel tranchant avec honneur. Votre épée est maintenant entrée dans la légende, *neh ?* »

Il portait à présent « marchand d'huile ». Elle resterait ainsi nommée. Cette même épée que lui avait offerte Toranaga. J'aurais préféré qu'il ne me l'ait jamais donnée, pensa-t-il. Mais ce n'était pas leur faute. C'était la mienne, j'ai crié et j'ai prévenu cet homme. Il a été malpoli en retour. Et un samouraï *ne doit pas* être grossièrement traité. Ce meurtre lui avait enlevé toute envie de chasser. Il devait pourtant cacher ce sentiment, car Toranaga avait montré depuis le début de la journée un caractère ombrageux et difficile.

Peu avant midi, ils étaient retournés à Yokosé. La rencontre avec Zataki avait eu lieu. Puis, il avait pris un bain de vapeur et s'était fait masser. Le père Alvito s'était brusquement trouvé sur son chemin, telle une apparition vengeresse. Deux acolytes hostiles l'escortaient.

« Jésus-Christ, disparaissez. Laissez-moi tranquille !

— Pas besoin d'avoir peur ou de blasphémer, avait dit Alvito.

— Que Dieu vous maudisse, vous et tous les prêtres ! » avait dit Blackthorne en essayant de se contenir. Il savait qu'il était en territoire ennemi. Il avait vu un peu plus tôt quelques centaines de samouraïs catholiques passer le pont pour se rendre à la messe. Sa main chercha le pommeau de son épée, mais il ne la portait pas avec sa sortie de bain ; il se blàma de sa stupidité, détestant être pris sans armes.

« Que Dieu vous pardonne vos blasphèmes, pilote. Qu'il vous pardonne et vous ouvre les yeux. Je ne vous veux aucun mal. Je suis venu vous faire un cadeau. Voici un cadeau de Dieu, pilote. »

Blackthorne avait pris le paquet avec méfiance. Quand il l'avait ouvert, et vu le dictionnaire — grammaire portugais-latin-japonais, un frisson l'avait parcouru. Il l'avait feuilleté : les caractéres d'imprimerie étaient magnifiques, la qualité et le détail des renseignements, époustouflants.

« Oui, c'est bien un cadeau de Dieu, mais Sire Toranaga vous a ordonné de me le donner.

— Nous n'obéissons qu'aux ordres de Dieu.

— Toranaga vous a demandé de me le donner.

— Oui. Telle était sa requête.

— Une “requête” de Toranaga n'est-elle pas un ordre ?

— Cela dépend, capitaine-pilote, de qui vous êtes, de ce que vous êtes et du degré de votre foi. » Alvito montra le livre. « Trois de nos frères ont travaillé pendant vingt-sept ans à cet ouvrage.

— Pourquoi me le donnez-vous ?

— On me l'a demandé.

— Pourquoi n'avez-vous pas cherché à contourner la “requête” de Sire Toranaga ? Vous êtes suffisamment rusé pour ça. »

Alvito haussa les épaules. Blackthorne feuilleta rapidement l'ouvrage et vérifia.

« Il est complet, dit Alvito d'un air amusé. Nous ne nous servons pas de moitiés de livres.

— Ce livre est bien trop précieux pour le donner. Que voulez-vous en échange ?

— Il nous a demandé de vous le donner. Le père visiteur a accepté. On vous le donne. Il n'a été imprimé que cette année ; il est beau, n'est-ce pas ? Nous vous demandons simplement d'en prendre soin, de bien le traiter. Il en vaut le peine.

— C'est à garder pendant toute une vie. C'est une somme de connaissances inestimable. Que voulez-vous en échange ?

— Rien.

— Je ne vous crois pas. Vous devez savoir que ce livre fait de moi votre égal. Il me donne tout votre savoir et nous économise dix, peut-être vingt ans. Je vais bientôt parler le japonais aussi bien que vous. Une fois que je saurai parler cette langue, je pourrai l'enseigner à d'autres. Voilà la clef du Japon, *neh ?* Je serai capable de parler directement à Toranaga-sama dans six mois.

— Peut-être y réussirez-vous. Si vous avez six mois devant vous.

— Qu'est-ce que ça veut dire ?

— Rien que vous ne sachiez déjà. Sire Toranaga sera mort bien avant que ne soient écoulés ces six mois.

— Pourquoi ? Quelles nouvelles lui avez-vous apportées ? Depuis qu'il vous a parlé, il se comporte comme un taureau qui aurait la gorge à moitié tranchée. Que lui avez-vous dit ?

— Mon message était confidentiel, je suis désolé. Je ne suis qu'un messager. Mais le général Ishido contrôle Osaka, comme vous le savez. Quand Toranaga-sama arrivera à Osaka, il en sera fini de lui et de vous. »

Blackthorne sentit sa moelle se figer. « Pourquoi moi ?

— Vous ne pouvez pas échapper à votre destin, pilote. Vous avez aidé Toranaga contre Ishido. Avez-vous oublié ? Vous vous êtes violemment opposé à Ishido. Vous avez aidé Toranaga à fuir du port d'Osaka. Je suis désolé, mais parler japonais, porter des épées ou être samouraï ne vous aidera pas du tout. Ce sera peut-être même pire, maintenant que vous êtes samouraï. Vous allez recevoir ordre de vous faire seppuku et, si vous refusez... » Alvito avait ajouté de la même voix calme : « Je vous l'ai déjà dit : ce sont des gens simples.

— Nous sommes aussi des gens simples, nous les Anglais. Quand nous sommes morts, nous sommes morts, mais avant ça, nous plaçons notre confiance en Dieu et nous gardons notre poudre sèche. J'ai encore quelques tours dans mon sac, n'ayez crainte.

— Oh, je ne crains rien du tout, pilote. Ni vous ni votre hérésie ni vos canons.

— C'est le *karma.* C'est entre les mains de Dieu. Appelez ça comme vous voulez. Par le Seigneur Dieu, je récupérerai mon bateau et je reviendrai dans deux ans avec une escadre anglaise et je vous bouterai hors d'Asie.

— C'est entre les mains de Dieu, pilote. L'arrêt de mort est signé et rien de ce que vous dites n'arrivera. Rien. » Alvito l'avait regardé comme s'il était déjà mort. « Que Dieu aït pitié de vous, car Dieu étant *mon* juge, pilote, je crois que vous ne quitterez jamais ces îles. »

Blackthorne frissonna en se souvenant de l'inébranlable conviction avec laquelle il avait dit ça.

« Vous avez froid, Anjin-san ? »

Mariko était près de lui sous la véranda.

« Oh, excusez-moi, non, je n'ai pas froid... Je pensais. » Il jeta un coup d'œil vers le col. Toute la colonne avait disparu dans le banc de nuages. La pluie s'était calmée et tombait, douce et tiède. La cour était vide, le jardin inondé. Des fanals s'allumaient de toutes parts, dans le village. Les sentinelles n'étaient plus postées des deux côtés du pont. Un grand vide semblait dominer le crépuscule.

« C'est plus joli la nuit, n'est-ce pas ? dit-elle.

— Oui. » Il ressentait tout à fait leur solitude. Ils étaient en sécurité et, en prenant des précautions, si elle le voulait comme il le voulait... Une servante s'approcha, prit l'ombrelle, apporta des *tabis* secs, s'agenouilla et sécha les pieds de Mariko.

« Notre voyage commence demain à l'aube, Anjin-san.

— Ça nous prendra combien de temps ?

— Un certain nombre de jours, Anjin-san. Sire Toranaga dit... » Elle vit sortir Gyoko de l'auberge. « Sire Toranaga m'a dit que nous avions tout le temps. »

Gyoko la salua très bas. « Bonsoir, dame Toda, excusez-moi de vous interrompre.

— Comment allez-vous, Gyoko-san ?

— Très bien, merci. J'aimerais bien pourtant que la pluie s'arrête. Je n'aime pas cette humidité étouffante. Mais quand les pluies cesseront, nous aurons la chaleur et ce sera pire, *neh ?* Heureusement, l'automne n'est plus très loin... Nous avons tellement de chance de pouvoir attendre l'automne et le merveilleux printemps, *neh ?* »

Mariko ne répondit pas. La servante boucla ses *tabis* et se releva. « Merci, dit Mariko en la congédiant. Puis-je faire quelque chose pour vous, Gyoko-san ?

— Kiku-san désirait savoir si vous aimeriez qu'elle chante ou qu'elle danse, ce soir. Sire Toranaga lui a laissé des instructions pour vous distraire, si vous le désirez.

— Oui, il me l'a dit, Gyoko-san. Ce serait très charmant mais pas ce soir. Nous devons partir à l'aube et je suis très fatiguée. Il y aura d'autres nuits, *neh ?* Transmettez-lui toutes mes excuses et... Oh oui, s'il vous plaît, dites-lui que je suis ravie d'avoir votre compagnie sur la route. »

Toranaga avait ordonné à Mariko d'emmener les deux femmes avec elle. Elle l'avait remercié, contente de les avoir comme chaperons officiels.

« Vous êtes vraiment trop gentille, lui dit Gyoko mielleusement. Nous sommes très honorées. Nous allons toujours à Yedo ?

— Oui, bien sûr, pourquoi ?

— Pour rien, dame Toda. En ce cas, ne pourrions-nous pas nous arrêter un jour ou deux à Mishima ? Kiku-san aimerait prendre quelques vêtements. Elle ne se sent pas trés bien habillée pour sire Toranaga et on m'a dit que l'été à Yedo était très humide et plein de moustiques. Il faudrait que nous prenions sa garde-robe, si modeste soit-elle.

— Bien sûr. Vous aurez suffisamment de temps pour le faire. »

Gyoko ne regarda pas Blackthorne. « C'est... c'est tragique pour notre maître, *neh ?*

— *Karma* », répondit Mariko très calmement. Elle ajouta d'un ton venimeux : « Rien n'est changé, Gyokosan. Vous serez payé en argent le jour de votre arrivée, comme le contrat le stipule.

— Oh, je suis désolée, lui dit la vieille femme en faisant semblant d'être choquée. Excusez-moi, dame Toda, mais l'argent... ? Loin de moi cette pensée. Jamais ! Je ne m'inquiétais que de l'avenir de notre maître.

— Il est maître de son avenir, dit Mariko en n'y croyant plus elle-même. Mais le vôtre est prometteur, n'est-ce pas ? Vous êtes riche, quoi qu'il arrive. Tous vos ennuis terrestres sont terminés. Vous serez bientôt quelqu'un de puissant à Yedo avec votre nouvelle corporation de courtisanes, quel que soit le seigneur du Kwanto. Vous deviendrez la plus grande mama-san et, quoi qu'il arrive, Kikusan restera votre protégée et sa jeunesse n'en sera pas ternie.

— Ma seule inquiétude est Sire Toranaga, répondit Gyoko avec une gravité étudiée. Si je pouvais l'aider, je le ferais !...

— Comme c'est généreux de votre part, Gyoko-san ! Je lui ferai part de votre offre. Oui, mille *koku* de moins sur le prix du contrat l'aideraient énormément. J'accepte en son nom. »

Gyoko agita son éventail, fit un gracieux sourire est s'arrangea pour ne pas pleurer de rage. Elle s'était laissé prendre au piège comme une novice imbibée de saké. « Oh non, dame Toda, comment l'argent pourrait-il aider un maître aussi généreux ? bégaya-t-elle, essayant de retrouver son calme. Non, l'argent ne lui est d'aucun secours. Des renseignements, un service seraient préférables, à moins qu'...

— Quels renseignements ? »

— Aucun. Aucun pour le moment. Je ne faisais qu'une figure de rhétorique. Je suis désolée, mais l'argent...

— Je lui ferai part de votre offre et de votre générosité. Permettez-moi de vous dire merci en son nom. »

Gyoko salua, comprenant qu'elle était congédiée, et rentra à l'auberge. Mariko gloussa.

« De quoi vous moquez-vous, Mariko-san ? »

Elle lui raconta ce qui venait de se passer. « Toutes les mama-sans du monde se ressemblent. Elles ne s'inquiètent que pour leur argent.

— Est-ce que sire Toranaga paiera même si... » Blackthorne se tut. Mariko attendit. Il poursuivit : « Le père Alvito m'a dit que, lorsque sire Toranaga arrivera à Osaka, c'en sera fini de lui.

— Oh, oui, Anjin-san, C'est tout à fait vrai », dit-elle dans un élan qu'elle n'éprouvait pas. Puis elle rangea Toranaga et Osaka dans leurs compartiments et se sentit à nouveau tranquille. « Mais Osaka est à des lieues d'ici et l'avenir est fait d'un nombre indéchiffrable de secondes. Ce qui doit arriver *arrive.* Ishido ne sait pas, le bon père ne sait pas ; nous ne savons pas. Personne ne sait ce qui va se passer, *neh ?* A part le Seigneur Dieu. Mais il ne nous le dira pas, n'est-ce pas ?

— *Hai !* » Il rit avec elle. « Vous êtes si sage.

— Merci. J'ai une suggestion à vous faire, Anjin-san. Oublions nos problèmes pendant le voyage, Tous.

— Vous, dit-il en latin. C'est si bon de vous voir.

— Et vous. La prudence est de mise en présence des deux femmes durant le voyage, *neh ?*

— Nous dépendons d'elles, madame ?

— J'en dépends. En fait, j'en dépends au plus haut point.

— Nous sommes seuls à présents, *neh ?* Vous et moi.

— Oui. Mais ce qui a été n'est plus et n'est jamais arrivé.

— C'est vrai, oui. Vous avez encore raison. Vous êtes très belle. »

Un samouraï franchit le seuil de l'auberge et salua Mariko, Il était d'âge moyen, les cheveux gris. Il marchait en boitant légèrement. « Excusez-moi, dame Toda, mais nous partons à l'aube, *neh ?*

— Oui, Yoshinaka-san. Mais ça n'a pas d'importance si nous sommes retardés jusqu'à midi. Nous avons tout notre temps.

— Puisque vous le désirez, disons midi. Bonsoir, Anjin-san. Permettez-moi de me présenter. Akira Yoshinaka, capitaine de votre escorte.

— Bonsoir, capitaine. »

Yoshinaka se tourna vers Mariko. « Je suis responsable de vous et de lui, madame ; ayez donc la gentillesse de lui dire que j'ai ordonné à deux de mes hommes de dormir dans sa chambre. Il y aura également dix sentinelles de garde chaque nuit. J'ai cent hommes en tout.

— Très bien, capitaine. Je suis désolée, mais il serait préférable de ne poster aucun homme dans la chambre de l'Anjin-san. Leur coutume veut qu'ils dorment seuls ou avec une femme. Ma servante sera certainement avec lui. Il sera donc protégé. Postez vos gardes autour, mais pas trop près. Comme ça, il n'en sera pas trop incommodé. »

Yoshinaka se gratta la tête et fronça les sourcils. « Très bien, madame, je suis d'accord. Veuillez lui demander de ne pas faire les promenades nocturnes qu'il a l'habitude de faire. Je suis, jusqu'à ce que nous arrivions à Yedo, responsable et, quand j'ai la responsabilité de très importants personnages, je deviens très nerveux. » Il salua, très raide, et se retira.

« Le capitaine demande que vous ne vous promeniez pas seul durant le voyage. Si vous vous levez la nuit, prenez toujours un samouraï avec vous, Anjin-san. Ça lui facilitera la tâche.

— Très bien. » Blackthorne le regarda partir. « Qu'a-t-il dit d'autre ? J'ai cru comprendre que vous parliez de "sommeil" ? Je n'ai pas pu saisir... » Il se tut. Kiku sortait de l'auberge. Elle portait une sortie de bain avec une serviette artistiquement enroulée autour de la tête. Pieds nus, elle allait en sautillant vers la source chaude de la maison de bains. Elle les salua gaiement. Ils lui rendirent son salut.

Blackthorne admira ses longues jambes et sa démarche ondulante. Il sentit le regard de Mariko posé sur lui et se retourna. « Non ! » dit-il avec véhémence. Mariko se mit à rire.

« J'ai pensé qu'il pourrait vous être pénible de ne l'avoir que comme compagne de voyage après une telle rencontre sur l'oreiller.

— Pénible ? Au contraire. J'ai de bien beaux souvenirs. Je suis heureux de savoir qu'elle appartient maintenant à sire Toranaga. Ça simplifie tout, pour elle et pour lui. Pour tout le monde. » Il allait ajouter : pour tous sauf pour Omi, mais préféra dire : « Elle n'était après tout qu'un merveilleux cadeau. Rien de plus, *neh ?*

— C'était un cadeau, effectivement. »

Il voulut toucher Mariko mais ne le fit pas.

45

Leur voyage jusqu'à Mishima dura neuf jours. Ils furent ensemble chaque nuit. Secrètement. Yoshinaka les y aida sans le savoir. A chaque auberge, il leur choisissait tout naturellement deux chambres mitoyennes.

« J'espère que vous n'y voyez aucun inconvénient, madame. Cela rend ma tâche plus facile. » Mariko était toujours d'accord. Elle abandonnait sa servante, Chimmoko, au milieu de la nuit et allait le rejoindre. Au fait que les chambres fussent voisines venaient s'ajouter bavardages, bruits nocturnes, chants et ripailles des autres voyageurs. Les sentinelles postées à l'extérieur ne se rendaient compte de rien. Seule Chimmoko était dans le secret. Mariko savait que Kiku, Gyoko et toutes les autres femmes du convoi finiraient par être au courant. Mais sa parole l'emporterait sur la leur, à moins, bien sûr, d'être prise en flagrant délit. Aucun samouraï, pas même Yoshinaka, n'oserait ouvrir sa porte durant la nuit sans y avoir été convié. Seule une femme pouvait la trahir et, si elle était trahie, celle qui la donnerait et toutes les femmes du convoi mourraient d'une mort bien plus atroce et plus lente que la sienne, pour une aussi laide trahison. Elle pouvait aussi, si elle le désirait, les faire mettre à mort pour la plus légère indiscrétion, réelle ou supposée. Mariko était sûre que Toranaga n'émettrait aucune objection. Il applaudirait certainement à la nouvelle de la mort de Gyoko. Mariko savait, dans son for intérieur, qu'il n'émettrait même pas d'objection à la mort de Kiku. Deux mille cinq cents *koku* pouvaient lui permettre d'acheter plus d'une courtisane de première classe. Elle se sentait donc en sécurité au milieu de ses femmes. Mais pas avec Blackthorne, malgré toute la force de son amour. Il n'était pas japonais. Il n'avait pas été entraîné depuis sa naissance à construire ces barrières intérieures impénétrables. Son visage, ses manières ou sa fierté les trahiraient. Elle n'avait pas peur pour elle. Seulement pour lui.

« Je sais enfin ce que l'amour veut dire, lui avait-elle murmuré la première nuit. Je vous aime ; j'ai peur pour vous. » Elle lui parlait en latin, le langage des amants.

« Je vous aime. Oh, comme je vous aime.

— Je vous ai détruit, mon amour, mon commencement. Nous sommes marqués. Je vous ai détruit... Voilà la vérité !

— Non, Mariko. Il se passera sûrement quelque chose pour tout remettre en place.

— Je n'aurais jamais dû commencer. C'est ma faute.

— Ne vous inquiétez pas, je vous en supplie. »

Il fit semblant d'être convaincu et fondit entre ses bras. Elle était certaine qu'il serait sa némésis. Elle n'avait pas peur.

Les nuits étaient gaies et tendres. Les journées lui étaient faciles, Elles paraissaient difficiles à Blackthorne, constamment sur le qui-vive, déterminé pour elle à ne pas commettre d'erreurs. « Vous ne commettrez pas d'erreur, dit-elle, alors qu'ils chevauchaient côte à côte, loin des autres. Vous êtes fort ; vous êtes samouraï et vous ne commettrez pas d'erreur.

— Et quand nous arriverons à Yedo ?...

— Laissez Yedo s'occuper de Yedo. Je vous aime.

— Je vous aime, moi aussi.

— Alors pourquoi êtes-vous si triste ?

— Pas triste, madame, Le silence est simplement douloureux. J'aimerais crier mon amour du haut des montagnes.

— Que va-t-il leur arriver, Gyoko-san ? demanda Kiku dès le premier jour du voyage.

— Un désastre, Kiku-san. Ils n'ont aucun espoir d'avenir. Il le cache bien mais elle !... Son adoration éclate sur son visage. Regarde-la ! Une jeune fille ! Elle est folle !

— Mais si belle, *neh ?* Quelle chance d'avoir reçu tant de bienfaits, *neh ?* Que va faire Yoshinaka-san, s'il les découvre ?

— Il ne les découvrira peut-être pas. Les hommes sont si fous et si bêtes. Ils ne perçoivent pas les choses les plus simples chez les femmes. Grâce à Bouddha, que son nom soit béni ! Prions pour qu'ils ne soient pas découverts avant notre arrivée à Yedo ! Prions pour ne pas en être tenues responsables ! Oh, oui ! Cet après-midi, quand nous nous arrêterons, essayons de trouver le sanctuaire le plus proche et j'y brûlerai dix bâtons d'encens pour que ma prière soit exaucée. Par tous les dieux, je ferai don de trois *koku* par an à un temple pendant dix ans si nous en réchappons et si j'obtiens mon argent.

— Mais ils sont si beaux ensemble, *neh* ? Je n'ai jamais vu une femme aussi épanouie.

— Oui, mais elle se fanera aussi vite qu'un camélia brisé quand elle sera accusée devant Buntaro-san. »

Omi les avait rejoints le troisième jour. Il était resté à leur auberge et, après le repas du soir, avait parlé à Kiku en privé. Il lui avait officiellement demandé de se joindre à lui pour l'éternité.

« Volontiers, Omi-san, volontiers, avait-elle immédiatement répondu, se laissant aller à pleurer, car elle l'aimait bien. Mais mon devoir envers Sire Toranaga qui m'a accordé ses faveurs, et envers Gyoko-san qui m'a élevée, me l'interdit.

— Mais Sire Toranaga est déchu de ses droits sur vous. Il s'est rendu. Il est vaincu,

— Son contrat n'est pas caduc, Omi-san, aussi fort que soit mon désir. Le contrat est légal et me lie. Excusez-moi mais je dois refuser.

— Ne me donnez pas votre réponse maintenant, Kikusan. Réfléchissez-y. Je vous en prie. Donnez-la-moi demain », dit-il en la quittant. Sa réponse larmoyante était restée la même : « Je ne peux pas être à ce point égoïste, Omi-san. Pardonnez-moi. Mon devoir envers Sire Toranaga et Gyoko-san... Je ne le peux pas, aussi fort que soit mon désir. Pardonnez-moi. »

Il avait discuté. D'autres larmes avaient coulé. Ils s'étaient juré adoration éternelle et elle l'avait renvoyé avec cette promesse : « Si le contrat devient caduc, si Sire Toranaga meurt et que je retrouve ma liberté, je ferai tout ce que vous voudrez. Je vous obéirai. »

Il était parti pour Mishima, plein de pressentiments. Elle avait séché ses larmes et arrangé son maquillage. Gyoko l'avait félicitée. « Tu es si sage, mon enfant. Si seulement dame Toda pouvait posséder la moitié de ta sagesse ! »

Yoshinaka menait le convoi tranquillement, d'auberge en auberge, le long de la rivière Kano. Il acceptait les retards qui survenaient constamment, se fichant du temps. Toranaga lui avait confié qu'il n'y avait pas besoin de se presser pourvu que la livraison soit faite le jour de la nouvelle lune, à Yedo.

« Je préfère les voir arriver là-bas plus tard que plus tôt, Yoshinaka-san. Vous comprenez ?

— Oui, Sire », avait-il répondu en bénissant ses *kami* pour le délai qui lui était accordé. Il devrait faire, à Sire Hiro-matsu, à Mishima ou à Sire Toranaga, à Yedo, un rapport oral ou écrit. Il devrait alors prendre une décision et savoir s'il devrait dire ce qu'il pensait. Je me trompe certainement, se dit-il, stupéfait. Dame Toda ? Elle, avec un homme ? Sans parler du barbare ! Ne vaut-il pas mieux jouer les imbéciles et prier que personne ne les trahisse et donc ne te trahisse ? Sa vie est finie, nous sommes tous condamnés. Quelle importance ? Détourne les yeux. Laisse-les à leur *karma.* Quelle importance ?

Le samouraï savait au fond de lui-même que c'était important.

« Bonjour, Mariko-san. Quelle belle journée », dit le père Alvito en se dirigeant vers eux. Ils étaient devant l'auberge, prêts à commencer une nouvelle journée de voyage.

« Que Dieu vous bénisse et vous garde entre ses mains pour toujours.

— Merci, mon père.

— Bonjour, pilote. Comment allez-vous, aujourd'hui ?

— Bien, merci. Et vous ? »

Leur convoi et celui des Jésuites avaient constamment joué à saute-mouton depuis le début du voyage. Ils séjournaient parfois à la même auberge.

« Aimeriez-vous que je chevauche à vos côtés ce matin, pilote ? Je serais très heureux de poursuivre nos leçons de japonais, si vous en avez envie.

— Merci. Je veux bien. »

Alvito avait offert à Blackthorne de lui apprendre la langue.

« En échange de quoi ?

— Rien. Ça m'aiderait à passer le temps et, pour vous dire la vérité, je me sens en ce moment triste et vieux. C'est aussi peut-être pour me faire pardonner mes paroles amères.

— Je n'attends aucune excuse de votre part. Vous suivez votre chemin et moi le mien. Nous ne nous rencontrerons jamais.

— Peut-être... Mais nous pourrions partager des choses le temps de ce voyage, *neh* ? Nous voyageons sur la même route. J'aimerais vous aider.

— Pourquoi ?

— Le savoir appartient à Dieu, pas à l'homme. J'aimerais vous aider. C'est un simple cadeau... Je ne demande rien en échange.

— Merci, mais je ne vous fais pas confiance.

— Si vous insistez, racontez-moi en échange à quoi ressemble le monde où vous êtes allé. Racontez-moi ce que vous voulez. Ça m'intéresserait. Ce serait un échange de bons procédés. Je suis venu au Japon à l'âge de treize ou quatorze ans et je n'ai rien vu du monde. Nous pourrions même convenir d'une trêve pendant ce voyage, si vous voulez.

— Pas de religion, pas de politique, pas de doctrines papistes.

— Je suis ce que je suis, pilote, mais j'essaierai. »

Ils se mirent donc à échanger prudemment leurs connaissances. Blackthorne avait le sentiment d'un marché de dupe. L'érudition d'Alvito était immense. C'était un authentique pédagogue. Blackthorne lui livrait des choses que tout pilote connaît. « Mais ce n'est pas vrai, avait dit Alvito. Vous êtes un pilote unique. Vous avez fait des choses incroyables. »

En fait, une trêve s'installa entre eux et Mariko en fut heureuse.

« C'est l'amitié, Anjin-san, ou le commencement de l'amitié, dit-elle.

— Non, ce n'est pas de l'amitié. Je ne lui ferai jamais confiance. Nous sommes ennemis. Je n'ai pas oublié. Pas plus qu'il n'a oublié. Ce n'est qu'un répit pour servir un dessein qu'il ne me confierait certainement pas si je lui demandais. Je le comprends. Il n'y a pas de mal tant que je reste sur mes gardes. »

A quelques lieues au sud de Mishima, la rivière faisait un coude et partait vers l'ouest pour couler tranquillement vers la côte et se jeter dans le grand port de Numazu. Ils quittèrent donc cette contrée de ravines pour emprunter la grande route du nord, encombrée et grouillante, qui traversait les plaines envahies de rizières. Il fallait passer de nombreuses rivières et ruisseaux à gué. Certains étaient peu profonds, d'autres larges et difficiles. Il fallait alors utiliser des embarcations plates. Il y avait peu de ponts.

C'était le septième jour depuis le départ de Yokosé. La route faisait une fourche et le père Alvito leur annonça qu'il les quittait là. Il devait prendre vers l'ouest pendant un jour ou deux afin de regagner son bateau. Mais il devait les retrouver entre Mishima et Yedo si cela lui était permis. « Vous êtes les bienvenus, si vous le désirez.

— Merci, mais je suis désolée. J'ai des tas de choses à faire à Mishima, lui répondit Mariko.

— Anjin-san ? Puisque dame Mariko est très occupée, vous êtes bien sûr le bienvenu. Notre cuisine est très bonne, le vin délicieux. Dieu étant mon juge, vous seriez en sécurité et libre d'aller et venir à votre guise. Rodrigues est à bord. »

Mariko vit que Blackthorne avait envie de la quitter. « Allez-y, je vous en prie, Anjin-san. Ce serait bien pour vous... Vous seriez heureux de revoir le Rodrigues, *neh ?* »

Mais Blackthorne ne partit pas malgré son envie. Il ne faisait pas confiance au prêtre. Il n'allait pas se jeter dans la gueule du loup, pas même pour Rodrigues. Il remercia Alvito qui s'éloigna.

« Arrêtons-nous, Anjin-san », dit Mariko. Il était à peine midi. « Nous ne sommes pas pressés, *neh ?*

— Excellente idée.

— Le père est un homme adorable mais je suis heureuse qu'il soit parti.

— Moi aussi. Mais ce n'est pas un homme adorable. C'est un prêtre.

— Oh, je suis désolée, Anjin-san, d'avoir dit...

— C'est sans importance, Mariko-chan. Je vous l'ai dit... Rien n'est oublié. Il cherchera toujours à avoir ma peau. » Blackthorne partit à la recherche du capitaine Yoshinaka.

Elle détourna les yeux. Les chevaux du père Alvito se frayaient tranquillement un passage à travers les autres voyageurs. Quelques passants saluaient le cortège, d'autres s'agenouillaient humblement mais la plupart restaient de marbre ou ne montraient que de la curiosité. Tous s'écartaient poliment.

Alvito était heureux d'avoir quitté Mariko et Blackthorne. Il avait des messages urgents à envoyer au père visiteur. Il n'avait pas pu les lui envoyer de Yokosé, car ses pigeons avaient été supprimés et il y avait tant de problèmes à résoudre : Toranaga, Mariko, le pirate...

Que puis-je faire ? Peut-être le père visiteur saura-t-il quoi faire devant l'incroyable décision de Toranaga qu'ils avaient écartée en réunion.

« Non... C'est le contraire de Toranaga, avait dit Dell'Aqua. Il fera la guerre. Dès que les pluies cesseront ; peut-être avant, s'il peut obtenir l'appui de Zataki et lui faire trahir Ishido. Je crois qu'il attendra aussi longtemps qu'il le pourra et qu'il essaiera de pousser Ishido à tirer le premier. Son jeu habituel. Quoi qu'il arrive, tant que Kiyama et Onoshi soutiennent Ishido et Osaka, le Kwanto est investi et Toranaga détruit.

— Et Kiyama et Onoshi ? Vont-ils mettre leur inimitié en sourdine pour la cause commune ?

— Oui. Ils sont fermement convaincus qu'une victoire de Toranaga sonnerait le glas de la Sainte Église. Maintenant que Harima se range du côté d'Ishido, j'ai bien peur que Toranaga ne soit plus qu'un rêve déchu. »

Encore la guerre civile, pensa Alvito. Frère contre frère, père contre fils, village contre village. Et cette autre nouvelle terrifiante : un Régiment de mousquets secret est presque prêt ! Une unité moderne de cavalerie à l'européenne de plus de deux mille mousquets, adaptés à la stratégie japonaise.

Quel dommage que Blackthorne soit si compliqué. Il pourrait être un si précieux allié. Il est incroyablement sage pour tout ce qui touche à la mer et au monde. Courageux et rusé, honnête dans son hérésie, droit. Il n'y a pas besoin de lui répéter deux fois la même chose. Il a une mémoire prodigieuse. Il m'a beaucoup appris sur le monde et lui-même. Est-ce un mal ? se demanda tristement Alvito en faisant un dernier signe à Mariko. Est-ce un mal d'apprendre des choses de votre ennemi en lui servant de professeur en échange ? Trois jours après avoir quitté Yokosé, la remarque du frère Michael l'avait ébranlé.

« Vous croyez qu'ils sont amants ? avait demandé Alvito.

— Dieu n'est-il pas amour ? N'est-ce pas la parole de Notre Seigneur Jésus Christ ? avait répondu Michael. Je vous ai seulement dit que j'avais vu leurs yeux se toucher et que c'était très beau à voir. Pour ce qui est de leurs corps, je n'en sais rien, mon père. A vrai dire, ça m'est égal. Leurs âmes se touchent et j'ai l'impression de mieux sentir la présence de Dieu à cause de ça,

— Vous devez vous tromper en ce qui les concerne. Elle ne ferait jamais ça ? C'est contre leur héritage, contre leur loi et celle de Dieu. Elle est chrétienne et très pieuse. Elle sait que l'adultère est un péché mortel.

— Oui, c'est ce que nous enseignons, mais son mariage était shinto et n'a pas été consacré devant le Seigneur notre Dieu. Est-ce donc bien de l'adultère ?

— Mettez-vous le Verbe en doute ?

— Non, mon père. Excusez-moi. Je ne mets pas le Verbe en doute mais ce que l'homme en a fait. »

Il les avait observés de plus près à partir de ce moment-là. Cet homme et cette femme s'aimaient visiblement beaucoup. Pourquoi donc ne s'aimeraient-ils pas ? Rien de mal à ça !

Elle n'avait rien dit en confession. Il ne l'avait pas forcée. Il s'entendait encore dire à Dell'Aqua : « Le frère Michael a dû se tromper, Votre Éminence.

— A-t-elle commis le péché d'adultère ? Y a-t-il une preuve ?

— Non, grâce au ciel, aucune preuve. »

Alvito tira sur les rênes et se retourna. Il la vit debout sur le petit tertre. Le pilote parlait à Yoshinaka ; la vieille mama-san et sa putain peinturlurée étaient dans leur palanquin. Il était tourmenté par ce zèle fanatique qu'il sentait remuer en lui.

Il la vit faire un signe de la main, ne lui rendit pas son signe, tourna le dos, éperonna les flancs de son cheval et partit au galop.

Cette nuit-là, leur sommeil fut agité.

« Qu'y a-t-il, mon amour ?

— Rien, Mariko-chan. Dormez. »

Mais elle ne se rendormit pas. Lui non plus. Elle retourna dans sa chambre bien avant l'heure. Il se leva et alla s'asseoir dans la cour. Il étudia le dictionnaire à la lumière d'une bougie, jusqu'à l'aube. Quand le soleil se leva, que la journée se réchauffa, leurs angoisses nocturnes disparurent et ils poursuivirent tranquillement leur voyage. Ils atteignirent bientôt le Tokaidō, à l'est de Mishima. Sur la route, les voyageurs se firent plus nombreux.

« Je n'ai jamais vu autant de gens en mouvement, dit Blackthorne.

— Oh, ce n'est rien. Attendez d'être près de Yedo. Nous adorons voyager, Anjin-san. Mais rarement seuls. »

La foule ne les empêchait pas d'avancer. L'emblême de Toranaga que portaient leurs étendards, le rang de Toda Mariko et l'efficacité brutale d'Akira Yoshinaka leur assuraient les meilleures chambres chaque nuit dans les meilleures auberges, ainsi qu'un passage sans encombre. Tous les voyageurs et samouraïs s'écartaient prestement et s'inclinaient au passage de leur convoi.

« Doivent-ils toujours s'arrêter et s'agenouiller ainsi, devant tout le monde ?

— Oh, non, Anjin-san, Seulement devant les *daimyōs* et les personnages importants. Devant la plupart des samouraïs... oui. Il est poli d'agir ainsi, Anjin-san, et nécessaire. Si les gens du peuple ne respectaient pas les samouraïs et ne se respectaient pas eux-mêmes, comment voudriez-vous que la loi soit observée et le royaume gouverné ? C'est la même chose pour tout le monde. Nous nous sommes arrêtés, avons salué et laissé passer le messager impérial, n'est-ce pas ? Tout le monde doit être poli, *neh ?* Les petits *daimyōs* doivent descendre de cheval et saluer les *daimyōs* plus importants qu'eux. Le rituel gouverne notre vie.

— Et si deux *daimyōs* d'égale importance se rencontrent ?

— Ils descendent tous deux de cheval, se saluent, puis s'en vont chacun de leur côté.

— Et si sire Toranaga et le général Ishido se rencontraient ? »

Mariko se mit à parler doucement en latin : « Qui sont-ils, Anjin-san ? Je ne connais pas ces noms, pas aujourd'hui, pas entre vous et moi.

— Vous avez raison. Veuillez m'excuser.

— Mon amour, promettons-nous... Si la Sainte Vierge nous garde et si nous sortons sains et saufs de Mishima, promettons-nous une fois arrivés à Yedo, dès le premier pont, d'abandonner ce monde qui n'appartient qu'à nous deux. Promis ?

— Quel danger particulier nous guette à Mishima ?

— C'est là que notre capitaine doit faire son rapport à sire Hiromatsu. Je dois le voir également. C'est un homme très sage et vigilant. Nous pourrions si facilement être trahis.

— Nous avons été prudents. Dieu fasse que vos craintes soient sans fondement.

— Je ne m'inquiète pas pour moi mais pour vous.

— Et moi pour vous.

— Nous promettons-nous donc de rester dans notre monde privé jusque-là ?

— Oui. Faisons semblant de croire que c'est le vrai monde... notre seul monde. »

« Voici Mishima, Anjin-san. » Mariko pointa son doigt de l'autre côté de la rivière.

La ville, qui abritait près de soixante mille âmes, était en partie obscurcie par les brumes matinales. Seuls quelques toits et la forteresse émergeaient. A l'ouest, les montagnes tombaient doucement dans la mer. Au nord-est, se dressait le magnifique et fier mont Fuji. Au nord et à l'est, la chaîne montagneuse mordait le ciel. « Et maintenant ?

— Maintenant, Yoshinaka a ordre de nous trouver la plus charmante auberge dans un rayon de dix *ri*. Nous y passerons deux jours. Il me faudra bien ça pour faire tout ce que j'ai à faire. Gyoko et Kiku-san nous quittent pendant ces deux jours.

— Et puis ?

— Et puis nous repartirons. Que pensez-vous de Mishima ?

— Amical et sûr. Et après Mishima ? »

Elle indiqua du doigt le nord-est. « Nous continuerons dans cette direction. Un col serpente à travers les montagnes jusqu'à Hakoné. C'est la partie la plus horrible de tout le Tokaidō. La route coule ensuite jusqu'à Odawara, qui est une ville plus grande que Mishima. C'est sur la côte. De Odawara à Yedo, ça n'est plus qu'une question de temps.

— Combien de temps ?

— Pas assez.

— Vous avez tort, mon amour ; nous avons tout le temps devant nous. »

46

Le général Toda Hiro-matsu accepta le message confidentiel que lui tendait Mariko et en brisa les cachets. Le parchemin racontait en bref ce qui s'était passé à Yokosé, confirmait la décision de se soumettre prise par Toranaga, ordonnait à Hiro-matsu de fermer la frontière et les cols du Kwanto contre *tout* intrus (hormis les messagers d'Ishido) jusqu'à son arrivée et donnait des instructions quant au chrétien renégat et à l'Anjin-san. Le vieux soldat lut avec lassitude le message une seconde fois. « Racontez-moi tout ce que vous avez entendu à Yokosé », dit-il à Mariko. Elle obéit.

« Que pensez-vous qu'il soit arrivé ? »

Elle s'exécuta à nouveau.

« Que s'est-il passé durant le *cha-no-yu* entre vous et mon fils ? »

Elle lui raconta tout.

« Mon fils a dit que notre maître allait perdre ? *Avant* la seconde rencontre avec sire Zataki ?

— Oui, sire.

— En êtes-vous sûre ?

— Oui, sire. »

Il y eut un grand silence dans la pièce, au sommet du donjon. Hiro-matsu se leva et se dirigea vers la poivrière, enchâssée dans l'épais mur de pierre. Son dos et ses jambes le faisaient souffrir. Il tenait son épée dans ses mains. « Je ne comprends pas.

— Sire ?

— Ni mon fils ni mon maître. Nous pouvons battre n'importe quelle armée déployée par Ishido. Quant à cette décision de se soumettre... »

Elle jouait avec son éventail en contemplant le ciel plein d'étoiles, en ce début de soirée. Hiro-matsu la dévisagea. « Vous avez bonne mine, Mariko-san, vous êtes plus jeune que jamais. Quel est votre secret ?

— Je n'en ai pas, sire », répondit-elle, la gorge soudainement sèche. Elle s'attendait à voir tout s'écrouler autour d'elle mais rien ne se produisit. Le vieil homme reporta simplement son attention vers la ville en contrebas.

« Racontez-moi ce qui s'est passé depuis que vous avez quitté Osaka. Tout ce que vous avez entendu. »

Il était très tard quand elle termina son récit. Elle parla de tout sauf de ses rapports intimes avec l'Anjin-san. Elle faisait même attention à ne pas cacher son affection pour lui, son respect pour son intelligence et son courage, ou l'admiration de Toranaga pour sa valeur. Hiro-matsu continua à faire les cent pas pendant un moment. Les mouvements soulageaient sa douleur. Tout concordait avec les rapports de Yoshinaka et d'Omi. Même la tirade de Zataki avant son départ en trombe, pour Shinano. Il comprenait bien des choses à présent. Il détenait suffisamment de renseignements pour prendre une décision calculée. Tout ce que Mariko disait le forçait à éprouver du ressentiment et de l'admiration pour le barbare. « Vous l'avez vu sauver la vie de notre maître ?

— Oui. Sans lui, sire Toranaga serait mort aujourd'hui. J'en suis tout à fait certaine. Il a sauvé notre maître trois fois : à la citadelle d'Osaka, sur la galère dans le port d'Osaka et lors du tremblement de terre. J'ai vu les épées. Elles sont tordues et inutilisables.

— Vous croyez que l'Anjin-san avait vraiment l'intention de se faire seppuku ?

— Oui, je le crois. Seul Omi-san l'en a empêché. »

Mariko observait les traits burinés et la peau tendue du visage d'Hiro-matsu. A quoi pensez-vous ? avait-elle envie de lui demander. Elle avait beaucoup d'affection pour lui. Avez-vous lu mes pensées ? Êtes-vous au courant de mes relations avec l'Anjin-san ? Savez-vous que je meurs d'amour pour lui ? Que si j'ai à choisir entre lui, vous et Toranaga, c'est lui que je choisirai ?

Hiro-matsu contemplait la ville. Il avait oublié Mariko. Ses doigts tripotaient le fourreau de son épée. Il révassait et pensait à Toranaga, à ce que Zataki lui avait dit quelques jours plus tôt.

« Oui, bien sûr, je veux conquérir le Kwanto et hisser mon étendard sur les murailles de la forteresse de Yedo. Je n'ai jamais essayé mais je vais le faire maintenant. Oui, je vais le faire. Mais de cette façon-là ? Il n'y a pas d'honneur ! Pas d'honneur pour mon frère ou pour moi ! Pour personne ! Sauf pour Ishido, ce paysan !

— Alors soutenez Sire Toranaga ! Avec votre aide, Tora...

— Pourquoi faire ? Pour que mon frère devienne shōgun et élimine l'héritier ?

— Il l'a déjà dit cent fois. Il soutient l'héritier. Je le crois. Nous aurions un Minowara pour nous gouverner. Pas un paysan parvenu et cette tigresse d'Ochiba, *neh ?* Si Sire Toranaga meurt, ces incompétents auront huit ans devant eux avant que Yaemon ne soit en âge de gouverner. Pourquoi ne pas donner ces huit années à Sire Toranaga ? *C'est un Minowara !* Il a répété des milliers de fois qu'il déléguerait ensuite tous les pouvoirs à Yaemon. Vous êtes sourd ? Toranaga n'est pas l'ennemi de Yaemon, pas plus qu'il n'est le vôtre !

— Aucun Minowara n'irait s'agenouiller devant ce paysan ! Il a pissé sur son honneur et le nôtre. Le vôtre et le mien ! » Ils avaient discuté, s'étaient insultés et en étaient presque venus aux mains.

« Allez, avait-il dit en défiant Zataki. Dégainez votre épée, traître ! Vous êtes traître à votre frère, au chef de votre clan !

— Je suis chef de mon propre clan. Nous avons la même mère mais pas le même père. Le père de Toranaga a envoyé ma mère en disgrâce. Je n'aiderai pas Toranaga... Mais s'il abdique et s'ouvre le ventre, je soutiendrai Sudara... »

Je n'ai pas à me soumettre, cria Hiro-matsu, furieux, à la nuit. Je suis général en chef. Il est de mon devoir de protéger la maison et l'honneur de mon maître, de le protéger de lui-même. Je prends donc une décision : Écoutez-moi, Sire. Je vous prie de m'excuser, mais cette fois-ci je vais vous désobéir. Avec fierté cette fois-ci je vais vous trahir. Je vais coopter votre fils et héritier, Sire Sudara, et sa femme, dame Genjiko, et nous allons ensemble déclarer « Ciel pourpre » dès que les pluies cesseront. Alors la guerre sera déclarée et je vous tiendrai enfermé dans la citadelle de Yedo, quoi que vous disiez et quel qu'en soit le prix, jusqu'à ce que le dernier homme du Kwanto meure, face à l'ennemi.

« Où est l'Ingeles, mon père ?

— Je ne sais pas exactement, Rodrigues. Il doit se trouver dans l'une des auberges au sud de Mishima. J'ai envoyé un serviteur se renseigner. » Alvito sauça son assiette.

« Quand le saurez-vous ?

— Demain, sans faute.

— *Que va.* J'aimerais bien le revoir. Comment va-t-il ?

— Très bien. » La cloche du bateau sonna six fois. Trois heures de l'après-midi.

« Vous a-t-il raconté ce qui lui était arrivé depuis son départ d'Osaka ?

— Des bribes. C'est une très longue histoire. Je vais d'abord m'occuper de mes messages. Nous parlerons plus tard. »

Rodrigues se renfonça dans son fauteuil. « Très bien. Ce doit être très bien. » Il vit les traits anguleux du jésuite, les yeux bruns perçants, tachetés de jaune. Des yeux de chat. « Écoutez, mon père, dit-il. L'Ingeles m'a sauvé la vie et a sauvé mon bateau. Sûr qu'il est l'ennemi, sûr qu'il est hérétique mais c'est un pilote, l'un des meilleurs qui aient jamais existé. C'est pas mal de respecter son ennemi et de l'aimer ?

— Notre Seigneur a pardonné à ses ennemis. Ils l'ont quand même crucifié. Mais je l'aime bien, moi aussi. Je le comprends mieux, à présent. Laissons-le pour le moment. »

Rodrigues acquiesça. Il remarqua que l'assiette du prêtre était vide. Il tendit la main et rapprocha le plat. « Je vous en prie, mon père, prenez un morceau de poulet. Un peu de pain ?

— Oui, je veux bien. Merci. Je ne me rendais pas compte que j'avais tellement faim. » Le prêtre découpa un second morceau, reprit des oignons et du pain, puis versa la sauce dans son assiette.

« Du vin ?

— Oui, merci.

— Où sont vos gens, mon père ?

— Je les ai laissés dans une auberge, près du quai. » Rodrigues jeta un coup d'œil par le hublot. Plusieurs bateaux de pêche allaient et venaient.

« Ce serviteur que vous avez envoyé, mon père. vous pouvez lui faire confiance ? Vous êtes sûr qu'il va nous le retrouver ?

— Oh, oui. Ils ne vont certainement pas bouger d'ici à deux jours. » Alvito avait décidé de ne pas mentionner ce qu'il, ce que frère Michael plus exactement, soupçonnait. Il ajouta seulement : « N'oubliez pas qu'ils voyagent officiellement. Avec le rang de dame Toda Mariko et les étendards de Toranaga, tout le monde doit savoir où ils se trouvent et ce qu'ils font à quatre lieues à la ronde. »

Rodrigues rit. « L'Ingeles en voyage officiel ? Qui l'aurait cru ? Comme un de ces *daimyōs* vérolés !

— Ce n'est pas tout, pilote. Toranaga l'a nommé samouraï et *hatamoto.*

— Quoi ?

— Le pilote en chef Blackthorne porte maintenant les deux épées. Avec ses pistolets. Il est devenu le confident de Toranaga et son protégé.

— L'*Ingeles ?*

— Oui. » Alvito laissa le silence planer dans la cabine et se remit à manger.

« Vous en connaissez la raison ?

— En partie. Chaque chose en son temps, pilote.

— Dites-moi seulement pourquoi. Brièvement. Vous me donnerez les détails plus tard. Je vous en prie.

— L'Anjin-san a sauvé par trois fois la vie de Toranaga. Deux fois pendant la fuite hors d'Osaka, la troisième fois à Izu lors d'un tremblement de terre. » Alvito mordit dans la cuisse de poulet avec délices. De la sauce coula sur sa barbe brune.

Rodrigues attendit mais le prêtre ne dit rien. Le pilote baissa les yeux, rêveur, sur le gobelet qu'il tenait entre ses mains. Le vin rouge sombre captait la lumière. Au bout d'un long silence, il dit : « C'est pas très bon pour nous que ce morveux d'Ingeles soit si proche de Toranaga. Pas du tout. Pas lui !

— Je suis tout à fait d'accord avec vous.

— J'aimerais bien le voir quand même. » Le prêtre ne dit rien. Rodrigues le laissa saucer son assiette, puis lui offrit encore du poulet. Alvito accepta les restes de la carcasse, l'aile et un autre gobelet de vin. Puis, pour finir, un peu de cognac français que le père Alvito sortit d'un buffet.

« Rodrigues ? Vous en voulez un verre ?

— Merci. » Le marin regarda Alvito verser la liqueur brune dans un verre de cristal. Le vin et le cognac avaient été offerts par le père visiteur.

« Vous pourrez, bien sûr, le déguster avec le père, Rodrigues, lui avait dit Dell'Aqua. Que Dieu soit avec vous. Qu'il vous garde et vous ramène sain et sauf.

— Merci, Votre Éminence. »

Oui, merci, Votre Éminence, mais pas merci d'avoir permis à Ferriera de m'ordonner d'embarquer sur ce rafiot sous commandement jésuite, de m'avoir éloigné des bras de ma chère Gracia, pauvre chérie. Sainte Mère, la vie est si courte, trop courte pour la gaspiller en jouant les chaperons de ces prêtres puants.

« Excellent repas, Rodrigues », dit Alvito. Rodrigues était très sérieux. « Quel est votre plan, mon père ? Nous devrions... » Il se tut et regarda par le hublot. Insatisfait, il se leva de table et boita péniblement jusqu'à un hublot de côté.

« Qu'y a-t-il, Rodrigues ?

— J'ai comme l'impression que la marée a changé. Je voudrais simplement vérifier mon champ de manœuvre. » Il ouvrit le hublot un peu plus et se pencha, mais il ne pouvait pas apercevoir l'ancre de bossoir.

« Excusez-moi un instant, mon père. » Il monta sur le pont. Tout était parfait. Il n'y avait pas d'autres bateaux à proximité. C'était un bel après-midi. La brume s'était dissipée. Ils étaient à une encablure du rivage, assez éloignés pour éviter tout abordage. Son bateau, la *Santa Fili a,* était un lorcha, une coque japonaise adaptée aux voiles et gréements portugais : rapide, deux mâts, gréé en sloop. Un équipage de trente marins et quatre canons par le travers : deux de chasse et deux de retraite.

Rodrigues redescendit. « Eh bien, demanda-t-il, rassasié de corps et d'esprit, quel est votre plan, mon père ? Nous appareillons à l'aube ?

— Comment sont les pigeons ?

— En parfaite santé. Nous en avons encore six — quatre nagasakis et deux osakas.

Le prêtre vérifia l'angle du soleil. Il restait encore quatre ou cinq heures avant le crépuscule. Ils avaient tout le temps de lâcher les pigeons avec le premier message codé dont le texte était depuis longtemps rédigé : « Toranaga se rend à l'ordre des régents. Vais d'abord à Yedo, puis à Osaka, Y accompagnerai Toranaga. Il dit que nous pouvons toujours construire notre cathédrale à Yedo. Message détaillé suit avec Rodrigues. »

« Voudriez-vous demander au responsable des pigeons de préparer deux nagasakis et un osaka, dit Alvito. Nous parlerons ensuite. Je ne reviens pas avec vous. Je vais à Yedo par la route. Il me faudra toute la nuit et une grande partie de la journée de demain pour écrire le message que vous apporterez au père visiteur et que vous lui remettrez en main propre. Pouvez-vous appareiller dès que j'aurai terminé ?

— Certainement, à moins que ça ne soit le crépuscule. En ce cas, je devrai attendre l'aube. Il y a des bancs de sable peu profonds et mouvants sur dix lieues. »

Alvito acquiesça. Les douze heures supplémentaires n'y changeraient rien. Ç'aurait été bien mieux d'envoyer des nouvelles de Yokosé. Que Dieu maudisse le païen qui a tué mes pigeons ! Sois patient, se dit-il. Pourquoi se presser ? N'est-ce pas l'une des règles fondamentales de ton ordre ?

La patience. Tout vient à celui qui sait attendre... et travaille.

Qu'importe douze heures ou même huit jours ? Ça ne changera pas le cours de l'histoire. La mort a frappé à Yokosé.

« Vous voyagerez avec l'Ingeles ? Comme précédemment ?

— Oui. J'irai de mon côté à Osaka en quittant Yedo. J'accompagnerai Toranaga, J'aimerais que vous vous arrêtiez à Osaka avec un exemplaire de mon message au cas où le père visiteur y serait. S'il a quitté Nagasaki avant que vous n'arriviez et qu'il est en route pour Osaka, donnez-le alors au père Soldi, son secrétaire. A lui... seulement !

— Très bien. Je suis bien content de m'en aller d'ici, car nous y sommes détestés.

— Avec la miséricorde de Dieu, nous pourrons bientôt changer tout ça, Rodrigues. Nous convertirons tous ces païens, avec la grâce de Dieu.

— *Amen.* » Rodrigues changea sa jambe de place pour atténuer sa douleur, regarda par le hublot, puis se leva, nerveux. « Je vais chercher les pigeons. Rédigez votre message. Nous parlerons ensuite de l'Ingeles. » Il monta sur le pont et choisit les oiseaux dans les nasses. Quand il revint dans la cabine, le prêtre s'était déjà servi de l'encre et de la plume pour transcrire le me'me message codé sur les petits rubans de papier. Alvito mit les petits rouleaux dans les cylindres, les cacheta et lâcha les pigeons. Les trois oiseaux tournèrent dans le ciel une fois puis prirent ensemble la direction ouest et s'éloignèrent dans ce soleil de fin d'après-midi.

« Nous parlons ici ou en bas ?

— Ici. Il y fait plus frais. » Rodrigues montra la vigie sur le gaillard d'arrière. Elle était assez éloignée pour ne pas entendre.

Alvito s'assit. « D'abord Toranaga. »

Il raconta brièvement au pilote ce qui s'était passé à Yokosé. Rodrigues fut tout aussi stupéfait de la reddition qu'il l'avait été lui-même.

« Pas de guerre ? C'est un miracle ! Nous sommes donc en sécurité. Notre Vaisseau noir l'est aussi. L'Église est riche. Nous sommes riches... Que Dieu, les saints et la Sainte Vierge en soient remerciés. Ce sont les meilleures nouvelles que vous pouviez apporter, mon père. Nous voilà sauvés !

— Si Dieu le veut ! Il y a pourtant quelque chose que Toranaga a dit et qui m'inquiète : "Je peux faire libérer mon chrétien... L'Anjin-san, avec son bateau et ses canons." »

La bonne humeur de Rodrigues disparut aussitôt. « L'*Érasme* est toujours à Yedo, sous le contrôle de Toranaga ?

— Oui. Serait-ce grave si l'Ingeles était relâché ?

— Grave ? Ce bateau nous détruirait s'il attrapait notre Vaisseau noir entre ici et Macao. Nous avons que la petite frégate pour lui faire obstacle. Elle peut pas rivaliser avec l'*Érasme !* Nous non plus. Il pourrait danser autour de nous et nous faire amener pavillon.,

— En êtes-vous certain ?

— Oui, devant Dieu. Ce bateau serait un vrai tueur. » Rodrigues ferma le poing de colère. « Attendez un instant ! L'Ingeles a dit qu'il était arrivé ici avec douze hommes. C'était pas tous des marins. La plupart étaient des marchands. Ils étaient tous malades. Ces hommes-là peuvent pas diriger ce bateau. Le seul endroit où Blackthorne pourrait engager un équipage serait Nagasaki ou Macao. Il trouverait des hommes en nombre suffisant, à Nagasaki ! Il y a ceux qui... Il ferait mieux de pas venir dans ces parages-là !

— Et s'il avait un équipage indigène ?

— Vous parlez des coupeurs de gorge de Toranaga ou des *wako ?* Vous voulez dire que puisque Toranaga s'est rendu. tous ses hommes deviennent des *ronin, neh ?* Si l'Ingeles avait assez de temps, il pourrait les entraîner. Ce serait facile. Seigneur Dieu... Excusez-moi, mon père, mais si l'Ingeles avait des samouraïs ou des *wako*... Peut pas risquer ça. Il est trop bon. Nous l'avons vu à Osaka ! Tout seul dans ce rafiot avec un équipage de samouraïs ?... »

Alvito le regarda. Il se sentait concerné. « Il vaudrait mieux que j'envoie un autre message au père visiteur. Il faut qu'il soit informé si c'est urgent à ce point. Il saura quoi faire.

— Je sais quoi faire ! » Rodrigues aplatit son poing sur le plat-bord, se leva et tourna le dos. « Écoutez-moi, mon pére. Écoutez ma confession : la première nuit, mon cœur m'a dit de le tuer. La toute première fois à bord de la galère en route pour Anjiro. Mon cœur me l'a encore soufflé durant la tempête. Que le Seigneur Dieu me vienne en aide ! C'est à cette occasion que j'ai viré au vent sans le prévenir. Il avait pas sa sauvegarde. Je l'ai fait exprès pour le tuer mais l'Ingeles est pas passé par-dessus bord. J'ai pensé que c'était la main de Dieu et j'en ai eu la certitude quand il m'a désobéi, a pris le commandement et a sauvé le bateau. Quand mon bâtiment a été en sûreté et que la vague m'a emporté, ma dernière pensée a été cette certitude que Dieu me châtiait pour ma tentative de meurtre. On fait pas ça à un pilote ! Cette fois-là, je le méritais et, quand je me suis retrouvé vivant, que je l'ai vu penché sur moi, m'aidant à boire, j'ai eu tellement honte que j'ai supplié Dieu de me pardonner. J'ai juré devant Dieu de me réconcilier avec lui. Sainte Mère ! » Il était au supplice. « Cet homme m'a sauvé la vie, m'a aidé à vivre et il faut que je le tue à présent.

— Pourquoi ?

— Le commandant avait raison. Que Dieu nous aide si l'Ingeles prend la mer sur l'*Érasme* avec un équipage à peu près valable ! »

Blackthorne et Mariko dormaient dans la paix nocturne de leur petite maison, Il y avait trois chambres. Mariko en avait pris une pour elle et Chimmoko, Blackthorne une autre. La troisième qui ouvrait sur l'entrée et la véranda avait été laissée vide et ne servait que de salle à manger ou de lieu de conversation.

« Vous croyez que c'est prudent ? avait demandé Blackthorne, angoissé de ne pas avoir Yoshinaka ou des gardes.

— Non, Anjin-san, rien n'est prudent. Mais ce sera agréable d'être seul. Cette auberge passe pour être la plus belle et la plus célèbre d'Izu. J'avais bien sûr demandé deux maisons, une pour vous et une pour moi. Malheureusement, il n'y en avait qu'une de libre. Je suis navrée. Mais Yoshinaka-san n'est pas mécontent. Au contraire. Il est soulagé de ne pas avoir à scinder ses hommes en deux groupes. Il a posté des sentinelles sur tous les sentiers. Nous sommes en sûreté. Nous ne serons pas dérangés comme nous l'aurions été ailleurs.

— Je n'ai jamais vu d'aussi joli endroit. Que vous êtes intelligente et belle !

— Que vous êtes gentil avec moi, Anjin-san. Nous allons d'abord prendre un bain. Nous mangerons ensuite et boirons des litres de saké.

— Très bien.

— Laissez tomber votre dictionnaire, Anjin-san, je vous en prie.

— Mais vous m'encouragez tout le temps.

— Si vous abandonnez votre livre, je... je vous confierai un secret.

— Lequel ?

— J'ai invité Yoshinaka-san à venir dîner avec nous, ainsi que quelques dames pour nous distraire.

— Ah ?

— Quand je me retirerai, vous en choisirez une, *neh ?*

— Ça pourrait vous empêcher de dormir.

— Je vous promets que je dormirai profondément, mon amour. Un peu de changement vous fera grand bien.

— L'année prochaine. Pas maintenant.

— Soyez un peu sérieux.

— Je suis sérieux.

— En ce cas, si vous changez poliment d'avis et si, par chance, vous la congédiez rapidement — dès que Yoshinaka-san aura quitté sa partenaire —, qui sait ce que les *kami* de la nuit pourront vous apporter ?

— Quoi ?

— J'ai fait des courses aujourd'hui.

— Ah, bon ? Et qu'avez-vous acheté ?

— C'est un secret. »

Elle avait acheté les instruments que Kiku leur avait montrés et, plus tard, quand Yoshinaka fut parti et que Chimmoko se fut postée sous la véranda, elle les lui avait offerts en le saluant profondément. Il les avait acceptés avec une égale gravité. Ils avaient choisi ensemble un anneau de plaisir.

« Ça a l'air très excitant, Anjin-san, *neh ?* Vous êtes sûr que ça vous est égal ?

— Oui, si ça vous est égal ; mais arrêtez de rire ou tout va échouer. Éteignez les bougies.

— Oh, non, je veux voir.

— Pour l'amour de Dieu, arrêtez de rire, Mariko !

— Vous riez aussi.

— Peu importe. Éteignez ou... Voilà, regardez ce que vous avez fait.

— Oh !

— Arrêtez de rire ! Ça ne sert à rien de vous enfoncer la tête dans les *futons...* »

Un peu plus tard :

« Mariko... ?

— Oui, mon amour ?

— Je ne le trouve plus.

— Laissez-moi vous aider.
— Oh, ça y est, je l'ai. J'étais couché dessus.
— Vous êtes... vous êtes sûr que ça vous est égal ?
— Oui. C'est un peu... Ce bavardage et cette attente ne sont pas très excitants.
— Ça m'est égal. C'est ma faute. J'ai ri. Je vous aime tant. Anjin-san. Excusez-moi,
— Vous êtes excusée.
— J'aime vous toucher.
— Je n'ai jamais connu de caresses pareilles aux vôtres.
— Que faites-vous, Anjin-san ?
— J'essaie de le remettre.
— C'est difficile ?
— Oui. Arrêtez de rire !
— Je suis désolée. Peut-être que vous...
— Arrêtez de rire !
— Pardonnez-moi... »

Elle s'était ensuite endormie, complètement épuisée. Lui, non. Il avait éprouvé du plaisir mais ça n'avait pas été parfait. Il était trop inquiet à son sujet. Il avait décidé, cette fois-ci, que c'était à elle d'avoir du plaisir, pas à lui. Oui, c'était à elle, pensa-t-il. Mais une chose était parfaite. Je sais que je l'ai totalement satisfaite. Je suis au moins sûr de ça.

Il s'endormit. Un bruit de voix et de bagarre lui parvint à travers son sommeil. Il crut pendant un moment qu'il rêvait, puis reconnut la voix. « Rodrigues ! » Mariko murmura quelque chose dans son sommeil. Au bruit des pas dans l'allée, il se mit à genoux. Il souleva Mariko comme si c'était une poupée, alla vers le *shoji* et s'arrêta au moment même où Chimmoko l'ouvrait de l'extérieur. La servante apparut, tête baissée et yeux clos en signe de discrétion. Il passa devant elle en courant et alla déposer Mariko sous ses couvertures, puis regagna silencieusement sa chambre. Une sueur froide ruisselait sur son corps. La nuit était pourtant chaude. Il enfila un kimono à l'aveuglette et se précipita sous la véranda. Yoshinaka était sur la seconde marche.

« *Nan desu ka,* Yoshinaka-san ?

— *Gomen nasai,* Anjin-san », dit Yoshinaka en indiquant les torches qui vacillaient à la porte du jardin. Il ajouta plusieurs mots que Blackthorne ne comprit pas. C'est ce barbare qui veut vous voir. Je lui ai dit d'attendre et il m'a répondu qu'il n'allait pas attendre. Il s'est comporté comme un *daimyō,* ce qu'il n'est pas, et a essayé de forcer quand même le passage. Je l'ai arrêté. Il dit qu'il est votre ami. Est-ce vrai ?

« Hello, Ingeles ! C'est moi, Vasco Rodrigues !

— Hello, Rodrigues ! cria Blackthorne joyeusement. J'arrive tout de suite. *Haij* Yoshinaka-san, *kare wa watashi no ichi yujin desu.*

— *Ah, so desu.*

— *Domo.* »

Blackthorne dégringola les marches et se dirigea vers le portail. Il traversa l'allée, pieds nus. Il vit le Portugais, la largeur de son sourire, la lumière des torches qui jouait sur ses boucles d'oreilles.

« Salut, Rodrigues ! C'est chouette de te voir ! Comment va ta jambe ? Comment as-tu fait pour me trouver ?

— Sainte Mère, t'as encore grandi et pris de l'embonpoint, Ingeles ! T'es en pleine forme et t'agis comme un de ces bâtons merdeux de *daimyōs !* » Rodrigues l'étreignit à l'étouffer et Blackthorne fit de même.

« Comment va ta jambe ?

— Elle me fait un mal de tous les diables mais elle bouge et je t'ai trouvé en demandant partout où était l'Anjin-san. Ce gros salopard de bandit barbare aux yeux bleus ! »

Ils rirent ensemble, échangèrent des injures, indifférents aux serviteurs et samouraïs qui les entouraient. Blackthorne envoya un serviteur chercher du saké et fit entrer Rodrigues. Yoshinaka attendait sous la véranda.

« *Domo ari ato.* Yoshinaka-san », dit Blackthorne en remerciant encore le samouraï. Il fit signe à Rodrigues de s'installer sur l'un des coussins. « Parlons ici. » Rodrigues mit le pied sur une marche mais s'arrêta en voyant s'avancer Yoshinaka. Celui-ci indiqua du doigt la rapière et le pistolet. Il tendit la main gauche, paume vers le ciel.

« *Dozo !* »

Le Portugais fronça les sourcils. « *Iyé,* samouraï-sama, *domo ari...*

— *Dozo !*

— *Iyé,* samouraï-sama, *iyé !* répéta Rodrigues plus sèchement. *Watashi yujin,* Anjin-san, *neh ?* »

Blackthorne fit un pas en avant, surpris par la soudaineté de l'affrontement.

« Yoshinaka-san, *shi ata ga nai, neh ?* dit-il en souriant.

— Rodrigues, *Yujin, wata...*

— *Gomen nasai,* Anjin-san, *Kinjiru !* »

Yoshinaka lança un ordre. Des samouraïs accoururent et entourèrent Rodrigues, l'air menaçant. Yoshinaka tendit la main à nouveau. « *Dozo !*

— Ces fils de putes sont chatouilleux, Ingeles, dit Rodrigues entre ses dents. Donne-leur l'ordre de foutre le camp. J'ai jamais dû donner mes armes.

— Non, Rodrigues », dit-il, flairant les intentions de son ami. Puis il dit à Yoshinaka : « *Domo, gomen nasai,* Rodrigues, *yujin watash...*

— *Gomen nasai,* Anjin-san, *Kinjiru.* » Puis en s'adressant au Portugais d'un ton brutal : « *Ima ?* »

Rodrigues hurla : « *Iyé ! Wakarimasu ka ?* »

Blackthorne s'interposa en hâte : « Quelle importance cela a-t-il, Rodrigues ? Donne tes armes à Yoshinaka. Ça n'a rien à voir avec toi ou moi, C'est à cause de la dame Toda Mariko-sama qui est dans la maison. Tu sais qu'ils sont très chatouilleux quand ils sentent des armes à proximité des *daimyōs* ou de leurs épouses. Ça va durer toute la nuit. Tu les connais ! Qu'est-ce que ça change ? Donne tes armes ! Qu'on en finisse ! »

Le Portugais s'obligea à sourire. « Bien sûr, pourquoi pas ? *Hai shi ata nai,* samouraï-sama. *So desu !* »

Il salua comme un courtisan, sans aucune sincérité, sortit la rapière de son fourreau, ôta le pistolet de sa ceinture et les tendit. Yoshinaka fit signe à un samouraï qui vint prendre les armes. Il alla les mettre près du portail et monta la garde. Rodrigues gravit les marches, mais Yoshinaka lui demanda, poliment mais fermement, de s'arrêter. D'autres samouraïs accoururent pour le fouiller. Furieux, Rodrigues fit un bond en arrière. « *Iyé, Kinjiru !* Bon Dieu ! Qu'est-ce que... ? »

Les samouraïs lui tombèrent dessus, lui tinrent les bras solidement et le fouillèrent soigneusement. Ils trouvèrent deux couteaux dans le haut de ses bottes, un autre attaché à son avant-bras gauche, deux petits pistolets — l'un caché dans la doublure de son manteau, l'autre sous sa chemise, ainsi qu'une petite fiasque d'étain sur la hanche. Blackthorne examina les pistolets. Ils étaient tous deux chargés.

« L'autre était-il aussi chargé ?

— Oui, bien sûr. Ce pays est hostile, tu t'en es pas rendu compte, Ingeles ? Dis-leur de me laisser tranquille !

— Ce ne sont pas des façons de rendre visite à un ami, la nuit. *Neh ?*

— Je te dis que ce pays est hostile, Je suis toujours armé. Tu l'es pas, toi ? Sainte Mère, dis à ces morveux qu'ils me foutent la paix.

— Est-ce bien tout ?

— Bien sûr. Dis-leur de me laisser tranquille, Ingeles ! » Blackthorne donna les pistolets à un samouraï et s'avança. Ses doigts tâtèrent soigneusement l'intérieur du ceinturon de cuir de Rodrigues. Un stylet glissa hors de sa cachette. Très fin, trés pointu, le meilleur acier de Damas. Yoshinaka invectiva les samouraïs qui avaient effectué la fouille. Ils s'excusèrent. Blackthorne regardait seulement Rodrigues.

« Rien de plus ? » demanda-t-il, le stylet à la main.

Rodrigues resta de marbre.

« Je leur ai dit où il fallait regarder... et comment regarder, Rodrigues. Comment un Espagnol... Certains d'entre eux, n'est-ce pas ?

— *Me cago en la leche. Che cabron !*

— *Que va, leche !* Dépêche-toi ! »

Pas de réponse. Blackthorne s'avança, le couteau à la main. « *Dozo,* Yoshinaka-sama. *Watash...* »

Rodrigues dit d'une voix rauque : « Dans le ruban de mon chapeau... »

Blackthorne s'arrêta. « Bien », dit-il en tendant la main vers le chapeau à large bord.

« Fais attention à la plume, Ingeles. J'y tiens comme à la prunelle de mes yeux. »

Le ruban était large et raide. A l'intérieur se trouvait un autre stylet. Fin, petit, spécialement conçu pour épouser la courbe du chapeau. Yoshinaka réprimanda les samouraïs encore une fois.

« Devant Dieu, est-ce bien tout, Rodrigues ?

— Sainte Mère... Je te l'ai déjà dit,

— Jure-le ! »

Rodrigues s'exécuta.

« Yoshinaka-san, *ima ichi ban. domo* », dit Blackthorne.

Yoshinaka donna un ordre et ses hommes relâchèrent le Portugais, qui massa ses membres gourds. « Je peux m'asseoir, Ingeles ?

— Oui. »

Rodrigues essuya la sueur de son visage avec un mouchoir rouge puis ramassa la fiasque d'étain et s'assit en tailleur sur l'un des coussins. Yoshinaka resta à proximité, sous la véranda. Tous les samouraïs regagnèrent leurs postes, sauf quatre.

« Pourquoi sont-ils si chatouilleux, Ingeles ? J'ai jamais été obligé de laisser mes armes. Suis-je un assassin ?

— Je t'ai demandé si c'était tout ce que tu avais et tu as menti.

— J'écoutais pas... Sainte Mère ! Me prends-tu... pour un criminel ? »

Rodrigues ajouta amèrement : « Qu'est-ce que ça peut faire, Ingeles ? La nuit est gachée... Pourquoi laisserait-on n'importe quoi nous gâcher une grande soirée ? Je leur pardonne et je te pardonne. Vous aviez raison. J'avais tort. C'est bon de te voir. »

Il déboucha la fiasque et la lui tendit. « Bois un peu de cognac.

— Toi d'abord. »

Le visage de Rodrigues devint gris comme la cendre. « Sainte Vierge... Tu crois que je t'apporte du poison ?

— Non, mais tu boiras quand même d'abord. »

Rodrigues but.

« Encore ! »

Le Portugais obéit puis s'essuya la bouche du revers de la main. Blackthorne accepta la fiasque : « *Salud !* » Il renversa la tête en arrière et fit semblant d'avaler, gardant secrètement sa langue sur le goulot pour empêcher le liquide de couler dans sa gorge. « Ah ! dit-il. C'est bien bon. Tiens.

— Garde-la, Ingeles, C'est un cadeau.

— Du bon père ou de toi ?

— De ma part.

— Devant Dieu ?

— Devant Dieu et la Vierge ! C'était un cadeau de ma part et de celle du père. Il possède tout l'alcool qui est à bord du *Santa Filipa,* mais Son Éminence a dit que je pouvais le partager. C'est un cadeau. qu'as-tu fait de tes bonnes manières ? »

Blackthorne feignit encore de boire et rendit la fiasque. « Bois encore un coup ! » Rodrigues sentit la chaleur de l'alcool lui parcourir le corps jusqu'aux doigts de pied. Il était heureux d'avoir vidé la fiasque acceptée, pleine, des mains du prêtre et de l'avoir remplie avec son cognac à lui. Sainte Vierge, pardonnez-moi d'avoir douté du saint homme. Oh, Sainte Vierge, Seigneur Dieu, revenez sur terre et, pour l'amour de Dieu, changez ce monde où nous osons plus parfois même faire confiance aux prêtres.

« Qu'y a-t-il ?

— Rien, Ingeles. J'étais en train de penser que ce monde était un sacré bordel quand on pouvait plus faire confiance à personne. Je suis venu en ami et voilà qu'il y a maintenant un fossé entre nous,

— Venais-tu vraiment en ami ?

— Oui.

— Armé comme ça ?

— Je suis toujours armé comme ça. Voilà pourquoi je suis toujours vivant. *Salud !* » Le gros homme leva tristement la fiasque et sirota encore un coup. « Merde sur le monde ! Merde sur tout !

— Tu veux dire aussi : Merde sur moi ?

— Ingeles, me voici, Vasco Rodrigues, pilote de la marine portugaise. Je suis pas un petit samouraï à la manque. J'ai échangé quelques insultes avec toi, en toute amitié. Je suis venu cette nuit pour voir mon ami et j'ai maintenant plus d'ami. C'est bien triste !

— Oui.

— Je devrais pas être triste et pourtant je le suis. De toute façon, être ton ami me compliquait horriblement la vie. » Rodrigues se leva, s'étira puis se rassit. « Je déteste être assis sur ces maudits coussins ! Des chaises, bon Dieu, voilà ce qu'il me faut ! Eh bien, *salud,* Ingeles.

— Quand tu as viré au vent et que j'étais par le travers, c'était pour me flanquer par-dessus bord, pas vrai ?

— Oui », répondit immédiatement Rodrigues. Il se leva. « Oui, je suis heureux que tu me l'aies demandé, car j'avais ça sur la conscience. Je suis heureux, car j'aurais jamais pu te l'avouer. Oui, Ingeles. Je ne te demande aucun pardon, aucune compréhension, rien. Mais je suis heureux de t'avouer ça, entre quatre yeux.

— Crois-tu que je t'aurais fait ça ?

— Non. Mais si les temps venaient... Qui sait !

— Es-tu venu pour me tuer ?

— Je le crois pas. Bien que je reste persuadé que ta mort serait un bienfait pour mon peuple et mon pays. Je suis désolé mais c'est vrai. Ce que la vie peut être bête, Ingeles !

— Je ne veux pas ta mort, pilote. Je ne veux que ton Vaisseau noir.

— Écoute, Ingeles, dit Rodrigues sans colère. Si nous nous rencontrons en mer, toi et moi, fais attention à ta vie. Voilà pourquoi je suis venu te voir. Je croyais qu'il était possible de te le dire en ami et de rester ton ami. Hormis notre rencontre possible en mer, sache que je te serai toujours redevable. *Salud !*

— J'espére m'emparer de ton Vaisseau noir. *Salud,* pilote ! »

Rodrigues s'éloigna. Yoshinaka et ses samouraïs le suivirent. Le Portugais récupéra ses armes au portail. Il disparut très vite dans la nuit.

Livre quatrième

47

L'*Érasme* resplendissait sous le soleil de midi, le long du quai de Yedo. Il était amarré au-delà des barrières, à une centaine de pas. Tout le coin était sévèrement gardé. Des samouraïs se trouvaient sur le pont et des écriteaux indiquaient partout qu'il était interdit de pénétrer dans la zone sans l'autorisation personnelle de sire Toranaga. L'*Érasme* avait été repeint et coaltarisé. Les ponts étaient immaculés, la coque calfatée et le gréement réparé. Même le mât de misaine, emporté dans la tempête, avait été remplacé et emplanté à angle parfait. Tous les cordages étaient soigneusement glénés ; les canons brillaient sous leur couche d'huile protectrice, derrière les sabords. Le lion d'Angleterre, déchiré, flottait fièrement au-dessus de tout ça.

« Ohé, les gars ! » cria Blackthorne joyeusement, de l'autre côté des barrières. Il n'y eut pas de réponse. L'une des sentinelles lui dit qu'il n'y avait pas de barbares à bord aujourd'hui.

« Shi ata ga nai. Domo. » Il tenta d'endiguer son impatience et regarda Mariko. « C'est comme s'il venait de sortir de carénage des chantiers de Portsmouth, Mariko-san. Regardez ses canons. Les gars ont dû travailler comme des brutes. Il est magnifique, *neh ?* Je ne peux pas attendre de voir Baccus, Vinck et les autres. Je n'aurais jamais cru que je le retrouverais comme ça. Seigneur Dieu, il est vraiment magnifique, *neh ?* »

Mariko l'observait. Elle savait qu'elle était oubliée, remplacée. Peu importe, se dit-elle. Notre voyage est fini.

Ce matin-là, ils avaient atteint le dernier poste, aux abords de Yedo, Leurs papiers avaient été une fois de plus contrôlés. Une fois de plus, on les avait laissés passer poliment, mais cette fois une nouvelle garde d'honneur les attendait.

« Ils vont nous amener au château, Anjin-san. Vous y resterez. Nous devons rencontrer Sire Toranaga ce soir.

— Très bien. On a tout le temps. Le port est à moins d'un kilomètre, *neh ?* Mon bateau est quelque part, là-bas. Auriez-vous la gentillesse de demander au capitaine Yoshinaka la permission de nous y rendre ?

— Il dit qu'il est désolé mais qu'il n'a pas reçu d'instructions en ce sens, Anjin-san. Il doit nous amener à la citadelle.

— Je vous en prie, dites-lui... Il vaudrait peut-être mieux que j'essaie moi-même. *Taicho-san ! Okashira, sukoshi no aida watakushi wa ikitai no desu. Watakushi no funega asoko ni arimasu.*

— *Iyé,* Anjin-san, *gomen nasai. Ima...* »

Mariko avait écouté en approuvant, amusée d'entendre Blackthorne discuter poliment et insister avec fermeté. A contrecœur, Yoshinaka avait fini par accepter de faire le détour, mais juste pour un moment, *neh ?* et seulement parce que l'Anjin-san réclamait le statut de *hatamoto* qui lui donnait certains droits inaliénables. « Oui, l'Anjin-san peut y aller. Je suis désolé mais c'est bien sûr interdit de monter à bord sans papiers signés par sire Toranaga. Vous n'avez pas beaucoup de temps, car nous sommes attendus.

— *Domo,* Taicho-san.

Ils avaient passé la plus grande partie de la journée précédente dans une auberge à deux *ri* à peine au sud et Yoshinaka les avaient laissés traîner. Il y avait eu tant de jours agréables et charmants. Tout avait été parfait sauf le premier jour, juste après avoir quitté Mishima, quand le père Tsukku-san les avait rejoints. La trêve précaire avait été rompue entre les deux hommes. Leur querelle avait été soudaine, vicieuse, attisée par l'incident survenu avec Rodrigues. Menaces, contre-menaces, injures. Le père Alvito avait éperonné son cheval et était parti sur Yedo, laissant le désastre dans son sillage. La joie de ce voyage avait disparu.

« Nous devons veiller à ce que ceci ne se reproduise pas, Anjin-san.

— Mais cet homme n'avait pas le droit...

— Je suis d'accord avec vous. Mais je vous en prie... Si vous laissez cet incident détruire votre harmonie, vous êtes perdu, et moi avec vous. Je vous supplie d'être japonais. Oubliez cet incident. Ce n'est rien qu'un incident parmi des milliers d'autres. Vous ne devez pas le laisser briser votre harmonie. Rangez-le dans un compartiment.

— Comment ? Comment pourrais-je ? Regardez mes mains ! Je suis tellement en colère que je ne peux les empêcher de trembler.

— Regardez ce rocher, Anjin-san. Écoutez-le grandir.

— Pardon ?

— Ecoutez ce rocher grandir, Anjin-san. Fixez vos pensées sur lui, sur l'harmonie de ce rocher. Écoutez les *kami* de ce rocher, Écoutez-moi, mon amour, pour l'amour de nous. Je suis si heureuse que le prêtre soit parti et qu'il ne revienne plus.

— Moi aussi.

— Ç'aurait été mieux s'il n'y avait pas eu de querelle. J'ai peur pour vous.

— Rien n'est changé. Il est toujours mon ennemi et le restera. Mais n'oubliez pas que rien n'existe en dehors de nous. Ni lui ni personne. Pas avant Yedo, *neh ?*

— Oui. Vous êtes sage et vous avez encore raison. Je suis si heureuse d'être avec vous... »

Ils quittèrent très vite le plat pays pour emprunter la route sinueuse qui grimpait jusqu'au col de Hakoné. Ils se reposèrent pendant deux jours au sommet de la montagne. Il y eut toujours de merveilleuses petites auberges tout au long de la route vers les plaines du Kwanto. Et toujours des rivières, des ruisseaux à franchir. La mer était à leur droite. Leur convoi avançait vers le nord sur la grouillante route du Tokaidō qui passait à travers le plus grand bol de riz de l'empire. Les plaines alluviales étaient gorgées d'eau. Chaque centimètre carré était cultivé. L'air était chaud et humide, lourd de l'odeur d'excréments humains que les paysans donnaient aux plantes avec amour.

« Le riz nous procure notre nourriture, Anjin-san, mais aussi les tatamis sur lesquels nous dormons, les sandales avec lesquelles nous marchons, les vêtements qui nous protègent de la pluie et du froid, le chaume qui recouvre le toit de nos maisons, le papier sur lequel nous écrivons. Nous n'existerions pas sans lui.

— Mais cette puanteur, Mariko-san !

— C'est un prix modeste à payer pour tant de bienfaits, *neh ?* Faites comme nous : ouvrez vos yeux, vos oreilles et votre esprit. Écoutez le vent, la pluie, les insectes et les oiseaux. Écoutez les plantes grandir. Si vous agissez ainsi, Anjin-san, vous ne sentirez bientôt plus que la beauté de la vie, Ça demande beaucoup de pratique... Mais vous devenez très japonais, *neh ?*

— Merci, madame. Je dois vous avouer que je commence à aimer le riz. Oui, je le préfère très certainement aux pommes de terre. Sachez aussi que la viande ne me manque plus autant et que je n'ai plus aussi faim qu'avant.

— Je n'ai jamais eu aussi faim de ma vie.

— Je parlais de nourriture.

— Moi aussi... »

Trois jours après le passage du col de Hakoné, elle avait eu ses périodes et lui avait demandé de prendre l'une des servantes de l'auberge. « Ce serait plus sage, Anjin-san.

— Non, je ne veux pas. Je suis désolé.

— Je vous le demande. Pour plus de sûreté, de discrétion.

— Puisque vous me le demandez, j'accepte. Mais demain, pas cette nuit. Cette nuit, dormons en paix. »

Oui, pensa Mariko, nous avons dormi ensemble en paix, cette nuit-là, et l'aube fut si charmante que j'ai quitté sa douce chaleur pour aller m'asseoir avec Chimmoko sous la véranda. Nous avons regardé le premier oiseau d'un nouveau jour.

« Bonjour Dame Toda. » Gyoko se tenait à l'entrée du jardin et la saluait.

« Une aube splendide, *neh ?*

— Oui, très belle.

— Puis-je vous interrompre ? Pourrais je vous parler seule à seule ?

— Bien sûr », avait répondu Mariko. Elle avait quitté la véranda, ne voulant pas déranger le sommeil de l'Anjinsan. Elle avait envoyé Chimmoko chercher du thé et avait ordonné que des couvertures soient installées sur l'herbe, près de la petite chute d'eau. Quand elles furent seules et qu'elles purent parler, Gyoko dit : « Je me demandais en quoi je pourrais être utile à Toranaga-sama,

— Mille *koku* seraient très généreux.

— Trois secrets le seraient peut-être plus encore.

— Un seul le serait, Gyoko, si c'était le bon.

— L'Anjin-san est un brave homme, *neh?* Il faut aussi l'aider à construire son avenir, *neh ?*

— L'Anjin-san a son propre *karma* », répondit-elle, sachant que l'heure du marchandage avait sonné. Elle se demandait ce qu'elle allait devoir concéder. « Nous parlions de sire Toranaga, *neh ?* A moins que l'un des secrets ne concerne l'Anjin-san ?

— Oh, non, madame. Comme vous le dites vous-même, l'Anjin-san a son *karma,* tout comme je suis sûre qu'il a ses secrets. Il m'est simplement venu à l'esprit que l'Anjin-san était l'un des vassaux préférés de Sire Toranaga. Toute aide que peut recevoir notre seigneur est une aide apportée à ses vassaux, *neh ?*

— Je suis d'accord avec vous. C'est bien sûr le devoir de tout vassal de transmettre *toute* information pouvant aider son seigneur.

— Tout à fait vrai, madame, tout à fait vrai. Je suis honorée de vous servir.

— Oh, Gyoko-san, excusez-moi, mais vous êtes vraiment trop bonne et trop gentille. Je ne suis que la femme d'un des généraux de notre seigneur. Vous disiez ? Quatre secrets ?

— Trois, madame. Je me demandais si vous intercéderiez en ma faveur auprès de Sire Toranaga. Il serait impensable que je lui murmure directement ce que je sais être la vérité. Ce serait vraiment faire preuve de mauvaises manières, car je ne saurais pas m'exprimer avec les mots exacts. De toute façon, notre coutume exige, dans un cas aussi important, un intermédiaire. C'est tellement mieux, *neh ?*

— Kiku-san serait certainement un choix judicieux. Je ne sais pas quand Sire Toranaga me fera appeler ni quand il m'accordera audience.

— Excusez-moi, madame, mais vous êtes mieux à même de juger. Vous pouvez estimer la valeur de mes renseignements. Kiku-san ne le peut pas. Sire Toranaga vous écoute. Kiku-san possède autre chose que son oreille.

— Je ne suis pas un conseiller, Gyoko-san, ni même un expert.

— Si je vous disais que ces renseignements valent bien mille *koku.* »

Gyoko s'assura que personne ne les écoutait et raconta à Mariko que le prêtre renégat avait dit tout fort ce que sire Onoshi lui avait murmuré dans le confessionnal au sujet de son oncle, Sire Harima ; ce que la cuisinière en second d'Omi avait su du complot ourdi par Omi et sa mère contre Yabu ; enfin tout ce qu'elle savait de Zataki, de son désir évident pour dame Ochiba et des relations d'Ishido avec Ochiba. Mariko avait écouté attentivement sans faire de commentaire. Trahir les secrets du confessionnal la choquait au plus haut point. Son esprit bouillait devant toutes les possibilités qu'offrait cette information. Elle questionna Gyoko pour être sûre d'avoir tout bien compris. Quand elle eut le sentiment qu'elle savait ce que Gyoko était disposée à divulguer, elle demanda qu'on leur apporte du thé. Elle versa elle-même à boire à Gyoko. Elles burent tranquillement, toutes deux circonspectes mais confiantes.

« Je n'ai aucun moyen de connaître la valeur de ces renseignements, Gyoko-san.

— Bien sûr, Mariko-sama.

— Je suppose que ces renseignements plus les mille koku feront grandement plaisir à sire Toranaga. »

Gyoko maîtrisa la grossièreté qui naissait sur ses lèvres et dit d'un ton pointu : « Je suis désolée mais l'argent n'a aucune signification pour un *daimyō* comme lui, même si ça représente un héritage pour une paysanne comme moi. On doit toujours savoir qui l'on est, dame Toda, *neh ?*

— Oui. Il est bon de savoir qui l'on est et ce que l'on est, Gyoko-san. C'est une des rares supériorités qu'une femme a sur l'homme. Une femme sait toujours. Heureusement, je sais ce que je suis. Oh, oui, je le sais très bien. Venez-en au vif du sujet. »

Gyoko ne recula pas devant la menace et passa à l'attaque. « Le vif du sujet est que nous connaissons toutes deux la vie et comprenons la mort. Nous savons que notre vie en enfer et partout ailleurs est fondée sur l'argent.

— Vraiment ?

— Oui. Je suis désolée mais je crois que mille *koku* sont une trop forte somme.

— La mort est-elle préférable ?

— J'ai déjà écrit mon poème funèbre, Madame :

Quand je mourrai
Ne me brûlez pas
Ne m'enterrez pas
Jetez seulement mon cadavre dans un champ pour
engraisser quelque chien squelettique.

— Ça pourrait se faire. Très facilement.

— Oui, mais j'ai de grandes oreilles et une langue bien pendue. Ce qui est beaucoup plus important ! »

Mariko se versa du thé. « Vraiment ?

— Oh, oui. Excusez-moi, mais ce n'est pas prétention de ma part si je vous dis que j'ai été bien éduquée, madame. Je n'ai pas peur de mourir. J'ai fait mon testament et je laisse des instructions détaillées à ma famille en cas de mort soudaine. J'ai fait la paix avec les dieux depuis longtemps. Je sais que je renaîtrai quarante jours après ma mort. Et si je ne renais pas... » La vieille femme haussa les épaules. « Je serai un *kami.* » Son éventail ne bougeait plus. « Je pourrai aussi atteindre la lune, *neh ?* Excusez-moi de le mentionner mais je suis comme vous : je n'ai absolument peur de rien. Et, au contraire de vous, je n'ai rien à perdre... en cette vie.

— Pourquoi parler de choses si tristes par une aussi belle matinée, Gyoko-san ? » Mariko était prête à faire patte de velours. « Je préférerais de beaucoup vous voir vivante, vieille et honorée. Pilier de votre nouvelle corporation. Voilà une excellente idée, Gyoko-san !

— Merci, madame. J'aimerais moi aussi vous voir en sécurité, heureuse, prospère. Avec tous les jouets et les honneurs que vous souhaitez.

— Les jouets ? Quels jouets ? » répéta Mariko, menaçante.

Gyoko était comme un chien lancé à la trace et qui a reniflé sa proie. « Je ne suis qu'une paysanne, madame. Je ne sais donc pas quels sont les honneurs que vous recherchez, quels sont les jouets qui vous feraient plaisir, à vous ou à votre fils. »

La brise était tombée. L'air chaud et humide flottait dans le jardin qui donnait sur une mer étale. Les mouches vrombissaient.

« Quels... quels honneurs ? Quels jouets aimeriez-vous recevoir ? » Mariko contemplait la vieille femme avec une sorte de fascination malsaine. Elle savait à présent qu'elle devait détruire cette femme sinon son fils périrait.

« Rien pour moi-même. Sire Toranaga m'a couverte d'honneurs et de richesses au-delà de tout ce que je pouvais espérer. Mais *mon* fils ? Oh, oui, on pourrait l'aider.

— En quoi pourrait-on l'aider ?

— Deux épées.

— Impossible.

— Je sais madame. C'est si facile à accorder et pourtant impossible. La guerre est imminente. On va avoir besoin de beaucoup d'hommes.

— Il n'y a pas de guerre pour l'instant. Sire Toranaga se rend à Osaka.

— Deux épées. Ce n'est pas beaucoup demander.

— Impossible. Je suis désolée mais je ne peux rien accorder.

— Je ne *vous* ai rien demandé. C'est pourtant la seule chose qui me ferait plaisir. » Une goutte de sueur tomba du visage de Gyoko. « J'aimerais offrir cinq cents *koku* du contrat à sire Toranaga, en gage d'estime en ces temps difficiles. Les cinq cents *koku* restants reviendraient à mon fils. Un samouraï a besoin d'un héritage, *neh ?*

— Vous condamnez votre fils à mort. Tous les samouraïs de Toranaga mourront ou deviendront *ronin* très bientôt.

— *Karma.* Mon fils a déjà des fils, madame. Ils diront à leurs fils que nous avons été samouraïs. C'est tout ce qui m'importe.

— Ce n'est pas à moi d'accorder cet honneur-là.

— C'est vrai. Je suis désolée, mais c'est bien tout ce qui me ferait plaisir. »

Toranaga secoua la tête, en colère. « Ses renseignements sont intéressants, certes... mais pas assez pour faire un samouraï de son fils.

— Elle semble être un loyal et fidèle vassal, Sire. Elle m'a dit qu'elle serait très honorée si vous déduisiez cinq cents *koku* du contrat au profit de quelque samouraï dans le besoin.

— Ce n'est pas de la générosité. Ce n'est que du remords devant le prix usuraire qu'elle a osé demander,

— Cela vaut peut-être la peine d'être considéré, Sire. Ses idées sur la corporation, les *gei-shas* et les nouvelles classes de courtisanes auront des effets considérables, *neh ?* Cela ne ferait peut-être pas de mal ?

— Je ne suis pas d'accord. Pourquoi devrait-elle être récompensée ? Il n'y a aucune raison de lui accorder cet honneur. Ridicule ! Elle ne vous l'a certainement pas demandé, n'est-ce pas ?

— Cela aurait été bien impertinent de sa part, Sire. Je vous ai fait cette suggestion car je pensais qu'elle pouvait vous devenir très précieuse.

— Elle devrait l'être encore plus. Ses secrets sont probablement des mensonges. Je n'entends que ça ces temps-ci. » Toranaga agita une clochette et un écuyer apparut aussitôt à la porte du fond, « Sire ?

— Où est Kiku, la courtisane ?

— Dans vos appartements, Sire.

— La femme Gyoko est-elle avec elle ?

— Oui, Sire.

— Renvoyez-les toutes les deux du château. Immédiatement ! Renvoyez-les à... Non, logez-les dans une auberge de... de troisième classe et dites-leur d'attendre là jusqu'à ce que je les fasse appeler. » Toranaga ajouta pendant que l'homme se retirait : « Écœurant ! Des maquereaux qui veulent devenir samouraïs ! Ces paysans immondes ne savent plus où est leur place ! »

Mariko le regarda s'asseoir sur son coussin et agiter son éventail. Elle était stupéfaite du changement survenu en lui. Tristesse et colère avaient remplacé sa confiance inébranlable. Il avait écouté les secrets avec intérêt, sans l'excitation à laquelle elle s'attendait. Pauvre homme, pensa-t-elle, il a abandonné. A quoi bon ces renseignements ? Peut-être est-il sage de rejeter les choses du monde et de se préparer à l'inconnu. Il vaudrait mieux, se dit-elle, que tu meures encore un peu plus, intérieurement. Oui, mais tu ne le peux pas. Pas encore. Tu dois protéger ton fils.

Toranaga ramassa le message qu'Hiro-matsu avait confié à Mariko et le relut. Elle vit que sa main tremblait.

« Pourquoi veut-il venir à Yedo ? » Toranaga rejeta le parchemin impatiemment et le mit de côté.

« Je ne sais pas, Sire. Je suis désolée mais il m'a simplement demandé de vous transmettre ce message.

— Avez-vous parlé au chrétien renégat ?

— Non, Sire. Yoshinaka-san a dit que vous aviez donné des ordres interdisant à quiconque de lui adresser la parole.

— Comment s'est comporté Yoshinaka durant le voyage ?

— Très bien, Sire, dit-elle, répondant à la question pour la seconde fois. Il a été très efficace, nous a très bien gardés et nous a amenés à l'heure dite.

— Pourquoi Tsukku-san n'a-t-il pas fait route jusqu'au bout avec vous ?

— Il s'est querellé avec l'Anjin-san après avoir quitté Mishima, Sire. Mariko lui raconta l'incident sans savoir si le père Alvito avait déjà tout raconté à Toranaga. « Le père a décidé de poursuivre sa route seul.

— Quel était le motif de cette querelle ?

— Mon âme, Sire. Mais surtout leur antagonisme religieux et la guerre entre leurs pays respectifs.

— Qui a commencé ?

— Ils sont tous deux à blâmer. Ça a commencé par une fiasque d'alcool. »

Mariko lui raconta ce qui s'était passé avec Rodrigues et poursuivit :

« Tsukku-san avait apporté une seconde fiasque en cadeau, voulant, disait-il, intercéder en faveur du Rodrigues-san, mais l'Anjin-san lui a dit brutalement qu'il ne voulait pas d'"alcool papiste", qu'il préférait le saké et qu'il ne faisait pas confiance aux prêtres. Le... le saint homme a vu rouge et a répondu aussi brutalement qu'il ne s'était jamais servi de poison et qu'il ne pardonnerait jamais l'emploi d'une telle chose.

— Du poison ? Utilisent-ils le poison, comme arme ?

— L'Anjin-san m'a dit que certains d'entre eux s'en servaient, Sire. Tout ceci a provoqué des paroles encore plus violentes et ils se sont insultés en discutant de religion, de mon âme, des catholiques et des protestants... Je les ai quittés pour aller chercher Yoshinaka-san qui a mis fin à cette querelle.

— Les barbares ne causent que des ennuis et sèment le trouble. Les chrétiens aussi, *neh ?* » Elle ne lui répondit pas. « Je suis né l'année où les premiers chrétiens sont arrivés. Depuis ils ont ensorcelé le pays, dit Toranaga. Nous n'avons que des ennuis depuis cinquante-huit ans, neh ?

— Je suis, désolée qu'ils vous offensent, Sire. Vous vouliez me demander autre chose ? Avec votre per...

— Asseyez-vous. Je n'ai pas fini. » Toranaga agita la clochette encore une fois. La porte s'ouvrit. « Faites venir Buntaro-san. »

Buntaro entra. Le visage pâle et défait, il s'agenouilla et salua. Elle le salua, abasourdie, mais il ne lui rendit pas son salut. Buntaro avait rencontré le cortège quelques instants auparavant à l'entrée du château. Il lui avait dit, après de brèves salutations, qu'elle devait immédiatement se rendre auprès de sire Toranaga.

« Vous avez demandé à me voir dès que possible en présence de votre femme, Buntaro-san ?

— Oui, Sire.

— Que vouliez-vous me dire ?

— Je demande humblement la permission de prendre la tête de l'Anjin-san,

— Pourquoi ?

— Excusez-moi, mais je... Je n'aime pas ses façons de regarder ma femme. Je voulais... Je voulais le dire en sa présence, devant vous. Il m'a également insulté à Anjiro et je ne peux vivre plus longtemps avec cette honte. »

Toranaga jeta un coup d'œil sur Mariko qui semblait s'être gelée. « Vous l'accusez d'encourager l'Anjin-san ?

— Je... Je demande la permission de prendre sa tête.

— L'accusez-vous d'encourager l'Anjin-san ? Répondez à ma question !

— Excusez-moi, Sire, mais si j'avais eu cette pensée, le devoir m'aurait dicté de prendre sa tête, à elle aussi, répondit Buntaro froidement, les yeux fixés sur le tatami. Le barbare est une irritation constante pour mon harmonie. Je crois qu'il vous gêne. Laissez-moi lui enlever la tête, je vous en supplie. » Il leva son visage. Ses yeux étaient très cernés. « Ou bien laissez-moi emmener ma femme. Nous partirons cette nuit, avant vous, pour ouvrir le chemin.

— Qu'en dites-vous, Mariko-san ?

— C'est mon mari. J'obéirai, quelle que soit sa décision, à moins que vous n'en décidiez autrement. Tel est mon devoir. »

Toranaga regarda l'homme puis la femme. Sa voix se durcit et, pendant un moment, il redevint le Toranaga du bon vieux temps. « Vous partirez dans trois jours pour Osaka, Mariko-san. Vous ouvrirez *ce* chemin-là pour moi et vous m'y attendrez. Buntaro-san, vous m'accompagnerez en tant que commandant de mon escorte. Après m'avoir servi de second, vous ou l'un de vos hommes pourrez faire de même avec l'Anjin-san — avec ou sans son approbation. »

Buntaro s'éclaircit la gorge. « Sire, je vous en prie, abandonnez "Ciel pourpre".

— Taisez-vous ! Vous ne savez plus ce que vous dites ! Je vous ai déjà dit *non,* trois fois ! La prochaine fois que vous aurez l'impertinence de me donner votre avis sans que je vous le demande, vous irez vous ouvrir le ventre dans une fosse d'aisances de Yedo ! »

Mariko était stupéfaite de l'explosion violente et vulgaire de Toranaga. Elle s'inclina, elle aussi, très profondément, pour cacher son embarras. Au bout d'un moment, Toranaga dit : « Excusez ma colère. Votre demande est exaucée, Buntaro-san. Seulement après que vous m'aurez servi de second.

— Merci, Sire. Excusez-moi de vous avoir offensé.

— Je vous ai ordonné de faire la paix, tous les deux. L'avez-vous faite ? »

Buntaro et Mariko acquiescèrent brièvement.

« Bien. Vous reviendrez cette nuit avec l'Anjin-san, à l'heure du chien, Mariko-san. Vous pouvez disposer, à présent. »

Elle s'inclina et se retira.

Toranaga fixa Buntaro. « Vous l'accusez ?

— C'est... c'est impensable qu'elle m'ait trahi, Sire, répondit Buntaro.

— Je suis d'accord. » Toranaga chassa une mouche avec son éventail. Il semblait très fatigué. « Vous pourrez bientôt prendre la tête de l'Anjin-san. J'ai besoin qu'elle reste sur ses épaules pour l'instant.

— Merci, Sire. Excusez-moi encore de vous avoir irrité.

— Ce sont des moments irritants. Une époque trouble ! » Toranaga se pencha. « Écoutez-moi. Je veux que vous vous rendiez immédiatement à Mishima pour soulager et relever votre père, pendant quelques jours. Il m'a demandé la permission de me rejoindre ici. Il veut me consulter. Je ne sais pas ce qu'il... De toute façon, il me faut un homme de confiance à Mishima. Auriez-vous l'amabilité de partir à l'aube... *Via* Takato ?

— Sire ? » Buntaro vit que Toranaga ne gardait son calme qu'au prix de maints efforts et que sa voix tremblait en dépit de toute sa volonté.

« J'ai un message confidentiel pour ma mère. Vous ne devez dire à personne que vous vous rendez là-bas. Une fois en dehors de la ville, coupez vers le nord.

— Je comprends.

— Sire Zataki peut vous empêcher de transmettre ce message... peut, en tout cas, essayer. Vous ne devez le donner qu'en main propre. Compris ? A elle seule. Prenez vingt hommes et allez-y au galop. J'enverrai un pigeon pour demander un sauf-conduit à Zataki.

— Votre message sera oral ou écrit, Sire ?

— Écrit.

— Et si je ne peux le mener à destination ?

— Vous devez, bien sûr, l'amener à destination. Vous le devez. C'est pourquoi je vous ai choisi ! Mais... Si vous êtes trahi comme je... Si vous êtes trahi, détruisez-le avant de vous faire seppuku. Au moment où l'on me fera part de cette horrible nouvelle, la tête de l'Anjin-san tombera. Et si... Pour ce qui est de Mariko-san ? Quel sera son sort si quelque chose va mal ?

— Tuez-la, je vous en prie, Sire, avant de mourir. Je serais très honoré si... Elle mérite un second digne d'elle.

— Elle ne mourra pas indignement. Vous avez ma promesse. J'y veillerai. Personnellement. Revenez à l'aube pour prendre le message. Ne me décevez pas. Seulement entre les mains de ma mère ! »

Une fois seul, Toranaga sortit un mouchoir et s'épongea le visage. Ses doigts tremblaient. Il essaya de les maîtriser, mais n'y arriva pas. Il lui avait fallu toute son énergie pour jouer les imbéciles, pour cacher son excitation à l'audition de tous ces secrets qui lui offraient, de façon fantastique, ce moment de répit tant attendu.

« Un moment possible, seulement possible... Si ces secrets sont vrais » dit-il tout haut, incapable de penser. L'incroyable renseignement que Mariko avait obtenu de la femme Gyoko se répercutait toujours en écho dans son cerveau. Ochiba, pensait-il, aux anges... Ainsi cette harpie est le leurre qui va me permettre de faire dégringoler mon frère de son nid d'aigle. Mon frère désire Ochiba, mais il est visible qu'il désire autre chose que le Kwanto. Il veut le royaume. Il déteste Ishido, abhorre les chrétiens et est malade de jalousie à cause du désir bien connu d'Ishido pour Ochiba. Il va donc se brouiller avec Ishido, Kiyama et Onoshi, parce que ce que veut mon cher traître de frére, c'est devenir shōgun. Il est Minowara. Il a toute la lignée nécessaire, toute l'ambition mais pas le mandat, ni le Kwanto. Il doit d'abord s'emparer du Kwanto avant d'obtenir le reste.

Toranaga se frotta les mains de joie à la perspective de toutes les possibilités qu'offrait cette nouvelle information.

Et Onoshi, le lépreux ! Une goutte de miel dans l'oreille de Kiyama au bon moment, pensa-t-il, et Kiyama pourrait rassembler ses légions et tomber sur Onoshi.

« Gyoko en est tout à fait certaine, Sire. Sire Onoshi a murmuré dans le confessionnal qu'il avait conclu un pacte secret avec Ishido contre un *daimyō* également chrétien et qu'il désirait l'absolution. Le pacte stipulerait qu'en échange d'un soutien immédiat, Ishido promet que, le jour de votre mort, ce *daimyō* chrétien sera récusé pour trahison et invité à plonger dans le Grand Néant, le même jour, de force si nécessaire. Le fils héritier d'Onoshi recevrait toutes les terres. Le chrétien n'a pas été nommé, Sire. »

Kiyama ou Harima de Nagasaki ? se demanda Toranaga. Ça n'a aucune importance. Ce doit quand même être Kiyama. Énervé, il se leva et se dirigea à tâtons vers l'une des fenêtres. Il s'accouda lourdement sur le rebord de bois, regarda la lune et le ciel. Les étoiles étaient pâles. Des nuages de pluie se rassemblaient.

« Bouddha, tous les dieux, n'importe quel dieu, faites que mon frère morde à l'hameçon. Faites que les murmures de cette femme soient vrais. »

Aucune étoile filante n'apparut pour lui confirmer que son message avait été entendu des dieux. Le vent ne se leva pas. Aucun nuage ne vint envelopper le croissant de lune. Même si un signe des cieux s'était manifesté, il n'y aurait pas cru. Sois patient, considère les faits. Assieds-toi et réfléchis !

Il savait qu'il commençait à être las, mais il était vital qu'aucun de ses intimes ou de ses vassaux et donc, aucun espion, ne se doute un seul instant qu'il simulait la capitulation et qu'il jouait le rôle de l'homme battu. Il avait compris, à Yokosé, qu'accepter le second parchemin aurait été signer son arrêt de mort. Il avait décidé que sa seule chance de survie était de convaincre tout le monde, de se convaincre lui-même, de sa défaite prochaine. En réalité, ce n'était qu'une ruse pour gagner du temps... Il continuait ainsi ce qu'il avait toujours fait : négociation — retard — répit — retraite simulée. Il attendait toujours avec patience, cherchait le défaut de la cuirasse puis frappait vicieusement, sans hésitation.

Il avait, depuis Yokosé, passé toutes ses journées et ses nuits dans la solitude la plus complète. Chaque jour était plus difficile à supporter. Plus de chasse, de rire, de baignade ou de danse, de chant ou de nôs qu'il affectionnait tant. Seul, le même rôle solitaire, le plus difficile de sa vie : tristesse, reddition, indécision, désespoir apparent avec obligation de ne presque plus rien manger. Qu'il ait réussi si merveilleusement l'enchantait tout en le stupéfiant. Comment les gens pouvaient-ils être si crédules ? Que les dieux en soient remerciés, se dit-il pour la millionième fois. En acceptant la « défaite », tu as évité deux fois la guerre. Tu es toujours pris au piège mais ta patience a enfin été récompensée et tu as une nouvelle chance. Peut-être en as-tu *une,* dit-il en se corrigeant. A moins que les secrets soient faux et donnés par l'ennemi pour t'acculer un peu plus et te confondre. Sa poitrine lui fit mal. Il se sentit faible. Sa tête se mit à tourner. Il se rassit et respira profondément. Il retrouva ses esprits au bout de quelques instants, se dirigea vers son bureau et se mit à écrire. Il demandait à sa mère de jouer les intermédiaires entre son demi-frère et lui et de lui présenter une offre en faveur de l'avenir de leur clan. Il demandait tout d'abord à son frère d'envisager un mariage avec la dame Ochiba : « Il serait, bien sûr, impensable que je l'épouse, cher frère. Mon “ambition démesurée” rendrait nombre de *daimyōs* furieux. Une telle alliance avec vous consoliderait la paix du royaume et confirmerait la succession de Yaemon. Personne ne met en doute votre loyauté alors que certains doutent de la mienne, à tort. Vous pourriez assurément trouver un meilleur parti mais elle pourrait difficilement trouver meilleur mari. Une fois que les traîtres à Sa Majesté Impériale auront été éliminés, je reprendrai ma place de président du Conseil des régents et j'inviterai le Fils du Ciel à proclamer votre mariage, si vous êtes d'accord pour assumer un tel fardeau. Je crois très sincèrement que ce sacrifice est la seule garantie de la succession, le seul moyen de faire notre devoir envers le Taikō. Deuxièmement, toutes les terres des traîtres chrétiens Kiyama et Onoshi vous sont offertes. En fait, ceux-ci complotent, avec les prêtres barbares contre tous les *daimyōs* non chrétiens, une guerre sournoise soutenue par une invasion barbare, armée de mousquets *comme ils l'ont déjà fait contre notre suzerain le Taikō.* Vous recevrez de plus les terres de tous les autres chrétiens de Kyushu ayant pris le parti d'Ishido dans la dernière bataille contre moi. (Saviez-vous que ce paysan parvenu a eu l'impertinence de faire circuler cette nouvelle : "Une fois Toranaga mort, moi, chef des régents, j'ai l'intention de dissoudre le Conseil et d'épouser la mère de l'héritier lui-même" ?) En échange de tout ce que je viens de vous offrir, je ne vous demande qu'une chose, cher frère : un traité secret d'alliance. Le passage garanti de mes troupes à travers vos montagnes de Shinano, une attaque conjointe contre Ishido sous mon commandement. Enfin, comme signe de ma confiance, j'envoie immédiatement mon fils Sudara, sa femme, dame Genjiko et leurs enfants à Takato... »

Ce n'est pas l'œuvre d'un homme battu, se dit Toranaga en cachetant le parchemin. Zataki le comprendra tout de suite. Oui, mais l'appât est posé. Shinano est en travers de ma route et Zataki commande les plaines d'Osaka. Zataki désire-t-il vraiment Ochiba ? Je risque gros en écoutant les soi-disant murmures d'une servante qui se fait chevaucher. Gyoko mentirait-elle pour son profit ? Samouraï ? Voilà la clef qui va me permettre d'avoir accès à tous les secrets de cette sangsue insolente ! Elle doit avoir des preuves sur Mariko et l'Anjin-san. Sinon pourquoi Mariko viendrait-elle faire une telle requête ? Il ressentit une douleur au cœur. Au bout d'un moment, il écrivit le message et monta les escaliers qui menaient au pigeonnier avec difficulté. Il choisit soigneusement un Takato dans l'un des nombreux paniers, lui accrocha le petit cylindre, puis le déposa sur la perche qui lui permettrait de s'envoler aux premières lueurs. Dans sa missive Toranaga demandait à sa mère d'obtenir un sauf-conduit pour Buntaro qui avait un message important pour elle et pour son frère. Il l'avait signé comme il avait signé sa proposition : Yoshi-Toranaga-Noh-Minowara. Il usait de son titre pour la première fois de sa vie.

« Bon voyage, mon bel oiseau, dit-il en caressant le pigeon avec une plume ramassée dans la cage. Tu portes un héritage de dix mille ans. »

Il tourna les yeux vers la ville. Un minuscule rai de lumière apparaissait vers l'ouest, à l'horizon. Les lueurs des torches encerclaient le bateau barbare près du quai.

Une autre clef existe, se dit-il en repensant aux trois secrets. Il savait qu'il avait omis quelque chose.

« Si seulement Kiri pouvait être là. »

Mariko était agenouillée face à son miroir. Elle détourna le regard. La dague qu'elle tenait à la main réverbérait la lumière projetée par la flamme vacillante de la lampe à huile. Je devrais m'en servir, se dit-elle, emplie de tristesse. Ses yeux brouillés de larmes se tournèrent vers la Vierge à l'Enfant, dans sa niche. Je sais que le suicide est un péché mortel mais que puis-je faire ? Il vaut mieux que je me supprime avant d'avoir été trahie. La chambre était tranquille. Elle entendit des bruits de pas. La porte d'entrée grinça. Elle remit rapidement le couteau dans son obi, sécha ses larmes en entendant les pas se rapprocher. Elle ouvrit la porte en s'inclinant poliment. Buntaro, de mauvaise humeur, lui dit que Toranaga avait encore changé d'avis, qu'il l'envoyait à Mishima pour quelques jours. « Je partirai à l'aube. Je voulais vous souhaiter un bon voyage... » Il se tut. « Pourquoi pleurez-vous ?

— Excusez-moi, Sire. Je ne suis qu'une femme et la vie me semble bien difficile. Je pleure aussi à cause de Toranaga-sama.

— C'est un roseau brisé. J'ai honte à le dire, mais voilà bien ce qu'il est. Nous devrions faire la guerre. Je préférerais ça plutôt que de voir la sale gueule d'Ishido se moquer de mon *karma !*

— Oui, désolée. J'aimerais pouvoir faire quelque chose pour vous.

Buntaro pénétra dans sa chambre. Mariko ferma la porte. Il resta près de la fenêtre à regarder les murailles de la citadelle et le donjon. Il garda son regard fixé sur le donjon. Il écumait, « Sire Toranaga devrait abdiquer en faveur de sire Sudara s'il n'a plus assez de courage pour gouverner. Sire Sudara est son fils et héritier légal, *neh ?*

— Oui, Sire.

— Il pourrait même faire mieux. Il devrait, comme l'a suggéré Zataki, se faire seppuku. Nous aurions ainsi les armées de Zataki de notre côté. Avec eux et les mousquets, nous pourrions marcher sur Kyoto. Je sais que nous réussirions. Et même si nous échouions, ce serait de toute façon mieux que d'abandonner comme ces Mangeurs d'ail, lâches et traîtres ! Notre maître est déchu de tous ses droits, *neh ?* dit-il en se tournant vers elle.

— Excusez-moi, mais ça n'est pas à moi de le dire. Il est notre suzerain. »

Buntaro se retourna à nouveau et fixa le donjon en rêvassant. Des lumières vacillaient à tous les étages. « L'avis que je donne à son Conseil est de l'inviter à aller vers le Grand Néant et de l'aider, s'il ne le veut pas. Nombreux sont ceux qui partagent mon opinion, mais pas sire Sudara, pas encore. Peut-être est-il secrètement de mon avis ? Qui sait ce qu'il pense vraiment ? Quand vous rencontrerez sa femme, dame Genjiko, parlez-lui, persuadez-la. Elle parviendra à le convaincre... Elle le mène par le bout du nez. Vous êtes amies. Elle vous écoutera.

— Je pense que ce serait très mal agir, Sire. C'est de la trahison.

— Je vous ordonne de lui parler !

— Je vous obéirai.

— Oui, vous m'obéirez ! Pourquoi êtes-vous si froide et si lointaine ? »

Il se saisit de son miroir et le lui mit de force sous le nez. « Regardez-vous !

— Excusez-moi si je vous déplais, Sire. » Le timbre de sa voix était monocorde. Elle évita le miroir et regarda Buntaro droit dans les yeux. « Je ne voulais pas vous mettre en colère. »

Il la fixa pendant un moment puis reposa le miroir sur la table laquée, d'un air maussade. « Je ne vous accusais pas. Si je pensais un seul instant que j'ai été... Je n'hésiterais pas. »

Mariko s'entendit prononcer cette phrase impardonnable. « Vous n'hésiteriez pas à faire quoi ? Me tuer ? Me laisser en vie pour mieux me faire honte ?

— Je ne vous ai pas accusée. C'est lui que j'accuse, cria-t-il.

— Mais je vous accuse ! s'exclama-t-elle. Vous m'avez *bel et bien* accusée !

— Taisez-vous !

— Vous m'avez fait honte devant notre seigneur ! Vous m'avez accusée et vous n'allez pas faire votre devoir ! Vous avez peur ! *Vous êtes* un lâche, un pauvre Mangeur d'ail ! »

Il dégaina son épée et Mariko se réjouit de l'avoir forcé dans ses derniers retranchements. Mais l'épée s'immobilisa dans les airs. « Je... J'ai votre... J'ai votre promesse devant votre... votre Dieu. A Osaka. Avant que... Nous mourrions... J'ai votre promesse et je... je vous tiens à cause d'elle. » Elle éclata d'un rire strident et méchant. « Oh, oui, seigneur tout-puissant, je vous servirai d'oreiller encore une fois, mais l'accueil sera sec et glacial ! » Il se mit à frapper aveuglément une colonette avec son épée. La lame débita en tranches le bois d'une épaisseur d'un pied. Buntaro tira sur la lame mais l'épée tint bon, dans le bois. A moitié fou, il s'acharna, la tordit en tous sens jusqu'à ce que la lame se rompe. Dans une dernière volée d'injures, il lança de toutes ses forces le morceau brisé à travers le mur mince et fragile et se dirigea vers la porte en titubant comme un ivrogne.

Blackthorne monta les marches quatre à quatre. Son garde l'escortait. Il était content de ne pas être encombré par ses épées, qu'il avait abandonnées aux premiers gardes, dans la cour. Il avait été poliment et minutieusement fouillé. Des torches éclairaient la cage d'escalier et les étages. Il s'arrêta au quatrième, dévoré d'excitation. Il appela :

« Mariko-san, tout va bien ?

— Oui, oui. Tout va bien. Merci, Anjin-san. » Il reprit son ascension. Il se sentait fort et léger. Il atteignit enfin le sixième palier. Cet étage-là était sévèrement gardé. Le samouraï qui l'escortait s'approcha du groupe posté devant la porte bardée de fer et s'inclina. Ils lui rendirent son salut et firent signe à Blackthorne d'attendre.

Depuis qu'il avait vu l'*Érasme,* Blackthorne était empli d'une joie immense. Il ne s'était pas attendu à voir son bateau en aussi parfait état. Il n'y a plus de raisons de rester à Yedo, avait-il pensé. Je n'ai qu'à jeter un petit coup d'œil sur la sentine, plonger pour aller vérifier la coque. Il ne reste alors plus qu'à s'occuper des canons, de la soute aux munitions et des voiles. Pendant le voyage, il avait eu l'intention de se servir de la soie et du coton pour ses voiles. Mariko lui avait dit que la toile n'existait pas au Japon. Hissez les voiles et cap sur Nagasaki ! pensait Blackthorne, tout excité.

« Anjin-san ? » Le samouraï était de retour.

La porte bardée de fer s'ouvrit. Toranaga était assis à l'autre bout de la pièce sur une estrade recouverte de tatamis. Seul.

Blackthorne s'agenouilla et salua profondément, les mains posées à plat sur le sol. « *Konbanwa,* Toranaga-sama. *Ikaga desu ka ?*

— *Okagesana de genki desu. Anata wa ?* » Toranaga semblait plus âgé et plus mince qu'avant. *Shigata ga nai,* se dit Blackthorne. Le *karma* de Toranaga ne touchera pas l'*Érasme.* Il doit être son sauveur, par Dieu. Il répondit aux questions habituelles de Toranaga dans un japonais simple mais correctement accentué en usant d'une technique simplifiée mise au point avec l'aide d'Alvito. Toranaga lui fit des compliments sur ses progrés et se mit à parler plus vite.

Blackthorne utilisa alors l'une des phrases types mises au point avec l'aide de Mariko et d'Alvito. « Excusez-moi, Sire, je vous prie, mais mon japonais n'est pas très bon. Auriez-vous la gentillesse de parler plus lentement en utilisant des mots plus faciles ? Excusez-moi de vous donner tant de soucis.

— Très certainement. Dites-moi si vous avez aimé Yokosé ? »

Blackthorne répondit avec un vocabulaire très limité. A la question de savoir si son bateau était apte à prendre la mer, Blackthorne répondit : « Oui, facile. Falloir demi-journée, Sire. »

Toranaga réfléchit puis lui dit de vérifier tout ça demain et de lui faire un rapport dans l'après-midi, à l'heure de la chèvre. « *Wakarimasu ?*

— *Hai.*

— Vous pourrez voir vos hommes, ajouta Toranaga.

— Sire ?

— Je vous ai fait venir pour vous annoncer que vous auriez vos vassaux, demain.

— Compris. Samouraïs-vassaux. Deux cents.

— Oui. Bonne nuit, Anjin-san. Je vous verrai demain.

— Excusez-moi, Sire, pouvoir demander trois choses ?

— Quoi ?

— Possible voir équipage maintenant ? Épargner temps, *neh ?* »

Toranaga acquiesça et donna un ordre bref à l'un des samouraïs pour guider Blackthorne. « Prenez dix hommes avec vous. Amenez l'Anjin-san là-bas et ramenez-le au château.

— Oui, Sire.

— Ensuite Anjin-san ?

— S'il vous plaît, possible parler seul ? Peu de temps. Excusez impolitesse. »

Blackthorne essayait de dissimuler son angoisse pendant que Toranaga demandait des explications à Mariko. Elle répondit sincèrement qu'elle savait seulement que l'Anjin-san avait quelque chose à lui dire en privé mais qu'elle ne lui avait pas demandé de quoi il s'agissait.

« Vous êtes sûre que je peux lui poser la question, Mariko-san ? lui avait demandé Blackthorne quand ils avaient monté les escaliers.

— Oh, oui. Pourvu que vous attendiez qu'il ait terminé de parler. Soyez certain de ce que vous allez lui dire, Anjin-san. Il est... Il n'est pas aussi patient que d'habitude.

— Très bien, Anjin-san, dit Toranaga. Veuillez attendre dehors, Mariko-san. » Elle s'inclina et sortit. « Oui ?

— Désolé, mais entendre Sire Harima de Nagasaki ennemi maintenant. »

Toranaga était stupéfait, car il n'avait entendu parler de la prise de position publique d'Harima en faveur d'Ishido que lorsqu'il avait lui-même atteint Yedo. « De qui tenez-vous cette information ?

— Pardon ?

Toranaga répéta sa question plus lentement.

— Oh ! Compris. Entendre Hakoné sur Sire Harima. Gyoko-san dire à nous. Gyoko-san entendre Mishima.

— Cette femme est bien informée. Trop bien peut-être.

— Sire ?

— Rien. Poursuivez. Qu'avez-vous à me dire sur Sire Harima ?

— Sire, pouvoir respectueusement dire : mon bateau, arme énorme sur Vaisseau noir, *neh* ? Si prendre Vaisseau noir très vite, prêtres très en colère parce que pas d'argent. Chrétien travaille ici. Pas d'argent aussi Portugais autres pays, Année dernière, pas Vaisseau noir ici, pas d'argent, *neh ?* Si maintenant prendre Vaisseau noir vite, très vite, aussi année prochaine, prêtre peur. La vérité, Sire. Penser prêtres *devoir* plier si peur. Prêtres ça pour Toranaga-sama ! » Blackthorne ferma le poing pour bien se faire comprendre. Toranaga l'avait écouté attentivement en regardant ses lèvres. Blackthorne faisait de même. « Je vous suis très bien mais où voulez-vous en venir, Anjinsan ?

— Sire ?

Toranaga se mit à parler comme lui, en utilisant un vocabulaire extrêmement limité. « Obtenir quoi ? Attraper quoi ? Avoir quoi ?

— Sire Onoshi, Sire Kiyama et Sire Harima.

— Vous vouloir immiscer dans affaires politiques nôtres, comme prêtres ? Vous savoir comment gouverner Japon, aussi ?

— Excusez-moi, pas compris.

— Ça n'a aucune importance. » Toranaga réfléchit un long moment puis dit en se remettant à parler normalement : « Les prêtres disent qu'ils n'ont aucun pouvoir pour donner des ordres aux *daimyōs* chrétiens.

— Pas vrai, Sire, excusez-moi. Argent *grande* puissance sur prêtres. La vérité, Sire. Si pas Vaisseau noir cette année et année prochaine, ruine. Très mauvais pour prêtres. Argent *grande* puissance. Si "Ciel pourpre" même moment ou avant, attaquer Nagasaki, ennemi maintenant, *neh ?* Prendre Vaisseau noir et attaquer voies maritimes entre Kyushu et Honshu. Assez menace, peut-être, pour faire ennemi ami ?

— Non. Les prêtres gèleront tout commerce. Je ne suis en guerre ni avec les prêtres ni avec Nagasaki. Je vais à Osaka. Il n'y aura pas de "Ciel pourpre". *Wakarimasu ?*

— *Hai !* » Blackthorne n'était pas troublé le moins du monde. Il savait que Toranaga comprenait très clairement que cette tactique pouvait lui rallier une grande partie des forces de Kiyama, Onoshi,

Harima, toutes basées à Kyushu. L'*Érasme* pouvait certainement anéantir n'importe quel transport de troupes, de cette île à Honshu. Sois patient, se dit-il. Laisse Toranaga y réfléchir. Tout se passera peut-être comme te l'a dit Mariko. Il y a beaucoup de temps entre maintenant et Osaka. Qui sait ce qui peut arriver ? Prépare-toi au meilleur mais n'aie crainte du pire.

« Anjin-san, pourquoi ne vouliez-vous pas dire tout ça devant Mariko-san ? Croyez-vous qu'elle irait le rapporter aux prêtres ? Le croyez-vous ?

— Non, Sire. Seulement vouloir essayer parler directement. Pas affaire de femme, faire guerre. Dernière question, Toranaga-sama. » Blackthorne se lança sur la voie qu'il avait choisie. « Coutume *hatamoto,* demander parfois faveur. Excusez-moi, Sire, pouvoir respectueusement poser question maintenant. »

L'éventail de Toranaga cessa de s'agiter. « Quelle faveur ?

— Savoir divorce facile, si seigneur demande. Demander Toda Mariko-sama femme. » Toranaga resta abasourdi et Blackthorne eut peur d'être allé trop loin. « Excusez impolitesse », ajouta-t-il, Toranaga retrouva très vite le contrôle de lui-même. « Mariko-san est-elle d'accord ?

— Non, Toranaga-sama. Secret *moi.* Jamais dire elle, personne. Secret moi seulement. Pas dire Toda Marikosan. Jamais. *Kinjiru, neh ?* Mais savoir colère entre mari et femme. Divorce facile Japon. Secret moi seulement. Demander Sire Toranaga. Très secret. Jamais Mariko-san. Excuser si moi offenser.

— C'est une requête bien présomptueuse pour un étranger ! Parce que vous êtes *hatamoto,* mon devoir me contraint d'y réfléchir. Vous avez interdiction de lui en parler quelles que soient les circonstances, ni à elle ni à son mari. Est-ce bien clair ?

— Pardon ? demanda Blackthorne qui ne comprenait rien du tout.

— Très mauvaise question et très mauvaise pensée, Anjin-san. Compris ?

— Oui, Sire. Excusez...

— Parce que l'Anjin-san est *hatamoto,* je ne suis pas en colère. J'y réfléchirai, compris ?

Oui, merci.

— Vous ne devez rien dire à Mariko-san ou à Buntaro-san au sujet du divorce. *Kinjiru, wakarimasu ?*

— Oui, Sire. Seulement secret Toranaga-sama et Anjinsan, Merci. Merci pour patience. » Blackthorne le salua impeccablement et sortit comme dans un rêve. La porte se referma derrière lui. Ils le regardèrent tous passer d'un air cocasse. Il voulait partager sa victoire avec Mariko, mais il en fut empêché par la présence des gardes. « Je suis désolé de vous avoir fait attendre. »

Ils descendirent les escaliers, puis elle dit au bout d'un moment : « Votre façon très simple de vous exprimer est, bien qu'étrange, tout à fait compréhensible, Anjin-san.

— Je me suis perdu plus d'une fois. Je savais que vous étiez là. Ça m'a beaucoup aidé.

— Je n'ai rien fait. »

Ils poursuivirent leur chemin en silence, Mariko marchait légèrement derrière lui comme le voulait la coutume.

« Pas besoin de vous inquiéter, Mariko. Gardez ce visage solennel, pensa-t-il, joyeusement. J'ai tout résolu. Toranaga m'accordera tout ce que je lui ai demandé. »

Elle s'arrêta de l'autre côté du Ichi-bashi — Premier Pont — éclairé par des torches, qui menait à la ville proprement dite. « Je dois vous quitter, Anjin-san.

— Quand pourrai-je vous voir?

— Demain. A l'heure de la chèvre. Je vous attendrai dans la cour.

— Je ne peux pas vous voir cette nuit, même si je rentre tôt ?

— Non. Excusez-moi mais c'est impossible. » Elle le salua. « *Konbanwa,* Anjin-san. » Il la salua comme un samouraï et la vit traverser le pont. Les porteurs de torches créaient l'illusion d'une armée de vers luisants marchant avec elle. Elle disparut bientôt dans la foule et la nuit. Dans un état d'excitation toujours grandissant, il tourna le dos au château et se mit à suivre son guide.

48

« Les barbares vivent ici, Anjin-san. » Le samouraï fit un geste. Mal à l'aise, Blackthorne fouilla des yeux l'obscurité. L'air était humide et irrespirable.

« Où ? Cette maison-là ? Là-bas ?

— Oui, vous la voyez ? C'est ça ! »

Blackthorne regarda pendant un moment autour de lui pour prendre des points de repère, tout en agitant son éventail pour se défendre des moustiques. Dès qu'ils avaient laissé le Premier Pont derrière eux, il s'était très vite perdu dans ce labyrinthe de ruelles. Ils s'étaient tout d'abord dirigés vers le rivage, le suivant en allant vers l'est, puis avaient pris la direction nord à nouveau. Ils avaient longé un cours d'eau qui coulait en méandres aux abords de la ville. Le pays était plat et humide. Plus ils s'étaient éloignés du château et plus les rues étaient devenues sales, les maisons pauvres, et les gens obséquieux. Il y avait de moins en moins de lueurs derrière les *shojis*. Yedo était une ville tentaculaire qui lui semblait être composée de hameaux à peine séparés par des routes et des fleuves.

Là, du côté sud-est de la ville, tout était marécageux et la route suintait. La puanteur s'était, pendant un temps, épaissie de façon perceptible. Par-dessus tout ça, flottait une odeur douce-amère qu'il n'arrivait pas à définir mais qui lui semblait familière.

« Ça pue comme à Billingsgate, à marée basse », marmonna-t-il en tuant un moustique qui venait de se poser sur sa joue. Tout son corps était moite. Il entendit alors quelques bribes d'une chanson de marins, en hollandais. Il se sentit tout de suite mieux. « C'est Vinck ? » Tout excité, il courut en direction du son. Des porteurs lui éclairaient le chemin. Les samouraïs le suivaient. Arrivé à proximité, il vit que le bâtiment d'un étage d'où venait le bruit était en partie japonais, en partie européen : sur pilotis, entouré d'une haute palissade en bambou, déglinguée. Il n'y avait pas de portes ; juste un trou dans la palissade.

Le toit était en chaume. La porte d'entrée était en bois massif, les murs en planches non équarries. Les fenêtres avaient des volets de style hollandais. Çà et là quelques rais de lumière filtraient à travers les fissures. Les chants et les conversations se précisèrent mais il ne put reconnaître les voix. Des dalles couraient au milieu du jardin en broussaille et menaient directement aux marches de la véranda. Un petit mât était ficelé près de la porte. Blackthorne s'arrêta et leva la tête. Un pavillon hollandais de fortune pendait lamentablement au haut de la hampe. Son pouls s'accéléra à la vue du drapeau. La porte d'entrée était ouverte. Un flot de lumière inondait la véranda. Baccus Van Nekk sortit en titubant, visiblement soûl. Il s'approcha du bord de la véranda, entrouvrit sa braguette et se soulagea.

« Bon Dieu, grogna-t-il, en extase. Y a rien de tel que pisser un bon coup.

— C'est bien vrai, lui répondit Blackthorne en hollandais. Pourquoi ne vous servez-vous pas d'un pot ?

— Hein ? » Van Nekk fouilla, de ses yeux de myope, l'obscurité. Blackthorne se tenait sous les torches brandies par les samouraïs.

« Seigneurbondieusamouraï ! » Van Nekk rajusta son haut-de-chausses dans un grognement et salua maladroitement en pliant la taille. « *Gomen nasai,* samouraï-sama. *Ichiban, gomen nasai* à tous les singes-samas. » Il se redressa, fit un sourire forcé et se murmura à lui-même : Je suis soûl mais il me semble bien avoir entendu parler en hollandais ! « *Gomen nasai, neh ?* » cria-t-il encore une fois, puis il se dirigea en tournoyant vers la maison tout en se grattant la braguette.

« Eh, Baccus, vous n'avez rien de mieux à faire que de salir votre nid ?

— Quoi ? » Van Nekk se retourna d'un bond et fixa les torches aveuglément en essayant de discerner quelque chose. « Pilote ? dit-il en s'étouffant. C'est vous, pilote ? Foutus yeux, j'y vois rien. Pilote, pour l'amour de Dieu, est-ce vous ? »

Blackthorne se mit à rire. Son vieil ami paraissait si nu, si grotesque, là, avec son sexe qui pendait hors de la braguette. « Oui, c'est moi ! » Il se tourna vers le samouraï et dit : « *Matte Kurasai.* Attendez-moi.

— *Hai.* Anjin-san. »

Blackthorne s'avança en pleine lumière. Il put voir les ordures qui jonchaient le jardin. Il enleva ses sandales de bois avec dégoût et gravit les marches. « Hello, Baccus, vous êtes plus gras qu'à notre départ de Rotterdam, *neh ?* » Il lui donna une bourrade amicale sur l'épaule.

« Seigneur Jésus Christ, est-ce bien vous ?

— Oui. C'est bien moi.

— On vous croyait mort depuis longtemps. » Van Nekk tendit la main et toucha Blackthorne pour s'assurer qu'il ne rêvait pas. « Seigneur Jésus, mes prières ont été exaucées. Que vous est-il arrivé, pilote ? D'où venez-vous ? C'est un miracle ! Est-ce bien vous ?

— Oui. Maintenant, remettez, je vous en prie, votre braguette en place. » Blackthorne était attentif au samouraï.

« Quoi ? Oh, excusez-moi, je... » Van Nekk s'exécuta en hâte et des larmes se mirent à couler sur ses joues. « Oh, Jésus, Pilote... Je croyais que les djinns me jouaient encore un tour. Venez, mais laissez-moi vous annoncer. »

Il lui ouvrit le chemin en titubant. Son ébriété avait en partie disparu. Blackthorne le suivit. Van Nekk lui tint la porte puis cria par-dessus les chants rauques et discordants : « Eh, les gars ! Regardez un peu ce que le père Noël nous a apportés ! » Dès que Blackthorne fut entré, il referma la porte avec bruit pour faire un peu plus d'effet.

Le silence tomba. Il fallut quelques instants à Blackthorne pour que ses yeux s'habituent à la lumière. L'air fétide le faisait suffoquer. Ils le regardaient tous bouche bée, comme s'il avait été une apparition du diable. Puis des cris et des hourras de joie éclatèrent. Ils se jetèrent sur lui en parlant tous à la fois. « Pilote, d'où venez-vous ? Prenez un verre. Seigneur, est-ce possible ? Nom d'une pipe, ce que c'est bon de vous revoir. Enlève-toi de cette chaise, espèce de pute. Non, on va tous très bien, du moins presque. Nom de Dieu, enlève-toi de là, je veux lui serrer la main... »

Vinck finit par hurler : « Un seul à la fois, les gars ! Donnez-lui sa chance ! Offrez-lui un siège et un verre, pour l'amour de Dieu ! Oui, j'ai cru qu'il était, lui aussi, un samouraï... »

Quelqu'un fourra un gobelet en bois entre les mains de Blackthorne. Il s'assit sur une chaise branlante. Ils levèrent tous leur verre à sa santé et le flot de questions reprit de plus belle. Blackthorne regarda tout autour de lui. La pièce était meublée de bancs, de quelques chaises et tables et éclairée par des bougies et des lampes à huile. Un énorme baril de saké était posé à même le sol immonde. L'une des tables était couverte d'assiettes sales. Un morceau de viande, à moitié rôti, était recouvert de mouches, Six femmes dépenaillées étaient agenouillées et le saluaient, dos au mur. Ses hommes, le regard brillant, attendaient qu'il se mette à parler : Sonk le cuisinier, Johann Vinck le bosco, Salomon le muet, le jeune Croocq, Ginsel le voilier, Baccus Van Nekk le chef des marchands. Jan Roper enfin, l'autre marchand, assis à l'écart comme toujours, avec le même sourire figé sur son long visage émacie.

« Où est le commandant ? demanda Blackthorne.

— Mort, pilote. Il est mort... » Six voix répondirent en même temps et racontèrent l'histoire jusqu'à ce que Blackthorne lève la main et dise : « Baccus ? Qu'est-il arrivé au commandant ?

— Il est mort, pilote. Il n'est jamais sorti du trou. Vous vous souvenez qu'il était malade ? Quand ils vous ont emmené, cette nuit-là, nous l'avons entendu s'étouffer dans l'obscurité. C'est pas vrai, les gars ?

— Oui », répondirent-ils en chœur. Van Nekk ajouta : « J'étais assis près de lui, pilote. Il essayait d'atteindre le baril d'eau, mais de l'eau, il n'y en avait plus et il s'étouffait et grognait. Je ne peux pas dire précisément le moment — nous étions tous deux morts de peur — mais finalement il s'est étouffé. Le râle de l'agonie s'est installé. C'était affreux, pilote. »

Jan Roper dit : « C'était terrible oui. Mais c'était le châtiment de Dieu. »

Blackthorne les dévisagea les uns après les autres. « Personne ne l'a frappé pour le calmer ?

— Oh, non, répondit Van Nekk. Il a clamsé tout seul. Ils l'ont laissé dans le trou avec l'autre, le Jap. Vous vous souvenez de lui ? Celui qui avait essayé de se noyer dans le baril de pisse. Le seigneur Omi a ensuite ordonné d'enlever le cadavre de Spillbergen et ils l'ont brûlé. Mais l'autre con, ils l'ont laissé dans le trou. Sire Omi a juste jeté un couteau et il s'est ouvert son putain de ventre et ils ont rebouché le trou. Vous vous souvenez de lui, pilote ?

— Oui. Et Maetsukker ?

— Vinck, tu racontes mieux que moi.

— Petite gueule de rat a pourri, pilote. », dit Vinck. Ses camarades se mirent à crier et à raconter l'histoire à qui mieux mieux jusqu'à ce qu'il se décide à gueuler : « Baccus m'a demandé de raconter, pour l'amour de Dieu ! Vous aurez tous votre tour ! »

Les voix moururent et Sonk dit : « Vas-y, Johann, raconte !

— Pilote, c'est son bras qui s'est mis à pourrir. Il s'est fait tailler le bras pendant la bagarre. Vous vous souvenez de cette bagarre où vous vous êtes fait assommer ? Seigneur, ça semble déjà si loin ! Peu importe, son bras s'est mis à suppurer. Je l'ai saigné le lendemain et le surlendemain et ça s'est mis à noircir. Je lui ai dit qu'il vaudrait mieux que je lui donne un coup de bistouri s'il voulait pas voir son bras s'en aller en morceaux. Je le lui ai dit une bonne douzaine de fois. Nous lui avons tous dit, mais il voulait pas. Le cinquième jour, la plaie puait. Nous l'avons tenu par terre et j'ai enlevé presque toute la pourriture mais ça a servi à rien. Je savais que ça servirait à rien mais les autres disaient que ça valait la peine d'essayer. Ce salaud de docteur jaune est venu plusieurs fois mais, lui non plus, pouvait rien faire. Gueule de rat a tenu un jour ou deux, mais la pourriture avait pris trop d'importance, avait bouffé en profondeur et il s'est mis à délirer. Il a fallu, à la fin, l'attacher.

— C'est vrai, pilote, dit Sonk en se grattant. Il a fallu qu'on l'attache.

— Qu'a-t-on fait de lui ? demanda Blackthorne.

— Ils l'ont emmené sur la colline et ils l'ont brûlé. On voulait lui faire un enterrement décent et chrétien mais ils ont pas voulu. Ils les ont brûlés. »

Le silence se fit. « Vous avez pas touché à votre verre, pilote ! »

Blackthorne porta le gobelet à ses lèvres et le goûta. Le verre était sale. L'alcool pur lui arracha la gorge. La puanteur des corps mal lavés et l'odeur rance des vêtements pas nettoyés eurent presque raison de lui et il eut un haut-le-cœur.

« Comment trouvez-vous le grog, pilote ? lui demanda Van Nekk.

— Très bon. Vraiment très bon.

— Raconte-lui comment on le fabrique, Baccus. Allez, vas-y !

— J'ai fabriqué un distillateur, pilote. » Van Nekk était très fier, « Et on a maintenant des tonneaux d'alcool. Du riz avec des fruits et de l'eau. On laisse fermenter. On attend une semaine et avec un peu de poudre magique... »

Le gros homme éclata de rire et se gratta joyeusement. « Bien sûr, ça serait mieux de le garder pendant un an pour lui donner du velouté mais nous le buvons plus vite que... »

Ses mots traînèrent et se perdirent. « Vous n'aimez pas ?

— Si, si. C'est très bon... » Blackthorne vit un pou gambader parmi les cheveux épars de van Nekk.

Jan Roper déclara d'un air de défi : « Et vous, pilote ? Vous avez bonne mine, n'est-ce pas ? Que vous est-il arrivé ? »

Un nouveau flot de questions déferla et mourut dès que Vinck eut crié : « Donnez-lui sa chance ! » Puis l'homme au visage tanné s'écria joyeusement :

« Seigneur, quand je vous ai vu debout près de la porte, j'ai cru que vous étiez un de ces singes, c'est vrai... Sincère. Avec ces foutus kimonos, vous resssemblez à une femme, pilote, ou à l'un de ces moitié-homme, à l'un de ces salauds de pédés ! Y a des tas de Japonais qui sont pédés, par Dieu ! Y en avait même un qui poursuivait Croocq... »

Rires gras et obscénités. Jan Roper lui dit avec un sourire méprisant : « Des épées et un kimono, comme un vrai païen ! Vous préférez peut-être vivre comme un païen, pilote ?

— Ces vêtements sont légers et plus agréables que les nôtres, répondit Blackthorne, gêné. J'avais déjà oublié que j'étais vêtu différemment. Tant de choses sont arrivées. Ces vêtements étaient les seuls que j'avais. Je ne me suis pas beaucoup posé de questions sur le problème. Ils sont de toute façon plus confortables.

— Ce sont de vraies épées ?

— Oui, bien sûr. Pourquoi ?

— Nous n'avons pas le droit de porter des armes. Aucune arme ! cria Jan Roper. Pourquoi avez-vous le droit d'en porter, vous ? »

Blackthorne eut un sourire bref. « Vous n'avez pas changé, Jan Roper. Plus pieux que jamais ; les épées, plus tard. Chaque chose en son temps. Laissez-moi d'abord vous annoncer la plus grande nouvelle de toutes. Écoutez-moi. Dans un mois, nous serons de nouveau en mer.

— Jésus, c'est pas vrai, pilote ? dit Vinck.

— Si. »

Tous les hommes éclatèrent de joie. « Je vous ai dit qu'on s'en irait. Je vous ai dit que Dieu était avec nous ! Laissez-le parler. Laissez parler le pilote », cria Vinck.

Blackthorne leva la main, désigna les femmes agenouillées, immobiles. « Qui sont-elles ? »

Sonk se mit à rire. « C'est nos poules, pilotes. Nos putes ! Et pas chères par-dessus le marché. Bon Dieu, elles nous coûtent à peine un bouton par semaine. On en a toute une maison pleine, à côté. Et y en a encore plein au village...

— Elles sont épatantes. De vraies lapines. » Croocq se joignit à la conversation et Sonk ajouta : « C'est vrai, pilote. Sûr qu'elles sont petites et qu'elles ont les jambes arquées mais elles ont plein de ressources et pas la vérole. Vous en voulez une, pilote ?

— Essayez Marie Gros-cul, pilote. C'est celle qu'il vous faut », dit Croocq.

La voix de Jan Roper s'éleva : « Le pilote veut pas de nos putains. Il a certainement les siennes. Pas vrai, pilote ? »

Leurs visages s'étaient empourprés. « C'est vrai, pilote ? Vous avez des femmes ? Racontez-nous, allez ! Ces femelles sont les meilleures qu'on ait jamais essayées, vous trouvez pas, pilote ?

— Racontez-nous un peu vos histoires de gonzesses ! » Sonk se gratta à nouveau.

« Il y a beaucoup à dire, commença Blackthorne. Mais ça ne peut se dire qu'en privé. Moins il y a d'oreilles pour entendre et mieux c'est, *neh ?* Renvoyez ces femmes. Nous pourrons causer tranquillement après. »

Vinck agita un doigt sous leur nez. « Allez, du vent, foutez-moi le camp ! » Les femmes saluèrent, marmonnèrent quelques remerciements, quelques excuses et s'enfuirent en refermant la porte doucement.

« D'abord, pour ce qui est du bateau. C'est incroyable. Je veux vous remercier et vous féliciter pour tout le travail accompli. Quand nous rentrerons chez nous, j'insisterai pour que vous receviez tous triple part du butin... »

Il vit que les hommes se regardaient, gênés. « Qu'est-ce qu'il y a ? » Van Nekk dit timidement : « Ce n'est pas nous, pilote. Ce sont les hommes du roi Toranaga qui ont fait ce travail, Vinck leur a montré comment s'y prendre, mais nous, nous n'avons rien fait.

— Quoi ?

— On ne nous a pas donné la permission de remonter à bord. Personne n'est remonté sur le bateau, à part Vinck. Il y va une fois tous les dix jours. Nous, nous n'avons rien fait.

— Il est le seul, dit Sonk. Johann leur a expliqué.

— Mais comment faisais-tu pour leur parler, Johann ?

— Il y a un samouraï qui parle portugais. On peut ainsi se comprendre — juste ce qu'il faut. Sato-sama, c'est le nom du samouraï, est venu ici pour s'occuper de nous tous. Il m'a demandé ce qui allait pas sur le bateau et je lui ai dit qu'il fallait le caréner, gratter la coque, le réparer. Je lui ai dit tout ce que je savais et ils se sont mis au travail. Ils l'ont récuré comme les poulaines d'un vrai prince. Les samouraïs supervisaient comme de beaux diables. Des centaines d'imbéciles. Pilote, vous avez jamais vu des travailleurs comme eux !

— C'est vrai, dit Sonk. Comme des diables !

— J'ai fait de mon mieux pour le jour où... Pilote, vous croyez vraiment qu'on va s'en aller ?

— Oui. Si nous sommes patients et si nous...

— Si Dieu veut, pilote. Pas avant.

— Oui, vous avez peut-être raison, répondit Blackthorne en regardant Ropper. J'ai besoin de lui... d'eux tous. J'ai également besoin de l'aide de Dieu. Oui, nous avons besoin de l'aide de Dieu », dit-il. Il se retourna vers Vinck. « Comment est la coque ?

— Propre, en parfait état, pilote. Ils l'ont faite mieux que je pensais. Ces salauds sont aussi habiles que n'importe quel menuisier, ébéniste ou cordier de toute la Hollande. Le gréement est parfait. Tout.

— Les voiles ?

— Ils en ont fait un jeu en soie, aussi solide que de la toile. Avec un jeu de rechange. Ils ont abattu nos voiles, en ont fait une copie exacte, pilote. Les canons sont aussi parfaits que possible. L'*Érasme* est prêt à prendre la mer avec la marée. Cette nuit même, si besoin est. Sûr qu'il a pas pris la mer et qu'on sait rien des voiles tant qu'on a pas essuyé le vent, mais je mettrais ma vie au feu que les coutures sont aussi solides que quand l'*Érasme* a été lancé dans le Zuyderzee. Plus solides même parce que les mâts sont secs, Que Dieu soit loué ! » Vinck s'arrêta pour reprendre son souffle. « Quand est-ce qu'on largue les amarres ?

— Dans un mois environ. »

Ils se donnèrent des coups de coude enthousiastes et portèrent un toast vibrant au pilote et au bateau.

« Est-ce qu'il y a des navires ennemis dans les parages ? Des prises possibles, du butin en perspective ? demanda Ginsel.

— Plein. Au-delà de tous vos rêves. Nous sommes tous riches.

— Riche ? Je vais alors m'acheter un château.

— Seigneur Dieu tout puissant, quand je rentrerai à la maison...

— Quel est votre plan, pilote ? » demanda Van Nekk. Ils s'arrêtèrent tous de parler.

« J'y viens dans une minute. Vous avez des gardes ? Vous pouvez aller et venir librement ? Y a-t-il souvent... ? »

Vinck dit rapidement : « On peut aller où on veut, dans les limites du village, peut-être une demi-lieue aux alentours. Mais on a pas le droit d'aller à Yedo et de...

— Pas le droit de franchir le pont, l'interrompit Sonk, tout joyeux.

— Dis-lui au sujet du pont, Johann.

— Pour l'amour de Dieu, j'y arrivais ! M'interromps pas tout le temps pour l'amour du ciel. Pilote, il y a un pont à un demi-mile au sud-ouest. Il y a des tas d'écriteaux dessus. C'est notre limite. On a pas le droit de le franchir. *Kinjiru.* Vous comprenez, pilote ? »

Blackthorne acquiesça mais ne dit rien.

« En dehors de ça, on peut aller où on veut mais jusqu'aux barrières seulement, Il y a des barrières partout, à une demi-lieue d'ici. Seigneur. Vous pouvez y croire, vous ? Bientôt à la maison !

— Dis-lui au sujet du docteur et aussi au...

— Le samouraï nous envoie un docteur de temps à autre, pilote. On doit se déshabiller et il nous regarde...

— Oui. Il nous regarde suffisamment pour faire chier un type de voir cc putain dc singe en train de le mater.

— A part ça, pilote, ils nous embêtent pas, sauf...

— Oublie pas que le docteur nous donne ces saloperies d'herbes séchées, en poudre, qu'on doit mettre dans l'eau chaude. Mais on les a jetées. Quand on est malade, le bon vieux Johann nous soigne et ça va beaucoup mieux, On est vite sur pied.

— Oui, dit Sonk. On a foutu la poudre en l'air.

— A part ça...

— On est bien ici, pilote. Pas comme avant.

— C'est vrai, Avant...

— Raconte-lui l'inspection, Baccus !

— J'y arrivais. Un peu de patience, pour l'amour du ciel ! Laissez-moi une chance de parler. Comment puis je lui raconter si vous n'arrêtez pas de caqueter... Versez-moi à boire ! Tous les dix jours, quelques samouraïs viennent ici. Ils nous mettent en rangs, dehors, et nous comptent. Puis ils nous donnent des sacs de riz et de l'argent — de la monnaie de cuivre. Nous ne manquons de rien, pilote. Nous échangeons le riz contre de la viande, des fruits, n'importe quoi. Nous avons de tout et les femmes font ce que nous voulons. D'abord, nous... Ils nous avaient d'abord mis dans une maison, à l'ouest de la ville...

— C'était dans les champs.

— Merde ! Raconte l'histoire toi-même alors, Johann !

— D'accord, C'était affreux, pilote. Pas de viande ni d'alcool. Et ces foutues maisons aux murs de papier ! C'est comme si vous habitiez en plein air. On peut pas pisser ou se curer le nez sans que quelqu'un vous regarde. Les voisins nous tombaient dessus au moindre bruit. Il y avait toujours des samouraïs sous la véranda. Qui supporte la présence des samouraïs ? De ces salopards ? Ils nous agitaient constamment leurs putains d'épées sous le nez. Ils criaient et gueulaient comme des putois. Ils voulaient tout le temps qu'on se tienne tranquille. Une nuit, quelqu'un a renversé une bougie et les singes nous sont tombés dessus à bras raccourcis ! Si vous les aviez entendus ! Ils sont arrivés de partout avec des seaux d'eau. Ils étaient dingues. Ils hurlaient, nous saluaient, nous insultaient... Pour un mur qui avait brûlé... Ça grouillait de partout. Des centaines de Japs comme des armées de cafards. Vous avez...

— Raconte, continue, dit Sonk.

— Tu veux raconter à ma place ?

— Continue, Johann. Fais pas attention à lui ; t'occupe pas de ce cuisinier de mes deux, dit Baccus.

— Quoi ?

— Bon Dieu, ferme-la ! » Van Nekk reprit le fil de l'histoire. « Le lendemain, pilote, ils nous ont transférés dans une autre maison près des quais. C'était pas mieux. Quelques semaines plus tard, Johann est tombé par hasard sur cette bicoque. Il était le seul d'entre nous à avoir le droit de sortir, à cause du bateau. Ils venaient le chercher tous les jours et le ramenaient au coucher du soleil. Il était allé pêcher. On n'est qu'à quelques centaines de mètres de la mer... Vaut mieux que tu racontes toi-même, Johann. »

Blackthorne sentit que quelque chose lui piquait la jambe et se frotta sans y penser. La brûlure augmenta, Pendant que Vinck poursuivait son histoire, Blackthorne découvrit sur sa jambe la trace de piqûre de l'insecte.

« C'est comme disait Baccus, pilote. J'ai demandé à Sato-sama si on pouvait s'y installer. Il a dit oui, pourquoi pas. C'est mon nez qui m'a mené jusqu'ici, pilote. Il avait senti le sang. »

Blackthorne dit : « Un abattoir, une tannerie ? C'est... » Il se tut et pâlit.

« Qu'est-ce qu'il y a ?

— C'est un village *eta*. Ces gens sont des *eta*.

— Et alors ? Où est le mal ? demanda Van Nekk. Bien sûr, ce sont des *eta*. »

Blackthorne chassa les moustiques qui infestaient l'atmosphère. « Saloperies d'insectes ! Ce qu'ils sont... chiants ! Il y a une tannerie, ici, pas vrai ?

— Oui. Quelques rues plus haut, Pourquoi ?

— Rien. Je ne reconnaissais pas l'odeur, c'est tout.

— Qu'y a-t-il de mal à vivre chez les *eta ?*

— Je... Je n'avais pas compris. J'ai été stupide. Si j'avais vu l'un des hommes, j'aurais tout de suite saisi, à la coupe de cheveux. On ne peut pas savoir avec les femmes. Désolé. Continue ton histoire, Vinck.

— Et puis, ils ont dit... »

Jan Roper l'interrompit : « Un instant, Vinck ! Qu'est-ce qui ne va pas, pilote ? Qu'y a-t-il de mal à être *eta ?*

— Les Japonais les considèrent simplement comme des êtres différents. Ce sont les bourreaux. Ils transportent et travaillent les peaux. » Il sentit leurs regards posés sur lui. Surtout celui de Jan Roper. « Les *eta* travaillent les peaux et tuent tous les vieux chevaux, les bœufs, et s'occupent des cadavres.

— Qu'y a-t-il de mal là-dedans, pilote ? Vous en avez vous-même enterré une bonne douzaine. Vous les avez enveloppés dans des linceuls ; vous les avez lavés. Nous l'avons tous fait, n'est-ce pas ? Nous tuons, nous aussi nos bêtes pour la viande. Nous l'avons toujours fait. Ginsel, qui est ici, a bien été bourreau... Qu'y a-t-il de mal à ça ?

— Rien », dit Blackthorne.

Vinck renifla, « Les *eta* sont les meilleurs païens qu'on ait vus ici. Ils nous ressemblent plus que les autres salopards. On a une sacrée chance d'être ici, pilote. La viande fraîche est pas un problème, le suif non plus. Ils nous causent pas d'ennuis.

— C'est vrai. Si vous viviez avec des *eta,* pilote...

— Seigneur Dieu, le pilote devait vivre avec les autres salopards ! Qu'est-ce que t'en dirais, Sonk, si tu amenais Marie-Gros cul ?

— Ou Cul-merdeux ?

— Ah, non, pas elle. Pas cette vieille pute. Le pilote veut quelque chose de spécial. Demandez à la mama-san...

— Hip, hip, hip, hourra pour le pilote..., dit Van Nekk. Vous êtes de retour, pilote. Nos vœux ont été exaucés. »

Blackthorne agita joyeusement la main une dernière fois. Un cri venu de l'obscurité lui parvint, de l'autre côté du pont. Il leur tourna le dos et sa gaieté disparut. Sur le chemin du retour, il ressentit la confusion de son esprit. Il n'y avait rien de mal à vivre avec les *eta* et tout était mal. C'est mon équipage qui vit là-bas ! Mes hommes ! Il traversa des rues, des allées et des ponts dans un brouillard total, puis remarqua qu'il avait la main dans le kimono et qu'il se grattait. Il s'arrêta.

« Saloperies de merde de... » Il défit sa ceinture, enleva son kimono trempé de sueur et, comme s'il avait été souillé, le jeta dans le fossé avec violence. Ça va mieux, pensa-t-il avec soulagement, ne se rendant pas compte qu'il était presque nu. Il ne savait qu'une chose : sa peau avait cessé de le démanger depuis qu'il s'était débarrassé de ses vêtements infestés de poux.

Il avait raconté ses aventures à son équipage mais ne leur avait pas dit qu'il était samouraï et *hatamoto,* qu'il était l'un des protégés de Toranaga. Il ne leur avait pas non plus parlé de Fujiko ou de Mariko. Il ne leur avait pas dit qu'ils allaient prendre Nagasaki de force, mettre la main sur le Vaisseau noir pendant une tempête et qu'il serait à la tête de tous les samouraïs. Tout ça peut attendre. Plus tard, pensa-t-il avec lassitude.

Un autre guide l'attendait à la porte Sud de la forteresse. Il l'escorta jusqu'à ses appartements, dans l'enceinte intérieure. Une chambre lui avait été préparée dans l'une des maisons pour invités, mais il refusa de s'y rendre immédiatement. « D'abord, bain, s'il vous plaît », dit-il au samouraï.

Il se réveilla, rafraîchi et revigoré. Un kimono propre, un pagne et des *tabis* l'attendaient, près du lit. Les fourreaux de ses épées avaient été nettoyés. Il s'habilla rapidement. Les samouraïs postés devant la maison le saluèrent dès qu'ils le virent apparaître sous la véranda. « Nous sommes votre garde d'honneur, Anjin-san.

— Merci. Aller bateau maintenant.

— Oui. Voici votre laissez-passer.

— Merci. Pouvoir demander nom, s'il vous plaît ?

— Musashi mitsutoki.

— Merci, Musashi-san. Aller maintenant ? »

Ils descendirent vers les quais. L'*Érasme* était amarré par trois brasses au-dessus d'un fond sableux. Les sentines étaient propres. Il plongea par-dessus bord et nagea sous la coque. Il y avait très peu d'algues, quelques anatifes. Le gouvernail était impeccable. Dans la soute aux munitions, sèche et immaculée, il trouva une pierre à fusil, provoqua une étincelle et mit le feu à de la poudre. Elle brûla instantanément. Elle était en parfait état. Au sommet du grand mât, il chercha les fissures possibles mais n'en trouva pas. Les cordes, les haubans et les drisses étaient mal joints mais une demi-bordée suffirait amplement pour tout remettre en ordre. Revenu sur le gaillard d'arrière, il se laissa aller à sourire. « Tu es en pleine forme. Comme un... Un quoi ? » Il ne put trouver de « quoi » suffisamment fort et se mit à rire. Il descendit dans sa cabine et s'y sentit étranger. Très seul. Ses épées étaient posées sur la couchette. Il les toucha et sortit « Marchand d'huile » de son fourreau. Le tranchant était impeccable. Combien de morts as-tu déjà causées en deux cents ans ? Combien de morts causeras-tu encore avant de mourir à ton tour ? Certaines épées vivent, comme le dit Mariko. Il remarqua, réfléchi par l'acier de sa lame, son coffre. Il sortit de son accès soudain de mélancolie, rengaina « Marchand d'huile » en évitant de toucher la lame car la coutume prétendait qu'une seule caresse pouvait définitivement ternir une telle perfection. Appuyé contre la couchette, il tourna son regard sur le coffre vide.

« Et les carnets ? Et les instruments de navigation ? » demanda-t-il à son double, dans la lampe-tempête en cuivre. Il se vit répondre : « Tu les achèteras à Nagasaki, en même temps que ton équipage. Tu écraseras Rodrigues. Oui, tu l'écraseras avant l'attaque. *Neh ?* »

Il regarda son sourire grandir. « Es-tu bien sûr que Toranaga te laisse partir ?

— Oui, répondit-il en toute confiance. Qu'il aille ou pas à Osaka, j'obtiendrai ce que je désire. Et j'aurai aussi Mariko. » Satisfait, il remit ses épées dans sa ceinture, remonta sur le pont et attendit qu'on remette les scellés sur les portes. Quand il revint à la citadelle, il n'était pas encore midi. Il alla donc manger dans ses appartements. Il but une petite fiasque de saké et du thé pour finir.

« Anjin-san ?

— *Hai ?* »

Le *shoji* s'ouvrit. Fujiko lui sourit timidement et s'inclina.

49

« Je vous avais oubliée, dit-il en anglais. J'avais peur que vous ne soyez morte.

— *Dozo goziemashita,* Anjin-san, *nan desu ka.*

— *Nani mo,* Fujiko-san. *Gomen nasai.* » Excusez-moi. Ça me fait plaisir de vous voir. Asseyez-vous là,je vous en prie.

— *Domo ari ato goziemashita.* »

Il la vit s'agenouiller maladroitement sur le coussin, face à lui. « Jambes... » Il chercha le mot « brûlures » mais ne s'en souvint pas. A la place, il dit : « Jambes feu faire mal ? Douloureux ?

— Non, mais ça fait un peu mal quand je m'assois, dit Fujiko en se concentrant sur ses lèvres. Jambes faire mal.

— Faire voir ?

— Je suis vraiment désolée, Anjin-san, je ne veux pas vous causer de soucis. Vous avez d'autres problèmes. Je suis...

— Pas comprendre. Parler trop vite.

— Excusez-moi. Jambes aller bien. Pas problème.

— Problème vous, être concubine, *neh ?* Pas honte. Montrer maintenant ! »

Elle se leva, obéissante. Elle était visiblement gênée, mais une fois debout elle se mit à défaire les cordelettes de son obi.

« Appeler servante », ordonna-t-il. Elle obéit. Le *shoji* s'ouvrit immédiatement et une femme qu'il ne reconnut pas vint aider Fujiko.

« Nom ? demanda-t-il à la servante, comme devait le faire tout samouraï.

— Hana-ichi, Sire. »

Il grogna en signe d'approbation. Mlle Premier Bourgeon. Voilà un nom charmant ! Par coutume, toutes les servantes étaient appelées : brosse, poisson, second balai ou quatrième lune, étoile, arbre ou branche. Hana-ichi était d'un certain âge. Je parie qu'elle fait partie des vassaux directs de la famille, se dit-il. Peut-être est-elle d'un des vassaux de feu le mari de Fujiko ?

Fujiko laissa pendre les pans de son premier kimono. Ses doigts tremblaient en dénouant la fine cordelette de soie du kimono de dessous. Sa peau était claire, ses seins petits et plats. Hana-ichi s'agenouilla et défit les lacets du fourreau pour permettre à sa maîtresse de l'enlever.

« Iyé », ordonna-t-il. Il s'approcha et souleva l'ourlet. Les brûlures commençaient aux mollets. « *Gomen nasai* », dit-il.

Elle resta immobile. Des gouttes de sueur coulaient sur ses joues et gâchaient son maquillage. Il souleva le fourreau un peu plus haut. La peau était brûlée sur toute la face interne des jambes mais semblait cicatriser rapidement. Il n'y avait pas trace d'infection ou de suppuration. Seul un filet de sang apparaissait à l'endroit où la cicatrice s'était rouverte, à la pliure des genoux.

« Docteur très bon. Meilleur jamais vu. » Il laissa retomber les pans du kimono. « Meilleur, Fujiko-san ? Cicatrices pas important, *neh ?* Rien. Voir beaucoup feu faire mal, compris ? Vouloir voir, alors sûr bon ou pas bon. Docteur très bon. Bouddha surveiller Fujiko-san. » Il lui mit les mains sur les épaules et la regarda droit dans les yeux.

Il faut que je sache ce qu'emploie ce docteur, pensa-t-il, tout excité. C'est la cicatrisation la plus rapide que j'aie jamais vue. Chaque commandant de chaque bateau de Sa Majesté devrait connaître ce secret. Minute, mon gars, chaque commandant ne paierait-il pas une fortune en guinées d'or pour connaître ce secret ? Tu pourrais devenir riche ! Pas de cette façon-là, se dit-il, pas en profitant de la douleur des autres. Il demanda à la servante d'aller leur chercher du thé, du saké et des coussins et aida Fujiko à s'installer.

« Comment pourrais-je vous remercier ?

— Pas remerciements. »

L'énorme cloche du donjon sonna l'heure de la chèvre et les temples de Yedo lui firent écho pour bien marquer le changement d'heure.

« Aller maintenant. Aller Sire Toranaga.

— Attendre ici, si permettre.

— Où attendre ? »

Elle fit un geste de la main. « Oh, chambre à côté...

— Parler doucement ! Parler simplement ! »

Elle répéta sa phrase plus doucement en lui présentant encore d'autres excuses. « Très bien, dit-il. Moi revoir vous plus tard. »

Elle tenta de se lever mais il lui fit comprendre d'un signe de la tête que c'était inutile. Il sortit. La journée était couverte et l'air suffocant. Des gardes l'attendaient. Il se retrouva très rapidement dans la cour du donjon. Mariko était là, plus mince et plus éthérée que jamais. Son visage d'albâtre était protégé par une ombrelle vieil or. Elle était habillée de brun foncé, ourlé de vert.

« *Ohayo,* Anjin-san. *Ikaga desu ka ?* » demanda-t-elle en le saluant. Il lui répondit qu'il allait bien en gardant cette habitude qu'il avait prise de parler japonais aussi longtemps qu'il le pouvait.

« Vous... lui dit-il prudemment en gravissant les marches du donjon.

— Vous... » répondit Mariko en écho.

Elle se mit à lui parler en portugais avec la même gravité qui avait teinté la nuit précédente. « Excusez-moi, Anjin-san. Ne parlons pas latin, aujourd'hui. Le latin ne va pas avec la situation. Il ne peut nous servir et remplir la mission pour laquelle nous l'employons habituellement, *neh ?*

— Quand pourrai-je vous parler ?

— C'est très difficile. Je suis désolée mais mon devoir...

— Tout va bien, n'est-ce pas ?

— Oui, répondit-elle. Tout va très bien. »

Ils gravirent encore un étage en silence. Au palier suivant, les gardes contrôlèrent leurs papiers comme à l'accoutumée. D'autres gardes leur indiquèrent le chemin. La pluie se mit à tomber très fort et fit décroître l'intolérable humidité.

« Il va pleuvoir pendant des heures, dit-il.

— Oui, mais sans la pluie, pas de riz. Dans deux ou trois semaines, les pluies vont s'arrêter et il fera à nouveau chaud et humide, jusqu'à l'automne. » Elle regarda par la fenêtre et contempla les nuages qui masquaient tout. « Vous aimerez l'automne, Anjin-san.

— Oui, » Il voyait l'*Érasme,* au loin, près du quai. Puis les pluies cachèrent son bateau. « Après avoir vu Sire Toranaga, il nous faudra attendre la fin de l'orage. Nous pourrions peut-être parler quelque part ?

— Ce sera très difficile », dit-elle vaguement. Il trouva sa réponse étrange. Elle était d'habitude beaucoup plus décidée. « Excusez-moi, Anjin-san, mais les choses me sont très difficiles en ce moment. J'ai des tas de problèmes à régler. » Elle s'arrêta un instant et changea son ombrelle de main, tout en tenant le bas de son kimono. « Comment votre soirée s'est-elle passée ? Comment allaient vos amis ?

— Très bien.

— Pas vraiment bien ?

— Très bien mais très étrange. » Il se tourna vers elle. « Vous remarquez tout, n'est-ce pas ?

— Non, Anjin-san, mais vous n'en avez pas parlé et vous n'aviez pas cessé de penser à votre équipage pendant toute la semaine. Je ne suis pas une sorcière. »

Au bout d'un silence, il dit : « Vous êtes sûre que vous allez bien ? Vous n'avez pas de problèmes avec Buntarosan, n'est-ce pas ? »

Il n'avait jamais parlé de Buntaro avec elle ou même mentionné son nom depuis Yokosé. Ils n'avaient jamais, par accord tacite, fait se dresser le spectre entre eux deux depuis le premier instant. « C'est ma seule requête, Anjin-san, avait-elle murmuré cette nuit-là. Quoi qu'il arrive, pendant notre voyage jusqu'à Mishima ou, si la Sainte Vierge le veut, jusqu'à Yedo, ça ne regarde personne d'autre que nous, *neh ?* Rien de ce qui *existe véritablement* ne doit être mentionné entre nous. *Neh ?* Rien, je vous en prie.

— J'accepte et je le jure.

— Moi aussi. Notre voyage se terminera au Premier Pont de Yedo.

— Non.

— Il doit y avoir une fin, mon amour. Notre voyage se terminera au

Premier Pont. Je vous en prie, sinon je mourrais de peur et d'angoisse à cause du danger que je vous ferais courir... »

Il s'était retrouvé la veille devant le Premier Pont et, en dépit de sa joie d'avoir retrouvé l'*Érasme,* il s'était senti le cœur lourd.

« Nous devons traverser ce pont, maintenant, Anjin-san.

— Oui, mais ce n'est qu'un pont. Un parmi d'autres. Venez, Mariko-san. Marchez à mes côtés sur *ce* pont. A mes côtés, je vous en prie. Marchons ensemble. » Il avait ajouté en latin : « Et croyez que je vous porte dans mes bras et que nous allons vers un nouveau commencement. »

Elle était sortie de son palanquin et avait marché à ses côtés jusqu'à ce qu'ils aient atteint l'autre bout. Là, elle était remontée dans sa litière fermée et ils avaient gravi la légère pente. Buntaro les attendait à la porte de la citadelle. Blackthorne se souvint qu'il avait prié fort pour que la foudre tombe du ciel.

« Vous n'avez pas de problèmes avec lui ? » lui redemanda-t-il en atteignant le dernier palier.

Elle fit non de la tête.

Toranaga dit : « Bateau prêt, Anjin-san ? Pas de faute ?

— Pas de faute, Sire. Bateau parfait.

— Combien d'hommes en plus ? »

Toranaga jeta un regard vers Mariko. « Demandez-lui, je vous prie, de combien d'hommes il a besoin pour manœuvrer le bateau. Je veux être certain qu'il comprenne ce que je lui demande.

— L'Anjin-san dit qu'il a besoin d'un minimum de trente marins et vingt canonniers. Son équipage primitif était de cent sept hommes, cuisiniers et marchands compris. Le complément de deux cents samouraïs sera suffisant pour manœuvrer le bateau en ces eaux.

— Pense-t-il que les autres membres de l'équipage pourront être engagés à Nagasaki ?

— Oui, Sire. »

Toranaga dit avec mépris : « Je ne ferais certainement pas confiance à des mercenaires.

— Voulez-vous que je traduise ce que vous venez de dire, Sire ?

— Quoi ? Oh, non. Laissez tomber. »

Toranaga se leva, feignant la mauvaise humeur, et regarda la pluie tomber. Toute la ville disparaissait sous l'orage. Qu'il pleuve pendant des mois, pensa-t-il. Oh, dieux, faites que la pluie tombe jusqu'à la nouvelle année. Quand Buntaro verra-t-il mon frère ? « Dites à l'Anjin-san que je lui donnerai ses vassaux demain. Il fait une journée affreuse, aujourd'hui. Cette pluie va durer toute la journée. Ce n'est donc pas la peine de se faire tremper.

— Oui, Sire », l'entendit-il dire. Il en rit sous cape. Jamais de sa vie le temps ne l'avait empêché de faire quoi que ce soit. Cela devrait la convaincre, ainsi que tous ceux qui en doutent encore, que j'ai opté pour le pire.

« Demain ou après-demain, quelle importance ? Dites-lui que je le ferai appeler dès que je serai prêt. Jusque-là, il attendra dans la citadelle. »

Il entendit Mariko transmettre ses ordres au pilote.

« Oui, Sire Toranaga. Compris, répliqua Blackthorne. Mais pouvoir respectueusement demander si possible aller vite Nagasaki ? Penser important. Désolé.

— J'en déciderai plus tard, dit Toranaga brusquement. Au revoir, Anjin-san. Je déciderai très bientôt de votre avenir. Dites-lui, Mariko-san, qu'il n'a pas besoin de vous attendre. Au revoir, Anjin-san. »

Mariko obéit. Toranaga se tourna vers la fenêtre et écouta le bruit de la pluie. La porte se referma derrière l'Anjin-san. « Qu'était donc cette querelle ? demanda Toranaga en ne se retournant pas.

— Sire ? »

Il perçut un léger trémolo dans sa voix. « Cette querelle, bien sûr, entre Buntaro et vous-même. A moins que vous n'ayez eu d'autre querelle me concernant ? » ajouta-t-il, sarcastique, Il avait besoin de régler ce problème rapidement. « Avec l'Anjin-san peut-être ? Mes ennemis chrétiens ou le Tsukku-san ?

— Non, Sire. Excusez-moi. Ça a débuté comme la plupart des querelles conjugales. Vraiment pour rien. Tout le passé a brusquement resurgi.

— Vous étiez de mauvaise humeur ?

— Oui, excusez-moi. J'ai provoqué mon mari sans aucune pitié. C'était entièrement ma faute. Je regrette, Sire, mais en ce moment nous disons tous des choses folles.

— Allons, dépêchez-vous, quelles choses folles ? » Elle était comme la biche aux abois. Son visage était blanc de craie. Elle savait que des espions avaient dû lui rapporter ce qui s'était murmuré entre les quatre murs de la maison. Elle lui raconta tout ce qui avait été dit, puis elle ajouta : « Je crois que les mots prononcés par mon mari l'ont été dans un accès de rage folle que j'avais provoqué. Il est loyal... Je sais qu'il vous est loyal. Si quelqu'un est à punir, c'est bien moi, Sire. J'ai provoquée sa folie. »

Toranaga se rassit, droit comme un cierge, le visage de marbre. « Qu'en a dit dame Genjiko ?

— Je ne lui en ai pas parlé, Sire.

— Vous avez l'intention de le faire ? Vous l'avez eue ?

— Non, Sire. J'ai l'intention, avec votre permission, de partir immédiatement pour Osaka.

— Vous partirez quand je vous le dirai. Pas avant. La trahison est une bête immonde quel que soit l'endroit où on la déniche ! »

Elle s'inclina sous cette gifle verbale. « Oui, Sire. Pardonnez-moi, je vous en prie. C'est ma faute. »

Il agita une clochette. La porte s'ouvrit. Naga se tenait sur le seuil. « Oui, Sire ?

— Fais venir Sire Sudara et dame Genjiko ici immédiatement !

— Bien, Sire. » Naga tourna les talons.

« Attends ! Convoque mon conseil, Yabu et tous... tous mes généraux. Ils doivent être ici à minuit. Fais nettoyer ce plancher par tous les gardes !

— Oui, Sire. » Blanc comme un linge, Naga referma la porte derrière lui. Toranaga entendit des hommes descendre les escaliers bruyamment. Il s'approcha de la porte et l'ouvrit. Le palier était désert. Il claqua la porte et la verrouilla, prit une autre clochette et l'agita. Une porte intérieure, à peine visible, s'ouvrit à l'autre bout de la pièce. Une grosse femme d'âge moyen se tenait dans l'encadrement. Elle portait une tenue de nonne bouddhiste avec une capuche. « Oui, vénéré Seigneur ?

— Du thé, s'il vous plaît, Chano-chan », dit-il. La porte se referma. Les yeux de Toranaga se tournèrent à nouveau vers Mariko. « Vous pensez donc qu'il est loyal ?

— Je le sais, Sire. Pardonnez-moi. C'était ma faute, pas la sienne, dit-elle voulant plaire à tout prix. Je l'ai provoqué.

— Oui, vous l'avez provoqué. Écœurant — affreux — terrible — impardonnable ! »

Toranaga sortit un mouchoir de papier et s'essuya le front. « Mais inespéré et bienvenu, dit-il.

— Sire ?

— Si vous ne l'aviez pas provoqué, je n'aurais peut-être jamais entendu parler de trahison. Et s'il avait dit tout ça sans provocation, il n'y aurait eu qu'une seule riposte possible. Dans la situation actuelle, vous m'en donnez deux.

— Sire ? »

Il ne répondit pas. Il pensait : J'aimerais tant qu'Hiromatsu soit là. Il y aurait au moins un homme en qui j'ai totalement confiance. « Et vous ? Votre loyauté ?

— Je vous en prie, Sire, vous devriez savoir qu'elle vous est totalement acquise. » Il ne répondit pas. Ses yeux étaient impitoyables.

La porte intérieure se rouvrit et Chano-chan entra en toute confiance, sans frapper, un plateau à la main. « Voici, vénéré Seigneur. Il était prêt pour vous. » Elle s'agenouilla. Ses mains étaient calleuses comme celles d'une paysanne mais son assurance était immense et sa satisfaction intérieure évidente. « Que Bouddha vous bénisse de sa paix. » Elle se tourna ensuite vers Mariko, s'inclina et s'assit confortablement. « Peut-être me feriez-vous honneur en servant le thé, madame ? Vous le ferez certainement beaucoup mieux que moi. » Ses yeux brillaient d'amusement.

« Avec plaisir, Oku-san », dit Mariko en lui donnant son nom de nonne. Elle n'avait jamais vu la mère de Naga. Elle connaissait la plupart des épouses officielles de Toranaga, les rencontrant au cours des cérémonies, mais n'entretenait de rapports amicaux qu'avec Kiritsubo et dame Sazuko.

« Chano-chan, permettez-moi de vous présenter dame Toda Mariko-Noh-Buntaro, dit Toranaga.

— *Ah, so desu,* excusez-moi. Je vous avais prise pour l'une des épouses très honorées de notre vénéré Seigneur. Que les bénédictions de Bouddha soient sur vous, dame Toda.

— Merci », dit Mariko. Elle offrit la tasse à Toranaga qui l'accepta et se mit à boire à petites gorgées.

« Elle est chrétienne, dit Toranaga.

— Oh ? Quelle importance cela a-t-il pour une femme ? Chrétienne ou bouddhiste, vénéré Seigneur ? Pas beaucoup d'importance quoique Dieu soit nécessaire pour une femme. » Chano se mit à rire tout bas. « Nous, les femmes, nous avons besoin d'un Dieu, vénéré Seigneur, pour nous aider à nous en sortir avec les hommes, *neh ?*

— Et nous, les hommes, nous avons besoin de déployer une patience divine pour nous en sortir avec vous, les femmes. »

Chano éclata de rire et l'atmosphère s'en trouva réchauffée.

« Oui, vénéré Seigneur, poursuivit Chano. Tout ça à cause d'un Divin Pavillon qui n'a pas d'avenir durable et bien peu de chaleur à offrir. »

Toranaga grogna : « Qu'en dites-vous, Mariko-san ?

— Dame Chano est sage au-delà de sa jeunesse, dit Mariko.

— Oh, madame, vous dites de bien jolies choses à une vieille folle comme moi. » Ses yeux se tournèrent vers Toranaga. « Vénéré Seigneur, je ne voulais m'asseoir qu'un instant. Excusez-moi.

— Vous avez encore le temps. Restez où vous êtes.

— Oui, vénéré Seigneur, dit Chano en se remettant debout avec difficulté. Je devrais comme d'habitude vous obéir mais la nature m'appelle. Soyez donc assez bon pour cette vieille paysanne. Je n'aime pas vous faire de la peine mais il est temps de partir. Tout est prêt. Nourriture et saké sont à votre disposition quand vous voudrez, vénéré Seigneur. »

La porte se referma derrière elle, sans bruit. « A quoi pensez-vous ?

— J'attendais, Sire. »

On frappa poliment à la porte. « Allez ouvrir », dit Toranaga à Mariko. Elle obéit. Sudara entra, suivi de sa femme, dame Genjiko, et de Naga.

« Naga-san, descend au second palier et veille à ce que personne ne monte. »

Naga se retira.

« Je vous ai ordonné de venir ici pour raisons de famille urgentes. »

Sudara tourna les yeux involontairement vers Mariko puis se tourna à nouveau vers son père. Dame Genjiko n'eut pas de réaction visible.

Toranaga dit très durement : « Mariko-san est ici, mon fils, pour deux raisons : premièrement parce que je veux qu'elle soit là et deuxièmement parce que je veux qu'elle soit là !

— Bien, père, répondit Sudara, honteux du manque de courtoisie de son père envers eux tous. Puis-je vous demander en quoi je vous ai offensé ?

— Y a-t-il une raison pour laquelle je devrais l'être ?

— Non, Sire, à moins que mon zèle et mon désir de ne pas vous voir quitter cette terre soient une cause d'offense.

— Et la trahison ? On m'a dit que vous osiez prétendre assumer mon rôle de chef de clan ! »

Le visage de Sudara se décomposa. « Je n'ai jamais osé prétendre chose pareille, ni en pensée, ni en parole, ni en acte.

— C'est vrai », dit dame Genjiko avec tout autant de force.

Sudara était une homme fier, mince, aux petits yeux glacés et aux mains longues. Il ne souriait jamais. Il avait vingt-quatre ans. C'était un excellent général. Il adorait ses enfants, n'avait pas de concubine et était tout à fait dévoué à sa femme, Genjiko avait trois ans de moins que lui. Petite et bien en chair, elle gardait le dos bien droit et avait cette même fierté, ce même instinct maternel qu'avait sa sœur Ochiba, face à sa progéniture.

« Celui ou celle qui a accusé mon mari a dit un mensonge, dit-elle.

— Mariko-san, dit Toranaga. Dites à la dame Genjiko ce que votre mari vous a ordonné de lui dire !

— Mon Seigneur et maître Buntaro m'a ordonné de vous persuader que le moment était venu pour sire Sudara de prendre le pouvoir, que d'autres personnes au sein du Conseil partageaient l'opinion de mon mari et que, si Sire Toranaga ne voulait pas abandonner le pouvoir, il faudrait le lui prendre de force.

— Personne parmi nous n'a jamais eu de telles pensées, père, dit Sudara.

— Nous sommes loyaux et je ne ferais jamais...

— Si je vous donnais le pouvoir, que feriez-vous ? »

Genjiko répondit immédiatement : « Comment Sire Sudara peut-il le savoir quand il n'a jamais envisagé pareille possibilité sacrilège ? Je suis désolée, Sire, mais il ne lui est pas possible de vous répondre puisque ça ne lui est jamais venu à l'idée. Comment d'ailleurs cela pourrait-il lui venir à l'idée ? Quant à Buntaro-san, les *kami* semblent visiblement avoir pris possession de lui.

— Buntaro prétend que d'autres partagent son opinion.

— Qui ? demanda Sudara méchamment. Dites-moi qui et ils mourront dans l'instant qui suit.

— C'est vous qui devez me le dire !

— Je n'en connais pas, Sire. Si j'avais été au courant d'une trahison, je vous en aurais rendu compte.

— Vous n'auriez pas d'abord tué les traîtres ?

— Votre première loi est d'être patient, votre seconde loi est d'être patient. J'ai toujours suivi vos ordres. J'aurais attendu et je vous en aurais rendu compte. Si je vous ai offensé, ordonnez-moi de me faire seppuku. Je ne mérite pas votre colère, Sire. Je n'ai commis aucun crime. Je ne vous ai pas trahi et je ne peux supporter cette colère qui s'abat sur moi. » Dame Genjiko se rallia à cette opinion. « Oui, Sire. Excusez-moi, je vous prie, mais je suis humblement d'accord avec mon mari. Il est innocent. Nous le sommes tous, Nous vous sommes fidèles. Tout ce que nous avons est vôtre. Tout ce que nous sommes, c'est vous qui l'avez fait. Tout ce que vous ordonnerez, nous le ferons.

— Vous êtes donc de loyaux vassaux, n'est-ce pas ? Obéissants ? Vous obéissez toujours aux ordres ?

— Oui, Sire.

— Très bien, alors mettez vos enfants à mort. Maintenant ! »

Sudara se tourna vers sa femme. Elle approuva d'un léger hochement de tête. Sudara salua Toranaga. La main serrée sur le pommeau de son épée, il se leva, referma calmement la porte derrière lui, laissant un grand silence s'établir dans son sillage. Genjiko regarda Mariko une fois, puis fixa le sol.

Les cloches sonnèrent la moitié de l'heure de la chèvre. L'air sembla s'épaissir dans la pièce. La pluie s'arrêta brièvement puis reprit de plus belle.

On frappa à la porte. « Oui ? »

La porte s'ouvrit. Naga entra et dit : « Excusez-moi, Sire, mon frère... Sire Sudara désire remonter.

— Laisse-le venir et retourne à ton poste. »

Sudara entra, s'agenouilla et salua. Il était trempé, les cheveux collés par la pluie. Ses épaules remuaient légèrement. « Mes... Mes enfants sont... Vous m'avez déjà pris mes enfants, Sire. »

Genjiko frémit et faillit tomber à la renverse, mais elle domina sa faiblesse et fixa son mari. « Vous... Vous ne les avez pas tués ? »

Sudara fit non de la tête. Toranaga dit d'un ton ironique : « Vos enfants sont dans mes appartements, à l'étage au-dessous. J'ai prié Chano-san d'aller les chercher après vous avoir ordonné de venir ici. J'avais besoin d'être sûr de vous deux. Les époques troubles obligent les hommes à employer des moyens troubles pour obtenir une preuve. » Il agita sa clochette.

« Vous... Vous retirez... Votre ordre, Sire ? demanda Genjiko qui essayait désespérément de garder sa dignité.

— Oui, je retire mon ordre, cette fois-ci. Il était nécessaire de *vous* connaître et de connaître mon héritier.

— Merci, Sire. » Sudara baissa la tête. La porte intérieure s'ouvrit.

« Chano-chan, amenez mes petits-enfants ici, pour un moment », lui dit Toranaga.

A minuit, Yabu traversa d'un air arrogant la cour du donjon, éclairée par des torches. Les corps d'élite de Toranaga étaient déployés partout. La lune était vague et nimbée de brouillard. Les étoiles étaient à peine visibles.

« Naga-san, quelle est la raison de cette réunion ?

— Je ne sais pas, Sire, mais tout le monde a l'ordre de se présenter dans la salle de conférence. Excusez-moi, mais vous devez me laisser vos épées. »

Yabu rougit de colère devant cette rupture inusitée de l'étiquette. « Êtes-vous... ? » Il changea d'avis devant la nervosité du jeune homme et des gardes tout proches. « Sur l'ordre de qui, Naga-san ?

— Sur les ordres de mon père, Sire. Je suis désolé. Vous pouvez, si vous le désirez, ne pas assister à la conférence mais je dois vous signaler que vous avez ordre d'entrer dans la salle sans vos épées. Je suis désolé mais vous n'aurez pas le droit d'entrer tant que vous n'aurez pas rempli cette formalité. Excusez-moi, mais je n'ai pas le choix. »

Yabu vit la pile d'épées déjà entassées dans l'abri des gardes, près de la grande porte d'entrée. Il soupesa les dangers d'un refus et les jugea énormes. Il se défit de ses armes à contrecœur. Naga le salua poliment, tout aussi gêné que lui en les acceptant. Yabu entra. Les cinquante généraux, vingt-trois conseillers et sept *daimyōs* amis (petits *daimyōs* des provinces du Nord), étaient déjà là, tendus et nerveux.

« De quoi s'agit-il », demanda Yabu en prenant place.

Un général haussa les épaules : « C'est certainement à cause du voyage à Osaka. »

Un autre se retourna, plein d'espoir. « Peut-être a-t-il changé d'avis, *neh ?* Il va déclarer "Ciel..."

— Vous avez la tête dans les nuages. Notre seigneur a pris sa décision. C'est Osaka et rien d'autre ! Eh, Yabusama, quand êtes-vous arrivé ici ?

— Hier. Je suis resté coincé pendant plus de deux semaines dans un petit village de pêcheurs qui s'appelle Yokohama, au sud d'ici. Avec mes troupes. Le port est bien mais les insectes... ! Saloperies de moustiques. Ils n'avaient jamais été aussi mauvais.

— Vous êtes au courant des nouvelles ?

— Vous voulez parler des mauvaises ? Le départ est toujours fixé pour dans six jours ?

— Oui. Affreux. Honteux !

— C'est vrai, mais cette nuit c'est pire, dit tristement un autre général.

— Je ne me suis jamais trouvé sans mes épées. Jamais.

— C'est une insulte », dit Yabu délibérément. Tous ceux qui étaient à proximité le dévisagèrent.

« Je suis d'accord », dit le général Kiyoshio, rompant ainsi le silence. Serata Kiyoshio était le rude commandant, aux cheveux grisonnants, de la septième armée. « Je ne me suis jamais trouvé en public sans mes épées. J'ai l'impression d'être un de ces marchands puants ! Je pense... que les ordres sont les ordres mais que certains ne devraient jamais être donnés.

— Tout à fait vrai, ajouta quelqu'un dans l'assistance. Qu'aurait fait le vieux Main de Fer s'il avait été là ?

— Il se serait ouvert le ventre avant d'abandonner ses épées ! Il l'aurait fait ce soir dans la cour ! » dit un jeune homme. C'était Serata Tomo, fils aîné du général, commandant en second de la quatrième armée. « J'aurais aimé que Main de Fer fût là ! Il se serait d'abord ouvert le ventre !

— J'y ai pensé. » Le général Kiyoshio s'éclaircit la gorge. « On doit être responsable... et faire son devoir. On doit toujours garder à l'esprit que suzerain signifie responsabilité et devoir !

— Vous feriez mieux de vous taire, lui conseilla Yabu.

— Quel est l'usage d'une langue dans la bouche d'un samouraï qui se voit refuser son titre de samouraï ?

— Aucun, répondit Isamu, un vieux conseiller. Je suis d'accord. Il vaut mieux mourir.

— Désolé, Isamu-san, mais c'est ce qui de toute facon nous attend, dit le jeune Serata Tomo. Nous sommes les pigeons pour un faucon déshonoré.

— Je vous en prie, taisez-vous ! » dit Yabu en cachant sa satisfaction. Il ajouta prudemment : « Il est notre suzerain, et ce, jusqu'à ce que Sire Sudara ou le Conseil prenne une décision. Jusque-là, il reste notre suzerain et nous devons lui obéir, *neh ?* »

Le général Kiyoshio l'observa.

« Qu'avez-vous entendu, Yabu-sama ?

— Rien.

— Buntaro-san dit que... » dit le conseiller.

Le général Kiyoshio l'interrompit : « Excusez-moi, Isamu-san, mais ce qu'a dit ou n'a pas dit le général Buntaro est sans importance. Ce que dit Yabu-sama est vrai. Un suzerain est un suzerain. Néanmoins, un samouraï a des droits, un vassal a des droits. Même un *daimyō, neh ?* »

Yabu le regarda sondant la profondeur de cette invitation. « Izu est une province de Sire Toranaga. Je ne suis plus *daimyō* d'Izu. Je n'en suis le suzerain que pour son profit. » Il fit du regard le tour de la pièce. « Tout le monde est là, *neh ?*

— Sauf Sire Noboru, dit un général, mentionnant le fils aîné de Toranaga, qui était unanimement détesté.

— C'est aussi bien. Peu importe, général, la maladie chinoise aura bientôt raison de lui et nous serons ainsi débarrassés de ses humeurs impossibles, dit quelqu'un.

— Et de son odeur insoutenable.

— Quand revient-il ?

— Qui sait ? On ne sait même pas pourquoi Toranagasama l'a envoyé dans le Nord. Il vaudrait mieux qu'il y reste, *neh ?*

— Si vous étiez atteint de cette maladie, vos humeurs seraient tout aussi impossibles que les siennes, n'est-ce pas ?

— Oui, Yabu-san, oui. C'est dommage qu'il ait la vérole. C'est un très bon général, meilleur que Poisson mort », ajouta le général Kiyoshio, usant du diminutif attribué à Sudara.

Le conseiller dit en sifflotant : « Il y a de la méchanceté dans l'air, ce soir. A moins que ce ne soit le saké qui vous fasse proférer des paroles aussi imprudentes ?

— C'est peut-être la maladie chinoise, répliqua le général Kiyoshio avec un rire féroce.

— Que Bouddha m'en protège ! dit Yabu. Si seulement Sire Toranaga pouvait changer d'avis en ce qui concerne Osaka !

— Je m'ouvrirais le ventre si cela suffisait à le convaincre, dit le jeune homme.

— Sans vouloir vous faire de peine, mon fils, vous avez la tête dans les nuages. Il ne changera jamais d'avis.

— Oui, père. Mais je n'arrive vraiment pas à le comprendre...

— Nous devons tous y aller avec lui ? Dans le même contingent ? » demanda Yabu au bout d'un moment.

Isamu dit : « Oui. Nous devons lui faire escorte. Avec deux mille hommes et toute la pompe qu'exige un voyage officiel. Il nous faudra trente jours pour arriver là-bas. Il n'en reste plus que six avant le départ. » Le général Kiyoshio dit : « Ce n'est pas beaucoup. N'est-ce pas, Yabu-sama ? » Yabu ne répondit pas. Ce n'était pas la peine. Le général n'avait pas besoin d'une réponse. Ils repartirent chacun dans leurs pensées. Une porte latérale s'ouvrit. Toranaga entra, suivi par Sudara. Tout le monde s'inclina. Toranaga rendit le salut et s'assit face à eux. Sudara, en tant qu'héritier présomptif, s'installa en face de lui. Naga alla fermer la porte. Seul, Toranaga portait des épées.

« On m'a rapporté que certains d'entre vous parlaient de trahison, pensaient à la trahison et envisageaient la trahison », dit-il froidement. Personne ne répondit ni ne bougea. Toranaga passa lentement les visages en revue. Son regard était impitoyable. Toujours aucun mouvement.

Puis le général Kiyoshio prit la parole : « Puis-je demander respectueusement, Sire, ce que vous entendez par “trahison” ?

— Toute remise en question d’un ordre, d’une décision prise par tout suzerain, à n’importe quel moment, est de la trahison », lui répondit Toranaga violemment.

Le général se raidit : « Alors, je suis coupable de trahison.

— Sortez et allez vous faire immédiatement seppuku !

— Très bien, Sire, dit le soldat fièrement. Puis-je tout d’abord réclamer le droit de libre parole devant vos loyaux vassaux, officiers et consei...

— Tous vos droits sont confisqués !

— Très bien. Alors je réclame ce droit comme une faveur ultime en tant que *hatamoto* et en échange de mes vingt-huit années de fidèles et loyaux services !

— Soyez brefs.

— Très bien, Sire, répondit le général Kiyoshio d’un ton glacial. Je veux tout d’abord vous dire qu’aller à Osaka pour vous prosterner devant ce paysan d’Ishido c’est trahir votre honneur, l’honneur de votre clan, l’honneur de vos fidèles vassaux, votre héritage et la *Bushido.* Je vous accuse de trahison et déclare que vous avez perdu tous droits à être notre suzerain. Je vous ordonne enfin d’abdiquer en faveur de Sire Sudara et de quitter cette vie honorablement. »

Le général s’inclina puis s’assit sur ses talons. Tout le monde attendit. Ils avaient du mal à respirer maintenant que l’impensable était devenu réalité. Toranaga hurla : « Qu’attendez-vous ? »

Le général Kiyoshio le fixa du regard : « Rien, Sire. Excusez-moi. » Son fils se leva.

« Non. Vous avez ordre de rester ici », lui dit son père. Le général salua Toranaga une dernière fois, se leva et sortit avec une dignité impressionnante. La dureté de Toranaga emplit la pièce à nouveau : « Y a-t-il quelqu’un d’autre qui admet m’avoir trahi ? Quelqu’un qui ose ne pas respecter la *Bushido ?* Quelqu’un qui ose accuser son suzerain de trahison ?

— Excusez-moi, Sire, dit calmement Isamu. Mais j’ai le regret de vous dire que si vous allez à Osaka, c’est trahir votre héritage.

— Le jour où j’irai à Osaka, vous quitterez cette terre. »

L’homme aux cheveux gris s’inclina poliment. « Oui, Sire. »

Toranaga le regarda encore une fois. Impitoyable. Un homme s’agita nerveusement et tous les yeux se tournèrent vers lui. Le samouraï (un guerrier qui avait perdu, il y a des années, le désir de se battre, qui s’était tout d’abord fait moine avant de devenir membre du corps des fonctionnaires de Toranaga) ne dit rien, perdant presque contenance à cause de cette peur insurmontable qu’il n’arrivait pas à dissimuler.

— De quoi avez-vous peur, Numata-san ?

— De rien, Sire.

— Très bien. Allez donc vous faire immédiatement seppuku parce que vous êtes un menteur et que votre peur est une maladie contagieuse. »

L’homme pleurnicha et sortit en titubant. Toranaga fusilla du regard l'assistance et attendit. L'air devenait irrespirable ; le léger craquement des flammes semblait étrangement fort. Puis, sachant que tel était son devoir et sa responsabilité, Sudara se tourna et s'inclina : « Sire, puis je vous faire respectueusement une remarque ?

— Laquelle ?

— Sire, je crois qu'il n'y a plus... plus de trahison en ce lieu et qu'il n'y en aura...

— Je ne partage pas votre opinion.

— Excusez-moi, Sire. Vous savez que je vous obéirai, Nous vous obéirons tous. Nous ne cherchons que ce qui existe de mieux pour votre...

— Ma décision est ce qu'il y a de mieux. Mes décisions sont toujours les meilleures. »

Sudara s'inclina en signe d'approbation et resta silencieux. Toranaga ne le quitta pas des yeux. Son regard était exempt de remords. « Vous n'êtes plus mon héritier. » Sudara pâlit. « Je suis le suzerain », poursuivit Toranaga. Il attendit un moment, puis se leva en silence et sortit avec arrogance. La porte se referma derrière lui et un soupir de soulagement parcourut la salle. Personne ne quitta sa place. « Ce... Ce matin, j'ai... J'ai entendu de notre commandant en chef... dit Sire Sudara. Sire Hiromatsu sera ici dans quelques jours. Je... Je lui parlerai. Restez muets, patients et loyaux envers votre suzerain. Sortons et allons rendre hommage au général Serata Kiyoshio... »

Toranaga monta les escaliers. Une immense solitude l'envahit. Ses pas faisaient écho dans le vide de la tour. Arrivé au sommet, il s'arréta, s'adossa à la paroi. Sa respiration était forte. La douleur lui tenaillait la poitrine. Il tenta de l'extirper. « Ce n'est qu'un manque d'exercice, marmonna-t-il. Ce n'est qu'un simple manque d'exercice. »

Il poursuivit son ascension. Il savait qu'il courait un grave danger. La trahison et la peur sont contagieuses et doivent être étouffées dans l'œuf sans pitié. Même ainsi, on n'est jamais sûr de les avoir définitivement détruites. La lutte dans laquelle il était engagé n'était pas un jeu d'enfant. Le faible devait être la nourriture du fort, le fort celle du très fort. Si Sudara réclamait publiquement son titre, il serait impuissant à maîtriser situation pareille. Il devait attendre, jusqu'à ce que Zataki réponde. Toranaga verrouilla sa porte et se dirigea vers la fenêtre. En bas, il pouvait voir ses généraux et conseillers sortir du donjon et regagner leurs maisons. Au-delà des murs de la citadelle, la ville était plongée dans une obscurité complète. Au-dessus de la ville, la lune était pâle et enveloppée de brume. Il faisait nuit noire.

Il lui sembla que le destin arpentait les cieux.

50

Blackthorne était assis tout seul, par cette matinée ensoleillée (la première depuis des semaines), dans un coin du jardin, près de la maison pour invités. Il rêvassait, son dictionnaire à la main. Cela faisait cinq jours qu'il avait vu Toranaga pour la dernière fois. Il était resté enfermé depuis tout ce temps au château. Il n'avait pu voir Mariko longuement ou rendre visite à son bateau et à son équipage, explorer la ville, aller à la chasse ou faire du cheval. Il allait quand même une fois par jour nager dans les douves avec d'autres samouraïs à qui il apprenait à nager et à plonger. Mais tout ça ne facilitait pas son attente.

« Je suis désolée, Anjin-san, mais c'est pareil pour tout le monde, lui avait confié Mariko quand il l'avait, tout à fait par hasard, rencontrée la veille. Même Sire Hiromatsu doit attendre. Voilà deux jours qu'il est arrivé et il n'a toujours pas vu sire Toranaga. Personne ne l'a vu.

— Mais c'est important, Mariko-san. Je croyais qu'il avait compris que chaque jour était vital. N'y a-t-il pas un moyen de lui faire parvenir un message ?

— Oh si, Anjin-san. C'est très simple. Écrivez-lui. Si vous me dictez ce que vous voulez lui dire, je rédigerai le message pour vous. Tout le monde doit écrire pour demander audience. Je vous en prie, soyez patient.

— Demandez alors une audience pour moi, je vous en prie. J'aimerais beaucoup...

— Pas de problème. C'est un plaisir pour moi.

— Où étiez-vous ? Voilà quatre jours que je ne vous aï vue.

— Je m'en excuse mais j'ai tant de choses à faire. C'est... c'est un peu difficile... Tous ces préparatifs !

— Que se passe-t-il ? Le château est devenu une ruche depuis une semaine.

— Tout va bien, Anjin-san.

— Vraiment ? Je suis désolé mais un général et un haut fonctionnaire se sont fait seppuku dans la cour du donjon. Vous trouvez ça normal ? Sire Toranaga s'enferme dans sa tour d'ivoire et ses gens attendent, sans raison apparente, qu'il veuille bien daigner les recevoir. Vous trouvez tout ceci normal, bien sûr ? Et Sire Hiro-matsu ?

— Sire Toranaga est notre seigneur. Tout ce qu'il fait est bien.

— Et vous, Mariko-san ? Pourquoi ne vous ai-je pas vue ?

— Sire Toranaga m'a ordonné de vous laisser à vos études. Je vais rendre visite à votre concubine, Anjin-san. Je ne suis pas censée vous rendre visite. Veuillez m'excuser.

— Pourquoi élèverait-il une objection ?

— Simplement, je pense, pour vous obliger à apprendre notre langue. Ça ne fait que quelques jours, *neh ?*

— Quand partez-vous pour Osaka ?

— Je ne sais pas. Je devais partir il y a trois jours mais Sire Toranaga n'a pas encore signé mon laissez-passer. Tout est prêt. Porteurs, chevaux. Je soumets quotidiennement mes papiers de voyage à la signature, mais ils me sont toujours rendus.

— Je croyais que je devais vous emmener par bateau jusqu'à Osaka ?

— Oui, c'est ce qu'avait dit... mais, Anjin-san, on ne peut jamais savoir avec notre suzerain. Il change d'avis.

— A-t-il toujours été comme ça ?

— Oui et non. Il est atteint depuis Yokosé... Comment dites-vous ?... De mélancolie, c'est ça... Oui, il est mélancolique et différent.

— Depuis le Premier Pont, vous êtes, vous aussi, mélancolique et différente.

— Le Premier Pont était une fin et un commencement, Anjin-san, et notre promesse... *neh ?*

— Oui, excusez-moi. » Elle s'était inclinée tristement et était partie. Une fois éloignée, elle avait murmuré : « Vous... » Ce mot avait flotté dans le couloir mêlé aux effluves de son parfum.

Il avait essayé de questionner Fujiko, au repas du soir, mais elle aussi n'avait rien pu lui dire d'importance, ne voulait rien dire ou ne pouvait rien dire. Il était allé se coucher, écumant. Il se sentait frustré de tous ces retards, de toutes ces nuits sans Mariko. C'était insoutenable de la savoir si proche, de savoir aussi que Buntaro avait quitté la ville et de savoir enfin que le désir de Mariko était comparable au sien.

Les gongs annoncèrent le changement d'heure. Pour la première fois, son esprit lui fit remarquer que c'était la moitié de l'heure du cheval et non midi. Il mit son dictionnaire dans sa manche, content que l'heure du premier vrai repas soit arrivée. Au menu du jour : crevettes grillées, riz, soupe de poissons et légumes en saumure.

« En voulez-vous encore un peu, Anjin-san ?

— Oui, Fujiko-san. Merci. Du riz, peu de poisson. Très bon... Très... » Il chercha le mot « délicieux » dans son dictionnaire et le répéta plusieurs fois pour s'en souvenir, « Oui, délicieux, *neh ?* »

Fujiko était heureuse. « Merci. Poisson Nord. Eau plus froide, Nord. Compris ? Nom poisson : *Kurima-ebi.* »

Il en répéta le nom et le grava dans sa mémoire. Quand il eut fini, elle lui versa encore du thé et sortit un paquet de sa manche.

« Voici argent, Anjin-san. » Elle lui montra les pièces d'or. « Cinquante *koban.* Ça valoir cent cinquante *koku.* Vous vouloir, *neh ?* Pour marins. Excusez-moi. Compris ?

— Oui, merci.

— De rien. Assez ?

— Oui. Où trouver argent ? »

Fujiko chercha un moyen clair et simple de s'exprimer. « Aller important homme Toranaga. Chef. Comme Mura, *neh ?* Pas samouraï. Seulement prêteur. Signer nom pour vous.

— Ah, compris, Merci. Argent moi ? *Koku* moi ?

— Oui.

— Maison, nourriture, serviteurs, qui payer ?

— Moi. Avec... Avec *koku* un an.

— Assez *koku ?*

— Oh, oui.

— Pourquoi inquiétude ? Inquiétude visage ?

— Excusez-moi, Anjin-san, pas inquiétude.

— Douleur ? Brûlure faire mal ?

— Pas douleur. Regardez. » Fujiko se leva prudemment, s'agenouilla sur le tatami sans aucune difficulté, puis s'assit sur ses talons et s'installa confortablement. « Voyez, tout aller bien.

— Très, très bien, dit-il, content pour elle. Montrer ? »

Elle se releva doucement, souleva le bas de son kimono et le laissa regarder ses mollets. La cicatrice ne s'était pas rouverte. Il n'y avait pas trace de suppuration. « Très bon, dit-il. Oui, bientôt peau bébé, *neh ?*

— Merci, Oui, douce. » Il nota un léger changement dans le ton de sa voix mais ne fit aucun commentaire. Cette nuit-là, il ne la renvoya pas. La rencontre sur l'oreiller fut satisfaisante. Sans plus. Il ne ressentit pas ce bien-être, cette sérénité et cette joyeuse lassitude. Ce ne fut qu'un accouplement. Dommage, pensa-t-il.

Avant de le quitter, elle s'agenouilla, le salua et posa ses mains sur son front. « Je vous remercie de tout cœur. Dormez, maintenant, Anjin-san.

— Merci, Fujiko-san. Dormir plus tard.

— Dormir maintenant, s'il vous plaît. Mon devoir. Grand plaisir. » Sa main était sèche et brûlante. Désagréable. Il fit cependant semblant de dormir. Elle le caressa maladroitement en déployant une incroyable patience, puis regagna sa chambre doucement. Seul à nouveau, heureux de l'être, Blackthorne glissa ses mains sous sa nuque et contempla l'obscurité. Abandonné par le sommeil, il alluma sa bougie et se concentra sur une petite tasse de porcelaine que lui avait donnée Mariko et qu'il gardait toujours près de lui. Les mêmes pensées se remirent à hanter son esprit : je veux partir, je veux rester. J'ai peur de rester. Je hais les deux solutions et je les désire toutes deux à la fois. Et puis il y a ces *eta...*

Si ça ne dépendait que de moi, je ne partirais pas, du moins pas encore. Mais d'autres personnes sont concernées et elles ne sont pas *eta.* J'ai prêté serment en tant que pilote : « *Par le Dieu tout-puissant, je promets d'emmener cette flotte et, par la grâce de Dieu, de la ramener à bon port.* » Je veux Mariko. Je veux voir les terres que Toranaga m'a données et j'ai besoin de rester quelque temps ici pour profiter des fruits de ma chance. Mais le devoir est en jeu et ça l'emporte sur tout le reste, *neh ?*

A l'aube, Blackthorne sut qu'en faisant semblant de remettre sa décision en question, il l'avait en réalité irrévocablement prise. Que Dieu me vienne en aide. Je suis pilote, d'abord et avant tout.

Toranaga déroula le petit morceau de papier, arrivé deux heures après l'aube. Le message de sa mère disait simplement : « Votre frère est d'accord, mon fils. Sa lettre de confirmation part aujourd'hui, La visite officielle de Sire Sudara et de sa famille débute dans dix jours. » Toranaga s'assit. Il se sentait faible. Les pigeons voletèrent autour de leurs perchoirs puis vinrent à nouveau se poser. Le soleil matinal dardait ses rayons dans le pigeonnier, quoique des nuages de pluie fussent en train de se rassembler. Toranaga dégringola les marches quatre à quatre et gagna ses appartements.

« Naga-san !

— Oui, père ?

— Fais venir Hiro-matsu ici. Envoie-moi mon secrétaire aussitôt qu'il sera parti.

— Bien, père. »

Le vieux général arriva rapidement. Ses jointures craquaient. Il s'inclina profondément, l'épée à la main comme toujours. Son visage était plus cruel que jamais, plus vieux que jamais, plus déterminé que jamais.

« Bienvenu, mon vieil ami.

— Merci, Sire. » Hiro-matsu releva la tête. « Je suis attristé de voir que vous portez la marque des soucis de ce monde sur la figure.

— Je suis surtout attristé d'entendre et de voir tant de trahison autour de moi.

— Oui. La trahison est une chose terrible.

— Vous pouvez parler librement.

— Ne l'ai-je jamais fait, Sire ? » Le vieil homme avait le regard grave.

« Excusez-moi de vous avoir fait attendre.

— Qu'attendez-vous de moi, Sire ? Quelle est votre décision ? Est-ce finalement Osaka ? Doit-on aller se prosterner devant ce tas de fumier ?

— M'avez-vous jamais vu prendre une décision irrévocable ? »

Hiro-matsu fronça les sourcils puis s'étira pour atténuer la douleur qui lui tiraillait l'épaule. « Je vous ai toujours connu patient, déterminé. Vous avez toujours gagné. Voilà pourquoi je n'arrive pas à vous comprendre, aujourd'hui. Abandonner ne vous ressemble guère.

— Le royaume n'est-il pas plus important que *mon* avenir ?

— Non.

— Ishido et les autres régents sont toujours les gouvernants légaux, selon le testament du Taikō,

— Je suis le vassal de Yoshi Toranaga-Noh-Minowara et je ne reconnais personne d'autre.

— Très bien. Après-demain est le jour de mon départ pour Osaka.

— Je sais.

— Vous commanderez l'escorte. Buntaro sera commandant en second. »

Le vieux général soupira. « Je le sais, Sire. Depuis mon arrivée, j'ai parlé à vos conseillers et à vos géné...

— Je sais. Quelle est leur opinion ?

— Ils pensent que vous ne devriez pas quitter Yedo et que l'on devrait momentanément braver vos ordres,

— Qui oserait faire ça ?

— Moi.

— Est-ce ce qu'ils veulent ou ce que vous avez décidé ? »

Hiro-matsu posa son épée sur le sol. Une fois sans défense, il le regarda droit dans les yeux. « Excusez-moi, Sire. Je voudrais vous demander ce que je dois faire. Mon devoir me dicte de prendre le commandement et de vous empêcher de partir. Cela contraindrait Ishido à nous attaquer. Nous perdrions, bien sûr, mais ce serait la seule issue honorable.

— Mais stupide, *neh ?* »

Le général fronça un peu plus ses sourcils grisonnants. « Nous mourrions au champ d'honneur. Nous retrouverions notre *wa.*

— Je n'ai jamais éprouvé de plaisir à gaspiller des hommes. Je n'ai jamais perdu une bataille et je ne vois pas pourquoi je devrais commencer aujourd'hui.

— Perdre une bataille n'est pas un déshonneur, Sire. La reddition est-elle un acte honorable ?

— Vous êtes donc tous d'accord contre moi ?

— Excusez-moi, Sire. J'ai demandé à chacun son opinion de militaire. Il n'y a pas de trahison, pas de complot.

— Vous écoutez quand même ces propos séditieux ?

— Excusez-moi, mais si j'approuve, en tant que commandant en chef, ce n'est plus de la trahison, c'est de la politique légale.

— Prendre des décisions par-dessus la tête de votre suzerain est trahison.

— Il y a trop de précédents, Sire. Vous l'avez fait ; sire Goroda l'a fait, le Taikō aussi. Nous avons tous fait ça, et même, pire... Le vainqueur ne commet jamais de trahison.

— Vous êtes décidé à me déposer ?

— Je vous demande de m'aider à prendre cette décision.

— Vous étiez le seul en qui j'avais confiance.

— Par tous les dieux, j'aimerais n'être que votre vassal le plus dévoué. Je ne suis qu'un soldat. J'aimerais faire mon devoir envers vous. Je ne pense qu'à vous. Je mérite votre confiance. Si cela peut vous aider, prenez ma tête. Si cela peut vous pousser à combattre, je vous donne ma vie avec joie, le sang de mon clan, aujourd'hui même en public ou en privé, comme vous le désirez. N'est-ce pas ce qu'a fait notre ami, le général Kiyoshio ? Je suis désolé, mais je ne vois pas pourquoije vous laisserais détruire les efforts de toute une vie.

— Vous refusez donc d'obéir à mes ordres et de prendre le commandement de l'escorte qui part après-demain pour Osaka ? »

Un nuage cacha le soleil et les deux hommes regardèrent par la fenêtre. « Il va bientôt pleuvoir, dit Toranaga.

— Oui. Il a trop plu cette année, *neh ?* Les pluies devraient vite cesser sinon la récolte sera mauvaise. »

Ils se dévisagèrent.

« Alors ? »

Main de Fer dit simplement : « M'ordonnez-vous de vous escorter après-demain jusqu'à Osaka, Sire ?

— Comme il semble que tous mes conseillers souhaitent le contraire, j'accepte leur point de vue, le vôtre et je retarde mon départ. » Toranaga se mit à rire, laissa tomber son masque et redevint le Toranaga des jours anciens. « Je n'ai jamais eu l'intention d'aller à Osaka. Pourquoi serais-je aussi stupide ?

— Pardon, Sire ?

— L'accord donné à Yokosé n'était qu'une ruse pour gagner du temps, dit Toranaga aimablement. Ishido a mordu à l'hameçon. Cet imbécile s'attend à me voir arriver à Osaka dans quelques semaines. Zataki s'est également fait prendre. Vous tous, mes valeureux vassaux qui ne me faites pas confiance, vous aussi vous y avez cru. Sans faire de concession, je viens de gagner un mois. J'ai mis Ishido et ses maudits alliés dans la confusion la plus totale. On m'a dit qu'ils étaient déjà en train de marcher sur le Kwanto.

— Vous n'aviez pas l'intention de vous rendre à Osaka ? » Hiro-matsu secoua la tête, comprenant soudain l'ingéniosité du plan. Son visage s'éclaira et un sourire d'aise se dessina sur ses lèvres. « Ce n'était qu'une ruse ?

— Bien sûr. Écoutez-moi. Tout le monde devait tomber dans le panneau, *neh ?* Zataki, tout le monde ! Même vous ! Sinon les espions l'auraient dit à Ishido qui nous aurait alors attaqués. Aucune aide des dieux, aucune chance n'auraient alors pu m'épargner le désastre.

— C'est vrai... Oh, Sire, pardonnez-moi. Je suis si stupide. Je mérite de perdre ma tête ! Tout cela ne voulait donc rien dire, n'a jamais voulu rien dire... Mais... Et le général Kiyoshio ?

— Il m'a dit qu'il était coupable de trahison. Je n'ai pas besoin de généraux traîtres. Je n'ai besoin que de vassaux obéissants.

— Mais pourquoi avoir attaqué Sire Sudara ? Pourquoi lui avoir retiré vos faveurs ?

— Parce qu'il me plaît d'agir ainsi, dit Toranaga sèchement.

— Oui, excusez-moi. C'est votre unique privilège. Pardonnez-moi d'avoir douté de vous.

— Pourquoi vous pardonnerais je d'être ce que vous êtes, mon vieil ami ? J'avais besoin de vous pour faire ce que vous avez fait et dire ce que vous avez dit. J'ai maintenant plus que jamais besoin de vous. Il me faut quelqu'un en qui j'ai confiance. Voilà pourquoi je vous fais entrer dans le secret. Ça doit rester entre nous.

— Oh, Sire, vous me rendez si heureux...

— Oui. C'est bien la seule chose qui me fasse peur.

— Sire ?

— Vous êtes commandant en chef. Vous seul pouvez neutraliser cette mutinerie stupide et latente pendant que j'attends. Je vous fais confiance et dois vous faire confiance. Mon fils ne peut tenir mes généraux en respect. Votre visage est le chemin de votre âme, mon vieil ami, ne l'oubliez pas.

— Alors, laissez-moi me tuer une fois que j'en aurai fini avec les généraux.

— Ça ne m'est d'aucune aide. Vous devez les contenir en attendant mon soi-disant départ, *neh ?* Vous devez simplement surveiller votre visage et votre sommeil, comme jamais vous ne l'avez fait. Vous êtes le seul au monde à savoir, le seul en qui je dois avoir confiance, *neh ?*

— Pardonnez-moi. Je n'échouerai pas. Expliquez-moi ce que je dois faire.

— Dites à mes généraux, ce qui est vrai, que vous êtes arrivé à me convaincre de suivre *vos* conseils qui sont aussi les leurs, *neh ?* J'ordonne officiellement que mon départ soit retardé de sept jours, Au bout de ce délai, je le retarderai encore. Cette fois-là, pour maladie. Vous êtes le seul à le savoir.

— Et alors ? Ce sera “Ciel pourpre” ?

— Pas comme nous l'avions décidé. “Ciel pourpre” a toujours été une solution de désespoir, *neh ?*

— Oui. Le Régiment des mousquets pourrait-il ouvrir un chemin à travers les montagnes ?

— Une partie du chemin seulement. Certainement pas jusqu'à Kyoto.

— Faites assassiner Zataki.

— Ce serait possible, mais Ishido et ses alliés resteraient toujours invincibles. »

Toranaga lui livra les arguments présentés par Omi, Yabu, Igurashi et Buntaro, le jour du tremblement de terre. « A ce moment-là, j'ai décrété “Ciel pourpre” par ruse pour jeter Ishido dans la confusion... J'avais également distillé les détails de la discussion dans de mauvaises oreilles. Mais il n'en reste pas moins que les forces d'Ishido restent toujours invincibles.

— Comment peut-on les diviser? Qu'en est-il de Kiyama et d'Onoshi ?

— Ces deux-là restent mes adversaires. Tous les chrétiens sont contre moi... A part mon chrétien. Je le mettrai bientôt à contribution. J'ai par-dessus tout besoin de temps. J'ai des amis et des alliés secrets à travers tout l'empire et si j'ai le temps... Chaque jour que je gagne affaiblit d'autant la position d'Ishido. Tel est mon plan de bataille. Chaque jour de retard est important. Ishido attaquera le Kwanto après les pluies. L'attaque se fera en étau : Ikawa Jikkyu au sud et Zataki au nord. Nous contenons Jikkyu à Mishima puis nous nous replions sur le col de Hokoné et Odawara où nous installons notre dernier bastion. Au nord, nous contenons Zataki, dans les montagnes qui bordent la route du Hosho-kaïdo, quelque part prés de Mikawa. Ce qu'ont dit Omi et Igurashi reste vrai : “Nous pouvons faire front à une première attaque. Il *ne devrait pas y* en avoir d'autre. Nous nous battons et nous attendons derrière nos montagnes. Nous nous battons, retardons et attendons jusqu'à ce que le fruit soit mûr pour le cueillir. Alors, 'Ciel Pourpre'.

— Que ce jour vienne vite !

— Écoutez-moi, mon vieil ami. Vous seul pouvez tenir mes généraux en respect. Avec du temps et le Kwanto en sécurité, nous pouvons résister à la première attaque. Les alliances d'Ishido commenceront à se désagréger. L'avenir de Yaemon sera alors assuré et le testament du Taikō inviolé.

— Vous ne prendrez pas le pouvoir seul, Sire ?

— Pour la dernière fois : la loi peut bousculer la raison mais la raison ne peut jamais bousculer la loi. Notre société tout entière s'effilocherait comme un vieux tatami. La loi peut être utilisée afin de confondre la raison. La raison ne doit certainement pas être utilisée afin de renverser la loi. Le testament du Taikō représente la loi. »

Hiro-matsu s'inclina en signe d'approbation. « Très bien, Sire. Je n'en reparlerai plus, Excusez-moi. Maintenant... » Il se mit à sourire. « Que dois-je faire ?

— Faites semblant de m'avoir convaincu. Emprisonnez-les simplement dans votre Main de Fer.

— Combien de temps vais-je devoir feindre ?

— Je ne sais pas.

— Je ne me fais pas confiance, Sire. Je pourrais faire une bêtise sans le vouloir. Je crois que j'arriverai à dissimuler ma joie pendant quelques jours, mais après... Avec votre permission, mes "douleurs" vont devenir si pénibles qu'il va me falloir rester au lit. Aucun visiteur, *neh ?*

— Très bien. Alitez-vous dans quatre jours. Laissez paraître vos souffrances dès aujourd'hui. Ce ne sera pas difficile, *neh ?*

— Non, Sire. Je suis heureux que la bataille commence cette année. L'année prochaine... Je pourrais peut-être me trouver dans l'impossibilité de vous aider.

— Balivernes ! Mais ce sera cette année, que je dise oui ou non. Dans seize jours, je quitterai Yedo pour Osaka. A ce moment-là, vous aurez donné votre approbation "à contrecœur" et vous commanderez mon escorte. Seuls, vous et moi, savons qu'il y aura d'autres retards et que je retournerai à Yedo bien avant d'avoir atteint la frontière.

— Pardonnez-moi d'avoir douté de vous. Si je ne devais pas rester en vie pour vous aider à réaliser votre plan, je crois que je ne pourrais vivre avec cette honte.

— Pas besoin d'avoir honte, mon vieil ami. Si vous n'aviez pas été convaincu, Ishido et Zataki auraient flairé ma ruse. Pendant que j'y pense, comment allait Buntaro-san quand vous l'avez vu ?

— Il écumait, Sire. Ça lui ferait du bien de livrer une bataille.

— Vous a-t-il suggéré de me faire abdiquer ?

— S'il m'avait dit ça, je lui aurais certainement coupé la tête sur-le-champ !

— Je vous ferai appeler dans trois jours. Demandez quotidiennement à me voir, mais je refuserai de vous rencontrer jusque-là !

— Oui, Sire. » Le vieux général salua. « Pardonnez au pauvre vieil imbécile que je suis. Vous venez de redonner un sens à ma vie. Merci. » Il se retira. Toranaga sortit le petit morceau de papier de sa manche et relut le message de sa mère avec une énorme satisfaction. Avec la route du Nord, vraisemblablement ouverte, et Ishido probablement trahi, ses chances venaient d'augmenter sensiblement. Il brûla le message. Le papier se tordit et se consuma. Il écrasa les cendres et les réduisit, avec plaisir, en poussière. Qui devrait être le nouveau commandant en chef ? se demanda-t-il.

A midi, Mariko traversa la cour du donjon en passant au milieu des rangées de gardes silencieux. Elle entra. Le secrétaire de Toranaga l'attendait dans l'une des antichambres, au rez-de-chaussée. « Je suis désolé de vous avoir fait venir, dame Toda, dit-il d'un ton lymphatique.

— Le plaisir est mien, Kawanabi-san. »

Il lui tendit un parchemin. « Voici vos documents de voyage, dûment signés. Vous devez partir demain et arriver à Osaka le plus tôt possible.

— Merci.

— Sire Toranaga me fait dire qu'il pourrait avoir des messages à vous confier pour dame Kiritsubo et dame Sazuko. Pour le sire-général Ishido et pour dame Ochiba également. Ils vous seront transmis demain à l'aube si... S'ils sont prêts. Je veillerai à ce qu'ils vous soient transmis.

— Merci. »

Kawanabi choisit un document officiel dans la pile de parchemins soigneusement rangée. « J'ai ordre de vous donner ceci. C'est l'augmentation du fief de votre fils, comme promis par sire Toranaga. Dix mille *koku* par an. Ce document est daté du dernier jour du mois précédent... Le voici. »

Elle accepta le parchemin, le lut, vérifia les sceaux officiels. Tout était parfait. Mais cela ne la rendit pas heureuse. Tous deux savaient que ce papier n'avait plus de valeur, aujourd'hui. Si la vie de son fils était épargnée il deviendrait *ronin.* « Remerciez Sire Toranaga de l'honneur qu'il nous fait. Aurai-je la permission de le voir avant mon départ ?

— Oh, oui, quand vous quitterez le donjon, vous avez ordre de vous rendre sur le bateau barbare.

— Dois-je... Dois-je servir d'interprète ?

— Il ne m'a rien dit, mais je pense que oui, dame Toda. » Le secrétaire loucha sur une liste qu'il tenait à la main. « Le capitaine Yoshinaka a reçu ordre de vous escorter jusqu'à Osaka, si tel est votre bon plaisir.

— Je serai très honorée d'être à nouveau sous sa protection. Merci. Puis-je vous demander comment va Sire Toranaga ?

— Il va assez bien. Mais qu'un homme aussi actif s'enferme comme ça pendant si longtemps... Enfin, que puis-je dire ? » Il agita ses mains désespérément. « Il a au moins vu Sire Hiro-matsu aujourd'hui et est tombé d'accord avec lui pour retarder son départ. Il a également accepté de s'occuper de quelques problèmes annexes... Les prix du riz doivent étre stabilisés, en cas de mauvaise récolte... Il y a tant à faire et... Ça ne lui ressemble pas, dame Toda. Ce sont des moments terribles, *neh ?* Les astrologues font d'affreuses prédictions. Ils disent que la récolte sera excessivement mauvaise, cette année.

— Je ne les crois pas... Jusqu'au moment de la récolte.

— Sage. Très sage. Mais nous ne serons pas nombreux à voir cette époque. Je me rends avec lui à Osaka. » Kawanabi frissonna et se pencha nerveusement. « J'ai entendu dire que la peste sévissait à nouveau entre Kyoto et Osaka. Petite vérole. N'est-ce pas un autre signe comme quoi les dieux nous tournent le dos ?

— Ça ne vous ressemble pas de colporter des rumeurs et de croire aux signes des cieux, Kawanabi-san. Vous savez ce qu'en pense Sire Toranaga ?

— Oui. Je suis désolé... Personne ne semble dans son assiette en ce moment, *neh ?*

— Peut-être que la rumeur n'est pas fondée. Je prie pour qu'elle ne le soit pas. » Elle rejeta ce pressentiment. « Est-ce que la nouvelle date cle départ a été fixée ?

— Je crois que Sire Hiro-matsu a dit que le départ était retardé de sept jours. Je suis heureux que notre commandant en chef soit revenu et ait réussi à persuader... J'espère que ce départ sera retardé à jamais. Il vaut mieux se battre ici plutôt que d'être déshonoré là-bas, *neh ?*

— Oui, convint-elle, sachant que ce n'était plus la peine de faire semblant. Maintenant que Sire Hiro-matsu est de retour, notre seigneur va peut-être comprendre qu'une reddition n'est pas la meilleure solution.

— Madame, sachez pour vos oreilles seulement que sire Hiro-matsu... » Il se tut, releva le visage et sourit. Yabu venait d'entrer dans la pièce.

« Oh, Sire Kasigi Yabu, qu'il est bon de vous voir. » Il s'inclina. Mariko également. Il y eut échange de banalités, puis Kawanabi dit : « Sire Toranaga vous attend, Sire. Veuillez monter tout de suite, je vous en prie.

— Pourquoi veut-il me voir ?

— Excusez-moi, Sire, mais il ne m'a fait part de rien. Il m'a simplement dit qu'il désirait vous voir.

— Comment est-il ? »

Kawanabi hésita : « Inchangé, Sire.

— Son départ... Est-ce qu'une nouvelle date a été fixée ?

— Oui. Dans sept jours, je crois.

— Peut-être que Sire Hiro-matsu arrivera à lui faire encore repousser la date du départ.

— C'est à notre seigneur d'en décider, Sire.

— Bien sûr. » Yabu sortit.

« Vous disiez au sujet de Sire Hiro-matsu ?

— Pour vos oreilles seulement, madame, puisque Buntaro-san n'est pas ici, murmura le secrétaire. Quand le vieux Main de Fer est sorti de l'entrevue avec Sire Toranaga, il lui a fallu se reposer pendant une heure environ. Il semblait beaucoup souffrir, madame.

— Ce serait terrible si quelque chose lui arrivait maintenant.

— Oui, car sans lui la révolte éclaterait, *neh ?* Ce retard ne résout rien. Ce n'est qu'une trêve. J'ai... J'ai très peur depuis que Sire Sudara a servi de second au général Kiyoshio. Chaque fois que le nom de Sire Sudara est prononcé, notre seigneur entre dans une violente colère... Il n'y a que Sire Hiro-matsu qui soit arrivé à le convaincre de retarder son départ et c'est la seule chose qui... » Des larmes roulèrent sur ses joues. « Que lui est-il arrivé ? Aurait-il perdu la raison, *neh ?*

— Non, dit-elle fermement mais sans conviction profonde. Je suis sûre que tout va très bien se passer. Merci de m'avoir dit tout ça. J'essaierai de voir Sire Hiro-matsu avant de partir.

— Que Dieu soit avec vous, madame. »

Elle resta stupéfaite. « Je ne savais pas que vous étiez chrétien, Kawanabi-san.

— Je ne le suis pas, madame, mais je sais que c'est votre coutume. »

Elle sortit dans le soleil, très inquiète de l'état d'Hiromatsu, remerciant Dieu en même temps de voir son attente enfin terminée. Elle allait pouvoir s'échapper. Elle se dirigea vers le palanquin qui l'attendait.

« Oh, dame Toda, dit Gyoko en sortant cle l'ombre et en l'interceptant.

— Bonsoir, Gyoko-san. Je suis contente de vous voir. J'espère que vous allez bien.

— Pas bien du tout, j'en ai peur. Je suis désolée. C'est si triste. Il semblerait que nous ne soyons plus dans les petits papiers de notre maître, Kiku-san et moi. Depuis notre arrivée, nous avons été tenues enfermées dans un ignoble hôtel de troisième catégorie où je n'oserais même pas placer une courtisane de huitième classe.

— J'en suis vraiment désolée. Je suis certaine qu'il y a erreur.

— Oh, oui, c'est une erreur. Je l'espère vivement, madame. J'ai enfin reçu la permission de me rendre au château aujourd'hui. Je suis enfin autorisée à aller saluer notre vénéré seigneur cet après-midi. » Gyoko lui sourit tout en la regardant d'un œil torve. « J'ai appris que vous étiez venue voir le secrétaire de notre maître. Je me suis donc dit que j'allais vous attendre et vous saluer. J'espère que cela ne vous dérange pas.

— C'est un plaisir que de vous voir, Gyoko-san. J'aurais aimé vous rendre visite, malheureusement cela m'a été impossible.

— Oui... C'est très triste. Nous vivons des moments difficiles. Et pour les nobles et pour les paysans. La pauvre Kiku-san est malade d'inquiétude devant cette disgrâce.

— Je suis certaine qu'il n'en est rien, Gyoko-san. Il... Sire Toranaga a des problèmes urgents à régler, *neh ?*

— C'est vrai... C'est vrai. Nous pourrions peut-être prendre le thé, dame Toda. Je serais très honorée de pouvoir vous parler pendant un moment.

— Je suis désolée mais j'ai ordre de régler une affaire officielle. J'en aurais été, autrement, très honorée.

— Oh oui, vous devez vous rendre sur le bateau de l'Anjin-san. J'oubliais, excusez-moi. Comment va-t-il ?

— Je crois qu'il va bien », dit Mariko, furieuse que Gyoko soit au courant de ses affaires personnelles. « Je ne l'ai vu qu'une fois, pendant quelques instants, depuis que nous sommes arrivés.

— Un homme intéressant ? Très intéressant. C'est triste de ne pas voir ses amis, *neh ?* »

Les deux femmes se souriaient. Leurs voix étaient polies et naturelles.

« On m'a dit que l'Anjin-san avait rendu visite à son équipage. Comment l'a-t-il trouvé ?

Il ne m'en a rien dit, Gyoko-san. Comme je viens de vous le dire, je ne l'ai vu qu'un instant. Je suis désolée, mais il faut que je parte...

— C'est triste de ne pas voir ses amis. Je pourrais peut-être vous parler d'eux et vous en dire deux ou trois choses. Par exemple, qu'ils vivent dans un village *eta.*

— Pardon ?

— Oui. Il semble que ses amis aient demandé la permission de vivre là-bas plutôt que dans des endroits civilisés. Curieux, *neh ?* Ce n'est pas comme l'Anjin-san. Il est différent, lui. La rumeur circule qu'ils trouvent cet endroit plus proche de leur pays... Le village *eta.* Curieux, *neh ?* »

Mariko se souvint combien l'Anjin-san lui avait paru bizarre dans les escaliers, ce jour-là. Voilà qui explique tout, pensa-t-elle. *Eta !* Sainte Vierge, pauvre homme ! Comme il a dû avoir honte ! « Je suis désolée, Gyoko-san, que disiez-vous ?

— Je disais simplement qu'il était curieux que l'Anjin-san soit si différent des autres.

— A quoi ressemblent-ils ? Les avez-vous déjà vus ? Les autres ?

— Non, madame. Je n'irais certainement pas là. Qu'ai-je à voir avec eux ? Avec des *eta ?* Je dois penser à mes clients, à ma Kiku-san, à mon fils !

— Ah, oui, votre fils ! »

Le visage de Gyoko s'attrista. « Avez-vous une idée de la raison de notre disgrâce ?

— Non, je suis certaine que vous vous trompez. Le contrat a été respecté, selon les termes de l'accord ?

— Oh, oui, merci. J'ai une lettre de crédit auprès des marchands de riz de Mishima, payable sur exigence de ma part. Moins que ce que nous avions convenu certes, mais... Je suis loin de penser à l'argent. Qu'est-ce que l'argent quand vous avez perdu les faveurs de votre maître ?

— Je suis certaine que vous avez toujours ses faveurs.

— Oh, les faveurs ! J'étais aussi inquiète au sujet des vôtres, dame Toda.

— Vous avez toujours mon amitié, Gyoko-san. Nous pourrions peut-être parler une autre fois. Il faut vraiment que je m'en aille. Je suis vraiment désolée...

— Comme vous êtes bonne. J'aimerais tant... ajouta Gyoko de sa voix la plus mielleuse au moment où Mariko s'apprêtait à partir. Mais en aurez-vous le temps ? Vous partez demain, *neh ?* »

Mariko sentit comme un poinçon de glace lui transpercer la poitrine en voyant le piège se refermer sur elle.

« Ça ne va pas, madame ?

— Non... Non, Gyoko-san. Est-ce que... A l'heure du chien, cette nuit... Cela vous convient-il ?

— Vous êtes vraiment trop bonne, madame. Puisque vous allez maintenant voir notre maître, pourriez-vous intercéder en notre faveur ? Nous ne demandons que bien peu de chose, *neh ?*

— J'en serais heureuse. » Mariko réfléchit un instant. « On peut toujours demander certaines faveurs, même si elles ne sont pas exaucées pour autant. »

Gyoko se raidit légèrement. « Oh, vous les lui avez déjà demandées... Vous lui avez demandé de nous accorder ses faveurs à nouveau ?

— Bien sûr... Pourquoi ne l'aurais-je pas fait ? dit Mariko prudemment.

— Kiku-san n'est-elle pas une favorite ? N'êtes-vous pas un vassal dévoué ? N'avez-vous pas reçu de faveurs par le passé ?

— Mes souhaits sont toujours si petits. Tout ce que j'ai dit auparavant reste toujours valable, madame. Peut-être même davantage.

— Au sujet des chiens squelettiques et affamés ?

— Non. Au sujet des grandes oreilles et des langues bien pendues.

— Oh, oui, les secrets.

— Ce serait si facile de me donner satisfaction. Les faveurs de mon maître et celle de ma dame ne sont pas beaucoup demander, *neh ?*

— Non. Si une occasion se présente... Je ne peux rien promettre.

— Jusqu'à ce soir, madame. »

« Hello, dit Blackthorne.

— Bonsoir, Anjin-san. Vous avez l'air bien content.

— Merci. Ce n'est que la vue d'une si charmante dame, *neh ?*

— Oh, merci, répondit Mariko. Comment va votre bateau ?

— Première classe. Voulez-vous monter à bord ? J'aimerais vous le faire visiter.

— Est-ce permis ? J'ai reçu ordre de venir ici pour rencontrer Sire Toranaga.

— Oui. Nous l'attendons tous. » Blackthorne se retourna et parla au samouraï en chef, sur le quai. « Capitaine, emmener dame là-bas. Montrer bateau. Quand Sire Toranaga arriver... Vous appeler, *neh ?*

— Comme vous voulez, Anjin-san. »

Blackthorne montra le chemin à Mariko. Des samouraïs étaient postés le long des barrières et la sécurité était plus stricte que jamais, à terre et à bord. Il se dirigea d'abord vers le gaillard d'arrière. « Tout ceci m'appartient complètement, dit-il avec orgueil.

— Vos membres d'équipage sont-ils là ?

— Non, pas aujourd'hui, Mariko-san. » Il lui fit faire le tour du bateau très rapidement puis la fit descendre à l'entrepont. « Voici le carré. » Les hublots arrière donnaient sur la plage. Il ferma la porte. Ils étaient complètement seuls.

« C'est votre cabine », demanda-t-elle, Il secoua la tête en la contemplant. Elle vint se blottir dans ses bras. Il la serra très fort. « Comme vous m'avez manqué...

— J'ai tant de choses à vous dire et à vous demander.

— Je n'ai rien à vous dire, sinon que je vous aime de tout mon cœur. »

Elle frissonna entre ses bras et essaya de contenir cette peur qui l'étreignait. Et si Gyoko-san ou quelqu'un d'autre les dénonçait... « J'ai si peur pour vous.

— N'ayez pas peur, Mariko-san, mon amour. Tout va très bien se passer.

— C'est ce que je me dis, mais il est impossible d'accepter le *karma* et la volonté de Dieu, aujourd'hui.

— Vous étiez si lointaine, la dernière fois.

— Nous sommes à Yedo, mon amour. De l'autre côté du Premier Pont.

— *C'était* à cause de Buntaro-san, n'est-ce pas ?

— Oui, dit-elle simplement. A cause de lui et de la décision prise par Toranaga. C'est un tel gâchis... Je n'aurais jamais cru que j'oserais dire ça tout fort... Mais il fallait que je le dise. Désolée. » Elle se blottit un peu plus au creux de son épaule.

« Quand il se rendra à Osaka, êtes-vous, vous aussi, finie ?

— Oui. Le clan des Toda est trop important et trop puissant. On ne me laissera, de toute façon, pas en vie.

— Vous devez alors partir avec moi. Nous nous échapperons. Nous...

— Je suis désolée mais il n'y a pas de fuite possible.

— A moins que Toranaga ne nous le permette, *neh ?*

— Pourquoi nous le permettrait-il ? »

Blackthorne lui raconta rapidement ce qu'il avait dit à Toranaga mais pas ce qu'il avait demandé pour elle. « Je sais que je peux contraindre les prêtres à lui rallier Kiyama et Onoshi, s'il me laisse prendre *ce* Vaisseau noir. Et je sais que je peux le prendre !

— Oui, dit-elle, heureuse, pour le bien de l'Église, qu'il soit entravé par la décision de Toranaga. » Elle examina encore une fois la logique de son plan et le trouva sans bavures. « Ça devrait marcher, Anjin-san. Maintenant qu'Harima nous est hostile, il ne devrait plus y avoir de raison pour que Toranaga n'ordonne pas une attaque, s'il part en guerre et ne se rend pas.

— Si Sire Kiyama ou Sire Onoshi, ou tous les deux ensemble, se joignaient à lui, la balance ne pencherait-elle pas en sa faveur ?

— Oui, dit-elle. Avec Zataki et du temps. » Elle lui avait déjà expliqué l'importance stratégique du contrôle de Zataki sur la route du nord. « Mais Zataki est l'ennemi de Toranaga-sama.

— Écoutez-moi, Je peux étrangler les prêtres. Je suis désolé, mais ce sont *mes* ennemis bien qu'ils soient *vos* prêtres. Je peux les dominer à son profit. Au mien également. M'aiderez-vous à l'aider ? »

Elle le regarda fixement, « Comment ?

— Aidez-moi à le convaincre de me donner une chance. Persuadez-le de retarder son départ pour Osaka. »

Un bruit de sabots et des éclats de voix résonnèrent sur la jetée. Distraits, ils s'approchèrent des hublots. Des samouraïs écartèrent l'une des barrières. Le père Alvito éperonna son cheval et fit son entrée sur le port.

« Que veut-il ? » marmonna Blackthorne méchamment.

Ils regardèrent le prêtre descendre de selle, sortir un parchemin de sa manche et le tendre au chef des samouraïs qui le lut.

« Quoi qu'il veuille, cela semble officiel, dit-elle d'une petite voix.

— Écoutez-moi, Mariko-san. Je ne suis pas contre l'Église. L'Église n'est pas un mal en soi. Ce sont les prêtres et ils ne sont pas tous mauvais. Alvito n'est pas mauvais, quoique fanatique. Devant Dieu, je suis certain que les Jésuites iront se prosterner devant Sire Toranaga si je prends leur Vaisseau noir et menace celui de l'année prochaine, parce qu'ils ont absolument besoin d'argent. Comme le Portugal et l'Espagne en ont absolument besoin. Toranaga est plus important. M'aiderez-vous ?

— Oui, je vous aiderai, Anjin-san. Mais je ne peux pas trahir l'Église.

— Tout ce que je vous demande c'est de parler à Toranaga ou de m'aider à lui parler. »

Une sonnerie de clairon retentit au lointain. Ils s'approchèrent à nouveau du hublot. Tous les regards étaient tournés vers l'ouest. Une procession de samouraïs entourant une litière fermée avançait, en provenance du château.

La porte de la cabine s'ouvrit. « Anjin-san, venez maintenant, s'il vous plaît », dit le samouraï. Blackthorne montra le chemin à Mariko et ils regagnèrent le pont. Blackthorne fit un salut glacial à Alvito qui lui rendit la pareille.

« Hello, Mariko-san. Que je suis heureux de vous voir.

— Merci, mon père,

— Que les bénédictions de Dieu soient sur vous. » Il fit le signe de la croix. « *In nomine Patris et Filii et Spiritus sancti.*

— *Amen.* Merci, mon père. »

Alvito jeta un regard vers Blackthorne « Alors, pilote ? Et votre bateau ?

— Je suis sûr que vous êtes déjà au courant.

— Oui. » Alvito regarda l'*Érasme,* le visage grave. « Que Dieu le maudisse, lui et tous les hommes qui naviguent à son bord, s'il est utilisé contre la Foi et le Portugal !

— Est-ce pour ça que vous êtes venu ? Pour répandre votre venin ?

— Non, pilote. J'ai reçu ordre de venir ici pour rencontrer sire Toranaga. Je trouve votre présence tout aussi désagréable que vous, la mienne.

— Votre présence ne m'est pas désagréable, mon père. C'est simplement le mal que vous représentez qui l'est. »

Alvito rougit de colère et Mariko dit rapidement : « Je vous en prie. C'est très laid de se quereller en public. Je vous demande de mesurer vos paroles.

— Oui, excusez-moi, Mariko-san. » Le père Alvito se retourna et regarda la litière qui arborait l'étendard de Toranaga.

Le palanquin stoppa. Les rideaux s'ouvrirent. Yabu en sortit à la stupéfaction de tous. Ils s'inclinèrent. Yabu leur rendit le salut avec arrogance.

« Comment allez-vous, Anjin-san ?

— Très bien, Sire. Et vous ?

— Très bien, merci, Sire Toranaga étant malade, il m'a demandé de venir à sa place. Vous comprenez ?

— Oui, compris. » Blackthorne tenta de dissimuler sa déception. « Désolé, sire Toranaga malade. » Yabu haussa les épaules, salua respectueusement Mariko tout en feignant de ne pas voir Alvito. Il observa le bateau pendant un moment. Il avait un drôle de sourire quand il se retourna vers Blackthorne. « *So desu,* Anjin-san. Votre bateau est différent depuis la dernière fois que je l'ai vu, *neh ?* Vous êtes différent. Tout est différent... Même notre monde est différent, *neh ?*

— Désolé, pas compris, Sire. Paroles trop vite. Mon... » Blackthorne commença sa phrase type mais Yabu l'interrompit, d'une voix gutturale. « Mariko-san, veuillez, s'il vous plaît, traduire pour moi. »

Elle obéit.

Blackthorne acquiesça et dit lentement : « Oui. Différent, Yabu-sama.

— Oui, très diffèrent. Vous n'êtes plus un barbare mais un samouraï. Votre bateau aussi, *neh ?* »

Blackthorne vit le sourire s'étaler sur les lèvres épaisses de Yabu et fut tout à coup ramené en arrière, à Anjiro, à genoux sur la plage, Croocq dans le chaudron. Les hurlements de Pieterzoon emplissaient ses oreilles, la puanteur du trou envahissait ses narines et son esprit hurlait : « Tout ça est si inutile... Toute cette souffrance, cette terreur, Pieterzoon, Spillbergen, Maetsukker, la prison, les *eta,* ce piège... Tout ça par ta faute !

— Tout va bien, Anjin-san ? lui demanda Mariko, prise de panique à la vue de son regard.

— Quoi ? Oh, oui... Oui, tout va bien.

— Qu'a-t-il ? » demanda Yabu.

Blackthorne secoua la tête pour reprendre ses esprits. « Je suis désolé. Excusez-moi, je... Je... Rien. Tête mal... Pas sommeil. Désolé. » Il fixa à nouveau Yabu. « Désolé Toranaga-sama malade... Espérer pas avoir soucis Yabusama.

— Non, pas de soucis. » Oui, tu ne me causes que des soucis depuis que tu es arrivé sur ce rivage avec ton maudit bateau, pensa Yabu. Izu n'est plus, tout honneur a disparu et ma tête est maintenant condamnée, à cause d'un lâche. « Pas de soucis, Anjin-san, dit-il amicalement. Toranaga-sama m'a demandé de vous donner vos vassaux comme il vous l'avait promis. » Ses yeux tombèrent sur Alvito. « Tsukku-san ? Pourquoi êtes-vous l'ennemi de Toranaga-sama ?

— Je ne suis pas son ennemi, Kasigi Yabu-sama.

— Vos daimyōs chrétiens le sont, *neh ?*

— Excusez-moi, Sire, mais nous ne sommes que des prêtres. Nous ne sommes pas responsables des opinions politiques de ceux qui honorent la Vraie Foi. Nous n'exerçons aucun contrôle sur ces *daimyōs* qui...

— La *Vraie Foi* de ce pays des dieux est le shinto conjointement avec le Tao, la voie de Bouddha ! »

Alvito ne répondit pas. Yabu se retourna avec mépris et hurla un ordre. Le groupe de samouraïs en guenilles se mit en rangs devant le bateau. Pas un seul d'entre eux n'était armé. Certains avaient les mains liées.

Alvito s'avança et s'inclina. « Vous voudrez bien m'excuser, Sire. Je devais voir Sire Toranaga. Comme il ne vient pas...

— Sire Toranaga voulait que vous serviez d'interprète à l'Anjin-san, l'interrompit Yabu cavalièrement, comme Toranaga le lui avait demandé. Oui, pour traduire comme vous seul savez le faire, *neh ?* Vous n'émettez, bien sûr, aucune objection à faire pour moi ce que vous deviez faire pour Sire Toranaga ?

— Bien sûr que non, Sire.

— Très bien ! Mariko-san, Sire Toranaga vous demande de veiller à la précision de la traduction des réponses de l'Anjin-san. » Alvito rougit mais maîtrisa sa colère. « Oui, Sire », lui répondit Mariko en le haïssant.

Yabu lança un autre ordre. Deux samouraïs se dirigèrent vers la litière et en revinrent avec le coffre du navire. « Tsukku-san, à vous. Écoutez-moi, Anjin-san. Sire Toranaga m'a demandé de vous rendre ceci. C'est à vous, *neh ?* Ouvrez-le », ordonna-t-il aux samouraïs. Le coffre était plein à ras bord de pièces d'argent. « Tout y est.

— Merci. » Blackthorne n'arrivait pas à en croire ses yeux car ça lui donnait les moyens d'acheter le meilleur équipage sans faire de promesses.

« Il doit être remis dans la chambre forte du bateau.

— Oui, bien sûr. »

Yabu fit signe aux samouraïs de monter à bord. Puis il dit à Alvito, de plus en plus furieux : « Sire Toranaga m'a prié de vous dire que vous étiez libre de partir ou de rester. Dans notre pays, vous êtes samouraï et *hatamoto,* régi par la loi des samouraïs. En mer, loin de nos rivages, vous êtes ce que vous étiez avant d'arriver ici et vous tombez sous le coup des lois barbares. Sire Toranaga vous octroie le droit, à vie, d'accoster dans n'importe quel port sous son contrôle sans être fouillé par les autorités portuaires. Ces deux cents hommes enfin sont vos vassaux. Il m'a officiellement demandé de vous les confier, avec leurs armes, comme il vous l'avait promis...

— Je peux partir quand et comme je le veux ? demanda Blackthorne sans y croire.

— Oui, Anjin-san. Vous pouvez partir comme Sire Toranaga en a décidé. »

Blackthorne regarda Mariko qui évita son regard. Il se tourna donc à nouveau vers Yabu. « Puis-je partir demain ?

— Si vous le désirez. Quant à ces hommes, ce sont des *ronin.* Ils viennent tous des provinces du Nord, ont tous accepté de vous faire serment d'allégeance. Ce sont de bons guerriers. Aucun n'a commis de crime ayant pu être prouvé. Ils sont devenus *ronin* parce que leurs maîtres ont été tués, sont morts ou ont été déposés. Plusieurs d'entre eux ont combattu en mer, contre les *wako.* » Yabu sourit de cette façon vicieuse qui n'appartenait qu'à lui seul. « Certains ont pu être *wako...* Vous comprenez le mot *wako ?*

— Oui, Sire.

— Ceux qui ont les mains liées sont probablement des bandits ou des *wako.* Ils sont venus en bande et se sont portés volontaires pour vous servir en échange d'un pardon pour leurs crimes antérieurs. Ils ont prêté serment à sire Noboru — qui est allé chercher tous ces hommes pour vous, sur les ordres de sire Toranaga — qu'ils n'avaient jamais commis de crime contre Sire Toranaga ou l'un de ses samouraïs. Vous pouvez les accepter individuellement, en groupe ou les refuser. Vous comprenez ?

— Je peux tous les refuser ?

— Pourquoi feriez-vous ça ? demanda Yabu. Sire Noboru les a soigneusement triés sur le volet.

— Bien sûr », dit Blackthorne avec lassitude, sentant la mauvaise humeur grandissante du *daimyō*. Je comprends très bien. Mais ceux qui ont les mains liées... Que leur arrivera-t-il si je les refuse ?

— Ils auront, bien sûr, la tête tranchée. Qu'est-ce que ça a à voir ?

— Rien. Excusez-moi.

— Suivez-moi. » Yabu se dirigea vers sa litière.

Blackthorne jeta un coup d'œil vers Mariko. « Je *peux* partir. Vous avez entendu ?

— Oui.

— Ça veut dire... Je vis un rêve. Il dit que...

— Anjin-san ! »

Blackthorne se hâta de rejoindre Yabu. La litière servait de dais. Un scribe avait installé une écritoire sur laquelle étaient disposés des parchemins, Un peu plus loin, des samouraïs gardaient un tas d'épées, de lances, de boucliers, de haches, d'arcs et de flèches. Yabu fit signe à Blackthorne de s'asseoir près de lui. Alvito leur faisait face. Le scribe appela des noms. Chaque homme s'avançait, s'inclinait, donnait son nom et sa lignée, prêtait serment d'allégeance, signait son parchemin, le cachetait d'une goutte de son sang, s'agenouillait une dernière fois devant Blackthorne puis se levait et passait chez l'armurier.

Les trente *ronin* aux mains entravées passèrent les derniers. Blackthorne insista personnellement pour qu'on leur tranchât leurs liens. Ils prêtérent serment d'allégeance l'un après l'autre : « Sur mon honneur de samouraï, je jure que vos ennemis sont les miens et je fais serment de toujours vous obéir. »

Un début d'altercation éclata entre les deux derniers *ronin* sur le choix des armes qui restaient. « Vous deux, fermez-la », hurla Yabu. Les deux hommes se retournèrent et l'un d'eux cria : « Vous n'êtes pas mon maître ! Où sont donc passées vos maniéres ? Dites s'il vous plaît, ou fermez-la vous-même. »

Yabu se dressa et se jeta sur le *ronin* qui venait de l'insulter, en brandissant son épée. Les hommes s'éparpillèrent et les *ronin* s'enfuirent. Arrivé au bord du quai, l'homme dégaina son épée, se retourna et passa à l'attaque en poussant un cri de guerre affreux. Tous ses amis vinrent aussitôt à son secours, Yabu se trouva pris au piège. L'homme chargea. Yabu évita un coup d'épée, en décocha un autre et rata sa cible. Les hommes se rapprochèrent pour la curée. Les samouraïs de Toranaga arrivèrent trop tard. Ils savaient déjà que Yabu était un homme mort.

« Arrêtez ! » hurla Blackthorne en japonais. Tous se figèrent. Yabu rompit le charme en se lançant à nouveau sur l'homme qui l'avait insulté. Le *ronin* faisait des bonds en arrière ou de côté, en brandissant son épée au-dessus de sa tête, attendant, sans aucune crainte dans le regard, le début d'une nouvelle attaque. Ses amis hésitèrent.

« *Aller là-bas ! Immédiatement ! Ordre !* »

Les hommes reculèrent et rengainèrent leurs épées à contrecœur. Yabu faisait face à son adversaire et tournait en rond, lentement.

« *Vous !* cria Blackthorne. *Arrêter ! Épée baisser ! Ordre !* »

L'homme continua de fixer Yabu de ses yeux furieux. Il entendit l'ordre et se mouilla les lèvres. Il fit une feinte à gauche, une autre à droite. Yabu battit en retraite. L'homme en profita pour lui échapper, se rapprocha de Blackthorne et déposa son épée à ses pieds. « J'obéis, Anjin-san. Je ne l'ai pas attaqué. » Comme Yabu repartait à la charge, le jeune homme, plus agile que lui, fit un bond de côté.

« Yabu-san, cria Blackthorne. Désolé. Penser erreur, *neh ?* Peut-être... »

Mais Yabu cracha tout un flot de mots japonais et fonça sur l'homme qui s'enfuit.

Alvito était amusé. « Yabu-san dit qu'il n'y a pas d'erreur, pilote. Ce *cabron* doit mourir. Aucun samouraï ne saurait accepter une telle insulte ! » Blackthorne sentit qu'ils le regardaient tous. Il essaya désespérément de trouver une solution et de prendre une décision. Il observa Yabu qui pourchassait son adversaire. Sur la gauche, un samouraï de Toranaga bandait son arc et visait. Le seul bruit qui régnait sur le quai était celui de ces deux hommes haletants qui couraient et s'injuriaient. Le *ronin* recula puis se retourna et s'enfuit en invectivant Yabu.

Alvito dit : « Il met Yabu au défi. Il lui dit qu'il est samouraï, qu'il ne tue pas des gens désarmés, comme lui. Il lui dit que lui n'est pas un samouraï, qu'il est un *eta,* que sa mère était *eta,* que son père l'était également... » Le jésuite se tut. Yabu venait de pousser un hurlement de rage et faisait signe à l'un des hommes. Il criait quelque chose. « Yabu ordonne qu'on rende son épée à son adversaire. »

Le *ronin* hésita et regarda Blackthorne, en attendant l'ordre.

Yabu se tourna vers Blackthorne et cria : « Rendez-lui son épée ! »

Blackthorne ramassa l'épée. « Yabu-san, demander pas se battre, dit-il en souhaitant la mort de Yabu. Demander pas se battre...

— *Rendez-lui son épée !* »

Une vague de colère déferla parmi les hommes de Blackthorne. Il leva la main. « Silence ! » Il regarda son vassal-*ronin.* « Venir ici ! »

L'homme regarda Yabu, fit une passe à gauche puis une autre à droite et se précipita près de Blackthorne. Yabu ne le suivit pas. Il attendit et, tel un taureau furieux, se prépara à la charge suivante. L'homme s'inclina devant Blackthorne et prit son épée. Il se tourna vers Yabu et, en poussant un cri de guerre hystérique, passa à l'attaque. Les épées s'entrechoquèrent plusieurs fois. Les deux hommes tournoyèrent en silence. Yabu chancela. Le *ronin* se jeta sur une proie aussi facile mais Yabu évita habilement le coup en se rejetant de côté et frappa. Il trancha les mains de l'homme, toujours agrippées à leur arme. Pendant un instant, le *ronin* resta là, à hurler tout en contemplant ses moignons, puis Yabu lui décolla la tête. Le silence tomba, puis un tonnerre d'applaudissements éclata et encercla Yabu. Il assena encore un coup d'épée sur le corps secoué de spasmes, puis, son honneur sauf, attrapa la tête par les cheveux et lui cracha au visage. Il jeta la tête au loin, s'approcha tranquillement de Blackthorne et le salua.

« Excusez mes mauvaises manières, Anjin-san. Merci de lui avoir donné son épée », dit-il poliment. Alvito traduisit. « Je m'excuse d'avoir crié. Merci d'avoir permis si honorablement à mon épée de recevoir le baptême du sang. » Il regarda l'épée que Toranaga lui avait offerte. Il en examina soigneusement le tranchant. Il était toujours parfait. Il défit sa ceinture de soie pour nettoyer la lame. « Il ne faut jamais toucher une lame avec vos doigts, Anjin-san. Ça l'abîmerait. Une lame ne doit sentir que la soie ou le corps de votre ennemi. » Il se tut et releva la tête. « Puis je poliment vous suggérer d'autoriser vos vassaux à essayer leurs lames ? Ce serait un bon présage pour eux. »

Il était tard dans l'après-midi quand Yabu rentra chez lui. Des serviteurs lui enlevèrent ses vêtements souillés de sueur et lui donnèrent un kimono d'intérieur propre. Yuriko, sa femme, l'attendait dans la fraîcheur de la véranda, avec du thé et du saké bouillants, comme il aimait.

« Saké, Yabu-san ? » Yuriko était une grande femme mince aux cheveux poivre et sel. Son kimono sombre de qualité médiocre mettait en valeur la blancheur de sa peau.

« Merci, Yuriko-san. » Yabu but le vin avec plaisir.

« Tout s'est bien passé, m'a-t-on dit.

— Oui.

— Ce *ronin*, quelle impertinence !

— Il a été utile, madame. Je me sens bien maintenant. J'ai donné le baptême du sang à l'épée de Toranaga et je l'ai faite mienne. » Yabu vida sa tasse, Sa main taquinait le pommeau de son épée, « Mais vous n'auriez pas aimé ce combat. C'était un enfant... Il est tombé dans le premier piège. »

Elle le toucha tendrement. « Je suis contente qu'il ait agi ainsi, mon cher mari.

— Ça m'a fait à peine transpirer. » Yabu se mit à rire. « Vous auriez dû voir le prêtre ! Ça vous aurait fait très plaisir de le voir suer à grosses gouttes. Je ne l'avais jamais vu aussi en colère. Ce cannibale ! Ce sont tous des cannibales ! C'est dommage qu'il n'existe pas un moyen de les éliminer avant que nous ne quittions cette terre.

— Vous croyez que l'Anjin-san en est capable ?

— Il va essayer. Avec vingt bateaux, je pourrais contrôler toutes les eaux, d'ici à Kyushu. Rien qu'avec lui, je pourrais faire mal à Kiyama, Onoshi et Harima. Éliminer Jikkyu et conserver Izu ! Nous n'avons besoin que d'un peu de temps et chaque *daimyō* luttera bientôt contre son propre ennemi. Izu sera sauvé. A nouveau à moi ! Je ne comprends pas pourquoi Toranaga laisse partir l'Anjin-san. Voilà encore un gâchis inutile ! » Il ferma le poing et frappa le tatami. La servante sursauta mais ne dit rien. Yuriko ne fit pas le moindre geste. Un sourire errait sur son visage.

« Comment l'Anjin-san a-t-il pris la nouvelle de sa liberté et de ses vassaux ? demanda-t-elle.

— Il était si heureux... On aurait dit un vieil homme rêvant qu'il a un yang à quatre branches. Il... Oh, oui... » Yabu fronça les sourcils en se souvenant. « Mais il y a une chose que je ne comprends toujours pas. Quand ces *wako* m'ont encerclé, j'étais un homme mort. Aucun doute là-dessus. Mais l'Anjin-san les a arrêtés et m'a sauvé la vie. Il n'avait aucune raison de faire ça, *neh ?* Quelques instants avant, j'avais lu la haine dans ses yeux...

— Il vous a sauvé la vie ?

— Oui. Étrange, *neh ?*

— Il se passe beaucoup de choses étranges, mon mari. » Elle congédia la servante puis lui demanda calmement : « Que voulait Toranaga ? »

Yabu se pencha et murmura : « Je crois qu'il veut que je devienne commandant en chef.

— Pourquoi ferait-il ça ? Main de Fer serait-il à l'agonie ? Et sire Sudara ? Et Buntaro ? Et sire Noboru ?

— Qui sait, madame ? Ils sont tous en disgrâce, *neh ?* Toranaga change si souvent d'avis que personne ne peut jamais prévoir ce qu'il va faire. Il m'a d'abord prié de me rendre au port à sa place et m'a expliqué comment il voulait que les choses soient dites, puis il a parlé de Hiromatsu qui commençait à se faire vieux et m'a demandé ce que je pensais honnêtement du Régiment des mousquets.

— Serait-il sur le point de décréter “Ciel pourpre” ?

— Ce plan est toujours prêt mais il n'a pas eu jusqu'à présent le courage de le mettre en action. Cela requiert un commandement et de l'habileté. Il avait tout ça, dans le temps. Plus aujourd'hui. Il n'est plus que l'ombre du Minowara qu'il était. J'ai été très troublé par son visage. J'ai commis une erreur. J'aurais dû prendre parti pour Ishido.

— Je crois que vous avez fait un choix très judicieux.

— Pardon ?

— Prenez d'abord votre bain. Je pense avoir ensuite un cadeau pour vous.

— Quel cadeau ?

— Votre frère Mizuno vient après le repas du soir.

— Vous appelez ça un cadeau ? » Yabu se rebiffa. « En quoi ai-je besoin de cet imbécile ?

— Un renseignement ou un peu de sagesse, même dits par un imbécile, peuvent avoir autant de valeur que venant d'un conseiller, *neh ?* Parfois même plus.

— Quel renseignement ?

— Prenez d'abord votre bain. Mangez ensuite. Vous avez besoin d'avoir la tête froide, ce soir, Yabu-chan. »

Yabu l'aurait bien pressée de questions mais le bain le tentait et, en vérité, il était envahi par une délicieuse lassitude qu'il n'avait pas ressentie depuis bien longtemps. Elle était en partie due au respect avec lequel Toranaga l'avait traité ce matin, au respect que lui avaient également témoigné les généraux, ces derniers jours, mais aussi et surtout à cette source de joie qu'avait exsudée son épée. Ah, tuer si proprement d'homme à homme, face à d'autres *hommes !* Voilà une joie qui n'était donnée qu'à un petit nombre, et ce très rarement ! Suffisamment rarement pour être appréciée à sa juste valeur. Il quitta donc sa femme, se détendit et se laissa aller à sa joie. Il laissa les mains le nettoyer, le rafraîchir et, régénéré, il passa dans une pièce donnant sur la véranda. Les derniers rayons du couchant embrasaient le ciel. Le croissant de lune était mince et très bas. L'une de ses servantes lui servit délicatement son repas du soir. Il mangea frugalement et en silence. La jeune fille lui demanda en souriant et sur un ton d'invite : « Dois-je arranger les *futons,* Sire ? »

Yabu secoua la tête. « Plus tard. Dites d'abord à ma femme que je veux la voir. » Yuriko arriva.

« Votre frère attend. Voyez-le d'abord, Sire, puis nous parlerons, vous et moi, seul à seul. »

Kasigi Mizuno, frère cadet de Yabu, père d'Omi, était un petit homme aux yeux globuleux, au large front et aux cheveux rares. Ses épées ne semblaient pas lui aller et il arrivait à peine à s'en servir. Il n'était pas meilleur au tir à l'arc. Mizuno s'inclina et félicita Yabu de son adresse, car les nouvelles de son exploit s'étaient très vite répandues autour du château, rehaussant encore sa réputation de guerrier. Puis, anxieux de plaire, il en vint au motif de sa visite. « J'ai reçu aujourd'hui une lettre codée de mon fils, Sire. Dame Yuriko a pensé qu'il valait mieux que je vous la remette en main propre. Il tendit le parchemin à Yabu, avec la clef du code. Le message d'Omi disait : « Père, faites part rapidement et confidentiellement à sire Yabu que sire Buntaro est venu à Mishima *secrètement, via Takato.* L'un de ses hommes a laissé échapper ce renseignement un soir de beuverie que j'avais organisée en leur honneur. Durant cette visite secrète à Takato qui a duré trois jours, Buntaro a vu deux fois sire Zataki et trois fois la mère de Zataki. Avant de quitter Mishima, sire Hiro-matsu a dit à sa nouvelle concubine, la dame Oko, de ne pas s'inquiéter parce que "tant que je suis vivant sire Toranaga ne quittera jamais le Kwanto". »

Yabu leva la tête. « Comment Omi-san peut-il savoir ce que Main de Fer a dit à sa concubine en privé ? Nous n'avons pas d'espions dans sa maison ?

— Nous en avons à présent, Sire. Je vous en prie. Poursuivez votre lecture.

« Sire Hiro-matsu est résolu à commettre une trahison, *si nécessaire* à ordonner "Ciel pourpre" malgré le refus de Toranaga, avec ou sans approbation de sire Sudara, *si nécessaire.* Voilà des vérités auxquelles on peut croire ! La servante personnelle de dame Oko est la fille de la nourrice de ma femme et a été présentée au service de dame Oko, à Mishima, quand, regrettablement, sa propre servante a été curieusement atteinte d'une maladie incurable. Buntaro-san agit comme un fou. Il a mis ce matin un samouraï au défi sans aucun prétexte et l'a massacré en maudissant le nom de l'Anjin-san. Des espions font état de ce qu'Ikawa Jikkyu aurait massé dix mille hommes à Suruga, prêts à franchir nos frontières. Transmettez mes respects à sire Yabu, je vous prie... » Le reste du message était sans importance.

« Jikkyu ! Dois-je aller à la mort sans m'être vengé de ce diable ?

— Patience, Sire, dit Yuriko. Je vous en prie, poursuivez Mizuno-san.

— Sire, dit le petit homme. Nous avons essayé de mettre votre plan à exécution depuis des mois, celui que vous nous aviez suggéré quand le barbare est arrivé. Vous vous souvenez de toutes ces pièces d'argent... Vous nous aviez dit qu'en en donnant cent ou même cinq cents à la personne adéquate, cela nous permettrait d'éliminer Ikawa Jikkyu, une bonne fois pour toutes. Il semble que Mura, le chef d'Anjiro, ait un cousin dont le frère est maintenant le meilleur cuisinier de Suruga. On m'a dit aujourd'hui qu'il venait d'entrer au service de Jikkyu. On lui a donné deux cents pièces d'avance. Le prix total est de cinq cents...

— Nous n'avons pas cette somme. C'est impossible ! Comment pourrais-je en réunir cinq cents quand... je suis endetté au point de ne pouvoir en réunir cent !

— Excusez-moi, Sire. Je suis désolé mais nous avons déjà mis l'argent de côté. Il n'y avait pas vraiment le compte dans le coffre du barbare. On avait déjà enlevé mille pièces avant que l'argent soit officiellement compté. Je suis désolé. »

Yabu le regarda bouche bée. « Quoi ?

— Il semble qu'Omi-san ait reçu ordre de le faire en votre nom. L'argent a été secrètement apporté ici et confié à dame Yuriko à qui nous avions d'abord demandé la permission. »

Yabu réfléchit pendant un long moment. « Qui a ordonné ça ?

— Moi, après avoir cherché vainement à obtenir votre permission.

— Merci, Mizuno-san. Merci, Yuriko-san. » Yabu les salua tous deux. « Donc, Jikkyu ? A la fin des fins ! » Il donna à son frère une bourrade amicale sur l'épaule. « Vous avez merveilleusement agi, mon cher frère. Je vous enverrai quelques pièces de soie du trésor. Comment va la dame votre épouse ?

— Très bien, Sire. Elle vous demande d'accepter ses meilleurs vœux.

— Nous devrions manger ensemble. Bien... Très bien. En ce qui concerne le reste du rapport... Quelle est votre opinion ?

— Je n'en ai pas, Sire. Je serais par contre très intéressé de connaître la vôtre.

— D'abord. » Yabu se tut en captant le regard de sa femme qui lui intimait prudence. Il changea sa phrase : « Premièrement et dernièrement, tout cela veut dire qu'Omi-san, votre fils, est loyal et est un excellent vassal. Si j'avais un contrôle quelconque sur l'avenir, je le ferais avancer en grade. Oui, il mérite une promotion. »

Mizuno était aux anges. Yabu fit preuve de patience, lui parla, le félicita encore et, dés que la politesse le permit, le congédia. Yuriko fit apporter du thé. Quand ils furent seuls, il dit : « Que signifie le reste ? »

Le visage de Yuriko trahissait son excitation. « Excusez-moi, Sire, mais j'ai une autre idée à vous livrer : *Toranaga se joue de nous tous, n'a aucunement l'intention de se rendre à Osaka et n'en a jamais eu l'intention.*

— Stupidités !

— Laissez-moi vous exposer les faits... Oh, Sire, vous ne savez pas la chance que vous avez d'avoir un vassal comme Omi et un frère stupide qui a volé un millier de pièces d'argent. La preuve de ma théorie pourrait être la suivante : Buntaro-san, en qui Toranaga a confiance, est envoyé à Zataki, secrètement. Pourquoi ? Pour lui apporter vraisemblablement une nouvelle offre. Qu'est-ce qui pourrait bien tenter Zataki ? Le Kwanto. Rien d'autre. L'offre porte donc sur le Kwanto en échange de son allégeance une fois que Toranaga sera à nouveau *président du Conseil des régents. Un nouveau président avec un nouveau mandat.* Il peut alors se permettre de le lui donner, *neh ?* » Elle attendit, puis poursuivit : « S'il persuade Zataki de trahir Ishido, il aura fait le quart du chemin vers Kyoto. Comment ce pacte avec son frère peut-il être consolidé ? Par des otages ! On m'a dit, cet après-midi, que sire Sudara, dame Genjiko, leurs filles *et* leur fils doivent rendre visite à leur vénérée grand-mère à Takato, dans dix jours.

— Tous ?

— Oui. Toranaga rend ensuite son bateau à l'Anjin-san. Un bateau tout neuf avec des canons, des munitions, deux cents fanatiques et tout cet argent, en quantité suffisante pour acheter d'autres mercenaires barbares, toute la lie des *wako* de Nagasaki. Pourquoi ? Pour lui permettre d'attaquer et de prendre le Vaisseau noir. Pas de Vaisseau noir, pas d'argent et d'énormes problèmes pour les prêtres chrétiens qui contrôlent Kiyama, Onoshi et tous les *daimyōs* chrétiens traîtres.

— Toranaga n'oserait jamais faire ça ! Le Taikō a essayé et échoué. Et il était tout-puissant. Les barbares s'en iraient et nous n'aurions plus de commerce.

— Oui. Si *nous* le faisions, mais cette fois-ci il s'agit de barbares contre d'autres barbares, *neh ?* Ça n'a rien à voir avec nous. Supposez que l'Anjin-san attaque Nagasaki et sème le carnage... Harima n'est-il pas notre ennemi à l'heure actuelle, ainsi que Kiyama et Onoshi ? N'est-ce pas à cause d'eux que la plupart des *daimyōs* de Kyushu sont nos ennemis ? Supposez que l'Anjin-san incendie quelques-uns de leurs ports, harcèle leur navigation et qu'au même moment...

— Et qu'au même moment Toranaga décrète et lance "Ciel pourpre" ! explosa Yabu.

— Nous y sommes, asquiesça Yuriko. Tout cela n'explique-t-il pas l'attitude de Toranaga ? Toute cette intrigue ne lui va-t-elle pas comme un gant ? Ne fait-il pas là ce qu'il a toujours fait ? Attendre, jouer avec le temps comme toujours, un jour par-ci, un autre par-là. Un mois s'est bientôt écoulé et le voilà à nouveau pourvu d'une force incroyable pour balayer toute opposition. Il a déjà gagné un mois depuis que Zataki a transmis l'invitation à Yokosé. »

Yabu sentait son pouls battre dans ses oreilles. « Alors, nous sommes sauvés !

— Non. Mais nous ne sommes pas perdus. Je crois qu'il ne se rend pas. » Elle hésita. « Mais tout le monde a été trompé. Il est si habile, *neh !* Tout le monde a été dupé, comme nous, jusqu'à ce soir. Omi m'a enfin donné les indices que j'attendais. Nous avions tous oublié que Toranaga était un très grand comédien. Il peut rendre son visage pareil à un masque, *neh ?* Yabu essaya de mettre de l'ordre dans ses pensées mais n'y parvint pas. « Mais Ishido tient toujours le Japon contre nous !

— Oui. Moins Zataki. Et il doit y avoir d'autres alliances secrètes. Toranaga et vous, vous pouvez tenir les cols jusqu'au jour J.

— Ishido détient la citadelle d'Osaka, l'héritier et la fortune de Taïkō.

— Oui, mais il s'y cache. Quelqu'un le trahira.

— Que dois-je faire ?

— Le contraire de Toranaga. Laissez-lui l'attente. Forcez l'allure.

— Comment ça ?

— Le premier point est que Toranaga a oublié la seule chose que vous ayez remarquée, cet aprés-midi. La colère dévastatrice du Tsukku-san. Pourquoi ? Parce que l'Anjinsan menace leur avenir, *neh* ?Vous devez donc immédiatement prendre l'Anjin-san sous votre protection, sinon les prêtres ou leurs fantoches le tueront dans les heures qui viennent. L'Anjin-san a besoin de votre aide et de votre protection pour se procurer son nouvel écluipage à Nagasaki. Sans vous et vos hommes, il échouera. Sans lui, sans son bateau, ses canons et ses barbares, Nagasaki ne brûlera pas et cela doit arriver, sinon Kiyama, Onoshi, Harima et ces maudits prêtres ne seront pas assez distraits pour retirer momentanément leur soutien à Ishido. Entre-temps, Toranaga, miraculeusement soutenu par Zataki et se fanatiques, passera les cols de Shinano avec vous, à la tête du Régiment des mousquets, et dévalera dans les plaines de Kyoto.

— Oui. Vous avez raison, Yuriko-san ! Il faut que ça se passe de cette façon-là. Oh, vous êtes si habile, si intelligente, si sage !

— La Sagesse et la Chance ne sont d'aucune utilité si l'on n'a pas les moyens de mettre un plan à exécution, Sire. Vous êtes le seul à pouvoir le faire. Vous êtes le chef, le guerrier, le général, le stratège dont Toranaga a besoin. Vous devez le voir, cette nuit.

— Je ne peux pas aller voir Toranaga et lui dire que j'ai dévoilé sa ruse, *neh ?*

— Non, mais vous allez le supplier de vous laisser partir avec l'Anjin-san. Nous pouvons trouver une raison plausible.

— Mais si l'Anjin-san attaque Nagasaki et le Vaisseau noir, n'arrêteront-ils pas tout commerce et ne quitterontils pas nos rivages ?

— Oui. Peut-être. Mais ce ne sera que l'année prochaine. D'ici là, Toranaga sera président des régents et vous serez son commandant en chef. »

Yabu descendit de ses nuages. « Non, dit-il fermement. Une fois qu'il détiendra le pouvoir, il m'ordonnera de me faire seppuku.

— Vous serez maître du Kwanto bien avant ça. »

Il cligna des yeux. « Comment cela ?

— En fait, Toranaga ne donnera jamais le Kwanto à son demi-frère. Zataki représente une menace constante pour lui. Zataki est un homme orgueilleux, indépendant, *neh ?* Ce serait si facile pour Toranaga de le manœuvrer et de lui faire prendre une place en première ligne pendant la bataille. Si Zataki ne se fait pas tuer... Une balle perdue, peut-être, ou une flèche ? Une balle perdue certainement ! Vous devez mener le Régiment des mousquets dans la bataille, Sire.

— Pourquoi ne recevrais je pas, moi aussi, une balle perdue ?

— C'est possible, mais vous n'êtes pas parent avec Toranaga et ne représentez pas une menace pour lui. Vous deviendrez son vassal le plus dévoué. Il a besoin de généraux. Vous obtiendrez le Kwanto, Ce devra d'ailleurs être votre seul but. Il vous le donnera dès qu'Ishido sera trahi parce qu'il veut Osaka pour lui tout seul.

— Son vassal ? Mais vous m'avez dit d'attendre et...

— Je vous conseille de le soutenir de toutes vos forces. Ne suivez pas ses ordres aveuglément, comme Main de Fer. Suivez-les intelligemment. N'oubliez pas, Yabu-chan, que les soldats commettent des erreurs dans toute bataille, Les balles perdues sont choses courantes. Tant que vous commandez le Régiment, vous avez la possibilité de choisir, vous aussi... le moment, *neh ?*

— Oui, dit-il, impressionné par Yuriko.

— Souvenez-vous que vous avez intérêt à suivre Toranaga. Il est Minowara. Ishido n'est qu'un paysan. C'est lui qui est fou. Je m'en rends compte à présent. Ishido devrait déjà enfoncer les portes d'Odawara, à l'heure qu'il est, pluies ou pas. Omi-san ne vous l'a-t-il pas dit, il y a quelques mois ? Odawara n'est-elle pas sous-peuplée, en soldats ? Toranaga n'est-il pas isolé ? »

Yabu frappa le sol de joie. « C'est donc la guerre, après tout ! Que vous êtes habile de l'avoir percé à jour ! Il s'est joué de nous pendant tout ce temps, *neh ?*

— Oui », dit-elle, satisfaite.

Mariko était arrivée à la même conclusion en ne partant cependant pas des mêmes faits. Toranaga doit simuler. Il joue un jeu secret, se dit-elle. Voilà la seule explication plausible à son incroyable conduite... Rendre à l'Anjin-san son bateau, tous ses canons, sa liberté en présence du Tsukku-san ! Maintenant l'Anjin-san va résolument se tourner vers le Vaisseau noir, le prendre, menacer celui de l'année prochaine et donc meurtrir la Sainte Église et contraindre ainsi les saints hommes à pousser Kiyama et Onoshi à trahir Ishido...

Mais pourquoi ? Si cela est vrai, pensa-t-elle perplexe, et si Toranaga envisage vraiment ce plan à long terme, il ne peut bien sûr se rendre à Osaka et se prosterner devant Ishido, *neh ?* Il doit... Oh ! Et qu'en est-il alors du délai obtenu par Hiro-matsu ? Oh, Sainte Vierge qui êtes au ciel, Toranaga n'a jamais eu l'intention de se rendre ! Ce n'était qu'une ruse. Pourquoi ? Pour gagner du temps. Pour accomplir quoi ? Pour attendre et tisser mille autres ruses. Peu importe lesquelles. Toranaga est une fois de plus ce qu'il a toujours été, le tout-puissant joueur de marionnettes. Elle savoura sa découverte, joua avec, l'examina, la tourna en tous sens, ne trouvant pas de failles à son raisonnement. Mais que faire entre-temps ? se demanda-t-elle. Rien de plus que ce que tu as fait... et décidé de faire, *neh ?*

« Maîtresse ?

— Oui, Chimmoko ?

— Gyoko-san est là. Elle dit qu'elle a un rendez-vous.

— Oh, oui. J'ai oublié de te le dire. Fais chauffer du saké et apporte-le. Et fais-la entrer ici. »

Mariko repensa à cet après-midi. Elle se souvint de ses bras si forts, si tendres, où elle s'était tellement sentie en sécurité. « Puis-je vous voir cette nuit ? avait-il prudemment demandé, après le départ de Tsukku-san et de Yabu. — Oui, avait-elle répondu impulsivement. Oui, mon amour. Ce que je suis heureuse pour vous. Dites à Fujikosan... Demandez-lui de venir me chercher à l'heure du verrat. »

Dans le calme de la maison, sa gorge se contracta. Quelle folie, quel danger ! Elle arrangea son maquillage et sa coiffure devant le miroir et tenta de se composer un visage. Des pas s'approchèrent. Le *shoji* s'ouvrit.

« Oh, madame, dit Gyoko en s'inclinant profondément. Que vous êtes bonne de me recevoir.

— Vous êtes la bienvenue, Gyoko-san.

— Quelle jolie poterie, madame, si belle. »

Elles échangèrent quelques propos polis, puis Chimmoko se retira.

« Je suis désolée, Gyoko-san, mais notre maître n'est pas venu au port cet après-midi. J'espère le voir avant mon départ.

— Oui. On m'a dit que Yabu-san s'y était rendu à sa place.

— Dès que je verrai Toranaga-sama, je le lui redemanderai, mais je m'attends à ce que sa réponse soit la même. » Mariko versa le saké. « Je suis désolée mais il ne m'accordera pas la faveur que je lui demande.

— Je vous crois, à moins que l'on ne fasse pression.

— Je ne peux exercer aucune pression. J'en suis vraiment désolée.

— J'en suis moi aussi tout à fait désolée, madame. »

Mariko posa sa tasse. « Vous avez ainsi décidé que certaines langues n'étaient pas sûres. »

Gyoko dit sèchement : « Si je devais murmurer des secrets vous concernant, vous les dirais-je en face ? Croyez-vous que je sois aussi stupide ?

— Vous feriez peut-être mieux de partir, car j'ai beaucoup de choses à faire.

— Oui, moi aussi, madame ! répondit Gyoko d'une voix dure. Sire Toranaga m'a demandé très précisément ce que je savais sur vous et l'Anjin-san cet aprés-midi. Je lui ai dit qu'il n'y avait rien entre vous et lui. Je vous livre mes paroles exactes : “Oh oui, Sire, j'ai moi aussi entendu ces rumeurs malsaines mais il n'y a aucune vérité dans tout ça. Je le jure sur la tête de mon fils, Sire, et de ses fils. Si quelqu'un devait être au courant, je le serais très certainement. Vous pouvez considérer tout ceci comme un mensonge malveillant — des ragots, Sire...” Oh, oui, madame, vous pouvez croire que j'ai été choquée comme il le fallait. J'ai bien joué mon rôle et je l'ai convaincu. » Gyoko avala une gorgée de saké et ajouta amèrement : « Nous sommes tous condamnés s'il obtient des preuves... Ce qui ne serait pas difficile à obtenir, *neh ?*

— Comment ça ?

— Mettez l'Anjin-san à la question... Aux méthodes chinoises. Chimmoko... Aux méthodes chinoises. Moi... Kiku-san... Je suis désolée. Vous aussi, madame... Aux méthodes chinoises. »

Mariko reprit sa respiration. « Puis-je... Puis-je vous demander... Pourquoi avez-vous pris un tel risque ?

— Parce que, dans certaines circonstances, les femmes doivent s'entraider contre les hommes, parce que je n'ai en fait rien vu, parce que vous ne m'avez fait aucun mal, parce que je vous aime bien, vous et l'Anjin-san, parce que je crois que vous avez tous deux vos propres *karmas,* parce que je préfère vous voir vivante et être mon amie que morte, parce que c'est excitant de vous voir tous les trois tourner comme des phalènes autour de la flamme de la vie.

— Je ne vous crois pas. »

Gyoko rit doucement. « Merci, madame. » Ayant retrouvé le contrôle d'elle-même, elle dit avec une totale sincérité : « Très bien Je vais vous donner ma véritable raison. J'ai besoin de votre aide. Oui, Toranaga-sama ne m'accordera pas la faveur que je lui ai demandée. Peut-être pouvez-vous trouver un moyen ? Vous êtes ma seule chance. Je ne peux pas la laisser passer. Voilà, vous savez tout maintenant. Je vous implore humblement de m'aider. » Elle posa ses mains à plat sur les *futons* et s'inclina profondément, « Excusez mon impertinence, dame Toda, mais je mettrai tout ce que je possède à votre service, si vous m'aidez. » Puis, elle se remit sur ses talons, rajusta les plis de son kimono et finit de boire son saké. Mariko essaya d'y voir clair. Son intuition lui disait de faire confiance à cette femme mais son esprit était embrumé par la découverte récente du jeu de Toranaga et le soulagement éprouvé en sachant que Gyoko ne l'avait pas dénoncée comme elle s'y attendait. « Oui, je vais essayer. Donnez-moi du temps, s'il vous plaît.

— Je ne peux vous donner davantage. Voici un fait : connaissez-vous la secte Amida Tong ? Les assassins ?

— Savez-vous quelque chose à leur sujet ?

— Vous souvenez-vous du meurtrier de la citadelle d'Osaka, madame ? Il venait pour l'Anjin-san, pas pour Sire Toranaga. L'intendant de Sire Kiyama a donné deux mille *koku* pour cette tentative.

— Kiyama ? Pourquoi ?

— Il est chrétien, *neh ?* L'Anjin-san était son ennemi à ce moment-là, *neh ?* Qu'en est-il, maintenant que l'Anjinsan est samouraï, libre et a repris possession de son bateau ?

— Un autre Amida ? Ici ? »

Gyoko haussa les épaules. « Qui sait ? Mais je ne donnerais pas un pagne d'*eta* pour la vie de l'Anjin-san s'il se trouvait imprudemment en dehors du château.

— Où est-il en ce moment ?

— Dans ses appartements, madame. Vous allez bientôt lui rendre visite, *neh ?* Ce serait peut-être aussi bien de le prévenir.

— Vous semblez être au courant de tout ce qui se passe, Gyoko-san !

— Je tends l'oreille et j'ouvre les yeux, madame. »

Mariko calma son angoisse. « Vous l'avez dit à Toranaga-sama ?

— Oh, oui, je le lui ai dit. En fait, je ne pense pas qu'il ait été surpris. C'est intéressant, vous ne trouvez pas ?

— Vous vous êtes peut-être trompée.

— Peut-être. J'ai eu vent d'une rumeur à Mishima parlant d'un complot contre sire Kiyama. Par empoisonnement. Affreux, *neh ?*

— Quel complot ? »

Gyoko lui fit part des détails.

« Impossible ! Un *daimyō* chrétien ne ferait pas ça à un autre ! »

Mariko remplit les tasses.

« Puis- je vous demander ce que vous vous êtes encore dit ?

— Je l'ai supplié pendant une partie de la conversation de me rendre ses faveurs et de me faire sortir de cette auberge infestée de punaises. Il a accepté. Nous allons maintenant habiter des appartements à l'intérieur du château. Près de l'Anjin-san. Dans l'une des maisons pour invités. Je pourrai aller et venir à ma guise. Il a demandé à Kiku-san de le distraire cette nuit. C'est également une amélioration, quoique rien ne le fasse sortir de son état mélancolique, *neh ?* »

Mariko garda un visage neutre et se contenta d'acquiescer. L'autre femme soupira et poursuivit : « Oui. Il est très triste. Dommage ! Pendant l'autre moitié de la conversation, nous avons parlé des trois secrets. Il m'a demandé de répéter ce que je savais, ce que je vous avais raconté. »

Oh, pensa Mariko en se voyant offrir un autre indice. Ochiba ? Voilà l'appât de Zataki, Et Toranaga tient un gourdin également prêt au-dessus d'Omi au cas où, et une arme contre Onoshi dans les personnes de Harima et Kiyama.

— Vous souriez, madame ? »

Oh, oui, avait envie de crier Mariko voulant partager sa joie avec Gyoko. Que vos renseignements ont dû lui être précieux, voulait-elle lui dire. Comme il devrait vous récompenser ! Vous devriez être nommée *daimyō !* Que Toranaga-sama est habile de vous avoir écoutée sous des airs d'indifférence. Mais Toda Mariko-Noh-Buntaro secoua simplement la tête et dit calmement : « Je suis désolée que vos renseignements ne l'aient pas égayé.

— Je ne lui ai rien dit qui ait amélioré son humeur, maussade et sombre. Triste, *neh ?*

— Oui, je suis désolée.

— Oui, renifla Gyoko. Je vous livre un dernier renseignement avant de m'en aller. Il vous intéresse personnellement, madame. Il est possible que l'Anjin-san soit très fécond.

— Pardon ?

— Kiku-san attend un enfant.

— De l'Anjin-san ?

— Oui, ou de Sire Toranaga. Peut-être d'Omi-san. Ils entrent tous dans la bonne période. Elle a bien sûr pris des précautions comme d'habitude après Omi-san mais, comme vous le savez, aucune méthode n'est parfaite. Rien n'est jamais garanti. Des erreurs adviennent, *neh ?* Elle croit avoir oublié après l'Anjin-san mais elle n'est pas sûre. C'était le jour où le messager est arrivé à Anjiro et, dans l'affolement du départ pour Yokosé et de l'achat du contrat par Sire Toranaga... C'est compréhensible, *neh ?* » Gyoko leva les mains au ciel. « Après sire Toranaga, sur mon conseil, elle a fait le contraire. Nous avons toutes deux allumé des bâtons d'encens en priant pour que ce soit un garçon, »

Mariko étudia le dessin de son éventail. « Qui ? Qui pensez-vous que ce soit ?

— Là est le problème, madame. Je ne sais pas. Je vous serais très reconnaissante de me conseiller.

— Ce début de grossesse doit être interrompu. Elle ne court aucun risque.

— Je suis d'accord. Malheureusement Kiku ne l'est pas.

— Quoi ? Je suis surprise, Gyoko-san ! Elle devrait bien sûr être d'accord. Sinon il va falloir le dire à Sire Toranaga. Après tout c'est arrivé avant qu'il...

— C'est *peut-être* arrivé avant, madame.

— Il va falloir le dire à Sire Toranaga. Pourquoi Kikusan est-elle si désobéissante et inconsciente ?

— *Karma*, madame. Elle veut un enfant.

— De qui ?

— Elle ne le dira pas. Elle m'a simplement dit que les trois avaient chacun leurs avantages.

— Elle ferait preuve de sagesse en se débarrassant de cet enfant et en étant certaine la prochaine fois.

— Je suis d'accord avec vous. Je pensais que vous deviez le savoir au cas où... Il reste beaucoup de jours avant que cela ne soit visible ou qu'une fausse couche devienne un danger pour elle. Elle ne m'appartient plus, même si je continue de veiller sur elle pour l'instant. Ce serait magnifique si l'enfant était de Sire Toranaga, mais supposez qu'il ait les yeux bleus... »

51

Juste avant l'aube, la herse d'une porte latérale s'ouvrit sans bruit et dix hommes sortirent rapidement, traversèrent le pont étroit qui enjambait la douve intérieure. A l'autre bout du pont, les sentinelles tournèrent le dos volontairement et laissèrent passer les hommes sans les inquiéter. Ils portaient tous des kimonos sombres, des chapeaux coniques et tenaient leurs épées fermement. Naga était en tête, Yabu à ses côtés. Il les emmena sans hésitation à travers un dédale de tournants, leur fit monter et descendre des escaliers et traverser des passages peu fréquentés. A chaque fois qu'ils rencontraient une patrouille ou des sentinelles — toujours sur le qui-vive — Naga brandissait un sceau en argent et le convoi passait sans être arrêté ou questionné. Il les amena par des chemins détournés à la poterne sud qui était le seul accès possible à la première grande douve. Là, une compagnie de samouraïs les attendait. En silence, les hommes entourèrent le convoi sous le commandement de Naga, leur faisant ainsi un écran protecteur. Ils traversèrent tous le pont à vive allure, sans être inquiétés. Ils poursuivirent leur chemin et descendirent la pente douce vers le Premier Pont en se tenant, autant qu'ils le pouvaient, dans l'ombre. Une fois qu'ils eurent traversé le Premier Pont, ils prirent la direction du sud et disparurent dans un labyrinthe d'allées en direction de la mer. Aux abords du cordon de protection entourant le quai où était amarré l'*Érasme,* l'escorte de samouraïs s'arrêta et fit signe aux dix hommes d'avancer. Puis ils les saluèrent, tournèrent les talons et disparurent dans l'obscurité. Naga mena le convoi au-delà des barrières. Ils furent admis sur la jetée sans commentaire.

« Tout est prêt ? demanda Yabu en prenant la direction des opérations.

— Oui, Sire,

— Très bien. Anjin-san, vous avez compris ?

— Oui. Merci, Yabu-san.

— Très bien. Vous feriez mieux de vous dépêcher. »

Blackthorne inspecta son bateau, contrôla et recontrôla tout, puis se précipita à bord et se dirigea enthousiaste vers son poste, sur le gaillard d'arrière. Le ciel était toujours sombre. Il regarda le quai. Yabu et Naga étaient en grande conversation. Les barrières se rouvrirent. Baccus Van Nekk et le reste de l'équipage, tous visiblement anxieux, s'avancèrent entourés de leurs gardes. Blackthorne s'approcha du plat-bord et les appela : « Eh ! Montez à bord ! » Quand ses hommes le virent, leur peur sembla s'estomper quelque peu. Vinck monta le premier. Ils avaient toujours peur mais pas un seul ne vint rejoindre Blackthorne sur le gaillard d'arrière qui restait avant tout *son* domaine.

« Seigneur Jésus, pilote, dit Baccus en haletant. Que se passe-t-il ?

— Qu'est-ce qu'il y a, pilote ? répéta Vinck. Seigneur Dieu, un moment on dort, et puis c'est l'affolement et la porte s'ouvre et les singes nous amènent ici... »

Blackthorne leva la main. « Écoutez-moi ! » Le silence se fit. « Nous emmenons l'*Érasme* en lieu sûr, de l'autre côté de...

— On est pas assez, pilote, l'interrompit Vinck, angoissé. On arrivera ja...

— Johann ! Nous allons être remorqués. L'autre bateau va bientôt arriver. Ginsel, à l'avant ! Tu largueras les amarres ! Vinck, prends la barre ! Roper et Baccus au treuil avant, Salomon et Croocq à l'arrière ! Sonk, descends et vérifie les provisions. Prépare du grog si tu en trouves ! Au travail !

— Un instant, pilote, dit Roper. Pourquoi toute cette hâte ? Où va-t-on ? »

Blackthorne sentit monter en lui une vague d'indignation devant toutes ces questions, mais il se rappela qu'ils avaient le droit de savoir. Ils n'étaient pas des vassaux ni des *eta* mais ses hommes et, dans une certaine mesure, ses associés. « C'est le début de la saison des orages. Ils appellent ça des *taïs-funs* — les grandes tempêtes. Ce mouillage n'est pas sûr. De l'autre côté du port, à quelques lieues au sud, se trouve leur mouillage le plus sûr. C'est près d'un village qui s'appelle Yokohama. L'*Érasme* y sera à l'abri et pourra ainsi éviter les tempêtes. Et maintenant au travail ! » Personne ne bougea.

Van Nekk dit : « Quelques lieues seulement, pilote ?

— Oui.

— Pourquoi toute cette hâte, alors ?

— Sire Toranaga a accepté que je le fasse maintenant, répondit Blackthorne, qui ne disait qu'une partie de la vérité. J'ai pensé que le plus vite serait le mieux. Toranaga peut encore changer d'avis, *neh* ? A Yokohama... »

Il regarda ailleurs alors que Yabu montait lourdement à bord avec ses six gardes. Les hommes s'enfuirent à son approche.

« Jésus, dit Vinck en s'étouffant. C'est lui ! C'est ce salaud qui a fait crever Pieterzoon ! »

Yabu s'approcha du gaillard d'arrière, tout sourire, indifférent à la terreur qu'il suscitait. Il indiqua un point en mer. « Anjin-san, regarder là-bas ! Tout parfait, *neh !* » Une galère, semblable à quelque monstrueuse chenille marine, glissait silencieusement vers eux, venant de l'ouest obscur.

« Très bien, Yabu-sama ! Vous vouloir rester ici ?

— Plus tard, Anjin-san, » Yabu se dirigea vers l'avant. Blackthorne se tourna vers ses hommes. « Au travail et au galop ! Gare à vos langues ! Ne parlez qu'en néerlandais... Il y en a un qui comprend le portugais ! Je vous expliquerai quand nous serons en mer. Allez ! »

Les hommes s'éparpillèrent, heureux de s'éloigner de Yabu. Blackthorne gagna le plat-bord pour voir la galère toucher quai, à l'ouest de son bateau.

« Ginsel ! Descends à terre et regarde-les prendre nos haussières ! Vérifie qu'elles soient bien touées ! Aie l'œil ! »

Blackthorne inspecta tout, vérifia le vent, sachant que même dans les eaux calmes du vaste port de Yedo, leur voyage pouvait devenir dangereux si une soudaine rafale se mettait à souffler.

« Larguez ! cria-t-il. *Ima,* capitaine-san ! »

L'autre capitaine fit signe. Sa galère s'éloigna de la jetée. Naga se trouvait à bord de la galère. Yabu était près de Blackthorne, sur le gaillard d'arrière de l'*Érasme.* Le bateau dansa légèrement et un frémissement le parcourut quand il fut pris par la force du courant. Blackthorne et tous ses hommes jubilaient. Leur excitation à l'idée de reprendre la mer à nouveau surpassait leur angoisse. La jetée commença à s'estomper.

« Ohé, devant ! *Yukkuri sei !* Ralentissez !

— *Hai,* Anjin-san ! »

Les deux bateaux se frayèrent un chemin hors du port ; leurs feux de navigation brillaient au haut des mâts.

« Très bien, Anjin-san, dit Yabu, en prenant Blackthorne à part. Sauver vie moi hier. Compris ? Rappeler *ronin.* Souvenir ?

— Oui. Seulement devoir.

— Non, pas devoir. Souvenir autre homme, Anjiro. Marin... Souvenir ?

— Oh, oui.

— *Shigata ga nai, neh ? Karma, neh ?* Avant samouraï ou *hatamoto...* » Les yeux de Yabu étincelaient dans la lueur de la lampe-tempête. Il toucha l'épée de Blackthorne et dit doucement mais clairement : « Avant "Marchand d'huile", *neh ?* De samouraï à samouraï, demander oublier tout avant. Commencer nouveau cette nuit. Compris ?

— Oui. Compris.

— Vous besoin moi, Anjin-san. Sans moi, pas *wako* barbare. Pas pouvoir eux procurer seul. Pas Nagasaki. Jamais. Pouvoir Yabu-sama. Battre même côté. Côté Toranaga-sama. Même côté. Sans moi, pas *wako.* Compris ? »

Blackthorne regarda la galère devant eux, vérifia le pont et son équipage, puis tourna son regard à nouveau vers Yabu. « Oui, compris.

— Comprendre "haine" ?

— Oui.

— Haine naître de peur. Pas peur de vous. Pas besoin avoir peur de moi. Jamais plus. Vouloir ce que vous vouloir : nouveaux bateaux ici, vous ici, amiral nouvelle flotte. Pouvoir aider. D'abord Vaisseau noir... Oui, Anjinsan, dit-il en voyant le flux de joie monter aux joues de Blackthorne. Persuader Sire Toranaga. Moi, guerrier. Savoir ? Moi mener charge terre. Prendre pour vous Vaisseau noir. Ensemble. Plus forts que seul, *neh ?*

— Oui. Possible obtenir plus d'hommes ?

— Si besoin deux mille hommes, cinq mille ! Pas inquiéter. Vous mener bateau et moi mener combat. D'accord ?

— D'accord. Marché honnête. Merci.

— Très bien, Anjin-san. » Il savait que cette association leur serait à tous deux bénéfique quelle que soit la haine que lui vouait le barbare. La logique de Yuriko était à nouveau sans failles. Tôt cet après-midi, il avait vu Toranaga et lui avait demandé la permission d'aller immédiatement à Osaka pour préparer sa visite. « Excusez-moi, mais j'ai pensé que la chose était assez urgente. Vous devriez après tout, Sire... », lui avait dit respectueusement Yabu, comme sa femme et lui en avaient décidé, « ... avoir là-bas quelqu'un d'important pour s'assurer que tous les préparatifs, à votre intention, seront parfaits. Ishido est un paysan et ne comprend rien à la pompe et aux cérémonies, *neh ?* Les préparatifs doivent être parfaits, sinon vous ne pouvez vous y rendre, *neh ?* Ça pourrait prendre des semaines, *neh ?* »

Il avait éte aux anges de voir comment il était arrivé à convaincre Toranaga. « Il y a aussi le bateau barbare, Sire. Il vaudrait mieux le mouiller tout de suite à Yokohama au cas où les *taï-funs* commenceraient. Je m'en occuperai avec votre permission avant mon départ. Le Régiment des mousquets pourrait le garder. Donnez-lui quelque chose à faire. Je me rendrai directement à Osaka avec la galère. Ce sera mieux et plus rapide, *neh ?*

— Très bien, oui, si vous pensez que c'est plus sage, Yabu-san, faites-le. Mais emmenez Naga-san avec vous. Laissez-lui le commandement à Yokohama.

— Bien, Sire. » Puis Yabu avait parlé à Toranaga de la colère du Tsukku-san.

« Le prêtre était très en colère. Je crois qu'il l'était suffisamment pour monter la tête d'une de ses brebis contre l'Anjin-san !

— Vous en êtes sûr ?

— Oh, oui, Sire. Peut-être devrais-je prendre provisoirement l'Anjin-san sous ma protection ? » Puis comme si une pensée soudaine lui avait traversé l'esprit, Yabu avait ajouté : « Ce serait plus simple si je l'emmenais avec moi. Je peux m'occuper des préparatifs à Osaka, continuer sur Nagasaki, me procurer les nouveaux barbares et terminer les préparatifs à mon retour.

— Faites au mieux, lui avait répondu Toranaga. Je vous laisse décider, mon ami, Quelle importance, *neh ?* »

Yabu était enfin heureux de pouvoir agir. Seule la présence de Naga n'avait pas été prévue au programme mais ça n'était pas très grave. Il serait, en fait, très sage de l'avoir à Yokohama. Yabu observa l'Anjin-san — l'immense silhouette arrogante, aux jambes légèrement écartées, qui dansait au gré des vagues et semblait faire corps avec le bateau.

Si fort, si énorme et si différent. Si différent de l'homme, à terre. Yabu adopta la même pose que lui.

« Je veux plus que le Kwanto, Yuriko-san, avait-il murmuré à sa femme avant de quitter la maison. Je veux autre chose. Je veux la maîtrise de la mer. Je veux être grand amiral. Nous mettrons tous les revenus du Kwantō dans le plan d'Omi, pour *escorter* le barbare jusque chez lui, pour acheter d'autres bateaux et les ramener ici. Omi partira avec lui, *neh ?*

— Oui, avait-elle dit, joyeuse. Nous pouvons lui faire confiance. »

Le quai de Yedo était, à présent, désert. Les derniers samouraïs disparaissaient dans les ruelles menant au château. Le père Alvito sortit de l'ombre, le frère Michael à ses côtés. Alvito regarda vers le large. « Que Dieu le maudisse, lui et tous ceux qui naviguent à son bord.

— Sauf un, mon père. L'un des nôtres est à bord de ce bateau. Naga-san a juré de devenir chrétien dans le courant du premier mois de l'année prochaine.

— S'il y a une année prochaine pour lui, dit Alvito, rempli de sombres pressentiments. Je ne sais rien de Naga. Peut-être est-il sincère, peut-être ne l'est-il pas. Ce bateau va nous détruire et nous ne pouvons rien y faire.

— Dieu nous viendra en aide.

— Oui, mais entre-temps nous sommes les soldats du Christ et c'est nous qui devons l'aider. Le père visiteur doit être immédiatement averti, ainsi que le commandant. Avez-vous pu trouver un osaka ?

— Non, mon père. Pas un seul, à aucun prix. Même pas un nagasaki. Toranaga-sama a ordonné, il y a quelques mois, que tous les pigeons soient confisqués. »

La tristesse d'Alvito augmenta. « Il doit bien y avoir quelqu'un qui en possède un ! Payez la somme exigée. L'hérétique va nous faire beaucoup de mal, Michael.

— Peut-être que non, mon père.

— Pourquoi déplacent-ils le bateau ? Pour le mettre, bien sûr, à l'abri, mais surtout pour le mettre hors de notre portée. Pourquoi Toranaga a-t-il donné deux cents *wako* à l'hérétique ? Pourquoi lui a-t-il rendu son argent ? Pour lui donner une force offensive. Quant à l'argent, c'est encore pour acheter d'autres pirates, canonniers et marins. Pourquoi a-t-il rendu sa liberté à Blackthorne ? Pour nous harceler par le biais du Vaisseau noir. Que Dieu nous vienne en aide. Toranaga nous abandonne, lui aussi !

— C'est nous qui l'avons abandonné, mon père !

— Nous ne pouvions rien faire pour lui ! Nous avons tout essayé. Nous sommes impuissants.

— Si nous prions plus fort, peut-être Dieu nous donnera-t-il la solution ?

— Je prie encore et toujours, mais... Peut-être Dieu nous a-t-il abandonnés, Michael ? Nous ne sommes peut-être pas dignes de sa miséricorde. Je sais que je n'en suis pas digne.

— Peut-être l'Anjin-san ne trouvera-t-il pas de canonniers et de marins ? Peut-être n'atteindra-t-il jamais Nagasaki ?

— Il achètera tous les hommes qu'il veut avec son argent — même les Portugais. Les hommes pensent bêtement beaucoup plus à ce monde qu'à l'autre. Ils refusent d'ouvrir les yeux. Ils vendent leurs âmes bien trop facilement. Oui. Je prie pour que Blackthorne ou ses émissaires n'y arrivent jamais. N'oubliez pas qu'il n'a pas besoin d'y aller lui-même, Les hommes peuvent être achetés et lui être amenés. Venez, rentrons maintenant. »

Las, Alvito ouvrit la marche jusqu'à la Mission jésuite qui se trouvait à un mile environ à l'ouest, près des quais, derrière celui des grands entrepôts qui abritait normalement le riz et la soie de l'année. Ils marchèrent pendant un moment le long de la grève, puis Alvito s'arrêta et regarda à nouveau vers le large. L'aube se levait. Il ne pouvait plus voir les bateaux.

« Notre message a-t-il une chance de partir ? » Hier, Michael avait découvert que l'un des vassaux de Blackthorne était chrétien. Quand la nouvelle s'était ébruitée dans le réseau clandestin de Yedo, Alvito avait rapidement griffonné et cacheté un message pour Dell'Aqua, lui donnant les dernières nouvelles, et avait supplié cet homme de le lui transmettre s'il atteignait jamais Osaka.

« Le message arrivera, ajouta le frère Michael tranquillement. Notre homme sait qu'il navigue en compagnie de l'ennemi.

— Que Dieu le garde et lui donne la force. »

Alvito passa devant la Mission et se dirigea vers le grand terrain que Toranaga avait réservé pour la cathédrale qui devait bientôt sortir de terre, pour la gloire de Dieu. Le jésuite l'imaginait déjà — grande, majestueuse et pourtant fine et délicate. Elle dominerait la ville. De merveilleuses cloches coulées à Macao, Goa ou même au Portugal marqueraient les heures. Les énormes portes de bronze seraient largement ouvertes à la noblesse croyante, Il sentait déjà l'encens et entendait le murmure des chants latins. Mais la guerre détruira ce rêve, se dit-il. La guerre va recommencer et détruire ce pays.

« Mon père », murmura le frère Michael en lui intimant prudence.

Une femme était devant eux. Elle regardait le début des fondations. Deux servantes l'accompagnaient. Alvito attendit, immobile, fouillant la pénombre. La femme était voilée et richement vêtue. Le frère Michael bougea légèrement. Son pied heurta une pierre qui roula contre une pelle, invisible dans l'obscurité. La femme se retourna, surprise. Alvito la reconnut.

« Mariko-san ? C'est moi... Le père Alvito.

— Mon père ? J'étais... Je venais justement vous voir. Je pars très bientôt et je voulais vous parler. »

Alvito alla à sa rencontre. « Je suis heureux de vous voir, Mariko-san. Oui, on m'a dit que vous partiez. J'ai essayé de vous voir plusieurs fois mais, pour l'instant, l'entrée du château m'est interdite. » Sans dire mot, Mariko se tourna à nouveau vers les fondations de la cathédrale. Alvito jeta un coup d'œil vers le frère Michael.

« Vous n'êtes venue ici que pour me voir, Mariko-san ?

— Oui, et pour voir partir le bateau.

— Que puis je faire pour vous ?

— Je voudrais me confesser.

— Soyez donc la première à être confessée à cet endroit, bien que le sol ait été à peine sanctifié.

— Excusez-moi, mon père, mais ne pourriez-vous pas dire la messe ici ?

— Il n'y a pas d'église, pas d'autel, pas d'eucharistie. Je peux la dire dans notre église, si vous y tenez...

— Ne pouvons-nous pas boire du thé dans une tasse vide, mon père ? demanda-t-elle de sa petite voix. Je suis désolée de vous demander ça, mais il me reste si peu de temps.

— Oui », dit-il, la comprenant tout de suite.

Il se dirigea donc là où devait un jour se dresser l'autel. Le ciel leur servait cle toit. Les oiseaux et le bruit du ressac remplaçaient les chants majestueux. Il se mit à chanter la beauté solennelle de la messe, assisté par le frère Michael, et apporta ainsi l'infini sur la terre. Mais avant de lui donner le sacrement imaginaire, il s'arrêta et dit : « Je dois maintenant entendre votre confession, Marie. » Il fit signe au frère Michael de s'éloigner et s'assit sur un rocher, entra dans un confessionnal imaginaire et ferma les yeux. Elle s'agenouilla. « Devant Dieu, faites...

— Avant de commencer, mon père, je vous demande une faveur.

— A moi ou à Dieu, Marie ?

— Je demande une faveur devant Dieu.

— Quelle est cette faveur ?

— La vie de l'Anjin-san en échange de quelques renseignements.

— Ce n'est pas à moi de lui donner ou de lui ôter la vie.

— Oui. Je suis désolée, mais vous pourriez donner un ordre à tous les chrétiens pour qu'on ne la lui ôte pas, en guise de sacrifice à Dieu.

— L'Anjin-san est l'ennemi. Un terrible ennemi de notre Foi.

— Oui. Je demande quand même que sa vie soit épargnée. En échange... En échange, je peux peut-être vous être très utile.

— Comment ?

— Ma faveur est-elle accordée ? Devant Dieu, mon père ?

— Je ne peux accorder une telle faveur. Vous ne pouvez pas faire de troc avec Dieu. »

Mariko hésita, agenouillée près de lui, puis elle s'inclina, se leva. « Très bien. Alors, veuillez m'excuser... »

Alvito dit : « Je vais faire part de votre requête au père visiteur.

— Ce n'est pas suffisant, mon père, excusez-moi.

— Je vais la lui soumettre et le supplier au nom de Dieu d'y réfléchir et de bien vouloir la considérer.

— Si ce que je vous dis est très important, jurerez-vous devant Dieu que vous ferez tout ce qui est en votre pouvoir pour *le* secourir et *le* protéger, pourvu que ça n'aille pas directement contre les intérêts de l'Église.

— Oui. Si cela ne va pas contre les intérêts de l'Église.

— Acceptez-vous de présenter ma requête au père visiteur ?

— Devant Dieu, oui.

— Merci, mon père. Écoutez-moi... » Elle lui raconta tout ce qu'elle pensait de Toranaga et de son jeu. Brusquement, tout devint clair pour Alvito. « Vous avez raison. Vous devez avoir raison ! Dieu, pardonnez-moi d'avoir pu être aussi stupide !

— Écoutez-moi, mon père, je vous en prie. Voici encore d'autres faits. » Elle murmura les secrets concernant Zataki et Onoshi.

« Ce n'est pas possible !

— La rumeur circule que Sire Onoshi a l'intention de faire empoisonner Sire Kiyama.

— Impossible !

— Excusez-moi, c'est tout à fait possible. Ce sont de vieux ennemis.

— Qui vous a dit tout ça, Marie ?

— La rumeur circule qu'Onoshi fera empoisonner Kiyama pendant la fête de saint Bernard, dit Mariko, fatiguée, en ne répondant pas à ses questions. Le fils d'Onoshi deviendra nouveau seigneur des terres de Kiyama. Le général Ishido est d'accord sur ce point, pourvu que mon maître soit déjà entré dans le Grand Néant.

— La preuve. Mariko-san ? La preuve ?

— Je suis désolée mais je ne l'ai pas. Mais Sire Harima fait partie du complot.

— Qu'en savez-vous ? Comment Harima le sait ? Vous dites qu'il fait partie du complot ?

— Oui, mon père.

— Impossible ! Onoshi est trop discret, trop habile ! S'il avait envisagé chose pareille, personne ne le saurait. Vous devez vous tromper. Qui vous a donné ces renseignements ?

— Je ne peux pas vous le dire, excusez-moi, mais je pense qu'ils sont bons. »

Mariko n'avait pas relevé son voile. Alvito ne pouvait ainsi voir son visage. Au-dessus d'eux, l'aube s'installait dans le ciel. Il tourna son regard du côté de la mer. Il pouvait voir maintenant les deux bateaux, à l'horizon. Ils faisaient cap au sud-ouest. Le vent était léger et la mer calme. Sa poitrine lui faisait mal et sa tête résonnait de toute l'énormité et de l'incrédibilité de ce qu'il venait d'apprendre. Il pria pour obtenir de l'aide et essaya de faire la part de l'imagination et de la réalité. Il savait, au fond de son cœur, que les secrets étaient vrais et que le raisonnement de Mariko était juste.

« Vous dites que Sire Toranaga va se jouer d'Ishido... Qu'il va gagner ?

— Non, mon père. Personne ne gagnera, mais sans votre aide, Sire Toranaga perdra. On ne doit pas faire confiance à sire Zataki. Il restera toujours une menace pour mon maître. Zataki s'en rendra vite compte et saura aussi que toutes les promesses de Toranaga sont vides de sens parce que Toranaga doit finalement l'éliminer. Si j'étais Zataki, je détruirais Sudara, dame Genjiko et tous leurs enfants dès qu'ils tomberaient entre mes mains. Je me lancerais aussitôt contre Toranaga et ses défenses. Je lancerais ensuite mes légions contre le nord, ce qui ferait sortir Ishido, Ikawa Jikkyu et tous les autres de leur stupide léthargie. Toranaga peut être si facilement dévoré, mon père. »

Alvito attendit un moment puis dit : « Relevez votre voile, Marie. »

Il vit que son visage était grave.
« Pourquoi m'avez-vous dit tout ça ?
— Pour sauver la vie de l'Anjin-san.
— Vous trahissez pour lui, Marie ? Vous, Toda Mariko-Noh-Buntaro, vous trahissez à cause d'un étranger ? Et vous me demandez de croire tout ça ?
— Non. C'est aussi... C'est aussi pour protéger l'Église. Pour protéger l'Église d'abord et avant tout, mon père... Je ne sais que faire. Je pensais que vous pourriez... Sire Toranaga est le seul espoir de l'Église. Vous pouvez peut-être, d'une manière ou d'une autre, lui venir en aide... pour protéger l'Église. Sire Toranaga a besoin d'aide. C'est un homme bon et sage, L'Église prospérera grâce à lui. Je *sais* qu'Ishido est le véritable ennemi.
— La plupart des *daimyōs* chrétiens pensent que Toranaga éliminera l'Église et l'héritier s'il prend le pouvoir.
— C'est possible, mais j'en doute. Il traitera l'Église avec justice. Il l'a toujours fait. Ishido est violemment antichrétien, Dame Ochiba aussi.
— Tous les grands chrétiens sont contre Toranaga.
— Ishido est un paysan. Toranaga-sama est juste, sage et désire que le commerce se développe.
— Le commerce doit se développer quel que soit celui au pouvoir.
— Sire Toranaga a toujours été votre ami et, si vous êtes honnête avec lui, il le sera avec vous. » Elle montra du doigt les fondations. « N'est-ce pas un signe de sa justice ? Il vous a donné ces terres gratuitement. Même quand vous l'avez trahi et qu'il a tout perdu, même votre amitié.
— Peut-être.
— Seul Toranaga-sama peut empêcher une guerre perpétuelle. Vous devez savoir ça. Je demande, en tant que femme, qu'il n'y ait pas de guerre perpétuelle.
— Oui, Marie. Il est le seul à pouvoir empêcher cela. Peut-être. »
Il détourna son regard. Le frère Michael était agenouillé, perdu dans ses prières. Les deux servantes attendaient patiemment près du rivage. Le jésuite se sentait fatigué et en même temps rempli d'une force incroyable.
« Je suis heureux que vous soyez venue ici et que vous m'ayez dit tout ça. Je vous remercie. Pour l'Église et pour moi, serviteur de l'Église. Je ferai tout ce que je vous ai promis. »
Elle le salua et ne dit rien.
« Porteriez-vous un message au père visiteur, Marikosan ?
— Oui, s'il est à Osaka.
— Un message confidentiel ?
— Oui.
— Le message est verbal. Vous lui direz tout ce que vous m'avez dit et tout ce que je vous ai dit. Tout.
— Très bien.
— J'ai votre promesse ? Devant Dieu ?

— Vous n'avez pas besoin de me demander ça, mon père. J'ai accepté. » Il la regarda droit dans les yeux. « Excusez-moi, Marie. Veuillez vous confesser, à présent. »

Elle remit son voile. « Pardonnez-moi, mon père, mais je ne suis pas digne de me confesser.

— Tout le monde est digne devant Dieu.

— Sauf moi. Je ne suis pas digne, mon père.

— Vous devez vous confesser, Marie, sinon je ne peux pas poursuivre la messe. Vous devez vous présenter pure devant lui. »

Elle s'agenouilla. « Pardonnez-moi, mon père, parce que j'ai péché, mais je ne peux me confesser parce que je ne suis même pas digne de le faire », murmura-t-elle, la voix chavirée.

Le père Alvito posa sa main sur sa tête. « Fille de Dieu, laissez-moi implorer le pardon du Seigneur pour vos péchés. Laissez-moi vous absoudre en son nom et vous rendre pure et virginale devant lui. » Il la bénit puis poursuivit sa messe dans sa cathédrale imaginaire, en plein ciel... L'office était plus réel et plus beau qu'il ne l'avait jamais été, pour lui et pour elle.

L'*Érasme* était mouillé dans le meilleur abri que Blackthorne ait jamais vu : assez loin du rivage pour avoir suffisamment de champ pour manœuvrer et assez près cependant pour être en totale sécurité. Le bateau se trouvait au-dessus d'un fond sableux qui s'étalait à six brasses sous la coque et, hormis le goulet étroit de l'entrée, de hautes montagnes les entouraient, empêchant ainsi la colère de l'océan de les atteindre. A une demi-*ri* au nord, la galère était à quai près du village de pêcheurs de Yokohama. Blackthorne et ses hommes, Néerlandais et Japonais, étaient maintenant seuls à bord. Yabu et Naga étaient descendus à terre inspecter le Régiment des mousquets. A l'ouest, le soleil était bas sur l'horizon et le ciel rouge promettait encore une belle journée pour le lendemain. Blackthorne s'approcha de la coupée. Une embarcation était amarrée au bas de l'échelle.

« Où allez-vous, pilote, demanda Van Nekk anxieusement.

— A terre. Je reviens tout de suite.

— Nous y allons avec vous.

— Non, j'y vais seul.

— Et nous, pour l'amour du ciel ! cria Van Nekk. Qu'est-ce qu'on va faire ? Ne nous quittez pas, pilote. Qu'est-ce... ?

— Attendez-moi ! leur dit Blackthorne. Je veillerai à ce que de la nourriture et de la boisson soient envoyées à bord.

— Je croyais que nous rentrions cette nuit ? Pourquoi nous rentrons pas ? dit Ginsel.

— Combien de temps va-t-on rester ici, pilote ? Combien de temps...

— Quand rentrons-nous à Yedo, pilote ? demanda Ginsel tout fort. Combien de temps allons-nous rester ici, avec ces foutus singes ?

— Oui, de vrais singes, par Dieu, renchérit Sonk joyeusement. Et nos *eta,* pilote. Nos gonzesses ?

— Ils seront tous là demain. Soyez patients. Je serai de retour dès que possible. Baccus, prenez le commandement.

— Je viens avec vous, dit Jan Roper en le suivant. Nous sommes dans un port. Vous avez plus de prérogatives et je veux des armes. »

Blackthorne se retourna et une douzaine d'épées sortirent de leurs fourreaux, prêtes à tuer Roper sur-le-champ.

« Un mot de plus et vous êtes un homme mort. » Le marchand rougit de colère et s'arrêta.

« Faites attention à votre langue, près de ces samouraïs, car ils vous trancheraient la tête à cause de votre mauvaise éducation avant même que vous ayez pu les en empêcher... Sans parler du reste ! Ils sont très chatouilleux et je le deviens à votre contact. On vous donnera des armes quand vous en aurez besoin ! Compris ? »

Jan Roper acquiesça d'un air maussade et recula. Les samouraïs restaient menaçants mais Blackthorne les calma et leur ordonna, sous peine de mort, de laisser son équipage tranquille.

« Je reviens tout de suite. » Il descendit l'échelle de coupée et sauta dans la toue. Il s'endormit et ne se réveilla que lorsque l'embarcation toucha du nez le quai. Il ne put tout d'abord se souvenir où il était. Il venait de rêver qu'il était à nouveau dans les bras de Mariko, comme la nuit précédente. Cette nuit-là, ils étaient restés allongés, somnolents, après s'être rencontrés sur l'oreiller. Fujiko avait été mise dans le secret et Chimmoko avait fait le guet. C'est alors que Yabu et ses hommes avaient frappé à la porte.

Fujiko avait invité Kiku discrètement. Il ne l'avait jamais vue aussi belle, aussi exubérante. Mariko était arrivée au moment où les cloches sonnaient l'heure du verrat. La soirée était très joyeuse, le saké coulait à flots, mais Mariko avait très vite rompu le charme en lui disant : « Je suis désolée mais vous êtes en grand danger, Anjin-san.

— Ne vous inquiétez pas, je vous en prie. »

Mariko avait poursuivi : « Vous devriez peut-être surveiller Yabu-sama également, Anjin-san.

— Pardon ?

— J'ai lu la haine sur son visage, cet après-midi.

— Ne vous inquiétez pas.

— Non, je suis désolée. Pourquoi avez-vous rappelé vos hommes quand ils étaient parvenus à l'encercler ? Vous avez commis une erreur. Ils l'auraient très rapidement tué. Votre ennemi serait mort à présent, sans aucun risque pour vous.

— Ça n'aurait pas été bien, Mariko-san. Tant d'hommes contre un seul. Injuste. »

Mariko avait expliqué à Fujiko et à Kiku ce qu'il avait dit. « Excusez-moi, Anjin-san, mais nous sommes toutes du même avis : c'est une très mauvaise façon de penser. C'est faux et stupide. Excusez-moi d'être aussi brutale. Yabu-san vous tuera.

— Non, pas encore. Je lui suis trop précieux. »

Kiku était sortie un peu plus tard pour aller distraire Toranaga. Mariko avait une fois de plus rompu le charme et l'harmonie en disant : « Je dois vous dire *sayonara,* ce soir, Anjin-san. Je pars à l'aube.

— Non. Il n'est pas besoin de me le dire maintenant. Tout peut changer. Je verrai Toranaga demain. Maintenant que j'ai le droit de partir, je vais vous emmener à Osaka. Je me procurerai une galère ou un bateau de pêche. A Nagasa...

— Non, Anjin-san. Je dois m'en aller comme j'en ai reçu l'ordre. Aucune pression ne pourra le faire changer d'avis. »

Il avait senti Fujiko l'observer en silence. Son cœur lui faisait mal à l'idée que Mariko le quittait. Il avait jeté un regard sur Fujiko. Elle leur avait demandé de l'excuser un instant, puis elle avait fermé le *shoji* derrière elle et les avait laissés seuls. Ils savaient que Fujiko ne reviendrait pas, qu'ils étaient en sécurité pendant un petit moment. Ils avaient fait l'amour avec urgence et violence. Puis il y avait eu des voix, des bruits de pas et juste assez de temps pour se composer une attitude avant que Fujiko ne les rejoigne en passant par la porte intérieure et que Yabu n'entre, apportant les ordres de Toranaga. « ... Yokohama puis Osaka pour une brève halte, Anjin-san, puis retour à Osaka et enfin votre pays ! J'ai fait dire à votre équipage de se présenter à bord du bateau. »

L'excitation l'avait envahi à la nouvelle de cette victoire envoyée par le ciel. « Oui, Yabu-san, mais Mariko-san... Mariko-san aller aussi Osaka ? Mieux avec nous. Plus rapide, plus sûr, *neh ?*

— Pas possible. Je suis désolé. Il faut faire vite. Suivezmoi. Dépêchez-vous. Il faut partir avec la marée. Vous comprenez ce mot-là ? » Mariko traduisit.

« *Hai*, Yabu-san. Mais Mariko-san aller Osaka...

— Je suis désolé. Elle a ses ordres comme nous avons les nôtres. Mariko-san, expliquez-lui ! Dites-lui de se dépêcher ! »

Yabu était resté inflexible. Il était si tard que Blackthorne n'avait pas eu la possibilité de faire changer Toranaga d'avis. Il n'y avait plus eu de temps ni d'intimité pour parler avec Mariko et Fujiko. Il n'avait pu que leur dire au revoir. Mais ils se reverraient très bientôt à Osaka.

« Oui, très bientôt, Anjin-san...

— Seigneur Dieu, faites que je ne perde pas mon amour », dit Blackthorne. Les mouettes piaillaient au-dessus de la plage et leurs cris amplifiaient sa solitude.

« Perdre quoi, Sire ? »

Blackthorne revint à lui. Il montra le bateau au lointain : « Lui ! *Wakarimasu ka ?*

— *Hai.* »

Blackthorne pouvait encore voir les minuscules silhouettes des membres de son équipage. Il se retrouva au cœur de son insoluble dilemme. Je dois les avoir à bord. Il m'en faut même encore d'autres. Les nouveaux ne devront pas s'entendre avec les samouraïs. Ils seront catholiques. Dieu du ciel, comment vais-je pouvoir tous les contrôler ? Mariko avait raison. Je suis un homme mort près des catholiques.

« Même auprès de moi, Anjin-san ? lui avait-elle demandé, la nuit dernière.

— Non, Mariko-chan. Pas auprès de vous.

— Vous avez dit que nous étions vos ennemis, cet après-midi.

— J'ai dit que la plupart des catholiques l'étaient.

— Ils vous tueront s'ils le peuvent.

— Oui, mais vous... Nous verrons-nous vraiment à Osaka ?

— Oui, je vous aime, Anjin-san. Souvenez-vous. Méfiez-vous de Yabu-san... »

Ils ont tous raison en ce qui concerne Yabu, pensa Blackthorne. J'ai fait une grossière erreur en rappelant mes hommes quand il était pris au piège. Ce salaud me coupera la gorge dès que je ne lui serai plus utile, quoi qu'il dise. Et pourtant Yabu a également raison. J'ai besoin de lui. Je n'arriverai jamais à Nagasaki et je ne m'en sortirai jamais sans sa protection. Il pourrait m'aider à convaincre Toranaga. Avec deux mille fanatiques de plus, sous le commandement de Yabu, nous pourrions anéantir Nagasaki. Peut-être même Macao...

Sainte Vierge ! Je suis impuissant si je reste seul !

Livre cinquième

52

Blackthorne ressentit la même sensation d'étouffement en se retrouvant dans les eaux d'Osaka. C'était comme la première fois après le voyage en galère. Le *taï-fun* avait dévasté d'importants îlots de maisons. Certains endroits étaient encore noirs et brûlés, mais la plus grande partie de la ville avait été épargnée.

« Seigneur, dit Vinck nerveusement. Ça semble pas possible d'être aussi grand. Amsterdam est qu'une crotte de mouche à côté.

— Oui, c'est vrai. La tempête a touché la ville mais rien ne pourrait ébranler la citadelle. »

Le *taï-fun* était venu du sud-ouest, il y avait quinze jours. Ils avaient été prévenus à l'avance par la pluie, les rafales de vent et un ciel bas et lourd. Ils s'étaient dépêchés de mettre la galère à l'abri. Ils avaient attendu cinq jours. De l'autre côté de la digue, l'océan avait été comme « battu en neige » et les vents avaient été plus forts et plus violents que tous ceux que Blackthorne avait déjà eu l'occasion d'essuyer.

« Seigneur Jésus, dit encore Vinck. J'aimerais bien être à la maison. Ça fait un an qu'on devrait y être. »

Blackthorne avait emmené Vinck avec lui en quittant Yokohama et avait renvoyé les autres à Yedo. Ils avaient laissé l'*Érasme* en sécurité, à son mouillage, sous la garde de Naga. Son équipage avait été ravi de partir comme il avait été ravi de les quitter. Il y avait eu une violente bagarre cette nuit-là et toute une discussion au sujet de l'argent déposé dans le coffre, Van Nekk était trésorier de l'expédition, marchand en chef et, conjointement avec le commandant, avait droit de juridiction sur cet argent. Les pièces comptées et recomptées, Van Nekk soutenu par Jan Roper, avait discuté des liquidités dont Blackthorne avait besoin pour se procurer d'autres hommes.

« Vous en demandez trop, pilote ! Il vous faudra leur offrir moins !

— Jésus ! Quelle que soit la somme, nous devrons la payer. Il me faut des marins et des canonniers. » Il avait donné un coup de poing sur la table du carré. « Comment voulez-vous que nous rentrions chez nous, autrement ? » Il les avait finalement persuadés de lui laisser prendre la somme dont il avait besoin. Il était écœuré d'avoir dû se mettre en colère devant leurs tergiversations. Le lendemain, il les avait ramenés à Yedo. Un dixième du trésor avait été partagé comme arriéré de solde, le reste était resté sous bonne garde sur le bateau.

Aucun d'entre eux n'avait voulu rester à bord. Vinck avait accepté d'aller avec lui.

« Pourquoi lui, pilote ? avait demandé Van Nekk.

— Parce que c'est un marin et que j'ai besoin d'aide. »

Blackthorne avait été heureux de les quitter. Une fois en mer, il avait commencé à initier Vinck aux façons japonaises.

La journée était magnifique. Soleil éclatant — mer d'huile. Les rameurs étaient toujours aussi puissants et disciplinés.

« Vinck... Voilà où a eu lieu l'embuscade !

— Seigneur Jésus, regardez tous ces récifs ! »

Blackthorne avait parlé à Vinck de l'étroitesse du chenal, des signaux d'alarme sur les créneaux, des cadavres sur le rivage, de la frégate ennemie leur fonçant dessus.

« Ah, Anjin-san. » Yabu les rejoignit. « Bon, *neh ?* dit-il en montrant du doigt les endroits dévastés.

— Mauvais, Yabu-sama.

— Ennemi, *neh ?*

— Gens pas ennemis. Seulement Ishido et samouraïs.

— Citadelle ennemie, répondit Yabu, laissant paraître sa nervosité comme tous ceux qui étaient à bord. Ici tout ennemi. » Blackthorne regarda Yabu se diriger vers l'étrave. Le vent lui arrachait le kimono. Vinck baissa la voix. « Je veux tuer ce salaud, pilote.

— Oui. Je n'ai pas oublié, moi non plus, le pauvre vieux Pieterzoon. Ne t'inquiète pas !

— Moi non plus. Que Dieu soit mon juge ! Je suis soufflé par votre façon de parler leur langue. Qu'est-ce qu'il a dit ?

— Il était simplement poli.

— Quel est le plan ?

— Nous accostons et nous attendons. Il descend à terre pour un jour ou deux. Nous baissons la tête et nous attendons pendant ce temps-là. Toranaga a dit qu'il avait envoyé des messages pour qu'on nous donne les sauf-conduits nécessaires. Nous allons de toute façon rester à bord et ne pas sortir. »

Blackthorne fouilla des yeux l'eau à la recherche d'un danger mais n'en trouva aucun. Yabu observa Vinck pendant un moment puis revint lentement vers Blackthorne. « Anjin-san, il vaudrait peut-être mieux que vous alliez jusqu'à Nagasaki avec la galère. Ne m'attendez pas.

— Très bien », dit Blackthorne poliment sans mordre à l'hameçon.

Yabu se mit à rire : « Je vous aime bien, Anjin-san ! Mais je suis désolé. Vous mourrez bientôt si vous y allez tout seul. Nagasaki est très mauvais pour vous.

— Osaka mauvais. Partout mauvais !

— *Karma* », dit Yabu en souriant.

La vigie de beaupré lança un cri d'alerte.

« Anjin-san ! » Le capitaine indiquait une embarcation élégante, qui s'approchait par tribord. Au sommet du mât flottaient les emblèmes d'Ishido.

« Qui est-ce ? demanda Blackthorne, sentant la tension naître sur le bateau.

— Je ne peux pas encore vous le dire », répondit le capitaine. Tous les yeux fouillaient le lointain.

« Yabu-san ? »

Yabu haussa les épaules. « Ce n'est qu'un émissaire. »

L'embarcation se rapprocha et Blackthorne vit un homme d'un certain âge assis sous un dais, à l'arrière. Il portait le costume de cérémonie avec le manteau aux épaules ailées. Il n'avait pas d'épées. Les Gris d'Ishido l'entouraient. Le maître de nage cessa de marquer la cadence pour permettre à l'embarcation de venir à couple. Des hommes se précipitèrent pour aider l'émissaire à monter à bord. Un pilote japonais le suivit. Après de nombreuses salutations, il prit le commandemant de la galère. Yabu et l'émissaire restèrent très formels et s'assirent sur des coussins, l'émissaire prenant la position la plus importante, sur la poupe.

Les samouraïs s'assirent en tailleur ou s'agenouillèrent sur le pont principal et les entourèrent. « Le Conseil vous souhaite la bienvenue, Kasigi Yabu, au nom de Sa Majesté Impériale », dit l'homme. C'était un petit homme trapu, conseiller des régents pour le protocole, qui avait droit à un rang à la Cour impériale. Il s'appelait Ogaki Takamoto, était prince de septième rang. Sa fonction était celle d'intermédiaire entre la cour de Sa Majesté Impériale, le Fils du Ciel, et les régents. Ses dents étaient teintes en noir comme l'exigeait la mode adoptée par tous les courtisans de la cour.

« Merci, prince Ogaki. C'est un privilège pour moi que d'être ici au nom de Sire Toranaga, dit Yabu, impressionné par l'honneur qui lui était fait.

— Oui. J'en suis certain. Vous êtes bien sûr ici en votre nom, seul, *neh ?* dit Ogaki sèchement.

— Bien sûr, répondit Yabu. Quand Sire Toranaga arrive-t-il ? Je suis désolé mais le *taï-fun* m'a retardé de cinq jours et je n'ai plus eu de nouvelles depuis mon départ.

— Ah, oui. le *taï-fun.* Le Conseil a été très heureux d'apprendre que la tempête ne vous avait pas touchés. » Ogaki toussa, « J'ai le regret de vous dire que votre maître n'a même pas encore atteint Odawara. Il y a eu d'interminables retards. La maladie... Regrettable, *neh ?*

— Oh, oui, très regre... Rien de sérieux, j'espère ? demanda Yabu rapidement, heureux d'être dans le secret de Toranaga.

— Non, heureusement. Rien de sérieux. Sire Ishido pense que votre maître atteindra Odawara demain. »

Yabu fit juste ce qu'il fallait pour paraître surpris. « Quand je suis parti, il y a vingt et un jours, tout était prêt pour son départ, puis sire Hiro-matsu est tombé malade. Je sais que sire Toranaga était très inquiet mais il avait hâte de partir. Tous comme j'ai hâte d'entamer les préparatifs de son arrivée.

— Tout est prêt, dit Ogaki.

— Le Conseil n'émettra bien sûr pas d'objections à ce que je vérifie les préparatifs, *neh ?* » Yabu était démonstratif. « Il est essentiel que la cérémonie soit digne du Conseil et de l'occasion, *neh ?*

— Digne de Sa Majesté Impériale, le Fils du Ciel. C'est *lui* qui a lancé cette invitation.

— Bien sûr mais... » Le sentiment de bien-être de Yabu disparut. « Vous voulez dire... Vous voulez dire que Sa Majesté Impériale sera là ?

— Sa Majesté a accepté l'humble requête des régents et est d'accord pour recevoir *personnellement* le serment d'obéissance du nouveau Conseil, de tous les plus importants *daimyōs,* Sire Toranaga compris, sa famille et ses vassaux. Les conseillers de Sa Majesté Impériale ont été consultés pour choisir la date favorable d'un tel... rituel. Le vingt-deuxième jour de ce mois de cette cinquième année de l'ère Keichō. »

Yabu était stupéfait. « dans... dans dix-neuf jours ?

— A midi. » Ogaki sortit dédaigneusement un mouchoir de papier de sa manche et se moucha délicatement. « Excusez-moi. Oui, à midi. Les augures étaient favorables. Sire Toranaga a été informé par messager impérial il y a quatorze jours, Son accord immédiat et humble est parvenu aux régents il y a trois jours. » Ogaki sortit un petit parchemin. « Voici *votre* invitation, sire Kasigi Yabu. »

Yabu recula en voyant le sceau impérial aux seize pétales de chrysanthèmes. Il savait que *personne,* pas même Toranaga, ne pouvait décliner une telle invitation. Un refus serait une insulte impensable à la Divinité. Il essaya de retrouver son calme. « Je suis désolé. Vous n'allez pas bien, lui demanda Ogaki.

— Excusez-moi, bégaya Yabu. Mais jamais, dans mes rêves les plus fous... Personne n'aurait jamais pensé que le Fils du Ciel nous ferait tant d'honneur, *neh ?*

— Je suis bien d'accord avec vous.

— Etonnant... que Sa Majesté Impériale ait... ait envisagé de quitter Kyoto pour venir à Osaka.

— C'est vrai, et pourtant le Fils du Ciel et les insignes de la Cour impériale seront ici le vingt-deuxième jour. » Les insignes impériaux sans lesquels aucune succession ne trouvait sa légitimité étaient les Trois Trésors sacrés, considérés d'essence divine. Tout le monde croyait qu'ils avaient été apportés sur la terre par le dieu Ninigi-Noh-Mikoto et transmis par lui à son petit-fils, Jimmu Tenno, premier empereur humain, et par celui-ci à son successeur et ainsi de suite jusqu'au détenteur actuel, l'empereur G-oNijo. L'Épée, le Bijou et le Miroir. L'Épée sacrée et le Bijou voyageaient toujours officiellement avec l'empereur dès qu'il devait passer une nuit en dehors du palais. Le Miroir était gardé dans le Grand Sanctuaire shinto d'Ise. L'Épée, le Bijou et le Miroir appartenaient au Fils du Ciel, étaient les symboles de sa divinité et de son autorité légitime et indiquaient, quand il se déplaçait, que le trône divin se déplaçait avec *lui.*

Yabu balbutia : « Il est impensable que les préparatifs soient terminés pour *son* arrivée.

— Le général-sire Ishido, au nom des régents, a transmis sa requête au Fils du Ciel dès qu'il a su par Zataki que Sire Toranaga avait accepté, à Yokosé, de venir à Osaka et de s'incliner devant l'inévitable. L'immense honneur que votre maître fait aux régents les a, seul, poussés à demander au Fils du Ciel d'honorer cette occasion de sa présence. » Il toussa à nouveau. « Excusez-moi, je vous en prie. Peut-être pourriez-vous me donner votre accord par écrit ?

— Puis-je le faire tout de suite ? demanda Yabu qui se sentait très faible.

— Je suis certain que les régents apprécieront votre geste. »

Yabu demanda de quoi écrire. Le chiffre *dix-neuf* résonnait dans sa tête. Dix-neuf jours ! Toranaga ne peut plus retarder son arrivée que de dix-neuf jours. Il devait, lui aussi, être présent à Osaka. J'ai suffisamment de temps pour aller à Nagasaki et revenir à Osaka, mais pas assez pour lancer une attaque contre le Vaisseau noir et le prendre, pas assez pour faire pression sur Harima, Onoshi ou les prêtres chrétiens et pas assez de temps pour lancer « Ciel pourpre ». Le grand dessein de Toranaga n'est donc plus qu'une autre illusion...

Toranaga a échoué. J'aurais dû m'en douter. La réponse à mon dilemme est très claire : ou je fais aveuglément confiance à Toranaga pour sortir de ce piège et j'aide l'Anjin-san, comme prévu, à se procurer des hommes, ou bien je vais voir Ishido, je lui raconte tout ce que je sais et j'essaie de conclure un marché pour sauver ma vie et Izu.

Choisis !

Du papier, de l'encre, une brosse arrivèrent. Yabu oublia son angoisse et se concentra. Il était impensable de répondre au Fils du Ciel, l'esprit confus. Quand il eut fini d'écrire, il avait pris sa décision ; il allait suivre à la lettre les conseils de Yuriko. Comment devenir le meilleur vassal de Toranaga ? Très simple : en faisant quitter cette terre à Ishido. Comment y parvenir tout en se ménageant assez de temps pour s'échapper ? Il entendit Ogaki lui dire : « Vous êtes invité demain à une réception donnée par le général-sire Ishido en l'honneur de l'anniversaire de dame Ochiba. »

Toujours vêtue de ses effets de voyage, Mariko étreignit Kiri, puis serra dame Sazuko dans ses bras. Elle contempla le nourrisson et étreignit Kiri à nouveau.

« Oh, Mariko-chan, êtes-vous vraiment ici ?

— Oui, vraiment, Kiri-san. »

Sazuko, qui paraissait plus jeune que ses dix sept ans, dit : « Nous étions si inquiètes... Toutes ces rumeurs et...

— Oui, ce ne sont que des rumeurs, Mariko-chan, interrompit Kiri. Je voudrais savoir tant de choses que je me sens mal rien qu'à cette idée.

— Pauvre Kiri-san. Tenez, prenez un peu de saké, lui dit Sazuko avec compassion. Vous devriez peut-être défaire votre obi et...

— Ça va tout à fait bien maintenant ! Je t'en prie, ne t'inquiète pas, ma petite ! » Kiri croisa les mains sur son ventre. « Oh, Mariko-san, je suis heureuse de voir enfin un visage ami.

— Oui », dit Sazuko en faisant écho. Elle se lova contre Mariko.

« Chaque fois que nous sortons, les Gris s'agitent autour de nous comme si nous étions les reines de la ruche. Nous n'avons pas le droit de quitter la citadelle, sauf avec la permission du Conseil. Aucune femme n'en a la permission. Pas même les femmes de Sire Kiyama. Le Conseil ne se réunit presque jamais et, donc, ne nous donne jamais cette autorisation. Le docteur dit que je ne peux toujours pas voyager. Je suis pourtant bien. Le bébé aussi. Et... Mais dites-nous d'abord... »

Kiri l'interrompit : « Dites-nous d'abord comment va notre maître ? »

La jeune fille se mit à rire. « J'allais justement poser la question, Kiri-san ! »

Mariko leur répondit et dit ce que Toranaga lui avait ordonné de dire : « Il s'est engagé dans sa voie... Il est confiant et satisfait de sa décision. »

Elle avait plusieurs fois répété cette réponse durant le voyage. Pourtant, l'incroyable tristesse qu'elle provoquait en elle faillit lui faire crier la vérité.

« Le *karma* est le *karma, neh ?* dit Kiri.

— Alors, il n'y a pas de changement, pas d'espoir ? » demanda la jeune fille. Kiri lui tapota la main. « Crois bien que le *karma* est le *karma*, mon enfant, et que Sire Toranaga est le plus grand homme sage vivant. C'est suffisant. Tout le reste n'est qu'illusion. Mariko-chan, avez-vous un message pour nous ?

— Oh, oui. Excusez-moi. » Mariko sortit trois parchemins de sa manche. « Deux pour vous, Kiri. L'un de notre maître, l'autre de sire Hiro-matsu. Voici pour vous, Sazuko, de la part de votre seigneur. Il m'a prié, de vous dire que vous lui manquiez et qu'il aimerait voir son nouveau fils. Il m'a demandé de vous le répéter trois fois. Vous lui manquez et il aimerait beaucoup voir son nouveau fils. Vous lui manquez et il aimerait... »

Des larmes roulèrent sur les joues de la jeune fille. Elle marmonna des excuses et sortit de la pièce en courant, tenant très fort le parchemin dans sa main.

« Pauvre enfant. Ça lui est si difficile d'être enfermée ici. » Kiri ne brisa pas les sceaux de ses parchemins. « Savez-vous que Sa Majesté Impériale vient ici ?

— Oui. » Mariko avait, elle aussi, l'air grave. « Un messager de sire Toranaga m'a rejoint il y a une semaine environ. Le message ne disait rien d'autre que ça et donnait la date à laquelle Sire Toranaga escomptait arriver à Osaka. Avez-vous eu des nouvelles de lui ?

— Indirectement. Rien de confidentiel. Mais pas depuis un mois. Comment va-t-il ? Sincèrement.

— Confiant. » Elle but un peu de saké. « Dix-neuf jours. Ce n'est pas beaucoup, n'est-ce pas, Kiri-chan ?

— C'est assez pour aller à Yedo et en revenir, si vous vous pressez. C'est assez pour vivre toute une vie, si vous le voulez. C'est plus qu'assez pour livrer une bataille ou perdre un empire. C'est assez pour faire un million de choses, mais pas assez pour manger tous les petits plats ou boire tout le saké de la terre... » Kiri sourit faiblement. « Je ne vais certainement pas me mettre au régime pendant les vingt jours à venir. Je suis... » Elle se tut. « Oh, excusez-moi :.. Vous m'écoutez pérorer et jacasser et vous n'avez même pas encore pu vous changer et prendre un bain. Nous aurons tout le temps de parler plus tard.

— Je vous en prie, ne vous inquiétez pas. Je ne suis pas fatiguée.

— Vous devez l'être. »

Mariko sourit timidement, « L'accueil du général-sire Ishido a été plus que grandiose. A propos, quoi de neuf ?

— Rien. Je sais que c'est Ishido qui a ordonné les tortures et les meurtres de Sire Sugiyama et de sa famille, quoique je n'en aie pas la moindre preuve. La semaine dernière, l'une des concubines de Sire Oda a essayé de s'échapper avec ses enfants, déguisée en balayeuse des rues. Les sentinelles l'ont abattue "par erreur".

— C'est affreux !

— Bien sûr, "excuses officielles". Ishido proclame que la sécurité est très stricte. Il y a eu une tentative d'assassinat avortée contre l'héritier : telle est son excuse.

— Pourquoi toutes les dames ne s'en vont-elles pas ouvertement ?

— Le Conseil leur a ordonné ainsi qu'à leurs familles d'attendre le retour de leurs maris qui *doivent* venir pour la cérémonie. Le grand général-sire a une énorme responsabilité en ce qui concerne leur sécurité et ne peut donc leur donner l'autorisation d'aller et venir. La citadelle est plus fermée qu'une vieille huître,

— L'extérieur aussi, Kiri-san. Il y a beaucoup plus de barrières qu'avant sur le Tokaidō. Il y a des patrouilles partout.

— Tout le monde a peur de lui, sauf nous et nos samouraïs. Nous ne lui posons pas plus de problèmes qu'un bouton sur le derrière d'un dragon.

— Même nos docteurs ?

— Eux aussi. Ils nous conseillent toujours de ne pas voyager, même si c'était permis, ce qui ne le sera jamais.

— Dame Sazuko et le bébé vont-ils bien, Kiri-san ?

— Oui, vous avez pu vous en rendre compte vous-même. Je vais, moi aussi, très bien. » Kiri soupira. « Rien n'est changé depuis que j'ai écrit à Sire Toranaga. Nous sommes retenues en otages et le resterons jusqu'au Grand Jour. Une décision interviendra à ce moment-là.

Maintenant que Sa Majesté Impériale arrive... C'est la fin, *neh ?*

— Oui, ça m'en a tout l'air. Allez vous reposer, Marikochan, mais venez dîner avec nous ce soir. Nous pourrons parler, *neh ?* Oh, à propos... Une nouvelle pour vous. Votre fameux barbare *hatamoto*... Qu'il soit remercié d'avoir sauvé notre maître... On nous a dit qu'il avait accosté sain et sauf, ce matin, avec Kasigi-Yabu-san.

— J'étais si inquiète pour eux. Ils ont pris la mer la veille de mon départ. Et avec ce *taï-fun*...

— Ça n'a pas été très grave ici, hormis les incendies. Des milliers d'habitations ont été brûlées mais il y a eu deux mille morts à peine. On nous a dit aujourd'hui que le plus gros de la tempête avait frappé la côte orientale de Kyushu et une partie de Shikoku. Des dizaines de milliers de personnes sont mortes. Personne ne connaît encore l'importance des dégâts.

— Et les récoltes ?

— Elles ont été en grande partie détruites sur pied. Les paysans espèrent que les plantes repartiront, mais qui sait ? S'il n'y a pas de dégâts dans le Kwanto, le riz récolté devra nourrir tout l'empire, cette année et l'année prochaine.

— Il vaudrait mieux voir Sire Toranaga contrôler une telle récolte plutôt qu'Ishido, *neh ?*

— Oui, mais dix-neuf jours ne suffisent pas pour rentrer les récoltes, même avec toutes les prières du monde. »

Mariko finit de boire son saké. « Oui. »

Kiri ajouta : « Si leur bateau est parti la veille de votre départ, vous avez dû faire très vite.

— J'ai pensé qu'il valait mieux ne pas flâner, Kiri-chan. Ce n'est pas une partie de plaisir pour moi que de voyager.

— Et Buntaro-san ? Va-t-il bien ?

— Oui. Il a la responsabilité de Mishima et de toute la frontière en ce moment. Je l'ai vu très brièvement en venant ici. Savez-vous où séjourne Kasigi Yabu-sama ? J'ai un message pour lui.

— Dans l'une des maisons pour invités. Je vais me renseigner. Dès que je le saurai, je vous enverrai un mot. » Kiri accepta encore un peu de vin. « Merci, Mariko-chan. On m'a dit que l'Anjin-san était toujours sur la galère.

— C'est un homme très intéressant, Kiri-san. Il est devenu plus qu'utile à notre maître.

— C'est ce qu'on m'a dit. Je veux tout savoir de lui et du tremblement de terre. Oh, oui... Sire Ishido donne une réception officielle demain soir en l'honneur de l'anniversaire de dame Ochiba. Vous êtes bien sûr invitée. On m'a dit que l'Anjin-san devait y être convié. Dame Ochiba voudrait voir à quoi il ressemble. vous vous souvenez que l'héritier l'a rencontré une fois. N'est-ce pas cette fois-là où vous l'avez, vous-même, rencontré pour la première fois ?

— Oui, pauvre homme. Alors, comme ça on va l'exposer en public comme une baleine captive ?

— Oui, ajouta Kiri placidement. Avec nous tous. Nous sommes tous captifs, Mariko-chan, que nous le voulions ou non. »

53

Blackthorne traversa la citadelle avec sa garde d'honneur de vingt vassaux. Dix fois plus de Gris les escortaient. Il portait fièrement son nouvel uniforme, un kimono brun frappé des cinq emblèmes de Toranaga et, pour la première fois, le manteau aux épaules ailées. Ses cheveux dorés étaient attachés en une petite queue soignée. Les épées que Toranaga lui avait données dépassaient correctement de sa ceinture. Des Gris étaient postés à chaque intersection, gardaient tous les créneaux. C'était la grande démonstration de force d'Ishido qui avait invité, cette nuit-là, tous les *daimyōs,* généraux et samouraïs de rang élevé d'Osaka. Le soleil s'était couché. La nuit tombait rapidement.

« A midi, aller citadelle, Anjin-san, lui avait dit Yabu ce matin quand il était remonté à bord de la galère. Gris venir pour vous, compris ?

— Oui, Yabu-sama.

— Tout à fait sûr maintenant. Gris emmener dans endroit sûr. Cette nuit, rester château, dans appartements Toranaga. Demain aller Nagasaki.

— Autorisation ? » Yabu secoua la tête, exaspéré : « Faire semblant aller Mishima chercher Sire Hiro-matsu, Sire Sudara et sa famille. Compris ?

— Oui.

— Bien. Dormir maintenant, Anjin-san.

— Compris. Excusez-moi. Pourquoi citadelle, cette nuit ? »

Yabu avait eu un sourire grimaçant et lui avait annoncé qu'il faisait partie du spectacle, qu'Ishido était curieux de le revoir. « Invité. Donc sécurité. » Et il avait quitté la galère. Blackthorne était descendu dans sa cabine, laissant Vinck de garde. Au moment où il s'était endormi profondément, Vinck était venu le secouer. Il était remonté sur le pont en hâte. Une petite frégate portugaise, de vingt canons, faisait son entrée dans le port, toutes voiles déployées.

« Le salaud est pressé, dit Vinck en tremblant.

— Ça doit être Rodrigues. Personne d'autre que lui n'entrerait dans un port toutes voiles dehors.

— Si j'étais vous, pilote, je nous ferais partir avec ou sans la marée. Seigneur Jésus, on est comme des mouches dans une bouteille de rhum. Sortons d'ici...

— Nous restons ! Tu ne peux pas te mettre ça dans la tête ? Nous restons tant que nous n'avons pas la permission de partir. »

Il avait regagné sa couchette mais le sommeil l'avait quitté. A midi, les Gris étaient arrivés. Il était parti avec eux pour la citadelle. Ils avaient traversé la ville et étaient passés devant le lieu d'exécution. Les cinq croix étaient toujours là ; chacune était gardée par deux lanciers. La foule observait. Il avait revécu la souffrance et la terreur de l'embuscade. Son kimono, la pression de sa main sur le pommeau de son épée, la présence de ses vassaux n'avaient pas fait disparaître sa peur. Les Gris l'avaient conduit jusqu'aux appartements de Toranaga. C'est là que Kiritsubo, dame Sazuko et son enfant étaient toujours cloîtrés. Il avait pris un bain, avait trouvé des vêtements propres.

« Dame Mariko est-elle là ?

— Non, Sire, désolée, lui avait répondu la servante.

— Où puis-je la trouver ? J'ai un message urgent pour elle.

— Je suis désolée, Anjin-san, je ne sais pas. Excusez-moi. »

Il s'était habillé puis avait étudié son dictionnaire. Il voulait se souvenir des mots clés et s'était préparé du mieux qu'il avait pu. Il s'était ensuite rendu dans le jardin pour voir pousser les pierres, mais elles ne poussaient jamais.

Il franchit la douve intérieure. Des torches brûlaient. Il repoussa son angoisse et traversa le pont de bois. D'autres invités entourés de Gris se dirigaient vers le même endroit. Ses pas l'amenèrent vers la dernière herse. Ses Gris le conduisirent jusqu'à l'énorme porte. Ils l'abandonnèrent là et ses hommes firent de même. Il avança dans l'espace éclairé par des torches. C'était une pièce immense au plafond très haut, à poutres apparentes et à caissons polychromes. Des colonnes recouvertes de feuilles d'or soutenaient les poutres de bois rares. Cinq cents samouraïs et leurs femmes se tenaient rassemblés là. Blackthorne passa la foule en revue, à la recherche de Mariko, de Yabu, d'un visage ami. Il ne vit personne. D'un côté, une rangée d'invités attendait d'aller s'incliner devant l'estrade surélevée, à l'autre bout de la pièce. Le courtisan, prince Ogaki Takamoto, était là. Blackthorne reconnut Ishido — grand, mince. Il se souvint avec précision de la gifle magistrale que cet homme lui avait donnée. Dame Ochiba trônait sur l'estrade. A la distance où il se trouvait, Blackthorne pouvait saisir la richesse exquise de son kimono, une soie des plus rares, bleu-noir, rehaussée de fils d'or, Ochiba était fine et avait plutôt l'apparence physique d'une petite fille. Une peau laiteuse et lumineuse, des yeux immenses en amande sous des sourcils dessinés et maquillés. Sa coiffure ressemblait à un casque ailé.

La procession des invités avançait lentement. Blackthorne se tenait à l'écart. Il dépassait tous ses voisins d'une tête. Il s'écarta poliment pour laisser passer des invités et rencontra à ce moment-là le regard d'Ochiba. Ishido le regardait aussi. Ils se dirent quelque chose et

Ochiba fit un signe de son éventail. Leurs yeux se tournèrent à nouveau vers lui. Mal à l'aise, Blackthorne recula vers le mur pour passer inaperçu, mais un Gris lui barra le chemin. « *Dozo,* dit le samouraï.

— *Hai, domo* », répondit Blackthorne en le suivant.

Tout le monde le salua. Il rendit les saluts. Les conversations cessèrent. Gênés, femmes et hommes s'écartèrent pour le laisser passer. Plus personne ne le séparait à présent de l'estrade. Il se tint bien droit pendant un instant puis s'avança dans un silence de mort. Arrivé devant l'estrade, il s'agenouilla et salua formellement, une fois vers elle et une fois vers Ishido comme il avait vu faire les autres. Il se leva, pétrifié à l'idée de voir ses épées glisser, de perdre l'équilibre et, donc, la face. Mais tout se passa bien et il se mit à reculer.

« Attendez, Anjin-san », dit-elle. Sa luminosité et sa féminité semblaient avoir décuplé. Il sentit cette extraordinaire sensualité qui émanait d'elle. « Il paraît que vous parlez notre langue ? » Sa voix dénotait une personnalité très forte.

« Excusez-moi, Votre Altesse », dit Blackthorne en utilisant sa phrase type, mille fois répétée, et en bégayant un peu à cause de sa nervosité : « Je suis désolé, mais je dois employer des mots simples. Je vous demande respectueusement de faire des phrases courtes afin d'avoir l'honneur de vous comprendre. » Il savait, sans en douter un seul instant, que sa vie dépendait de ses réponses. Toute l'attention de la salle était sur lui. Il remarqua Yabu qui s'avançait prudemment à travers la foule et se rapprochait.

« Puis-je respectueusement vous féliciter pour votre anniversaire et prier pour que vous puissiez encore en vivre un millier d'autres ?

— Voilà vraiment des mots pas si simples, Anjin-san, dit dame Ochiba, trés impressionnée.

— Excusez-moi, Votre Altesse, j'ai appris cette phrase la nuit dernière. La façon correcte de la dire, *neh ?* »

Elle fronça les sourcils, puis jeta un coup d'œil vers Ishido qui se pencha et lui parla trop rapidement pour que Blackthorne saisisse quoi que ce soit,

« Excusez-moi, Votre Altesse. Permission saluer général-sire ?

— Oui, je vous la donne.

— Bonsoir, général-sire Ishido, dit Blackthorne avec une politesse étudiée. Dernière fois rencontrer, moi trés terriblement fou. Excusez-moi. » Ishido lui rendit dédaigneusement son salut. « Oui, en effet. Très impoli de surcroît. J'espère que vous ne deviendrez pas fou ce soir ni à l'avenir.

— Très fou, cette nuit-là, excusez-moi.

— Cette folie est-elle habituelle chez les barbares ? »

Une telle impolitesse en public était très choquante. Les yeux de Blackthorne fixèrent un instant dame Ochiba et il discerna également sa surprise. Il se contenta de dire : « Général-Sire, vous avoir mille fois raison, Barbares toujours même folie, mais, excusez-moi, maintenant samouraï et *hatamoto. Plus barbare.* » Il parlait avec ce même ton de voix dont il usait sur son gaillard d'arrière. Un ton de voix qui portait sans qu'il ait besoin de crier, un ton de voix qui touchait aisément les quatre coins de la pièce. « Comprendre maintenant manières samouraï — un peu *Bushido* et *wa.* Plus barbare. Excusez-moi, *neh ?* » Il lança le dernier mot comme un défi. Il savait que les Japonais comprenaient trés bien l'orgueil, la virilité et honoraient ces valeurs. Ishido se mit à rire. « Vous êtes donc samouraï, Anjin-san, dit-il d'un ton railleur. J'accepte vos excuses. Les rumeurs qui courent sur votre courage sont vraies. Très bien. Je devrais moi aussi m'excuser. Ne vous inquiétez pas. Vous êtes important, *neh ?* Vous avez une place privilégiée auprès de Sire Toranaga. Je n'oublie pas. N'ayez crainte. »

Blackthorne remercia Ishido et se tourna vers dame Ochiba. « Votre Altesse, dans mon pays, avoir reine. Excusez, je vous prie, mon mauvais japonais... Oui, reine gouverner pays. Angleterre, coutume donner cadeau anniversaire à dame — même reine. » Il sortit de sa manche le bouton de camélia qu'il avait arraché à un arbre du jardin et le déposa devant elle, ayant peur d'outrepasser ses droits. « Excusez-moi si pas bonnes manières. »

Elle contempla la fleur. Cinq cents personnes attendaient, retenant leur respiration, de voir comment elle allait réagir devant l'incroyable galanterie du barbare et devant le piège qu'il lui avait, peut-être inconsciemment, tendu.

« Je ne suis pas une reine, Anjin-san, dit-elle doucement. Je ne suis que la mère de l'héritier et la veuve du Sire Taikō. Je ne peux pas accepter ce cadeau en tant que reine car je ne le suis pas, ne le serai jamais et n'ai jamais prétendu l'être ou le devenir. »

Elle sourit à la salle et déclara : « Mais puisque c'est mon anniversaire, peut-être obtiendrai-je votre permission d'accepter le cadeau de l'Anjin-san. »

La salle éclata sous les applaudissements. Blackthorne s'inclina et la remercia. Il avait simplement compris que son cadeau était accepté. Quand l'assistance redevint silencieuse, dame Ochiba ajouta : « Votre élève vous honore, Mariko-san, *neh ?* »

Mariko fendit la foule des invités, un jeune enfant à ses côtés. « Bonsoir, dame Toda, dit Blackthorne en ajoutant dangereusement en latin : « Votre présence embellit cette soirée.

— Merci, Anjin-san », dit-elle en japonais, les joues empourprées. Elle s'avança vers l'estrade. Le jeune garçon resta en arrière. Mariko salua Ochiba. « J'ai fait bien peu de choses, Ochiba-sama. C'est le travail de l'Anjin-san et du livre de vocabulaire que lui ont donné les pères chrétiens.

— Oh, oui, le livre de vocabulaire ! » Ochiba se le fit montrer, expliquer par Mariko. Elle était fascinée. Ishido également. « Il nous en faudrait des copies, Sire. Ordonnez aux prêtres de nous en donner une centaine. Avec ça, nos jeunes samouraïs pourraient bientôt parler barbare, *neh?*

— Oui, c'est une bonne idée, madame. Plus vite nous aurons nos propres interprêtes, mieux ce sera. » Ishido se mit à rire. « Que les chrétiens brisent eux-mêmes leur monopole, *neh ?* »

Un samouraï d'une soixantaine d'années, aux cheveux gris, qui se tenait au premier rang des invités, dit : « Les chrétiens ne détiennent aucun monopole, Sire-général. C'est nous qui demandons aux pères chrétiens, en fait nous insistons, pour qu'ils soient interprètes et négociateurs parce qu'ils sont les seuls à avoir la confiance des deux partis. Sire Goroda a lancé cette coutume, *neh ?* Le Taikō l'a poursuivie.

— Bien sûr, Sire Kiyama. Je ne voulais offenser aucun *daimyō* ou samouraï converti au christianisme. Je ne parlais que du monopole des prêtres chrétiens, dit Ishido. Il serait préférable que nous ayons le monopole de notre commerce avec la Chine.

— Il n'y a jamais eu de malhonnêtés commises, Sire-général. Les prix sont honnêtes, le commerce est facile, efficace et les pères ne contrôlent que leurs hommes. Il n'y aurait pas de soie, pas de commerce avec la Chine sans les barbares du Sud. Sans les pères, nous aurions beaucoup d'ennuis. Excusez-moi.

— Oh, Sire Kiyama, dit la dame Ochiba. Je suis certaine que Sire Ishido est honoré de la correction que vous avez faite, n'est-ce pas, Sire-général ? Que ferait le Conseil sans l'avis de Sire Kiyama ? »

Kiyama s'inclina, rigide, pas mécontent de lui. Ochiba lança un regard vers le jeune garçon et agita son éventail, « Et vous, Saruji-san ? Aimeriez-vous apprendre le barbare ? »

Le garçon rougit. Il était mince et beau. Il s'efforçait de paraître plus que ses quinze ans. « J'espère ne pas avoir à le faire, Ochiba-sama. Oh non ! Mais si cela m'était ordonné, j'essaierais. Oui, j'essaierais très fort. » Ils rirent de sa réponse ingénue et Mariko dit fièrement, en japonais : « Anjin-san, permettez-moi de vous présenter mon fils, Saruji. » Blackthorne avait attentivement écouté la conversation mais elle avait été trop rapide et dialectale pour qu'il la comprenne. Mais il avait entendu « Kiyama » et l'alarme avait sonné dans sa tête. Il salua Saruji. « Heureuse avoir si beau homme, Mariko-san ? »

Ses yeux baissés fixaient la main droite du jeune garçon. Elle était déformée à vie. Il se souvint alors que Mariko lui avait dit une fois que la naissance de son fils avait été longue et difficile. Pauvre gosse, pensa-t-il. Comment peut-il se servir d'une épée ? Il détourna les yeux.

« Heureuse avoir beau garçon », reprit-il. Mais sûrement impossible, Mariko-san, vous avoir si grand garçon — pas assez d'années, *neh ?* » Ochiba dit : « Êtes-vous toujours aussi galant, Anjin-san ? Dites-vous toujours des phrases aussi habiles ?

— Pardon ?

— Toujours si habiles ? Compliments, vous comprenez ?

— Non, excusez-moi. » Blackthorne avait mal à la tête. Quand Mariko lui expliqua ce qui venait d'être dit, il répondit avec une gravité simulée : « Oh, excusez-moi, Mariko-san. Si Saruji-san est vraiment votre fils, dites à dame Ochiba que je ne savais pas que les dames se mariaient à l'âge de dix ans, au Japon. »

Elle traduisit et ajouta quelque chose qui fit rire tout le monde.

« Excusez-moi, Sire Kiyama, dit-elle. Puis-je vous présenter l'Anjin-san ? »

Kiyama rendit son salut à Blackthorne. « On prétend que vous êtes chrétien ?

— Pardon ? »

Kiyama ne daigna pas répéter. Mariko traduisit.

« Oh, excusez-moi, Sire. Oui, chrétien, mais secte différente.

— Votre secte n'est pas la bienvenue sur mes terres. Ni même à Nagasaki ou à Kyushu, je pense, ou sur n'importe quelle terre d'un *daimyō* chrétien. »

Mariko garda le sourire. Elle se demandait si Kiyama avait payé personnellement la secte Amida. Elle traduisit en gommant le ton cavalier de ses paroles.

« Pas prêtres, Sire, dit Blackthorne à Kiyama. Si dans votre pays — seulement commerce. Pas prêtre parler ou enseigner. Respectueusement demander seulement commerce.

— Je ne veux pas de *votre* commerce. Je ne *vous* veux pas sur mes terres. Je *vous* interdis de pénétrer sur mes terres sous peine de mort. Compris ?

— Oui, excusez-moi.

— Très bien. » Kiyama se tourna hautainement vers Ishido. « Nous devrions expulser cette secte et ces barbares de l'empire. Je ferai cette suggestion à la prochaine réunion du Conseil. Je dois dire ouvertement que Sire Toranaga a été mal conseillé en nommant samouraï n'importe quel étranger. Surtout *cet* homme. C'est un précédent très dangereux.

— Sans importance ! Toutes les erreurs de l'actuel seigneur du Kwanto seront très bientôt réparées, *neh ?*

— Tout le monde fait des erreurs, Sire-général, dit Kiyama vicieusement. « Seul Dieu est un et parfait. La seule *véritable* erreur que Sire Toranaga ait jamais faite fut de faire passer ses intérêts avant ceux de l'héritier.

— Oui, dit Ishido.

— Excusez-moi, dit Mariko. Mais ce n'est pas vrai. Je suis désolée mais vous vous trompez tous deux au sujet de mon maître. »

Kiyama se tourna vers elle et lui dit poliment : « Il est tout à fait juste et normal que vous adoptiez cette position, Mariko-san, mais, je vous en prie, ne parlons pas de cela ce soir. Sire-général, où en est donc Sire Toranaga ? Quelles sont les dernières nouvelles ?

— J'ai appris par pigeon, hier, qu'il était à Mishima. Je reçois maintenant des rapports quotidiens sur son avance.

— Très bien. Il aura donc franchi ses frontières dans deux jours ? demanda Kiyama.

— Oui. Sire Ikawa Jikkyu est prêt à le recevoir selon son rang.

— Très bien. » Kiyama sourit à Ochiba. Il l'aimait beaucoup. « En l'honneur de ce jour, madame, pourriez-vous demander à l'héritier s'il accepte que les régents viennent s'incliner devant lui ?

— L'héritier en serait très honoré, Sire. Peut-être accepteriez-vous ensuite que tous les notables ici présents soient ses invités dans un concours de poésie ? Les régents pourraient peut-être en être les juges ?

- Très volontiers, si vous le désirez. Quel en sera le thème, madame ? La première ligne du poème ? demanda Kiyama particulièrement heureux, car il était très réputé pour ses talents de poète comme pour sa dextérité à l'épée et sa férocité dans les batailles.

— Je vous en prie, Mariko-san, pouvez-vous répondre à Sire Kiyama ? » dit Ochiba. Tout le monde remarqua son adresse car elle était très médiocre dans un domaine où Mariko excellait. Mariko réfléchit un instant.

« Le thème en sera : *Aujourd'hui.* Le premier vers commencera ainsi : « Sur une branche dépouillée... »

Ochiba et toute l'assistance la complimentèrent pour ce choix et Kiyama dit : « Excellent mais il va falloir nous surpasser pour concourir avec vous, Mariko-san.

— J'espère que vous voudrez bien m'excuser, Sire, mais je ne prendrai pas part à ce concours.

— Bien sûr que si ! » Kiyama se mit à rire. « Ce ne serait plus pareil si vous n'y participiez pas.

— Je suis désolée, Sire, et vous prie de m'excuser mais je ne serai pas là.

— Je ne comprends pas.

— Que voulez-vous dire, Mariko-san ?. lui demanda Ochiba.

— Excusez-moi, madame, mais je quitte Osaka demain. Avec dame Kiritsubo et dame Sazuko. »

Le sourire d'Ishido disparut. « Vous partez où ?

— Nous allons à la rencontre de notre suzerain, Sire.

— Il... Sire Toranaga sera ici dans quelques jours, *neh ?*

— Voilà des mois que dame Sazuko n'a pas vu son époux, et mon maître Sire Toranaga n'a pas encore eu le plaisir de voir son dernier-né. Dame Kiritsubo, naturellement, nous accompagne.

— Sire Toranaga arrivera trés bientôt à Osaka. Aller à sa rencontre ne me semble absolument pas nécessaire.

— Je pense que c'est nécessaire, Sire-général. »

Ishido dit d'un air crispé : « Vous venez à peine d'arriver et nous vous attendions, Mariko-san. Particulièrement dame Ochiba. Je suis une fois de plus d'accord avec sire Kiyama. Vous devez participer à ce jeu poétique.

— Je suis désolée mais je ne serai pas là.

— Vous êtes visiblement fatiguée, madame. Vous venez à peine d'arriver. Ce n'est certainement pas le moment de discuter d'un problème d'ordre privé. » Ishido se tourna vers Ochiba. « Vous pourriez peut-être, madame, accueillir et saluer le reste des invités ?

— Oui... Oui, bien sûr », dit Ochiba, troublée. La rangée se reforma immédiatement avec obéissance. Mais le silence tomba quand Mariko dit : « Merci, Sire-général. Je suis d'accord avec vous, mais ce n'est pas un problème d'ordre privé et il n'y a pas à discuter. Je pars demain pour saluer mon suzerain, *avec* ses femmes. »

Ishido dit froidement : « Vous êtes ici, madame, sur l'invitation personnelle du Fils du Ciel. Soyez patiente, je vous en prie. Votre maître arrive trés bientôt.

— Je suis d'accord, Sire, mais l'invitation de Sa Majesté Impériale n'est que pour le vingt-deuxième jour et ne m'ordonne pas — personne ne me l'ordonne — de rester cloîtrée à Osaka jusque-là. Me l'ordonne-t-elle ?

— Vous oubliez vos manières, dame Toda !

— Excusez-moi mais c'était bien la dernière chose que je comptais faire. Je suis désolée. Veuillez m'excuser. » Mariko se tourna vers Ogaki, le courtisan. « Sire, l'invitation de Sa Majesté Impériale m'ordonne-t-elle de rester à Osaka jusqu'à son arrivée ? »

Ogaki eut un sourire forcé. « L'invitation n'est que pour le vingt-deuxième jour de ce mois, madame. Elle n'exige votre présence qu'à ce moment-là.

— Merci, Sire. » Mariko s'inclina et fit face à l'estrade.

L'invitation n'exige ma présence qu'à ce moment-là. Pas avant. Je partirai donc demain.

— Soyez patiente, je vous en prie, madame. Les régents vous ont accueillie. De nombreux préparatifs requièrent votre aide, avant l'arrivée de Sa Majesté Impériale. Dame Ochiba, veuillez main...

— Je suis désolée, Sire, mais les ordres de mon suzerain ont préséance. Je dois partir demain.

— Vous ne partirez pas demain et nous vous ordonnons... nous vous supplions de prendre part, Mariko-san, au concours de dame Ochiba. Madame...

— Je suis donc retenue ici... contre ma volonté ?

— Mariko-san, veuillez ne plus parler de ça, je vous en prie, dit Ochiba.

— Je suis désolée, Ochiba-sama, mais je suis une personne simple. J'ai dit que j'avais des ordres de mon suzerain. Si je ne peux y obéir, je dois savoir pourquoi. Sire-général, suis-je retenue ici jusqu'au vingt-deuxième jour ? Si oui, sur les ordres de qui ?

— Vous êtes invitée d'honneur, lui dit calmement Ishido, voulant la faire céder. Je vous répète, madame, que votre maître arrive très bientôt.

— Oui. Je suis néanmoins une fois de plus désolée de devoir vous demander : suis-je retenue à Osaka pour les dix-huit jours à venir et, si oui, sur les ordres de qui ? »

Ishido avait les yeux fixés sur elle. « Non, vous n'êtes pas retenue ici.

— Merci, Sire. Excusez-moi de vous parler si directement », dit Mariko.

Plusieurs dames, dans l'assistance, se tournèrent vers leurs voisines et murmurèrent ce que toutes celles retenues contre leur volonté à Osaka n'osaient pas dire ouvertement : « Si elle peut s'en aller, je le peux aussi. Vous le pouvez, vous aussi, *neh ?* Je pars demain. C'est magnifique ! »

La voix d'Ishido résonna par-dessus les murmures. « Puisque vous avez choisi de parler de cette façon présomptueuse, dame Toda, je crois qu'il est de mon devoir de demander aux régents le rejet officiel de votre demande — au cas où d'autres pourraient partager ce malentendu. » Il sourit. « Jusqu'à ce moment-là, vous vous tiendrez à leur disposition et obéirez à leurs ordres.

— J'en serais très honorée, Sire, mais mon devoir est envers mon suzerain.

— Bien sûr. Mais il n'y en a que pour quelques jours.

— Je suis désolée mais mon devoir est de servir mon suzerain pendant les quelques jours à venir.

— Vous voudrez bien vous armer de patience, madame. Ça ne durera pas très longtemps. Le sujet est clos. Maintenant, Sire Ki...

— Je suis désolée mais je ne peux retarder mon départ, fût-ce un seul instant. »

Ishido cria : « Vous refusez donc d'obéir au Conseil des régents ?

— Non, Sire, dit Mariko fièrement. A moins qu'il ne m'empêche de faire mon devoir envers mon suzerain, devoir fondamental de tout samouraï.

— Vous-vous-tiendrez-à-la-disposition-des-régents-et—vous-vous-armerez-de-patience- !

— Je suis désolée mais j'ai reçu ordre de mon suzerain d'escorter ses femmes et d'aller à sa rencontre. Immédiatement. » Elle sortit un parchemin de sa manche et le tendit à Ishido.

Il brisa le cachet, le déplia et le lut, puis il leva le visage et dit : « Même ainsi, vous attendrez la décision des régents. »

Mariko regarda Ochiba avec espoir mais ne lut que désapprobation sur son visage. Elle se tourna vers Kiyama. Il était tout aussi silencieux et indifférent.

« Excusez-moi, Sire-général, mais nous ne sommes pas en guerre. Mon maître obéit aux régents. Donc, pendant les dix-huit prochains...

— Le sujet est clos !

— Ce sujet sera clos, Sire-général, quand vous aurez la politesse de me laisser finir ! Je ne suis pas n'importe quelle paysanne sur qui vous puissiez vous essuyer les pieds. On ne me marche pas dessus. Je suis Toda Mariko-Noh-Buntaro-Noh-Hiro-matsu, fille de Sire Akechi Jinsai. Ma lignée est Takashima. Nous sommes samouraïs depuis un millier d'années et je veux vous dire que je ne serai jamais retenue en otage, captive ou enfermée. Pendant les dix-huit prochains jours et *jusqu'au di-neuvième jour*, par volonté de Sa Majesté Impériale, je suis libre d'aller où bon me semble. *N'importe qui en a le droit*.

— Notre... Notre maître, le Taikō, a été lui aussi paysan. De nombreux samouraïs sont paysans ou l'ont été. Chaque *daimyō* le fut. Méme le premier Takashima. Tout le monde a été paysan une fois dans sa vie. Ecoutez-moi bien : vous *attendrez* le bon plaisir des régents.

— Non, je suis désolée. Mon premier devoir est l'obéissance à mon suzerain. »

Ishido, furieux, s'avança vers elle. Quoique Blackthorne n'ait pratiquement rien compris à toute cette conversation, sa main droite glissa, à l'insu de tous, dans sa manche gauche et se prépara à lancer le poignard qui y était caché.

Ishido se tint devant elle. « Vous... obéirez... »

A ce moment-là, il y eut un mouvement près de la porte d'entrée. Une servante en larmes se fraya un passage à travers la foule et accourut vers Ochiba. « Excusez-moi, maîtresse, pleurnicha-t-elle, Yodoko-sama... Elle vous demande, elle... Vous devez vous dépêcher ; l'héritier est déjà là-bas... »

Inquiète, Ochiba se tourna vers Mariko et Ishido, puis vers l'assistance. Elle salua ses invités et sortit en hâte. Ishido hésita. « Je m'occuperai de vous plus tard, Mariko-san », dit-il. Il suivit Ochiba ;

ses pas résonnèrent sur le tatami. Les murmures commencèrent à rouler bon train dans son sillage. Les cloches sonnèrent.

Blackthorne s'approcha de Mariko. « Que s'est-il passé, Mariko-san ? » Elle continua de fixer l'estrade, lointaine. « Mariko-san, dit Kiyama.

— Oui... Oui, Sire ?

— Puis je vous suggérer de rentrer chez vous ? Pourrai-je vous parler plus tard ? Disons à l'heure du verrat ?

— Oui, bien sûr. Excusez-moi mais je devais... » Ses paroles traînèrent et se perdirent en murmures.

« C'est un jour de mauvais augure, Mariko-san. Que Dieu vous protège ! »

Kiyama lui tourna le dos et parla avec autorité à l'assistance. « Je vous conseille de retourner chez vous... Attendez et priez pour que l'Infini prenne rapidement, facilement et honorablement dame Yodoko dans sa paix, si son heure est venue. » Il regarda Saruji qui avait toujours l'air ébahi. « Venez avec moi. » Il sortit. Saruji le suivit. Mariko salua la salle et sortit, Kiri humecta ses lèvres sèches. Dame Sazuko était à ses côtés, angoissée. Kiri lui prit la main et les deux femmes se retirèrent. Yabu fit un pas en avant et sortit derrière elles en compagnie de Blackthorne. Ils étaient sensibles au fait d'être les seuls samouraïs présents à porter l'uniforme de Toranaga. Les Gris les attendaient à l'extérieur.

« Que vous a-t-il pris, au nom de tous les dieux ? Soutenir une telle position ? Stupide, *neh ?* cria Yabu, hors de lui.

— Je suis désolée », dit Mariko, cachant sa véritable raison et souhaitant que Yabu la laissât en paix. Elle était furieuse de son propre comportement.

« C'est arrivé, Sire. On célébrait un anniversaire, puis... Je ne sais pas. Excusez-moi, je vous en prie, Yabusama. Excusez-moi, je vous en prie, Anjin-san. »

A nouveau Blackthorne voulut dire quelque chose mais Yabu le fit taire. Il se radossa donc au chambranle de la fenêtre. Il avait mal à la tête à force de toujours chercher à comprendre la conversation.

« Je suis désolée, Yabu-sama », dit Mariko. Elle se dit que les hommes étaient vraiment fatigants à toujours avoir besoin d'explications et de détails. Ils ne voient même pas leurs propres cils.

« Vous avez déclenché une tempête qui va tous nous engloutir ! Stupide, *neh ?*

— Oui, mais il n'est pas juste de rester enfermée quand Sire Toranaga m'a donné des ordres et que...

— Ces ordres sont fous ! Les diables ont dû prendre possession de sa tête ! Il va vous falloir vous rétracter et vous excuser. La sécurité va être renforcée. Ishido va annuler toutes nos autorisations de départ et vous aurez ainsi tout gâché. » Il regarda Blackthorne. « Et maintenant que va-t-on faire ?

— Pardon ? »

Ils venaient tous les trois d'arriver dans la pièce de réception de la maison de Mariko. Des Gris les avaient escortés jusque-là et d'autres, plus nombreux que d'habitude, montaient la garde devant sa porte. Kiri et dame Sazuko avaient regagné leurs appartements avec une autre garde d'honneur de Gris et Mariko avait promis de les rejoindre après sa rencontre avec Kiyama.

« Les gardes ne vous laisseront pas venir, Mariko-san, dit Sazuko, désespérée.

— Ne vous inquiétez pas. Rien n'est changé. Nous pouvons bouger librement à l'intérieur de la citadelle, même si nous sommes escortées.

— Ils vont vous arrêter ! Oh, pourquoi avez-vous... ?

— Mariko-san a raison, mon enfant, avait dit Kiri qui n'avait pas du tout peur. Rien n'est changé. Nous vous verrons bientôt, Mariko-chan. » Puis Mariko était rentrée chez elle avec Yabu et Blackthorne.

Elle se souvint, lorsqu'elle s'était retrouvée seule contre Ishido, avoir vu la main droite de Blackthorne prête à lancer un couteau. Elle s'était sentie plus forte à cause de ce geste. Oui, Anjin-san, pensa-t-elle, vous êtes le seul sur qui je savais pouvoir compter. Vous étiez là quand j'ai eu besoin de vous.

Ses yeux se tournèrent vers Yabu, assis en tailleur face à elle, qui marmonnait dans sa barbe. Que Yabu ait pris publiquement parti pour elle en la suivant l'avait surprise. Parce qu'il l'avait soutenue, parce que perdre son sang-froid en s'attrapant avec lui ne menait à rien, elle ignora son incroyable insolence et se mit à jouer avec lui. « Excusez ma stupidité, Yabu-sama, dit-elle d'une voix repentante, sanglotante. Vous avez bien sûr raison. Je suis désolée. Je ne suis qu'une femme stupide !

— Tout à fait d'accord ! Stupide de s'opposer à Ishido dans son propre nid, *neh ?*

— Excusez-moi, je suis vraiment désolée.

— Et Ishido ? Ah, madame... Votre aiguillon en parlant de "paysan" ! Vous avez tapé dans le mille. Vous avez blessé le tout-puissant Sire-général. Vous vous êtes fait un ennemi !

— Vous croyez ? Je ne voulais pas l'insulter.

— Il *est* paysan, l'a toujours été et le sera toujours. Il a toujours haï ceux qui, parmi nous, étaient d'authentiques samouraïs.

— Que vous êtes intelligent, Sire. Merci de me le dire. » Mariko s'inclina et sembla essuyer une larme puis ajouta : « Puis-je vous dire que je me sens maintenant protégée... Si vous n'aviez pas été là, Sire Kasigi, je crois que je me serais évanouie.

— Il est stupide d'attaquer Ishido devant tout le monde, dit Yabu, radouci.

— Oui, vous avez raison. Il est vraiment dommage que nos chefs ne soient pas aussi forts et aussi intelligents que vous. Sire Toranaga ne serait peut-être pas dans d'aussi beaux draps.

— Je suis bien d'accord, mais vous nous avez quand même mis dans la merde jusqu'au cou.

— Excusez-moi. C'est ma faute, » Mariko feignit de retenir courageusement ses larmes. Elle baissa les yeux et murmura : « Merci, Sire, d'accepter mes excuses. Vous êtes si généreux. »

Yabu acquiesça, croyant que ses louanges étaient méritées, sa servilité nécessaire et lui-même unique. Elle s'excusa encore, le calma et le cajola.

« Puis-je expliquer ma stupidité à l'Anjin-san ? Peut-être pourrait-il nous suggérer une façon de nous en sortir... » Elle laissa ses paroles en suspens. « Oui. Très bien. »

Mariko le salua pour le remercier et lui dire toute sa reconnaissance, puis se tourna vers Blackthorne et lui adressa la parole en portugais : « Écoutez-moi, Anjin-san, écoutez-moi et ne posez pas de questions pour le moment. Je suis désolée mais il me fallait d'abord calmer ce "salopard". C'est bien comme ça que vous dites ? » Elle lui raconta très vite ce qui venait de se passer et pourquoi Ochiba était partie en hâte.

« C'est mauvais, dit-il en cherchant à capter son regard. *neh ?*

— Oui. Sire Yabu demande vos conseils. Que pourrait-on faire pour annuler la situation dans laquelle ma stupidité vous a mis tous les deux ?

— Quelle stupidité ? » Blackthorne la regardait et la nervosité de Mariko augmenta. Il parla directement à Yabu : « Pas savoir encore, Sire. Maintenant comprendre, maintenant réfléchir. »

Yabu répondit d'un ton aigre : « Sur quoi faut-il réfléchir ? Nous sommes pris. » Mariko traduisit sans relever la tête.

« C'est vrai, n'est-ce pas, Mariko-san ? dit Blackthorne. Ça l'a toujours été ?

— Oui, désolée.

— Vous... l'entendit-elle dire sans se retourner. Il faut que je vous parle en privé.

— Vous... Oui, je veux également vous parler », répondit-elle sans regarder Yabu. Elle ne se faisait surtout pas confiance. « Je viendrai vous retrouver cette nuit. » Elle releva le visage et regarda Yabu droit dans les yeux. « L'Anjin-san est tout à fait d'accord avec vous, Sire, en ce qui concerne ma stupidité.

— A quoi cela nous sert-il de le savoir ?

— Anjin-san, dit-elle d'une voix très naturelle. Je dois me rendre auprès de Kiritsubo-san cette nuit. Je sais où se trouvent vos appartements. Je vous y rejoindrai.

— Oui, merci.

— Yabu-sama, dit-elle humblement. Je vais voir Kiritsubo-san ce soir. Elle est sage. Peut-être trouvera-telle une solution ?

— Il n'y a qu'une solution, dit Yabu avec une finalité qui la mit hors d'elle. Allez présenter vos excuses demain et restez ! »

Kiyama arriva à l'heure dite, accompagné de Saruji. Mariko sentit son cœur fondre, Kiyama lui dit gravement, après les salutations rituelles : « Expliquez-moi pourquoi, Mariko-chan, je vous en prie.

— Nous ne sommes pas en guerre, Sire. Nous ne devrions pas être enfermées ou traitées comme des otages. J'ai le droit d'aller et venir à ma guise.

— Nous n'avons pas besoin d'être en guerre pour avoir des otages. Vous le savez très bien. Dame Ochiba a été retenue en otage à Yedo en échange de la sécurité de votre maître ici. Personne n'était en guerre. Sire Sudara et sa famille sont aujourd'hui retenus en otages par Sire Zataki et les deux frères ne sont pas en guerre, *neh ?* » Elle gardait les yeux baissés. « Nombre de ces femmes sont retenues en otages en échange du devoir d'obéissance de leurs seigneurs au Conseil des régents, gouvernants légitimes du royaume. C'est sage. C'est une coutume ordinaire, *neh ?*

— Oui, Sire.

— Bien. Dites-moi maintenant votre véritable raison.

— Sire ?

— Ne jouez pas avec moi ! Je ne suis pas un paysan ! Je veux savoir pourquoi vous avez fait ça ce soir. »

Mariko leva les yeux. « Je suis désolée mais le sire-général m'a simplement agacée avec son arrogance, Sire. J'ai des ordres. Il n'y a aucun mal à emmener Kiri et dame Sazuko hors d'ici pendant quelques jours.

— Vous savez très bien que c'est impossible. Sire Toranaga doit le savoir.

— Je suis désolée mais mon maître m'a donné des ordres. Un samouraï ne remet jamais les ordres de son maître en question.

— Oui. Mais je les remets en question parce qu'ils me paraissent stupides. Votre maître ne dit pas de stupidités, ne commet pas d'erreurs. J'insiste sur le fait que j'ai tout autant le droit de vous questionner.

— Excusez-moi, Sire, mais il n'y a pas matière à discussion.

— Au contraire. Il y a Saruji et le fait que je vous ai toujours connue. Hiro-matsu-sama est mon plus vieil ami et votre père était l'un de mes plus chers alliés.

— Un samouraï ne remet jamais en question les ordres de son suzerain !

— Vous n'avez plus qu'à choisir. Ou vous vous excusez et vous restez ou vous essayez de partir. Si vous optez pour la seconde solution, vous serez arrêtée.

— Je comprends.

— Vous vous excuserez demain. Je convoquerai une réunion des régents et ils prendront une décision. Vous serez autorisée à partir à ce moment-là avec Kiritsubo et dame Sazuko.

— Ça prendra combien de temps ?

— Je ne sais pas. Quelques jours.

— Je n'ai malheureusement pas quelques jours devant moi. J'ai ordre de partir immédiatement.

— Regardez-moi ! » Elle obéit. « Moi, Kiyama-UkonNoh-Odanaga, sire de Higo, Satsuma et Osumi, régent du Japon, de la lignée des Fujimoto, chef des *daimyōs* chrétiens, je vous demande de rester.

— Je suis désolée. Mon suzerain me l'interdit.

— Ne comprenez-vous donc pas ce que je vous dis ?

— Oui, Sire, mais je n'ai pas le choix. Excusez-moi ! »

Il fit un signe en direction de Saruji. « Les fiançailles de ma petite-fille et de votre fils... Je peux difficilement les autoriser si vous êtes en disgrâce.

— Oui, Sire », répondit Mariko. Elle avait des yeux profondément malheureux. « Je comprends très bien. » Elle lut le désespoir sur le visage de son fils. « Je suis désolée, mon fils, mais je dois faire mon devoir. »

Saruji voulut dire quelque chose mais sembla changer d'avis. Il poursuivit au bout d'un moment : « Excusez-moi, mère, mais n'est-ce... n'est-ce pas votre devoir vis-à-vis de l'héritier qui l'emporte ? L'héritier est notre véritable suzerain, *neh ?* »

Elle réfléchit. « Oui et non. Sire Toranaga a droit de juridiction sur moi, pas l'héritier.

— Cela ne veut-il pas dire que Sire Toranaga a droit de juridiction sur l'héritier aussi ?

— Non.

— Excusez-moi, mère, mais je ne comprends pas. Il me semble pourtant que si l'héritier donne un ordre, il doit avoir raison sur Sire Toranaga. »

Elle ne répondit pas.

« Répondez-lui, cria Kiyama.

— Était-ce bien votre pensée, mon fils ? Quelqu'un ne vous aurait-il pas soufflé ça, par hasard ? »

Saruji fronça les sourcils et essaya de se souvenir. « Nous... Sire Kiyama et... et dame... son épouse... nous en avons discuté. Et le père visiteur. Avec lui également. Je ne me souviens pas. Je crois que j'y ai pensé tout seul. Le père visiteur a dit que j'avais raison, n'est-ce pas, Sire ?

— Il vous a dit que l'héritier était plus important que Sire Toranaga, dans le royaume. Légalement. Répondez-lui directement, Mariko-san.

— Si l'héritier était un homme, un adulte, Kwampaku, gouverneur légal de ce royaume comme l'était le Taikō son père, alors j'obéirais à ses ordres et n'écouterais pas Sire Toranaga sur ce point. Mais Yaemon n'est qu'un enfant et donc pas capable, légalement. Ai-je répondu à votre question ?

— Mais... Mais il est néanmoins l'héritier, *neh ?* Les régents l'écoutent. Sire Toranaga l'honore. Qu'est-ce... Qu'est-ce qu'une année ou même quelques années, mère ? Si vous ne vous ex... Excusez-moi, je vous prie, mais j'ai peur pour vous. » Les lèvres du jeune homme tremblaient.

Mariko voulait tendre la main, le prendre dans ses bras et le protéger. Mais elle n'en fit rien. « Je n'ai *pas* peur, mon fils. Je n'ai peur de rien sur cette terre. Je ne crains que le jugement de Dieu, dit-elle en se tournant vers Kiyama.

— Oui, dit Kiyama, Je connais cela. Que la Sainte Vierge vous bénisse. » Il se tut un instant. « Ferez-vous des excuses en public au sire-général, Mariko-san ?

— Avec joie s'il retire publiquement ses troupes de mon chemin, s'il donne la permission écrite à dame Kiritsubo, dame Sazuko et moi-même de partir demain.

— Obéiriez-vous à un ordre des régents ?

— En ce qui concerne ce problème, non. Excusez-moi, Sire.

— Honoreriez-vous une de leurs requêtes ?

— En ce qui concerne ce problème, non. Excusez-moi, Sire.

— Accepteriez-vous une requête de l'héritier et de dame Ochiba ?

— Laquelle, Sire ?

— De leur rendre visite, de rester quelques jours avec eux le temps que nous statuions sur votre sort.

— Excusez-moi, Sire, mais sur quoi au juste doit-on statuer ? »

Kiyama ne put se contenir. Il éclata. « L'avenir et l'ordre du royaume en premier lieu, l'avenir de notre Mère l'Église en second lieu et le vôtre en troisième lieu ! Il est clair que le barbare vous a contaminé et corrompu l'esprit. Je savais qu'il en serait ainsi ! »

Mariko ne dit rien. Elle le regardait droit dans les yeux. Kiyama se maîtrisa avec effort. « Excusez ma mauvaise humeur, mes éclats et ma mauvaise conduite, dit-il très raide. Je suis gravement concerné. » Il la salua avec dignité. « Excusez-moi.

— C'est ma faute, Sire. Excusez-moi d'avoir détruit votre harmonie et de vous causer des ennuis, mais je n'ai pas le choix.

— Votre fils vous en a donné un. Je vous en ai donné plusieurs. »

Elle ne répondit pas.

L'atmosphère de la pièce leur était devenue étouffante, quoique la nuit fût fraîche.

« Vous êtes donc décidée ?

— Je n'ai pas le choix, Sire.

— Très bien, Mariko-san. Il n'y a plus rien à ajouter. »

Elle baissa la tête.

« Saruji-san, attendez-moi dehors », ordonna Kiyama.

Le jeune homme était désespéré. Il arrivait à peine à parler. « Oui, Sire. » Il salua Mariko. « Excusez-moi, mère.

— Que Dieu vous garde entre ses mains pour l'éternité.

— Vous aussi.

— *Amen,* dit Kiyama.

— Bonne nuit, mon fils.

— Bonne nuit, mère. » Quand ils furent seuls, Kiyama dit : « Le père visiteur est très inquiet.

— A mon sujet, Sire ?

— Oui et au sujet de la Sainte Église, du barbare et du bateau. Racontez-moi tout sur ce barbare.

— C'est un homme unique, très fort et très intelligent. En mer, il est... Il lui appartient... Il ne semble plus faire qu'un avec elle. Il devient lui-même un bateau. Au large, pas un seul homme ne peut l'égaler pour ce qui est du courage et de la ruse.

— Même le Rodrigues-san ?

— L'Anjin-san a eu deux fois raison de lui. Une fois ici et une fois pendant notre voyage vers Yedo. » Elle lui raconta l'arrivée de Rodrigues en pleine nuit, durant leur séjour à Mishima, les armes cachées et tout ce qu'elle avait pu entendre de leur conversation. « Si leurs bateaux étaient de force égale, l'Anjin-san gagnerait quand même. Et même s'ils ne l'étaient pas, je crois qu'il gagnerait.

— Parlez-moi de son bateau. »

Elle obéit.

« Parlez-moi de ses vassaux. »

Elle lui raconta ce qui s'était passé.

« Pourquoi Sire Toranaga lui rend-t-il son bateau, son argent, sa liberté ? Pourquoi lui donne-t-il des vassaux ?

— Mon maître ne me l'a jamais dit, Sire.

— Donnez-moi votre opinion, je vous prie.

— Afin de perdre l'Anjin-san contre ses ennemis », dit immédiatement Mariko, puis elle ajouta sans s'excuser : « Puisque vous me le demandez, en ce cas, les ennemis de l'Anjin-san sont ceux de mon maître : les Portugais, les pères qui les aident et les Sires Harima, Onoshi et vous-même, Sire.

— Pourquoi l'Anjin-san nous considère-t-il comme ses ennemis intimes ?

— A cause de Nagasaki, du commerce et de votre contrôle côtier de Kyushu, Sire. Parce que vous étes aussi le chef des *daimyōs* catholiques,

— L'Église n'est pas l'ennemi de sire Toranaga, pas plus que ne le sont les pères.

— Excusez-moi. Sire Toranaga pense que les pères soutiennent le sire-général Ishido, comme vous le faites.

— Je soutiens l'héritier. Je suis contre votre maître parce qu'il ne le soutient pas et qu'il veut ruiner l'Église.

— Je suis désolée mais ça n'est pas vrai, Sire. Mon maître est tellement au-dessus du sire-général. Vous avez combattu à ses côtés. Vous savez qu'on peut lui faire confiance. Pourquoi se ranger du côté de son ennemi juré ? Sire Toranaga a toujours été en faveur du commerce et il n'est pas contre les chrétiens comme le sont le sire-général et la dame Ochiba.

— Excusez-moi, Mariko-san, mais devant Dieu, je crois que Sire Toranaga déteste secrètement notre foi chrétienne, déteste secrètement notre Église et s'efforce de détruire secrètement la succession et d'éliminer l'héritier et dame Ochiba. Sa pierre de touche est le shōgunat. Uniquement. Il désire secrètement devenir shōgun et fait tout pour le devenir.

— Devant Dieu, sire, je ne le crois pas.

— Je sais, mais vous n'avez pas raison pour autant. » Il l'observa un moment puis dit : « Vous l'admettez vousmême. Cet Anjin-san et son bateau sont très dangereux pour l'Église, *neh ?* Le Rodrigues est d'accord avec vous. Si le Vaisseau noir est arraisonné, ce sera très mauvais.

— Je le crois aussi, Sire.

— Ça ferait énormément de mal à notre Sainte Mère l'Église, *neh ?*

— Oui.

— Mais vous ne voulez pas aider l'Église contre cet homme ?

— Il n'est pas contre l'Église, Sire. Il n'est pas contre les pères, quoiqu'il n'ait pas confiance en eux. Il se bat seulement contre les ennemis de sa reine. Le Vaisseau noir est son but — pour le bénéfice qu'il peut en tirer.

— Mais il s'oppose à la Vraie Foi et est donc un hérétique, *neh ?*

— Oui, mais je ne crois pas que tout ce que nous ont dit les pères soit vrai. Ils ont de plus omis de nous dire bien des choses. Tsukku-san l'a admis. Mon suzerain m'a ordonné de devenir la confidente et l'amie de l'Anjin-san pour lui enseigner notre langue et nos coutumes et pour apprendre de lui tout ce qui pouvait nous être utile. Et j'ai trouvé...

— Vous voulez dire : utile pour Toranaga, *neh ?*

— Sire, l'obéissance à un suzerain est l'élément essentiel de la vie d'un samouraï. N'attendez-vous pas obéissance de tous vos vassaux ?

— Oui, mais l'hérésie est terrible et il semblerait que vous soyez alliée du barbare contre l'Église, qu'il vous ait contaminée. Je prie Dieu pour qu'il vous ouvre les yeux, Mariko-san, avant que vous ne perdiez votre propre salut. Le père visiteur m'a dit que vous aviez un renseignement confidentiel à me transmettre.

— Sire ?

— Il m'a dit avoir reçu il y a quelques jours un message de Tsukku-san — par messager spécial de Yedo. Vous avez des renseignements sur... sur mes alliés ?

— J'ai demandé à voir le père visiteur demain matin.

— Oui, il me l'a dit. Et alors ?

— Excusez-moi. Une fois que je l'aurai vu, je...

— Non ! Maintenant ! Le pére visiteur m'a dit que ça avait quelque chose à voir avec Sire Onoshi et l'Église, que vous alliez me le dire tout de suite. Voilà, devant Dieu, ce qu'il m'a dit. Les choses en seraient-elles arrivées au point où vous ne me feriez plus confiance ?

— Je suis désolée. J'ai conclu un accord avec Tsukkusan. Il m'a demandé de parler ouvertement au père visiteur, c'est tout, Sire.

— Le père visiteur m'a dit que vous alliez m'en faire part immédiatement. »

Mariko comprit qu'elle n'avait pas le choix. Elle lui raconta tout du complot ourdi contre lui. Tout ce qu'elle savait.

Kiyama la regarda. Il eut tout à coup l'air d'un homme très vieux.

« Je ne peux pas croire qu'Onoshi fasse ça, que Sire Harima soit de mèche avec lui.

— Oui. Pourriez-vous... Pourriez-vous demander à Sire Harima si tout ça est bien vrai ?

— Oui, mais il ne révélerait jamais une chose pareille. Je ne le ferais pas. Le feriez-vous ? Les hommes sont vraiment incroyables et inattendus !

— Oui.

— Je n'y crois pas, Mariko-san. Je vais quand même prendre mes précautions mais je n'y crois pas.

— Oui. Ne trouvez-vous pas étrange que le sire-général ait donné une garde d'honneur à l'Anjin-san ?

— Pourquoi étrange ?

— Pourquoi le protéger puisqu'il le déteste ? Très étrange, *neh ?* Le sire-général verrait-il aussi, dans l'Anjin-san, une arme possible contre les *daimyōs* chrétiens ?

— Je ne vous suis pas.

— Si vous mourriez, sire Onoshi deviendrait chef suprême de Kyushu, *neh ?* Que pourrait faire le sire-général pour l'en empêcher ? Rien... sauf... utiliser l'Anjin-san peut-être.

— C'est possible, dit Kiyama doucement.

— Il n'a qu'une raison de protéger l'Anjin-san. Se servir de lui contre les Portugais seulement, et donc contre les *daimyōs* chrétiens de Kyushu, *neh ?*

— C'est possible.

— Je crois que l'Anjin-san vous est aussi précieux qu'il l'est pour Onoshi, Ishido ou mon maître. Vivant. Ses connaissances sont immenses. Seul le savoir peut nous protéger des barbares — même des Portugais. »

Kiyama dit dédaigneusement : « Nous pouvons les écraser, les expulser quand nous voulons. Ce sont des insectes sur un cheval, rien de plus.

— Si notre Très Sainte Mère l'Église réussissait à convertir tout le pays — et nous prions en ce sens —, que se passerait-il ? *Nos* lois survivraient-elles ? La *Bushido* survivrait-elle ? Contre les Commandements ? Je crois bien que non — comme partout ailleurs dans le monde catholique. »

Il ne lui répondit pas.

« Sire, je vous en supplie, demandez à l'Anjin-san ce qui s'est passé ailleurs, dans le monde.

— Je ne le ferai pas. Je crois qu'il vous a jeté un sort, Mariko-san. Je crois les pères. Je pense que votre Anjinsan est guidé par Satan. Je vous supplie de comprendre que son hérésie vous a déjà contaminée. Vous avez dit "catholique" quand vous ne vouliez dire que "chrétien". Cela ne signifie-t-il pas que vous êtes d'accord avec lui quand il affirme que deux versions semblables de la Vraie Foi existent ? Votre menace n'est-elle pas un couteau dans le ventre de l'héritier ? Contre les intérêts de l'Église ? » Il se leva, « Merci du renseignement. Que Dieu soit avec vous. »

Mariko sortit un petit parchemin cacheté de sa manche. « Sire Toranaga m'a priée de vous remettre ceci. »

Kiyama regarda le cachet.« Vous savez ce que renferme ce message, Mariko-san ?

— Oui. J'avais ordre de le détruire et de vous le transmettre oralement au cas où je serais interceptée. »

Kiyama brisa le cachet. Le message réitérait les offres de paix de Toranaga, son soutien total à l'héritier et à la succession et lui donnait brièvement le renseignement sur Onoshi. Le message se terminait ainsi : « Je n'ai aucune preuve en ce qui concerne Sire Onoshi. J'ai cependant des preuves me certifiant qu'Ishido a trahi l'accord secret conclu avec vous et vous donnant le Kwanto après ma mort. Le Kwanto a été secrètement promis à mon frère, Zataki. Excusez-moi, mon vieux camarade, mais, vous aussi, vous avez été trahi, Une fois que je serai mort, vous et votre lignée, vous serez isolés et détruits comme le sera toute l'Église chrétienne. Je vous supplie de tout réenvisager, Vous aurez bientôt la preuve de ma sincérité. »

Kiyama relut le message et elle le regarda comme Toranaga le lui avait ordonné : « Regardez-le très attentivement, Mariko-san. Je ne suis pas sûr de cet accord secret avec Ishido, sur le Kwanto. Des espions me l'ont rapporté mais je n'en suis pas sûr. Vous le saurez d'après sa réaction, par ce qu'il fera ou ne fera pas, si vous lui donnez le message au bon moment. »

Elle avait vu Kiyama réagir. C'est donc vrai, pensa-t-elle. Le vieux *daimyō* releva le visage et dit platement : « Et vous êtes la preuve de sa sincérité, *neh ?* L'agneau qu'on sacrifie, l'offrande ?

— Non, Sire.

— Je ne vous crois pas. Je ne le crois pas. La trahison d'Onoshi, peut-être. Mais le reste... sire Toranaga recommence le même petit jeu où il mêle demi-vérités, miel et poison. J'ai bien peur que ce ne soit vous qui soyez trahie, Mariko-san. »

54

« Nous partirons à l'aube.

— Non, Mariko-san. » Dame Sazuko était au bord des larmes.

« Oui, dit Kiri. Nous partirons comme vous le dites.

— Mais ils vont nous arrêter, s'écria la jeune fille. Tout ça est tellement vain.

— Non, lui dit Mariko. Vous avez tort, Sazuko-chan. Tout cela est très nécessaire.

— Mariko-san a raison. Nous avons des ordres. » Kiri donna des détails sur leur départ. « Nous pourrons être facilement prêtes à l'aube.

— Nous devrions en fait partir à midi, C'est ce qu'il a dit, Kiri-chan.

— Nous avons besoin de peu de choses, *neh ?*

— Oui. »

Sasuko dit : « Tout cela est si stupide. Ils vont nous arrêter !

— Peut-être que non, mon enfant, rétorqua Kiri. Mariko dit qu'ils nous laisseront partir. Sire Toranaga le pense aussi. Supposez qu'ils le fassent. Allez vous reposer. Je dois parler à Mariko-san. »

La jeune fille se retira, troublée au plus haut point. Kiri croisa les mains. « Oui, Mariko-san ?

— J'envoie un message par pigeon à Sire Toranaga pour lui faire part de ce qui s'est passé cette nuit. Il partira aux premières lueurs. Les hommes d'Ishido vont certainement essayer de détruire mes pigeons demain, s'il y a des problèmes. Je ne peux pas les apporter ici. Voulez-vous envoyer un message ?

— Oui, je vais l'écrire, Que pensez-vous qu'il va arriver ?

— Sire Toranaga est certain qu'ils vont nous laisser partir, si je sais rester ferme.

— Je ne suis pas d'accord. Excusez-moi, mais je n'ai pas grand espoir, moi non plus, dans cette tentative.

— Vous avez tort. Bien sûr, ils peuvent nous arrêter demain et, s'ils le font, il s'ensuivra la plus affreuse querelle et les plus affreuses menaces mais tout cela ne voudra rien dire. » Mariko se mit à rire. « De telles menaces, Kiri-san, dureront toute la journée et toute la nuit, mais ils nous laisseront partir le lendemain à midi. » Kiri secoua la tête. « Si nous avons la possibilité de nous enfuir, tous les autres otages d'Osaka partiront également. Ishido sera mis en position de faiblesse et perdra la face. Il ne peut pas se permettre ça !

— Oui. » Mariko était très satisfaite. « Même ainsi, il est pris au piège. » Kiri la regarda. « Notre maître sera là dans dix-huit jours, *neh ?* Il doit être là.

— Oui.

— Excusez-moi, mais pourquoi nous est-il donc si nécessaire de partir maintenant ?

— Il pense que c'est important, Kiri-san. Suffisamment important pour nous l'ordonner.

— Il a un plan, alors ?

— N'a-t-il pas toujours plusieurs plans ?

— Notre maître s'est trouvé pris au piège dès que le Fils du Ciel a accepté de venir, *neh ?*

— Oui. »

Kiri jeta un regard vers le *shoji*. Il était fermé. Elle se pencha et dit doucement : « Pourquoi m'a-t-il secrètement demandé de glisser cette idée dans la tête de dame Ochiba ? »

La confiance de Mariko commença à décroître. « Il vous a dit de faire ça ?

— Oui, après avoir vu sire Zataki, la première fois. Pourquoi a-t-il refermé le piège lui-même ?

— Je ne sais pas. »

Kiri se mordit les lèvres. « J'aimerais bien savoir. On le saura bientôt, mais je ne crois pas que vous me dites tout ce que vous savez, Mariko-san. »

Mariko ne desserra pas les dents. Kiri la toucha, lui intimant prudemment silence, et murmura : « Son message me disait de vous faire entièrement confiance. N'en disons donc pas plus. Je vous fais confiance, Mariko-san, mais ça ne m'empêche pas de penser à mille choses pour autant, *neh ?*

— Excusez-moi.

— Je suis si fière de vous, dit Kiri d'une voix naturelle. Oui, fière de vous voir vous dresser contre Ishido et eux tous. J'aimerais avoir votre courage.

— Ça m'est facile car notre maître m'a dit que nous devions partir.

— Ce que nous faisons est, je crois, très dangereux. En quoi puis-je vous aider ?

— Donnez-moi votre appui.

— Vous l'avez toujours eu.

— Je resterai ici, avec vous, jusqu'à l'aube, Kiri. Mais il faut que je parle d'abord à l'Anjin-san.

— Oui. Il vaudrait mieux que je vienne avec vous. »

Les deux femmes quittèrent les appartements de Kiri, escortées par les Bruns. Elles passèrent devant d'autres Bruns qui les saluèrent, visiblement très fiers, eux aussi, de Mariko. Elles traversèrent l'espace immense de la salle d'audience et franchirent le corridor où Bruns et Gris étaient de garde. Quand ils virent Mariko, tous s'inclinèrent, Bruns comme Gris. Kiri et Mariko furent tout à fait surprises de trouver des Gris dans leur domaine. Elles cachèrent leur déception et ne dirent rien. Kiri indiqua une porte.

Mariko l'appela : « Anjin-san !

— Hai ? » La porte s'ouvrit. Blackthorne se tenait devant elle. Dans la piéce, derrière lui, se trouvaient deux autres Gris.

« Hello, Mariko-san.

— Hello. » Mariko jeta un regard sur les Gris. « J'ai à parler à l'Anjin-san en privé.

— Parlez-lui, je vous en prie, madame, répondit le capitaine respectueusement. Nous avons malheureusement ordre de ne pas le laisser seul, sous peine de mort immédiate. »

Yoshinaka, officier de garde, s'approcha. « Excusez-moi, dame Toda. J'ai dû accepter ces vingt gardes pour l'Anjin-san. C'est une exigence personnelle de Sire Ishido. Je suis désolé.

— Puisque Sire Ishido n'est préoccupé que par la sécurité de l'Anjin-san, qu'ils soient donc les bienvenus », dit-elle. Elle n'était, intérieurement, pas satisfaite du tout.

Yoshinaka dit au capitaine des Gris : « Je serai responsable pendant que dame Toda est avec lui. Vous pouvez attendre dehors.

— Désolé, dit le capitaine avec fermeté. Mes hommes et moi-même n'avons pas d'autre choix que de regarder avec nos yeux.

— Je serai heureuse de rester. Quelqu'un est, bien sûr, nécessaire, dit Kiri.

— Désolé, Kiritsubo-san, nous devons être présents. Excusez-moi, dame Toda, poursuivit le capitaine, mal à l'aise. Mais aucun de nous ne parle le barbare.

— Personne ne sous-entend que vous auriez l'outrecuidance de nous écouter », répondit Mariko en colère. « Mais les coutumes barbares sont différentes des nôtres. »

Yoshinaka dit : « Les Gris doivent obéir à leur seigneur. Vous avez eu tout à fait raison de dire, cette nuit, que le premier devoir d'un samouraï était à son suzerain, dame Toda, et vous avez eu tout à fait raison de le dire en public.

— Tout à fait raison, madame, renchérit le capitaine des Gris. Un samouraï n'a pas d'autre raison de vivre, *neh ?*

— Merci, dit-elle, émue par leur respect.

— Nous devrions honorer les coutumes de l'Anjin-san si nous le pouvons, capitaine, dit Yoshinaka.

— J'ai peut-être la solution. Suivez-moi, s'il vous plaît. » Il les conduisit vers la salle d'audience. « S'il vous plaît, madame, auriez-vous la bonté de venir vous asseoir là-bas avec l'Anjin-san. » Il indiqua le dais, au fond de la pièce. « Les gardes de l'Anjin-san pourront rester près des portes et faire ainsi leur devoir envers leur suzerain. Nous pourrons faire le nôtre. Vous pourrez ainsi parler comme vous le désirez, selon les coutumes de l'Anjin-san, *neh ?* »

Mariko expliqua à Blackthorne ce que Yoshinaka avait dit puis poursuivit prudemment en latin : « Ils ne vous laisseront jamais seul, cette nuit. Nous n'avons pas le choix à moins que vous ne m'ordonniez de les faire tuer si tel est votre désir.

— Mon seul désir est de vous parler en privé, répondit Blackthorne. Mais pas au prix de leurs vies. Je vous remercie de me l'avoir demandé. »

Mariko se tourna vers Yoshinaka. « Très bien. Merci, Yoshinaka-san. Auriez-vous l'obligeance de faire venir quelqu'un pour allumer les brûle-parfums afin d'éloigner les moustiques ?

— Bien sûr. Excusez-moi, madame, avez-vous eu des nouvelles de dame Yodoko ?

— Non, Yoshinaka-san, On nous a dit qu'elle reposait tranquille, qu'elle ne souffrait pas. » Mariko sourit à Blackthorne. « Pouvons-nous aller nous asseoir là-bas, Anjin-san ? »

Il la suivit. Kiri regagna ses appartements et les Gris se postèrent devant les portes de la salle d'audience. Le capitaine des Gris se tenait près de Yoshinaka, à quelques pas des autres. « Je n'aime pas ça, murmura-t-il sèchement.

— Dame Toda va-t-elle sortir son épée et le tuer ? Je ne veux pas vous offenser mais vous perdez la raison. » Yoshinaka partit en boitillant et alla vérifier les autres postes. Le capitaine fixait le dais. Mariko et l'Anjin-san étaient assis l'un en face de l'autre, éclairés par les torches. Il n'arrivait pas à entendre ce qu'ils se disaient. Il concentra toute son attention sur leurs lèvres mais n'arriva pas à lire leurs paroles. Je crois qu'ils parlent encore le langage des pères, se dit-il. Horrible langue, impossible à apprendre ! De toute façon, quelle importance ! Pourquoi ne pourrait-elle pas parler à l'hérétique si tel est son bon plaisir ? Ils n'en ont plus, ni l'un ni l'autre, pour très longtemps sur cette terre. Bien triste. Oh, Sainte Vierge, protégez-la éternellement à cause de son courage.

« Le latin est plus sûr, Anjin-san. » Son éventail écarta un moustique. « Peuvent-ils entendre d'ici ?

— Non, je ne le pense pas. En tout cas, pas si nous parlons à voix basse et comme vous me l'avez appris, en ne bougeant pratiquement pas les lèvres.

— Très bien. Qu'est-il arrivé à Kiyama ?

— Je vous aime.

— Vous...

— Vous m'avez manqué.

— Vous aussi... Comment faire pour nous rencontrer seul à seul ?

— Ce n'est pas possible cette nuit. Ce le sera demain soir, mon amour. J'ai un plan.

— Demain ? Et votre départ ?

— Ils peuvent m'arrêter demain, Anjin-san. Ne vous inquiétez pas. Nous aurons tous le droit de partir après-demain. Si je suis arrêtée, je serai avec vous demain soir.

— Comment ça ?

— Kiri m'aidera. Ne me demandez pas pourquoi ou comment. Ce sera facile... »

Elle se tut à l'arrivée des servantes, avec les brûle-parfums. Quand ils furent à nouveau tranquilles, ils parlèrent de leur voyage, contents d'être ensemble, de s'aimer sans se toucher. Puis il dit : « Ishido est mon ennemi et je ne comprends pas pourquoi j'ai tant de gardes autour de moi.

— Pour vous protéger, mais aussi pour vous surveiller de près. Je crois qu'Ishido a également envie de se servir de vous contre le Vaisseau noir, Nagasaki, Sire Kiyama et Sire Onoshi.

— Ah, oui ? J'y avais pensé, moi aussi. »

Elle vit qu'il essayait de lire ses pensées, « Qu'y-a-t-il, Anjin-san ?

— Contrairement à ce que croit Yabu, je pense que vous n'êtes pas stupide, que tout ce qui a été dit cette nuit l'a été avec préméditation... Sur les ordres de Toranaga. »

Elle arrangea un faux pli sur son kimono de brocart. « Il m'a donné des ordres. Oui. »

Blackthorne se mit à lui parler en Portugais. « Il vous a trahie. Vous n'êtes qu'un leurre. Le savez-vous ? Vous n'êtes que l'appât d'un de ses pièges ?

— Pourquoi dites-vous ca ?

— Vous n'êtes qu'un appât, comme moi ; c'est évident, non ? L'appât de Yabu. Toranaga nous a tous envoyés ici pour nous sacrifier,

— Non, vous avez tort, Anjin-san. Je suis désolée, mais vous avez tort. »

Il dit en latin : « Je vous dis que vous êtes belle, que je vous aime mais que vous êtes une menteuse.

— Personne ne m'a jamais dit ça.

— Si je me souviens bien, personne ne vous avait également dit : "Je vous aime." »

Elle contempla son éventail. « Parlons d'autre chose.

— Que gagne Toranaga en nous sacrifiant ? »

Elle ne répondit pas.

« Mariko-san, j'ai le droit de vous le demander. Je n'ai pas peur. Je veux simplement savoir ce qu'il y gagne.

— Je ne sais pas.

— Vous... Jurez-le sur votre amour et votre Dieu !

— Vous aussi ? répondit-elle amèrement en latin. Vous aussi, vous me demandez de "jurer devant Dieu" ? Vous aussi, vous n'arrêtez pas de me poser des questions ?

— C'est votre vie et la mienne. J'ai les *deux* à cœur. Je vous demande encore une fois : *Qu'y gagne-t-il ?* »

Sa voix se fit plus forte. « Écoutez-moi. J'ai choisi le moment, c'est vrai, et je ne suis pas une femme stupide et je...

— Soyez prudente, Mariko-san, baissez la voix. Ce serait vraiment trop bête...

— Je suis désolée. Oui, je l'ai fait volontairement et en public, comme le voulait Toranaga.

— Pourquoi ?

— Parce qu'Ishido est un paysan et qu'il doit nous laisser partir. Il fallait lui lancer ce défi, devant ses pairs. Dame Ochiba approuve notre départ. Je lui ai parlé. Elle n'est pas contre. Vous ne devez vraiment pas vous inquiéter.

— Je n'aime pas voir ce feu, ce venin, cette insolence en vous. Où est donc passée votre sérénité ? Vous devriez peut-être apprendre à regarder pousser les rochers, *neh ?* »

La colère de Mariko s'évanouit. Elle se mit à rire. « Oh, vous ! Vous avez raison. Pardonnez-moi. » Elle se sentait à nouveau elle-même. « Comme je vous aime et vous honore. J'étais si fière de vous l'autre nuit que j'ai failli vous embrasser, là, devant tout le monde, comme le veut votre coutume.

— Sainte Vierge, vous auriez mis le feu aux poudres, *neh ?*

— Si j'étais seule avec vous, je vous embrasserais jusqu'à ce que vos supplications emplissent l'univers.

— Je vous remercie, madame, mais vous êtes là et je suis là, et le monde est entre nous.

— Le monde n'est pas entre nous. Ma vie est pleine à cause de vous.

— Et les ordres que vous avez reçus de Yabu ? Vous excuser et rester ?

— Je peux très bien ne pas y obéir.

— A cause des ordres de Toranaga ?

— Pas seulement à cause de ça. C'est moi qui lui ai suggéré tout ça. C'est moi qui l'ai supplié de me laisser venir à Osaka, mon amour. C'est la vérité devant Dieu.

— Qu'arrivera-t-il demain ?

— Tout se passera beaucoup mieux que prévu. Ishido n'est-il pas déjà *votre* maître ? Je jure que je ne sais pas comment Sire Toranaga peut être aussi habile. Avant que je m'en aille, il m'a fait part de ce qui allait se passer ou pourrait se passer. Il sait que Yabu n'a aucun pouvoir à Kyushu. Seuls Ishido ou Kiyama peuvent vous protéger. Nous ne sommes pas des leurres. Nous sommes sous sa protection. Nous sommes tout à fait en sécurité.

— Et qu'en est-il des dix-neuf jours... dix-huit, maintenant ? Toranaga *doit* venir ici, *neh ?*

— Oui.

— N'est-ce donc pas, comme le dit Ishido, un gaspillage de temps ?

— Sincèrement, je n'en sais rien. Je sais seulement une chose ; c'est que dix-neuf, dix-huit ou même trois jours peuvent être une éternité.

— Et si Ishido ne vous laisse pas partir demain ?

— C'est la seule chance que nous ayons. Ishido doit être humilié.

— Vous en êtes certaine ?

— Oui, Anjin-san. Devant Dieu. »

Blackthorne sortit de son cauchemar. Il se réveilla et vit les Gris qui l'observaient de l'autre côté de la moustiquaire, dans la pâle lueur de l'aube.

« Bonjour. » Il détestait l'idée d'avoir pu être épié pendant son sommeil. Il sortit de dessous la moustiquaire, gagna le couloir, descendit les escaliers et se dirigea vers la maison de bains au fond du jardin. Des gardes bruns et gris l'escortaient. Il fit à peine attention à eux. L'aube était nimbée de brume. A l'est, le ciel s'était libéré de son enveloppe cotonneuse. L'air était salé et humide. Les mouches grouillaient déjà. Il va faire chaud, pensa-t-il. Il s'habilla puis alla sur les créneaux qui donnaient sur la cour de la citadelle. Il portait un kimono brun, des épées. Son pistolet était caché dans sa ceinture. Les Bruns de garde le saluèrent et l'accueillirent comme un des leurs. D'autres Gris se tenaient en grand nombre sur les créneaux qui les dominaient, de l'autre côté de la cour.

« Beaucoup Gris. Plus que d'habitude. Compris, Anjinsan, dit Yoshinaka en sortant sur les remparts.

— Oui. »

Le capitaine des Gris s'approcha d'eux. « Ne vous approchez pas trop du bord. »

Le soleil montait à l'horizon. Blackthorne en sentait déjà avec délices la chaleur sur sa peau. Il n'y avait pas de nuages et la brise tombait. Le capitaine des Gris montra du doigt l'épée de Blackthorne. « Est-ce "Marchand d'huile", Anjin-san ?

— Oui, capitaine.

— Puis-je en voir la lame ? »

Blackthorne dégaina son épée à moitié. La coutume voulait qu'une épée ne soit complètement sortie qu'en cas d'utilisation immédiate.

« Magnifique, *neh ?* »

Blackthorne rengaina l'épée. « Honneur porter "Marchand d'huile".

— Savez-vous vous servir d'une épée, Anjin-san ?

— Non, capitaine. Pas comme samouraï, mais apprendre. »

Deux étages plus bas, dans la cour, des Bruns s'exerçaient. Blackthorne les regarda. « Combien samouraïs, ici, Yoshinaka-san ?

— Quatre cent trois, Anjin-san, en comptant les deux cents qui sont venus avec moi.

— Là-bas ?

— Combien de Gris ? » Yoshinaka se mit à rire. « Des tas. Énormément. »

Le capitaine des Gris dévoila ses dents dans un rictus. « Presque cent mille. Vous comprenez, Anjin-san. "Cent mille".

— Oui, merci. »

Leurs regards se tournèrent vers un convoi de porteurs, de chevaux de somme et trois palanquins qui venaient de tourner le coin et s'approchaient sous bonne garde à l'autre bout du cul-de-sac. L'avenue était encore sombre entre les hautes murailles. Les torches brûlaient contre les murs. Ils pouvaient même, à cette distance, voir la nervosité des porteurs. Les portes massives s'ouvrirent pour laisser passer le convoi.

Les portes se refermèrent. La lourde barre de fer fit du bruit en retombant en place.

« Anjin-san, veuillez m'excuser. Je dois veiller à ce que tout se passe bien, dit Yoshinaka,

— Attendre ici ?

— Oui. » Yoshinaka s'éloigna.

Le capitaine des Gris se pencha par-dessus le parapet.

J'espère qu'elle va bien, se disait Blackthorne. J'espère qu'elle a raison, que Toranaga a raison. Il ne reste plus beaucoup de temps, maintenant. Il mesura le soleil et marmonna dans sa barbe : « Plus longtemps avant le départ ! » Le capitaine approuva inconsciemment et Blackthorne saisit tout à coup que l'homme comprenait parfaitement le *portugais,* qu'il était donc catholique et pouvait donc être un assassin en puissance. Il repensa à la nuit précédente et se souvint d'avoir parlé en latin avec Mariko. Avait-il vraiment tout dit en latin ? Oh, Sainte Mère, était-ce en latin, quand elle a dit... Je peux donner l'ordre de les tuer ? Parle-t-il latin comme cet autre capitaine, tué pendant la fuite d'Osaka ?

Le soleil tapait de plus en plus fort. Blackthorne cessa de regarder le capitaine des Gris, en voyant Kiri dans la cour. Elle surveillait les servantes et supervisait le chargement des paniers et des coffres. Elle semblait minuscule sur les marches, là où Sazuko avait fait semblant de glisser, permettant ainsi la fuite de Toranaga. Juste au nord, se trouvaient le charmant jardin et la petite maison rustique où il avait rencontré Mariko et Yaemon, l'héritier, pour la première fois. Son esprit voyageait. Il voyait déjà le cortège, hors de la citadelle et arrivant au port. Il pria pour qu'elle arrive saine et sauve, pour que tout le monde s'en sorte, indemme, Une fois qu'elles seraient sorties de la citadelle, il partirait avec Yabu et monterait à bord de la galère. Ils mettraient ensuite cap vers le large. Vue des créneaux, la mer semblait si proche ! Elle leur faisait signe.

« *Konbanwa,* Anjin-san.

— Mariko-san ! » Elle était plus radieuse que jamais.

— *Konbanwa* », il ajouta en latin, nonchalamment : « Faites attention à ce Gris, il comprend. » Il poursuivit immédiatement en portugais, pour lui laisser le temps de saisir et de se composer une attitude : « Oui, je ne sais pas comment vous faites pour rester si belle en dormant si peu. » Il lui prit le bras et lui fit tourner le dos au capitaine. Il la guida vers le parapet. « Regardez ! C'est Kiritsubo-san ! Pourquoi ne lui faites-vous pas signe ? »

Mariko obéit et appela Kiri. Elle les vit et agita la main. Au bout d'un moment, ayant retrouvé le contrôle d'elle-même, Mariko dit : « Merci, Anjin-san, vous êtes très habile et très sage. » Elle salua le capitaine et alla s'asseoir. « Il va faire une bien belle journée, *neh ?*

— Oui. Vous avez bien dormi ?

— Je n'ai pas dormi, Anjin-san. J'ai parlé avec Kiri pendant tout le reste de la nuit et j'ai vu l'aube se lever. J'adore ça. Et vous ?

— Mon repos a été troublé mais... Vous partez ?

— Oui, mais je reviendrai à midi prendre Kiri-san et dame Sazuko. » Elle détourna le regard et dit en latin : « Vous... Vous souvenez-vous de l'auberge des fleurs ?

— Assurément. Comment pourrais-je l'oublier ?

— S'il y a un retard... Cette nuit pourrait être... tout aussi parfaite et tout aussi empreinte de tranquillité et de paix.

— Ce serait possible ? J'aimerais tout de même mieux vous savoir en route. »

Mariko poursuivit en portugais : « Il faut que je m'en aille, Anjin-san, Veuillez m'excuser.

— Je vous accompagne jusqu'à la porte.

— Non, je vous en prie. Regardez-moi partir d'ici. Vous et le *capitaine* vous pouvez regarder d'ici, *neh ?*

— Bien sûr, dit Blackthorne en comprenant. Que Dieu soit avec vous.

— Et avec vous. »

Il resta accoudé au parapet. Pendant qu'il attendait, le soleil se mit à darder ses rayons dans la cour et chassa ainsi les dernières ombres. Mariko apparut. Il la vit saluer Kiri et Yoshinaka. Elle leva la tête en mettant sa main en visière et lui fit joyeusement signe. Les portes s'ouvrirent. Elle sortit, suivie de Chimmoko. Elle était escortée par dix Bruns. Les portes se refermèrent. Il la perdit de vue pendant quelques instants. Quand elle réapparut, cinquante Gris les entouraient et formaient une garde d'honneur. Le cortège s'éloigna. Elle ne se retourna pas,

Il aurait aimé vérifier l'amorçage de son pistolet, mais préféra ne pas attirer l'attention. Il l'avait fait la nuit dernière, du mieux qu'il avait pu, sous ses couvertures. Mais sans vraiment y voir. Il n'avait pas pu contrôler la bourre ou la pierre. Tu ne peux rien faire d'autre, pensat-il. Tu es une marionnette. Sois patient, Anjin-san. Ta veille se termine à midi. Il évalua la hauteur du soleil. L'heure du serpent allait sonner. Les cloches effectivement résonnèrent dans toute la citadelle et la ville. Il éprouva de la satisfaction devant sa précision. Il remarqua une petite pierre sur le sol, s'avança, la ramassa et la posa sur une corniche, au soleil. Il se rassit en calant confortablement ses pieds et fixa la pierre. Les Gris surveillaient tous ses mouvements. Le capitaine fronça les sourcils. Au bout d'un moment, il se décida : « Anjin-san, quelle est la signification de cette pierre ?

— Pardon ? Oh, regarder pierre grandir !

— Excusez-moi de vous avoir dérangé. Je comprends. »

Blackthorne rit sous cape et se remit à fixer la pierre. « Grandis, saloperie de caillou ! » Mais il avait beau le maudire, l'insulter, le cajoler, rien à faire. Il ne grandissait pas. T'attends-tu vraiment à voir une pierre grandir ? se demanda-t-il. Non, bien sûr que non, mais ça fait passer le temps et ça te procure la tranquillité. Tu n'as jamais assez de *wa, neh ?*

55

Mariko remonta l'avenue, baignée de soleil et envahie de monde, et se dirigea vers les portes, au fond du cul-de-sac. Elle portait un kimono gris pâle, des gants blancs et un chapeau de voyage à large bord, vert foncé, retenu autour du cou par une écharpe dorée et se protégeait du soleil avec une ombrelle iridescente. Les portes s'ouvrirent. Les Gris étaient alignés de chaque côté de l'avenue et garnissaient les créneaux. Mariko voyait l'Anjin-san en haut des créneaux, Yabu à côté de lui et, dans la cour, la colonne prête au départ avec Kiri, la dame Sazuko, et presque tous les Bruns, sous les ordres de Yoshinaka. Kiyama se tenait près de la porte avec cinquante hommes. « Bonjour, Sire », lui dit-elle en le saluant. Il lui rendit son salut. Elle passa sous la voûte.

« Hello, Kiri-chan, Sazuko-chan. Que vous êtes jolies toutes deux ! Tout est prêt ?

— Oui, répondirent-elles avec de faux accents joyeux.

— Bien. » Mariko s'installa dans son palanquin et s'assit le dos bien droit.

« Yoshinaka-san ! Partons ! »

Le capitaine s'avança en boitillant et donna des ordres. Vingt bruns formèrent l'avant-garde et se mirent en marche. Les porteurs soulevèrent les palanquins et suivirent. Quand la litière de Mariko eut passé la porte, un capitaine Gris s'interposa entre l'avant-garde et la litière et barra le passage. L'avant-garde s'arrêta brusquement. Les porteurs firent de même.

« Excusez-moi, dit-il à Yoshinaka. Puis-je voir vos papiers ?

— Je suis désolé, capitaine, mais nous n'avons besoin d'aucun papier, répondit Yoshinaka dans un grand silence.

— Je suis désolé, mais le sire-général Ishido, gouverneur de la citadelle, capitaine de la garde de l'héritier, a donné des ordres. »

D'un ton officiel, Mariko dit : « Je suis Toda Mariko-Noh-Buntaro et j'ai reçu ordre de mon suzerain, Sire Toranaga, d'accompagner ces dames. Soyez assez gentil pour nous laisser passer.

— J'aimerais bien, madame, dit le samouraï fièrement, en se plantant devant elle. Mais *mon* suzerain a déclaré que, sans papiers, personne ne pouvait quitter la citadelle d'Osaka. Excusez-moi.

— Quel est votre nom, capitaine ? dit Mariko.

— Sumiyori Danzenji, capitaine de la quatrième légion. Ma lignée est aussi ancienne que la vôtre.

— Je suis désolée, capitaine Sumiyori, mais si vous ne vous enlevez pas de mon chemin, je me verrai dans l'obligation de vous faire tuer.

— Vous ne passerez pas sans papiers !

— Tuez-le, Yoshinaka-san ! »

Yoshinaka bondit sans hésitation. Son épée tournoya au-dessus de sa tête et frappa le Gris déséquilibré. L'épée mordit profondément le flanc de l'homme. Yoshinaka la retira et frappa à nouveau. Le second coup trancha la tête de Sumiyori. Yoshinaka essuya la lame et rengaina son épée. « En avant ! ordonna-t-il à l'avant-garde. Dépêchez-vous ! » Elle se reforma et ils repartirent. Le bruit de leurs pas résonnait. A ce moment-là, venue de nulle part, une flèche vint se planter dans la poitrine de Yoshinaka. Le cortège s'arrêta à nouveau. Yoshinaka arracha la pointe sans dire mot. Ses yeux s'embuèrent et il s'écroula, mort.

Kiri poussa un gémissement. Un souffle fit voleter les pans de l'écharpe arachnéenne de Mariko. Quelque part dans l'avenue, les sanglots d'un enfant se calmèrent. Tout le monde attendait. Plus personne ne respirait.

« Miyai Kazuko-san, dit Mariko. Veuillez prendre le commandement ! »

Kazuko était jeune, grand, très fier, les joues creuses. Il sortit des rangs de Bruns massés près de Kiyama, à la porte. Il passa devant les litières de Kiri et de Sazuko et vint se poster à côté de celle de Mariko. Il s'inclina. « Oui, madame. Merci.

— Vous, cria-t-il aux hommes de tête. En avant ! » Certains avaient peur, d'autres étaient tendus, mais tous obéirent et la procession s'ébranla une fois de plus. Kazuko marchait à côté de Mariko. A une centaine de pas devant eux, vingt Gris sortirent des rangs et s'interposèrent silencieusement. Les vingt Bruns se rapprochaient très vite. L'avant-garde hésita et fit halte.

« Écartez-les de notre chemin », ordonna Kazuko.

Immédiatement, un Brun bondit en avant. Ses camarades le suivirent et le carnage fut cruel et rapide, A chaque fois qu'un Gris s'écroulait, un autre sortait calmement des rangs massés des deux côtés de l'avenue et rejoignait ses camarades dans la mêlée. Combat toujours juste, égal, d'homme à homme. Quinze contre quinze, huit contre huit. Quelques Gris blessés gisaient dans la poussière ; trois Bruns contre deux Gris. Un Gris sortit immédiatement des rangs. Le combat fut bientôt à un contre un. Le dernier Brun était maculé de sang et blessé, Il était déjà sorti vainqueur de quatre duels. Le dernier Gris lui régla son compte aisément et, seul, au milieu des cadavres, regarda Miyai Kazuko. Tous les Bruns étaient morts. Quatre Gris étaient étendus à terre, blessés, dix-huit étaient morts. Kazuko s'avança et dégaina son épée, dans un silence de mort.

« Attendez, dit Mariko. attendez, je vous prie, Kazuko san. »

Il s'arrêta mais ne quitta pas le Gris des yeux. Mariko sortit de son palanquin et revint vers Kiyama. « Sire, je vous demande officiellement d'ordonner à ces hommes de s'écarter de notre chemin.

— Je suis désolée, Toda-sama. On doit obéir aux ordres de la citadelle. Les ordres sont légaux, mais si vous le désirez, je peux convoquer les régents et leur demander de statuer.

— Je suis samouraï. Mes ordres sont clairs. Ils sont conformes à la *Bushido* et sanctifiés par notre code. Ils doivent être obéis et ont préséance sur n'importe quelle ordonnance décrétée par les hommes. La loi peut bousculer la raison mais la raison ne peut bousculer la loi. Si je n'ai pas la possibilité d'obéir, je ne pourrai vivre avec une telle honte.

— Je vais convoquer les régents immédiatement.

— Excusez-moi, Sire. Ce que vous faites vous regarde. Les ordres de mon maître et ma honte, seuls, m'intéressent. » Elle tourna les talons et revint tranquillement vers la tête de la colonne.

« Kazuko-san ! Je vous ordonne de nous mener hors de la citadelle ! »

Il s'avança vers le Gris. « Mon nom est Miyai Kazuko, capitaine de la troisième armée de sire Toranaga. Ma lignée est Serata. Écartez-vous, je vous prie, de mon chemin.

— Mon nom est Birva Jiro, capitaine de la garnison du général-sire Ishido. Ma vie n'a aucune valeur et pourtant vous ne passerez pas. »

Au cri de guerre de « Toranagaaaa ! » Kazuko s'élança soudainement sur le Gris. Leurs épées cliquetèrent et s'entrechoquèrent. Les deux hommes tournèrent en rond. Kazuko, bien que gravement blessé, prit le dessus et finit par avoir raison de son adversaire. Il resta là, vacillant au-dessus du corps de son ennemi, puis brandit son épée vers le ciel et hurla son cri de guerre en s'étouffant. Il ne souleva pas l'enthousiasme général. Ils se rendaient tous bien compte qu'une manifestation de ce genre aurait été déplacée dans le rituel qui les enveloppait à présent. Kazuko fit un pas en avant puis un autre et, titubant, cria : « Suivez-moi ! » Sa voix chevrotait. Personne ne vit arriver les flèches qui le transpercèrent. L'humeur des Bruns changea aussitôt et devint féroce devant l'insulte faite à la virilité de Kazuko, qui agonisait. Un autre officier Brun accourut et reforma sans attendre une nouvelle avant-garde. Le reste des hommes se regroupa autour des litières. « En avant ! » hurla l'officier. Il se mit en marche, suivi de vingt samouraïs. Comme des somnambules, les porteurs soulevèrent leurs fardeaux et se frayèrent un chemin au milieu des caclavres. Devant eux, à une centaine de pas, vingt autres Gris et un officier sortirent silencieusement des rangs. Les porteurs s'arrêtèrent. L'avant-garde accéléra l'allure. « Halte ! » Les deux officiers se saluèrent brièvement et se présentèrent.

« Écartez-vous, je vous prie, de notre chemin.

— Montrez-moi, s'il vous plaît, vos papiers. »

Cette fois-ci, les Bruns bondirent immédiatement au cri de « Toranagaaaa ! » Les Gris chargèrent au cri de « Yaemonnnn ! » et le carnage recommença. Chaque fois qu'un Gris s'effondrait, un autre s'avançait froidement. Le dernier Gris nettoya sa lame, la rangea dans son fourreau et resta là où il était, leur barrant le chemin à lui tout seul. Un autre officier s'avança avec vingt nouveaux Bruns.

« Un instant ! » cria Mariko. Le visage blanc comme un linge, elle sortit de son palanquin, posa son ombrelle, se saisit de l'épée de Yoshinaka, la dégaina et s'avança seule.

« Savez-vous qui je suis ? Écartez-vous de mon chemin !

— Mon nom est Kojima Harutomo, capitaine de la sixième légion. Excusez-moi. Vous n'avez pas le droit de passer, madame », dit le Gris fièrement.

Elle s'élança, mais il para le coup d'épée, recula et resta sur la défensive. Il eût pu la tuer sans effort. Il battit en retraite lentement. Elle le suivit mais il lui fit payer chacun de ses pas. La colonne s'ébranla, hésitante, et se mit à la suivre. Elle essaya encore une fois de pousser le Gris à se battre en l'attaquant sauvagement mais le samouraï évita ses coups et la contint en ne l'attaquant toujours pas. Il la laissait simplement se fatiguer et le faisait avec gravité, dignité et déférence. Elle attaqua encore mais il para l'assaut qui aurait eu raison d'un escrimeur moins habile. Il recula encore d'un pas. Elle était en nage. Un Brun s'avança pour venir à son aide mais son officier lui ordonna calmement de n'en rien faire, sachant que personne ne devait intervenir. Les samouraïs, des deux côtés, n'attendaient qu'un signal, l'eau à la bouche à la seule idée de tuer. Mariko savait qu'elle ne tiendrait pas longtemps. Elle était hors d'haleine et sentait l'atmosphère malsaine qui l'entourait. Les Gris s'éloignèrent des murs et encerclèrent la colonne. Leur étreinte se resserra. Quelques Gris s'avancèrent pour encercler Mariko. Elle s'arrêta, sachant qu'elle pouvait être prise au piège aisément, désarmée et capturée, ce qui détruirait tout. Quelques Bruns vinrent à sa rescousse et le reste prit position autour des litières. L'atmosphère devenait irrespirable. Ils étaient tous engagés. Ils avaient tous cette même odeur de sang dans les narines. La colonne s'était étirée depuis la poterne. Mariko vit combien il était facile pour les Gris de tous les séparer, de les couper les uns des autres.

« Un instant », cria-t-elle. Tout le monde s'arrêta. Elle salua son adversaire, puis la tête haute lui tourna le dos et s'approcha de Kiri.

« Je suis... Je suis vraiment désolée, mais il n'est pas possible de se frayer un passage pour le moment. » Sa poitrine lui faisait mal. « Nous... Nous devons rebrousser chemin et rentrer. » La sueur coulait sur son visage. Arrivée devant Kiyama, elle s'arrêta et le salua. « Ces hommes m'ont empêchée de faire mon devoir, d'obéir à mon suzerain. Je ne peux vivre avec cette honte, Sire. Je me ferai seppuku au coucher du soleil. Je vous demande formellement de bien vouloir être mon second.

— Non. Vous ne ferez pas ça. »

Elle le fusilla du regard et, d'une voix impavide, dit : « A moins que nous n'ayons la possibilité d'obéir à notre suzerain, *comme tel est notre droit*, je me ferai seppuku au coucher du soleil ! »

Elle le salua et se dirigea vers la poterne. Kiyama la salua. Ses hommes firent de même. Tous la saluèrent pour lui rendre hommage. Elle passa sous la voûte, traversa la cour et entra dans le jardin. Ses pas la guidèrent vers la petite maison de thé, rustique et solitaire. Elle y entra et, une fois seule, se mit à pleurer silencieusement sur tous les hommes qui avaient laissé leur vie.

56

Quand Mariko avait ramassé l'épée et s'était avancée toute seule, Blackthorne avait eu envie de descendre dans l'arène et de foncer sur son assaillant pour la protéger, de trancher la tête de ce Gris avant qu'il ne la tue. Mais il n'avait pas bougé. Ce n'était pas parce qu'il avait eu peur. Il n'avait plus du tout peur de mourir. Il avait fait la paix avec lui-même depuis longtemps. Depuis cette nuit, au village, avec son couteau. Depuis cet instant, ma peur de la mort s'est évanouie, tout comme elle me l'avait prédit. « Vous ne pouvez saisir cette joie indescriptible de vivre qu'en vivant constamment dans le voisinage de la mort. » Il se dirigea vers les escaliers.

« Anjin-san ? Où aller ? »

Il se retourna. Il avait oublié ses Gris. Le capitaine le fixait du regard.

« Oh, excusez-moi. Aller là-bas ! » Il indiqua du doigt la cour. Le capitaine réfléchit puis acquiesça à contrecœur. « Très bien. Vous me suivre. » Arrivé dans la cour, Blackthorne ressentit l'hostilité des Bruns à l'égard des Gris qui l'accompagnaient. Yabu était à la poterne et regardait les hommes rentrer. Kiri et dame Sazuko s'éventaient. Une nourrice donnait le sein au nouveau-né. Elles étaient assises sur des couvertures et des coussins disposés en hâte dans l'ombre de la véranda. Les porteurs s'étaient rassemblés dans un coin et s'étaient accroupis, en un groupe compact et apeuré autour des bagages et des chevaux. Blackthorne se dirigea vers le jardin mais les gardes secouèrent la tête. « Désolé, mais c'est interdit pour le moment. C'est hors des limites permises, Anjin-san.

— Oui, bien sûr », dit-il en changeant de direction. L'avenue se vidait. Le dernier Brun pénétra sous la voûte. Une dame traversa la cour en s'appuyant péniblement sur une canne. C'était une femme samouraï, d'un certain âge, aux cheveux blancs, au dos bien droit. Elle s'approcha de Kiritsubo. Une servante tenait son ombrelle.

« Oh, Kiritsubo-san, dit-elle. Mon nom est Maeda Etsu. Je suis la mère de sire Maeda et je partage les opinions de dame Toda. Avec sa permission, j'aimerais avoir l'honneur d'attendre avec elle.

— Asseyez-vous, je vous prie. Vous êtes la bienvenue, » Une servante apporta un autre coussin et deux autres aidèrent la vieille dame à s'asseoir.

« Oh, ça va mieux, bien mieux, dit-elle en maîtrisant un gémissement de douleur. Ce sont mes membres. Ils vont chaque jour plus mal. Oh, quel soulagement. Merci.

— Prendriez-vous un peu de thé ?

— Du thé d'abord, puis du saké, Kiritsubo-san. Des litres de saké. Une telle excitation donne soif, *neh ?* »

D'autres femmes samouraïs se détachèrent de la foule, traversèrent les rangs des Gris et gagnèrent l'ombre. Quelques-unes hésitèrent puis changèrent d'avis. Quatorze dames se retrouvèrent bientôt sous la véranda. Deux d'entre elles avaient amené leurs enfants.

« Excusez-moi. Mon nom est Achiko. Je suis la femme de Kiyama Nagamasa et je veux, moi aussi, rentrer chez moi, dit une jeune fille d'une voix timide en tenant son petit garçon par la main. Je veux rejoindre mon mari. Puis-je vous demander la permission d'attendre avec vous ?

— Mais Sire Kiyama va être furieux s'il vous voit ici, madame.

— Je suis désolée, Kiritsubo-san, mon grand-père me connaît à peine. Je suis la femme d'un de ses petits-fils les moins importants. Je suis sûre que ça lui est égal. Je n'ai pas vu mon mari depuis des mois et je me fiche de ce que Sire Kiyama dira. Dame Toda a tout à fait raison, *neh ?*

— Tout à fait raison, Achiko-san, dit la vieille dame Etsu, prenant le commandement avec fermeté. Vous êtes, bien sûr, la bienvenue, mon enfant. Venez vous asseoir près de moi. Quel est le nom de votre fils ? Vous avez un bien joli petit garçon. »

Kiri essuya une larme. « Voilà qui est mieux. Je commençais à devenir un peu trop sérieuse, *neh ?* Oh, gentes dames, je suis très honorée de pouvoir vous accueillir en *son* nom. Vous devez toutes mourir de faim et vous avez tout à fait raison, dame Etsu. Cette excitation donne soif ! » Elle dépêcha des servantes chercher à manger et à boire.

« C'est impossible, Sire-général, dit Ochiba. Vous ne pouvez laisser une dame de ce rang-là se faire seppuku. Je suis désolée mais vous êtes tombé dans le piège.

— Je suis d'accord avec vous, dit Sire Kiyama vigoureusement.

— Avec toute l'humilité possible, madame, dit Ishido. Ce que j'ai dit ou n'ai pas dit n'a vraiment aucune importance. Elle avait déjà pris sa décision. Du moins Toranaga l'avait-il prise.

— Il est bien sûr derrière elle », dit Kiyama.

Ochiba recula devant la rudesse d'Ishido. « Je suis désolée mais il vous a encore joué un tour. Vous ne pouvez cependant pas la laisser se faire seppuku !

— Pourquoi ?

— Je suis désolée, Sire-général, mais nous devons parler à voix basse », dit Ochiba. Ils attendaient dans la spacieuse antichambre des appartements de dame Yodoko, au second étage du donjon. « Je suis sûre que ce n'est pas votre faute et qu'on peut trouver une solution. »

Kiyama dit calmement : « Vous ne pouvez pas la laisser aller jusqu'au bout de son plan, Sire-général. Cela mettrait le feu à l'esprit de toutes les dames de la citadelle. »

Ishido lui lança un regard furibond. « Vous oubliez que deux d'entre elles ont été tuées par erreur et que ça n'a soulevé aucun remous. Ça nous a permis de prévenir de nouvelles velléités d'évasion.

— C'était une erreur regrettable, Sire-général, dit Ochiba.

— Je suis d'accord, mais nous ne sommes pas en guerre. Toranaga n'est pas encore entre nos mains et, tant qu'il ne sera pas mort, vous serez vous et l'héritier, en très grand danger.

— Désolée, mais je ne m'inquiète pas de mon sort, mais de celui de mon fils, dit Ochiba. Elles doivent toutes être de retour dans dix-huit jours. Je vous conseille de les laisser partir.

— C'est un risque inutile. Nous ne sommes pas certains qu'elle ait vraiment l'intention de se faire seppuku.

— Elle en a l'intention », dit Kiyama avec mépris. Il détestait l'insolente présence d'Ishido dans ces appartements riches et somptueux qui lui rappelaient le Taikō, son ami et maître vénéré. « Elle est *samouraï*.

— Oui, dit Ochiba. Je suis désolée mais je suis d'accord avec Sire Kiyama. Mariko-san fera ce qu'elle dit. Et puis il y a cette vieille folle d'Etsu. Ces Maeda sont des gens très fiers, *neh ?*

— Elles peuvent toutes brûler en ce qui me concerne. La femme Toda est chrétienne, *neh ?* Le suicide n'est-il pas contre sa religion ? Un péché mortel ? dit Ishido.

— Oui, mais elle aura un second. Ce ne sera donc pas un suicide.

— Si elle est désarmée et qu'elle n'a pas de second ?

— En ce cas, que comptez-vous faire ?

— La capturer et l'enfermer jusqu'à ce que Sire Toranaga franchisse nos frontières. » Ishido sourit. « Elle pourra ensuite faire ce qu'elle veut. Je serai même enchanté de l'aider à ce moment-là.

— Comment feriez-vous pour la capturer ? demanda Kiyama. Elle aurait toujours le temps de se faire seppuku ou d'utiliser son poignard.

— Peut-être. En supposant qu'elle soit faite prisonnière, désarmée et enfermée pendant quelques jours, ces “quelques jours” ne sont-ils pas vitaux ? N'est-ce pas pour cela même qu'elle désire partir aujourd'hui ? Avant que Toranaga n'ait franchi nos frontières et ne s'émascule de ses propres mains ?

— Serait-ce possible ? demanda Ochiba.

— Tout à fait », répondit Ishido.

Kiyama réfléchit. « Toranaga doit être là dans dix-huit jours. Il pourrait retarder son passage de la frontière de quatre jours au plus. Il faudrait donc la tenir enfermée pendant une semaine.

— Ou pour toujours, répliqua Ochiba. Toranaga a tellement de retard que je pense parfois qu'il ne viendra jamais.

— Il *doit* être là le vingt-deuxième jour, dit Ishido. Madame, vous venez d'avoir une excellente idée.

— C'était très certainement la vôtre, Sire-général. » La voix d'Ochiba était apaisante. « Et Sire Sudara et ma sœur ? Sont-ils auprès de Toranaga ?

— Non, madame. Pas encore.

— On ne doit pas la toucher. Son enfant non plus.

— Son enfant est l'héritier direct de Toranaga qui est lui-même l'héritier des Minowara. Mon devoir envers l'héritier m'ordonne d'en faire une fois de plus état.

— Que personne ne touche à ma sœur ou à son enfant !

— Comme vous voulez.

— Mariko-san est-elle une bonne chrétienne, Sire ? demanda Ochiba à Kiyama.

— Une pure chrétienne, répondit-il. Vous voulez parler du suicide... Ce péché mortel ? Je... crois qu'elle respectera... Sinon son âme éternelle serait damnée, madame. Mais je ne sais pas si...

— Il existe donc encore une solution plus simple, dit Ishido. Ordonnez au grand prêtre des chrétiens de lui faire cesser toute action contre les gouvernants légaux de l'empire !

— Il n'a pas le poids suffisant », dit Kiyama en ajoutant d'une voix encore plus pointue et venimeuse : « C'est de l'immixtion dans les affaires politiques — ce contre quoi vous vous êtes toujours farouchement élevé.

— Il semble que les chrétiens ne veulent s'immiscer que lorsque ça les arrange, dit Ishido. Ce n'était qu'une suggestion. »

La porte intérieure s'ouvrit et un docteur apparut. Il avait le visage grave et fatigué. « Madame, je m'excuse mais elle vous demande.

— Agonise-t-elle ? demanda Ishido.

— Elle est très proche de mourir, Sire-général. »

Ochiba traversa la grande pièce en hâte et franchit le seuil de la porte intérieure. Les pans de son kimono bleu se balançaient avec grâce. Les deux hommes la regardèrent. La porte se referma. Pendant un moment, ils évitèrent de se regarder puis Kiyama dit : « Croyez-vous vraiment que vous pourriez capturer dame Toda ?

— Oui », dit Ishido qui fixait toujours la porte des yeux.

Ochiba traversa la chambre et alla s'agenouiller près des *futons*. « Souffrez-vous, madame ? Puis-je vous apporter quelque chose ?

— Rien... Rien. Je voulais simplement vous parler. » Les pauvres yeux, chavirés, n'avaient rien perdu de leur vivacité. « Renvoyez les autres. » Ochiba fit un signe ; dès qu'elles furent seules, elle dit : « Madame ?

— Écoutez-moi, ma chérie. Faites que le sire-général la laisse partir.

— Il ne peut pas, madame, sinon tous les otages voudront partir également. Sa position s'en trouverait affaiblie. Tous les régents sont d'accord.

— Les régents ! dit Yodoko avec une nuance de mépris. *Vous* êtes d'accord ?

— Oui, madame. La nuit dernière, vous m'avez dit qu'il ne fallait pas qu'elle parte.

— Vous devez la laisser partir, sinon les autres la suivront et se feront aussi seppuku. La faute d'Ishido rejaillira sur vous et votre fils.

— Le sire-général est loyal, madame. Toranaga ne l'est pas, je suis désolée.

— Vous pouvez faire confiance à Toranaga, pas à Ishido. »

Ochiba secoua la tête. « Je suis désolée mais je reste persuadée que Toranaga ne veut qu'accéder au shōgunat et détruire notre fils.

— Vous faites erreur. Il l'a répété des milliers de fois. D'autres *daimyōs* essaient de se servir de lui pour leurs propres ambitions. Ils l'ont toujours fait. Toranaga est Minowara. Ne vous laissez pas duper par Ishido ou par les régents. Ils ont leurs propres *karmas,* leurs secrets, O-chan. Pourquoi ne pas la laisser partir ? C'est si simple. Interdisez-lui la mer. Elle pourrait être retardée quelque part dans la limite de nos frontières et resterait ainsi prise au piège de votre général, avec Kiri et les autres, *neh ?* Elle serait entourée de Gris. Essayez de penser comme le Taikō ou comme Toranaga. Vous et notre fils, vous êtes entraînés dans... » Les mots s'évanouirent, la voix se fit lointaine. « Mariko-san ne peut pas élever d'objection à la présence de gardes. Je sais qu'elle pense ce qu'elle dit. Laissez-la partir.

— Nous y avons bien sûr pensé, madame, dit Ochiba d'une voix douce et patiente. Mais hors de la citadelle, Toranaga entretient des bandes secrètes de samouraïs, cachées dans les environs d'Osaka. Il a aussi des alliés. Elle pourrait s'échapper. Une fois Mariko partie, tous les autres la suivraient et nous perdrions un atout énorme. Vous étiez d'accord, Yodoko-chan, ne vous souvenez-vous pas ? Je suis désolée mais je vous ai posé la question la nuit dernière, ne vous souvenez-vous pas ?

— Oui, mon enfant, je m'en souviens. Comme j'aimerais que le Taikō soit là pour vous guider. » La respiration de la vieille dame se fit plus difficile. « Écoutez-moi, mon enfant, vous devez faire confiance à Toranaga. Épousez-le, concluez un marché avec lui, en vue de la succession.

— Non... non, dit Ochiba, choquée.

— Yaemon pourrait prendre sa suite, le fruit de votre mariage pourrait ensuite relayer Yaemon. Les fils de notre fils jureraient honorablement fidélité éternelle à cette nouvelle lignée issue de Toranaga.

— Toranaga a toujours haï le Taikō. Vous le savez très bien, madame. Toranaga est la cause de tous nos malheurs. Depuis des années, *neh ?* Lui !

— Et vous ? Que faites-vous de votre fierté, mon enfant ?

— Il est l'ennemi. Notre ennemi.

— Vous avez deux ennemis, mon enfant : votre fierté et ce besoin d'avoir un homme pour pouvoir faire la comparaison avec votre mari. Soyez patiente avec moi. Vous êtes jeune, belle et féconde. Vous méritez un mari. Toranaga est digne de vous. Vous êtes digne de lui. Toranaga est l'unique chance de Yaemon.

— Non, il est l'ennemi.

— Il était le meilleur ami et le plus loyal vassal de notre mari. Sans... Sans Toranaga... Vous ne comprenez pas ? Vous pourriez le... le mener...

— Je suis désolée mais je le hais... Il me dégoûte, Yodoko-chan.

— Bien des femmes... Que disais-je ? Oh, oui, bien des femmes épousent des hommes qui les dégoûtent. Que Bouddha soit loué car je n'ai jamais eu à en souffrir... » La vieille femme sourit brièvement, puis soupira. Ce fut un long soupir grave. Il fut d'ailleurs si long qu'Ochiba crut voir la fin venir. Mais les yeux de Yodoko s'entrouvrirent et un pâle sourire colora ses lèvres.

« Oui ?

— Le ferez-vous ?

— J'y réfléchirai. »

Les doigts de Yodoko essayèrent de s'agripper : « Je vous en supplie, promettez-moi d'épouser Toranaga. Je pourrais ainsi rejoindre Bouddha en sachant que la lignée du Taikō vivra éternellement, comme son nom... Son nom vivra pour... »

Les larmes coulèrent sur le visage d'Ochiba qui berçait cette main inerte. Les paupières de Yodoko tremblèrent et la vieille femme murmura : « Vous devez laisser partir Mariko-san... »

Un spasme secoua son corps. Ochiba lui tenait la main. Elle la lui caressa.

« *Namu Amida Butsu* », murmura-t-elle, en guise d'hommage.

La vieille femme fut parcourue par un autre spasme, puis dit clairement : « Pardonnez-moi, O-chan.

— Je n'ai rien à vous pardonner, madame.

— Tellement de choses à pardonner... » La voix se fit plus blanche et la lumière déserta son visage. « Écoutez-moi... Prome... promettez-moi... au sujet de Toranaga... Ochiba-sama... Important... S'il vous plaît... Vous pouvez lui faire confiance... » Yodoko l'implorait du regard. Ochiba ne voulait pas obéir. Elle savait cependant qu'elle allait le faire. Son esprit troublé résonnait encore des mots du Taikō, mille fois répétés : « Vous pouvez faire confiance à Yodoko-sama, O-chan. Elle est la sagesse même... Ne l'oubliez jamais. Elle a presque toujours raison. Vous pouvez lui faire confiance, sur votre vie, celle de mon fils et la mienne... »

Ochiba céda. « Je pro... » Elle se tut. La lumière vacilla une dernière fois sur le visage de Yodoko-sama puis s'éteignit.

« *Namu Amida Butsu.* » Ochiba porta la main de Yodoko à ses lèvres, reposa la main sur la couverture et lui ferma les yeux en pensant à la mort du Taikō. C'était la deuxième mort à laquelle elle assistait. Cette fois-là, dame Yodoko avait fermé les yeux du défunt, comme le voulait le privilège de l'épouse. Tout s'était passé dans la même chambre. Toranaga attendait au-dehors, comme Ishido et Kiyama aujourd'hui.

« Étrange que vous soyez morte avant que j'aie pu vous faire ma promesse, madame. »

L'odeur d'encens et de mort l'entouraient. « J'allais vous le promettre mais vous êtes morte avant, Est-ce aussi mon *karma ?* Dois-je obéir à une promesse tacite ? Que dois je faire ? Mon fils, mon fils. Je me sens si désarmée et si impuissante. » Puis elle se souvint de ce que lui avait dit la Sagesse : « Essayez de penser comme le Taikō ou comme Toranaga. »

Ochiba sentit naître en elle une nouvelle force. Elle se rassit dans le silence de la chambre et se mit à obéir froidement.

Chimmoko sortit par l'une des petites portes du jardin et s'approcha de Blackthorne qu'elle salua. « Anjin-san, excusez-moi. Ma maîtresse désire vous voir. Si vous voulez attendre un instant, je vais vous accompagner.

— Très bien, merci. » Blackthorne se leva. Les ombres s'allongeaient. Une partie de la cour avait été désertée par le soleil. Les Gris se préparèrent à le suivre. Chimmoko s'avança vers Sumiyori. « Excusez-moi, capitaine, mais ma maîtresse vous demande d'avoir l'amabilité de bien vouloir tout préparer.

— Où veut-elle se faire seppuku ? »

La servante indiqua un endroit face à la voûte. « Là-bas, Sire. »

Sumiyori était stupéfait. « En public ? Pour que tout le monde la voie ?

— Oui.

— Mais... Si ça se passe là... Son... son... Et son second ?

— Elle pense que sire Kiyama voudra bien l'honorer.

— Et s'il ne veut pas ?

— Je ne sais pas, capitaine. Elle... Elle ne m'en a pas parlé. » Chimmoko le salua et traversa la cour en direction de la véranda où elle s'inclina à nouveau. « Kiritsubo-san, ma maîtresse me prie de vous dire qu'elle revient très bientôt.

— Elle va bien ?

— Oui. »

Elles avaient entendu ce que Chimmoko avait dit au capitaine. Elles avaient été très troublées. « Sait-elle que d'autres dames l'attendent pour la saluer ?

— Oh, oui, Kiritsubo-san. Je... Je le lui ai dit. Elle m'a dit qu'elle était très honorée par leur présence et qu'elle viendrait bientôt les remercier de vive voix. Excusez-moi, je vous prie. »

Au-delà de la grille du jardin, on entrait dans un autre monde, verdoyant et serein. Le soleil baignait la cime des arbres, les insectes bourdonnaient, les oiseaux babillaient, la petite chute d'eau tombait tranquillement dans le bassin aux nénuphars, mais Blackthorne ne put se défaire de sa tristesse. Chimmoko lui indiqua la petite maison de *cha-no-yu.* Il s'avança seul, enleva ses sandales, gravit les trois marches et dut presque se mettre à genoux pour en franchir le seuil.

« Vous..., dit-elle.

— Vous... »

Elle était agenouillée, face à la porte. Elle s'était remaquillée. Ses lèvres étaient pourpres, sa coiffure impeccable. Elle portait un kimono bleu sombre bordé de vert, un obi d'un vert plus lumineux.

« Vous êtes belle.

— Vous aussi. » Il ébaucha un sourire.

« Je suis désolée qu'il vous ait été donné d'assister à ce spectacle.

— C'était mon devoir.

— Ce n'était pas votre devoir. Je ne m'attendais pas... Je n'avais pas prévu... Cette tuerie.

— Karma. Vous aviez décidé depuis longtemps... votre suicide, *neh ?*

— Ma vie ne m'a jamais appartenu, Anjin-san. Elle a toujours appartenu à mon suzerain et, après lui, à mon maître. Telle est notre loi.

— Une bien mauvaise loi.

— Oui et non. » Elle releva le visage. « Allons-nous nous quereller sur des choses immuables ?

— Non, excusez-moi.

— Je vous aime, lui dit-elle en latin.

— Oui, je le sais maintenant. Et je vous aime moi aussi, mais la mort est votre but, Mariko-san.

— Vous faites erreur, mon amour. La vie de mon maître est mon but. Et votre vie. Que la Sainte Vierge me pardonne ou qu'elle me bénisse mais il y a des moments où votre vie m'est encore plus importante.

— Il n'y a pas de fuite possible, maintenant. Pour personne.

— Soyez patient. Le soleil ne s'est pas encore couché.

— Je n'ai pas confiance en ce soleil, Mariko-san. » Il tendit la main et toucha son visage. « *Gomen nasai.*

— Je vous ai promis que cette nuit ressemblerait à celle de l'auberge des fleurs. Soyez patient. Je connais Ishido, Ochiba et les autres.

— *Que va* pour les autres », dit-il en portugais. Son humeur changea. « Voulez-vous dire que Toranaga sait ce qu'il fait, *neh ?*

— *Que va* pour votre mauvaise humeur, répondit-elle doucement. Ce jour est trop court.

— Je suis désolé... Vous avez encore raison. Aujourd'hui n'est pas fait pour la mauvaise humeur. » Il la regarda.

« Que puis-je faire pour vous aider ?

— Croyez seulement en demain, Anjin-san. » Il perçut l'espace d'un instant l'intensité de sa peur. Il lui tendit les bras et l'enlaça. L'attente n'était plus terrible.

Des pas approchèrent.

« Oui, Chimmoko ?

— Il est temps, maîtresse.

— Tout est prêt ?

— Oui, maîtresse.

— Attends-moi près du bassin aux nénuphars. » Les pas s'éloignèrent. Mariko se retourna vers Blackthorne et l'embrassa doucement.

« Je vous aime.

— Moi aussi, je vous aime. » Elle le salua et sortit. Il la suivit. Mariko s'arrêta près du bassin aux nénuphars, défit son obi et le laissa glisser. Chimmoko l'aida à enlever son kimono bleu. En dessous, Mariko portait un kimono et un obi blanc. C'était un kimono de deuil. Elle défit le ruban vert attaché dans ses cheveux. Vêtue de blanc, elle s'avança et ne regarda pas Blackthorne. De l'autre côté de la grille, les Bruns et les Gris formaient un triangle autour des huit tatamis disposés devant l'entrée principale. Yabu, Kiri et les autres dames étaient assis sur un rang, face au sud. Dans l'avenue, les Gris étaient alignés comme à l'occasion d'une cérémonie et d'autres samouraïs, hommes et femmes, étaient venus se mêler à eux. Sur un signe de Sumiyori, tout le monde s'inclina. Mariko leur rendit leur salut. Quatre samouraïs s'avancèrent et étendirent une couverture pourpre sur les tatamis. Mariko s'approcha de Kiritsubo, la salua, fit de même pour Sazuko et toutes les dames présentes. Elles lui rendirent son salut et lui firent l'accueil le plus officiel. Blackthorne attendait à la grille du jardin. Il la regarda quitter les dames et s'avancer vers la place pourpre. Elle s'agenouilla au centre, face au petit coussin blanc. Sa main droite sortit le stylet de son obi et le plaça sur le coussin. Chimmoko s'avança et s'agenouilla à son tour. Elle lui offrit une petite couverture d'un blanc virginal et une cordelette. Mariko arrangea parfaitement les plis de son kimono avec l'aide de sa servante, puis attacha la couverture autour de sa taille. Blackthorne comprit que c'était pour éviter de souiller le kimono.

Puis, sereine et prête, Mariko leva la tête vers le donjon du château. Le soleil illuminait encore le dernier étage et incendiait les tuiles dorées. Elle semblait si petite, assise, là, immobile, tache blanche sur cette place pourpre.

L'avenue était déjà obscure et des serviteurs allumaient des torches. Elle tendit la main, toucha la dague et la redressa. Elle jeta un dernier regard vers l'autre bout de l'avenue mais tout était tranquille et vide. Elle reporta son regard vers le stylet.

« Kasigi Yabu-sama !

— Oui, Toda-sama ?

— Il semblerait que Sire Kiyama ait décliné l'invitation que je lui ai faite. Je serais très honorée si vous acceptiez d'être mon second.

— J'en serais très honoré. » Yabu salua, se leva et se plaça derrière elle, à sa gauche. Il se planta fermement sur ses jambes et leva son épée, à deux mains.

« Je suis prêt, madame.

— Veuillez attendre le moment où j'aurai pratiqué la deuxième incision. »

Elle avait les yeux fixés sur le stylet. Elle fit le signe de la croix de la main droite, puis se pencha, prit le stylet sans trembler. Elle le porta à ses lèvres comme si elle voulait en goûter l'acier étincelant, puis changea de prise, tint fermement le couteau dans la main droite et le plaça sur le côté gauche de sa gorge. A ce moment-là, des torches apparurent au bout de l'avenue. Une escorte approchait. Ishido en tête. Le couteau ne bougea pas. Yabu était tendu comme un ressort, concentré sur sa cible.

« Madame, dit-il. Attendez-vous ou continuez-vous ? J'aimerais être parfait. »

Mariko revint de loin. « Je... Nous attendons... Nous... Je... » Sa main s'abaissa, tremblante. Tout aussi lentement, Yabu se détendit. Son épée siffla en rentrant dans son fourreau. Il s'essuya les mains sur les hanches. Ishido était sur le pas de la porte. « Ce n'est pas encore la tombée de la nuit, madame. Le soleil luit encore à l'horizon. Êtes-vous donc si pressée de mourir ?

— Non, Sire-général. Je veux simplement mourir pour obéir à mon maître... »

Elle croisa les bras pour empêcher ses mains de trembler. Une vague de colère souleva les Bruns, mais s'arrêta quand Ishido dit à haute voix : « Dame Ochiba, au nom de l'héritier, a supplié les régents de faire une exception dans votre cas. Nous avons accueilli votre requête. Voici vos papiers. Vous pourrez quitter la citadelle à l'aube. » Il les fourra dans les mains de Sumiyori qui se trouvait à côté de lui.

« Sire ? » dit Mariko sans comprendre. Elle parlait d'une voix atone.

« Vous êtes libre de partir à l'aube.

— Et... Et Kiritsubo-san et la dame Sazuko ?

— N'est-ce pas une partie de votre "devoir" ? Leurs permis sont également là. »

Mariko essaya de se concentrer. « Et... et son fils ?

— Lui aussi, madame. » Le rire méprisant d'Ishido fit écho. « Ainsi que tous vos hommes. »

Yabu balbutia : « Tout le monde a des sauf-conduits ?

— Oui, Kasigi Yabu-san, dit Ishido. Vous êtes officier, *neh ?* Allez voir tout de suite mon secrétaire. Il est en train de compléter vos sauf-conduits. Pourquoi les invités d'honneur veulent-ils partir ? Je n'en sais rien. Ça ne vaut vraiment pas le coup pour dix-sept jours. *Neh ?*

— Et moi, Sire-général ? » demanda faiblement la vieille dame Etsu. Elle osait ainsi vérifier la victoire totale de Mariko. Son cœur battait la chamade et lui faisait mal.

« Puis-je... Puis-je partir, moi aussi ?

— Bien sûr, dame Maeda. Pourquoi vous retiendrais-je contre votre volonté ? Suis-je un geôlier ? Bien sûr que non ! Si l'accueil de l'héritier est à ce point insultant que vous désiriez partir, alors partez ! Je me demande cependant comment vous allez faire pour couvrir huit cents *ri* aller et retour en dix-sept jours.

— Excusez... Excusez-moi, le... l'accueil de l'héritier n'est pas insultant. » Ishido l'interrompit d'un ton glacial : « Si vous désirez partir, demandez un sauf-conduit selon la procédure normale. Cela prenda une journée mais nous veillerons à ce que vous puissiez partir en sécurité. » Il s'adressa aux autres. « Toute dame peut faire une demande, tout samouraï. Je vous ai déjà dit qu'il était stupide de partir pour dix-sept jours. Il est insultant de se moquer de l'accueil de l'héritier, de dame Ochiba et des régents... » Son regard implacable revint sur Mariko : « ... ou d'exercer des pressions en menaçant de se faire seppuku. Une dame devrait normalement faire cela en privé. Pas publiquement, en se donnant en spectacle. *Neh ?* Je ne cherche pas la mort des femmes. Je cherche seulement la mort des ennemis de l'héritier, mais si certaines femmes se déclarent ouvertement ses ennemis, je cracherai bientôt sur leurs cadavres. » Ishido tourna les talons, donna un ordre aux Gris et s'éloigna, Les capitaines répercutèrent l'ordre immédiatement. Tous les Gris se mirent en formation et s'éloignèrent de l'entrée.

« Madame, dit Yabu d'une voix enrouée, en essuyant ses mains moites. Madame, c'est fini... Vous avez gagné. Vous avez gagné !

— Oui... oui », dit-elle. Ses mains sans forces essayaient de défaire les nœuds de la cordelette. Chimmoko s'avança, défit les nœuds et lui enleva la couverture puis quitta la place pourpre. Tout le monde regardait Mariko. Allait-elle pouvoir s'en aller toute seule ? se demandait l'assistance. Mariko tenta de se mettre debout et échoua. Elle essaya une seconde fois et échoua à nouveau. Kiri se jeta impulsivement vers elle pour l'aider mais Yabu secoua la tête et dit : « Non, c'est son privilège. » Kiri alla se rasseoir, respirant à peine. A la grille du jardin, Blackthorne la regardait, méprisant ce surcroît de courage, le comprenant et l'honorant cependant. Il vit les mains de Mariko se poser à nouveau sur le tissu pourpre. Elle parvint à se mettre debout, chancela, faillit tomber. Ses pieds bougèrent et, lentement, elle se mit à avancer en titubant. Blackthorne décida qu'elle en avait assez fait, s'approcha d'elle et la prit dans ses bras. Il la souleva juste au moment où elle perdait connaissance. Il se tint, seul, dans l'arène fier d'avoir pris cette décision *lui-même.* Il la tint dans ses bras comme une poupée désarticulée puis l'emmena. Personne ne broncha. Personne ne lui barra le passage.

57

L'attaque du bastion occupé par les Bruns débuta deux ou trois heures avant l'aube. La première vague de dix *ninja* passa par-dessus les créneaux qui n'étaient plus gardés par les Gris. Ils lancèrent leurs grappins enveloppés de tissu sur le toit qu'ils surplombaient et franchirent l'espace sur ces filins comme autant d'araignées. Ils portaient des vêtements noirs très collants, des *tabis* et des masques noirs également. Leurs visages et leurs mains avaient été passés au noir. Légèrement armés, ils n'avaient que des couteaux et des *shuriken,* masses en forme d'étoiles, effilées comme des aiguilles et empoisonnées aux extrémités, grosses comme la paume de la main. Ils portaient tous des havresacs, de fins et courts bâtons sur le dos.

Les *ninja* étaient des mercenaires. Artistes du vol, spécialistes de la malhonnêteté, de l'espionnage, de l'infiltration et de la mort soudaine. Les dix hommes atterrirent silencieusement, décrochèrent leurs grappins et quatre d'entre eux les relancèrent sur une autre corniche et sautérent sur le toit d'une véranda, vingt mètres plus bas. Lorsqu'ils furent arrivés sur ce toit, leurs camarades décrochèrent les grappins aussi silencieusement, les récupérèrent, traversèrent le toit de tuiles pour s'infiltrer dans un autre endroit. Une tuile céda. Les *ninja* s'immobilisèrent. Dans la cour, vingt mètres en dessous, Sumiyori s'arrêta au milieu de sa roncle, leva la tête, fouilla l'obscurité des yeux, attendit immobile, la bouche entrouverte pour mieux entendre. Le toit aux *ninja* se trouvait dans la pénombre. La lune était vague, les étoiles blafardes. Sumiyori fit un autre tour d'horizon, écouta attentivement encore une fois. Incertain, il sortit dans la cour pour y voir mieux. Les quatre *ninja,* tapis sur le toit de la véranda, se trouvaient dans son champ de vision. Ils étaient immobiles commes les autres. Il ne les vit pas non plus.

« Eh ! » Il appela les gardes en faction à la porte. « Vous voyez quelque chose... Vous entendez quelque chose ?

— Non, capitaine, répondirent les sentinelles. Les tuiles craquent tout le temps. C'est l'humidité ou peut-être la chaleur. »

Sumiyori dit à l'un d'entre eux : « Monte et jette un coup d'œil. Non, préviens les gardes du premier étage et dis-leur de faire une fouille au cas où... »

Le soldat partit en hâte. Sumiyori leva encore la tête, fixa le toit puis haussa les épaules et, rassuré, poursuivit sa ronde. L'autre samouraï retourna à son poste, à la porte.

Les *nija* attendaient dans leurs positions figées. Même leurs yeux ne bougeaient pas. Ils étaient entraînés à rester immobiles pendant des heures. Puis le chef leur fit signe. Ils repartirent immédiatement à l'attaque. Leurs grappins et leurs cordes leurs permirent d'atteindre une autre véranda d'où ils purent se glisser à l'intérieur par les fenêtres percées dans les murs de granit. Aux étages inférieurs, les mâchicoulis étaient si étroits qu'on ne pouvait pas pénétrer de l'extérieur. Au signal, les deux groupes pénétrèrent en même temps. Les chambres étaient plongées dans l'obscurité. Dix Bruns dormaient, allongés en rangs. Ils furent rapidement tués, presque sans bruit. La plupart moururent d'un seul coup de couteau dans la gorge. Les assaillants avaient les sens tellement en éveil qu'ils touchaient leur cible sans hésiter. Le cri d'alarme du dernier Brun fut étouffé à temps. Les pièces ainsi nettoyées, les portes fermées, le chef sortit une pierre à silex, une mèche et alluma une bougie. Il s'approcha d'une fenêtre et fit trois fois un signal dans la nuit.

Les *ninja* défirent leurs havresacs et préparèrent leurs armes de combat. Tout le monde était prêt. Le chef souffla la bougie.

Quand les cloches de la ville sonnèrent la moitié de l'heure du tigre, quatre heures du matin, la seconde vague de *ninja* déferla. Vingt d'entre eux glissèrent silencieusement hors d'un réservoir désaffecté qui servait jadis pour l'irrigation du jardin. Ces hommes-là portaient des épées. Au même moment, un autre groupe de vingt *ninja* passa à l'assaut, à l'aide de grappins et de cordes, à partir des créneaux donnant sur la cour et le jardin. Deux Bruns étaient sur ces créneaux et surveillaient attentivement les toits vides, de l'autre côté de l'avenue. Un des Bruns se retourna et vit les grappins. Il donna l'alerte aussitôt. Son camarade allait ouvrir la bouche pour appeler au secours quand un premier *ninja* apparut et lui lança au visage d'un mouvement vif du poignet, un *shuriken* épineux. Le samouraï reçut l'engin en pleine bouche, ce qui eut pour effet d'étouffer son cri. Le *ninja* se jeta sur l'autre samouraï. Sa main était devenue une arme mortelle. Le pouce et l'index tendus prirent la veine jugulaire en étau. L'impact paralysa le samouraï. Un autre coup vicieux lui brisa le cou dans un craquement sec. Le *ninja* plongea sur le premier samouraï qui agonisait et essayait de se débarrasser des épines profondément plantées dans son visage. Le poison faisait déjà son effet. Dans un effort ultime, le samouraï agonisant dégaina son épée et frappa. Son coup entailla le *ninja* qui ne s'arrêta pas dans son élan. Sa main claqua contre la gorge du Brun, lui fit basculer la tête en arrière, lui disloquant ainsi les vertèbres cervicales. Le *ninja* saignait abondamment. Il ne poussa aucun cri, s'agrippa au

Brun, le fit glisser doucement sur les dalles et tomba à genoux à côté de lui. Tous les *ninja* étaient à présent sur les créneaux. Ils passèrent devant leur camarade et assurèrent leur position. L'homme blessé était toujours à genoux près des deux cadavres et se tenait le côté. Le chef examina la blessure. Le sang coulait fort. Il secoua la tête, parla avec ses doigts. L'homme acquiesça, se traîna avec difficulté dans un recoin, laissant derrière lui une traînée de sang, s'installa confortablement, appuyé contre la pierre, et sortit un *shuriken.* Il se gratta le dos de la main plusieurs fois avec les pointes empoisonnées, puis saisit son stylet, plaça la pointe à la base de sa gorge et, à deux mains, le planta de toutes ses forces. Le chef s'assura qu'il était bien mort puis retourna vers la porte bardée de fer. Il l'ouvrit prudemment et entendit alors des pas s'approcher. Il disparut immédiatement et se plaça en embuscade.

Dans le corridor de l'aile l'ouest, Sumiyori approchait avec dix Bruns. Il en posta deux devant la porte qui ouvrait sur les créneaux et poursuivit son chemin. Arrivé au bout du couloir il descendit un escalier en colimaçon. Au bas des marches, se trouvait un autre poste de garde. Les deux samouraïs fatigués s'inclinèrent et remontèrent, heureux de ne plus être de service. Sumiyori poursuivit sa patrouille et releva les sentinelles. Il s'arrêta finalement devant une porte et frappa. Il avait encore deux gardes avec lui.

« Yabu-san ?

— Oui » La voix était endormie.

« Je suis désolé mais c'est la relève de la garde.

— Oh, oui, merci. Entrez ! » Sumiyori ouvrit la porte mais resta sur le seuil. Yabu était appuyé sur un coude, les cheveux hirsutes, caché sous ses couvertures. Son autre main reposait sur son épée. Quand il fut certain que c'était bien Sumiyori, il se détendit et bâilla. « Rien de neuf, capitaine ? » Sumiyori secoua la tête, entra et ferma la porte.

«Tout est calme. *Elle* dort maintenant... Du moins, c'est ce que m'a dit sa servante. »

Yabu bâilla et s'étira encore une fois. « Et l'Anjin-san ?

— Il était réveillé la dernière fois que je suis passé... C'était à minuit. Il m'a demandé de vérifier encore une fois avant l'aube, Ça avait quelque chose à voir avec ses coutumes mais je n'ai pas très bien compris. Mais il n'y a pas de mal. Tout est bien gardé, *neh ?* Kiritsubo-san et les autres dames sont calmes, quoique Kiritsubo-san soit restée debout une grande partie de la nuit. »

Yabu sortit de son lit. Il ne portait qu'un pagne. « Pour quoi faire ?

— Elle est restée assise à regarder par la fenêtre. Rien à voir dehors, Je lui ai dit qu'elle ferait mieux de dormir. Elle m'a poliment remercié, en a convenu avec moi et est restée là où elle était. Les femmes, *neh !* »

Yabu secoua ses épaules et les frotta vigoureusement pour faire circuler le sang. Il se mit à s'habiller. « Elle devrait se reposer. Elle a beaucoup de chemin à faire, aujourd'hui.

— Je crois que c'est une ruse !

— Pardon ?

— Je ne pense pas qu'Ishido soit sincère.

— Nous avons des sauf-conduits dûment signés. Les voici. Chaque homme est inscrit. Vous avez vérifié les noms. Comment pourrait-il revenir sur une décision prise en public ? Impossible, *neh ?*

— Je ne sais pas, Excusez-moi, Yabu-san, mais je reste persuadé que c'est une ruse. »

Yabu noua lentement sa ceinture. « Quelle ruse ?

— Nous allons tomber dans une embuscade.

— Hors de la citadelle ? »

Sumiyori acquiesça. « C'est ce que je pense.

— Il n'oserait pas.

— Il osera, Il nous tendra une embuscade ou nous retardera. Je ne peux pas imaginer qu'il la laisse partir avec dame Kiritsubo, la dame Sazuko, l'enfant ou même avec la vieille dame Etsu et les autres.

— Vous faites erreur. »

Sumiyori secoua la tête tristement. « Il aurait mieux valu qu'elle se soit planté le couteau profondément et que vous lui ayez ensuite tranché la tête. De cette façon-ci, rien n'est résolu. »

Yabu prit ses épées et les ficha dans sa ceinture, Oui, pensait-il, je suis d'accord avec vous. Rien n'est résolu et elle a manqué à son devoir, Mais il dit : « Je crois que vous avez tort. Elle a conquis Ishido. Dame Toda a gagné. Ishido n'osera pas lui tendre une embuscade. Allez dormir ; je vous réveillerai à l'aube. »

Sumiyori secoua la tête encore une fois. « Non, merci, Yabu-san. Je crois que je vais encore faire une ronde. » Il se dirigea vers la fenêtre et jeta un coup d'œil au-dehors.

« Quelque chose qui ne va pas ? demanda Yabu.

— Tout va bien... Un instant ! Qu'était-ce que ce bruit ? Vous n'avez pas entendu quelque chose ? »

Yabu s'approcha de Sumiyori, feignit lui aussi de fouiller l'obscurité, puis, sans avertir, dégaina son épée et lui planta la lame dans le dos. lui mettant son autre main sur la bouche pour l'empêcher de crier. Le capitaine mourut sur le coup.

Un peu plus tôt, quand Yabu était revenu de chez Ishido avec leurs sauf-conduits, il avait été pris à l'écart par un samouraï qu'il n'avait jamais vu de sa vie.

« Votre coopération est attendue, Yabu-san.

— Pour quoi faire ? Par qui ?

— Par quelqu'un à qui vous avez fait une offre, hier.

— Quelle offre ?

— En échange de ces sauf-conduits pour vous et l'Anjin-san, vous devez veiller à ce *qu'elle* soit désarmée lors de l'embuscade qui lui sera tendue durant votre voyage... Je vous en prie, ne touchez pas votre épée, Yabu-san. Quatre archers sont là qui n'attendent qu'un signe !

— Comment osez-vous me lancer un défi ? Quelle embuscade ? » Il avait joué la comédie, car il n'avait plus aucun doute : cet homme était bien l'intermédiaire d'Ishido. Il avait, la veille, fait une offre secrète par le biais de ses propres intermédiaires, dans une tentative désespérée pour sauver quelque chose du naufrage causé par Mariko.

« Je ne suis pas au courant d'une embuscade », avait-il dit très fort en essayant d'intimider son interlocuteur. Il aurait aimé que Yuriko soit là pour le sortir de ce faux pas.

« Vous êtes pourtant invité à participer à une embuscade. Elle ne se passera cependant pas de la façon que vous aviez prévue.

— Qui êtes-vous ?

— Vous aurez Izu, le bateau et le barbare en échange... Dés l'instant où la tête de notre ennemi juré roule dans la poussière. Pourvu, bien sûr, que Mariko-san ait été capturée vivante, que vous restiez à Osaka jusqu'au *Grand Jour* et que vous prêtiez serment d'allégeance.

— La tête de qui ? » avait demandé Yabu, essayant de saisir et comprenant brusquement que si Ishido l'avait fait venir pour les sauf-conduits, c'était surtout pour que l'offre secrète puisse être tranquillement négociée.

— C'est oui ou non ? demanda le samouraï.

— Qui êtes-vous ? De quoi parlez-vous ?

— Voici le sauf-conduit signé par Sire Ishido. Le sire-général lui-même ne peut plus annuler ces papiers après ce qui s'est passé. Vous êtes d'accord ?

— Je suis suzerain d'Izu. On m'a promis Suruga et Totomi », avait dit Yabu, se mettant à marchander. Il savait que, même s'il était pris au piège comme Mariko, Ishido, lui aussi, l'était, car le dilemme devant lequel l'avait placé Mariko subsistait.

« Oui. On vous l'a promis, avait répondu le samouraï. Mais je n'ai pas pouvoir de négocier. Voilà les conditions. C'est oui ou non ?... »

Yabu nettoya la lame de son épée. Il s'essuya le visage et les mains, souffla la bougie et ouvrit la porte. Les deux Bruns attendaient à quelques pas, dans le couloir. Ils s'inclinèrent.

« Je vous réveillerai à l'aube, Sumiyori-san », dit-il en se tournant vers l'obscurité de la chambre, puis il s'adressa à l'un des samouraïs. « Montez la garde ici. Personne ne doit entrer. Personne ! Veillez à ce que le capitaine ne soit pas dérangé. Il a besoin de repos.

— Oui, Sire. »

Le samouraï prit son nouveau poste et Yabu partit avec l'autre, grimpa un étage, traversa la partie principale, dirigea ses pas vers la salle d'audience et les appartements privés qui se trouvaient dans l'aile est. Il atteignit bientôt le couloir-cul-de-sac de la salle d'audience. Les gardes le saluèrent et le laissèrent entrer. D'autres samouraïs lui ouvrirent la porte du couloir qui menait aux appartements privés. Il frappa à une porte.

« Anjin-san ? dit-il doucement.

Pas de réponse. Il ouvrit le *shoji*. La chambre était vide. Le *shoji* intérieur était entrebâillé. Il fronça les sourcils, fit signe au garde qui l'accompagnait de l'attendre et traversa la chambre en hâte. Il pénétra dans le couloir mal éclairé. Chimmoko l'intercepta, un couteau à la main. Son lit en désordre était jeté en travers du passage.

« Oh, excusez-moi, Sire, je sommeillais », dit-elle en guise d'excuse, en abaissant son couteau. Elle ne s'écarta pas pour le laisser passer.

« Je cherche l'Anjin-san.

— Il parle avec ma maîtresse, Sire, ainsi qu'avec Kiritsubo-san et dame Achiko.

— Demandez-lui, je vous prie, de venir un instant.

— Certainement, Sire, » Chimmoko lui fit poliment signe d'entrer dans une pièce. Elle attendit qu'il se soit exécuté puis ferma le *shoji*. Au bout d'un moment, le panneau coulissant se rouvrit et Blackthorne entra. Il était habillé et portait une courte épée à la ceinture. « Bonsoir, Yabu-san.

— Désolé de vous déranger, Anjin-san. Je voulais simplement voir... Je voulais être sûr que tout allait bien, compris ?

— Oui, merci. Pas d'inquiétude.

— Dame Toda va bien ? Pas malade ?

— Tout bien maintenant. Très fatiguée mais tout bien. Bientôt aube, *neh ?* »

Yabu acquiesça. « Oui, vouloir seulement voir si tout allait bien.

— Cet après-midi vous dire avoir "plan", Yabu-san. Souvenir ? Quel plan ?

— Pas de secret. Anjin-san, dit Yabu, regrettant d'avoir été aussi bavard.

— Mal compris. Seulement dire qu'il fallait avoir plan... Très difficile échapper Osaka, *neh ?* Il faut s'échapper ou... » Yabu dégaina sa courte épée et la mit sous sa gorge. « Compris ?

— Oui. Mais maintenant avoir sauf-conduit, *neh ?* Pouvoir partir tranquille Osaka, *neh ?*

— Oui. Bientôt partir. Sur bateau très bien. Bientôt trouver hommes Nagasaki. Compris ?

— Oui. »

Yabu se retira très amicalement. Blackthorne referma la porte derrière lui et fit demi-tour, laissant le panneau intérieur de sa chambre entrebâillé. Il passa devant Chimmoko et entra dans l'autre pièce. Mariko était confortablement installée sur les *futons* et lui paraissait plus petite que jamais, plus délicate et plus belle. Kiri était agenouillée sur un coussin. Achiko dormait en chien de fusil. « Que voulait-il, Anjin-san ? dit Mariko.

— Il voulait savoir si nous allions bien. »

Mariko traduisit à l'intention de Kiri.

« Kiri demande si vous lui avez posé la question au sujet du "plan".

— Oui, mais il l'a éludée. Il a peut-être changé d'avis. Je ne sais pas. Je me suis peut-être trompé mais il m'a pourtant semblé qu'il avait quelque chose en tête cet après-midi.

— Pour nous trahir ?

— Bien sûr, mais je ne sais pas comment ! »

Achiko marmonna quelque chose dans son sommeil et ils tournèrent tous leur regard vers elle. Elle avait demandé à rester avec Mariko comme l'avait fait la vieille dame Etsu qui dormait profondément dans une chambre voisine. Les autres dames avaient regagné leurs appartements au coucher du soleil. Elles avaient toutes déposé une demande officielle pour s'en aller immédiatement. Avec la tombée de la nuit, les rumeurs avaient circulé comme quoi cent cinq autres personnes déposeraient une demande le lendemain.

Kiyama avait envoyé chercher Achiko, sa petite-fille par alliance, mais elle avait refusé de quitter Mariko. Il l'avait déshéritée sur-le-champ et avait réclamé l'enfant, qu'elle avait aussitôt abandonné.

Mariko se tourna vers Blackthorne : « C'est si merveilleux de reposer ainsi en paix, *neh ?*

— Oui. »

Ils avaient été seuls pendant les premières heures et elle était restée dans ses bras.

« Je suis si heureux de vous savoir vivante, Mariko. Je vous ai vue mourir.

— J'ai cru mourir... Je n'arrive pas encore à croire qu'Ishido ait capitulé. Je ne l'aurais jamais cru, de ma vie... Que j'aime vos bras autour de moi, votre force.

— J'étais en train de penser que je n'ai pas arrêté de voir la mort depuis le défi de Yoshinaka, cet après-midi : votre mort, la mienne, nos morts à tous. J'ai percé votre plan au jour, ce plan depuis si longtemps dressé, *neh ?*

— Oui, depuis le jour clu tremblement de terre, Anjinsan. Pardonnez-moi, je vous en prie, mais je ne... Je ne voulais pas vous affoler. J'avais peur que vous ne compreniez pas. Oui, j'ai su, depuis ce jour, que mon *karma* était de délivrer les otages retenus à Osaka. Je ne pouvais faire que ça pour Sire Toranaga. C'est fait, mais à quel prix, *neh ?* Que la Sainte Vierge me pardonne. »

Kiri était arrivée sur ces entrefaites et ils avaient dû s'éloigner l'un de l'autre. Un sourire, un regard, un mot suffisait. « Bientôt l'aube, dit Kiri.

— Oui, répondit Mariko. Je vais me lever.

— Bientôt, pas encore, Mariko-sama. Je vous en prie. Reposez-vous. Vous avez besoin de reprendre vos forces.

— J'aimerais que sire Toranaga soit là.

— Oui.

— Avez-vous rédigé un autre message au sujet de... notre départ ?

— Oui, Mariko-sama. Un autre pigeon partira avec l'aube. Sire Toranaga apprendra votre victoire aujourd'hui, dit Kiri. Il sera fier de vous.

— Je suis heureuse qu'il ait eu raison.

— Oui. Pardonnez-moi d'avoir douté de vous et de lui.

— Je doutais de lui au plus profond de mon être, je vous l'avoue. »

Kiri se tourna vers la fenêtre et contempla la ville. Toranaga a tort, avait-elle envie de hurler. Nous ne quitterons jamais Osaka, aussi forte que soit notre certitude. C'est notre *karma* de rester et le *sien de perdre.*

Yabu s'arrêta à la salle des gardes de l'aile ouest. La relève était prête. « Je vais faire une inspection surprise.

— Bien, Sire.

— Venez avec moi. Les autres, attendez-moi ici. »

Il descendit l'escalier principal, suivi d'un seul garde. Dans la grande salle, d'autres gardes veillaient. Un tour d'horizon rapide lui permit de se rendre compte que tout était en ordre. Il rebroussa chemin vers l'intérieur de la forteresse mais changea de direction au bout d'un moment, à la surprise du garde qui l'escortait. Il dirigea ses pas vers les quartiers des serviteurs. Les servantes sortirent de leur sommeil avec difficulté pour s'agenouiller et s'incliner en hâte, face contre terre, sur les dalles. Yabu les remarqua à peine et poursuivit son chemin, plus bas encore, dans les profondeurs de la forteresse, Ils traversèrent des corridors voûtés, peu fréquentés, dont les murs étaient envahis de moisissure et suintaient. Il n'y avait pas de garde dans les caves parce qu'il n'y avait rien à protéger. Ils se remirent très vite à monter des escaliers en se rapprochant de l'enceinte extérieure. Yabu fit tout à coup halte. « Quel était ce bruit ? »

Le Brun s'arrêta à son tour, écouta et mourut.

Yabu essuya son épée, poussa le corps recroquevillé dans un coin d'ombre puis s'élança vers une petite porte de fer à peine visible, encastrée dans un mur dont lui avait parlé l'intermédiaire d'Ishido. Il se débattit avec les serrures rouillées. La dernière céda et la porte s'ouvrit enfin. Un courant d'air frais le frappa au visage. Une dague visa sa gorge et stoppa à temps. Yabu ne fit pas un geste, presque paralysé. Le *ninja* le dévisageait, tapi dans l'obscurité d'encre, son arme en suspens.

Yabu tendit une main tremblante et fit un signe comme on le lui avait ordonné. « Je suis Kasigi Yabu », dit-il. Le chef presque invisible, tout de noir vêtu, portant cagoule, hocha la tête, fit signe à Yabu de reculer et pénétra nonchalamment dans le couloir. Il était grand et corpulent, avec de grands yeux inexpressifs derrière sa cagoule. Il aperçut le cadavre du Brun et, d'un geste du poignet lança sa dague sur le cadavre puis la récupéra grâce à la légère chaîne attachée au manche. Il enroula la chaîne à nouveau sans dire mot et attendit, sur le qui-vive, à l'écoute des dangers.

Finalement satisfait, il fit signe à l'obscurité. Vingt hommes en sortirent aussitôt et s'élancèrent vers les escaliers depuis longtemps oubliés, qui menaient aux étages supérieurs. Ces hommes portaient des outils et étaient armés de couteaux, d'épées et de *shuriken*. Au milieu de leurs cagoules noires, ils arboraient une marque rouge,

Le chef ne les regarda pas passer à l'attaque, garda les yeux fixés sur Yabu et se mit à compter lentement sur les doigts de sa main gauche. « Un... deux... trois... » Yabu sentait que plusieurs hommes l'épiaient dans l'obscurité.

Les assaillants à la marque rouge grimpèrent les marches quatre à quatre et s'arrêtèrent au sommet des escaliers. Une porte leur barrait le passage. Ils attendirent un instant puis essayèrent de l'ouvrir, prudemment, Elle était coincée. Un homme armé d'un pied-de-biche la crocheta d'un côté, la découpa de l'autre, donna un coup d'épaule et l'enfonça. Un couloir aux parois couvertes de moisissures s'offrit à eux. Ils l'empruntèrent. Au tournant suivant, ils s'arrêtèrent une fois de plus. Le premier homme jeta un coup d'œil tout autour de lui puis fit signe à ses camarades de le suivre. Au bout du passage, un rai de lumière filtrait par la serrure de la porte secrète, en bois massif. Le *ninja* colla son œil au trou de la serrure et vit l'immensité de la salle d'audience, deux Bruns et deux Gris qui montaient la garde avec nonchalance et défendaient l'accès des appartements intérieurs. Il regarda autour de lui et prévint ses compagnons par un hochement de tête.

Dans les caves, au-dessous, le chef comptait sans quitter Yabu des yeux, Yabu observait et attendait, les narines envahies par l'odeur de sa sueur. Les doigts du chef cessèrent de compter et son poing se referma sèchement. Il fit un signe vers le bout du couloir ; Yabu hocha la tête, tourna les talons et repartit par où il était venu. Il entendit derriére lui le chef se remettre à compter inexorablement : « Un... deux... trois... »

Yabu savait l'énorme risque qu'il prenait mais il n'avait pas le choix et il maudit encore une fois Mariko de l'avoir poussé du côté d'Ishido. Une des clauses du marché conclu l'obligeait à ouvrir cette porte secrète.

« Qu'y aura-t-il derrière cette porte ? avait-il demandé, soupçonneux.

— Des amis... Voici le signe... Le mot de passe consiste à dire votre nom.

— Ils me tueront, alors, *neh ?*

— Non. Vous êtes trop précieux, Yabu-san. Vous devez vous assurer que l'infiltration s'opère parfaitement... » Il avait accepté mais n'avait jamais conclu de marché portant sur des *ninja.*

Dans le couloir, Yabu essaya de marcher calmement tout en s'éloignant du chef *ninja.* Sa poitrine le faisait souffrir. Il avait mal à cause du choc qu'il avait eu en voyant des *ninja* passer à l'attaque et non des *ronin.* Ishido doit être fou, se dit-il, tous ses sens en éveil, s'attendant à recevoir à tout instant un couteau ou une flèche, à être étranglé par un garrot. Il arriva au bout du couloir, tourna et, enfin sauf, prit ses jambes à son cou et grimpa les marches quatre à quatre. Arrivé au sommet des escaliers, il se précipita dans un corridor voûté, tourna encore une fois et se dirigea vers le quartier des serviteurs.

Les doigts du chef *ninja* comptaient toujours, mais le compte cessa brusquement. Il fit un geste urgent vers l'obscurité et se lança à la poursuite de Yabu. Vingt *ninja* sortis de la pénombre le suivirent et quinze autres prirent des positions défensives aux deux extrémités du couloir pour sauvegarder cette voie de salut qui commandait un labyrinthe de caves et de passages oubliés.

Yabu courait très vite. Il traversa en hâte le quartier des serviteurs en renversant pots et casseroles « *Ninjaaaa !* » hurla-t-il, ce qui ne faisait pas partie du marché conclu. Ce n'était qu'une ruse pour se protéger au cas où il serait trahi. Hommes et femmes s'éparpillèrent, affolés, et reprirent son cri en chœur en tentant de se dissimuler sous les bancs et les tables. Yabu poursuivit sa course effrénée, monta quelques marches et se retrouva dans l'un des couloirs principaux où quelques Bruns avaient déjà l'épée dégainée.

« Alerte ! hurla Yabu. *Ninja.* Il y a des *ninja* parmi les serviteurs ! »

Un samouraï se précipita vers l'escalier principal tandis que l'autre se postait courageusement, épée brandie, au sommet des marches menant aux cuisines. Yabu se rua vers la porte d'entrée, sortit et s'arrêta sur le perron donnant dans la cour. « Sonnez l'alarme ! Nous sommes attaqués ! » cria-t-il, comme il avait accepté de le faire en vue de créer la diversion nécessaire pour couvrir l'attaque de la salle d'audience par la porte secrète, permettre l'enlèvement de Mariko avant que qui que ce soit n'ait réalisé ce qui se passait.

Les samouraïs en faction aux portes et dans la cour se mirent à tourner en rond, ne sachant pas très bien ce qu'ils devaient garder. A ce moment-là, les attaquants cachés dans le jardin surgirent et prirent le dessus, rapidement. Yabu battit en retraite dans le grand hall tandis que d'autres Bruns arrivaient précipitamment de la salle des gardes, à l'étage au-dessus, pour prêter main-forte à leurs camarades, à l'extérieur.

Un capitaine se précipita vers Yabu. « Sire, que se passe-t-il ?

— *Ninja.* Dehors et parmi les serviteurs. Où est Sumiyori ?

— Je ne sais pas... Dans sa chambre. »

Yabu se rua vers les escaliers alors que d'autres hommes descendaient en nombre. Les assaillants à la marque rouge attendaient toujours à l'extérieur de la salle d'audience. Le chef avait l'œil toujours collé au trou de la serrure. Il observait les Bruns et les Gris de Blackthorne qui gardaient la porte bardée de fer et écoutaient, angoissés, les bruits de l'holocauste se rapprocher d'eux. La porte s'ouvrit et d'autres gardes envahirent l'entrée de la grande pièce. Incapables de supporter l'attente, les officiers des deux groupes intimèrent l'ordre à leurs hommes de sortir de la salle pour prendre des positions défensives à l'extrémité du couloir. Le chemin était libre. La porte du corridor intérieur était ouverte. Seul le capitaine des Gris la gardait et, lui aussi, s'apprêtait à partir. Le chef à la marque rouge vit une femme venir sur le seuil, en compagnie du grand barbare. Il reconnut sa proie. D'autres femmes étaient rassemblées derrière elle.

Impatient de remplir sa mission, de relâcher la tension de ses hommes, dans les caves, et excité par sa soif de sang, le chef à la marque rouge donna le signal et fit irruption dans la pièce un instant trop tôt. Blackthorne le vit venir, sortit son pistolet et fit feu. L'arrière du crâne du chef disparut, stoppant l'attaque provisoirement. Le capitaine des Gris passa à la charge et trancha avec une incroyable férocité un *ninja* en deux. Puis le groupe des assaillants tomba sur le Gris et il mourut, mais ces quelques secondes donnèrent le temps à Blackthorne de mettre Mariko à l'abri et de refermer la porte. Il saisit la barre de fer et la mit en place fiévreusement juste au moment où les *ninja* se jetaient contre cette porte.

« Seigneur Dieu, que se passe... !

— *Ninjaaaa,* hurla Mariko.

— Vite, de ce côté-ci », cria Kiri par-dessus le tumulte. Les femmes la suivirent en désordre. D'eux d'entre elles soutenaient la vieille dame Etsu. Blackthorne vit la porte frémir sous les assauts frénétiques des pieds-de-biche. Le bois éclata. Blackthorne se rua dans sa chambre pour y prendre sa corne à poudre et ses épées.

« Dépêchez-vous », vociféra le nouveau chef à la marque rouge. Les hommes n'avaient pas besoin d'encouragements pour enfoncer la porte. Dans le couloir, Blackthorne rechargeait son pistolet rapidement. La porte grinçait sous les coups. D'abord la poudre, bourre-la soigneusement... *L'un des panneaux de la porte craqua.* Ensuite l'étoupille pour bien comprimer la charge, puis la balle de plomb et une autre étoupe... *L'un des gonds de la porte céda et l'extrémité d'un pied-de-biche apparut...* Ensuite, enlever la poussière de la pierre à silex soigneusement...

« Anjin-san ! cria Mariko, quelque part dans les pièces intérieures. Dépêchez-vous ! » Mais Blackthorne ne fit pas attention. Il se dirigea vers la porte, plaça le canon du pistolet contre une fissure dans le bois, à hauteur d'estomac, et appuya sur la détente. Un hurlement s'éleva de l'autre côté de la porte et l'assaut cessa. Il battit en retraite et se mit à recharger. D'abord la poudre, bourre-la soigneusement...

Kiri courait le long d'un corridor, haletante. Les autres suivaient, portant la vieille dame Etsu. Sazuko pleurait. « Que faire... Nous n'avons nulle part où aller... » Mais Kiri continua de courir, chancela dans une autre pièce, la traversa, entrouvrit une partie du *shoji*. Une porte en fer était encastrée dans le mur de pierre. Elle l'ouvrit. Les gonds étaient parfaitement huilés. « C'est... C'est la cachette de... mon maître. » Elle était hors d'haleine. Elle allait pénétrer dans la cachette mais s'arrêta tout à coup. « Où est Mariko ? »

Chimmoko tourna les talons et partit aussitôt à sa recherche. Dans le premier couloir, Blackthorne enlevait soigneusement la poussière de sa pierre à silex et s'avançait à nouveau vers la porte qui était sur le point de s'effondrer mais offrait quand même une dernière protection. Il appuya encore une fois sur la détente. Un nouveau hurlement. Nouveau répit. Puis les coups reprirent. Une autre serrure vola en éclats et la porte tout entière frissonna. Il se mit à recharger son pistolet.

« Anjin-san ! » Mariko était là à l'autre bout du couloir et lui faisait des signes. Il ramassa ses armes et se précipita vers elle. Elle se retourna et s'enfuit, le guidant. La porte trembla, les *ninja* firent irruption dans le couloir et se lancèrent à leur poursuite. Mariko courait vite. Blackthorne la suivait de près. Elle traversa une pièce comme l'éclair, se prit les pieds dans le bas de son kimono et tomba. Blackthorne la releva et ils franchirent ensemble la pièce suivante. Chimmoko accourut vers eux. « Dépêchez-vous », cria-t-elle. Elle les suivit pendant un instant puis, à l'insu de tous, rebroussa chemin et barra le passage, couteau brandi, aux *ninja* qui arrivaient. Chimmoko bondit sur le premier homme qui para le coup, la bouscula tel un jouet et courut derrière Blackthorne et Mariko. Le dernier homme lui brisa le cou d'un coup de pied et passa son chemin. Mariko courait vite mais pas assez. Ses kimonos la gênaient. Blackthorne essayait de l'aider. Ils traversèrent une pièce, tournèrent à droite, pénétrèrent clans une autre pièce et il vit la cachette. Kiri et Sazuko attendait là, pétrifiées. Achiko et les servantes s'occupaient de la vieille dame Etsu. Il poussa Mariko à l'abri, se retourna aux abois, son pistolet non chargé dans une main, son épée dans l'autre et attendit Chimmoko. Ne la voyant pas réapparaître, il refit le chemin en sens inverse mais entendit les *ninja* arriver en masse. Il s'arrêta et sauta d'un bond dans la pièce secrète au moment où le premier *ninja* faisait son apparition. Il referma la porte violemment. Les couteaux et les *shuriken* se heurtèrent à la paroi de fer. Il eut à peine le temps de pousser les verrous avant que les assaillants ne se jettent contre la porte.

Ahuri, il remercia Dieu d'avoir pu leur échapper, puis, voyant la force de la porte, il sut que les pieds-de-biche ne pourraient en venir à bout facilement. Ils étaient saufs, pour un temps. Il remercia Dieu encore une fois. Il passa la pièce en revue, en essayant de reprendre sa respiration. Mariko était à genoux, pantelante. Il y avait six servantes, Achiko, Kiri, Sazuko et la vieille dame Etsu, allongée par terre, le visage couleur de cendres, presque inconsciente. La pièce était étroite. Une porte de côté donnait sur une petite véranda installée sur des créneaux.

« Mais que se passe-t-il donc ? dit Blackthorne.

Personne ne lui répondit. Il revint s'agenouiller près de Mariko et la secoua doucement. « Que se passe-t-il ? » Mais elle ne pouvait pas encore lui répondre.

Yabu courait dans un couloir très large de l'aile ouest et se dirigeait vers sa chambre. Il tourna au coin et s'arrêta en voyant devant lui plusieurs samouraïs pris dans une furieuse contre-attaque contre des assaillants descendus du dernier étage.

« Que se passe-t-il ? cria Yabu dans ce vacarme, car aucun *ninja* n'était censé être là. Tout devait se dérouler aux étages inférieurs.

— Nous sommes envahis... » Le samouraï haletait. « Ceux-là sont venus de l'étage au-dessus... » Yabu se maudit, se rendant compte qu'il avait été trompé et qu'on ne lui avait pas fait part de la totalité du plan.

« Où est Sumiyori ?

— Il doit être mort. Ils ont investi cette partie de la forteresse, Sire. Ils ont dû surgir peu après votre départ. Vous avez eu la chance de pouvoir vous échapper. Pourquoi les *ninja* nous attaquent-ils ? »

Yabu cria : « Allez chercher des archers ! » Les hommes obéirent et s'en allèrent en courant.

« Que signifie toute cette attaque ? Pourquoi attaquent-ils en force ? » demanda le samouraï à nouveau. Le sang coulait sur son visage. Il avait une blessure à la joue.

« Je ne sais pas, dit Yabu.

— Si... Si Toranaga-sama était là, je comprendrais qu'Ishido lance une attaque surprise, mais là ! Maintenant ? Il n'y a personne ou rien qui... » Il se tut en comprenant tout à coup : « Dame Toda ! »

Yabu essaya de le faire taire mais l'homme hurla : « Ils en ont après *elle*, Yabu-san ! Ils doivent être après dame Toda. » Il se rua vers l'aile est. Yabu hésita, puis le suivit.

Enfermés dans la petite pièce, ils fixaient tous la porte. Ils entendaient leurs assaillants gratter les gonds et le sol. Puis un martèlement soudain se fit entendre et une voix étouffée résonna. Deux des servantes se mirent à sangloter.

« Qu'a-t-il dit ? » demanda Blackthorne. Mariko humecta ses lèvres desséchées : « Il... Il a dit d'ouvrir la porte et de se rendre sinon... Sinon il fait sauter la porte.

— Peut-il la faire sauter, Mariko-san ?

— Je ne sais pas... Ils... Ils peuvent se servir de la poudre à fusil, bien sûr et... « Mariko fouilla son obi mais sa main ressortit vide. « Où est mon couteau ? »

Toutes les femmes cherchèrent leurs stylets. Kiri n'en avait pas. Sazuko non plus. Pas plus qu'Achiko ou dame Etsu. Blackthorne avait chargé son pistolet et tenait sa longue épée à la main.

La voix étouffée se fit plus dure et plus exigeante. Elles regardèrent Blackthorne, mais Mariko savait qu'elle avait été trahie et que son heure était venue.

« Il dit : si vous ouvrez la porte et vous rendez, tout le monde sortira libre, sauf vous. » Mariko repoussa une mèche qui la gênait. « Il dit que c'est vous qu'ils veulent en otage, Anjin-san. C'est tout ce qu'ils veulent... »

Blackthorne s'avança vers la porte mais Mariko lui barra le chemin de façon pathétique. « Non, Anjin-san, c'est une ruse. Je suis désolée, ce n'est pas vous qu'ils veulent. C'est moi ! Ne les croyez pas. Je ne les crois pas. » Il lui sourit, la toucha brièvement et tendit la main vers l'une des serrures.

« Ce n'est pas vous. C'est moi... C'est moi qu'ils veulent ! C'est une ruse ! Je le jure ! Ne les croyez pas,je vous en prie, dit-elle en essayant de s'emparer de son épée.

— Non ! Arrêtez ! lui ordonna-t-il.

— Ne me mettez pas entre leurs mains. Je n'ai pas de couteau. Je vous en supplie, Anjin-san ! » Elle tenta de se dégager de son emprise mais il l'écarta de son chemin et mit la main sur la serrure du haut.

« Dozo », dit-il aux autres. Achiko s'avança et se mit à le supplier également, Mariko tenta de le faire reculer et cria : « Je vous en supplie, Anjin-san ; c'est une ruse, pour l'amour de Dieu ! »

Sa main déverrouilla la serrure.

« Ils me veulent vivante ! cria Mariko, affolée. Vous ne voyez pas ? Ils font ça pour me capturer vivante. Vous ne comprenez donc pas ? J'aurai fait tout ça pour rien, Toranaga doit traverser la frontière demain... Je vous en supplie, c'est une ruse devant Dieu ! »

Achiko avait passé ses bras autour de Mariko, la retenait et faisait signe à Blackthorne d'ouvrir la porte. « *Isogi ! Isogi,* Anjin-san... »

Blackthorne ouvrit la serrure du milieu.

« Pour l'amour de Dieu, ne rendez pas toutes ces morts inutiles ! Aidez-moi. Souvenez-vous de votre promesse ! » La vérité de ce qu'elle lui disait lui parvint et il poussa les verrous à nouveau, épouvanté.

« Pourquoi devrais-je... ? »

Un coup retentissant contre la porte les interrompit ; du fer tapant sur du fer, puis la voix reprit en un court et violent crescendo. Tous les bruits extérieurs cessèrent. Les femmes allèrent se réfugier et se plaquer contre le mur le plus éloigné.

« Éloignez-vous de la porte, hurla Mariko. Il va la faire sauter. » Elle courut vers Blackthorne.

« Retardez-le ; parlementez avec lui, Mariko-san », dit Blackthorne. Il fit un bond vers la porte de côté donnant sur les créneaux. « Nos hommes vont bientôt être là. Secouez les serrures ; dites-lui qu'elles sont grippées...

N'importe quoi. » Mariko, obéissante, se précipita vers la porte et fit semblant d'ouvrir la serrure du milieu en suppliant le *ninja,* puis elle se mit à secouer la serrure du bas. La voix, toujours plus insistante, résonna encore et Mariko redoubla de gémissements et de supplications. De l'autre côté de la porte, le *ninja* était fou de rage. Il ne s'attendait pas à ce refuge secret. Le chef du clan lui avait ordonné de capturer Toda Mariko vivante, d'être sûr qu'elle était désarmée et de la livrer aux Gris qui attendaient à l'autre bout du boyau venant des caves. Il savait que le temps filait. Il entendait la bataille faire rage dans le couloir, à l'extérieur de la salle d'audience, et savait qu'ils auraient déjà dû être en sécurité en bas, leur mission accomplie, si ce n'avait été ce trou à rats inattendu et son imbécile de frère qui avait lancé l'attaque prématurément.

Il tenait une bougie allumée à la main et avait répandu une traînée de poudre jusqu'aux petits barils apportés dans leurs havresacs pour faire sauter l'accès secret aux caves et couvrir leur retraite. Mais il était devant un dilemme. La seule manière d'y arriver était de faire sauter la porte, mais la femme Toda se trouvait juste de l'autre côté. L'explosion allait certainement tuer tout le monde et ruiner le but de sa mission, rendant toutes ces morts inutiles.

Des pas rapides se firent entendre. Un de ses hommes s'approcha de lui.

« Faites vite, murmura-t-il. On ne pourra pas les contenir très longtemps. » Il s'en alla en courant. Le chef à la marque rouge prit une décision, fit un signe à ses hommes et lança un avertissement : « Eloignez-vous ! Je fais sauter la porte ! » Il mit le feu à la traînée de poudre et courut se mettre à l'abri. La poudre crachota, s'enflamma et rampa, tel un serpent, vers les barils.

Blackthorne ouvrit bien grand la porte de côté. L'air doux de la nuit pénétra en force dans leur réduit. Les femmes sortirent sous la véranda. La vieille dame Etsu tomba, mais il la releva et la poussa au-dehors, sur les créneaux. Il se tourna en hâte pour aller chercher Mariko, mais elle était appuyée contre la porte en fer et leur criait avec fermeté : « Moi, Toda Mariko, je proteste contre cette attaque honteuse et, par ma mort... »

Il essaya de s'approcher d'elle mais l'explosion le bouscula, la porte se détacha de ses gonds, vola dans la pièce et fit un bruit épouvantable en s'écrasant contre le mur. La détonation fit sursauter Kiri et les autres dames qui se trouvaient à l'extérieur. La fumée envahit la pièce. Les *ninja* pénétrèrent en masse immédiatement. La porte en fer s'était immobilisée dans un coin. Le chef à la marque rouge était à genoux près de Mariko. Il se rendit tout de suite compte qu'elle était complètement désarticulée et en train de mourir rapidement. Blackthorne gisait, hébété. Un filet de sang coulait de ses oreilles et de son nez. Il essayait de revenir à la vie.

Le chef à la marque rouge fit un pas en avant et s'arrêta. Achiko apparut sur le seuil, Le *ninja* la regarda et la reconnut. Elle passa à l'attaque aveuglément. Il lui plongea son couteau sous le sein gauche, puis le retira, sans haine, du corps secoué de spasmes, remplissant ainsi la dernière partie de sa mission. Il avait ordre, s'ils échouaient et que dame Toda arrivât à se tuer, de la laisser tranquille et de ne pas lui couper la tête. Il devait protéger et laisser toutes les autres femmes saines et sauves, à l'exception de Kiyama Achiko. Il ne savait pas pourquoi il avait ordre de la tuer mais on le lui avait ordonné et puisqu'il avait été payé pour ça, il avait donc fait son devoir.

Il ordonna la retraite. L'un de ses hommes porta un cor à ses lèvres et un appel strident résonna à travers toute la citadelle et la nuit. Le chef regarda encore une fois Mariko, une dernière fois la fille, une dernière fois le barbare qu'il aurait tellement aimé voir mort, puis tourna les talons et prit le commandement à travers les pièces et couloirs jusqu'à la salle d'audience.

Dans la petite pièce, le seul bruit qui régnait était celui fait par les poumons de Blackthorne à la recherche de l'air. Kiri essaya de se mettre debout. Son kimono était déchiré, ses mains et ses bras couverts d'égratignures et d'ecchymoses. Elle chancela, vit le corps d'Achiko et se mit à crier, puis se jeta vers Mariko et tomba à genoux près d'elle. Une autre explosion quelque part dans la forteresse fit se soulever la poussière. D'autres hurlements et des cris lointains d'« Au feu ! » retentirent. La fumée faisait des volutes dans la pièce. Sazuko et quelques-unes des servantes se levèrent. Sazuko avait le visage et les épaules contusionnés et un poignet cassé. Elle se mit à pousser de petits cris plaintifs en voyant le corps d'Achiko, les yeux et la bouche ouverts dans un dernier hurlement de terreur. Kiri, ahurie, se tourna vers elle. La jeune fille avança en titubant vers Kiri et vit alors le corps de Mariko. Elle se mit à pleurer, puis reprit le contrôle d'elle-même et retourna vers Blackthorne qu'elle aida à se relever. Les servantes lui vinrent en aide. Il s'agrippa à elle, tenta de se mettre debout, tournoya et retomba en toussant, en ayant des hauts-le-cœur ; le sang continuait de couler de ses oreilles. Les Bruns firent irruption dans la pièce. Kiri était toujours agenouillée près de Mariko. Un samouraï la releva. Yabu arriva le visage pâle. Quand il vit que Blackthorne était toujours vivant, son angoisse décrut.

« Allez chercher un docteur ! Vite ! » ordonna-t-il. Il s'agenouilla auprès de Mariko. Elle était encore vivante mais s'en allait rapidement. Son visage était presque intact mais son corps était terriblement mutilé. Yabu ôta son kimono et la recouvrit jusqu'au cou.

« Vite, un docteur », hurla-t-il d'une voix enrouée, puis il s'approcha de Blackthorne et l'aida à s'asseoir contre le mur.

« Anjin-san ! Anjin-san ! »

Blackthorne était toujours choqué. Ses oreilles bourdonnaient. Ses yeux voyaient à peine. Son visage n'était qu'ecchymoses et brûlures. Puis sa vision se précisa et il vit Yabu. L'image était distordue comme s'il avait bu. Il ne savait plus où il était ni qui il était. L'odeur de poudre le faisait suffoquer. Il croyait être à bord de son bateau en pleine bataille navale. Son navire était touché et avait besoin de lui. Puis il vit Mariko et se souvint. Il se releva avec l'aide de Yabu et tituba jusqu'à elle. Elle semblait dormir en paix. Il s'agenouilla lourdement et écarta le kimono, puis le remit en place. Le pouls de Mariko devint presque imperceptible, puis cessa de battre. Il resta là, à la regarder. Un docteur arriva, secoua la tête et dit quelque chose que Blackthorne ne put entendre ou comprendre. Il ne savait qu'une chose, c'est que la mort l'avait emportée et que, lui aussi, était mort.

Il fit le signe de croix au-dessus du corps, prononça les mots latins sacrés nécessaires pour la bénir et pria pour elle bien qu'aucun son ne sortît de sa bouche. Les autres l'observaient. Quand il eut fait ce qu'il avait à faire, il se releva avec difficulté et se tint bien droit. Il eut l'impression que sa tête allait éclater. Il vit trente-six chandelles, du rouge, du violet et s'écroula. Des mains se tendirent et l'aidèrent à s'allonger plus confortablement.

« Est-il mort ? demanda Yabu.

— Presque... Je ne sais pas pour ses oreilles, Yabu-sama, dit le docteur. Il pourrait bien souffrir d'une hémorragie interne. »

Un samouraï dit nerveusement : « Nous ferions mieux de nous dépêcher et de les sortir d'ici. Le feu peut se propager et nous emprisonner.

— Oui », dit Yabu. Un autre samouraï l'appela d'urgence sur les créneaux.

Il sortit,

La vieille dame Etsu reposait contre un mur, veillée par une de ses servantes. Elle avait le visage terne. Ses yeux coulaient. Elle jeta un regard sur Yabu : « Kasigi Yabusan ?

— Madame ?

— Êtes-vous l'officier en chef ?

— Oui, madame. »

La vieille dame dit à sa servante : « Aide-moi à me lever.

— Vous devriez attendre le doc...

— Aide-moi à me lever ! »

Les samouraïs qui étaient sous la véranda la regardèrent se dresser, aidée par la servante, « Écoutez-moi », dit la vieille dame Etsu, d'une voix caverneuse et en même temps fragile, dans ce silence : « Moi, Maeda Etsu, épouse de Maeda Arinosi, seigneur de Nagato, Iwami et Aki, j'atteste que Toda Mariko s'est tuée pour échapper à une capture déshonorante par ces hommes odieux et lâches... J'atteste que... que Kiyama Achiko a préféré attaquer les *ninja,* perdant ainsi sa vie plutôt que de risquer le déshonneur en devenant captive... que, sans la bravoure du barbare-samouraï, dame Toda aurait été capturée et déshonorée, et que nous tous, qui sommes encore en vie, devons lui être reconnaissants, que nos seigneurs doivent également lui montrer leur gratitude pour nous avoir protégées de cette honte... J'accuse le général-Sire Ishido d'avoir monté cette attaque indigne... D'avoir trahi l'héritier et la dame Ochiba... » La vieille dame chancela et faillit tomber. La servante la retint fermement en sanglotant. « Et... Et Sire Ishido les a trahis, eux et le Conseil des régents. Je vous demande à tous d'être les témoins de mon impossibilité à vivre plus longtemps avec une telle honte...

— Non, non, maîtresse. » La servante se mit à sangloter. « Je ne vous laisserai pas...

— Va-t'en ! Kasigi Yabu-san, aidez-moi, je vous en prie. Va-t'en, femme. »

Yabu souleva Dame Etsu et ordonna à la servante de s'en aller. Elle obéit.

« Non, madame. Vous n'avez pas besoin de mourir. »

Elle détourna le regard et lui murmura : « Je suis déjà en train de mourir, Yabu-sama... Je saigne intérieurement... Quelque chose s'est cassé en moi... L'explosion... Aidez-moi à faire mon devoir... Je suis vieille et inutile... La douleur a été ma compagne de lit depuis vingt ans. Laissez ma mort venir en aide à notre maître, *neh ?* » Une lueur fugitive passa dans les yeux de la vieille femme : « *Neh ?* »

Il la souleva doucement et se tint fièrement près d'elle sur l'arcboutant de la muraille. La cour s'étalait bien audessous. Il l'aida à se tenir. Tout le monde la salua.

« J'ai dit la vérité. J'en atteste par ma mort », dit-elle, seule sur les créneaux, la voix tremblante. Puis elle ferma les yeux et se laissa glisser dans la mort.

58

Les régents Ishido, Kiyama, Zataki, Ito et Onoshi étaient réunis dans la grande salle au second niveau du donjon. Dame Ochiba était présente, tout aussi troublée qu'eux,

« Je suis désolé, Sire-général. Je ne suis pas d'accord, dit Kiyama de sa voix criarde mais ferme. Il est impossible d'ignorer la tentative de seppuku de dame Toda, le courage de ma petite-fille, le témoignage et la mort officielle de dame Maeda, en plus des cent quarante-sept hommes de Toranaga qui ont trouvé la mort dans cette partie de la citadelle, réduite à l'état de décombres ! On ne peut tout simplement pas nier cela !

— Je suis d'accord », dit Zataki. Il était arrivé la veille au matin de Takato et s'était trouvé intérieurement satisfait en apprenant les détails de l'altercation qui avait opposé Mariko à Ishido. « Si nous l'avions laissée partir hier, comme je vous l'avais conseillé, nous n'en serions pas là aujourd'hui.

— Ce n'est pas aussi sérieux que vous semblez le penser. » La bouche d'Ishido n'était qu'un trait dur et Ochiba le détesta à ce moment-là pour les avoir pris au piège et les avoir trahis. « Les *ninja* ne cherchaient que du butin, dit Ishido.

— Le barbare est-il du butin ? dit Kiyama, railleur. Auraient-ils monté une action d'une telle envergure pour un barbare ?

— Pourquoi pas ? On peut en tirer une rançon, *neh ?* » Ishido dévisagea le *daimyō* entouré par Ito Teruzumi et Zataki. « Les chrétiens de Nagasaki paieraient très cher pour l'avoir, mort ou vif, *neh ?*

— C'est possible, convint Zataki. C'est la manière de se battre des barbares. »

Kiyama dit sèchement : « Suggéreriez-vous, officiellement, que les chrétiens ont monté et payé cette attaque ignominieuse ?

— J'ai dit que c'était possible. Et ça l'est, en fait.

— Oui, mais c'est peu probable, dit Ishido en s'interposant, ne voulant pas que l'équilibre précaire des régents soit détruit par une querelle stupide. Je crois pouvoir dire que les *ninja* couraient après le butin.

— C'est très intelligent et tout à fait plausible », dit Ito, une lueur de malice dans les yeux. C'était un petit homme d'âge moyen, toujours flanqué selon son habitude de deux épées magnifiquement serties et décorées, même si, comme les autres, il avait été sorti du lit soudainement. Il était maquillé comme une femme et avait les dents noircies. « Oui, Sire-général. Peut-être les *ninja* n'avaient-ils pas l'intention de l'offrir contre rançon à Nagasaki mais à Yedo, à Sire Toranaga ? N'est-il pas toujours son laquais ? »

Le front d'Ishido s'assombrit à ce seul nom. « Je suis d'accord. Nous devrions plutôt parler de Sire Toranaga au lieu de parler de ces *ninja*. C'est lui qui a probablement ordonné cet assaut, *neh ?* Il est assez fourbe pour en être l'auteur.

— Non. Il n'aurait jamais eu recours à des *ninja*, dit Zataki. Fourberie, peut-être, mais pas horreur. Des marchands feraient ça... des barbares. Mais pas Sire Toranaga. » Zataki se tourna vers Ishido. « Que peut-on faire ? Y a-t-il un moyen pour sortir de ce dilemme ? » demanda-t-il, puis il jeta un coup d'œil vers Ochiba. Elle regardait Kiyama. Il ne l'avait jamais trouvée aussi désirable.

Kiyama dit : « Nous sommes tous d'accord pour dire que Sire Toranaga a comploté pour nous prendre au piège par le biais de Toda Mariko, si courageuse soit-elle, si liée soit-elle par son honneur et son devoir. Que Dieu ait pitié d'elle. »

Ito rajusta un pli de son kimono impeccable. « Ne pensez-vous pas que c'est un stratagème tout à fait ingénieux de la part de Toranaga d'attaquer ses propres vassaux de cette façon-là ? Oui, Sire Zataki, je sais qu'il n'aurait jamais recours à des *ninja*, mais il est très habile pour faire accepter son idée aux autres et pour leur faire croire que ce sont eux qui l'ont eue les premiers, *neh ?*

— Tout est possible, mais les *ninja* ne lui ressemblent pas. Il est trop habile pour se servir d'eux. On ne peut pas leur faire confiance. Et pourquoi aurait-il obligé Mariko-sama ? Il était bien préférable d'attendre que nous commettions une erreur. Nous étions pris au piège, *neh ?*

— Oui, nous le sommes toujours. » Kiyama regarda Ishido. « Quel que soit l'individu qui a lancé cette attaque, c'était un fou et il ne nous a pas rendu service.

— Peut-être que le sire-général a raison en disant que ça n'est pas aussi sérieux que nous le pensons, dit Ito. Mais c'est si triste... Cette mort inélégante pour elle, pauvre femme !

— C'était son *karma* et nous ne sommes pas pris au piège. » Ishido fixa Kiyama. « Elle a eu de la chance d'avoir ce trou à rats où se réfugier. Sinon ces vermines l'auraient capturée.

— Mais ils ne l'ont pas capturée, Sire-général, et elle s'est fait seppuku. Les deux autres aussi. Si nous ne les laissons pas partir, il y aura d'autres morts en signe de protestation. Nous ne pouvons pas nous le permettre, dit Kiyama.

— Je ne suis pas d'accord. Tout le monde doit rester ici... Tant que Toranaga-sama n'a pas pénétré sur nos terres. »

Ito sourit. « Ce sera bien là unjour mémorable !

— Vous ne pensez pas que ce jour viendra ? lui demanda Zataki.

— Ce que je pense n'a aucun intérêt, Sire Zataki ; nous saurons très bientôt ce qu'il compte faire. Quelle que soit sa décision, la conclusion reste la même : Toranaga doit mourir si nous voulons que l'héritier hérite, comme nous le souhaitons tous. » Ito regarda Ishido. « Le barbare est-il déjà mort, Sire-général ? »

Ishido secoua la tête et observa Kiyama. « Ce serait vraiment une malchance pour lui que de mourir maintenant... ou d'être mutilé. Un homme aussi courageux, *neh ?*

— Je crois qu'il est une vraie peste. Plus vite il disparaîtra, mieux ce sera. Avez-vous oublié ?

— Il pourrait nous être utile. Je suis d'accord avec sire Zataki, avec vous. Toranaga n'est pas fou. Il a certainement une très bonne raison pour le choyer ainsi, *neh ?*

— Oui, vous avez une fois de plus raison, dit Ito. L'Anjin-san s'est bien comporté pour un barbare, n'est-ce pas ? Toranaga a eu raison de le nommer samouraï. » Il se tourna vers Ochiba. « Quand il vous a offert le bouton de camélia, madame, j'ai pensé que c'était bien là un geste poétique digne d'un courtisan. » Tout le monde approuva. « Qu'en est-il, à présent, du concours de poésie, madame ? demanda Ito.

— Je suis désolée, mais je dois l'annuler.

— Oui, renchérit Kiyama.

— Aviez-vous choisi votre poème d'introduction, Sire ? demanda-t-elle.

— Non, répondit Kiyama. Mais je pourrais dire, maintenant :

Sur une branche dépouillée
La tempête est tombée...
Pleurs d'un sombre été...

— Que ce soit son épitaphe. Elle était samouraï, dit ito calmement. Je partage ces pleurs d'un sombre été.

— Pour ma part... dit Ochiba, j'aurais pour ma part vu une fin différente :

Sur une branche dépouillée
La neige écoutait...
Le silence de l'hiver...

Mais je suis d'accord, Sire Ito. Je pense, moi aussi, que nous devons tous partager ces pleurs d'un sombre été.

— Désolé, madame, mais vous avez tort, dit Ishido. Il y aura des pleurs c'est vrai, mais c'est Toranaga et ses alliés qui les verseront. » Il mit fin à la réunion en disant : « Je vais faire faire une enquête immédiate sur cette attaque *ninja,* Je doute que nous ne découvrions jamais la vérité. Entre-temps, pour des raisons personnelles et de sécurité, tous les sauf-conduits sont annulés et tout le monde se voit malheureusement interdire le départ de la citadelle jusqu'au vingt-deuxième jour.

— Non », dit Onoshi, le lépreux, de sa place solitaire à l'autre bout de la pièce. Il était assis derrière les rideaux opaques de son palanquin. « Je suis désolé mais c'est exactement la seule chose que vous ne pouvez pas faire. Vous devez laisser partir tout le monde. Tout le monde !

— Pourquoi ? »

La voix d'Onoshi était impavide et malveillante : « Si vous n'agissez pas ainsi, vous déshonorez la dame la plus courageuse du royaume. Vous déshonorez dames Kiyama, Achiko et Maeda. Que Dieu ait pitié de leurs âmes ! Quand cet acte ignominieux sera connu de tous, seul Dieu le Père saura le mal que cela fait à l'héritier et au Conseil, si nous ne faisons pas preuve de prudence. Si vous vous servez de cet acte immonde comme d'une excuse pour retenir tout le monde ici, vous signifiez par là même que vous n'avez jamais eu l'intention de les laisser partir, même après avoir donné votre assurance écrite. Enfin, vous... »

Ishido l'interrompit : « Le Conseil est tombé d'accord à l'unanimité pour la délivrance de ces sauf-conduits !

— Je suis désolé mais le Conseil tout entier s'est rendu à la suggestion sensée de dame Ochiba. Donner des sauf-conduits tout en présumant, avec elle, que peu de personnes saisiraient cette possibilité de partir et que, si elles partaient, des retards surviendraient,

— Voulez-vous dire que les femmes de Toranaga et Toda Mariko ne seraient pas parties et que, donc, personne n'aurait suivi ?

— Ce qui est arrivé à ces femmes ne fera pas pour autant changer d'avis Toranaga. Nous devons nous inquiéter pour nos alliés ! Sans l'attaque *ninja* et les trois seppuku, tout ce gâchis aurait été évité.

— Je ne suis pas d'accord.

— Enfin, si vous ne laissez pas partir tout le monde après ce que dame Etsu a dit publiquement, vous serez accusé par la plupart des *daimyōs* d'avoir fomenté cette attaque... En privé peut-être... Et nous risquons tous d'avoir le même sort. Il y aura alors beaucoup de larmes versées.

— Je n'ai pas besoin de l'aide de ces *ninja.*

— Bien sûr ! rétorqua Onoshi, d'une voix venimeuse. Moi non plus. Mais je crois qu'il est de mon devoir de vous rappeler qu'il y a deux cent soixante-quatre *daimyōs,* que la puissance de l'héritier repose sur une coalition d'environ deux cents *daimyōs* et qu'il ne peut se permettre de vous voir accusé d'avoir employé de si tristes et d'aussi sordides méthodes, qui ont, de plus abouti, à un échec !

— Vous m'accusez d'avoir ordonné cette attaque ?

— Bien sûr que non, je suis désolé. Je voulais simplement vous dire que vous risquiez d'en être accusé si vous ne laissiez pas partir tout le monde.

— Y a-t-il une seule personne ici qui pense que j'ai ordonné cette attaque ? » Personne ne tenta de défier Ishido ouvertement.

« Bien, dit Ishido pour conclure. Les *ninja* couraient après du butin, Nous allons voter sur la question des sauf-conduits. Je vote pour qu'ils soient annulés.

— Je ne suis pas d'accord, dit Onoshi.

— Moi non plus », ajouta Zataki.

Ito devint pourpre sous leurs regards fixes et attentifs. « Je dois me ranger du côté de sire Onoshi et en même temps... C'est... C'est très délicat, *neh ?*

— Votez ! dit Ishido d'un air sinistre.

— Je suis d'accord avec vous, Sire-général.

— Pas moi, je suis désolé, dit Kiyama.

— Très bien, dit Onoshi. Voilà qui est réglé, mais je reste d'accord avec vous, Sire-général, Nous avons d'autres problèmes plus urgents. Nous devons savoir ce que sire Toranaga compte faire maintenant. Quelle est votre opinion ? »

Ishido fixait Kiyama. « Que répondez-vous à ça, Sire Kiyama ? »

Kiyama essaya de s'éclaircir l'esprit, de chasser ses craintes, ses haines, ses angoisses et ses soucis, pour parvenir à faire un dernier choix. Ihido ou Toranaga ? L'heure est venue de faire ce choix, ton choix.

« Que pensez-vous de Toranaga, Sire Kiyama ? répéta Ishido. Que pensez-vous de notre ennemi ?

— Qu'en est-il du Kwanto ? demanda Kiyama en le regardant.

— Quand Toranaga sera vaincu, je propose que le Kwanto soit donné à l'un des régents.

— Lequel ?

— Vous, répondit Ishido d'une voix blanche. Ou peut-être Zataki, seigneur de Shinano. » Kiyama trouvait cette solution très sage, car Zataki était très précieux tant que Toranaga était vivant. Ishido lui avait déjà dit, il y a un mois, que Zataki avait exigé le Kwanto en paiement de son opposition à Toranaga. Ils avaient tous deux convenu qu'Ishido le promettrait à Zataki, sachant que c'était une attribution vide de sens. Ils étaient tous deux également d'accord pour que Zataki renonce à ses terres et à sa vie le moment venu.

« Je ne suis certainement pas un choix judicieux pour un tel honneur », dit Kiyama en les sondant soigneusement afin de connaître ses alliés et ses ennemis.

Onoshi tenta de dissimuler sa désapprobation. « Cette suggestion est certainement digne d'intérêt mais tout ceci concerne le futur. Que compte faire le seigneur en titre du Kwanto ? »

Ishido regardait toujours Kiyama. « Eh bien... Euh... »

Kiyama ressentit l'hostilité de Zataki, bien que rien n'apparût sur le visage de son ennemi. Deux contre moi, pensa-t-il. Et Ochiba ? Elle n'a, de toute façon, pas droit au vote. Ito, quant à lui, votera toujours comme Ishido ; je gagne donc... si Ishido fait ce qu'il dit. Il se décida et leur fit ouvertement part de ses conclusions. « Sire Toranaga ne viendra jamais à Osaka.

— Bien, dit Ishido. Il est donc isolé, hors la loi, et l'invitation impériale le conviant à se faire seppuku est prête à recevoir la signature de Sa Majesté. C'est la fin de Toranaga et de toute sa lignée. *Pour toujours.*

— Oui, si le fils du Ciel vient à Osaka.

— Pardon ?

— Je suis d'accord avec sire Ito, poursuivit Kiyama, préférant s'en faire un allié qu'un ennemi. Sire Toranaga est l'homme le plus rusé de la terre. Je crois qu'il est même rusé au point d'empêcher la venue de Sa Majesté.

— Impossible !

— Et si la visite était retardée ? » demanda Kiyama qui exultait devant l'embarras d'Ishido. Il le haïssait d'avoir échoué.

« Le Fils du Ciel viendra ici comme prévu.

— Et s'il ne vient pas ?

— Je vous dis qu'il viendra !

— Et s'il ne vient pas ? »

Dame Ochiba demanda : « Comment Sire Toranaga pourrait-il faire ça ?

— Je ne sais pas, mais si Sa Majesté voulait retarder sa visite d'un mois... Nous ne pourrions rien y faire. Sire Toranaga n'est-il pas passé maître dans l'art de la subversion ? Je le crois capable de tout... même de ça ! »

Un silence de mort tomba sur la pièce. L'énormité de cette réflexion et ses répercussions les enveloppèrent.

« Excusez-moi, je vous prie, mais... quelle est alors la réponse ? demanda Ochiba pour eux tous.

— La guerre ! dit Kiyama. Nous mobilisons aujourd'hui... Secrètement. Nous attendons jusqu'à ce que la visite soit retardée, comme elle doit l'être. Ce sera notre signal. Nous marchons le même jour contre le Kwanto, pendant la saison des pluies.

— Votons, dit Ishido. Je vote pour la guerre !

— Moi aussi !

— Moi aussi !

— Moi aussi !

— Moi aussi ! »

Quand Blackthorne retrouva ses esprits, il sut que Mariko était morte, comment elle était morte et pourquoi elle était morte. Il était allongé sur des *futons*. Des Gris le surveillaient. Un docteur l'examinait. La première de ses grandes peurs l'abandonna.

Je vois.

Le docteur sourit et dit quelque chose. Blackthorne n'entendit rien, essaya de se lever mais une douleur atroce vibra dans ses oreilles. Le goût amer de la poudre imprégnait sa bouche. Son corps lui faisait mal. Il perdit conscience à nouveau, puis sentit de douces mains lui soulever la tête et porter une tasse à ses lèvres. Le thé au jasmin le débarrassa de ce goût de poudre. Il s'obligea à ouvrir les yeux. Le docteur lui dit encore quelque chose mais il n'entendit rien. La panique se saisit de lui. Il l'endigua en repensant à l'explosion, à la mort de Mariko, à la bénédiction qu'il lui avait donnée. Pas besoin de t'inquiéter, se dit-il. Du moins, pas encore. Il vit remuer les lèvres du docteur mais aucun son ne parvint jusqu'à ses tympans. Il se tâta soigneusement le visage, la bouche et les mâchoires. Il ne ressentait aucune douleur. Il descendit plus bas et palpa sa gorge, ses bras et sa poitrine, Toujours rien. Il poursuivit son inspection et vérifia s'il n'avait pas été mutilé, s'il n'avait pas perdu sa virilité, comme c'était arrivé au pauvre Alban Caradoc, mais il n'avait rien de ce côté-là non plus et en remercia Dieu. Il se reposa un moment. Sa tête le faisait abominablement souffrir. Puis il tâta ses jambes et ses pieds. Tout semblait parfait. Il posa prudemment les mains sur ses oreilles, pressa, entrouvrit la bouche, avala, bâilla. Cela ne servit à rien si ce n'est d'accroître sa souffrance. Tu vas attendre un jour, s'ordonna-t-il, dix fois plus s'il le faut, et tu n'auras pas peur pendant tout ce temps-là. Le docteur le toucha. Ses lèvres bougeaient.

« Pas entendre, désolé », dit Blackthorne calmement, n'entendant résonner dans sa tête que ses propres paroles. Le docteur acquiesça et se remit à parler. Blackthorne lut sur ses lèvres. *Je comprends. Dormez, maintenant, je vous en prie.*

Mais Blackthorne savait qu'il n'allait pas dormir. Il lui fallait dresser un plan. Il devait se lever, quitter Osaka, aller à Nagasaki. Il ne voulait penser à rien d'autre. Il n'avait plus d'autres souvenirs. Il n'y a plus aucune raison de jouer au samouraï ou au Japonais. Je suis à présent libéré de toutes mes dettes, de toutes mes amitiés... Parce qu'elle est partie. Quelqu'un le toucha. Il leva le visage. Yabu le contemplait et lui parlait.

« Désolé, dit Blackthorne calmement. Pas entendre, Yabu-san. Bien, bientôt. Oreilles mal, compris ? »

Il vit Yabu froncer les sourcils, parler avec le docteur puis se tourner vers lui et lui adresser la parole par signes. Il lui fit comprendre qu'il allait revenir et qu'il devait se reposer jusqu'à son retour. Il se retira.

« Bain, s'il vous plaît, et massage », demanda Blackthorne.

Des mains le soulevèrent et l'emmenèrent à la maison de bains. Il s'endormit sous l'effet calmant des doigts du masseur. Les Gris vinrent et transportèrent la litière où il reposait dans les appartements intérieurs du donjon. Mort de fatigue, il ne se réveilla pas.

« Il est en sûreté, maintenant, dit Ishido.

— Loin de Kiyama ? demanda Ochiba.

— Hors d'atteinte de tous les chrétiens, répondit Ishido en faisant signe aux gardes de rester sur le qui-vive.

— N'est-ce pas à cause de ça que dame Achiko a été tuée ? Parce qu'elle était justement chrétienne ? »

Ishido avait ordonné son exécution au cas où elle aurait été un assassin infiltré là par Kiyama pour tuer Blackthorne. « Je n'en ai aucune idée, répondit-il.

— Ils s'entendent comme larrons en foire. Comment peut-on croire à leurs stupidités religieuses ?

— Je ne sais pas mais ils seront tous éliminés, très bientôt.

— Comment ça, Sire-général ? Comment vous y prendrez-vous quand tant de choses dépendent de leur bonne volonté ?

— Des promesses... Jusqu'à ce que Toranaga soit mort. Ils se retourneront ensuite les uns contre les autres. Nous diviserons et gouvernerons, *neh ?* N'est-ce pas ce que fait sire Toranaga, ce que faisait le Taikō ? Kiyama veut le Kwanto, *neh ?* Pour le Kwanto, il obéira. Je le lui ai promis. Onoshi ? Qui sait ce que ce fou désire, à part cracher sur les têtes de Toranaga et de Kiyama avant de mourir.

— Et que va-t-il se passer si Kiyama découvre que vous avez promis toutes ses terres à Onoshi ou que vous tenez votre promesse auprès de Zataki et pas auprès de lui ?

— Ce sont des mensonges, madame, colportés par nos ennemis. » Ishido la regarda. « Onoshi veut la tête de Kiyama. Kiyama veut le Kwanto. Zataki aussi.

— Et vous, Sire-général ? Que désirez-vous ?

— Je voudrais d'abord que l'héritier parvienne à ses quinze ans puis qu'il gouverne le royaume en paix. Que vous soyez, vous et lui, sains et saufs jusque-là. C'est tout.

— Rien de plus ?

— Non, madame. »

Menteur, pensa Ochiba.

« L'enterrement de Yodoko-sama était bien beau. Je dois vous féliciter, Sire-général.

— Je suis désolé qu'elle soit morte, dit Ishido poliment. Ses conseils étaient toujours très précieux. »

Ils marchèrent pendant quelques instants.

« Sont-elles déjà parties ? Kiritsubo-san et la dame Sazuko ? demanda Ochiba.

— Non, elles partent demain. Après l'enterrement de dame Toda. Il y aura de nombreux départs demain et c'est bien mauvais.

— Est-ce vraiment si important ? Maintenant que nous sommes unanimes à penser que sire Toranaga ne viendra pas à Osaka ?

— Je le crois, mais ce n'est pas important, tant que nous tenons la citadelle d'Osaka. Non, madame, nous devons être patients comme nous l'a suggéré Kiyama. Nous attendons le jour, et nous marchons ensuite sur...

— Pourquoi attendre ? Pourquoi ne marchez-vous pas maintenant sur...

— Il nous faut du temps pour réunir nos invités.

— Combien d'hommes s'opposeront à Toranaga ?

— Trois cent mille. Un nombre au moins trois fois supérieur au sien.

— Et ma garnison ?

— Je vous laisserai quatre-vingt mille hommes d'élite à l'intérieur de la citadelle et cinquante mille autres pour tenir les cols.

— Et Zataki ?

— Il trahira Toranaga... Il finira bien par le trahir.

— Ne trouvez-vous pas bizarre que sire Sudara, ma sœur et leurs enfants soient en visite à Takato ?

— Non. Zataki a bien sûr fait semblant de conclure un marché avec son demi-frère, mais ce n'est qu'une ruse, rien de plus. Il le trahira.

— Il devrait... Il est du même sang pourri... dit-elle avec dégoût. Mais je serais absolument bouleversé si quoi que ce soit arrivait à ma sœur et à ses enfants.

— Il ne leur arrivera rien, madame. J'en suis certain.

— Si Zataki était prêt à assassiner sa propre mère... *neh ?* Êtes-vous certain qu'il ne vous trahira pas ?

— Non, pas pour finir, parce qu'il hait Toranaga plus qu'il ne me hait, madame. Et il vous honore et désire le Kwanto par-dessus tout. » Ishido adressa un sourire aux étages qui les surplombaient. « Tant que cette citadelle reste nôtre et que le Kwanto est à offrir, il n'y a rien à craindre.

— J'avais peur, ce matin, dit-elle. Je voulais m'enfuir mais je me suis souvenue de l'astrologue.

— Ah, celui-là ! » dit Ishido dans un rire moqueur. Il s'agissait de l'astrologue de la mission plénipotentiaire chinoise qui avait prédit que le Taikō mourrait de vieillesse dans son lit en laissant un successeur en pleine santé, que Toranaga mourrait par l'épée et qu'Ishido mourrait, général en renom, les pieds fermement plantés en terre, que dame Ochiba enfin finirait ses jours dans la citadelle d'Osaka, entourée par les nobles les plus importants de l'empire.

« Oui, dit encore une fois Ishido. J'avais oublié l'astrologue. Toranaga se fait vieux, *neh ?*

— Oui. »

Ochiba souhaita tout à coup avoir Toranaga et non Ishido à ses côtés. Il n'y aurait alors plus de problèmes. Ils posséderaient le royaume conjointement. Elle l'inviterait aujourd'hui même à la rejoindre dans son lit puis ils se marieraient le jour suivant et, quel que soit leur avenir, elle posséderait, serait possédée et aurait trouvé la paix aujourd'hui.

Ne rêve pas, Ochiba, se dit-elle. Sois réaliste comme le Taikō ou comme Toranaga.

« Qu'allez-vous faire de l'Anjin-san ? »

Ishido se mit à rire. « Le mettre à l'abri... Lui laisser peut-être prendre le Vaisseau noir ou l'utiliser comme une menace contre Kiyama et Onoshi, si besoin est. Ils le haïssent tous les deux, *neh ?* Il représente un couteau sous leur gorge et sous celle de leur maudite Église.

— Dans ce jeu d'échecs opposant l'héritier à Toranaga, quelle valeur attribuez-vous à l'Anjin-san, Sire-général ? En faites-vous un valet ? Un pion ?

— Oh, madame, dans ce grand jeu, un pion à peine, dit immédiatement Ishido. Mais dans le jeu opposant l'héritier aux chrétiens, une tour, oui, aisément. Peut-être même deux.

— Ne pensez-vous pas que ces deux jeux soient intimement liés ?

— Oui, liés, mais le Grand Jeu se réglera de *daimyō* à *daimyō,* de samouraï à samouraï, d'épée à épée. Vous êtes et restez la reine, dans les deux cas, bien sûr.

— Non, Sire-général, excusez-moi. Je ne suis pas une reine », dit-elle heureuse qu'il l'ait comprise. Puis, pour préserver sa sécurité, elle changea de sujet. « La rumeur circule que l'Anjin-san et Mariko-san se rencontraient sur l'oreiller.

— Oui, j'en ai moi aussi entendu parler. Vous aimeriez savoir la vérité ? »

Ochiba secoua la tête. « Ce serait impensable qu'une telle chose se soit produite. »

Ishido la regarda subrepticement. « Pensez-vous qu'il y aurait intérêt à détruire son honneur ? Maintenant ? Et, avec elle, celui de Buntaro-san ?

— Je n'insinuais rien, Sire-général. Rien de ce genre. Je me demandais seulement... Ce n'était qu'une folie de bonne femme. Quant à Buntaro-san... Peut-être ne se battra-t-il pas, pas plus que Sire Hiromatsu, pour Toranaga, dans *la* bataille.

— Est-ce un fait ?

— Non, Sire-général, mais c'est tout à fait possible.

— Vous pouvez peut-être faire quelque chose ?

— Rien, hormis rallier leur soutien à l'héritier... Et celui de tous les généraux de Toranaga, une fois la bataille imminente.

— Elle est imminente... Un mouvement en tenaille, nord-sud, et pour finir le massacre à Odawara.

— Oui, mais pas maintenant. Pas avant que les armées ne s'opposent sur le champ de bataille. Je suis désolée mais êtes-vous certain que l'héritier doive commander les armées ?

— Je les commanderai, mais l'héritier devra être présent. Ainsi Toranaga ne pourra remporter la victoire. Il n'osera pas attaquer l'emblème de l'héritier.

— Ne serait-il pas plus prudent que l'héritier reste ici... A cause des assassins, des Amidas... Nous ne pouvons pas risquer sa vie. Toranaga a le bras long, *neh ?*

— Oui, mais pas aussi long que vous le pensez et l'emblème personnel de l'héritier nous assure une légitimité que Toranaga n'a pas. Je connais Toranaga. Il finira par respecter la loi. Et seule cette réaction nous permettra de voir sa tête au bout d'une pique. Il est mort, madame. Une fois mort, je bannirai l'Église du Japon. Tous les prêtres. Alors, l'héritier et vous-même, vous serez en sécurité. »

Ochiba releva son visage, une promesse muette dans le regard. « Je prierai pour votre succès... pour votre retour, sain et sauf. »

Dell'Aqua était agenouillé, en prières, au pied de l'autel, dans la petite chapelle. Il entendait les piaillements des mouettes qui regagnaient le rivage et sentait l'odeur saline de la brise. Tout ça le ramena chez lui aux environs de Naples, où le parfun des citronniers et des orangers se confondait avec l'air marin iodé.

Il entendit des pas dans la nef. Quand il eut fini ses prières, il se leva et se retourna.

« Je suis désolé de vous interrompre, Votre Éminence, dit le père Soldi. Mais vous vouliez connaître la nouvelle tout de suite. Il y a un message urgent du père Alvito, de Mishima. Le pigeon vient d'arriver.

— Et alors ?

— Il dit simplement qu'il voit Toranaga aujourd'hui. Ça n'a pas été possible la nuit dernière parce que Toranaga n'était pas à Mishima mais il doit y revenir normalement aujourd'hui, à midi, Le message est daté de ce matin à l'aube. »

Dell'Aqua tenta de maîtriser sa déception puis contempla les nuages à la recherche du réconfort. Les nouvelles de l'attaque *ninja* et de la mort de Mariko avaient été transmises à Alvito dès l'aube. Le même message était parti par deux pigeons pour plus de sûreté.

« Les nouvelles doivent être arrivées, à présent, dit Soldi.

— Oui, je l'espère. »

Dell'Aqua sortit de la chapelle, traversa le cloître et se dirigea vers son bureau. Soldi, petit homme frêle, semblable à un oiseau, devait presque courir derrière lui pour compenser ses grandes enjambées et ne pas se laisser distancer. « Il y a quelque chose d'autre, de très important, Votre Éminence, dit Soldi. Nos indicateurs nous font part du fait que les régents ont voté la guerre au coucher du soleil. »

Dell'Aqua s'arrêta. « La guerre ?

— Ils semblent persuadés que Toranaga ne viendra jamais à Osaka. Pas même l'empereur. Ils ont donc conjointement décidé de marcher sur le Kwanto.

— Pas d'erreur ?

— Non, Votre Éminence. C'est la guerre. Kiyama a fait parvenir la nouvelle par l'intermédiaire du frère Michael, ce qui confirme notre autre source. Michael vient juste de rentrer de la citadelle. Le vote était unanime.

— Quand ça ?

— Dès qu'ils auront la certitude que l'empereur ne viendra pas ici.

— La guerre ne s'arrêtera jamais. Que Dieu ait pitié de nous ! Que Dieu bénisse... Kiyama et Onoshi étaient déjà prévenus de la perfidie de Toranaga,

— Et Onoshi, Votre Éminence ? Qu'en est-il de sa perfidie envers Kiyama ?

— Je n'ai aucune preuve, Soldi, Tout ça est tiré par les cheveux. Je ne peux pas croire qu'Onoshi soit capable de ça.

— Et s'il l'était, Votre Éminence ?

— Ce n'est pas possible, même s'il l'a envisagé. Ils ont besoin l'un de l'autre, pour l'instant.

— Jusqu'à ce que Toranaga cède...

— Vous n'avez pas besoin de me rappeler leur inimitié réciproque... Que Dieu leur pardonne. » Il se remit à marcher.

« Dois-je envoyer cette information au père Alvito ?

— Non, pas encore. Je dois d'abord réfléchir et prendre une décision. Toranaga l'apprendra toujours assez tôt par ses propres sources. Que Dieu prenne ce pays sous Sa protection et qu'il ait pitié de nous tous. »

Soldi ouvrit la porte au père visiteur. « Seule chose importante : le Conseil nous a officiellement refusé la prise de possession du corps de dame Maria. Elle doit avoir des obsèques officielles demain et nous ne sommes même pas invités.

— Nous devions nous y attendre, mais c'est merveilleux qu'ils lui fassent un sort pareil. Nous pourrions envoyer quelqu'un pour récupérer ses cendres... Nous devrions y être autorisés. Les cendres pourraient être enterrées en terre sainte à Nagasaki. Son courage immense et le sacrifice qu'elle a fait d'elle-même pourraient être un encouragement pour notre troupeau. Très important, Soldi.

— Et la petite-fille de Kiyama, Votre Éminence ? Les autorités nous ont autorisés à prendre le corps.

— Très bien. Ses restes pourraient être immédiatement envoyés à Nagasaki. Je verrai Kiyama pour savoir à quel point il tient à des funérailles.

— Officierez-vous, Votre Éminence ?

— Oui, pourvu qu'il me soit possible de partir.

— Sire Kiyama serait très honoré...

— Oui, mais nous devons être sûrs que ses obsèques n'amoindrissent pas celles de dame Maria. Maria est, politiquement parlant, plus importante.

— Bien sûr, Votre fminence. Je comprends très bien. »

Dell'Aqua observa son secrétaire : « Pourquoi ne faites-vous pas confiance à Onoshi ?

— Désolé, Éminence... Peut-être parce qu'il est lépreux et qu'il me fait peur. Je vous prie de m'excuser.

— Excusez-vous auprès de lui, Soldi. Il n'est pas à blâmer à cause de sa maladie. Nous n'avons aucune preuve sur ce complot.

— Ce que la dame a dit était vrai. Pourquoi pas ça ?

— Nous n'avons aucune preuve. Ce n'est que supposition.

— Oui, supposition. »

Dell'Aqua bougea l'aiguière de cristal et y étudia la réfraction de la lumière. « J'ai senti les fleurs d'oranger pendant mes prières. Oh, combien j'aimerais rentrer dans mon pays ! »

Soldi soupira ! « Nous rentrerons bientôt chez nous, Votre Éminence. Tout sera réglé dans ce pays d'ici l'année prochaine.

— Rien ne sera réglé d'ici l'année prochaine. Cette guerre va nous faire mal. Elle fera terriblement mal à l'Église et à ses ouailles.

— Non, Votre Éminence. Kyushu restera chrétienne, quel que soit le vainqueur, dit Soldi avec confiance, voulant encourager et remonter le moral de son supérieur. Cette île peut attendre le Jugement dernier. Il y a tant à faire à Kyushu, Votre Éminence, n'est-ce pas ? Trois millions d'âmes à convertir. Et puis il y a Nagasaki et le commerce. Il leur faut le commerce. Ishido et Toranaga se déchireront. Qu'est-ce que ça peut faire ? Ils sont tous les deux contre les chrétiens, païens et meurtriers.

— Oui, mais ce qui malheureusement arrive à Osaka et Yedo décide du sort de Kyushu. Que faire ? Que faire ? » Dell'Aqua rejeta son accès de mélancolie. « Et l'Ingeles ? Où est-il en ce moment ?

— Sous bonne garde, à l'intérieur du donjon.

— Laissez-moi un instant, mon vieil ami. J'ai besoin de réfléchir. Il me faut prendre une décision. Finalement. L'Église encourt un danger très grave. »

59

« Anjin-san ? » Blackthorne entendit son nom dans son rêve. Ça venait de très loin, se répétait en écho éternellement.

« *Hai ?* » répondit-il.

Puis il entendit le nom encore une fois et une main le toucha. Il ouvrit les yeux et accommoda sa vue à la demi-lueur de l'aube. Sa conscience revint par vagues successives et il se redressa sur ses *futons*. Le docteur était une fois de plus agenouillé près de lui. Kiritsubo et dame Ochiba étaient également là, un peu en retrait, et le regardaient fixement. Les Gris étaient partout dans la chambre. Le docteur lui parla à nouveau. Le bourdonnement envahissait toujours ses oreilles et la voix était très lointaine ; mais il n'y avait pas d'erreur possible, il entendait. Il porta sans le vouloir ses mains à ses oreilles et les pressa pour améliorer son audition. La douleur explosa aussitôt dans sa tête et projeta mille éclairs de couleur sous son crâne.

« Désolé, marmonna-t-il en attendant que la douleur se soit estompée. Désolé oreilles faire mal, *neh ?* Mais entendre maintenant, docteur-san ! Entendre maintenant petit. Désolé. Quoi dire ? » Il fixa les lèvres du docteur pour s'aider.

« Les dames Ochiba et Kiritsubo-sama veulent savoir comment vous allez.

— Ah ! » Blackthorne les regarda. Il remarqua qu'elles étaient en tenues officielles. Kiritsubo était habillée de blanc. Ochiba portait un kimono vert fond sans aucun motif de décoration, et un long châle de gaze blanche. « Mieux, merci, dit-il, l'âme troublée à la vue du blanc. Oui, mieux. » Il nota l'intensité de la lumière extérieure et se rendit compte que ce n'était pas le crépuscule mais l'aube qui pointait. « Docteur-san, s'il vous plaît, dormir un jour et une nuit ?

— Oui, Anjin-san. Un jour et une nuit. Rallongez-vous, je vous en prie. »

Le docteur prit de ses longs doigts le poignet de Blackthorne et lui tâta le pouls. Tout le monde, dans la chambre, attendit le diagnostic. Le docteur hocha la tête, satisfait. « Tout semble parfait, Anjin-san. Pas mauvais coup, compris ! Beaucoup mal à la tête, *neh ?* » Il se tourna et expliqua à Kiritsubo et à dame Ochiba ce qu'avait Blackthorne.

« Anjin-san, dit Ochiba. Aujourd'hui, obsèques Mariko-sama. Vous comprenez "obsèques" ?

— Oui, madame.

— Bien. Ses obsèques ont lieu juste après l'aube. C'est votre privilège d'y assister si vous le désirez. Vous comprenez ?

— Oui, croire... Oui, s'il vous plaît, aller aussi.

— Très bien. » Ochiba s'adressa au docteur et lui dit de bien surveiller son malade, puis elle salua Kiritsubo, sourit à Blackthorne et se retira. Kiri attendit qu'elle soit partie.

« Tout va bien, Anjin-san ?

— Tête mal, madame. Si désolé.

— Je voulais vous dire merci.

— Devoir, seulement devoir. Échec. Mariko-sama morte. »

Kiri le salua en hommage : « Pas échec. Oh, non. Merci, Anjin-san. Pour elle, pour moi, pour les autres. Dire plus, plus tard. »

Elle se retira à son tour.

Blackthorne se leva. La douleur était intolérable. Il s'approcha de la fenêtre, s'accouda au rebord, luttant pour ne pas vomir. Il attendit puis fit les cent pas mais cet exercice ne lui ôta pas ses nausées et ses maux de tête. « Aller bien merci, dit-il en s'asseyant.

— Boire ça. Aller mieux après. » Le docteur avait un brave sourire. Blackthorne but. Le goût de la boisson était immonde.

« Boire. Mieux, bientôt, désolé. »

Des servantes arrivèrent et lui peignèrent les cheveux. Un barbier le rasa de près. On lui apporta des serviettes chaudes pour se nettoyer le visage et les mains et il se sentit beaucoup mieux. D'autres servantes l'aidèrent à revêtir le kimono officiel et le manteau aux épaules ailées. On lui donna une nouvelle épée, cadeau de Kiritsubo-san. Blackthorne l'accepta et la ficha dans sa ceinture avec celle que Toranaga lui avait offerte mais qui avait le pommeau fendu. Il se souvenait de Mariko, adossée à la porte, puis plus rien jusqu'au moment où il s'était retrouvé agenouillé auprès d'elle et qu'il l'avait regardée mourir. Puis plus rien encore, jusqu'à maintenant.

« Désolé donjon, *neh ?* dit-il au capitaine des Gris.

— Oui, Anjin-san.

— Pourquoi ici ?

— Le sire-général l'a ordonné.

— Pourquoi ici ?

— Ce sont les ordres du sire-général. Excusez-moi, vous comprenez ?

— Oui, merci », dit Blackthorne, las. Quand il fut enfin prêt, il se sentit dans un état affreux. Le thé l'aida quelques instants puis la nausée le reprit et il se mit à vomir dans un bol qu'une servante lui tendait. Mille aiguilles chauffées à blanc lui transperçaient la poitrine et la tête à chaque spasme. « Désolé, dit le docteur avec patience. Voici ; boire s'il vous plaît. »

Il but encore un peu du mélange mais ne s'en trouva pas mieux pour autant. L'aube s'étalait à présent dans le ciel. Des servantes lui firent signe et l'aidèrent à sortir de la pièce. Ses gardes le précédaient. Ils descendirent l'escalier et sortirent dans la cour. Un palanquin attendait avec d'autres gardes. Il s'y installa avec soulagement. Sur un ordre du capitaine des Gris, les porteurs soulevèrent les brancards et, cernés de près par les gardes, rejoignirent la procession des litières, des samouraïs et des dames à pied, et serpentérent à travers le labyrinthe pour sortir de la citadelle. Blackthorne sentit qu'on le regardait. Il fit semblant de ne s'apercevoir de rien et tenta de garder un dos bien droit et un visage de marbre. Il pria pour que ses nausées ne le reprennent pas, pour lui faire honte. Sa douleur augmenta.

Aucun papier ne fut demandé. La procession passa de pont-levis en pont-levis, de poste de contrôle en poste de contrôle, traversa cinq douves sans jamais être arrêtée. Une fois la porte principale franchie, à l'extérieur des fortifications, Blackthorne se rendit compte que les Gris devenaient plus nerveux, qu'ils surveillaient toute personne s'approchant de trop près. Son angoisse décrut. La procession traversa un espace nu, franchit un pont, puis fit halte sur une place au bord de la rivière. L'endroit faisait trois cents pas de large sur cinq cents de long. Au centre, un trou de quinze pas de côté sur cinq de profondeur, rempli de bois. Un dais de soie blanche recouvrait la fosse. Il était entouré de murs en gaze blanche suspendus à des bambous et indiquant les quatre points cardinaux. Dans chaque mur, une petite porte de bois.

« Ces portes servent à l'âme pour partir dans son envol vers le Paradis, Anjin-san, lui avait dit Mariko à Hakoné.

— Allons nager et parlons d'autre chose... de choses plus gaies.

— Oui, bien sûr, mais laissez-moi d'abord en terminer avec ce sujet qui est loin d'être triste. Nos funérailles sont très importantes et vous devez tout savoir de ce rite, Anjin-san.

— Très bien. Pourquoi alors quatre portes quand une seule suffirait ?

— L'âme doit avoir la possibilité de choisir. C'est sage. Nous sommes un peuple sage en laissant à l'âme le droit de choisir. La plupart des âmes choisissent la porte sud, Anjin-san. C'est la porte essentielle, celle où il y a des tables couvertes de figues sèches et de grenades fraîchement cueillies, de radis et de riz. L'âme peut avoir envie de manger avant son départ.

— Si c'est pour moi, soyez assez gentille de mettre un faisan rôti ou...

— Je suis désolée. Pas de viande... Pas de poisson non plus. Nous sommes très sérieux sur ce problème, Anjin-san. Il y a également un petit brasero sur la table. Les charbons mêlés à des bois précieux brûlent afin de donner une bonne odeur... »

Blackthorne sentit ses yeux se remplir de larmes.

« Je veux que mes funérailles aient lieu aux alentours de l'aube, avait-elle dit, toujours avec sérénité. Je préfère l'aube par-dessus tout. Et si en plus, ça pouvait se passer en automne... »

Sa litière s'arrêta à la place d'honneur, au premier rang, près du centre. Il était assez proche pour voir les larmes qui couvraient les fruits fraîchement arrosés. Tout était là comme elle l'avait dit. L'endroit était envahi par des centaines de palanquins et des milliers de samouraïs et de dames venus à pied. Il reconnut Ishido et, à côté de lui, Ochiba. Ils ne le regardèrent pas. Ils étaient allongés dans leurs somptueuses litières et fixaient les murs de gaze qui voletaient doucement dans la brise. Kiyama était à la droite d'Ochiba, Zataki à côté de lui en compagnie d'Ito. La litière fermée d'Onoshi était également là. Les samouraïs de Kiyama et d'Onoshi portaient des croix. Blackthorne regarda tout autour de lui, chercha Yabu mais ne le trouva nulle part. Il n'y avait pas non plus de Bruns ou de visages amis. Kiyama le regardait froidement. Blackthorne le salua légèrement. Au bout d'un moment, Kiyama détourna le regard et Blackthorne respira plus facilement. Le son des tambours, des cloches et du métal vibra dans l'air. Discordant. Strident. Tous les yeux se tournèrent vers la porte principale de la citadelle. Un palanquin au toit décoré passa sous la voûte, porté par huit prêtres shinto. Un grand prêtre trônait sous le dais, tel un Bouddha. D'autres prêtres jouaient du tambour en avant et en arrière de cette litière. Une procession de deux cents prêtres bouddhistes en toge orange et de prêtres shinto vêtus de blanc suivait. La bière, toute blanche et richement décorée venait ensuite. Mariko, habillée de blanc, y était maintenue assise. Sa tête penchait un peu en avant. Elle avait le visage maquillé et les cheveux artistiquement arrangés. Les cordons étaient tenus par dix Bruns. Deux très jeunes prêtres précédaient la bière et éparpillaient des pétales de roses dans le vent pour dire que la vie était aussi éphémère qu'une fleur. Deux prêtres portant deux épées marchaient derrière le catafalque et indiquaient que la défunte était samouraï et liée par son devoir. Ils étaient suivis de quatre prêtres, porteurs de torches. Saruji, son fils, venait ensuite, le visage aussi blanc que son kimono. Kiritsubo et dame Sazuko marchaient à quelques pas derrière lui, toutes les deux vêtues de blanc et les cheveux flous. Puis un vide s'installait avant l'apparition de la garnison de Toranaga. Quelques Bruns étaient blessés ; beaucoup boitaient.

Blackthorne ne voyait qu'elle. Elle semblait perdue dans ses prières et ne portait en apparence pas une seule marque sur elle. Il se tenait lui-même bien droit, sachant l'honneur que représentait pour elle cette cérémonie publique en présence d'Ishido et Ochiba. Mais cela n'atténua nullement son désespoir. Pendant plus d'une heure, le grand prêtre fit des incantations et les tambours résonnèrent. Puis, soudain, le silence. Sajuri s'avança, prit une torche non allumée et se dirigea vers chacune des portes pour s'assurer qu'elles étaient bien ouvertes. Blackthorne vit que le jeune homme tremblait en retournant vers la bière. Il prit la corde blanche qui y était attachée et guida les porteurs jusqu'à la porte sud. La litière tout entière fut soigneusement disposée sur le tas de bois. Une autre incantation solennelle et Saruji porta la torche imbibée d'huile sur les charbons de bois. Elle s'alluma immédiatement. Il hésita, puis repassa la porte sud et lança la torche sur le bûcher. Le bois prit feu et se transforma très vite en brasier. Les flammes atteignirent dix pieds de hauteur.. Saruji dut reculer devant la chaleur. Il alla chercher des bois précieux et des huiles et les jeta dans le feu. Le petit dais en bambou explosa. Les murs de gaze s'enflammèrent. Un soupir parcourut les témoins. Les prêtres s'avancèrent et rajoutèrent du bois. Les flammes montèrent encore plus haut et la fumée s'éleva en volutes. Seules les quatre petites portes de bois subsistaient encore. Les flammes les léchèrent bientôt et elles prirent feu à leur tour.

Alors, Ishido, principal témoin, sortit de son palanquin, s'avança et se soumit au rituel de l'offrande de bois précieux. Il s'inclina et alla se rasseoir. Les porteurs soulevèrent la litière et ils rentrèrent à la citadelle. Ochiba le suivit et tout le monde quitta la place. Saruji s'inclina devant les flammes une dernière fois, se retourna et s'approcha de Blackthorne. « Merci, Anjin-san », dit-il, puis il partit avec Kiri et dame Sazuko.

« Tout est fini, Anjin-san, dit le capitaine des Gris, dans un rictus.

— Attendre, s'il vous plaît.

— Désolé, ordres, *neh ?* dit le capitaine.

— Attendre, s'il vous plaît. » Se moquant de leur angoisse, Blackthorne sortit de sa litière. La douleur l'aveuglait. Il s'approcha de la table, prit quelques morceaux de bois de camphrier et les jeta dans le brasier. Il ne voyait rien à travers le rideau de flammes. « *In nomine Patris et Filii et Spiritus sancti...* » marmonna-t-il en guise de bénédiction. Il fit un signe de croix, puis se retourna et s'éloigna du bûcher.

Quand il se réveilla, sa tête allait mieux mais il était complètement vidé.

« Comment aller, Anjin-san ? lui demanda le docteur avec un grand sourire. Dormir longtemps. »

Blackthorne s'appuya sur un coude et fixa, endormi, les ombres et le soleil. Il doit être cinq heures de l'après-midi, se dit-il. J'ai dormi plus de six heures. « Dormir journée entière, *neh ?* »

Le docteur sourit. « Tout hier et la nuit et presque tout aujourd'hui. Compris ?

— Oui. » Blackthorne se rallongea. Une pellicule de sueur recouvrait son corps. C'était ce que je pouvais faire de mieux, pensa-t-il. Pas étonnant que je me sente mieux.

« Boire, s'il vous plaît. »

Le docteur lui versa encore de ce breuvage immonde. Il eut envie de rendre mais se maîtrisa. « Thé, s'il vous plaît. » La servante le lui versa et il la remercia.

« S'il vous plaît, Anjin-san, comment oreilles ?

— Pareil... Même distance... Très loin.

— Oui, » Le docteur posa un sac contenant des herbes sur la table basse près du lit. « Faire thé avec ça, Anjin-san. Une fois par jour jusqu'à ce que tout soit fini. Compris ?

— Oui, merci.

— Ça a été un honneur de vous servir. » Le vieil homme fit signe à la servante et ils se retirèrent ensemble. Blackthorne resta seul. Il se rallongea sur les *futons* en se sentant beaucoup mieux. Il se laissa aller mais sentit tout à coup une présence étrangère dans la pièce. Il se releva avec difficulté, se mit à genoux et regarda par-dessus le paravent. Avant de savoir ce qu'il était en train de faire, il se retrouva debout. Dans ce mouvement brusque d'affolement, sa tête éclata. Un jésuite japonais, un crucifix et un rosaire à la main, le fixait.

« Qui êtes-vous ? demanda-t-il à travers sa souffrance.

— Je suis le frère Michael, senhor. » Les yeux noirs de charbon ne cillaient pas. Blackthorne s'éloigna du paravent et se dirigea vers ses épées. « Q'attendez-vous de moi ?

— On m'a envoyé pour savoir comment vous alliez, dit Michael calmement, dans un portugais très clair, quoique très accentué.

— Qui vous a envoyé ?

— Sire Kiyama. »

Blackthorne se rendit brusquement compte qu'ils étaient complètement seuls.

« Où sont mes gardes ?

— Vous n'en avez pas, senhor.

— Bien sûr que si ! J'ai vingt Gris. Où sont-ils ?

— Il n'y en avait pas quand je suis arrivé, senhor. Je suis vraiment désolé. Vous dormiez encore quand je suis entré. » Michael fit un geste vers l'extérieur. « Vous pourriez peut-être demander à ces samouraïs-là ? »

Blackthorne ramassa son épée. « Écartez-vous de la porte.

— Je ne suis pas armé, Anjin-san.

— Quand bien même, ne vous approchez pas de moi. Les prêtres me rendent nerveux. » Michael se leva, obéissant, et s'écarta avec le même calme serein. Deux Gris étaient nonchalamment accoudés à la balustrade du couloir.

« Bonsoir », leur dit Blackthorne poliment.

Ils ne le saluèrent pas. « Bonsoir, Anjin-san, répondit l'un d'entre eux.

— S'il vous plaît, où autres gardes ?

— Tous les gardes sont partis à l'heure du lièvre, ce matin. Comprendre, heure du lièvre ? Nous ne sommes pas vos gardes, Anjin-san. C'est notre poste habituel. »

Blackthorne sentit une sueur froide ruisseler le long de son dos.

« Gardes partir ? Qui ordonner ? »

Les deux samouraïs éclatèrent de rire. Le plus grand des deux dit : « Ici, à l'intérieur du donjon, Anjin-san... Seul le sire-général Ishido donne des ordres... ou la dame Ochiba. Comment vous sentez-vous aujourd'hui ?

— Mieux, merci. » Un officier sortit d'une chambre accompagné par quatre samouraïs. Il était jeune et tiré à quatre épingles. Quand il vit Blackthorne, ses yeux s'éclairèrent.

« Ah, Anjin-san, comment vous sentez-vous ?

— Mieux, merci. Excusez-moi. Où gardes ?

— J'ai ordre de vous dire, à votre réveil, que vous devez retourner à bord de votre bateau. Voici votre sauf-conduit. » Le capitaine sortit le papier de sa manche, le lui tendit et, montrant Michael du doigt, ajouta dédaigneusement : « Cet homme est votre guide. »

Blackthorne essaya de rassembler ses esprits. Son cerveau hurlait et l'avertissait du danger. « Oui, merci. Mais d'abord, s'il vous plaît, voir Sire Ishido. Très important.

— Désolé, mais vous avez ordre de regagner votre bateau dès votre réveil. Vous comprenez ?

— Oui, mais très important voir Sire Ishido. Dire à votre capitaine, maintenant. Voir Sire Ishido avant de partir. »

Le samouraï gratta les traces de petite vérole qu'il avait au menton. « Je vais demander. Habiller, s'il vous plaît. »

Il s'en alla rapidement, au grand soulagement de Blackthorne qui retourna dans sa chambre et s'habilla en vitesse. Le prêtre attendait dans le couloir. Sois patient, se dit Blackthorne. Ne pense pas, ne t'inquiète pas. C'est une erreur. Rien n'est changé. Tu as toujours la puissance que tu avais. Il glissa les deux épées dans sa ceinture et but le reste de thé, puis il vit le sauf-conduit. Le papier portait un sceau et était recouvert de caractères. Pas d'erreur là-dessus, pensa-t-il.

Le capitaine revint. « Vous avez ordre de gagner votre bateau, Anjin-san. Ce prêtre va vous servir de guide.

— Oui, merci, mais d'abord voir dame Ochiba. Très, très important. S'il vous plaît, demander votre... »

Le capitaine se tourna vers Michael et parla rapidement, d'une voix gutturale : *« Neh ? »* Michael salua et se tourna vers Blackthorne.

« Désolé, senhor. Il dit que son supérieur demande à son supérieur mais qu'entre-temps vous devez immédiatement partir et me suivre... Jusqu'à la galère. »

Blackthorne comprit qu'il était un homme mort. Il s'entendit dire : « Merci, capitaine. Où mes gardes, s'il vous plaît ?

— Vous n'en avez pas.

— S'il vous plaît, envoyer quelqu'un bateau... Chercher mes vassaux...

— Regagnez votre bateau ! Compris ? » Les mots étaient impolis et rédhibitoires. Le capitaine attendit que Blackthorne le salue d'abord. Il devint clair pour Blackthorne qu'il avait été trahi et vendu aux chrétiens, que Kiyama, Ishido et les prêtres faisaient partie de cette trahison et qu'il ne pouvait rien faire d'autre, quels que soient le prix ou le motif, qu'essuyer sa sueur, saluer et s'en aller. Et *ils* l'attendaient.

Puis Mariko vint lui tenir compagnie et il se souvint de *sa* peur, de tout ce qu'elle avait fait et de tout ce qu'elle lui avait appris. Il obligea sa main à se poser sur le pommeau cassé de son épée et écarta les jambes, sachant que son sort était fixé et que, s'il devait mourir, il valait mieux mourir maintenant en se battant avec fierté.

« Je suis John Blackthorne, Anjin-san, dit-il. Général bateau sire Toranaga... Tous bateaux... Samouraï et *hatamoto !* Qui êtes-vous ? »

Le capitaine rougit. « Saigo Masakatsu de Kaga, capitaine de la garnison de Sire Ishido.

— Je suis *hatamoto...* Vous aussi ? demanda Blackthorne avec dureté.

— Non.

— Êtes-vous samouraï ou *ronin ?* » Le dernier mot siffla et Blackthorne sentit la présence des hommes derrière lui. Il regarda le capitaine, attendant le coup mortel. Il se prépara à rendre le coup avec une force comparable, mais, à sa stupéfaction, il vit le regard du capitaine changer. L'homme frissonna, s'inclina humblement. « Excusez mes mauvaises manières. Je... J'étais *ronin,* mais... mais le sire-général

Ishido m'a donné une seconde chance. Excusez mes mauvaises manières, Anjin-san. » La voix était honteuse.

Tout cela paraissait irréel. Blackthorne resta sur ses gardes, attendant la mort. Il regarda les autres samouraïs. Ils s'inclinèrent tous comme un seul homme, lui donnant ainsi la victoire. Au bout d'un moment, Blackthorne salua à son tour. Michael le suivit jusque dans la cour. Blackthorne ne sentait plus ses douleurs. Les Gris le regardèrent et le premier groupe qui les accompagna jusqu'au poste de contrôle resta prudemment hors de portée de son épée. Un homme partit en avant. Au poste de contrôle suivant, l'officier s'inclina poliment. Le sauf-conduit fut minutieusement examiné. Une autre escorte les accompagna jusqu'au poste suivant et ainsi de suite. Il sentit que sa tête recommençait à lui faire mal et qu'il ne transpirait plus. Il s'arrêta près d'une fontaine, but et se jeta de l'eau au visage. Les Gris qui l'escortaient l'attendirent poliment et, pendant tout ce temps, il se demanda pourquoi il avait perdu les faveurs et la protection d'Ishido et de dame Ochiba. Rien n'est changé, pensa-t-il. Il leva le visage et vit que Michael le dévisageait.

« Que voulez-vous ?

— Rien senhor, répondit Michael poliment.

— Vous êtes vous aussi samouraï ?

— Oui, senhor, j'ai cet honneur. Mon père est le cousin de sire Kiyama et mon clan est originaire de la province de Hizen, à Kyushu. Comment saviez-vous qu'il était *ronin ?* »

Blackthorne tenta de se souvenir. « Je n'en étais pas sûr. Peut-être parce qu'il a dit qu'il était de Kaga et que c'est très loin d'ici et Mariko... Dame Toda m'a dit que Kaga se trouvait très loin, au nord... Je ne sais pas... Je ne me souviens pas de ce que j'ai dit. »

L'officier de l'escorte s'approcha d'eux. « Excusez-moi, Anjin-san, cet homme vous dérange-t-il ?

— Non. Non, merci. » Blackthorne se mit en route. Le sauf-conduit fut une fois de plus vérifié et le cortège poursuivit son chemin. En traversant l'avant-dernière douve, Blackthorne fit signe à Michael : « Vous me guidez jusqu'à la galère ?

— Oui, c'est ce qu'on m'a dit de faire, senhor.

— Nulle part ailleurs ?

— Non, senhor.

— Qui vous l'a ordonné ?

— Sire Kiyama et le père visiteur, senhor.

— Ah, lui ! Je préfère que vous m'appeliez Anjin-san, pas senhor, mon père.

— Excusez-moi, Anjin-san, mais je ne suis pas un père. Je n'ai pas encore été ordonné.

— Quand est-ce que ça se passera ?

— Quand Dieu le voudra.

— Où est Yabu-san ?

— Je ne sais pas.

— Vous m'amenez seulement jusqu'à mon bateau, nulle part ailleurs ?

— Jusqu'à votre bateau. Oui, Anjin-san.

— Je suis libre après ? Libre d'aller où je veux ?

— On m'a demandé de m'enquérir de votre santé et de vous mener jusqu'à votre bateau. Rien de plus. Je ne suis qu'un messager, un guide.

— Devant Dieu ?

— Je ne suis qu'un guide, Anjin-san.

— Où avez-vous appris à si bien parler le portugais et le latin ?

— J'étais l'un des quatre... l'un des quatre garçons envoyés à Rome par le père visiteur. J'avais treize ans. »

Dernière douve — dernier pont — porte Sud principale — dernier poste de contrôle. Son sauf-conduit lui fut retiré. Michael passa le dernier pont-levis et Blackthorne le suivit. Une centaine de samouraïs attendaient à l'extérieur de la citadelle — les hommes de Kiyama. Il vit leurs crucifix, sentit leur hostilité et s'arrêta. L'officier fit signe à Blackthorne d'avancer. Il obéit. Les samouraïs fermaient la marche. Blackthorne suivit Michael. Il était au-delà de la peur. Il voulait encore s'échapper, mais il n'y avait pas d'endroit où aller, pas d'endroit où se cacher. Il ne pouvait trouver de sécurité qu'à bord de l'*Érasme*.

« Que va-t-il se passer, une fois arrivé sur la galère, mon frère ?

— Je ne sais pas, Anjin-san. »

Ils traversèrent les rues de la ville et s'approchèrent de la mer. Michael tourna au coin d'une rue et arriva sur un marché aux poissons, en plein air. Blackthorne suivit les samouraïs entre les étals, les nasses et les couffins en bambou où gisaient crevettes, crabes et homards. Ils poursuivirent leur chemin en silence. Blackthorne prenait des points de repère. La plage apparut au bout de la rue. La mer était étale sous la lumière aveuglante du soleil. Il sut où ils étaient. Il indiqua du doigt, vers la gauche, une rue large qui allait d'est en ouest. « Prenons ce chemin.

— Ce chemin-là est plus court, Anjin-san.

— Oui, mais par là, nous devons passer devant la Mission jésuite et le lorcha portugais. Je préfère faire un détour et prendre le chemin le plus long.

— On m'a dit de prendre ce chemin-là.

— Prenons l'autre. » Blackthorne s'arrêta. L'officier demanda ce qui se passait et Michael lui expliqua. L'officier leur fit signe de prendre le chemin conseillé par Michael. Blackthorne soupesa les conséquences d'un éventuel refus. Ils allaient l'obliger, le contraindre, le porter, le tirer ou le pousser. Rien de tout cela ne le tentait. Il haussa les épaules et les suivit. Ils atteignirent la route qui longeait la plage. A une demi-*ri* devant, se trouvaient les quais et les dépôts. A une centaine de pas plus loin, le lorcha portugais. Comme Blackthorne s'y attendait, Michael se dirigea vers les portes de la Mission. Blackthorne prit une décision. Ils devraient l'assommer avant de pouvoir lui faire franchir le portail.

« Vous me guidez seulement jusqu'à la galère, n'est-ce pas ?

— Oui, Anjin-san. » A son grand étonnement, Michael lui fit signe de s'arrêter devant la porte. « Rien n'est changé. On m'a demandé de prévenir le père visiteur de notre passage. Désolé, mais vous allez devoir attendre un moment. »

Blackthorne le regarda pénétrer dans la cour. Il s'attendait à ce que ce soit la fin de son voyage. Il regarda le lorcha. Ferriera et Rodrigues étaient à la poupe et des marins armés encombraient le pont principal. Le quai faisait une courbe et, au-delà, il apercevait sa galère. Des hommes le regardaient du plat-bord. Il crut reconnaître Yabu et Vinck parmi eux, sans en être sûr. Il semblait que quelques femmes fussent également là. Qui étaient-elles, il n'en savait rien. Les Gris entouraient la galère. Il tourna à nouveau les yeux vers Ferriera et Rodrigues, armés jusqu'aux dents.

« Ah, capitaine-pilote, comment allez-vous ? »

Dell'Aqua sortit en compagnie de Michael qui semblait un nain à côté de lui. Le père visiteur portait une soutane de jésuite. Sa haute stature et son imposante barbe grisonnante lui donnaient l'apparence régalienne d'un patriarche biblique.

« Oh, père visiteur, comment allez-vous ? Pouvons-nous poursuivre notre route ?

— Pourquoi pas ? »

L'inquisition va avoir lieu à bord, se dit Blackthorne, terrorisé. Il aurait souhaité avoir ses pistolets à sa ceinture. Vous mourrez quand même le premier, Votre Éminence.

« Restez ici, Michael », dit Dell'Aqua. Il se tourna vers la frégate portugaise et son visage se durcit. Blackthorne hésita. Michael et les samouraïs le regardèrent bizarrement.

« *Sayonara,* Anjin-san, dit Michael. Allez avec Dieu. » Blackthorne hocha la tête brièvement et passa entre les rangées de samouraïs, s'attendant à les voir lui tomber dessus avec leurs épées. Mais ils ne le touchèrent pas. Il s'arrêta, regarda en arrière. Son cœur battait la chamade. Il fut un instant tenté de dégainer son épée et de charger, mais il n'y avait aucune possibilité de fuite. Ils ne riposteraient pas. Sa seule voie de salut s'étalait devant lui et là, ses épées étaient impuissantes contre les canons. Blackthorne vit Ferriera quitter la poupe et traverser le pont principal, pistolets à la ceinture et rapière au côté. Rodrigues le regardait. Pesaro et dix hommes étaient déjà sur le quai, penchés sur leurs mousquets armés de baïonnettes. Oh, Dieu, ne me laissez pas... Oh, Dieu, pour une paire de pistolets, dix loups de mer et un canon, ne me laissez pas me couvrir de honte...

« Bonsoir, Votre Éminence, dit Ferriera, les yeux fixés sur Blackthorne.

— Alors, Inge...

— Bonsoir, capitaine-général. » Dell'Aqua pointa son doigt vers les hommes en position sur le quai. « Est-ce là une de vos idées ?

— Oui, Votre Éminence.

— Remontez à bord de votre bateau !

— C'est une décision militaire.

— *Remontez à bord de votre bateau !*

— *Non.* Pesaro ! » Le bosco et ses hommes s'avancèrent aussitôt vers Blackthorne. Ferriera sortit son pistolet. « Ainsi donc, Ingeles, nous nous rencontrons à nouveau.

— Voilà qui me déplaît au plus haut point ! »

Blackthorne sortit son épée du fourreau, la tint gauchement à deux mains. Le pommeau cassé lui faisait mal.

« Vous serez le bienvenu en enfer, ce soir, dit Ferriera rudement.

— Si vous aviez du ventre, vous viendriez vous battre d'homme à homme, mais vous n'êtes pas un homme. Vous êtes un lâche, un lâche d'Espagnol sans couilles !

— Désarmez-le ! » ordonna Ferriera. Les dix hommes chargèrent, baïonnette en avant. Blackthorne recula mais se retrouva cerné. Les baïonnettes cherchaient ses jambes. Il assena un coup d'épée à l'un de ses assaillants.

Dell'Aqua retrouva ses esprits et hurla : « Baissez vos armes ! Je vous ordonne, devant Dieu, d'arrêter ! Reculez ! Tous ! Seriez-vous des animaux ?

— Je veux cet homme ! dit Ferriera.

— Je sais, mais je vous ai déjà dit que vous ne l'auriez pas ! Je vous l'ai dit hier et ce matin. Êtes-vous sourd ? Que Dieu me donne de la patience ! Ordonnez à vos hommes de remonter à bord !

Je vous ordonne de rebrousser chemin et de vous en aller !

— Vous *me* donnez des ordres, maintenant ?

— Oui, je vous l'ordonne ! Je suis capitaine-général, gouverneur de Macao, officier en chef du Portugal en Asie et cet homme est une menace pour l'État, l'Église, le Vaisseau noir et Macao !

— Je vous excommunie vous et vos hommes, devant Dieu, si vous touchez à cet homme. Vous m'entendez ? » Dell'Aqua se dirigea vers les mousquetaires qui reculèrent, affolés. A l'exception de Pesaro qui barra le passage, pistolet à la main, attendant les ordres de Ferriera. « Remontez à bord ! Écartez-vous de mon chemin !

— Vous faites erreur, tempêta Ferriera. Il est une *menace*. Je suis commandant militaire en Asie et je vous dis...

— Ceci est un problème concernant l'Église. Ce n'est pas une décision mili... »

Blackthorne était étourdi. Il avait des difficultés à penser. Sa tête explosait de douleur. Tout s'était si vite passé. Un instant gardé, l'autre non, un moment trahi et vendu à l'Inquisition, l'autre en fuite, un moment trahi à nouveau, l'autre défendu par le Chef inquisiteur. Rien n'avait de sens.

Ferriera cria : « Je vous avertis encore une fois. Dieu étant mon juge, vous faites erreur et j'en informerai Lisbonne !

— En attendant, ordonnez à vos hommes de remonter à bord ou je vous enlève le titre de capitaine-général du Vaisseau noir !

— Vous n'en avez pas la possibilité.

— Je vous déclare excommuniés, vous et tous vos hommes, si vous ne leur ordonnez pas de remonter immédiatement à bord sans toucher à l'Ingeles ! Au nom de Dieu !

— Par la Madone ! » Ferriera se tut. Il n'avait pas peur pour lui mais son Vaisseau noir était maintenant menacé et il savait que la plus grande partie de son équipage l'abandonnerait s'il n'obéissait pas. Il envisagea un moment de tirer sur le prêtre, mais ça ne supprimerait pas l'excommunication qui avait été prononcée. Il capitula donc. « Très bien, tous à bord ! Bas les armes ! »

Les hommes, obéissants, s'éparpillèrent, heureux de s'éloigner du prêtre. Blackthorne était toujours ahuri, se demandant si sa tête ne lui jouait pas des tours. Au milieu de la mêlée, la haine de Pesaro éclata. Il visa. Dell'Aqua vit son mouvement et se précipita en avant pour protéger Blackthorne de son corps. Pesaro appuya sur la détente mais, à ce moment-là, des flèches le transpercèrent ; la balle partit sans faire de mal et il s'effondra en hurlant. Blackthorne se retourna et vit six archers de Kiyama. Michael se tenait près d'eux. L'officier parla avec dureté. Pesaro poussa un dernier hurlement et mourut. Michael tremblait en rompant le silence : « L'officier dit qu'il est désolé mais qu'il a craint pour la vie du père visiteur. » Michael suppliait Dieu de lui pardonner d'avoir donné le signal du feu. Mais Pesaro avait été prévenu, se dit-il. Et il est de mon devoir de faire obéir aux ordres du père visiteur, de protéger sa vie, d'éliminer les assassins et d'empêcher que quiconque soit excommunié.

Dell'Aqua était à genoux près du corps de Pesaro. Il fit le signe de la croix et prononça les mots sacrés. Les Portugais qui l'entouraient surveillaient les samouraïs qui n'attendaient qu'un ordre de lui pour tuer les meurtriers. Ferriera, dans sa colère et sa rage, se rendit compte qu'il ne pouvait pas se permettre une bataille, à cet endroit et en cet instant précis. « Tout le monde à bord ! Ramenez le corps de Pesaro ! » Les hommes, sur le quai, obéirent nonchalamment. Blackthorne abaissa son épée mais ne la rengaina pas. Il attendit, stupéfait, s'attendant à être capturé et emmené de force sur le lorcha.

Dell'Aqua se releva et se tourna vers Ferriera qui se tenait, arrogant, au haut de l'échelle de coupée, prêt à défendre son bateau. « Vous êtes responsable de la mort de cet homme ! siffla le père visiteur. Votre soif vengeresse, fanatique et impie...

— Avant de prononcer quoi que ce soit en public, vous feriez mieux de tourner votre langue dans votre bouche, l'interrompit Ferriera. Je me suis incliné devant vos ordres même si, devant Dieu, vous avez fait une grave erreur. Vous m'avez entendu rappeler mes hommes. Pesaro vous a désobéi. Il ne m'a pas désobéi. Si quelqu'un doit en être tenu responsable, c'est vous ! Vous l'avez empêché de faire son devoir, Cet Ingeles est l'ennemi ! C'était une décision militaire, par Dieu ! J'en informerai Lisbonne. »

Il vérifia si son bateau était prêt à partir et regarda les samouraïs qui approchaient. Rodrigues avait quitté le gaillard d'arrière.

« Capitaine-général, je ne peux pas prendre la mer avec ce vent et cette marée.

— Préparez une chaloupe pour nous remorquer, si nécessaire.

— C'est fait. »

Ferriera cria aux hommes qui transportaient le cadavre du bosco de se dépêcher et dit à Michael péremptoirement : « Dites aux samouraïs de se disperser ! Il n'ont plus rien à faire ici. C'était une erreur. Une grave erreur mais ils ont eu raison de tuer Pesaro. Dites-leur de se disperser ! » Il détestait s'entendre dire ça et voulait les tuer tous, mais il sentait le danger sur le quai et n'avait pas d'autre possibilité que de battre en retraite. Michael s'exécuta. Les officiers ne bougèrent pas.

« Vous feriez mieux de passer votre chemin, Votre Éminence ! dit Ferriera. Mais ce n'est pas mon dernier mot. Vous regretterez de l'avoir sauvé. »

Dell'Aqua lui aussi sentait le danger qui l'entourait. Il fit le signe de la croix et tourna les talons. « Suivez-moi, pilote.

— Pourquoi me laissez-vous partir ? demanda Blackthorne.

— Suivez-moi, pilote.

— Pourquoi me laissez-vous partir, je ne comprends pas ?

— Moi non plus, dit Ferriera. J'aimerais, moi aussi, connaître la véritable raison, Votre Éminence. Ne représente-t-il pas une menace pour nous et l'Église ? »

Dell'Aqua le regarda fixement. Oui, avait-il envie de lui dire, mais la menace la plus immédiate est la guerre. Comment faire pour gagner du temps, pour vous et cinquante années de Vaisseau noir ? Qui choisir ? Ishido ou Toranaga ? Vous ne comprenez rien à nos problèmes, Ferriera, aux gains en jeu ou même à la précarité de notre position et aux dangers.

Ferriera le dévisageait toujours. « L'Ingeles ne représente-t-il pas une menace ?

— Faites bon voyage, capitaine-général. Pilote, je vous amène jusqu'à votre galère... Ça va ?

— C'est... Ma tête... Je crois que l'explosion... Vous me laissez vraiment partir ? Pourquoi ?

— Parce que dame Maria, dame Mariko nous a demandé de vous protéger.

— Ce n'est pas une raison ! Vous ne feriez pas ça uniquement parce qu'elle vous l'a demandé.

— Je suis d'accord, dit Ferriera. Votre Éminence, pourquoi ne pas lui dire toute la vérité ? »

Dell'Aqua ne s'arrêta pas. Blackthorne le suivit mais ne tourna pas le dos au bateau, s'attendant toujours à une trahison. « Ça ne veut rien dire... Vous savez bien que je vais vous détruire. Je vais prendre votre Vaisseau noir. »

Ferriera se mit à rire, méprisant. « Avec quoi, Ingeles ? *Vous n'avez plus de bateau !*

— Que voulez-vous dire ?

— Vous n'avez plus de bateau. Il est mort. S'il ne l'était pas, je ne vous laisserais jamais partir, quelles que soient les menaces de Son Éminence.

— Ce n'est pas vrai... »

Blackthorne entendit, dans le brouillard de son esprit, Ferriera répéter sa phrase, rire et ajouter quelque chose sur un accident, la main de Dieu. Puis il vit Rodrigues clairement, de la pitié inscrite sur le visage, articuler : Oui, Ingeles, c'est vrai.

— Ce n'est pas vrai. Ça ne peut pas être vrai. »

Il entendit le prêtre inquisiteur dire, à des millions de lieues de là : « J'ai reçu un message du père Alvito ce matin. Il semble qu'un tremblement de terre ait provoqué un raz de marée... »

Mais Blackthorne n'écoutait pas. Son esprit hurlait. Ton bateau n'existe plus, tu l'as abandonné, ton bateau n'est plus, plus de bateau, plus de bateau, plus de bateau...

« Ce n'est pas vrai. Vous mentez. Mon bateau est dans un abri sûr et gardé par quatre mille hommes. Il est en sécurité ! »

Quelqu'un dit : « Hors d'atteinte de tous, sauf de Dieu. »

L'inquisiteur se remit à parler : « Le raz de marée a soulevé votre bateau. On dit que les fanals qui étaient sur le pont se sont renversés et ont mis le feu. Le bateau est détruit.

— Mensonge ! Et la veille de pont ? Il y a toujours quelqu'un ! C'est impossible ! cria-t-il tout en comprenant que sa vie lui était laissée en échange de son bateau.

— Vous êtes, fichu, Ingeles. » Ferriera se moquait de lui. « Fichu. A terre. Ici, pour toujours. Vous ne trouverez pas de passage sur l'un de nos bateaux. Vous êtes ici pour toujours. »

Blackthorne sentit qu'il se noyat. Il entendit le cri des mouettes, sentit l'odeur de la marée et vit Ferriera, son ennemi. Il savait que c'était un mensonge pour le rendre fou. Il en était sûr et savait aussi que les prêtres faisaient partie du complot. « Que Dieu vous envoie en enfer ! » cria-t-il en se ruant sur Ferriera, épée brandie. Mais des mains s'emparèrent de lui, le désarmèrent et, entouré par deux Gris, il arriva au pied de la coupée de la galère. Là, on lui rendit ses épées et on le laissa monter.

Yabu lui parlait. Vinck lui parlait. Il lui fallut du temps pour se concentrer.

« Pilote, au nom du Christ, pourquoi vous ont-ils laissé partir ?

— Ils... Ils... » Il ne pouvait pas parler.

Il se retrouva sur le gaillard d'arrière où Yabu ordonnait au capitaine-san de prendre la mer, avant qu'Ishido n'ait changé d'avis, et de mettre cap au plus vite sur Nagasaki.

Kiri disait : « Désolée, Yabu-sama, d'abord à Yedo. Nous devons aller à Yedo...

— D'abord prendre hommes Nagasaki, Anjin-san, compris ? Important. D'abord hommes ! Avoir plan, dit Yabu.

— Non. Aller Yokohama. Mon bateau... Mon bateau, danger.

— Quel danger ? hurla Yabu.

— Chrétiens dire... dire feu !

— Quoi !

— Pour l'amour de Dieu, pilote, que se passe-t-il ? » cria Vinck.

Blackthorne indiqua le lorcha d'un doigt tremblant : « Ils m'ont dit... Ils m'ont dit que l'*Érasme* était perdu, Johann. Notre bateau est... perdu... brûlé. »

Livre sixième

60

Blackthorne avait de l'eau jusqu'a la ceinture et regardait le squelette calciné de son bateau à soixante-dix mètres du rivage, démâté, sans ponts, sans rien, à part la coque et les côtes de sa carcasse, tendues vers le ciel.

« Les singes ont essayé de l'amener vers le rivage, dit Vinck.

— Non. C'est la marée qui l'a amené là.

— Pour l'amour de Dieu, pourquoi dire ça, pilote ? Si vous avez un putain de feu à bord et que vous êtes près d'un putain de rivage, vous tentez d'aborder pour pouvoir combattre l'incendie de là. Même ces salauds d'enculés savent ça ! » Vinck cracha sur le sable. « Des singes ! Vous auriez jamais dû leur laisser l'*Erasme*. Que va-t-on faire maintenant ? Comment va-t-on rentrer chez nous ? Vous auriez dû le laisser en sécurité à Yedo, et nous aussi par la même occasion, avec nos *eta.* »

Les gémissements de Vinck irritaient Blackthorne. Tout en Vinck l'agaçait. Trois fois, la semaine précédente, il avait failli dire à ses vassaux de le poignarder tranquillement et de le balancer par-dessus bord pour mettre un terme à sa rancœur, quand les pleurnichements, les accusations étaient devenus insupportables. Mais il avait toujours réfréné ses envies, était monté sur le pont ou était parti à la recherche de Yabu, car, en sa présence, Vinck ne disait plus un mot et restait pétrifié. Il avait été aisé de le contenir, à bord. Mais là, devant la nudité même de son bateau... Ce n'était pas facile.

« Ils l'ont peut-être mené vers la terre, Johann.

— Sûr qu'ils l'ont mené à terre mais ils ont pas éteint le feu. Que Dieu les envoie en enfer ! On aurait jamais dû laisser ces Japs à bord. Putains de singes... »

Blackthorne se boucha les oreilles et concentra toute son attention sur la galère. Elle était amarrée à une centaine de pas, le long d'un quai près du village de Yokohama. Quand la galère avait contourné le promontoire deux heures auparavant, Yabu lui avait dit : « Pourquoi aller plus près, Anjin-san ? Bateau mort, *neh ?* Tout fini. Aller Yedo ! Préparer guerre. Pas temps, maintenant.

— Désolé. Arrêter ici. Voir près, s'il vous plaît.

— Aller Yedo ! Bateau mort... Fini, *neh ?*

— Vouloir, aller. Moi, nager.

— Attendre. Bateau mort, *neh ?*

— Désolé. Arrêter s'il vous plaît. Peu de temps. Après, Yedo. »

Yabu avait finalement accepté et ils avaient accosté. Naga était venu à leur rencontre. « Désolé, Anjin-san, *neh ?* lui avait-il dit, les yeux gonflés par le manque de sommeil. Il avait raconté la catastrophe. Blackthorne étudiait à présent la carcasse de l'*Érasme.* Une pensée ne cessait de l'obséder : Mariko a compris la vérité et l'a murmurée à Kiyama ou aux prêtres. « Sans son bateau, l'Anjin-san est impuissant contre l'Église. Je vous demande de le laisser en vie et de ne détruire que le bateau... »

Il l'entendait dire ça. Elle avait raison. C'était une solution si simple au problème catholique. Oui. Mais n'importe lequel d'entre eux aurait pu y penser. Comment avaient-ils fait pour passer au travers des quatre mille hommes ? Qui avaient-ils corrompu ? Comment ? Ça n'a pas d'importance. Ils ont gagné. Que Dieu me vienne en aide. Sans mon bateau, je suis un homme mort. Je ne peux pas aider Toranaga et sa guerre va tous nous engloutir.

« Pauvre bateau, dit-il, Pardonne-moi... C'est si triste de mourir aussi inutilement. Après avoir parcouru tant de lieues...

— Hein ? dit Vinck,

— Rien. Pauvre bateau, pardonne-moi. Ce n'est pas moi qui ai fait ça. Je n'avais pas conclu de marché avec elle, avec qui que ce soit. Pauvre Mariko. Pardonne-lui aussi.

— Qu'avez-vous dit, pilote ?

— Rien. Je pensais simplement tout haut.

— Vous avez dit quelque chose. Je vous ai entendu dire quelque chose, pour l'amour de Dieu !

— Pour l'amour de Dieu, ferme-la !

— Hein ? Ferme-la ? Nous sommes coincés. Nous allons devoir rester avec tous ces singes pour le restant de nos jours !

— Oui !

— Va falloir s'aplatir devant ces bâtons merdeux de païens pendant tout le restant de notre putain de vie et combien de temps ça va durer quand ils savent parler que de guerre, de guerre, de guerre ?

— Oui. »

Vinck tremblait de tout son corps. « C'est votre faute. Vous nous avez dit de venir aux Japons et nous sommes venus. Combien sont morts en venant ici ? C'est vous qui êtes à blâmer !

— Oui, désolé, mais tu as raison.

— Vous êtes désolé, pilote ? Comment va-t-on faire pour rentrer chez nous ? C'est votre putain d'affaire de nous ramener chez nous ! Comment vous allez vous y prendre ?

— Je ne sais pas. Un de nos bateaux va venir ici, Johann. Nous n'avons qu'à en attendre un autre...

— Attendre ? Combien de temps ? Cinq ans ? Vingt ans ? Jésus-Christ, vous avez dit que tous ces salopards étaient en guerre *à présent*. Ils vont nous couper la tête, la mettre sur une pique, et les petits oiseaux viendront nous picorer... » Un rire hystérique le parcourut. Il fouilla dans sa chemise en lambeaux. Blackthorne aperçut la crosse d'un pistolet. Il aurait été facile de l'assommer et de lui prendre son arme mais il ne fit rien pour se défendre, Vinck secoua l'arme sous son nez, en dansant autour de lui sauvagement. Blackthorne attendit, impavide, espérant voir la balle le toucher, mais Vinck prit ses jambes à son cou et fila sur la plage. Il courut sur une centaine de pas puis s'effondra sur le dos. Ses jambes et ses bras s'agitèrent. Il cracha un flot d'obscénités. Au bout de quelques instants, il se mit sur le ventre dans un dernier hurlement, fit face à Blackthorne et se figea. Il y eut un grand silence. Quand Blackthorne arriva à sa hauteur, le pistolet le visait encore. Vinck gisait les yeux fixes, remplis d'une hostilité démente ; ses lèvres étaient retroussées mais il était mort. Blackthorne lui ferma les yeux, le souleva, le chargea sur ses épaules et rebroussa chemin. Des samouraïs accoururent, Naga et Yabu en tête.

« Qu'est-il arrivé, Anjin-san ?

— Devenir fou.

— Est-il mort ?

— Oui. D'abord obsèques. Ensuite Yedo. D'accord ?

— *Hai.* »

Blackthorne demanda qu'on lui apporte une pelle et qu'on le laisse seul, le temps d'enterrer Vinck sur un tertre qui dominait l'épave.

Il arrangea tout proprement. « *Sayonara,* Johann. » Puis il se dirigea vers la mer et nagea, nu, jusqu'au bateau pour se purifier. Il avait dit à Naga que telle était leur coutume après avoir enterré un des leurs. Le capitaine devait faire tout ça en privé et la mer le purifiait devant le Dieu chrétien.

Il s'agrippa à la charpente du navire, vit que quelques anatifes s'étaient déjà installés sur la coque. Le sable recouvrait le fond de la cale, par trois brasses au-dessous. La mer allait bientôt réclamer ce bateau et il allait disparaître. Il regagna le rivage. Ses vassaux l'attendaient avec des habits frais et propres. Il s'habilla, ficha ses épées dans sa ceinture et fit demi-tour. L'un de ses vassaux indiqua quelque chose du doigt : « Anjin-san ! » Un pigeon, pourchassé par un faucon, volait à tire-d'aile vers l'abri que lui offrait le pigeonnier du village. Il restait encore cent mètres à parcourir. Le faucon se plaça au-dessus de sa proie, replia ses ailes et plongea. Le pigeon tomba en poussant des cris aigus comme s'il était mortellement blessé, pui, arrivé au sol, recouvra toutes ses forces et gagna son abri.

Blackthorne retourna vers la galère. Tout le monde l'y attendait, prêt.

« Yabu-san, *ima* Yedo *ka ?* » demanda-t-il.

Mais Yabu ne répondit pas et personne ne fit attention à lui. Tous les yeux se tournèrent vers Naga qui se dépêchait d'atteindre le village.

Un palefrenier vint à sa rencontre. Naga brisa le cachet et lut le morceau de papier. « Galère et tous à bord rester Yokohama jusqu'à mon arrivée. » Signé : Toranaga.

Les cavaliers apparurent au sommet de la colline, dans le soleil matinal. Cinquante éclaireurs d'abord, menés par Buntaro, puis les bannières. Toranaga enfin, suivi du gros des troupes commandé par Omi et du père Alvito, de Tsukku-san et de ses acolytes. Tous les samouraïs étaient lourdement armés, portaient des cuirasses et des armures. Toranaga était heureux d'arriver au terme de son voyage. Il se sentait neuf et plus fort, l'esprit plus léger. Deux jours et demi s'étaient écoulés depuis qu'il avait donné ordre à Naga de garder la galère à Yokohama.

Tant de choses encore à faire, pensa-t-il, l'esprit plein de plans et de faits. Dans quatre jours, ce sera *le jour*, vingt-deuxième jour du huitième mois, mois de la pleine lune. Aujourd'hui, à Osaka, le courtisan Ogaki Takamoto se rend auprès d'Ishido et lui annonce avec regret que la visite du Fils du Ciel est retardée de quelques jours, pour raison de santé.

Ce retard avait été si facile à négocier. Quoique Ogaki fût prince de septième rang et descendît de l'empereur Go-shoko, quatre-vingt-quinzième de la dynastie, il était pauvre comme tous les membres de la Cour impériale. La Cour n'avait pas de revenus propres et n'existait qu'à travers la pension accordée par le shōgun, le Kwampaku ou la junte en place. Toranaga avait donc accordé dix mille koku par an à Ogaki, par le biais d'intermédiaires, pour qu'il en fasse don à des parents dans le besoin, en disant avec humilité qu'étant Minowara, il descendait lui aussi de Go-shoko et était donc ravi de lui être de quelque secours en espérant, bien sûr, que le Fils du Ciel voudrait bien prendre soin de lui dans un climat aussi traître que celui d'Osaka, surtout aux alentours du vingt-deuxième jour.

Il n'y avait aucune garantie. Ogaki pouvait ou ne pouvait pas persuader Sa Majesté. Mais, en trois siècles, un empereur régnant avait une seule fois quitté son sanctuaire de Kyoto. Toranaga espérait donc voir les conseillers de Sa Majesté accepter ce retard avec enthousiasme pour finalement annuler le voyage. Aucun *daimyō,* pas même Toranaga, n'aurait osé, en temps normal, faire une telle proposition à un membre de la Cour parce que c'était une insulte aux prérogatives des supérieurs — en ce cas précis, le Conseil — et se nommait trahison. Mais Toranaga savait qu'il était déjà accusé de trahison.

Ishido et ses alliés marcheront contre moi demain. Combien de temps me reste-t-il ? Où doit avoir lieu la bataille ? Odawara ? La victoire ne dépend que du lieu et du moment. Pas du nombre d'hommes. Ils seront trois fois plus nombreux que nous. Quelle importance, pensat-il. *Ishido pointe son nez hors de la citadelle d'Osaka !* Mariko l'a appâté. J'ai, dans ce jeu d'échecs pour le pouvoir, sacrifié ma reine, mais Ishido a perdu deux tours. Oui, mais au dernier jeu, tu as perdu plus qu'une reine. Tu as également perdu un bateau. Un pion peut devenir une reine, pas un bateau !

Ils descendirent la colline au trot. La mer s'étalait sous eux. ils prirent un chemin de traverse et le village de Yokohama apparut, avec l'épave en arrière-plan. Il se retourna, appela un samouraï, lui ordonna de dire à Buntaro d'aller en avant et de voir si tout était sûr et prêt.

— Rendez-vous ensuite au village et dites à tous les villageois d'aller à leur travail, à l'exception du chef.

— Oui, Sire. » L'homme éperonna son cheval et partit au triple galop. Toranaga était assez près du plateau pour distinguer les visages. L'Anjin-san et Yabu. Kiri et dame Sazuko. Son excitation grandit.

Buntaro galopait, son grand arc et deux carquois pleins sur le dos. Une demi-douzaine de samouraïs fermaient la marche. Ils quittèrent la piste et atteignirent le plateau. Buntaro vit Blackthorne et son visage devint encore plus grave. Il arrêta son cheval et regarda autour de lui prudemment. Une estrade protégée par un dais faisait face au régiment. Une estrade plus petite accueillait Kiri et dame Sazuko. Yabu, en tant qu'officier supérieur de haut rang, commandait le régiment. L'Anjin-san à sa gauche. Tout semblait parfait et Buntaro fit un signe au cortège de poursuivre son chemin. Les éclaireurs sautèrent de cheval et se déployèrent autour de l'estrade puis Toranaga descendit dans l'arène. Naga brandit l'étendard de guerre et quatre mille hommes crièrent « Toranagaaaaa ! » et saluèrent. Toranaga ne leur rendit pas leur salut. Il se rendit compte que Buntaro surveillait l'Anjin-san. Yabu portait l'épée qu'il lui avait offerte. Le salut de l'Anjin-san était correct. Kiri et sa plus jeune favorite étaient agenouillées, mains à plat sur les tatamis, face contre terre. Ses yeux se tournèrent, désapprobateurs, vers le Régiment. Chaque homme saluait. Il ne s'inclina pas et ne fit que hocher la tête. Un samouraï vint prendre les rênes de son cheval. Toranaga se dirigea vers ses femmes.

« Bienvenue, Kiri-san, pour votre retour ! »

Elle le salua joyeusement : « Merci, Sire. Je n'osais plus penser avoir la joie de vous revoir.

— Moi non plus, madame. » Toranaga regarda la jeune fille. « Et vous, Sazuko-san ? Où est mon fils ?

— Avec sa nourrice, Sire, répondit-elle, haletante.

— Veuillez envoyer quelqu'un le chercher immédiatement.

— Avec votre permission, Sire, puis-je vous l'amener moi-même ?

— Oui, si vous voulez. » Toranaga sourit et la regarda partir. Il se tourna à nouveau vers Kiri. « Tout va bien ? lui demanda-t-il à voix basse.

— Oui, Sire. Oh, oui... Et vous voir si fort me remplit de joie.

— Vous avez perdu du poids, Kiri-chan, et vous êtes plus jeune que jamais.

— Désolée, Sire, ce n'est pas vrai, mais je vous remercie quand même. »

Il lui fit une grimace. « Quelle qu'en soit la cause, cela vous va bien. Tragédie... solitude... oubli... Je suis heureux de vous voir, Kiri-chan,

— Merci, Sire. Je suis heureuse que *son* obéissance et *son* sacrifice aient déverrouillé Osaka. Ça *lui* ferait extrêmement plaisir, Sire, de savoir qu'elle a réussi.

— Je dois m'occuper d'abord de cette canaille de Régiment. Nous parlerons plus tard.

— Bien, Sire. » Ses yeux brillèrent. « Le Fils du Ciel va être retardé, *neh ?*

— Ce serait sage, *neh ?*

— J'ai un message privé de dame Ochiba.

— Ah, très bien mais ça attendra. » Il se tut un instant « Dame Mariko est-elle morte honorablement ? De son propre choix et non par accident ou erreur ?

— Mariko-sama a *choisi* la mort. C'était un seppuku. Si elle n'avait pas fait ce qu'elle a fait, ils l'auraient capturée. Oh, Sire, elle a été merveilleuse pendant tous ces jours difficiles. Si courageuse. L'Anjin-san aussi. Sans lui, elle aurait été capturée et humiliée. Nous l'aurions tous été.

— Ah oui, les *ninja.* Ishido aura à répondre de beaucoup de choses, Kiri-chan. Excusez-moi. » Il s'avança vers l'estrade, grave et l'air menaçant. « Omi-san ?

— Oui, Sire ? » Omi s'approcha et s'inclina, semblant plus âgé, plus mince aussi.

— Escortez dame Kiritsubo à ses appartements et veillez à ce que les miens soient prêts. » Omi salua, s'en alla et Toranaga fut heureux de voir que ce changement soudain de plan n'allumait pas une étincelle dans les yeux d'Omi. Bien, pensa-t-il, Omi apprend ou ses espions lui ont dit que j'ai ordonné secrètement à Sudara et Hiro-matsu de venir ici et que, donc, je ne peux décemment partir avant demain.

Il concentra toute son attention sur le Régiment. A son signal, Yabu vint auprès de lui et le salua. « Alors, Yabusan ?

— Puis-je vous dire, Sire, la joie que j'ai ressentie quand vous avez évité la trahison d'Ishido ?

— Merci. Les choses se sont bien passées à Osaka, *neh ?*

— Non. Mon harmonie est détruite, Sire. J'avais espéré commander la retraite d'Osaka et vous amener vos femmes, vore fils, dame Toda, l'Anjin-san et des marins pour votre bateau. Malheureusement, nous avons été tous les deux trahis, Là-bas et ici.

— Oui. » Toranaga regarda l'épave en contrebas. La colère zébra son visage.

« Que peut-on faire contre les éléments ? Rien. La négligence est un autre problème. Je veux entendre tout ce qui concerne Osaka, en détail... Dès que le Régiment aura été renvoyé dans son campement et que j'aurai pris mon bain.

— J'ai un rapport écrit pour vous, Sire.

— Très bien, mais je préfère que vous me racontiez tout, d'abord.

— Est-il vrai que le Fils du Ciel ne se rend pas à Osaka ?

— Ce que le Fils du Ciel fait le regarde.

— Voulez-vous passer les hommes du Régiment en revue avant qu'ils ne rompent les rangs ?

— Pourquoi devrais-je lui faire cet honneur ? Ne savez-vous pas qu'il est en disgrâce, éléments ou pas ?

— Oui, Sire. Désolé. C'est terrible. »

Yabu essayait de lire les pensées de Toranaga. « J'étais atterré quand j'ai su ce qui s'était passé. Cela semble presque impossible.

— Je suis d'accord avec vous. » Le visage de Toranaga s'assombrit. Il regarda Naga et les rangs massés derrière lui.« Je n'arrive toujours pas à comprendre qu'il ait pu y avoir tant d'incompétence. J'avais besoin de ce bateau. »

Naga était agité. « Excusez-moi, Sire, mais voulez-vous que je fasse une autre enquête ?

— Que peux-tu faire d'autre que tu n'aies pas déjà fait ?

— Je ne sais pas, Sire. Rien, Sire. Excusez-moi.

— Ton enquête a été minutieuse, *neh ?*

— Oui, Sire. Pardonnez ma stupidité.

— Ce n'était pas ta faute. Tu n'étais pas ici. Tu ne détenais pas le commandement. » Toranaga se tourna avec impatience vers Yabu. « Il est curieux, et même sinistre de constater que les gardes, aussi bien sur le rivage qu'au camp ou sur le bateau, étaient tous des hommes d'Izu, cette nuit-là. Le commandant en chef également. A l'exception de quelques *ronin* de l'Anjin-san.

— Oui, Sire, curieux mais pas sinistre. Vous avez eu parfaitement raison de tenir les officiers responsables. Je suis désolé. J'ai fait ma propre enquête mais n'ai malheureusement rien de plus à vous livrer. Le *karma* a peut-être un peu aidé. C'est tout !

— Vous voulez dire que c'est du sabotage ?

— Aucune preuve, Sire, mais un raz de marée et un petit feu me semblent une explication bien facile. N'importe quel incendie aurait pu être maîtrisé. Je vous prie encore une fois de m'excuser.

— J'accepte vos excuses mais dites-moi entre-temps comment je dois faire pour remplacer ce bateau ? J'ai besoin de *ce* bateau !

— Oui, Sire, je le sais. Il ne peut pas être remplacé, mais l'Anjin-san nous a dit, au cours du voyage, que d'autres bâtiments de guerre devaient bientôt arriver de son pays.

— Quand ?

— Il ne le sait pas, Sire.

— Un an ? Dix ans ? Je n'ai que dix jours.

— Je suis désolé. J'aimerais le savoir. Vous pourriez peut-être le lui demander, Sire. »

Toranaga regarda Blackthorne pour la première fois. L'homme était seul, le visage éteint. « Anjin-san ?

— Oui.Sire ?

— Mauvais, *neh* ? Très mauvais. » Toranaga désigna l'épave en contrebas. « *Neh ?*

— Oui, très mauvais, Sire.

— Quand les autres bateaux arriveront-ils ?

—Mes bateaux, Sire ?

— Oui.

— Quand... Quand Bouddha le voudra.

— Nous parlerons cette nuit. Disposez. Merci pour Osaka. Oui, allez à la galère ou au village. Parler cette nuit, compris ?

— Oui, compris, Sire. Merci. Quand cette nuit ?

— J'enverrai un messager. Merci pour Osaka.

— Devoir, *neh ?* Mais faire peu. Toda Mariko-sama donner tout. Tout pour Toranaga-sama.

— Oui. » Toranaga lui rendit gravement son salut. L'Anjin-san s'en alla mais s'arrêta soudain en voyant le père Alvito descendre de monture. Il alla à la rencontre du prêtre.

« Non, Anjin-san. Plus tard, pas maintenant. Maintenant aller village ! ordonna Toranaga.

— Mais, Sire ! Tsukku-san tuer bateau ! Ennemi !

— Aller là-bas ! » Toranaga pointa son doigt en direction du village. « Attendre là-bas, s'il vous plaît. Parler cette nuit.

— Sire, s'il vous plaît... Tsukku-san...

— Non. Aller galère ! dit Toranaga. Il s'aperçut, du coin de l'œil, que Buntaro s'était mis en travers du chemin de l'Anjin-san, prêt à le contraindre à l'obéissance. Toranaga continua de fixer Blackthorne et le domina.

— Oui, aller maintenant, Sire Toranaga, désolé. » Blackthorne essuya la sueur qui inondait son visage.

« Merci, Anjin-san », dit Toranaga en ne montrant aucun signe de victoire. Il regarda Blackthorne s'en aller avec obéissance et changea d'avis. « Anjin-san », cria-t-il, décidant qu'il était temps de lâcher le faucon sur sa proie, comme un test final. « Écoutez. Allez là-bas si vous voulez. Je crois qu'il est préférable de ne pas tuer le Tsukkusan, mais si vous voulez le tuer... tuez-le. Il ne vaudrait mieux pas », dit-il lentement. Il répéta sa phrase « *Wakarimasu ka ?*

— *Hai.* »

Toranaga le congédia d'un geste de la main. Blackthorne tourna les talons et s'en alla en direction du nord, du Tsukku-san. Buntaro s'écarta. Blackthorne ne semblait voir personne en dehors du prêtre. La journée devenait étouffante.

« Alors, Yabu-san. Que va-t-il faire d'après vous ? demanda Toranaga.

— Le tuer. il va bien sûr le tuer s'il arrive à l'attraper. Le prêtre mérite de mourir, *neh ?* Tous les prêtres chrétiens méritent de mourir, *neh ?* Tous les chrétiens. Je suis sûr qu'ils sont à l'origine de ce sabotage. Les prêtres et Kiyama, même si je ne peux pas le prouver.

— Parieriez-vous votre vie qu'il va tuer le Tsukku-san ?

— Non, Sire, dit Yabu. Non, je ne parie rien. Il est barbare. Ce sont tous les deux des barbares. Désolé !

— Naga-san ?

— Si c'était moi, je tuerais le prêtre. Je les tuerais tous, maintenant que j'ai votre permission. Je n'ai jamais autant détesté quelqu'un de ma vie. Ces deux derniers jours, l'Anjin-san s'est comporté comme un fou. Il n'a pas arrêter d'aller et venir, de marmonner, de fixer l'épave, de se coucher en chien de fusil sur le sable... » Naga regarda à nouveau Blackthorne. « Je suis d'accord. La nature seule n'a pas détruit ce bateau. Je connais les prêtres... Je ne peux, moi non plus, rien prouver, mais d'une manière ou d'une autre... Je ne pense pas que tout ça soit arrivé uniquement par la faute de la tempête.

— Choisis !

— Il va exploser. Regardez sa démarche... Je crois qu'il va le tuer. Je l'espère.

— Buntaro-san ? »

Buntaro se retourna. « Vous lui avez conseillé de ne pas tuer le Tsukku-san. vous ne voulez donc pas que le prêtre soit tué. Que l'Anjin-san tue ou ne tue pas m'importe peu, Sire. Je ne me soucie que de ce qui vous touche. Puis-je l'arrêter au moment où il va se mettre à vous désobéir ? Je peux facilement le faire, de cette distance.

— En le blessant uniquement ?

— Non, Sire. »

Toranaga éclata de rire. « L'Anjin-san ne le tuera pas. Il va crier, hurler, siffler comme un serpent et le Tsukkusan va siffler à son tour : "C'était un geste de Dieu. Je n'ai jamais touché votre bateau !" L'Anjin-san va le traiter de menteur et le Tsukku-san va jurer au nom de Dieu et ils vont se haïr pendant vingt vies, mais personne ne mourra. Du moins, pas maintenant !

— Comment savez-vous tout ça, père ? s'exclama Naga.

— Je n'en suis pas certain, mon fils, mais ce que je pense doit arriver. Il est toujours très important de prendre son temps et d'étudier les hommes — les hommes importants — amis et ennemis — pour les comprendre. Je les ai observés tous les deux. Ils me sont très importants. *Neh,* Yabu-san ?

— Oui, Sire » dit Yabu, soudainement troublé. Naga jeta un coup d'œil rapide sur Blackthorne. L'Anjin-san marchait toujours de cette même allure nonchalante. Il n'était plus qu'à soixante-dix pas du Tsukku-san qui attendait, immobile, à la tête de ses acolytes. La brise faisait voleter leurs soutanes orange.

« Mais, père, ils ne sont pas lâches, *neh ?* Comment peuvent-ils s'en sortir honorablement ?

— Il ne tuera pas pour trois raisons. D'abord, parce que le Tsukku-san est désarmé et ne se battra pas, même avec ses mains. C'est contre leur code de tuer un homme sans défense. C'est un déshonneur, un péché contre leur Dieu chrétien. Ensuite, parce qu'il est chrétien. Enfin, parce que j'ai décidé que ce n'était pas le moment. »

Buntaro dit : « Excusez-moi, j'arrive à comprendre la première et la dernière raison mais l'authentiquc raison n'est-elle pas que ces deux hommes pensent que l'autre n'est pas chrétien mais adorateur de Satan ? N'est-ce pas comme ça qu'ils disent ?

— Oui, mais leur Jésus-Christ leur a enseigné de pardonner à leur ennemi. C'est ça, être chrétien. »

Toranaga regarda vers le nord. Les deux silhouettes étaient proches l'une de l'autre. Il maudit à voix basse son impétuosité. Il avait encore énormément besoin d'eux et n'avait aucune raison de les pousser l'un contre l'autre. Il avait excité l'Anjin-san pour son plaisir personnel, pas pour le voir tuer.

Il regretta sa stupidité, mais tout se passa comme il l'avait prévu. La rixe fut courte, venimeuse et haineuse. Il s'éventa, soulagé. Il aurait bien aimé entendre ce qu'ils se disaient pour savoir s'il avait correctement deviné. Ils virent l'Anjin-san s'en aller à grands pas. Derrière lui, Tsukku-san s'épongeait le front avec un mouchoir de papier coloré. Nagii dit avec admiration : « Comment pouvons-nous perdre si vous nous commandez ?

— Nous le pouvons très aisément, mon fils, si tel est mon *karma.* » Son humeur changea. « Naga-san, ordonne à tous les samouraïs qui sont venus d'Osaka en galère de venir à mes appartements. »

Naga s'en alla en hâte.

« Yabu-san, je suis heureux de vous revoir sain et sauf. Faites rompre les rangs. Nous parlerons après le repas du soir. Puis-je vous faire appeler ?

— Bien sûr, Sire. Merci. » Yabu salua et s'en alla.

Toranaga scruta Buntaro. « Vous m'avez demandé sa tête, une fois, *neh ?*

— Oui... Oui, Sire.

— Et alors ?

— Il... Il m'a insulté à Anjiro. J'en... J'en ai encore honte.

— Je vous ordonne de vous débarrasser de votre honte.

— Je m'en suis débarassé, Sire. Mais elle m'a trahi avec lui et ça, je ne pourrai jamais l'oublier, tant qu'il sera vivant. J'ai des preuves. Je veux le voir mort. Maintenant. Il... S'il vous plaît... Son bateau est détruit. De quelle utilité peut-il vous être, Sire. Je vous le demande comme une faveur.

— Quelle preuves ?

— Tout le monde est au courant. Sur la route, en venant de Yokosé... J'ai parlé à Yoshinaka. Tout le monde est au courant, ajouta-t-il tristement.

— Yoshinaka *les* a-t-il vus ensemble ?

— Non, mais ce qu'il a dit... » Buntaro leva les yeux. « Je sais et c'est bien assez. Je vous le demande comme une faveur. Je ne vous ai jamais rien demandé, *neh ?*

— J'ai besoin de lui vivant. Sans lui, les *ninja* l'auraient capturée et l'auraient humiliée. Vous l'auriez été, vous aussi.

— Je vous le demande. Son bateau est détruit... Il a fait ce que vous vouliez.

— J'ai la preuve qu'il ne vous a pas trahi avec elle.

— Désolé, quelle preuve ?

— Écoutez-moi. Gardez le secret comme je l'ai promis à Mariko. Je lui ai ordonné de devenir son amie. Ils étaient amis, c'est vrai. L'Anjin-san l'adorait mais il ne vous a jamais trompé avec elle, ni elle avec lui. Juste avant le tremblement de terre à Anjiro, quand elle m'a demandé de se rendre à Osaka pour libérer les otages... en défiant Ishido publiquement et en provoquant une crise par son seppuku... j'ai ce jour-là exi...

— C'était donc prévu ?

— Bien sûr. Ne chercherez-vous donc jamais à apprendre ? Je lui ai ordonné ce jour-là de divorcer.

— Sire ?

— Divorcer. Ce mot n'est-il pas assez clair pour vous ?

— Oui... mais...

— Divorcer. Elle vous avait rendu fou pendant des années. Voilà des années que vous la traitiez mal. Vous souvenez-vous de ce que vous avez fait à sa mère adoptive et à ses dames de compagnie ? Ne vous avais-je pas prévenu que j'avais besoin d'elle pour traduire mes conversations avec l'Anjin-san ? Vous avez pourtant perdu votre calme et vous l'avez battue. La vérité est que vous avez bien failli la tuer, *neh ?*

— Oui, excusez-moi.

— Le temps était donc venu de défaire cette union. Je l'ai donc défaite.

— A-t-elle demandé le divorce ?

— Non. C'est moi qui l'ai ordonné, mais votre femme m'a supplié de révoquer cette décision. J'ai refusé. Alors, elle m'a dit qu'elle se ferait immédiatement seppuku sans ma permission avant de permettre que vous soyez humilié de la sorte. Je lui ai ordonné d'obéir. Elle a refusé. » Toranaga poursuivit, en colère : « Votre femme m'a obligé, moi son *suzerain,* à révoquer une décision légale et à jurer de rendre cet ordre définitif uniquement après Osaka. Nous savions, tous deux, qu'Osaka signifiait sa mort. Vous comprenez ?

— Oui.

— A Osaka, l'Anjin-san a sauvé son honneur, celui de mes femmes et de mon plus jeune fils. Sans lui, ils seraient ainsi que *tous* les otages d'Osaka, encore retenus. Sans lui, je serais mort entre les mains d'Ikawa Jikkyu, probablement enchaîné comme un vulgaire félon !

— Excusez-moi, je vous en prie... Mais pourquoi a-t-elle fait ça ? Elle me haïssait... Pourquoi voulait-elle retarder le divorce ? A cause de Saruji ?

— Pour votre honneur. Elle savait ce qu'était le devoir. Votre femme était si concernée par votre honneur — même après sa mort — que j'avais dû promettre que ceci resterait une affaire entre elle, moi et vous. Personne d'autre ne saura jamais, pas même son fils ou l'Anjin-san, personne. Pas même le prêtre chrétien, son confesseur.

— Quoi ? »

Il lui expliqua encore une fois et Buntaro finit par comprendre. Toranaga le congédia. Enfin seul, il se leva, s'étira, épuisé par tous les problèmes auxquels il avait dû faire front depuis son arrivée. Le soleil était encore haut en cette fin d'après-midi. Il avait soif et accepta le thé froid que lui tendait son garde du corps, puis il descendit sur la grève, ôta son kimono et alla nager. Il plongea et inspecta la coque de l'*Érasme.* Satisfait, il regagna le rivage et retourna au campement, revigoré et rafraîchi. Une maison provisoire avait été dressée pour lui. Un toit de chaume supporté par des poteaux de bambous. Il vit son fils pour la première fois. La vue de cet enfant lui fit immensément plaisir. Dame Sazuko n'était pas revenue sur le plateau, de peur de le gêner et d'interrompre le règlement de problèmes bien plus importants. « Un bien beau garçon, dit-il tout fier, tenant l'enfant en l'air avec l'assurance que lui donnait l'expérience. Sazuko, vous êtes jeune et plus attirante que jamais. Nous devons avoir d'autres enfants, tout de suite. La maternité vous sied.

— Oh, Sire, dit-elle. J'avais peur de ne plus vous revoir et de ne pouvoir vous montrer votre dernier-né. Comment va-t-on faire pour échapper au piège... Aux armées d'Ishido... ?

— Regardez comme cet enfant est beau. Je ferai construire la semaine prochaine en son honneur, un sanctuaire auquel je verserai une pension de... » Il se tut et baissa de moitié le chiffre qu'il avait en tête, puis le diminua encore de moitié : « ... Vingt *koku* par an.

— Oh, sire, que vous êtes généreux !

— C'est bien suffisant pour un misérable parasite de prêtre qui ne dira rien que quelques *Namu Amida Butsu, neh ?*

— Oh, oui, Sire. Le sanctuaire sera-t-il près du château de Yedo? Ne serait-ce pas magnifique s'il pouvait être sur une rivière ou un fleuve ? »

Il hocha la tête à contrecœur, car cela allait l'engager dans d'énormes dépenses. Plus qu'il n'avait prévu pour une telle futilité. Le garçon est beau ; je peux bien me permettre d'être généreux cette année, pensa-t-il.

— Oh, merci, Sire... » Dame Sazuko se tut. Naga arriva en courant.

— Excusez-moi, Sire, voulez-vous voir vos samouraïs individuellement ou tous ensemble ?

— Individuellement.

— Bien, Sire. Le prêtre Tsukku-san aimerait vous voir dès que possible.

— Dis-lui que je le ferai appeler bientôt. » Toranaga se remit à parler avec sa favorite qui s'excusa très vite, comprenant qu'il voulait rester seul pour s'occuper de ses samouraïs. Il lui demanda de rester mais elle le supplia de la laisser partir. Il accepta. Il interrogea les hommes soigneusement. Au coucher du soleil, il sut clairement ce qui s'était passé. Il mangea frugalement et rapidement et fit appeler Kiri.

« Dites-moi d'abord ce que vous avez fait, vu, tout ce dont vous avez été témoin, Kiri-chan. »

La nuit tomba avant qu'il ne soit satisfait.

« Tous les dieux petits et grands vous gardaient, Sire. Excusez-moi d'avoir douté de vous. Les dieux nous protégeaient.

— Oui, il semblerait... » Toranaga contemplait la nuit.

— Puis-je vous poser une question, Tora-chan ?

— Quelle question, madame ?

— Pourquoi donc Ishido nous a-t-il laissés partir? La vérité? Il n'avait pas besoin de nous laisser partir, *neh ?* Si j'avais été à sa place, je ne l'aurais pas fait. Alors, pourquoi ?

— Dites-moi d'abord ce que contient le message de dame Ochiba.

— Dame Ochiba écrit : « Dites, s'il vous plaît, à Sire Toranaga que je souhaite respectueusement qu'une solution soit trouvée pour régler son différend avec l'héritier. Comme preuve de son affection, j'aimerais dire à Sire Toranaga que l'héritier a plusieurs fois répété qu'il ne voulait prendre le commandement d'aucune armée opposée à son oncle, seigneur du Kwan...

— Elle dit ça !

— Oui, Sire. Oh, oui.

— Elle doit certainement savoir... et Ishido aussi... que si Yaemon brandit l'étendard contre moi, je dois perdre.

— C'est ce qu'elle dit, Sire.

— Si c'est une offre et non une ruse, je suis à mi-chemin de Kyoto et un pas même au-delà !

— Oui.

— Quel en est le prix ?

— Je ne sais pas. Elle ne dit rien de plus, Sire. Voilà tout ce que contient le message, hormis ses meilleurs vœux à l'intention de sa sceur.

— Que puis-je offrir à Ochiba qu'elle n'ait déjà ? Osaka lui appartient. Le trésor lui appartient. Yaemon a toujours été l'héritier du royaume pour moi. Cette guerre n'est pas nécessaire. Quoi qu'il arrive, Yaemon deviendra Kwampaku dans huit ans et héritera de la terre, de cette terre. Il ne me reste rien à lui offrir d'autre.

— Peut-être veut-elle le mariage ? »

Toranaga secoua la tête avec énergie. « Non, pas elle. Cette femme ne m'épousera certainement pas.

— C'est la solution idéale pour elle, Sire.

— Elle ne songerait jamais à envisager une telle éventualité. Ochiba, ma femme ? Elle a supplié quatre fois le Taikō de m'envoyer dans l'audelà !

— Oui, mais c'était quand il était vivant.

— Je ferais tout pour consolider le royaume, maintenir la paix et permettre à Yaemon de devenir Kwampaku. Est-ce là ce qu'elle désire ?

— La succession est confirmée. C'est sa pierre de touche. »

Toranaga se mit à contempler la lune mais son esprit se concentra sur l'énigme. Il se souvint de ce que dame Yodoko lui avait dit à Osaka.

« Je crois qu'elle est en train de déployer son éternelle ruse. Kiyama vous a-t-il dit que le bateau barbare avait été saboté ?

— Non, Sire. »

Toranaga fronça les sourcils. « Surprenant, car il devait le savoir. Je l'ai dit à Tsukku-san dès que je l'ai appris. Il s'est dépêché d'envoyer un pigeon, même s'il n'a fait que confirmer ce qu'ils savaient déjà.

— Leur trahison devra être punie, *neh ?* Les instigateurs comme les acteurs, *neh ?*

— Un peu de patience, Kiri-san, ils seront récompensés. J'ai entendu dire que les prêtres chrétiens affirmaient que c'était un "geste de Dieu".

— Quelle hypocrisie ! Stupide, *neh ?* .

— Oui, merci, Kiri-san. Je suis ravi de vous voir, saine et sauve. Nous passerons la nuit ici. Veuillez m'excuser à présent et faites venir Yabu-san. Quand il arrivera, ayez la gentillesse de nous apporter du thé et du saké. Vous voudrez bien nous laisser seuls ensuite.

— Bien, Sire. Puis je poser ma question maintenant ?

— La même ?

— Oui, Sire. Pourquoi Ishido, nous a-t-il laissés partir ?

— La réponse est, Kiri-chan... Je n'en sais rien. Il a commis une erreur. »

Elle s'inclina et se retira, satisfaite.

Yabu ne partit qu'au milieu de la nuit. Toranaga le salua comme un égal et le remercia pour tout. Il l'avait invité pour le Conseil de guerre secret du lendemain, l'avait confirmé par écrit dans sa fonction de général du Régiment des mousquets et dans sa suzeraineté sur Totomi et Suruga, une fois ces deux provinces conquises et assainies.

« Le Régiment est devenu vital, Yabu-san. Vous en êtes seul responsable pour sa stratégie et son entraînement. Omi-san sera notre agent de liaison. Utilisez les connais-sances de l'Anjin-san... N'importe quoi, *neh ?*

— Oui, ce sera parfait, Sire. Puis je vous remercier humblement ?

— Vous m'avez rendu un grand service en escortant mes femmes et l'Anjin-san. C'est terrible pour le bateau. Peutêtre qu'un autre bateau arrivera très bientôt. Bonne nuit, mon ami. »

Toranaga but son thé à petites gorgées. Il se sentait très fatigué.

« Naga-san ?

— Sire ?

— Où est l'Anjin-san ?

— Auprès de l'épave, avec quelques-uns de ses vassaux.

— Que fait-il là-bas ?

— Il contemple l'épave. » Naga se sentit mal à l'aise sous le regard inquisiteur de son père. « Désolé, il ne devrait pas y être, Sire ?

— Quoi ?... Oh, non, ça n'a aucune importance. Où est Tsukku-san ?

— Dans l'une des maisons pour invités, Sire.

— Lui as-tu dit que tu voulais devenir chrétien l'année prochaine ?

— Oui, Sire.

— Bien. Va le chercher. »

Au bout de quelques instants, Toranaga vit le grand prêtre mince s'approcher à la lueur des torches. Son visage était très marqué. Il se souvint immédiatement de Yokosé. « La patience est une qualité importante, Tsukku-san, *neh ?*

— Oui, toujours. Pourquoi me dites-vous ça, Sire ?

— Oh, je pensais à Yokosé. Tout était bien à ce moment-là. Il n'y a pas si longtemps...

— Dieu agit de façon curieuse, Sire. Je suis heureux de vous voir à l'intérieur de vos frontières.

— Vous vouliez me parler ? » Toranaga s'éventa, enviant secrètement au prêtre son ventre plat et son don des langues.

« Seulement pour me faire pardonner ce qui est arrivé.

— Que vous a dit l'Anjin-san ?

— Des mots pleins de colère. Il m'a accusé d'avoir brûlé son bateau.

— L'avez-vous brûlé ?

— Non, Sire.

— Qui l'a brûlé ?

— C'est un geste de Dieu. La tempête a fait rage et le bateau a brûlé.

— Ce n'est pas un geste de Dieu. Vous dites que vous n'avez rien fait. Aucun prêtre ? Aucun chrétien ?

— J'y ai participé, Sire, par mes prières. Nous y avons tous participé. Devant Dieu, je crois que ce bateau était un instrument du diable. Je vous l'ai répété maintes fois. Je sais que telle n'était pas votre opinion et je vous demande une fois de plus pardon de m'étre opposé à vous sur ce problème. Mais peut-étre que ce geste de Dieu a aidé tout le monde.

— En quoi ?

— Le père visiteur n'est plus distrait par la présence de ce bateau, Sire. Il peut concentrer toute son attention sur les sires Kiyama et Onoshi.

— J'ai déjà entendu tout ça, Tsukku-san, dit Toranaga sèchement. Quelle aide pratique le chef des chrétiens peut-il me fournir ?

— Sire, placez votre confiance en... » Alvito se retint puis dit sincèrement : « Excusez-moi, Sire, mais je crois de tout cœur que si vous placiez votre confiance en Dieu, il vous aiderait.

— Je lui fais confiance mais j'ai beaucoup plus confiance en Toranaga. J'apprends entre-temps qu'Ishido, Kiyama, Onoshi et Zataki ont rassemblé leurs légions. Ishido va pouvoir m'opposer trois ou quatre cent mille hommes sur le champ de bataille.

— Le père visiteur s'occupe de l'accord qu'il a conclu avec vous, Sire. Je vous avais fait part d'un échec, à Yokosé. Je pense qu'il y a un espoir, maintenant.

— L'espoir ne peut me défendre contre les épées.

— Dieu peut gagner contre n'importe quoi.

— S'il existe. » La voix de Toranaga se fit plus tranchante. « A quel espoir faites-vous allusion ?

— Présentement, je ne sais pas, Sire, mais Ishido ne marche-t-il pas contre vous ? Hors de la citadelle d'Osaka ? N'est-ce pas là un autre geste de Dieu ?

— Non. Comprenez-vous l'importance de cette décision ?

— Oh, oui, très bien. Je suis sûr que le père visiteur la saisit également.

— Vous dites que c'est son œuvre ?

— Non, Sire, mais ça va arriver.

— Peut-être Ishido changera-t-il d'avis ? Il nommera peut-être sire Kiyama commandant en chef et le laissera s'opposer à moi, en compagnie de l'héritier.

— Je ne peux pas répondre à cette hypothèse, Sire. Mais c'est un miracle si Ishido abandonne Osaka, *neh ?*

— Feriez-vous sérieusement passer ça pour un autre geste de Dieu, de votre Dieu chrétien ?

— Non, mais ce serait possible, car rien n'arrive sans qu'il le sache.

— Nous pouvons très bien, même après notre mort, ne jamais savoir ce qu'est Dieu, ajouta Toranaga brutalement. J'ai entendu dire que le père visiteur avait quitté Osaka. » Il fut ravi de voir une ombre passer sur le visage de Tsukku-san. La nouvelle lui était parvenue le jour où il quittait Mishima.

« Oui, dit le prêtre, dont l'appréhension grandissait. Il est parti pour Nagasaki, Sire,

— Pour célébrer les obsèques religieuses de Toda Mariko-sama ?

— Effectivement, Sire. Vous savez tant de choses, Sire ! Nous ne sommes que de l'argile sur votre tour de potier !

— Ce n'est pas vrai et je n'aime pas la flagornerie, l'auriez-vous oublié ?

— Non, Sire. Excusez-moi, je ne voulais pas vous mettre en colère. Êtes-vous opposé à ce service funèbre, Sire ?

— Je n'y attache aucune importance. C'était une personne très spéciale et son exemple mérite des honneurs.

— Oui, Sire, merci. Le père visiteur sera très heureux mais il pense que ça a beaucoup d'importance.

— Bien sûr. Parce qu'elle était *mon* vassal et qu'elle était chrétienne. Son exemple ne doit pas passer inaperçu des autres chrétiens ou de ceux qui envisagent de se convertir, *neh ?*

— Ça ne passera pas inaperçu. Elle mérite louange et honneur pour son sacrifice.

— En donnant sa vie pour que d'autres vivent ? demanda Toranaga en ne mentionnant pas le seppuku ou le suicide.

— Oui. »

Toranaga se sourit à lui-même en remarquant que Tsukku-san n'avait jamais fait allusion à cette autre fille, Kiyama Achiko, à son courage, sa mort ou ses funérailles en grande pompe. Il durcit sa voix. « Et vous ne connaissez personne qui ait ordonné ou assisté au sabotage de mon bateau ?

— Non, Sire.

— On m'a dit que la construction de votre cathédrale de Yedo avançait bien.

— Oui, Sire. Encore merci.

— Eh bien, Tsukku-san, j'espère que les efforts du grand prêtre des chrétiens porteront leurs fruits très bientôt. J'ai besoin d'autre chose que d'espoir et j'ai une mémoire d'éléphant. J'ai besoin, je vous prie, de vos services en tant qu'interprète, maintenant. » Il sentit tout de suite l'antagonisme du prêtre. « Vous n'avez rien à craindre.

— Oh, Sire, Je n'ai pas peur de lui. Je ne veux tout simplement pas être près de lui. Excusez-moi. »

Toranaga se leva. « Je vous demande de respecter l'Anjin-san. Son courage est hors de doute et il a sauvé plusieurs fois la vie à Mariko-sama. Il est surtout très éprouvé et ce, à juste titre, en ce moment. La perte de son bateau, *neh ?*

— Oui, désolé. »

Toranaga ouvrit le chemin jusqu'au rivage. Des gardes leur éclairaient la voie avec des torches. « Quand aurai-je le rapport de votre grand prêtre, sur la contrebande d'armes ?

— Dès qu'il aura reçu toutes les informations de Macao.

— Demandez-lui, je vous prie, de hâter la procédure de son enquête.

— Oui, Sire.

— Quels sont les *daimyōs* chrétiens impliqués ?

— Je ne sais pas. Je ne sais même pas s'il y en a.

— Dommage que vous ne sachiez pas, Tsukku-san. Ça me permettrait de gagner beaucoup de temps. Plus d'un *daimyō* serait assurément très intéressé de connaître la vérité à ce sujet. » Vous connaissez la vérité, Tsukku-san, pensa Toranaga. Je pourrais vous acculer dans un coin et vous la faire cracher, mais le moment n'est pas encore venu. Pas encore. Ce n'est pas le moment, non plus, pour vous de savoir que les chrétiens n'ont rien à voir dans ce sabotage. Pas plus que Kiyama, Harima, Onoshi. En fait, j'en suis certain. Ce n'était pas non plus un geste de Dieu. C'était un geste de Toranaga. Oui.

Pourquoi ? Pourriez-vous demander. Kiyama a sagement refusé l'offre que je lui ai faite par lettre. Il lui fallait des preuves de ma sincérité. Que pouvais-je donner d'autre que le bateau — et le barbare — qui vous terrifiait, vous les chrétiens ? Je m'attendais à perdre les deux, tout en n'en donnant qu'un. Aujourd'hui, à Osaka, des intermédiaires ont dû dire à Kiyama et au chef des prêtres que c'était un cadeau de ma part, une preuve de ma sincérité. La preuve que je ne suis pas opposé à l'Église mais seulement à Ishido. C'est la preuve, *neh ?*

Peut-on faire confiance à Kiyama ? me demanderezvous, à raison. Non, mais Kiyama est d'abord japonais, chrétien ensuite. Vous oubliez toujours ça. Kiyama verra ma sincérité. Le cadeau du bateau était absolu, comme l'exemple de Mariko et le courage de l'Anjin-san. Comment ai-je saboté le bateau ? Vous pourriez avoir envie de le savoir, Qu'est-ce que ça peut vous faire, Tsukku-san ? C'est bien assez de l'avoir fait. Moins il y a de personnes à savoir, mieux c'est. Ishido a bien utilisé des *ninja,* pourquoi pas moi ? Mais j'ai engagé les services d'un seul homme et j'ai réussi. Ishido a échoué. « Stupide d'échouer en voulant cacher un secret aussi brûlant que ces mousquets passés en contrebande, dit-il bourru. Et d'inciter les *daimyōs* chrétiens à la rébellion contre leur suzerain le Taikō, *neh ?*

— Oui, Sire, si c'est vrai.

— Je suis certain que ça l'est, Tsukku-san. » Toranaga laissa tomber la conversation. Le Tsukku-san était suffisamment agité et prêt à jouer les parfaits interprêtes. Ils avaient atteint le rivage et Toranaga marchait en tête, d'un pas agile, dans cette semi-pénombre, rejetant la fatigue qui l'assaillait. Les vassaux de l'Anjin-san étaient déjà debout et le saluaient bien avant même qu'il ne fût arrivé. L'Anjin-san ne le salua pas. Il était assis et perdu dans sa contemplation.

« Anjin-san, appela Toranaga doucement.

— Oui, Sire ? » Blackthorne sortit de sa rêverie et se leva. « Désolé. Vous vouloir parler maintenant ?

— Oui. » Toranaga surprit, à la lueur des torches, la fixité de son regard et son épuisement. Il jeta un coup d'œil sur le Tsukku-san. « A-t-il compris ce que j'ai dit ? » Il observa le prêtre qui parlait ct écouta ce langage aux résonances bizarres. L'Anjin-san hocha la tête. Son regard accusateur ne fléchit pas un instant.

« Oui, Sire, dit le prêtre.

— Traduisez pour moi, Tsukku-san, comme avant. Tout, exactement tout. Écoutez-moi, Anjin-san. J'ai fait venir Tsukku-san pour parler directement et rapidement sans perdre le sens de chaque mot. C'est très important pour moi et je vous demande d'être patient. Je crois que c'est mieux ainsi.

— Oui, Sire.

— Tsukku-san, jurez d'abord devant votre Dieu chrétien que vous ne répéterez rien de ce qu'il va dire. Comme dans un confessionnal. Aussi sacré ! Pour moi et pour lui.

— Mais, Sire, ce n'est pas...

— Vous allez obéir ou je vous retire, à vous et à votre Église, mon appui, pour toujours.

— Bien, Sire. J'accepte devant Dieu.

— Merci. Expliquez-lui notre accord. » Alvito obéit puis Toranaga s'installa confortablement sur le sable et agita son éventail pour se protéger des insectes nocturnes qui pullulaient. « Dites-moi, je vous prie, ce qui s'est passé à Osaka, Anjin-san. »

Blackthorne commença son récit et son esprit revécut les événements. Les mots se mirent à jaillir et le père Alvito eut du mal à soutenir le rythme. Toranaga écoutait en silence. Il se permettait d'ajouter un encouragement de temps à autre, quand c'était nécessaire. Blackthorne termina son récit à l'aube.

« Vous êtes sûr que le capitaine-général vous aurait exécuté, Anjin-san ?

— Oh, oui, Sire, si le jésuite n'était pas intervenu. Je suis un hérétique à ses yeux. Le feu est supposé "purifier" votre âme.

— Pourquoi le père visiteur vous a-t-il sauvé ?

— Je ne sais pas. Ça avait quelque chose à voir avec Mariko-sama. Sans mon bateau, je ne peux pas leur faire de mal. Ils auraient pu, bien sûr, y penser tout seuls, mais peut-être leur a-t-elle indiqué un moyen de le faire ?

— Quel moyen ? Que connaissait-elle en matière d'incendie de bateaux ?

— Je ne sais pas. Les *ninja* ont pénétré dans la citadelle. Peut-être que les *ninja* se sont infiltrés à travers le réseau de sécurité ? Mon bateau a été saboté. Elle a vu le père visiteur à la citadelle le jour de sa mort. Je pense qu'elle lui a dit comment brûler l'*Érasme,* en échange de ma vie. Mais je n'ai plus de vie sans mon bateau, Sire. Plus de vie.

— Vous avez tort, Anjin-san. Merci, Tsukku-san, dit Toranaga en le congédiant. Oui, j'apprécie votre travail. Allez vous reposer, maintenant.

— Oui, Sire. Merci. » Alvito hésita. « Je vous prie de m'excuser, Sire, pour le capitaine-général. Les hommes naissent dans le péché ; la plupart vivent dans le péché.

— Les chrétiens naissent dans le péché. Pas nous. Nous sommes un peuple civilisé qui comprend ce que le péché veut dire, Nous ne sommes pas des paysans illettrés... Même ainsi, Tsukku-san, si j'avais été votre capitainegénéral, je n'aurais pas laissé partir l'Anjin-san pendant que je l'avais sous la main. C'était une décision militaire et une bonne décision. Je pense qu'il vivra suffisamment longtemps pour regretter de ne pas avoir insisté. Votre père visiteur également.

— Voulez-vous que je traduise ceci, Sire ?

— Je disais cela à votre intention. Merci pour votre aide. » Toranaga lui rendit son salut et lui donna une escorte pour le ramener jusque chez lui, puis se tourna vers Blackthorne. Toranaga fit un signe à son garde du corps qui lui tendit un parchemin cacheté. « Écoutez-moi, Anjin-san, avant que Mariko-sama ne quitte Yedo, elle m'a donné ceci et m'a demandé — si vous sortiez vivant d'Osaka — de vous le remettre. »

Blackthorne prit le parchemin qu'il lui tendait et brisa le cachet au bout d'un moment.

« Que dire message, Anjin-san ? » demanda Toranaga.

Mariko avait écrit en latin : « Vous... Je vous aime... Si vous lisez ce message, c'est que je suis morte à Osaka et que peut-être, par ma faute, votre bateau est mort également. Il se peut que je sacrifie cette part la plus précieuse de votre vie pour sauvegarder mon Église, mais surtout pour sauver votre vie qui m'est bien plus précieuse — infiniment plus précieuse que les intérêts de mon Sire Toranaga. Je dois faire un choix, mon amour : *Vous ou votre bateau.* Désolée, mais je préfère vous voir vivre. Ce bateau est de toute façon maudit — avec ou sans vous. Je sacrifierai votre bateau à votre ennemi pour que vous puissiez vivre. Ce bateau ne représente rien. *Construisez-en un autre.* Vous pouvez le faire. N'avez-vous pas appris à en construire en même temps qu'à en commander ? Je crois que sire Toranaga vous donnera tous les charpentiers et tous les menuisiers dont vous aurez besoin. Je vous légue tout l'argent nécessaire sur ma fortune personnelle. Construisez un autre bateau, une autre vie, mon amour. Prenez le Vaisseau noir de l'année prochaine et vivez à jamais. Écoutez-moi, mon chéri. Mon âme chrétienne prie pour avoir la joie de vous revoir dans un Paradis chrétien ; ma *hara* prie pour devenir la chose qui, dans une vie prochaine, vous procurera la joie et vous suivra là où vous êtes. Pardonnez-moi mais votre vie m'est bien trop précieuse. Je vous aime. »

« Que dire message, Anjin-san ?

— Désolé, Sire. Mariko-sama dire bateau pas nécessaire. Dire construire nouveau bateau. Dire...

— Possible ? Possible, Anjin-san ? »

Blackthorne nota l'intérêt du *daimyō.* « Oui, si... » Il ne se souvint pas du mot pour « charpentier ».

« Si Toranaga-sama donner hommes fabriquer bateau, *neh ?* Oui, pouvoir. »

Son nouveau bateau se mit à prendre forme dans son esprit. Plus petit, bien plus petit que l'*Érasme.* Quatre-vingt-dix ou cent tonnes. Oui, quatre-vingt-dix tonnes pour commencer. Je peux mettre vingt canons à bord. Ce serait bien suffisant pour... » Seigneur, les canons !

Il se tourna et scruta l'épave.

« Désolé, Sire. Gros canons, là-bas, dans la mer, *neh ?* Devoir prendre vite. »

Toranaga parla à ses hommes puis se tourna à nouveau vers Blackthorne.

« Samouraïs dire toutes choses bateau au camp. Pourquoi ? »

Blackthorne se sentit la tête légére. « Pouvoir faire bateau. Si avoir gros canons, pouvoir battre ennemi. Toranaga-sama pouvoir donner poudre ?

— Oui. Combien charpentiers ? Combien ?

— Quarante charpentiers et forgerons, du chêne pour le bois de charpente. Vous avez du chêne ici ? J'ai besoin de fer, d'acier. Je vais construire une forge et j'ai aussi besoin d'un maître forgeron... »

Blackthorne se rendit compte qu'il parlait en anglais. « Désolé ! Écrire papier. Soigneusement. Donner hommes pour aider ?

— Tous les hommes. Tout l'argent. Immédiatement. J'ai *besoin* du bateau. Tout de suite ! Pouvoir bâtir vite ?

— Six mois, coque posée.

— Pas plus vite ?

— Non, désolé.

— Plus tard parler plus, Anjin-san. Que dire Mariko-sama autre ?

— Peu, Sire. Dire donner argent pour aider bateau, argent Mariko-sama. Dire aussi désolée si... si aider mon ennemi détruire bateau.

— Quel ennemi ? Quelle façon détruire bateau ?

— Pas dire qui... ou comment, Sire. Rien clair. Simplement désolée. Mariko-sama dire *sayonara.* Espérer seppuku servir Sire Toranaga.

— Oui, servir beaucoup, *neh ?*

— Oui. »

Toranaga lui sourit. « Heureux tout bien maintenant, Anjin-san. Mariko-sama raison. Ne vous inquiétez pas ! » Toranaga désigna la coque. « Construire nouveau bateau tout de suite, bâtiment de combat, *neh ?* Compris ?

— Comprendre très bien.

— Nouveau bateau... pouvoir battre Vaisseau noir ?

— Oui.

— Vaisseau noir, année prochaine ?

— Possible.

— Et équipage ?

— Pardon ?

— Marins... canonniers ?

— Année prochaine, vassaux entraînés. Vassaux, canonniers, pas marins. Année prochaine, possible. Guerre ? »

Toranaga haussa les épaules. « Guerre ou pas guerre... Essayer, *neh ?* C'est votre proie. Comprendre "proie" ? Et notre secret. Entre vous et moi, seulement, *neh ?* Le Vaisseau noir.

— Prêtre connaître bientôt secret.

— Peut-être, mais cette fois, pas raz de marée ou *taï-fun,* mon ami. Vous surveiller et moi surveiller.

— Oui.

— D'abord Vaisseau noir puis Angleterre. Rapporter marine. Compris ?

— Oh, oui.

— Si je perds... *Karma.* Sinon... Tout, Anjin-san. Tout comme vous l'avez dit. Tout... Vaisseau noir, ambassadeur, traité, bateau ! Compris ?

— Oh, oui. Merci.

— Remercier Mariko-sama. Sans elle... » Toranaga le salua avec effusion pour la première fois comme un égal, et s'en alla avec ses gardes. Les vassaux de Blackthorne s'inclinèrent, impressionnés par l'honneur ainsi fait à leur maître.

« Suivez-moi », ordonna-t-il en ouvrant le chemin vers le camp. Son cerveau dessinait déjà les plans de son bateau. Seigneur Jésus qui êtes au ciel, aidez Toranaga à maintenir Ishido hors du Kwanto et d'Izu et, je vous en prie, bénissez Mariko, où qu'elle soit et ne laissez pas les canons se rouiller. Mariko avait raison ; l'*Érasme* était maudit, avec ou sans moi. Elle m'a rendu la vie, un autre bateau. Quatre-vingt-dix tonnes ! Mon navire sera meilleur que ceux de la classe de l'*Érasme,* aura un nez plus fin, sera aussi rapide qu'un lévrier et aura une figure de proue qui *lui* ressemblera, avec des jolis yeux en amande et des pommettes saillantes. Mon bateau... oui, mon bateau sera comme *elle,* se promit-il. Il sera parfait, petit, effilé comme une lame Yoshitomo... L'année prochaine, il prendra une prise vingt fois plus grosse que lui, comme Mariko l'a fait à Osaka. Il boutera l'ennemi hors d'Asie et puis, l'année d'après, il fera voile sur la Tamise et Londres, les cales pleines d'or et les sept mers dans son sillage. « Il s'appellera *La Dame* », dit-il tout fort.

61

« Bonjour père, dit Naga.

— Bonjour, mon fils. Où est ton frère ?

— Sire Sudara attend au camp, Sire.

— Très bien, » Toranaga sourit au jeune homme, puis, parce qu'il l'aimait bien, l'attira vers lui : « Écoute-moi, mon fils, au lieu d'aller à la chasse, consigne par écrit les ordres de bataille. Je n'aurai plus ainsi qu'à les signer ce soir en rentrant.

— Oh, père, merci, s'exclama Naga, tout fier.

— Le Régiment des mousquets est envoyé à Hakoné demain à l'aube. Le convoi aux bagages en provenance de Yedo arrivera cet après-midi. Veille à ce que tout soit prêt.

— Oui, certainement. Quand livrons-nous bataille ?

— Très bientôt. J'ai eu des nouvelles d'Ishido la nuit dernière. L'héritier a quitté Osaka pour passer ses armées en revue. Les dés sont jetés.

— Pardonnez-moi de ne pouvoir voler jusqu'à Osaka comme votre faucon, Tetsu-ko, et les tuer, lui, Kiyama et Onoshi. Dommage que je ne puisse régler tout ça sans avoir à vous déranger.

— Merci, mon fils. » Toranaga ne chercha pas à lui exposer les problèmes monstrueux qui devraient être réglés avant que ces meurtres ne deviennent réalité. Il regarda tout autour de lui. Ses fauconniers étaient prêts. Ses gardes également. Il appela son maître d'équipage. « Je me rends d'abord au camp, puis nous longerons la route côtière sur quatre *ri*, vers le nord.

— Mais les rabatteurs sont déjà dans les collines... » Le maître d'équipage ravala le reste de sa plainte. « Excusez-moi... Je... Je dois avoir mangé quelque chose de gâté, Sire.

— Vous feriez peut-être mieux de passer le commandement à quelqu'un d'autre. Vos hémorroïdes affectent votre jugement. Désolé », dit Toranaga. S'il ne s'était pas servi de la chasse comme d'une couverture, il l'aurait remplacé. « Oui, je suis désolé, Sire », dit le vieux samouraï en s'en allant précipitamment. Toranaga le regarda partir. Il est temps de le mettre à la retraite, pensa-t-il, puis il remarqua Omi qui entrait aux écuries en compagnie d'un jeune samouraï qui boitait fort et portait les marques d'une blessure au visage.

« Ah, Omi-san ! » Il lui rendit son salut. « Est-ce là notre homme ?

— Oui, Sire. »

Toranaga les prit tous deux à part et interrogea le samouraï habilement. « Merci, Kosami, dit-il au samouraï qui terminait son récit. Vous avez fait du beau travail. Venez avec moi, tous les deux. »

Toranaga retourna vers sa jument, sauta en selle et partit au galop, suivi par ses gardes, Omi et Kosami.

Il s'arrêta au camp. Buntaro était là aux côtés de Yabu, Hiro-matsu et Sudara, un pélerin au poing. Ils le saluèrent. « Bonjour, dit-il en faisant signe à Omi de prendre part à leur conversation.

— Etes-vous prêt, mon fils ?

— Oui, père, dit Sudara. J'ai envoyé quelques-uns de mes hommes dans les montagnes pour être sûr que les rabatteurs étaient loyaux.

— Merci, mais j'ai décidé de chasser le long de la côte.

— Désolé, Sire, j'aurais dû y penser et me tenir prêt. Excusez-moi. » Il appela aussitôt l'un de ses gardes et l'envoya chercher les hommes dans les collines pour les déporter sur la côte.

« Alors, Hiro-matsu-san, comment se déroule l'entraînement ? »

Hiro-matsu, l'épée toujours à la main, hurla : « Je maintiens que ceci est déshonorant et inutile. Nous écraserons Ishido sans avoir recours à ce genre de trahison. »

Yabu dit : « Excusez-moi, Hiro-matsu-san, mais sans ces mousquets et cette stratégie, nous devons perdre. C'est une guerre moderne et nous avons une chance de remporter la victoire de cette façon-là. » Il se tourna vers Toranaga qui n'était toujours pas descendu de cheval. « J'ai entendu dire cette nuit qu'Ikawa Jikkyu était mort.

— En êtes-vous sûr ? » Toranaga feignit la surprise. Il avait reçu cette information le jour où il avait quitté Mishima.

« Oui, Sire. Il semblerait qu'il ait été malade un bon bout de temps. Mon information m'apprend qu'il est mort depuis deux jours, dit Yabu en s'étouffant de joie. Son héritier est son fils, Hikoju.

— Ce chiot ? dit Buntaro avec mépris.

— Oui, je suis d'accord avec vous. Ce n'est qu'une mauviette. » Yabu semblait plus grand que d'habitude. « Sire, cela ne vous ouvre-t-il pas la route du Sud ? Pourquoi n'attaquerions-nous pas par le Tokaidō ? Maintenant que ce vieux diable est mort, Izu est saine et sauve, Suruga et Totomi sont sans défense comme un thon sur une plage, *neh ?* »

Toranaga sauta de selle pensivement. « Alors ? demanda-t-il à Hiro-matsu calmement.

Le vieux général répliqua : « Si nous pouvions remonter la route jusqu'au col d'Utsunoya et franchir le Tenryu rapidement, nous pourrions frapper Ishido au bas-ventre, contenir Zataki dans ses montagnes, renforcer l'attaque du Tokaidō et marcher sur Osaka. Nous serions invincibles. »

Sudara dit : « Non, nous ne le serons pas si l'héritier reste à la tête des armées d'Ishido.

— Je ne suis pas d'accord, dit Hiro-matsu,

— Moi non plus, dit Yabu.

— Mais je suis d'accord », dit Toranaga, aussi grave que Sudara. Il ne leur avait rien dit de l'accord passé avec Zataki pour trahir Ishido. Devrais-je le leur dire ? pensat-il. Ce n'est pas un fait accompli. Pas encore. Il y eut un silence, puis Buntaro dit : « Qu'arrivera-t-il, Sire, si nous nous opposons à l'étendard de l'héritier ? »

Personne n'avait encore posé la question officiellement, directement et publiquement. « Si cela arrive, je dois perdre, dit Toranaga. Je me ferai seppuku et ceux qui honorent le testament du Taikō et l'héritage légal de Yaemon devront humblement se soumettre et demander immédiatement pardon. Ceux qui ne le feront pas n'ont pas d'honneur, *neh ?* »

Ils acquiescèrent tous. Toranaga se tourna vers Yabu pour régler les problèmes en cours. « Nous ne sommes pas encore sur le champ de bataille. Nous continuons donc comme nous en avons décidé. Oui, Yabu-sama, la route du Sud devient possible. De quoi est mort Jikkyu ?

— De maladie, Sire.

— D'une maladie à cinq cents *koku* ? »

Yabu éclata de rire, intérieurement furieux que Toranaga ait percé au jour son réseau d'espionnage. « Oui, dit-il. C'est ce que je pense, Sire. Mon frère vous en a parlé ? »

Toranaga acquiesça et lui demanda de tout expliquer aux autres, Yabu s'exécuta. « C'est bon marché, *neh ?* dit-il, tout à son bonheur. La route du Sud pour cinq cents *koku* ! »

Hiro-matsu dit froidement : « Excusez-moi mais je trouve cette histoire écœurante. »

Toranaga sourit. « La trahison est un des éléments de la guerre, *neh ?*

« Oui, mais pas de la part d'un samouraï. »

Yabu s'indigna. « Désolé, Sire Hiro-matsu. J'ose croire que vous ne cherchez pas à m'insulter.

— Il ne sous-entendait aucune insulte. N'est-ce pas, Hiro-matsu-san ? dit Toranaga.

— Non, Sire, répondit le vieux général. Veuillez m'excuser.

— Poison, trahison, assassinat ont toujours été les éléments de la guerre, mon vieil ami, dit Toranaga. Jikkyu était un ennemi et un fou. La route du Sud pour cinq cents *koku*, c'est vraiment rien ! Yabu-sama m'a rendu un très grand service. Ici et à Osaka. *Neh,* Yabu-san ?

— J'essaie toujours de vous servir loyalement, Sire.

— Oui. Expliquez-nous alors pourquoi vous avez tué le capitaine Sumiyori avant l'attaque des *ninja* », dit Toranaga. Le visage de Yabu ne broncha pas.

« Qui vous a dit ça ? Qui m'accuse, Sire ? »

Toranaga désigna les Bruns massés à quarante pas de là. « Cet homme-là. Kosami-san, s'il vous plaît, venez ici. » Le jeune samouraï descendit de cheval, s'avança en boitant et s'inclina.

Yabu le fixa méchamment. « Qui êtes-vous ?

— Sokura Kosami de la dixième légion, garde du corps de dame Kiritsubo à Osaka, Sire. Vous m'avez ordonné de monter la garde devant vos appartements et ceux de Sumiyori-san, la nuit de l'attaque *ninja.*

— Je ne me souviens pas de vous. Vous osez dire que j'ai tué Sumiyori-san ? »

Le jeune homme s'agita.

« Dites-le-lui ! » cria Toranaga.

Kosami déclara d'un trait : « J'ai juste eu le temps, avant que les *ninja* ne nous tombent dessus, Sire, d'ouvrir la porte et de prévenir Sumiyori-san, mais il n'a pas bougé, désolé, Sire. » Il se tourna vers Toranaga. « Il avait d'habitude le sommeil très léger, Sire, et ce n'était que quelques instants après... C'est tout, Sire.

— Êtes-vous entré dans la chambre ? L'avez-vous secoué ? demanda Yabu, pressant.

— Non, Sire. Les *ninja* sont arrivés si rapidement que nous avons immédiatement battu en retraite et contre-attaqué dès que nous l'avons pu... »

Yabu regarda Toranaga. « Sumiyori-san était de garde depuis deux jours. Il était épuisé. Nous l'étions tous. Qu'est-ce que cela prouve ?

— Rien, convint Toranaga, toujours cordial. Mais vous êtes revenu dans la chambre un peu plus tard, Kosamisan, *neh ?*

— Oui, Sire. Sumiyori-san était toujours allongé sur les *futons* comme la première fois et... La pièce n'était pas du tout en désordre et il avait été poignardé, Sire. Un coup de poignard dans le dos. J'ai cru à ce moment-là que c'était les *ninja.* Rien de plus jusqu'à ce qu'Omi-san m'interroge.

— Ah ! » Yabu se tourna vers son neveu. « Ainsi, tu l'as interrogé ?

— Oui, Sire, répondit Omi. Sire Toranaga m'a prié de vérifier tous les faits. Ce premier élément étrange m'a semblé devoir être porté à l'attention de notre maître.

— Premier élément ? Y en aurait-il d'autres ?

— Obéissant aux ordres de Sire Toranaga, j'ai interrogé les serviteurs ayant survécu à l'attaque, Sire. Ils étaient deux. Je suis désolé mais ils ont tous deux affirmé vous avoir vu traverser leurs quartiers en compagnie d'un samouraï et revenir peu de temps après, seul en hurlant “Ninja !” Puis ils...

— Ils ont foncé sur nous et ont tué le pauvre garçon avec une épée et un coutelas. J'ai dû battre en retraite pour donner l'alarme. » Yabu se tourna vers Toranaga. « Je vous ai déjà dit tout ça, Sire, personnellement et dans mon rapport écrit. Qu'ont à voir ces serviteurs avec moi ?

— Omi-san ? demanda Toranaga.

— Désolé, Yabu-sama, dit Omi. Mais ces deux serviteurs vous ont vu ouvrir une porte secrète du donjon et vous ont entendu dire aux *ninja :* « Je suis Kasigi Yabu. » Seul ce fait leur a permis d'échapper au massacre en courant se mettre à l'abri. »

La main de Yabu bougea légèrement. Sudara s'interposa immédiatement entre Yabu et Toranaga pour protéger ce dernier. Au même moment, l'épée d'Hiro-matsu fendit l'air, visant le cou de Yabu.

« Arrêtez ! » ordonna Toranaga. L'épée d'Hiro-matsu s'arrêta miraculeusement. Yabu n'avait pas vraiment bougé. Il les fixa du regard et éclata de rire avec insolence. « Suis-je un infâme *ronin* qui aurait attaqué son suzerain ? Voici Kasigi Yabu, seigneur d'Izu, Suruga et Totomi. *Neh ?* » Il regarda Toranaga droit dans les yeux. « De quoi suis-je accusé, Sire ? D'avoir aidé des *ninja ?* Ridicule ! Qu'a donc l'imagination de deux serviteurs à voir avec moi ? Ce sont des menteurs ! Et ce jeune homme... qui dit quelque chose qui ne peut être prouvé et contre quoi je ne peux pas me défendre ?

— Il n'y a pas de preuve, Yabu-san, c'est vrai.

— Avez-vous commis ce forfait, Yabu-sama ? demanda Hiro-matsu.

— Bien sûr que non !

— Je crois bien pourtant que vous l'avez commis. Je vous confisque donc toutes vos terres. Veuillez vous ouvrir le ventre aujourd'hui. A midi. »

La condamnation était sans appel. L'instant suprême auquel Yabu s'était préparé depuis toujours venait d'arriver.

« Sire, dit-il avec audace. D'abord je ne suis pas coupable de ces crimes. Kosami s'est trompé et les serviteurs sont des menteurs. Je suis deuxièmement le meilleur général que vous ayez. Je vous supplie de m'accorder l'honneur de mener la charge sur le Tokaidō. Une place en première ligne. Ma mort serait au moins utile.

— C'est une très bonne suggestion, Yabu-sama, et je confirme votre position de meilleur général pour le Régiment des mousquets. Malheureusement, je ne vous fais pas confiance. Veuillez vous ouvrir le ventre à midi. » Yabu domina la colère qui montait en lui. « J'absous officiellement mon neveu Kasigi Omi-san pour sa trahison et le nomme officiellement mon héritier.

Toranaga fut tout aussi surpris que les autres.

« Très bien, dit-il. Je pense que c'est très sage. J'accepte.

— Je lui lègue Izu, fief héréditaire des Kasigi.

— Izu n'est plus à vous. Vous êtes mon vassal, *neh ?* Izu est l'une de mes provinces. Je la donne comme je l'entends, *neh ?* »

Yabu haussa les épaules. « Je la lui lègue, même si... » Il éclata de rire. « C'est une faveur de mon vivant, *neh ?*

— Demander est juste. Votre requête est refusée. Buntaro-san, vous voudrez bien être le témoin officiel. Qui voulez-vous comme second, Yabu-san ?

— Kasigi Omi-san. »

Toranaga jeta un coup d'œil vers Omi qui s'inclina, le visage blême. « J'en serai très honoré, dit-il.

— Très bien. Tout est donc arrangé. »

Hiro-matsu dit : « Et l'attaque sur le Tokaidō ?

— Nous sommes plus en sécurité derrière nos montagnes. » Toranaga leur rendit leur salut glacialement, monta en selle et s'en alla au trot. Sudara le suivit. Une fois qu'ils furent hors de portée, Buntaro et Hiro-matsu se détendirent. Pas Omi. Ils gardèrent tous les yeux fixés sur le bras de Yabu.

« Où voulez-vous vous faire seppuku, Yabu-sama ? lui demanda Buntaro.

— Ici, là-bas, sur le rivage ou sur un tas de fumier. C'est du pareil au même pour moi. Je n'ai pas besoin de revêtir un costume de cérémonie. Omi-san, tu ne frapperas pas tant que je n'aurai pas fait les deux incisions.

— Bien, Sire.

— Avec votre permission, Yabu-san, je serai également témoin, dit Hiro-matsu.

— Vos hémorroïdes vous le permettent-elles ? » Le général se rebiffa et dit à Buntaro : « Faites-moi signe dès qu'il sera prét. »

Yabu cracha. « Je suis déjà prêt. L'êtes-vous ? »

Hiro-matsu tourna les talons. Yabu réfléchit un moment puis dégaina sa lame Yoshitomo, « Peut-être me feriez-vous une faveur, Buntaro-san. Donnez ceci à l'Anjin-san. » Il lui tendit l'épée et fronça les sourcils. « En y réfléchissant bien, je préférerais la lui donner moi-même. Pourriez-vous le faire venir ?

— Certainement.

— Faites venir également ce prêtre puant pour que je puisse parler avec l'Anjin-san.

— Très bien.

— Je voudrais aussi un peu de papier, de l'encre et une brosse pour faire mon testament, écrire mon poème funèbre, et deux tatamis. Je n'ai aucune raison de me blesser les genoux ou de m'agenouiller dans la poussière comme un vulgaire paysan, *neh ?* ajouta Yabu par bravade.

— Bien, Sire. » Buntaro s'approcha des samouraïs qui se balançaient d'excitation d'un pied sur l'autre. Yabu s'assit en tailleur et se mit à se curer les dents avec un brin d'herbe. Omi s'accroupit non loin de lui, mais hors de portée d'épée.

« J'étais si près de réussir », s'exclama Yabu. Il étira ses jambes et se mit à marteler la terre dans un accès de rage soudaine. Puis il éclata de rire, eut le hoquet, cracha, fier d'avoir encore de la salive dans la bouche. Omi, qui le regardait comme un faucon regarde sa proie, lui dit en le pensant : « Vous avez quand même rendu un très grand service à Sire Toranaga. La route côtière est ouverte grâce à vous. Vous avcz raison, Sire, et Main de Fer a tort, ainsi que Sudara. Nous devrions attaquer tout de suite. Les canons nous fraieraient un passage.

— Ce vieux tas de fumier ! Cet imbécile ! » Yabu se mit à rire. « Tu l'as vu devenir jaune quand j'ai parlé de ses hémorroïdes ? J'ai cru qu'elles allaient éclater. Samouraï ? Je le suis plus que lui ! Je vais lui montrer ! Tu ne frapperas pas avant que je te le dise.

— Puis-je vous remercier humblement de m'avoir décerné cet honneur et de m'avoir désigné comme votre héritier ? Je jure que l'honneur des Kasigi restera sauf entre mes mains.

— Si je ne le pensais pas, je n'aurais pas fait ce choix-là. » Yabu baissa la voix. « Tu as eu raison de me trahir. J'aurais fait la même chose à ta place. Toranaga a toujours été jaloux de mes prouesses de guerrier, de ma compréhension des armes à feu et de la valeur du bateau. Tu as sauvé la famille. Tu es aussi rusé qu'un vieux rat. Tu auras Izu et plus. Voilà l'important et tu tiendras tout ça dans tes mains, pour tes fils.

— Je jure que j'essaierai. »

Yabu remarqua la position défensive de son neveu. « Tu crois que je vais t'attaquer ?

— Désolé, Sire. Bien sûr que non.

— Je suis heureux que tu sois sur tes gardes. Mon père était comme toi. Oui, tu lui ressembles beaucoup. » Il posa, sans faire de mouvement brusque, ses deux épées sur le sol, hors d'atteinte. « Voilà ! Je suis sans défense. Il y a quelques instants, je voulais ta tête. Plus maintenant. Tu n'as plus besoin d'avoir peur de moi.

— On a toujours besoin d'avoir peur de vous, Sire. »

Yabu se mit à suçoter un autre brin d'herbe, puis le jeta. « Écoute-moi, Omi-san. Voici mes dernières volontés en tant que seigneur des Kasigi. Tu prendras mon fils dans ta maison et te serviras de lui s'il est valable. Trouve en second lieu de bons maris pour mon épouse et ma favorite et remercie-les de m'avoir si bien servi. Quant à Mizuno, ton père, je lui ordonne de se faire immédiatement seppuku. C'est un fou en qui tu ne pourras jamais avoir confiance. Comment peut-il oser transmettre mes secrets à Toranaga ! Il sera constamment sur ta route. Quant à ta mère... » Il retroussa les lèvres. « Je lui ordonne de se raser la tête et de devenir nonne dans un monastère, hors d'Izu, et de passer le reste de ses jours à prier pour l'avenir des Kasigi. Bouddhiste ou shinto. Je préfère shinto.

— Bien, Sire. »

Yabu ajouta avec malice : « Elle arrêtera ainsi de détourner ton attention des problèmes des Kasigi par ses gémissements constants.

— Ce sera fait.

— Très bien. Tu as ordre de me venger de Kosami et de ces serviteurs. Tôt ou tard, peu m'importe, pourvu que tu me venges avant de mourir.

— Promis, Sire !

— Ai-je oublié quelque chose ? »

Omi fit très attention à ce qu'on ne les entende pas : « Et l'héritier ? demanda-t-il prudemment. Si l'héritier est sur le champ de bataille, nous devons perdre, *neh ?*

— Prends le Régiment des mousquets et fraie-toi un chemin. Tue-le, quoi que dise Toranaga. Yaemon doit être ta première cible.

— C'était bien ma conclusion. Merci, Sire.

— Il vaudrait mieux, plutôt qu'attendre tout ce temps, mettre sa tête à prix auprès des *ninja*... ou de l'Amida Tong.

— Comment puis-je les trouver ? demanda Omi, la crainte dans la voix.

— La vieille Gyoko, la mama-san. Elle fait partie de ceux qui savent.

— Elle ?

— Oui, mais fait attention à elle et aux Amidas. Ne t'en sers pas à la légère, Omi-san. Ne la touche jamais, protège-la toujours. Elle sait trop de choses et la plume est un bras très long, de l'autre côté de la mort. Elle a été la favorite non officielle de mon père pendant un an... Il se peut que son fils soit mon demi-frère. Attention à elle. Elle sait trop de secrets.

— Mais où puis-je trouver l'argent ?

— C'est ton problème, mais trouve-le. N'importe où, n'importe comment.

— Oui, merci. Je vous obéirai. »

Yabu se pencha vers lui. « Ensevelis profondément ce secret. Reste très ami avec l'Anjin-san. Essaie de prendre le contrôle de la marine qu'il ramènera un jour. Toranaga ne saisit pas la véritable valeur de l'Anjin-san mais il a raison de rester derrière ses montagnes. Ça lui donne et ça te donne du temps. Les Kasigi doivent prendre la mer, doivent avoir le commandement à la mer. Je te l'ordonne.

— Oui, oh, oui. Faites-moi confiance. *Ça arrivera.*

— Enfin, ne fais jamais confiance à Toranaga.

— Je ne lui ai jamais fait confiance, Sire.

— Et n'oublie pas tous ces menteurs. Occupe-toi d'eux et de Kosami, dit Yabu en paix avec lui-même. Excuse-moi, je t'en prie. Il faut que je réfléchisse maintenant à mon poème funèbre. »

Omi se leva et partit à reculons. Une fois hors d'atteinte, il s'inclina et s'éloigna, Entouré par ses gardes, il se mit à attendre.

Toranaga et sa suite trottaient sur la route côtière qui faisait le tour de la vaste baie. La mer atteignait presque la route, sur la droite. Le pays était plat et marécageux. La route rejoignait le Tokaidō, à quelque *ri* au nord. Vingt *ri* plus loin se trouvait Yedo.

Il avait une centaine de samouraïs avec lui, dix palefreniers portant les faucons sur leurs poings gantés. Sudara avait vingt gardes et trois faucons et ouvrait la marche en éclaireur.

« Sudara ! cria Toranaga comme si une pensée soudaine lui traversait l'esprit. Arrêtez-vous à la prochaine auberge. Je veux y prendre un petit déjeuner. »

Sudara fit signe pour dire qu'il avait compris et partit au galop.

« Merci d'honorer mon humble auberge, Sire. Que voulez-vous manger ?

— Du thé et des nouilles avec un peu de soja.

— Bien, Sire.»

L'aubergiste ayant été prévenu par Sudara, la nourriture fut servie instantanément comme le désirait Toranaga. Sans cérémonie, il s'installa sous la véranda et consomma ce simple repas de paysan avec appétit tout en regardant la route devant lui. Sudara alla faire le tour des postes avancés pour s'assurer que tout était en ordre.

« Où sont les rabatteurs ? demanda-t-il au maître d'équipage.

— Quelques-uns sont au nord, d'autres au sud et j'ai également quelques hommes de plus dans les collines, là-bas. » Le vieux samouraï indiqua un endroit du côte de Yokohama. « Excusez-moi, mais savez-vous où notre maître veut aller ?

— Non, mais ne faites pas d'autres erreurs aujourd'hui.

— Oui, Sire. »

Sudara termina son inspection puis fit son rapport à Toranaga. « Est-ce que tout vous va, Sire ? Y a-t-il quelque chose que je puisse faire pour vous ?

— Non, merci. » Toranaga finit son bol, puis dit d'une voix monocorde : « Vous aviez raison de dire ça de l'héritier.

— Excusez-moi, mais j'avais peur de vous avoir offensé sans le vouloir.

— Vous aviez raison. Pourquoi donc devrais-je être offensé ? Si l'héritier s'oppose à moi... Que feriez-vous, à ce moment-là ?

— J'obéirais à vos ordres.

— Faites venir mon secrétaire ici. »

Sudara obéit. Kawanabi, qui voyageait toujours avec Toranaga, arriva rapidement. « Sire ?

— Écris ceci : Moi, Yoshi Toranaga-Noh-Minowara, réintègre mon fils Yoshi Sudara-Noh-Minowara dans ses possessions et revenus et en fait à nouveau mon héritier. »

Sudara s'inclina : « Merci, père », dit-il d'une voix ferme, se demandant quand même : *Pourquoi ?*

« Jure d'obéir à mon testament. » Sudara obéit. Toranaga attendit silencieusement que Kawanabi ait écrit l'ordre, puis il le signa et le rendit légal en y apposant son sceau.

« Merci, Kawanabi-san. Datez le document d'hier. Ce sera tout pour le moment.

— Excusez-moi, Sire, mais vous avez besoin de faire cinq copies pour rendre votre succession inviolable : une pour Sire Sudara, une pour le Conseil des régents, une pour la Maison des documents, une pour vos papiers personnels et une pour les Archives.

— Faites-les immédiatement ! Et donnez-m'en une sixième.

— Bien, Sire, dit le secrétaire en se retirant.

— J'essaie de me souvenir quand est-ce que je vous ai vu rire pour la dernière fois, dit Toranaga à Sudara.

— Vous voulez me voir rire, sire ? »

Toranaga secoua la tête, sachant qu'il avait entraîné Sudara à être un fils parfait, un fils qui ne devait jamais laisser rien paraître sur son visage.

« Combien de temps faut-il pour savoir si Jikkyu est bien mort ?

— Avant de quitter le camp, j'ai envoyé un message urgent à Mishima pour savoir. J'aurai une réponse d'ici trois jours. »

Toranaga bénit les dieux d'avoir eu connaissance du complot contre Jikkyu par Kasigi Mizuno et l'annonce de la mort de Jikkyu quelques jours en avance. Il réexamina son plan pendant un moment et n'y trouva aucune faille, puis il prit une décision. « Mettez en état d'alerte les onzième, seizième, quatre-vingt-quatorzième et quatre-vingt-seizième régiments à Mishima. Faites-les marcher sur le Tokaidō dans quatre jours.

— "Ciel pourpre ?" demanda Sudara, complètement désorienté. *Vous passez à l'attaque ?*

— Oui. Je n'attends pas qu'ils se lancent contre moi.

— Alors Jikkyu est mort ?
— Oui.
— Très bien. Puis-je vous suggérer d'ajouter les vingtième et vingt-troisième régiments ?
— Non. Dix mille hommes suffisent amplement, avec la surprise en plus. Je dois encore tenir ma frontière en cas d'échec ou de piège. Je dois aussi contenir Zataki.
— Oui.
— Qui va mener cette attaque ?
— Sire Hiro-matsu. C'est une campagne parfaite pour lui.
— Pourquoi ?
— Elle est classique, simple, directe, et les ordres sont clairs et précis, père. Il sera parfait.
— Mais il n'est plus à la hauteur pour le commandement en chef.
— Désolé. Yabu-san avait raison. Les mousquets ont changé le monde. Main de Fer est passé de mode.
— Qui, alors ?
— Vous, Sire. Je vous conseille de n'avoir personne entre vous et *la* bataille.
— Je vais y réfléchir. Allez à Mishima. Vous y préparerez tout. La force d'assaut d'Hiro-matsu, quant à elle, aura vingt jours pour franchir la rivière Tenryu et nettoyer le Tokaidō.
— Excusez-moi mais puis-je vous suggérer de porter leur objectif final un peu plus loin, sur la crête de la pente Shiomi ? Donnez-leur trente jours.
— Non. Si je donne cet ordre, certains atteindront le sommet mais pas la majorité. Ils seront incapables de résister à une contre-attaque ou de harceler l'ennemi pour couvrir notre retraite.
— Mais vous enverrez certainement des renforts ?
— Notre attaque principale passe par les montagnes de Zataki. Ceci n'est qu'une feinte. » Toranaga étudia son fils très soigneusement, mais Sudara ne laissa rien paraître, ni surprise ni désapprobation ni approbation.
« Excusez-moi, Sire.
— Yabu parti, qui va commander les Mousquets ?
— Kasigi Omi.
— Pourquoi ?
— Parce qu'il les comprend. Mieux que ça, il est moderne, courageux, intelligent, très patient. Très dangereux aussi, plus dangereux que son oncle. Je vous conseille, si vous gagnez et s'il survit, de trouver quelque excuse pour l'inviter à se rendre dans l'au-delà.
— Si je gagne ?
— "Ciel pourpre" a toujours été un plan *ultime*. Vous l'avez répété des centaines de fois. Si nous sommes pris au piège sur le Tokaidō, Zataki envahira les plaines. Les mousquets ne nous seront alors plus d'aucune aide. C'est un plan de désespoir et vous n'avez jamais aimé ces plans-là.
— Et l'Anjin-san ? Que me conseillez-vous, pour lui ?
— Je suis d'accord avec Omi-san et Naga-san. Il faudrait le tenir

sous bonne garde. Ses hommes ne sont rien. Ce sont des *eta* et ils vont bientôt se manger les uns les autres. Je vous conseille de le tenir sous bonne garde ou de rejeter tous les étrangers. ils sont la peste et doivent être traités comme tels.

— Alors plus de commerce de la soie, *neh ?*

— Si tel est le prix, je le paierai.

— Mais nous avons besoin de la soie et, pour nous protéger, nous devons tout apprendre d'eux, apprendre ce qu'ils savent.

— Ils devraient être relégués à Nagasaki sous bonne garde. Leur nombre devrait étre strictement limité. Ils pourraient encore faire du commerce une fois l'an. L'argent n'est-il pas leur motif essentiel ? N'est-ce pas ce que dit l'Anjin-san ?

— Alors, il est très utile, non ?

— Oui, très utile. Il nous a appris la sagesse des édits d'expulsion. L'Anjin-san est très sage, très courageux, mais c'est un jouet. Il vous amuse, Sire. Il est précieux mais reste quand même un jouet,

— Merci de votre opinion. Une fois l'attaque lancée, vous retournerez à Yedo et attendrez mes ordres », dit Toranaga, volontairement dur et tranchant.

Zataki détenait toujours la dame Genjiko, leur fils et trois filles en otages, dans sa capitale de Takato. A la demande de Toranaga, Zataki avait accordé dix jours d'absence à Sudara, mais dix jours seulement. Sudara avait solennellement accepté de revenir à temps. Zataki était réputé pour son intransigeance en matière d'honneur. Toranaga et Sudara savaient que Zataki exécuterait les otages si Sudara ne tenait pas sa parole et ne revenait pas. « Vous attendrez mes ordres à Yedo.

— Oui, Sire.

— Partez immédiatement pour Mishima. Je vous enverrai une missive demain. »

Sudara s'inclina et partit avec ses hommes.

Tu as été sage de réintégrer Sudara dans ses biens. S'il y a un avenir, celui-ci sera en sûreté entre ses mains et celles de Genjiko, pourvu qu'ils suivent mon testament à la lettre. Ma décision plaira à Ochiba. C'est bon de savoir que Genjiko est le défaut de la cuirasse d'Ochiba. Peut-être le seul.

Il regardait ses faucons, tous capuchonnés, à l'exception de Kogo. Ses grands yeux jaunes observaient tout, aussi intéressés que ceux de Toranaga.

Que dirais-tu, ma beauté, lui demanda-t-il en silence ; que dirais-tu si je te disais que je suis *impatient* et que l'attaque principale va avoir lieu sur le Tokaidō et pas à travers les montagnes de Zataki, comme je l'ai dit à Sudara ? Tu dirais certainement : « Pourquoi ? » Je te répondrais : parce que je n'ai pas plus confiance en Zataki que je ne peux voler. Et je ne peux pas voler du tout, *neh ?* Il vit les yeux de Kogo se tourner vers la route. Toranaga sourit en voyant les palanquins et les chevaux de somme se profiler au lointain.

« Alors, Fujiko-san ? Comment allez-vous ?

— Très bien, Sire. » Elle s'inclina encore une fois et il remarqua qu'elle n'avait plus mal à ses brûlures.

« Puis je vous demander comment va l'Anjin-san ? lui dit-elle. On m'a dit que le voyage depuis Osaka avait été très mouvementé, Sire.

— Il est en très bonne santé.

— Oh, Sire, voilà la meilleure nouvelle que vous puissiez me donner ! »

Il se tourna vers l'autre palanquin pour saluer Kiku. Elle lui sourit gaiement, le salua et lui dit qu'elle était très heureuse de le revoir. Il se tourna enfin vers la troisième litière. « Ah, Gyoko-san, ça faisait bien longtemps que nous ne nous étions vus !

— Merci, Sire. Je me sens renaître maintenant que mes pauvres yeux ont eu l'honneur de vous revoir. » Le salut de Gyoko était impeccable. « Que vous êtes fort, Sire. Un géant parmi les hommes.

— Merci. Vous semblez en bonne forme. »

Kiku tapa des mains et ils se mirent tous à rire.

« J'ai tout fait préparer à votre intention, dit-il. Fujiko-san, veuillez me suivre, s'il vous plaît. »

Il la prit à part et en vint au vif du sujet : « Vous avez dit oui pour six mois et j'ai accepté. Je dois savoir aujourd'hui si vous changeriez d'avis.

— Comment puis-je changer d'avis, Sire ?

— Très facilement. C'est fini, je l'ordonne.

— Excusez-moi, Sire, mais la *Bushido* me dispense de vous obéir. Votre contrat était tout aussi solennel et vous liait. Les deux partis doivent être d'accord sur n'importe quel changement.

— L'Anjin-san vous plaît-il ?

— Je suis sa concubine. Il m'est nécessaire de lui plaire.

— Pourriez-vous continuer à vivre avec lui si l'autre accord n'existait pas ?

— La vie avec lui est très difficile. Sa maison n'a pas de *wa.* Il est presque impossible de trouver des serviteurs qui comprennent la situation. Je crois pourtant que je pourrais continuer à faire mon devoir envers lui.

— Je vous demande d'aller au bout de notre accord.

— Mon premier devoir est envers vous. Mon second devoir est envers feu mon mari.

— Je croyais, Fujiko-san, que l'Anjin-san vous épouserait... Vous n'auriez pas été une concubine.

— Un samouraï ne peut pas servir deux seigneurs à la fois et une femme deux maris. Mon devoir est envers feu mon mari. Excusez-moi, mais je ne peux pas changer d'avis.

— Tout peut changer avec un peu de patience. L'Anjinsan saura bientôt tout de nos coutumes et sa maison aura beaucoup de *wa.* Il a beaucoup appris depuis qu'il a été...

— Sire, ne me comprenez pas mal... L'Anjin-san est l'homme le plus extraordinaire que j'ai connu de ma vie ; certainement le plus gentil. Il m'a fait beaucoup d'honneur. Je sais que sa maison sera bientôt une vraie maison mais... Excusez-moi, je dois faire mon devoir envers mon mari, mon seul mari... » Elle se débattait pour garder le contrôle d'elle-même. « Il doit en être ainsi, *neh ?...* Sinon toute la honte, les souffrances, le déshonneur ne veulent plus rien dire, *neh ?* Sa mort, celle de mon enfant, ses épées brisées et enterrées dans un village *eta*... Sans le devoir qui me lie à eux, notre *Bushido* ne serait-elle pas une vaste comédie ?

— Vous devez répondre à ma question, Fujiko-san. Votre devoir envers moi, votre suzerain, envers cet homme courageux en passe de devenir l'un des nôtres et envers son fils à naître n'a-t-il pas préséance sur un devoir antérieur ?

— Je... Je ne porte pas son enfant, Sire.

— En êtes-vous certaine ?

— Oui.

— Alors ?

— Désolée, Sire. C'est non.

— Très bien, Fujiko-san, Excusez-moi de vous l'avoir demandé mais c'était nécessaire. » Toranaga n'était ni heureux ni en colère. La jeune femme ne faisait que ce qui était honorable. Il avait su au moment même où il avait passé cet accord avec elle qu'il n'y aurait aucun changement. Voilà ce qui nous rend unique sur terre. Un contrat avec la mort est quelque chose de sanctifié. Il la salua. « J'honore votre sens du devoir envers votre mari, Usagi Fujiko, dit-il en mentionnant ce nom qui avait cessé d'exister.

— Merci, Sire, dit-elle, troublée devant l'honneur qu'il lui faisait.

— Écoutez-moi, Fujiko. Vous devrez partir pour Yedo vingt jours avant le *dernier jour* — quoi qu'il m'arrive. Votre mort pourra avoir lieu pendant le voyage et passer pour accidentelle, *neh ?*

— Oui, Sire.

— Ce sera notre secret. Le vôtre et le mien, seulement,

— Oui, Sire.

— Jusqu'à ce moment-là, vous resterez maîtresse de sa maison.

— Oui, Sire.

— Dites à Gyoko de venir ici, s'il vous plaît. Je vous ferai appeler avant mon départ.

— Bien, Sire. » Fujiko s'inclina profondément et dit : « Je vous bénis de me libérer de ma vie. » Elle s'éloigna,

« Vous m'avez fait appeler, Sire ?

— Oui, Gyoko-san. Quelles nouvelles m'apportez-vous ? »

Gyoko savait que ce n'était pas une coïncidence si cette rencontre avait lieu. Son instinct lui dit que Toranaga était plus dangereux que d'habitude.

« Les négociations concernant la Guilde des courtisanes avancent de façon satisfaisante. Les règles et modalités sont en cours d'élaboration et seront soumises à votre approbation. Il y a un endroit charmant au nord de Yedo qui pourrait bien...

— J'ai déjà choisi l'endroit. Il se trouve près de la côte. C'est le Yoshiwara. »

Elle le complimenta de son choix en pestant intérieurement, car le Yoshiwara était un marais infesté de moustiques. Il faudrait le drainer avant de pouvoir y construire quoi que ce soit. « Excellent, Sire. Les règles et modalités concernant les *gei-shas* sont également à l'étude.

— Très bien. Arrangez-vous pour qu'elles soient courtes et concises. Quel signe allez-vous mettre à l'entrée du Yoshiwara ?

— La luxure ne dure pas... Il faut faire quelque chose. »

Il rit. Elle sourit mais ne se détendit pas pour autant et ajouta très sérieusement : « Puis-je encore vous remercier au nom des futures générations ?

— Je n'ai pas accepté pour vous ni pour elles, dit Toranaga. J'ai accepté parce que si j'abolis les lieux de plaisir, d'autres dangers surgiront comme une peste.

— Que vous êtes sage !

— Quand au fait de réunir toutes les maisons vertes dans un seul endroit, cela veut seulement dire que les hommes dépravés pourront être ainsi plus facilement surveillés, imposés et taillables, Vous avez raison, Gyoko-san, la luxure ne dure pas. Elle pourrit vite. Ensuite ?

— Kiku-san a retrouvé sa pleine forme, Sire.

— Oui. Elle est délicieuse !

— Vous lui avez manqué, Sire. Est-ce que nous vous accompagnons jusqu'à Mishima ?

— Qu'avez-vous entendu d'autre ?

— Ishido a quitté la forteresse d'Osaka. Les régents vous ont officiellement déclaré hors la loi. Quelle impertinence, Sire !

— Par quel chemin compte-t-il m'attaquer ?

— Je ne sais pas, Sire, dit-elle prudemment. Mais j'imagine que ce sera une attaque sur deux fronts : le long du Tokaidō, d'une part, avec Ikawa Hikoju maintenant que son père est mort, et le long du Koshukaïdō, d'autre part, à partir de Shinano, Sire Zataki ayant traîtreusement pris le parti d'Ishido. Mais vous êtes en sécurité derrière vos montagnes. Oh, oui, je suis certaine que vous vivrez jusqu'à un âge avancé. Avec votre permission, je vais transporter toutes mes affaires à Yedo.

— Certainement. Entre-temps, essayez de savoir où aura lieu l'affrontement majeur.

— Je vais essayer de le savoir, Sire. Ce sont des moments terribles quand les frères se battent entre eux et que les fils se dressent contre leur père. »

Toranaga prit note d'accroître sa vigilance à l'égard de Noboru qui avait fait serment d'allégeance auprès du Taikō. « Oui, convint-il. Ce sont des moments terribles, des moments de grands changements. Bons ou mauvais. Vous, par exemple, vous êtes riche, maintenant. Et votre fils ? Ne dirige-t-il pas l'usine de saké d'Odawara ?

— Oui, Sire. »

Gyoko devint grise sous son maquillage.

« Il a fait de gros bénéfices, *neh ?*

— C'est certainement le meilleur administrateur d'Odawara, Sire.

— C'est bien ce que j'avais enterndu dire. J'ai un travail pour lui. L'Anjin-san va construire un nouveau bateau. Je lui fournis les matériaux et les artisans nécessaires mais je cherche quelqu'un pour superviser les travaux. Je veux que ce soit fait avec soin. »

Gyoko faillit s'effondrer de soulagement. Elle pensait que Toranaga allait les éliminer avant de partir à la guerre parce qu'il avait découvert son mensonge au sujet de l'Anjin-san et de dame Toda. « Quand voulez-vous voir mon fils à Yokohama ? Sa présence permettra la construction du bateau le moins cher du monde.

— Je ne veux pas ce qu'il y a de moins cher. Je veux ce qu'il y a de mieux pour le prix le plus raisonnable. Il sera responsable, sous les ordres de l'Anjin-san.

— Vous avez mon assurance, Sire. J'espère que tout se fera selon votre désir.

— Si le bateau est construit, exactement comme le veut l'Anjin-san, en l'espace de six mois à partir du premier jour, je nommerai votre fils samouraï. »

Elle s'inclina profondément et fut incapable de parler pendant un moment.

« Excusez la pauvre folle que je suis, Sire. Merci, merci.

— Il doit tout apprendre. Tout ce que l'Anjin-san sait de la construction navale, afin de pouvoir à son tour l'enseigner aux autres, quand l'Anjin-san partira, *neh ?*

— Oui, Sire.

— Et Kiku-san ? Ses talents lui permettent de rêver à un avenir plus brillant. Elle ne doit pas rester seule, dans une maison de thé, une femme parmi d'autres. »

Gyoko releva la tête, s'attendant encore au pire. « Vous allez vendre son contrat ?

— Non, elle ne doit plus être une courtisane ni même l'une de vos *geishas.* Elle doit être dans une maison, une dame parmi quelques autres.

— Comment pourrait-elle rêver d'une vie meilleure, même si elle ne vous voit qu'occasionnellement ?

— Franchement, Gyoko-san, je commence à trop m'y attacher et je ne peux vraiment pas me permettre d'avoir l'esprit distrait. Elle est trop belle pour moi... Par trop parfaite... Excusez-moi, je vous prie, mais ceci doit également rester l'un de nos secrets.

— Très bien, Sire », dit Gyoko en pensant intérieurement : tout ceci n'est que mensonge. Fouille ton cerveau et trouve la véritable raison. « Si cet homme est une personne que Kiku admire, je pourrais mourir satisfaite.

— Mais pas avant d'avoir vu le bâtiment de l'Anjin-san.

— Oh, oui. » Gyoko agita son éventail car le soleil frappait. L'air était poisseux et étouffant. Elle essaya de comprendre pourquoi Toranaga était aussi généreux, sachant que le prix serait très lourd. « Kiku-san devra quitter votre maison ?

— Oui, bien sûr. Je pense qu'il faudra lui verser une compensation pour son obéissance envers son suzerain. Laissez-moi régler ce problème et ne lui en parlez pas pour l'instant.

— Bien sûr, Sire. Quand voulez-vous voir mon fils à Yokohama ?

— Je vous le ferai savoir avant mon départ. »

Elle s'inclina et partit en titubant. Toranaga alla se baigner. Au nord, le ciel était sombre. Il revint sur le rivage en voyant une file de cavaliers arriver de Yokohama. Omi descendit de selle et déroula le tissu dans lequel était enveloppée la tête. « Sire Kasigi Yabu vous a obéi, Sire. Juste avant midi. » La tête avait été lavée, les cheveux peignés. Elle était fichée sur une petite pique elle-même plantée sur un piédestal.

Toranaga regarda cet ennemi comme il l'avait déjà fait des milliers de fois et se demanda à quoi ressemblerait sa tête après sa mort. Le masque mortuaire de Yabu ne montrait que colère. Les lèvres étaient tirées en arrière en un rictus atroce. « Est-il mort honorablement ?

« C'est la plus belle mort à laquelle il m'ait été donné d'assister. Sire Hiro-matsu a dit la même chose. Deux incisions, une troisième à la gorge, sans aide, sans un cri. Voici son testament.

— Vous lui avez coupé la tête d'un seul coup d'épée ?

— Oui, Sire. J'ai demandé à l'Anjin-san la permission d'utiliser l'épée de sire Yabu.

— La Yoshitomo ? Celle que je lui avais donnée ? Il l'a donnée à l'Anjin-san ?

— Oui, Sire. »

Curieux, pensa Toranaga. Je m'attendais à ce que Yabu donne la lame à Omi.

« Quelles ont été ses dernières volontés ? »

Omi les lui lut, exactement.

« Pour honorer le courage de votre oncle dans la mort, je devrais respecter ses dernières volontés, *neh ?* dit Toranaga en le mettant à l'épreuve.

— Oui, Sire. »

Toranaga réfléchit un instant à ces dernières volontés. Elles étaient toutes sages. Mizuno était un imbécile, la mère d'Omi une vieille chipie. Tous deux gênaient Omi. « Très bien ; puisque vous êtes d'accord, ces volontés sont confirmées. Toutes. Je souhaite approuver les dernières volontés de votre père avant qu'elles ne deviennent irréversibles. En récompense de votre loyauté, je vous nomme commandant du Régiment des mousquets.

— Merci, Sire, mais je ne mérite pas un tel honneur.

— Naga sera commandant en second. Vous devenez chef du clan des Kasigi. Votre nouveau fief ira d'Atami à l'est à Nimazu à l'ouest et comprendra la capitale, Mishima. Vous recevrez un revenu annuel de trente mille *koku*.

— Merci, Sire. Je ne suis pas digne d'un tel honneur.

— Tachez de l'être, Omi-sama, dit Toranaga amicalement. Prenez immédiatement possession du château de Mishima. Le Régiment des mousquets sera envoyé à Hakoné et y arrivera dans quatre jours. Enfin, pour vous seul, sachez que je renvoie l'Anjin-san à Anjiro. Il y construira un nouveau bateau. Vous allez lui donner votre fief actuel. Immédiatement.

— Oui, Sire, Puis-je lui donner ma maison ?

— Oui, dit Toranaga en se disant qu'un fief comprenait de toute façon tout : maisons, paysans, bateaux, pêcheurs... Écoutez-moi, Omi-san. La bataille commence dans quelques jours. Vous m'avez loyalement servi. Je vous nommerai seigneur d'Izu et redonnerai aux Kasigi le titre héréditaire de *daimyōs* après ma victoire, sur le dernier champ de bataille.

— Sire, je ne mérite pas tant d'honneur.

— Vous êtes jeune mais vous promettez beaucoup. Votre grand-père était comme vous. Très habile mais aucune patience.

— Puis-je vous demander ce que vous entendez par patience, Sire ?

— Patience veut dire se dominer soi-même. Il y a sept émotions, *neh ?* La joie, la colère, l'angoisse, l'adoration, la tristesse, la peur et la haine. Si un homme ne se laisse dominer par aucune de ces sept émotions-là, il est patient. Je ne suis pas aussi fort que je devrais l'être mais je suis patient. Compris ?

— Oui, Sire. C'est très clair.

— La patience est quelque chose d'essentiel pour un chef.

— Oui. »

Pour Omi, ces mots venaient de clore la conversation. Ton suzerain a décidé, un point c'est tout, Midori est une femme parfaite. Ta mère va devenir nonne. Ta maison va enfin retrouver son harmonie. Que de tristesse et de bonheur aujourd'hui. Futur *daimyō* d'Izu. Commandant du Régiment. L'Anjin-san sera gardé à Izu et le premier bateau sera donc construit à Izu. *Dans mon fief.* Rejette ta tristesse. La vie n'est que tristesse. Omi leva son visage vers Toranaga. « Excusez-moi, Sire. Pardonnez-moi. J'avais l'esprit ailleurs. »

Omi enveloppa la tête de Yabu.

« Voulez-vous que je l'expose ou que je l'enterre ?

— Fichez-la sur une pique, face à l'épave.

— Bien, Sire.

— Quel est son poème funèbre ? »

Omi dit :

Que sont les nuages
Hormis une excuse pour le ciel ?
Qu'est-ce que la vie
Hormis une fuite devant la mort ? »

Toranaga sourit. « Intéressant », dit-il.

« Oui, Sire, disait Fujiko.

— Vous allez directement à Anjiro. J'ai décidé d'échanger le fief de Yokohama appartenant à l'Anjin-san contre celui d'Anjiro. Vingt *ri* dans toutes les directions à partir du village, avec un revenu annuel de quatre mille koku. Vous vous installerez dans la maison d'Omi.

— Puis-je vous remercier en son nom ? Je suis désolée mais, si je comprends bien, il n'est pas encore au courant ?

— Non. Je vais le lui dire aujourd'hui. Je lui ai ordonné de construire un autre bateau, Fujiko-san, pour remplacer celui qui a été détruit. Anjiro sera un chantier naval parfait, bien meilleur que Yokohama. Je me suis arrangé avec la femme Gyoko pour que son fils supervise les travaux pour l'Anjin-san. Tous les matériaux et les artisans seront payés sur mon trésor. Vous devrez l'aider du côté administratif.

— *Oh ko,* Sire, dit-elle, concernée au plus haut point. Mais il va me rester bien peu de temps à consacrer à l'Anjin-san.

— Oui. Il va falloir que je lui trouve une autre concubine, ou une femme, *neh ?* »

Fujiko leva les yeux, puis plissa les paupières et dit : « En quoi puis-je vous aider ?

— Qui me suggérez-vous ? Je veux que l'Anjin-san soit satisfait. Un homme satisfait travaille beaucoup mieux.

— Oui. » Fujiko chercha dans son esprit. Qui pourrait être comparée à Mariko-sama ? Elle sourit. « Sire, la femme d'Omi-san. Sa mère la hait comme vous le savez et veut qu'Omi divorce. Je suis désolée mais elle a suffisamment fait preuve de mauvaises manières pour le proclamer devant moi. Midori-san est une femme si adorable et si habile !

— Pensez-vous qu'Omi veuille divorcer ?

— Oh, non, Sire. Je suis sûre que non. Quel est l'homme qui obéit à sa mère ? Mais c'est notre loi. Il aurait dû divorcer la première fois que ses parents en ont parlé, *neh ?* Sa mère sait certainement mieux le genre de femme qu'il lui faut. Le devoir filial est l'un des piliers de notre loi !

— Je suis d'accord. L'Anjin-san trouverait-il Midori-san à son goût ?

— Non, Sire, pas si vous ordonnez le mariage... Mais, je suis désolée, vous n'avez pas besoin de le lui ordonner.

— Pourquoi ?

— Vous pourriez vous arranger pour qu'il y pense lui-même. Ce serait certainement la meilleure solution. Avec Omi-san, au contraire, il suffirait de lui donner un ordre.

— Approuveriez-vous le choix de Midori-san ?

— Oh, oui. Elle a dix-sept ans. Son fils est en bonne santé. Elle est d'origine samouraï et elle pourrait donner de beaux enfants à l'Anjin-san. Je pense que les parents d'Omi insisteront pour que Midori laisse son enfant à Omi. S'ils n'en font rien, l'Anjin-san pourra l'adopter. Je sais que mon maître l'aime bien car Mariko-sama le taquinait tout le temps à ce sujet. Ce serait de surcroît une solution facile car les parents de Midori sont morts. Il n'y aurait donc aucune objection à cette union. »

Toranaga joua avec cette idée. Il me faut certainement tenir Omi dans une position de déséquilibre, se dit-il. Le jeune Omi peut trop facilement devenir une épine dans mon flanc.

« Et si ce n'était pas Midori-san, Fujiko-san, que penseriez-vous de Kiku-san ? »

Fujiko le regarda bouche bée. « Désolée, Sire, vous allez vous défaire d'elle ?

— Il se pourrait bien, en effet.

— Je verrais très bien Kiku-san concubine non officielle, Sire. Elle est si brillante et si belle. Elle serait cependant une distraction trop grande pour un homme ordinaire et il faudrait des années avant que l'Anjin-san soit capable d'apprécier ses qualités de musicienne, de chanteuse et de danseuse. En tant que femme ? dit-elle avec juste assez d'emphase pour bien marquer sa désapprobation. Les dames du Monde du saule ne sont pas entraînées de la même manière que... que les autres, Sire. Leurs talents résident ailleurs. Être responsable des affaires et des finances de la maison d'un samouraï est différent du Monde mouvant.

— Pourrait-elle apprendre ? »

Fujiko hésita un instant. « Le choix parfait serait Midori-san comme épouse et Kiku-san comme concubine.

— Pourraient-elles réussir à vivre avec toutes ses... Les *différentes* attitudes de l'Anjin-san ?

— Midori-san est samouraï, Sire. Ce serait son devoir. Vous le lui ordonneriez. Kiku-san également.

— Pas l'Anjin-san ?

— Vous le connaissez mieux que moi, Sire. En ce qui concerne l'oreiller... Il vaudrait mieux qu'il... qu'il y pense lui-même.

— Toda Mariko-sama aurait été l'épouse parfaite pour lui, *neh ?*

— Voilà une idée extraordinaire, Sire, répondit Fujiko sans ciller des yeux. Ils avaient beaucoup de respect l'un pour l'autre.

— Oui, dit-il sèchement. Je vous remercie, Fujiko-san. Je vais réfléchir à ce que vous venez de me dire. Il sera à Anjiro dans dix jours.

— Bien, Sire. Si je pouvais vous suggérer d'inclure le port d'Ito et la station thermale de Yokosé dans le fief de l'Anjin-san...

— Pourquoi ?

— Ito, simplement au cas où Anjiro ne serait pas un port assez grand. De plus larges cales seraient peut-être nécessaires pour un aussi grand bateau. Peut-être sontelles disponibles ici.

— Vraiment ?

— Oui, Sire, Anjiro...

— Êtes-vous déjà allée à Ito ?

— Non, Sire, mais l'Anjin-san est particulièrement intéressé par la mer. Quand nous avons su que le bateau de l'Anjin-san était détruit, je me suis demandé s'il n'était pas possible d'en construire un autre. Si oui, où et comment. Izu est un choix parfait, Sire. Il sera facile d'en tenir les armées d'Ishido éloignées.

— Pourquoi Yokosé ?

— Yokosé ? Parce qu'un *hatamoto* doit avoir un endroit dans les montagnes où se délasser, comme son rang l'y autorise. »

Toranaga l'observa de près. Fujiko semblait si docile, si timide. Il savait pourtant qu'elle était inflexible comme lui et pas prête à faire des concessions, à moins que ces concessions ne soient des ordres.

« Je suis d'accord. Je vais réfléchir à ce que vous m'avez dit.

— Merci, Sire », dit-elle humblement, heureuse d'avoir payé ses dettes envers Mariko et d'avoir fait son devoir envers son maître. Ito pour ses cales de lancement et Yokosé parce que Mariko lui avait dit que leur « amour » y était né.

— Voulez-vous que je parte tout de suite, Sire ?

— Restez ici cette nuit, puis partez directement demain.

— Oui, je comprends. Puis-je prendre possession du fief de mon maître dès mon arrivée ?

— Kawanabi-san vous donnera les documents nécessaires avant votre départ. Veuillez appeler Kiku-san, s'il vous plaît. »

Fujiko s'inclina et se retira.

Toranaga grogna. Dommage que cette femme ait décidé de se faire seppuku. Elle est trop précieuse et bien trop intelligente pour que je la perde ! Ito et Yokosé ? Ito, je comprends. Mais pourquoi Yokosé ?

Il vit Kiku traverser la cour baignée de soleil. Si ravissante et si élégante dans ses soies, sous son ombrelle pourpre.

« Pourquoi riez-vous, Sire ?

— Parce que c'est une joie de vous voir, madame. »

Blackthorne se pencha de tout son poids sur les cordages toués à la coque de l'épave. « *Hipparuuu !* cria-t-il. Oh hisse ! »

Une centaine de samouraïs pratiquement nus, hormis leurs pagnes, tirèrent joyeusement de toutes leurs forces sur chaque cordage. C'était l'après-midi, à marée basse. Blackthorne espérait être capable de bouger l'épave et de la tirer vers le rivage pour tout sauver. Il avait dressé un plan quand il s'était rendu compte que les canons, qui avaient été repêchés le lendemain de l'holocauste, étaient presque aussi parfaits que le jour de leur sortie de la fonderie. Quelque cent boulets et de nombreuses pièces en fer avaient été récupérés. La plupart étaient tordues et abîmées mais il avait tous les éléments pour reconstruire un autre bateau.

« Merveilleux, Naga-san ! Merveilleux ! » Il l'avait félicité après avoir constaté l'importance du sauvetage.

« Oh, merci, Anjin-san. Essayer dur, désolé.

— Ça ne fait rien. Tout bien maintenant ! » Oui, s'était-il réjoui. *La Dame* sera aussi élancée qu'un lévrier et elle en fera baver à tous ces salauds. Ah, Rodrigues, avait-il pensé avec rancœur. Je suis heureux que tu sois en vie et loin, cette année, qu'il y ait un autre homme à couler l'année prochaine. Si Ferriera est encore capitaine-général, ce sera un cadeau du ciel mais je n'y compte pas et je suis heureux que tu sois sauf et loin. Je te dois la vie et tu es un grand pilote.

« *Hipparuuu !* » cria-t-il encore une fois, mais l'épave ne s'ébranla pas. Depuis cette aube sur la plage en compagnie de Toranaga, la lettre de Mariko dans les mains, les canons découverts juste après, Blackthorne n'avait plus eu assez d'heures dans ses journées. Il avait dressé des plans, fait et refait ses plans et écrit très soigneusement des listes d'hommes et de matériaux nécessaires, ne voulant pas commettre d'erreurs. A la fin de ses journées, il étudiait son dictionnaire avec acharnement, tard dans la nuit, et apprenait les nouveaux mots dont il avait besoin pour pouvoir se faire comprendre de ses artisans. Il avait plusieurs fois voulu demander de l'aide au prêtre mais il savait qu'il n'avait rien à attendre de ce côté-là, que leur inimitié était rédhibitoire et inexorable.

« *Hipparuuuu !* »

Une fois de plus, les samouraïs luttèrent contre la force d'inertie du sable et de la mer ; puis une mélopée s'éleva d'entre les hommes et ils se mirent à tirer tous en même temps. L'épave bougea ; ils redoublèrent d'efforts mais lâchèrent et s'écroulèrent. Ils se relevèrent en riant et s'arc-boutèrent à nouveau sur les cordages. Mais l'épave s'était à nouveau profondément enlisée. Blackthorne leur montra comment tirer les cordages d'un côté puis de l'autre pour désensabler l'épave par tribord ou bâbord. Mais l'épave restait aussi fixe que si elle avait été à l'ancre.

« Il faudrait la soulever. La marée ferait le reste, dit-il tout fort en anglais.

— *Dozo ?* dit Naga, étonné.

— *Ah, gomen nasai,* Naga-san. » A l'aide de signes et de dessins dans le sable, maudissant son manque de vocabulaire, il lui expliqua comment construire un radeau, comment l'attacher à la charpente, à marée basse. La marée haute mettrait l'épave à flot et ils pourraient la tirer et l'échouer sur la plage. A la marée basse suivante, il serait aisé de travailler car ils auraient disposé des rondins pour servir de cales.

« *Ah so desu,* dit Naga, impressionné. Envoyer hommes pour chercher bambous. Pour radeau, *neh ?* Demain essayer amener tout ici.

— Merci.

— Encore tirer aujourd'hui ?

— Non, merci... » Blackthorne se tut et porta ses mains en visière au-dessus de ses yeux. Le père Alvito était au sommet d'une dune et les observait.

« Non, merci, Naga-san, dit Blackthorne. Tout fini ici aujourd'hui. Excusez-moi. » Il alla chercher ses vêtements et ses épées, s'habilla en hâte, ficha ses épées dans sa ceinture.

« Bonsoir », dit Blackthorne en allant à la rencontre du prêtre. Alvito semblait fatigué mais il y avait de l'amitié dans son regard. La prudence de Blackthorne augmenta.

« Bonsoir à vous, capitaine-pilote. Je pars ce soir. Je voulais vous parler un petit moment. Ça vous dérange ?

— Pas du tout.

— Qu'êtes-vous en train de faire ? Vous essayez de faire flotter cette carcasse ?

— Oui.

— Ça ne vous sera d'aucune aide, j'en ai bien peur.

— Peu importe. Je vais essayer.

— Vous croyez vraiment pouvoir construire un autre bateau ?

— Oui. » Blackthorne se demanda où il voulait en venir.

« Comptez-vous faire venir le reste de votre équipage ?

— Non, pas pour le moment. Quand le bateau sera presque fini... J'ai tout le temps pour les faire venir de Yedo.

— Ils vivent avec des *eta,* n'est-ce pas ?

— Oui.

— Est-ce pour ça que vous ne désirez pas leur présence ici ?

— C'est une de mes raisons, en effet.

— Je ne vous blâme pas. J'ai entendu dire qu'ils étaient devenus très querelleurs et qu'ils étaient soûls la plupart du temps. Saviez-vous qu'il y a eu une petite émeute entre eux et que leur maison a pris feu ? C'est du moins ce que l'on rapporte.

— Non. Y a-t-il eu des blessés ?

— Non, par la grâce de Dieu. La prochaine fois... C'est terrible ce que la boisson fait d'un homme. »

Alvito tourna son regard vers la charpente battue des vagues. « Je voulais vous dire avant de partir que je sais ce que la perte de Mariko-san représente pour vous. J'ai été très attristé par votre histoire, à Osaka. Je comprends ce que son sacrifice signifie... Pauvre Mariko... Mais ce qu'elle a fait a sauvé Toranaga, si Dieu le veut. » Les doigts d'Alvito touchèrent le rosaire. Il ajouta au bout d'un moment : « Je voulais aussi, pilote, vous présenter mes excuses pour... Je suis heureux que le père visiteur ait été là pour vous sauver.

— Présentez-vous des excuses pour mon bateau également ?

— Pas pour l'*Érasme,* car je n'ai rien à faire avec lui. Je présente seulement des excuses pour ces hommes, Pesaro et le capitaine. Je suis heureux que votre bateau ait été détruit.

— *Shi ata ga nai,* mon père. J'en aurai un autre bientôt.

— Pour attaquer le Vaisseau noir ?

— Pour retourner en Angleterre et me défendre contre tout assaillant.

— Tout ce travail est une perte de temps et d'énergie.

— Y aura-t-il un autre geste de Dieu ?

— Oui, ou un sabotage.

— Si cela arrive et que mon bateau est détruit, j'en construirai encore un autre et encore un autre si celui-là devait aussi être détruit, et ainsi de suite jusqu'à ce que je puisse rentrer en Angleterre. Et alors, je reviendrai.

— Oui, je sais, c'est bien pour ça que vous ne partirez jamais d'ici. Vous en savez trop, Anjin-san. Je vous l'ai déjà dit et vous le répète. Vous étes un homme courageux, un merveilleux adversaire, quelqu'un à respecter et que je respecte. La paix devrait régner entre nous. Nous allons avoir l'occasion de beaucoup nous voir dans les années à venir, si nous survivons à cette guerre.

— Vraiment ?

— Oui. Vous êtes trop bon en japonais. Vous deviendrez bientôt l'interprète personnel de Toranaga. Nous ne devrions pas nous quereller, vous et moi. J'ai bien peur que nos destinées ne soient intimement liées. Mariko vous a-t-elle dit ça ? Elle me l'a dit.

— Non. Que vous a-t-elle dit d'autre ?

— Elle m'a supplié de devenir votre ami, de vous protéger si je le pouvais. Je ne suis pas venu ici pour chercher querelle ou me moquer de vous, Anjin-san, mais pour vous demander de faire la paix avant que je m'en aille.

— Où allez-vous ?

— D'abord à Nagasaki, ensuite là où se trouvera Toranaga, là où aura lieu la bataille.

— On vous laisse voyager librement en dépit de la guerre ?

— Quel que soit le vainqueur, il a besoin de nous. Nous pouvons certainement être des hommes raisonnables, vous et moi, et faire la paix. Je vous le demande pour Mariko. »

Blackthorne dit au bout d'un moment : « Nous avons fait une trêve une fois, à cause d'elle. Voilà tout ce que je puis vous offrir : une trêve, pas la paix, pourvu que vous acceptiez de ne pas venir à moins de cinquante miles de mon chantier naval.

— D'accord, pilote. Une trêve en sa mémoire. » Alvito tendit la main. « Merci. » Blackthorne la lui serra fermement.

« *Sayonara*, Anjin-san.

— *Sayonara*, Tsukku-san. Veuillez faire brûler un cierge pour elle... De ma part.

— Promis. »

Blackthorne serra la main du prêtre et le regarda s'en aller, grand et fort, un adversaire valeureux. Blackthorne s'en retourna satisfait auprès de Naga et dressa les plans du lendemain. Il grimpa ensuite la pente et regagna sa maison, près de celle de Toranaga. Il mangea un peu de riz, une tranche de poisson cru et trouva le repas frugal, délicieux. Il reprit une seconde portion et se mit à rire.

« Sire ?

— Rien. » Il revoyait Mariko-sama dans sa tête et l'entendait dire : « Anjin-san, nous arriverons peut-être à vous faire aimer le poisson cru un jour. Ce jour-là, vous aurez atteint la route menant au nirvâna, la place de la paix parfaite. »

Toranaga escalada la pente, près du camp. Sa suite était groupée autour de lui. Kogo était sur son gantelet. Il avait chassé le long de la côte et se dirigeait maintenant vers les collines, au-dessus du village. Il restait encore deux heures de soleil et il ne voulait pas les perdre, ne sachant pas quand il aurait à nouveau l'occasion de chasser. Aujourd'hui m'appartient. Je pars demain à la guerre mais aujourd'hui est à moi. Je l'ai consacré à mettre ma maison en ordre, en faisant semblant de croire que le Kwanto et Izu étaient en sécurité, en faisant croire que je vivrais bien assez pour voir un autre hiver.

Il courait après un lièvre. Il lui était venu l'idée que l'Anjin-san apprécierait un morceau de viande. Aussi, au lieu de terminer sa journée, satisfait, il était reparti à la chasse. Il accéléra l'allure, ne voulant pas échouer. Les rabatteurs ouvrirent le chemin, dépassèrent le camp et montèrent la route sinueuse menant à la crête. Il était enchanté de cette journée. Son œil critique parcourut rapidement le paysage à la recherche d'un danger. Il n'en trouva pas. Il pouvait voir les hommes du Régiment s'entraîner au tir. En contrebas, il apercevait l'épave. Il nota qu'elle n'avait toujours pas bougé. Il se demanda comment l'Anjin-san allait s'y prendre pour l'amener et l'échouer sur le rivage.

Vous l'échouerez, pensa-t-il. Oh, oui, Anjin-san, et vous construirez votre nouveau bateau et je le détruirai comme le précédent car les chrétiens sont beaucoup plus importants pour moi que tous vos bateaux, mon ami. Je suis désolé. Plus importants même que tous les bateaux qui attendent dans votre pays natal. Ce sont vos compatriotes qui me les amèneront. Pas vous. J'ai besoin de vous, ici.

Quand les temps seront venus, Anjin-san, je vous dirai pourquoi il m'a fallu détruire votre bateau. A ce moment-là, cela vous sera égal car d'autres choses accapareront votre esprit. Vous comprendrez alors que ce que je vous ai dit était bien la vérité : c'était un bateau ou votre vie. J'ai préféré votre vie. C'était correct, *neh ?* Nous rirons ensemble du « geste de Dieu ». Vraiment désolé, mais nécessaire, Anjin-san. Je vous ai sauvé la vie. Pourquoi ? C'est le jour de vérité, *neh ?* Parce que vous me faites rire et que j'ai *besoin d'un ami.* J'ai aussi besoin de posséder vos connaissances. Mariko-sama avait une fois de plus raison. Je veux savoir tout ce que vous savez avant que vous ne partiez. Je vous ai dit que nous avions, vous et moi, tout notre temps. La première fois que je vous ai vu, j'ai dit : « Il n'y a pas de "circonstances atténuantes" quand on se rebelle contre son seigneur souverain », et vous m'avez répondu : « Sauf si vous gagnez ! » Ah, Anjin-san, depuis ce jour-là, j'ai lié votre sort au mien. Je suis d'accord. Tout est vrai si vous gagnez. Stupide d'échouer. Impardonnable. Vous n'échouerez pas. Vous serez heureux dans votre grand fief d'Anjiro où Mura le pêcheur vous protégera des chrétiens et continuera de leur fournir des informations mensongères comme je le lui ai demandé. Oh, combien naïf est le Tsukku-san de croire que l'un de mes hommes, même chrétien, a volé les carnets et les a donnés secrètement aux prêtres, sans que j'en sache rien. Mura, vous m'êtes dévoué et fidèle, depuis trente ans. Vous serez bientôt récompensé. Que diraient les prêtres s'ils apprenaient que votre vrai nom est Akira Tonomoto, samouraï — espion à ma solde en même temps que pêcheur, chef de village et chrétien ?

Ils péteraient de la poussière, *neh ?*

Ne vous inquiétez donc pas, Anjin-san, je pense à votre avenir. Vous êtes entre de bonnes mains. Quel avenir je vous prépare !

« Je dois devenir la concubine du barbare ? gémit Kiku.

— Oui, d'ici un mois. Fujiko-san a officiellement accepté. » Il avait répété la vérité à Gyoko et Kiku en ajoutant : « Et vous recevrez mille *koku* par an après la naissance du premier fils de l'Anjin-san,

— Mille... Qu'avez-vous dit ? »

Il avait affectueusement ajouté : « Après tout, un samouraï est un samouraï. Deux épées sont deux épées et ses enfants sont samouraïs. Il est *hatamoto,* l'un de mes vassaux les plus importants, amiral de ma flotte et mon conseiller le plus proche. Et même, un ami.

— Désolée, mais, Sire...

— Vous serez *d'abord* sa concubine.

— *D'abord ?*

— Vous deviendrez peut-être sa femme. Fujiko-san m'a dit qu'elle ne voulait pas se remarier. Je crois qu'il faudrait que l'Anjin-san prenne femme. Pourquoi pas vous ? Oui, je crois que vous devriez devenir sa femme.

— Oh, oui ! Oh, oui ! Oh, oui ! » s'était-elle exclamée en se jetant dans ses bras, le bénissant et s'excusant de ses mauvaises manières.

Maintenant, elle a tout ce qu'elle veut. Gyoko-san aussi. Si le bateau est construit à temps et il le sera... Les prêtres ont donc...

— Sire ! » L'un des rabatteurs indiquait un fourré près de la route, Toranaga arrêta son cheval et prépara Kogo en relâchant le jet qui le rattachait à son poignet.

« Maintenant », lui ordonna-t-il doucement.

Le lièvre surgit du fourré et courut se mettre à l'abri. A ce moment-là, Toranaga lâcha Kogo. Le faucon partit à la poursuite du lièvre en donnant de violents et puissants coups d'aile — droit comme une flèche. Le lièvre courait en zigzaguant, terrorisé, et cherchait coûte que coûte à gagner un abri. Kogo comblait l'intervalle qui le séparait du lièvre. Le faucon arriva juste à la verticale et plongea. Le lièvre poussa des cris aigus, se débattit, se libéra et repartit en sens inverse. Il tournoya dans un dernier effort pour trouver un terrier et hurla quand Kogo planta fermement ses serres dans sa chair. Sans effort, Kogo brisa le cou du lièvre. Un dernier cri. Kogo relâcha sa proie, resta un instant dans les airs, secoua ses plumes puis les replia et retomba sur le cadavre encore chaud et secoué de spasmes. Ce n'est qu'à ce moment-là que le faucon poussa son cri de victoire et siffla de plaisir. Il regarda Toranaga fixement. Celui-ci arriva au trot, sauta de cheval et présenta le leurre au faucon qui, obéissant, revint se percher sur son gantelet.

« Bravo, ma beauté. C'est du travail bien fait », dit-il en le récompensant d'un morceau de viande. Le rabatteur ramassa le lièvre.

« Envoie-le au camp. C'est pour l'Anjin-san. » Toranaga remonta en selle et fit signe aux autres de reprendre la chasse.

Il tourna son attention vers le village, en contrebas. De l'autre côté de la baie, à environ vingt *ri*, se trouvait Yedo. Quarante *ri* au sud-est, Anjiro. Deux cent quatre-vingt-dix *ri* à l'ouest, Osaka et, au nord, à trente *ri* à peine, Kyoto. C'est là que la principale bataille doit se dérouler, pensat-il. Près de la capitale. Un peu au nord, autour de Gifu, Ogaki ou Hashima, en retrait du Nakasendo, la grande route du Nord. Prés du village de Sekigahara, peut-être, dans les montagnes. Quelque part par là. Oh, je pourrais rester en sécurité pendant des années derrière mes montagnes mais voilà l'occasion que j'attendais : la jugulaire d'Ishido est sans protection.

Mon attaque principale portera le long de la route nord et pas le long du Tokaidō. Peut-être qu'entre-temps, j'aurai encore changé d'avis cinquante fois. Mon frère sera à mes côtés. Oui, je pense que Zataki se rendra bien compte qu'Ishido l'a trahi en faveur de Kiyama. Mon frère n'est pas un imbécile. Je tiendrai ma promesse d'aller chercher Ochiba pour lui. Pendant la bataille, Kiyama changera de côté. S'il le fait, il tombera sur Onoshi. Ce sera le signal convenu pour charger les Mousquets. Oui, je gagnerai parce qu'Ochiba ne laissera jamais l'héritier prendre le commandement. Elle sait que si elle le fait, je serai forcé de le tuer. Toranaga sourit intérieurement. Dès que j'aurai gagné, je donnerai à Kiyama toutes les terres d'Onoshi et l'inviterai à désigner Saruji comme son héritier. Dès que je serai nouveau président du nouveau Conseil des régents, je présenterai l'offre de Zataki à Ochiba qui sera tellement offensée par son impertinence que le Conseil sera obligé d'inviter mon frère à se rendre dans l'au-delà. Qui pourrait prendre sa place comme régent ? Kasigi Omi. Kiyama deviendra la proie d'Omi... Oui, c'est très sage et très facile, car à ce moment-là Kiyama, seigneur de tous les chrétiens, affichera sa religion, ce qui est contraire à notre loi. Les édits d'expulsion du Taikō sont toujours légaux, *neh ?* Omi et les autres régents proposeront que les édits soient invoqués. Une fois Kiyama éliminé, plus de régent chrétien, plus jamais, et notre emprise se resserrera patiemment sur ce stupide mais dangereux dogme étranger qui représente une menace pour ce pays des dieux. Nous, les régents, encouragerons les compatriotes de l'Anjin-san à prendre la relève du commerce portugais. Dès que possible, les régents ordonneront que tout le commerce et tous les étrangers soient relégués à Nagasaki, dans une petite partie de Nagasaki, sous bonne garde. Et nous leur fermerons le pays pour toujours... à eux, leurs mousquets et leurs poisons.

Que de choses merveilleuses à faire une fois que j'aurai gagné, si je gagne, quand je gagnerai.

Ce sera le règne de l'âge d'or. Ochiba et l'héritier tiendront leur Cour à Osaka. Nous irons de temps à autre nous prosterner devant eux et nous gouvernerons en leur nom, à l'extérieur de la citadelle d'Osaka. Dans trois ans environ, le Fils du Ciel m'invitera à dissoudre le Conseil et à devenir shōgun pendant les quelques années restant avant la majorité de l'héritier, mon neveu. Les régents me pousseront à accepter et, à contrecœur, j'accepterai. Au bout d'un an ou deux, j'abdiquerai en faveur de Sudara, garderai le pouvoir comme d'habitude et aurai les yeux fixés sur la citadelle d'Osaka. Je continuerai d'attendre patiemment. Un jour, les deux usurpateurs de la citadelle, Yaemon et Ochiba, commettront une erreur et seront éliminés. La citadelle d'Osaka aura été, d'une certaine façon, détruite. Juste un autre rêve au sein d'un réve et le véritable but de ce Grand Jeu qui a commencé dès que je me suis mis à penser —devenu possible à la mort du Taikō le véritable but sera atteint : *le shōgunat.*

Voilà pourquoi je me suis battu toute ma vie. Moi seul suis l'héritier du royaume. Je serai shōgun et je viens de donner le jour à une nouvelle dynastie. Tout est maintenant possible à cause de Mariko-san et du barbare étranger venu de l'est. Mariko-san, c'était votre *karma* de mourir glorieusement et de vivre éternellement. Anjin-san, mon ami, c'est votre *karma* de ne jamais quitter ce pays. C'est mon *karma* de devenir shōgun.

Kogo, le faucon, voleta autour de son poignet et revint se poser en le regardant. Toranaga lui sourit. Je n'ai pas choisi d'être ce que je suis. C'est mon *karma.*

Cette année-là, à l'aube du vingt et unième jour du dixième mois, le mois sans dieux, les armées se rencontrèrent. C'était dans les montagnes près de Sekigahara, un peu en retrait de la route du Nord. Le temps était mauvais — brouillard et bruine. Vers la fin de l'après-midi, Toranaga remporta la victoire et le massacre commença — quarante mille têtes tombèrent.

Trois jours plus tard, Ishido fut capturé vivant et Toranaga lui rappela la prédiction de l'astrologue. Il l'envoya enchaîné à Osaka pour être exposé en public, puis ordonna aux eta de planter profondément les pieds du général Ishido en terre. Seule la tête dépassait. Toranaga invita tous les passants à scier le cou le plus fameux du royaume avec une scie en bambou. Ishido tint pendant trois jours et mourut.

Achevé d'imprimer
le 28 septembre 1983
Sur les presses de
MAURY imprimeur S.A.
45330 MALESHERBES
Pour le compte de FRANCE LOISIRS
123, boulevard de Grenelle, Paris.

Imprimé en France
Dépôt légal : Septembre 1983
N° d'édition : 8426 – N° d'impression : I83/13756

